8., vollständig überarbeitete Auflage

Andrea und Mark Markand,
Martin H. Petrich, Volker Klinkmüller

unter Mitarbeit von
Nipaporn Yanklang

MYANMAR

STEFAN LOOSE
TRAVEL HANDBÜCHER

Inhalt

Themen

MYANMAR
Die Highlights

Die goldene Shwedagon in Yangon, Pagoden bis zum Horizont in Bagan, der idyllische Inle-See im Shan-Staat und zeitvergessene Städte wie Mawlamyaing und Myeik – Myanmar ist voller kultureller und landschaftlicher Höhepunkte.

1 YANGON Die Shwedagon-Pagode und das quirlige Leben in der Altstadt machen einen Besuch in Yangon unvergesslich. An buddhistischen Feiertagen lohnt der Besuch der Tempel besonders, denn dann bringen die Birmanen hier Opfergaben. Sehenswert sind auch die vielen Altbauten, die das Stadtbild prägen. S. 130

2

2 AYEYARWADY-DELTA Birmas grünblauer Irrgarten lässt sich am schönsten per Boot erkunden, etwa auf dem von Mangroven gesäumten U Do Chaung in der Nähe des Chaungtha Beach. S. 176

3 NGWE SAUNG BEACH Der Senkrechtstarter unter den Stränden: 14 km Sand und komfortable Resorts laden zum Sonnetanken ein. S. 195

4 BAGO Gleich drei liegende Riesenbuddhas hat Bago zu bieten – und eine heilige Schlange. S. 205

5 BAGAN Die Pagodenlandschaft am Ayeyarwady (Abb. nächste Doppelseite) mit über 3400 Monumenten zählt zu den bezauberndsten Orten Asiens. S. 234

5

6 MANDALAY Nirgendwo ist das traditionelle religiöse Kunsthandwerk so lebendig wie in der zweitgrößten Stadt Myanmars, die zugleich als spirituelles Herz des Landes gilt. S. 298

7 PYIN U LWIN Filmreife Hotels aus der Kolonialzeit prägen den legendären Bergort, den die Briten Ende des 19. Jahrhunderts unter dem Namen Maymyo in einer Höhe von fast 1100 m gründeten. S. 364

8 MONYWA Mehr als eine halbe Million Buddhas schmücken die bizarre, zwischen 1939 und 1951 errichtete Thanboddhay-Pagode, die zu den landesweit eindrucksvollsten Heiligtümern zählt. S. 375

7

8

9
10

9 DIE SHAN-BERGE UM KALAW Rund um das einladende Städtchen im Shan-Staat gibt es viele Wanderrouten – vom Tagesausflug zu einem Aussichtspunkt bis zum mehrtägigen Treck an den Inle-See. S. 396

10 INLE-SEE Die Welt der Intha: Geschickt manövrieren die Einbeinruderer ihre Boote durch die schwimmenden Gärten – eine Hand bleibt frei zum Fischen. S. 418

11 LOIKAW Erst seit einigen Jahren dürfen Touristen die Hauptstadt des Kayah-Staates besuchen und Ausflüge in einige Dörfer in der Umgebung unternehmen. S. 428

12

12 **HSIPAW** Die Umgebung von Hsipaw lädt abseits ausgetretener Pfade zu ausgedehnten Entdeckungstouren ein. S. 437

13 **NGAPALI** Entspannte Tage am Ngapali Beach, der als schönster Strand des Landes gilt. Mit dem Fahrrad kann man tolle Touren in die Gegend unternehmen. S. 494

14 **KYAIKHTIYO-PAGODE** Auf 1000 m Höhe leuchtet das Heiligtum des Goldenen Felsens – der Legende nach im Gleichgewicht gehalten von einem einzigen Haar Buddhas. S. 533

15

15 DIE UMGEBUNG VON HPA-AN Die urtümliche Karstlandschaft rund um Hpa-an birgt bizarre Kalksteinfelsen mit spannenden Höhlenheiligtümern und Quellen, in deren glasklarem Wasser herrliches Badevergnügen lockt. S. 544

16 MAWLAMYAING Inmitten von Hügeln und viel Grün verströmt das einstige Moulmein mit seinem von Briten und Indern hinterlassenen Architekturerbe einen besonderen Charme. S. 548

17 STRÄNDE VON DAWEI Nördlich der Stadt erstrecken sich lange unverbaute Strände, auf der südlich angrenzenden Halbinsel sorgen etliche herrliche Buchten für Romantik. S. 575

18 MYEIK Mit etlichen Kolonialbauten, einer langen Hafenmeile und seiner noch jungen Traveller-Szene zählt Myeik zu den wichtigsten neuen Reisezielen im tiefen Süden Myanmars. Bootstouren führen von der Küsten-Metropole zum gleichnamigen Archipel – einem faszinierenden Meeresparadies aus mehr als 4000 Eilanden mit einsamen Sandstränden, tropisch grünen Hügeln und ausgedehnten Korallengärten. S. 577

18

Reiseziele und Routen

Reiseziele

Die klassische Myanmar-Reise führt zu den vier größten Highlights des Landes: in die Millionen-Metropole **Yangon** (S. 130), wo sich zwischen der goldüberladenen Shwedagon-Pagode und der wuseligen Downtown eine recht interessante Ausgehszene entwickelt hat; natürlich zur Unesco-Welterbestätte **Bagan** (S. 234) mit ihrem riesigen Pagodenfeld, das allein schon so manchen Bildband füllt; zum **Inle-See** (S. 418) im südlichen Shan-Staat, wo Einbeinruderer und Stelzendörfer die Besucher begeistern und in dessen bergigem Umland so manch einen die Wanderlust packt; und schließlich nach **Mandalay** (S. 103), das zwar selbst weniger schön daherkommt, als der Name erwarten lässt, dessen Umgebung aber genau das Richtige für kulturhistorische Entdecker ist.

Reisen auf Birmanisch

Bei der Reiseplanung sollte unbedingt die buddhistische und von jedem Myanmaren verinnerlichte Regel beachtet werden: Alles ist der Veränderung unterworfen. Fahrpläne, Reisebestimmungen und Preise können sich über Nacht ändern. Pannen gehören auf vielen Strecken dazu, und nicht jede auf der Landkarte eingezeichnete Straße hat den Namen verdient. Es ist beeindruckend, wie lange manche Fahrzeuge und Züge für ein paar Kilometer benötigen. Wer den Zeitrahmen seiner Reise zu eng steckt, wird in Schwierigkeiten geraten. Also am besten lieber gleich etwas lockerer planen! Der Versuch, so billig wie möglich durchs Land zu fahren, kann dazu führen, dass Reisende sich während ihres Myanmar-Aufenthalts nur noch mit Organisations-, Unterkunfts- und Transportfragen beschäftigen und dann am Ende entsprechend genervt sind. Wer finanziell nicht völlig eingeschränkt ist, mag an einer „gesunden" Mischung der Reisemittel und Unterkünfte mehr Freude haben: mal billig und spartanisch, mal teurer, aber dafür bequemer. Dann kann man den Aufenthalt wirklich genießen.

Bei Kontrollen entlang wenig befahrener Straßen oder beim Besuch abgelegener Orte werden Ausländer unter Umständen nach dem Reisepass gefragt. Daher sollte man ihn immer bei sich führen – und zur Sicherheit einige Fotokopien im Gepäck haben.

Städte mit Charme

Wer gerne in Städten mit viel Nostalgie unterwegs ist, wer das ganz Ursprüngliche – das typisch Birmanische – sucht, der wird am ehesten noch in der Provinz fündig. Hier gibt es sie noch im Alltag: die gut besuchten Teestuben mit ihren kleinen Höckerchen, die Kolonialbauten mit abgelaufenem Verfallsdatum und die urigen Klöster, wo weinrot gewandete Novizen in sonorem Singsang die heiligen Texte auswendig lernen. Und natürlich fehlen auch eine goldglänzende Pagode mit schönem Ausblick und ein prallvoller Markt in keinem Ort. Wer hier durch die Gassen streift, ist mitten drin im Leben. Besonders viel Atmosphäre bieten **Kalaw** (S. 388), **Kengtung** (S. 451), **Mrauk U** (S. 512), **Pyin U Lwin** (S. 364), **Katha** (S. 475) und **Sagaing** (S. 357), **Mawlamyaing** (S. 548), **Dawei**, (S. 565), **Thaton** (S. 537) und **Tanintharyi** (S. 583).

Betagte Schönheiten aus Holz

Manche stehen unscheinbar hinter Bäumen, andere sind schon stark verfallen: Die altertümlichen **Holzklöster** *(kyaung)* zeugen vom einstigen

? Fragen und Antworten

Es war 1991, als **Volker Klinkmüller** erstmals Myanmar bereiste – unter politischen, organisatorischen und auch emotionalen Bedingungen, wie sie heutzutage nahezu unvorstellbar erscheinen. Von seinen exotischen Erlebnissen und Erkenntnissen berichtete er in rund 25 deutschen Tageszeitungen, die bis dahin kaum etwas aus dem Land verlauten ließen. Die erste Auflage dieses Myanmar-Handbuchs, die 2006 erschien, war für den Südostasien-Spezialisten der Einstieg in die Stefan-Loose-Edition, für die er heute an insgesamt fünf Titeln als Autor beteiligt ist.

■ Sollte man trotz Rakhine-Krise reisen?

Ein persönlicher Boykott von Myanmar mag diskutabel erscheinen, hilft aber im Endeffekt weder den Rohingya noch der übrigen Bevölkerung. Unter Sanktionen leiden erfahrungsgemäß am ärgsten die breiten und ärmeren Schichten – nicht aber jene, die die originäre Verantwortung für die Geschehnisse tragen. Wer trotz der Krise reist, wird auf dankbare Einheimische treffen und bei Interesse wesentlich mehr über diese gravierende, eth(n)ische Problematik erfahren – sicherlich auch Aspekte, über die westliche Medien nicht zu berichten pflegen.

■ Wann ist die beste Reisezeit?

Diese gern gestellte Frage lässt sich letztendlich nicht eindeutig beantworten und hängt von individuellen Faktoren ab: Von Dezember bis März ist das Wetter fast überall am schönsten, aber dann wird es auch voller, teurer und nicht zuletzt staubiger, sodass sich vielleicht eher die Monate vor und nach der Hauptsaison empfehlen. Wer antizyklisch reisen will, sollte die Regenzeit wählen, in der durchaus auch mit viel Sonnenschein gerechnet werden darf, mit üppig sprießender Natur und gut gefüllten Flüssen oder Wasserfällen. An notorisch überhitzten Zielen wie Mandalay und Bagan dürf-

Reichtum der Stifter. Die Klöster mit teilweise hervorragenden Schnitzereien sind wahre Kunstwerke. Hier eine kleine Auswahl:

- **Bagan**: Nat Htaung Kyaung (S. 250)
- **Sale**: Youk-soun Kyaung (S. 287)
- **Pakhan-gyi**: Pakhan-gyi Kyaung (S. 282)
- **Salin**: Myaw Hle Sin Kyaung (S. 295)
- **Sagu**: Maha Withurama Kyaung (S. 296)
- **Mandalay**: Shwenandaw Kyaung (S. 315), Shwe In Bin Kyaung (S. 317)
- **Inwa**: Bagaya Kyaung (S. 356)

Strände zum Entspannen

Myanmar hat zwar weit über 2000 km Küste, doch die Zahl der Badestrände ist ziemlich überschaubar. Sie gibt es derzeit vorwiegend am Golf von Bengalen. **Ngapali** (S. 494) ist Myanmars bekanntester Strand. Westlich von Pathein liegen nur wenige Kilometer voneinander entfernt zwei weitere Strände: **Chaungtha** (S. 192) ist eher unter Einheimischen ein angesagtes Badeziel. **Ngwe Saung** (S. 195) zieht ein gemischtes Publikum an. Wer es ruhiger mag, wird 50 km südlich von Ngwe Saung in **Gaw Yan Gyi** (S. 200) glücklich. Im tiefen Süden locken einsame, meist wenig erschlossene Strandziele – wie rund um **Dawei** (S. 565) und im **Myeik-Archipel** (S. 583).

Myanmar für Aktive

Der Aktiv-Tourismus steckt in Myanmar noch weitgehend in den Kinderschuhen, obgleich das Potenzial gewaltig ist. Vor allem für **Wassersportler** gäbe es vielerlei Möglichkeiten – allein es fehlt mit wenigen Ausnahmen das Angebot. So kommt für Taucher derzeit vor allem der Myeik-Archipel infrage. Gut etabliert sind indessen die Angebote für Wanderer und Radfahrer.

ten Regenschauer sogar eine gewisse Linderung bedeuten, weite Teile des Südens wie z. B. Hpa-an präsentieren sich in den klassischen Monsunmonaten bisweilen sogar am schönsten.

■ Stellen Tropenkrankheiten eine ernst zu nehmende Gefahr dar?

Sie dürfen zumindest nicht verschwiegen werden und werden im Anhang dieses Reiseführers thematisiert, doch lassen sich die Risiken durch Vorsorge und Umsicht minimieren. Das gilt besonders für die Vermeidung von Mückenstichen, die bekanntlich Malaria, Dengue- oder Zika-Fieber zur Folge haben können. Es kann natürlich nicht schaden, wichtige Impfungen auffrischen zu lassen.

■ Sollten Smartphones daheim bleiben?

Eine geniale Idee eigentlich, um endlich mal adäquat abschalten zu können. Doch nicht allein die praktikable Kamerafunktion spricht dagegen: Myanmar ist zwar ein Spätzünder in zeitgemäßer Feinelektronik und Kommunikation, doch gibt es heute auch in Buddhas Zauberland fast flächendeckend WLAN. Und wer auch auf Reisen davon unabhängig sein möchte, etwa um unterwegs hilfreiche Apps (z. B. für die Taxi-Bestellung via Grab) zu nutzen oder spontan mal einen Blick in die **eXTras** werfen möchte, kann sich für kleines Geld vor Ort eine SIM-Card mit Prepaid-Tarif zulegen.

■ Wie lässt sich der Myeik-Archipel bereisen?

Das hängt vor allem davon ab, wie viel Geld man dafür ausgeben will oder kann – zumal dieses entlegene Inselparadies nicht auf eigene Faust bereist werden darf. Die meist von Ranong / Kawthoung aus startenden Kreuzfahrten sind unvergesslich, aber leider auch ziemlich teuer. Doch seit 2016 werden zunehmend herrliche Tagestouren angeboten, die inzwischen auch in Myeik starten.

Noch Fragen? **www.stefan-loose.de/globetrotter-forum**

Trekking

Lust auf Wadentraining? Da gibt es vor allem im Shan-Staat einige tolle Wanderrouten etwa rund um **Kalaw** (S. 388), **Pindaya** (S. 402), den **Inle-See**, **Hsipaw** (S. 437) und **Kengtung** (S. 451). Unter den mehrtägigen Wanderungen ist vor allem die Strecke von **Kalaw** zum **Inle-See** (S. 418) sehr beliebt. Die schönen Berge im Chin-Staat sind hingegen fast nur mit Trekking-Guide machbar. Das gilt auch für die Wanderungen rund um den **Mount Victoria** im Natmataung-Nationalpark (S. 525). Da macht eine Buchung vorab ziemlich Sinn. Noch jung sind die Trekking-Möglichkeiten in der südlichen Region Tanintharyi (S. 561).

Zwar gibt es in Myanmar auch einige interessante Bergsteigergebiete, doch die sind entweder schwer oder gar nicht zugänglich. Himalaya-Expeditionen im nördlichen Kachin-Staat bedürfen einer besonderen Erlaubnis. Ausgangspunkt ist **Putao** (S. 481). Ohne Spezialveranstalter läuft hier allerdings nichts (bzw. niemand).

Radfahren

Dank gemäßigtem Klima und hübscher Hügellandschaft bietet sich der südliche Shan-Staat für ausgedehnte Radtouren an, etwa zwischen **Aungban** bzw. **Kalaw** und **Pindaya** oder rund um den **Inle-See** (S. 418). Toll sind Fahrten in die Berge von **Lashio** (S. 445) oder im **Chin-Staat** (S. 523). Auch die wenig befahrenen Straßen des Südens – z. B. ab **Myawaddy** (S. 557) oder durch die herrliche Landschaft rund um **Hpa-an** (S. 541) haben ihre Reize. Weniger anstrengend sind Touren in und um Mandalay, in der Umgebung von **Ngapali** (S. 494) und im Pagodenfeld von **Bagan** (S. 232/233). Weniger sportliche Naturen steigen auf ein E-Bike; was sich hier Rad nennt, ist jedoch ein Elektro-Roller ohne Pedale. Bisher gibt es sie z. B. in Bagan, Kalaw und am Ngapali Beach. Wer länger unterwegs sein möchte oder richtig in die Berge fahren will, sollte sich immer ein Mountainbike leihen (oder sogar selbst von zu Hause mitbringen).

Reiserouten

Myanmar ist eines der landschaftlich vielfältigsten Länder Südostasiens. Theoretisch könnte man mit dem vierwöchigen Touristenvisum nicht nur unzählige Tempel und Pagoden erkunden, sondern auch durch ursprünglichen Dschungel wandern, unter Palmen am Meer faulenzen oder Vier- bis Fünftausender besteigen. Tatsächlich jedoch ist das Reisen wegen der fehlenden touristischen Infrastruktur in vielen Landesteilen nur bedingt möglich, und manche Gebiete sind für Ausländer aus Sicherheitsgründen nach wie vor gesperrt *(off limits)*, darunter weite Teile des Kayah- und Kayin-Staates, Gebiete des östlichen Shan-Staates und des Kachin-Staates sowie abgelegene Regionen der Sagaing Region. Auch einige Gegenden des Mon-Staates und der Tanintharyi Region sind Touristen nicht zugänglich.

Die meisten Touristen reisen über den Flughafen in Yangon ein und aus. Auch Mandalay wird von internationalen Fluggesellschaften angeflogen. Immer beliebter wird die Ein- oder Ausreise über die Grenzübergänge von und nach Thailand.

Die folgenden Routenvorschläge richten sich an Reisende, die so viel wie möglich sehen möchten. Nichts spricht jedoch dagegen, sich nur an einem Ort aufzuhalten. Allein in Bagan, Mrauk U, Nyaungshwe oder Hpa-an kann man problemlos fast eine Woche verbringen, ohne dass Langeweile aufkommt. Und nicht selten findet irgendwo ein Fest statt, das zum Verweilen einlädt.

Myanmar kompakt

■ eine Woche

Wer nur eine Woche Zeit hat, muss sich beschränken. Die meisten Besucher fahren drei oder vier der klassischen Highlights an. Je nach Startpunkt mit oder ohne Mandalay.

Die klassischen Vier

Startpunkt ist **Mandalay** (S. 103), wo man in zwei Tagen zwar nicht alles, aber doch ein paar der Sehenswürdigkeiten in Stadt und Umgebung erkunden kann, darunter die einstigen Königsstädte Inwa (Ava) und Sagaing sowie Mingun. Alternativ zum halbstündigen Flug nach **Bagan** (S. 234) kann man per Schiff oder Bus in die berühmte Tempelstadt fahren. Nach zwei Tagen in Bagan geht es mit dem Flieger nach Heho und von dort für weitere zwei Tage zum **Inle-See** (S. 418). Den Abschluss bildet ein Tag in **Yangon** (S. 130). Von dort lässt sich die Heimreise antreten.

Yangon, Bagan und Inle-See

Wer nicht so viele kulturhistorische Stätten besuchen mag und stattdessen mehr Yangon erleben will, kann seine Tour in **Yangon** (S. 130) beginnen, dort in das Stadtleben eintauchen und nach zwei Tagen mit dem Nachtbus an den **Inle-See** (S. 418) fahren. Hier lässt es sich ebenfalls gut zwei Tage aushalten, bevor es per Bus nach **Bagan** (S. 234) geht. In zwei weiteren Tagen hat man die wichtigsten Tempel der alten Königsstadt gesehen. Dann geht es per Flieger zurück nach Yangon und von dort in die Heimat.

Myanmar klassisch

■ zwei Wochen

Von **Yangon** aus geht es zunächst nach **Bagan** und dann (evtl. per Flussschiff) nach **Mandalay** mit Ausflug in die alte britische Sommerfrische **Pyin U Lwin** (S. 364). Auf der anschließenden Fahrt von der letzten Königsstadt zum **Inle-See** (S. 418) bietet es sich an, den ehemaligen ko-

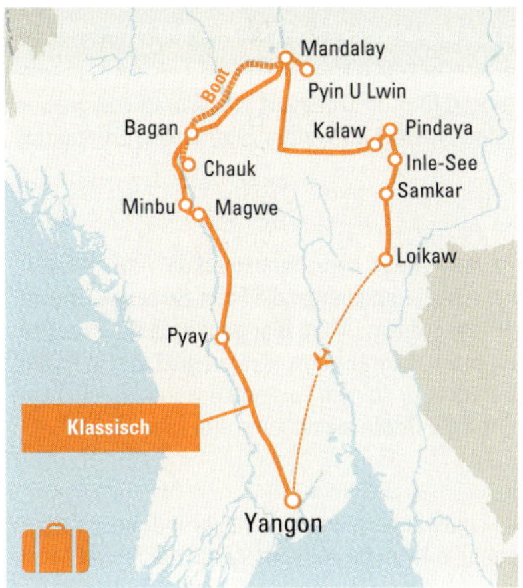

lonialen Alterssitz der Briten, **Kalaw** (S. 388), und die Höhlen von **Pindaya** (S. 402) zu besuchen. Auch lohnt es sich, vom Inle-See einen Tagesausflug zum Pagodenwald von **Kakku** (S. 426) oder **Indein** (S. 420) zu unternehmen. Man kann auch über die südlich gelegene Seenlandschaft **Samkar** (S. 422) per Boot und Auto weiter nach **Loikaw** (S. 430) reisen.

Wer mehr von Zentral-Myanmar sehen möchte, fährt von Yangon zunächst nach **Pyay** (S. 220) und dann weiter nach **Magwe** (S. 292). Von dort geht es über die Ayeyarwady-Brücke nach **Minbu** (S. 296), dann entlang der attraktiveren Westseite, bei **Chauk** wieder auf die Ostseite des Flusses und dann schließlich nach Bagan.

Myanmar intensiv

- ab drei Wochen

Wer drei und mehr Wochen Zeit hat, kann auch abgelegene Regionen erkunden. Die folgenden Tipps sind beliebig mit den Hauptreisezielen zu kombinieren.

Am Golf von Bengalen

Für all jene, die von Pagoden nicht genug bekommen können, ist **Mrauk U** (S. 512), die alte Hauptstadt von Rakhine, mit ihren 70 Heiligtümern genau das Richtige. Und langweilig wird es nicht, denn die teils wuchtigen Bauten haben ihren ganz eigenen Stil. Von Mrauk U aus können Tagesausflüge in die Umgebung unternommen werden, etwa per Wagen zum ursprünglichen Sitz des heute in Mandalay verehrten **Mahamuni-Buddha** (bitte Sicherheitshinweise beachten, S. 316). Am einfachsten erreicht man die Gegend mit dem Flieger über **Sittwe**, aber auch über Land gibt es Anreisemöglichkeiten.

Im Kayah-Staat

Die sympathische Hauptstadt des Kayah-Staates, **Loikaw** (S. 430), ist eine gute Basis für Tagesausflüge in die Umgebung, darunter Dörfer diverser Minderheiten. Übernachtungen außerhalb von Loikaw sind bislang nicht möglich. Die schönste Anreise ist fraglos per Boot vom Inle-See ins nahe gelegene Pekhon. Einfach geht es auch per Bus von Kalaw, Taunggyi oder Nay Pyi Taw.

Im östlichen Shan-Staat

Von **Kengtung** (S. 451) aus lassen sich wunderbare Ausflüge in die Berge der Umgebung unternehmen. Allerdings kommt man hier aus den anderen Landesteilen Myanmars am einfachsten per Flugzeug hin, die Anreise über Land ist von **Tachileik** (S. 457) aus möglich. Es macht Sinn, den Besuch an den Anfang oder Schluss der Myanmar-Reise zu legen und via Tachileik nach Thailand auszureisen oder von dorther einzureisen.

Sperrgebiete und Travel Permits

Noch immer gibt es Landesteile, die gar nicht oder nur im Rahmen organisierter Touren zu bereisen sind oder in denen es an (touristischer) Infrastruktur mangelt. Zudem kämpfen in vielen Grenzregionen diverse Schmugglerbanden, Befreiungs- und Drogenarmeen gegen die Regierung. Deshalb ist es wichtig, sich rechtzeitig vor Reiseantritt über die aktuelle Sicherheitslage zu informieren (S. 63). Für Gebiete, die nur mit einer Sondererlaubnis (Travel Permit) oder im Rahmen von Pauschaltouren bereist werden dürfen, wendet man sich ans Ministry of Hotels & Tourism (MOHT) oder (besser und bequemer) an eine darauf spezialisierte Reiseagentur.

Auf Myanmars Wasserstraßen

Auf über 8000 km sind die Flüsse Myanmars schiffbar und für den Transport von Waren von großer Bedeutung. Was liegt da näher, als auf einem Boot das Flussleben kennenzulernen? Dazu eignen sich folgende Routen.

Ayeyarwady

Der Abschnitt zwischen Mandalay und Bagan gehört mittlerweile zu den „Rennstrecken" – auch wenn die Landschaft eher eintönig ist. Viel schöner, aber auch abenteuerlicher ist die Fahrt zwischen Bhamo und Mandalay auf einer der Fähren der Inland Water Transportation (IWT). Hier geht es durch schroffe Schluchten, vorbei an Bambuswäldern und lauschigen Orten. Literaturfans können die Fahrt in Katha unterbrechen und in Orwells Fußstapfen treten, der sich dort zu seinem kolonialkritischen Buch *Tage in Burma* inspirieren ließ. Je nach Wasserstand brauchen die Boote mindestens drei Tage (S. 342).

Ayeyarwady-Delta

Dank besserer Straßen und neuer Brücken haben die Linienschiffe weitgehend ihren Dienst eingestellt. So bleiben organisierte Bootstouren nach Meinmahla Kyun (S. 193) und durch die Kanäle rund um Pyapon (S. 182) und Pathein (S. 185).

Chindwin

Zu den spannendsten Flussreisen zählt die Fahrt auf dem Chindwin von Monywa flussaufwärts nach Homalin und Hkamti. Hier sind Touristen noch selten, und man erlebt ursprüngliches Flussleben mit einem Hauch Abenteuer (S. 477).

Kaladan

Mit der Fähre geht es von Sittwe nach Mrauk U. Die ruhige bedächtige Anfahrt durch die Kanäle zu der Ruinenstadt ist ein besonderes Erlebnis (S. 511).

Tanintharyi

Nette Impressionen an Bord sowie von der vorbeiziehenden Landschaft verspricht eine Fahrt mit dem Linienboot von Myeik zum Ort Tanintharyi über den gleichnamigen Fluss.

Thanlwin

Die Strecke zwischen Mawlamyaing und Hpa-an ist landschaftlich sehr schön. Boote können vor Ort gechartert werden (S. 543).

Bitte beachten!
Etwa ab Februar bis zum Einsetzen der Regenzeit können der niedrige Wasserstand und Sandbänke die Fahrzeiten erheblich verlängern.

Im nördlichen Shan-Staat

Der nördliche Teil des Shan-Staates hat mit seiner Berglandschaft und ethnischen Vielfalt ungemein viel touristisches Potenzial. Leider sind hier die Reisemöglichkeiten aufgrund diverser militärischer Konflikte beschränkt. So bleibt die Fahrt entlang der ausgebauten „Burma Road" von **Mandalay** (S. 106) bis an die chinesische Grenze. Per Sammeltaxi oder Minibus geht es zunächst nach **Pyin U Lwin** (S. 364). Empfehlenswert ist die Weiterfahrt mit dem Zug über den berühmten **Gokteik-Viadukt** (S. 375) bis in die alte Fürstenstadt **Hsipaw** (S. 437). Chinesisch-geschäftig und eher gesichtslos präsentiert sich das von Bergen umgebenen **Lashio** (S. 445).

Im Chin-Staat und in der Sagaing Region

Wer sich in **Monywa** (S. 375) auf die Fähre (oder in einen Bus) setzt und nach Norden aufbricht, lässt alle touristischen Bequemlichkeiten hinter sich. Intensive Erlebnisse sind garantiert, so z. B. bei einem Abstecher in den nördlichen Chin-Staat, z. B. nach **Tedim** (S. 479) oder bei einem Besuch im Nagaland von **Hkamti** (S. 481) aus.

Im hohen Norden

Myitkyina (S. 464), die Hauptstadt des Kachin-Staates, ist nur mit dem Zug und dem Flugzeug erreichbar. Die Stadt bietet abgesehen vom jährlichen Manao-Fest nur wenige Sehenswürdigkeiten. Unweit davon entfernt liegt **Myitson** (S. 468), wo sich die Flüsse Mekha und Malikha zum Ayeyarwady vereinen. Zum größten Binnengewässer des Landes, dem idyllisch gelegenen **Indawgyi-See** (S. 469), führt ein Abstecher von der Bahnlinie Mandalay–Myitkyina. Aufgrund des blutigen Konfliktes zwischen der dort aktiven Kachin Independence Army (KIA) und der Zentralregierung sollten die Reisemöglichkeiten in dieser Region unbedingt aktuell überprüft werden. Noch weiter im Norden liegt das (wenn überhaupt) nur auf dem Luftweg erreichbare **Putao** (S. 481), dessen umgebendes Hochland das Richtige für abenteuerlustige Naturfreunde ist. Myanmars nördlichste Stadt ist auch Ausgangsbasis für Trekkingtouren rund um Südostasiens höchsten Berg **Hkakabo Razi** (S. 483). Diese sind allerdings teuer und nur mit Genehmigung möglich.

Im Süden

Erste Station nach Yangon ist **Bago** (S. 205), weiter geht es zum **Goldenen Felsen** nahe Kyaikhto (S. 533) und von dort via Thaton nach **Hpa-an** (S. 541), wo zwischen Reisfeldern bizarre Karstfelsen hervorlugen. Das nächste Ziel ist **Mawlamyaing** (S. 548). Von dieser atmosphärischen Stadt am Thanwlin empfiehlt sich eine Tagestour zum liegenden Buddha in **Mudon** (S. 558) inkl. Visite am **Setse Beach** und in **Thanbyuzayat** (S. 560, Endpunkt der berüchtigten „Todes-Eisenbahn". Die Rückreise führt über **Thaton** (S. 537) nach Yangon – oder man reist über den Grenzübergang **Myawaddy/Mae Sot** nach Thailand aus.

Im tiefen Süden

Der schmale Küstenstreifen in Myanmars tiefem Süden dürfte vor allem Reisende anlocken, die auf Ursprünglichkeit und Abenteuer aus sind.

Die dortigen Reisemöglichkeiten haben sich mit der Etablierung neuer Grenzübergänge von/nach Thailand, der Öffnung weitläufiger Sperrgebiete und der Freigabe von Landrouten (S. 530) erheblich erweitert. Als Stipp zwischen **Mawlamyaing** (S. 548) und **Dawei** (S. 565), lohnt ein Stop in **Ye** (S. 561). Die erheblich weiter südlich liegende Küstenstadt **Myeik** (S. 577) ermöglicht Tagestouren in den wunderschönen **Myeik-Archipel** (S. 583) sowie Trekking- oder Kajaktouren in **Tanintharyi**. (S. 561). Alle Tauchtouren in den Archipel starten vom Grenzübergang **Ranong/ Kawthoung** (S. 34) im südlichsten Landeszipfel.

Klima und Reisezeit

Myanmar liegt in der **tropischen Klimazone** und unterliegt dem Einflussbereich der **Monsunwinde**. Es werden daher drei Jahreszeiten unterschieden. Eine Reise ist jederzeit möglich, doch der Radius der Tour wird in der Regenzeit durch schlammige Straßen und unpassierbare Wege eingeschränkt. Die richtige Reisezeit ist somit von den geplanten Reisezielen abhängig.

Reisezeit

Die beste Reisezeit ist der **birmanische Winter**, also die trockenen, kühlen Monate von **November bis Februar**. Die Durchschnittstemperaturen liegen bei 20–30 °C, die Luftfeuchtigkeit ist gemäßigt, und es fällt nur gelegentlich Regen. In den Bergregionen, etwa im Shan-Staat, kann es nachts empfindlich kalt werden und sogar Frost geben. Aber selbst in Bagan und Mandalay ist es dann morgens und abends ziemlich frisch. Im nördlichen Kachin-Staat gibt es zuweilen weiße Weihnachten. Auch Ausflüge nach Mrauk U sind in dieser Zeit nur mit warmem Pullover anzuraten.

Mit Tagestemperaturen von 30–40 °C kann das Reisen während der **heißen Jahreszeit** von **März bis Mai** recht beschwerlich werden. In Ober-Myanmar, etwa in Bagan und Mandalay, klettert die Quecksilbersäule in der zweiten Aprilhälfte häufig auf 45 °C. Dafür weht in den Bergen ein angenehmes kühles Lüftchen. Für ausgiebige Bergwanderungen im Shan-Staat oder Bootsfahrten am Golf von Bengalen bietet sich daher die heiße Jahreszeit an.

In der **Regenzeit** zwischen **Ende Mai und Oktober** ist es bei 25–35 °C und hoher Luftfeuchtigkeit oft schwül-warm. Abends kühlt es meist auf etwa 20 °C, in Nord- und Zentral-Myanmar auch schon mal auf 10 °C ab. Der Südwestmonsun bringt heftige Regenfälle mit sich und betrifft vor allem die Küstenregionen. Dort beträgt die jährliche Niederschlagsmenge etwa 5000 mm. Badeurlauber sollten die Regenzeit daher meiden. In Ober-Myanmar fällt weitaus weniger Regen, da sich die Wolken schon am Rakhine Yoma abregnen; morgens und mittags lacht meist die Sonne. Viel Regen fällt im Juli und August. Im Oktober lockt dann das frische Grün vor allem Naturliebhaber ins Land.

Monsun

Der Name leitet sich von dem arabischen Wort *mausim* ab und bedeutet „Saison" oder genauer: „wiederkehrende Festzeiten". Damit bezeichneten die arabischen Seefahrer jene in Asien halbjährlich wechselnden Winde, die zwischen Mai und Oktober von Südwest nach Nordost und November bis März in umgekehrte Richtung wehen. Ursache ist ein zwischen März und Mai über Süd- und Zentralasien dominierendes umfangreiches Hitzetief, das dem Indischen Ozean feuchte Luftmassen entnimmt und zu ergiebigen Regenfällen führt. Es wird ab November von einem kräftigen Kältehoch mit trockenen Luftmassen über Sibirien abgelöst, die sich erwärmen und Richtung Südwesten wandern.

Als ab dem frühen 16. Jh. die Portugiesen die Weltmeere beherrschten, verwandelten sie den arabischen Terminus in *monção*. In seiner 1596 publizierten Reisebeschreibung *Itinerario* verwendet der holländische Seefahrer Jan Huyghen van Linschoten die Begriffe *monssoyn* und *monssoen*. Über diesen Weg fand vermutlich der „Monsun" Eingang in den allgemeinen Sprachgebrauch.

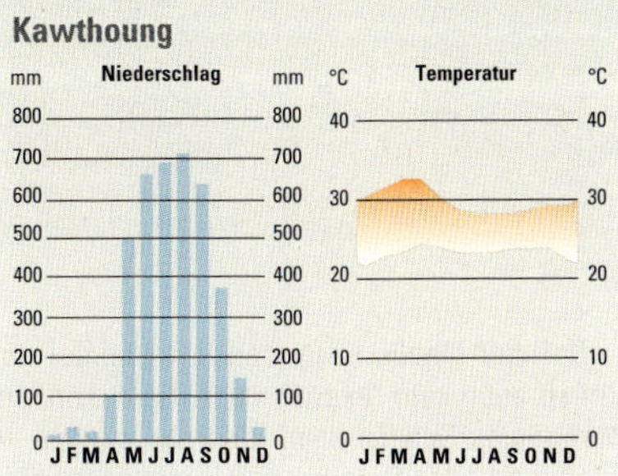
Kawthoung
mm
Niederschlag
mm
°C
Temperatur
°C
800
700
600
500
400
300
200
100
0
40
30
20
10
0
J F M A M J J A S O N D
J F M A M J J A S O N D

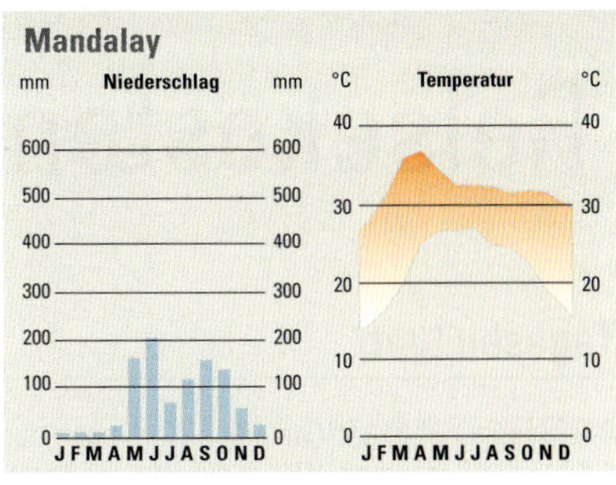
Mandalay
mm
Niederschlag
mm
°C
Temperatur
°C
600
500
400
300
200
100
0
40
30
20
10
0
J F M A M J J A S O N D
J F M A M J J A S O N D

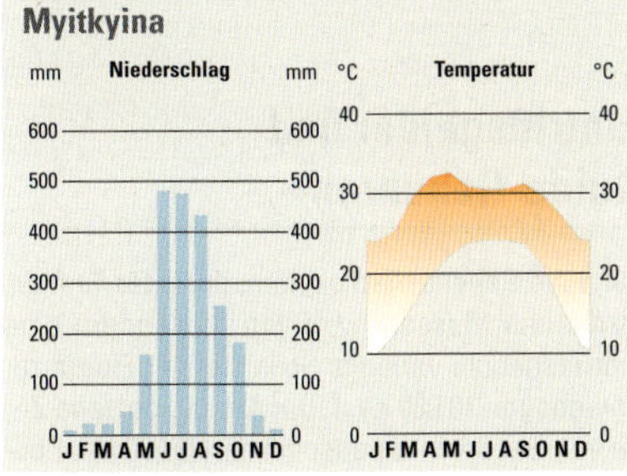
Myitkyina
mm
Niederschlag
mm
°C
Temperatur
°C
600
500
400
300
200
100
0
40
30
20
10
0
J F M A M J J A S O N D
J F M A M J J A S O N D

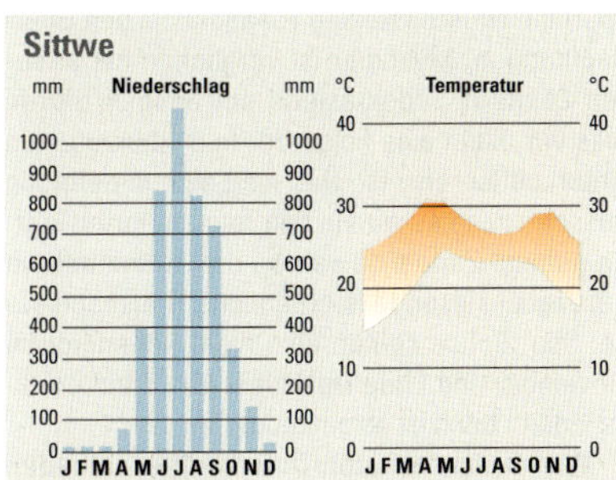
Sittwe
mm
Niederschlag
mm
°C
Temperatur
°C
1000
900
800
700
600
500
400
300
200
100
0
40
30
20
10
0
J F M A M J J A S O N D
J F M A M J J A S O N D

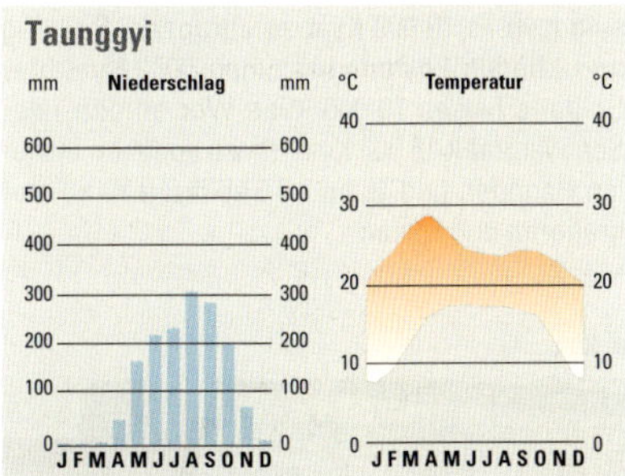
Taunggyi
mm
Niederschlag
mm
°C
Temperatur
°C
600
500
400
300
200
100
0
40
30
20
10
0
J F M A M J J A S O N D
J F M A M J J A S O N D

Myitkyina
Mandalay
Taunggyi
Sittwe
Yangon
Kawthoung

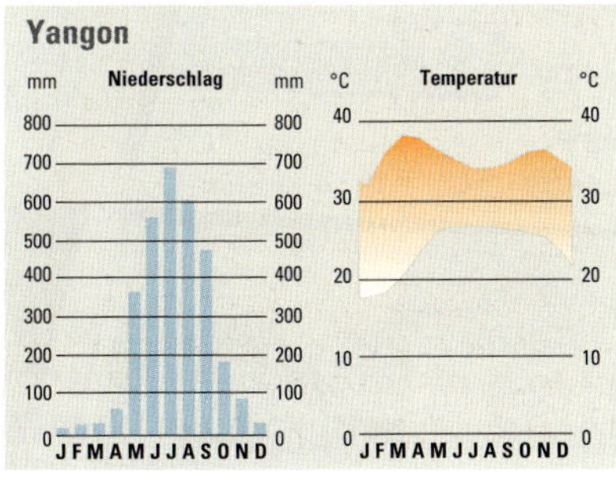
Yangon
mm
Niederschlag
mm
°C
Temperatur
°C
800
700
600
500
400
300
200
100
0
40
30
20
10
0
J F M A M J J A S O N D
J F M A M J J A S O N D

Reisekosten

Tagesbudget

Das Budget richtet sich natürlich stark nach der Anzahl der Reisenden. Wer allein unterwegs ist, spürt die höheren Kosten vor allem bei den Übernachtungen. Myanmar ist verglichen mit anderen Ländern Südostasiens um einiges teurer, was vor allem eine Folge der teils überzogenen Unterkunftspreise ist. Das mag sich mittelfristig bessern, denn es wird in den Touristenorten kräftig gebaut. Zudem gewähren die Unterkünfte in der Nebensaison teils erhebliche Preisnachlässe. Sparfüchse sollten also nicht unbedingt im November und Ende Dezember das Land bereisen, denn dann ist es am teuersten.

Wer mit einfachsten Unterkünften zufrieden ist, dem Essen am Straßenstand standhält sowie einheimische Lokale und öffentliche Verkehrsmittel vorzieht, kommt am Tag mit 30–40 € aus. Reisende, die zeitweilig einen Guide buchen, in besseren Hotels schlafen und die eine oder andere Strecke mit dem Taxi oder Flugzeug zurücklegen, benötigen durchschnittlich 60–90 € am Tag.

Darüber hinaus kann man in Myanmar natürlich auch sehr luxuriös reisen und wohnen. Mehrtägige Schiffsreisen, Übernachtungen im Edelresort oder Expeditionen in entlegene Gebiete können schnell einige tausend Euro kosten.

Eintrittsgelder und Guide-Gebühren

Für viele Sehenswürdigkeiten, darunter Tempel, Parks und Museen, wird von Ausländern eine Eintrittsgebühr verlangt. So kostet der Eintritt zur Shwedagon 10 000 Kyat. Die Archäologische Zone von Bagan wird pauschal mit 25 000 Kyat berechnet, für Bago, den Inle-See und Mandalay sind jeweils 10 000 Kyat zu berappen. Sagaing und Mingun kosten zusammen 5000 Kyat, der Goldene Felsen 10 000 Kyat. Wer an den Inle-See will, zahlt 15 000 Kyat. Hinzu kommen in vielen Pagoden und Tempeln Gebühren fürs Fotografieren und Filmen.

Private Busgesellschaften bedienen alle wichtigen Strecken.

© ANDRREA MARKAND

Guides: Ein Englisch sprechender Führer kostet US$40–50 pro Tag, ein deutschsprachiger etwa US$35. Trekking-Guides in den Bergen nehmen im touristisch erschlossenen Raum Kalaw/ Inle-See etwa US$20–30 am Tag pro Person (bei Gruppentouren), in abgelegeneren Regionen wie Loikaw oder Kengtung US$30–45, ganz weit draußen in den Chin-Bergen oder der Sagaing Region bis zu US$80.

Übernachtung

Die einfachsten Unterkünfte sind je nach Ort für US$10–20 pro Doppelzimmer zu haben und verfügen über Ventilator und Gemeinschaftsbad. Das meist aus ein paar Toastscheiben, Eiern, Saft und Kaffee bestehende Frühstück ist nicht immer inklusive. Ein Zimmer in einem einfachen Hotel mit Dusche und WC, Ventilator oder Klimaanlage kostet bis zu US$35 pro Doppelzimmer mit Frühstück. Für ein Zimmer der Mittelklasse ist mit US$35–80 zu rechnen. Gehobenen Ansprüchen werden Zimmer ab etwa US$80 gerecht. Luxus kann jenseits der US$150-Marke erwartet werden. Im Gegensatz zu allen Gästehäusern addieren die meisten Hotels zur Rechnung 10 % Mehrwertsteuer (VAT) und 10 % Service Charge. Auch in Myanmar gilt: Konkurrenz drückt die Preise. In Orten mit wenigen Unterkünften muss man daher für den gleichen Standard mehr bezahlen als etwa in Bagan oder Mandalay.

Transport

Lokale Busse und Pick-ups sind sehr billig. Auf nahezu allen Langstrecken zahlt man umgerechnet weniger als 20 € (immer noch günstig, auch wenn Touristen mehr als Einheimische zahlen müssen). Pick-ups nehmen für kurze bis mittlere Strecken oft wenige hundert Kyat. Bahnfahrten sind richtig günstig – dauern allerdings sehr lange. Zeit ist Geld, und so kosten Flüge ziemlich viel: Auch für eine halbe Stunde Flugzeit sind es meist über US$100, weiter entfernte Ziele kosten locker US$190. Die Ticketpreise werden in US$ ausgewiesen (können aber im Tageskurs auch in Kyat bezahlt werden, bzw. online gebucht in Euro).

Was kostet wie viel?

Hinweis: Bedingt durch die hohe **Inflationsrate** sind die in diesem Buch angegebenen Preise möglicherweise nicht mehr aktuell.

Trinkwasser	ab 300 Kyat
Softdrink (importiert)	1000–1500 Kyat
Großes Bier	ab 2000 Kyat
Kaffee (lokal)	ab 300 Kyat
Kaffee (aus Maschine)	ab 1500 Kyat
Mohinga-Frühstück	ab 500 Kyat
Currygericht	ab 2000 Kyat
Essen (westl. Standard)	ab 3000 Kyat
Hotelzimmer	
einfach	bis US$35
Mittelklasse	US$35–80
1 Liter Benzin	ab 950 Kyat
Taxifahrt (3 km)	2000 Kyat
Mietwagen mit Chauffeur	entfernungs- und konkurrenzabhängig ab US$40
Eintrittsgebühren	US$2–20

In den größeren Städten gibt es Taxis oder Tuk Tuks. In Yangon hat sich Grab etabliert, ansonsten hält man einfach ein Taxi an. Taxameter gibt es nicht. Meist wird man nicht mit überzogenen Preisen konfrontiert (nur am Flughafen heißt es aufpassen). Ein Mietwagen mit Fahrer kostet zwischen US$40 und US$150 am Tag – abhängig von Komfort und Alter des Fahrzeugs, Route und aktuellem Spritpreis.

Rabatte

Studenten und Rentner können kaum mit Vergünstigungen rechnen. Kinder bis zwölf Jahre zahlen in der Regel keinen Eintritt. Für ältere Kinder gibt es vereinzelt vergünstigte Eintrittspreise, etwa im Botanischen Garten in Pyin U Lwin.

Travelinfos von A bis Z

Wer nach Myanmar reist, benötigt einen Reisepass mit Visum, einige Kleidungsstücke für warme und kalte Tage oder Nächte, eine gute Krankenversicherung und jede Menge Neugier. In Myanmar ticken die Uhren anders – und das nicht nur, weil sie 4 1/2 Stunden vorgehen. Es lohnt sich, die folgenden Seiten in Ruhe zu lesen, um gut vorbereitet eine spannende Zeit zu erleben.

PICK-UP, YANGON; © MARK MARKAND

Kurz und knapp

Flugdauer etwa 12 1/2 Std. über Bangkok

Einreise Per Luft oder über Land

Geld Gezahlt wird in Kyat, bei größeren Summen kommen noch US$ zum Einsatz.

WLAN Immer mehr Unterkünfte bieten WLAN, Datenraten sind meist gering.

Zeitverschiebung 4 1/2 Std. der MEZ voraus (sofern es die Winterzeit noch gibt: 5 1/2 Std.)

Inhalt

Anreise

Die meisten Besucher reisen auf dem Luftweg nach Myanmar, selten allerdings mit einem Direktflug, sondern meist mit einem Zwischenstopp in Bangkok. Dort aus ist die Einreise auch über Land an mehreren Grenzübergängen möglich.

Mit dem Flugzeug

Yangon, Nay Pyi Taw und Mandalay besitzen internationale Flughäfen. Die meisten Gesellschaften fliegen nach Yangon. Mandalay wird von Bangkok und Chiang Mai (Thailand) aus angeflogen.

Anreise aus den Nachbarländern

Ein großer Teil der Besucher reist über Thailand ein. Wer in Thailand einen Zwischenstopp einlegen möchte, bekommt am Flughafen Bangkok eine (kostenlose) 30-Tage-Aufenthaltserlaubnis. Der Flug Bangkok–Yangon dauert etwa eine Stunde. In Bangkok gibt es zwei Flughäfen: den großen internationalen Flughafen Suvarnabhumi und den älteren Flughafen Don Mueang. Nok Air und AirAsia fliegen ab Don Mueang nach Myanmar. Die Fahrt mit dem kostenlosen Shuttle zwischen den Flughäfen dauert tagsüber etwa eine Stunde.

Bangkok Airways, 💻 www.bangkokair.com, verbindet Thailand von Bangkok und von Chiang Mai mit Myanmar. Fliegt nicht nur täglich die Strecke Bangkok–Yangon, Bangkok–Mandalay und Bangkok–Nay Pyi Taw, sondern auch z. B. auch viermal die Woche Chiang Mai–Mandalay. Gabelflüge sind eine gute Option.

Jetstar Airways, 💻 www.jetstar.com, fliegt von Bangkok nach Yangon. Viele weitere Ziele in Asien.

Malaysia Airlines, 💻 www.malaysiaairlines.com, fliegt von (und nach) Australien und Neuseeland nach Yangon. Kann auch als Gabelflug ab Stuttgart, München oder Amsterdam gebucht werden.

Myanmar Airways International, 💻 www.maiair.com, verkehrt täglich zwischen Bangkok und Yangon; zudem von Kuala Lumpur, Singapur, Guangzhou in China und dem buddhistischen Pilgerort Gaya in Indien nach Yangon.

Nok Air, 💻 www.nokair.com, fliegt zweimal täglich von Bangkok (Don Mueang) nach Yangon.

Singapore Airlines, 💻 www.singaporeair.com, fliegt ab Frankfurt, oft über München und Zürich, nach Singapur und weiter nach Yangon. Der Ableger **Silk Air**, 💻 www.silkair.com, fliegt ebenfalls täglich zwischen Singapur und Yangon, zudem nach Mandalay.

Thai AirAsia, 💻 www.airasia.com, mehrfach täglich Flüge zwischen Bangkok–Yangon und Kuala Lumpur–Yangon sowie (relativ teuer) täglich Bangkok–Mandalay. Bangkok ab Don Mueang.

Thai Airways International, 💻 www.thaiair.com, fliegt bis zu dreimal täglich zwischen Yangon und Bangkok (Suvarnabhumi). Mehrmals wöchentlich wird außerdem Mandalay angesteuert.

Vietnam Airlines, 💻 www.vietnamairlines.com, verbindet Yangon mit Ha Noi und Ho-Chi-Minh-Stadt (Sai Gon).

Weitere internationale Airlines, die Myanmar ansteuern, s. **eXTra [8524]**.

Flughafentransfer

Yangons Flughafen liegt gut 20 km nördlich des Zentrums im Stadtteil Mingaladon. Vor dem Flughafen warten Taxifahrer. Manch gut gerüsteter Tourist bucht selbst ein Taxi bei Grab (S. 76). Zwei **Shuttlebusse** fahren den ganzen Tag für wenige Kyat in die Innenstadt (s. genaue Infos zum Transport bei Yangon S. 173).

Der **Flughafen** von **Mandalay** liegt rund 35 km südlich der Stadt. Taxis brauchen knapp eine Stunde ins Zentrum und kosten meist um 12 000 Kyat bzw. 4000 Kyat p. P. bei Sammeltransporten. In den Flughäfen von Yangon und Mandalay gibt es im Arrival-Bereich Bankautomaten, an denen man sich mit der Landeswährung versorgen kann.

Auf dem Landweg

Die Einreisemöglichkeiten über Land haben sich deutlich verbessert – besonders durch neue Grenzübergänge von Thailand nach Myanmar. Ein Permit indes braucht man bei der Einreise aus **China** – ein Grenzübergang, der je nach po-

Weniger fliegen – länger bleiben! Reisen und Klimawandel

Weniger fliegen – länger bleiben! Reisen und Klimawandel

Der Klimawandel ist vielleicht das dringlichste Thema, mit dem wir uns in Zukunft befassen müssen. Wer reist, erzeugt auch CO_2: Der Flugverkehr trägt mit einem Anteil von bis zu 10 % zur globalen Erwärmung bei. Wir sehen das Reisen dennoch als Bereicherung: Es verbindet Menschen und Kulturen und kann einen wichtigen Beitrag für die wirtschaftliche Entwicklung eines Landes leisten. Reisen bringt aber auch eine Verantwortung mit sich. Dazu gehört darüber nachzudenken, wie oft wir fliegen und was wir tun können, um die Umweltschäden auszugleichen, die wir mit unseren Reisen verursachen. Wir können insgesamt weniger reisen – oder weniger fliegen, länger bleiben und Nachtflüge meiden (da sie mehr Schaden verursachen). Und wir können einen Beitrag an ein Ausgleichsprogramm wie **www.atmosfair.de** leisten.

Dabei ermittelt ein Emissionsrechner, wie viel CO_2 der Flug produziert und was es kostet, eine vergleichbare Menge Klimagase einzusparen. Mit dem Betrag werden Projekte in Entwicklungsländern unterstützt, die den Ausstoß von Klimagasen verringern helfen.

litischer Lage auch oft ganz geschlossen ist. Ohne Permit sind seit Ende 2018 Grenzübertritte von und nach **Indien** und **Laos** möglich. Der Grenzübertritt aus Bangladesch ist nicht möglich. Bei Nutzung der Übergänge ist die beiderseitige Zeitdifferenz zu berücksichtigen, s. S. 82.

Thailand

Mae Sai/Tachileik

Ein Visum für 14 Tage ist an der Grenze erhältlich und kostet US$18. Es erlaubt jedoch nur den Besuch von Tachileik und Kengtung. Auch Tagesausflüge, die US$10 Gebühr für den Visastempel kosten, sind möglich. Wer von Kengtung weiterreisen und ins Landesinnere Myanmars vorstoßen möchte, muss sich vorab in einer Botschaft ein reguläres 28-Tage-Visum besorgen. Eine Weiterreise von Kengtung ins Landesinnere muss auf dem Luftweg erfolgen.

Mae Sot/Myawaddy

Die Grenze markiert die Thailand-Myanmar-Freundschaftsbrücke (143 km südöstlich von Hpa-an, S. 557). Gegen US$10 (nur schöne Scheine, sonst 500 Baht) sowie die Hinterlegung des Reisepasses kann man auf der thailändischen Seite einen *Border Pass (Entry Permit)* erhalten, um sich als Tagesbesucher im grenznahen Bereich der Myanmar-Seite umzuschauen.

Phunaron (Phu Nam Ron)/Htee Khee

Der Grenzübergang 150 km östlich von Dawei ist der entlegenste und führt durch 4 km Niemandsland (S. 572). Das Visum für Myanmar muss vorab besorgt werden. Für Reisende, die Myanmar hier verlassen wollen, gilt das Gleiche wie an den anderen Übergängen: Bei der Einreise nach Thailand wird eine kostenlose, 30 Tage gültige Aufenthaltsgenehmigung erteilt. **Achtung**: Dies ist der einzige Grenzübergang, bei dem die Einreise nicht per E-Visum erfolgen kann.

Ranong/Kawthoung

Die Einreise über diesen Grenzübergang ist nur auf dem Wasserweg möglich (S. 590). Mit dem Ausreisestempel von Thailand geht es vom Sapan-Pla-Pier per Longtail-Boot inkl. kurzen Zwischenstopps an zwei Checkpoints in rund 30–40 Minuten zum birmanischen Grenzposten am Myoma-Jetty in Kawthoung. Wer sich zuvor ein Myanmar-Visum besorgt hat, kann ganz normal einreisen und per Flugzeug oder auf dem Landweg in Richtung Norden weiterreisen.

China

Die Grenze bei Ruili in China und Muse in Myanmar ist aufgrund von Drogenproblemen und bewaffneten Auseinandersetzungen immer mal wieder für Touristen in beide Richtungen geschlossen. Wenn sie offen sein soll, ist von Myanmar kommend sicherlich zuvor eine Sondererlaubnis einzuholen. In der Vergangenheit brauchte das staatliche Fremdenverkehrsbüro in Mandalay für die Erteilung der Genehmigung mindestens zehn Tage und verlangte dafür US$50. Weitere US$300 sind für den Guide und das Fahrzeug zu zahlen. Auch wer von China aus einreisen will, kommt ggf. um ein *special permit* nicht herum. Für beide Staaten ist ein Visum erforderlich.

Indien

In der Sagaing Region können Ausländer seit Ende 2018 mit gültigem Visum über die Grenzübergänge **Tamu/Moreh** und **Rihkhawdar** ein- bzw. ausreisen. Bei Tamu gibt es einen eigenen Grenzübergang für Ausländer, etwa 2 km von der Friendship Bridge entfernt. Auf der indischen Seite sollte für die Weiterreise nach Imphal der Transport im Vorfeld organisiert werden; auch indische Rupien sind am Grenzübergang nicht erhältlich. Zum Grenzübergang bei Rihkhawdar liegen uns noch keine verlässlichen Berichte vor. Wer von Indien kommt, kann in Rihkhawdar übernachten und dort am nächsten Morgen per Minibus nach Tedim und Kalaymyo weiterreisen (S. 478).

Unterwegs haben wir das Gerücht gehört, dass diese Grenzöffnung auf ein Jahr beschränkt sein soll. Falls sich das bestätigen sollte bzw. sobald uns andere aktuelle Informationen vorliegen, werden wir darüber berichten im **eXTra [11008]**.

Laos

Die Freundschaftsbrücke über den Mekong zwischen **Kyaing Lap (Kenglap)** im Tachileik-Distrikt und **Xieng Kok** ermöglicht seit Ende 2018 die Einreise aus der Provinz Luang Namtha in den östlichen Shan-Staat. Zum Zeitpunkt der Recherchen, wenige Monate nach Grenzöffnung, gab es nur wenige Informationen zum dortigen Checkpoint **Wan Pong**: Von und nach Kenglap muss der Transport auf eigene Faust organisiert werden; Tachileik oder Kengtung wären die nächsten relevanten Reiseziele. Der öffentliche Nahverkehr ist hier das Mittel der Wahl (vormittags). Die Organisation kann abenteuerlich werden, denn Englisch spricht hier draußen so gut wie niemand. Falls wir nähere Informationen haben, schreiben wir sie ins **eXTra [10996]**.

Botschaften und Konsulate

Vertretungen Myanmars im Ausland

Deutschland
Thielallee 19, 14195 Berlin-Dahlem
☏ +49 (0)30-206 1570
www.meberlin.com
Mo–Fr 9.30–16.30 Uhr
An gesetzlichen deutschen und einigen birmanischen Feiertagen geschlossen.

Österreich
Donau-City-Str. 6 Top 9. OG/1 (Andromeda Tower), 1220 Wien
☏ +43 (0)1-266 9105
http://myanmarembvienna.at/
Mo–Fr 9.30–17.30 Uhr

Schweiz
47 Av. Blanc, 1202 Genf
☏ +41 (0)22-906 9870
www.myanmargeneva.org

Eine aktuelle Liste der Vertretungen Myanmars in den umliegenden Ländern in Asien siehe **eXTra [10527]**.

Ausländische Vertretungen in Myanmar

Die Deutsche Botschaft ist sowohl für Bundesbürger als auch für Niederländer, Luxemburger und Österreicher zuständig. Wer seinen Pass verliert, kann hier einen neuen beantragen. Sinnvoll ist es, vor Reiseantritt vom Pass (und Visum) eine Kopie zu machen, da dies die Ausstellung eines Ersatzpasses erleichtert. Auch ein Foto des Visastempels nach Einreise ist sinnvoll. Die Ausstellung eines Ersatzausweises dauert einige Tage.

Die Botschaft hilft bei Problemen, die Reisende allein nicht lösen können. Sie ist jedoch nicht für Beschwerden über Reiseveranstalter oder andere Organisationen zuständig. Von abgelegenen Orten aus ist die deutsche Vertretung schlecht zu erreichen und ihre Einflussmöglichkeit ist aufgrund der Entfernung stark eingeschränkt. Auch wenn Nay Pyi Taw schon einige Jahre Hauptstadt ist: Die Botschaften befinden sich noch immer in Yangon. Wann wer wie umzieht, ist noch unklar.

Deutsche Botschaft
9 Bogyoke Aung San Museum Rd.,
Bahan Township, Yangon
✆ 01-548 951. In dringenden Notfällen mobil außerhalb der Sprechstunden: ✆ 09-502 3209
💻 www.rangun.diplo.de
🕒 Konsularabteilung Mo–Fr 9–12 Uhr; Visa Mo–Fr nach Vereinbarung; geschl. an Feiertagen

Schweizerische Botschaft
11 Kabaung Lane, 5 1/2 Mile, Pyay Rd.,
Hlaing Township, Yangon
✆ 01-534 754
💻 www.eda.admin.ch/eda/de/home/reps/asia/vmmr/embmya.html
🕒 Mo–Fr 9–11 Uhr

Eine Liste ausländischer Botschaften in Myanmar findet sich unter 💻 www.meberlin.com/index.php/foreign-missions-in-myanmar.

Einkaufen

Wer gern in exotischer Umgebung auf Einkaufstour geht, wird in Myanmar viel Spaß haben. Vor allem auf Märkten außerhalb der touristischen Gebiete ist man oft Exot, bekommt faire Preise und authentische Ware: unzählige verschiedene Mitbringsel, vom Kunsthandwerk bis zur seltenen tropischen Frucht. Es gibt viel zu erkunden.

Pilgern und shoppen

In Myanmar ist es üblich, mehrfach im Jahr Pilgerfahrten zu verschiedenen Heiligtümern zu unternehmen. Myanmaren mit Geld nutzen dies gerne für einen Urlaubs- oder Wochenendausflug. Dass anlässlich der Pagodenfeste auch große Märkte stattfinden, gehört zum birmanischen Weg des Pilgerns, wie ihn **Ma Thanegi** in ihrer Erzählung *Pilgerreise in Myanmar* sehr lesenswert beschreibt (S. 611).

Mal drängt man sich durch enge, mal duftende, mal stinkende Gassen eines überdachten Marktes. Oder man schlendert zwischen Hunderten Ochsen herum, die auf neue Arbeitgeber warten. Anderswo blinken die Auslagen der Edelsteinhändler in luftig angelegten Hallen. Abends, zwischen den indischen Händlern in Yangon, wähnt man sich inmitten eines riesigen Basars. Oder man steht vor Tischen oder ausgebreiteten Decken voller Kleinkram: Opiumgewichte und Natfiguren, Antiquitäten und Edelsteine, Münzen, alles durcheinander. Alt oder neu, echt oder unecht – das lässt sich nicht immer unterscheiden und ist vielleicht auch gar nicht so wichtig.

Das ein oder andere Mitbringsel findet sich auch während der Besichtigungstouren. In den Pagodenaufgängen bieten kleine Geschäfte **Devotionalien** und **Kunsthandwerk** aus der Region an: Buddha- oder Natfiguren, duftende Holzschnitzereien oder goldene Schälchen. Es lohnt sich auch, verschiedene Werkstätten zu besuchen. Fast immer findet sich hier eine Auswahl an schönen Souvenirs. Mal sind es kleine Schirmchen, die vor der Sonne schützen, mal Cheroots als qualmende Erinnerung. Oder ein Longyi, der sehr angenehm zu tragen ist. Es gibt kleine und größere Lackkunst, Marionetten, Webereien und Stoffe, Gold-, Bronze- und Silberschmuck – die Auswahl ist grenzenlos.

Der Zentralmarkt einer Stadt wird *zei-gyo* genannt. Manche **Märkte** heißen nach ihrem Distrikt oder Stadtteil, andere haben berühmte Namen wie Bogyoke Aung San. Letzterer befindet sich in Yangon und ist der größte und am besten bestückte überdachte Markt seiner Art in Myanmar. Kleine Geschäfte verkaufen Kleidung, es gibt Kunsthandwerk wie Holzschnitzereien, Malereien und Schmuck. Auf den örtlichen Märkten finden sich vornehmlich Waren des alltäglichen Bedarfs wie Longyis, Blusen und Hemden, Messer und Medizin, Obst, Gemüse und allerhand Essbares vom Tier. Im Shan- und Kayah-Staat ziehen ganze Märkte in einem festen Rhythmus durch die Gegend. Diese Regionen leben hauptsächlich von der Landwirtschaft, und das frische Gemüse will verteilt sein. Alle fünf Tage kommen die Händler in einen anderen Ort. Die Anwohner, Gästehausbetreiber und Hoteliers vor Ort wissen genau, wann wo Markttag ist und geben gern Auskunft.

Die **Preise** sind meist fair. In staatlichen Läden, Boutiquen und Einkaufszentren ist Handeln nicht üblich. Auch auf dem Markt ist Feilschen wenig angesagt – zumindest bei den Waren, die der Tourist kauft. Einige birmanische Händler äußern sich inzwischen genervt über verbissen um Cent-Beträge feilschende Touristen. Aus Frust beginnen die Ersten Fantasiepreise zu nennen. Vor allem bei Obst und Gemüse wird der Preis nicht gedrückt. Es kostet, was es eben kostet.

Glitzerfunkel und ein Selfie

Immer mehr große Einkaufszentren entstehen. Goldene Uhren, teurer Schmuck, Markenklamotten – und alles in großzügigem Ambiente. Riesige Foyers, hohe Decken. Es funkelt überall. Zum Kaufen kommen bisher wenige, die meisten sind zum Gucken hier und vor allem um ein Selfie von der ganzen Familie im Konsumtempel zu machen – das ist für viele der Höhepunkt eines Stadtbesuchs.

Antiquitäten

Der Export von Antiquitäten ist streng verboten – es sei denn, es liegt eine Exportgenehmigung vor. Das ist aber nur bei den wirklich teuren Läden der Fall. Die Finger lassen sollte man auch von eventuell noch in Ruinenstätten herumliegenden Figuren und Artefakten. Nach dem Glauben der Einheimischen bringt es sehr viel Unglück, diese Heiligtümer einfach mitzunehmen. Aber auch wer sich vor der Rache der Götter nicht fürchtet, sollte aus Respekt vor dem Nationaleigentum die Sachen einfach an ihrem angestammten Ort belassen.

Ein beliebtes Souvenir aus dem Reich der Antiquitäten sind **Opiumgewichte** und **-waagen**. Bis heute findet die Waage auf einigen Märkten der Edelsteinschürfer und Opiumbauern noch ihre ursprüngliche Verwendung. In einer schlichten, handgeschnitzten Holzkiste liegt eine filigrane Handwaage mit kleinen glänzenden Wiegeschälchen. Setzkastengroße Tierfiguren dienen als Gewichte. Beliebte Motive sind *Sar Mayee*, der langhaarige Ochse, *Hintha*, die beliebte mythische Gans, und der Karaweik, wie der ebenfalls in der Mythologie verehrte Kurzflügelkuckuck genannt wird. Insgesamt sind sechs der einst neun verwendeten Figuren übriggeblieben. Bis 1885 wurden die Gewichte aus Bronze gegossen. Dann verboten die Briten diese Tradition und standardisierten das Maßsystem. Heute bestehen die Gewichte aus Messing und werden primär für den Touristenmarkt hergestellt. Trotzdem dürfen sie offiziell nicht ausgeführt werden. Das Interesse der Zöllner an dieser Art Mitbringsel ist jedoch gering.

Hände weg von Antiquitäten!

Für viele Gegenstände, die auf den Märkten oder der Straße angeboten werden, gibt es keine Exporterlaubnis. Besondere Umsicht ist bei echten Antiquitäten geboten, d. h. bei Kunstwerken, Münzen, Bronze- und Messinggewichten, buddhistischen Faltbüchern sowie Ton- und Bronzepfeifen. Auch antike Bronzeskulpturen und alle religiösen Bildnisse dürfen offiziell nicht ausgeführt werden. Ohne Zertifikat erworbene Edelsteine kann der Zoll konfiszieren. Verboten ist der Export nationaler Kulturschätze: Gold und Silber mit Inschriften, prähistorische Funde, historische Dokumente, Fresken und nationale Insignien und Embleme.

Buddhafiguren

Statuen des Erleuchteten dürfen offiziell nicht aus Myanmar ausgeführt werden. Sofern es sich jedoch um Neuware handelt und eine Kaufbestätigung mit entsprechendem Hinweis und der Größenangabe der Figur vorgezeigt werden kann, steht einer Ausfuhr meist nichts im Weg. Kleinere Figuren fallen wenig auf. Wer die Figuren respektvoll behandelt, wird keine Probleme bekommen.

Mandalay als religiöse Hochburg ist Sitz zahlreicher Handwerksbetriebe. In kleinen und größeren Fabriken werden Buddhafiguren gegossen. Figuren aus Bronze werden seit dem 10. Jh. im Viertel Tampawaddy hergestellt: Staub, Dung, Mehl, Reisschrot und Wasser werden zu einer Masse geknetet, aus der das Grundmodell der Buddhafigur entsteht. Dann wird Wachs auf die Grobform modelliert. Auf diese Wachsschicht kommt eine Lehmschicht. Das Modell wird auf dem Feuer erhitzt, bis das Wachs, wieder verflüssigt, aus einer freigelassenen Öffnung fließt. Nun ist die Tonform fertig! Vier Teile Zinn und sechs Teile Kupfer, z. T. auch etwas Blei, werden unter Hitze zu Bronze verschmolzen. Die flüssige Bronze wird durch die kleine Öffnung gegossen und nimmt den vom Wachs hinterlassenen Zwischenraum ein. Zwei Tage muss die Bronze abkühlen, dann wird der Lehm abgeschlagen. In künstlerischer Feinarbeit werden Unebenheiten und Fehler bearbeitet.

Bücher

In Yangon gibt es interessante Buchläden und Straßenhändler, die neben englischer Trivialliteratur und fast vergessenen Publikationen manchmal auch Reise- und Sprachführer anbieten. In den größeren Geschäften und am Flughafen werden die neusten Bildbände über Myanmar verkauft. Daneben gibt es Infohefte in englischer Sprache über abgelegene Regionen (z. B. Mrauk U). Adressen in Yangon auf S. 167. Auch in Mandalay, Bagan, Hsipaw oder Pyin U Lwin findet sich mittlerweile eine Auswahl englischsprachiger Literatur.

Edelsteine und Schmuck

Wer über das nötige Kleingeld verfügt, kann einen bunten Urlaubsschatz mitbringen. Auf den Märkten gibt es Rubine, Saphire, Topase, Aquamarine und Spinelle, außerdem Smaragde, Amethyste, Lapislazuli, Jade und wertvolle Perlen. Händler aus aller Welt treffen sich zweimal jährlich im Gems and Pearl Emporium in Yangon.

Die meisten Steine sind geschliffen und viele in hochwertigem Gold- und Silberschmuck verarbeitet. Beim Kauf ist Vorsicht geboten, denn immer wieder kommt es zu Betrügereien. Häufig werden unwissenden westlichen Besuchern große Gewinnspannen vorgegaukelt. Laien erstehen nicht selten nur bunte Plastikperlen und künstlich angefertigte Steine (etwa Rubine und Saphire, die mit Hilfe eines Schmelzprozesses aus Ammonikalaun mit Chromalaun und etwas Chromoxid hergestellt werden). Viel zu teure Anfangspreise gehören beim Edelsteinhandel zum Spiel. Wer Spaß am Feilschen hat und etwas von Edelsteinen versteht, kann gute und für beide Seiten befriedigende Geschäfte machen.

Der Export von Edelsteinen ist offiziell nur gestattet, wenn diese von staatlich lizenzierten Händlern gekauft wurden. Diese führen 10 % des Kaufpreises an den Staat ab und stellen eine Bescheinigung für den Zoll aus. Wer bei einer illegalen Ausfuhr erwischt wird, muss mit einer Haftstrafe von bis zu zehn Jahren rechnen.

Faltbücher und Palmblattbücher

Kammawa, **Pesa** und **Parabaik**, die alten buddhistischen Faltbücher, werden beispielsweise am Inle-See oder in Pindaya feilgeboten. Früher einmal wurde den jungen Mönchen ein solches Buch zur Ordination mit ins Kloster gegeben. In einigen Büchern finden sich kunstfertige Zeichnungen, die Buddhas Leben und Wirken zeigen. Andere sind eng mit Versen seiner Lehre beschrieben.

Die Seiten der Pesa bestehen entweder aus Palmblättern oder schmalen Stäben. Die-

Birmanische Schönheitstipps

Sauberkeit ist den Myanmaren so wichtig, dass sich die meisten zweimal am Tag waschen. Doch dies nur mit **kaltem Wasser**, denn warmes gilt als schädlich für die Haut und sollte nicht zur Körperreinigung benutzt werden. In der kalten Jahreszeit in den Bergen kostet es Touristen allerdings keine geringe Überwindung, diesem Tipp zu folgen.

Das birmanische Make-up ist die **Thanaka-Paste**. Egal ob Jung oder Alt, Frau oder Mann, alle schätzen die Paste aus einer fein geriebenen Rinde des Zitronenbaumes *Limonia acidissima*. Thanaka verschönt nicht nur das Gesicht, sondern schützt auch vor der Sonne und wirkt angenehm kühlend. Auffallend wenige Myanmaren haben Akne – auch das möglicherweise ein Verdienst von Thanaka. Die Paste gibt es fertig gemahlen, doch die Myanmaren kaufen lieber die kleinen Holzstücke, deren Rinde sie auf einem dafür vorgesehenen Reibestein mit Wasser anrühren.

Auf den Märkten und in einigen Läden gibt es zudem eine **Seife**, die aus dem Niem-Baum (S. 254) hergestellt wird. Auch im Westen wird sie von immer mehr Hautärzten geschätzt.

Das traditionelle **Shampoo** der Myanmaren wird aus der Rinde des Tayaw-Baumes gewonnen und mit zahlreichen Blättern und Samen vermischt. Es kühlt nicht nur den Kopf, sondern macht auch das Haar geschmeidig.

se einzelnen Seiten werden zu einem Stapel geschnürt. Parabaik sind ähnlich einer Landkarte gefaltet. Ein verzierter Buchdeckel gibt die nötige Stabilität. Kammawa sind vergoldete Bücher mit schwarzer Lackschrift, die aus 16 Blättern bestehen. Um einen Ausverkauf von Kulturgütern zu verhindern, sollte man keine alten Exemplare kaufen, sondern nur moderne Nachbildungen.

Es gibt kleine Faltbücher, in denen bunte **Tätowiermotive** aufgemalt sind. Diese Bücher sind in den seltensten Fällen alt.

Gold, Silber und andere Metalle

Myanmar wird oft das Goldene Land genannt. Die Flüsse des Landes sind reich an Gold, das immer nach alter Tradition mit flachen Schüsseln herausgewaschen wird. In Form von vergoldeten Pagoden oder glänzenden Buddhafiguren wird dieser Reichtum zur Schau gestellt. Gläubige kleben Blattgold an Buddhafiguren, und Gold dient auch als Schmuck und Geldanlage.

Goldene Ohrringe mit glitzernden Steinen schmücken selbst ärmlich gekleidete Frauen. In fast jeder Stadt finden sich Goldhändler, die ein großes Sortiment an Schmuck verkaufen. Sind diese mit Rubinen oder anderen Edelsteinen versehen, dürfen Ausländer sie allerdings nur ausführen, wenn sie eine offizielle Lizenz vorweisen.

Auch die Silberschmiedekunst kann auf eine lange Tradition zurückblicken. Vor allem die königlichen Herrscher umgaben sich mit Alltagsgegenständen aus Silber: Schalen, Vasen, Betelnusskästchen, Dolche und Schwertgriffe waren oft wertvoll verziert. Heute werden die schönsten Silberschmiedeerzeugnisse in Ywataung bei Sagaing hergestellt.

Mandalay ist neben der Herstellung von Goldblatt auch für seine Kupfer- und Messingschmiedekunst bekannt. Aus diesen Materialien werden Buddhafiguren (s. dazu auch S. 318), Gongs und Glocken hergestellt.

Holzschnitzereien

An den Aufgängen von Pagoden finden sich zahlreiche Schnitzarbeiten. Oft duftet es dann herrlich nach Sandelholz. Viele bemalte Holzfiguren werden mit Buntglas verziert. Diese funkeln meist ebenso bunt wie die für teure Stücke verwendeten Edelsteine. Mini-Bücher aus Holz, geschnitzte Blumen und Schachspiele gehören zum Sortiment der kleinen Geschäfte.

Kleidung und Stoffe

Longyi-Stoffe werden auf allen Märkten des Landes angeboten. Es gibt verschiedene Grundgrößen – je nach Umfang der Person, die den Rock tragen will – und je nach Region unterschiedliche Farb- und Musterkombinationen. Longyi-Stoffe aus dem Rakhine-Staat gelten als besonders wertvoll. Dank einer besonderen Webtechnik erinnern sie an Brokatstoffe. Auch die Seiden-Longyis der Intha vom Inle-See sind für ihre Schönheit berühmt. Männern sind die Karo-, Rauten- und Streifenmuster vorbehalten. Frauen-Longyis haben oft Blumenmotive, verschlungene Muster oder sind einfarbig. Meist sind Longyis unvernähte Stoffbahnen in einer Größe von 2 x 1 yard (182 x 91 cm), die sich auch als Tischtuch, Sonnenschutz, Bettunterlage usw. eignen. Praktisch zum Anziehen sind die fertig vernähten Männer-Longyis. Myanmaren tragen dazu normalerweise Hemden. Während Männer-Longyis extrem bequem sind, trippeln Frauen mit weit wenig Schrittfreiheit – denn hier wird nicht locker geknotet, sondern umgeschlagen. Je schlanker frau also um die Taille ist, desto enger wird der Spielraum der Beine. Bevor frau sich also einen Stoff zum Rock vernähen lässt: sowohl die Technik der Frau vom Land (einfaches Einschlagen) als auch die Version „Stadtfrau" ausprobieren. Bei Letzterer wird der Rock eng auf den Leib geschneidert. Frauen tragen Blusen zum Longyi; es darf aber auch ein T-Shirt sein.

Auch andere Kleidung findet sich auf den Märkten, z. B. weiße oder bunte Hemden und z. T. auch Secondhandware aus Thailand, China oder dem Westen (Jeans und T-Shirts). Schwieriger ist der Kauf von westlicher Badekleidung. Bikinis, Badeanzüge und Badehosen sind in Myanmar unüblich. Birmaninnen gehen fast nie schwimmen, und wenn, dann nur in ihrem Longyi. Auch zum Waschen am öffentlichen Brunnen wird das gute Stück nicht ausgezogen – auch von Männern nicht.

Wer Stoffe aus reiner Seide sucht, kann mit einer Feuerprobe den edlen Stoff von Kunstfasern unterscheiden: Plastik schmilzt, Seide nicht. Gezündelt werden sollte selbstverständlich nur an einer Ecke des Stoffes und nur mit Zustimmung des Händlers.

Lackarbeiten

Myanmar ist vor allem für seine kunstfertigen Lackarbeiten bekannt. Dieses ursprünglich vermutlich aus China stammende Handwerk hat in jedem Landesteil eine spezifische Ausprägung. Besonders die Schüsseln, Schalen und Gefäße aus Bagan sind beliebte Mitbringsel. Die Lackarbeiten der Shan, die ihre Gefäße mit Perlen, Edelsteinen oder bunten Spiegelscherben verzieren, sind z. T. richtige kleine Kunstwerke.

Der Anfang dieses Handwerks wird auf die Mitte des 16. Jhs. datiert, als König Bayinnaung im Jahr 1558 Künstler aus Chiang Mai gefangen nahm. Manche Forscher sehen den Ursprung bereits im 11. Jh. und vermuten, dass diese Kunst in Myanmar auf chinesischen Einfluss zurückgeht. Da auch in Sri Ksetra Lackarbeiten gefunden wurden, die bereits im 5. Jh. hergestellt worden sind, ist davon auszugehen, dass die heutige Technik einer Verschmelzung verschiedener Kulturen zu verdanken ist.

Die verwendete Ritz- und Polychromtechnik ist sehr aufwendig, und so können große und wertvolle Lackarbeiten eine Herstellungszeit von bis zu einem Jahr haben. Je farbenprächtiger die Arbeiten sind, desto hochwertiger sind sie, denn für jede Farbe wird ein neuer Schleifgang notwendig.

Der Lack stammt von dem in ganz Asien beheimateten Thitsi-Baum, der in Myanmar vor allem in den Shan-Bergen wächst. Die aus dem Baum gewonnene Flüssigkeit ist zäh, härtet in Verbindung mit Luft aus und verfärbt sich tiefschwarz. Der strenge Geruch des Lacks hält sich einige Jahre. Bei der Herstellung wird zuerst ein Geflecht aus Bambus als Grundform hergestellt. Bei größeren Gegenständen, z. B. Tischen, wird Holz verwendet. Auf dieses Gerüst wird in mehreren Schichten der Lack aufgetragen und anschließend ein Muster eingeritzt. Dies wird in mehreren Arbeitsgängen mit verschiedenen Farben (Rot, Grün, Gelb, Gold) bemalt und jeweils abgeschliffen. Es werden auch Lackarbeiten mit eingelegtem Blattgold hergestellt. Dafür wird das Gold in das geritzte Muster gedrückt und das überlappende Gold mit Wasser und einem Schwamm entfernt. Auch Eierschalen kommen zum Einsatz, was ein besonders filigranes Muster ergibt.

Buntes Markttreiben wie hier in Mawlamyaing gehört in Myanmar zum Reiseerlebnis.

Stücke aus Bambusgeflecht sind teuer, haben aber den Vorteil, dass sie sich unter Druck verformen, dann aber wieder in ihre Ursprungsform zurückspringen. Minderwertige Kleinware ist aus Pappe oder einem massiven Bambus- oder Holzstück hergestellt. Diese Gegenstände zerbrechen schnell, da sie keinerlei Druck aushalten. Pappe ist zwar verformbar, springt aber nur langsam und nicht vollständig in die Ursprungsform zurück.

Lack wird auch als Grundierung für die Vergoldung von Stupas und Buddhafiguren verwendet. Vor allem im Shan-Staat gibt es zahlreiche Buddhafiguren, deren Körper aus Bambusgeflecht hergestellt und anschließend mit Lack überzogen wurden.

Marionetten

Mandalay ist für sein Marionettentheater berühmt. Die Tradition ist sehr alt, stirbt aber wohl bald aus; die Jugend guckt lieber Videos auf dem Smartphone. Nur noch Touristen scheinen am Spiel der Puppen (S. 125) Interesse zu haben. Das gilt auch für die Figuren, die heute vermehrt als Deko in Hotelzimmern oder als Souvenirs zu finden sind. Außer in Mandalay werden die auf alt getrimmten Figuren vor allem in und vor den Tempeln von Bagan verkauft.

Schirme

Die bunten kleinen und größeren Schirme werden an fast allen touristischen Orten angeboten. Sie sind mit Stoff oder Papier bespannt und bemalt, meist mit Blumenmustern oder leuchtend einfarbig. Schirme des täglichen Gebrauchs haben Holzgriffe, solche für Zeremonien Silbergriffe. Robuster, größer und sogar wasserdicht sind dunkelrot oder schwarz gefärbte Schirme.

Traditionelle Bambusschirme *(Pathein hti)* kommen aus der Hafenstadt Pathein (S. 185). Pathein-Schirme kaufen auch birmanische Touristen als Andenken oder Mitbringsel. Die in Mandalay, am Inle-See oder in Pindaya feilgebotenen Schirme werden meist vor Ort hergestellt und sind im Wesentlichen für westliche Besucher bestimmt.

Umhängetaschen

Shan-Umhängetaschen sind nicht nur außergewöhnlich, sondern auch sehr alltagstauglich. Die praktischen Umhängetaschen lassen sich wunderbar als Daypack verwenden. Die Qualität ist sehr unterschiedlich. Die besten Arbeiten finden sich bei den Produzenten, d. h. bei den Bergbewohnern oder den Weberinnen am Inle-See. Wichtig ist eine Kontrolle der Nähte, damit die Tasche nicht sofort auseinanderfällt, wenn sie bepackt ist. Ansonsten unterscheiden sich die Taschen hauptsächlich durch Farbe, Muster und Größe.

Wandbehänge, Perlen- und Paillettenstickereien

Ein Elefant, der auf seinem Rücken eine Horde junger Prinzen mit glänzenden Kronen trägt: Birmanische Wandbehänge, *kalaga* genannt, erzählen Geschichten aus der birmanischen Mythologie; mithilfe bunter Pailletten auf Stoffen in gedeckten Farben erwacht diese Zeit glitzernd zum Leben. Die Figuren sind in Reliefform gearbeitet, mit Silber- und Goldfäden durchwirkt und mit Glasperlen und Pailletten bestickt. Eine gute Arbeit zeichnet sich durch dichtes, festes Gewebe und viele Pailletten aus. Diese sollten überlappend aufgenäht sein und die Stickereien deutlich hervortreten. Verwendete Metallteile glänzen selbst bei alten Qualitätsstücken. Als Motive dienen neben mythologischen Darstellungen auch Blumen und Tiere. In Mandalay gibt es viele Geschäfte mit diesen Wandbehängen. Es hat sich ein Schleppersystem entwickelt, das die *kalaga* für den Touristen etwas verteuert. Trishaw- und Taxifahrer verdienen mit. Eine kleine Auswahl gibt es auch auf dem Bogyoke-Aung-San-Markt in Yangon.

Essen und Trinken

Myanmars Küche ist abwechslungsreich, denn die hier lebenden Völker haben ihre ganz eigenen Lieblingsgerichte. Freunde von Süßigkeiten, von indischer und chinesischer Küche, milden Currys, Baum- und Meeresfrüchten kommen

Tischsitten

Im Familienkreis wird meist auf dem Boden sitzend gegessen, im Restaurant gibt es Tische und Stühle. Alle Speisen werden zur gleichen Zeit aufgetischt. Jeder bestellt ein eigenes Hauptgericht; die Beilagen, von denen es meist viele gibt, werden geteilt. Traditionell wird mit den Fingern gegessen, im Restaurant gibt es Gabel *(khayìn)* und Löffel *(zun)*. Dabei wird die Gabel mit der linken Hand benutzt, um das Essen auf den Löffel zu schieben. Nudelsuppen werden mit Löffel und Ess-Stäbchen (für den festen Inhalt) gereicht. Es ist Sitte, sich die Finger vor und nach dem Essen zu waschen. Oft gibt es noch Waschbecken im Speisezimmer oder am Eingang.

ebenso auf ihre Kosten wie Spezialitätensucher. Die fruchtbare Natur beschert dem Land eine Fülle an Obst und Gemüse. Fisch gibt es in großer Auswahl und regionaler Vielfalt, Fleisch steht weniger im Mittelpunkt der Mahlzeit.

Gegessen wird im Kreis der Familie, im Restaurant oder am Straßenstand: An Letzterem locken die lokalen Köstlichkeiten verführerisch, doch sind sie mit Vorsicht und nur bei robustem Magen zu genießen.

In den lokalen Restaurants speist man sehr günstig: Ein traditionelles Curry mit einem ganzen Tisch voller Beilagen kostet im Schnitt 1500–3000 Kyat. In Restaurants, die vornehmlich auf Ausländer ausgerichtet sind, liegen die Preise höher.

Myanmaren essen in der Regel früh zu Abend: Einheimische Restaurants schließen zwischen 19 und 20 Uhr. An touristischen Orten ist aber auch später noch etwas zu essen zu bekommen. Ab 21.30 Uhr wird es allerdings schwierig.

Food Poison

Die traditionelle Überlieferung in Myanmar kennt einige Nahrungsmittel, die, wenn man sie gleichzeitig isst, giftig oder zumindest unverträglich sind: Milch und Limonen etwa, aber auch Mangosteen (Passionsfrucht) mit Zucker oder Wassermelone mit Ei. Kokosnuss mit Honig ist ebenso *food poison* wie Speiseeis mit Gurke, Schwein mit Toddy-Wein, Frösche oder Krabben mit Pilzen, Tauben mit Ingwer, Papageien mit Auberginen ... An den kleinen Poster-Ständen auf Märkten oder in den Straßen von Yangon gibt es entsprechende Bilder zu kaufen, auf denen noch eine ganze Reihe weiterer unverträglicher Kombinationen aufgelistet ist.

Fisch, Meeresfrüchte und Fleisch

Die meisten **Fische** stammen aus den Regionen am Inle-See (dort werden Karpfen gezüchtet) und aus dem Meer an der Rakhine-Küste oder dem lang gestreckten Küstenstreifen im Süden des Landes. Besonders reichhaltig ist die Auswahl in den Fischrestaurants von Yangon. Meeresfisch ist natürlich in den Hafenstädten besonders frisch zu haben. Eine Reise nach Ngapali Beach oder in den Süden lohnt daher schon wegen des köstlichen, frisch gegrillten Fisches und anderer Meerestiere, wie Garnelen, Hummer und Tintenfisch. Bitte keine Schildkröten-Eier o. Ä. bestellen, auch wenn es auf der Karte steht. Die Tiere sind auch in Myanmar offiziell geschützt, und ganz ehrlich: Potenter werdet ihr davon nicht, auch wenn die Myanmaren das bis heute glauben.

Auch **Schweine-** und seltener **Rindfleisch** kommt auf den Tisch. Wie frisch das Fleisch ist, lässt sich aber nicht immer sagen. Viele Buddhisten verzichten auf das Fleisch vierbeiniger Tiere und wollen diese erst recht nicht töten (was dazu führt, dass die Metzger des Landes Chinesen oder Muslime sind). Hindus lehnen den Verzehr von Rindfleisch ab. Einige Natgeister (so die Taungbyone-Brüder als Söhne eines Muslims) missbilligen den Genuss von Schweinefleisch. Eher frisch, da schneller verbraucht, ist **Geflügel**, doch auch hier gibt es keine Unbedenklichkeitsgarantie.

Obst und Gemüse

Myanmar bietet viele frische **Früchte**: Erdbeeren im Gebiet zwischen Mandalay und Taunggyi, Avocados am Inle-See; außerdem gibt es Orangen und Limetten, Bananen, Ananas, Mango (über hundert Sorten allein in Toungoo), Papaya, Rambutan, Pomelo, Wassermelonen, Brotfrüchte, Jackfrucht, Durian und Kokosnuss. Auch Mangosteen versüßen das Leben. Ihre Schale wird zum Färben von Stoff, z. B. Mönchsroben, benutzt. Und je nach Jahreszeit und Gegend finden sich viele Früchte auf den Märkten, für die es gar keine Bezeichnung in einer europäischen Sprache gibt – einfach probieren! Beliebt sind auch Äpfel, die allerdings arg mit Pestiziden bespritzt aus China importiert werden.

Die **Gemüse**-Auswahl ist ähnlich groß: Tomaten, Bohnen, Erbsen, Kohl, Blumenkohl, Mais, Kartoffeln, Möhren, Auberginen, Paprika, Gurken, Pilze, Kopfsalat, Tomaten, Zucchini, Rettich, Zwiebeln und Sojabohnen. Je nach Jahreszeit und Gegend gibt es auf den Märkten noch viel mehr zu entdecken.

Gewürze

Verwendet werden Chili, Pfeffer, Ingwer, Zimt, Kurkuma, Koriander, Kardamom, Kassia-Rinde, Anis, Kreuzkümmel, Gewürznelken, Zitronengras, Tamarinde, Sesam, Rosensirup, Knoblauch und zahlreiche Curry-Mischungen. Eine Besonderheit ist die beliebte *ngapi*: eine streng riechende salzige Paste aus Fisch und Garnelen, die in großen Fässern eingelegt wird und gärt, anschließend in der Sonne getrocknet und zerdrückt wird. Als Tischgewürze finden sich *ngapi jaw*, gebratene Garnelenpaste mit Chili und Knoblauch, *balachaung* aus Chili, Tamarinde und getrockneten Garnelen und *ngapi ye*, eine salzige dünne Soße aus Fisch und Garnelen.

Getrocknete Gewürze, die in einer wahren Farben- und Geruchspracht auf den Märkten angeboten werden, eignen sich toll als Souvenir. Sie duften und schmecken daheim noch lange nach Asien.

Brot und Gebäck

In großen Städten gibt es zahlreiche Bäckereien. Im Angebot sind Weißbrot (oft schmeckt es etwas nach Kokos), eine Art süßer Zwieback und zahlreiche Gebäckvariationen. Myanmar ist ein wahres Keksparadies – ein Überbleibsel aus der britischen Kolonialzeit. Einige Plätzchen schmecken wie Spritzgebäck, andere wie Heidesand. Manche sind bunt und haben außergewöhnliche Formen, andere werden in großen Tüten als Bruchgebäck verkauft. Generell gilt, dass industriell gefertigte Waren, besonders die aus Thailand importierten, teurer sind als Frischgebackenes. Besonders beeindruckend sind die bunten Torten in den größeren Bäckereien, die zu großen Festen wie Hochzeiten gekauft werden.

Vegetarier und Veganer

Wer fleischlos essen will, kann *the'tha'lu'* („frei von Leben töten") bestellen. Es kann jedoch vorkommen, dass die Grundsubstanz etwa einer Suppe aus einer Hühner- oder Fleischbrühe besteht und sich ein paar Fleischstücke (oder zumindest deren Geschmack) auch bei *the'tha'lu'*-Gerichten finden. Strikte Veganer haben es etwas schwerer in Myanmar und decken sich gerne auf den Märkten mit viel Obst ein. In den Restaurants können einfache Reis- und Nudelgerichte mit Gemüse bestellt werden.

Birmanische Küche

Grundnahrungsmittel ist Reis *(htamin)*, den es zu jeder Mahlzeit gibt. Dazu isst man in Myanmar traditionell milde **Currys** *(tha-hin)*. Sie bestehen aus Gemüse, Gewürzen und Garnelen *(bazun)*, Huhn *(tschet)*, Fisch *(nga)*, Schwein *(we-tha)*, Rind *(ameh-dha)* oder manchmal auch Hammel. Chilis gehören nicht in birmanische Currys, weshalb diese längst nicht so scharf sind wie etwa in Thailand. Gewürzt wird mit einer Mischung aus Gelbwurz, Ingwer, Knoblauch, Kümmel, Koriander, Salz und Zwiebeln, ähnlich wie in der indischen Küche.

Die Currys werden gewöhnlich morgens zubereitet und dann bis abends verkauft. Durch das lange Kochen setzt sich auf dem Curry eine dicke Ölschicht ab, die das Gericht den Tag über wirkungsvoll vor Verunreinigungen schützt. Es empfiehlt sich an weniger stark auf Touristen ausgerichteten Orten, die Currys vormittags zu probieren, da sie im Laufe des Tages immer wieder abkühlen und neu erhitzt werden, was nicht jedem europäischen Magen gefällt. Zu jedem Curry gibt es außer Reis eine Schale mit Gemüse und eine Suppe (klare oder Linsensuppe), oft auch noch frischen Salat mit Zwiebeln und Chilis. Dazu steht kostenloser grüner Tee auf jedem Tisch, der immer wieder neu aufgegossen wird und daher meist sehr dünn ist. Softdrinks und Bier müssen bestellt werden.

Auch das ursprünglich indische **dhal** gehört zur Küche Myanmars. Zur breiigen Masse aus Linsen, *peh-hin-ye* genannt, werden gern noch

Rüben, Okra oder Kartoffeln hinzugefügt. Dazu gibt es häufig *hin-jo*, eine milde **Suppe**.

Birmanische **Salate** *(let-thouk*, „von Hand zubereitet") sind lecker und würzig. Rohes Gemüse oder Obst (z. B. Pomelo oder Mango) werden mit Limettensaft, Erdnüssen, Zwiebeln und Chili abgeschmeckt. Köstlichkeiten dieser Art sind: *shauk-thi thouk* mit Pomelo, *maji-yweg thouk* mit jungen Tamarindenblättern und *htamin let-thouk* mit gekochtem Reis. Eine Shan-Spezialität ist *htamin chin*, ein mit Gelbwurz eingefärbter Reissalat.

Zum **Frühstück** essen Myanmaren in Zentral-Myanmar am liebsten *mohinga*, eine Suppe mit Reisnudeln und Fisch. Im Shan-Staat gibt es Shan-Nudeln, und jede Region hat ihre spezielle Frühstücks-Eigenart. Touristen werden oft mit Toast und Marmelade abgespeist, dazu gibt es ein Spiegel- oder (meist sehr weich) gekochtes Ei. Wer ein hartes Ei will, sollte die gewünschte Minutenzahl bei der Bestellung mit angeben. Die Zeit ruhig großzügig bemessen! Unser Tipp: bereits am Vorabend nach dem traditionellen Lieblingsfrühstück der Region fragen. Dann beginnt der Morgen gleich viel authentischer.

Le-pet thouk: Salat aus Teeblättern

Wer mutig und experimentierfreudig ist, probiert *le-pet thouk*: Das ist ein Salat aus fermentierten grünen Teeblättern, der im Shan-Staat hergestellt wird und im ganzen Land sehr beliebt ist. Es gibt verschiedene Arten der Herstellung. Traditionell werden die verwendeten Teeblätter kurz aufgekocht, anschließend in Bambusstäbe gestopft und ein halbes Jahr im Boden vergraben. Wieder ausgegraben, ist das *le-pet* verzehrfertig. Weniger stark fermentierte Sorten werden über Wasserdampf aufgeweicht, mit den Händen verknetet und anschließend gepresst. Die fermentierten Blätter werden mit Zutaten wie getrockneten Garnelen, Knoblauch, Ingwer und Öl abgeschmeckt. Die Konsistenz ähnelt der von Spinat. Mal ist der Salat fertig gemixt, mal stehen Gewürze und Nüsse zum Selbstmischen bereit.

Regionale Küchen

Überall im Land gibt es regionale Spezialitäten zu entdecken, und wer offen für Neues ist, kann in Myanmar auf eine spannende kulinarische Entdeckungsreise gehen.

Die **Shan-Küche** ist rund um den Inle-See, in den Shan-Bergen und bis Mandalay verbreitet. Sie ähnelt der Küche in Nord-Thailand. Am beliebtesten ist *shan kauk sweh*, eine Suppe mit Nudeln und mariniertem Fleisch. Als *shan kauk sweh thouk* enthält das Gericht keine Brühe und ist eher ein Salat. In Mandalay kann man das populäre Gericht *mi-shee* probieren, Reisnudeln mit Schweinegehacktem. Shrimpspaste wird (mangels Shrimps) im Shan-Staat traditionell weniger verwendet, dafür gibt es Bohnenpaste in allerlei Variationen.

Die **Kachin-Küche** im Norden des Landes ist fettarm und scharf; *kachin style chicken* ist eine gute Einführung.

Traditionelle **Kayah-Küche**, wie man sie in der Region um Loikaw (S. 428) probieren kann, zeichnet sich u. a. durch die Verwendung von Szechuan-Pfeffer (birm. *makatih*) aus.

Die **Mon-Küche** (um Bago und im Süden des Landes) ist der birmanischen Küche ähnlich – allerdings enthalten die Currys mehr Chili und sind entsprechend schärfer.

Die **Rakhine-Küche** an der Küste im Westen ist verwandt mit der indischen und bengalischen Küche und daher ebenfalls deutlich schärfer als die birmanische. Scharfe Currys mit Bohnen und Linsen und sehr gute Meeresfrüchte bereichern den Speisezettel: Hier kommen Feinschmecker auf ihre Kosten. Fisch wird gegart oder gegrillt – oft im Bananenblatt. Dazu werden Gemüse und Reis gereicht. Bananen-Pfannkuchen mit einer extra Portion Zucker gibt es zum Frühstück. Scharf ist die klare Frühstückssuppe mit Reisnudeln und Kräutern.

Weitere Küchen

Chinesische Küche

Vor allem in den touristischen Orten haben sich chinesische **Restaurants** in der Gunst westlicher Besucher durchgesetzt. Chinesische Küche steht für Nudelsuppen, gebratenen Reis, gebratenes Gemüse sowie Nudelgerichte. Zudem bieten diese Restaurants meist Pommes und Frittiertes. Chinesische **Teestuben** haben i. d. R. süßes oder mit Fleisch gefülltes Gebäck (chinesisch *baozi*, birmanisch *pau si)* auf dem Speiseplan.

Indische Küche

Viele indische **Restaurants** befinden sich in Yangon. Sie bieten eine breite Auswahl guter Gerichte. In den traditionellen Läden werden nach alter Sitte Reis und Beilagen nachgereicht, bis der Gast satt ist. Indische Küche ist in Yangon im indischen Viertel entlang der Anawratha Road sehr günstig, in touristischen Orten, in denen traditionell keine Inder leben, deutlich teurer. Indische Snacks, z. B. die dreieckigen gefüllten Samosas, gibt es in vielen **Teestuben** in ganz Myanmar.

Muslimische Küche

Mit der Ziffer **786** gekennzeichnet sind Restaurants, die meist von indischen Muslimen betrieben werden und gute *Biryani*-Gerichte (Curry-Reis mit Huhn) im Angebot haben. Die Zahl 786 steht für „Im Namen Allahs des Wohltätigsten und Gütigsten" und zeigt an, dass es hier kein Schweinefleisch gibt.

Thailändische Küche

In Yangon, in Nyaungshwe (Inle-See) und einigen Städten mehr öffnen immer mehr Thai-Restaurants. Gekocht wird hier meist von heimgekehrten Myanmaren, die einige Jahre in Thailand ihr Geld verdienten. Manchmal schmeckt das gar nicht, manchmal ist es richtig gut. Und manchmal gelingt den Köchen eine wunderbare Kombination aus heimischer und thailändischer Kochkunst. Wenn in chinesischen Restaurants Thai-Gerichte angepriesen werden, sind diese meist nach chinesischer Zubereitung einfach nur etwas schärfer gewürzt.

Westliche Küche

Auch europäische Küche (französische, italienische und deutsche) gibt es in Myanmar – doch das Angebot ist beschränkt, und da die Preise sehr hoch sind, richten sie sich eher an hier lebende Ausländer. Doch auch manch Reisender freut sich mal über einen reichlich belegten Hamburger. Dem wird Rechnung getragen, vor allem in teureren Hotels. Haben sie dann noch ein deutsches Management und sind bei deutschen Reisenden populär, gibt es oft frisches **Brot, Käse und Wurst** zum Frühstück – und abends auch mal **Bratwurst mit Sauerkraut**. **Pizza**, **Pasta** und **Pfannkuchen** sind in immer mehr Restaurants zu bekommen. Manchmal knusprig und dünn, mal dick und fett im amerikanischen Diner-Style.

Snacks

In den zahlreichen **Teestuben** und an **Straßenständen** gibt es immer eine große Auswahl an kleinen Snacks. Die chinesischen Teestuben bieten Dampfbrötchen, frittiertes Stangengebäck und süße Leckereien. Indische Teestuben locken z. B. mit Samosas, Frühlingsrollen, Fladenbrot mit Kartoffelstücken und Teigtaschen mit Gemüsefüllung. Auch birmanische und ethnische Snack-Spezialitäten finden sich, ebenso wie mit süßem Klebreis und Früchten oder Samen gefüllte Bananenblätter, Reiskuchen, frittierte Teigstangen und die Rakhine-Bananen-Pfannkuchen.

Die Teestuben (s. auch S. 328) sind Myanmars soziale Treffpunkte. Die meisten öffnen bereits um 5 Uhr morgens und schließen nachmittags. Dann öffnen die abendlichen Teestuben, die ab 17 Uhr bis in die späte Nacht Gäste bewirten.

Myanmaren lieben kleine Zwischenmahlzeiten, und so gibt es auf den Märkten, an jeder Pagode und abends auf den Straßen Köche, die mit ihrem Wok auf einem Kohleherd Kleinigkeiten frittieren, und Händler, die allerlei Essbares verkaufen. Lecker sind Fladen aus gewürzten Linsen, getrockneten Bohnen, Shrimps oder Fleischbällchen. Frisch geröstete Erdnüsse, Bohnen oder gefüllte Pfannkuchen stehen neben allerlei Süßem und Buntem aus Gelee und eingelegten Früchten bereit. Eine Spezialität in Bagan sind Tamarindenblättchen.

Alkoholfreie Getränke

Wasser und Softdrinks

Trinkwasser wird in verschweißten Plastikflaschen verkauft. Vermehrt bieten gute Anlagen Trinkwasser aus Kanistern zum Nachfüllen (wenn nicht, lohnt es sich nachzufragen, dann gibt es sie eines Tages bestimmt). Aus gesundheitlichen Gründen ist es unbedingt notwendig, dieses Wasser und nicht etwa Leitungswasser zu trinken. Selbst zum Zähneputzen empfiehlt sich Trinkwasser. Beim Trekken: Trinkwasser nicht vergessen! Bewährt haben sich auch Trinkflaschen von Lifestraw, die mit Aktivkohlefilter ausgestattet sind. So können auch westliche Besucher von den überall aufgestellten Wasservorräten trinken und Leitungs- oder Flusswasser selber filtern, wenn es nötig ist.

Bei Eiswürfeln ist Vorsicht geboten, denn diese sind oft stark mit Bakterien belastet. In den großen und teureren Hotels wird meist sauberes Wasser zur Eisherstellung benutzt.

2012 kehrte die Coca-Cola Company nach Myanmar zurück und übernahm im Laufe der letzten Jahre die einheimische Marke Max. Schnell haben Fanta, Sprite und Co. den Markt erobert und die lokalen Marken Star, Fruito, Crusher, Fantasy und Lemon Sparkling verdrängt. Gestorben ist damit auch ein funktionierendes Pfandflaschensystem: Heute dominieren Dosen den Markt. Wer noch Star Cola und Orange Crusher findet: probieren! Sie sind wirklich gut, und auch der Tamarinden-Sprudel von Star ist sehr lecker.

Fruchtsäfte, Eiscreme und Milchshakes

Erfrischend ist **Zuckerrohrsaft**, der an kleinen Ständen frisch gepresst wird. Auch Fruchtsäfte finden sich immer häufiger auf den Speisekarten einzelner Bars und Restaurants in den touristischen Städten. Gute cremige Shakes gibt es dagegen noch sehr selten. **Milch** wird vornehmlich in Form von gezuckerter Kondensmilch getrunken. Diese Milch wird auch für die meisten Milchshakes verwendet, sodass diese in jedem Fall sehr süß sind. In immer mehr (Hotel-)Restaurants Yangons, am Inle-See und Ngapali Beach und in den überall populären Cafés findet sich frische Kuhmilch für den stilechten Milchkaffee.

Wassereis von Straßenhändlern sollte unbedingt gemieden werden. Wer auf **Eiscreme** nicht verzichten will, geht lieber in eine Eisdiele. Am besten das Angebot genau ansehen: Ist es stark auskristallisiert, deutet das auf altes Eis: aber aufgetaut und dann erneut gefroren ... das ist keine gute Idee.

Tee und Kaffee

Da **Tee** ein sehr guter Durstlöscher ist, sollte man bei den kostenlosen grünen Tees in den Restaurants zugreifen (die Tassen werden allerdings selten gespült und sollten daher mit Papier gut abgewischt werden). Teestuben finden sich in Myanmar überall, auch in der kleinsten Stadt. Dort gibt es starken schwarzen Tee mit viel süßer Milch oder einen ebensolchen Kaffee.

Myanmar produziert sowohl Tee als auch Kaffee für den heimischen Markt. Große Teeanbaugebiete befinden sich z. B. im nördlichen Shan-Staat. Bei einem Trek kommt man gewöhnlich an einigen Plantagen vorbei. Shan und Palaung sind im ganzen Land wegen ihrer sachkundigen Teekultur hoch angesehen. Hauptsächlich wird grüner Tee produziert, der das ganze Jahr über geerntet wird. Die Erntezeit ist nicht nur maßgeblich für den Namen des Tees, sondern auch für seine Farbe: von Hellgelb bis Dunkelbraun. Besonders gern getrunken wird der in der Trockenzeit geerntete *shwephi-ointnamt*. Der schwarze Tee wird in der Regenzeit produziert und mit einem Schuss Zitronensaft getrunken. Außer grünem Tee trinken die Myanmaren Tee nicht pur. Er wird stets mit einer großen Menge gesüßter Kondensmilch und Zucker vermischt.

Auch der **Kaffee** wird mit süßer Milch und Zucker genossen. Ähnlich wie beim Tee gibt es eine Variante mit schwarzem Kaffee und Limone. Die heimische Kaffeeproduktion ist gering: nur etwa 1000 t im Jahr. Anbaugebiete befinden sich z. B. in der Umgebung von Pyin U Lwin, in den Vorbergen des Shan-Plateaus und im Shan-Staat. Im Chin-Staat baut mancher seinen eige-

Knutschen in der Teestube

In Teestuben ist es üblich, den Kellner mit einer Art Knutschgeräusch auf sich aufmerksam zu machen. Dieses Verhalten sollte jedoch auf keinen Fall in besseren Restaurants an den Tag gelegt werden, da es dort einer Beleidigung gleichkommt.

nen Kaffee im Garten an. Viele produzieren mittlerweile nach biologisch nachhaltigen Kriterien. So ist der Kaffee lecker und ohne Schadstoffe.

Neben frischem Kaffee erfreut sich der *Coffeemix* großer Beliebtheit. Diese fertige Mischung aus Pulverkaffee, Trockenmilch und Zucker wird oft mit noch mehr süßer Milch versetzt.

Alkoholische Getränke

Angeblich trinken Myanmaren wenig Alkohol, da sie als Buddhisten auf den Genuss von Rauschmitteln verzichten sollten. Vor allem auf Festen sieht man dennoch sturzbetrunkene Männer, die sich viel vom selbst gebrannten und meist hochprozentigen Reisschnaps gönnen. Whisky, Rum und Gin gibt es aus einheimischer Produktion. Ähnlich wie Bier stellen diese Alkoholika für die meisten Einheimischen ein teures Luxusgut dar.

Das populärste **Bier** ist das *Myanmar*-Bier. *Mandalay* ist das älteste einheimische Produkt, doch kommt es für viele geschmacklich nicht an das neue *Myanmar* heran. *Dagon* ist günstig und nicht schlecht. Auch ausländische Biere sind im Angebot: Immer mehr Marken drängen auf den sich öffnenden Markt. Chinesische Biere, z. B. *Dali*, gibt es oft als preiswerte Schmuggelware im Shan-Staat. Bierbars schenken frisch gezapftes Bier im Krug oder im Glas aus (meist billiger als Flaschenbier).

Palmwein *(htan ye gà)* ist ein Wein der besonderen Art und auch für Leute mit sehr kleinem Geldbeutel erschwinglich. Daher wird es vor allem von der ländlichen Bevölkerung getrunken. Dieses Getränk, auch Palmbier oder *Toddy* genannt, wird aus dem männlichen Blütenstand der Palmyrapalme hergestellt. Es wird morgens aus der Spitze der Palme gewonnen und in Flaschen gefüllt. Da es schnell gärt, ist das Getränk schon wenige Stunden später trinkfertig. Bereits am Abend des Herstellungstages ist Palmwein nicht mehr genießbar. Der Geschmack ist süßlich mit einem Hauch Kokosnuss. Toddybars finden sich überall auf dem Land. In den kleinen strohgedeckten Hütten werden zudem Nüsse oder Erbsen zum Knabbern und manchmal auch Softdrinks und Wasser angeboten. Manche Toddybars führen auch Arrak: destillierten Palmwein, einen klaren Schnaps.

In den Bergen des Shan-Staates, zwischen Kalaw und Taunggyi, wird der orangefarbene **Likör** *shwe leinmaw* gebrannt, der einem Weinbrand ähnelt. Noch schneller betrunken macht der *ayeq hpyu*, was übersetzt so viel wie „weißer Schnaps" bedeutet. Der Alkoholgehalt ist sehr hoch, noch höher sogar beim sogenannten Dschungelschnaps, dem *taw ayeq*. Auch Erdbeer- und Pflaumenwein sowie Kräuterschnäpse mit eingelegten Wurzeln wecken die Entdeckerlust von Besuchern, die gern Alkoholisches ausprobieren. Einige preiswerte Fruchtweine erinnern allerdings geschmacklich eher an Rasierwasser – vermutlich handelt es sich um verdünnten reinen Alkohol mit Farb- und Aromastoffen.

Mandalay-**Rum** oder andere Rumerzeugnisse gehören ebenso wie in Myanmar produzierter **Whisky** zum weiteren Sortiment birmanischer Alkoholika. Auch gibt es einige lokale **Gin**-Sorten.

Lokale, Restaurants und Hotelbars führen oft ausländische **Weine**, vorwiegend aus Australien, immer öfter auch aus Frankreich. Diese sind meist sehr teuer. Wer z. B. am Ngapali Beach bei einem Glas Wein oder einem Longdrink den Sonnenuntergang bestaunen will, darf nicht knauserig sein. Einheimische Weine, die seit der Jahrtausendwende im südlichen Shan-Staat angebaut werden (S. 388), sind in größeren touristischen Orten erhältlich. Beliebt ist der **Besuch auf einem Weingut** am Inle-See: Ob der Rebensaft gut ist oder nur so mittel, darüber tauscht man sich bei der Weinprobe aus.

Fair reisen

Reisen verändert die Welt. Doch das nicht nur im positiven Sinn. Wir verschmutzen die Natur und nutzen die lokalen Ressourcen, die dann den Leuten vor Ort nicht mehr zur Verfügung stehen – dazu gehört z. B. Wasser, das in einigen Regionen ein knappes Gut ist, oder Strom (der ja auch erstmal hergestellt werden muss). Touristen verbrauchen durchschnittlich mehr Strom und produzieren mehr CO_2 und Müll als die Einheimischen. Also AC ausgestellt, denn ob wir zu diesem Durchschnitt zählen, entscheiden wir jeden Reisetag aufs Neue selbst.

Der leidige Müll

Wenn wir auf Plastiktüten und den Kauf von stets neuen Wasserflaschen verzichten (und stattdessen nachfüllen), können wir jede Menge Müll vermeiden. Dazu gehört auch, **Pfandflaschen** zu kaufen, wenn es sie denn noch gibt. Sind nur noch PET und Dosen zu haben, Letzteren den Vorzug geben, denn sie werden recycelt. Nicht nachhaltig entsorgt werden hingegen Batterien. Es ist also sinnvoll, Akkus zu verwenden (sollten doch leere Batterien anfallen: nehmt sie wieder mit nach Deutschland!). Wir können sogar aktiv die Umwelt vom Müll befreien, indem wir ihn einfach einsammeln und den Strand oder andere schöne Orte sauber machen (s. Kasten).

Das böse CO_2

Über den Wolken ist das Leben zwar gemütlicher und reisen weniger beschwerlich als auf dem Boden der Tatsachen im Zug oder Bus, aber auch sehr viel weniger nachhaltig. Aus Deutschland müssen wohl die meisten fliegen, die Anreise über Land dauert dann doch etwas zu lang. Im Land selbst lässt sich aber vieles mit **Bus oder Zug** erreichen. Da das an manchen Orten aber noch recht stressig ist, fliegen die meisten doch das ein oder andere Mal. Die verpfuschte CO_2-Bilanz lässt sich wieder aufpeppen, wenn wir den CO_2-Ausstoß kompensieren, z. B. mithilfe von 💻 www.atmosfair.org oder 💻 www.myclimate.ch.

Auch **Nahrung** für die Reisenden kommt oft von weit her; vieles wird importiert. Das muss aber nicht sein, wenn wir uns auf die lokale Küche beschränken und das als Teil des Abenteuers verstehen. Und: Wer auf Fleisch verzichtet, spart sogar richtig viel CO_2. Veganer sind die wahren Umwelthelden, denn auch Milch und Milchprodukte sind Klimakiller.

Anbieterwahl

Myanmar hat eine Vielzahl kleiner Familienbetriebe: Restaurants und Hotels, Trekkingagenturen und vieles mehr sind in Familienhand. Bucht man sich hier ein, unterstützt man nicht nur die Menschen direkt vor Ort, man ist auch viel näher dran am Alltag.

Beschäftigte im Tourismus werden oft schlecht bezahlt, sie arbeiten meist mehr als acht Stunden täglich und erhalten oft keine Sozialleistungen. Wir sollten also nicht immer den billigsten Anbieter wählen, denn meist wird zuerst beim Personal gespart.

Respekt

Sehr viel Einfluss haben wir darauf, wie sich Menschen behandelt fühlen und ob wir ihnen auf Augenhöhe begegnen. Und im Umkehrschluss: ob sie uns auch so entgegentreten. Myanmars Menschen sind sehr selbstbewusst. Die Putzfrau in einem teuren Hotel ist stolz und strahlt den betuchten Gast (der für eine Nacht mehr zahlt, also sie in einem Vierteljahr verdient) freundlich an. Hier wird gegrüßt, und zwar nicht nur der Manager. Respektlos zeigen sich leider

Naturschutz – Do It Yourself

Der Müll und das Trinkwasser

Eine Riesenmenge Müll entsteht durch die Plastikwasserflaschen, von denen jeder von uns mindestens zwei am Tag leert (sofern man genug trinkt). Das muss aber nicht sein: Es gibt immer mehr **Nachfüllstationen** (Water-Refill), in denen man seine Trinkflasche auffüllen kann – initiiert von der bereits in Kambodscha erfolgreichen Organisation **Refill not Landfill**, 💻 www.refillmyanmar.com. Wer auf Nummer sicher gehen will und auch mal Wasser aus dem Hahn oder Fluss selbst filtern möchte, der nimmt sich eine Flasche von **Lifestraw** mit, 💻 www.lifestraw.com.

Der Müll und die Helden

Die Idee entstand in Thailand und breitet sich in Asien erfreulich schnell aus. Mittlerweile wird auch in Myanmar gemeinschaftlich Müll aufgesammelt – Touristen und Einheimische ziehen hier am gleichen Strang. Jeder kann ein **Trash Hero** werden, 💻 https://trashhero.org/. Einfach mal mitmachen bei den tageweise organisierten **Sammelaktionen**.

viele Gäste, wenn sich das Kameraobjektiv zwischen sie und die Besuchten schiebt (ein paar Gedanken dazu auf S. 54).

Respekt zeigen wir auch, wenn wir in den abgelegenen Dörfern darauf achten, dass die lokale Bevölkerung, deretwegen wir ja hier sind, auch von unserem Besuch profitiert. Ist doch ein ganz schöner Schal, warum ihn also nicht kaufen? Okay, die Kette ist Geschmackssache, aber man trägt das hier halt und so teuer ist sie auch nicht. Im Idealfall sind die Projekte auf kommunaler Ebene organisiert (so dass die gesamte Gemeinde profitiert) und das Angebot sogar künstlerisch wertvoll. Wo das nicht so ist: Auf das Bauchgefühl hören und nicht zu knauserig, aber auch nicht zu spendabel sein. Immer eine Gegenleistung einfordern, sonst setzt sich Betteln durch. Und immer lachen und den Kontakt zu den Menschen suchen – seien sie auch noch so fremd. Sinnvoll erscheinen uns *Community-based*-Projekte wie am Inle-See oder in Loikaw.

Spenden an Kinder: Hier muss man hart bleiben, auch wenn es wehtut. Unterstützungen an Schulen oder Kinderhilfsorganisationen machen weitaus mehr Sinn. Ist die Armut allerdings so groß, dass direkte Hilfe dringend nötig ist: Was spricht gegen ein bezahltes Essen oder sauberes Trinkwasser? Ansonsten stärkt aber die Unterstützung von Kinderarbeit den Einsatz bereits der Kleinsten als Arbeitskraft. Man sollte sich ihnen lieber zuwenden und ein Spielchen spielen.

Fair und grün – gewusst wo

Einrichtungen, die sich durch besonders umweltfreundliches oder sozial verträgliches Verhalten auszeichnen, sind in diesem Buch mit einem grünen Baum gekennzeichnet. Sie verwenden zum Beispiel Solarenergie, nutzen Trockentoiletten, um Kompost herzustellen, zahlen faire Löhne, investieren ihre Gewinne in soziale Projekte, propagieren einen nachhaltigen Tourismus oder stellen Besuchern Informationen für umweltverträgliches Verhalten bereit. Weitere Informationen zum Thema auch auf unserer Website: www.stefan-loose.de/fair-gruen.

Feste und Feiertage

Der Vollmond ist für alle Völker Myanmars Anlass zu ausgiebigen Feierlichkeiten. Deren Datum ändert sich – dem Rhythmus des Vollmonds entsprechend – jedes Jahr (S. 82, Mondkalender). Manche Vollmonde sind besonders wichtig, dann finden an allen bedeutenden Pagoden des Landes *pwes* statt. Diese Feste können bis zu zwei Wochen dauern. Pilger und Händler (oft in einer Person) finden sich ein, zahlreiche Essensstände und Verkaufsbuden öffnen und es herrscht Jahrmarktstimmung. Feste werden meist am Ende des Monats gefeiert, wenn der Vollmond sich rundet.

Viele in Myanmar vertretene Ethnien und Religionen haben ihre eigenen Feierlichkeiten: Muslime feiern Id al-Fitr (Ende des Ramadan), Maulid al-Nabi (Geburtstag des Propheten Mohammed) und Id al-Adha (Ende der jährlichen Hadsch-Pilgerfahrt nach Mekka) gemäß dem islamischen Mondkalender. Auch das chinesische Neujahrs- und Herbstfest wird begangen. Volksgruppen in den Bergen haben ihre eigenen traditionellen Feste, deren Datum ebenfalls vom Mondkalender bestimmt wird.

März/April (Tagu)

Tagu ist der erste Monat des birmanischen Kalenderjahres. Wenn die Sonne aus dem Sternzeichen des Fisches in jenes des Widders übertritt – was immer Mitte April geschieht –, wird das Neujahrsfest **Thingyan** begangen. Da es gleichzeitig Höhepunkt der heißen Jahreszeit ist, wird viel Wasser verspritzt. Mit dem kühlenden Nass soll der Schmutz des alten Jahres abgewaschen werden. Gefeiert wird das Erscheinen von Thagyamin, dem König der Nat. Dieser bringt Segen für das neue Jahr und verteilt Lob und Tadel für gute oder schlechte Taten. Blumen werden zu Ehren des Nat-Königs vor die Häuser gelegt, um ihn willkommen zu heißen. Auf den Straßen geht es feucht und fröhlich zu. In großen Städten werden Tribünen für die Wasserschlachten aufgebaut; Karawanen von jugendlichen Tänzern und Pick-ups mit aufgedrehter Anlage ziehen durch die Straßen. Jeder muss mit einer kalten Dusche rechnen – Ausländer bilden keine Ausnahme. Die Vorbereitungen für dieses Fest beginnen meist mehrere Wochen vorher, denn es gilt Tänze und Gesänge einzustudieren. Die Feierlichkeiten dauern oft eine ganze Woche, und viele Händler lassen ihre Geschäfte geschlossen.

April/Mai (Kason)

Am Vollmondtag des Monats **Kason** wird der weltweit höchste buddhistische Feiertag, das Vesakh-Fest, begangen. Dieser „dreifach gesegnete Tag" erinnert an Buddhas Geburt, seine Erleuchtung und sein vollkommenes Erlöschen (Parinirvana). Zum Gedenken werden in allen Pagoden und Klöstern Bodhi-Bäume – unter solch einem Baum fand Buddha die Erleuchtung – mit Wasser übergossen. Vielerorts finden Tempelfeste statt.

Mai/Juni (Nayon)

Im Mai feiern die Kayah zu Ehren der Regengötter das **Kuhtobo**-Fest. Die Freude gilt dem kommenden Regen, der bis in den Oktober hinein das Leben der Landbevölkerung bestimmen wird. Die Kayah verehren Indra, einen Hindu-Gott. Sie glauben, dass Indra zur Stärkung den Unsterblichkeitstrunk Soma trinkt, um anschließend die Monsunwolken mit seinem diamantenen Donnerkeil zu zerteilen, was den erhofften Regen bringt.

Zweimal im Jahr wird der **Mt. Popa** (S. 272), der auch „Blumenberg" genannt wird, Schauplatz eines großen Festes. An den Vollmondtagen im Mai/Juni und November/Dezember feiern die Myanmaren Feste zu Ehren der Mahagiri-Nats, die hier verehrt werden. Der Berg Popa, dessen Gipfel 1518 m hoch ist, liegt nur wenige Stunden von Bagan entfernt und lockt zu diesem Anlass zahlreiche Pilger an. Auch im Tagu (März/April) und im Wagaung (Juli/August) finden hier zwei kleinere Nat-Feste statt.

Am Vollmondfest **Nayon** werden die Mönche über ihre Kenntnisse in der buddhistischen Lehre befragt. Sie geben Gläubigen buddhistische Unterweisungen und öffnen ihre Klosterschulen für die Öffentlichkeit.

Juni/Juli (Waso)

Der Vollmond im Juni/Juli markiert den Beginn der dreimonatigen buddhistischen Fastenzeit, die sich über die Monate Waso, Wagaung und Tawthalin erstreckt, und erinnert an die erste Predigt Buddhas im indischen Sarnath bei Varanasi. Diese Periode bedeutet nicht wie im muslimischen Ramadan oder in der christlichen Fastenzeit den Verzicht auf Nahrung, sondern Besinnung auf Mäßigung und Rückzug. Hochzeiten und andere Feierlichkeiten sind während dieser Zeit untersagt. Die Mönche ziehen sich in ihre Klöster zurück und widmen sich der Lehre und Meditation.

Der 19. Juli ist der **Märtyrertag**, an dem der Ermordung des Nationalhelden Bogyoke Aung San (Vater der Friedensnobelpreisträgerin Aung San Suu Kyi) und seiner Mitstreiter gedacht wird (S. 154). Es findet eine Kranzniederlegung im Mausoleum von Yangon statt, das nur anlässlich dieses Tages geöffnet ist.

Juli/August (Wagaung)

Am Vollmond des Juli/August, Wagaung, bewirten Familien einen durch Losziehung ermittelten Mönch. Tausende Myanmaren zieht es in das Dorf Taungbyone (S. 352), etwa 30 km nördlich von Mandalay, um während eines einwöchigen Festes die beiden Nats Min Gyi und Min Lai zu ehren. Auch an ihrem Geburtsort auf dem Mt. Popa finden Feierlichkeiten statt.

August/September (Tawthalin)

In diesem heißen Monat ziehen sich die Menschen am liebsten in oder unter ihre Häuser zurück. Es findet ein von der Regierung veranstaltetes **Traditional Regatta Festival** auf dem Kandawgyi-See in Yangon statt, das an die glorreichen Regatten der alten Könige von Myanmar erinnern soll, die damals mit goldenen Barken durchs Land fuhren.

September/Oktober (Thadingyut)

Wenn die Regenzeit im Oktober ihren letzten Höhepunkt erreicht, finden landesweit Bootsrennen und Wasserprozessionen statt, z. B. während des **Phaung-Daw-U-Festes** auf dem Inle-See (s. Kasten S. 416). In einem prächtig geschmückten Boot in Form des Karaweik-Vogels werden die hochverehrten Buddhafiguren aus der Phaung-Daw-U-Pagode in den drei Wochen vor dem Thadingyut-Vollmond täglich zu einem anderen Ort am See gebracht. Das Ende der Regenzeit und der Beginn der Trockenzeit werden begleitet von zahlreichen privaten und öffentlichen Feiern.

An Thadingyut findet das **erste Lichterfest** statt. Es erinnert an die Rückkehr Buddhas aus dem Tavatimsa-Himmel. Dort predigte er eine Fastenperiode lang den Göttern und seiner Mutter Maya, die in diesem Himmel wiedergeboren worden war. Seinen Weg zurück begleiteten Himmelswesen mit strahlenden Lichtern, was die Gläubigen heute mit brennenden Kerzen symbolisieren. Jüngere erweisen an diesem Fest den Älteren besonderen Respekt. Häuser und Pagoden werden mit Lichtern geschmückt, es finden Umzüge, Tanz und Gesang, Märkte, gemeinsame Essens- und Trinkfeste statt. In den folgenden Wochen werden überall Zeremonien abgehalten. Im Vorfeld errichten Gläubige sogenannte *padetha*, Holzgerüste, an denen sie teilweise sehr kunstvoll Mönchsroben, Geld und andere Requisiten anbringen. Diese werden anschließend an einem individuell festgelegten Tag den Mönchen überreicht.

Oktober/November (Tazaungmon)

Am Novembervollmond erreichen die Tazaungmon-Feierlichkeiten ihren Höhepunkt. An diesem Vollmond findet das **zweite Lichterfest** statt. Es wird die lange Nacht der Kerzen zelebriert. Dieses Fest ist den Buddhisten sehr wichtig. Gläubige bringen den Mönchen neue Gewänder, Devotionalien und lebensnotwendige Dinge. In der Nacht zum Vollmond finden sich an vielen Pagoden Frauengruppen ein, um an den dafür eigens errichteten Webstühlen nach alter Sitte im Wettbewerb neue Mönchsroben zu weben und zu nähen. Die Siegerinnen werden prämiert und dürfen die fertige Robe anschließend einer Buddhafigur anlegen. Nach diesem Vollmond können Paare endlich wieder heiraten und die Saison der Novizen- und Mönchsweihen beginnt.

Im Shan-Staat findet an diesem Vollmond in Taunggyi ein berühmtes **Heißluftballonfestival** statt, das sich über fünf Tage erstreckt. Dorfgemeinschaften aus dem ganzen Shan-Staat konstruieren Heißluftballons, die an verschiedenen Wettbewerben teilnehmen. Dafür reisen sie aus einem weiten Umkreis an. Schon Wochen vorher sind alle Busse und die Hotels in Taunggyi und Umgebung ausgebucht.

Auch in **Kalaw** geht es laut zu, wenn junge Männer in einer wilden Prozession Raketen durch die Stadt tragen und auf dem Berg ein spektakuläres Feuerwerk veranstalten, zu dem man besser einen gewissen Sicherheitsabstand einhält.

Im Oktober/November erinnert das hinduistische Lichterfest **Divali** an den Sieg Ramas über Ravana und die Rückkehr des Prinzen in seine Geburtsstadt Ayodhya.

November/Dezember (Nadaw)

Auch im neunten Mondmonat, der den Beginn der kühlen Jahreszeit markiert, werden landesweit **pwes** zu Ehren der Nat gefeiert. Der birmanische Nationalfeiertag, der in die zweite Novemberhälfte oder auf Anfang Dezember fällt, ist der einzige variable staatliche Feiertag. Gedacht wird des Studentenstreiks von 1920, der als Meilenstein auf dem Weg zur Befreiung von der britischen Kolonialherrschaft gilt (S. 105).

Der 25. Dezember ist nicht nur für die Christen im Land erster **Weihnachtsfeiertag**, sondern auch gesetzlicher Feiertag. Das Weihnachtsfest wird von Gläubigen in den verschiedenen Kirchen mit viel Gesang gefeiert. Besonders die Karen sind für ihren Chorgesang bekannt. Zudem werden üblicherweise kleine Geschenke verteilt. Die meisten Christen in Myanmar sind Angehörige ethnischer Minderheiten.

Das Neujahrsfest der westlichen Welt wird nicht gefeiert.

Dezember/Januar (Pyatho)

Die **Kayin** begehen ihren Neujahrstag im Dezember/Januar mit einem mehrtägigen Fest. Gefeiert wird es im Kayin-Staat und im Ayeyarwady-Delta, denn hier leben die meisten Kayin. In Hpa-an und Insein werden anlässlich dieses Festes Tänze aufgeführt. Dazu tragen die Kayin ihre traditionelle Kleidung. Dieser Tag ist ein nationaler Feiertag und fällt auf den ersten Tag des zunehmenden Mondes des Pyatho.

Am Anfang des Monats wird im Ananda-Tempel in **Bagan** ein großes Tempelfest gefeiert, zu dem zahlreiche Pilger und Händler anreisen. **Kyaukme** ehrt an diesem Vollmond die Geister der Shan.

Am 4. Januar wird landesweit der **Unabhängigkeitstag** gefeiert. Vor allem in Zentral-Myanmar werden zahlreiche Jahrmärkte und Paraden veranstaltet. In Yangon und Mandalay finden spektakuläre Bootsrennen statt.

Die **Jinghpaw** im Kachin-Staat feiern zu Ehren ihres höchsten Schutzgeistes Lamu Madai aufwendige Feiern, genannt **Manao**. Der Tag der Manao-Feste wird von den Stammesältesten, den *duwa*, festgelegt. Das einzige Manao, das zu einem festen Zeitpunkt stattfindet, ist der Kachin-Nationalfeiertag am 10. Januar. Berühmt ist das Manao-Fest von Myitkyina (S. 466). Am 15. Januar begehen die **Naga** ihren Nationalfeiertag in Layshi (Leyshe).

Januar/Februar (Tabodwe)

Das **Hta-mane-Fest** wird am Vollmond Tabodwe gefeiert. Hta-mane ist ein Gericht aus glutiniertem Reis, Erdnüssen, Kokosraspeln, Sesamöl, Ingwer und Knoblauch. Ob im Privathaushalt oder im Klostergarten, überall wird in großen Töpfen eine zähe Masse gekocht, die später in Bananenblätter gewickelt an Nachbarn und Novizen verteilt wird. Vielfach werden Wettbewerbe zwischen Dörfern oder Stadtbezirken ausgetragen. In der prallen Mittagshitze kochen dann die Männer in riesigen Töpfen den Reis, während schick gekleidete Damen ihn anschließend verkosten und den Sieger küren – ein großes Spektakel für die ganze Familie.

Am 20. Februar feiern die **Chin** ihren Nationalfeiertag in Mindat (Mintut) in der Nähe des Mt. Victoria. Auch das **chinesische Neujahrsfest** wird im Januar/Februar begangen.

Februar/März (Tabaung)

Am Vollmondtag wird die **Shwedagon-Pagode** Schauplatz eines großen Festes. An diesem Tag besuchen Bewohner aus allen Gebieten des Landes das Nationalheiligtum in Yangon. Es ist das größte und wichtigste Tempelfest der Shwedagon.

Am 12. Februar erinnert der **Unionstag** an die Unterzeichnung des Panglong-Abkommens im Jahr 1947, das die Grundlage für den Zusammenschluss der verschiedenen Volksgruppen in der Union of Burma bildete (S. 108). Symbolträchtig wird die Nationalflagge zwei Wochen vorher durchs Land gefahren, bevor sie zum Feiertag in Yangon eintrifft. Überall an den Zwischenstationen, vor allem in den Provinzhauptstädten, werden Feiern abgehalten. Am Unionstag selbst führen Tanzgruppen der ethnischen Minderheiten in Yangon ihre traditionellen Tänze auf. Auf der Zufahrtstraße zum Flughafen findet am Nachmittag eine große Parade statt.

Der 2. März, der **Tag der Bauern**, ist ein gesetzlicher Feiertag, ebenso der 27. März, der den **Streitkräften** gewidmet ist und mit Paraden an den Tag im Jahr 1945 erinnert, an dem General Aung San die Kriegsfronten wechselte und mit seiner birmanischen Armee den Kampf gegen die japanischen Besatzer aufnahm.

Fotografieren und Filmen

Myanmaren sind leidenschaftliche Handyfotografen und Meister in puncto Selfies. Dabei fotografieren sie nicht immer nur sich selbst: Auch als Reisender wird man sehr oft abgelichtet: mal gefragt, mal ungefragt. Mit einem Schuss Humor lässt sich das jedoch ganz gut ertragen.

Die meisten von uns fotografieren ja selbst viel, und ganz oft auch Personen. Nicht jeder fragt vorher um Erlaubnis. Doch je größer das Objektiv ist und je weniger die Menschen bisher mit Ausländern (und deren Kameras) in Berührung gekommen sind, desto wichtiger wird es, vor dem Abdrücken einen menschlichen Kontakt herzustellen. Und dann lässt sich durch Gesten meist ganz leicht die Zustimmung desjenigen einholen, den man fotografieren möchte. Wird die Bitte allerdings abgeschlagen, sollte das unbedingt respektiert werden. Dass Fotografieren Spaß machen kann, weiß jeder, der schon mal in Myanmar war. Myanmaren lassen sich nämlich extrem gerne fotografieren und haben oft sehr viel Freude dabei, sich nachher auf dem Monitor zu begutachten.

Die Benutzung von **Kamera-Drohnen** ist offiziell verboten. Wenn der Zoll die Flugobjekte bei der Einreise erkennt, werden sie einbehalten und bei der Ausreise zurückgegeben. Die meisten Hobbyfilmer haben aber keine Probleme bisher. An einigen Orten herrscht totales Drohnenflugverbot; so etwa an der Shwedagon-Pagode. Wer hier dennoch eine Drohne aufsteigen lässt, ist das gute Stück ziemlich sicher los, denn sie werden von eigens angestellten Profis gekapert, vom Himmel geholt und für immer konfisziert.

Frauen unterwegs

Alleinreisende Frauen sind begeistert vom Reisen durch Myanmar, sie fühlen sich sicher, finden schnell Anschluss und viel Unterstützung, vor allem von anderen Frauen. Belästigungen auf der Straße sind äußerst selten; die meisten Versuche einer Kontaktaufnahme sind freundlicher und helfender Natur. Wichtig ist allerdings, die Kleidung den örtlichen Gegebenheiten anzupassen und sich den Landessitten gemäß zu verhalten. Eine Frau, die ohne BH und im Trägertop durch die Städte oder Dörfer marschiert, muss mit (hormon-)verwirrten Männern rechnen.

Geld

Währung

Seit 1952 ist der **Kyat** (gesprochen „tschat") die Landeswährung von Myanmar. Für US$1 bekommt man zurzeit 1700 Kyat. Kyat-Scheine gibt es in den Stückelungen 50, 100, 200, 500, 1000, 5000 und 10 000 Kyat.

Münzen und Scheine mit Werten von 45 und 90 Kyat sind nicht mehr im Umlauf, aber gegebenenfalls noch als Sammlerstücke zu bekommen.

Taggst du noch – oder schweigst du schon?

Fast jeder von uns kennt sie – die wunderschönen Reisebilder auf Instagram, 1000-fach geteilt und geliked. Viele dürften davon auch inspiriert worden sein zu einer Myanmar-Reise, denn das Land gehört zu den vielfach geklickten Sehnsuchtszielen. Doch seit sich auf Instagram Fotos von abgelegenen schönen Orten so rasant verbreiten, ist ein sehr negativer Trend zu beobachten: Die Geodaten weisen den Weg, und Horden von handybewaffneten Instagram-Fans machen sich auf. Ihr Ziel: das Motiv, genauso wie im Netz bestaunt, selbst aufzunehmen. Teils stehen sie dafür sogar an; für Außenstehende ein seltsam anmutendes Phänomen und an sich schon ein eigenes Foto wert. Plätze werden zu Must-Sees, obwohl sie keinerlei Infrastruktur bieten. Orte werden überrannt, und niemand ist darauf vorbereitet. Verlierer ist allzu oft die Natur, die verschmutzt zurückbleibt, wenn die Horden zum nächsten Geheimspot aufbrechen. Zum Glück verzichten immer mehr Instagramer mittlerweile auf punktgenaues Taggen und überlegen vorher, was sie auslösen könnten mit ihren schönen Bildern. Geheimnisse – das wissen wir als Loose-Autoren ja auch – müssen eben manchmal bewahrt werden.

Geldwechsel

An vielen **Geldinstituten** in ganz Myanmar sind Bankautomaten (ATM) angebracht, an denen ausländische Touristen sich mit der einheimischen Währung Kyat versorgen können (Höchstgrenze 300 000 Kyat pro Tag); problemlos mit Master- und Visa- sowie American-Express-Karten. Angeblich funktionieren auch Maestro- und Cirrus-Karten – diese Option ist aber nicht sicher. In letzterem Fall sollte man sich unbedingt bei der Hausbank rückversichern, dass die Karte in Myanmar funktioniert, denn nicht alle Karten sind für dieses Land freigeschaltet. An den Bankautomaten werden pro Transaktion um die 5000 Kyat einbehalten, dazu kommen die Gebühren im Heimatland – es lohnt also, einen hohen Betrag und nicht etwa kleine Beträge abzuheben.

Wer Bares mitbringt, muss aufpassen: In Myanmar sind immer noch **nur neue, unbeschriebene und ungeknickte Dollarscheine** gefragt. Je besser der Schein aussieht, desto höher ist die Wahrscheinlichkeit, dass er akzeptiert wird. Für 100-Dollar-Noten gibt es den besten Umtauschkurs, kleine Scheine sind weniger gefragt. In einigen Orten (z. B. Mandalay) werden keine Dollar-Noten akzeptiert, die vor 2013 gedruckt wurden. Bei Euro ist die Stückelung weniger wichtig: Hier bekommt man auch für kleine Noten einen guten Kurs.

Reisekasse

Es gibt zahlreiche private Banken und nahezu überall Bankautomaten (ATM), die auf Kreditkarte Kyat herausgeben. Der Dollar ist zwar noch eine beliebte Währung für Geldwechsler, aber im Alltag hat er für den Reisenden kaum mehr Bedeutung.

Weiterhin sinnvoll ist dennoch eine Notfall-Bargeld-Mischung aus US-Dollar und Euro, falls die Kreditkarte verloren geht oder ein ATM mal nicht funktioniert. Ausländische Devisen dürfen in unbegrenzter Höhe ein- und ausgeführt werden; Beträge, die den Gegenwert von US$10 000 übersteigen, müssen jedoch bei der Einreise deklariert werden.

Wechselkurse

1 €	=	1660 Kyat
1000 Kyat	=	0,60 €
1 US$	=	1500 Kyat
1000 Kyat	=	0,65 US$
1 Baht	=	48 Kyat
1000 Kyat	=	20 Baht
1 sFr	=	1500 Kyat
1000 Kyat	=	0,65 sFr

Mancherorts wird der US-Dollar mit dem glatten Gegenwert von 1 US$ = 1000 Kyat verrechnet.

Kyat können nur in Myanmar selbst eingetauscht werden und sind nicht über Banken im Ausland zu tauschen. **Kreditkarten** werden als Zahlungsmittel nur vereinzelt akzeptiert.

Gepäck und Ausrüstung

Für den Tag ist leichte und dezente **Kleidung** sinnvoll, die Knie und Schultern bedeckt. Kurze Hosen sind nicht gern gesehen, auch nicht bei Männern. In Yangon wurden eine Zeit lang die Röcke kürzer, doch der Trend hat nicht angehalten. Ein Strandtag im Rock ist okay. Ansonsten haben sich luftige Hosen und T- und Langarm-Shirts bewährt; sie schützen auch vor Staub und Sonne.

Menschen werden in Myanmar stark nach ihrem Äußeren bewertet; ein schmuddeliges Outfit führt schnell zu Ablehnung. Schmutzwäsche wird in vielen Hotels und Gästehäusern in 24 Stunden gewaschen.

Im Tiefland Myanmars ist es selten kalt, doch in der kühlen Jahreszeit empfiehlt es sich, abends einen warmen Pullover zur Hand zu haben. Das gilt auch für Bagan und Mandalay. Im Hochland, z. B. am Inle-See oder in Kalaw, ist warme Kleidung unerlässlich. Dort wird es auch in der heißen Zeit abends kühl. Im Winter ist es nachts sogar richtig kalt. Wer einen Kapuzen-Pulli dabeihat, freut sich darüber sowohl in unterkühlten AC-Bussen als auch bei Bootsfahrten im kalten Fahrtwind. Aus hygienischen Gründen nehmen einige Traveller dünne Jugendherbergs-Schlafsäcke mit. In billigen Zimmern sind die Decken nicht immer wirklich sauber, und da kuschelt sich manche/r gerne in eine eigene ein. Auch ein Handtuch oder ein Longyi tun da gute Dienste.

Für alle, die nicht trekken wollen, reichen robuste Sandalen. Schnürschuhe haben den Nachteil, dass sie bei Tempelbesuchen immer wieder langwierig aus- und angezogen werden müssen. Hier ist man mit Slippern deutlich besser dran.

Wichtig ist auch ein **Sonnenhut** oder ein Tuch, da der Kopf sonst schnell heiß läuft. Ein ausreichender **Moskitoschutz** ist ebenfalls wichtig.

Vorhängeschlösser braucht man nur noch selten, aber eines dabeizuhaben, schadet nicht. Eine **Taschenlampe** ist nützlich bei Stromausfall, auch ein **Taschenmesser** ist immer praktisch.

Ein PDF mit einem **Gepäck-Check** zum Ausdrucken gibt es unter **eXTra [10531]**.

Ausrüstung auf Trekkingtouren

Bei einfachen Wanderungen in der Trockenzeit reichen Turnschuhe meist aus. Gute **Wanderschuhe**, die schnell trocknen, sind aber besser.

Auf mehrtägige Trekkingtouren in der kühlen Jahreszeit sollte ein warmer **Schlafsack** mitgenommen werden. Daunen sind ungeeignet, da sie bei der hohen Luftfeuchtigkeit nicht trocknen und schnell schimmeln. Für laue Tropennächte reicht ein Bettbezug, ein Betttuch oder ein Jugendherbergs-Schlafsack. Sinnvoll ist auch die Mitnahme von **Wasserflaschen**, die am Körper befestigt werden können, ohne herumzubaumeln, und natürlich ein Rucksack, der gut sitzt und leicht zu tragen ist.

Rucksäcke, Koffer und Taschen

Wer mit öffentlichen Verkehrsmitteln unterwegs ist und auch mal längere Strecken zu Fuß geht, nimmt einen **Rucksack** (ob dieser passt, lässt sich beim Kauf feststellen, wenn er mit etwa 15 kg bepackt ist und sich damit gut tragen lässt). **Kofferrucksäcke** sind ein Kompromiss für jene, die mal mit dem Taxi und mal mit dem Bus fahren. Diese Kombination aus Koffer und Rucksack wird von der Vorderseite aus bepackt und hinten vom Tragegestell geschützt. Wer nur mit dem Mietwagen unterwegs ist und viel fliegt, nimmt einen Rollkoffer.

Ein **Tagesrucksack** oder eine Falttasche für Tagesausflüge und Kurztrips ist sinnvoll. Kameras sollten in einer **Fototasche** verstaut werden, die aus festem Material besteht und gut verschließbar ist. Wertsachen (Geld, Pässe, Schecks, Tickets) trägt man nah am Körper, z. B. in einem **Hüftgurt**. Diese Taschen können auf Reisen unauffällig unter den Kleidern getragen werden. Papiere, auch Geld und Flugtickets, am besten in einer Plastikhülle vor Schweiß und Nässe schützen (wer auf Nummer sicher gehen will, kopiert alle Tickets und Ausweise (inkl. Visumsstempel) und hinterlegt sie als PDF online).

Gesundheit

Das gesundheitliche Risiko ist bei einer Reise auf touristischen Pfaden gering. Die meisten Krankheiten lassen sich durch eine sorgfältige Vorbereitung und umsichtiges Verhalten vermeiden. Mehr dazu auf S. 604.

Vor der Reise

Unbedingt zur Reiseplanung gehört ein Blick in den Impfpass. Ein Basis-Impfschutz reicht für Myanmar, muss aber vor weniger als zehn Jahren erfolgt sein: Tetanus (Wundstarrkrampf), Polio und Diphtherie. Zu empfehlen ist zudem eine Immunisierung gegen Hepatitis A, Masern und Keuchhusten. Reisende, die länger unterwegs sind, sollten über eine Hepatitis-B-Immunisierung nachdenken. Impfungen gegen Tuberkulose und Typhus sind ebenfalls sinnvoll. Manche Ärzte raten zum Impfschutz gegen Tollwut und Japanische Enzephalitis.

In Myanmar gibt es Malaria-Erreger, und damit stellt sich die Frage, ob eine Prophylaxe eingenommen werden sollte. Empfehlenswert ist eine aktuelle **Impfberatung** beim Haus- oder Tropenarzt. Jeder Hausarzt kann diese Beratung durchführen. Meist muss er sich zuvor kundig machen. Erst danach ist er legitimiert, Medikamente wie etwa eine Malaria-Prophylaxe zu verschreiben.

Bei Impfungen ist zu bedenken, dass manche bis zu acht Wochen vor der Reise stattfinden müssen. Auch eine Malaria-Prophylaxe beginnt vor der Einreise. Einen Internationalen Impfausweis will heute kein Zöllner mehr sehen, ihn mitzunehmen ist dennoch sinnvoll: Im Krankheitsfall spricht er eine sichere und international verstandene Sprache.

In die **Reiseapotheke** gehören auf jeden Fall Medikamente gegen Darminfekte und Frauen sollten Mittel gegen Pilzinfektionen dabeihaben. Da die Wundheilung wegen der hohen Luftfeuchtigkeit oft langsamer erfolgt, sind Desinfektionsmittel und Wundsalben hilfreich. Auch regelmäßig benötigte Medikamente gehören ins Gepäck. Nicht empfehlenswert ist die Mitnahme von wärmeempfindlichen Medikamenten, z. B. Zäpfchen. Als Moskitoschutz empfiehlt sich Autan und besonders das in Yangon erhältliche Odomos, eine Creme, die in Indien entwickelt und hergestellt wird und auch für Kinder geeignet ist.

In Myanmars Apotheken (oder beim Zwischenstopp in Thailand) gibt es viele Pillen billiger als in Deutschland und auch ohne Rezept. Einige sind jedoch weitaus weniger oder gar nicht wirksam, da es sich um eine schlecht gemachte Kopie handelt.

Wichtig ist beim Kauf ein Blick auf das Haltbarkeitsdatum.

Tropenmedizinische Institute

Deutschland

Berlin, Institut für Tropenmedizin und Internationale Gesundheit, an der Charité, Charitéplatz 1, 10117, ✆ 030-301 166, 💻 www.charite.de

Hamburg, Reisemedizinisches Zentrum am Bernhard-Nocht-Institut, Bernhard-Nocht-Str. 74, 20359, ✆ 040-428 180, ✆ 0900 123 4999 (1,98 €/Min. aus dem deutschen Festnetz), 💻 www.gesundes-reisen.de

München, Tropeninstitut der LMU, Leopoldstr. 5, 80802, ✆ 089-218 013 500, 💻 www.klinikum.uni-muenchen.de/Abteilung-fuer-Infektions-und-Tropenmedizin/de/index.html

Schweiz

Basel, Schweizerisches Tropen- und Public-Health-Institut, Socinstr. 57, 4051, ✆ 061-284 8111, 💻 www.swisstph.ch. Auskünfte 8.30–11.30 und 14–17 Uhr unter ✆ 0900 57 51 31 (2,69 sFr/ Min.)

Österreich

Wien, Zentrum für Reisemedizin, Alsergasse 84/2, 1090, ✆ 01-403 8343, 💻 www.reisemed.at

Gesundheitstipps für die Reise

In den Tropen verlässt viele westliche Reisende das natürliche Durst- und Hungergefühl. Es muss also besonders auf eine ausgewogene Ernährung und die Einnahme von viel Flüssigkeit geachtet werden.

Die meisten Myanmar-Reisenden erkranken, wenn überhaupt, an **Durchfall**. Meist reicht es, zur Vorsorge auf ungeschältes Obst und Eis sowie auf rohe Nahrungsmittel zu verzichten. Wichtig ist die persönliche Hygiene, denn viele Krankheitserreger trägt man mit den eigenen Fingern zum Mund. Außerdem sollte man „auf seinen Bauch hören": Gabel und Löffel zur Seite legen, wenn das Essen nicht schmeckt oder der Appetit plötzlich weg ist. Und selbst wer einen robusten Magen hat, sollte beim Essen am Straßenrand zweimal abwägen. Sinnvoll ist es auch, sich an die birmanischen Tipps zu halten. So geht man hier davon aus, dass manche Lebensmittel in Kombination gegessen krank machen (S. 43). Wer unter Durchfall leidet, muss sich erst einmal Ruhe gönnen und den Flüssigkeits- und Salzverlust mit angereichertem Wasser ausgleichen. Zudem sollten Erkrankte auf Gemüse und Obst verzichten und fettige Speisen meiden. Mit viel Reis (gesalzen) und ein wenig Medizin sind die meisten Durchfälle in den Griff zu kriegen. Spätestens nach drei bis fünf Tagen ohne Besserung muss ein Arzt aufgesucht werden. Extrem dünner, weißlicher Stuhlgang (wie Reiswasser) deutet auf eine Cholera-Infektion hin.

Das **Leitungswasser** in Myanmar dient nicht zum Trinken. Auch die Zähne sollten sich Reisende zur Sicherheit mit Trinkwasser putzen. Die überall angebotenen Trinkwasser-Flaschen sind versiegelt. Wichtig ist ein eigener Wasservorrat vor allem bei Ausflügen. Eine gute Idee ist ein Lifestraw, denn mit dieser Flasche kann man sich ganz leicht nahezu jedes Wasser zu Trinkwasser filtern, mehr dazu s. S. 47.

Vorsicht bei den immer beliebteren **Energiedrinks**: Die Inhaltsstoffe sind auf Chinesisch oder Thai angegeben. Was genau drin ist, werden die meisten Touristen also nicht entziffern können. Erwiesen ist, dass größere Mengen zumindest zu Kreislaufproblemen führen können.

Wegen der klimatischen Bedingungen kommt es oft zu **Erkältungen**. Wenn es nach Sonnenuntergang schnell kühl wird, hilft ein dünner Pullover – in den Bergen ein dicker. Wichtig ist, nachts die Klimaanlage oder den Ventilator auszustellen. Selbst eine leichte Unterkühlung kann zu einem ausgewachsenen Schnupfen oder gar einer Lungenentzündung führen.

Und niemals die Sonne unterschätzen! Ein Tuch, ein Hut, ein Sonnenschirm haben schon manchen Reisenden vor einem **Sonnenstich** bewahrt. Zum Schutz der Augen ist eine Sonnenbrille (mit echtem UV-Schutz) unerlässlich.

Ein Vorschlag für eine **Reiseapotheke** findet sich unter **eXTra [10532]**.

Reisemedizin im Internet

www.crm.de
Centrum für Reisemedizin

www.die-reisemedizin.de
In Verbindung mit dem betriebsärztlichen Dienst der LTU

www.dtg.org
Deutsche Gesellschaft für Tropenmedizin

www.fit-for-travel.de
Neben Gesundheitstipps auch Länderinfos, Botschaftsadressen etc.

www.bnitm.de
Bernhard-Nocht-Institut Hamburg

Medizinische Versorgung

Eine Behandlung im Krankenhaus oder der Privatklinik kann ohne Versicherung sehr teuer werden. Im Voraus zu zahlen sind in jedem Fall sowohl die Behandlung als auch die Medikamente – und zwar jede einzelne Spritze, jeder Verband und jede Handlung eines Arztes. In den Krankenhäusern ist es üblich, dass sich die Patienten selbst verpflegen. Das kann sowohl ein Reisepartner übernehmen als auch eine bezahlte Krankenschwester.

Staatliche Krankenhäuser: Die medizinische Versorgung in Myanmar ist nicht mit dem europäischen Gesundheitssystem vergleichbar. Das gilt sowohl für die technische Ausrüstung als auch für den hygienischen Standard. Außerhalb Yangons und Mandalays kann es zudem schwierig werden, Englisch sprechende Ärzte zu finden. In Yangon gibt es einige Kliniken mit gutem Ruf, die bei Notfällen helfen und Flüge nach Bangkok oder Europa organisieren.

Bluttransfusionen sind bedenklich und sollten wenn möglich vermieden werden. Die Kontrollen der Blutkonserven auf Aids-Viren sind zweifelhaft. Wenn moderne medizinische Geräte zur Verfügung stehen, kommen sie nicht oft zum Einsatz.

Wer schwer krank ist, sollte sich auf jeden Fall nach Bangkok ausfliegen lassen. Das **Bangkok International Hospital** verfügt über einen Flugrettungs-Notdienst, der auch in den angrenzenden Ländern hilft: Notruf ✆ 0066-2-310 3456.

Informationen

Zahleiche **private Hotels** und **Reiseagenturen** in Myanmar bieten hilfreiche Infos – viele auch schon für die Reisevorbereitung auf ihrer Homepage. Vor Ort erweisen sich die Mit- und Zuarbeiter der Gästehäuser in der Regel als zuverlässige Informanten, die die aktuellsten Reisetipps geben und meist auch Tickets besorgen können. Und wer doch mal hilflos am Busbahnhof strandet: Irgendjemand findet sich immer, der weiterhilft. Und das so lange, bis das Problem gelöst ist und man ein Ticket in der Hand hat.

Auf Facebook gibt es einige sehr gute Gruppen, wo ein reger Austausch an Informationen herrscht. Fotos inspirieren und Routenfragen lassen Pläne konkreter werden. Und auch wir Autoren posten immer wieder mal auf Facebook Neues – und natürlich auf unserer Webseite 💻 www.stefan-loose.de. Es lohnt sich, die **eXTras** aufzurufen, denn dort finden sich mehr Informationen als im Buch, zudem aktualisieren wir hier direkt bei der Recherche, noch bevor die nächste Auflage gedruckt ist.

Die staatliche Agentur **MTT (Myanmar Tours & Travel)** gehört zum Ministry of Hotels & Tourism (MHT), bietet Informationen zum Land, besorgt Reisegenehmigungen (*Travel Permits*) und kennt die aktuellen Bestimmungen darüber, welche Gebiete bereist werden dürfen. Im Yangoner Hauptbüro (S. 172) gibt es Stadtpläne von Mandalay, Bagan und Yangon. Die Angestellten sind aber nicht mehr die Bestinformiertesten.

Wer sich über das Tagesgeschehen informieren mag, dem stehen einige Online-Publikationen aus Myanmar zur Verfügung: Mizzima, 💻 www.mizzima.com, bietet Nachrichten, Hintergründe und Multimedia-Beiträge aus dem ganzen Land. Die Online-Ausgabe der Myanmar Times, 💻 www.mmtimes.com, gehört zu der wohl bekanntesten Tageszeitung. Gute aktuelle Artikel veröffentlicht auch The Irrawaddy, 💻 www.irrawaddy.com. In der Narinjara, 💻 www.narinjara.com/main, finden sich Nachrichten aus dem Rakhine-Staat, und der Shan Herald, 💻 https://english.shannews.org/, berichtet von Neuigkeiten aus dem Shan-Staat. Die Karen News, 💻 www.karennews.org, informieren vor allem aus dem Kayin-Staat.

Internet und E-Mail

In Yangon und größeren Orten mit touristischer Infrastruktur wie Bagan oder Nyaungshwe am Inle-See bieten fast alle Hotels kostenloses **WLAN** an. Bisher ist die Datenrate aber so niedrig, dass man nur selten wirklich komfortabel im Internet surfen kann. Auch Restaurants erfreuen ihre Kunden immer häufiger mit „Free WiFi", wie der kostenlose WLAN-Zugang hier heißt. Allerdings muss auch in Restaurants mit langsamen bis sehr langsamen Verbindungen gerechnet werden. Wer Wert auf Bandbreite legt, sollte am besten morgens vor 10 Uhr ins Netz gehen.

Vermehrt greifen Einheimische wie auch Touristen auf ihre Smartphones zurück und surfen auf diese Weise mal über WLAN, mal über ihre SIM-Karte. Am besten besorgt man sich eine **lokale SIM-Karte** (S. 67).

Kinder

Myanmar ist ein sehr kinderfreundliches Land. Überall wird den Kleinen Aufmerksamkeit zuteil, und es finden sich schnell Spielgefährten. Doch eine Myanmar-Reise mit Kindern erfordert eine besonders gute Vorbereitung.

Dazu gehören neben einer gründlichen ärztlichen Untersuchung alle notwendigen Impfungen – auch gegen Kinderkrankheiten. Masern etwa sind seit 2017 wieder auf dem Vormarsch, und was in Deutschland schon keine problemlose Erkrankung ist, kann in Myanmar richtig ernst werden. Wer sich entschieden hat, sein Kind nicht impfen zu lassen, sollte nicht nach Myanmar fahren. Da Kinder viel mit Tieren spielen, lohnt es sich auch über eine Typhus-Impfung nachzudenken, denn ist ein Tier infiziert, reicht das Ablecken einer kleinen Wunde zur Übertragung.

Zudem muss eine **Krankenversicherung** abgeschlossen werden. Wenn das Kind nicht sowieso bei einem Elternteil kostenlos mitversichert ist, kann man nach günstigen Familienangeboten Ausschau halten. Wegen der Tropenkrankheiten, die durch Moskitos übertragen werden, sollten Kinder möglichst immer unter einem Moskitonetz schlafen und penibel geschützt werden. Zum Thema Malariaprophylaxe (bzw. Standby) sollte ein Arzt zurate gezogen werden. Von einer Reise während der heißen Jahreszeit, in der die Temperaturen bis auf 45 °C steigen können, ist mit Kindern abzuraten. Selbst für Erwachsene ist die Hitze dann oft unerträglich.

Sehr wichtig ist die Überlegung, wie gereist werden soll. Flüge machen vieles einfacher. Darüber hinaus ist je nach Alter und Belastbarkeit des Kindes ein guter Mietwagen (mit Fahrer) den öffentlichen **Verkehrsmitteln** vorzuziehen. Auch bei der Wahl des Hotelzimmers ist die Belastbarkeit des Kindes zu bedenken. Allerdings sollte man keine übertriebene Angst vor Schmutz und Krankheiten haben. Kinder verfügen normalerweise über erstaunlich gute Abwehrkräfte. Wichtig ist, dass sie kein Wasser aus der Leitung trinken, sich oft die Hände waschen und kein ungeschältes Obst und Gemüse essen. Das Reisen mit Säuglingen ist meist unproblematisch, sofern sie noch gestillt werden.

Die **Zeitverschiebung** kann mit ein wenig Gelassenheit leicht überwunden werden. Es ist immer empfehlenswert, die ersten Tage etwas ruhiger angehen zu lassen. Der Klima- und Kulturschock ist so einfacher zu meistern.

Sehr praktisch für Reisen mit Kleinkindern ist eine solide **Rückentrage** mit Hüftgurt. Diese eignet sich für Trekkingtouren und Stadtrundgänge. In Yangon ist ein einfacher und leichter Kinderwagen angenehm, da die Kleinen darin erfahrungsgemäß gern einmal ein Nickerchen machen. In der quirligen Innenstadt ist solch ein Wagen jedoch kaum zu gebrauchen. Wer plant, ein Auto zu mieten, kann mit einem mitgebrachten **Kindersitz** für die nötige Sicherheit sorgen. Sinnvoll ist das aufblasbare Modell Luftikid (wenngleich das im Auto sehr warm werden kann), da man dies auch im Flieger nutzen kann. Wer im Flieger auf Nummer sicher gehen will, sollte bereits für ein Baby einen Sitzplatz bezahlen und das Kind in einem mitgebrachten Kindersitz anschnallen (Zertifikat „for use by aircraft" des TÜV). Für die etwas Größeren (bis 4 Jahren) empfiehlt sich für Zappelige ein extra Sicherheitsgurt („Cares Fly Safe"). Jede Extra-Sicherung muss mit der Airline abgesprochen werden.

Für Kinder gibt es einige **Ermäßigungen**, so können sie in Hotels meist bis zum Alter von zwölf Jahren kostenlos bei den Eltern im Bett schlafen. Für ein paar Dollar mehr gibt es oft ein Extra-Bett. Je nach Alter des Kindes muss das Frühstück zusätzlich bezahlt werden. Einige Unterkünfte haben Familienzimmer mit mehreren Betten. Zug- und Bustickets müssen erst für ältere Kinder gezahlt werden. Jedoch ist zu beachten, dass kleinere Kinder dafür keinen Anspruch auf einen eigenen Sitzplatz haben. Wer viel oder lange unterwegs ist, sollte daher lieber ein paar Dollar mehr ausgeben und seinem Kind einen Sitzplatz buchen. Für Inlandflüge zahlen Kinder bis zwölf Jahre einen verringerten Flugpreis. Eintrittsgebühren entfallen meist, vor allem Tempel und Pagoden sind für Kinder kostenfrei.

Essen ist nicht an allen Orten unproblematisch. Während es in den touristischen Orten Pommes *(fried potatoes)*, Pizza, Spaghetti und Pancakes gibt, finden sich in weniger erschlossenen Gegenden meist nur Reis- und Nudelgerichte. Diese werden auf Wunsch jedoch so mild zubereitet, dass sie auch Kindern schmecken. Samosa finden viele Kinder lecker (Vorsicht: Samosa und anderes sehr fettiges Gebackenes sollte direkt gegessen und nicht als Reiseproviant eingepackt werden). In den Bäckereien des Landes werden Kekse und Gebäck verkauft, die auf längeren Strecken den Hunger stillen. Nach ein paar Tagen Eingewöhnungszeit können Kinder auch geschältes Obst essen. Zur Aufbewahrung der Lebensmittel ist es sinnvoll, verschließbare Plastik- oder Metalldosen zu verwenden. So haben Ameisen und andere Krabbeltiere keine Chance. **Wegwerfwindeln** gibt es in allen etwas größeren Orten zu kaufen. Feuchttücher haben wir nur in Yangon gefunden.

Kindereinträge im **Reisepass** eines Elternteils sind nicht mehr gültig. Jedes Kind braucht einen eigenen Pass (Reisepass/Kinderreisepass mit Lichtbild) und ein eigenes Visum.

Maße und Elektrizität

Maßeinheiten

Myanmar ist neben den USA und Liberia das dritte Land der Welt, das nicht mit dem metrischen System misst. **Gewichte** werden in *tical* (*„kyat tha"*, 16,96 g) und *viss* (*„beiq tha"*, 100 *tical*) gemessen, als **Längenmaße** werden die englischen *miles, yards, feet* und *inches* benutzt. Nur manchmal findet auch das metrische System Verwendung.

Früchte werden nach Stückzahl bezahlt. Gemüse, Rosinen und andere getrocknete Früchte hingegen nach Gewicht, z. B. 50 *tical* (848 g) oder 1 *viss* (1,696 kg). Fleisch, Fisch und Shrimps

Wer braucht schon eine Waage, eine Dose reicht aus.

werden in Einheiten zu 10 *tical* berechnet und Kaffee oder Tee pro *pound* (450 g).

Kleinhändler verkaufen ihre Waren meist nicht nach Gewicht, sondern benutzen die etwa 250 ml fassende Milchkonservendose, die *bu* genannt wird. In diesen Dosen werden z. B. Reis und kleine Früchte abgemessen. Ein *pyi* besteht aus acht *bu* und entspricht einem kleinen Reiskorb. Flüssigkeiten und Benzin werden pro Gallone (4,55 l) verkauft. Eine Ausnahme bildet Milch, die in *viss* gemessen wird. In Supermärkten, in denen frisches Obst abgewogen wird, ist aber mittlerweile auch schon das Kilo als Maßeinheit angekommen.

Stoffe und Gegenstände von geringer Länge werden in *yard* („*gai*", 91,4 cm) abgemessen. Ein halber *yard* wird als *taung* bezeichnet. Ein *taung* ist wiederum in zwei *htwa* geteilt.

Elektrizität

Die **Stromversorgung** Myanmars ist immer noch recht schlecht, denn das nationale Elektrizitätsnetz erreicht nur die Regionen im Zentrum und im Osten des Landes. Städte und Dörfer abseits der nationalen Stromversorgung müssen sich selbst helfen und beziehen ihren Strom aus mit Dieselmotoren betriebenen Generatoren oder kleinen hydroelektrischen Kraftwerken. In Kleinstädten und abgelegenen Dörfern gibt es daher meist nur zwischen 18 und 23 Uhr Strom. In vielen Dörfern dienen noch heute Kerzen als Beleuchtung.

Auch in den großen Städten kommt es immer mal wieder zu Stromausfällen. Selbst in Yangon gibt es keine gesicherte Elektrizitätsversorgung. Viele Hotels und Restaurants besitzen jedoch einen eigenen Generator, sodass es schnell wieder hell wird. Oft reicht diese Notstromversorgung jedoch nicht zum Betreiben der Klimaanlage aus.

Einzig in der Hauptstadt Nay Pyi Taw kann man ziemlich sicher sein, rund um die Uhr mit Strom versorgt zu werden.

Standard sind 230 V und 50 Hz. Viele **Steckdosen** sind nach britischem Muster für drei flache Stifte konzipiert, in die meisten passen aber auch ohne Adapter die runden Stifte deutscher Elektroartikel.

Medien

Zeitungen und Magazine

Für Westler gibt es trotz einer Vielzahl von Zeitungen und Zeitschriften wenige Printmedien zur Information oder Unterhaltung. Die meisten sind auf Birmanisch. Druckerzeugnisse aus dem Ausland bieten lediglich die großen Hotels, aber die wenigsten sind aktuell. Einige Buchläden und Straßenstände führen ältere Ausgaben von *Times* und *Newsweek*.

Das staatliche Regierungsblatt **New Light of Myanmar**, 💻 www.moi.gov.mm/npe/nlm, offeriert in englischer Sprache das offizielle Weltbild der Regierung. Trotz der Regierungsnähe lesenswert sind die Berichte der **The Myanmar Times** (siehe auch S. 57, Informationen online). Dort finden sich Artikel aus Gesellschaft, Wirtschaft, Natur und Tourismus sowie Adressen und aktuelle Flugpläne. Viermal jährlich erscheint **Enchanting Myanmar** mit ebenfalls lesenswerten Berichten zur Natur und Kultur des Landes.

Radio und Fernsehen

Radio lässt sich mit einem Weltempfänger empfangen, wie man ihn in Yangon in der Mahabandoola Road günstig erstehen kann. Viele Myanmaren hören BBC World News oder Voice of America. Die **Deutsche Welle** sendet über Kurzwelle auf verschiedenen Frequenzen, 💻 www.dw-world.de.

Fernseher stehen in fast allen Hotelzimmern, doch nur in etwa der Hälfte sind auch englische Sender zu empfangen. Gibt es Satelliten-TV, hat man Zugang zu internationalen Programmen, wie BBC, CNBC oder DW-TV. Die Bildqualität ist sehr unterschiedlich.

Lokale Programme zeigen neben Nationalkonventsitzungen und Seifenopern auch Aufklärungs- und Informationsfilme zu medizinischen und landeskundlichen Themen.

Post

Die birmanische Post ist einigermaßen zuverlässig. Briefe und Postkarten erreichen Europa meist nach etwa zwei Wochen, wenn sie in Yangon oder Mandalay eingeworfen werden. Nach etwa drei Wochen sind auch Postsendungen aus der Provinz in Europa angekommen. Die Postämter sind am Wochenende oft geschlossen, offiziell 🕒 Mo–Fr 9.30–16.30 Uhr. Je kleiner die Stadt, desto unregelmäßiger und kürzer sind die Öffnungszeiten. Vormittags von 10–12 Uhr ist fast immer geöffnet. Im zweiten Stock der Yangoner Hauptpost wird ein Postlager-Service angeboten *(Poste restante)*.

Reisende mit Behinderungen

Für Menschen mit einer Behinderung ist eine Reise durch Myanmar oft schwierig und nur jenen anzuraten, die bereits über viel Reiseerfahrung und eine gute Kondition verfügen. Die meisten Hotels sind nicht auf Behinderte einge-

Öffnungszeiten

Staatliche Einrichtungen haben Mo–Fr von 9.30–16.30 Uhr geöffnet, einige wenige Ämter auch Sa von 9–12 Uhr. Der Feierabend beginnt meist schon um 15.30 Uhr, und da auch die Mittagspausen unterschiedlich liegen, ist es ratsam, Behördengänge morgens zu erledigen. **Banken** sind i. d. R. Mo–Fr von 10–14 Uhr geöffnet. Manche Banken machen Mittagspause, andere haben etwas länger geöffnet. Die Öffnungszeiten der **Geschäfte** sind sehr unterschiedlich, die meisten öffnen zwischen 8 und 9 Uhr und schließen gegen 18 Uhr, an touristischen Orten haben einige aber auch weitaus länger geöffnet. Viele **Märkte** sind sonntags geschlossen, einige auch montags.

stellt, doch die freundlichen Menschen helfen sehr geschickt weiter. Einige Hotels haben bereits behindertengerechte Einrichtungen, doch dies ist selten und meist sehr teuer zu bezahlen. Das Traders Hotel in Yangon bietet z. B. eine behindertengerechte Rampe. Einige Sehenswürdigkeiten sind mit einem Aufzug versehen, der jedoch nicht immer ebenerdig zu betreten ist. Gut zu besuchen ist die Shwedagon-Pagode. Das Schuhverbot in Pagoden gilt auch für Behinderte!

Mit öffentlichen Verkehrsmitteln ist die Reise nur schwer möglich. Lediglich im Zug könnte ein Rollstuhlfahrer ggf. unterkommen (der Einstieg gestaltet sich allerdings schwierig). Besser ist es, ein Taxi zu mieten oder einige Wege mit dem Flugzeug zurückzulegen.

Für die Reisevorbereitung kann der Kontakt zur **Nationale Koordinationsstelle Tourismus für Alle** (NatKo), Kirchfeldstr. 149, 40215 Düsseldorf, ✆ 0211-336 8001, 💻 www.natko.de, hilfreich sein.

Schwule und Lesben

Homosexualität ist in Myanmar nicht strafbar. Händchenhaltende junge Männer (oder Frauen) drücken ihre Freundschaft aus. Dieses Verhalten ist nicht Ausdruck ihrer sexuellen Neigung. Mit Ausnahme der christlichen und muslimischen Minderheiten akzeptieren die Kulturen Myanmars Homosexualität. Bei Reisen in den Rakhine-Staat (Muslime) sowie den Chin- und Kachin-Staat (Christen) sollten Homosexuelle sich besonders bedeckt halten.

Sicherheit

Diebstahl und Betrug

Kriminalität in Myanmar ist für Touristen kein allzu großes Problem, sodass einfache Sicherheitsvorkehrungen zum Schutz vor **Raub** ausreichen. Natürlich sollte niemand sein Geld allzu öffentlich zur Schau stellen. Kyat-Noten können nach birmanischer Art in kleinen Bündeln in der Hemd- oder Hosentasche zur steten Verfügbarkeit gehalten werden.

Wer viel mit lokalen Transportmitteln reist, kann sein Gepäck nicht permanent beaufsichtigen: Da landet schon mal ein Rucksack auf dem Dach des Pick-ups oder Busses, während man selbst drinnen sitzt. Alle Wertsachen sollten deshalb unterwegs am Körper getragen bzw. im Daypack aufbewahrt werden.

Vor Raubüberfällen muss sich nur fürchten, wer in Sperrgebiete reist. Hier sind bewaffnete Schmuggel- und Schlepperbanden aktiv.

Kleinere **Betrügereien** können öfter einmal vorkommen, doch handelt es sich hierbei eher um Preistreiberei, z. B. beim Kauf von überteuerten echten oder gar falschen Edelsteinen.

In größeren Hotels und einigen Gästehäusern stehen **Safes** im Zimmer. Manchmal gibt es aber auch nur einen Safe an der Lobby. Wer solch einen öffentlichen Safe in Anspruch nimmt, sollte sich den eingelagerten Geldbetrag und eine genaue Auflistung der Gegenstände quittieren lassen. Vor allem die Safes der einfacheren Unterkünfte haben nicht immer den besten Ruf. Manchmal gibt es Metallschränke, die man mit einem eigenen Schloss verschließen kann.

Zur Sicherheit sollten eine Kopie des Reisepasses mit abgestempeltem Visum, Ersatz-Passfotos, und Reserve-Dollars separat eingepackt werden – wasserdicht und knick-geschützt. Und wer auf Nummer sicher geht, deponiert eine Kopie von Pass und Visa digital in seiner Dropbox.

Gewalt

Myanmar ist im Allgemeinen ein sicheres Reiseland, zumindest, wenn man sich an die Regeln hält und sich nur in den für Touristen zugänglichen Zonen aufhält. Wer sich jedoch in Sperrgebiete vorwagt, muss mit Repressalien durch die lokalen Behörden rechnen, die es nicht gern sehen, wenn Ausländer sich über die Bestimmungen hinwegsetzen. Auch bei der Bevölkerung nicht willkommen sind Reisende in den Opiumanbaugebieten. An **politischen Brennpunkten** kann selbst der gesetzestreue Reisende ins Visier geraten. Dies gilt z. B. bei Demonstrationen und Kundgebungen. Auch bei Unruhen zwischen Buddhisten und Muslimen, wie sie 2012/2013 an mehreren Orten im Land aufflackerten, sollte man tunlichst vermeiden, zwischen die Fronten zu geraten. Bei Aufenthalten in den Randgebieten eigentlich „erlaubter" Zonen, z. B. am Indawgyi-See im Kachin-Staat oder bei Trekkingtouren im nördlichen Shan-Staat, sollte man sich immer an die Empfehlungen der Einheimischen halten.

Trotz zahlreicher Waffenstillstandsabkommen zwischen Militär und Gruppen der Minderheiten sind einige Gebiete noch nicht vollständig befriedet. Die deutsche Botschaft rät ausdrücklich von Reisen in **gesperrte Gebiete** ab, weil es dort immer noch zu Kampfhandlungen kommt. Dies betrifft vor allem einige Grenzregionen.

Vor der Reise empfiehlt es sich, die Sicherheitshinweise der Auswärtigen Ämter zu lesen: 💻 www.auswaertiges-amt.de, 💻 www.bmaa.gv.at, 💻 www.eda.admin.ch.

Strafbare Handlungen

Ausdrücklich verboten ist das **Fotografieren und Filmen von militärischen Anlagen** und Polizeidienststellen. Das gilt selbst dann, wenn nicht extra auf einem Schild darauf hingewiesen wird. Auch bei politisch motivierten Demonstrationen sollte man sich zurückhalten. Wer dennoch seinen Fotoapparat zückt, muss damit rechnen, dass Kamera oder Material beschlagnahmt werden. Außerdem können lange Verhöre und die Ausweisung drohen. Grundsätzlich gilt Vorsicht bei großen und schönen Privathäusern. Sie gehören meist Ministern und Generälen, die es nicht gern sehen, wenn ihr Reichtum abgelichtet wird.

Buddha und das Gesetz

Buddha selbst würde es wohl weniger streng sehen, aber die Gesetze in Myanmar sind rigoros: So ist es hier strafbar, Buddhadarstellungen aller Art zu verunglimpfen (S. 78). Das bedeutet z. B., dass man sich nicht auf eine Buddhafigur setzen oder sich gar im Bikini mit dem weisen Mann fotografieren lassen darf. Auch wer ein Buddha-Tattoo hat, sollte dies verhüllen, denn es gilt als Missachtung der Religion. Im November 2016 wurde ein italienischer Traveller deswegen ausgewiesen. Ein Neuseeländer, der ein Bild von Buddha mit Kopfhörern für seine Bar benutzt hatte, wurde 2015 sogar zu zehn Jahren Zwangsarbeit verurteilt!

Auf eine **Einreise ohne gültiges Visum** folgt zumindest der Landesverweis. Ein paar Tage überziehen ist hingegen kein Problem (s. Visum S. 81). Zudem ist es in einigen Regionen nur erlaubt herumzureisen, wenn man ein Permit, also eine offizielle Erlaubnis, hat. Wo dem so ist, steht auf 💻 www.mip.gov.mm.

Der **Export von Edelsteinen**, für die keine offizielle Bescheinigung vorgewiesen werden kann, gilt als strafbar. Bei Entdeckung werden im günstigsten Fall die Steine konfisziert. Es ist aber auch eine Haftstrafe von bis zu zehn Jahren möglich.

In Myanmar wird sowohl der Besitz als auch der Handel mit **Drogen** mit drakonischen Gefängnisstrafen belegt. Es heißt, Ertappte konnten sich für einige tausend Dollar freikaufen, doch das Risiko, in Eisenketten im Knast zu landen und dort einige Jahre seines Lebens zu verbringen, ist sehr hoch.

Prostitution ist generell verboten. Sexueller Verkehr mit Personen unter 14 Jahren gilt als Vergewaltigung und zieht langjährige Haftstrafen nach sich.

Festgenommen zu werden ist problematisch, da Myanmar **keine unabhängige Rechtsprechung** kennt. So besteht kein Recht auf einen Rechtsbeistand. Nur die konsularischen Vertreter dürfen informiert und eingeschaltet werden. Und selbst dies ist außerhalb der großen Städte sehr schwierig. Abkommen zur Auslieferung von Gefangenen in ihre Heimatländer gibt es nicht.

Sport und Aktivitäten

Ballonfahrten

Ein ganz besonderes Erlebnis ist eine Ballonfahrt. Seit 1999 gehen die Heißluftballons über Bagan in die Lüfte. Derzeit gibt es Fahrten über

Bagan, dem Inle-See, Pindaya, Ngapali und Mandalay mit je nach Thermik 45–60 Minuten Dauer. Gestartet wird bei Sonnenauf- und -untergang zwischen Oktober und März.

Chinlon

Wenn die Sonne sich zum Horizont neigt und das Tagewerk vollbracht ist, sieht man überall in Myanmar Ballsportler beim **Chinlon**. Ein im Durchmesser etwa 12 cm großer geflochtener Rattanball wird mit den Füßen über ein Netz gespielt. Sechs Stellen an Füßen und Beinen sind beim Spiel zugelassen, insgesamt kommen 30 verschiedene Techniken zum Einsatz. Meist verzichten die Mitspieler auf das Zählen von Punkten, sodass der Spaß im Vordergrund steht. So sind es auch oft mehr als die offiziell zugelassenen sechs Spieler, die sich den Ball zukicken. Ausländer dürfen gern mitspielen. Auch das Zuschauen verspricht eine unterhaltsame Zeit, denn Könner des Spiels beeindrucken mit akrobatischen Sprüngen.

Fahrrad fahren

Wer möchte, kann die gesamte Reise im Land per Fahrrad zurücklegen oder aber nur Tagestouren unternehmen. Vor allem eine Fahrradtour inmitten der Tempelanlagen von Bagan ist beliebt. Hier sind zunehmend E-Bikes im Einsatz (das sind aber Mopeds ohne Pedale und sehr unsportlich). Schöne Erlebnisse versprechen auch Radtouren zwischen Sagaing und Mingun (S. 361), rund um Mandalay (S. 334) und am Inle-See (S. 412). Auch bei Lashio gibt es auf geführten Touren tolle Gegenden zu entdecken. Allgemeine Informationen zum Radfahren in Myanmar S. 74.

Meditationsstudium

In Myanmar gibt es Tausende Klöster. Einige von ihnen unterrichten **Vipassana-Meditation**. Auch westliche Schüler werden aufgenommen und können in zehntägigen Kursen Meditation lernen und praktizieren. Längere Aufenthalte sind

Mit dem Rad unterwegs am Inle-See

möglich. Die Kurse werden meist in englischer Sprache von birmanischen Meistern angeboten; täglich gibt es zudem eine einstündige Vorlesung vom „Tonband", das zumindest in Yangon und Mandalay auch auf Deutsch verfügbar ist. Wer sich für einen Meditationskurs entscheidet, muss Ausdauer mitbringen und sich verpflichten, den ganzen Kurs mitzumachen. Auch wenn Körper und Geist angestrengt sind und man am liebsten seine Sachen packen würde, heißt es durchhalten.

Die **strengen Regeln des Klosterlebens** gelten für alle. Dazu gehört, dass es nur morgens ein Frühstück und um 11 Uhr schon die letzte Mahlzeit des Tages gibt; selbstverständlich alles fleischlos. Auf Musik, Handys, Parfüm und Schmuck muss verzichtet werden; geschlafen wird auf harten Pritschen. Männer und Frauen werden getrennt, sie sehen sich nur bei der Meditation. Besonders wichtig ist das Schweigen („*Noble Silence*"): Zehn Tage kein einziges Wort zu den Mit-Meditierenden, nicht mal ein Augenkontakt ist gestattet. Geredet wird nur mit dem Lehrer – und dies auch nur selten, bei wichtigen Fragen und Problemen.

Der Tag im Meditationszentrum beginnt in aller Frühe um 4 Uhr und endet um 21.30 Uhr. Ziel der Kurse ist die Konzentration auf das Unterbewusste, das es zu erkennen und zu beherrschen gilt. Die Tradition der Vipassana-Meditation wäre in ihrem Ursprungsland Indien fast verloren gegangen. Doch da sie in Birma praktiziert wurde, hat sie von hier aus ihren Weg zurück nach Indien und in die Welt gefunden.

Wer länger als zehn Tage oder die 28 Tage, die das Visum zulässt, in einem Kloster leben möchte, kann sich mit einer Einladung des Klosters seiner Wahl ein *special entry visa* besorgen, das bis zu zwölf Wochen gilt und dessen Bearbeitung etwa acht bis zehn Wochen dauert. Solche langen Kurse sind allerdings nur etwas für Fortgeschrittene.

Die meisten Klöster bieten ihre Kurse kostenlos an. Es wird jedoch am Ende des Kurses eine angemessen hohe Spende erwartet, die die weitere Ausbildung neuer Schüler finanziert. Keines der Klöster hat viel Geld, weshalb es selbstverständlich ist, so viel Geld wie möglich dort zu lassen.

Ein **Verzeichnis** aller Kurse und Vipassana-Zentren auf der ganzen Welt findet sich unter www.dhamma.org.

Trekking und Wandern

Nahezu alle Bergregionen Myanmars laden zu Trekkingtouren ein. Viele Gebiete sind noch wenig erforscht, da die langanhaltenden Rebellenaktivitäten bisher eine touristische Infrastruktur verhinderten. Dank der zahlreichen Waffenstillstandsabkommen werden die bergigen Gebiete jedoch immer mehr auch für Ausländer geöffnet, die in ein- bis mehrtägigen Touren die Natur und die dort lebenden Bergvölker besuchen können. Eine Trekkingtour gehört für viele Myanmar-Reisende zum Programm und fast jeder schwärmt anschließend davon. Traveller, die die Wälder von früher kennen, sind weniger begeistert, denn viel Primärwald ist bereits zerstört.

Touren können im Shan-Staat zwischen Kalaw und Inle-See, ab Pindaya, bei Kyaukme, Hsipaw und Lashio sowie ab Loikaw und rund um Kengtung unternommen werden. Kleine Wanderungen, z. B. in der Umgebung von Kalaw oder zum Goldenen Felsen bei Kyaiktiyo, kann man ohne Führer unternehmen. Für die meisten Touren müssen jedoch ortskundige Guides engagiert werden. Etwas Besonderes ist eine zwei- bis dreitägige Wanderung, bei der man nicht an seinen Ausgangspunkt zurückkehrt, z. B. die Strecke von Kalaw nach Nyaungshwe (Inle-See, S. 398).

Wassersport

Während der Regenzeit ist der Ngapali Beach besonders bei **Surfern** beliebt, die auf den dann höher schlagenden Wellen im aufpeitschenden Regen ihren Spaß haben (ein geheimes Surfer-Paradies befindet sich nahebei, S. 501). Bretter muss man bisher allerdings mitbringen. Gäste des Bayview Resorts können sich auch einen Katamaran ausleihen.

Schnorchler finden auf Bootstouren ein paar Spots, wenngleich die Unterwasserwelt am Ngapali Beach und am Ngwe Saung nicht zu den Highlights Myanmars gehört. Im Süden faszinieren die Schnorchelreviere an den Inseln des Myeik-Archipels. Neu geöffnet (für Tagesbesuche) ist eine Insel vor Dawei, die zur Gruppe der Moscos Islands gehört. Hier locken noch überwiegend intakte Korallengärten. Direkt vom Strand aus schnorcheln kann man in einigen Buchten an der Westküste der Dawei-Halbinsel. Schnorchel, Brillen und Flossen (auf Anfrage) stellen die Bootsverleiher, die Interessierte zu den vorgelagerten Inseln bringen.

Tauchen ist theoretisch ebenfalls bei Ngapali möglich (warum man hier aber eher noch nicht tauchen gehen sollte, s. S. 502), ebenso in Ngwe Saung (S. 199) sowie hin und wieder auch ab Dawei (S. 567). Eine Erkundung der Unterwasserwelt bei den Burma Banks oder im Myeik-Archipel ist bisher nur im Rahmen von *Liveaboard Cruises* möglich. Von Phuket und von der thailändisch-birmanischen Grenze bei Ranong/Kawthoung (Victoria Point) starten komfortable, aber nicht gerade billige Tauchboote zu fünf- bis zwölftägigen Touren in die bisher noch weitgehend unberührte Meeresregion. Das Angebot zielt aber nicht nur auf passionierte Taucher und Schnorchler, sondern zunehmend auch auf Paddelfans, wobei die entsprechende Ausrüstung von den Veranstaltern gestellt wird. Näheres dazu auf S. 588 (Myeik-Archipel).

Eine Fahrt mit **Paddelbooten** kann man auf dem Inle-See und den angrenzenden Kanälen oder auf dem **Indawgyi-See** unternehmen. Entweder man paddelt selbst (Touren mit Veranstaltern), oder man lässt sich paddeln. Während die Ausflugsboote zu den Zielen auf dem See immer mit lärmenden Motoren angetrieben werden, verspricht eine gepaddelte Fahrt auf den Kanälen eines Dorfes beschauliche Ruhe. Ein ganz neuer Trend sind Paddelausflüge auf gefluteten Reisfeldern in der Umgebung von Hpa-an. Am Ngapali Beach und den Resorts des Myeik-Archipels bieten ein paar wenige Anlagen Kajaks für Gäste zur Ausleihe. Leider gibt es bisher noch kaum Paddel- oder Kajaktouren auf den vielen Flüssen des Landes. Nur von Myeik aus werden derzeit organisierte Kajaktouren durch Mangroven-Haine oder über den Fluss Tanintharyi angeboten.

Bodyboards und **Stand-Up-Paddling** wird am Ngapali Beach populärer, einige Anlagen bieten Bretter kostenlos oder für eine geringe Gebühr. Stehend paddeln kann man nun auch bei Lashio auf geführten Touren.

Telefon

Mobil-Telefone

SIM-Karten für das mitgebrachte Handy oder Smartphone (ohne Netlock) bekommt man in jedem größeren Ort. Neben der staatlichen **MPT**, 💻 www.mpt.com.mm, haben seit 2014 die privaten Anbieter **Ooredoo**, 💻 www.ooredoo.com.mm, und **Telenor** 💻 www.telenor.com.mm, Mobilfunklizenzen. Ihr Netz befindet sich im Aufbau und reicht noch nicht so weit wie das von MPT. Das MPT-Netz ist zwar nahezu flächendeckend ausgebaut, doch ganz weit im Westen, Norden oder Süden kommt man per Handy kaum ins Internet. Die SIM-Karten sind schon für 1500 Kyat zzgl. Guthaben *(top up)* und Internet-Package zu haben. Wer sich für das staatliche MPT-Netz entscheidet, hat nahezu überall guten Empfang, selbst in entlegenen Bergdörfern. Wer ständig Werbung bekommt und das abstellen möchte: Sendet einfach bei Telenor DNDON an die 500 oder bei Ooredoo DNDON an die 5059. Bei MPT *2007#Anruftaste.

Festnetz

Nahezu jedes **Hotel** hat Telefon. Meist als IDD-Anlage, die mit guter Verbindung und ohne Wartezeit Gespräche nach Europa möglich macht. Eine Minute kostet ab US$5, je nach Preiskategorie des Hotels mehr.

Internationale Vorwahlen

Bei internationalen Gesprächen entfällt die Null der jeweiligen Ortsvorwahl.

Myanmar	☏ 0095
Deutschland	☏ 0049
Österreich	☏ 0043
Schweiz	☏ 0041

Transport

Das Reisen kann in Myanmar komfortabel, aber auch mit argen Strapazen verbunden sein, je nach Reisebudget und gewünschtem Reise-Erlebnis. Myanmar bietet alles, vom Ochsenkarren über antiquierte Uraltbusse bis hin zu modernen Touristenbussen und Luxuslinern.

Bei einem kurzen Aufenthalt bietet sich das Flugzeug als Transportmittel an. Ein Mietwagen mit Fahrer ermöglicht eine individuelle Reiseplanung und hat gegenüber dem Flugzeug den Vorteil, dass der Kontakt zu den Menschen auf der Reise intensiver ist. Vom Fahrer kann man viel über Land und Leute lernen.

Die Straßen in Myanmar sind abseits des Highways zwischen Yangon und Mandalay meist in recht schlechtem Zustand, wenngleich sie sich stetig verbessern. Selbst die Fahrt in einem klimatisierten Bus kann anstrengend werden, ist jedoch purer Luxus im Vergleich zu staatlichen Bussen oder gar Pick-ups. Mehr Ruhe für die Reize der Landschaft bieten Schiffs- und Zugfahrten. Beide sind beschaulich.

Für alle Transportmittel gilt, dass die Reise flexibel geplant werden muss. Bei Straßenstrecken müssen für 100 km etwa zwei bis fünf Stunden einkalkuliert werden. Auch Flugzeuge können sich verspäten oder ganz ausfallen, und Züge haben meist Verspätung.

Flüge

Myanmar hat sechs lokale Fluggesellschaften und etwa 20 kleine Flughäfen, deren Landebahnen meist so kurz sind, dass dort nur kleine Maschinen landen können. Die Flughäfen Yangon, Nay Pyi Taw und Mandalay bieten internationalen Standard, die meisten anderen Pisten des Landes sind nicht sehr modern. Die Flieger ruckeln über die Landebahn, und fast nirgendwo ist ein Landeleitstrahlsystem installiert. Das kann bei schlechtem Wetter gefährlich werden.

Bei Inlandflügen wird keine extra Flughafengebühr berechnet. Die Flugzeiten sind eher eine Orientierungshilfe – es kann auch früher oder später losgehen. Wichtig ist, nicht erst kurz vor Abflug einzuchecken, denn dann ist der Flieger vielleicht schon weg. Es kann auch vorkommen, dass ein Flug gestrichen wird. Man sollte sich daher unbedingt am Tag vor dem Abflug noch einmal im örtlichen Airline-Büro erkundigen.

Einen guten Überblick über aktuelle Flüge bietet die Webseite 💻 https://flymya.com/.

Fluggesellschaften für Inlandsflüge

Air KBZ, 💻 www.airkbz.com
Asian Wings Airways, 💻 www.asianwingsair.com
Golden Myanmar Airlines, 💻 www.gmairlines.com

Yadanarpon Airlines, 💻 www.airmyp.com
Myanmar National Airlines, 💻 https://www.flymna.com/
Yangon Airways, 💻 www.yangonair.com

Flugstrecken

Die staatliche Myanmar National Airlines war lange die einzige Airline, die fast jeden Flughafen anflog – oder es zumindest anbot. Seit einigen Jahren übernehmen private Gesellschaften immer mehr dieser Flüge. Die privaten Anbieter fliegen alle Haupt-Touristenziele an, d. h. alle Orte, die ausreichend Auslastung versprechen. Aber Vorsicht: Es gibt nicht überall Flüge in beide Richtungen, da eine Runde geflogen wird (so z. B. Thandwe – Heho).

Reservierungen und Preise

In der Hauptsaison (Nov–März) erhöhen sich die Flugpreise. Die meisten Reisebüros bieten Flüge billiger an als die Airlines selbst, ein Preisvergleich lohnt sich. Wer mit Kreditkarte zahlen will, kann dies direkt bei der Gesellschaft erfragen. Nur Agenturen in Mandalay und Yangon sind entsprechend ausgestattet. Alle Flüge müssen in US-Dollar gezahlt werden. Online ist eine Flugbuchung mittlerweile sehr einfach möglich, entweder direkt bei der Airline oder z. B. bei https://flymya.com/ oder auch 💻 www.oway.com.mm. Die Preise liegen je nach Strecke zwischen etwa US$70 und US$180. Wer ein Flugticket einige Tage im Voraus kauft, sollte es vor dem Abflug rückbestätigen, ansonsten besteht die Gefahr, auf dem Rollfeld zurückbleiben zu müssen.

Viele Airlines verzichten mittlerweile darauf, ein Ticket auszustellen. Der Pass reicht dann aus, um einzuchecken.

Eisenbahn

Die erste Eisenbahn Myanmars absolvierte ihre Jungfernfahrt am 1. Mai 1877 auf der Strecke Yangon–Pyay. Das Eisenbahnnetz hat insgesamt eine Länge von fast 5000 km und bedient 550 Bahnhöfe. In den letzten Jahren wurden zahlreiche weitere Strecken erschlossen. Touristen dürfen alle Routen befahren, die nicht in oder durch verbotenes Gebiet führen.

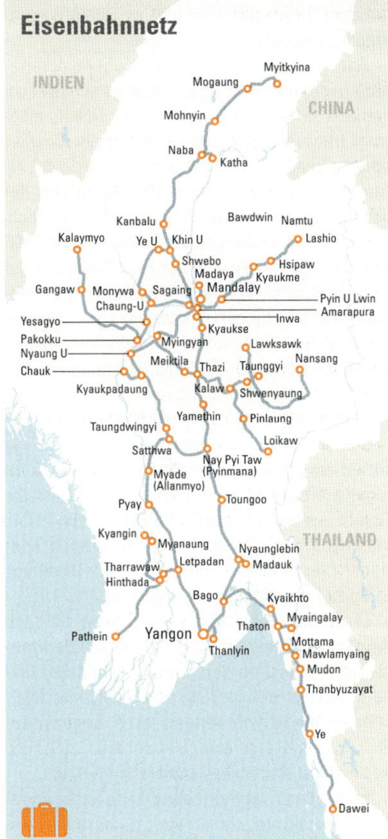

Bahnfahrten versprechen die Entdeckung der Langsamkeit. Wird der Zug dann doch etwas schneller, rumpelt und schaukelt es gewaltig. Leider werden die Gleise und die staatlichen Züge schlecht gewartet. Immer wieder kommt es daher zu Aus- und Unfällen. Verspätungen von bis zu 15 Stunden können durchaus vorkommen.

Expresszüge haben einen gelben Anstrich, die Nahverkehrszüge sind in Blau gehalten. Alle Züge mit der Bezeichnung *up* fahren nach Norden, jene mit *down* nach Süden. Die empfehlenswerteren Expresszüge bieten neuere Ausstattung und haben breite Sitze in Dreierreihen, sind jedoch oft mehrere Tage vor Abfahrt ausgebucht. In Nachtzügen gibt es Schlafwagenabteile *(sleeper)*.

Am einfachsten ist es, **Tickets** über ein Reisebüro zu organisieren, da einige Züge schnell ausgebucht sind. Es ist sinnvoll, diese Tickets möglichst frühzeitig zu besorgen. Es gibt vier Klassen: *upper sleeper, upper, first class* und *ordinary*. An Touristen werden je nach Strecke Tickets der beiden oberen Preisklassen verkauft, wenn nicht anders möglich, werden auch die anderen Plätze vergeben. Die Sitze in der First Class sind auf längeren Fahrten weniger bequem, von den Holzbänken in der Ordinary Class ganz zu schweigen. Dafür ist man dort „mitten im Leben" zwischen einfachen Bauern und Händlern, was für viele eine bereichernde Erfahrung ist.

Zugtickets für Kurzstrecken, etwa von Pyin U Lwin nach Hsipaw, sind manchmal einen Tag vorher am Bahnhof der entsprechenden Orte zu organisieren. An vielen Bahnhöfen gibt es die Tickets jedoch erst am Abfahrtstag etwa eine halbe Stunde vor Abfahrt. Schlafwagen oder Upper-Class-Tickets sind von kleinen Orten aus kaum zu bekommen.

Die **Ticketpreise** sind sehr günstig: Je nach Wagenklasse kostet z. B. die 16 Stunden lange Fahrt zwischen Yangon und Mandalay umgerechnet zwischen US$5 und US$12, die zweistündige Fahrt von Yangon nach Bago in der einfachsten Klasse etwa 50 Cent (inkl. einer wie auch immer sinnvollen Unfallversicherung).

Eine tolle privat betriebene Seite ist 💻 www.seat61.com/Burma.htm; super recherchiert von einem Eisenbahn-Enthusiasten.

Zugstrecken

Nach Norden: Von Yangon geht es über Bago, Taungoo, Nay Pyi Taw und Thazi nach Mandalay. Von dort über Pyin Oo Lwin und Hsipaw nach Lashio. Oder über Shwebo nach Myitkyina. Oder direkt nach Nyaung U (Bagan). Bereits ab Thazi, einem winzigen Ort im Nirgendwo (aber wichtigem Knotenpunkt), geht es über Kalaw nach Shwenyaung im Shan-Staat. Von Yangon fahren zudem Züge in den Nordwesten nach Pyay, von dort geht es weiter nach Nyaung U (Bagan).

In den Süden: Von Yangon geht es ebenfalls über Bago nach Kyaikhtiyo und weiter über Mawlamyaing und Ye bis nach Dawei.

Schiffe und Boote

Auf Myanmars Flüssen war einst die weltweit größte private Flotte unterwegs: die 1865 von schottischen Reedern gegründete **Irrawaddy Flotilla Company** (IFC). Ende der 1920er-Jahre besaß die in Glasgow registrierte Gesellschaft über 600 Schiffe mit bis zu 9 Mio. Fahrgästen pro Jahr. Zu den größten Dampfschiffen zählte die *Mindoon* mit 100 m Länge. Doch mit dem Zweiten Weltkrieg endete das lukrative Transportgeschäft abrupt. Um die wendigen Raddampfer mit dem geringen Tiefgang nicht an die heranrückende japanische Armee zu verlieren, wurde am 28. April 1942 die Versenkung der gesamten Flotte angeordnet. Heute noch liegen Wrackteile in der Nähe von Bhamo auf dem Grund des Flusses.

Aus der IFC ging 1948 **Inland Water Transport** (IWT) hervor. Heute fahren noch etwa 500 Boote unter der Flagge der staatlichen Schifffahrtsgesellschaft, doch viele sind altersschwach und heruntergekommen, und immer mehr werden aus dem Betrieb genommen.

Als Birma besiedelt wurde, entstanden die ersten Dörfer am **Ayeyarwady**, und so ist die Fortbewegung auf dem Fluss die älteste in Myanmar – und die beschaulichste. Fahrten auf dem Wasser dauern normalerweise drei- bis viermal länger als auf der Straße. Die vorbeiziehende Landschaft mit ihren unzähligen weiß getünchten Stupas ist atemberaubend. 8000 km sind schiffbar, davon sind die 423 Flusskilometer auf der Strecke Yangon–Pyay–Mandalay besonders belebt. An insgesamt 28 Anlegestellen verladen die Händler ihre Waren. Lange Zeit war der Fluss nur in der Regenzeit bis Myitkyina befahrbar. In der Trockenzeit endete die Reise in Bhamo. Heute verbindet ein Schnellboot die Städte bei jedem Wasserstand. Über den **Twante-Kanal** ist der Ayeyarwady mit Yangon verbunden, und bei Bagan mündet der **Chindwin** in den Ayeyarwady. Auch der **Thanlwin** (bei Mawlamyaing) ist etwa 200 km landeinwärts befahrbar. Zudem gibt es Fährtransporte auf dem **Kaladan** zwischen Sittwe und Mrauk U.

Noch sind längst nicht alle Flussabschnitte für Ausländer zugänglich, doch werden auch hier immer mehr Gebiete geöffnet. Die derzeit beliebteste Route für Urlauber ist die Strecke

Alle kommen mit: eine Familie unterwegs zum Festival in Taunggyi

Mandalay–Bagan auf dem Ayeyarwady. Mehr zu Transport auf den Wasserwegen s. S. 342.

Busse

Eine Busfahrt ist nach dem Fliegen und der Taxifahrt die schnellste Reisevariante. Auf dem Highway von Yangon nach Mandalay fahren bequeme Busse zu sehr günstigen Preisen. Auch die Straße zwischen Yangon und Pyay ist in einem recht guten Zustand. Auf vielen Fahrten abseits der Hauptrouten muss der Reisende jedoch mit unerwarteten Stopps rechnen, die mal zum Ausschütteln der Beine willkommen sind, mal in eisiger Nacht zähneklappernd hinzunehmen sind. Die Straßenverhältnisse sind meist schlecht und die Reifen der alten Busse nicht selten schon zu oft geflickt, um den Steinen Paroli zu bieten. Doch da das Personal im Reifenwechsel geübt ist, geht die Fahrt meist schnell weiter. Und das Ganze hat ja auch was: Zu sehen, wie ein Motor mittels Schlauch alle Stunde von Hand abgekühlt wird, ist eine tolle Geschichte. In fast allen Bussen werden neben Passagieren auch Waren transportiert: Vor allem auf den hinteren Sitzen kann es voll werden. Aber auch auf den Gängen stapeln sich oft Reissäcke oder weniger neutral riechendes Gut.

Wirkliches Unglück kann nach birmanischem Glauben der heraufbeschwören, der fragt, wie lange es noch dauert, bis der Bus kommt oder der Zielort erreicht ist. In einigen Bussen weisen sogar kleine Hinweisschilder (auf Birmanisch) darauf hin, dass diese Frage zu unterlassen ist. Um die Geister zu besänftigen und sich ihres Schutzes sicher zu sein, opfern manche Busfahrer unterwegs Obst oder Räucherstäbchen an den Schreinen, die die Straßen säumen.

Alle großen Städte werden täglich von staatlichen und privaten Bussen bedient. Die staatlichen sind klapprig, voll bepackt und sehr langsam, während die privaten weniger überladen und meist neueren Datums sind. In den vergangenen Jahren haben immer mehr private Gesellschaften das Angebot an Expressbussen erweitert. **Expressbusse** sind mit Klimaanlagen ausgestattet, die allerdings nicht immer funktionieren oder gleich so eingestellt sind, dass man sich wie in einem fahrenden Kühlschrank fühlt. In vielen Bussen soll ein Fernseher die Zeit verkürzen und den Schlaf versüßen – mit Karaoke, birmanischer Stand-up-Comedy, indischen Schmachtfetzen oder lauten Action-Filmen.

Busse finden und Tickets buchen

Die neuesten Informationen über Reisemöglichkeiten ab Yangon gibt es neben den Buchungsportalen (s. u.) in den Offices am Bogyoke-Aung-San-Stadion. Auch die Hotel- und Gästehausbesitzer sowie die Reisebüros sind über die jüngsten Veränderungen informiert.
Viele Busse sind online buchbar, z. B. über 💻 www.oway.com.mm oder 💻 https://myanmarbusticket.com/. Sind Städte nicht gelistet, heißt das nicht, dass es keinen Bus gibt. Langstrecken-Busse sollten mindestens einen Tag vorher gebucht (in der Hochsaison mehrere Tage) und bezahlt werden. Auf den Tickets ist die Busgesellschaft auch in Birmanisch für den Taxifahrer verständlich ausgewiesen.

Die Busse starten von den **Highway-Busbahnhöfen** außerhalb des Zentrums, wo man prinzipiell ebenfalls Tickets erwerben kann, doch ist dies ein eher schwieriges Unterfangen, denn hier spricht selten jemand Englisch und im Wirrwarr der Gesellschaften findet man sich als Unkundiger nur mit viel Glück zurecht.

Die populärsten Routen

Nach Norden:
Die Strecken **von und nach Yangon**: BAGAN (Nyaung U) für rund US$15–20 in 9–10 Std., MANDALAY für US$12–22 in 8 1/2 Std., KALAW für US$16–23 in 9–10 Std., NYAUNGSHWE (Inle-See) für US$16–24 in 11–15 Std.
Von und nach Mandalay: Neben Yangon (s.o.) vor allem nach NYAUNG U (Bagan) für um die US$9 in 5–6 Std., nach NYAUNGSHWE für US$10–13 in etwa 8 Std.
Von und nach Nyaung U (Bagan) geht es nach Mandalay und Yangon (s.o.), nach NYAUNGSHWE (Inle-See) für US$15–18 in 8 Std.

Nach Süden:
Von und nach Yangon aus geht es tags und nachts nach HPA-AN für US$10–13 in 6–7 Std., nach Mawlamyaing für um die US$8 in 7–8 Std., und weiter in den Süden bis nach Kawthoung, aber diese Touren sind dann doch etwas lang.

Nach Westen:
Von und nach Yangon zum NGAPALI BEACH, Nachtfahrt für US$15 in 17 Std. Nach CHAUNGTHA und NGWE SAUNG für US$12–17 in 7–8 Std.

Pick-ups

Diese Wagen stellen die Nahverkehrsverbindungen zwischen den Dörfern und Städten sicher. In ihnen fahren die Händler zu den Märkten und die Schulkinder in die Schule. Pick-ups warten gewöhnlich an den zentralen Stellen eines Ortes auf Mitfahrer und eignen sich für kurze Strecken. Die größeren Pick-up-Trucks sind günstig für Überlandfahrten zu abgelegenen Zielorten. Bequem sind die Plätze vorne beim Fahrer, für die man einen Aufpreis von etwa 50 % des normalen Ticketpreises zahlt. Hinten im Wagen und auf dem Dach drängen sich die Mitfahrer. Frauen dürfen nicht auf dem Dach sitzen.

Die meisten Pick-ups fahren erst los, wenn auch der letzte Platz besetzt ist; in einen kleinen Wagen passen oft 20 Personen oder mehr. Geregelte Abfahrtszeiten gibt es nicht. Die Fahrpreise sind günstig, doch es bedarf einer wahren Traveller-Seele, in diesen Gefährten lange Strecken frohgemut zu überstehen.

Tuk Tuks

An touristischen Orten übernehmen immer öfter Tuk Tuks den Nahverkehr. Die dreirädrigen Gefährte sind relativ schnell und kosten etwas weniger als ein Taxi. Es gibt sie in Nyaungshwe, am Ngapali Beach, in Bagan (dort auch über Grab buchbar als Fahrzeug zwischen den Tempeln) und in Mandalay. Und es werden immer mehr ...

Mietwagen (mit Fahrer)

Etwa 24 000 Straßenkilometer erwarten den Touristen in Myanmar. Nicht jeder Kilometer hat den Namen Straße verdient; vor allem abseits der viel befahrenen Verbindungsstraßen dominieren unbefestigte Staub- und Schlaglochpisten.

Im ganzen Land wird jedoch mit Hochdruck – wenngleich hauptsächlich in Handarbeit – an der Verbesserung des Straßennetzes gearbeitet. Ob als Einzelreisender im Mietauto oder in einer Gruppe im Kleinbus, bei einer Fahrt mit dem Mietwagen lassen sich auch anstrengende Reisetage gut organisieren. Die Pausen können selbst bestimmt und der Zielort den Bedingungen angepasst werden.

Eine Fahrt auf der Landstraße bietet Gelegenheit, Menschen kennenzulernen. Ein Fotostopp bei der Reisernte oder ein Tee in der Teestube eines winzigen Dorfes irgendwo unterwegs ermöglichen den Kontakt zur Landbevölkerung.

Die Straße Yangon–Mandalay ist in einem guten Zustand. Die Straße von Pyin U Lwin nach Hsipaw und Lashio in Richtung chinesische Grenze ist zweispurig ausgebaut und gut in Schuss. Auch der Weg nach Kalaw und weiter zum Inle-See ist ausgebaut und gut befahrbar. Überall auf den Straßen Myanmars sind Bautrupps unterwegs (in denen viele Frauen arbeiten), die mit Hammer und Muskelkraft große Steine zu Kies zerkleinern und die Straßen in mühevoller Handarbeit ausbauen und reparieren. Brücken führen mittlerweile über viele Flüsse, sodass Fährfahrten selten geworden sind.

Seit 1970 herrscht in Myanmar **Rechtsverkehr**. Es heißt, ein Wahrsager habe dem damaligen Machthaber Ne Win ein besseres Karma versprochen, „wenn er das Land von links nach rechts bewege". Andere behaupten, ihm sei geweissagt worden, er würde auf der linken Straßenseite ums Leben kommen. Sicher ist, dass die Autos von einem Tag auf den nächsten auf der anderen Straßenseite fahren mussten.

In Myanmar gibt es internationale **Autovermietungen** wie Europcar, aber sie vermieten die Autos nur mit Fahrer – auch wenn offiziell ein internationaler Führerschein und eine Erlaubnis seitens der myanmarischen Polizei zum Führen von Autos für Touristen ausreichen. Theoretisch zumindest, denn die Bescheinigung zu bekommen, scheint nicht so einfach. Und ganz ehrlich: Da sich vor allem Mopedfahrer noch wenig an Regeln halten und die Straßenverhältnisse sehr schlecht sind, macht es viel mehr Spaß, sich herumfahren zu lassen. Am Ende wird das wohl auch günstiger sein, ein Auto mit Fahrer zu mieten, denn jede Macke im Auto muss schließlich am Ende bezahlt werden. Wer dennoch versuchen möchte, im Auto selbst zu fahren, kann es bei **Yoma Car Share**, 💻 www.yomacarshare.com, versuchen. Da man sich im Vorfeld registrieren lassen muss, wird schnell klar, ob man die tagesaktuellen Anforderungen erfüllt.

Bei der Vermittlung eines Mietwagens helfen Reisebüros, Hotels und Gästehäuser weiter. Die **Preise** bewegen sich zwischen US$40 und 200/Tag für einen Pkw und US$100–300 für einen Minibus, je nachdem wo und wie lange das Auto gemietet wird und wohin es fahren soll. Nach Vertragsunterzeichnung muss oft eine Anzahlung geleistet werden. Viele Anbieter verlangen den vollen Preis, aber darauf sollte man sich nicht einlassen. Die Fahrer kommen meist kostenlos oder günstig im Gästehaus oder Hotel unter. Vor der Unterschrift unter den Vertrag sollte der Wagen inspiziert werden. Wie sehen die Reifen aus, gibt es einen Ersatzreifen und Sicherheitsgurte? Wichtig ist es auch, den Fahrer, mit dem man tage- oder wochenlang unterwegs sein wird, vorher etwas kennenzulernen.

Als Mietwagen stehen verschiedene **Wagentypen** zur Auswahl, meist sind es einfache Pkw mit akzeptabler oder gar gut funktionierender AC. Mit Vierradantrieb ausgestattete Wagen sind für abgelegene Wegstrecken unabdingbar. In einigen Gegenden gibt es noch Jeeps aus dem Zweiten Weltkrieg. Längst sind die Scheiben zersprungen, die Sitze zerschlissen und die Karosserien verbeult – aber sie fahren!

Gemeinsam essen?

„Setzen Sie sich doch zu uns" ... Wer Fahrer oder Guide zu sich an den Tisch bittet, wird dies oft vergeblich tun. Es ist den Angesprochenen sichtlich unangenehm, aber beim Essen sind sie doch lieber unter sich (oder allein). Manch einer setzt sich aus Freundlichkeit (oder wenn es der Boss so will) dazu – doch viel glücklicher sind sie, wenn das nicht erwartet wird. Reden kann man ja auch noch nach dem Essen oder auf der Fahrt. Nehmt es nicht persönlich, und gebt es einfach nach zwei, drei Versuchen auf – der Fahrer/Guide wird es euch danken.

© MARK MARKAND

Am Pansodan-Anleger an der Strand Road in Yangon warten Trishaws auf Fahrgäste.

Wichtig zu wissen ist, dass die **Fahrer** meist nur sehr wenig Geld für ihre Dienste ausgezahlt bekommen. Die Wageneigentümer gehen davon aus, dass sich ihr Chauffeur ein **Trinkgeld** verdient. Daher sollte man nach Abschluss der Fahrt nicht knauserig sein; 10–15 % des Gesamtpreises sind ein Richtwert.

Fahrrad

Die Geografie Myanmars erfreut das Herz ambitionierter Fahrradfahrer. Es locken u. a. in Serpentinen angelegte Straßen über die Shan-Berge und ein weiter Blick über die Täler. Ohne „hoch und runter" indes geht es auf geraden Straßen durch die Ebene Zentral-Myanmars. Besonders spannend sind Entdeckungstouren (immer mit erfahrenen Tourguides) in untouristische Gebiete. Radelnde Reisende werden immer zahlreicher. Anerkennende Zurufe der Einheimischen mobilisieren auch auf längeren und anstrengenden Touren ungeahnte Energiereserven. Bei der Planung sollte aber die **Jahreszeit** bedacht werden. Am besten eignen sich die kühlen Monate von Dezember bis Februar. Davor regnet es viel, danach wird es sehr heiß. Überhaupt sollte, wer eine Fahrradreise plant, genug Flexibilität mitbringen, die ganze Route den Gegebenheiten anzupassen. Es ist wichtig zu wissen, dass es in kleinen Dörfern und Städten auf dem Land keine lizenzierten Unterkünfte gibt. Zwar ist es bei dringendem Bedarf immer möglich, irgendwo unterzukommen, doch sollte man nicht unbedingt darauf bauen.

Die meisten Fahrradfahrer bringen ihr **eigenes Mountainbike** mit ins Land. Wer bei den Fluggesellschaften nachfragt, darf sein Rad oft umsonst mitnehmen. Probleme am Zoll gibt es keine. Es muss lediglich der Wert des Fahrrads deklariert werden. Auch im Land nehmen Fluggesellschaften und Busse Fahrräder meist kostenlos mit, bei Zügen muss ein geringer Aufpreis bezahlt werden. Das Fahrrad muss man beim Gepäckschalter abgeben; es wird meist im hintersten Wagen transportiert.

Es ist sinnvoll, Ersatzteile und ein Reparaturset mitzubringen. Auch reflektierende Kleidung, ein Helm und eine Unfallversicherung gehören ins **Gepäck**.

Eine schöne **Strecke** führt von Thazi nach Osten durch die gebirgigen Gebiete von Kalaw und Pindaya zum Inle-See. Von hier kann man auf einer Zwei- bis Dreitagestour bis nach Loikaw und zurück radeln. Die Strecke Yangon–Pyay–Bagan–Mandalay führt durch die flache Ebene des Ayeyarwady. Unbedingt vorher über die Sicherheitslage informieren, wenn es über die Grenzen des Touristen-Trails hinausgeht, etwa um Loikaw herum oder auch schon ab Hsipaw. Reizvoll ist u. a. im Süden die Strecke von Myawaddy zum Goldenen Felsen. In entlegenen Regionen sollte man möglichst einen orts- und sprachkundigen Führer dabeihaben.

Für Ein- oder Mehrtagestouren kann man in vielen Städten **Fahrräder leihen**. Dies geht sowohl tage- als auch wochenweise. Schön für Tagesausflüge sind beispielsweise die Gegenden Bagan, Inle-See, Bago sowie die Umgebung von Mandalay. In Bagan gibt es bereits vornehmlich E-Bikes mit einem unterstützenden Motor. Ein Rad kostet am Tag je nach Art und Zustand 1000–15 000 Kyat.

Motorrad

Touristen können in Myanmar bisher nur an wenigen Orten ein Moped leihen – es gab und gibt einfach zu viele Unfälle. Wer einen internationalen Mopedführerschein hat, darf prinzipiell fahren, aber eben nur, wenn die örtliche Polizei den Verleih erlaubt. Vereinzelt gibt es Mopedtouren mit Führer, z. B. in der Umgebung von Lashio.

Die holprigen und meist schlechten Straßen Myanmars sind nur routinierten Fahrern zu empfehlen. Trotz der hohen Temperaturen sollte ausreichende Schutzkleidung ins Reisegepäck gepackt werden. Dazu gehören Helm, Gesichtsschutz, lange Hosen und Jacke, Handschuhe und feste Schuhe. Es ist derzeit nicht möglich, mit dem Motorrad über Land einzureisen.

Immer weiter verbreitet sind sogenannte E-Bikes, eine Art elektrifiziertes Mofa. Höchstgeschwindigkeit auch hier 60 km/h. Ein Führerschein ist nicht nötig; auf einen Helm sollte man bestehen – dem eigenen Kopf zuliebe.

Tipps für Zweiradfahrer

Bei einer Reifenpanne helfen die Reparaturwerkstätten mit *lei* (Luft) und Flickwerkzeug. Kennzeichen der kleinen Betriebe, die meist auch Benzin verkaufen, ist ein aufgehängter Schlauch oder dünner Reifen.

Besonders wichtig für Reisende mit eigenem Verkehrsmittel ist, dass sie auf keinen Fall in für Ausländer geschlossene Gebiete fahren dürfen. Das kann zur sofortigen Festnahme und Ausweisung führen, also unbedingt vorher erkundigen. Meist wird man an den Grenzen zu heiklen Gebieten früh genug an einer Straßensperre zurückgeschickt, aber nicht jeder Feldweg wird bewacht.

Nahverkehr

In Groß- und Kleinstädten, in Dörfern und in den Bergen sind die unterschiedlichsten Nahverkehrsmittel anzutreffen. In den Städten Yangon, Mandalay, Pathein, Mawlamyaing und Taunggyi verkehren **Stadtbusse**. Die Relikte aus der Nachkriegszeit werden seltener – die Flotte wird überall stetig verbessert. Zudem gibt es Pkw und japanische Pick-ups, die als **Taxis** fungieren. Immer mehr **Tuk Tuks** kommen hinzu.

In einigen kleinen Städten hat sich die **Pferdekutsche** als Nahverkehrsmittel gehalten (z. B. in Pyin U Lwin, Pindaya, Thazi). Auch in Bagan können entspannte Touren durch die Tempelanlagen mit einer Kutsche unternommen werden. In den Ruinen von Sri Ksetra bei Pyay oder in den versunkenen Königsstädten von Mandalay verspricht eine Fahrt auf dem **Ochsenkarren** besondere Erlebnisse.

Einige Männer stellen ihre Körperkraft in den Dienst des Transportwesens: In dreirädrigen **Fahrradtrishaws** bedienen sie kurze Strecken. Umgangssprachlich werden die Trishaws *hsai'ka* genannt, nach dem englischen Vorbild *side-car*. Hier finden höchstens zwei Passagiere Platz; einer blickt nach vorne, der andere nach hinten.

Außer für Busse gibt es keine festen **Preise**; die Taxis haben keine Taxameter. Daher müssen alle Preise vor der Fahrt ausgehandelt werden.

Grab(sch) dir eins

In Yangon und Mandalay hat sich der Online-Service **Grab** etabliert. Taxi per App bestellen – und Schwups ist es da. Der Fahrpreis wird vorher in der App angegeben. Weiterer Vorteil: Sofern der Fahrer des Lesens von Google Maps fähig ist, weiß er genau, wo es hingehen soll. Grab Myanmar: 💻 www.grab.com/mm/en/taxi. Ein Fahrzeug übers Netz gibt es auch in Bagan – dort sind es aber Tuk Tuks, die für Transporte von und zum Flughafen/Bootsanleger oder Tagesausflüge durch die Tempel gebucht werden können, 💻 www.grab.com/mm/en/blog/bagan.

Wer ein Taxi für den ganzen Tag mietet, zahlt innerhalb Yangons ab US$50, für einen Tagesausflug außerhalb der Stadt etwa US$80. In Mandalay verlangen die Taxifahrer meist etwas mehr, lassen sich aber herunterhandeln. Kürzere Strecken kosten 2000–4000 Kyat.

Übernachtung

Der Touristenandrang ist seit der schrittweisen Öffnung Myanmars so groß, dass sich Engpässe bei den Unterkünften ergeben; besonders in der Zeit von November bis Februar. Doch bisher hat noch niemand auf der Straße schlafen müssen: Zur Not findet sich immer ein Schlafplatz – und sei es beim Dorfvorsteher oder in einem Kloster.

Private Hotels und **Gästehäuser** müssen etwa 10 % ihrer Einnahmen an den Staat abgeben. Lange Zeit benötigten sie eine Lizenz zur Beherbergung von Ausländern. Das ist offiziell nicht mehr so – viele wollen aber aufgrund eines nicht so guten Standards weiter keine Touristen aufnehmen und berufen sich weiterhin auf „no license", was durchaus okay ist, da die Zimmer meist wirklich sehr einfach sind. Auch Pilgerunterkünfte nehmen meist keine Touristen auf.

Es gibt die Unterteilung „Guesthouse" und „Inn", beides sind meist Häuser mit weniger als 20 Zimmern. Ab dieser Zimmerzahl darf sich ein Haus „Hotel" nennen. Für die Betreiber hat dies den Vorteil, dass sie im Falle eines Gäste-Unfalls besser abgesichert sind. Für den Gast bedeutet es in der Regel einen etwas höheren Zimmerpreis.

Viele der großen Hotels gehören ausländischen Investoren, meist aus China, Taiwan oder Singapur. Entweder übernahmen und renovierten sie staatliche Hotels oder sie bauten neu. Die schönsten Erlebnisse haben Reisende meistens in Unterkünften, die mit nur wenigen Zimmern aufwarten und von einer Familie betrieben werden. Hier herrscht oft eine herzliche Atmosphäre.

Jeder Ausländer muss beim **Check-in** seinen Pass vorzeigen, Visa- und Passnummer werden notiert bzw. das Dokument kopiert. Die Hoteliers müssen penibel Buch über ihre Gäste führen.

In fast allen Unterkünften ist ein einfaches **Frühstück** im Preis enthalten. In der Regel besteht es aus Ei mit Toast, auf Wunsch wird jedoch auch *mohinga* oder etwas anderes Ortstypisches serviert. In einigen besseren Hotels gibt es auch ein Buffet.

Mietwagenfahrer und einheimische Reiseführer bekommen meist ein Bett kostenlos zur Verfügung gestellt. In manchen Fällen muss man für sie einen geringen Preis in Kyat für die Unterkunft bezahlen.

Preise und Kategorien

Gemessen an anderen asiatischen Ländern ist das Preis-Leistungs-Verhältnis der Unterkünfte nicht gerade berauschend.

Preiskategorien

Die Hotels und Gästehäuser werden in diesem Buch in die unten aufgeführten Kategorien eingeteilt. Die Preise beziehen sich auf ein Doppelzimmer in der Hauptsaison.

❶ bis US$15	❺ bis US$80
❷ bis US$25	❻ bis US$120
❸ bis US$35	❼ ab US$120
❹ bis US$50	

Tipps für einen Aufenthalt im Hostel

Vor allem junge Traveller wählen bei der Suche nach einer Unterkunft häufig das Schlafsaal-Bett, was vor allem für Alleinreisende mit wenig Budget Sinn ergibt. Ist man zu zweit unterwegs, lohnt sich dies – finanziell gesehen – oft nicht mehr. Dann sind einfache Doppelzimmer nicht selten günstiger.

Das Hostel bietet jedoch Geselligkeit, denn hier finden sich immer Gleichgesinnte. Man trifft sich, trennt sich, trifft sich in einem anderen Hostel wieder, tauscht Reiseerfahrungen und Tipps aus, feiert abends zusammen auf den Gemeinschaftsbalkonen oder guckt gemeinsam fern. So entstehen Freundschaften, für kurz oder lang …

Wer ein Hostel bezieht, sollte ein paar Dinge beachten:

- **Vorhängeschloss** dabeihaben (ein kleines, da man große selten nutzen kann), um das Schließfach mit einem eigenen Schloss zu sichern.
- Ein **Handtuch** nutzt im Hostel nicht nur zum Abtrocknen. Man kann sich damit zur Not zudecken und sich, falls nötig, etwas Privatsphäre schaffen.
- **Ohrstöpsel** und **Augenklappe** (beides gibt's oft bei der Anreise als Giveaway im Flugzeug) helfen, Schlaf zu finden, auch wenn andere noch das Licht brennen lassen, sich unterhalten oder anfangen, laut zu schnarchen.
- Immer das **Essen beschriften**: Wer die Küche nutzt und sein Essen nicht namentlich markiert, sucht es später vergebens.

Als Einzelzimmer ausgewiesene Räume sind meist sehr klein und wenig attraktiv, und wer nachfragt, bekommt meist ein Doppelzimmer für einen vergünstigten Preis. Vermehrt gibt es Hostels, sodass Einzelreisende schnell Anschluss finden. Betten kosten um die S$10 aufwärts und sind somit auch nicht gerade günstig.

In fast allen Unterkünften gibt es Dreibett- oder Familienzimmer. Die einfachsten Zimmer ❶ sind in der Regel nur mit einem Bett möbliert. Sie haben häufig kein Fenster und nur selten ein eigenes Badezimmer. Auch Standard-Zimmer anderer Preisklassen sind oft fensterlos. Ab ❷ haben die Zimmer meist noch einen Nachttisch, TV (nicht aber westliches Programm) und ein eigenes Badezimmer. Ab ❸ sind auch AC, Kühlschrank und TV (ebenfalls selten mit englischsprachigen Sendern) vorhanden. Ab ❹ ist der Kühlschrank als Minibar ausgestattet und bietet ein paar Getränke. Leider sagt der Preis nicht sehr viel über die Sauberkeit und die Qualität eines Zimmers aus. Das gilt vor allem für Hotels der Kategorien ❸–❺.

Ab gehobener ❺ wird es Mittelklasse und die Zimmer sind nach westlichen Standards eingerichtet. ❻ und ❼ sind gut und manchmal sogar sehr gut. Wichtig zu wissen ist: 3 Sterne bedeutet in Myanmar nicht dasselbe wie andernorts. 5 Sterne sind hingegen international vergleichbar.

Alle teureren Hotels berechnen zusätzlich 10 % Steuern und 10 % Servicegebühr. In den teuersten Unterkünften ist oft auch das Frühstück extra zu zahlen.

Die Zimmer können in Kyat und US$ bezahlt werden.

Unterhaltung

Myanmar ist kein geeignetes Reiseland für Leute, die Partys feiern wollen, bei denen westliche Musik dröhnt und reichlich Alkohol fließt. Reiner Partytourismus ist unbekannt und unerwünscht. Der Arbeitstag der Myanmaren beginnt und endet früh. Die Menschen stillen ihren Unterhaltungsdrang vor allem auf buddhistischen Feierlichkeiten. Zu jedem Vollmond gibt es irgendein Fest in einem der zahlreichen Tempel und an den Pagoden. Manche Vollmonde werden überall gefeiert, manche nur an bestimmten Orten. Die Myanmaren pilgern für viele **Tempelfeste** durch das ganze Land und bieten auf den dort stattfindenden Märkten ihre Waren an. Einige Feste werden in einzelnen Regionen auf besondere Art gefeiert und lohnen auf jeden Fall einen Besuch, z. B. das Ballonfest in Taunggyi (S. 52).

Myanmaren haben eine besondere Vorliebe für **Tanzvorstellungen**, die *pwe* genannt werden. Tanzgruppen unterhalten die Zuschauer auf Festen und bei Feierlichkeiten. Meist versammeln sich die Zuschauer in großen Zelten auf Matten sitzend. Die Tänze beginnen am späten Abend und dauern oft bis in die frühen Morgenstunden. Das Publikum genießt die Show bei Essen und Trinken. Es wird viel gelacht und geredet. Auch Geschichtenerzähler unterhalten (noch) das Publikum. Mandalay ist für **Marionetten-Aufführungen** bekannt, doch auch diese Shows verlieren mehr und mehr an Bedeutung und richten sich nahezu nur noch an Touristen. Denn der Trend bei der Jugend geht eindeutig Richtung mediale Unterhaltung à la YouTube und Co.

Selber das Tanzbein zu schwingen, ist weniger üblich. Es gibt daher kaum **Diskotheken**; die vorhandenen befinden sich meist in den größeren Hotels.

Wer in Yangon ist, wenn Konzerte von angesagten lokalen Bands stattfinden, sollte sich ein **Konzert** nicht entgehen lassen.

Im **Kino** werden internationale und lokale Filmproduktionen gezeigt. Die Darsteller agieren mit Gesang und Tanz und sprühen vor Pathos. Meist sind es Liebesfilme, deren Themen rund um Familie, Moral und Ethik kreisen.

In vielen Provinzstädten sind **Billard-Salons** ein Treffpunkt für die Jugend – und Mitspieler willkommen.

Verhaltenstipps

In Myanmar ist das Verhalten der Menschen von Zurückhaltung und Mäßigung bestimmt. Viele im Westen praktizierte Verhaltensweisen führen hier nicht zum gewünschten Ergebnis oder provozieren sogar ablehnendes Verhalten. Wer sich Mühe gibt, den folgenden Gepflogenheiten gerecht zu werden, wird Dank und Anerkennung ernten und vielleicht etwas buddhistische Weisheit erfahren.

Im Alltag

Zigaretten **rauchen** nur Männer. Ältere Frauen paffen, wenn überhaupt, Cheroots. In Yangon erregen Zigarette rauchende Frauen seltener Aufmerksamkeit, in der Provinz hingegen werden sie kritisch betrachtet.

Dos & Don'ts

Eine von beliebten, einheimischen Karikaturisten originell illustrierte Broschüre zum Thema „Dos & Don'ts" hat das **Ministry of Hotels and Tourism** zusammen mit der **Myanmar Tourist Federation**, **Tourism Transparency** und der **Hanns-Seidel-Stiftung** herausgegeben. Die ins Deutsche übersetzte Version kann als PDF im Internet heruntergeladen werden: www.dosanddontsfortourists.com.

Paare sollten sich in der Öffentlichkeit diskret verhalten. Küssen in der Öffentlichkeit ist nicht üblich. Junge birmanische Liebespaare nehmen sich allerdings immer mehr die Freiheit, ihre Zuneigung – vorsichtig – auch zu zeigen.

Jeder Reisende, auch wenn er mit einer Reisegruppe reist, muss sich bewusst sein, dass es in Myanmar immer anders kommen kann als geplant: Mal fliegt ein Flugzeug nicht, mal ist ein Hotel trotz Reservierung ausgebucht. Gegen **Ärger** hilft – ganz asiatisch: „Keep smiling".

Besuche im Tempel

Besonderer Respekt gilt älteren Menschen und Mönchen. Die Begrüßung der **Mönche** wird beim Besuch im Kloster nach der Begrüßung Buddhas vollzogen, wobei die Gläubigen niederknien und sich dreimal verbeugen. Dabei werden die zusammengelegten Hände bis über den Kopf gehoben. Danach folgt die Begrüßung des Mönchs, wobei die Begrüßungszeremonie ebenfalls dreimal wiederholt wird. Wichtig im Kloster ist zudem, dass Besucher nie höher als ein Mönch stehen oder sitzen sollten. Wer in Pagoden und Tempeln zum Essen eingeladen ist, darf erst essen, wenn die Mönche ihre Mahlzeit beendet haben. Da die Mönche nur morgens essen, stellt dies selten eine Beeinträchtigung des Besuchers dar. Wichtig im Umgang mit Mönchen ist, dass Frauen sie nicht berühren dürfen. Auch Männer sollten Berührungen meiden, ganz besonders die von Nonnen. Das mönchische Leben im Kloster (und außerhalb) erfordert das Zölibat, und so wenden sich Mönche oft nur den männlichen Besuchern zu. Frauen buddhistischen Glaubens gegenüber sind sie offener.

Da im Buddhismus der Kopf als heilig gilt und die Füße als schmutzig, dürfen Letztere niemals auf Menschen und auf keinen Fall auf Mönche oder eine Buddhafigur zeigen. Niemandem, auch nicht Kindern, sollte „liebevoll" über den Kopf gestrichen werden. Vor dem Betreten von Privathäusern, **Pagoden** und **Tempeln** werden die Schuhe ausgezogen, in Heiligtümern auch Socken und (Nylon-) Strümpfe.

Meditierende oder Betende sollten nicht gestört werden – auch nicht mit Kamerablitzen.

Bei Tempelbesuchen müssen Beine und Oberarme bedeckt sein. Kurze Hosen und Spaghettiträger sind tabu!

Geschenke

Einige Mitbringsel aus dem Westen eignen sich gut als **Geschenk** oder **Tauschware** für Kunsthandwerk und Souvenirs: Kleidung, Kugelschreiber, Kosmetikartikel (Lippenstift, Makeup), Spielzeug oder Kalender. Kleidung und Schreibwaren werden an manchen Orten dringend gebraucht: Schulbildung ist zwar kostenlos, aber der Kauf von Heften und Stiften überfordert viele Eltern finanziell. Jede Dorfschule ist dankbar für eine Sachspende (Hefte und Stifte kann man auch günstig in Myanmar kaufen).

An touristischen Orten hat das Verteilen von Geld und vor allem Stiften bereits dazu geführt, dass viele Kinder ständig danach fragen. Auf keinen Fall sollte man daher wahllos Geschenke austeilen, um nicht das Betteln zu fördern. Kinder kann man besser damit erfreuen, dass man mit ihnen Zeit verbringt und einfache Spiele spielt.

Kleiderordnung

Saubere und ordentliche Kleidung ist Myanmaren sehr wichtig. Es ist eine Frage des Anstands, nicht in zerfetzten und dreckigen Klamotten oder ungewaschen herumzulaufen. Kurze Röcke oder Hosen und Trägertops sind unüblich und in Tempeln generell untersagt. Ohne BH oder im Minirock sollte keine Frau auf die Straße gehen! Obwohl Birmaninnen selten lange Hosen tragen, ist dies bei westlichen Frauen okay. Der Hitze angepasst sind die luftigen Longyis, die auch jeder Westler tragen kann. Am Strand ist das Tragen von Bikinis normal, frau sollte jedoch so wenig bekleidet nicht längere Strecken am Strand entlangmarschieren.

Toiletten

In Myanmar gibt es sowohl asiatische Hocktoiletten als auch westliche Sitzklos. Die meisten **Hotels** bieten Sitztoiletten nach westlichem Standard. Auch wenn Hocktoiletten aus Hygienegründen zu bevorzugen wären, nutzen Touristen meist lieber die Sitzklos. In den Großstadthotels mit westlichem Standard ist das kein Problem, in der Provinz dagegen sind diese Toiletten meist schnell verdreckt.

Einfache einheimische **Restaurants** haben meist Hocktoiletten, die manchmal nur mäßig sauber sind. Auch in einigen Bierbars, die außen funkelnd mit Luxus protzen, sind die Toiletten total verdreckt. In anderen wachen Angestellte über den Zustand der Sanitäranlagen.

Auf dem Land, z. B. beim Tankstopp, gibt es meist kleine **Holzverschläge**, in denen es schlimm riecht und manchmal noch schlimmer aussieht. Die Toilette ist ein Loch mit einer darüber gelegten Holzplanke. Hier gilt: Nase zu (aber Augen auf!) und durch.

In den Hotelzimmern gibt es **Toilettenpapier**, in Restaurants meist nicht. Für alle Varianten – außer in Hotels mit westlichem Standard – gilt, dass das Toilettenpapier in einen eigens aufgestellten Behälter geworfen werden muss, da sonst die Abwasseranlage verstopft.

Für die Benutzung der wenigen **öffentlichen Toiletten**, die bei Pagoden, anderen Ausflugszielen oder Busbahnhöfen stehen, ist eine geringe Gebühr zu entrichten. Auf Überlandfahrten halten die Busse meist mehrmals während der Fahrt an einem Restaurant oder auf offener Strecke. Dort kann dann jeder austreten, den Longyi lüften und sich z. B. hinter einem Busch oder auf freiem Feld erleichtern.

Trinkgelder

In einfachen Lokalen oder bei kurzen Taxifahrten sind Trinkgelder unüblich. Wer den Fahrer länger als abgesprochen warten lässt, sollte jedoch nicht geizig sein. Bei Rechnungen eines Restaurants, die in einer Mappe oder auf einem Tablett präsentiert werden, wird Trinkgeld erwartet, sofern es nicht bereits als Service Charge eingepreist wurde. Für lokale Guides und Wanderführer sind je nach Gruppengröße US$3–5 pro Tag angebracht.

Kommunikation

Gespräche werden leise geführt. Ein schroffes „Nein" gibt es nicht, denn **Freundlichkeit** ist oberstes Gebot. Myanmaren streiten niemals laut, denn das hieße, das Gesicht zu verlieren. Das bedeutet andererseits, dass nicht jedes Lächeln Zustimmung ausdrückt. Wobei die Menschen in Myanmar i. d. R. aufrichtig freundlich lächeln.

Beim Einkaufen und bei anderen Gelegenheiten ist zu bedenken, dass Geld oder Gegenstände immer mit der rechten Hand gereicht werden, wobei die Linke am Ellenbogen unterstützend hilft. Größere Mengen Geld oder wertvolle Gegenstände werden mit beiden Händen überreicht.

Bei der **Begrüßung** haben sich die Myanmaren, vor allem die jungen Männer, im Umgang mit Westlern bereits an das Händeschütteln gewöhnt. Untereinander begrüßen sie sich oft formlos. Traditionell und besonders Höhergestellten gegenüber wird der Gruß mit auf Brusthöhe zusammengelegten Händen vollzogen. Je höherstehend die begrüßte Person ist, desto höher werden die Hände erhoben.

Versicherungen

Eine optimale Absicherung bietet der Abschluss einer separaten Kranken-, Unfall- und Gepäckversicherung. Da sich die Versicherungsbeiträge jedoch auf eine stattliche Summe addieren, sollte das Risiko genau abgewogen werden. Auf jeden Fall ist eine **Reisekrankenversicherung** notwendig, da die heimischen Kassen die Behandlung im Ausland nicht bezahlen. Eine Erkrankung kann schnell Tausende Euro kosten, wenn z. B. ein schneller Transport nach Thailand oder gar nach Europa nötig wird. Wer etwa in Lashio einen Unfall hat und nach Yangon geflogen werden muss, muss mit einer Rechnung im fünfstelligen Bereich rechnen. Da kaum jemand diese hohen Summen bei sich trägt, kann in solchen Fällen die deutsche Botschaft um Hilfe gebeten werden. Sie kann Geld vorstrecken – jedoch nur, sofern die Kosten nachweislich von einer Krankenversicherung übernommen werden. Ein paar wenige private Krankenkassen bieten weltweiten Schutz. Alle anderen müssen, um das Risiko einer Erkrankung abzusichern, eine Auslandskrankenversicherung abschließen. Die meisten Reisebüros haben entsprechende Angebote vorliegen. Im Krankheitsfall muss Geld vom Kranken vorgestreckt werden, denn die Kosten werden von den Versicherungen erst später erstattet. Einige internationale Kliniken in Yangon arbeiten schon direkt mit den Kassen zusammen. Vor Ort wird aber meist Bargeld benötigt.

Folgende Angaben müssen in Englisch auf der **Rechnung** stehen, die nach der Reise bei der Versicherung einzureichen ist:

- Name, Vorname, Geburtsdatum
- Behandlungsort und -datum
- Diagnose
- erbrachte Leistungen in detaillierter Aufstellung (Beratung, Untersuchungen, Behandlungen, Medikamente, Injektionen, Laborkosten, Krankenhausaufenthalt)
- Unterschrift des Arztes, Stempel

Bei Zahnbehandlungen werden nur Notfallbehandlungen bezahlt. Chronische Krankheiten oder solche, die bereits vor Abreise auftraten, sind nicht von der Versicherung abgedeckt.

Erkrankte werden dann nach Hause geflogen, wenn am Urlaubsort keine ausreichende Versorgung gewährleistet ist. Dafür kommen Linienmaschinen oder eigens geschickte Ambulanzflugzeuge zum Einsatz. Die meisten Versicherungen haben eine Eigenbeteiligung.

Visa

Alle Besucher benötigen für die Einreise nach Myanmar ein Visum. Dieses ist bei den Botschaften zu beantragen – sei es persönlich, sei es übers Internet. Ein Tourist-Visum berechtigt zu einem **Aufenthalt von 28 Tagen**.

Der Reisepass muss bei Antritt der Reise noch mindestens ein halbes Jahr lang gültig sein. Kinder brauchen einen eigenen Reisepass. Wer im Antragsformular für sein Visum eine Berufsbezeichnung wie Journalist, Fotograf, Schriftsteller usw. angibt, muss noch immer mit Rückfragen oder schlimmstenfalls einer Verweigerung des Visums rechnen.

Im Laufe der vergangenen Jahre sind die lange praktizierten **Passkontrollen** auf den Reisewegen seltener geworden. Immer mehr Rebellen haben mit der Regierung „Frieden" geschlossen, daher werden Touristen immer seltener mit den Kontrollmechanismen der Militärs konfrontiert. In jedem Fall wird jedoch im Hotel die Nummer des Visums zusammen mit einigen weiteren Angaben notiert und der Pass kopiert. Gerüchte besagen, dass sie erst an die örtliche Polizei und dann nach Yangon weitergeleitet werden, um die Kontrolle der Reisewege sicherzustellen. Dieser Kontrolle dienen wohl auch die Passkontrollen an einigen Flughäfen, wo sowohl vor Abflug als auch bei Ankunft in große Bücher notiert wird, wer kommt und wer geht.

E-Visa

Visa lassen sich auch online beantragen. Unter 🖳 www.myanmarevisa.gov.mm wird der Antrag ausgefüllt und ein Foto hochgeladen. Nach der Geldüberweisung (US$50) wird das E-Visum spätestens sieben Tage nach Beantragung als E-Mail gesendet. Für US$56 gibt es sogar ein Express-Visum innerhalb von 24 Stunden. Der Reisende muss das E-Visum nun nur noch ausdrucken und an der Immigration vorzeigen und bekommt dann einen Einreisestempel und einen roten Stempel mit dem Vermerk E-Visum. Wichtig: 90 Tage nach Ausstellung des Visums muss man eingereist sein.

Visumsverlängerung

Derzeit sind keine Visaverlängerungen für Touristen möglich. Stattdessen wird bei der Ausreise eine Überziehungsgebühr *(payment for overstay)* berechnet. Die ersten 30 Tage sind dies US$3 pro Tag, danach werden US$5 pro Tag verlangt. Es ist ratsam, sich bei einer geplanten längeren Überziehung beim MTT (S. 59) nach der aktuellen Vorgehensweise zu erkundigen. Reiseagenturen empfehlen, nicht mehr als 14 Tage zu überziehen. Zudem berichten Traveller, dass sie in vielen Guesthäusern und Hostels mit abgelaufenen Visa nicht aufgenommen wurden. Andere Reisende scheinen jedoch völlig unbehelligt viele Wochen überzogen zu haben. Diese laxe Handhabe des Overstay mag sich ändern. Es sei sicherheitshalber noch einmal wiederholt: Ein Tourist-Visum berechtigt offiziell nur zu einem Aufenthalt von 28 Tagen.

Visa bei der Botschaft

Wer sein Visum bei der Botschaft in **Deutschland** beantragt (S. 35), sollte die Formulare spätestens vier Wochen vor der Reise abschicken. **Visa-Formulare** gibt es auf der Webseite der Botschaft von Myanmar, 🖳 www.botschaft-myanmar.de, oder nach telefonischer Anfrage per Fax, bei schriftlicher Anfrage und frankiertem Rückumschlag auch per Post. Das Antragsformular muss in zweifacher Ausführung ausgefüllt und mit je einem Passbild versehen werden. Zudem sind dem Antrag der Reisepass, 40 € (als Überweisung oder vor Ort in bar) sowie ein frankierter, adressierter Rückumschlag beizulegen. **Schweizer Staatsbürger** wenden sich an die Botschaft in Genf, 🖳 www.myanmargeneva.org; hier beträgt die Visumsgebühr 30 sFr. **Österreicher** wenden sich an die Botschaft in Berlin.

Auch in den Nachbarländern Myanmars können Visa beantragt werden. Im Konsulat in Chiang Mai ebenso wie in der Botschaft in **Bangkok**. Wer in letzterer sein Visum beantragt, sollte früh kommen, denn nur wenige Anträge werden pro Tag angenommen. Wer erst um 9 Uhr kommt, ist oft schon zu spät. Die Ausstellung dauert

4–5 Tage und kostet rund 850 Baht. Wer das Ganze bei einer Agentur in Bangkok in Auftrag gibt, muss 5–6 Tage einkalkulieren und zahlt um die 1500 Baht. Für „Express Visa", die mitunter innerhalb eines einzigen Tages werden, schlagen die Agenturen bis zu 1000 Baht oder mehr auf.

Die Botschaften Myanmars in **Singapur** und **Phnom Penh** stellen in der Regel innerhalb von 48 Stunden Visa aus. Die Bezahlung erfolgt in der jeweiligen Landeswährung oder in US-Dollar. In **Vietnam** besorgt man ein Visum am besten über eine Agentur; das dauert drei bis fünf Tage.

Nach der Ausstellung des Visums muss die Myanmar-Reise innerhalb von drei Monaten angetreten werden.

Visa on arrival

Ab Oktober 2019 sollen Deutsche und Schweizer an den Flughäfen Yangon, Mandalay und Nay Pyi Taw ein 30-Tage-Visum on arrival erhalten. Kosten US$50. Österreicher müssen ihr Visum wie bisher vorher beantragen.

Besondere Visa

Wer einen längeren **Meditationskurs** absolvieren will, erhält mit Hilfe eines Empfehlungsschreibens des Klosters eine Aufenthaltserlaubnis von 4–12 Wochen (die Ausstellung des Visums kann ebenso lange dauern). Für ein **Business-Visum** werden das Bestätigungsschreiben des Arbeitgebers und das Einladungsschreiben einer in Myanmar ansässigen Firma benötigt. Beide Visaformen sind nicht kostenlos, haben aber den Vorteil einer offiziell längeren Aufenthaltsdauer von bis zu 90 Tagen.

Zeit und Kalender

Zeitverschiebung

Die Zeit ist in Myanmar um 5 1/2 Stunden, in der mitteleuropäischen Sommerzeit um 4 1/2 Stunden weiter als in Deutschland. Über Thailand Einreisende müssen ihre Uhren um eine halbe Stunde zurückstellen. Wer aus China kommt, muss seine Uhr um 1 1/2 Stunden zurückstellen. Wer aus Indien kommt, muss seine Uhr um eine Stunde vorstellen.

Mondkalender

In Myanmar gilt traditionell der **Mondkalender** mit zwölf Monaten zu je 29 oder 30 Tagen pro Jahr. Um die zunehmende zeitliche Differenz zum Sonnenkalender anzupassen, wird alle drei Jahre ein zweiter Waso-Monat (Juni/Juli) eingeschaltet. Folglich sind die Monatswechsel bei Mondkalender und **gregorianischem Sonnenkalender** nicht identisch. Die meisten Myanmaren kennen aber den Sonnenkalender: Hotelreservierungen, Zug-, Flug- und Bustickets basieren auf dem gregorianischen Kalender.

In ländlichen Gebieten leben viele Menschen, die die westliche Monatszählung nicht kennen. Sie nutzen die Zeitangaben des Mondkalenders. Eine Tagesangabe lautet beispielsweise: Heute ist *Nadaw* und wir haben den 15. Tag des zunehmenden Mondes.

Der Mondkalender bestimmt das Leben der Myanmaren, denn er ist eng verknüpft mit den religiösen Abläufen des buddhistischen Lebens und allen traditionellen Festen. Ein genaues Datum im westlichen Sinne besitzen die meisten Feierlichkeiten daher nicht (S. 50). Aktueller Mondkalender bis 2021 siehe **eXTra [4904]**.

Jeder Mondmonat teilt sich in zwei Hälften: die ersten beiden Wochen des zunehmenden Mondes *(lázou')* und die beiden Wochen des abnehmenden Mondes *(lágwae)*. Jede dieser Mondphasen hat zwei wichtige Tage: Der 8. Tag Uposatha (Tag der religiösen Besinnung), an dem die meisten Märkte geschlossen sind, und der 15. Tag (Vollmond) gelten als besonders heilig. Viele Gläubige besuchen dann Klöster und Pagoden.

Die heute gebräuchliche **birmanische Zeitrechnung** *thekkayit* wird auch *kawza* genannt und beginnt 638 Jahre nach Christus, eingeführt durch den Bagan-König Popa Saw Rahan. Die Abkürzung lautet M.E. („Myanmar Era"). Das neue Jahr beginnt Mitte April. Die ersten zwei Aprilwochen 2019 fallen daher noch ins Thek-

Die birmanische 8-Tage-Woche

Die birmanische Woche kennt acht Tage und leitet sich aus der Astrologie ab. Der Mittwoch gilt als zwei Tage, einer vormittags, der andere von 12 Uhr bis Mitternacht. Arbeitselefanten haben am Mittwoch frei, denn dies ist ihr Tag. Denn verschiedenen Tieren sind bestimmte Planeten und Tagen zugeordnet..

Dem **Tiger** gehört der Montag, Dienstag ist der Tag des **Löwen**, der Mittwoch-Vormittag wird von einem **Elefanten** mit Stoßzähnen, der Nachmittag von einem ohne Stoßzähne symbolisiert, die **Ratte** ist das Tier am Donnerstag, am Freitag ist es das **Meerschweinchen**, der Samstag gehört der Drachenschlange **Naga** und der Sonntag dem mythischen Vogel **Garuda**. Jedes Tier bzw. der ihm zugeordnete Planet steht für positive wie negative Eigenschaften, die dem an diesem Tag Geborenen zugeordnet werden. So steht Garuda für Kraft, aber auch für Geiz; Naga für Streitsucht, aber auch Frieden. Im Überblick: Montag: Eifersucht, Dienstag: Ehrlichkeit, Mittwoch: Jähzorn, Donnerstag: Güte, Freitag: Redseligkeit, Samstag: Streitsucht, Sonntag: Geiz.

Für den Namen, den ein Neugeborenes bekommt, ist der Wochentag der Geburt entscheidend. Nur für Sonntagskinder ist jeder Vokal als Anfangsbuchstabe geeignet; dabei ist *Aung* wegen seiner Bedeutung „siegen“ besonders beliebt.

Die Schreine der Tiere, die sich in den meisten Tempelanlagen finden, sind in einer genau vorgegebenen Himmelsrichtung platziert. Im Norden steht das Meerschweinchen, im Nordosten Galon (Garuda), im Osten der Tiger, im Südosten der Löwe, im Süden der Elefant mit Stoßzähnen, im Südwesten Naga, im Westen die Ratte und im Nordwesten der Elefant ohne Stoßzähne.

kayit-Jahr 1380; nach dem Thingyan-Fest beginnt das Jahr 1381. Daten aus dieser Zeitrechnung finden sich oft an Pagoden.

Auch die **buddhistische Zeitrechnung**, die mit der traditionell ins Jahr 543 v. Chr. datierten Geburt Buddhas beginnt, ist in Gebrauch (das Jahr 2019 entspricht danach dem buddhistischen Jahr 2563, das Neujahr liegt Mitte April).

Auf internationalen Dokumenten und in den meisten Kalendern des Landes werden alle drei Systeme aufgeführt: die gregorianische, die birmanische und die buddhistische Zeitrechnung.

Zoll

Zollfrei können pro Person 200 Zigaretten (50 Zigarren oder 250 g Tabak), etwas mehr als 1 l Alkohol (ein Quart = 1,136 l) und 500 ml Parfüm sowie ausländische Devisen bis US$2000 ohne Deklaration eingeführt werden. Die Einfuhr von Kyat ist untersagt. An Schaltern vor der Zollkontrolle kümmern sich Beamte um die Ein- und Ausfuhr von Tieren und Pflanzen.

Es kann vorkommen, dass bei der **Einfuhr** besonderer, hochwertiger Geräte, die nicht zur touristischen Standardausstattung gehören, z. B. professionellem Video-Equipment, ein Zollformular in zweifacher Ausführung ausgefüllt werden muss. Neben der Gerätebeschreibung ist hier auch der Wert des Gegenstands zu beziffern. Eines dieser Papiere wird einbehalten, das andere muss bei der Ausreise vorgezeigt werden. Wird das Gerät nicht wieder ausgeführt, erhebt der Zoll eine dem Preis entsprechend hohe Zollgebühr. Meist wird jedoch auf ein solches Zollformular verzichtet. Wer mit einer Drohne einreist, riskiert, dass die Drohne einbehalten und bei der Rückreise aber wieder zurückgegeben wird.

Bei der **Ausreise** passiert man nach der Passkontrolle den Zoll und die Durchleuchtungsanlage. Offiziell nicht ausgeführt werden dürfen: die einheimische Währung Kyat, Schmuck, religiöse Gegenstände, Bücher, Videos, Video-CDs, Waffen, Drogen und Pornografie. Vorsicht ist bei echten Antiquitäten, alten Buddhastatuen und archäologischen Objekten geboten: Sie dürfen nur mit Sondergenehmigung des zuständigen Ministeriums ausgeführt werden. Auch die Ausfuhr von Edelsteinen darf nur mit Lizenz erfolgen (S. 38).

Es versteht sich von selbst, dass der Export von Produkten geschützter Tierarten wie Muscheln, Korallen, Tierknochen und anderen Artefakten aus dem Tierreich nicht unterstützt werden sollte; zudem ist die Einfuhr solcher Produkte in Deutschland untersagt.

Land und Leute

Myanmar zählt zu den landschaftlich vielfältigsten Ländern Südostasiens. Zwischen den Gipfeln des Himalaya im hohen Norden und der Inselwelt des Myeik-Archipels im tiefen Süden entfaltet sich ein immenser Reichtum an Flora und Fauna. Auch ethnisch ist das Land mit offiziell 135 Volksgruppen ungemein vielseitig. Im „Land der Pagoden" prägt der Buddhismus Kunst und Kultur.

BAGO; © ANDREA MARKAND

Inhalt

Steckbrief Myanmar

Offizieller Name Pyidaungsu Thamada Myanma Nainngandaw (Republic of Union of Myanmar)

Staatsform parlamentarisches Regierungssystem (seit 2010)

Staatsform Präsidialrepublik

Regierungssystem parlamentarische Demokratie mit Militäreinfluss

Hauptstadt Nay Pyi Taw

Staatsoberhaupt Präsident Win Myint (seit März 2018)

Regierungschef Präsident Win Myint (seit März 2018)

Fläche 676 577 km²

Einwohnerzahl 51,5 Mio.

Anteil der Stadtbevölkerung 30 %

Sprache Myanmarisch, verschiedene lokale Sprachen und Dialekte

Religionen Buddhisten (88 %), Christen (6,2 %), Muslime (4,3 %), Hindus (0,5 %), Andere (1 %)

Internetzugang 86 % der Bevölkerung

Glücksindex Platz 130 von 156

Pro-Kopf-Einkommen US$1439

Straßennetz etwa 34 000 km

Touristen pro Jahr 3,55 Mio. (2017)

Land und Geografie

Fläche: 676 577 km^2 (Deutschland: 357 021 km^2)

Nord-Süd-Ausdehnung: 2050 km

Ost-West-Ausdehnung: 935 km

Größte Städte: Yangon (ca. 5,2 Mio. Ew.), Mandalay (ca. 1,2 Mio. Ew.)

Längste Flüsse: Thanlwin (2816 km), Ayeyarwady (2170 km), Chindwin (960 km)

Höchster Berg: Hkakabo Razi (5881 m)

Mit 676 577 km^2 beinahe doppelt so groß wie Deutschland, erstreckt sich Myanmar über 2050 km von den Ausläufern des Himalaya bis zur Malaiischen Halbinsel (28. bis 10. nördlicher Breitengrad). Die Ost-West-Ausdehnung beträgt 935 km und reicht vom Golf von Bengalen bis zum Mekong (92. bis 101. östlicher Längengrad).

Mit seinen sechs Nachbarstaaten teilt sich das Land eine gemeinsame Grenze von insgesamt 6129 km Länge, davon im Norden und Nordosten 2192 km mit Tibet und China, im Osten 2096 km mit Thailand und 235 km mit Laos, im Nordwesten 272 km mit Bangladesch und 1332 km mit Indien.

Die Küstenlinie beträgt 2228 km und führt von der Mündung des Naaf-Flusses bei Bangladesch zum südlichsten Zipfel Kawthoung.

Hohe Berge, weite Ebenen

Der nach Indonesien zweitgrößte Staat Südostasiens kann in drei geografische Zonen eingeteilt werden: die westlichen Bergregionen, die breite Zentralebene und die östlichen Bergketten. Die Höhenzüge an den Grenzen des Landes wirken wie eine natürliche Barriere. Im hohen Norden befinden sich die Ausläufer des Himalaya mit dem höchsten Berg Südostasiens an der Grenze zu Tibet, dem 5881 m hohen **Hkakabo Razi**. Die Gebirge ziehen sich in Richtung Süden und gehen in den Westlichen Yoma über, der aus den Naga- und Chin-Bergen und dem Rakhine Yoma besteht.

Der Lauf des Ayeyarwady und seiner Nebenflüsse prägt die weite Ebene Zentral-Myanmars. Bei Bago zieht sich der an Teakbäumen reiche **Bago Yoma** 435 km in Richtung Norden. Während Zentral-Myanmar zwischen Pyay und Mandalay aufgrund der geringen Niederschlagsmenge äußerst trocken ist, bestimmt das üppige Grün des fruchtbaren **Ayeyarwady-Deltas** den Süden.

Der Osten Myanmars wird von dem etwa 1000 m hohen **Shan-Plateau** geprägt, das von bis zu 2600 m hohen Bergketten unterbrochen wird. Entlang der thai-birmanischen Grenze erstreckt sich mit dem **Tanintharyi Yoma** ein weiterer, breiter Höhenzug in Richtung Süden.

Flüsse

Auf über 8000 km sind Myanmars Flüsse befahrbar. Daher sind sie für den Transport von Waren nicht wegzudenken. Der berühmteste und geschichtsträchtigste Fluss ist zweifelsohne der 2170 km lange **Ayeyarwady**. Er entsteht etwa 40 km nördlich von Myitkyina im Kachin-Staat durch den Zusammenfluss von Mekha und Malikha. Auf etwa 1500 km ist die *Road to Mandalay*, wie Rudyard Kipling den mächtigen Strom besang, schiffbar. Allerdings schränken in der Trockenzeit unzählige Sandbänke die Navigation ein und lassen die Schiffe nur langsam vorwärts kommen. Daher hatten und haben die Dampfer der berühmten Irrawaddy Flottilla Company nur einen geringen Tiefgang. Vor Hinthada teilt sich der Fluss in zwei Arme und breitet sich zu einem über 35 000 km^2 großen Deltagebiet aus.

Der Fluss ist eng mit der Geschichte des Landes verwoben, denn an ihm entlang wanderten die Bamar nach Süden. An seinen Ufern stehen die alten Metropolen Sri Ksetra, Bagan und Inwa. Schließlich fuhr die britische Flotte auf dem Ayeyarwady nach Mandalay, um auch noch das letzte Stück Myanmar zu erobern.

Nördlich von Pakokku mündet nach 960 km der **Chindwin** in den Ayeyarwady. Er spielt für die Erschließung und den Handel mit dem nordwestlichen Landesteil eine wichtige Rolle.

Der wenig bekannte **Thanlwin** (Shan: Salween) ist mit 2816 km Myanmars längster Fluss. Seine Quelle liegt in Ost-Tibet, wo auch Asiens mächtigste Ströme entstehen: der Mekong und der Yangzi (Jangtse). Er durchschneidet die

Myanmar, Birma oder Burma?

Der offizielle Landesname lautet *Pyidaungsu Thamada Myanma Nainngandaw*, Republik der Union von Myanmar. Seit die Regierung das Land am 27. Mai 1989 in *Myama Nain Ngan* („myanmarisches Land") umbenannte, herrscht ein gewisses Namenschaos, denn nun werden im Deutschen Birma, Burma und Myanmar verwendet. Der Name „Myanmar" war lange ein Politikum, da er von der Militärregierung eingeführt wurde. Heute hat er sich weitgehend durchgesetzt. Das Militär argumentierte damals, dass die alte Bezeichnung „Burma" aus der britischen Kolonialzeit stamme und sich nur auf die Volksgruppe der Birmanen, die *bamar*, beziehe. Tatsächlich leiteten die Briten von diesem Begriff den Landesnamen Burma ab. Das erste gedruckte birmanische Wörterbuch von 1776 hieß *Alphabetum Barmanum seu Bomanum Regni Avae*, das „barmanische oder bomanische Alphabet des Königreichs Ava". Von *bama* ist in vielen Schriften der Konbaung-Zeit die Rede. Der Name *myanma* ist ein Adjektiv und Historikern zufolge erstmals in der berühmten Rajakumar-Inschrift in Bagan aus dem Jahr 1113 nachgewiesen. In chinesischen Chroniken wird das Land *mi'en ti'en* genannt. Die 1868 gegründete erste Zeitung in birmanischer Sprache nannte sich *Myanma Thandawzin*, übersetzt wurde sie von den Briten allerdings mit *Burma Herald*. In diesem Buch verwenden wir vorwiegend die offizielle Bezeichnung Myanmar, gelegentlich auch die verbreitete deutsche Bezeichnung Birma.

Berge des östlichen Shan-Staates und mündet bei Mawlamyaing in den Golf von Mottama. Trotz seiner Länge ist er mit größeren Schiffen nur auf etwa 160 km von der Mündung aus befahrbar, denn in den teilweise engen Schluchten unterliegt der Wasserstand großen Schwankungen. Der Thanlwin spielte eine wichtige Rolle in der Frühgeschichte der Tai (Shan), die ab der zweiten Hälfte des 1. Jahrtausends entlang seiner Ufer von ihrem Stammland im Yunnan nach Süden zogen und sich im heutigen Shan-Staat ausbreiteten.

Eingebettet in eine breite Ebene östlich des Bago Yoma, mündet der 560 km lange **Sittaung** unweit von Kyaikhto in den Golf von Mottama. Als Transportweg ist er allenfalls für das Flößen von Holz und Bambus geeignet, dafür aber für die Bewässerung der Felder östlich von Bago unabkömmlich.

Der auf 160 km schiffbare **Kaladan** gilt als der wichtigste Strom des nördlichen Rakhine. Er entsteht in den Bergen des südlichen Chin-Staates, breitet sich zu einem weiten Delta mit Mangrovenwäldern aus und mündet schließlich bei Sittwe in den Golf von Bengalen. Seinem mäandernden Flusssystem verdankt die alte Königsstadt Mrauk U ihren Aufstieg.

Flora und Fauna

Pflanzenwelt

Die unterschiedlichen Klimazonen und die landschaftliche Vielfalt haben einen enormen Pflanzenreichtum zur Folge. Auf 11 800 wird die Zahl der Pflanzenarten geschätzt, darunter etwa 2000 Baumspezies.

An den vielen Flussmündungen in Rakhine, Tanintharyi und dem Ayeyarwady-Delta bestimmen noch **Mangrovenwälder** das Landschaftsbild, doch schwindet ihr Bestand durch Abholzung immer mehr. Immergrüne **tropische Regenwälder** wachsen in den Küstenregionen und auf den Inseln des Myeik-Archipels im tiefen Süden. Ansonsten dominieren **Monsunregenwälder** die Landschaft. **Montane Nebelwälder** sind ab etwa 1500 m Höhe verbreitet.

Typisch für die Monsunregenwälder sind Bäume, die in der Trockenzeit ihr Laub abwerfen und mit dem Einsetzen der Regenzeit ab Mai/Juni wieder ergrünen. Dazu zählt der **Teakbaum** *(Tectona grandis)*, dessen hoher gerader Stamm, große, feste Blätter und hartes, aber gut zu verarbeitendes Holz ihn zum profitabelsten Nutzbaum Myanmars machen.

In vielen Waldregionen dominieren Baumarten, die zu einer der 15 Gattungen der **Flügelfruchtgewächse** *(Dipterocarpaceae)* gehören, weshalb man auch von *Dipterocarpus*-Wäldern

© VOLKER KLINKMÜLLER

Blick über den Fluss Ye, der mit der gleichnamigen Stadt als touristisches Neuland lockt.

spricht. Unter ihnen kommt dem **Yangbaum** *(Dipterocarpus alatus)* eine besondere Bedeutung zu, weil dessen Harz als Binde- und Abdichtungsmittel für Boote oder Ähnliches verwendet werden kann. Darüber hinaus sind weitere Nutzbäume verbreitet, darunter das harte **Birmanische Eisenholz** *(Xylia dolabriformis)*, auf Birmanisch Pyinkado genannt, und der Padauk *(Pterocarpus macrocarpus)*, wegen seiner Rotfärbung auch als **Birmanisches Rosenholz** bekannt. In den höheren Lagen der nördlichen Regionen sind diverse Pinienarten beheimatet, darunter die Bergpinie *(Pinus khesiya)*. Weitverbreitet ist auch **Bambus**, der mit 100 Arten häufiger vorkommt als in irgendeinem anderen Land außerhalb Chinas.

In der Savannenlandschaft Zentral-Myanmars können aufgrund des geringen Niederschlags von jährlich unter 1000 mm nur anspruchslose Bäume wachsen. Die Trockenlaubwälder, *indaing* genannt, werden von *Dipterocarpus*-Arten dominiert. Wegen ihres hohen Nutzwertes sind **Niem**- *(Antelaea azadirachta)* und **Tamarindenbäume** *(Tamarindus indica)* weitverbreitet. Der Schatten spendende **Regenbaum** *(Samanea saman)* findet sich häufig in menschlichen Ansiedelungen und an Straßenrändern. **Akazienbäume** *(Acacia leucophloea)*, in Myanmar *htanaung* genannt, wachsen ebenfalls dort. Bekannt ist die Region auch für den **Thanakabaum** *(Hespere-thusa crenulata)*, aus dessen Rinde die berühmte Thanaka-Paste

Palmen für alle Fälle

Palmengewächse begleiten die Birmanen durchs Leben und sind aus Küche und Haushalt nicht wegzudenken. Die **Arecapalme** bringt die Betelnuss hervor; aus dem Saft der **Palmyrapalme** wird Palmzucker, Palmwein oder -schnaps produziert, und ihre Früchte werden gegessen; die **Kokospalme** kann gleich mehrfach verwendet werden: als Bau- und Brennmaterial, zum Trinken und Essen. Die festen Blätter der **Talipotpalme** dienen als Grundmaterial für die Palmblattmanuskripte, jene der **Latania** für Dächer. Aus der **Rotangpalme** (Rattan) werden Möbel hergestellt; die langen Blätter der **Nipapalme** eignen sich als Überdachung, und die **Salakpalme** liefert die beliebte Schlangenfrucht.

Namensänderungen

1989 birmanisierte die Militärregierung nicht nur den Landesnamen, sondern auch zahlreiche Stadt-, Fluss- und Provinznamen. Die wichtigsten Änderungen sind:

Neu	Alt
Ayeyarwady	Irrawaddy
Bagan	Pagan
Bago	Pegu
Dawei	Tavoy
Inwa	Ava
Kyaikkami	Amherst
Mawlamyine (Mawlamyaing)	Moulmein
Mottama	Martaban
Mrauk U	Myohaung (Mrohaung)
Myeik	Mergui
Pathein	Bassein
Pyay	Prome
Pyin U Lwin	Maymyo
Rakhine	Arakan
Sittaung	Sittang
Sittwe	Akyab
Tanintharyi	Tenasserim
Thandwe	Sandoway
Thanlwin	Salween
Thanlyin	Syriam
Yangon	Rangoon

gewonnen wird, mit der sich die Frauen schminken. Die Kayin mischen sie mit anderen Naturprodukten und stellen daraus ein Mückenschutzmittel her.

Auf den kargen Böden, die vorwiegend aus weichem Sandstein und Lehm bestehen, werden Sorghum (eine Hirseart), Bohnen, Sesam und Erdnüsse angepflanzt. Ein großer Teil der endemischen Pflanzenarten kommt in den Höhenlagen im Norden und Westen vor. Viele von ihnen sind noch unerforscht. Im artenreichen Natmataung National Park (Mount Victoria) findet man z. B. auf über 2000 m Höhe die einheimischen Rhododendronarten *R. cuffeamum* und *R. Burmanicum.* Dort ist auch der äußerst seltene Vierspornbaum *(Tetracentron sinense)* verbreitet, der wegen seiner sehr schönen Blüten auch gezüchtet wird.

Tierwelt

Für gewöhnlich kommen Myanmar-Reisende nur wenig mit der Tierwelt in Kontakt, da sich ein Großteil in den schwer zugänglichen Bergen und Wäldern aufhält. Allgegenwärtig sind natürlich die landwirtschaftlichen Nutztiere wie das **Zeburind** und der genügsame **Wasserbüffel**.

Die landschaftliche und klimatische Vielfalt bringt eine bunte Fauna mit sich. Verglichen mit dem benachbarten Thailand sind die Bestände noch recht hoch. Aber exakte Zahlen sind nur schwer zu ermitteln, denn viele Landstriche waren lange Zeit umkämpft und daher für Wissenschaftler unzugänglich. Dies hat sich seit den 1990er-Jahren erheblich verbessert. So konnten Forscher der US-amerikanischen Wildlife Conservation Society, 💻 www.wcs.org, bei einer Expedition ins tibetisch-birmanische Grenzgebiet im Jahr 1999 eine bisher unbekannte **Rotwildart** identifizieren: den nach dem Fundort benannten *Muntiacus putaoensis*.

In Myanmar sind auch eine nicht bestimmbare Anzahl asiatischer **Großkatzen** beheimatet, darunter Panther, Leoparden (u. a. der fast ausgestorbene Nebelparder) und Tiger. Von Letzteren gibt es zwei Arten: den Bengalischen Tiger, der westlich des Ayeyarwady vorkommt, und den Indochinesischen Tiger, der östlich des Flusses verbreitet ist. Den Erkenntnissen des WWF, 💻 www.worldwildlife.org, zufolge hat sich ihre Zahl in den letzten Jahrzehnten rapide auf nur noch 50 Exemplare reduziert.

Ebenfalls nicht gut sieht es mit der Verbreitung des *Elephas maximus* aus. Je nach Quelle sollen zwischen 1400 und 2000 **Wildelefanten** durch die Wälder streifen, hinzu kommen 4700 domestizierte Elefanten. Wilderer haben es auf das lukrative Elfenbein und sogar die Haut abgesehen, weshalb der Bestand rapide schwindet. Unter den **Bären** sind der Malaiische Sonnenbär und der Asiatische Schwarzbär *(Selenarctos thibetanus)* verbreitet. Der zur Gattung der Katzenbären gezählte Rote Panda *(Ailurus fulgens)* bewohnt die Wälder und Bambusdickichte an den südlichen Ausläufern des Himalaya.

Es ist schwer festzustellen, welche und wie viele der auf der **Roten Liste** stehenden Tierarten in Myanmar noch vorkommen. So gibt es nur noch wenige Exemplare des einhörnigen Java-Rhinozeros, des zweihörnigen Sumatra-Rhinozeros, des Malaiischen Tapir *(Tapirus indicus)* oder des Gaur *(Bos gaurus)*. Auch der im Norden lebende Thamin *(Cervus thamin)*, eine Hochwildart, ist fast ausgestorben.

Ob die Bevölkerung über die zahlreichen **Schlangenarten** so glücklich ist, sei dahingestellt. Die Wahrscheinlichkeit, auf eine zu stoßen, ist in der kargen Trockenzone relativ groß. Dort sind gleich mehrere Vipernarten aktiv, darunter die hochgiftige Russel's Viper, die Malaiische Viper und die Grüne Viper. Auch der Birmanische Python *(Python molurus bivittatus)* und die Königskobra fühlen sich dort heimisch.

Tipps für Vogelfreunde

Mit 1113 gelisteten Arten zählt Myanmar zu einer spannenden Destination für Vogelfreunde. Gute Möglichkeiten zur Beobachtung bieten der Hlawga Wildlife Park und das Moeyingyi Wetland Bird Sanctuary nördlich von Yangon, die Mangroven bei Kyeintali (80 km südlich von Ngapali), der Mount Popa und der Natmataung National Park (Mount Victoria). In Bagan sind vier der sechs endemischen Arten zu finden: die Birmanische Buschlerche *(Mirafra microptera)*, der Jerdon-Mennigvogel *(Pericrocotus albifrons)*, die Kapuzenbaumelster *(Crypsirina cucullata)* und der Weißkehldrossling *(Turdoides gularis)*. Am besten vertraut man sich einem Spezialveranstalter an, etwa SST Tourism, 💻 www.sstmyanmar.com, oder kontaktiert die **Myanmar Bird & Nature Society**, 💻 www.myanmarbirdnaturesociety.com.

Umwelt und Naturschutz

Ein Blick auf den Boden genügt, um zu sehen, dass Myanmar ein Müllproblem hat. Das Umweltbewusstsein der Myanmaren ist gering, ein Entsorgungssystem nur rudimentär oder gar nicht vorhanden. Immerhin verfügt Myanmar noch vielerorts über eine zumindest teilweise intakte Umwelt. Es gibt bisher nur in bescheidenem Maße Industrie, die giftige Abfälle produzieren könnte. Zudem wird das Land nicht von Überbevölkerung geplagt wie etwa Vietnam oder Bangladesch. Doch auch hier nimmt die Artenvielfalt zunehmend ab, was eine Reihe von Ursachen hat.

Unter den Bergvölkern wird der **Wanderfeldbau** *(taungya)* vielfach noch praktiziert. Zur Schaffung neuer Anbauflächen werden Berghänge brandgerodet, damit dort für ein bis zwei Jahre Bergreis, Maniok, Mais oder andere Nahrungsmittel angebaut werden können. Hatte der Wald früher mehr als eine Dekade Zeit, sich zu regenerieren, so wird die Fläche heute aufgrund des Bevölkerungswachstums bereits nach wenigen Jahren wieder abgebrannt und landwirtschaftlich genutzt. Als Folge laugen die Böden schneller aus. Die ohnehin sehr dünne Humusschicht wird vom Regen weggespült.

Myanmars Reichtum sind die Wälder. Forstwirtschaftliche Produkte machen etwa ein Zehntel des Außenhandels aus. Bevölkerungszunahme und wachsender Wohlstand lassen den Eigenbedarf an Holz rapide anwachsen. Folge davon ist die großflächige **Abholzung** wertvollen Baumbestands. Zwischen 1990 und 2015 verringerte sich laut einem Bericht der Welternährungsorganisation (FAO) von 2015 die Waldfläche um jährlich 4070 km^2. Heute sind nur noch 10 % der Landesfläche mit Primärwald bedeckt. Zwar gibt es seitens der Regierung einige Bemühungen, diesen Trend umzukehren. So verordnete sie 2016 ein komplettes Verbot des Holzeinschlags. Zudem wurden die ausgewiesenen Flächen für Forstplantagen nach Regierungsangaben auf über 9000 km^2 ausgeweitet. Aber es dauert normalerweise drei Jahrzehnte, bis die

Fisherman's Friend – bald für immer abgetaucht?

Eigentlich müsste der Irrawaddy-Delphin nach dem heutigen Flussnamen eher Ayeyarwady-Delphin heißen, aber er wird auch Mekong-Delphin, Snubfin Dolphin oder *Orcaella Brevirostris* genannt. Das könnten schon bald mehr Bezeichnungen sein, als es von dieser Art noch an Vertretern gibt. Denn die graublauen, bis zu 2,75 m langen Säugetiere, die den alten Namen des mächtigsten Flusses Myanmars in alle Welt getragen haben, stehen vor dem Aussterben: In der 2005 mit 72 km gegründeten und vor Kurzem sogar um 118 km erweiterten Schutzzone zwischen Mandalay und Bhamo hat die New Yorker *Wildlife Conservation Society* (WCS) 2018 knapp 80 **Delphine** gezählt. Früher hatten sie den Ayeyarwady sogar an mehreren Stellen bevölkert – und das zu Hunderten. Zum ersten Mal erwähnt worden waren die Tiere als „Fluss-Schweine" in chinesischen Schriften aus dem 1. Jh. v. Chr.

Spärlicher Nachwuchs

Die meisten Wissenschaftler zählen den putzigen Fluss-Flipper zur Familie der Delphine, einige aber auch zu den Gründelwalen (Monodontidae), da sie große Ähnlichkeit mit Beluga- und indischen Schweinswalen haben. Der Irrawaddy-Delphin besitzt einen stumpf abgerundeten, melonenförmigen Kopf und im Gegensatz zu seinen bekannteren Artgenossen aus dem Meer keine lange Nase (oder Schnauze). Erst im Alter zwischen sieben und neun Jahren werden die Tiere geschlechtsreif und können, nach 10–14 Monaten Tragzeit, auch nur alle zwei bis drei Jahre gebären. Mit vier bis sechs Jahren gelten sie als ausgewachsen und können zwischen 90 und 150 kg wiegen, während ihre Lebenserwartung auf 30 Jahre geschätzt wird.

Es gibt Irrawaddy-Delphine, die in den (sub)tropischen, flachen Küstengewässern des Indischen und Pazifischen Ozeans leben, vor Südostasien, Indonesien, Nord-Australien oder Papua-Neuguinea. Einige Populationen jedoch, wie die in Myanmar, verbringen ihr ganzes Leben bis zu 1300 km von der Küste entfernt im Süßwasser und sind dadurch genetisch isoliert.

Verlust des Lebensraums

Weltweit soll es 6000–7000 Flussdelphine geben, davon aber nur noch 300 in Südostasien bzw. im laotisch-kambodschanischen Grenzgebiet des Mekong, im südthailändischen Songkhla und in Indonesien. Auch in Myanmar verringern sich die Bestände immer weiter – aufgrund von Zerstörung und Verschmutzung der Lebensräume. Die Tiere leiden unter grundsätzlicher Überfischung und illegaler Elektrofischerei sowie zu großen und zu dick verknoteten Fischernetzen, den besonders verhängnisvollen Stellnetzen (Gillnets) und dem von Goldsuchern verwendeten Quecksilber.

Mit bis zu 40 km/h sind die Irrawaddy-Delphine relativ langsame Schwimmer. Sie tauchen flach und können bis zu zwölf Minuten unter Wasser bleiben. Meist sind sie in Gruppen bis zu sechs, gelegentlich auch bis zu 15 Tieren unterwegs. Nur selten zeigen sie sich an der Oberfläche, strecken aber manchmal ihren Kopf heraus, als wenn sie sich draußen umsehen wollten. Süßwasser-Delphine ernähren sich von Krebstieren und Fischen, die sie sogar schwarmweise in Flachwasserzonen treiben, um sie besser fangen zu können.

Heilige Helfer

Die Fluss-Säuger gelten als scheu, sensibel und intelligent. Da nur zwei Halswirbel verwachsen sind, verfügen sie über eine ungewöhnliche Beweglichkeit des Kopfes. Zudem gelten die „Großfische" in mehreren Ländern Südostasiens als heilig: Versehentlich in Netzen gefangene Exemplare werden möglichst schnell befreit, tote Tiere manchmal sogar mit religiösen Zeremonien eingeäschert. Einige der Fluss-Delphine im Ayeyarwady helfen Fischern sogar dabei, die Beute einzukreisen und sie ins Netz zu treiben. Dabei scheint „Fisherman's Friend" sogar zu versuchen, durch schlagende Flossen mit den Menschen zu kommunizieren. Das ist kein Fischermannsgarn, denn dieses einzigartige Phänomen ist von Biologen schon mit Kameras festgehalten worden und kann neuerdings sogar auf möglichst ökologischen Touren erkundet werden (s. Kasten S. 365).

Volker Klinkmüller

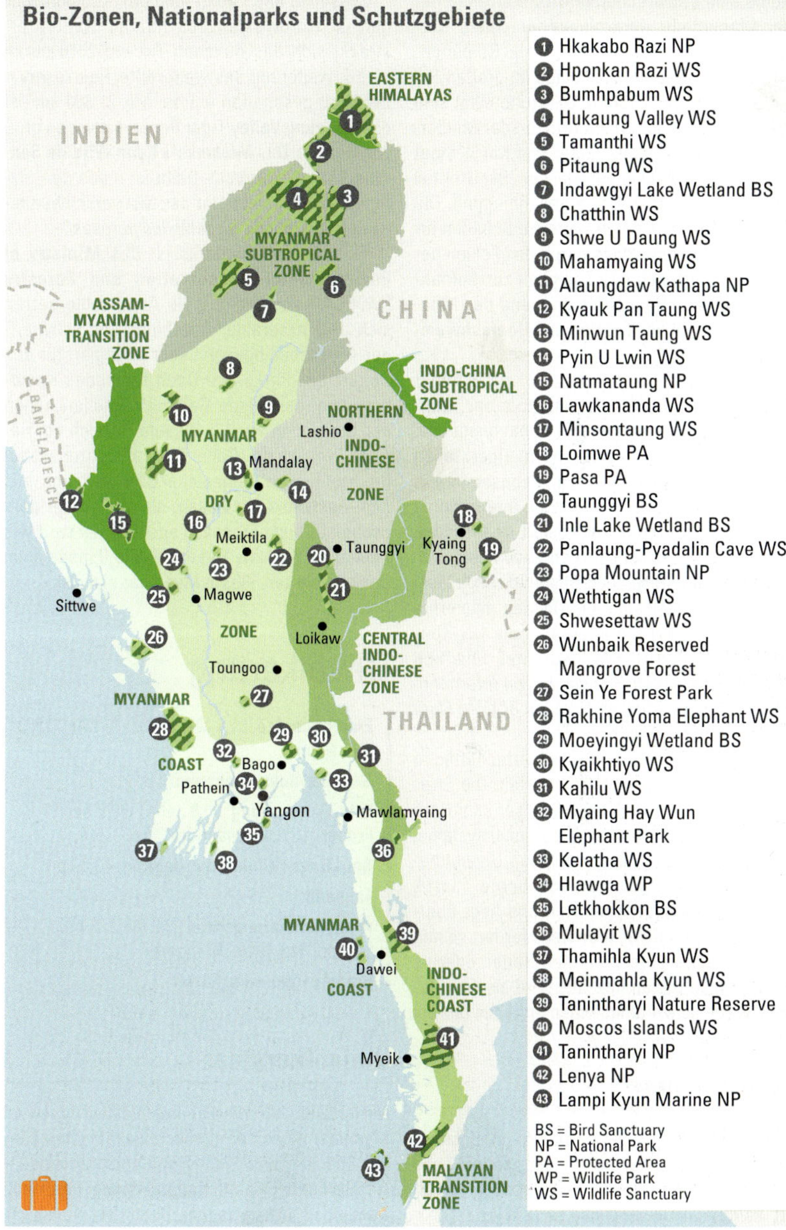
Bio-Zonen, Nationalparks und Schutzgebiete
EASTERN HIMALAYAS
INDIEN
MYANMAR SUBTROPICAL ZONE
ASSAM-MYANMAR TRANSITION ZONE
CHINA
INDO-CHINA SUBTROPICAL ZONE
NORTHERN INDO-CHINESE ZONE
MYANMAR DRY ZONE
BANGLADESCH
Lashio
Mandalay
Meiktila
Taunggyi
Kyaing Tong
Sittwe
Magwe
Loikaw
CENTRAL INDO-CHINESE ZONE
Toungoo
MYANMAR COAST
THAILAND
Bago
Pathein
Yangon
Mawlamyaing
MYANMAR COAST
Dawei
INDO-CHINESE COAST
Myeik
MALAYAN TRANSITION ZONE
1 Hkakabo Razi NP
2 Hponkan Razi WS
3 Bumhpabum WS
4 Hukaung Valley WS
5 Tamanthi WS
6 Pitaung WS
7 Indawgyi Lake Wetland BS
8 Chatthin WS
9 Shwe U Daung WS
10 Mahamyaing WS
11 Alaungdaw Kathapa NP
12 Kyauk Pan Taung WS
13 Minwun Taung WS
14 Pyin U Lwin WS
15 Natmataung NP
16 Lawkananda WS
17 Minsontaung WS
18 Loimwe PA
19 Pasa PA
20 Taunggyi BS
21 Inle Lake Wetland BS
22 Panlaung-Pyadalin Cave WS
23 Popa Mountain NP
24 Wethtigan WS
25 Shwesettaw WS
26 Wunbaik Reserved Mangrove Forest
27 Sein Ye Forest Park
28 Rakhine Yoma Elephant WS
29 Moeyingyi Wetland BS
30 Kyaikhtiyo WS
31 Kahilu WS
32 Myaing Hay Wun Elephant Park
33 Kelatha WS
34 Hlawga WP
35 Letkhokkon BS
36 Mulayit WS
37 Thamihla Kyun WS
38 Meinmahla Kyun WS
39 Tanintharyi Nature Reserve
40 Moscos Islands WS
41 Tanintharyi NP
42 Lenya NP
43 Lampi Kyun Marine NP
BS = Bird Sanctuary
NP = National Park
PA = Protected Area
WP = Wildlife Park
WS = Wildlife Sanctuary

Bäume eine entsprechende Größe erreicht haben. Mangelnde Kontrollmechanismen, Korruption und Habgier machen viele Bemühungen zunichte. Illegale Einschläge im großen Stil sind an der Tagesordnung. Daran beteiligt sind auch die devisenhungrigen Armeen der Minderheiten, die vor allem im Shan- und Kayin-Staat den Wald rapide schwinden lassen. Ein Großteil der Hölzer wird nach China geschmuggelt. Die massive Abholzung hat irreversible Schäden für die Böden zur Folge, denn durch das Fehlen der Bäume mindert sich ihre Fähigkeit zur Aufnahme der heftigen Regenfälle während des Monsuns. Die Gefahr von **Erosion** und **Überschwemmungen** nimmt zu.

Der hohe Profit durch den Verkauf seltener Tiere bietet angesichts der Armut in der Landbevölkerung eine lukrative Einkommensquelle. Für Bärentatzen, Rhinozeroshorn, Tigerkrallen oder Elefantenpenisse werden insbesondere in Ostasien Unsummen bezahlt. Eine international gut organisierte Mafia kontrolliert den Handel. Angesichts fehlenden Unrechtsbewusstseins, mangelnder Kontrollen und Bestechlichkeit lässt sich die **Wilderei** kaum unterbinden. Immerhin hat das Land 1997 die internationale UN-Konvention über den Handel bedrohter Tier- und Pflanzenarten, CITES *(Convention on International Trade in Endangered Species of Wild Flora and Fauna)*, unterzeichnet.

Schließlich macht auch die wirtschaftliche Entwicklung vor Myanmar nicht Halt. Die Straßen werden voller und die Abwässer schmutziger. Angesichts fehlender Entsorgungssysteme, Recyclinganlagen und mangelnden Umweltbewusstseins häufen sich die Müllberge. Plastik wird einfach weggeschmissen und liegt überall verstreut. Auch der **Tourismus** fordert seinen Tribut. Gerade im wasserarmen Bagan oder im ökologisch sensiblen Inle-See wird er ohne Regulierung zu schwerwiegenden Schäden führen.

Schutzgebiete

Derzeit gibt es 43 Nationalparks und Landschaftsschutzgebiete, die 7 % der Landesfläche einnehmen. Bis 2030 sollen sie auf 10 % erweitert werden (in Thailand sind es 13 %).

Zwischen den Patkai- und den Kuomon-Bergen im Nordwesten des Kachin-Staates erstreckt sich das Hukaung-Tal, wo 2010 durch eine Erweiterung das weltgrößte Tigerreservat der Welt geschaffen wurde. Mit 21 803 km^2 ist das **Hukaung Valley Tiger Reserve** etwa so groß wie Hessen. Das **Meinmahla Kyun Wildlife Sanctuary** im Ayeyarwady-Delta ist eines der letzten Rückzugsgebiete für das fast verschwundene Leistenkrokodil *(Crocodylus porosus)*.

Für die Nationalparks ist das **Ministry of Environmental Conservation and Forestry** (MOECAF) zuständig. Viele Angestellte setzen sich trotz miserabler Bezahlung und schwieriger Arbeitsbedingungen sehr engagiert für den Schutz der Parks ein. Doch fehlendes Knowhow und mangelnde Geldmittel stellen neben der Korruption auch in diesem Bereich ein riesiges Problem dar. Daher ist das Department auf finanzielle und technische Unterstützung aus dem Ausland angewiesen, die infolge der politischen Öffnung erheblich ausgeweitet wird. Als Pionier gilt die New Yorker Wildlife Conservation Society, die seit 1993 in Myanmar aktiv ist.

Bevölkerung

Einwohner: ca. 51,5 Mio. (1901: 11 Mio.; 1983: 35,3 Mio.)

Bevölkerungswachstum: 0,8 %

Lebenserwartung: 66,8 Jahre (69,9 bei Frauen, 63,9 bei Männern)

Säuglings-/Kindersterblichkeit: 40/62 pro Tausend

Alphabetisierungsrate: 89,5 (86,9 % bei Frauen, 92,6 % bei Männern)

Stadtbevölkerung: 30 %

Vielvölkerstaat

Mit offiziell 135 anerkannten Volksgruppen ist Myanmar eines der ethnisch vielfältigsten Länder Südostasiens. Sie werden entsprechend ihrer Herkunft in acht **Hauptgruppen** unterteilt: Kachin (12 Volksgruppen), Shan (34), Kayah (9),

Kayin (12), Mon (1), Bamar (9), Rakhine (7) und Chin (51). Allerdings ist eine derartige Klassifizierung äußerst fraglich, da sie wenig über die kulturelle Identität der Gruppen aussagt. Moderne Linguisten ordnen sie anhand ihrer Sprachen drei der insgesamt sieben asiatischen Hauptsprachfamilien zu: dem zur sino-tibetischen Familie gehörenden **Tibeto-Birmanisch**, dem zur austroasiatischen Gruppe zählenden **Mon-Khmer** und dem **Tai-Kadai**, das zur Austro-Tai-Gruppe gerechnet wird. Da die Sprachen der Kayin und Kayah nicht schlüssig einzustufen sind, werden sie manchmal getrennt aufgeführt. Zur tibeto-birmanischen Sprachgruppe gehören u. a. Bamar, Rakhine, Kachin und Chin, zu den Mon-Khmer die Mon, Wa und Palaung und zur Tai-Kadai-Gruppe die Shan. Im Laufe der Geschichte haben sich die Völker in unterschiedlichem Grade vermischt. Manche, wie die Mon oder Rakhine, haben sich kulturell derartig dem birmanischen Lebensstil angepasst, dass Unterschiede äußerlich kaum mehr wahrnehmbar sind.

Dagegen gibt es Ethnien, die sehr isoliert leben und kaum Gemeinsamkeiten mit anderen aufweisen. Viele von ihnen bevölkern die Berge des Chin- und Kachin-Staates. So haben die in den Ausläufern des Himalaya siedelnden Tarong (T'rung), ein nur wenige hundert Mitglieder zählender Zwergstamm, erst seit wenigen Jahren vermehrt Kontakt mit der Außenwelt. Andere, etwa die Shan oder Pa-O, legen einerseits großen Wert auf ihre eigenständige Kultur und Sprache, besitzen andererseits aber viele Gemeinsamkeiten mit den Bamar, z. B. in der Ausübung ihrer buddhistischen Religion. Etwa zwei Drittel der Gesamtbevölkerung sind Bamar. Ihnen folgen als zweitgrößte Gruppe die Shan (9 %), die Kayin (7–8 %), die Rakhine (4,5 %) und die Mon (2,4 %).

Bamar

Seit dem Aufstieg Bagans im 11. Jh. dominieren die heute 35 Mio. Bamar das Land. Ihre Expansion ging auf Kosten anderer Völker, allen voran der Mon und Rakhine. Wahrscheinlich vom Tibetplateau stammend, haben die Bamar von den Pyu und möglicherweise auch den Mon Religion und Kultur übernommen. Heute dominieren sie Wirtschaft, Kultur und Politik, was das Zusammenleben im Vielvölkerstaat nicht gerade erleichtert. Auch die Erinnerungen an die vergangenen Kriege und die teilweise brutale Unterdrückung der Minderheiten sowie die Ohnmacht gegenüber den zahlenmäßig haushoch überlegenen Bamar erschweren oder verhindern gar die Verständigung mit den anderen Volksgruppen.

Chin

Das Spektrum der Untergruppen reicht von den Asho bis zu den Zomi, deren Dialekte zwar zur tibeto-birmanischen Sprachgruppe zählen, sich aber erheblich voneinander unterscheiden. Auch ihre kulturellen Gepflogenheiten sind sehr vielfältig, was auf ihr isoliertes Leben in den Bergen zurückzuführen ist. Von ihrem Ursprungsgebiet im Nordwesten Chinas wanderten diverse Chin-Gruppen gen Süden und ließen sich im Chin-Staat und in der Sagaing Region, den indischen Bundesstaaten Mizoram, Manipur und in Bangladesch nieder. Dort sind sie auch unter den Namen Kuki und Mizo bekannt. Der „Chin Hills Regulation Act" von 1896 gestand den Chin eine gewisse Eigenständigkeit zu. Infolge der US-amerikanischen Missionierung gehören heute rund 80 % diversen christlichen Kirchen an, was eine eigene Chin-Identität beförderte und 1988 in der Gründung der militanten Chin National Front (CNF) mündete. Sie schloss 2012 einen Waffenstillstand mit der Regierung.

Kachin

Auch „Kachin" ist eine eher diffuse Sammelbezeichnung, unter der verschiedene, der tibeto-birmanischen Sprachfamilie zugerechnete Untergruppen zusammengefasst sind. Offiziell werden zwölf Gruppen genannt, im engeren Sinne sind es sechs: die Jinghpaw, Lisu, Maru, Lashi, Atsi und Rawang. Sie alle kamen im größeren Stil während des 19. Jh. aus dem damals bürgerkriegszerrissenen Südwestchina in den Norden Myanmars. Viele Kachin konvertierten infolge der Missionierung durch US-amerikanische Baptisten zum christlichen Glauben, was wie bei den Chin zu einer eigenen Kachin-Identität führte. Die 1961 gegründete Kachin Independent Organisation (KIO) kämpft nach einem brüchigen Waffenstillstand zwischen 1994 und 2011 bis heute um mehr autonome Rechte.

Volk ohne Rechte – die Rohingya

Die Nähe zu Südasien und der damit verbundene Handelskontakt hatten einen verstärkten Zuzug muslimischer Händler aus Südindien und Bengalen nach Rakhine zur Folge. Bereits vor Jahrhunderten ließen sie sich in den Städten des schmalen Küstenstreifens nieder und vermischten sich mit den Einheimischen. Nicht wenige standen als angesehene Persönlichkeiten in Diensten der buddhistischen Könige von Mrauk U. Während der Kolonialzeit verstärkte sich der Zuzug bengalischer Muslime. Nach 1948 kamen Tausende illegal über die Grenze.

Die Einwanderer entwickelten im Laufe der Zeit ihre eigene birmanisch-muslimische Identität und nannten sich Rohingya. Heute stellen sie mit über 1 Mio. Angehörigen ein Drittel der Gesamtbevölkerung von Rakhine (ca. 3,2 Mio.) und sprechen ein Gemisch aus Bengali, Rakhine und Urdu. Doch noch immer werden sie nicht als eine der 135 Volksgruppen akzeptiert, sondern wie illegale Einwanderer behandelt – was sich auch in der abschätzigen Bezeichnung „Bengali" widerspiegelt. Somit befindet sie sich in einem rechtsfreien Raum. Immer wieder kam es in den vergangenen Jahrzehnten zu Vertreibungen. Als 1977 unter Ne Win alle Einwohner registriert und mit Ausweisen versehen werden sollten, wurden die Rohingya ausgenommen. Die folgenden Repressalien führten mehrfach zu größeren Fluchtwellen: 1978, 1992 und zuletzt 2012, als nach pogromartigen Übergriffen Zigtausende vertrieben wurden und seitdem in Flüchtlingslagern, vor allem westlich von Sittwe und im Küstendistrikt Maungdaw, ein menschenunwürdiges Dasein fristen. Nach einem Überfall auf Grenzposten durch militante Rohingya im Oktober 2016 führten großangelegte Militäroperationen zu weiteren brutalen Übergriffen. Menschenrechtsorganisationen werfen dem Militär Gruppenvergewaltigungen, Zerstörung ganzer Dörfer und Vertreibung der Zivilbevölkerung vor. Über 700 000 Rohingya flohen nach Bangladesch.

Was eine Lösung des Konfliktes erheblich erschwert, ist die desolate Wirtschaftslage. Mit einer Armutsrate von 43 % zählt der Küstenstaat zu den unterentwickeltsten Regionen des Landes. Fast ein Fünftel der Frauen kann nicht lesen und schreiben, mehr als ein Drittel der Kinder gilt als untergewichtig. Hinzu kommt, dass auch die 2 Mio. buddhistischen Rakhine sich von der Bamar-dominierten Regierung im Stich gelassen fühlen. So liegt eine Lösung des Problems in weiter Ferne.

Kayin und Kayah

Unter dem Begriff Kayin (engl. Karen), mit über 4 Mio. die drittgrößte Bevölkerungsgruppe Myanmars, werden etwa 20 Untergruppen zusammengefasst. Die beiden dominierenden sind die Pwo und die Sgaw. Ihre Herkunft ist schwer zu bestimmen, da auch ihre Sprache nicht leicht einzuordnen ist. Der mündlichen Überlieferung nach lebten die Vorfahren ursprünglich in der chinesischen Wüste Gobi, dem „Land des strömenden Sandes" *(Htee Hset Met Ywa)* und sollen bereits im 1. Jahrtausend v. Chr. nach Myanmar eingewandert sein.

Vermutlich gehören die **Pwo** zu den ersten Kayin-Siedlern auf birmanischem Boden. Sie ließen sich im Stammland der Mon zwischen Thaton und Kyaikkami nieder, sind aber heute vor allem im Ayeyarwady-Delta zu finden. Eine Untergruppe der Pwo, die Pa-O, fand ab dem 11. Jh. in den umliegenden Bergen des Inle-Sees eine neue Heimat und wandte sich dem Buddhismus zu. Heute leben dort etwa 200 000 Pa-O.

Die **Sgaw** ließen sich anfänglich zwischen den Flüssen Sittaung und Thanlwin nieder, wurden aber später von den Bamar und Mon verdrängt, sodass sie mittlerweile an unterschiedlichen Orten leben. Eine Sgaw-Untergruppe, die Pa-Ku (Weiße Karen), lebt an der thai-birmanischen Grenze im heutigen Kayin-Staat.

Viele Kayin machten während der Kolonialzeit im Militär Karriere. Als Zeichen des Respekts ernannte U Nu nach der Unabhängigkeit Generalleutnant Smith-Dun, einen Kayin, zum ersten Oberbefehlshaber. Doch bereits 1947 formierte sich die **Karen National Union (KNU)**, um für einen eigenen Staat namens Kawthoolei zu kämpfen. Nach jahrzehntelangem Bürgerkrieg schloss sie 2012 ein Waffenstillstandsabkommen mit der Regierung.

Die Kayah oder Karen-Ni (Rote Karen) gelten als weitere Gruppe der Kayin, obgleich sie offiziell eigenständig behandelt werden. Sie wiederum gliedern sich in neun Untergruppen, darunter diverse Zweige der Kayan, deren bekannteste Vertreter die Kayan Lahwi (Shan: Padaung) sind. Letztere gelangten wegen ihrer „Langhalsfrauen" zu Bekanntheit.

Mon

Zu den ältesten Bewohnern Myanmars zählen die ca. 1,2 Mio. Mon, welche mit den Khmer eine eigene Sprachfamilie bilden. Vermutlich bereits um die Zeitenwende waren sie entlang der Küste zwischen Yangon und Mawlamyaing beheimatet. Auch der Mündungsbereich des thailändischen Chao-Phraya-Flusses zählt zu ihrem anfänglichen Siedlungsgebiet.

Schon sehr früh über die Häfen mit indischem Gedankengut in Kontakt gekommen, übernahmen sie vom Subkontinent Schrift, Kultur und Religion. Ihrer strategischen Lage wegen gerieten sie mit den Bamar immer wieder in Konflikt. Mit der Eroberung Bagos am 6. Mai 1757 fiel ihr letztes eigenständiges Königreich in die Hände der Bamar.

Rakhine

Zu kolonialer Zeit „Arakanesen" genannt, werden die ca. 2,3 Mio. Rakhine der tibeto-birmanischen Sprachfamilie zugeordnet und siedelten bereits in vorchristlicher Zeit entlang der Westküste am Golf von Bengalen. Ihr politisches Zentrum lag zwischen den Flüssen Kaladan und Leymyo nördlich von Sittwe. Aufstieg und Niedergang der Rakhine verliefen fast parallel zu jenem der Mon. Auch sie gerieten über die Handelsverbindungen sehr früh in Kontakt mit indischem Gedankengut, übernahmen Schrift, Kultur und vor allem den Buddhismus. Ihre Eigenständigkeit endete mit der Einnahme von Mrauk U durch Truppen des Konbaung-Königs Bodawpaya 1784/85. Doch viele Rakhine wollen das bis heute nicht akzeptieren. So kämpft z. B. die 2009 gegründete „Arakan Army" (AA) für mehr Selbstbestimmung. Als selbst ernannte „Verteidiger des Vaterlandes" macht die ca. 7000 Mann starke Armee immer wieder durch militante Aktionen und Überfälle auf Militärposten auf sich aufmerksam. Im Frühjahr 2019 erreichten die Kämpfe sogar die alte Königsstadt Mrauk U.

Shan

Ethnisch mit den Laoten und Thais verwandt, gehören die etwa 4 Mio. Shan der Tai-Kadai-Sprachgruppe an und waren wie ihre östlichen Nachbarn ursprünglich im chinesischen Yunnan beheimatet. Vermutlich wanderten sie ab dem 1. Jahrtausend in den heutigen Shan-Staat ein, übernahmen den Buddhismus und lie-

Sonnenschutz auf Birmanisch – mit Bambushut und Baumwolltuch

ßen sich vorwiegend in den fruchtbaren Flusstälern nieder. Dort gründeten sie im Laufe der Zeit Fürstentümer, die von sogenannten **Sao Pha** („Himmelsfürsten") regiert wurden und lose miteinander verbündet waren. 1888 vereinten die Briten im *„Shan States Act"* insgesamt fünf nördliche und 43 südliche Fürstentümer, ließen aber die Shan-Fürsten in ihren Ämtern. Bald nach der Unabhängigkeit wurde der Shan-Staat zum Tummelplatz diverser Rebellenarmeen, kommunistischer Kämpfer, chinesischer Nationalisten und Drogenbarone. Auch viele Shan begannen für dic Unabhängigkeit zu kämpfen. Als die Sao Pha 1962 von Ne Win ins Gefängnis geworfen wurden (wo einige starben), gerieten weite Teile des Shan-Staates unter Direktkontrolle des Militärs. Seit den Wahlen 2010 können sich die Shan wieder politisch organisieren.

Inder und Chinesen

Obwohl sie einen signifikanten Anteil in der Bevölkerung ausmachen, werden die Bewohner chinesischer und indischer Abstammung in den Statistiken nicht als eigene Volksgruppe aufgeführt. Die **Inder** (birm. *kala)* gelangten während der Kolonialzeit nach Myanmar und begannen sehr bald Wirtschaft, Verwaltung und Militär zu dominieren. Auf besondere Weise profitierten die vorwiegend aus Südindien stammenden Geldverleiher, die *chettiyar*, von der Kolonialwirtschaft. Im Zuge der Erschließung des Ayeyarwady-Deltas gelangte immer mehr Land in ihren Besitz; in den 1920er- und 1930er-Jahren besaßen sie über die Hälfte aller Reisfelder im Deltagebiet. Damals bestand auch etwa die Hälfte der Einwohnerschaft Rangoons aus Südasiaten. Bereits während der japanischen Besatzungszeit kam es zu massiven Übergriffen durch die Bamar. Viele Inder verließen daraufhin das Land. Die Abwanderungswelle verstärkte sich nach der Unabhängigkeit. Die heutigen, etwa 1 Mio. zählenden Nachkommen sprechen vorwiegend Birmanisch und unterscheiden sich in erster Linie hinsichtlich ihrer Religion. Die meisten Inder sind Hindus oder Muslime.

Die Zahl der **Chinesen** (birm. *tayok*) lässt sich nur schwer schätzen, denn mit der wirtschaftlichen Öffnung des Landes seit Anfang der 1990er-Jahre setzte eine wahre Migrationswelle ein. Die grenznahen Städte wie Lashio im Shan-Staat, aber auch die nordbirmanische Metropole Mandalay werden heute schon wirtschaftlich von den Chinesen dominiert. In den Städten leben hauptsächlich Einwanderer aus den Küstenprovinzen Südchinas. Im östlichen Shan-Staat überwiegen Chinesen aus dem Yunnan. Dort siedeln zudem chinesischstämmige Volksgruppen wie die Kokang und Shan-Chinesen, Shan Tayok genannt. Schließlich gibt es noch die Panthay, muslimische Chinesen, die seit Jahrhunderten die Handelsrouten zwischen China und Myanmar bzw. Thailand kontrollieren und sich in einigen Städten Ober-Myanmars und des Shan-Staates niedergelassen haben.

Bildung – gestern und heute

Verglichen mit den Nachbarn Indien (69,3 %), Bangladesch (72,9 %) und Laos (84,7 %) ist die **Alphabetisierungsrate** bei den Erwachsenen recht hoch. Sie beträgt gegenwärtig laut UN-Angaben 89,5 %. Das sind faktisch jedoch immer noch fast 3 Mio. Analphabeten, die älter als 15 Jahre sind. Nur jeder fünfte Bewohner Myanmars hat eine Mittelschule besucht. Es zeigen sich zudem gravierende Unterschiede zwischen Stadt und Land sowie zwischen Frauen und Männern. So ist fast jede zehnte Frau weder des Lesens noch des Schreibens mächtig, bei Männern sind es 5,5 %.

Myanmars **Schulsystem** besteht aus drei Stufen: Basic Education Primary School (BEPS, Vorschule plus 1.–4. Klasse, Grade 1–5), Basic Education Middle School (BEMS, 5.–8. Klasse, Grade 6–9) und Basic Education High School (BEHS, 9.–10. Klasse, Grade 10–11).

Das heutige Bildungssystem geht auf die Kolonialzeit zurück, als das traditionelle Lernen im Kloster immer mehr verdrängt wurde. Ab den 1870er-Jahren entstanden vielerorts Schulen, die meist unter der Obhut christlicher Missionsgesellschaften standen. 1920 öffnete als erste höhere Bildungseinrichtung die University of Rangoon ihre Pforten. Sie sollte bald zum Sammelbecken für die Unabhängigkeitsbewegung werden. Unter der Ne-Win-Diktatur erfolgte ein steter Niedergang im Bildungsbereich. Die völlige Isolation des Landes und die Verstaatlichung aller Schulen 1965 hatten auch für das Ausbildungssystem fatale Folgen. Die besten Köpfe verließen das Land, denn Karriere konnten nur diejenigen machen, die eine militärische Laufbahn einschlugen.

Lernen im Kloster

Michael Symes, ein britischer Abgesandter am Hof von Inwa, schrieb in einem Bericht um 1800, dass unter den Handwerkern, Bauern und Fährmännern keiner sei, der nicht lesen und schreiben könne. Dies war eine Folge davon, dass seit der Bagan-Ära jedes buddhistische Kloster *(kyaung)* gleichzeitig ein Ort des Lernens war. Neben den Novizen *(koyin)* übten sich dort auch die Dorfkinder in Lesen, Schreiben und etwas Rechnen. Begabte Schüler (Novizen wie Laien) durften später eines der regionalen Ausbildungsklöster besuchen, um das Studium der buddhistischen Texte zu vertiefen. Wer das höchste Examen erfolgreich abschloss, den belohnte der König auf großzügige Weise. Auch heute noch spielen Klosterschulen eine wichtige Rolle, vor allem in buddhistisch geprägten ländlichen Gebieten. In ganz Myanmar existieren gut 1600 buddhistische Bildungseinrichtungen mit über 260 000 Schülern, Tendenz steigend.

Die jetzige Regierung bemüht sich um die Verbesserung der Ausbildungssituation. Doch das ist ein langer und vor allem kostspieliger Weg. Die Ausbildung und Bezahlung der Lehrer (etwa 100 € monatlich) ist dermaßen miserabel, dass qualifizierte Lehrkräfte in andere Berufe abwandern. Zudem fehlt es an Schulmaterial. Wer Geld hat, schickt sein Kind in eine Privatschule.

Aus Angst vor Protesten schloss die Regierung zwischen 1991 und 2000 acht Mal die Universitäten und hinterließ dadurch eine verlorene Generation. Auch wenn sich die Zahl der **Universitäten und Colleges** auf landesweit 156 erhöht hat, fehlt es ihnen an finanziellen Ressourcen und Qualität. Zahlungskräftige Eltern lassen ihre Kinder im Ausland studieren – viele kehren danach nicht mehr zurück. Um ihre Berufschancen zu verbessern, nehmen viele junge Birmanen privaten Englischunterricht oder belegen Computerkurse. Ein halbes Jahrhundert Militärdiktatur hat auch in der Bildung seine Spuren hinterlassen. Myanmar hinkt hinter anderen asiatischen Staaten weit hinterher – und das in einer Zeit, in der Bildung für die Entwicklung eines Landes von immenser Bedeutung ist.

Geschichte

Wie ein roter Faden ziehen sich zwei Aspekte durch die Geschichte Myanmars: der **Buddhismus** und die **ethnische Vielfalt**. Es gab kaum einen Herrscher, der sich nicht der Nachwelt durch den Bau einer buddhistischen Pagode in guter Erinnerung behalten lassen wollte. Die berühmte *Glaspalastchronik* – sie wurde 1829 von König Bagyidaw in Auftrag gegeben – leitet die Herkunft der Birmanen sogar vom Stamm Buddhas, den Sakya, ab. Ein Zweig dieses Stammes sei vor der Zeitenwende aus Indien eingewandert und habe am Oberlauf des Ayeyarwady bei Tagaung das erste Königreich auf birmanischem Boden gegründet. Vor allem prägte aber die ethnische Vielfalt das Auf und Ab der Geschichte. Ein mächtiges birmanisches Reich hatte die Unterwerfung anderer Volksgruppen zur Folge. Zerfiel es, erstarkten wiederum die unterdrückten Völker. Diese Wechselspiele von Macht und Zerfall lassen sich in der Geschichte der Mon und Rakhine sehr gut studieren.

Frühe Staaten (bis 11. Jh.)

Über die prähistorische Besiedlung Myanmars ist nahezu nichts bekannt. Vermutlich waren hier ab dem 2. Jahrtausend v. Chr. Protomalaien und Negritos verbreitet. Sie wurden in den ersten vorchristlichen Jahrhunderten von Völkern verdrängt, die aus Südwestchina und dem tibetischen Hochland entlang der Flüsse nach Süden zogen. Zu den bedeutendsten zählen die Pyu, denen die ersten eigenständigen Staatsgebilde auf birmanischem Territorium zu verdanken sind. Bei diesen „Staaten" handelte es sich indes eher um lose Stadtverbände.

Mit den **Mon** werden die alten Siedlungen an den Flussmündungen des Thanlwin und Sittaung am Golf von Mottama in Verbindung gebracht. Es ist jedoch unklar, ob tatsächlich diese Volksgruppe dort ansässig war. Ins Reich der Legenden gehört wohl die Überlieferung, dass in Thaton die beiden indischen Mönche Soma und Uttara landeten, um den Buddhismus zu predigen. Die srilankische Mahavamsa-Chronik berichtet nur, die beiden seien Mitte des 3. Jhs. v. Chr. im Anschluss an die Dritte Buddhistische Synode nach *Suvanna-bhumi* („Goldenes Land") gesandt worden, ohne den Ort näher zu lokalisieren. Spätestens im 5. Jh. war der **Theravada-Buddhismus** fest etabliert.

Die zur tibeto-birmanischen Sprachgruppe zählenden **Pyu** siedelten bevorzugt in der Ayeyarwady-Ebene zwischen Pyay und Shwebo. Ihre bedeutendsten Metropolen waren Sri Ksetra, Beikthano und Halin. Auch sie kamen sehr früh mit dem Buddhismus in Kontakt. Am Königshof wurden zudem hinduistische Kulte praktiziert. Als Blütezeit der Pyu gelten das 7./8. Jh., als sie mit der chinesischen Tang-Dynastie (618–907) in regem Kontakt standen. Sowohl Mon als auch Pyu gebrauchten ihre eigene, aus dem Alphabet des südindischen Pallava-Reiches (3.–9. Jh.) entwickelte Schrift.

Am Golf von Bengalen im heutigen **Rakhine** etablierte sich spätestens ab dem 4. Jh. ein weiteres indisiertes Reich mit Hauptstadt in Vesali, etwa 10 km nördlich von Mrauk U.

Im 8./9. Jh. veränderte sich die politische Landkarte Myanmars zusehends. Vom Tibet-

ZEITLEISTE

um 10 000 v. Chr.	1500–500 v. Chr.
Werkzeugfunde belegen neusteinzeitliche Siedlungen im Shan-Staat.	Aus der Bronzezeit stammen zahlreiche Waffenfunde in Ober-Myanmar.

Plateau wanderten verstärkt **Bamar** in Richtung Süden und gründeten ihre ersten Siedlungen entlang dem Ayeyarwady. Das zur tibetobirmanischen Sprachgruppe gehörende Volk nahm 849 die Stadt Pyu Gama (Bagan) ein und assimilierte die Pyu. Von dort aus breiteten sich die Bamar immer weiter in Ober-Myanmar aus. Aus dem Nordosten drängte entlang dem Thanlwin ein weiteres Volk in Richtung Süden: die aus dem Yunnan stammenden **Tai** (birm. Shan). Von den Han-Chinesen verdrängt, verließen sie ihr Stammland im dortigen Nan-Chao-Reich und ließen sich im Shan-Staat nieder. Auch die Tai machten den Pyu das Leben schwer, 832 überfielen sie deren Metropole Halin.

Das Bagan-Reich (11.–13. Jh.)

Mit dem Aufstieg Bagans entstand das erste Großreich. Die Grundlagen dazu schuf **Anawrahta** (reg. 1044–77), der 1044 den Thron bestieg und seinen Einflussbereich kontinuierlich ausbaute. Nachdem der König die Küstenregion unter seine Kontrolle bringen konnte, bekam er auch Zugang zum lukrativen Seehandel. Spätere Chroniken schmücken dies fantasiereich mit der Einnahme der Mon-Metropole Thaton im Jahr 1057 aus und berichten von der Verschleppung von 30 000 Einwohnern inklusive König und Anhang. Was Fakt und Fantasie ist, lässt sich heute jedoch nicht mehr sagen. Sicher ist, dass der Theravada-Buddhismus zur reichseinigenden Religion wurde.

Anawrahta und auch sein zweiter Nachfolger **Kyanzittha** (reg. 1084–1112) ließen sich in ihren Bauten künstlerisch vom nordindischen Pala-Reich (8.–12. Jh.) beeinflussen. Auch enge Kontakte nach Sri Lanka sind erwiesen. Eine Zeit der kulturellen Blüte und politischen Stabilität erlebte Bagan auch noch während der langen Regentschaft von **Alaungsithu** (reg. 1112–67). Kaum ein Bagan-Herrscher war bau- und reisefreudiger als der Enkel Kyanzitthas, der mit dem Thatbyinnyu-Tempel auch architektonisch neue Akzente setzte. Spätestens unter ihm setzte sich eine eigenständige **birmanische Schrift** durch. Der regionale Handel blühte und die durch ein hoch entwickeltes Kanalsystem bewässerten Reisfelder bei Kyaukse und Salin stellten die Ernährung der wachsenden Bevölkerung sicher.

Niedergang des Bagan-Reiches

Im 13. Jh. begann der Stern Bagans zu sinken. Dafür gab es verschiedene Gründe. Schwache Könige schafften es nicht, das Land zusammenzuhalten. Großzügige Landschenkungen an die unzähligen buddhistischen Klöster hatten steigende Steuerausfälle zur Folge, da die Klöster von den üblichen Abgaben befreit waren. Zudem hatte sich die geopolitische Situation Südostasiens gravierend verändert. Ursache waren die **Eroberungszüge der Mongolen** unter Kublai Khan, die 1253 das Stammland der Tai in Nan Zhao (heute Yunnan) unterwarfen, woraufhin die Tai (birm. Shan) sich verstärkt im Nordosten Myanmars ausbreiteten. Bereits 1281 eroberte ein Shan namens **Wareru** die strategisch wichtige Hafenstadt Mottama.

Zweimal drangen die Reitertruppen des Kublai Khan (reg. 1260–94) ins Bagan-Reich ein, 1283/84 und 1287, doch okkupierten sie wahrscheinlich nie die Königsstadt. Als letzter gro-

Ab 2. Jh. v. Chr.

Es entstehen erste urbane Zentren der Pyu wie Sri Ksetra (s. Foto), der Mon und Rakhine. Der Buddhismus beginnt sich auszubreiten, auch Hindu-Kulte werden praktiziert.

© ANDREA MARKAND

9. Jh.

Tai-Gruppen erobern 832 die Pyu-Metropole Halin, Bamar nehmen 849 die Stadt Pyu Gama (Bagan) ein. Dies führt nach fast tausend Jahren zum Ende einer eigenständigen Pyu-Kultur.

ßer Monarch gilt **Narathihapate** (reg. 1254–87), der eine Gesandtschaft des Khan hinrichten ließ und später auf der Flucht von seinem machthungrigen Sohn in Pyay getötet wurde.

Ab 1299 begannen **drei Brüder** und ehemalige Minister von Sagaing, Pinya und Myinsaing aus die Kontrolle im zerrissenen Reich zu übernehmen, woran auch eine dritte Invasion mongolischer Truppen 1301 nichts mehr ändern konnte. Bagan spielte als Hauptstadt keine Rolle mehr.

Unabhängige Königreiche – Europäer in Myanmar

Nach dem Untergang Bagans entstand ein politisches Vakuum, in dessen Folge die Region in mehrere Machtzentren zerfiel. Dies sollte über 250 Jahre hinweg so bleiben. Ende des 14. Jhs. wurde **Bago** zur Hauptstadt eines Mon-Reiches, das unter der **Königin Shin Sawbu** (reg. 1453–72) und ihrem Nachfolger **Dhammazedi** (reg. 1472–92) eine Blütezeit erlebte und ganz Nieder-Myanmar umfasste. Unterdessen einte der Gouverneur von Tagaung das zerrissene Ober-Myanmar und erhob 1364 als **König Thadominbya** (reg. 1364–68) Inwa zu seiner Residenzstadt.

Bengalen (heute Bangladesch) geriet im frühen 13. Jh. unter den Einfluss des sich in Süd- und Südostasien ausbreitenden **Islam**, doch Rakhine konnte sich der muslimischen Einflussnahme erwehren. Nach Jahrzehnten des Machtkampfes gründete **König Narameikhla** (reg. 1404–34) mit **Mrauk U** 1433 eine Stadt, von der aus die Rakhine über 350 Jahre lang den Seehandel entlang der bengalischen Küste dominieren konnten. Die vielen Tempelruinen geben Zeugnis vom Glanz dieser Stadt. Mit den benachbarten muslimischen Herrschern verstanden es die Könige von Mrauk U zeitweilig, ein freundschaftliches Verhältnis zu pflegen. Weltweit wohl einmalig, trugen sie als überzeugte Buddhisten ab dem späten 15. Jh. auch islamische Titel. Muslimische Händler nahmen einen wichtigen Platz in der Gesellschaft ein.

Das 15. Jh. brachte einen nachhaltigen Faktor in das asiatische Machtgefüge: die **Europäer**. In der Mon-Hauptstadt Bago hielt sich 1435 der venezianische Kaufmann Nicolo di Conti vier Monate auf, doch gravierender war die erfolgreiche Suche der portugiesischen Seefahrer nach neuen Handelswegen. Am denkwürdigen 20. Mai 1498 landete Vasco da Gama in der südindischen Hafenstadt Calicut und eröffnete damit den Seeweg nach Asien. Wenige Jahre später eroberte **Don Alfonso de Albuquerque** Goa und das malaiische Melaka, schloss 1511 mit den Mon ein Handelsabkommen und schuf auf diese Weise wichtige Stützpunkte zur Verteidigung des Monopols im lukrativen Gewürzhandel.

Zu den Herrschern von **Rakhine** hatten die Portugiesen den intensivsten Kontakt. Nachdem sie ab 1517 die bengalische Küste als Piraten unsicher machten, traten sie später in den Dienst der Könige von Mrauk U, versorgten sie mit Waffen und unterstützten sie in technischen und militärischen Belangen. Im Gegenzug durften sie die Handelswege im Golf von Bengalen kontrollieren und Küstenbewohner als Sklaven nach Goa verschleppen. Den Höhepunkt seiner Macht erlangte Rakhine im 17. Jh., als seine Flotte als unbesiegbar und die Befestigungsanlagen von Mrauk U als uneinnehmbar galten.

1044–1287

Unter König Anawrahta und seinen zehn Nachfolgern erlebt das Land eine kulturelle Blütezeit. Bagan (s. Foto) ist neben Angkor eine der führenden Metropolen Südostasiens

© MARTIN H. PETRICH

Ab 1283

Drei Invasionen der Mongolen (1283/84, 1287, 1301) beschleunigen den Zerfall des Bagan-Reiches.

Das Zweite Birmanische Reich (16.–17. Jh.)

Ein unscheinbarer Ort am Oberlauf des Sittaung wurde zur Keimzelle des nach Bagan zweiten birmanischen Großreiches: **Toungoo**. Dort regierte der Begründer der Toungoo-Dynastie, **Minkyinyo** (reg. 1486–1531), über ein kleines Fürstentum. Sein Sohn **Tabinshwehti** (reg. 1531–51) weitete sein Reich auf Kosten der Shan und Mon aus. Aus strategischen Gründen verlagerte er seinen Sitz 1539 in die alte Mon-Metropole Bago und beherrschte bald ein Gebiet, das von Dawei an der Küste von Tanintharyi bis Pyay reichte.

Was Tabinshwehti nicht gelang, vermochte sein Schwager und Nachfolger **Bayinnaung** (reg. 1551–81) zu vollenden: Der „Eroberer der zehn Richtungen", wie er sich selbst nannte, nahm 1556/57 mehrere Fürstentümer im Shan-Staat ein und unterwarf die siamesischen Königreiche Lan Na und Ayutthaya. Unter seiner Herrschaft erreichte Myanmar die größte Ausdehnung.

Doch die meisten eroberten Gebiete gingen unter seinem Nachfolger **Nandabayin** (reg. 1581–99) bereits wieder verloren. Ayutthaya sagte sich los und unternahm eine erfolgreiche Gegeninvasion. Bevor jedoch die Siamesen Bago einnehmen konnten, wurde 1599 die Hauptstadt der Toungoo-Dynastie überraschend durch den König von Mrauk U, Razagyi (reg. 1593–1612), zerstört. Bayinnaungs Enkel **Anaukpetlun** (reg. 1605–28) gelang es noch einmal, das Reich bis in den Norden Thailands auszuweiten. Doch es existierte nur kurz: 1635 verlegte **König Tharlun** (reg. 1629–48) seine Residenz nach Inwa, der Niedergang der Toungoo-Dynastie war eingeläutet. Damals lebten etwa 2 Mio. Menschen im Reich, welches unter seinem Sohn Pindale (reg. 1648–61) immer mehr zerfiel.

Divide et impera

Mit der außenpolitischen Maxime der alten Römer „trenne (die Gegner) und beherrsche (sie dadurch)", gelang es den Briten, die ethnische und religiöse Vielfalt ihrer unterworfenen Kolonien für sich zu nutzen. Dies war auch in Myanmar der Fall, das sie in zwei administrativ unterschiedliche Zonen aufteilten. In Zentral-Myanmar, dem *Burma Proper*, zerschlugen sie die traditionellen Herrschaftsstrukturen und ersetzten sie durch eine koloniale Administration. Führende Positionen hatten Briten oder Inder inne. In den wirtschaftlich weniger profitablen und teilweise schwer zugänglichen Bergregionen, den *Frontier Areas*, beschränkten sie sich auf eine indirekte Machtausübung. Dort hatten die Stammesfürsten weiterhin das Sagen und genossen vorher nicht gekannte Privilegien.

Die Konbaung-Dynastie (1752–1885)

Ein letztes Mal wurde Bago Zentrum eines unabhängigen Mon-Reiches, als sich 1740 dessen Statthalter von Inwa lossagte. Von einem weiteren unbedeutenden Ort gelang es dem birmanischen General Aung Zeya, die Vorherrschaft der Mon zu brechen und weite Teile Zentral-Myanmars unter Kontrolle zu bringen. **Shwebo** („Gol-

1315	1364	1433
Gründung von Sagaing, das mit Pinya und Myinsaing unter den drei Brüdern Athinkaya, Thihathu und Yazathingyan zu einem weiteren Machtzentrum aufsteigt.	Dem Gouverneur von Tagaung gelingt es, das zerrissene Ober-Myanmar zu einen. Als König Thadominbya erhebt er Inwa zu seiner Residenzstadt.	Mit Mrauk U entsteht eine mächtige Königsstadt der Rakhine, die für 350 Jahre das dominierende Handelszentrum am Golf von Bengalen bleibt.

dener General"), wie er seine Heimatstadt von nun an nannte, wurde zur Keimzelle eines dritten birmanischen Großreiches. Der General gab sich den Namen **Alaungpaya**, „Großer Herr und zukünftiger Buddha", und wurde zum Begründer des letzten birmanischen Herrscherhauses, der Konbaung-Dynastie.

Mit der Zerstörung Bagos am 6. Mai 1757 brach Alaungpaya endgültig den Widerstand der Mon. Wieder war das benachbarte siamesische Königreich Ziel birmanischer Expansionsgelüste. Der dritte Konbaung-König, **Hsinbyushin** (reg. 1763–76), machte Ayutthaya nach langer Belagerung 1767 dem Erdboden gleich. Wie einst Anawrahta verschleppte er die gesamte Elite nach **Inwa**, das er zwei Jahre zuvor zu seiner Königsstadt erkoren hatte. Das kulturelle Leben in Myanmar profitierte davon erheblich.

Der vierte Sohn Alaungpayas, **Bodawpaya** (reg. 1782–1819), ließ sich nach einer Intrige 1782 zum König krönen und verlegte seinen Palast in das neu geschaffene **Amarapura**, südlich von Mandalay. Er setzte die Expansionsbestrebungen seiner Vorgänger fort und annektierte 1784/5 das innenpolitisch geschwächte Rakhine. Knapp 30 Jahre nach dem Untergang des Mon-Reiches hörte auch Rakhine auf, ein unabhängiger Staat zu sein. Zehntausende seiner Bewohner wurden verschleppt und zu Zwangsarbeit und Kriegsdienst verpflichtet.

Niedergang der Konbaung

Nach der Eroberung Rakhines hatten Myanmar und die unter britischem Protektorat stehenden indischen Randgebiete eine gemeinsame Grenze. Dies führte zu regelmäßigen Zwischenfällen, denn infolge der birmanischen Unterdrückung flohen viele Rakhine ins bengalische Chittagong. Von dort unternahmen sie Überfälle auf die Besatzer, was wiederum zu Einfällen birmanischer Truppen in Bengalen führte. Der Konflikt spitzte sich zu, als **König Bagyidaw** (reg. 1819–37) nach seiner Thronbesteigung im Jahre 1819 die an der Nordwestgrenze Myanmars gelegenen Fürstentümer Assam und Manipur unter Führung seines **Generals Maha Bandoola** einnehmen ließ.

Am 5. März 1824 begann der **Erste Anglo-Birmanische Krieg**, der erst zwei Jahre später, am 24. Februar 1826, mit dem **Vertrag von Yandabo** endete. Bagyidaw wurde gezwungen, Rakhine und den Küstenstreifen Tanintharyi abzutreten und die besetzten Gebiete von Manipur und Assam zu verlassen.

Mit Bagyidaws Tod 1839 begann der Stern der Konbaung-Dynastie zu sinken. Hauptschuld waren interne Machtkämpfe, was in einer Zeit massiver europäischer Kolonialinteressen fatal war. Ein fehlendes System der Thronfolge hatte nach dem Tod des Königs häufig Massaker an Familien möglicher Konkurrenten und politischer Gegner zur Folge. So wurden nicht weniger als 6000 potenzielle Widersacher niedergemetzelt, als 1846 **Pagan** (reg. 1846–53) seinen Vater Tharawaddy ablöste. Unter ihm verschlechterte sich das ohnehin angespannte Verhältnis zu den Briten zusehends. Als im Dezember 1851 zwei britische Schiffskapitäne wegen Zollverstößen von einem birmanischen Gericht zu empfindlichen Geldstrafen verurteilt wurden, war dies für das Empire Anlass genug, im Zuge des **Zweiten Anglo-Birmanischen Krieges** ganz Nieder-Myanmar zu besetzen.

15. Jh.	1752	1782
Bago wird zum Zentrum eines Mon-Reiches und erlebt unter Königin Shin Sawbu (reg. 1453–72) und Dhammazedi (reg. 1472–92) eine Blütezeit.	Alaungpaya begründet die Konbaung-Dynastie und erobert 1757 das Mon-Königreich Bago. Sein zweiter Nachfolger Hsinbyushin zerstört 1767 das thailändische Ayutthaya.	König Bodawpaya gründet Amarapura und unterwirft 1784/85 den einst mächtigen Küstenstaat Rakhine.

Goldenes Mandalay

Diese Erniedrigung konnte **Mindon** (reg. 1853–78), ein Halbbruder Pagans, nicht hinnehmen. Er setzte den Despoten ab und bestieg den Thron. Der neue König bemühte sich um politische Entspannung, auch wenn er das Ergebnis dieser weiteren Expansion nicht akzeptieren wollte. Er sah ein, dass sein klein gewordenes Reich politisch und wirtschaftlich mit den Briten nicht mithalten konnte. Daher reformierte er die Verwaltung, liberalisierte die Wirtschaft und modernisierte das veraltete Bildungswesen.

Kulturell und religiös erlebte Myanmar mit dem neu gegründeten **Mandalay** eine letzte Blütezeit, die durch den Tod Mindons am 1. Oktober 1878 nach nur 20 Jahren ein jähes Ende fand. Wieder kam es zu Machtkämpfen. Er lag noch im Sterben, da hatte seine erste Königin Hsinbyumashin bereits die Kontrolle über den Palast gewonnen und Sohn Nummer 41, **Thibaw**, zum Nachfolger bestimmt. Der erst 19-Jährige war mit ihrer Tochter, also seiner Halbschwester Supayalat, verheiratet. Und wieder kam es zum Massaker: 80 Prinzen und Prinzessinnen wurden im Februar 1879 als potenzielle Rivalen getötet.

Britische Kolonie

Der weltfremde **Thibaw** (reg. 1878–85) zog sich immer mehr hinter die Palastmauern zurück und überließ die Amtsgeschäfte seinen Ministern und seiner herrischen Frau Supayalat. Das Land versank im Chaos, die Macht des Monarchen reichte kaum über die Grenzen Mandalays hinaus.

Auch das Verhältnis zu den Briten verschlechterte sich rapide, als Thibaw 1885 Großbritanniens Erzrivalen Frankreich Handelskonzessionen gewährte. Frankreich, das im Begriff war, Vietnam und Kambodscha zu kolonialisieren, wollte seinen Einfluss auch in Myanmar geltend machen. Es galt, im Wettstreit mit den Briten die vermuteten lukrativen Handelswege von Südostasien nach China zu erschließen.

Wieder war es ein eher unbedeutender Konflikt, der schließlich zum Untergang der Monarchie führte. Die Bombay Burmah Trading Corporation fühlte sich vom Königshof in Mandalay bei einem Streit um Holzkonzessionen ungerecht behandelt. Das war den Briten Grund genug, den **Dritten Anglo-Birmanischen Krieg** zu erklären. Nach einem Ultimatum marschierten sie mit ihren Truppen in Ober-Myanmar ein und erreichten ohne große Gegenwehr am 28. November 1885 Mandalay. Thibaw und Supayalat mussten wenig später den Palast verlassen und sich mit ihren Kindern im südindischen Ratnagiri niederlassen. Dort verstarb der letzte birmanische König am 15. Dezember 1916.

Mit Beginn des Jahres 1886 verlor Myanmar seine Souveränität und wurde am 1. März offiziell zu einer kleinen Provinz der gewaltigen **Kolonie Britisch-Indien** degradiert. Das einstige stolze Königreich blieb 51 Jahre lang von der politischen Landkarte verschwunden. In den ersten Jahren konnten die neuen Herren das Land nur sehr mühsam unter Kontrolle bringen. Mehr als 40 000 Soldaten und Sicherheitskräfte mussten sie mobilisieren, um die unzähligen Aufstände zu unterdrücken. Dabei kam es zu Massenhinrichtungen und brutalen Übergriffen auf die Zivilbevölkerung.

1824–26	24. Februar 1826	1852
Ein Grenzkonflikt mit der britischen Kolonialmacht in Indien eskaliert zum Ersten Anglo-Birmanischen Krieg.	Im Vertrag von Yandabo zwingen die Briten König Bagyidaw, Rakhine und den Küstenstreifen Tanintharyi abzutreten und 1 Mio. britische Pfund Entschädigung zu bezahlen.	Der Zweite Anglo-Birmanische Krieg führt zur Kontrolle des Empires über ganz Nieder-Myanmar. Die Hafenstadt Rangoon wird zur kolonialen Boomtown.

Erst Anfang der 1890er-Jahre hatte sich die Lage so weit beruhigt, dass die Briten ihre koloniale Administration ausbauen konnten. Dabei verstanden sie es, die ethnische Vielfalt des Landes für sich zu nutzen. Während sie im Zentralland, *Burma Proper* genannt, die traditionellen Herrschaftsstrukturen der Birmanen vollkommen abschafften und durch eine Kolonialverwaltung ersetzten, beließen sie in den Randgebieten, den *Frontier Areas*, die Anführer der verschiedenen Volksgruppen in Amt und Würde. In nicht unerheblichem Maße profitierten die Minderheiten von den neuen Machthabern. So wurde etwa den **Shan-Fürsten** *(Sao Pha)* im „Shan States Act" von 1888 die beschränkte Herrschaft über ihre Fürstentümer zugesprochen. Im Gegenzug konnten die Briten in deren Territorien Rohstoffe wie Silber, Edelstein oder Holz ausbeuten. Die Menschen kamen in den Genuss westlicher Bildung und Gesundheitsversorgung, da zahlreiche Missionare Schulen und Krankenhäuser gründeten. Nicht wenige konvertierten zum Christentum, wie etwa die Chin, Kachin und Kayin.

Um die Kolonie wirtschaftlich effektiver ausbeuten zu können, bedurfte es einer brauchbaren **Infrastruktur**. Dazu boten sich die auf über 8000 km navigierbaren Flüsse an. Bereits 1865 gründeten Schotten die Irrawaddy Flotilla Company, die sehr bald zur größten privaten Binnenflotte der Welt aufstieg. Am 1. Mai 1877 fuhr der erste Zug von Yangon nach Pyay, bis 1941 wurden 3300 km Schienen verlegt. Auch das Straßennetz baute man unter Einsatz von Zwangsarbeitern kontinuierlich aus. Einige wenige britische Firmen wie die Burma Corporation oder die Bombay Burmah Trading Corporation übernahmen die ehemals dem königlichen Monopol unterlegenen Edelsteinminen und Holzkonzessionen.

Die wohl gravierendsten Veränderungen erfuhr das ursprünglich nur dünn besiedelte Ayeyarwady-Delta. Immer mehr Menschen siedelten sich dort an, um am lukrativen **Reisanbau** teilzuhaben. Darunter waren neben Kayin und

Panglong-Abkommen

Anfang Februar 1947 traf sich Aung San mit Vertretern der Shan, Kachin und Chin in Panglong, östlich von Taunggyi, um über die Rahmenbedingungen eines föderalen Myanmars zu diskutieren. Nach zähen Verhandlungen unterzeichneten sie am 12. Februar das Panglong-Abkommen. Es regelte in neun Punkten die Kooperation zwischen den unterzeichnenden Volksgruppen. Unter anderem gestand es allen Minderheiten fundamentale demokratische Grundrechte zu. Zudem wurde beschlossen, die Schaffung eines autonomen Kachin-Staates innerhalb eines vereinten Myanmars durch die Verfassung zu regeln. Dem Bund der Shan-Staaten versprach es weitgehende finanzielle Autonomie und den Minderheiten die finanzielle Unterstützung durch die Union. Im nationalen Exekutivrat sollten die Minderheiten durch ein Mitglied vertreten sein. Das Panglong-Abkommen ist ein Meilenstein in der Landesgeschichte, denn erstmalig bestimmten Bamar und die Minderheiten gemeinsam und gleichberechtigt ihre politische Zukunft. Daher wird der 12. Februar alljährlich als Unionstag gefeiert.

1853–78	1878–85	November 1885
Unter König Mindon erlebt die Monarchie ihre letzte Blütezeit. Mandalay wird 1857 zur neuen Residenzstadt erhoben.	Unter dem weltfremden König Thibaw und seiner Frau Supayalat verschlechtert sich das Verhältnis zum Empire rapide.	Der dritte Krieg mit dem Empire mündet in der Annexion ganz Myanmars. König Thibaw muss mit seiner Familie ins indische Exil nach Ratnagiri gehen.

Bamar viele indische Migranten, die den ärmlichen Verhältnissen in ihrer Heimat entfliehen wollten. Innerhalb von 50 Jahren nahm die dortige Bevölkerung um mehr als 400 % zu, zwischen 1885 und 1906 verachtfachte sich die Anbaufläche. Schon bald war Myanmar die Reisexportnation Nummer eins. In den 1930er-Jahren machte Reis einen Anteil von drei Viertel des gesamten Exportvolumens aus.

Doch der wirtschaftliche Erfolg hatte seine Schattenseiten. Schwankende Preise auf dem Weltmarkt und notwendige Investitionen führten zur Verschuldung der mit Geld unerfahrenen Reisbauern. Immer mehr Menschen verloren ihre Felder an indische Geldverleiher *(chettiyar)*, weil sie ihre Kredite plus Wucherzinsen nicht mehr zurückzahlen konnten. Der Anteil der Großgrundbesitzer stieg bis 1930 auf über 30 %. Die Bauern mussten sich als Tagelöhner in den Städten verdingen und mit den **indischen Migranten** konkurrieren. Die südasiatischen Nachbarn wanderten in immer größerer Zahl nach Myanmar ein, da sie als billige und willige Arbeitskräfte sehr gefragt waren. Zu Beginn des Zweiten Weltkriegs stellten sie über die Hälfte der Bevölkerung Yangons. In den Behörden und Geschäften wurde Hindi und Tamil gesprochen.

Kampf um die Unabhängigkeit

Die Kolonialisierung führte zu einer tiefen nationalen Identitätskrise. Der Buddhismus verlor mit der Abdankung des Königs seinen traditionellen Patron. Dies rief militante religiöse Anführer auf den Plan, die auf dem Land eine enorme Gefolgschaft um sich sammeln konnten. Einer von ihnen war der ehemalige Mönch **Saya San**, dessen Tharrawaddy-Rebellion die Armee auch nach Saya Sans Hinrichtung 1931 nur sehr mühsam unterdrücken konnte.

In den Städten versuchten einige Intellektuelle den Buddhismus zu modernisieren und gründeten 1906 die **Young Men's Buddhist Association (YMBA)**, welche als Antwort auf die christlichen Schulen buddhistische Bildungseinrichtungen etablierte.

Der erste größere Protest flammte auf, als die Briten nach dem Ersten Weltkrieg dem indischen Teil ihrer Kolonie, nicht aber dem birmanischen, eine beschränkte Partizipation an der Verwaltung gestatteten. Nach einer Welle von Streiks und Demonstrationen wurde sie schließlich 1921 auch Myanmar zuerkannt. Eine organisierte **Unabhängigkeitsbewegung** entstand an der neu gegründeten University of Rangoon. Dort kam es am 5. Dezember 1920 zum ersten großen Streik, mit dem sich Studenten gegen die Einführung einer diskriminierenden Universitätsverordnung auflehnten. Regelmäßige Proteste und Streiks bestimmten auch die folgende Dekade.

1937 riefen Mitglieder der **Dobama Asiayone** (s. Kasten S. 106) zum Boykott der ersten Wahlen zum neu gegründeten Abgeordneten- und Oberhaus auf. Die Wahlen waren anberaumt worden, nachdem Myanmar infolge des 1935 in London beschlossenen **Government of Burma Act** zur eigenständigen Kolonie erklärt worden war. Doch die Studenten forderten die Unabhängigkeit ihres Landes und nicht nur beschränkte Autonomie. Ein Veteran der Nationalbewegung, **Dr. Ba Maw**, wurde schließlich zum Premier ei-

1. Januar 1886	1890er-Jahre	Frühes 20. Jh.
Myanmar „verschwindet" von der politischen Landkarte und wird Teil Britisch-Indiens. Die zahlreichen Aufstände werden brutal niedergeschlagen.	Die „Teile-und-Herrsche"-Politik der Briten führt zur kolonialen Direktverwaltung in „Burma Proper", während in den „Frontier Areas" die alten Machtstrukturen erhalten bleiben.	Migrationswelle aus Südasien; im multikulturellen Rangoon ist Hindi die Verkehrssprache. Diverse Aufstände scheitern an der Übermacht des Empires.

Dobama Asiayone

Die 1930 gegründete *Dobama Asiayone*, „Wir sind das birmanische Volk", war eine Vereinigung nationalistisch gesinnter Studenten, die sich *thakin*, „Herren", nannten. Dies ist ein birmanischer Titel, der den Kolonialherren vorbehalten war. Zu den Anführern gehörten **Thakin Aung San** und **Thakin Nu**, die später die Zukunft Myanmars bestimmen sollten. Im Jahre 1936 legten sie durch einen Vorlesungsstreik den Lehrbetrieb an der Yangoner Universität lahm, um gegen das koloniale Erziehungs- und Unterrichtssystem zu protestieren. Zu ihren Hauptforderungen zählte die Verwendung birmanischer Literatur und Sprache im Unterricht.

ner birmanischen Administration gewählt, hatte allerdings kaum Befugnisse.

Die Dobama-Asiayone-Gruppe radikalisierte sich zunehmend und ging schließlich in den Untergrund. Dort nahm sie Kontakt mit der japanischen Militärregierung auf, die im Zuge ihrer aggressiven Expansionspolitik im Juli 1937 China überfallen hatte und weite Teile des Landes besetzt hielt. In **Japan** sahen sie einen ebenbürtigen asiatischen Gegenspieler zu den westlichen Kolonialmächten. Myanmar spielte wiederum für die Japaner eine strategisch wichtige Rolle, denn über die 1938 fertiggestellte Burma Road von Mandalay über Lashio und Bhamo nach Yunnan organisierten die gegen sie kämpfenden nationalchinesischen Truppen, die Kuomintang (KMT), ihren Nachschub. Während Thakin Nu 1939 wegen antibritischer Aktivitäten ins Gefängnis kam, konnte sich **Aung San** seiner drohenden Verhaftung entziehen. Mit einigen Mitstreitern entfloh er ins chinesische Xiamen (Amoy) und von dort weiter nach Japan. Um der nationalen Unabhängigkeit willen war er bereit, mit den japanischen Faschisten zu kollaborieren. Auf der Insel Hainan ließ er sich mit ausgewählten Mitstreitern militärisch ausbilden. Sie gingen als die „Dreißig Kameraden" in die Geschichte ein.

Der Zweite Weltkrieg

Mit dem Überfall auf Pearl Harbour in der Nacht vom 7. auf den 8. Dezember 1941 begann ein rasanter Feldzug der japanischen Armee in Südostasien. Von Thailand aus landeten in der dritten Januarwoche 1942 die ersten Soldaten in Nieder-Myanmar. Am 8. März eroberten sie Yangon, am 1. Mai Mandalay. Auf ihrer Seite kämpfte Bogyoke (General) Aung San mit seiner neu formierten **Burma Independence Army (BIA)**. Die Armeen Großbritanniens und der Alliierten konnten sich nur unter großen Verlusten nach Assam und Manipur in Nordostindien zurückziehen.

Zuerst als Befreier empfunden, entpuppten sich die Japaner jedoch sehr bald als brutale und arrogante Besatzer, deren Slogan „Asien den Asiaten" nichts mehr als eine Leerformel war. Sie verlangten von den Birmanen die Huldigung des japanischen Kaisers Hirohito und missachteten ihre kulturellen Gepflogenheiten. Am 1. August 1943 erklärten die Japaner den **State of Burma** für unabhängig und setzten eine Marionettenregierung unter Ba Maw ein.

5. Dezember 1920	19. September 1929	1930er-Jahre
Studenten treten erstmalig in einen Streik gegen den „University of Rangoon Act", der u. a. Englisch als Unterrichtssprache festlegt.	Der Mönchsaktivist U Wisara stirbt im Gefängnis nach 166 Tagen Hungerstreik aus Protest gegen die Kolonialmacht.	Die nationalistische Organisation Dobama Asiayone wird zum Sammelbecken antikolonialer Kräfte.

Der Januar 1944 brachte schließlich einen Wendepunkt, als alliierte Truppen im Zuge der **Burma Campaign** an der Küste von Rakhine landeten. Der wichtigste Kriegsschauplatz lag im Nordwesten, wo japanische Armeeeinheiten im März einer Offensive der Alliierten zuvorkommen wollten. Als Nachschublinie hatte der US-amerikanische Generalleutnant Joseph Warren Stilwell ab 1943 von Manipur quer durch den Kachin-Staat die 1000 km lange **Ledo Road** anlegen lassen. Die japanischen Besatzer wurden immer weiter zurückgedrängt.

General Aung San nahm Ende 1944 Kontakt mit den Alliierten auf und kämpfte ab dem **27. März 1945** auf ihrer Seite gegen Japan. An dieses Datum erinnert bis heute der „Tag der Armee". Zur Mobilisierung der Bevölkerung gründete der erst 30-Jährige die **People's Volunteer Organisation (PVO)** und mit Thakin Nu sowie anderen Mitstreitern die **Anti Fascist Peoples Freedom League (AFPFL)** – ein Zusammenschluss von zehn politischen Gruppierungen, darunter Kommunisten und Vertreter einiger Minderheiten. Anfang Mai 1945 war ganz Myanmar von den Alliierten zurückerobert. Als Japan am 28. August die Kapitulationsurkunde unterzeichnete, hatte das ostasiatische Land in diesem bitteren Krieg allein in Myanmar 190 000 Soldaten, drei Fünftel seiner dortigen Armee, verloren.

Weg in die Unabhängigkeit

Das noch während der letzten Kriegsmonate von der britischen Regierung erarbeitete *White Paper* sah vor, das zerstörte Land so lange unter die Direktherrschaft eines Gouverneurs zu stellen, bis es sich wirtschaftlich erholt und die Rahmenbedingungen für die Unabhängigkeit geschaffen hatte. Bis dahin sollte wieder der Government of Burma Act von 1935 gelten. Doch Aung San und seine Anti Fascist Peoples Freedom League wollten die Unabhängigkeit so schnell wie möglich. Die AFPFL wurde von der Bevölkerungsmehrheit unterstützt. Im August 1946 legte die AFPFL das ganze Land mit einem **Generalstreik** lahm. Der unabkömmlich gewordene Aung San wurde daraufhin Mitglied im Exekutivrat.

Zu Beginn des Jahres 1947 reiste Aung San nach London, um mit dem britischen Premier Clement Attlee die Zukunft seines Landes zu regeln. Am 27. Januar unterzeichneten die beiden das **Aung-San-Attlee-Abkommen**, welches betonte, dass das birmanische Volk gemeinsam mit den Bewohnern der Randgebiete die Zukunft des Landes bestimmen solle. Da jedoch kein Vertreter der Minderheiten in London anwesend war, musste diese Frage in einem eigenen Abkommen geregelt werden. Zu diesem Zweck traf sich Aung San sofort nach seiner Rückkehr mit Vertretern der Chin, Kachin und Shan in Panglong (birm. Pinlone), 100 km östlich von Taunggyi. Im **Panglong-Abkommen** vom 12. Februar stimmten sie überein, dass die Unabhängigkeit schneller zu erreichen sei, wenn Vertreter der Randgebiete mit der birmanischen Interimsregierung kooperierten.

Doch sehr schnell wurde deutlich, wie zerrissen das Land eigentlich war. Zwar errang die AFPFL mit Aung San an der Spitze bei den Wahlen im April 1947 erwartungsgemäß die absolu-

1. April 1937

Mit dem 1935 beschlossenen „Government of Burma Act" wird das Land zur eigenständigen Kolonie erklärt.

1942

Einmarsch japanischer Truppen und Beginn einer dreijährigen Besatzungszeit. Aung San (s. Foto) und die „Thirty Comrades" kämpfen zunächst an der Seite der kaiserlichen Armee.

te Mehrheit, doch war die Einheit innerhalb der AFPFL äußerst fragil. Die neu gegründete Karen National Union (KNU) verlangte nach einem eigenen Staat und boykottierte die Wahlen. Auch die Burma Communist Party (BCP) verfolgte immer deutlicher ihre eigenen politischen Interessen. Dass Aung San viele Feinde hatte, zeigte sich spätestens am **19. Juli 1947**. In den Morgenstunden überfiel eine Gruppe bewaffneter Männer die Sitzung des Verfassungskomitees im Yangoner Secretariat Building und erschoss den 32-Jährigen sowie acht weitere Komiteemitglieder. Als Anstifter des Überfalls wurde später U Saw, Premier der letzten Vorkriegsregierung, hingerichtet. Noch am gleichen Tag übernahm Aung Sans alter Mitstreiter, Thakin Nu, die Führung der AFPFL. Am 24. September wurde die Verfassung verabschiedet. Sie sah für die **Union of Burma** zwei Kammern vor: das Abgeordnetenhaus und die Nationalitätenkammer. Den Minderheiten gestand sie in Kapitel 10 das Recht zu, die Union nach zehn Jahren zu verlassen.

Junge Demokratie

Von Astrologen genau berechnet, wurde die Union of Burma am Sonntag, dem **4. Januar 1948**, um 4.20 Uhr zu einem souveränen Staat erklärt. Die Abgeordneten wählten den 40-jährigen **Thakin Nu** zum ersten Premierminister und den Shan-Fürsten von Nyaungshwe, **Sao Shwe Thaike**, zum ersten Präsidenten. Zum ersten Armeechef wurde der Kayin **General Smith Dun** bestimmt. Euphorisch beschwor der Präsident in seiner Rede die Eintracht zwischen den Volksgruppen. Doch die Realität sah anders aus. Im Mai verließ die Kommunistische Partei das Parlament und trat in den **bewaffneten Widerstand**, gefolgt von frustrierten Teilen der People's Volunteer Organisation. Auch die gut gerüstete Karen National Defence Organisation (KNDO), der militärische Flügel der KNU, begann, um einen eigenen Staat zu kämpfen, legte durch Sabotageakte die Infrastruktur lahm und brachte 1949 sogar einige Außenbezirke der Hauptstadt unter ihre Kontrolle. Ein weiterer Unruheherd lag im nördlichen Shan-Staat. Dorthin flüchteten ab 1950 Tausende Soldaten der Kuomintang, nachdem sie in China von Mao Tse Tungs Volksarmee vernichtend geschlagen worden waren. Von birmanischem Boden aus planten sie ihre erfolglosen Gegenangriffe, von der CIA unterstützt und durch den Anbau und Handel von Opium finanziert.

Ökonomisch versuchte U Nu, wie sich Thakin Nu ab 1950 nannte, mit seinem **Pyidawtha-Programm** („Königlich glückliches Land"), einen buddhistischen Wohlfahrtsstaat zu schaffen. Dazu ließ er ab 1953 Ländereien von Großgrundbesitzern an landlose Bauern verteilen und Betriebe verstaatlichen. Doch die Folgen waren Misswirtschaft und Korruption. Der tief gläubige Mensch verstand sich als Patron des Buddhismus und ließ zahlreiche Pagoden errichten oder renovieren. Zum 2500. Geburtstag des Erleuchteten lud U Nu zur **Sechsten Buddhistischen Synode** nach Yangon ein, die zwischen Mai 1954 und 1956 mehrere tausend Repräsentanten aus über 30 Ländern auf dem Gelände der Kaba-Aye-Pagode zusammenbrachte. Internationale Anerkennung schuf ihm sein Engagement in der Vereinigung der **Blockfreien Staaten**. Doch

1943	23. März 1945	1947
Der von den Japanern für unabhängig erklärte „State of Burma" existiert nur auf dem Papier. Die Bevölkerung leidet weiterhin unter den brutalen Übergriffen der Besatzer.	Aung San und seine Armee wechseln die Fronten und kämpfen nun an der Seite der Alliierten.	Im Aung San-Attlee-Abkommen wird am 27.1. mit Großbritannien die Unabhängigkeit vereinbart und im Panglong-Abkommen am 12.2. unter den Volksgruppen die Union Myanmars.

die innenpolitischen Probleme wurden ständig größer. Zwar konnte die AFPFL bei den Wahlen 1951/2 und 1956 wieder die Mehrheit erringen, trotzdem nahmen die Parteiquerelen weiter zu, während die Autorität von U Nu stetig schwand.

Als es im Oktober 1958 zum großen Bruch innerhalb der AFPFL kam, ließ der Premier das Parlament auflösen. Er bat seinen Verteidigungsminister **General Ne Win**, bis zu Neuwahlen eine Interimsregierung anzuführen. Ne Win hatte den Auftrag, die zahlreichen Aufstände im Land – mittlerweile gab es über 20 Rebellenarmeen – niederzuschlagen und die angespannte politische Lage zu beruhigen. Tatsächlich vermochte er in seiner 18-monatigen Regierungszeit die Rebellenarmeen zu schwächen.

Die für den 6. Februar 1960 anberaumten Wahlen gewannen U Nu und seine neu gegründete **Union League (Parin Pyidaungzu)** haushoch. Doch mit seinem Plan, den Buddhismus zur Staatsreligion zu erheben, brachte er viele Nicht-Buddhisten gegen sich auf. Als er auch sein Wahlversprechen nicht einlöste, den Rakhine und Mon eigene Staaten zuzugestehen, mehrten sich wieder die Aufstände. Innerhalb kurzer Zeit brachten Rebellenarmeen ein Zehntel des Landes unter ihre Kontrolle. Die Union drohte zu zerbrechen.

Diktatur unter Ne Win

In den frühen Morgenstunden des **2. März 1962** übernahm General Ne Win durch einen **Militärputsch** überraschend die Macht. Die führenden Politiker warf er ins Gefängnis. Dort starb einige Monate später Sao Shwe Thaike, der erste Präsident Myanmars, unter ungeklärten Umständen. Hunderte von Studenten wurden nach Protestaktionen inhaftiert. Der General setzte hohe Militärs als Revolutionsrat ein und verkündete am 30. April den „Birmanischen Weg zum Sozialismus". Ausländische Firmen wurden des Landes verwiesen und alle Betriebe verstaatlicht. Auch viele einheimische Geschäftsleute verließen nach der Enteignung ihrer Unternehmen das Land. Alle politischen Parteien wurden verboten mit Ausnahme der von Ne Win gegründeten **Burma Socialist Program Party (BSPP)**. Außenpolitisch führte der General den Staat in die absolute Isolation.

Mit der Verabschiedung einer neuen Verfassung 1974 nannte er das Land offiziell „Sozialistische Republik der Union von Birma" und teilte es in sieben Staaten *(states)* und sieben Divisions *(divisions)* ein. Zwar kam es immer wieder zu Protesten, etwa anlässlich der Beisetzung des früheren Uno-Generalsekretärs U Thant im Dezember 1974, doch wurden sie brutal unterdrückt. Auch ein Putschversuch junger Offiziere im Juli 1976 scheiterte. Im Rahmen einer Generalamnestie ließ Ne Win 1980 viele politische Gefangene frei und erlaubte U Nu, der nach einer mehrjährigen Gefängnisstrafe 1966 ins Exil gegangen war, heimzukehren.

1988 – Jahr der Krise

Aufgrund des massiven Preisverfalls im Holz- und Reisexport war die wirtschaftliche Lage 1987 dermaßen desolat geworden, dass Myan-

19. Juli 1947	ab 1948	4. Januar 1948
Aung San und acht Mitstreiter fallen im Yangoner Secretariat Building einem Attentat zum Opfer.	Die Union beginnt zu erodieren. Kommunistische Milizen, ethnische Unabhängigkeitsarmeen und Truppen der nationalchinesischen Kuomintang beginnen den bewaffneten Kampf gegen die Regierung.	Unabhängigkeit der Union of Burma. U Nu wird erster Premierminister, der Shan-Fürst Sao Shwe Thaike Präsident.

Aung San Suu Kyi

Sie gilt als die Ikone der Demokratie. Zahlreiche internationale Ehrungen wurden ihr zuteil, darunter 1991 der Friedensnobelpreis. Dabei führte sie jahrzehntelang ein eher unscheinbares Leben. Es waren außergewöhnliche Umstände, die Aung San Suu Kyi an die Spitze der Demokratiebewegung führten.

Am 19. Juni 1945 in Yangon geboren, war die Tochter von Aung San und Khin Kyi erst zwei Jahre alt, als ihr berühmter Vater und Unabhängigkeitskämpfer einem Attentat zum Opfer fiel. Während des Studiums am St. Hugh's College in Oxford von 1964–67 lernte Suu Kyi den britischen Tibetforscher Michael Aris kennen. Nach ihrer Heirat 1972 lebten die beiden für ein Jahr in Bhutan, wo Aris als Privatlehrer arbeitete. Darauf folgten ruhige Jahre in Oxford. Aris dozierte am St. John's College, während Suu Kyi sich vorwiegend der Erziehung ihrer Söhne Alexander (geb. 1973) und Kim (geb. 1977) widmete.

„Es war ein ruhiger Abend in Oxford, wie viele andere, am letzten Tag im März 1988 (...). Unsere Söhne waren im Bett und wir lasen, als das Telefon rang. Suu nahm den Hörer ab, um zu erfahren, dass ihre Mutter einen schweren Herzinfarkt erlitten hatte. Sie legte auf und begann zu packen. Ich ahnte, dass sich unser Leben für immer ändern würde", erinnerte sich Aris im Vorwort zum Buch *Freedom From Fear*, einer 1991 von ihm herausgegebenen Sammlung von Aung San Suu Kyis Reden (London 2010). Er hatte recht. Während Suu Kyi in Yangon ihre sterbende Mutter pflegte, formierte sich zeitgleich eine Protestbewegung gegen das Militärregime. Innerhalb kurzer Zeit wurde Aung San Suu Kyi zur Symbolfigur des Widerstands und gründete im September 1988 mit Freunden die National League for Democracy (NLD).

Ab 1989 stand sie unter Hausarrest, und so sollte es mit wenigen Unterbrechungen 21 Jahre lang bis zum 13. November 2010 bleiben. Ihrem Mann, der an Krebs erkrankte und seine Frau noch einmal sehen wollte, wurde die Einreise nach Myanmar verweigert. Michael Aris starb 53-jährig am 27. März 1999 in Oxford.

Da Suu Kyi trotz des haushohen Wahlsiegs ihrer Partei aufgrund der Verfassung nicht Präsidentin werden darf, lenkt sie seit April 2016 als „State Counsellor" die Geschicke des Landes. Während sie in ihrer Heimat nach wie vor sehr verehrt wird, steht sie im Ausland zunehmend wegen ihrer vielen Zugeständnisse dem Militär gegenüber in der Kritik.

mar bei der Uno den Status eines *Least Developed Country* (LDC) beantragte. Als Ne Win am 5. September 1987 über Nacht alle 25-, 35- und 75-Kyat-Banknoten – vier Fünftel des im Umlauf befindlichen Geldes – für ungültig erklärte und dafür 45- und 90-Kyat-Noten einführte, verloren viele Menschen ihr Erspartes. Es kam zu ersten Unruhen, die sich im März 1988 zu

1950er-Jahre	1958	2. März 1962
U Nu organisiert von 1954–56 das Sechste Buddhistische Konzil in Yangon und ist 1955 maßgeblich an der Gründung der Blockfreien Staaten beteiligt.	Nach einer Regierungskrise übergibt U Nu seinem Verteidigungsminister, General Ne Win, für zwei Jahre die Amtsgeschäfte. Kriege gegen die Minderheiten verhindern den Zerfall der Union.	Nach zwei Jahren Regierungschaos putscht sich General Ne Win zurück an die Macht. Wirtschaftlich leitet er den „Birmanischen Weg zum Sozialismus" ein.

Massendemonstrationen ausweiteten. Das ganze Land wurde durch Streiks lahmgelegt, woraufhin Ne Win am 27. Juli den Vorsitz der BSPP an **U Sein Lwin** abgab. Der zögerte nicht, bei einer Großdemonstration am **8. August** auf Demonstranten schießen zu lassen. Tausende kamen dabei ums Leben. Seitdem gilt der 8.8.88 als der schwärzeste Tag der jüngeren Geschichte. Auch in den folgenden Tagen waren zahlreiche Opfer zu beklagen, viele Menschen kamen ins Gefängnis. Die Lage beruhigte sich erst, als der verhasste Militärführer am 19. August von dem Zivilisten **Dr. Maung Maung** abgelöst wurde. Er versprach, ein Referendum zur Einführung des Mehrparteiensystems durchführen zu lassen. Wenige Tage zuvor war an der Shwedagon-Pagode mit einer Rede vor Hunderttausenden von Menschen eine Frau bekannt geworden, die zur Leitfigur der sich formierenden Demokratiebewegung werden sollte: **Aung San Suu Kyi**.

Die neuen Diktatoren

Am 18. September 1988 kam es zu einem Machtwechsel innerhalb der Tatmadaw, wie das Militär offiziell heißt. Das **State Law and Order Restoration Council (SLORC)** übernahm die Herrschaft und löste alle bisherigen Regierungseinrichtungen auf. Aung San Suu Kyi gründete zusammen mit Gleichgesinnten die **National League for Democracy (NLD)** und begann im ganzen Land für demokratische Reformen zu werben. Doch starben weiterhin Demonstranten im Kugelhagel der Soldaten, Tausende von Studenten flüchteten über die Grenzen nach Thailand.

Als eine der ersten Amtshandlungen führte das SLORC die **Marktwirtschaft** ein. Am 27. Mai 1989 deklarierte es einen neuen offiziellen Namen des Landes: **Union von Myanmar**. Angesichts der eingefrorenen Entwicklungshilfe aus dem Ausland kündigten die Militärs demokratische Wahlen an, doch wurden gleichzeitig die prominentesten Oppositionellen wie Aung San Suu Kyi und U Nu unter Hausarrest gestellt oder ins Gefängnis geworfen. Immerhin kam es am 27. Mai 1990 zu den ersten **Parlamentswahlen** seit 30 Jahren. Trotz Repressalien gewann die NLD 392 von 485 Sitzen, während die aus Ne Wins BSPP hervorgegangene National Unity Party (NUP) gerade mal zehn Sitze errang. Aber das Wahlergebnis wurde von der Militärjunta nicht anerkannt. Zuerst solle eine neue Verfassung erarbeitet und von einer Nationalversammlung verabschiedet werden, hieß die Begründung.

Tatsächlich konstituierte sich eine verfassungsgebende Versammlung. Die Delegierten der unterschiedlichen gesellschaftlichen Gruppen (Parteien, Vertreter von Minderheiten und Religionen, etc.) waren vom SLORC jedoch sorgfältig ausgewählt. 1993 trat die Versammlung zum ersten Mal zusammen, doch wurde sehr schnell deutlich, dass das Regime keinerlei Interesse an Reformen hatte.

Bleierne Jahre

Am eindrucksvollen Wirtschaftsboom in Südostasien wollte auch Myanmar teilhaben. Um das Land für ausländische Investoren attraktiver zu

1960er-Jahre	Dezember 1974	1988
Ne Wins Verstaatlichungspolitik führt zum Exodus der Wirtschaftselite. Die ganze Macht ist im Militär gebündelt.	Anlässlich der Beisetzung des früheren Uno-Generalsekretärs von 1961 bis 1971, U Thant, kommt es zu Demonstrationen.	Katastrophale Wirtschaftsverhätlinisse führen zu Massenaufständen, die brutal niedergeschlagen werden. Dem Rücktritt Ne Wins folgt eine neue Militärjunta.

machen, bauten die Militärs die desolate Infrastruktur aus und bedienten sich angesichts fehlenden Geldes eines Mittels, das bereits die Könige und Kolonialherren zu schätzen wussten: der **Zwangsarbeit**. Hunderttausende Menschen wurden gezwungen, sich an den Bauprojekten zu beteiligen.

Politische Stabilität versuchte das SLORC dadurch zu erreichen, dass es jegliche Opposition bereits im Keim erstickte und gegen politische Gegner hart vorging. Dazu diente ein ausgefeiltes Spitzelsystem mit einem Heer an Spionen und Informanten. Die Annäherung mit der Volksrepublik China hatte eine massive militärische **Aufrüstung** zur Folge, woraufhin die zahlreichen Armeen der Minderheiten und Splittergruppen in die Defensive gerieten. Mehr als 20 Unabhängigkeitsorganisationen und Rebellenarmeen schlossen mit dem SLORC ein Waffenstillstandsabkommen, was zur Befriedung weiter Teile Myanmars führte. Doch dort, wo gekämpft wurde, kam es nach wie vor zu brutalsten Übergriffen auf die Minderheiten. Erzwungene Trägerdienste, systematische Vergewaltigungen und Vertreibungen gehörten zu den Mitteln der Gewalt und führten zu regelmäßigen **Flüchtlingswellen**, vor allem nach Thailand.

Seit 1997 ist Myanmar Mitglied der Association of Southeast Asian Nations (ASEAN), im gleichen Jahr benannte sich die Regierung in das freundlicher klingende State Peace and Development Council (SPDC) um. Außer dem Namen änderte sich jedoch nichts, zu groß war die Angst des Militärs vor Veränderungen – und vor sich selbst: Den mächtigen Chef des Geheimdienstes, Premier **Khin Nyunt**, ließ der oberste General, Than Shwe, 2004 mitsamt seinem Spitzelapparat inhaftieren.

Überraschend gründeten die Militärs am 27. März 2006 im Herzen des Landes offiziell die neue Hauptstadt **Nay Pyi Taw**. Vom „Sitz der Könige", so die Bedeutung, ordneten sie ein Jahr später die brutale Niederschlagung demonstrierender Mönche an, die gegen die Willkür der Junta auf die Straße gegangen waren. Als am 1. Mai 2008 der **Zyklon Nargis** über das Ayeyarwady-Delta und Yangon hinwegfegte und mindestens 138 000 Menschenleben forderte, verhinderte das Militär die Unterstützung ausländischer Hilfsorganisationen. Trotz der Katastrophe ließen die Generäle in einem Referendum kurze Zeit später über die umstrittene Verfassung abstimmen. Dass angeblich fast 94 % der Wähler dafür stimmten, bestätigte die allgemeine Befürchtung, dass die geplanten Wahlen weder frei noch fair ablaufen würden.

Zwei vor, eins zurück

Boykottiert von Suu Kyis NLD, fanden die umstrittenen **Wahlen** von Vertretern der beiden Kammern sowie über 14 Regionalparlamenten schließlich am 10. November 2010 statt. Insgesamt 37 politische Parteien traten an, darunter die von den Militärs geführte Union Solidarity and Development Party (USDP). Erwartungsgemäß siegte die USDP haushoch: 76,79 % der Stimmen für die Nationalitätenkammer und 78,49 % der Stimmen für das Parlament. Zum ersten „zivilen" Präsidenten seit 50 Jahren wur-

1990er-Jahre	2000er-Jahre	10. November 2010
Jeglicher politischer Protest wird im Keim erstickt. Die Wirtschaft liegt in den Händen militäreigener Konglomerate und einiger Oligarchen.	2006 wird Nay Pyi Taw neue Hauptstadt, 2007 führen Preisplosionen zu Mönchsdemonstrationen. Zyklon Nargis führt am 1. Mai 2008 zu verheerenden Zerstörungen.	Bei den umstrittenen Wahlen siegt die militärnahe Union Solidarity and Development Party (USDP). Präsident Thein Sein leitet überraschend tiefgreifende Reformen ein.

de ein alter Bekannter gewählt: der einstige General und Premier **Thein Sein**.

Anfänglich mit großer Skepsis betrachtet, läutete der neue Präsident bald einen bunten Reigen radikaler **Reformen** ein. Hunderte politische Gefangene wurden freigelassen, die Zensur gelockert, das Versammlungsverbot abgeschafft und ein umstrittenes Staudammprojekt im Kachin-Staat gestoppt. Der Westen belohnte die Reformbemühungen mit einer schrittweisen Abschaffung der Sanktionen. Dies führte zu verstärkten ausländischen Investitionen und einem Boom im Immobilienmarkt.

Bei den ersten wirklich freien Wahlen am 8. November 2015 gewann die NLD 58 % der Sitze in der Abgeordnetenkammer und 60,3 % der Sitze der Nationalitätenkammer. Das Präsidentenamt übernahm im folgenden März Htin Kyaw, der 2018 von Win Myint abgelöst wurde. Doch alle Fäden zieht Aung San Suu Kyi, die als „State Counsellor" vier Ministerien führt.

Der Reformprozess verläuft indessen zäh: Überforderte NLD-Minister, alte Seilschaften des Militärs und ethnische Konflikte an vielen Fronten machen deutlich, wie lang und steinig der Weg zu einer funktionierenden Demokratie ist.

Die Bemühungen um eine Aussöhnung mit den Minderheiten waren bislang wenig erfolgreich. Seit die NLD-Regierung auf die brutale Vertreibung von 700 000 Rohingya durch das Militär mit Stillschweigen reagierte, ist ihr Image im westlichen Ausland ziemlich angeknackst. Aber trotz aller Enttäuschungen und Widrigkeiten genießen die Menschen die neu gewonnenen Freiheiten.

Politik und Verwaltung

Staaten und Provinzen: 14
Hauptstadt: Nay Pyi Taw
Präsident: Win Myint

Die Republik der Union von Myanmar ist in sieben **Staaten** *(pyinae)* und sieben **Regionen** *(tain dethagyi)* gegliedert. Zu den Regionen (in Klammern ist die jeweilige Hauptstadt aufgeführt) gehören: Ayeyarwady (Pathein), Bago (Bago), Mandalay (Mandalay), Magwe (Magwe), Sagaing (Monywa), Tanintharyi (Myeik) und Yangon (Yangon). Zu den Staaten zählen: Chin (Hakha), Kachin (Myitkyina), Kayah (Loikaw), Kayin (Hpa-an), Mon (Mawlamyaing), Rakhine (Sittwe) und Shan (Taunggyi). Sie sind wiederum in Distrikte, Kreise, Bezirke sowie Gemeinden unterteilt.

Gemäß Artikel 12 der Verfassung von 2008 besteht die politische Vertretung in der Union aus 14 Regionalparlamenten und dem Unionsparlament, **Pyidaungsu Hluttaw**, mit zwei Kammern: einer **Nationalitätenkammer** *(amyotha hluttaw)* mit bis zu 224 Sitzen und einer **Abgeordnetenkammer** *(pyithu hluttaw)* mit bis zu 440 Sitzen. Die Legislaturperiode beträgt fünf Jahre.

An der Spitze des Staates steht der **Präsident**. Er muss mind. 45 Jahre alt sein und darf keine Angehörigen mit ausländischem Pass haben. Das Militär *(tatmadaw)* genießt eine Sonderrolle: Ein Viertel aller Sitze in den Parlamenten wird durch das **Tatmadaw** ernannt. Artikel 40 (d) erlaubt dem Oberkommandeur, im Falle eines Notstands die Macht zu übernehmen. Damit ist der Militärputsch faktisch in der Verfassung verankert.

2015	2017	2019
Bei den Wahlen gewinnt die NLD 58 % der Sitze in der Abgeordnetenkammer und 60,3 % der Sitze der Nationalitätenkammer. Präsident wird Htin Kyaw, Aung San Suu Kyi „State Counsellor".	Im August überfällt eine militante Rohingya-Gruppe mehr als 30 Militärposten. Als Antwort startet das Militär eine brutale Offensive, die zur Vertreibung von 700 000 Rohingya führt.	Die NLD-Regierung steht vor einem Berg an Herausforderungen. Alte Seilschaften, Korruption und gewalttätige Konflikte mit diversen ethnischen Gruppen erschweren die Reformen.

Einzelnen Minoritäten gestattet die Verfassung **Zonen der Selbstverwaltung**: den Danu, Kokang, Palaung, Pa-O und Wa im Shan-Staat und den Naga entlang der indischen Grenze in der Sagaing Region. Diese Zonen erwuchsen aus den vom Militär definierten „Special Regions" infolge ausgehandelter Waffenstillstandsabkommen. In der Nationalitätenkammer stehen jedem Staat bzw. jeder Provinz zwölf Abgeordnete zu, was auch den ethnischen Minderheiten zugutekommt. In beiden Kammern sind mehrere Parteien nationaler Minderheiten vertreten, in den Regionalparlamenten haben Vertreter ethnischer Gruppen auch Ministerposten inne. Doch alles in allem ist ihre politische Einflussnahme in diesem militärisch-demokratischen Parlamentshybrid äußerst gering. Das Misstrauen ist nach den vielen Jahren Bürgerkrieg noch immens groß. So liegt die von Bogyoke Aung San verfolgte Vision einer multiethnischen „Einheit in Vielfalt" noch immer in weiter Ferne.

Wirtschaft

Wachstum: 7 %*
Inflation: 6 %*
BIP pro Kopf: US$1395
Agrarsektor: 30 %
Industriesektor: 35 %
Dienstleistungen: 35 %
Export: US$13,9 Mrd.
Import: US$19,3 Mrd.

* Schätzungen der Asiatischen Entwicklungsbank (ADB)

Das ressourcenreiche Myanmar ist heute eines der ärmsten Länder des Kontinents und rangiert laut Entwicklungsbericht der Vereinten Nationen an 148. Stelle von 189 gelisteten Staaten. Dies hat mehrere Ursachen.

Weg in den Ruin

Myanmar litt mehr als die anderen südostasiatischen Staaten unter den **Folgen des Zweiten Weltkriegs**. Die meisten Fabrikanlagen waren vernichtet, ein Großteil der Flotte versenkt und 70 % der Infrastruktur zerstört worden.

Die erste unabhängige Regierung unter U Nu versuchte, wie andere blockfreie Staaten auch, einen dritten Weg zwischen Kommunismus und Kapitalismus. U Nu hatte die Vision eines buddhistisch inspirierten Wohlfahrtsstaates vor Augen und formulierte 1952 den sogenannten **Pyidawtha-Plan** („Glückliches erhabenes Land"). Die Verbraucherpreise wurden vom Staat vorgegeben, in dessen Eigentum auch die wichtigs-

Tourismus auf Augenhöhe

Wer profitiert vom Tourismusgeschäft? Leider immer noch vorwiegend die den Militärs nahe stehenden Geschäftsleute, welche kräftig in Hotels, Kasinos und Fahrzeuge investieren. Aber es gibt auch zunehmend lokale Initiativen und Unternehmen, die auf Augenhöhe mit den Menschen arbeiten wollen. Das kann eine Organisation wie „Ayeyarwady Dolphin Conservation and Ecotourism" sein, die zum Schutz der Ayeyarwady-Delphine touristische Angebote mit Fischerdörfern entwickelt hat, oder ein „Community-Based-Tourism"-Projekt (CBT), bei dem Dorfbewohner die Hauptakteure bei den touristischen Angeboten sind. Beispiele dazu gibt es in Dörfern der Minderheiten unweit von Loikaw (S. 429).

Auch Veranstalter sind zunehmend bemüht, respektvoll und gleichberechtigt mit ihren lokalen Partnern zusammenzuarbeiten. Beispiele dafür sind Myanmar Adventure Outfitters (www.myanmaradventureoutfitters.com) mit seinen Outdoor-Programmen rund um Lashio (S. 448) und Sampan Travel in Yangon (www.sampantravel.com), das seine vielfältigen Angebote möglichst sozial nachhaltig und umweltfreundlich ausrichtet. „Mehr denn je müssen wir zeigen, wie gut ausgewählte Reiseangebote in Myanmar den lokalen Gemeinden von Nutzen sind und dabei helfen, die Umwelt zu schützen", meint Win Min vom Yangoner Myanmar Centre for Responsible Business (MCRB). Das ist leichter gesagt als getan. Wichtige Kriterien bei den Angeboten sind: a) die aktive und gleichberechtigte Teilnahme der lokalen Bevölkerung; b) hohe Umweltstandards; c) die Förderung lokaler Produkte (z. B. durch Mittagessen bei Einheimischen, den Einsatz örtlicher Reiseleiter und das Einbeziehen des lokalen Handwerks); d) finanzielle Transparenz und e) faire wirtschaftliche Bedingungen für alle Beteiligten.

ten Industriebetriebe lagen. Doch die Konflikte mit den ethnischen Minderheiten sowie Ineffizienz und bürokratischer Filz ließen die Umsetzung nur schleppend vorankommen.

Am fatalsten wirkte sich jedoch der **„Birmanische Weg des Sozialismus"** unter Ne Win aus. Der General ließ ab 1964 fast alle klein- und mittelständischen Unternehmen verstaatlichen. Innerhalb weniger Jahre war das isolierte Land durch Inkompetenz, Korruption und die maßlose Selbstbereicherung des Militärs heruntergewirtschaftet.

Zweimal, 1964 und 1987, erklärte Ne Win bestimmte Banknoten für ungültig, woraufhin Millionen von Menschen ihre Ersparnisse verloren.

Wirtschaft zwischen Markt und Willkür

Das SLORC, die neue Militärjunta, führte 1989 die Marktwirtschaft ein und vereinte wichtige Staatsunternehmen in der militäreigenen Union of Myanmar Economic Holdings Ltd. (UMEHL) und der Myanmar Economic Corporation (MEC). Es folgte in den 1990er-Jahren ein solides Wirtschaftswachstum von jährlich 7–8 %. Aufgrund der Sanktionen westlicher Staaten flossen dringend benötigte Investitionen vor allem aus dem asiatischen Ausland ins Land. Doch die **willkürliche Handels- und Finanzpolitik** blieb ein Hemmschuh für eine schnelle Entwicklung. Ignorierte Abmachungen, das faktische Monopol der Militärkonzerne, Vetternwirtschaft, die überall grassierende Korruption und ein blühender Schwarzmarkt ließen ausländische Unternehmen lieber in anderen asiatischen Staaten investieren. Davon profitierten wiederum militärnahe Geschäftsleute (sog. *cronies*), die zu immensem Reichtum gelangten und mit ihren undurchschaubaren Konglomeraten bis heute die Wirtschaft dominieren. Zu den größten zählen die Unternehmen Asia World, Htoo, Max Myanmar und Shwe Taung.

Seit der politischen Öffnung weht aber auch im wirtschaftlichen Bereich ein neuer Wind. Nach **Aufhebung der Sanktionen** geben sich ausländische Unternehmen die Klinke in die Hand, 2013 wurde ein neues Gesetz für ausländische Direktinvestitionen verabschiedet. Zur

Liberalisierung des Marktes wurden der Bankensektor reformiert und staatliche Einrichtungen privatisiert. Vor allem das Baugewerbe erlebt einen beispiellosen Boom.

Auch der **Tourismus** wächst stark und führt zu einem hohen Grad an Beschäftigung. Im Jahr 2017 reisten offiziell 1,36 Mio. Besucher nach Myanmar ein, hinzu kommen noch 2 Mio. Grenzgänger. 58 200 Touristen kamen aus den deutschsprachigen Ländern. Doch auch hier machen militärnahe Einrichtungen und Unternehmen die großen Geschäfte.

Bei der Bevölkerung auf dem Land sind die Fortschritte kaum angekommen. Noch immer lebt mehr als ein Viertel der Menschen unter der Armutsgrenze.

Außenhandel

Myanmars wichtigste Handelsgüter sind Agrarerzeugnisse (30 %, vorwiegend Reis, Bohnen und Hülsenfrüchte), Bodenschätze (Erdgas mit 23,6 %) und Textilien (18 %). Meist sind am Export staatliche oder halbstaatliche Unternehmen beteiligt, die zwangsläufig mit dem Militär eng verflochten sind und völlig intransparent agieren.

Über zwei Drittel der Exporte gehen in die asiatische Region, allen voran in die VR China (38,9 %), nach Thailand (19,4%) und Japan (6,5 %). Beim Import führen China (31,8 %), Singapur (15,2 %) und Thailand (11,3 %) die Liste an. Es werden vor allem Kraftstoffe, Konsumgüter und Produktionsteile eingeführt. Deutschland spielt als Handelspartner eine untergeordnete Rolle. Es importierte 2017 Bekleidung und forst- bzw. landwirtschaftliche Güter im Wert von 552 Mio. €. Myanmar führte deutsche Industriegüter im Wert von 119 Mio. € ein.

Alle Wirtschaftsdaten sind jedoch mit Vorsicht zu genießen, denn die meisten Güter gelangen auf illegalem Weg ins In- und Ausland.

Unbestreitbar hat Myanmar ein enormes Wirtschaftspotenzial. Doch muss das Land noch viele Hausaufgaben machen. Der Ausbau der Infrastruktur, die Sicherung der Energieversorgung und die Ausbildung qualifizierter Fachkräfte sind nur einige der Herausforderungen. Es wird noch lange dauern, bis dieses arme reiche Land den wirtschaftlichen Stand anderer asiatischer Nationen erreicht.

Religion

Buddhisten: 88 %
Christen: 6,2 %
Muslime: 4,3 %
Hindus: 0,5 %
Andere: 1 %

Myanmar wird als „Land der Pagoden" besungen und zweifellos dominiert der Buddhismus die Kultur des Landes. Bamar sein heißt zugleich Buddhist sein. Christen und Muslime sind eine Minderheit. Fast unüberschaubar ist die Zahl der Naturreligionen. Vorwiegend unter den verschiedenen Minderheiten verbreitet, zeigen sie sich in einer Vielfalt von Erscheinungsformen. Dabei spielen Ahnenkult, Geisterglaube und schamanische Riten eine große Rolle.

Nat-Kult

Der Geisterglaube bestimmt nach wie vor den Alltag der Menschen Südostasiens, Myanmar bildet da keine Ausnahme. Zu den Geistern haben die Menschen ein ambivalentes Verhältnis, denn diese können sowohl beschützen als auch bestrafen. In Myanmar steht der Nat-Kult im Vordergrund, bei dem es sich vorwiegend um personalisierte Territorial- und Naturgeister handelt. Ein Nat – vom Sanskritwort *natha* („Herr" oder „Beschützer") abgeleitet – kann eine verstorbene historische Persönlichkeit, eine legendäre Figur, ein Naturgeist oder sogar eine Hindu-Gottheit sein. Nats fungieren u. a. als Körperwächter (Kosaung Nat), Hauswächter (Einsaung Nat) oder Dorfwächter (Ywasaung Nat). Zu den Territorialgeistern zählt etwa **Bo Bo Gyi** („Ehrenwerter Großvater"), der mit Wanderstab in der Hand dargestellt wird. Als Hauswächter dient **Maung Tinde** (S. 249), dem zu Ehren ein Korb mit einer Kokosnuss auf ei-

Nat Pwe

Zu wichtigen Anlässen ist ein Nat Pwe unerlässlich. Das kann zum Jahresfest eines bestimmten Nats sein, viel häufiger sind es jedoch private Angelegenheiten, sei es, wenn ein Unglück oder Todesfall das Leben einer Familie überschattet. Dazu wird ein Musikensemble eingeladen und als wichtigste Person eine Nat gadaw (Nat-Gattin) engagiert, um als Medium den Kontakt mit dem Nat aufzunehmen. Oft sind es Frauen oder Transvestiten, die aufgrund ihres ambivalenten Geschlechts sowohl mit männlichen als auch weiblichen Nats kommunizieren können. Ein Nat Pwe kann über Stunden oder gar mehrere Tage gehen und erreicht tänzerisch und musikalisch immer wieder einen neuen Höhepunkt. Der Nat gadaw wird Geld zugesteckt und Alkohol gereicht, um den Nat anzulocken. Nicht selten gerät einer der beteiligten Zuschauer in Trance und wird von einem Nat „besessen".
Die berühmtesten Nat-Feste sind: im Dezember/Januar zu Ehren der Mahagiri-Nats auf dem Berg Popa; im Februar/März zu Ehren des Ko Gyi Kyaw im Dorf Kuni (nördlich von Pakokku); im August das Shwe-Kyun-Pin-Fest in Mingun und das berühmte Nat-Fest zu Ehren der Brüder Min Gyi und Min Lay in Taungbyone; im August oder September findet schließlich das Yadanagu-Fest in Amarapura statt.

nen kleinen Altar gelegt und mit einem rotweißen Stoffstreifen geschmückt wird.

Zu den Schutzgeistern zählen aber auch diverse legendäre Gestalten, wie die auf dem Berg Popa verehrte **Popa Maedaw** oder ihre beiden Söhne **Min Gyi** und **Min Lay**. Naturgeister werden nach den Naturphänomenen benannt. So heißt der Schutzgeist eines Waldes **Tawsaung Nat** (*taw saung* = Waldwächter) oder eines herausragenden Baumes **Yokkazoe Nat** (*yokkazoe* = Baumwächter). Aus dem Pantheon der Hindu-Gottheiten wurde Saraswati übernommen, die unter ihrem birmanischen Namen **Thuratthadi** als Patronin der Literaten und Musiker gilt und vor allem in Bildungsbelangen konsultiert wird.

Zum Nat kann eigentlich jeder Mensch werden, vorausgesetzt, er stirbt eines unnatürlichen Todes, sei es durch Unfall, Krankheit oder gar Mord. So wurde der Trunkenbold **Ko Gyi Kyaw** vom Baum erschlagen (S. 283), und der nach Bago verschleppte König von Chiang Mai, **Mekuti** (reg. 1551–64), starb an Diarrhöe. Die schwangere **Ma Aung Phyu** wurde gar lebendig begraben und ist heute Patronin junger Frauen.

Spätestens seit der Zeit des Bagan-Königs Anawrahta (reg. 1044–77) existiert der offizielle Kult um die 37 Nats. Anfänglich unterdrückte der vehemente Förderer des Buddhismus die Nat-Verehrung und ließ ihre Schreine zerstören. Feste und Tieropfer zu ihren Ehren waren verboten – doch ohne Erfolg. Schließlich entschloss er sich zu einem Kompromiss: Er ließ eine Liste mit 36 Nats erstellen und stellte ihnen ein Oberhaupt voran: **Thagya Min**. Dieser verkörpert den auf dem Berg Meru herrschenden Hindu-Gott Indra, der gleichzeitig unter dem Namen Sakka (birm. *thagya*) als Schutzherr des Buddhismus verehrt

Die Vier Edlen Wahrheiten

In seiner ersten Predigt im Gazellenhain von Sarnath legte Buddha die Lehre von den „Vier Edlen Wahrheiten" dar. Mit ihnen zeigt er einen klar strukturierten „therapeutischen" Weg aus dem Leiden auf. Er erläutert, was Leiden ist, was dessen Ursachen sind, welches Ziel anzustreben ist und wie der Weg dorthin aussieht:

1. Alles Dasein ist leidvoll.
2. Ursache allen Leidens ist Begierde *(tanha)* und Anhaftung *(upadana)*.
3. Nur durch das Vernichten von Gier *(lobha)* und Hass *(dosa)* kann Leiden überwunden werden.
4. Der Weg dorthin ist der Edle Achtfache Pfad, der sich wiederum in drei Bereiche untergliedert: sittliches Verhalten *(sila)*, wissende Einsichtigkeit *(pañña)* und Konzentration *(samadhi)*. Ihnen sind folgende acht Teile zugeordnet: *pañña:* 1. rechte Ansicht; 2. rechte Gesinnung; *sila:* 3. rechte Rede; 4. rechtes Tun; 5. rechte Lebensführung; *samadhi:* 6. rechte Anstrengung; 7. rechte Achtsamkeit; 8. rechte Meditation.

wird. Somit war gesichert, dass die Nats unter der Lehre Buddhas standen. Daher ist es kein Widerspruch, wenn auf dem Gelände einer buddhistischen Pagode auch ein Nat-Schrein steht.

Im Laufe der Jahrhunderte sah die Namensliste der 37 Nats immer wieder Veränderungen. Neue Nats kamen auf, andere gerieten in Vergessenheit, denn ihre Bedeutung hängt stark von ihrer „Effizienz" ab. Taugen sie nichts, werden sie einfach ignoriert. Die heutige Liste stammt aus der Ära des Königs Bodawpaya (reg. 1782–1819) und führt vorwiegend royale Nats an, darunter König Tabinshweti (reg. 1531–51), der von Mon-Rebellen enthauptet wurde, oder Alaungsithu (reg. 1112–67), der durch die Hand seines Sohnes und Nachfolgers Narathu (reg. 1167–70) getötete Bagan-König. Doch sind heute andere Nats populärer, darunter einige mit regionaler Bedeutung wie die in Bago beliebte **Bago Maedaw** (S. 209) oder **Shwenankyin** am Goldenen Felsen.

Buddhismus

Wie kaum ein anderes Volk Südostasiens identifizieren sich die Birmanen mit dem Buddhismus. Sie verstehen sich als das „Lieblingsvolk Buddhas" und leiten sogar ihre Herkunft von einem Zweig seiner Sippe, den Shakya, ab. Dieser Zweig soll Chroniken zufolge bereits in vorchristlicher Zeit ins heutige Myanmar eingewandert sein. Auch in vielen Legenden wird ein direkter Bezug zu Buddha hergestellt, man denke nur an die Entstehungsgeschichte der heute in Mandalay verehrten Mahamuni-Statue (S. 316) oder an die Gründungslegende der Shwedagon, in welcher von den beiden aus Okkala stammenden Kaufleuten **Tapussa** und **Bhallika** erzählt wird. Sie reisten nach Indien, trafen dort auf den Erleuchteten und wurden zu seinen ersten Laienanhängern. Als Geschenk brachten sie acht Haarreliquien Buddhas zurück in ihre Heimat.

Tapussa und Bhallika werden bereits im *Nidanakatha*, einer Schrift aus dem Palikanon, erwähnt. Es ist sicher, dass das dort erwähnte „Ukkala" nicht im heutigen Myanmar lag. Fraglich ist auch, ob sich das in der srilankischen *Mahavamsa*-Chronik aus dem 6. Jh. erwähnte Land Suvannabhumi in Myanmar befindet. Dorthin sollen nach Beendigung der dritten buddhistischen Synode die beiden Mönche Uttara und Sona zur Missionierung gereist sein. Das „Goldene Land" (Skt. Suvannabhumi) wird in Chroniken der Mon und Birmanen mit dem Mon-Reich in Verbindung gebracht.

Aber man kann davon ausgehen, dass bereits vor 2000 Jahren die in den Küstenregionen und an den Flussläufen Myanmars siedelnden Mon und Pyu in Kontakt mit dem Buddhismus kamen, denn der Seehandel mit dem indischen Subkontinent und mit China war zu jener Zeit bereits

Die Frau im Buddhismus

Die Frau spielt im heutigen birmanischen Buddhismus eine untergeordnete Rolle, obwohl Buddha auch einen Nonnenorden *(bhikkhuni sangha)* gründete. Im *Theri Gata*, einem Buch des Palikanons, wird das Leben herausragender älterer Nonnen *(theri)* gepriesen. Dieser Nonnenorden hat in Myanmar nie existiert. In Sri Lanka, dem einzigen theravada-buddhistischen Land, in welchem es ihn gab, ist er bereits im 11. Jh. verschwunden und erst Ende der 1990er-Jahre wiederbelebt worden. Trotzdem gibt es bereits seit Jahrhunderten Frauen, die den für Ordinierte vorgeschriebenen neun bzw. zehn Sittenregeln *(sikkhapada)* folgen. Sie werden daher Thilashin, „Herr(inn)en *(shin)* der Regeln *(thila)*", genannt. Die Thilashin scheren sich die Haare und kleiden sich in weißrosa Gewänder. Ältere, oft kinderlose Frauen leben auf dem Gelände eines Mönchsklosters von den Almosen der Gläubigen und verrichten einfache Dienste für die Mönche. Eine wachsende Zahl von Frauen lebt in einer der 2700 offiziell anerkannten Klostergemeinschaften. Im Gegensatz zu den Mönchen gehen sie nicht auf den allmorgendlichen Almosengang, sondern sammeln zweimal wöchentlich die Spenden ein. Ansonsten gehen sie buddhistischen Studien nach oder kümmern sich um soziale Belange.

Seit geraumer Zeit ist eine Aufwertung der Thilashin zu beobachten. In Sagaing und Yangon studieren junge Thilashin an den buddhistischen Universitäten, manche erlangten mit dem Titel Dharmachariya die Lehrbefugnis.

sehr ausgeprägt. Vielleicht aufgrund der engen Beziehungen mit Südindien und Sri Lanka setzte sich vor allem der **Theravada-Buddhismus** immer mehr durch. Denn anders ist nicht zu erklären, warum in der Bagan-Zeit ausgerechnet dieser Zweig des Buddhismus zur dominierenden Religion des Landes wurde. Allerdings lassen sich in Bagan und bei den Pyu auch Spuren des Mahayana-Buddhismus finden.

Ursprung und Lehre

Die „Lehre *(vada)* der Älteren *(thera)*" stützt sich weitestgehend auf die überlieferte Lehre **Gautama Siddhartas**. Der spätere Buddha wurde in das Adelsgeschlecht der Shakya hineingeboren. Am Hof seines Vaters, des Königs von Kapilavashtu, führte der Prinz ein bequemes Leben. Alles deutete darauf hin, dass Gautama in die Fußstapfen seines Vaters treten würde, doch im Alter von 29 Jahren verließ er seine Frau Yashodhara und ihren gemeinsamen Sohn Rahula. Da er erkannt hatte, dass alles Leben mit Leiden behaftet ist, zog er als Wanderasket in der Region umher, besuchte berühmte Gurus (Lehrmeister), um von ihrer Weisheit zu lernen, doch immer wieder enttäuscht und unbefriedigt suchte er weiter. Eine Zeit lang übte er mit fünf Gleichgesinnten extreme Hungeraskese, doch dem Tode nah, verwarf er diesen für ihn falschen Weg.

Endlich, nach Jahren harter Übung, wurde der mittlerweile 35-Jährige unter einem *Ficus religiosa* im heutigen Bodhgaya zum Erwachten, zum **Buddha** (von *bodhi* = erwachen). Er hatte die Ursachen allen Leidens und den Weg zu deren Überwindung erkannt. Seine neue Lehre von den **„Vier Edlen Wahrheiten"** und dem **„Achtfachen Pfad"** legte er erstmalig in Sarnath bei Varanasi (Benares) seinen damaligen fünf Mitstreitern dar. Immer mehr Anhänger schlossen sich ihm an, sodass er einen Mönchs- *(bhikkhu sangha)* und später auch einen Orden für Frauen *(bhikkhuni sangha)* gründete. Seine Lehre *(dharma)* verbreitete sich sehr schnell und gewann auch unter Königen und Fürsten Anhänger, die seine Asketenbewegung – seinerzeit eine unter vielen – unterstützten und Buddha immer wieder in ihr Herrschaftsgebiet einluden. Über 40 Jahre lang zog er mit seinen Mönchen von Ort zu Ort, um den *dharma* darzulegen.

Im hohen Alter von 80 Jahren starb er in **Kushinara** im heutigen nordindischen Bundesstaat Uttar Pradesh an einer Lebensmittelvergiftung. Sein Todesjahr ist umstritten. Die buddhistische Zeitrechnung beginnt mit dem Jahr 544 oder 543 v. Chr., andere Traditionen datieren seinen Tod um 484/483 v. Chr. Anhand nordindischer Quellen gehen neuere Forschungen davon aus, dass er erst um etwa 370 v. Chr. gestorben sein muss.

Einer der Grundpfeiler der buddhistischen Lehre ist die Vorstellung, dass alle Erscheinungen dem ständigen Prozess des Werdens und Vergehens unterworfen und daher **unbeständig** *(anicca)* sind. Sie existieren nicht isoliert, sondern entstehen und bestehen in **bedingter Abhängigkeit** *(paticca samuppada)* zueinander. Damit verwirft Buddha die hinduistische Auffassung, dass der Welt ein ewiges göttliches Sein *(brahman)* und den Lebewesen ein unveränderbares Selbst *(atman)* zugrunde liegt. Für ihn ist dies nur ein Versuch des Menschen, sich und der Welt Dauerhaftigkeit zu verleihen. Doch dies ist eine Illusion *(avijja)*, aus welcher heraus **Leiden** *(dukkha)* entsteht. Dukkha kann auch als permanente Frustration verstanden werden, die aufgrund der Anhaftung des Menschen an diesem Wunschbild entsteht.

Das empirische Ich ist ein sich unentwegt wandelndes Zusammenspiel der **fünf Daseinsgruppen** *(khandhas)*: Körper, Sinnesempfindungen, Sinneswahrnehmung, Geistesregung und Bewusstsein.

Buddhismus und Meditation im Netz

Siehe auch S. 65, Meditationsstudium.

www.dhamma.org
Die zentrale Seite über Vipassana-Meditation mit Infos und Adressen.

www.palikanon.com
Umfangreiche Seite mit Teilen des *Tipitaka* auf Deutsch.

www.buddhanet.net
Portal mit vielen Infos und Texten über den Buddhismus, auch zu Myanmar.

www.retreat-infos.de
Viele Infos und Adressen zur Meditationspraxis mit „Retreatführer" zum Herunterladen.

Die Reinkarnation im Sinne von Wiederfleischwerdung des Selbst, also eine Art Seelenwanderung, gibt es nicht. Was wiedergeboren wird, ist die im Laufe eines Lebens angesammelte **karmische Energie**. Sie entsteht, wenn Denken und Tun *(karma)* von Gier, Hass und Verblendung motiviert sind. Erst wenn der Mensch vollkommen frei davon ist, kann der **Wiedergeburtenkreislauf** *(samsara)* beendet werden. Dieser schwer zu definierende Zustand der vollendeten Freiheit wird **Nirvana** (Pali: *nibbana)* genannt. In einem Text aus dem Palikanon, dem *Sutta Nipata*, wird Nirvana folgendermaßen beschrieben: „Wie die Flamme, die von der Kraft des Windes ausgelöscht wird, an ihr Ende kommt und erlangt, was keiner beschreiben kann – so gelangt der schweigende Weise, befreit von Name und Form, ans Ziel und erreicht einen Zustand, den keiner beschreiben kann (...). Sind alle Bedingungen beseitigt, dann sind auch alle Wege der Sprache beseitigt."

Mit dem Tod nach der letzten Wiedergeburt, in der man zur höchsten Stufe der Vollkommenheit gelangt ist, wird Parinirvana, das komplette Verlöschen, erreicht.

Buddhistisches Verhalten

Ein zentraler Gedanke des Buddhismus ist der **Mittlere Weg** *(majjhima patipada)*, demzufolge der Mensch Extreme vermeiden soll. Sowohl radikale Askese als auch ausschweifender Lebenswandel schaden ihm und verhindern seine spirituelle Entwicklung. Es ist der Pfad der goldenen Mitte, der „sehend macht, Wissen erzeugt, zu Beruhigung der Leidenschaften, zu höherer Erkenntnis, Erleuchtung und Verlöschen führt" (so steht es im *Samyutta Nikaya*).

Das Verhalten des Menschen wird von **Sittenregeln** *(sikkhapada)* bestimmt. Folgende fünf gelten für alle Buddhisten: nicht töten, nicht stehlen, keine sexuellen Verfehlungen begehen, nicht lügen und keine berauschenden Mittel zu sich nehmen. Mönche, Nonnen und Novizen dürfen überhaupt keinen sexuellen Verkehr haben. Darüber hinaus gelten für Mönche weitere fünf, für Nonnen vier Sittenregeln: Sie dürfen nach 12 Uhr keine Nahrung mehr aufnehmen, müssen sich von Vergnügungen fernhalten, jede Art von Schmuck und Pomp vermeiden, dürfen nicht in bequemen Betten schlafen und – das gilt nicht für Nonnen – kein Gold und Silber annehmen.

Die Spendenfreudigkeit der birmanischen Buddhisten ist kaum zu übersehen. Unsummen werden für Pagoden und Klöster gespendet. Kein Wunder, denn die **Freigiebigkeit** *(dana)* bringt den Gläubigen laut buddhistischer Lehre gleich „fünffachen Segen" ein: Sie macht sie beliebt, bringt sie mit guten Menschen zusammen,

Bei der Shin Pyu-Zeremonie werden birmanische Jungen feierlich ins Kloster gebracht.

Tipitaka – der Palikanon

Bald nach Buddhas Tod hielten seine Schüler in Rajagaha die Erste Buddhistische Synode ab, um seine Lehre verbindlich festzulegen. Die damalige regionale Verkehrssprache war Pali, weshalb man die als ursprüngliche Lehre anerkannten Texte auch Palikanon nennt. Nach mehreren Jahrhunderten der mündlichen Überlieferung schrieben im 1. Jh. v. Chr. Mönche des singhalesischen Höhlenklosters Aluvihara den Palikanon erstmalig auf Blättern der Talipotpalme nieder. Er wird in drei Textgruppen eingeteilt: die Ordensregeln (Vinaya-Pitaka), die Lehrreden Buddhas (Sutta-Pitaka) und die erst später hinzugefügte systematisierte Lehre (Abhidhamma-Pitaka). Da die Palmblattmanuskripte in drei Körben aufbewahrt wurden, nennt man den Palikanon auch auf Pali „Tipitaka" („Drei Körbe", Sanskrit: Tripitaka). In gedruckter Form haben die Texte etwa einen Umfang von 38 Büchern mit jeweils 400 Seiten.

führt zu einem guten Ruf und stärkt das Selbstbewusstsein. Vor allem garantiert *dana* eine himmlische Wiedergeburt, vorausgesetzt, das Geben geschieht aus Uneigennutz. Die Buddhisten sollen sich allen Wesen liebevoll zuwenden *(metta)*, ihnen sowohl Mitgefühl *(karuna)* als auch Mitfreude *(mudita)* erweisen und dabei gleichzeitig gelassen *(upeksha)* bleiben, um sich nicht in positive oder negative Gefühle zu verstricken.

Leben als Mönch

Höhepunkt im Leben eines birmanischen Jungen ist die **Shin-Pyu-Zeremonie**. Mit ihr tritt er in die Fußstapfen Buddhas, auch wenn es nur für kurze Zeit ist. Seine Familienangehörigen und Freunde begleiten den prachtvoll gekleideten Jungen mit Musik und Tanz zum Kloster. Auf den Schultern getragen, auf einem geschmückten Pferd oder gar Elefanten sitzend, sieht er in seinen edlen Gewändern wie ein Prinz aus. Das soll an die königliche Herkunft des Gautama Siddharta erinnern. Dessen Weg in die Heimatlosigkeit wird in dieser Zeremonie nachgeahmt. Am Kloster angekommen, schneidet ihm ein Mönch die Haare. Die stolzen Eltern halten unter seinen Kopf ein Tuch, um die Haare aufzusammeln. Er kniet vor dem Abt *(saya-daw)* und bittet um die Aufnahme ins Kloster. Nun legt man ihm die Mönchsrobe an und hängt die Almosenschale über seine Schulter. Die folgenden Tage oder Wochen lebt er als Novize *(koyin)* im Kloster. Dann kehrt er wieder ins „normale" Leben zurück.

Auch in späteren Jahren, meist im Alter von 20 Jahren oder vor besonderen Lebensabschnitten, tritt ein Birmane nochmals in ein Kloster ein, um eine Zeit lang als Mönch zu leben. Er möchte für sich und seine Familie Verdienste erwerben. Wer aus einer kinderreichen armen Familie kommt, wird von seinen Eltern oftmals ins Kloster geschickt, weil er auf diese Weise eine bessere Schulbildung erhalten kann. Über Jahrhunderte hinweg war das Kloster zugleich auch **Schule**, in ländlichen Regionen ist dies bis heute der Fall. Ältere Mönche bringen den Kindern das Lesen und Schreiben bei. Auch Mädchen können mit Einwilligung der Eltern und Mönche den Unterricht besuchen. Der Begriff für Kloster, *kyaung*, wird auch synonym für Schule verwendet.

Die landesweit mehr als 170 000 Mönche *(pongyi)* genießen traditionell ein hohes Ansehen und stehen sogar über den obersten politischen Machthabern. Selbst jungen Novizen wird höchster Respekt entgegengebracht. Manche Mönche sind als Meditationslehrer bekannt und ziehen zahlreiche Schüler an. Ganz wenige gelehrte Mönche haben es in ihrer langjährigen Ausbildung sogar so weit gebracht, den gesamten Palikanon (s. Kasten) auswendig zu kennen. Vor allem einfache Leute fühlen sich von Mönchen angezogen, die angeblich über magische Kräfte verfügen. Ihre Fotos werden als Amulett verwendet und hängen in Häusern und Fahrzeugen, um Schaden abzuwenden.

Christentum und Islam

Mit den Kolonialherren kamen auch **christliche Missionare** nach Myanmar. Als Pionier gilt der amerikanische Baptist Adoniram Judson, der 1813 erstmalig birmanischen Boden betrat und 1820 die erste Einheimische taufte. Allerdings waren die Missionierungsversuche am ehesten bei den ethnischen Minderheiten erfolgreich.

Während sich die Buddhisten ihnen hartnäckig widersetzten, zeigten sich einige der Volksgruppen offen für die neue Religion, vor allem die Chin, Kachin und Kayin. Es war weniger die Lehre, die sie anzog, sondern die damit verbundene Möglichkeit, eine bessere Gesundheitsversorgung und Bildung zu genießen. So etablierte sich unter den ethnischen Minderheiten eine signifikante christliche Gemeinde mit überdurchschnittlichem Bildungsniveau. Sie spielte später in den Befreiungsbewegungen eine Schlüsselrolle. Gute Beispiele dafür sind die Karen National Union (KNU) und die Kachin Independent Organisation (KIO), die bis heute von christlichen Anführern dominiert werden.

Nach der Unabhängigkeit wurden ausländische Missionare mit wenigen Ausnahmen des Landes verwiesen. Im Zuge seiner Verstaatlichungspolitik verbot General Ne Win in den 1960er-Jahren christliche Einrichtungen wie Krankenhäuser und Bildungsstätten. Das hat sich mittlerweile geändert. So spielen die Kirchen beispielsweise eine wichtige Rolle in Bereichen der Armutsbekämpfung und Aids-Prävention. Ein Großteil der Christen gehört den **protestantischen Kirchen** an, wobei Baptisten und Anglikaner die Mehrheit bilden. Sie sind im Myanmar Council of Churches (MCC) zusammengeschlossen, der seinen Vorläufer im 1913 gegründeten Missionsrat hat.

Die erste katholische Mission wurde 1720 mit Stationen in Bago und Inwa gegründet. Somit können sie auf eine längere Missionsgeschichte zurückblicken, bilden aber heute nur eine kleine Minderheit von etwa 600 000 Mitgliedern. Ihre Gemeinden sind im ganzen Land verstreut und in zwölf Diözesen zusammengefasst.

Zwar ist der **Islam** in Rakhine schon seit dem 9./10. Jh. präsent, doch fasste er im größeren Stil erst im Zuge der Kolonialisierung Fuß. Zu seinen Anhängern gehören heute vorwiegend Abkömmlinge von Einwanderern aus Südasien. Darüber hinaus gibt es noch Panthay, chinesische Muslime, die seit Jahrhunderten den Handel auf den Landrouten zwischen China und Südostasien dominieren und sich in Mandalay oder anderen nördlich gelegenen Städten niedergelassen haben. Im Gegensatz zu den Christen sehen sich die Muslime immer wieder brutalen Übergriffen ausgesetzt. Bereits während der japanischen Besatzungszeit flüchteten Hunderttausende von südasiatischen Migranten vor der Verfolgung durch die Birmanen zurück in ihre alte Heimat. Der Flüchtlingsstrom hielt auch noch nach der Unabhängigkeit an. Bis in die Gegenwart gibt es Angriffe auf muslimische Einrichtungen, oft auch unter führender Beteiligung buddhistischer Mönche. Völlig desolat ist die Lage der in Rakhine siedelnden muslimischen Rohingya (s. Kasten S. 94).

Kunst und Kultur

Aufgrund der Jahrzehnte währenden Isolation Myanmars sind die traditionellen Handwerkskünste noch nicht so stark dem Kommerz verfallen wie dies in anderen asiatischen Ländern der Fall ist. Allerdings hat der aufkommende Tourismus schon heute zu einem enormen Qualitätsverlust geführt. Andererseits stellt er für die Handwerker eine gute Einkommensquelle dar und sichert den Weiterbestand der Künste. Die Birmanen unterscheiden zehn unterschiedliche Kunstrichtungen und nennen sie *pan hsae myo*, die „zehn Blumen“:

1. Schmiedekunst *(pabae)*
2. Gold- und Silberschmiedekunst *(padein)*
3. Metallguss *(padin)*
4. Stukkatur *(pandawt)*
5. Modellierkunst *(pabut)*
6. Drechselkunst *(pabu)*
7. Bildhauerei *(pantamawt)*
8. Steinmetzkunst *(payan)*
9. Malerei *(pachi)*
10. Lackkunst *(panyun)*

Holzschnitzkunst

Beim Besuch eines Holzklosters lässt sich erkennen, wie hochstehend die Holzschnitzkunst Myanmars ist. Die Holzplastiken, vorwiegend Buddha- und Natfiguren, werden meist mit Lack grundiert und anschließend bemalt, manchmal auch mit Buntglas oder Edelsteinen verziert. Die älteste bekannte Holzfigur ist die Statue des Thagyamin im Schrein der 37 Nats auf dem Gelände der Shwezigon-Pagode in Bagan. Als Material wird vorwiegend Teakholz *(Tectona grandis)* verwendet, zuweilen auch das rötliche Padauk.

Buddhistische Ikonografie

In den ersten Jahrhunderten nach Buddhas Tod vermied man seine bildhafte Darstellung, sondern wies durch Symbole auf ihn hin, etwa durch einen Stupa, ein Rad, einen Fußabdruck oder einen Bodhi-Baum. Zu Beginn des 2. Jhs. n. Chr. entstanden in Mathura (südlich von Delhi) und Gandhara (heute Pakistan und Afghanistan) die ersten Bildnisse. Schon damals übertrugen die Künstler die „32 Kennzeichen eines Großen Wesens" *(Mahapurusha lakshana)* auf die Gestalt Buddhas. Viele beziehen sich auf das Aussehen eines wohlproportionierten Körpers: gerade Gliedmaßen, lange Finger und bis über die Knie reichende Arme, Beine einer Antilope, Kinn und Oberkörper eines Löwen, dunkelblaue Augen mit den Wimpern einer Kuh, 40 gleichmäßige, strahlend weiße Zähne usw. Einige von ihnen sind zum Charakteristikum einer jeden Buddhadarstellung geworden, dazu gehören ein Schädelauswuchs *(ushnisha)*, kurz gelockte Haare, eine als Punkt angedeutete Haarlocke zwischen den Augenbrauen *(urna)*, drei Halsfalten, lange Ohren und eine Radabbildung an den Fußsohlen.

Mudras und Asanas

Handhaltung *(mudra)* und Körperposition *(asana)* einer Buddhaabbildung sind in der buddhistischen Ikonografie genau festgelegt. Sie erinnern an Lebensereignisse des Erleuchteten oder Aspekte seiner Lehre. Eine **liegende** Buddhafigur erinnert an seinen Tod und Eingang ins Parinirvana. Eine **stehende** oder (in Myanmar nur auf Malereien dargestellte) **schreitende** Figur bezieht sich auf seine Rückkehr aus dem „Himmel der 33 Götter" (Tavatimsa), wo er eine Regenzeit lang seiner Mutter Maya die Lehre darlegte. Am häufigsten ist die Darstellung Buddhas im **Meditationssitz**, wobei seine beiden Beine gekreuzt sein können oder nur ein Bein auf dem anderen ruht. Seltener finden sich Darstellungen im **„europäischen Sitz"** mit nach unten ausgestreckten Beinen.

Die sechs klassischen Handhaltungen sind:

Abhaya-mudra

In dieser Geste der Furchtlosigkeit und Ermutigung sind ein oder zwei Hände erhoben. Die Handflächen weisen nach außen, die Finger nach oben. Dieses *mudra* kommt meist bei stehenden Figuren vor.

Bhumisparsha-mudra (Erdberührung)

Diese Handhaltung erinnert an die Versuchung Buddhas durch Mara kurz vor seiner Erleuchtung. Mara ist die Verkörperung des Begehrens. Als Zeugin seiner Standhaftigkeit berührt Buddha mit seiner rechten Hand die Erde. Auf Malereien oder Reliefs wird die daraufhin erscheinende Erdgöttin dargestellt. Sie wringt ihr langes Haar aus und schwemmt mit dem herausfließenden Wasser die Armee des Mara weg. Das Wasser ist Symbol für die vielen guten Taten der früheren Inkarnationen Buddhas.

Dharmachakra-(pravartana)-mudra

Daumen und Zeigefinger beider Hände bilden auf Höhe der Brust einen Kreis, wobei die Fin-

Stupa, Zedi oder Pagode?

Für ein buddhistisches Heiligtum gibt es eine verwirrende Vielzahl von Namen. Einen Stupa nennt man in Myanmar *zedi*. Der Name leitet sich von dem Pali-Wort *cetiya*, „heilige Stätte", ab. Ursprünglich wurden damit klösterliche Versammlungshallen bezeichnet. Stupa ist ein Wort aus dem indischen Sanskrit und steht für „Erdhügel". Sein Wortstamm *stup* (Pali: *thupa)* bedeutet „Haarknoten", aber auch „aufrichten", „erhöhen". Der Name Pagode bezeichnet einen einzelnen Stupa, wird aber auch auf den gesamten Komplex eines buddhistischen Heiligtums bezogen. Er hat sich aus dem in Sri Lanka gebräuchlichen Wort *dagoba* entwickelt und leitet sich von dem Pali-Wort *dhatugarbha*, „Reliquienkammer", ab. Schließlich verwenden die Birmanen auch noch den Begriff *paya* (von dem Sanskritwort *brah*, „heilig") und meinen damit heilige Stätten aller Art.

Mudras

Abhaya-mudra

Bhumisparsha-mudra oder Maravijaya-mudra

Dharmachakra-(pravartana)-mudra

Dhyana-mudra

Varada-mudra

Vitarka-mudra

gerspitzen sich berühren. Die übrigen Finger sind ausgestreckt. Diese Geste des Andrehens des Rades *(chakra)* der Lehre *(dharma)* erinnert an die erste Predigt von Sarnath.

Dhyana-mudra
Die Hände liegen im Schoß flach ineinander. Dies ist die Haltung der Meditation *(dhyana).*

Varada-mudra
Die Finger der nach außen hin geöffneten Hand weisen in Richtung Erde. Damit erinnert man an Buddhas Güte und Großherzigkeit.

Vitarka-mudra
Ähnlich wie beim Dharmachakra-mudra, allerdings nur mit einer erhobenen Hand, formen Daumen und Zeigefinger einen Kreis. Die restlichen Finger sind wieder gespreizt. Diese Handhaltung erinnert an die argumentative Kraft des lehrenden Buddha.

Buddhistische Architektur

Zweifelsohne fallen Besuchern zuerst die zahllosen buddhistischen Heiligtümer auf. Dass in Myanmar so viele entstanden sind, folgt der Tradition, aus religiösen Gründen einen neuen Zedi oder zumindest einen kleinen Schrein zu stiften. Die Gläubigen wollen mit dieser Schenkung Verdienste für die kommende Wiedergeburt ansammeln. Zudem gewinnen sie dadurch einen höheren Status in der Gesellschaft; sie hinterlassen ein Denkmal für die Nachwelt und sichern den Fortbestand der buddhistischen Religion.

Der Stupa

Nach dem Tod Buddhas wurden seine Reliquien in acht Teile geteilt, damit die damals acht darum buhlenden Staaten sie gleichermaßen verehren konnten. Zur Aufbewahrung wurden sie in Grabhügel (Stupas) eingeschlossen, wie sie Königen vorbehalten waren. Daraus entwickelte sich im 3. Jh. v. Chr. unter Ashoka ein **Stupa-Kult**, der sich in den buddhistisch werdenden Ländern ausbreitete und eine große Formenvielfalt entwickelte. Mit diesem Kult ist eine reichhaltige buddhistische Symbolik verbunden. Der Stupa erinnert an den steilen Weg, der aus dem Wiedergeburtenkreislauf zum Nirvana führt und symbolisiert somit Buddha und seine Lehre. Daher sind in einer kleinen Kammer im Innern des Stupa Reliquien, kleine Buddhastatuen und Texte aufbewahrt. Schließlich symbolisiert er auch den Berg Meru, welcher der hindu-buddhistischen Mythologie zufolge der Mittelpunkt der Welt ist.

Das Spiel mit den Fäden

Das birmanische Marionettentheater ist zwar über die Landesgrenzen hinaus bekannt, doch sind es fast ausschließlich Touristen, die den Puppenspielern ihr Auskommen sichern. Einheimische haben im modernen Medienzeitalter kaum noch Interesse an Myanmars bekanntester Theaterform. Eigenständige Bühnen gibt es nur in Yangon und Mandalay. Die meisten Besucher erleben eine (mehr oder weniger gute) Aufführung eher zum Dinner in einem Restaurant.

Ein Spiegel der Kultur

Das Spielen der Puppen ist eine komplizierte Angelegenheit. Bis zu 60 Fäden konnte eine Marionette früher haben, heute sind es unter 20, die den bis zu 30 cm großen, farbenprächtigen Figuren Leben einhauchen. Vermutlich hat sich das aus Indien übernommene Marionettentheater im 15. Jh. in Myanmar etabliert. In der heutigen Gestalt geht es auf das Jahr 1776 zurück, als der unter König Singu (reg. 1776–82) wirkende Minister für Unterhaltung, U Thaw Win, das *yokthe pwe* als offizielle Kunstform anerkannte. Das Spielen mit Puppen hatte in der prüden und konservativen Gesellschaft der Konbaung-Zeit den Vorteil, romantische und religiöse Szenen zu zeigen, ohne Anstoß zu erregen. Aufgeführt wurden Episoden und Legenden aus dem Leben Buddhas oder Dramen und Ruhmestaten aus der nationalen Geschichte.

König, Clown und Zauberer

Seit über 200 Jahren ist die Abfolge der Szenen festgelegt. Den Auftakt bildet der Tanz einer weiblichen Figur zur Verehrung der Nats. Es folgen Fabelwesen: zuerst ein Pferd, das an die Entstehung des Universums erinnert, denn laut indischer Astrologie erschien zuerst das Sternbild des Pferdes und beendete das kosmische Chaos. Danach treten Vögel, ein Elefant, ein Tiger und Affen auf, die von einem Naga und Dämonen abgelöst werden. Schließlich fliegt Zawgyi, der rotgekleidete Zauberer, durch die Lüfte. Dann geht es höfisch zu: Ein wohlgenährter Page mit zwei Zöpfen erscheint, gefolgt vom Minister und dem Königspaar. Weder darf der romantische Tanz *(hna par thwar)* von Prinz und Prinzessin fehlen noch der Auftritt des Clowns *(U Shwe Yoe)* mit zwinkernden Augen und Schirm. Einige Foto-Impressionen s. **eXTra [5799]**.

Edle Hölzer

Der Minister U Thaw Win begrenzte die Zahl der Marionetten auf 28 und legte sogar das zu verwendende Material für die Puppen fest. Menschliche Figuren mussten fehlerfrei aus dem hellen Yamane- bzw. Gumari-Holz *(Gmelina arborea)* geschnitzt sein, Könige und Minister aus dem Holz des blütenreichen Indischen Korkbaums *(Millingtonia hortensis)* und die restlichen Figuren aus dem Holz des Kadamba-Baums *(Anthocephalus cadamba)* oder der Albizie *(Albizia stipulata)*. Heute wird fast ausschließlich das billigere Teakholz verwendet.

Auch wenn die Gestalt eines Stupas eine enorme Vielfalt aufweist, gibt es eine Reihe von Gemeinsamkeiten. Die Basis ist quadratisch und besitzt mehrere, sich verjüngende Terrassen, deren Anzahl (traditionell sind es drei) immer ungerade sein muss. Auf ihnen ruht der ursprünglich halbrunde, in Myanmar meist glockenförmige *anda* (Halbkugel).

Einen quadratischen Aufsatz *(harmika)*, wie er in Sri Lanka üblich ist, gibt es fast nur in Bagan. In Myanmar geht der *anda* meist in eine kegelförmige Spitze über, die aus sich verjüngenden Ringen *(chattra)* bestehen kann. Sie wird entweder von Lotosknospen oder Bananenblütenknospen unterbrochen oder abgeschlossen.

An der Spitze eines Zedis befindet sich ein vergoldeter Schirm *(hti)* aus Metall. Dieser wiederum besitzt an seinem Ende eine kleine Wetterfahne mit einer Kugel zum Abschluss, welche die Erleuchtung symbolisiert.

Kyaung – das buddhistische Kloster

Zedis können vereinzelt stehen oder in ein Kloster *(kyaung)* eingebunden sein. Das *kyaung* ist aus einem größeren Dorf nicht wegzudenken und stellt dessen religiöses und soziales Zentrum dar. Es ist nicht allein ein Ort der religiösen Praxis, sondern auch Schule, Spielplatz, Treffpunkt der Alten und Unterkunft für Reisende. Die Gebäude auf dem Gelände eines *kyaung* sind traditionell aus Holz gebaut, allerdings finden sich in neuerer Zeit auch Steinbauten, die teilweise noch von attraktiver Kolonialarchitektur geprägt sind (z. B. in Sagaing). In den größeren der landesweit über 52 000 Klöster gibt es eine eigene Ordinationshalle *(thein)* für Mönche.

Treffpunkt für die Gläubigen und Mönche ist der *tazaung*, eine geräumige Halle, in der religiöse Zeremonien und Mönchsspeisungen abgehalten werden. Oft befindet sich über der bedeutendsten Buddhastatue im *tazaung* ein steiles mehrstöckiges Dach, *pyat that* genannt.

Weitere wichtige Gebäude sind die Wohnräume für die Mönche, ein Glockenturm sowie eine Bibliothek *(pitaka taik)*. Wenn Klöster häufig besucht werden, besitzen sie meistens einen *zayat*, eine überdachte offene Halle, in der die Pilger sich ausruhen oder auch übernachten können. Auf dem Gelände gibt es kleinere Schreine *(gyo daing)* zur Verehrung von Buddhafiguren, Nats oder auch Statuen wichtiger Persönlichkeiten. Eine Mauer schließt das Klostergelände ein, um Tiere fernzuhalten. Gleichzeitig stellt sie die Trennlinie zwischen profanem und säkularem Bereich dar. Daher ist es üblich, dass Gläubige – nicht Mönche! – bereits beim Betreten des Klostergeländes ihre Schuhe ausziehen.

Buddhistische Baustile

Ethnische Eigenarten und kulturelle Einflüsse haben ihre Spuren in der buddhistischen Architektur hinterlassen. Im Großen und Ganzen werden folgende regional und zeitlich abgegrenzten Baustile unterschieden:

Pyu

Die frühesten buddhistischen Kultbauten auf birmanischem Boden befinden sich in den alten Zentren der Pyu: in Beikthano, Thayekhittaya (Sri Ksetra) bei Pyay und im unweit von Shwebo gelegenen Halin. In der ältesten Pyu-Siedlung Beikthano lassen die Fundamentreste der zwischen dem 1. und 5. Jh. errichteten Ziegelsteinbauten deutlich indische Vorbilder erkennen. So weist die Basis eines Stupas Ähnlichkeiten mit den Stupas von Amaravati und die Reste eines Klosterbaus Parallelen zu Anlagen aus Nagajunakonda auf. Die beiden südindischen Orte waren bereits während der Zeit des indischen Königs Ashoka (3. Jh. v. Chr.) bedeutende Zentren, von denen wichtige kulturelle Impulse in den südostasiatischen Raum ausgingen.

Zwischen dem 5. und 10. Jh. datierte Pyu-Stupas zeigen eigenständige, recht eigenwillige Bauformen, die unter der Bezeichnung **Pyu-Stil** zusammengefasst werden. Dazu gehören der zylindrische Baw Baw Gyi in Thayekhittaya, der gurkenförmige Bupaya und der einem Ei ähnelnde Ngakywenadaung in Bagan. Neben Stupas wurden in den Pyu-Städten innen hohle, begehbare Tempel, *pahto* genannt, errichtet. Sie dienten später als Vorbild für die *pahto* in Bagan.

Mon

Von den Mon sind kaum architektonische Zeugnisse aus der Frühphase erhalten geblieben. Dies mag daran liegen, dass ihre alten Städte wie Thaton oder Bago nie vollständig verlassen wurden, sondern permanent besiedelt waren und ihre Sakralbauten daher immer wieder nach dem jeweiligen Geschmack der Zeit erneuert wurden. Als Markenzeichen für Stupas im Mon-Stil gilt ihre achtseitige Form, die sich von der Basis bis an die Spitze durchzieht. Allerdings sind nur wenige frühe Beispiele erhalten, darunter in Winka, 28 km nordwestlich von Thaton, aus dem 6. Jh. Diese Form ist aber auch in Rakhine zu finden. Es fällt auf, dass kaum Gemeinsamkeiten mit der thailändischen **Dvaravati-Kultur** (6.–11. Jh.) bestehen. Aus jener Zivilisation, die mit dortigen Mon-Gruppen in Verbindung gebracht wird, stammen große Räder aus Sandstein als Symbol für Buddhas Lehre und Statuen des Erleuchteten im europäischen Sitz. Dergleichen wurde in Myanmar nicht gefunden.

Bagan

Ab dem 12. Jh. entwickelte sich im Bagan-Reich erstmals ein eigenständiger birmanischer Stil, der zum Vorbild für spätere Bauten wurde. Eine ausführliche Beschreibung findet sich auf S. 236.

Rakhine

Im schmalen Küstenstaat Rakhine hat sich aufgrund seiner Lage bis zur Eroberung des Reiches durch König Bodawpaya 1784 eine eigenständige religiöse Architektur erhalten können. Typisch ist sowohl die Verwendung von gebranntem Ziegelstein als auch von Naturstein. Viele Tempel der alten Königsstadt Mrauk U, wie etwa der Shitthaung- oder der Htukkant-Thein-Tempel, wirken mit ihren massiven Mauern und engen Korridoren im Inneren wie eine Festung.

Shan

Im Shan-Staat findet sich ebenfalls eine Reihe von Eigenheiten in der Pagodenarchitektur. Wie in den unweit des Inle-Sees gelegenen Orten Kakku oder Indein erkennbar wird, sind die Stupas äußerst schlank. Der sonst typische glockenförmige *anda* ist elegant in die Gesamtarchitektur integriert, sodass die Stupas wie Baumstämme in die Landschaft ragen. Meist sind sie in Gruppen anzutreffen, Größe wird durch Masse ersetzt. Manche Stupas weisen ein flammenartiges Dekor an den Seiten auf.

Inwa und Amarapura

Obwohl das südlich von Mandalay gelegene Inwa (Ava) die meiste Zeit zwischen dem 14. und 18. Jh. kulturelles und politisches Zentrum eines

Die vielen Leben Buddhas

Hauptthema der Tempeldarstellungen ist die Illustration der zahlreichen Verkörperungen Buddhas. Einerseits sind dies seine früheren Existenzen als Bodhisattva (Erleuchtungswesen), die in den **547 Jataka** (Geburtsgeschichten) gesammelt sind. Sie erzählen von der Selbstlosigkeit und Weisheit Buddhas in seinen früheren Inkarnationen. Viele Geschichten, darunter auch Fabeln, gehören der indischen Volksliteratur an und fanden später Eingang in den Palikanon.

Andererseits sind dies Geschichten aus dem Leben des **Gautama Buddha**. Sie haben die Funktion, den gläubigen Buddhisten an die Taten des Erleuchteten zu erinnern und ihn zur Nachfolge zu bewegen. Die Lebensbeschreibung Buddhas ist mit zahlreichen Wundertaten ausgeschmückt. Ihre schriftliche Überlieferung basiert auf den Schriften des Palikanons, etwa der erst spät in den Kanon aufgenommenen „Genealogie der Erleuchteten", **Buddhavamsa**. In dieser Schrift aus dem 3. Jh. n. Chr. werden insgesamt 25 Buddhas beschrieben, darunter die vier bereits erschienenen Buddhas des jetzigen Weltzeitalters *(bhadrakalpa):* 1. Kakusandha, 2. Konagamana, 3. Kassapa und 4. Gautama Buddha. An nahezu jedem Zedi werden diese vier letzten Buddhas dargestellt, wobei sie sich in der Ikonografie nicht voneinander unterscheiden. Meist ist ihnen eine Himmelsrichtung zugeordnet.

In vielen Tempeln Bagans findet sich die Darstellung von **28 Buddha-Existenzen**, weil der buddhistischen Kosmologie zufolge neben den 25 in einem noch früheren Zeitalter drei weitere Buddhas, nämlich Tanhankara, Medhankara und Saranankara, gelebt haben. Gelegentlich wird auch der allererste Buddha Dipankara („Anzünder der Leuchte") gezeigt, dem sich der Eremit Sumedha als menschliche Brücke zu Füßen legt. Diesem Einsiedler sagt Dipankara voraus, dass er als Gautama Buddha wiedergeboren werden würde.

mehr oder weniger großen birmanischen Reiches war, sind fast keine architektonischen Zeugnisse erhalten geblieben. Über die Architekturform dieser Ära ist daher wenig bekannt. Mit dem Aufstieg der Konbaung-Dynastie ab Mitte des 18. Jhs. lässt sich eine Tendenz erkennen, die an mehreren Tempelbauten in Inwa und Amarapura zu sehen ist: der Trend zur darstellenden Architektur. Ein gutes Beispiel ist der einer Nagaschlange nachempfundene Nagayon-Tempel in Amarapura oder die 1816 fertiggestellte Hsinbyume-Pagode in Mingun, welche den mythologischen Berg Meru nicht nur symbolisiert, sondern ihn nachzubilden versucht. Ein weiteres Merkmal dieser Architektur ist die üppige Verwendung von Stuckverzierungen, was beim Maha Aung Mye Bonzan Kyaung in Inwa gut zu sehen ist.

Mandalay

Der Trend zur Darstellung wird unter König Mindon in Mandalay fortgesetzt und sogar gesteigert. Die individuell sehr unterschiedlich gestalteten Bauten des vorletzten Konbaung-Herrschers neigen zur Monumentalität, etwa das massige Atumashi Kyaung oder die Kuthodaw-Pagode mit ihren 729 Marmortafeln. Bei Letzterer wird zudem an die Architektur Bagans angeknüpft. So ist der zentrale Stupa der Shwezigon-Pagode nachempfunden.

Zeitgenössische Pagodenarchitektur

Religiöse Bauten des 20. Jhs. zeichnen sich durch ihre individuelle Vielfalt aus. Häufig werden bekannte Vorbilder nachgeahmt, allen voran die Shwedagon-Pagode in Yangon oder Tempel aus Bagan. Zudem sind die Bauherren neue Wege gegangen. So gibt es eine Reihe von Stupas, die innen hohl und daher begehbar sind, z. B. die Botataung- und Kaba-Aye-Pagode in Yangon.

Darstellende Künste

Findet irgendwo in Myanmar ein Fest statt, dann darf ein *pwe* (Darbietung) nicht fehlen. Bei einem Pagodenfest findet fast immer ein *zat pwe* statt. Im Zentrum steht dabei eine von Musik und Tanz eingerahmte Geschichte *(zat)*, wie etwa das *yama zat*, die birmanische Version des **Ramayana**. Das vor über 2000 Jahren in Indien niedergeschriebene Epos wurde in der zweiten Hälfte des 18. Jhs. populär, als zahlreiche siamesische Künstler aus dem zerstörten Ayutthaya verschleppt wurden. Kern der Geschichte ist der Kampf zwischen Gut und Böse: Der Hindugott Vishnu kommt als Rama (birmanisch: Yama) zur Erde und heiratet die wunderschöne Sita (Thida). Auf sie hat auch der zehnköpfige Dämonenkönig Ravana (Dasagiri) ein Auge geworfen. Es gelingt dem Dämon, die Prinzessin in seine Stadt auf der Insel Lanka zu entführen. Nach langen dramatischen Kämpfen schafft es Rama unter Beihilfe des Affengenerals Hanuman und dessen Armee, Ravana zu besiegen und Sita zu befreien.

Nicht weniger beliebt ist das *wai than daya zat* (Vessantara), die letzte der insgesamt 547 **Jataka**. Auch hier geht es um den Sieg des Guten. Das *zat* erzählt von der extremen Freigiebigkeit des als Königssohn wiedergeborenen Bodhisattva. Weil er den weißen Elefanten verschenkt hat, muss er nach Protesten des Volkes den Königshof verlassen und zieht mit seiner Familie in den Wald. Dort bietet er einem Asketen seine Zwillingssöhne als Hilfe an. Nachdem er einem weiteren Asketen auch seine Frau zur Verfügung stellt, offenbart sich dieser als der Gott Indra und vereint die getrennte Familie wieder.

Ein *zat pwe* geht normalerweise die ganze Nacht hindurch. Die Zuschauer sitzen auf ihren mitgebrachten Matten und vertreiben sich die Zeit mit Essen, Trinken, Schlafen, Unterhaltungen und gebanntem Zuschauen.

Einer Komödie vergleichbar ist das abwechslungsreiche *anyeint pwe*, bei dem Komödianten, Tänzer und Schauspieler auftreten. Beim *yein pwe* wird getanzt und gesungen. Die bei Touristen bekannteste Theaterform ist ein *yokthe pwe*, das **Marionettentheater** (S. 125). Schließlich gibt es noch das *nat pwe* zur Verehrung eines Nat (S. 117). Das eher förmliche **Tanztheater** wird *zat gyi* genannt und ist mit dem Untergang der Monarchie fast ausgestorben. Es geht in seiner heutigen Form auf das 18. Jh. zurück und ist stark vom thailändischen Maskentanz Khon beeinflusst. Auch hier hinterließen die nach der Zerstörung Ayutthayas 1767 nach Myanmar verschleppten Künstler und Theatergruppen ihre Spuren. Auch manche Tänze gehen auf diese

Zeit zurück. Sie werden daher auch *yodaya zat* genannt. Oft werden Szenen aus dem in Thailand so populären Ramayana-Epos dargestellt.

Unter König Mindon (reg. 1853–78) erlangten Tanz und Theater ihre Blütezeit. Heute sind sie vom Stil der großen Künstler Aung Ba La (1882–1913), Sein Ga Done (1875–1929) und U Po Sein (1881–1952) geprägt, die ein halbes Jahrhundert lang die Bühnen dominierten. Nach Jahrzehnten der Stagnation gibt es gegenwärtig zahlreiche Versuche, an diese große Zeit anzuknüpfen. An den staatlichen Akademien für Musik und Theater in Yangon und Mandalay werden die Künstler über mehrere Jahre hinweg ausgebildet. Allerdings interessieren sich die jungen Leute – wie überall in Asien – mehr für moderne Popmusik, Videofilme und das sich epidemisch ausbreitende Karaoke. Derzeit stehen vor allem südkoreanische Musikgruppen hoch im Kurs.

Musik aus Myanmar

Die traditionelle Musik klingt für westliche Ohren äußerst schrill und disharmonisch. Wie die indische und thailändische ist auch die birmanische Musik polyphon aufgebaut. Sie basiert auf einer wiederkehrenden Folge von sieben Tönen, *athan* genannt, aus der heraus die Improvisationen entwickelt werden. Orientierungspunkt ist der von Trommeln und Gongs vorgegebene Rhythmus. Sie bestimmen auch das Tempo. Im Prinzip spielen die führenden Instrumente zwei voneinander nahezu unabhängige Melodien und wechseln dabei immer wieder von der Melodie zur Begleitung und wieder zurück.

Es gibt mehrere Arten von Musikensembles, darunter das *sain-wain*, eine Gruppe von sieben bis zehn Musikern. Hinsichtlich der Instrumente ist es dem javanischen Gamelan ähnlich und wird wie dort von Schlaginstrumenten dominiert. Dazu zählen ein Trommel- und Gongring (*sain-wain* und *kyay-wain*), eine einzelne große Trommel *(patt ma)*, Zimbeln *(lingwin)*, Bambusklappern *(wah let khok)*, eine Art Oboe *(hnàe)*, eine Bambusflöte *(palwe)* und ein Bambus-Xylophon *(pattala)*. Seit der Kolonialzeit ist auch ein Piano Bestandteil des Instrumentariums. Unter den Soloinstrumenten ragt die Bogenharfe, das *saun-gau'*, heraus. Sie ist wie ein Schiffskörper geschwungen und mit der Haut des Thamins (einer Rotwildart) überzogen. Die 13 Saiten aus Seide spannen sich vom Klangkörper bis zum oberen Teil des geschwungenen Halses. Häufig wird das *saun-gau'* von Frauen gespielt und als Begleitinstrument für Sologesänge eingesetzt.

Nach wie vor sind die Gesänge und Instrumentalstücke aus dem *Maha Gita* (Sanskrit: „Großes Lied") äußerst populär. Sie wurden ursprünglich als königliche Hofmusik komponiert und fehlen bei fast keiner Aufführung eines Tanz- oder Marionettentheaters.

Rock Rangoon

Die Generäle mögen im Gleichschritt marschieren, ihre Kinder tanzen lieber zu Hardrock und Hip-Hop – zum Neujahrsfest Thingyan am liebsten auf Jeeps und Pick-ups. Man könnte meinen, die Loveparade wäre in Myanmar erfunden worden. Im Land der Pagoden sind Rock und Rap in, kaum eine Teestube, in der nicht die Boxen scheppern.

Selbst schüchterne Mädchen beginnen zu wippen, wenn die Rapper **Anegga**, **Barbu** oder **Myo Kyawt Myaing** loslegen, und bei **Sai Sai Kham Hlaing** drohen sie in Ohnmacht zu fallen. Wie das Publikum ist Hip-Hop in Myanmar noch jung.

Verglichen damit hat der Rock in Myanmar schon einige Jahre auf dem Buckel. Bereits seit 1983 heizen die Musiker von **Emperor** mit ihrem Frontmann Zaw Win Htut kräftig ein, indem sie westliche Songs als birmanische Coverversionen spielen. Der von seinen Fans auch Nyi Htut genannte Leadsänger gilt dabei als Vorreiter und meint dazu: „Rock 'n' Roll hat keine Tradition in Myanmar, weshalb wir Rockmusik den birmanischen Fans zunächst durch Übersetzungen englischer Titel nahebringen müssen." Heute spielen sie jedoch auch immer mehr eigene Titel.

Immer noch angesagt unter den Rockern ist **Iron Cross**, die seit 1990 im Geschäft sind und deren martialisches Emblem überall zu finden ist. Auch **Lazy Club** liegt bei Fans schriller Töne in der Beliebtheitsskala weit oben.

OBSTVERKAUF UNTERHALB DER SHWEDAGON-PAGODE; © ANDREA MARKAND

1 Yangon

Breite Boulevards, schmale Gassen, goldene Pagoden, ehrwürdige Kolonialhäuser, ein geschäftiger Hafen, quirlige Marktviertel und noch viel mehr: Das ist Yangon, die größte Metropole Myanmars. Wer Glück hat, erspäht schon aus dem Flugzeug den goldenen Stupa der Shwedagon-Pagode, des Nationalheiligtums. Die Stadt ist im Wandel: Sie modernisiert sich, überall wird gebaut, und mehr und mehr Autos drängeln sich auf den Straßen.

Stefan Loose Traveltipps

Shwedagon-Pagode Das bedeutendste Heiligtum des Landes und Pilgerstätte für Buddhisten aus aller Welt. S. 132

Downtown Yangon Ein Streifzug durch die multireligiöse und architektonisch beeindruckende Metropole. S. 139 und S. 152

Parks und Seen Im Mahabandoola Garden entspannen oder am Kandawgyi-See mit den Einheimischen spazieren gehen, picknicken oder ein Konzert besuchen. S. 149 und S. 151

Essen gehen Ob birmanisch, indisch, chinesisch, thai, japanisch oder „Fusion": Die Stadt bietet aufregende kulinarische Reize. S. 160

IM SRI SHIVA KRISHNA-TEMPEL; © ANDREA MARKAND

BIRMANISCHES CURRY; © MARK MARKAND

Wann fahren? Die besten Reisemonate sind Januar und Februar. Im März ist es bereits sehr warm.

Wie lange? Den meisten Reisenden reichen 1–2 Tage in Yangon. Wer richtig in das Leben hier eintauchen will, muss aber mindestens 3 Tage bleiben.

Unbedingt ansehen Das Must-see in Yangon ist natürlich die Shwedagon-Pagode. Aber auch das Treiben im indischen Viertel sollte man erlebt haben.

Da tauchte ein goldenes Mysterium am Horizont auf, ein funkelndes, großartiges Wunder, das in der Sonne glänzte ... „Das ist die alte Shwedagon-Pagode", sagte mein Gefährte. Und die goldene Kuppel sagte zu mir: „Das hier ist Birma, ein Land, das anders ist als alle anderen, die du kennst."

Rudyard Kipling,
Briefe aus dem Orient, 1898

Die kleine Stadt Dagon, die Chroniken zufolge vor mehr als 2000 Jahren von den Mon gegründet wurde, wuchs im Laufe der vergangenen drei Jahrhunderte zu einer Metropole heran, die heute etwas über 5 Mio. Einwohner zählt. 1755 besetzte König Alaungpaya die Stadt und stürzte die Mon-Herrscher. Fortan hieß die Stadt Yangon („Ende des Zwistes"). Zur Hauptstadt wurde Yangon 1885 während der britischen Kolonialzeit. Die Briten nannten die Stadt Rangoon. Bis die Regierung 2006 in die neu erschaffene Hauptstadt Nay Pyi Taw umzog, war Yangon Regierungssitz.

Noch sind zahlreiche Kolonialgebäude aus der britischen Epoche erhalten. Allerdings werden immer mehr abgerissen und durch Neubauten ersetzt. Aber auch Renovierungsarbeiten werden vorangetrieben, sodass einige der alten Häuser in neuem Glanz erstrahlen. Für eine aufwendige und gute Sanierung fehlt jedoch vielfach das Geld. So konkurrieren alte Fassaden mit verspiegelten Fensterfronten und prachtvolle Holzvillen am Kandawgyi-See mit altersschwachen Häusern, die nach und nach verfallen. Ein kleiner Rundgang vorbei an einigen prachtvollen Fassaden, die noch aus der Kolonialzeit stammen, ist auf S. 152/153 beschrieben.

Den Engländern ist es zu verdanken, dass die Orientierung in Yangons Innenstadt so einfach ist. Leutnant Alexander Fraser ließ von der Sule-Pagode ausgehend die Straßen des Stadtkerns quadratisch anlegen. Wie ein Schachbrett, entweder durchnummeriert oder mit in Birmanisch und Englisch geschriebenen Straßenschildern versehen, breitet sich die Innenstadt entlang dem Yangon-Fluss bis zur Höhe des Bahnhofs aus.

Wie der alte Name *Dagon* („Goldene Pagode", „Platz der Verehrung") belegt, war die Shwedagon-Pagode seit jeher Mittelpunkt und Herz der Stadt. Und auch heute noch beeindruckt sie jeden Besucher nachhaltig.

Die Shwedagon-Pagode

Ein Besuch der Shwedagon-Pagode ist für viele einer der Höhepunkte ihrer Myanmar-Reise. Bedeutung und Wert der Pagode – als Symbol des Landes und als Pilgerstätte für Buddhisten aus aller Welt – sind unschätzbar: Goldglänzend und erhaben grüßt sie Pilger und Reisende. Uralt soll sie sein, mit Tonnen von Gold und Tausenden Edelsteinen geschmückt, ein erhabener Ort der Ruhe, Besinnung und Meditation.

Die **Ursprünge** der Pagode liegen im Dunkeln. Manche sagen, sie sei bereits 2500 Jahre alt und noch vor dem Tod des historischen Buddha Siddharta Gautama erbaut worden (s. Kasten S. 133). Andere datieren die Gründung auf das 6. bis 10. Jh. Gesichert scheint, dass der Stupa anfänglich nur etwa 10 m hoch war. Im Laufe der Jahrhunderte wuchs er stetig – viele Mon- und später birmanische Könige trugen gemäß der Tradition das Ihrige dazu bei. 1372 renovierte der Mon-König Binnya U das Heiligtum. 50 Jahre später erweiterte König Binnya Kyan den Stupa auf eine Höhe von 90 m. Seine Nachfolgerin, Königin Shinsawbu (reg. 1453–72), stiftete ihr Körpergewicht in Gold, um die Pagode erstmalig mit dem edlen Metall zu verkleiden – eine Tat, die von vielen Herrschern nachgeahmt wurde. Noch heute ist es für birmanische Pilger selbstverständlich, im Rahmen ihrer Möglichkeiten Blattgold für die Verschönerung der Pagode zu stiften. Ihre jetzige Höhe von 100 m erreichte die Shwedagon unter König Hsinbyushin aus Inwa im Jahre 1774. Im 20. Jh. forderten Naturgewalten ihren Tribut: Ein Erdbeben 1919 und ein Feuer 1931 zerstörten viele Teile. Zuletzt bebte die Erde 1970. Mitte der 1990er-Jahre kam es zu einer weitreichenden Renovierung: Die Aufgänge wurden neu gestaltet, und die Plattform bekam einen neuen Boden. Auch der Stupa wurde erneuert und die etwa 13 000 Kupferplatten neu vergoldet. Ihr Gesamtgewicht beträgt nun 149 t, davon sind 9,75 t Gold.

Für die birmanische **Freiheitsbewegung** ist die Shwedagon ebenfalls ein wichtiger Ort. 1920

Die Legende der Shwedagon-Pagode

Legende und – nach westlichem Verständnis – belegte Geschichte sind bei der Shwedagon eine unauflösliche Verbindung eingegangen. Vor mehr als 2500 Jahren, als Buddha noch auf Erden weilte, lebten in Okkalapa, in der Gegend des heutigen Yangon, die beiden Händler Tapussa und Bhallika. Eines Tages machten sie sich mit ihrem Schiff nach Indien auf. Unterwegs trafen die jungen Männer einen Nat, der sie zu Buddha führte. Sie fielen vor dem Erleuchteten nieder und übergaben ihm Reiskuchen und Honig. Nachdem sie zu seinen Anhängern geworden waren, schenkte Buddha ihnen zum Abschied acht seiner Haare, die sie in ihrer Heimat auf dem Singuttara-Hügel aufbewahren sollten, wo schon die Reliquien der drei vorherigen Buddhas verehrt wurden.
Als die Händler auf ihrer Rückreise den König von Ajjhatta trafen, schenkten sie ihm zwei der kostbaren Haare. Zwei weitere Haare mussten sie dem Naga-König Jayasena abgeben, der vor der Südwestküste Birmas herrschte. Schließlich übergaben die Brüder König Okkalapa das Kästchen mit den verbliebenen vier Haaren. Wie durch ein Wunder waren bei der Öffnung jedoch alle acht wieder vorhanden. Sie schwebten in der Luft und leuchteten in allen Farben. Edelsteine regneten vom Himmel, Gehörlose konnten plötzlich hören, Stumme sprechen und Gelähmte laufen. Der König ließ die Haare auf dem Singuttara-Hügel in einem Stupa einmauern. So entstand die Shwedagon-Pagode, das Nationalheiligtum Myanmars.

planten auf der Plattform einige Studenten den ersten anti-britischen Streik. Die Tochter des einstigen Anführers Bogyoke Aung San, die Oppositionsführerin und Friedensnobelpreisträgerin Aung San Suu Kyi, hielt hier 1988 ihre erste öffentliche Rede.

Am Fuße des Hügels liegen viele ältere und neuere Klöster. Vier überdachte Aufgänge führen auf die fast 60 000 m² große, mit weißem Marmor gepflasterte **Plattform**. Hier stehen reich geschmückte Schreine, mit fantastischen Holzschnitzereien verzierte *tazaung* (Gebetshallen) und *zayat* (offene Pavillons), in denen Buddhafiguren aus Marmor und Messing verehrt werden. 64 kleinere und vier größere Stupas umgeben den Hauptstupa, der sich fast 100 m über die Plattform erhebt – ein weithin sichtbares Symbol des Strebens nach Vollkommenheit.

Den ganzen Tag über herrscht an der Pagode Betrieb: Überall sitzen Gläubige in Meditation und Gebet versunken. Buddhafiguren und anderen verehrten Statuen werden Blumen und Schirmchen als Gaben dargebracht. Einige fegen die Plattform, was als gute Tat gilt, andere sitzen herum und schauen zu. Ganze Familien lagern mitsamt Picknickkorb in den Hallen (besonders in der Nordwestecke), und in der Mittagshitze hält mancher ein erholsames Schläfchen. Dazwischen sieht man staunende Touristen, denen einheimische Führer die Wunder der Pagode erklären.

Die elegante **Architektur** des Hauptstupas entsteht durch verschiedene ineinander übergehende Teile. Auf die achteckige Basis mit 433 m Umfang folgen drei *piccaya* (Terrassen). Auf der untersten stehen 64 kleinere und vier größere Pagoden. Nach der zweiten und dritten Terrasse beginnt der Bereich des *khaung laung pone* (Glocke, 22 m hoch), dann folgen *thabeik* (umgekehrte Almosenschale), die mit 16 Lotosblütenblättern verziert ist, *baung yit* (gewickelter Turban), *kyalan* (Lotosblüte, 9,50 m hoch), der Bereich der 16 m hohen *hngat pyaw bou* in Form einer Bananenblüte, der siebenfache *hti* (Schirm, 10 m hoch), der mit über 1000 Diamanten und noch mehr Rubinen und Saphiren verziert ist, und, an der langen Spitze, eine Wetterfahne und die *seinbu* (Diamantenknospe). Letztere ist eine Kugel von 25 cm Durchmesser, besetzt mit 4351 Diamanten, Rubinen, Saphiren und Topasen. Die oberste Krönung bildet ein 76-karätiger Diamant. Die Kugel dient als „Rastplatz der Vögel".

Der *hti* wurde 1999 erneuert, sein Vorgänger stammt noch von Birmas vorletztem königlichem Herrscher, König Mindon, der ihn 1871 aus seinem Palast in Mandalay nach Yangon schickte. Eine Prozession von mehreren hunderttausend

Öffnungszeiten und Eintritt

🕒 4–22 Uhr, Eintritt 10 000 Kyat. Im Eintrittsgeld ist die Fahrt mit dem Aufzug auf die Plattform enthalten. Das Ticket ist nur für einen Besuch gültig.

Myanmaren begleitete die Gabe – sehr zum Verdruss der Briten, die damals schon in Yangon Fuß gefasst hatten und diesen Beweis für die Macht des oberbirmanischen Königs gar nicht gerne sahen. Auf der Plattform gibt es Bücher über den *hti* – ein Blick auf die Nahaufnahmen zeigt die filigrane Arbeit. Der reiche Schmuck und die kleinen Figuren, die von unten nicht zu sehen sind, lassen sich so zumindest erahnen. Ebenfalls zu sehen sind die Bilder in einer Fotoausstellung.

Die Plattform beherbergt zwei große **Bronzeglocken**. Die Maha Tissada Gandha in der nordöstlichen Ecke wurde 1841 von König Tharawaddy gestiftet. Sie ist 2,60 m hoch und wiegt 42 t. Die Maha Gandha, 1778 von König Singu Min gespendet, ist 2,10 m hoch und wiegt 23 t. Eine dritte Glocke, die Awinga Zauk, wurde von König Dhammazedi (reg. 1472–92) gestiftet – sie wog 29 t und versank im Fluss, als der Portugiese Philip de Brito sie 1608 stahl, um sie für neue Kanonen einzuschmelzen. Auch die Maha-Gandha-Glocke ist bereits einmal im Fluss versunken: 1825, als die Briten sie nach dem gewonnenen Ersten Anglo-Birmanischen Krieg als Beute nach Kalkutta bringen wollten. Alle Bergungsversuche der Briten scheiterten. So gaben sie die Glocke offiziell an die Birmanen zurück, und denen gelang dann das scheinbar Unmögliche: Taucher befestigten ungezählte Bambusrohre an der Glocke, bis der Auftrieb sie zurück an die Oberfläche hob. Im Triumphzug wurde sie an ihre heutige Stelle zurückgebracht. Das Ereignis gab auch dem birmanischen Nationalstolz einigen Auftrieb.

Alle drei Jahre wird das Gold der Pagode abgenommen und der gesamte Hauptstupa neu vergoldet.

Ein Rundgang über die Plattform

Vier überdachte Aufgänge führen auf die Plattform. Zahlreiche Führer bieten in der Pagode ihre Dienste an, sie erwarten eine kleine Spende. Auch Mönche sind diesen Gaben nicht abgeneigt und fordern sie z. T. sogar ein.

Der **Südaufgang** **1** kann als Haupteingang bezeichnet werden. Er ist die Verlängerung der aus der Innenstadt herausführenden Shwedagon Pagoda Road. Zwei etwa 9 m hohe *chinthes* (mythische Löwen) bewachen seit 1870 den Eingang. Sie sind ein Symbol, das eng mit dem Buddhismus verknüpft ist – Buddhas Lehre wird gerne mit dem Brüllen eines Löwen verglichen. Eine Legende erzählt, dass ein Prinz von Löwen verschleppt und aufgezogen wurde. Später findet der Prinz seinen Vater wieder und tötet auf dessen Befehl den Löwen, bereut dann die Tat und setzt den Löwen vor allen Tempeln ein Denkmal. Hinter den *chinthes* stehen zwei menschenfressende *bilu* (Dämonenfiguren). Sie sollen die Pagode schützen und wachen außerdem darüber, dass auch alle Touristen ihre Schuhe ausziehen. Am Südaufgang gibt es seit 1957 einen Aufzug, mit dem man auf die Plattform fahren kann. Reizvoller ist es, die 104 Stufen zu Fuß zu nehmen. Dabei geht es vorbei an vielen Händlern, die Devotionalien und Souvenirs anbieten.

Oben angekommen, befindet sich direkt gegenüber dem Südaufgang der **Konagamana Tazaung** **2**. Die Andachtshalle ist dem zweiten der vier letzten Buddhas auf Erden gewidmet. Sie wurde in den 1950er-Jahren erbaut. In der Halle steht eine große Anzahl von Buddhastatuen, die zu den ältesten der Pagode gehören. Sie unterscheiden sich im Stil deutlich von den heute hergestellten.

Links davon steht der **Schrein des Merkur** **3**. Er wird von allen am Mittwochvormittag Geborenen besucht; das dazugehörige Symbol-Tier ist der Elefant mit Stoßzähnen. Weiter links, an der südwestlichen Ecke des Stupa, wird der **Schrein des Saturn** **4** von den am Samstag Geborenen verehrt. Naga, die mythische Drachenschlange, ist diesem Tag zugeordnet. Die Gläubigen übergießen hier und an den anderen Kardinalpunkten Buddhastatuen aus Alabaster mit Wasser – eine heilige Handlung, während der Gebete gesprochen werden.

Gegenüber dem Saturn-Zeichen steht ein 179 kg schwerer **Jadebuddha** **5**, der von der chinesischen Gemeinde gestiftet wurde.

Shwedagon-Pagode

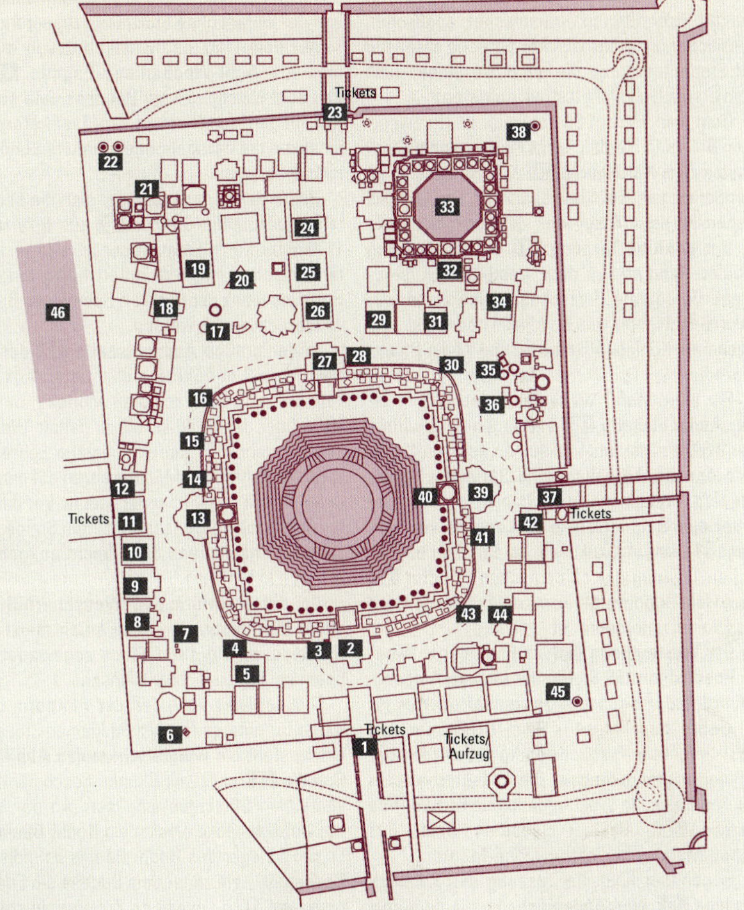

- **1** Südaufgang
- **2** Konagamana Tazaung
- **3** Schrein des Merkur
- **4** Schrein des Saturn
- **5** Jadebuddha
- **6** Gedenksäule (studentische Aufstände)
- **7** Nat-Figuren
- **8** Rakhine Tazaung
- **9** Andachtshalle (liegender Buddha)
- **10** Tazaung der chin. Händler
- **11** Westaufgang
- **12** Two Pice Tazaung
- **13** Tazaung des Kassapa Buddha
- **14** Schrein des Jupiter
- **15** Statue von König Okkalapa
- **16** Rahu-Schrein
- **17** Acht-Wochentage-Pagode
- **18** Maha Gandha-Glocke
- **19** Andachtshalle
- **20** Wunscherfüllungsstelle
- **21** wunderwirk. Abbild von Buddha
- **22** Bodhi-Bäume
- **23** Nordaufgang
- **24** Tazaung mit Buddhas Fußabdruck
- **25** Bibliothek der Zediyangana-Gesellschaft
- **26** Sandawdwin Tazaung
- **27** Gautama-Andachtshalle
- **28** Schrein der Venus
- **29** Nachbildung der indischen Mahabodi-Pagode
- **30** Planetenzeichen für die Sonne
- **31** Kannaza Tazaung
- **32** Pavillon mit Bild von Mönch Shin Itzagone
- **33** Naungdawgyi-Pagode
- **34** Maha Tissada Gandha-Glocke
- **35** Replik des Schirms
- **36** Nachbildung der Spitze
- **37** Ostaufgang
- **38** Dhammazedi-Inschriften
- **39** Kakusandha-Andachtshalle
- **40** Bildnis des Tawa Gu Buddha
- **41** Schrein des Mondes
- **42** U Nyo Tazaung
- **43** Schrein des Mars
- **44** Gebetssäule
- **45** Bodhi-Baum
- **46** Museum

An der Südwestecke der Plattform erinnert eine **Gedenksäule 6** an die studentischen Unruhen von 1920 gegen die britische Kolonialmacht. Inschriften in birmanischer, englischer, russischer und französischer Sprache ehren die elf Studentenführer, die am 5. Dezember 1920 zum ersten Universitätsstreik aufriefen.

Geht man an dem Stupa weiter im Uhrzeigersinn Richtung Norden, sieht man in einem Glaskasten zwei **Nat-Figuren 7**. Der Herr rechts ist der Schutzgeist der Shwedagon: Bo Bo Gyi; links neben ihm steht Thagyamin, der König der Nats.

Der **Rakhine Tazaung 8** ist eine Stiftung zweier Händler aus dem westlichen Küstenstaat. Vergoldete Holzschnitzereien zeigen *jataka* (Geschichten aus Buddhas Leben) und eine Szene mit Königin Shinsawbu und König Dhammazedi.

Ein paar Meter weiter befindet sich in einer **Andachtshalle 9** ein liegender Buddha, der 8,50 m misst und von seinen engsten Schülern Ananda, Mogallana und Sariputtra flankiert wird. Dreidimensionale, bunte Schnitzereien unter dem Dach erzählen die Legende vom goldenen Felsen in Kyaikhtyio. Im daneben befindlichen **Tazaung der chinesischen Händler 10** sind viele Buddhastatuen in unterschiedlichsten Positionen untergebracht.

Der **Westaufgang 11** am Ende der U Wisara Road ist mit 166 Stufen der längste Aufgang. Während der britischen Herrschaft war er für 80 Jahre geschlossen. Beim Großfeuer von 1931 brannte er fast vollständig ab, wurde aber schnell wieder aufgebaut. Die Andachtshalle am oberen Ende des Westaufgangs heißt **Two Pice Tazaung 12**, denn hier spendeten Händler des Surati-Marktes täglich zwei Pice-Münzen.

Gegenüber liegt der **Tazaung des Kassapa Buddha 13**, eine Andachtshalle, die dem dritten Buddha unserer Weltzeit gewidmet ist. Bis hierhin fraß sich die Feuersbrunst von 1931, sodass es sich heute um eine Replik der ursprünglich 1841 gebauten Andachtshalle handelt.

Links davon befindet sich der **Schrein des Jupiter 14**, dem die Ratte und der Donnerstag zugeordnet sind. Ein paar Schritte weiter nördlich entlang dem Stupa, an der Nordwestecke, steht eine **Statue von König Okkalapa 15** unter einem weißen Schirm.

An der Nordwestecke des Stupas befindet sich außerdem der **Rahu-Schrein 16**. Dem mythischen Planeten sind der Mittwochnachmittag und der Elefant ohne Stoßzähne zugeordnet.

Auf dem Platz nordwestlich davon erblickt man die **Acht-Wochentage-Pagode 17**. In den acht Nischen sitzen Buddhas, und auf den Rundbogen der Nischen repräsentieren Tierplastiken die dazugehörigen Planeten und Himmelsrichtungen.

Hinter der Pagode befindet sich die berühmte **Maha-Gandha-Glocke 18** aus Bronze, die 1779 unter König Singu gegossen wurde. In der birmanischen Inschrift äußert König Singu die Hoffnung, dank der Glocken-Spende als Buddha wiedergeboren zu werden.

In der großen **Andachtshalle 19** daneben steht eine 9 m hohe Buddhastatue. Aus allen Teilen des Landes kommen Mönche, um Vorträge über den Buddhismus zu halten. Wer hier spricht, gehört zu den wichtigsten Lehrern im Land. Die lehrenden Mönche sitzen auf dem goldenen Thron gegenüber der Statue. Vor der Statue liegen einige wunscherfüllende Steine: Fühlt sich der angehobene Stein leicht an, geht der Wunsch in Erfüllung.

An der sternförmigen **Wunscherfüllungsstelle 20** neben der Halle knien meist viele Gläubige, dem großen Stupa zugewandt, und beten um Erfüllung ihrer Wünsche.

Der nordwestliche Teil der Plattform bietet Raum für eine ganze Anzahl kleiner Stupas. In einem steht ein **wunderwirkendes Abbild von Buddha 21**, meist mit Blumen geschmückt und von vielen Gläubigen umgeben. An der äußeren Nordwestecke wächst ein **Bodhi-Baum 22**. Er soll Ableger des Bodhi-Baums im indischen Bodhagaya sein, unter dem Buddha die Erleuchtung fand. U Nu, der erste Premierminister Birmas, pflanzte einen kleineren in den 1950er-Jahren, der von Stupas umgeben ist; der größere Baum wurde 1903 gepflanzt.

Der **Nordaufgang 23** hat 128 Stufen und wurde 1460 von Königin Shinsawbu gebaut. Von diesem kommend, liegt rechts der **Tazaung mit Buddhas Fußabdruck 24**. Am Eingang stehen zwei lebensgroße indische Wächterfiguren. Innen findet sich ein *chidawya*, ein symbolischer Fußabdruck Buddhas, bewacht von einer Naga-

Der Ostaufgang der Shwedagon-Pagode ▸

schlange. Buddha soll diesen Fußabdruck selbst nach einer Vorlage erstellt haben, die sich in der Shwesettaw-Pagode in Ober-Myanmar (S. 296) befindet. Der in 108 Sektionen aufgeteilte Abdruck zeigt wichtige buddhistische Symbole.

Südlich neben diesem *tazaung* liegt die **Bibliothek der Zediyangana-Gesellschaft** 25. Sie enthält rund 6000, z. T. sehr seltene Bücher und Schriften zur Religion und Kultur Myanmars. Die Zediyangana-Gesellschaft ist eine von sieben Vereinigungen, die sich um den Erhalt der Shwedagon kümmern.

Weiter Richtung Zentralstupa folgt der **Sandawdwin Tazaung** 26. Der Legende nach wurde er über einem (nun unter der Halle verborgenen) heiligen Brunnen errichtet, in dem König Okkalapa die acht Haare Buddhas wusch, bevor sie in die Reliquienkammer gelegt wurden.

Ein Blick auf die Nordseite des großen Stupa zeigt die **Gautama-Andachtshalle** 27, die dem historischen Buddha Gautama gewidmet ist. Daneben liegt der **Schrein der Venus** 28, dem der Freitag und das Meerschweinchen zugeordnet sind.

Gegenüber steht eine Nachbildung der indischen **Mahabodi-Pagode** 29; auffällig, da sie als einzige auf der Plattform nicht im Mon- oder birmanischen Stil erbaut ist. Sie ist mit bunten Fresken geschmückt, die Szenen aus dem Leben Buddhas zeigen.

An der nordöstlichen Ecke des großen Stupa steht das **Planetenzeichen für die Sonne** 30, natürlich dem Sonntag zugeordnet und assoziiert mit dem mythischen Vogel *galon* (*garuda* in anderen Teilen Südostasiens).

Nördlich gegenüber steht der **Kannaza Tazaung** 31. Der Überlieferung nach gelobte König Okkalapa an dieser Stelle den Bau der Pagode, wenn Reliquien Buddhas aus Indien kämen. Daher heißt die Buddhafigur im Gebäude *Hsu-daunbyáy* („Buddha erhört das Gebet des Königs"). Vor der Figur liegen Wunscherfüllungssteine.

Nördlich davon, in einem kunstvoll verzierten **Pavillon** 32, sitzt eine seltsam blickende Figur mit unterschiedlich großen Augen. Sie zeigt den Mönch Shin Itzagone, einen Alchemisten aus der frühen Bagan-Zeit. Er war auf der Suche nach dem Stein der Weisen, um Blei in Gold zu verwandeln. Seine Misserfolge stürzten das Land in Armut. So stach er sich die Augen aus, um sie dem König als Opfer zu bringen. Kurz darauf waren seine Experimente erfolgreich, und mithilfe des magischen Steins erlangte der Mönch sein Augenlicht zurück, indem er sich ein Ziegen- und ein Rinderauge einsetzte.

Gleich dahinter liegt die große **Naungdaw-Gyi-Pagode** 33, deren Stupa wie eine kleinere Version der Shwedagon aussieht. Sie wurde von König Okkalapa angelegt und beherbergte die Haare Buddhas, bis die große Pagode fertiggestellt war. Unweit davon hängt die **Maha-Tissada-Gandha-Glocke** 34, die 1841 von König Tharrawaddy gestiftet wurde. Mit einem Gewicht von 42 t und 2,30 m Durchmesser ist sie die größte Glocke der Shwedagon. Weiter südlich ist eine **Replik des Schirms** 35 zu sehen, den König Hsinbyushin 1774 spendete, und eine **Nachbildung der Spitze** 36, die König Mindon 1871 stiftete.

Wer die Shwedagon vom **Ostaufgang** 37 her besucht, erlebt einen stimmungsvollen Übergang aus dem turbulenten Bahan-Viertel über eine Straße, die von Klöstern und Marktständen gesäumt ist. 118 Stufen führen an einem breiten Angebot an Devotionalien vorbei: Buddhafiguren aus Alabaster oder Bronze, Papierschirme, Blumen, Gebetsschnüre und Puppen aus Pappmaschee.

Im Eingang befanden sich früher die **Dhammazedi-Inschriften** 38, die jetzt in der Nordostecke der Plattform zu finden sind. Die Sandsteinstelen wurden 1485 von König Dhammazedi aufgestellt: Sie sind die ältesten Inschriften über die Entstehung der Shwedagon in Birmanisch, Pali und Mon.

Am oberen Ende des Aufgangs, an der Ostseite des großen Stupa, erhebt sich die **Kakusandha-Andachtshalle** 39. Auch sie wurde beim Brand von 1931 zerstört und 1939 wieder aufgebaut. Innen befinden sich Buddhafiguren mit dem sogenannten *Varada-* oder *Danamudra*: Die Rechte ruht, mit der Handfläche nach außen geöffnet, auf dem Bein. Dies ist die Geste des Gebens.

Hinter der Andachtshalle, nur tief gläubigen buddhistischen Männern mit einer Sondergenehmigung zugänglich, steht auf der ersten Plattform in einer Nische ein **Bildnis des Tawa**

Gu Buddha 40, auch Buddha mit dem Rubinauge genannt. Hier bohrten britische Ingenieure auf der Suche nach Schätzen einst einen 30 m tiefen Tunnel in den Zentralstupa. Die Buddhafigur steht vor dem wieder verschlossenen Loch, doch ihr Bild wird mit einer Webcam auf einen Bildschirm übertragen. Sie soll Wunder wirken können.

Neben der Kakusandha-Halle befindet sich der **Schrein des Mondes** 41, der (ebenso wie die Sonne) in der birmanischen Astrologie zu den acht Planeten zählt. Er ist Ziel für die am Montag Geborenen und mit dem Tiger verbunden.

Gegenüber liegt der **U Nyo Tazaung** 42, 1938 erbaut, dessen Holzschnitzarbeiten Ereignisse aus Buddha Gautamas Leben erzählen. An der Südostecke des großen Stupa befindet sich der **Schrein des Mars** 43, dem Löwen und dem Dienstag zugeordnet.

Gegenüber steht eine **Gebetssäule** 44. Solche Säulen sollen dem Stifter Gesundheit, Wohlstand und Erfolg garantieren. Auf der Spitze sitzt ein *hintha*, die mythologische Gans. An der südöstlichen Ecke der Plattform wächst ein weiterer **Bodhi-Baum** 45, der wie die beiden im Nordwesten ein Ableger des Baumes sein soll, unter dem Buddha Erleuchtung erlangte.

An der Westseite der Plattform befindet sich ein kleines **Museum** 46, das eine Sammlung buddhistischer Statuen und Kunstobjekte enthält.

Der Genuss des Wassers aus den hier und da herumstehenden **Wasserspendern** scheint übrigens unbedenklich.

Im Zentrum der Altstadt

Beeindruckend sind die kolonialen Altbauten im Zentrum von Yangon (s. Karte A, S. 142/143). Viele von ihnen sind in einem sehr schlechten Zustand – die Frage „Renovieren oder abreißen?" wird in Myanmar heiß diskutiert.

Abgesehen von den im Historischen Rundgang (S. 152/153) genannten Gebäuden gibt es noch mehr zu entdecken, z. B. die **Holy-Trinity-Kathedrale** in der Bogyoke Aung San Road. In der anglikanischen Kathedrale wurde 1894 die erste Messe gefeiert.

Sule-Pagode

Im Zentrum von Yangons Altstadt steht mitten im Kreisverkehr die Sule-Pagode. In der Mittagspause und in den Abendstunden zieht sie zahlreiche Gläubige an, die ihren religiösen Pflichten nachkommen. Die Sule-Pagode ist ein Alltagstempel, der weniger pompös ist als die Shwedagon. Auch die Gebete und Bitten, die hier gesprochen werden, beziehen sich auf Probleme des Alltags. Rechts neben dem Haupteingang steht eine Hintha-Barke mit Seilzugsystem zu einem Schrein am Stupa. Für 1000 Kyat kann jeder ein Goldblättchen kaufen, welches hinaufgezogen und später zur Renovierung des Tempels genutzt wird. Wenige Schritte dahinter befindet sich in einem *tazaung* der Nat der Pagode. In einem weiteren Schrein im Nordwesten werden Bo Bo Gyi und Bo Min Gaung verehrt.

Ausländer zahlen 3000 Kyat Eintritt, plus „Donation" von 200–500 Kyat für die Schuhabgabe. An allen Eingängen werden Devotionalien verkauft. Im Außenbereich haben sich einige Handleser niedergelassen, die teils passabel Englisch sprechen. Wer sich etwas aus seinem Leben erzählen lassen möchte, zahlt dafür 5000 Kyat.

Moscheen

Neben der Sule-Pagode steht eine der vielen Moscheen Yangons, die viel Zulauf haben. Abends strömen Hunderte Muslime nach dem Abendgebet aus der **Bengali-Sunni-Jamae-Zentralmoschee**. Wenige Blöcke entfernt liegt in der 30th Street die von Iranern erbaute **Mogul Shiah Jaamay Assid**. Sie steht unter Denkmalschutz.

Hindutempel

An der Ecke Mahabandoola und Pansodan Street befindet sich der Hindutempel **Sri Shiva Krishna**, in dem wöchentlich Zeremonien abgehalten werden. Bei diesen Gelegenheiten findet sich meist ein kleines Tempelorchester mit Trommeln, Zimbeln und einem Harmonium ein. Verehrt wird neben zahlreichen Göttern, darunter Ganesh, Vishnu, Shiva und Kali, vor allem der Guru Sai Gayatri (Sai Ba Ba), dem ein eigener Altar gewidmet ist. Auch ein Foto seiner Füße wird verehrt, ⌚ 7–20 Uhr.

Im **Sri-Devi-Tempel** an der Anawrahta Road, Ecke 51st Street, kann man die farbenfrohe Göt-

YANGON

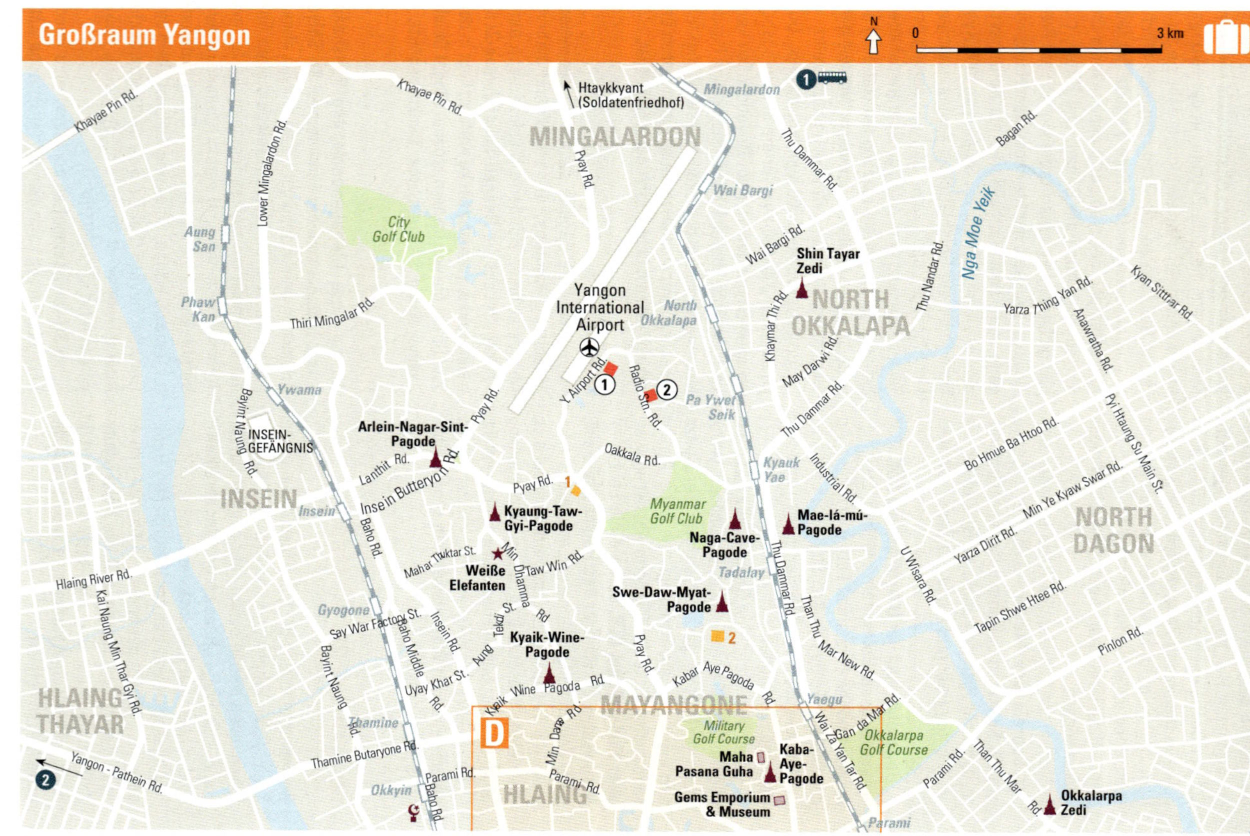
Großraum Yangon
N
0
3 km
Htaykkyant (Soldatenfriedhof)
MINGALARDON
Mingalardon
Wai Bargi
Yangon International Airport
North Okkalapa
NORTH OKKALAPA
Shin Tayar Zedi
NORTH DAGON
Nga Moe Yeik
City Golf Club
Aung San
Phaw Kan
Ywama
INSEIN-GEFÄNGNIS
INSEIN
Insein
Arlein-Nagar-Sint-Pagode
Kyaung-Taw-Gyi-Pagode
Weiße Elefanten
Myanmar Golf Club
Naga-Cave-Pagode
Mae-lá-mú-Pagode
Swe-Daw-Myat-Pagode
Kyaik-Wine-Pagode
Pa Ywet Seik
Kyauk Yae
Tadalay
Gyogone
Thamine
Okkyin
Yaegu
Parami
MAYANGONE
HLAING
HLAING THAYAR
Military Golf Course
Okkalarpa Golf Course
Maha Pasana Guha
Kaba-Aye-Pagode
Gems Emporium & Museum
Okkalarpa Zedi
D
Khayae Pin Rd.
Lower Mingalardon Rd.
Pyay Rd.
Thu Dammar Rd.
Bagan Rd.
Wai Bargi Rd.
Thu Nandar Rd.
Yarza Thing Yan Rd.
Kyan Sittar Rd.
Anawratha Rd.
Khaymar Thi Rd.
May Darwi Rd.
Pyi Htaung Su Main St.
Thiri Mingalar Rd.
Y. Airport Rd.
Radio Stn. Rd.
Bo Hmue Ba Htoo Rd.
Min Ye Kyaw Swar Rd.
Industrial Rd.
Bayint Naung Rd.
Lanthit Rd.
Insein Butteryon Rd.
Oakkala Rd.
Yarza Dirit Rd.
U Wisara Rd.
Baho Rd.
Mahar Thuktar St.
Min Dhamma Rd
Taw Win Rd.
Hlaing River Rd.
Kai Naung Min Thar Gyi Rd.
Tapin Shwe Htee Rd.
Than Thu Mar New Rd.
Say War Factory St.
Baho Middle Rd.
Insein Rd.
Tekdi St.
Aung
Uyay Khar St.
Kyaik Wine Pagoda Rd.
Kabar Aye Pagoda Rd.
Pinlon Rd.
Wai Za Yan Tar Rd.
Gan da Mar Rd.
Min Dama Rd.
Thamine Butaryone Rd.
Parami Rd.
Than Thu Mar Rd.
Yangon - Pathein Rd.

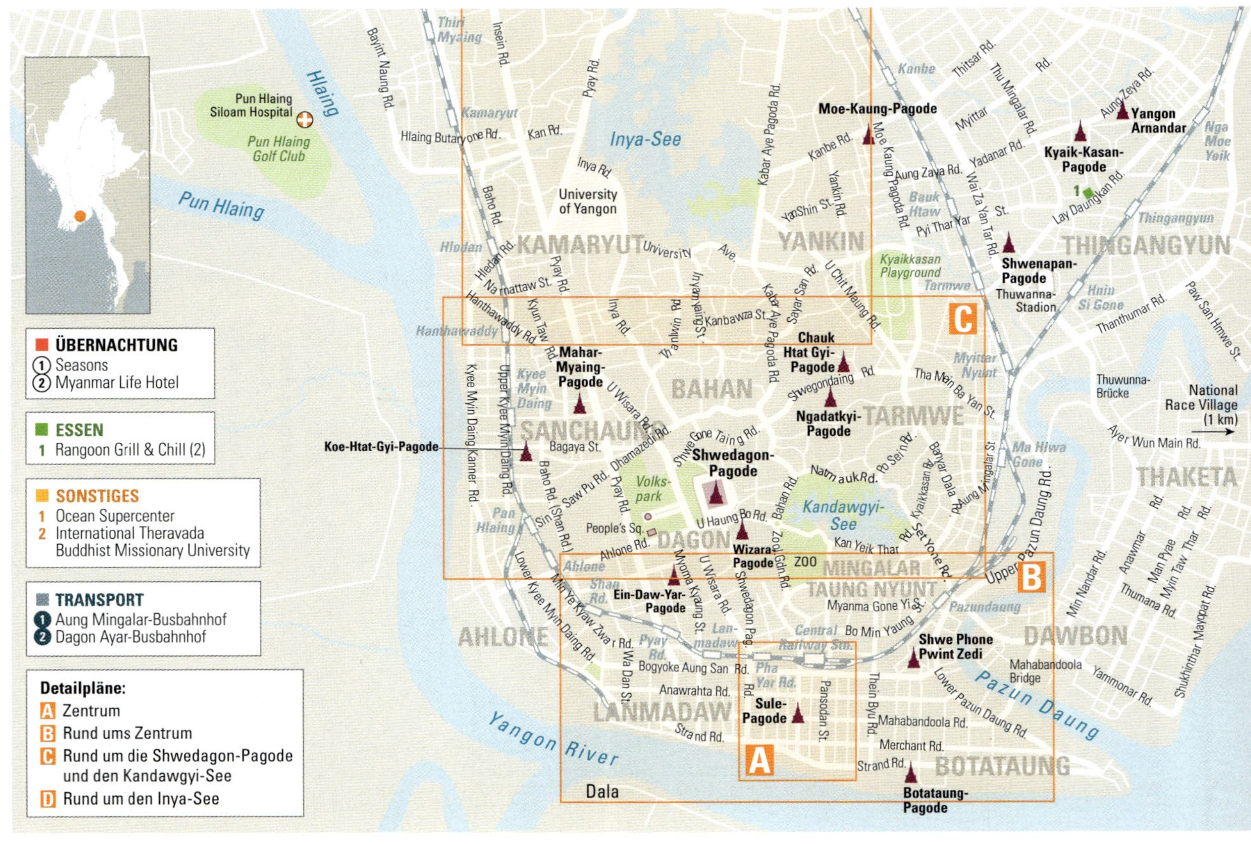
ÜBERNACHTUNG
1 Seasons
2 Myanmar Life Hotel
ESSEN
1 Rangoon Grill & Chill (2)
SONSTIGES
1 Ocean Supercenter
2 International Theravada Buddhist Missionary University
TRANSPORT
1 Aung Mingalar-Busbahnhof
2 Dagon Ayar-Busbahnhof
Detailpläne:
A Zentrum
B Rund ums Zentrum
C Rund um die Shwedagon-Pagode und den Kandawgyi-See
D Rund um den Inya-See
Pun Hlaing Siloam Hospital
Pun Hlaing Golf Club
Hlaing
Pun Hlaing
Inya-See
University of Yangon
Moe-Kaung-Pagode
Yangon Arnandar
Kyaik-Kasan-Pagode
Shwenapan-Pagode
Thuwanna-Stadion
Kyaikkasan Playground
Chauk Htat Gyi-Pagode
Mahar-Myaing-Pagode
Ngadatkyi-Pagode
Koe-Htat-Gyi-Pagode
Shwedagon-Pagode
Volkspark
People's Sq.
Kandawgyi-See
Wizara Pagode
ZOO
Ein-Daw-Yar-Pagode
Shwe Phone Pwint Zedi
Sule-Pagode
Botataung-Pagode
Mahabandoola Bridge
Thuwunna-Brücke
National Race Village (1 km)
Yangon River
Pazun Daung
Dala
KAMARYUT
YANKIN
THINGANGYUN
BAHAN
TARMWE
SANCHAUNG
DAGON
MINGALAR TAUNG NYUNT
AHLONE
LANMADAW
DAWBON
BOTATAUNG
THAKETA
Insein Rd.
Pyay Rd.
Bayint Naung Rd.
Hlaing Butaryone Rd.
Kan Rd.
Inya Rd.
Baho Rd.
Kabar Aye Pagoda Rd.
University Ave.
Kanbe Rd.
Yankin Rd.
Moe Kaung Pagoda Rd.
Aung Zaya Rd.
Yadanar Rd.
Wai Za Yan Tar Rd.
Pyi Thar Yar St.
Thu Mingalar Rd.
Thitsar Rd.
Lay Daungkan Rd.
Thanthumar Rd.
Paw San Hmwe St.
U Chit Maung Rd.
Sayar San Rd.
Kanbawza St.
Inyamyaing St.
Thanlwin Rd.
Kyun Taw Rd.
Hanthawaddy Rd.
Hledan Rd.
Kyee Myin Daing Kanner Rd.
Upper Kyee Myin Daing Rd.
Lower Kyee Myin Daing Rd.
Baho Rd. (Shan Rd.)
Bagaya St.
U Wisara Rd.
Dhamazedi Rd.
Shwe Gone Taing Rd.
Shwegondaing Rd.
Tha Mein Ba Yan St.
Ayer Wun Main Rd.
Natmauk Rd.
Po Sein Rd.
Banyar Dala Rd.
Kyaikkasan Rd.
Mingalar Taung Nyunt St.
Upper Pazun Daung Rd.
Set Yone Rd.
Kan Yeik Thar Rd.
Bahan Rd.
Zoological Gdn. Rd.
U Haung Bo Rd.
Ahlone Rd.
Saw Pu Rd.
Min Ye Kyaw Zwar Rd.
Wa Dan St.
Myoma Kyaung St.
Shwedagon Pag. Rd.
Myanma Gone Yi St.
Bo Min Yaung St.
Bogyoke Aung San Rd.
Anawrahta Rd.
Strand Rd.
Pansodan St.
Thein Byu Rd.
Mahabandoola Rd.
Merchant Rd.
Lower Pazun Daung Rd.
Min Nandar Rd.
Anawmar Rd.
Man Pyae Rd.
Myin Taw Thar Rd.
Thumana Rd.
Yammonar Rd.
Shukhinthar Mayopat Rd.

A Yangon Zentrum

YANGON

■ ÜBERNACHTUNG

③ Central Hotel
④ Clover City Center Plus
⑤ Sule Shangri-La Hotel
⑥ Beautyland Hotel II
⑦ Scott@31
⑧ Clover Hotel City Center
⑨ east hotel, dining, art & craft
⑩ Cherry Gh.
⑪ Chan Myaye Gh.
⑫ Pyin Oo Lwin 2 Gh.
⑬ Hotel K
⑭ Okinawa 2 Gh.
⑮ Garden Gh.
⑯ Okinawa Gh.
⑰ Little Yangon Hostel
⑱ Strand Hotel

■ ESSEN

2 Genius Café
3 Thiripyitsaya Sky Bistro
4 the Phayre's
5 Healthy Me
6 APK Kitchen Thaifood
7 Suzuki Café Thai Food
8 Golden Pho
9 Shan Yoe Yar
10 New Delhi Restaurant
11 Yuzana Biryani
12 Shwe Htoo Restaurant
13 Nilar Biryani & Cold Drink
14 999 Shan Noodle Shop
15 Café KSS
16 Power Food and Drink
17 Rangoon Tea House
18 Gekko

■ SONSTIGES

3 Yangon Yangon Rooftop Bar
4 Kinos
5 Ruby Mart
6 Pansodan Gallery
7 Nay Py Daw Cinema
8 Bookstore
9 AYÉ-Yeik Tha Clinic und Apotheke
10 Lion World
11 AA Pharmacy
12 Singapur Food Connection and Beer Bar
13 Bücherstände
14 Bücherstände
15 Bagan Book House
16 Hla Day
17 Bücherstände
18 Myanmar Masters
19 Myanmar Book Center
20 Yangon Heritage Trust

■ TRANSPORT

❸ Zugtickets („Advanced Booking Office")
❹ Fähre nach Dala

Spaziergang durch Yangons Geschichte

Route (s. S. 152/153)

A => T

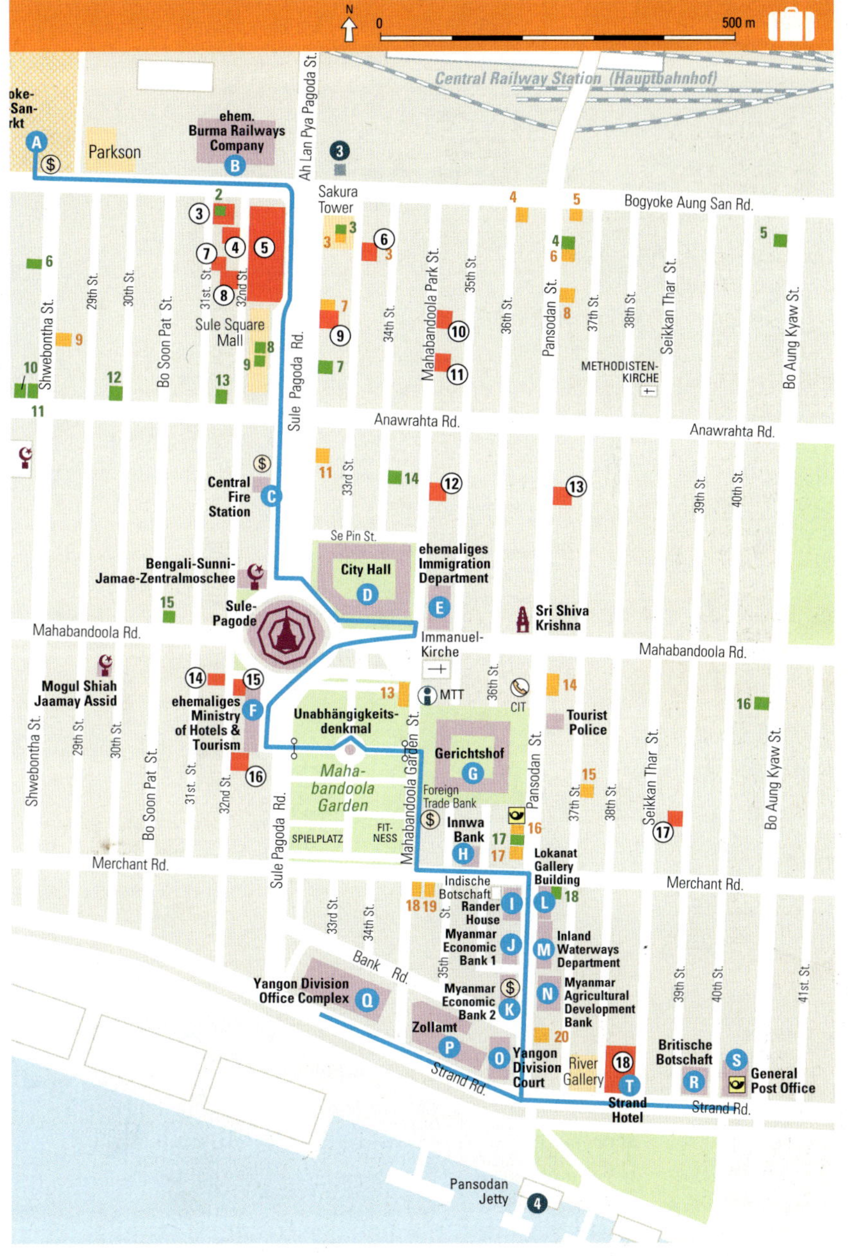
N
0
500 m
Central Railway Station (Hauptbahnhof)
ehem. Burma Railways Company
Parkson
Sakura Tower
Bogyoke Aung San Rd.
Sule Square Mall
Sule Pagoda Rd.
Ah Lan Pya Pagoda St.
Shwebontha St.
29th St.
30th St.
Bo Soon Pat St.
31st. St.
32nd St.
33rd St.
34th St.
Mahabandoola Park St.
35th St.
36th St.
Pansodan St.
37th St.
38th St.
Seikkan Thar St.
Bo Aung Kyaw St.
METHODISTEN-KIRCHE
Anawrahta Rd.
Central Fire Station
Se Pin St.
City Hall
ehemaliges Immigration Department
Bengali-Sunni-Jamae-Zentralmoschee
Sule-Pagode
Sri Shiva Krishna
39th St.
40th St.
Mahabandoola Rd.
Immanuel-Kirche
Mogul Shiah Jaamay Assid
ehemaliges Ministry of Hotels & Tourism
Unabhängigkeits-denkmal
MTT
CIT
Tourist Police
Gerichtshof
Maha-bandoola Garden
Mahabandoola Garden St.
Foreign Trade Bank
Innwa Bank
SPIELPLATZ
FIT-NESS
Lokanat Gallery Building
Merchant Rd.
Indische Botschaft
Rander House
Myanmar Economic Bank 1
Inland Waterways Department
Myanmar Economic Bank 2
Myanmar Agricultural Development Bank
Bank Rd.
Yangon Division Office Complex
Zollamt
Yangon Division Court
River Gallery
Strand Hotel
Britische Botschaft
General Post Office
Strand Rd.
41st. St.
Pansodan Jetty
YANGON

B Yangon Rund ums Zentrum

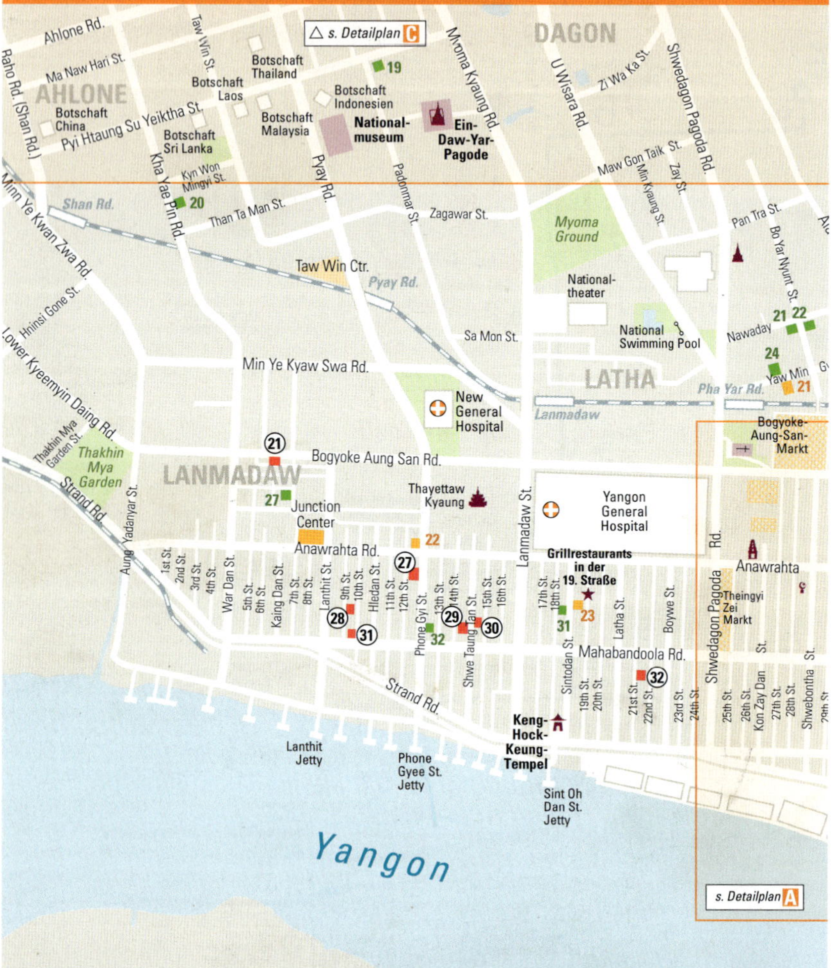

s. Detailplan C

s. Detailplan A

ESSEN

19 Feel Myanmar Food
20 Padonmar Restaurant
21 Craft Café
22 Aung Mingalar Shan Noodle Shop
23 PaPa Pizza
24 Sprouts
25 Thu Kha Yeik Food Centre
26 Babett
27 Shan Yoe Yar
28 Lucky 7 Tea Shop
29 Thai 47
30 Green Gallery
31 Ko San
32 Amazing Thai Food
33 Café Pansuriya
34 50th Street Bar & Grill
35 Suzuki Café Thai Food
36 Monsoon Restaurant
37 UNION Bar & Grill

ÜBERNACHTUNG

(19) G Hotel
(20) The Loft Hotel
(21) Hotel Esta
(22) Aung San Si Gh.
(23) Hotel 51
(24) Orchid Hotel
(25) Motherland Inn 2
(26) Ocean Pearl Inn
(27) Agga Youth Hotel
(28) Hostel 9
(29) Vintage Hostel
(30) Royal 74 Hotel
(31) New Yangon Hotel
(32) Hotel Grand United 21st Downtown
(33) Vintage Luxury Yacht Hotel

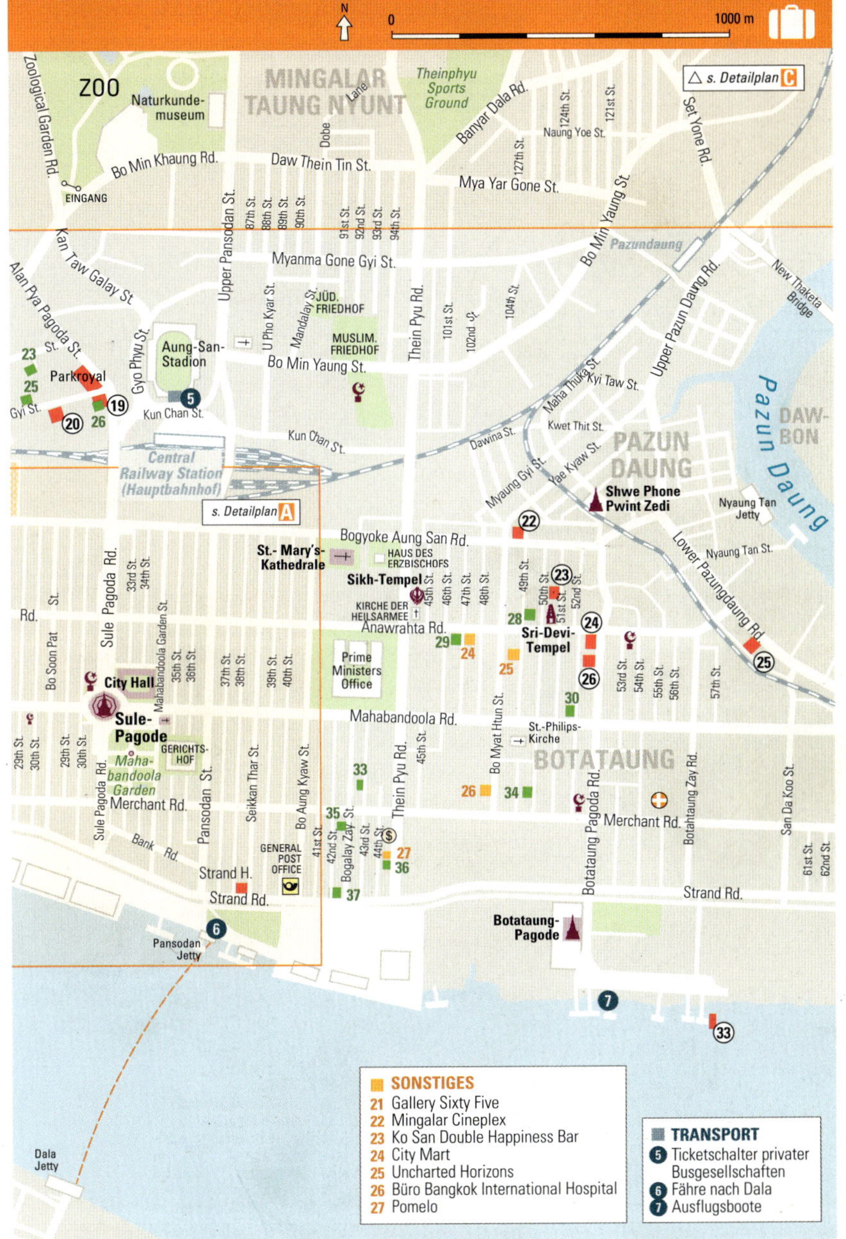

N
0
1000 m
s. Detailplan C
ZOO
Naturkunde-museum
MINGALAR TAUNG NYUNT
Theinphyu Sports Ground
Zoological Garden Rd.
Bo Min Khaung Rd.
EINGANG
Daw Thein Tin St.
Mya Yar Gone St.
Myanma Gone Gyi St.
Kan Taw Galay St.
Alan Pya Pagoda St.
Upper Pansodan St.
Aung-San-Stadion
Parkroyal
Gyo Phyu St.
Kun Chan St.
Bo Min Yaung St.
JÜD. FRIEDHOF
MUSLIM. FRIEDHOF
Thein Pyu Rd.
Pazundaung
Bo Min Yaung St.
Upper Pazun Daung Rd.
New Thaketa Bridge
Pazun Daung
DAW-BON
PAZUN DAUNG
Central Railway Station (Hauptbahnhof)
s. Detailplan A
Shwe Phone Pwint Zedi
Nyaung Tan Jetty
Nyaung Tan St.
Lower Pazungdaung Rd.
Bogyoke Aung San Rd.
St.- Mary's-Kathedrale
HAUS DES ERZBISCHOFS
Sikh-Tempel
KIRCHE DER HEILSARMEE
Anawrahta Rd.
Prime Ministers Office
Sri-Devi-Tempel
City Hall
Sule-Pagode
GERICHTSHOF
Maha-bandoola Garden
Merchant Rd.
Mahabandoola Rd.
St.-Philips-Kirche
BOTATAUNG
Merchant Rd.
Bank Rd.
Strand H.
Strand Rd.
GENERAL POST OFFICE
Pansodan Jetty
Strand Rd.
Botataung-Pagode
Dala Jetty
SONSTIGES
21 Gallery Sixty Five
22 Mingalar Cineplex
23 Ko San Double Happiness Bar
24 City Mart
25 Uncharted Horizons
26 Büro Bangkok International Hospital
27 Pomelo
TRANSPORT
5 Ticketschalter privater Busgesellschaften
6 Fähre nach Dala
7 Ausflugsboote

YANGON

C Yangon Rund um die Shwedagon-Pagode und den Kandawgyi-See

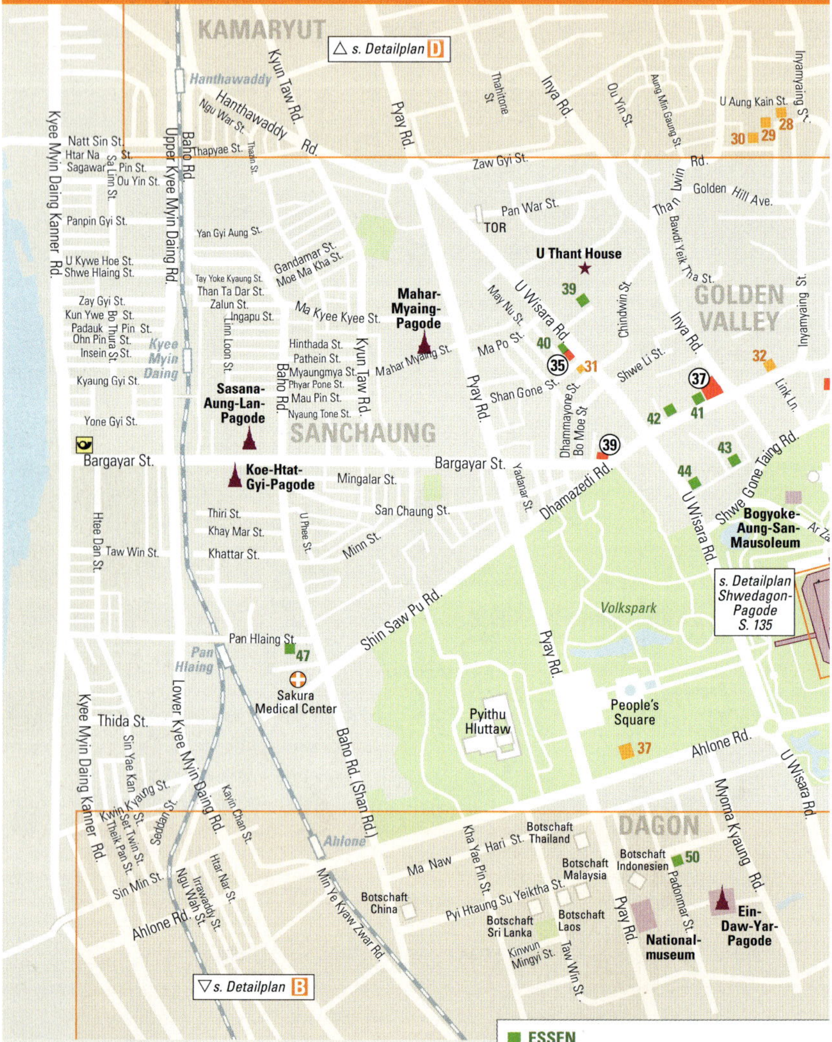

KAMARYUT
s. Detailplan D
Hanthawaddy
Hanthawaddy Rd.
Ngu War St.
Kyun Taw Rd.
Pyay Rd.
Thahitone St
Inya Rd.
Ou Yin St.
Aung Min Gaung St.
Inyamyaing St.
U Aung Kain St.
28
29
30
Natt Sin St.
Htar Na St.
Sagawar Pin St.
Sa Linn St.
Ou Yin St.
Thapyae St.
Thalin St.
Kyee Myin Daing Kanner Rd.
Upper Kyee Myin Daing Rd.
Baho Rd.
Zaw Gyi St.
Rd.
Golden Hill Ave.
Than Win
Pan War St.
TOR
Panpin Gyi St.
Yan Gyi Aung St.
Gandamar St.
Moe Ma Kha St.
U Thant House
Bawdi Yeik Tha St.
GOLDEN VALLEY
U Kywe Hoe St.
Shwe Hlaing St.
Tay Yoke Kyaung St.
Than Ta Dar St.
Zalun St.
Ingapu St.
Zay Gyi St.
Kun Ywe Bo St.
Padauk Pin St.
Ohn Pin Thura St.
Insein St.
Kyee Myin Daing
Linn Loon St.
Ma Kyee Kyee St.
Mahar-Myaing-Pagode
39
May Nu St.
U Wisara Rd.
Chindwin St.
Inya Rd.
Inyamyaing St.
32
Hinthada St.
Pathein St.
Myaungmya St.
Phyar Pone St.
Mau Pin St.
Nyaung Tone St.
Kyun Taw Rd.
Baho Rd.
Mahar Myaing St.
Ma Po St.
40
35
31
Shwe Li St.
37
Link Ln.
Kyaung Gyi St.
Sasana-Aung-Lan-Pagode
Shan Gone St.
Dhammayone St.
Bo Moe St.
42
41
Yone Gyi St.
SANCHAUNG
Pyay Rd.
39
43
Bargayar St.
Koe-Htat-Gyi-Pagode
Mingalar St.
Bargayar St.
Yadanar St.
Dhamazedi Rd.
44
Shwe Gone Taing Rd.
Thiri St.
Khay Mar St.
Khattar St.
U Phee St.
San Chaung St.
Minn St.
U Wisara Rd.
Bogyoke-Aung-San-Mausoleum
Ar Za
Htee Dan St.
Taw Win St.
Shin Saw Pu Rd.
Volkspark
s. Detailplan Shwedagon-Pagode S. 135
Pan Hlaing St.
47
Pan Hlaing
Sakura Medical Center
Pyay Rd.
Lower Kyee Myin Daing Rd.
Baho Rd. (Shan Rd.)
Pyithu Hluttaw
People's Square
Kyee Myin Daing Kanner Rd.
Thida St.
Sin Yae Kan St.
Kwin Kyaung St.
Set Twin St.
Theik Pan St.
Seddan St.
Kayin Chan St.
37
Ahlone Rd.
U Wisara Rd.
Myoma Kyaung Rd.
DAGON
Ahlone
Htar Nar St.
Sin Min St.
Irrawaddy St.
Ngu Wah St.
Ahlone Rd.
Min Ye Kyaw Zwar Rd.
Ma Naw Hari St.
Kha Yae Pin St.
Botschaft Thailand
Botschaft Malaysia
Botschaft Indonesien
50
Padonmar St.
Botschaft China
Pyi Htaung Su Yeiktha St.
Botschaft Sri Lanka
Botschaft Laos
Kinwun Mingyi St.
Taw Win St.
Pyay Rd.
National-museum
Ein-Daw-Yar-Pagode
s. Detailplan B

ÜBERNACHTUNG

(34) Hotel Alamanda
(35) Wai Wai's Place
(36) Kaung Lay Inn
(37) Savoy Hotel Yangon
(38) Sky View Hotel
(39) My Hotel
(40) Merchant Art Boutique Hotel
(41) Beautyland Hotel 1
(42) Bodhi Nava

ESSEN

38 Pearl Condo Training Café
39 House of Memories
40 Wai Wai's Noodle Place
41 Sharky's
42 Coffee Circle
43 Hla Myanmar und Mya Myint Mo Restaurant

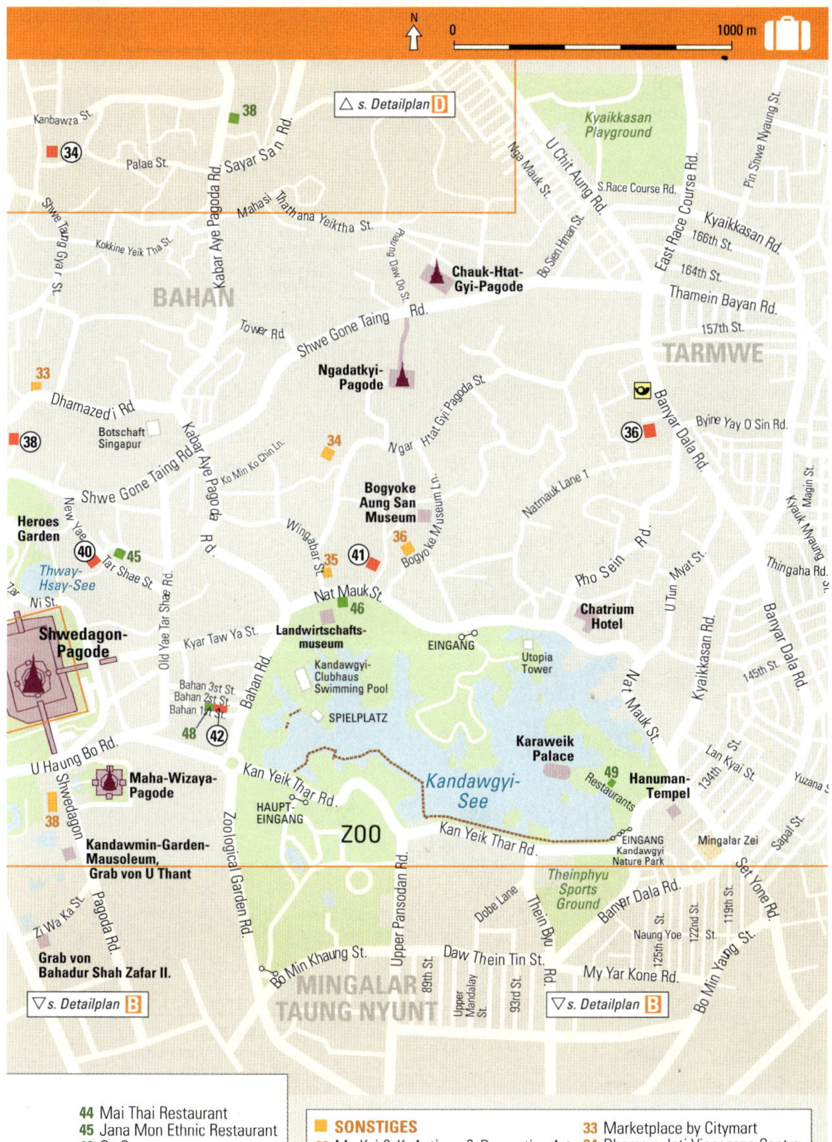

44 Mai Thai Restaurant
45 Jana Mon Ethnic Restaurant
46 Go Green
47 Mahlzeit
48 Bodhi Nava
49 YGN Bus Café
50 Feel Myanmar Food

SONSTIGES
28 Mr. Kyi & K, Antique & Decorative Art
29 KZL Art Gallery
30 New Treasure Studio & Art Gallery
31 Yangoods
32 Souvenirläden (Holzarbeiten)
33 Marketplace by Citymart
34 Dhamma Joti Vipassana Centre
35 Goethe-Institut
36 Deutsche Botschaft
37 The Yangon Gallery
38 Happy World (Vergnügungspark)

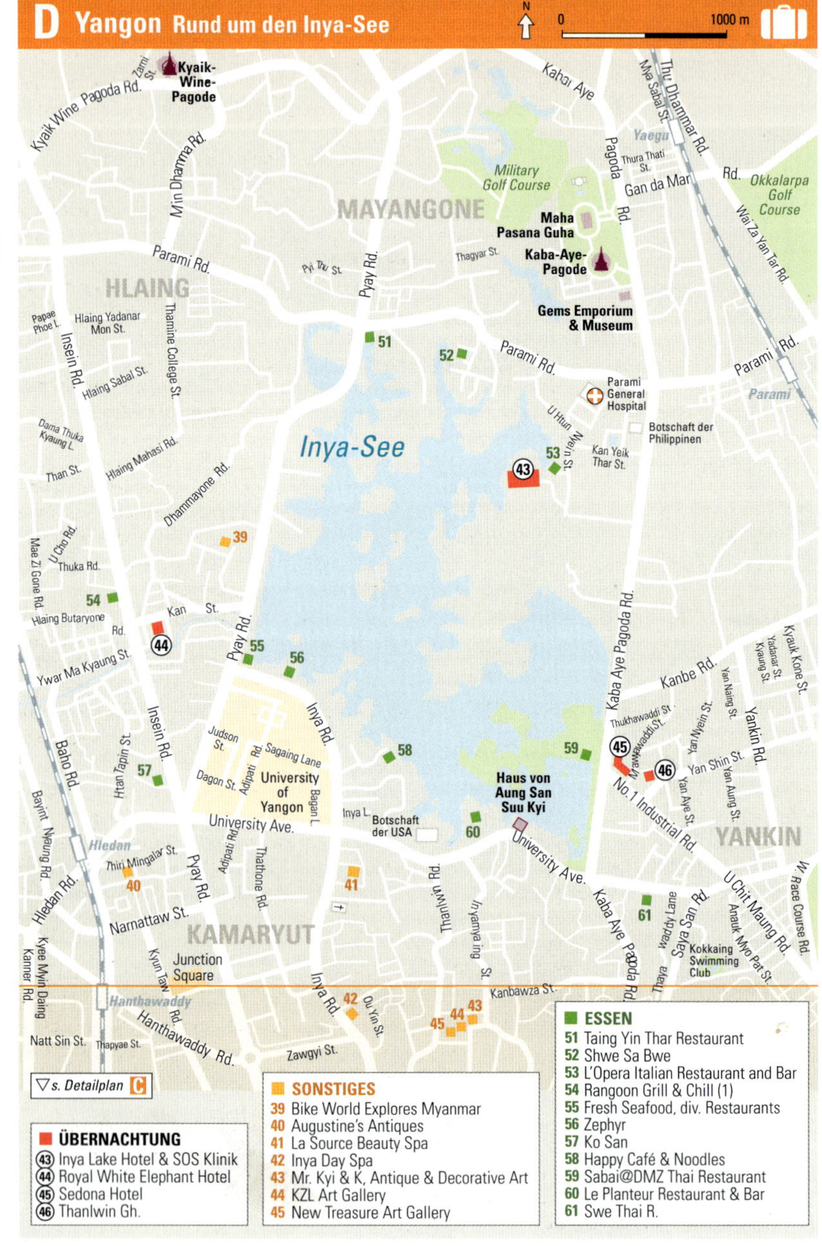
D Yangon Rund um den Inya-See
N
0
1000 m
Kyaik-Wine-Pagode
Kyaik Wine Pagoda Rd.
Zami St.
Min Dhamma Rd.
Kaba Aye
Mya Sabai St.
Thu Dhammar Rd.
Yaegu
Thura Thati St.
Pagoda Rd.
Military Golf Course
Gan da Mar
Rd.
Okkalarpa Golf Course
Wai Za Yan Tar Rd.
MAYANGONE
Maha Pasana Guha
Kaba-Aye-Pagode
Thagyar St.
Parami Rd.
Pyi Thu St.
Pyay Rd.
HLAING
Gems Emporium & Museum
Papae Phoe L.
Hlaing Yadanar Mon St.
Thamine College St.
Insein Rd.
Hlaing Sabal St.
Parami General Hospital
Parami
U Htun Nyein St.
Botschaft der Philippinen
Dama Thuka Kyaung L.
Inya-See
Hlaing Mahasi Rd.
Kan Yeik Thar St.
Than St.
Dhammayone Rd.
U Cho Rd.
Mae Zi Gone Rd.
Thuka Rd.
Hlaing Butaryone Rd.
Kan St.
Ywar Ma Kyaung St.
Kaba Aye Pagoda Rd.
Kanbe Rd.
Kyauk Kone St.
Yadanar St.
Kyaung St.
Yan Naing St.
Thukhawaddi St.
Yankin Rd.
Yan Nyein St.
Judson St.
Sagaing Lane
Inya Rd.
Baho Rd.
Htan Tapin St.
Adipati Rd.
University of Yangon
Haus von Aung San Suu Kyi
Yan Shin St.
Yan Aung St.
Yan Aye St.
No.1 Industrial Rd.
Bayint Naung Rd.
Dagon St.
Bagan L.
Inya L.
Botschaft der USA
University Ave.
YANKIN
Hledan
Thiri Mingalar St.
Thathone Rd.
Thanlwin Rd.
U Chit Maung Rd.
W. Race Course Rd.
Hledan Rd.
Pyay Rd.
Inyamya ing St.
Saya San Rd.
Anauk Myo Pat St.
Narnattaw St.
KAMARYUT
Kokkaing Swimming Club
Kyee Myin Daing Kanner Rd.
Kyun Taw Rd.
Junction Square
Kanbawza St.
Thaya waddy Lane
Hanthawaddy
Hanthawaddy Rd.
Ou Yin St.
Natt Sin St.
Thapyae St.
Zawgyi St.
▽s. Detailplan C
ÜBERNACHTUNG
43 Inya Lake Hotel & SOS Klinik
44 Royal White Elephant Hotel
45 Sedona Hotel
46 Thanlwin Gh.
SONSTIGES
39 Bike World Explores Myanmar
40 Augustine's Antiques
41 La Source Beauty Spa
42 Inya Day Spa
43 Mr. Kyi & K, Antique & Decorative Art
44 KZL Art Gallery
45 New Treasure Art Gallery
ESSEN
51 Taing Yin Thar Restaurant
52 Shwe Sa Bwe
53 L'Opera Italian Restaurant and Bar
54 Rangoon Grill & Chill (1)
55 Fresh Seafood, div. Restaurants
56 Zephyr
57 Ko San
58 Happy Café & Noodles
59 Sabai@DMZ Thai Restaurant
60 Le Planteur Restaurant & Bar
61 Swe Thai R.

ter-Darstellungen bewundern. Linker Hand in der Vorhalle steht ein Altar, der dem Gründer des Tempels gewidmet ist. ⌚ unregelmäßig.

Interessant ist auch der **Sri-Kali-Tempel** an der Anawrahta Road auf Höhe der 26th St. ⌚ 5–11, 15–21 Uhr.

Mahabandoola Garden

Inmitten der Stadt, hinter der Sule-Pagode Richtung Fluss, befindet sich der kleine **Mahabandoola Garden**, an dessen Nordseite das **Unabhängigkeitsdenkmal** an die Unabhängigkeit und die Union Myanmars erinnert. Der große Obelisk symbolisiert den Zentralstaat Birma, die kleinen die Staaten, die als erste der Union beitraten.

Bewacht wird das Denkmal von *chinthes*, löwenähnlichen Fabelwesen. Morgens treffen sich hier Chinesen zum Tai Chi, abends lassen Familien und junge Paare im Park den Tag ausklingen. Richtung Fluss befindet sich ein kleiner Spielplatz für Kinder bis etwa drei Jahre – daneben Fitnessgeräte für die Größeren.

Rund ums Zentrum

St.-Mary's-Kathedrale

Die St.-Mary's-Kathedrale an der Bo Aung Kyaw Street, Ecke Bogyoke Aung San Road, ist eine beeindruckend große katholische Kirche und die größte Kathedrale des Landes. Hier finden zahlreiche Gottesdienste statt. Von der mächtigen geschnitzten Kanzel im Kirchenschiff wird nur in Ausnahmefällen gepredigt. Direkt im Eingangsbereich der 1911 aus Backstein errichteten Kirche befindet sich eine Gedenktafel für den holländischen Priester, Erbauer und Architekten Hendrick Janzen. Vor dem Altarbereich stehen inbrünstig verehrte Bildnisse der Jungfrau Maria. Am Seitenaltar links kämpft der heilige Georg gegen den Drachen.

Prime Minister's Office (Sekretariat)

Der einstige Sitz der britischen Kolonialverwaltung ist die wohl spektakulärste Hinterlassenschaft der ehemaligen Herren aus Europa. Der große Komplex aus mehreren Gebäuden, die z. T. üppig mit Säulen, Rundbogen, Türmchen und Kuppeln geschmückt sind, kann leider nur aus der Ferne durch einen Zaun bestaunt werden. Seit der Erbauung 1889–1905 wurde aus dem Minister's Office in der 300 Theinbyu Road die gesamte Kolonie verwaltet. Traurige Berühmtheit erlangte es am 19. Juli 1947, als General Aung San, der charismatische Führer des Landes und Vater von Aung San Su Kyi, hier einem tödlichen Attentat zum Opfer fiel. Nach der Unabhängigkeit wurde das Haus weiter als Regierungssitz genutzt. Nachdem die Regierung 2005 nach Nay Pyi Taw umgezogen war, blieb das Gebäude sich selbst überlassen. Der Taifun Nargis zerstörte 2008 große Teile der Dächer. Nach Jahren des weiteren Verfalls wurde dann endlich mit Restaurierungsarbeiten begonnen, und inzwischen sind einige Gebäudeteile zugänglich.

Botataung-Pagode

Diese Pagode liegt am Fluss östlich des Zentrums. Vor ihren Toren steht ein Kassenhaus, wo US$5 (6000 Kyat) Eintritt verlangt werden (Fotografieren US$1, Filmen US$2). Auch die Schuhe müssen hier abgegeben werden.

Der Stupa der Botataung-Pagode ist von innen begehbar. Ein vergoldeter Gang mit einigen Figuren und Pagodenmodellen hinter Glas umgibt das innerste Heiligtum. Hier steht ein Schrein, der eine Haarreliquie Buddhas enthalten soll. Die Gläubigen versuchen Geldscheine in eine Schale zu werfen.

An der linken Außenseite des Tempels gibt es ein Wasserbecken, in dem einige Schildkröten leben. Im nahen *tazaung* befinden sich Darstellungen einiger Nats und Weizzars (Magier), darunter Bo Bo Gyi, Bo Min Gaung und Bo Bo Aung.

Chinatown und Little India

Zwei Stadtviertel westlich der Sule Pagoda Road sind unbedingt einen Besuch wert: Entlang der Anawrahta Road erstreckt sich das sehr belebte **Little India** mit vielen indischen Restaurants.

Chinatown erstreckt sich entlang der Mahabandoola Road und ist ein Paradies für Freunde kulinarischer Entdeckungstouren. Tipp: die 19. Straße (S. 162).

Chinesischer Tempel

An der Strand Road, Ecke Sintodan Street, liegt der ehrwürdige chinesische Tempel **Kheng Hock Keung**. Er ist der chinesischen Göttin Mazu gewidmet, der Schutzherrin der Seefahrer und Fischer. Ihre Statue steht auf dem Hauptaltar. Rechts von ihr sieht man Bao Sheng Da Di, den Gott der Medizin, und links wacht der aufrechte Feldherr Guan Gong. Der Tempel wurde zwischen 1861 und 1863 aus Holz erbaut und diente den Hokkien-Chinesen als Gemeindehaus. 1903 wurde er als Ziegelsteinbau erneuert. Die letzte Renovierung fand 2011 zum 150-jährigen Jubiläum statt. Heute empfängt das heilige Haus den Besucher am Eingang mit aufwendigen Steinmetzarbeiten. Morgens zwischen 6 und 8 Uhr finden manchmal besondere Zeremonien statt.

Nationalmuseum

Das Nationalmuseum in der Pyay Road, nordwestlich des Zentrums, lohnt einen Besuch. Historisch Interessierte verbringen hier locker mehr als zwei Stunden. Hauptattraktion ist der berühmte Löwenthron aus dem Königspalast von Mandalay, der nun in der angemessen prunkvollen zentralen Halle im **Erdgeschoss** des Museums steht. Vor dem aus Holz geschnitzten, mit Lack und Gold verzierten 8 m hohen Thron, der eher einem hohen Tor ähnelt, saß einst der König zu Gericht. Seit 1886 befand sich das Symbol der Macht in Kalkutta und wurde erst 1948 an Myanmar zurückgegeben. Modelle von weiteren Thronen für andere Anlässe umgeben das beeindruckende Kunstwerk. Im Erdgeschoss kann zudem die Entwicklung der Schriften von einer Steininschrift der Pyu aus dem 5. Jh. v. Chr. bis heute nachvollzogen werden. Historische Fotos, einige gerettete Möbel und schwere Roben von König Thibaw und der Königin lassen etwas vom Prunk am letzten Königshof erahnen.

Ein weiteres Highlight sind die königlichen Insignien, der königliche Goldschmuck, goldene Schrifttafeln und wertvolle Betelbehälter in der Schatzkammer hinter hohen Gittern im **1. Stock**. Nebenan haben auch Fossilien und prähistorische Faustkeile sowie Fotos und Karten von archäologischen Ausgrabungsstätten einen Platz gefunden. Der historische Saal ist nicht sehr üppig bestückt, enthält aber einige interessante Ausstellungsstücke wie die etwa 2000 Jahre alten Statuen von Tänzern und Musikern.

Der **2. Stock** vermittelt einen Eindruck von der Vielfalt des einheimischen Kunsthandwerks, von feinsten Lackdöschen bis zu kunstvoll verzierten Ochsenkarren, und den traditionellen Musikinstrumenten.

Die Kunstgalerie im **3. Stock** hätte ein besseres Umfeld verdient, ebenso wie der alte Goldschmuck hinter Gittern nebenan. Wer noch nicht zu müde ist, kann im **4. Stock** einen guten Eindruck von der ethnischen Vielfalt des Landes erhalten. Hier sind nach Staaten gegliedert nicht nur die Nationaltrachten, sondern auch interessantes Kunsthandwerk der Naga, Shan, Rakhine, Mon, Chin und Kayin zu bewundern, das allerdings manchmal nicht eindeutig zugeordnet ist. Im angrenzenden Nation Building Showroom stellt sich die derzeitige Regierung dar.

🕒 9.30–16.30 Uhr, Einlass bis 16 Uhr, Mo und Feiertage geschlossen, Eintritt 5000 Kyat. Fotografieren und Filmen verboten. Wer mit einem Handy filmt oder fotografiert, wird bisher nicht auf das Verbot hingewiesen – eine digitale Grauzone.

Rund um Shwedagon-Pagode und Kandawgyi-See

Chauk-Htat-Gyi-Pagode

In dieser Pagode nahe der Shwedagon-Pagode liegt in einer offenen Halle eine der größten Buddhafiguren Myanmars. Wer es nicht bis nach Bago schafft, sollte diesen 72 m langen liegenden Buddha besuchen. Er wurde 1907 erschaffen und von 1966 bis 1973 restauriert. Unweit von hier steht die **Ngadatkyi-Pagode**, die einen 10 m hohen sitzenden Buddha beherbergt. Ein Leser rät zum Besuch des Klosters. Hier leben etwa 500 Mönche, die Gästen das Kloster zeigen und sie gegen eine Spende in die Meditation einführen. 🕒 6–20 Uhr.

Maha-Wizaya-Pagode

Die Pagode liegt am Fuße des Südaufgangs der Shwedagon. Der Stupa ist von innen begehbar. Der **Innenraum** ist als Wald gestaltet; stilisierte Bäume ragen an den Wänden empor bis zur

Kuppel, auf der Sternbilder dargestellt sind. Zu den Motiven zählen ein Elefant, ein Pferd und eine Muschel. Manchmal wird der Innenraum verdunkelt und Lämpchen erhellen den Sternenhimmel. Im Zentrum steht ein Schrein mit acht Buddhafiguren.

Ein **Wandelgang** führt um das Zentralheiligtum herum. Entlang dem Gang erblickt man hinter Glas Miniaturdarstellungen von Pagoden aus allen Teilen des Landes. Holzschnitzarbeiten zeigen Buddha, wie er als junger Siddhartha Gautama die Übel des Lebens erkennt. General Ne Win hatte maßgeblichen Einfluss auf den Bau der Pagode. Daher ist sie auch als Ne-Win-Pagode bekannt.

Zu Fuß lassen sich von hier **drei berühmte Grabstätten** erreichen. An die Zeiten, als Myanmar noch ein Königreich war, erinnert das Grab von Königin Supayalat, die als Frau ihres Halbbruders Thibaw bis 1885 in Mandalay herrschte. Die Familie wurde nach Indien verbannt, und erst nachdem Thibaw im indischen Exil verstorben war, konnte Supayalat 1919 nach Myanmar zurückkehren. Sie wohnte in Yangon (die Rückkehr nach Mandalay war ihr verboten), wo sie 1925 verstarb. Ihre sterblichen Überreste ruhen im Kandawmin-Garden-Mausoleum an der Shwedagon Pagoda Road. Unweit davon befindet sich das Grab von U Thant, dem 1971 verstorbenen 3. Generalsekretär der Vereinten Nationen. Die Ruhestätte von Indiens letztem Mogul, Bahadur Shah Zafar II., befindet sich eine Straße weiter in der 6 Zi Wa Kar Street. Er wurde 1857 nach einem Aufstand von den Briten nach Yangon verbannt und starb dort 1868. Sein Grab war lange verschollen und wurde erst 1991 wiederentdeckt.

Parks und Seen

Der **Volkspark**, zwischen Pyay Road und U Wisara Road, ist selten überlaufen. Lange wurde von Ausländern hier viel Geld verlangt, mittlerweile sind es nur noch 300 Kyat. Ein wichtig aussehendes Schild mahnt alle Besucher, die Tickets aufzubewahren und auf Verlangen vorzuzeigen. Die Anlage bietet inmitten der Stadt Entspannung unter schattigen Bäumen. Reisebusse halten oft in der Pyay Road gegenüber dem Gebäude der Nationalversammlung am großen Zaun, hinter dem sich in einiger Entfernung die Torwächter der Shwedagon-Pagode als beliebtes Fotomotiv anbieten. Von hier aus sieht man auch den bekannten Brunnen des Volksparks, der von steinernen Elefanten gesäumt ist.

Hinter dem Nordaufgang der Shwedagon-Pagode liegt der **Thway-Hsay-See**, in dem laut Inschriftentafel die Helden Myanmars nach dem Ersten und Zweiten Anglo-Birmanischen Krieg (1824–26 und 1852–64) das Blut von ihren Schwertern wuschen. Wenige Schritte weiter liegt auf einer Anhöhe der **Heroes Garden**. Ausländer zahlen ein Eintrittsgeld von 3000 Kyat und eine ebenso hohe Fotogebühr.

Links unterhalb des Gartens befindet sich das **Bogyoke-Aung-San-Mausoleum**, dessen Tore das ganze Jahr über verschlossen sind. Nur am Todestag Aung Sans am 19. Juli ist das sozialistisch anmutende Bauwerk für die jährliche Kranzniederlegung geöffnet.

Ein Tag am Kandawgyi-See

Am Kandawgyi-See kann man herrlich entspannen. Nahe der Shwedagon-Pagode befindet sich der Teil des Parks, der Ruhesuchende und Liebespaare anzieht. Zuletzt waren die Kassenhäuschen unbesetzt, es kann aber sein, dass für Ausländer wieder Eintritt erhoben wird. Unter anderem lockt der Utopia Tower, ein gemauerter Aussichtsturm, der von außen wie ein Berg aussieht. Wer die zahlreichen Stufen hinaufsteigt oder sich in den alten Aufzug wagt, den belohnt eine schöne Aussicht auf den See und die Shwedagon (oben zahlt man ggf. 200 Kyat). Es gibt Spielplätze mit Baumhäusern, Klettergerüsten, Schaukeln und Rutschen (auf denen sich auch Jugendliche treffen), einen Fitnessparcours, ein Schwimmbad und einen schönen hölzernen Steg auf dem Wasser (2017 an vielen Stellen renoviert, 2019 aber schon wieder vielfach kaputt). Der südöstliche Teil, der auch Kandawgyi Nature Park bzw. Karaweik Garden genannt wird, lockt sowohl mit einem Spiel- als auch mit einem Konzertplatz und vielen Restaurants. Hier ist vor allem abends viel los; Eintritt offiziell 300 Kyat. Auch eine Foto- und Videogebühr kann erhoben werden (500/1000 Kyat).

Spaziergang durch Yangons Geschichte

- **Länge**: 2 km
- **Dauer**: ca. 1 Std.

Ein kurzer Spaziergang durch Yangons Altstadt führt an vielen historischen Gebäuden vorbei, die mehr als eine Geschichte zu erzählen haben. Start ist am **Bogyoke-Aung-San-Markt** Ⓐ (auch: Scott's Market), der 1926 erbaut und ursprünglich nach James George Scott benannt wurde, einem schottischen Journalisten, der für die Kolonialverwaltung arbeitete und das Fußballspiel in Birma populär machte. Sein wichtigstes Werk, *The Burman – His Life and Notions* von 1882, verfasste er unter dem Pseudonym Shway Yoe. Es ist bis heute in Yangon als Nachdruck erhältlich.

Geht man Richtung Osten ein paar Schritte die Bogyoke Aung San Road hinunter, passiert man linker Hand die ehemalige **Burma Railways Company** Ⓑ. Das u-förmige Gebäude aus rotem Backstein stammt von 1877 und ist eines der ältesten Verwaltungsgebäude in Yangon. Es ist von einem hohen Zaun umgeben – ein Investor hat das Gebäude gekauft und wird es, da es unter Denkmalschutz steht, nun renovieren müssen. Betreten streng verboten: Das Wachpersonal hat Argusaugen und versteht keinen Spaß.

Der Weg führt nach Süden Richtung Sule-Pagode, vorbei an der **Central Fire Station** Ⓒ mit ihrem Glockenturm, wo bis heute die Feuerwehrautos einsatzbereit parken, zur hellblau gestrichenen **City Hall** Ⓓ, in der noch immer die Verwaltung von Yangon residiert (Eintritt nur für Einheimische). An dem mächtigen Gebäude wurde von 1925 bis 1940 gearbeitet. Als Zierrat wurden viele birmanische Elemente eingebaut – etwa die dreistöckigen *pyatthat*-Dächer oder die Nagaschlangen an den Eingängen. Zwei weitere schöne Kolonialgebäude liegen ganz in der Nähe: Das ehemalige **Immigration Department** Ⓔ, erbaut 1908–10, das in seiner Geschichte auch schon ein Kaufhaus war und heute eine Bank beherbergt,

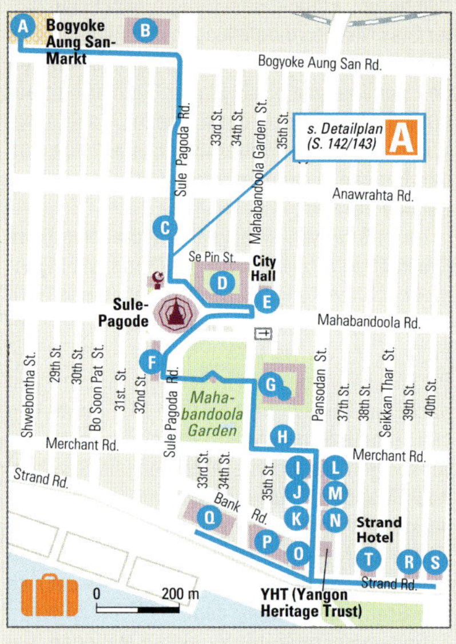

sowie das ehemalige **Ministry of Hotels & Tourism** Ⓕ, das auf eine neue Funktion wartet.

Quer durch den Mahabandoola Garden mit seinem hoch aufragenden Unabhängigkeitsdenkmal geht es weiter zum **Gerichtshof** Ⓖ, einem besonders augenfälligen Beispiel britischer Kolonialarchitektur. Erbaut 1905–11, fehlen hier weder Glockenturm noch Löwenstatuen, um dem Prachtbau ein imposantes Flair zu verleihen. Zeit seines Bestehens war das Gebäude der höchste Gerichtsstand im Land. Erst seit das oberste Gericht in der neuen Hauptstadt Nay Pyi Taw tagt, hat das alte Gericht an Bedeutung verloren, und einige Teile des Gebäudes stehen nun leer.

Vorbei an historischen Banken in der Merchant Road, darunter die 2011 renovierte **Innwa Bank** Ⓗ, ab 1885 von Oppenheimer & Co. genutzt, erreicht man die Pansodan Street, in der eine ganze Reihe großer Bauwerke mit sehenswerten Fassaden

Die City Hall im Herzen Yangons

steht: das **Rander House** I von 1930 mit seinen Art-déco-Verzierungen, das an indische Händler aus Rander (einer Hafenstadt in Indien) erinnert und heute Verwaltungszwecken dient, die **Myanmar Economic Bank 1** J, 1923 von Lloyds als Bankhaus errichtet, und die **Myanmar Economic Bank 2** K, ebenfalls seit dem Bau 1939–41 eine Bank (damals: Chartered Bank of India). Vor diesen Banken und dem Rander House haben sich auf dem Bürgersteig ein paar Teeverkäufer niedergelassen.

Auf der anderen Straßenseite befindet sich das pastellgelbe **Lokanat Gallery Building** L, um 1906 erbaut, eines der wenigen Häuser, die man betreten kann. Die namensgebende Galerie befindet sich im ersten Stock, 🕒 9–17 Uhr, Eintritt frei. In diesem Haus hatte seinerzeit auch der deutsche Fotograf Peter Klier sein kleines Souvenir- und Postkartenlädchen – seine Bilder sind heute noch als Postkarten und in historischen Bildbänden zu finden.

Direkt daneben liegt das Gebäude des **Inland Waterways Department** M von 1933, zuvor von der britischen Irrawaddy Flotilla Company genutzt. Mit seinen Säulen und Arkaden wirkt es sehr würdevoll. An der benachbarten **Myanmar Agricultural Development Bank** N (erbaut um 1930 von der britischen Grindlays Bank) fällt besonders das goldene Eingangstor mit seiner halbrunden Überdachung auf. Gleich nebenan, in der Pansodan 22-24, hat der in Sachen Rettung der Kolonialbauten sehr engagierte Yangon Heritage Trust sein Büro und informiert mit einer sehenswerten Ausstellung über die Stadtgeschichte (S. 165).

Gegenüber an der Ecke zur Strand Road liegt der **Yangon Division Court** O, gebaut um 1900. Seine achteckigen Ecktürme sind von einem Kuppeldach gekrönt. Einige Gebäudeteile wurden im Zweiten Weltkrieg bombardiert und sind bis heute nicht vollständig instandgesetzt. Ein paar Schritte weiter an der Strand Road steht das 1912–16 aus Backsteinen erbaute **Zollamt** P mit seinem weithin sichtbaren weißen Turm. Noch etwas weiter westlich schließt sich der **Yangon Division Office Complex** Q (1927–31) mit seiner wuchtigen Säulenfassade an. Die ganze Konstruktion wurde um ein Stahlgerüst herum gebaut.

Mit der **Britischen Botschaft** R von 1900 und dem **General Post Office** S (erbaut 1908) liegen zwei weitere Perlen des Kolonialbaus etwas östlich an der Strand Road. Doch vielleicht ist es nun Zeit, bei einer Tasse Tee das Gesehene zu verdauen. Am besten begibt man sich dafür in die stilvolle Bar des 1901 erbauten **Strand Hotels** T – 1993 wiedereröffnet und 2017 frisch renoviert erstrahlt es in neuem Glanz.

Der Haupteingang zum **Zoo** befindet sich an der Südseite des Kandawgyi-Sees. Im Zoo sind neben Elefanten und Tigern auch seltene asiatische Tiere zu sehen. Die Haltung ist nicht einwandfrei. ⌚ 8–18 Uhr, Tickets bis 16.30 Uhr, Eintritt 3000 Kyat, Kinder 2000 Kyat.

Museen

Das **Bogyoke-Aung-San-Museum**, 25 Bogyoke Museum Lane, ☎ 01-345 651, ist in jenem englischen Wohnhaus untergebracht, in dem der gleichnamige charismatische Führer bis zu seinem frühen Tod 1947 mit seiner Familie lebte. Seine Tochter Aung San Suu Kyi wurde in dem Haus geboren und wohnte hier bis 1953 – das Jahr, in dem ihr älterer Bruder im Gartenteich ertrank. Heute ist alles so eingerichtet, wie es einmal ausgesehen haben mag: Zu sehen sind die Bücher des Freiheitskämpfers und Fotografien seiner Familie. ⌚ tgl. außer Mo 9–16 Uhr, Eintritt 3000 Kyat.

Im **Landwirtschaftsmuseum** am Kandawgyi-See werden der Anbau und die Weiterverarbeitung von einheimischen Agrargütern anschaulich dargestellt. ⌚ tgl. außer Mo 9–16 Uhr, Eintritt frei.

Im **U Thant House**, einer imposanten Kolonialvilla, residierte einst der spätere Generalsekretär U Thant. 2014 eröffnete hier ein Museum, das sich großer Beliebtheit erfreut. Internetportale weisen es sogar manchmal als die Nummer 2 aller Sehenswürdigkeiten Yangons aus (nur die Shwedagon gilt als interessanter). Dem stimmen wir zwar nicht zu, aber wer sich für die Geschichte dieses Mannes interessiert, wird sicher Spaß finden an den zahlreichen Fotos, die hier zu sehen sind. Das Haus befindet sich im noch heute sehr angesagten Wohnviertel Golden Valley, in der Pan War Lane (über die Inya Rd. Höhe Sakura Residence zu erreichen, Karte S. 140/141, 💻 https://www.uthanthouse.org/, ⌚ Fr–So 10–17 Uhr, Eintritt frei, Spende erbeten.

Rund um den Inya-See

Maha Pasana Guha

Ursprünglich für die Sechste Buddhistische Synode errichtet, kann diese künstliche Höhle bis zu 10 000 Menschen aufnehmen. Das Welttreffen fand zwischen Mai 1954 und 1956 anlässlich des 2500. Jahrestages von Buddhas Erleuchtung statt. Mehrere tausend Repräsentanten aus über 30 Ländern folgten der Einladung des ersten Premiers Birmas, U Nu, um den endgültigen Text des buddhistischen Kanons festzulegen. Die Grotte ist fast 140 m lang und über 110 m breit und wird von zahlreichen Bodhi-Bäumen umgeben. Heute werden hier Mönchsprüfungen der auf dem gleichen Gelände befindlichen buddhistischen Universität abgehalten.

Kaba-Aye-Pagode

Die Pagode, deren wörtliche Übersetzung „Pagode des Weltfriedens" lautet, steht unweit der Höhle und wurde von U Nu 1952 ebenfalls anlässlich der Synode erbaut. Im Inneren des hohlen Stupas werden Reliquien der beiden engsten Buddhaschüler Mogallana und Sariputra aufbewahrt. Außen blicken Buddhabildnisse in die verschiedenen Richtungen.

Edelsteinmuseum

Im **Gems Emporium & Museum**, 66 Kaba Aye Pagoda Rd., das eher als ein großes Edelsteinkaufhaus auf drei Etagen zu bezeichnen ist, finden Liebhaber funkelnder Steine wahre Schätze. Viele der interessantesten Stücke sind allerdings in das neuere Gems Museum in Nay Pyi Taw gebracht worden. ⌚ 10–17 Uhr, der Eintritt ist frei.

Sehenswürdigkeiten im Großraum Yangon

Dala

Wem es in Yangon Downtown zu eng, zu voll und zu laut wird, der kann ganz einfach einen kleinen Ausflug in die Provinz unternehmen – die nur ein paar Bootsminuten entfernt auf der anderen Seite des Yangon-Flusses liegt. Dem kleinen Flecken Dala (S. 181) stehen allerdings große Veränderungen bevor, wenn dort wie geplant neue Siedlungs- und Industriegebiete erschlossen werden. Anfahrt mit der ganztags verkehrenden Flussfähre ab der Pansodan Jetty etwa alle 20 Minuten für 2000 Kyat. Auf der anderen Seite bemühen sich Rikschafahrer um die Gunst der Ankommenden. Unser Tipp: Touren auf die andere Seite sind auch mit dem Fahrrad möglich. Gute Touren bietet z. B. Uncharted Horizons, S. 171.

Mae-lá-mú-Pagode

Die Pagode liegt nördlich, etwas außerhalb des Stadtzentrums am Nga-Moe-Yeik-Fluss, nahe der Stadtbahnstation Tadalay. Auf dem weitläufigen Gelände befindet sich eine Vielzahl großer Buddhafiguren im Freien und in mehreren *tazaung*. Buddha ist als Prediger zu sehen und auch auf seinem Weg zur Erleuchtung.

Im hinteren Bereich des Tempelgeländes liegt ein großes steinernes Krokodil. Es trägt eine Frucht auf dem Rücken, die von innen mit Spiegeln ausgestaltet ist und einen Buddha beherbergt. Auch das Krokodil ist von innen begehbar. Viele Studenten und Schüler verbringen hier die Mittagszeit und lernen oder ruhen im Maul des Krokodils oder an anderen schattigen Plätzen. Um das Gelände herum führt ein überdachter Gang mit zahlreichen Ständen, die neben Essen Devotionalien, Spielzeug und Poster zum Verkauf anbieten. Astrologen und Handleser haben sich in kleinen Häuschen niedergelassen. Über den Fluss sind mit einem kleinen Boot neu errichtete Schreine zu erreichen.

Swe-Daw-Myat-Pagode

Diese recht neue Pagode liegt auf einem kleinen Hügel im Norden und strahlt weiß und golden. *Chinthes* bewachen die Eingänge zu dem Heiligtum, in dem das Duplikat eines Zahns von Buddha als Reliquie verehrt wird. Der große Stupa ist begehbar und seine Wände sind mit einer goldenen Tapete mit Buddhamotiven bis hinauf in die Kuppel ausgestaltet. Angestrahlte Buddhas und Wächterfiguren (dekorativ mit Lampen im Mund) bewachen die aus China stammende Reliquie. Diese ist in einem Miniaturschrein zentral im Stupa platziert und darf nicht fotografiert werden. Angegliedert ist die 1998 eingeweihte International Theravada Buddhist Missionary University, an der in verschiedenen Studiengängen Buddhismus gelehrt wird (Studiendauer 1–4 Jahre).

Kyauk-Taw-Gyi-Pagode

Nahe dem Flughafen wurde Anfang des 21. Jhs. eine neue Pagode errichtet. Ein großer Marmorbuddha sitzt hinter Glas, vor Verschmutzungen sicher geschützt. Unweit davon auf der anderen Straßenseite fristen drei weiße Elefanten ihr Dasein auf blankem Beton – als Statussymbole der Regierung. Diese seltenen Tiere, die als heilig gelten und seit jeher die birmanischen Machthaber in ihrer Stellung bestätigen, erfüllen die Machthaber mit besonderem Stolz. Das Zuhause der verehrten Dickhäuter ist jedoch so trist, dass sie eher ein Symbol für den Umgang der Herrscher mit ihren Ressourcen sind.

Soldatenfriedhof des Zweiten Weltkriegs

In Htaukkyant, etwa 30 km nördlich von Yangon, gabelt sich die Straße: Rechts geht es weiter in Richtung Bago, Toungoo, Nay Pyi Taw und Mandalay, links nach Pyay. Ganz in der Nähe des Abzweigs nach Mandalay liegt der Soldatenfriedhof von Htaukkyant (Taukkyan). Er ist als Park angelegt und wird sorgsam gepflegt. 27 000 alliierte Soldaten, die im Zweiten Weltkrieg in Birma ihr Leben verloren, sind hier begraben – hauptsächlich indische Soldaten und nepalesische Gurkhas, die für die britische Armee Dienst taten.

Nach Ansicht der Myanmaren sollte der Besuch eines Friedhofs keinesfalls am Anfang einer Reise liegen: Das bringt großes Unglück über den Reisenden.

Von der Innenstadt benötigt man mit dem Taxi etwa 45 Minuten, ab dem Flughafen sind es nur etwa 25 Minuten.

National Race Village

Das National Race Village wurde Ende 2002 eröffnet. Nachbauten traditioneller Häuser und lokaler Sehenswürdigkeiten stehen in diesem groß angelegten Park beisammen und geben einen Überblick über Birmas Völker, Bauweisen und Heiligtümer. Es werden regionale Tänze aufgeführt und Handwerkskünste vorgestellt. Das Angebot richtet sich auch an Yangons Stadtbewohner, die die kulturelle Vielfalt ihres Landes kennenlernen sollen.

Das Dorf liegt östlich außerhalb Yangons. Der Eintritt beträgt US$3 für Ausländer. Der Bus Nr. 32 fährt von der Sule-Pagode in etwa 30 Minuten zum Village.

ÜBERNACHTUNG

Yangon bietet eine Vielzahl an Unterkünften. Ob Guesthouse oder Mittelklassehotel, Dormbett oder hochpreisige Luxusherberge: Es gibt alles. Downtown ist quirlig und oft auch recht laut. Wer ruhiger wohnen möchte, kann sich am Kandawgyi-See oder nahe der Shwedagon einquartieren. Am Inya-See sind vor allem große teure Hotels angesiedelt. Die meisten Zimmerpreise beinhalten ein Frühstück, nur in den ganz billigen Unterkünften ist es nicht inklusive. Dort wird manchmal die tägliche Begleichung des Zimmerpreises verlangt. WLAN ist zunehmend verbreitet.

YANGON

Zentrum

Karte A, S. 142/143

Untere Preisklasse

Beautyland Hotel II ⑥, 188-192 in der 33rd St., ✆ 01-243 952, 💻 www.beautylandhotel.com, [5300]. Einfache Zimmer mit Ventilator und ohne eigenes Bad sind mit US$18 für ein DZ eine gute Option. Die AC-Zimmer mit TV sind, sofern sie ein Fenster haben, ebenfalls eine gute Wahl. Dormbett im 7er- und 4er-Schlafsaal US$7, inkl. Frühstück. Recht zentral und ziemlich beliebt. Betont wird immer wieder die Freundlichkeit und Hilfsbereitschaft des Personals. ❷–❹

Chan Myaye Gh. ⑪, 256/276 Mahabandoola Park St., ✆ 097-302 7373, 💻 https://chanmyaeguesthouse.com/, [8495]. Saubere und gepflegte Unterkunft mit familiärer Atmosphäre. Einige Zimmer sind mit neuer, andere noch mit alter AC ausgestattet. Das macht sowohl preislich als auch in puncto Lautstärke und Effizienz einen Unterschied. Alle mit Ventilator, Warmwasser, Kühlschrank. Vorsicht Fensterfreunde: In die Standard-Zimmer fällt fast nie Tageslicht, zudem sind sie sehr klein. Einige kleine Balkone mit Sitzgelegenheit bieten Frischluft für alle. ❷

Voll im Trend liegt der Traveller im Hostelbett

€ Es gibt immer mehr Hostels – doch noch ist nicht ganz klar, ob diese Form der Unterbringung eine Lizenz vom Staat bekommen wird. So viele Leute in einem Raum? Freiwillig? Das passt nicht so ganz ins bisherige touristische Angebot. Bis geklärt ist, ob Hostels überhaupt gestattet werden und wie sie zu managen und auszustatten sind, werden wohl weitere Hostels öffnen und andere schließen.

Hier einige Hostels im Zentrum und nahebei:

Hostel 9 ㉘ (Karte B, S.144/145), 34, 9th St., ✆ 01-226 827, 226 828, [9884]. Günstig wohnen in Chinatown – in Stockbetten-Dorms für 6–8 Pers. ab US$5. Wer es etwas privater mag, nimmt eines der einfachen und günstigen DZ. ❶–❷

Little Yangon Hostel ⑰ (Karte A, S. 142/143), 102, 39 St., ✆ 097-9167 7731, 💻 http://littlehostelgroup.com/, [10522]. Modernes Hostel mit einladenden Gemeinschaftsräumen und großzügigen Dorms. Alle Betten haben einen Vorhang. Bett ab US$6, im Frauendorm US$8.

Scott @ 31st Street ⑦ (Karte A, S. 142/143), 198, 31st St., ✆ 01-246 802, 💻 http://www.scotthostelyangon.com/, [10873]. Das Hostel mit gemischten Dormzimmern und einem Frauendorm hat auch Alternativen für Kleinfamilien oder Gruppen, die sich im 3-Bett-Zimmer einquartieren können. Einladend auch das dazugehörige Café. Dormbetten ab US$7.

Vintage Hostel ㉘ (Karte B, S. 144/145), 65 Shwe Taung Tan St., ✆ 099-6442 9223, 💻 www.fb.com/shweyovintagehostel, [10872]. Sehr schönes Hostel mit Metallstockbetten in 8-, 6- und 4-Bett-Dorms. Zudem ein 3-Bett-Zimmer (ohne Fenster) und einfache bis tolle DZ. Im Obergeschoss mit Ausblick. Die DZ haben ein eigenes Badezimmer. Alle anderen teilen sich die sanitären Einrichtungen. Im Waschraum gibt es auch Waschmaschinen. Jeden Tag (außer Mo) gibt es eine Aktion: Samstag ist z. B. um 9 Uhr Donation-Zeit für die Mönche, Dienstag werden die Gesichter mit Thanaka verschönert, und am Donnerstag wird eine Stadttour unternommen. Freundliches Personal, einige sprechen sogar extrem gut Englisch. Dormbett 8500 Kyat, DZ ❷–❸

Cherry Gh. ⑩, 278/300 Mahabandoola Park St., ✆ 095-340 623, ✉ cherry.guesthouse@gmail.com, [8496]. Das einfache, bereits etwas in die Jahre gekommene Guesthouse hat noch immer einen guten Ruf: freundliche Leute und gutes Preis-Leistungs-Verhältnis sind hier die Stichworte. Die Zimmer befinden sich in der 4. und 5. Etage eines Stadthauses, zum Glück gibt es einen Aufzug. Sauber gehalten, denn das geht dank der vielen Fliesen ziemlich gut. Leider sind viele Zimmer oft fensterlos und ziemlich klein. Gutes WLAN. ❷

Okinawa Gh. ⑯, Nr. 64 in der 32nd St., ✆ 01-274 318, [8500]. Kleines, mit viel Holz gestaltetes Haus mit einfachen Zimmern. Eines mit AC, die anderen mit Ventilator (dann mit Moskitonetzen). Die DZ sind teils groß genug für 3 Pers., und da die Matratzen in den meisten Zimmern auf dem Boden liegen, können entweder eine, zwei oder drei Matratzen Platz finden. Dormbetten im 4er-Zimmer ab US$8. Nicht alle Zimmer haben ein Fenster, und viele sind ohne eigenes Bad. Längst nicht alle Zimmer sind gut in Schuss. Zudem ist die Bauweise recht hellhörig. Uns und viele Reisende überzeugt das Haus dennoch. Weniger überzeugend, aber ähnlich gestaltet, ist das **Okinawa 2 Gh.** ⑭, 89, 32nd St., ✆ 01-385 728, [9784]. ❷–❸

Pyin Oo Lwin 2 ⑫, 184 Mahabandoola Garden St., ✆ 01-243 284, [8501]. Über eine steile, aber breite Treppe führt der Weg in den 4. Stock. In der Lobby erwartet den Besucher eine heimelige Atmosphäre. Die 10 Zimmer sind klein, aber sauber, alle mit Bad und (uralter) AC. Kein Generator bei Stromausfällen. Wer hier bereits vor 20 Jahren war, sieht: alles wie gehabt. Von wegen alles ändert sich schnell. Dieses Haus zeigt: Es geht auch anders. ❷

Mittlere und obere Preisklasse

Central Hotel ③, 335-337 Bogyoke Aung San Rd., ✆ 01-241 001, 💻 www.centralhotelyangon.com, [8508]. Wie der Name verspricht: zentral! Die Zimmer sind recht klein, aber sauber, alle mit AC, TV und Minibar. ❺–❻

Clover Hotel City Center ⑧, 217 in der 32nd St., hinter dem Traders, ✆ 01-377 720, 💻 www.clovercitycenter.asia, [8510]. 84 strahlend weiße, aber ziemlich kleine Zimmer, viele ohne Fenster. Wasserkocher, Safe. Das **Clover City Center Plus** ④, ein paar Schritte nach Norden (Nr. 299) hat noch ein bisschen Braun im Farbmix. ❹

east hotel, dining, art & craft ⑨, 234-240 Sule Pagoda Rd., ✆ 09-7313 5311, 💻 www.east.com.mm, [8511]. Schicke etwas angejahrte „Boutique"-Oase, betrieben und gestaltet vom Künstler Kyaw Nhi Kin. Die Aufteilung der Zimmer mit den halb offenen sanitären Einrichtungen ist speziell, aber funktioniert. Zahlreiche Zimmer ohne Fenster, andere dafür aber sogar mit Balkon. ❸–❹

Hotel G ⑲, 5 Alan Paya Pagoda St., ✆ 01-243 639, 💻 www.hotelgyangon.com, [9796]. Bereits seit Jahrzehnten steht hier dieses Hotel, doch 2016 wurde es komplett entkernt und 2017 in neuem Look eröffnet. Hier wohnt man in „Good"-, „Greater"- oder in „The Greatest"-Zimmern. Alle punkten mit Fenstern, ansprechender moderner Ausstattung. Das Gute Zimmer ist recht klein (15 m²), eine gute Wahl ist aber bereits das Greater für alle, die etwas Platz brauchen. Wechselnde Preise, oft Promotion, also am besten online checken. ❺–❻

Hotel K ⑬, 190-194 Pansodan St., ✆ 01-373 904, 💻 www.hotelk.asia, [9802]. Geräumige Zimmer mit Fenstern, einige mit Balkon (Zugang skurrilerweise z. T. durchs Badezimmer), Safe, TV, Minibar, Fön, Wasserkocher und Tisch mit zwei Stühlen. Fußfaule freut es: Es gibt einen Aufzug. ❸–❺

Strand Hotel ⑱, 92 Strand Rd., ✆ 01-243 377, 💻 www.hotelthestrand.com, [9787]. Die bekannteste Adresse Yangons und die älteste des Landes: Schon 1911 schwärmte die damalige Reise-Bibel *Handbook for Travellers in India, Burma and Ceylon* aus dem Hause John Murray vom 1901 erbauten Strand als dem feinsten Hotel. Es wurde von den Sarkie Brothers, die auch das berühmte Raffles in Singapur schufen, erbaut und bietet bis heute Luxus pur; inzwischen zeitgemäß mit Pool und Fitnessraum. Das Ambiente ist außergewöhnlich schön und die hauseigenen Cafés, Bars und Speisesäle locken auch auswärtige Gäste auf einen Drink. Happy Hour Fr 17–23 Uhr. Zimmer ab US$330. ❼

Sule Shangri-La Hotel ⑤, 223 Sule Pagoda Rd., Ecke Bogyoke Aung San Rd., ✆ 01-242 828,

🖳 www.shangri-la.com, [5302]. Ausgezeichneter Ruf. Service und Ambiente stimmen, haben jedoch ihren Preis. Fitnesscenter, Pool und Businesscenter. Riesiges Frühstücksbuffet. ❻–❼

Rund ums Zentrum

Karte B, S. 144/145

Untere und mittlere Preisklasse

Agga Youth Hotel ㉗, 86, 12th St., ✆ 01-225 480, 🖳 www.aggayouthhotel.com, [9789]. Recht neues, sauberes Haus mit überwiegend sehr kleinen Einzelzimmern ohne Fenster. Die Doppelzimmer, in denen nach vorne zur Straße 3 Pers. unterkommen, sind wesentlich empfehlenswerter. Zudem 12-Bett-Dormzimmer (US$10). Alle Zimmer sind recht hellhörig. TV, AC, Minibar. Inkl. Frühstück im Dachrestaurant. Aufzug. ❷–❸

Aung San Si Gh. ㉒, 100 Bogyoke Aung San Rd., ✆ 01-299 874, 🖳 www.oceanpearlinn.com, [9790]. Einfache Zimmer im 1. Stock eines heruntergekommenen Gebäudes. Okay, aber nicht gerade erste Wahl. Wer im Mutterhaus Ocean Pearl Inn nichts findet, kommt vielleicht hier unter. Nur Walk-In. ❶

€ **Motherland Inn 2** ㉕, 433 Lower Pazundaung Rd., ✆ 01-291 343, 🖳 www.myanmarmotherlandinn.com, [6708]. Bewährtes Haus. Die Zimmer sind klein, aber sauber. Alle mit Fenster. Ohne eigenes Bad US$5 günstiger. Aufmerksames Personal. Reichhaltiges Frühstück und gutes hauseigenes Restaurant. Vor dem Hotel Möglichkeit zum Draußensitzen. Das WLAN ist meist okay. Betten im Schlafsaal kosten US$6. Gäste werden 2x tgl. vom Flughafen abgeholt bzw. hingebracht (6.30 und 14.30 Uhr). ❷

New Yangon Hotel ㉚, 830 Mahabandoola Rd., Ecke 9th St., ✆ 01-210 157, [9794]. In Chinatown gelegenes Hotel mit zwar etwas abgewohnten, aber dennoch ansprechenden Zimmern. Alle mit Safe, einige mit Blick auf den Fluss durch eine große Fensterfront. Freundlicher Service, inkl. Frühstück. Schöner kann der Morgen in dieser Stadt kaum beginnen, denn vom verglasten Frühstücksraum in der obersten Etage bietet sich ein wunderschöner Blick auf den Fluss und in der Ferne auf die Shwedagon-Pagode. Aufzug. Oft gute Angebote, sonst ❹

Ocean Pearl Inn ㉖, 215 Botataung Pagoda Rd., ✆ 097-9466 8531, 🖳 www.myanmarhotelbudget.com, [9792]. 15 Min. Fußweg zum Zentrum, sauber, 14 kleine Zimmer mit TV und AC, z. T. ohne Fenster. ❷–❸

Royal 74 Hotel ㉚, 74 Shwe Taung Tan St., ✆ 01-222 540, 🖳 www.royal74hotel.com, [9795]. 36 Zimmer in zentraler Lage. Die Ausstattung ist einfach. Die Zimmer sind sehr klein und viele haben kein Fenster (auch einige Superior-Zimmer nicht). Dennoch nicht die schlechteste Wahl in dieser Lage. Fahrstuhl. ❷–❹

Obere Preisklasse

Hotel 51 ㉓, 154/156, 51st St., ✆ 01-200 823, 🖳 www.hotel-51.com, [9799]. Ansprechendes, zentral gelegenes Hotel mit modern ausgestatteten Zimmern, zwischen 19 und 27 m² groß und alle mit Fenster, Safe und Wasserkocher. Freundliches Personal. Aufzug. Inkl. Frühstück, mal à la carte in der Nebensaison, mal Buffet, wenn viele Gäste da sind. Kleiner Pool und Sauna. ❺–❻

Hotel Esta ㉑, 19/20 Bogyoke Aung San Rd., ✆ 01-223 701, 🖳 www.hotelesta.com, [9800]. Sehr schönes Haus mit großen, ordentlichen, ansprechend möblierten Zimmern. Alle mit Fenster, Safe, Schreibtisch und TV. Teils mit Badewanne und Blick auf die großen Bäume an der Straße. Eine gute Wahl für alle, die nicht direkt in Downtown wohnen und doch alles noch gut zu Fuß erreichen wollen. ❺

Hotel Grand United 21st Downtown ㉜, 66-70, 21 St., ✆ 01-378 200, 🖳 www.hotelgrandunited.com, [9801]. Ende 2014 eröffnetes großes Hotel in zentraler Lage mit ansprechenden Zimmern. Alle verfügen über Safe, Wasserkocher, AC und Minibar und fast alle haben ein Fenster. Besonders einladend sind die oberen Zimmer, denn sie bieten einen tollen Ausblick. Das gilt auch für die Dachterrasse, auf der das Frühstück serviert wird. ❺–❻

Orchid Hotel ㉔, 91 Anawrahta Rd., ✆ 01-399 930, 🖳 https://orchidhotelyangon.com/, [8514]. Angenehmes Hotel mit komfortablen, gut in Schuss gehaltenen Zimmern. Besonderheit:

Im ganzen Haus sind Alkohol und Zigaretten verboten. ❹–❺

The Loft Hotel ⑳, 33 Yaw Min Gyi St., ✆ 01-372 299, 🖳 www.theloftyangon.com, [9804]. Sehr schönes modernes Hotel im Boutique-Schick, eine Oase der Ruhe. Bilder an den Wänden, große Fenster, eine dezente Beleuchtung und zahlreiche kleine Extras mehr lassen den Gast mit Geld das turbulente Treiben draußen vergessen. Freundliches Personal. ❻

Vintage Luxury Yacht Hotel ㉝, 6 Botataung Jetty, ✆ 01-901 0555, 951 8155, 🖳 www.vintageluxuryhotel.com, [9885]. Mal was anderes: Eine Luxusjacht wurde nahe der Botataung-Pagode am Ufer des Yangon-Flusses festgemacht und in ein schwimmendes Hotel verwandelt – im Stil der 1920er-Jahre. Auf Sonderangebote online achten, sonst ❻

Rund um die Shwedagon-Pagode und den Kandawgyi-See

Karte C, S. 146/147

Beautylandhotel 1 ㊶, 9 Bo Cho Rd., ✆ 01-540 092, ✉ beautylandhotel@gmail.com, [8022]. Einfache, meist recht große Zimmer. Oftmals große Fenster, aus denen man nicht selten die Shwedagon-Pagode sehen kann (z. B. Zimmer 502). Frühstück auf der Dachterrasse. Das Haus liegt etwas abseits in ruhiger Lage. ❸–❹

Bodhi Nava ㊷, 17 Bahan 2nd St., ✆ 097-8126 5517, 🖳 fb.com/bodhinava, [10919]. Guesthouse und Café-Restaurant (s.u.) und ein wahres Kleinod ganz nah an der Shwedagon. Da in einer Seitengasse gelegen, an der kein Handel stattfindet, ist es sogar angenehm ruhig. Die 4 AC-Zimmer (ein DZ mit Doppelbett und sogar Balkon, eines mit 2 Betten, ein 3-Bett-Zimmer und ein 4-Bett-Dorm) sind sehr einladend und mit ganz eigenem Charme. Unbedingt empfehlenswert. Ohne Frühstück – aber ein muntermachender Kaffee wird gereicht. Dormbett US$15. ❸–❹

Hotel Alamanda ㉞, 60B Shwe Taung Gyar Rd., ✆ 01-534 513, 🖳 www.hotel-alamanda.com. Zwei französische Damen vermieten in ihrem Wohnhaus 10 geschmackvoll eingerichtete Zimmer; alle exquisit und individuell eingerichtet. Wer sich was gönnen will, nimmt das Zimmer mit Terrasse. Mit Moskitonetzen. Im Restaurant im Garten des Hauses gibt es französische Küche, gute Fischgerichte und Nordafrikanisches (Tajine und Couscous); Baguette und Crêpes dürfen natürlich nicht fehlen, dazu Kaffee und Wein vom Feinsten. ❻

Kaung Lay Inn ㊱, 75 B Moe Ma Kha St., ✆ 01-548 167, ✉ kaunglayinn@myanmar.com.mm, [8101]. Sauberes Haus mit schön eingerichteten, individuellen Zimmern (je weiter oben, desto ruhiger) inmitten eines Wohnviertels recht nah am See. Der Holzfußboden schmeichelt den Füßen, die Holzverkleidung den Augen. Frühstück auf der überdachten Dachterrasse. Freundliches, hilfsbereites Personal. Alle Zimmer haben TV, AC und Kühlschrank, manche eine Badewanne. ❹

Merchant Art Boutique Hotel ㊵, 67/71 New Yae Tar Shae St., ✆ 01-544 426, 🖳 www.merchantyangon.com, [10523]. Hotel in toller Lage nahe der Shwedagon-Pagode. Modern ausgestattete Zimmer mit Kunst an den Wänden – jede Etage hat ein anderes Motiv. Achtung: Etwa die Hälfte hat keine Fenster. Beim Buchen drauf achten! Unschlagbar ist der Blick auf die Pagode vom Dachgarten aus. ❼

My Hotel ㊴, 275 Bargayar St., ✆ 01-230 4447, 🖳 www.myhotelmyanmar.com, [8099]. Elegante kleine Lobby mit viel Marmor. Die Standardzimmer mit den dunklen Holzböden und Möbeln schaffen ein angenehmes Ambiente, ebenso wie die Bäder mit Badewanne und Granitarbeiten. Die Deluxe-Zimmer und Suiten in den oberen Stockwerken bieten einen tollen Blick. ❺–❻

Savoy Hotel Yangon ㊲, 129 Dhamazedi Rd., ✆ 01-526 289, 🖳 www.savoy-myanmar.com, [8104]. Ansprechendes und gediegenes Hotel unter deutschem Management. Das Haus versprüht kolonialen Charme; die dezent luxuriöse Zimmereinrichtung und die dunklen Holzböden lassen keine Wünsche offen. Babysitter-Service für entspanntes Speisen, Bibliothek, Pool, Spa-Anwendungen. Eine Bar und ein Restaurant, auch mit westlicher Küche, runden das Angebot ab. Von der Terrasse bietet sich ein toller Blick auf die Shwedagon-Pagode. Poolbenutzung für Nicht-Gäste US$10. WLAN. Zimmer über US$300. ❻

Sky View Hotel ㊳, 139 Dhamazedi Rd., ✆ 01-539 192, ✉ skyviewhotelenquiry@gmail.com, [10524]. Modern ausgestattete, komfortable und z. T. auch recht große Zimmer in einem ruhig gelegenen Haus. Großer Außenpool. Zur Shwedagon-Pagode sind es knapp 15 Min. zu Fuß, bis in die Innenstadt ebenso lange mit dem Taxi. Frühstück inkl. ❹–❺

Wai Wai's Place ㉟, 4 Thukha St., ✆ 01-525 967, [9806]. Nah an der Shwedagon und doch so gar nicht touristisch. Drumherum herrscht Marktrubel, doch oben im Restaurant auf dem Dach und in den Zimmern ist es ruhig. Wai Wai und ihre Schwestern machen einen guten Job: 16 Zimmer, einfach, ansprechend, meist Holzfußboden, alle AC. Keine Badezimmer direkt am Zimmer, aber eine dem Zimmer zugeordnete Toilette auf dem Gang. ❸–❹

Umgebung Inya-See und Flughafen

Karte D, S. 148, und Großraum Yangon, S. 140/141

Inya Lake Hotel ㊸, 37 Kabar Aye Pagoda Rd., ✆ 01-662 857, 💻 www.inyalakehotel.com, [8021]. Von außen gibt sich das Hotel klotzig sozialistisch, innen ist es aber chic. Ein 15 ha großer Park und der am See gelegene Pool laden zur Entspannung ein, ebenso die Terrasse der Lake View Bar. Das Frühstück ist außergewöhnlich reichhaltig und lecker. Sehr gutes Fitnesscenter inkl. Sauna und auch Tennisplätze. 2x tgl. kostenloser Shuttlebus in die Innenstadt. ❻–❼

Myanmar Life Hotel ②, 41 Radio Station Rd., ✆ 094-2500 8150, 💻 http://myanmarlifehotel.com/, [10449]. Nahe dem Flughafen gelegenes Mittelklassehotel mit ansprechenden Zimmern. Wer ein Zimmer im alten Haus bezieht, wohnt nicht ganz so schön. Super sind die Zimmer am Pool im Neubau. Kostenloser Shuttle vom und zum Airport. ❹–❺

Royal White Elephant Hotel ㊹, 11 Kan St., ✆ 01-503 986, [9809]. Relativ günstig, dafür ziemlich verwohnt. Mitreisende Kinder (bis 18 Jahre) zahlen nichts; ein Extrabett kostet US$10. Die Zimmer verfügen über TV, Minibar und AC (oft alt und wenig effektiv). Die Standardzimmer haben keine Fenster. Asiatisches Frühstücksbuffet. ❷–❹

Seasons ①, 1 International Airport Mingaladon, ✆ 01-666 699, ✉ saesons@mptmail.net.mm, [9810]. Karte S. 140/141. Das Flughafenhotel gegenüber den Terminals hat große, gut ausgestattete Zimmer und einen Pool und Fitnessraum. Leider nicht immer 100 % geputzt. ❹–❺

Sedona Hotel ㊺, 1 Kaba Aye Pagoda Rd., ✆ 01-666 900, 💻 www.sedonahotels.com.sg/yangon, [9886]. Das Hotel bietet im renovierten Hauptgebäude mit 366 Zimmern Luxusklasse vom Pool bis zum Fitnessraum. 3 Restaurants mit verschiedenen Küchen; in der Ice Bar abends Livemusik. Im hoch aufragende Flügel Inya Wing locken 430 weitere Zimmer. ❻–❼

Thanlwin Gh. ㊻, Y-25, Pyinnayawaddy Estate, Than Lwin Rd., ✆ 01-542 677, 💻 www.thanlwinguesthouse.com, [9887]. Sieht fast aus wie ein Privathaus und bietet unterschiedliche, recht große Zimmer mit bis zu 6 Betten, teils mit Gemeinschaftsbad, sowie einen Frauenschlafsaal. Gute Atmosphäre. Sitzgelegenheit im Garten. Dorm-Bett um US$10, DZ mit und ohne eigenes Bad. ❸–❹

ESSEN

In Yangon gibt es eine große Auswahl verschiedener Küchen, wobei die birmanische Küche sich durch zahlreiche Überschneidungen mit den Küchen der Nachbarländer auszeichnet.

Zentrum

Karte A, S. 142/143

Asiatisch

999 Shan Noodle Shop, 130/B, 34th St., ✆ 01-389 363. Sehr kleines Lokal mit guter, authentischer Küche. Empfehlenswert sind die verschiedenen Shan-Nudeln, jeweils als Suppe oder Salat serviert. Daneben gibt es eine kleine Auswahl an Reisgerichten. Hierher kommen inzwischen nahezu nur noch Touristen. Das Essen ist weiterhin okay; manche sagen: nicht mehr ganz so gut wie früher. ⌚ 7–18 Uhr.

APK Kitchen Thaifood, 397 Shwebontha St., ✆ 09-4320 7659. Thailändische Gerichte in verschiedenen Variationen stehen zur Auswahl. Mittleres Preisniveau, ab etwa 3500 Kyat. Recht großer, nicht sehr heimeliger Speisesaal. Aufmerksamer Service, authentische Thai-

Essen für einen guten Zweck

Zwischen Kandawgyi-See und Inya-Lake bekommen im **Yangon Bake House**, www.yangonbakehouse.com, Frauen aller Altersgruppen eine Perspektive: nach dem Motto „Strong women make a strong community". Unterstützen und probieren kann man die Resultate im **Pearl Condo Training Café**, Kaba Aye Pagoda Rd., tgl. 7–19 Uhr.

Direkt am Inya-See bekommen all die eine Chance, mit denen es das Leben sonst nicht so gut meinte: im **Shwe Sa Bwe**, 20 Malikha Rd., 01-661 983, www.shwesabwe.com. Geboten wird gehobene Küche (französischer Einschlag), recht günstig und richtig gut. Jedes Jahr werden hier 20 junge Leute im Service ausgebildet. Gewinne fließen in die Ausbildung des nächsten Jahrgangs. Bei schönem Wetter lockt ein tolles Gartenrestaurant. Di–So 11–14 und 17–22 Uhr.

Küche. Als Nachtisch lockt gute Eiscreme. Preise zzgl. Service Charge. 9.30–21 Uhr.

€ **New Delhi Restaurant**, 274 Anawrahta Rd., 09-7320 1518. Ausgezeichnete Currys mit vielen Beilagen, die stetig nachgereicht werden, zu günstigen Preisen. Die Auswahl an Gerichten ist sehr groß und verlockt dazu, Unbekanntes zu probieren. 6–22 Uhr.

Nilar Biryani & Cold Drink, zwischen der 31st und 32nd St. an der Anawrahta Rd. Bekannt für gute Biryani-Küche. Ein ähnliches Angebot bietet **Yuzana Biryani**, das mehrere Filialen im Stadtgebiet hat. 5–23 Uhr.

Golden Pho, im 2.Obergeschoss, Sule Square Mall, 097-6165 0565. Die Pho schmeckt wie in Vietnam, und auch der Kaffee wird wie dort aufgebrüht. Frühlingsrollen ab 3000 Kyat, eine Suppe kostet etwa 5000 Kyat. Lohnend für alle Fans der vietnamesischen Küche. 11–22 Uhr.

Power Food and Drink, 217-219 Bo Aung Kyaw St. Birmanisch-chinesische Speisen und preiswertes Bier vom Fass: ein typisches Foodcenter-Restaurant, in dem auf westlichen Geschmack keine Rücksicht genommen wird – was durchaus reizvoll ist.

Rangoon Tea House, 77-79 Pansodan St., 2. Stock, 01-122 4534. Hier wird die birmanische Küche der Zukunft kreiert: Spannende Rezepte verbinden Traditionelles mit frischen Ideen. Auch Kaffee und Kuchen sind ein Tipp. Tolles Ambiente. 8–22 Uhr.

€ **Shwe Htoo Restaurant**, Anawrahta, Ecke 30th St. Wie wäre es mit einem typisch birmanisch-indischen Frühstück? Die Pancakes duften nicht nur fantastisch, sie schmecken auch hervorragend. Morgens ist es richtig voll und laut: ein perfekter Start in einen typisch myanmarischen Downtown-Tag. Bis abends gibt es Samosa, dazu sind ab Mittag vor allem gebratene Nudeln beliebt. 8–20 Uhr.

Suzuki Café Thai Food, 182 Sule Pagoda Rd., 097-313 9180, und 149 Bokalayzay St., 01-380 826 (Karte B, S. 144/145). Die 2 ansprechenden kleinen, ordentlichen Restaurants laden an gemütlichen Holztischen zu schmackhafter, recht preisgünstiger Thai-Küche. Abends werden im Restaurant nahe der Sule-Pagode Tische auf die Straße gestellt. Aufmerksamer Service.

Aus aller Welt

Café KSS, 470-472 Mahabandoola Rd., 097-318 1611. Es ist heiß, es ist schwül. Genug Dreck gesehen? Dann ist das KSS der richtige Ort zum Auftanken. Umfangreiche Speisekarte mit westlichen (Pommes und Hamburger) und asiatischen Gerichten (Reis- und Nudelgerichte) in sauberer, klimatisierter Bistro-Atmosphäre. Zudem Kaffee, Eis und Fruchtsäfte. 9–21 Uhr.

Gekko, 535 Merchant Rd., 01-386 986, www.gekkoyangon.com. Zentral gelegenes, stilvolles Restaurant in einem schön renovierten alten Kolonialhaus. Serviert wird Japanisches auf 2 Ebenen. Es gibt „set menus", und wer mag, kann sich sein Essen auch liefern lassen. Fr oft Livemusik. 11–23 Uhr.

Genius Café, 220, 31st St., 01-373 375, www.geniuscoffee.info. Hier gibt es in netter Atmosphäre im angenehm temperierten AC-Café fair gehandelten, biologisch angebauten Kaffee aus den Shan-Bergen nahe Pindaya. Neben gutem Cappuccino und Cafè Latte auch leckere Eiskaffee-Kreationen und ein paar Snacks. Freundliche Leute. 10–19 Uhr.

Essen mit Erlebniswert

Die **Grillrestaurants in der 19. Straße** (zwischen Anawrahta und Mahabandoola) sollten auf jeden Fall abends einmal ausprobiert werden! Man sucht sich an einem der Restaurants ein paar Spießchen aus, die dann zubereitet und an den Tisch gebracht werden. Das einzelne Spießchen kostet je nach Aufgestecktem zwischen 500 und 10000 Kyat, ein ganzer Fisch ab 3000 Kyat. Dazu frisches *Myanmar Beer* vom Fass – und dann den Trubel genießen.

YANGON

Healthy Me, 357 Bo Aung Kyaw St., ✆ 092-5868 8891, 💻 fb.com/healthyme.salad.bar. Wer sich mal was Gutes tun will, bekommt hier tolle Salate und Smoothies – aber auch Frühstück, Suppen, Pasta und vieles mehr. Stylisch, modern; nicht ganz billig, aber dafür gibt's Qualität und *good vibrations*. ⌚ 10–22 Uhr

the Phayre's, 292 Pansodan St., ✆ 01-246 968, 💻 fb.com/phayregastronomy. Modernes Café mit einer Auswahl kleiner Speisen am Tag, abends ansprechende Cocktailbar. ⌚ 9.30–23 Uhr.

Thiripyitsaya Sky Bistro, Sakura Tower, ✆ 01-255 277, 💻 www.sakura-tower-yangon.com/restaurant/thiripyitsaya-sky-bistro. Ganz ehrlich: Die meisten kommen erstmal wegen der Aussicht. Da die Küche gut ist, kommen manche öfter, denn am Panoramablick über das Zentrum bis zur Shwedagon-Pagode kann man sich nicht so schnell statt sehen. Internationale und asiatische Gerichte ab 10 000 Kyat. Wer auf der Suche nach Pizza und Pasta ist, wird hier fündig. Cocktails ab 5000 Kyat. ⌚ tgl. 9–22.30 Uhr.

Rund ums Zentrum

Karte B, S. 144/145

Asiatisch

Amazing Thai Food, 66 Phone Gyi St., ✆ 094-2009 0008. Kleines AC-Restaurant mit guter Thai-Küche. Die Speisekarte gibt es in Englisch und mit vielen Bildern. Wer mag, kann hier richtig scharf essen. ⌚ 10–22 Uhr.

Aung Mingalar Shan Noodle Shop, Bo Yar Nyunt St., Ecke Na Wa Day St., ✆ 094-4854 0036. Großes, offenes Restaurant mit Shan-Gerichten (englische Speisekarte). Es gibt u. a. Shan-Nudeln, Tofu-Salat und frische Säfte. Beliebt bei Einheimischen wie Touristen. Wer hier keinen Platz mehr findet, kann gegenüber im **Thu Kha Yeik** traditionelles und sehr gutes Curry ordern. ⌚ 10–21 Uhr.

Green Gallery, 58 Mahabandoola, Ecke 52nd St., ✆ 093-131 5131, 💻 fb.com/yangongreengallery. Kleines feines Restaurant mit einer minimalistischen Speisekarte: super Salate und Suppen, keine Nudelgerichte. Alles sehr lecker. Köchin Bo hat lange in Thailand gelebt und bereits dort erfolgreich am Wok gewirkt. ⌚ 12–15 und 18–21 Uhr.

Lucky 7 Teashop, Anawratha Ecke 49th St. (und weitere Niederlassungen). Fast schon legendär: einer der beliebtesten Teashops in der Stadt. Immer gut für einen kleinen Snack, z. B. eine leckere Mohinga. ⌚ 6–17 Uhr, So Nachm. geschl.

Monsoon, 85-87 Thein Byu Rd., ✆ 01-295 224, 💻 www.monsoonmyanmar.com. In sehr gepflegtem Ambiente gibt es im restaurierten Kolonialbau schmackhafte Gerichte aus Thailand, Laos, Kambodscha und Vietnam zu etwas gehobenen Preisen. Zur Hauptsaison oft ausgebucht, daher sollte man vorher reservieren. Nach Absprache werden Kochkurse veranstaltet. ⌚ 10–22.30 Uhr.

Shan Yoe Yar, 169 War Dan St., ✆ 092-5056 6695, 💻 fb.com/ShanYoeYar. In einem schönen renovierten Holzhaus lockt ein geräumiger Speisesaal zu traditioneller gehobener Shan-Küche. Beliebt bei Tourgruppen, aber vor allem am Wochenende trifft man hier morgens oft die einheimische Mittel- bis Oberschicht, die sich eines der tollen Frühstücke gönnt. Wie wäre ein *sticky rice special* mit viel Auswahl? Das Restaurant hat einen Ableger in der Sule Square Mall (s. Karte A S. 142/143), auch dort gibt es gutes Essen, aber nicht in einem so schönen Haus. ⌚ 6–22 Uhr.

Thai 47, 153 Anawrahta Rd., Ecke 47th St., ✆ 01-861 0556. Große Speisekarte und recht authentische Thai-Küche zu leicht gehobenen Preisen im angenehm kühlen AC-Raum. Gekocht wird ohne MSG. Wer mag, kann sich das Essen auch ins Hotel bringen lassen. ⌚ 11–23 Uhr.

Aus aller Welt

50th Street Bar & Grill, 9/13 50th St., ✆ 01-397 060, 🖳 www.50thstreetyangon.com. Ein Hotspot in Yangons Bar- und Restaurantszene; schön gestalteter Tresen, gute westliche Gerichte, Billardtisch. Treffpunkt vieler ortsansässiger Ausländer. WLAN. Donnerstags wird gepokert, freitags spielt Livemusik, samstags gibt's Brunch und sonntags Happy Hour den ganzen Tag. ⌚ tgl. 10.30 Uhr bis spät.

Craft Café, 33 Nawaday St., Ecke Bo Yar Nyunt St., ✆ 099-606 0833, 🖳 fb.com/craftmm. Stylisches Café-Restaurant auf 2 Etagen: Brownies, Kaffee und Frühstück. Später Mittag- und Abendessen aus der Fusion-Küche. Dazu den ganze Tag WLAN. Sollte es mal regnen, kann man sich hier prima zurückziehen: Wer statt alleine am Handy lieber gemeinschaftlich spielt, für den stehen Gesellschaftsspiele zur Vertreibung von Langeweile bereit. ⌚ 7–23 Uhr.

Ko San, 19th St., ✆ 094-2803 8032. In der Straße der Grillrestaurants bietet dieses kleine Lokal eine Alternative mit Jamaican Pork, German Sausage und anderen Gerichten aus aller Welt. Dazu gibt es preiswerte Cocktails. ⌚ 13–23 Uhr.

Padonmar Restaurant, 105/107 Kha Yae Pin Rd., ✆ 01-122 0616, 🖳 www.myanmar-restaurant padonmar.com. Stimmungsvoll ist ein Essen in den aufwendig gestalteten Räumen der kolonialen Villa in jedem Fall. Alternativ sitzt man bei gutem Wetter im Garten. Thai- und birmanische Küche: recht teuer, aber von entsprechend guter Qualität. Gut geschultes Personal. ⌚ 11–23 Uhr.

PaPa Pizza, 9B Nawaday St., ✆ 01-376 907. In einer Seitengasse bietet die kleine Pizzeria eine große Auswahl an leckerer Pizza. Ab 7500 Kyat (Margherita) bis zu 14 000 Kyat (Capricciosa). Lieferservice. ⌚ 11–22 Uhr.

Sprouts, 68/A Yaw Min Gyi St., ✆ 094-5479 1496, 🖳 www.sproutsmyanmar.com. Diese kleine Oase für gesundes Essen, nachhaltig produziert, hat sich in den letzten Jahren einen Namen gemacht. Frischer Salat, den man à la carte bestellen oder nach eigenen Wünschen zusammenstellen lassen kann. Wer mag, kann auch online ordern und sich das Essen bringen lassen. 95 % aller angebotenen Zutaten stammen von lokalen Anbietern, und die Betreiber unterstützen die Landwirte im Bestreben nach chemiefreiem Anbau. Eine weitere Salatbar im **Go Green** am Kandawgyi-See. ⌚ 8–20 Uhr.

UNION Bar & Grill, 42 Strand Rd., Ecke 42nd St., Myanmar Red Cross Bldg., ✆ 092-5035 5064, 🖳 www.unionyangon.com. Modernes Ambiente und westliche Küche, daneben ausgewählte asiatische Gerichte. Sa und So Frühstück. Gehobene Preise. ⌚ 11–23 Uhr.

Rund um die Shwedagon und den Kandawgyi-See

Karte C, S. 146/147

Asiatisch

Bodhi Nava, Kontakt siehe Übernachtung. In einer ruhigen Seitenstraße liegt dieses kleine, feine Restaurant mit einer kleinen Karte ausgewählter Gerichte, die man sonst so nicht findet. Richtig scharfer Papayasalat mit Ananas gefällig? Kein Alkohol, aber tolle (und auch noch gesunde) Getränke: Lecker scharf und süß zugleich ist der Lemon Juice mit Ingwer. ⌚ 9–20.30 Uhr.

Feel Myanmar Food, 124 Pyi Htaung Su Yeiktha St., ✆ 097-304 8783, 🖳 www.feel restaurants.com/Restaurant8.html. Für viele das beste Restaurant mit traditioneller Myanmar-Küche, das vor allem zum Frühstück und Mittagessen besucht wird. Der einstöckige, etwas stickige Innenbereich ist längst zu klein geworden. Deshalb stehen auch Tische unter Zeltdächern nebenan und vor dem Restaurant. Die Speisekarte auf Birmanisch mit Bildern, aber ohne Preisangaben, ist wenig hilfreich. Besser ist es, sich am umfangreichen Buffet etwas auszusuchen. Dabei kann man sich auf die Hilfe von Englisch sprechenden Mitarbeitern verlassen. Das ausgewählte Essen wird dann zusammen mit dem üblichen birmanischen Salatteller und Dip, einer Suppe und Reis an den Tisch gebracht. ⌚ 6–20.30 Uhr.

Hla Myanmar, 27 West Shwe Gone Taing (5th) Rd. Bei Einheimischen beliebtes Restaurant zur Mittagszeit. Aus einer Vielzahl von Töpfen wählt man das Tagesangebot an Fisch, Garnelen, Rind, Schwein oder Huhn. Wie wäre dazu ein Teller Gemüse? Hinzu kommen eine Suppe und viel Grünzeug. Preis für ein Mittagsgericht um 3500 Kyat. Unweit entfernt in der gleichen Straße liegt das **Mya Myint Mo Restaurant** mit weiteren Tagesangeboten birmanischer Hausmannskost. Einfach auf die Töpfe zeigen und ausprobieren. ⌚ 9–20 Uhr.

House of Memories, Nath Villa, 290 U Wisara Rd., ✆ 095-153 4242. Stilvoll speisen im renovierten Kolonialgebäude. Birmanische und internationale Küche, dazu Klaviermusik. Dem Flair entsprechend hohe Preise. Es finden immer mal wieder Events statt, etwa Partys zu Halloween. Ankündigungen auf der Webseite. Vor allem für deutsche Bildungs-Reisegruppen ein beliebter Spot, denn in diesem Haus hat sogar der berühmten Aung San einmal gewirkt und gearbeitet. ⌚ 11–23 Uhr.

€ **Jana Mon Ethnic Restaurant**, 114 Nandawoun St., ✆ 092-5082 5442, 💻 fb.com/jana.mon.90. Wer kennt sie nicht, die Kochkünste der Mon? Wir (auch) nicht, aber haben sie hier schätzen gelernt. Und das war gar nicht teuer. Denn der Familienbetrieb serviert nicht nur leckere Gerichte, es ist auch sehr günstig hier. Auch als Vegetarier ist man bestens versorgt. ⌚ 9–21.30 Uhr

Mahlzeit, 84 Pan Hlaing St., ✆ 097-8415 1250, 💻 www.mahlzeit-myanmar.com. Lust auf deutsche Küche? Na dann Prost, äh, Mahlzeit! Gulaschsuppe, Maultaschen, Dampfnudeln und Kaiserschmarrn – muss nicht sein, kann aber. Feines Ambiente und entsprechend nicht ganz billig. ⌚ 11.30–22.30 Uhr.

Mai Thai Restaurant, 197/1-3 West Shwe Gone Taing (5th) St., ✆ 01-383 662. Stilvolles Thai-Restaurant mit Veranda. Kokos-Curry in der Nuss kredenzt, viel Seafood, teils aus Frischwasserbecken, zubereitet vom Thai-Küchenchef. ⌚ 10–22 Uhr.

€ **Wai Wai's Noodle Place**, Kontakt siehe Übernachtung. Auf dem Dach lockt dieses kleine Restaurant zu Shan-Nudeln und ein paar weiteren Köstlichkeiten der Region. Wai Wai stammt aus Hsipaw, und so sind die Nudeln wirklich traditionell gut. ⌚ 11–21.30 Uhr.

Aus aller Welt

Coffee Circle, 107(A) Dhamazedi Rd., ✆ 01-525 157. Stylisches Café mit viel Glas, das auch in eine europäische Großstadt passen würde. Junge Myanmaren, Geschäftsleute und vor allem Expats arbeiten hier auf ihren Laptops. Die Speisekarte bietet alles zwischen Asien und Europa. Absolut gelungen sind die Nudel-Fusion-Kreationen. Kuchentheke, leckerer Kaffee, exzellente Weinkarte. Nicht ganz billig. ⌚ 7–24 Uhr.

Sharky's, 117 Dhamazedi Rd., ✆ 01-524 677. Im Erdgeschoss gibt es Tapas und eingelegte Oliven sowie diverse, im Shan-Staat hergestellte Käse und Schinken zu kaufen, dazu ökologisch angebautes Gemüse. Gutes angeschlossenes Restaurant auf der 1. Etage und draußen auf dem Hof. ⌚ 9–22 Uhr.

YGN Bus Café, Kandawgyi Nature Park, ✆ 097-7262 5086. Leckerer Kaffee und eine Auswahl süßer Kuchen nahe dem See in einem zum Café umgebauten Bus. Lecker und bei Yangons Jugend angesagt. ⌚ 10–22 Uhr.

Bioladen und Salattheke

Frisches Obst, vieles aus ökologischem Anbau aus der Region. Leckerer Tee und Kaffee – bio natürlich. Und nachmittags bis abends gibt es noch ein leckeres Salatbuffet. Salate kann man in Myanmar ja selten unbedenklich essen, hier geht's: **Go Green**, Nat Mauk Rd., ✆ 094-5479 1496, 💻 http://sproutsmyanmar.com/. ⌚ 8.30–18 Uhr.

Umgebung Inya-See

Karte D, S. 148

Asiatisch

Fresh Seafood, am Inya-See. Eines der Restaurants direkt am See. Überwiegend Meeresfrüchte auf der Speisekarte. Beliebt bei Einheimischen.

Happy Café & Noodles, 104B Inya Rd., ✆ 097-9098 4865. Am Weg zum See gelegenes Restaurant. Kaffee in allen Varianten im AC-Raum oder auf der Terrasse. Dazu gibt es eine große Auswahl verschiedener asiatischer Gerichte. Glückliche Zeiten auch für Veganer: Auf Wunsch sind einige der vegetarischen Gerichte komplett frei von tierischen Produkten. ⌚ 7–23 Uhr.

Rangoon Grill & Chill, 226 Insein Rd., ✆ 092-5265 3011. Lesertipp: authentisches BBQ-Restaurant mit tollen Grillangeboten und leckerem Hot-Pot. Günstig, super Service und: touristenfreie Zone (bis jetzt). Hat einen Ableger in der 22/5 Lay Daung Kan Rd. (Karte Großraum Yangon, S. 140/141). ⌚ 11–15 und 16–22 Uhr.
Sabai@DMZ Thai Restaurant, Mya Khun Tha Park, gegenüber vom Sedona Hotel, ✆ 01-860 5178. Große Auswahl an guten thailändischen Currys und Salaten in gepflegtem Ambiente. ⌚ 11–14 und 17–23 Uhr.
Swe Thai Restaurant, 34 New University Avenue Rd., ✆ 01-704 067, 💻 www.swethai restaurant.com. AC-Restaurant, einige Stühle auf der kleinen Veranda. Sehr große Auswahl an Thai-Gerichten, auch mit Erklärungen versehen. Dazu einige chinesische Gerichte aus der Hainan-Küche. ⌚ 10–23 Uhr.
Taing Yin Thar Restaurant, 5A Parami Rd., Ecke Pyay Rd., ✆ 097-8715 4799, 💻 www.taingyinthar.com.mm. Untergebracht in einem 2-stöckigen Holzhaus. Authentische Küche in hübschem Ambiente. Es werden ausschließlich natürliche, frische Zutaten verwendet und mit wenig Erdnussöl verarbeitet. Die große Auswahl an Gerichten deckt die kulinarische Bandbreite der Shan-, Mon- und Rakhine-Küche ab. Umfangreiche Menüs, die prima Gelegenheit bieten, sich mit den landestypischen Speisen vertraut zu machen. Mittleres Preisniveau. Freundlicher Service. Hat noch einen Ableger im Ortsteil Yankin, 2A Kanbae Rd. ⌚ 10–22 Uhr.

Aus aller Welt

Ko San, No.18, U Tun Linn Chan St., ✆ 097-678 39947, 💻 www.fb.com/19thstreetyangon. Burger und Drinks und oftmals eine Party. Reggae-Fans welcome. ⌚ 11–23 Uhr.
Le Planteur Restaurant & Bar, 80 University Ave., ✆ 01-514 230, 💻 www.leplanteur.net. Top-Restaurant mit stilvoller Atmosphäre. Hervorragende französische und chinesische Küche, die allerdings ihren Preis hat. ⌚ 11.30–24 Uhr.
L'Opera Italian Restaurant and Bar, 62 U Tun Nyein, ✆ 01-665 516, 💻 www.operayangon.com. Liebhaber der italienischen Kochkunst finden hier eine teure, aber gute Küche. Eine Pizza kostet ab US$10. ⌚ 11–14 und 18–22.30 Uhr.
Zephyr, 28 Inya Rd., am Seeufer im kleinen Seinn-Lann-So-Pyay-Park gelegen, ✆ 092-5798 0424. Kaffee und Snacks direkt am Wasser. ⌚ 9–22 Uhr.

UNTERHALTUNG

Ausstellungen und Events

Sehenswert für alle an Yangons Stadtgeschichte Interessierte ist die vom **Yangon Heritage Trust** präsentierte Foto-Ausstellung „Global City: Yangon's Past, Present and Future", im **YHT-Büro**, (Karte A, S. 142/143), 22-24 Pansodan St., ⌚ Mo–Fr 9–17 Uhr. Bieten auch Stadtführungen an, s. S. 171.
Interessante Events organisiert hin und wieder auch das **Goethe-Institut** (Karte C, S. 146/147), „Goethe-Villa": Ecke von Kabar Aye Pagoda Rd. und Nat Mauk St., nördl. des Kandawgyi-Sees. Anno 2014 hat das Institut die Toten Hosen nach Yangon geholt: als die erste westliche Band überhaupt (wenn das mal nicht ein auf den Punkt gebrachtes Statement ist). Es lohnt immer mal wieder ein Blick auf die Webseite 💻 www.goethe.de/myanmar.

Yangon mit Kindern

Man muss es ganz klar sagen: Yangon ist kein Kinderparadies. Laut, voller Menschen und Autos, oft heiß und manchmal stickig – das stresst nicht nur die Kleinen, sondern auch manchen Erwachsenen. Selbst der Besuch in einem Vergnügungspark wie **Happy World** (S. 167) kann zur Tortur werden; vor allem am Wochenende, wenn sich Jung und Alt in Scharen über das Gelände drängen. Besser unter der Woche kommen! Etwas Entspannung bietet der **Kandawgyi-See** (S. 151), wo die Kids auch mal ein paar Schritte rennen können. Pagodenbesuche finden Kinder meist langweilig, aber ein Bummel über den **Bogyoke-Markt** (S. 169) könnte Spaß machen – vor allem, wenn die Kinder sich etwas aussuchen dürfen und ihr Schul-Englisch beim Handeln erproben können.

Cocktails und Bierbars mit Karaoke

Traditionell unterhält sich der bierselige Mann in Yangon in einer der zahlreichen Bierbars, die neben Flaschenbier auch Gezapftes im Krug oder Glas anbieten. Zudem kann man bis spät abends (meist chinesisch) essen. Nicht selten wird extrem laut Musik gespielt, und gen Abend werden von jungen Sängerinnen von 19 Uhr bis Mitternacht birmanische Schlager zum Besten gegeben. Tagsüber gibt es kühles Bier und Essen. Beispiele sind die **Singapur Food Connection and Beer Bar** (Karte A, S. 142/143), Shwedagon Pagoda Rd., Ecke Mahabandoola Rd., 1. Etage über dem Theingyi-Zei-Markt. Hier gibt's *Myanmar Beer*, chinesische Speisen und abends oft Gegrilltes zu lautem Gesang. 100 m weiter nördlich an der Ecke zur Anawrahta Rd. ein ähnliches Programm im **Lion World**. Dort gibt es zum Bier einfaches chinesisch-birmanisches Essen.

Doch die modernere Unterhaltung macht auch vor Yangon nicht halt. In angesagten modern gestalteten Bars gibt es Cocktails und natürlich auch hier: Bier. Beliebt ist die **Ko San Double Happiness Bar**, 19th St., ✆ 094-2803 8032. Cocktails gibt es für unter 1000 Kyat und Bier etwas drüber, ⌚ 11 Uhr–Mitternacht. Hoch hinaus geht es auf den **Sakura Tower**, nahe Sule, 339 Bogyoke Aung San Rd., ✆ 01-255 131, 💻 www.sakura-tower-yangon.com/restaurant/yangon-yangon. In der Rooftopbar **Yangon Yangon** ganz oben auf dem Tower bietet sich ein super Rundumblick. Eintritt 5000 Kyat (dafür gibt es aber auch ein Bier), ⌚ 17 Uhr–spät. Stilvoll geht es auch im Bar-Restaurant **Babett** (des Hotel G) zu. Die Lounge-Atmosphäre spricht vor allem in Yangon lebende Expats an.

Kinos

Zahlreiche Kinos werben für indische, birmanische und auch einige westliche Filme. Es macht richtig viel Spaß, mit den Myanmaren gemeinsam einen Film zu schauen und dabei kaum bis nichts zu verstehen. Tiefer eintauchen ins ganz normale Leben geht kaum.

In der Sule Pagoda Rd. steht das **Nay Py Daw Cinema** (Karte A, S. 142/143), das einige Blockbuster zeigt, z. T. bereits in 3D.

An der Bogyoke Aung San Rd. (Karte A, S. 142/143) finden sich gleich mehrere Lichtspielhäuser, die vor allem asiatische Produktionen bringen.

Blockbuster sind im modernen **Mingalar Cineplex**, Anawrahta Rd., Ecke Phone Gyi St., zu sehen (Karte B, S. 144/145).

Konzerte

Hinweise zu Konzerten finden sich auf Werbeplakaten überall in der Stadt. Meist kann man zwar das Datum und die Uhrzeit lesen, aber nicht den Ort. In dem Fall können ein Digitalfoto und die Übersetzung im Hotel weiterhelfen. Auch die Angestellten in den diversen CD-Läden wissen, wann wo welche Konzerte stattfinden. Ob Rock, Pop oder Hip-Hop: Ein Konzertbesuch lohnt fast immer. Wenn am Kandawgyi-See Konzerte gegeben werden, kündigen riesige Plakatwände am Eingang zum Kandawgyi Nature Park das Ereignis an.

Kulturshows

Veranstaltungen, bei denen traditioneller Tanz, u. a. eine Szene aus dem Ramayana, Volkstänze, eine Chinlon-Performance und Puppentheater aufgeführt werden, bietet das **Karaweik Palace** (Karte C, S. 146/147) auf dem Kandawgyi-See, ✆ 01-292 800, 💻 https://karaweikpalace.com/en/. Die Show wird tgl. inkl. Dinner für US$35 angeboten. Das Buffet wird um 18.30 Uhr eröffnet, die Vorstellung beginnt um 19.30 Uhr und dauert ca. 1 Std. In der Hauptsaison besser reservieren!

Partys

Coole Boat-Partys (internationale DJs; House, Hip-Hop) zum Sonnenuntergang auf dem Yangon River starten unregelmäßig am Botataung-Pier. Infos 💻 fb.com/YangonParty.

Puppentheater

Traditionelles **Puppentheater** zeigt die sehr renommierte Truppe **Htwee Oo Myanmar**, die als eine der besten des Landes gilt. Direktor U Khin Maung Htwe und seine Familie haben den Unterhalt des Ensembles zu ihrem Lebensziel gemacht und viele erfahrene Puppenspieler um sich versammelt. Die insgesamt 150 Puppen gelten als besonders hochwertig. Shows um 17 und 18 Uhr (bei mind. 2 Zuschauern); Infos zu genauem Ort unter ✆ 09-512 7271 und 💻 www.htweoomyanmar.com.

Theater

Yangon verfügt über ein **Nationaltheater** (Karte B, S. 144/145); der Spielplan ist unregelmäßig, Aufführungen sind selten. Manchmal kommen Ausschnitte der birmanischen Version des Ramayana zur Aufführung, manchmal finden Konzerte statt.

Vergnügungsparks

Am Südaufgang der Shwedagon befindet sich der Vergnügungspark **Happy World** (Karte C, S. 146/147). Im Indoor-Rummelplatz gibt es Karussells und Geschicklichkeitsspiele. Diverse 5-D-Kinos mit mäßiger Qualität, doch hohem Spaßfaktor. An einem kleinen See mit Park stehen Tretboote (2000 Kyat/20 Min.) zur Ausleihe. Viele Myanmaren bringen ihr eigenes Picknick mit und lassen sich im Gras oder auf dem kleinen überdachten Platz inmitten des Sees nieder. Feiner speist man im chinesischen Golden Duck Restaurant. 🕒 9–21 Uhr, Eintritt Indoor 350 Kyat, der Park ist frei. Die Indoor-Attraktionen kosten dann jeweils noch etwa 1000 Kyat.

EINKAUFEN

Bücher

Bagan Book House (Karte A, S. 142/143), Nr. 100 in der 37th St., ✆ 01-377 227, 09-511 7470. Neben Secondhand-Romanen, einigen Klassikern wie *Der Glaspalast* (gedruckt und gebunden in Myanmar) und neuer birmanischer Literatur (z. T. ins Englische übersetzt) gibt es hier Reise- und Sprachführer. Zudem eine Auswahl ansprechender Kochbücher. Das Interessanteste im Sortiment sind jedoch die vielen handgebundenen Kopien alter Bücher aus der Kolonialzeit. Herumstöbern lohnt sich! Nach einem Schlaganfall im Jahre 2004 hat der Begründer des Ladens U Ba Kyi das Geschäft in die Hände seines Sohnes U Htay Aung gegeben, der es im Sinne seines inzwischen verstorbenen Vaters weiterführt. Die Preise sind fest und angemessen.

Myanmar Book Center (Karte A, S. 142/143), 561-567 Merchant Rd., ✆ 001-384 508. Hat eine recht große Auswahl an auf Englisch erschienenen aktuellen Titeln über Myanmar. Zudem viele Wörterbücher.

Schaufel, Hammer und mehr: beim Werkzeughändler im indischen Viertel

Wo traditionelles Handwerk auf westliches Design trifft

Der westliche und der birmanische Geschmack, sei es in Farbe oder Form, könnten oft unterschiedlicher nicht sein. Hier setzt ein gelungenes Konzept von Paula Camba an, das sich mittlerweile in ganz Myanmar verbreitet hat. Die Idee: traditionelles Kunsthandwerk in westlichem Design. Die Kreationen sind lustig und ausgefallen, ein Blick lohnt auf alle Fälle. Eine tolle Idee für alle, die etwas Ausgefallenes mitbringen wollen und damit auch noch Gutes tun können. Denn 50 % des Preises gehen (nach Angaben der Betreiber) direkt an die jeweiligen Werkstätten. In Lohn und Brot kommen so Menschen, die an Aids erkrankt sind, oder Behinderte. Es gibt Kooperationen mit kreativen Familienbetrieben oder auch mit Studenten aus ärmeren Schichten, die sich so ihr Studium mitfinanzieren. Zu kaufen sind geschmackvolle und ausgefallene Taschen, Schmuck, Kleidung, Alltagsgegenstände, Schirme u. v. m. Das Geschäft ist eine Oase der Kreativität. Und die Preise sind angemessen. Die Idee hinter diesem Geschäft, „design for change", geht auf. Die von kleinen Handwerkskooperativen gestalteten Mitbringsel sind eine gelungene Kombination aus birmanischer Tradition und westlichem Designgeschmack. Innerhalb der Kooperativen kam es zu Unstimmigkeiten, und so gibt es nun zwei Läden. Einmal das von der myanmarischen Seite weitergeführte **Pomelo** (Karte B, S. 144/145), 89 Thein Pyu Rd. (neben Monsoon Restaurant), 2. Stock, 🕒 10–21 Uhr, in der Hauptsaison oft bis 22 Uhr, und zum anderen die neuen Verkaufsräume der deutschen Gründerin **Hla Day** (Karte A, S. 142/143), 81 Pansodan St., 1. Stock links, ✆ 094-5224 1465, 💻 www.hladay myanmar.org, 🕒 9.30–21.30 Uhr.

In jedem Fall lohnt beim Schlendern durch die Stadt ein Blick auf die **Bücherstände**, die am Wochenende zwischen November und April vor dem Ministers Office in der „Book Street" (Thein Phyu Rd.) aufgestellt sind. Immer wieder finden sich hier auch in Englisch publizierte Bücher aus oder über Myanmar. Ein paar Hinweise, wonach es sich lohnt Ausschau zu halten, haben wir im Anhang aufgelistet (S. 610).

Kunst

Gallery Sixty Five (Karte B, S. 144/145), 65 Yaw Min Gyi St., ✆ 01-246 317. Wechselnde Ausstellungen zeitgenössischer Kunst, die sich zu Recht großer Beliebtheit erfreuen. In dem alten Holzhaus stimmt das Ambiente, und die Ausstellungen sind gut gemacht. 🕒 10–17 Uhr.

KZL Art Studio & Gallery (Karte C, S. 146/147), 184/A Than Lwin Rd., Golden Hill Ave., ✆ 09-533 3518, 💻 http://kzlart gallerymyanmar.com/. Sehenswerte birmanische Gegenwartskunst verschiedener Künstler. Moderner, aber auch relativ klassischer Stil, durchaus inspirierend, da sehr unterschiedliche Künstler hier präsentiert werden. Unterstützt wird die kleine Bamboo-Kunstschule im Dorf Kyaik Ka Maw, etwa 30 km von Yangon entfernt. Die Lust an Kunst erspielen sich hier bereits die Kleinsten.

New Treasure Art Gallery (Karte C, S. 146/147), 84/A Than Lwin Rd., Golden Hill Ave., ✆ 01-526 776, ✉ newtreasureart@gmail.com. Hier lebt und wirkt U Min Wae Aung, der mit seinen Bildern von gehenden Mönchen vor goldgelbem Hintergrund der wohl berühmteste birmanische Gegenwartskünstler ist.

Pansodan Gallery (Karte A, S. 142/143), 1. Stock, 286 Pansodan St., ✆ 09-513 0846, 💻 fb.com/Pansodan. Die kleine, angesagte Galerie im Zentrum lockt mit einer Auswahl aktueller Werke von teilweise noch unbekannten Künstlern sowohl Myanmaren als auch Westler (Touristen wie Expats). Jeden Di ab 20 Uhr treffen sich diese Kunstfreunde auf ein Bier, um über Kunst zu reden und sich auszutauschen. Zur Galerie gehört das **Café Pansuriya**,1 02 Bogalayzay St., ✆ 097-7894 9170, 💻 https://pansuriya.wordpress.com/, in dem man stilvoll kleine Speisen verzehren und Kaffee trinken kann. Galerie 🕒 10–18 Uhr, Café 🕒 7–22 Uhr.

River Gallery (Karte A, S. 142/143), nahe dem Strand Hotel, 33/35 37th, Ecke 38th St., ✆ 09-5137 8617, 💻 www.rivergallerymyanmar.com. Die ausgesuchte Kunst lohnt einen Besuch, auch wenn man nicht die Absicht hat, ein Bild zu kaufen. Die ausgestellten Künstler machen sich derzeit weltweit einen Namen und stellen u. a. auch in Deutschland und Amerika aus. ⌚ 10–18 Uhr.

The Yangon Gallery (Karte C, S146/147), im Volkspark, Ahlone Rd., ✆ 09-7382 7777, 💻 www.theyangongallery.com. Wechselnde Ausstellungen mit z. T. recht modernen Künstlern. Ein kleines Café ist angeschlossen. ⌚ 10–18 Uhr.

Kunsthandwerk

Augustine's Antiques (Karte D, S. 148), 23A Thiri Mingalar St., nahe der Pyay Rd., ✆ 01-525 359, 💻 www.augustinesouvenir.com. In dem kleinen Geschäft, das bis oben hin mit ausgewählten Antiquitäten vollgestellt ist, lässt es sich herrlich stöbern. Es gibt Buddhafiguren, Marionetten, Lackwaren, Schränke etc. ⌚ 11.30–19.30 Uhr. Ein ähnlich ansprechendes Angebot hat **Mr. Kyi & K, Antique & Decorative Art** (Karte C, S. 146/147), 84 Than Lwin Rd., ✆ 01-534 927. ⌚ 10–18 Uhr.

Myanmar Masters, (Karte A, S. 142/143), Merchant Rd. 557/567, Zi. 904 (MAC Tower), ✆ 097-314 5585, 043-164 860, ⌚ nach Vereinbarung, sowie Bogyoke-Aung-San-Markt, oberes Stockwerk, nördlicher Flügel, Raum 5, ⌚ 10–17 Uhr. Faszinierende Sammlung von Kunstgegenständen aus dem ganzen Land. Besonders lohnenswert ist ein Besuch in der „Zentrale" im MAC-Tower: Sie gleicht einem kleinen Museum. ⌚ tagsüber, wenn jemand zuhause ist.

Yangoods, (Karte C, S. 146/147), 62 Shan Gone St., ✆ 092-610 6370, 💻 www.yangoods.com. Showroom und Workshop ⌚ 11–20 Uhr. Hübsche Souvenirs und Deko-Artikel; uns gefällt besonders die knallbunte „Myanmar-Pop"-Serie. Hat neben dem Workshop noch mehrere Verkaufsstellen, u. a. im Aung-San-Markt – Infos dazu auf der Webseite.

In der **Dhamazedi Rd.** befinden sich einige kleine Läden (Karte C, S. 146/147), die antike Holzarbeiten, Alltagsgegenstände und Kunsthandwerk anbieten. Hier findet man oft eine große Auswahl an geschmackvollen Holzschnitzereien, Lackwaren, Schmuck, Taschen, Rubinen, Pailettenkunst, Möbeln und Malerei.

Märkte

Der **Bogyoke-Aung-San-Markt** (Karte A, S. 142/143) wird vor allem von Touristen und wohlhabenden Myanmaren besucht. Im Hauptgebäude führt ein zentraler Weg vorbei an zahlreichen lizenzierten Schmuck- und Edelsteinhändlern. Wer ohne einheimischen Fremdenführer kommt, zahlt mindestens 30 % weniger, denn die Händler geben die Provision, die sie einem Führer zahlen müssen, an den Kunden weiter. Hier gibt es Gemälde (vorwiegend Aquarelle), Holzschnitzereien, Stoffe und Haushaltswaren, zudem einen Essensmarkt und im 1. Stock zahlreiche Schneider. ⌚ tgl. außer Mo und feiertags 10–17 Uhr.

Im **Theingyi-Zei-Markt** (Karte A, S. 142/143), der sich über drei Gebäudekomplexe erstreckt, findet man im westlichen Bereich – auch Plaza genannt – vor allem Kleidung und Elektroartikel, im mittleren Gebäude Stoffe und Kleidung, die meist im Fünferpack verkauft wird, sowie Moskitonetze. Im östlichen Abschnitt werden Pigmente (zum Färben von Stoffen und Nahrungsmitteln), Gewürze und Lebensmittel angeboten.

Der **Mingalar Zei** (Karte C, S. 146/147) liegt südöstlich vom Kandawgyi-See und hat Stoffe, Lebensmittel und Kleidung im Angebot, die meist aus Thailand, Singapur oder China importiert sind.

Shoppingcenter

Sie wirken etwas deplatziert: riesige Shopping-Komplexe mit Nobelmarken wie Rolex und Cartier. In der **Sule Square Mall** gibt es 2 schöne erschwingliche Restaurants, aber so richtig viel los war bei der Recherche noch nicht. Schnell herumgesprochen hat sich das große Angebot des City Markt im Untergeschoss. Auch in die riesige **Junction City** kommen die Leute vor allem in Sonntagsoutfit erstmal zum Gucken vorbei. Beliebt sind Selfies vor den Geschäften und in den imposanten

Eingangshallen. Beide ⌚ 9–22 Uhr, Junction City Mo–Do nur bis 21 Uhr.

Supermärkte

City Mart (Karte B, S. 144/145), Anawrahta Rd., Ecke 47th St. Hier fühlen sich Besucher aus dem Westen wie zu Hause. Es gibt Schokolade, Nutella, Wein und Eis, Sonnenmilch, Rasierklingen, Tampons und das wirksame Mückenmittel Odomos. Kleine Musikabteilung und Apotheke, ⌚ Mo–Sa 9–21 Uhr. Eine Zweigstelle befindet sich am Bogyoke-Aung-San-Stadion, eine nahe dem Queen's Park Hotel, eine im Junction Center und eine in der Sule Square Mall, ⌚ 9–21 Uhr, in der Sule Square Mall eine Stunde länger.

Ocean Supercenter (Karte Großraum Yangon, S. 140/141), nahe dem Flughafen an der Pyay Rd. Der größte Supermarkt Yangons verkauft im Obergeschoss Kleidung (gute Auswahl hochwertiger Longyis, Jeans etc.) und Kinderartikel. Unten ist die Essensabteilung. ⌚ 9–21 Uhr.

Ruby Mart (Karte A, S. 142/143), Bogyoke Aung San Rd., Ecke Pansodan St., ✆ 01-398 246. Im Erdgeschoss Supermarkt und Cafeteria, darüber zwei Stockwerke mit modernen Textilien, Schuhen und Handtaschen. Im 3. und 4. Stock Elektro-, Haushaltsgeräte, Computer und Handys. Im obersten Stock locken ein Kinderparadies und Restaurant. ⌚ 9–21 Uhr.

Eine gute Anlaufstelle für Supermarkt-Fans und Buchladenbesucher ist der große **Marketplace by Citymart** in der Dhamazedi (Karte C, S. 146/147). Da es auch gute Thai-Küche hier gibt (und freies WLAN) ein guter Platz zum Einkaufen, Essen und Abkühlen.

AKTIVITÄTEN

Marathon

Jeweils am 3. oder 4. Sonntag im Januar findet in Yangon der Internationale YOMA-Yangon-Marathon statt. Neben der klassischen Marathon-Strecke (42,2 km) gibt es auch einen Halbmarathon und einen 5-km-Lauf. Aktuelle Informationen hierzu unter 🖳 www.yomayangonmarathon.com.

Massagen und Spas

Auch in Yangon nehmen die Angebote an traditioneller Massage, Fußreflexzonenmassage und sonstigen Wellnessangeboten zu.

Inya Day Spa (Karte D, S. 148), 16/2 Inya Rd., ✆ 01-537 907, 🖳 www.inyaspa.com. Massagen und Sauna in entspannender Umgebung. In der angeschlossenen Boost Bar gibt's gesunde Fruchtsäfte. ⌚ 10–20 Uhr.

La Source Beauty Spa (Karte D, S. 148), 80 Inya Rd., ✆ 01-512 380, 🖳 www.lasourcebeautyspa.com. Stilvolles Spa in restaurierter Villa in ruhigem Garten. Geboten wird ein Wohlfühlprogramm – auch mit Haarpflege. Nur mit Voranmeldung. ⌚ 9–21 Uhr.

Meditation

Zehntägige Meditationskurse (Vipassana) organisiert das **Dhamma Joti Vipassana Centre** (Karte C, S. 146/147) auf dem Grundstück des Wingabar Yele Klosters nördlich des Kandawgyi-Sees. Nördl. Nga Htat Gyi Pagoda Rd., ✆ 01-549 290, 🖳 www.joti.dhamma.org. Kurspläne stehen auf der Webseite – dort kann man sich auch anmelden. Siehe auch Meditation S. 65.

Schwimmen

Einige Hotels lassen Gäste anderer Unterkünfte in ihrem **Pool** schwimmen oder im Fitnesscenter trainieren. Dazu zählen das Sule-Shangri-La-Hotel und das Parkroyal. Meist kostet der Spaß um die US$10 und ist oft nur in der Woche möglich. Jederzeit Abkühlung bietet der **National Swimming Pool** (Karte B, S. 144/145) in der U Wisara Rd., Kinder- und Erwachsenenbecken. Einfach, aber relativ sauber. ⌚ 9–12, 13–16 und 18–20 Uhr, Eintritt 3000 Kyat.

Kandawgyi Clubhaus Swimming Pool (Karte C, S. 146/147), Eingang Bahan Rd. Schöner Pool am See, in dem man sportlich seine Bahnen ziehen kann. Clubmitglieder zahlen US$20 im Monat; einmaliger Besuch 4000 Kyat. ⌚ 15–20 Uhr.

Stadttouren

Mit dem Zug rund um Yangon

Mit der Eisenbahn einmal rund um Yangon: Eine schöne Rundfahrt um die Stadt herum verspricht die **Circle Line**, eine Bahnstrecke, die in ca. 3 Std. vom Hauptbahnhof bis weit nördlich des Flughafens und auf der anderen Seite der Stadt wieder zurück zum Bahnhof führt. Eine tolle Möglichkeit, in den Alltag Yangons einzutauchen. Nicht alle Züge fahren die ganze Runde: Manche halten in Höhe des Flughafens und fahren dann wieder zurück. Tickets (200 Kyat) gibt es am Hauptbahnhof auf Bahnsteig Nr. 7 (Zugang über die Brücke Pansodan St.; von Downtown kommend gleich die erste Treppe, die zu den Gleisen hinunterführt); Fahrten zwischen 6 und 17 Uhr.

Yangon zu Fuß

Ganz nah dran: Per pedes wird Yangon mit **Yangon Heritage Trust** (YHT) erkundet. Das Büro befindet sich in der 22-24 Pansodan St. (Karte A, S. 142/143), ✆ 01-240 544, 💻 www.yangonheritagetrust.org. Touren bucht man am besten online. Dem Trust geht es vornehmlich um den Erhalt der alten kolonialen Bausubstanz und die sachgerechte Renovierung. Die Touren (Mi, Sa und So um 9 und 13 Uhr) sind fachkundig und empfehlenswert. Es gibt vier verschiedene Touren, die US$30–40 kosten. Der Gewinn kommt dem Trust und seiner Arbeit zugute.

Mit dem Fahrrad oder der Rikscha aufs Land

So nah und doch so fern: Nur einmal kurz über den Fluss, und schon ist man auf dem Land. Der Österreicher Jochen Meisner hat seine Passion für Myanmar mit seiner Begeisterung für das Fahrradfahren verbunden und bietet Radtouren durchs Land, aber auch in der Umgebung von Yangon an. Die Halbtagestouren sind einfach, es geht auf etwa 28 km durch Reisfelder und Dörfer auf der anderen Flussseite. Für alle, die sich nicht sportlich betätigen wollen, hat er ebenfalls ein Angebot: Mit der Rikscha kann sich der Faulenzer bequem herumfahren lassen. Los geht es um 7.30 Uhr (Rikschatour 8 Uhr), Rückkehr ist gegen 12.30 Uhr. Wunderbar entspannend. Es gibt auch Tagestouren (etwa 70 km) mit dem Rad. Infos bei **Uncharted Horizons**, 109, 49th St., ✆ 099-7117 6085, 💻 www.uncharted-horizons-myanmar.com; viele Fotos 💻 www.fb.com/uncharted.horizons.myanmar.

Mit dem Fahrrad durch Yangon

Bike World Explores Myanmar, 10/F, Khapaung Rd., 6 Miles Pyay Rd., ✆ 01-527 636, 💻 www.cyclingmyanmar.com. Wer Lust auf eine Radtour durch Yangon hat, kommt schnell zu dem Schluss: zu laut und zu voll. Darum: einfach nachts fahren. Eine nette Alternative: Jeden Freitag um 9.30 Uhr treffen sich Einheimische, Auswanderer und Touristen im Bike World Guest House, um gemeinsam in 2 Std. von hier in die Innenstadt und wieder zurück zu radeln. Die 25 km sind gut machbar, wenngleich nichts für Kinder und absolut Untrainierte. Wer ein eigens Rad hat, zahlt nichts, ein Leihfahrrad kostet US$15. Eine Voranmeldung ist nicht nötig.

Foodtouren

Eine Stadt und ein Land über die Küche zu entdecken, ist eine wirklich gute Idee. Was gibt es morgens? Was abends? Wo kauft man ein? Gute Ausflüge morgens und abends, teils zu Fuß, aber auch mit einer Trishaw von Foodstall zu Foodstall bietet **Sa Ba Streetfoodtours**, ✆ 097-6719 3757, 💻 www.sabastreetfoodtours.com. Veganer und Vegetarier müssen einfach nur Bescheid geben, denn es gibt auch viele fleischlose Gerichte zu erschmecken. Neben Touren gibt es auch Kochkurse; alles dauert etwa 2–3 Std. Sehr gute Touren bietet auch **Yangon Foodtours**, ✆ 092-6176 7338, 💻 www.yangonfoodtour.com. Hier gibt es neben den Klassikern, wie Frühstückstour und Abendküche, auch Angebote für Fans des Mittagsessens und solche, die sich vor allem für kulinarische Angebote sozialer Projekte interessieren. Buchbar bei beiden Anbietern online oder per Telefon von 9–19 Uhr.

SONSTIGES

Apotheken

AA Pharmacy (Karte A, S. 142/143), nahe der Sule-Pagode. Neben den wichtigsten Medikamenten führt die Apotheke auch Mückenschutzmittel (Sketolene) und Naturheilmittel *(myanmar traditional medicine)*. 🕒 tgl. 24 Std.

Wer diagnostischer Hilfe bedarf, findet sie in der **AYÉ-Yeik Tha Clinic und Apotheke** (Karte A, S. 142/143), Shwebontha St. In Deutschland hieße es wohl Gemeinschaftspraxis, denn hier praktizieren mehrere Ärzte. Die kleine angeschlossene Apotheke hat tagsüber geöffnet, ist günstig und führt auch Schnelldiagnosen durch. Ein Fachmann ist meist vor Ort. In der Straße befinden sich weitere solcher „Kliniken", doch hier ist in der Regel am meisten los.

YANGON

Geld

Viele private Banken bieten neben Schalterservice auch 24 Std. zugängliche Automaten (ATM). Alle Banken schließen zwischen 12 und 13 Uhr.

Informationen

An der Sule-Pagode bietet das **Myanmar Travel & Tour Office** (Karte A, S. 142/143), kurz MTT genannt, 118 Mahabandoola Garden St., ✆ 01-374 281, aktuelle Infos über Reisebestimmungen (sofern es noch Verbote gibt bzw. es nicht ratsam ist, in bestimmte Gegenden aufzubrechen, erfährt man das hier). Wer in abgelegenere Gebiete reisen will, sollte sich hier erkundigen, ob vielleicht Reiseverbote bzw. Sicherheitshinweise erlassen wurden. ⌚ tgl. 8.30–17.30 Uhr.

Medizinische Hilfe

Parami General Hospital (Karte D, S. 148), Parami Rd., ✆ 01-657 227, 💻 www.paramihospitalygn.com. Großes Krankenhaus mit hilfreichem Personal für die weniger schlimmen Krankheitsfälle. Wesentlich günstiger als die SOS Clinic oder eine internationale Klinik.

SOS Clinic (Karte D, S. 148), beim Inya Lake Hotel, 37 Kaba Aye Pagoda Rd., ✆ 01-657 922 und 094-2011 4536. Wer bei einem Verkehrsunfall verletzt, von giftigen Tieren oder solchen mit Tollwut gebissen wird oder den Verdacht hegt, an Malaria oder Denguefieber erkrankt zu sein, kann sich an die SOS Clinic wenden. Hier werden Voruntersuchungen und Impfungen durchgeführt und medizinische Rettungsflüge organisiert. Die Klinik hat gut ausgebildete Ärzte in 24-Std.-Bereitschaft. ⌚ Mo–Fr 8–20, Sa 8.30–17.30 Uhr.

Ein (teures) privates Krankenhaus ist das **Pun Hlaing Siloam Hospital** (Karte Großraum Yangon, S. 140/141), Pun Hlaing Golf Estate Ave., Notruf ✆ 01-368 4411, 💻 http://punhlaingsiloamhospitals.com/.

Eine weitere Privatklinik ist das **Sakura Medical Center** (Karte C, S. 146/147), 23 Shin Saw Pu Rd., ✆ 01-512 668, http://sakurahospital.com.mm/.

SOS Air Rescue ist eine international operierende Luftrettungsgesellschaft, die im Notfall mit Jets und Hubschraubern evakuiert. Nächstgelegene Filiale in Bangkok, ✆ 0066-2-205 7777, 💻 www.internationalsos.com.

Bangkok International Hospital (Karte B, S. 144/145) unterhält ein kleines Office in Yangon, 181 Bo Myat Htun St., ✆ 01-202 120, Notfallnummer (rund um die Uhr) 09-510 6666, 💻 www.bangkokhospitalmyanmar.com. ⌚ tgl. 9–17 Uhr. Es organisiert im Ernstfall eine Überstellung nach Bangkok.

Wichtige Telefonnummern

Polizei: 199
Polizei Yangon: 01-29602
Touristenpolizei: 01-378 479
Feuerwehr: 191
Notruf: 192
Rettungswagen: 1830
Ambulantes Rotes Kreuz: 01-295 133
Immigration: 01-286 434
Zoll Yangon: 01-284 533
Flughafen Yangon: 01-662 811

Post

Das **General Post Office** (Karte A, S. 142/143) liegt in der 39 Bo Aung Kyaw St., Ecke Strand Rd. Der Haupteingang befindet sich in der Strand Rd., wenige Meter hinter dem Strand Hotel. Schon im Eingangsbereich verkaufen Händler Briefmarken, und an einem kleinen Schalter sitzt eine Dame von der Post mit dem gleichen Angebot. Lust auf etwas total Verrücktes? Dann schreibt eine Karte. Bis nach Deutschland ist sie etwa 2–3 Wochen unterwegs und kommt dort meist wirklich an. Sollte die Klebefläche nicht ausreichend präpariert sein, schaffen die fliegenden Händler mit Klebstoff Abhilfe. ⌚ Mo–Fr 9.30–13.30, Sa und So 10–12 Uhr.

NAHVERKEHR

Stadtbusse

In Yangon fahren Stadtbusse, die pro Strecke meist nur wenige hundert Kyat kosten (zu zahlen in kleinen Scheinen). Sie sind oft sehr voll und halten meist nach Heranwinken (mit den Fingern nach unten). Wer außerhalb wohnt und in die Stadt will, braucht nur an einer Haltestelle zu warten. Die Kartenverkäufer rufen die Endstation und weisen Touristen auf das Ziel hin. Auch an der Sule-Pagode bekommt man Hilfe bei der Wahl des Busses. Bus Nr. 43 fährt von der Sule-Pagode nahe dem Ostaufgang der Shwedagon vorbei weiter zum **Inya-See** und zum **Aung Mingalar Highway Busterminal**. Direkt zur **Shwedagon-Pagode** fährt Nr. 203 von der Sule Pagoda Rd. nahe dem Kino und vom Strand Hotel. Weitere Strecken siehe Plan S. 140/141.

Der **Flughafenbus** verkehrt halbstündlich zwischen Flughafen und Sule-Pagode (Stationen siehe Plan S.140/141) von 6–20 Uhr. Die genaue Route findet man im eXTra [11000]. Ein Ticket kostet 500 Kyat, die Fahrt dauert 1–1 1/2 Std. Am Flughafen fahren die Busse direkt vor dem Eingang ab. Wer es an den Taxifahrern vorbeischafft, kommt also günstiger, wenn auch etwas langsamer in die Innenstadt.

Taxis

Neben den Stadtbussen übernehmen Taxis den Nahverkehr. Sie sollten nicht mehr als etwa 2000–4000 Kyat für kurze Strecken innerhalb des Zentrums kosten (Anhaltspunkt: Sule–Shwedagon 2000 Kyat). Eine Fahrt zum Aung Mingalar-Busbahnhof kostet etwa 8000 Kyat, zum Flughafen 7000–9000 Kyat. Vom Kandawgyi-See nach Downtown zahlt man knapp über 2000 Kyat. Reizvoll und erholsam ist das Tempel-Hopping mit dem Taxi. Auch Ausflüge in die Umgebung sind mit dem Taxi bequem zu bewerkstelligen. Ein Auto mit Fahrer kostet am Tag etwa 100 000 Kyat.

Wer sich die **Taxi-App** von **Grab** herunterlädt, erfährt den genauen Preis und kann sich jederzeit überall ein Taxi selbst bestellen. In Großstädten wie Yangon ist das eine echt entspannende Innovation.

TRANSPORT

Busse

In den vergangenen Jahren haben die meisten Gesellschaften relativ neue Busse angeschafft, die das Reisen deutlich bequemer machen. Tickets für die Hauptstrecken bekommt man am Busbahnhof, in vielen Gästehäusern oder an den Schaltern am **Bogyoke-Aung-San-Stadion** (Karte B, S. 144/145). Es ist sinnvoll, sich an den Verkaufsstellen zu erkundigen, ob und wie lange im Voraus die Busse reserviert werden müssen. Das variiert je nach Nachfrage; einen Tag vorher sollte man rechnen. Fast alle Busse haben AC (die voll ausgefahren wird – Extra-Pulli und Kopfbedeckung mitnehmen!).

Die Fahrt zu den außerhalb gelegenen Busbahnhöfen kostet mit dem Taxi etwa 8000 Kyat. Die hier angegebenen Zeiten und Preise sind als Orientierungshilfe zu verstehen und beziehen sich auf Busgesellschaften, deren Tickets in Gästehäusern oder am Stadion verkauft werden. An den Busbahnhöfen fahren viele weitere Gesellschaften auch zu anderen Uhrzeiten ab.

Aung-Mingalar-Busbahnhof

Karte Großraum Yangon, S. 140/141

Die Fahrt zum Busbahnhof im Stadtteil Nord-Okkalapa dauert vom Zentrum mind. 40 Min. Dort startet die Mehrzahl der Busse.

BAGAN, vorm. 7 und 8 Uhr sowie abends zw. 19 und 22 Uhr für 16000–32000 Kyat in 10 Std.

BAGO, stdl. zwischen 5 und 22 Uhr für 5000 Kyat in ca 2 Std.

DAWEI, 6x tgl. zw. 13 und 18 Uhr für 20000–38500 Kyat in 12–13 Std.

HPA-AN, 8x tgl. zw. 7.30 und 21 Uhr für 9000–15000 Kyat in 6–7 Std.

INLE-SEE (via KALAW), um 8, 14, 17 und 18 Uhr für 16000–22000 Kyat sowie im extra-bequemen VIP-Bus um 18 Uhr für 32000 Kyat in 12 (10) Std.

KYAIKTIYO, zwischen 8 und 17 Uhr, etwa alle 1–2 Std., für 8000 Kyat in 4–5 Std.

LASHIO (via KYAUKME und HSIPAW), um 17 Uhr für 17000–23000 Kyat in 14 (10, 12) Std.

LOIKAW, um 15.30 für 15000 Kyat in 8–10 Std.

MANDALAY, viele Busse vorm. 9 und 9.30 Uhr sowie zwischen 20 und 22 Uhr für 13000–44000 Kyat in 8–10 Std.

MAWLAMYINE, mehrmals tgl. zw. 8.30 und 22 Uhr für 11000–14000 Kyat in 6 Std.
MYEIK, 5x tgl. zw. 13 und 18 Uhr für 30000 Kyat in 18–19 Std.
MYITKYINA, um 10.30 Uhr für 40000 Kyat in ca. 24 Std.
NGAPALI (via THANDWE), um 7 und 16.30 für 16000–21000 Kyat in 13–14 Std.
PYAY, etwa stdl. zwischen 7 und 23.30 Uhr für 8000 Kyat in 4 Std.
TOUNGOO, stdl. für 6000 Kyat in 5 Std.

Dagon-Ayar-Busbahnhof
Karte Großraum Yangon, S. 140/141
Der Busbahnhof liegt im Stadtteil Hlaing Thayar weit außerhalb im Westen Yangons, ca. 45 Autominuten vom Zentrum – wenn kein Stau ist. Man sollte sich ggf. auf das Wort des Taxifahrers verlassen und früher starten. Ab 5 Uhr morgens fahren Busse den ganzen Vormittag über ins Delta, z. B.:
CHAUNGTHA, um 7 Uhr für 13 000 Kyat in ca. 6 Std.
NGWE SAUNG, um 6.30, 7 und 9 Uhr für 11 000–13 000 Kyat in ca. 6 Std.
PATHEIN, um 7 und 10 Uhr für 10000 Kyat in 4–5 Std.

Eisenbahn

Zugfahren in Myanmar ist ein Erlebnis für sich – aber definitiv nicht die schnellste Methode, um von A nach B zu kommen, und nichts für Sauberkeits-Fanatiker. Dafür sind die Tickets recht günstig und man bekommt gut Kontakt zur lokalen Bevölkerung. Fahrkarten am besten ein bis zwei Tage vorher kaufen: im „Advanced Booking Office" nahe dem Bahnhof (gegenüber dem Sakura-Tower, s. Karte A, S. 142/143, ⏲ 7–15 Uhr); oder über ein Reisebüro besorgen lassen.
Einige Preise *(ordinary/upper/sleeper)* in Kyat und ungefähre Fahrzeiten:
BAGO, 600/1150/ – ; 2 Std.
KYAIKHTO, 1200/2400/ – ; 4 Std.
MANDALAY, 4650/9300/12 750; 16 Std.
MAWLAMYAING, 2150/4250/ – ; 11 Std.
NAY PYI TAW, 2800/5600/7000 sowie 10 000 für „special sleeper"; 10 Std.
PYAY, mit 3up, 11up und 31up (s. Tabelle), 1950/3900/ – ; 5 Std.
THAZI, 3700/7350/10 100; 12 Std.
TOUNGOO, 2000/4000/ – ; 6 Std.

Boote

Nach DALA am anderen Ufer des Yangon-Flusses pendeln von frühmorgens bis spät-

Zugfahrplan (Auswahl)

Yangon – Nay Pyi Taw – Mandalay

Zugnr.	Yangon	Bago	Toungoo	Nay PyiTaw	Thazi	Mandalay
3up	17.00	18.45	23.25	1.57	5:58	7.45
5up	15.00	16.44	20.59	23.32	2.11	5.00
7up	20.30	22.13	2.23	5.00	–	–
11up	6.00	7.48	12.31	15.22	18.15	21.00
31up	8.00	9.43	14.10	17.00	–	–

Yangon – Bago – Kyaikhto – Mawlamyaing

Zugnr.	Yangon	Bago	Kyaikhto	Mawlamyaing	Ye	Dawei Hafen
35up	21.00	22.50	1.30	6.00		
89up	7.15	9.04	11.57	16.50		
175up	18.25	20.19	11.57	4.30	10.25	19.00

Yangon – Bagan

Zugnr.	Yangon	Bagan
61up	16.00	9.40

© MARK MARKAND

„Hurry up, hurry up" … der Busbegleiter kümmert sich um den zügigen Einstieg der Fahrgäste.

nachmittags Personenfähren für 2000 Kyat pro Strecke. Abfahrt ist am **Pansodan Jetty** schräg gegenüber dem Strand Hotel.
Vom **Lanthit Jetty** (Karte B, S. 144/145) starten einige lokale Boote ins Deltagebiet; z. B. geht es ab hier tgl. frühmorgens in 3 Std. nach TWANTE.
Ausflugsboote starten am Bootsanleger nahe der Botataung-Pagode. Verschiedene Gesellschaften organisieren Dinner-Cruises und Sonnenuntergangstouren. Tickets gibt's vor Ort, z. B. bei **Royal Green River**, ✆ 01-536 232, 💻 www.royalgreenriver.com.

Flüge

Der **Flughafen** liegt einige Kilometer nördlich des Zentrums und ist in etwa einer halben Stunde erreicht – falls kein Stau ist, was immer seltener wird! Sicherheitshalber sollte man eine Stunde einplanen, in der Rushhour eventuell auch mehr. Ein **Taxi** vom Flughafen in die Innenstadt kostet je nach Anzahl der Mitfahrer um 8000–10 000. Der **Flughafenbus** (ein weißroter Bus mit der Aufschrift „Shuttle Service") kostet 500 Kyat und braucht 1–1 1/2 Std. bis zur Sule-Pagode; Abfahrt mind. halbstündlich von 6–20 Uhr. Am 12. Februar, dem Union Day, finden Paraden statt; die Straße zum Flughafen wird dann ab Mittag gesperrt.

Die meisten **internationalen Fluggesellschaften** haben ihre Büros im Sakura Tower (Karte A, S. 142/143). Gesellschaften und Ziele s. S. 33 (Travelinfos von A bis Z, Anreise).
Die **nationalen Fluggesellschaften** fliegen alle wichtigen touristischen Ziele Myanmars z. T. mehrmals tgl. an, die meisten für etwa US$70–200. Auch neue Routen kommen dazu, so im Dezember 2018 eine Verbindung nach Pathein (4x wöchentl., 40 Min.) – für alle, die es ganz eilig haben, an den Strand (in Chaungtha oder Ngwe Saung) zu kommen. Die genauen Flugdaten und Preise erfährt man im Reisebüro oder direkt bei den Gesellschaften. Diese wissen auch, ob der Flieger tatsächlich abhebt, denn gerade bei abgelegenen Zielen kann es zu Stornierungen oder Zeitverschiebungen kommen. Zur Buchung tatsächlich verfügbarer Maschinen und Plätze hat sich auch 💻 www.flymya.com bewährt.

Gepäckaufbewahrung

Wer sein Gepäck am Flughafen aufbewahren will, um vor dem Abflug unbeschwert noch eine Runde in Yangon zu drehen, kann dies gegenüber dem Ausgang 7 tun. Pro Koffer (10–30 kg) kostet das 10 000 Kyat für 24 Std.

SCHIRME IN PATHEIN; © MARTIN H. PETRICH

2 Ayeyarwady-Delta

Im Südwesten des Landes zeigt sich Myanmar von seiner fruchtbarsten Seite: üppiges Grün, wohin man blickt. Das Leben der Menschen findet vorwiegend entlang der unzähligen Flussarme und Kanäle statt, entsprechend prägt Wasser ihren Alltag. Für Touristen ist das Ayeyarwady-Delta noch kaum erschlossen.

Stefan Loose Traveltipps

Pathein Stadt mit Schirm und Charme. Per Fahrradrikscha geht es durch geschäftige Straßen zu beschaulichen Pagoden oder zu Fuß an betagten Moscheen, Kirchen und Kolonialgebäuden vorbei. S. 185

3 **Ngwe Saung Beach** Kilometerlange Palmenstrände – genau der richtige Ort, um die Seele baumeln zu lassen. Aber auch Aktive kommen auf ihre Kosten, denn es gibt Wassersportangebote ebenso wie interessante Ausflüge in die Umgebung. S. 195

Gaw Yan Gyi Unverfälschtes Strandleben auf einer von Palmen gesäumten Halbinsel, die bislang vorwiegend einheimische Touristen anlockt. Auch wenn die Anreise recht beschwerlich ist, lohnt sich der Weg dorthin, denn die Menschen sind freundlich und die Tropenlandschaft wunderschön. S. 200

AYEYARWADY; © VOLKER KLINKMÜLLER

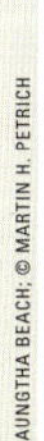

CHAUNGTHA BEACH; © MARTIN H. PETRICH

Wann fahren? Zwischen November und April

Wie lange? 1–4 Tage

Bekannt für die schönen Strände und endlosen Kanäle

Beste Feste Das Ramayana-Festival in Pyapon

Outdoor-Tipp Bootstour nach Meinmahla Kyun

Unbedingt probieren Halawa in Pathein

Highlight Der Strand von Ngwe Saung

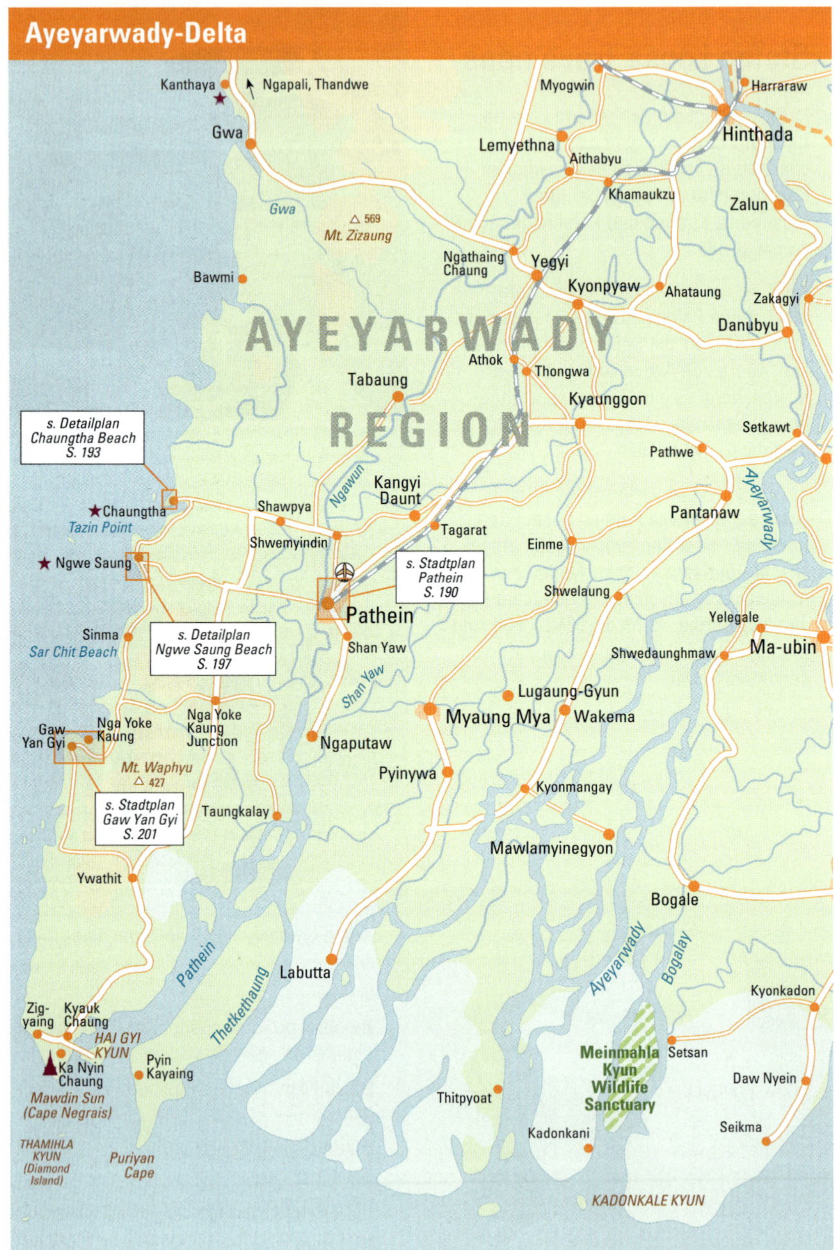
Kanthaya
Ngapali, Thandwe
Gwa
Myogwin
Harraraw
Hinthada
Lemyethna
Aithabyu
Khamaukzu
Zalun
Gwa
569
Mt. Zizaung
Ngathaing Chaung
Yegyi
Kyonpyaw
Ahataung
Zakagyi
Bawmi
AYEYARWADY REGION
Danubyu
Athok
Thongwa
Tabaung
Kyaunggon
Setkawt
Pathwe
s. Detailplan Chaungtha Beach S. 193
Chaungtha
Tazin Point
Ngawun
Kangyi Daunt
Shawpya
Shwemyindin
Tagarat
Einme
Pantanaw
Ayeyarwady
Ngwe Saung
s. Stadtplan Pathein S. 190
Pathein
Shwelaung
Sinma
Sar Chit Beach
s. Detailplan Ngwe Saung Beach S. 197
Shan Yaw
Shan Yaw
Yelegale
Shwedaunghmaw
Ma-ubin
Lugaung-Gyun
Myaung Mya
Wakema
Gaw Yan Gyi
Nga Yoke Kaung
Nga Yoke Kaung Junction
Ngaputaw
Mt. Waphyu
427
Pyinywa
Kyonmangay
s. Stadtplan Gaw Yan Gyi S. 201
Taungkalay
Mawlamyinegyon
Ywathit
Bogale
Pathein
Labutta
Ayeyarwady
Bogalay
Thetkethaung
Kyonkadon
Zig-yaing
Kyauk Chaung
HAI GYI KYUN
Ka Nyin Chaung
Pyin Kayaing
Meinmahla Kyun Wildlife Sanctuary
Setsan
Daw Nyein
Mawdin Sun (Cape Negrais)
Thitpyoat
Kadonkani
Seikma
THAMIHLA KYUN (Diamond Island)
Puriyan Cape
KADONKALE KYUN

Seit die Briten das 35 000 km² große Ayeyarwady-Delta ab Mitte des 19. Jhs. urbar machten, gilt es als die Reiskammer Myanmars. Das Delta vergrößert sich ständig, denn jedes Jahr transportieren die Arme des 2170 km langen Ayeyarwady schätzungsweise 300 Mio. t fruchtbares Schwemmmaterial mit sich, das sich im Meer ablagert. Hinsichtlich der Höhe des Sedimentgehaltes liegt der Strom weltweit an fünfter Stelle hinter dem Gelben Fluss, dem Ganges, dem Amazonas und dem Mississippi.

Das Deltagebiet ist ökologisch von enormer Bedeutung, denn seine Mangrovenwälder wirken wie ein natürlicher Salzwasserfilter. Sie sind Heimat vieler bedrohter Tierarten, darunter das Leistenkrokodil und die Batagur-Flussschildkröte. Doch das ökologische Gleichgewicht ist angesichts der intensiven landwirtschaftlichen Nutzung bedroht. Allein im 20. Jh. hat sich die Fläche der Mangrovenwälder um mehr als 80 % verringert. Dies ist angesichts steigender Meeresspiegel infolge der globalen Erderwärmung fatal. Experten sind überzeugt, dass der verheerende Zyklon Nargis im Mai 2008 vor allem aufgrund fehlender schützender Mangrovengürtel so viele Opfer forderte.

Die fruchtbaren Böden haben das ehemals kaum bewohnte Deltagebiet inzwischen mit fast 200 Bewohnern pro Quadratkilometer zur am dichtesten besiedelten Region Myanmars werden lassen. Ein Großteil der über 6 Mio. Einwohner, überwiegend Birmanen und Kayin, lebt vom Reisanbau. Ist genügend Wasser vorhanden, kann der Reis bis zu dreimal im Jahr angepflanzt werden. Natürlich spielt auch der Fischfang eine große Rolle. Wegen des Exportprofits wurde die Garnelenzucht erheblich ausgeweitet.

Thanlyin (Syriam)

Thanlyin liegt 25 km südöstlich von Yangon und ist von der Metropole über eine chronisch verstopfte Brücke über den Bago-Fluss erreichbar. Für die Besichtigung reicht ein halber Tag. Nur wenig erinnert heute daran, dass die Stadt über Jahrhunderte hinweg Myanmars Tor zur Welt darstellte. Der Aufstieg des Hafens ging Hand in Hand mit der Zunahme des internatio-

Das Delta erleben

Die meisten Reisenden durchqueren das Delta, um möglichst schnell zu den Stränden **Chaungtha** oder **Ngwe Saung** am Golf von Bengalen zu gelangen. Dabei bekommen sie jedoch nur einen kleinen Ausschnitt der üppigen Flusslandschaft zu sehen. Wer mehr vom Delta erleben möchte, sollte **Pathein** ansteuern. Um einen kleinen Eindruck von der Landschaft zu erhalten, genügt von Yangon aus ein Tagesausflug nach **Twante** oder **Pyapon**. Für Naturfreunde interessant ist eine mehrtägige Fahrt ins **Schutzgebiet Meinmahla Kyun** (S. 183) südlich von **Bogale**.

nalen Handels mit Europa. Zu traurigem Ruhm gelangte das einstige **Syriam** im frühen 17. Jh., als der portugiesische Abenteurer Philip de Brito y Nicote von hier aus seinen kleinen Tyrannenstaat lenkte. 1647 eröffnete die britische East India Company eine Fabrik, ab dem frühen 18. Jh. unterhielt sie eine eigene Werft. Mit seinen Kirchen und Handelshäusern hatte Thanlyin ein europäisches Gesicht. Rebellierende Mon brannten die Stadt jedoch 1743 nieder, und im Juli 1756 machte der Begründer der Konbaung-Dynastie, Alaungpaya (reg. 1752–60), sie in seinem Krieg gegen die Mon dem Erdboden gleich. Unter den Briten avancierte Thanlyin zu einem wichtigen Umschlagplatz für Reis. Heute gewinnt die Heimat von fast 270 000 Menschen als Industriestandort wieder an Bedeutung, vor allem wegen des Industriehafens **Thilawa** und der dazu gehörenden „Special Economic Zone". Mit der **Star City** existiert am Bago-Fluss eine moderne Trabantenstadt mit Hochhäusern und Einkaufszentren.

Mit Thanlyin sind auch die Anfänge der katholischen Mission in Myanmar verbunden, woran allerdings nur noch die Ruine der portugiesischen, 1750 geweihten **Kirche der Unbefleckten Empfängnis** auf einem Hügel unweit der Brücke erinnert. Etwa 4 km südlich des Zentrums liegt auf einem Hügel die bedeutende **Kyaik-Khauk-Pagode** (2500 Kyat Eintritt), deren 40 m hoher goldener Stupa noch von Yangon aus zu sehen ist. Bereits der Name *kyaik* (= *zedi* in der Mon-Sprache) deutet darauf hin, dass hier ein buddhistisches Heiligtum der Mon stand. Der Legende nach kam Buddha selbst hierher und hinterließ zur Erinnerung sechs Haare. Von historischem Interesse sind am Nordeingang die leider verwahrlosten Gräber zweier Poeten: Natshinnaung, Prinz von Toungoo, und Padethayaza (1684–1751), der als Minister am Königshof lebte und das erste Theaterstück des Landes schrieb. Den wegen seiner Liebeslyrik bis heute verehrten Natshinnaung ließ König Anaukpetlun 1613 zusammen mit de Brito wegen Hochverrats hinrichten.

ESSEN

Calorie Cafe & Bakery, 2 Pyitawthar St, 💻 www.facebook.com/CalorieCafe.Myanmar. Das Café ist in einem hübschen Kolonialgebäude untergebracht und zugleich Heimat des Thanlyin Bike Club. Der Kaffee ist gut, die Reisgerichte sind solide gekocht und die Backwaren eher etwas für birmanische Gaumen. Es gibt auch einen Außenbereich. 🕒 7–21 Uhr.

TRANSPORT

Wer bequem und schnell nach Thanlyin fahren möchte, nimmt für die Halbtagstour ein **Taxi** (US$40). Die Fahrt dauert von YANGON aus je nach Verkehr 1–1 1/2 Std. **Minibusse** starten von der Sule-Pagode (ca. 2 Std.).

Kyauktan

Etwa 20 km südlich von Thanlyin liegt auf einer kleinen Insel im Padawa (Pilakhat) Creek, einem Seitenarm des Yangon-Flusses, die **Kyauktan-Pagode** (Eintritt 2000 Kyat). Im Volksmund wird sie aufgrund ihrer Lage auch **Yele Paya** („Pagode in der Mitte des Flusses") genannt. Ein eigens für Ausländer reserviertes Boot bringt Besucher für schlappe 5000 Kyat auf die Insel. Entlang der Straße zwischen Bushaltestelle und Fluss reihen sich zahlreiche Souvenirläden. An der Anlegestelle wird Fischfutter für die wohlgenährten Welse verkauft, die sich in Massen im Fluss tummeln. Mit ihrer Fütterung wollen die

Gläubigen Verdienste für ihre nächste Inkarnation erwerben. Die Pagode besteht aus einer Vielzahl von *tazaung* und Stupas. Am quirligsten ist es dort zum zweiwöchigen Pagodenfest am Vollmond Tabaung (Feb/März).

Dala

Jenseits des Yangon-Flusses liegt Dala, das immer noch kleinstädtische Beschaulichkeit ausstrahlt, obwohl hier 170 000 Menschen leben. Doch mit der Gemütlichkeit ist es vorbei, denn Spekulanten ließen die Bodenpreise in die Höhe schießen, und vielerorts werden neue Siedlungs- und Industriegebiete erschlossen. Auch eine Brücke nach Yangon ist geplant. Das Stadtbild ändert sich rasant.

An Sehenswürdigkeiten hat Dala nichts zu bieten. Zu den touristischen Standardbeschäftigungen zählt eine Tour mit der Fahrradrikscha (unbedingt vorab Preis aushandeln!), die z. B. zur Werkstätte von **Chu Chu** in der 507 Khayae St., (✆ 097-9258 2795, 💻 www.facebook.com/ChuChuYangon, ⌚ 9–17 Uhr) führen kann. Dort werden hübsche Accessoires aus Recycling-Material produziert.

Schon die Anfahrt mit den **Personenfähren** hat ihren Reiz; sie pendeln in kurzen Abständen von frühmorgens bis abends zwischen dem Pansodan Jetty in Yangon (schräg gegenüber dem Strand Hotel) und Dala (2000 Kyat pro Strecke). Unweit des Anlegers in Dala starten auch Busse und Sammeltaxis nach Twante, Pyapon und Bogale. **Achtung**: Auf der Fähre oder am Pier wird man häufig von selbst ernannten Guides angesprochen, um eine Tour mit ihnen zu machen. Unbedingt die Finger davon lassen, darunter sind viele Abzocker!

Ausflug ins südliche Delta

Je nach Zeit lässt sich das südliche Delta in ein bis drei Tagen erkunden. Im Rahmen einer **Tagestour** kann man Pyapon besuchen, wofür man mit der Fähre zunächst von Yangon nach Dala übersetzt und dann den Bus in die 95 km entfernte Deltastadt nimmt. In **drei Tagen** lässt sich die Tour nach Bogale und Meinmahla Kyun verlängern. Dabei fährt man zunächst nach Pyapon, besichtigt die Stadt, unternimmt eine Bootstour und fährt dann weiter ins 35 km entfernte Bogale. Nach einer Übernachtung im einfachen Gästehaus startet man am 2. Tag zu einer ganztägigen Bootstour nach Meinmahla Kyun. Am besten verbringt man auch die Nacht dort, um abends zu einer Beobachtungsfahrt aufbrechen zu können. Am 3. Tag kann man per Boot noch nach Kadonkani fahren und dort den Fischmarkt besuchen, bevor es zurück nach Bogale und per Bus nach Dala geht.

Dieser südliche Teil des Deltas ist touristisches Neuland, kaum jemand spricht Englisch. Zudem sind die Bootstouren allein nicht leicht zu organisieren. Wir empfehlen daher, von Yangon aus einen Guide mitzunehmen, etwa über S. S. T. Tourism in Yangon, ✆ 01-393 094, 💻 www.sstmyanmar.com, das u. a. eine interessante zweitägige Dorftour nach Twante und Umgebung anbietet.

Schon viele Loose-Leser schätzten die Dienste der beiden erfahrenen Reiseleiterinnen Thiri Than Than Aye, ✆ 09-507 9614, ✉ thiritouristguide@gmail.com, und Ei Thu Htut, ✆ 09-513 9961, ✉ eithuhtut@gmail.com. Letztere spricht Deutsch. Soe Moe Aung aus Pathein, ✆ 092-5032 2368, 099-6076 8868, ✉ welcometopathein@gmail.com, ist der richtige Mann für einen organisierten Besuch in Meinmahla Kyun.

Twante (Twantay)

Ein interessanter Ausflug führt von Yangon via Dala ins 25 km entfernte Twante (sprich: Twunte). Der sympathische Ort (220 000 Einw.) ist heute vor allem wegen seiner Töpferwaren und als Namensgeber für den Mitte des 19. Jhs. gegrabenen, 34 km langen **Twante-Kanal** bekannt. Seit der Kolonialzeit stellt er eine wichtige Verbindung zwischen dem Ayeyarwady-Delta und der Hauptstadt dar.

Twante war eine Siedlung der Mon und ähnlich wie Dala während der Bagan-Ära von strategischer Bedeutung. Darauf lassen Ziegelsteine mit dem Signum König Anawrahtas (reg. 1044–77) schließen, die in der näheren Umgebung ge-

Deltaleben per Rad

Zu festen Terminen organisiert Uncharted Horizons Radtouren in die Umgebung von Dala und Twante: die Halbtagstour „Islands and Rivers" (28 km) für 44 000 Kyat/Pers. und die ganztägige Tour „Twantay Explorer" (70 km) für 68 000 Kyat.
Infos und Buchung: **Uncharted Horizons**, 109 49th St. (Middle Block), Yangon, ✆ 094-5006 2960, 099-7117 6085, 💻 www.uncharted-horizons-myanmar.com.

AYEYARWADY-DELTA

funden wurden. Heute präsentiert sich Twante als lebendiges Städtchen, das gemütlich per Trishaw, Fahrrad oder zu Fuß zu erkunden ist. Ein Spaziergang führt vorbei am **Markt** und der katholischen Kirche **St. Marien** (s. eXTra [5711]). Die **Töpferwerkstätten** liegen im **Oh-Bo-Viertel** südwestlich des Zentrums und sind mit der Trishaw, aber auch zu Fuß gut zu erreichen: Vom Markt aus folgt man der Hauptstraße ca. 1,4 km gen Südwesten, wo eine Staubpiste links abgeht. Hier liegen beidseitig die Wohnungen und Werkstätten der Töpfer (einfach nachfragen!).

Shwesandaw-Pagode

Die etwa 1 km südlich des Kanals auf einer Anhöhe gelegene Shwesandaw-Pagode ist mit 75 m die vierthöchste des Landes (Eintritt 2000 Kyat). Vermutlich entstand die Pagode der „goldenen *(shwe)* Haarreliquie *(sandaw)*" bereits im 1. Jt., allerdings weist nichts auf ihr Alter hin, da sie immer wieder verändert wurde.

Um den zentralen Stupa gruppieren sich viele *tazaung*. An einer Stelle wird an die Niederschlagung eines Aufstands der Mon durch König Bayinnaung (reg. 1551–81) im Jahr 1564 erinnert. Hier soll er mehrere tausend Rebellen in Bambuskäfigen gefangen gehalten haben, um sie verbrennen zu lassen. Doch infolge einer Intervention von Mönchen ließ der in Bago residierende Erobererkönig alle außer 70 Anführern frei. Daher wird der Ort von Gläubigen heute als Wunscherfüllungsstelle aufgesucht.

Am letzten Tag des birmanischen Neujahrsfestes Mitte April werden auf der Plattform unzählige **Sandstupas** errichtet.

TRANSPORT

Zunächst fährt man mit der Fähre nach DALA (S. 181), wo an der Anlegestelle **Sammeltaxis** nach Twante (25 km, 2000 Kyat p. P., 45 Min.) warten. Ein paar Schritte entfernt starten alle 30 Min. **Busse** vom Busbahnhof.

Pyapon

In die 95 km südlich von Yangon an einem Flussknie gelegene Deltastadt verirren sich selten Touristen. Das mag sich langsam ändern, denn im Rahmen eines Tagesausflugs kann man hier erlebnisreiche **Bootstouren** (2–3 Std., ca. 20 000 Kyat) durch die Kanäle unternehmen und einige sehenswerte Pagoden besuchen. Ausgangspunkt dafür ist der stets belebte **Markt** zwischen Natshinnaung Road und Pyapon-Fluss. Die Touren, die zunächst entlang dem Strom und dann durch diverse Kanäle zu Dörfern der Bamar und Kayin führen, lassen sich nur mit Hilfe eines Guides arrangieren, denn vor Ort spricht kein Bootsfahrer Englisch. Zwei erfahrene Reiseleiterinnen sind Thiri Than Than Aye und Ei Thu Htut (s. Kasten S. 181). Bis zur Flussmündung sind es nur 20 km, weshalb die 190 000 Einwohner zählende Stadt ein wichtiger Umschlagplatz für Meeresfrüchte ist.

Entlang der Hauptstraße, der 2nd Street, die Pyapon parallel zum Fluss von Nord nach Süd durchquert, liegen einige interessante Heiligtümer, darunter im Norden das „Königliche Kloster", **Min Kyaung**. 1846 von dem nach Pyapon geflohenen königlichen Bootsführer U Shwe Baw gestiftet, birgt das Gebäude massive Teakholzsäulen und feinste Schnitzereien am Buddhaaltar.

Das von Teichen umgebene „Kloster der goldenen Schutzgeisthöhle", **Shwe Nat Gu Kyaung**, weiter südlich zählt zu den bedeutendsten Sakralbauten der Stadt. Es ist landesweit für das Ramayana-Epos (Yama Zat Daw) bekannt, das seit 1878 alljährlich über neun Nächte hinweg aufgeführt wird. Beginn ist derzeit am ersten Tag nach dem November-Vollmond Tazaungmon, nach Fertigstellung der neuen Halle soll es wieder auf den traditionel-

len Termin nach dem Oktober-Vollmond verlegt werden. Die Vorführung startet nach Sonnenuntergang und dauert die ganze Nacht. Das Jahr über werden die verwendeten Masken und Kopfbedeckungen neben dem Hauptaltar aufbewahrt. In der Halle sind zudem große Lackbehälter ausgestellt, die beim allmorgendlichen Almosengang mitgeführt werden.

Der **Thazi Paya** im Süden der Stadt liegt direkt am Fluss und birgt einen riesigen sitzenden Buddha aus dem Jahr 1887, der stoisch in Richtung Meer blickt. Nach starken Schäden infolge des Zyklons Nargis wurde die Anlage in den letzten Jahren ziemlich aufgehübscht.

ÜBERNACHTUNG UND ESSEN

Aung Naing Thu, 3 Natshinnaung Rd., ✆ 045-40460. 5-stöckiger Kasten mit Dachlokal. Die AC-Zimmer sind spartanisch-funktional, aber für eine Nacht okay. ❷
Folgende Gästehäuser sind bescheiden, nur auf Birmanisch beschriftet und bieten kein Frühstück. Sie liegen entlang der 2nd St. in Spazierweite voneinander entfernt und vermieten einfache, mäßig saubere Zimmer mit und ohne Klimaanlage:
La Pyayt Gh., 34 2nd St., ✆ 045-41147, gegenüber dem STK Restaurant über einem Longyi-Shop; **Shwe Myaing Gh.**, 28 2nd St., ✆ 045-41272; **Shwe War Win Gh.**, 3 2nd St., ✆ 045-41519, neben einem grün gestrichenen Laden mit Elektrowaren und Solarzellen. Alle ❶–❷
Teashops und Lokale verteilen sich ebenfalls entlang der 2nd Street, z. B. das **STK Restaurant** mit ordentlichen Currys. Hier gibt es auch die für Pyapon bekannte *mohinga* mit Fischbrühe. **Brothers 2** im Norden und **Brothers 3** an der 2nd St. tischen zum Fassbier gute chinesische Gerichte und Grillspießchen auf.

TRANSPORT

Auto

Für eine Tagestour nach Pyapon bezahlt man von YANGON aus etwa US$120 inkl. Fahrer.

Busse

Zwischen DALA (S. 181) und Pyapon verkehren Busse im 30-Min.-Takt (95 km, 2000 Kyat, 2 1/2 Std.). In Dala warten unweit der Fähre auch Sammeltaxis (ca. 5000–6000 Kyat p. P.). Busse fahren auch halbstdl. weiter nach BOGALE (35 km, 45 Min.).

Meinmahla Kyun Wildlife Sanctuary

Auf der „Insel der schönen Mädchen", so die Bedeutung von **Meinmahla Kyun**, sucht man birmanische Schönheiten vergebens. Dafür findet man im 140 km² großen Schutzgebiet eine faszinierende Flora und Fauna, die sich von den Zerstörungen durch Zyklon Nargis 2008 wieder einigermaßen erholt hat. Ein Besuch lohnt sich aber nur für Naturfreunde mit Interesse an einem der letzten Refugien des Leistenkrokodils *(Crocodylus porosus)*, an seltenen Wasservögeln und dichten Mangrovenwäldern.

Die knapp 26 km lange und fast 10 km breite Insel *(kyun)* liegt im unteren Mündungsgebiet der Flüsse Bogalay und Kadonkani, etwa 20 km südlich der Stadt Bogale. Bereits 1895 wurden die dortigen Mangrovenwälder unter Naturschutz gestellt. Seit 1994 besitzt die Insel auch den Status eines Schutzgebietes für Wildtiere, um das bedrohte Leistenkrokodil vor dem Aussterben zu bewahren. Von den ursprünglich Zehntausenden Krokodilen im Deltagebiet sind nur noch knapp hundert übrig. Die Insel wird von etlichen Kanälen durchzogen und ist fast vollständig von Mangrovenwäldern bedeckt, in denen auch 54 erfasste Vogelarten beheimatet sind, darunter verschiedene Storchenarten wie der Kleine und Große Adjutant *(Leptoptilos javanicus / L. dubius)* oder der Wollhalsstorch *(Ciconia episcopus)*.

Da es fast keine touristische Infrastruktur gibt, kann das Schutzgebiet nicht auf eigene Faust besucht werden, sondern nur in Begleitung von Mitarbeitern des Forstministeriums. Am besten organisiert man die Tour bereits in Yangon (s. Kasten S. 181).

Auf Meinmahla Kyun gibt es eine Zuchtstation für Krokodile zu besichtigen. Die nachtaktiven Krokodile sind vor allem nach Einbruch der Dunkelheit auf einer Bootstour durch die unzähligen Wasserarme der Insel zu erspähen. Die beste Zeit dafür sind die sieben bis zehn Tage vor und nach dem Vollmond in den Monaten November bis März. Auch wenn es noch so heiß sein mag, vom Sprung ins Wasser ist auf Meinmahla Kyun abzuraten ... Mit Glück lassen sich außerdem Irrawaddy-Delphine entdecken.

Schließlich lohnt auch ein Abstecher zum Fischerdorf **Kadonkani** auf der westlichen Seite des gleichnamigen Flusses. Der Ort dient den Fischern als Sammelstelle für Krebse, Fische und Shrimps. Diese werden an Zwischenhändler aus Yangon weiterverkauft, die sie hauptsächlich ins asiatische Ausland exportieren. Sehenswert sind in der einfachen Siedlung urige Reismühlen und das engagierte, aber ziemlich unterfinanzierte Turtle Research Office. Es kann Bootstouren zur im Mündungsgebiet gelegenen Flussinsel **Kadonkale Kyun** organisieren, an deren Stränden und Sandbänken Meeresschildkröten ihre Eier ablegen. Die bevorzugten Zeiten sind November bis Januar.

ÜBERNACHTUNG

Bogale

Arkar Kyaw, 71 3rd St., ✆ 045-45063. Das einfache Gästehaus verfügt auf seinen beiden Etagen über nicht sehr saubere Zimmer mit Bad, teils mit AC. Kein Frühstück. ❷

Pan Tha Khin Gh., 38 Bogyoke Aung San Rd., ✆ 045-45071, 45072. AC-Zimmer mit Kaltwasser-Bad und einfachere mit Ventilator und Gemeinschaftsbad. Kein Frühstück. ❷

Shwe Linn Eain Gh., 9 Botayza St., ✆ 045-45648. 8 EZ und 12 DZ, teils mit Gemeinschaftsbad. Nicht sehr sauber, kein Frühstück. ❷

Kadonkani

Die Umweltorganisation FREDA besitzt ein **Gästehaus** gegenüber von Meinmahla Kyun in Kadonkani, ✆ 01-243 827, ✉ fredamyanmar@gmail.com. ❸

Auf der Insel

Die einzige Übernachtungsmöglichkeit ist das **Thaung Chaung Camp** des Forestry Departments für 15 000 Kyat p. P. plus 5000 Kyat pro Mahlzeit.

INFORMATIONEN

Nature and Wildlife Conservation Department, Forest Department, The Warden of Meinmahla Kyun Wildlife Sanctuary, Strand Rd., Bogale, ✆ 045-45578.

TRANSPORT

Busse und Taxis

Zwischen Bogale und dem Fähranleger in DALA (130 km, 3000 Kyat, 4 Std.) starten **Busse** im 30-Min.-Takt. Nach PATHEIN (250 km, 10 000 Kyat,

6 Std.) startet gegen 12 Uhr ein Minibus. **Taxis** kosten ab Dala 38 000 Kyat.

Boote

Das Boot von Bogale nach Meinmahla Kyun wird vom Forest Department arrangiert (220 000 Kyat). Am Pier kann man aber auch nach Privatbooten fragen. Boote für die Fahrt nach Kadonkani (ca. 5–6 Std.) kosten 50 000–60 000 Kyat.

Pathein

Hauptstadt der Ayeyarwady Region ist mit fast 300 000 Einwohnern Pathein. Trotzdem wirkt die Stadt am Ostufer des gleichnamigen Flusses noch recht verschlafen. Entlang mancher Staubpiste verstecken sich Holzhäuser hinter Bambushecken; hier und da entdeckt man einige sehenswerte Kolonialgebäude. Doch auch in Pathein stehen die Zeichen auf Aufbruch, wovon die Banken und Smartphone-Shops entlang der Hauptstraßen im Zentrum zeugen.

Schon im 1. Jt. soll Pathein eine wichtige Hafenstadt gewesen sein. Die birmanische Bezeichnung *pu-sim*, woraus sich der heutige Ortsname ableitet, taucht zum ersten Mal 1266 in einer Bagan-Inschrift auf. Als das Mon-Reich während der Regentschaft König Dhammazedis (reg. 1472–92) seine größte Ausdehnung erreichte, erfuhr die Stadt eine enorme Aufwertung. Die Briten bauten Pathein ab 1852 zum wichtigsten Handelsplatz für Reis aus, was zahlreiche Einwanderer aus Südasien anzog. Dieser Ära verdankt **Bassein**, wie die neuen Herren die Stadt nannten, sein heutiges multikulturelles Gesicht.

Reisende lassen die freundliche Hafenstadt auf dem Weg zu den Stränden meist links liegen. Dabei lohnt es sich sehr wohl, hier zumindest ein paar Stunden zu verweilen, eine Schirmwerkstatt oder Pagode zu besuchen und eine Bootsfahrt durch die Kanäle zu unternehmen (s. auch [3971]).

Shwemokhtaw-Pagode

Patheins Wahrzeichen liegt nördlich des Marktes in der Shwezedi Road. Mit ihrem 47 m hohen Zedi prägt die „Edle *(shwe)* Pagode *(mok-htaw)*" das Stadtbild. Man kann das Tempelareal von vier Seiten betreten, wobei der südliche Aufgang wegen der vielen kleinen Geschäfte der interessanteste ist.

Der Tradition zufolge geht ihr Ursprung auf den Bagan-König Alaungsithu zurück, der 1115 auf dem Rückweg von Indien und Sri Lanka in Pathein Rast gemacht und an dieser Stelle einen 11 m hohen Zedi namens Htupayon errichtet haben soll. Der heutige Bau aus dem Jahr 1263 werden dem Mon-König Smodagossa und seiner Königin Ommadanti zugeschrieben.

Im Zentrum erhebt sich der vergoldete **Zedi**, dessen dreistufiger *hti* an der Spitze den Wert mancher birmanischer Bank in den Schatten stellt. Die oberste Stufe ist mit 7 kg Gold beschichtet, die mittlere mit Silber und die untere mit Bronze. Insgesamt enthält der *hti* 22 kg Gold und ist mit 829 Diamanten, 843 Rubinen und 1588 weiteren Edelsteinen bestückt.

Auf dem Gelände befinden sich rund um den Zedi einige größere *tazaung*. Gegenüber dem Südaufgang wird die bedeutendste Buddhafigur der Pagode verehrt, der **Htiloshin Pondaw-pyi**. Legenden zufolge gelangte er übers Meer von Sri Lanka nach Pathein. Neben ihm sollen drei weitere angeschwemmt worden sein, die heute in Kyaikhto, Dawei und Kyaikkami verehrt werden. Das Pagodenfest fällt mit dem höchsten buddhistischen Feiertag Kason an Vollmond im April/Mai zusammen.

Pagoden im Norden

Einem buddhistischen Themenpark gleicht die **Settawya-Pagode** im Nordosten der Stadt, denn sie besteht aus mehreren, auf kleinen Anhöhen verstreut liegenden Gebäuden, Zedis und Buddhas. Sie alle sind neueren Datums und daher von geringem historischen Interesse. Dafür zeugen sie von der fantasiereichen Religiosität der Bewohner. Im Zentrum der Verehrung steht ein Fußabdruck Buddhas, den der Erleuchtete der Legende zufolge höchstpersönlich bei seiner Durchreise hinterlassen haben soll.

Etwas stadteinwärts beherbergt die unter dem englischen Namen bekannte **Twenty-Eight-Pagode** ebenso viele stehende Buddhafiguren. Sie sind im Mandalay-Stil gestaltet (typisch dafür sind übergroße *ushnisha* und ausgeprägt gefalte-

te Roben) und sollen an die 28 bisher in der Welt erschienenen Buddhas erinnern. Am Ende des länglichen Baus steht eine Statue des Thuratthadi-Nat. Das heutige Gebäude aus dem Jahr 1978 ersetzte den einem Sturm zum Opfer gefallenen Vorgängerbau aus der Mitte des 19. Jhs.

Über die nach ihr benannte Straße erreicht man die im Norden gelegene **Shwezigon-Pagode**. Die große sitzende Buddhafigur wird sicherlich nie einen Schönheitswettbewerb gewinnen. Dafür lohnt der Besuch des an der Nordwestseite gelegenen Nat-Schreins. Dort wird neben Thuratthadi, der birmanischen Version der Hindugöttin Saraswati, ein Nat namens Ko Myo Shin verehrt. Als Attribut hält der aus dem Shan-Staat stammende, schwarz gekleidete „König, der über neun Städte herrscht" zwei Schwerter in seinen Händen. Mit dem einen richtete er sich selbst.

Sehenswertes im Süden

Einige architektonisch bemerkenswerte Sakralbauten sind südlich des Stadtzentrums zu finden. Mit Fahrrad oder Trishaw kann man sie gut erreichen. Der **Mahabodhi Mingala Zedi** zeigt mit seiner achtseitigen Basis Mon-Einflüsse.

Rechts des Eingangs erinnert eine Figurengruppe mit Buddha und seinen ersten fünf Schülern an die Predigt von Benares, in der er die Vier Edlen Wahrheiten (S. 117) darlegte. Auf der gegenüberliegenden Straßenseite umfasst das Kloster **Pwe Luang Kyaung** noch ein paar schöne Kolonialgebäude aus den 1920er- und 1930er-Jahren.

Ausflüge in die Umgebung

Der Reiz Patheins liegt vor allem in der Umgebung, wo die endlosen Reisfelder von zahlreichen Strömen und Kanälen durchzogen sind. Am besten lässt sich die Landschaft auf einer **Bootstour** erkunden, etwa entlang dem Shanywar-Fluss zu einigen Kayin-Dörfern. Startpunkt ist der Ort Shan Yaw, 6 km südöstlich von Pathein (halber Tag: ca. 30 000 Kyat/Pers., ganzer Tag: 40 000 Kyat/Pers.).

Mit dem **Moped** lohnt sich ein weiterer Tagesausflug nach **Ngaputaw** (170 000 Einw.), einem netten Städtchen am Pathein River, etwa 35 km südlich von Pathein. Die Fahrt führt durch urige Dörfer, vorbei an Reisfeldern und Kokospalmen (ca. 30 000 Kyat).

Arrangement der beiden Touren über Arrjun Singh, ✆ 094-2254 9591, ✉ boattrippathein25@gmail.com; oder Soe Moe Aung, ✆ 092-5032 2368, 099-6076 8868, ✉ welcometopathein@gmail.com.

Schirme mit Charme

Wer in Myanmar den Namen Pathein hört, denkt weniger an die Stadt als vielmehr an den *pathein hti*, den berühmten Bambusschirm. Seit Generationen wird er in Familienbetrieben hergestellt, nachdem der königliche Schirmmacher U Shwe Sar nach Abdankung des letzten Monarchen Thibaw 1885 seinen Job verlor und nach Pathein auswanderte. Vom Schirmüberzug bis zum Ständer ist alles ein Naturprodukt. Schirmstock und -stangen sind aus drei Jahre lang gelagertem Bambus, die Zwischenteile aus weichem Holz. Selbst die raffiniert eingebaute Feder zum Öffnen und Schließen besteht aus Bambus. Grundmaterial des Überzugs ist normalerweise ein Baumwollstoff, der entsprechend seiner Verwendung eingefärbt wird. Nach wie vor in Gebrauch sind die dunkelroten Schirme für die Mönche. Die rotbraune Farbe wird aus einer Frucht namens *deal* gewonnen. Um die Schirme wasserdicht zu machen, werden sie mit einem stark riechenden Naturharz bestrichen. Sie sind ein begehrtes Mitbringsel, aber Achtung: Wegen des intensiven Geruchs sollte man sie am Anfang längere Zeit auslüften lassen.

Die **Schirmwerkstätten** befinden sich etwas versteckt in Straßen westlich der Settawya-Pagode. Auf Ausländer eingestellt hat sich der Shwe Sar Umbrella Workshop in der Tawya Kyaung Street, wo man die verschiedenen Arbeitsschritte beobachten kann. Andere Werkstätten spezialisieren sich auf einzelne Arbeitsschritte und liegen in kleinen Seitenstraßen nordwestlich davon verstreut. Zwei **Schirmgeschäfte**, Htet Thu Myint Umbrella Shop und Bandoola Umbrella Shop, befinden sich südlich der Omardandi Street an der Merchant Street.

ÜBERNACHTUNG

Das Übernachtungsangebot ist eher auf lokale Geschäftsleute abgestimmt, meist wird kein Frühstück angeboten. Zu den Unterkünften s. auch eXTra [4030].

Htike Myat San Hotel, 8 Mahabandoola Rd., Ecke Jail Rd., ✆ 042-22742, ✉ htikemyatsan@gmail.com. Familiengeführtes Gästehaus mit China-Touch und 26 kleinen funktionalen Zimmern mit braunen Fliesen, grüner Wand. Die günstigsten haben nur Gemeinschaftsbad. Frühstück gibt es im offenen Dachrestaurant im 4. Stock mit Rundblick. ❶–❸

La Pyae Wun Hotel, 30 Mingyi Rd., ✆ 042-24669, 042-25151, [4031]. Der klotzige Bau ist nicht sehr einladend, doch die 40 Zimmer mit Du/WC und AC sind funktional, geräumig und sauber. Das Personal ist sehr hilfsbereit. ❷–❸

New Pammawaddy Inn, 14 A Mingyi Rd., ✆ 042-21165, ✉ newpammawaddy@gmail.com. Der 4-stöckige Kasten mit 20 sauberen Zimmern mit Du/WC und AC liegt in einer ruhigen Seitenstraße. Zwar mit nüchterner Atmosphäre und teilweise sehr klein, dafür mit Flachbildschirm und relativ sauber. ❷–❸

Durch das multikulturelle Pathein

- **Start**: Mingyi Rd./Ecke Shwezedi Rd.
- **Ziel**: Shwemokhtaw-Pagode
- **Länge**: ca. 2 km
- **Dauer**: 2–3 Std. inkl. Besichtigungen
- **Hinweise**: Beste Zeit ist nachmittags. An Sonnenschutz und genügend Wasser denken. Unterwegs gibt es jedoch diverse Einkehrmöglichkeiten.
- **Karte**: auch als Google Map unter **eXTra [11044]**.

Das multikulturelle Gesicht Patheins zeigt sich bei einem Spaziergang durch die Straßen, vorbei an Gotteshäusern verschiedener Glaubensrichtungen, Märkten und hübschen Kolonialfassaden. Ausgangspunkt ist die Mingyi Road, Ecke Shwezedi Road, der man schnurstracks gen Süden folgt. Vorbei am beliebten **Shwe-Pyi-Taw-Kino**, gelangt man nach knapp 500 m auf das Gelände der grün gestrichenen **St.-Peters-Kathedrale**. Zu ihr gehören auch einige restaurierte Kolonialgebäude, die heute Schulen, Büros und die Residenz des katholischen Bischofs beherbergen. Wenn man Glück hat, ist die 1872 begonnene und 1921 vollendete Kirche geöffnet. Ansonsten verlässt man das Gelände auf der Westseite, überquert die Tagaung Pagoda Road, folgt einer schmalen Gasse und biegt rechts in die Merchant Street ein. Hier liegen zwei Geschäfte mit den traditionellen Pathein-Schirmen und der stadtbekannte **Shwe Myin Bien Halawa Shop**.

Es geht dann weiter gen Westen in die Omardandi Street hinein, wo schon bald das mächtige Minarett der hellgrün getünchten **Zerbadi-Sunni-Jamae-Moschee** gen Himmel ragt. Ihre Namensgenossin liegt nicht weit entfernt: die von bengalischen Muslimen zwischen 1902 und 1905 errichtete **Zerbadi-Sunni-Jamae-Moschee** in der Mosque Road mit zahlreichen nadelschlanken Minaretten. Von ihr geht es in die Strand Road, wo besonders nachmittags eine schöne Stimmung über dem Fluss herrscht. Dort kann man nach 150 m dem **San-Sein-Kone-Kwan-Yin-Tempel** einen Besuch abstatten. Bereits 1850 hatten kantonesische Einwanderer hier ein Heiligtum zu Ehren des buddhistischen Bodhisattvas Kwan Yin erbaut. Gleichzeitig werden die Schutzgöttin der Seefahrer Tin Hau und General Guan Yu verehrt.

Über die Tayok Kyaung Road geht es links in die Konzone Road hinein, wo neben der **Bengali-Sunni-Jamae-Moschee** noch hübsche Kolonialbauten zu finden sind. Dann kann man sich ins Gewühle des riesigen **Zentralmarktes** (🕒 Mo–Sa 6–17 Uhr) begeben, um zum Abschluss die Ruhe in der **Shwemokhtaw-Pagode** zu genießen.

€ **Sein Pyae Hlyan Inn**, 32 Shwezedi Rd., ✆ 042-21654, [4032]. Das Gästehaus besteht aus einem alten Trakt und einem Neubau mit insgesamt 24 Zimmern in diversen Kategorien. Entsprechend groß ist die Preisspanne. Die günstigsten Zimmer sind bereits für US$8 zu haben. ❶–❸

Shwe Ba Gyi Gh., 99 Strand Rd. ✆ 042-24450. Das 4-stöckige Gästehaus liegt etwas nördlich des Zentrums und hat 35 saubere Zimmer mit Du/WC und AC. Im Erdgeschoss ist ein gutes indisches Restaurant untergebracht. ❶–❸

Swen Hotel, 72 Mahabandoola Rd., ✆ 042-22403, ✉ swebsake1@gmail.com. Das hoch aufragende Stadthotel mit 72 Zimmern unterschiedlicher Kategorien ist das Richtige für jene, die es etwas komfortabler haben wollen. Nicht gerade gemütlich ist das Restaurant. Es gibt auch ein Spa. ❸–❺

ESSEN

Die multikulturelle Stadt bietet eine gute Auswahl an chinesischer, indischer und birmanischer Küche. Sie ist auch bekannt für **Halawa** (Halva), eine braune Masse aus Sesam, karamellisiertem Zucker, Honig und Pflanzenöl. Die aus dem arabischen Raum stammende Süßspeise kann man z. B. im **Shwe Myin Bien** in der Merchant St. kaufen.

Leckeres Eis gibt es bei **Polar King Ice Cream** in der Shwezedi Rd., ⌚ 8–22 Uhr, und guten Kaffee im **G 7 Bakery & Café**, 28 Mingyi Rd., ⌚ 8–22 Uhr. Einfach, aber stimmungsvoll isst man ab 17 Uhr an den Garküchen auf der Promenade an der Strand Rd., nördlich der Kozu Rd. Lokales Frühstück und leckere Snacks gibt es in den einander schräg gegenüberliegenden Teashops **Mann San Thu** (⌚ 6–23 Uhr) und **Nyaung Yoe (1)** (⌚ 5–22 Uhr) in der Shwezigon Rd.

Golden Land Restaurant, 7 Merchant St., gegenüber dem Sportplatz. Bietet solide chinesische Küche in einem Innenhof. ⌚ 8–22 Uhr.

JJ Restaurant, Mingyi Rd., Ecke Shwezedi Rd. Hier herrscht abends zu Bier und Gegrillten eine entspannte Stimmung. Es gibt auch chinesische Speisen. ⌚ 9–22 Uhr.

Shwe Ayer, Mingalar St. Eine bei Einheimischen beliebte Adresse für indisch-birmanische Küche von Biryani bis Curry. Kein Alkoholausschank. ⌚ 8–21 Uhr.

Shwe Zin Yaw Restaurant, 24/25 Shwezedi Rd. Hat sich auf birmanische Currys und indische Biryanis spezialisiert. ⌚ 6.30–21 Uhr.

Super Cool, Merchant St., nördl. des Uhrturms, ist eine gute Adresse für chin. Gerichte, Grillspießchen und Bier. ⌚ 14.30–22 Uhr.

Top Star Restaurant, Shwezedi Rd., Ecke Strand Rd. Hier gibt es günstiges Fassbier zu ordentlichen chinesischen Gerichten. ⌚ 7.30–22 Uhr.

Ywathit tischt an ihrem Stand an der Shwezedi Rd., Ecke Merchant St., morgens leckere *mohinga* auf.

Zune Pann, Myaenu St. Das einfache Lokal serviert gute birmanische Küche und ist bei Einheimischen bekannt für leckeren Limetten-Salat *(shauk thee thoke)*. Es liegt hinter dem Shwe-Pyi-Taw-Kino. ⌚ 9–21 Uhr.

SONSTIGES

Arrjun Singh, ✆ 094-2254 9591, ✉ boattrip pathein25@gmail.com, und **Soe Moe Aung**, ✆ 092-5032 2368, 096-076 8868, ✉ welcome topathein@gmail.com, organisieren Boots- und Mopedtouren. Soe Moe vermittelt auch Mietwagen mit Fahrer.

TRANSPORT

Auto

Die Fahrzeit für die 180 km lange Strecke von YANGON nach Pathein beträgt je nach Straßenzustand 4–5 Std. (ab 100 000 Kyat).

Busse

Für die meisten Pathein–Yangon-Busse beginnt und endet die Fahrt am **Busbahnhof Yinsuntan**. Da er einige Kilometer außerhalb liegt, bieten die Busunternehmen einen kostenlosen Shuttle-Service von und zu ihren Verkaufsschaltern im Zentrum. Man sollte mind. 30 Min. vor Abfahrt bei den Verkaufsschaltern sein.

Yangon

Mehrere private Busgesellschaften bedienen die Strecke nach YANGON (180 km, 7000 Kyat,

AYEYARWADY-DELTA

Pathein Zentrum
N
0
200 m
Kwin Tari Rd.
Kan St.
U Lu St.
Strand Rd.
Kalae Tan St.
U Sai thit St.
Pandin St.
Nejahda Rd.
Shwezigon-Pagode
Shwezigon Rd.
Takasila Rd.
Merchant St.
Mingyi Rd.
Pyo Kayin Baptist Church
Yoe Dayar Gine St.
Twenty-Eight-Pagode
Yadayagon St.
Jail Rd.
REGION OFFICE
Magyi Bandan Rd.
Sportplatz
Myanmar Baptist Church
Thida St.
PanchanSt.
Patheín (Ngawun)
Promenade mit Essensständen
ANLEGER
Kozu Rd.
UHRTURM
Mahabandoola Rd.
Zye Chaung
ZOLLHAUS
Aya Bank
Shwemokhtaw-Pagode
Thit Sar Rd.
Mingalar St.
Myan Cho Rd.
Shwezedi Rd.
Rathaus
Markt
Aya Bank
Spaziergang durch das multikulturelle Pathein (s. S. 188)
Zye Chaung St.
KBZ Bank
Shwe-Pyi-Thar-Markt
GEFÄNGNIS
Strand Rd.
Nyet Pyaw Tan St.
Konzone Rd.
Bengali-Sunni-Jamae-Moschee
Myaenu St.
Kino
Station Rd.
San-Sein-Kone-Kwan-Yin-Tempel
Tayok Kyaung Rd.
Shwe Gyi Tann St.
Bahnhof
Aung Yatanar St.
Omardandi St.
Zerbadi-Sunni-Jamae-Moschee
Kaladan St.
Zay Haung St.
Merchant St.
Mosque Rd.
St.-Peters-Kathedrale
Zerbadi-Sunni-Jamae-Moschee
Maxwell Rd.
Sree Sree Bani Mandir
Ban Bwe Gone St.
Tagaung Pagoda Rd.
Aung Zay Ya Rd.
Tagaung-Pagode Mahabodhi Mingala Zedi
Kuthein Nayone Pagoda St.
Sri-Kothanda-Ramas-Tempel
Catman Rd.
Fischmarkt
ÜBERNACHTUNG
2 Shwe Ba Gyi Gh.
3 Htike Myat San Hotel
4 Sein Pyae Hlyan Inn
5 La Pyae Wun Hotel
6 New Pammawaddy Inn
ESSEN
2 Mann San Thu
3 Nyaung Yoe (1)
4 Golden Land Restaurant
5 Super Cool
6 Shwe Ayer
7 Top Star Restaurant
8 Ywathit
9 Shwe Zin Yaw Restaurant
10 Polar King Ice Cream
11 JJ Restaurant
12 Zune Pann
13 G7 Bakery & Café
SONSTIGES
3 Ocean Super Center
4 Shwe Myin Bien Halawa Shop
5 Htet Thu Myint Umbrella Shop
6 Bandoola Umbrella Shop
TRANSPORT
2 Busse nach Chaungtha, Ngwe Saung, Mawdin Sun
3 Fähre von/nach Mawdin Sun
4 Bustickets
5 Bus nach Kyaunggon

4–5 Std.), manche starten bereits in Chaungtha und Ngwe Saung. Busse von Shwe Mingalar und Nay Lar Win bieten auch einen Transfer vom Busbahnhof nach Kyeemindaing in Yangons Stadtteil Sanchaung. Tickets gibt es an den Schaltern der Busgesellschaften in der Shwezedi St., zwischen Merchant St. und Mingyi St. Die Busse starten vom Busbahnhof Yinsuntan alle 1–2 Std.

Nach Westen und Süden
Die Busse starten vom regionalen Busbahnhof in der Strand Road.
CHAUNGTHA, 58 km, um 6, 8, 10, 11, 12 und 16 Uhr für 4000 Kyat in 2 1/2 Std.; mit dem Mopedtaxi: 14 000 Kyat.
MAWDIN SUN, 160 km, tgl. um 11.30 Uhr vom regionalen Busbahnhof in der Strand Rd. für 10 000 Kyat in 5 1/2 Std.
NGA YOKE KAUNG (für Gaw Yan Gyi), 130 km, tgl. um 8 und 11 Uhr für 10 000 Kyat in 6 Std.
NGWE SAUNG, 46 km, um 7.30, 9.30, 11.30, 13.30 und 15.30 Uhr für 4000 Kyat in 1 1/2 Std.; mit dem Mopedtaxi: 12 000 Kyat.

Nach Norden
KYAUNGGON, 65 km, Fahrtzeit 1 1/2 Std., ist Ziel eines Kleinbusses um 12 Uhr (Abfahrt Zye Chaung St., Nähe Paradise Hotel). Dort wartet man am Toll Gate auf den Ye Aung Lan Express aus Yangon (Ankunft zwischen 17.30 und 18.30 Uhr) via GWA (120 km) nach NGAPALI (250 km, Ankunft ca. 6 Uhr).
MANDALAY, 720 km, von Yinsuntan um 15.30 Uhr ein AC-Bus von Royal Mandalar für 16 800 Kyat in 15 Std.
PYAY, 290 km, mit Vans oder Minibussen von Pwint um 4, 7.30, 9.30 und 10.30 Uhr, von Myoe Gyi Thar um 5 und 11 Uhr (teils Abholung von der Unterkunft) für 14 000 Kyat in 7 Std.

Boote

KYAUK CHAUNG, 100 km, von Nov–Juni verkehrt tgl. eine Fähre um 19.30 Uhr nach Kyauk Chaung, das 5 km von Mawdin Sun entfernt liegt, für 5000 Kyat in 9 Std.

Mawdin Sun und Thamihla Kyun

Eine der wichtigsten Pilgerstätten des Deltagebietes, die **Mawdin-Pagode**, liegt am Südwestzipfel der Pathein-Flussmündung. Zum 15-tägigen Pagodenfest vor dem Vollmond von Tabaung (Feb/März) kommen Zigtausende Pilger, denn der Shwedagon-Legende nach war es hier, dass die beiden Händler Tapussa und Bhallika auf dem Weg von Indien zurück nach Dagon zwei Haare Buddhas an den im Meer herrschenden Naga-König Jayasena abgeben mussten. Die Mawdin-Pagode war das erste bedeutende Bauwerk, das der venezianische Edelsteinhändler Gasparo Balbi 1583 bei seiner Ankunft sah.

Der heute **Mawdin Sun** (Mawdin Point) genannte Ort war Seefahrern als wichtiger Navigationspunkt unter dem Namen **Cape Negrais** bekannt. Im 17. Jh. geriet das Kap ins Blickfeld der britischen East India Company. Sie konnte ihren Handelsstützpunkt aber erst 1753 errichten, nachdem sie dem ein Jahr zuvor an die Macht gekommenen König Alaungpaya (reg. 1752–60) in dessen langwierigem Krieg gegen die Mon Waffenlieferungen zugesagt hatte. Doch schon sechs Jahre später ließ der König die Niederlassung zerstören.

Die beiden Pagoden, eine am unteren Weg und eine an der Klippe, stellen auch heute noch eine Art Willkommensgruß für Seefahrer dar. Man kann dort nicht nur beten, sondern auch am kilometerlangen Sandstrand baden. Hier liegen auch einige urige Fischerdörfer der Rakhine, darunter **Kyauk Chaung** und **Ka Nyin Chaung**.

Auf der im Mündungsgebiet des Pathein-Flusses gelegenen **Thamihla Kyun** („Insel der schönen Tochter“) befindet sich eine Zuchtstation für Batagur-Flussschildkröten *(Batagur baska)*. Die auch als „Diamond Island“ bekannte Insel wurde 1970 zum Schutzgebiet erklärt. Für den Besuch ist eine Genehmigung notwendig. Ein Boot von Mawdin Sun kostet ca. 75 000 Kyat.

ÜBERNACHTUNG UND ESSEN

Schlichten Komfort bietet das **Mya Nann Shin Resort**, ✆ 099-7895 3953 (Res.), 094-2005 1888,

www.facebook.com/mnsmyanmar2, 1,5 km nördl. der Mawdin-Pagode, mit 20 pinkfarbenen Holzbungalows, die Hälfte mit AC. ❶–❷
Das **Myat Shwe Ein Gh.** auf der Flussinsel Hai Gyi Kyun, etwa 4 km vor Mawdin, ist ein 2-stöckiger Bau mit einfachen Zimmern mit Gemeinschaftsbad. Kontakt über Soe Moe Aung (S. 186). ❶

TRANSPORT

Von Mawdin Sun fährt tgl. gegen 7 Uhr ein **Bus** nach PATHEIN (160 km, 10 000 Kyat, 5 1/2 Std.). In Kyauk Chaung, 5 km von Mawdin Sun entfernt, startet zwischen Nov und Juni tgl. um 19.30 Uhr ein **Boot** nach PATHEIN (100 km, 4000 Kyat, 9 Std.).

AYEYARWADY-DELTA

Chaungtha Beach

Der etwa 2,5 km lange, sichelförmige Chaungtha Beach liegt knapp 60 km nordwestlich von Pathein am Golf von Bengalen. Benannt ist der von Kasuarinen und Kokosnusspalmen gesäumte Strand nach dem Fischerdorf an der Mündung des U Do Chaung. Vor gut hundert Jahren gegründet, wurde die Siedlung „Schöner *(thayar)* Strom *(chaung)*" genannt, woraus Chaungtha wurde; s. auch eXTra [5700].

Zwar ist der Sand nicht strahlend weiß und oft leider auch ziemlich vermüllt, trotzdem hat er seine Attraktionen. Da er sehr breit ist, eignet er sich hervorragend für Strandsportarten wie Beach-Volleyball. Man kann sich mit Fischerbooten in einer halben Stunde zur **White Sand Island** (Thae Phyu Kyun) hinausfahren lassen (Abfahrt südlich des Amazing Chaung Tha Resort, ca. 3000 Kyat).

Am Südende liegt, durch die Mündung des U Do Chaung vom Festland getrennt, die Insel **Hpokkala Kyun**, auch **Aung Mingalar Island** genannt (Boot: 1500 Kyat, ca. 5 Min.). Dort gibt es eine kleine Fischersiedlung und auf einer Klippe eine kleine Pagode. Sie ist ein beliebtes Fotomotiv bei Sonnenuntergang.

Für Einsamkeit liebende Strandspaziergänger bietet sich ein Fußmarsch entlang des nördlich an Chaungtha anschließenden **White Sand Beach** in Richtung Magyi-Dorf an, wo bereits einige neue Hotels entstanden sind und zum Teil noch kräftig gebaut wird. Dank der guten Straße kann man dort auch gut per Fahrrad oder Moped hinfahren. Im Hauptort buhlen unzählige Restaurants um Kundschaft.

ÜBERNACHTUNG

In Chaungtha Beach wird fleißig gebaut, doch noch immer hapert es an der Infrastruktur. Tagsüber haben die wenigsten Unterkünfte Strom. Daher ist es ratsam, bei der Wahl des Zimmers darauf zu achten, dass der Generator nicht direkt vor dem Fenster steht. Der Strand ist ganz auf einheimische Touristen eingestellt, zumal internationale Touristen das nahe gelegene und schönere Ngwe Saung bevorzugen. An der Chaungtha Road Richtung Aung-Mingalar-Insel reiht sich eine Vielzahl günstiger, teilweise ganz netter Gästehäuser aneinander. Falls nicht anders vermerkt, liegen die genannten Unterkünfte entlang des 2,5 km langen Strandabschnittes direkt am Meer. Die Preise sind fast immer inkl. Frühstück.

Untere Preisklasse

Chancellor, Chaungtha Rd., unweit des Amazing Chaung Tha Resort, 042-204 2213, 204 2149. Eine der besseren Budgetunterkünfte in dieser Ecke am Südende der Chaungtha Rd. Vorwiegend auf lokales Klientel eingestellt, verteilen sich auf engem Gelände Bungalows mit 25 funktionalen und etwas kleinen Zimmern mit Bad, AC oder Ventilator. Wer Ruhe sucht, ist hier falsch. ❶–❷

€ **Happy Chaung Tha Motel**, Pathein Rd., 042-204 2190, 097-8015 9607. Die 18 Zimmer verteilen sich in 3 beengten Flachbauten und wirken daher eher dunkel. Dafür sind sie einigermaßen sauber und für Anspruchslose daher völlig okay. Das angeschossene Lokal ist gut. ❶

Hill Garden Hotel, auf einem Hügel nördlich des Strandes, 094-957 6072, 094-2245 9966, hillgarden.ct@gmail.com. Die 14 Bambusbungalows inmitten eines Gartens mit Bananenbäumen und Ananaspflanzen samt urigem Restaurant zaubern ein Tropenfeeling.

Chaungtha Beach
N
0
200 m
① (1,5 km), ② (6 km),
Magyi (13 km),
Twin Rock (Kyauk Maung
Hna Ma, 7 km)
ÜBERNACHTUNG
AM STRAND
① Hill Garden Hotel
② Coral Chaungtha Beach Hotel
③ Shwe Hin Tha Hotel
④ The Akariz Resort
⑤ Belle Resort
⑥ Grand Hotel
⑦ Thiri Chaungtha Beach Resort Hotel
⑧ Golden Beach Resort Hotel
⑨ Amazing Chaung Tha Resort
AN DER HAUPTSTRASSE
⑩ Happy Chaung Tha Motel
⑪ Shwe Ya Minn
⑫ Wutt Yee Hotel
⑬ Chancellor
Pathein (61 km)
Diamond Hotel
Pathein Rd.
Zagawa Taung Stupa
ESSEN
1 Grand Bakery
2 Teestuben
3 Beach Paradise Restaurant
4 Kaung Kin Moe
5 Nay Chi Thar Restaurant
6 PK Restaurant
New Chaungtha Lodge
Chaungtha Rd.
SONSTIGES
1 Pearl Mart
Kyauk-Stupa
TRANSPORT
1 Busbahnhof
2 Fischerboote, Fähren
3 Boote zur Hpokkala Kyun
Breeze Resort
Chaungtha Market
AZURA Beach Resort
KRANKENHAUS
Ywama Kyaung
Pyilon Chantaw Kyaung
U Do Chaung
Chaungtha Dorf
Fähre nach Kanji,
Weg nach Ngwe Saung
(15 km, nur Moped/Boot)
White Sand Island (1 km)
Hpokkala Kyun (Aung Mingalar Island)
AYEYARWADY-DELTA

Zum ruhigen White Sand Beach sind es nur 5 Min. zu Fuß. ❷–❸

Wutt Yee, Chaungtha Rd., gegenüber Amazing Chaung Tha Resort, ✆ 042-204 2305. Kachelcharme trifft auf Giftgrün. Über die Wohnlichkeit der 16 Zimmer mit Bad, AC oder Ventilator kann man streiten, aber Lage und Ausstattung des schmalen, 3-stöckigen Gästehauses sind für optisch Anspruchslose in Ordnung. Kein Frühstück. ❶–❷

Mittlere und obere Preisklasse

Amazing Chaung Tha Resort, ✆ 097-7712 3700, 097-7712 3800, 💻 www.amazingchaungtharesort.com. Das weitläufige Resort ist Chaungthas beste Unterkunft. 38 geschmackvolle Zimmer in Bungalows und 32 Standardzimmer in 2-stöckigem Gebäude. Mit Pool, Minigolf, Spa, Karaoke, für 5000 Kyat/Std. dürfen auch Tagesgäste den Tennisplatz nutzen. ❺–❼

Belle Resort, ✆ 042-204 2320, 204 2321, 💻 www.belleresorts.com. Das angenehme Resort mit 56 stilvollen Zimmern mit AC, Bad, TV, Minibar von Superior bis Deluxe ist das Richtige für Anspruchsvolle. Es gibt einen Pool, Massagen und ein offenes Restaurant. ❺–❼

Coral Chaungtha Beach Hotel, Kyauk Maung Hna Ma Beach, ca. 6 km nördl. von Chaungtha, ✆ 097-315 9154, 099-6917 7414, 💻 www.coralchaungthabeachhotel.com. Die hübsche, von Palmen gesäumte Bungalowanlage liegt 20 Fahrminuten nördlich von Chaungtha und ist daher perfekt für Ruhesuchende. Die Auswahl besteht aus 11 klimatisierten Bungalows mit Veranda und Bad und einem Schlafplatz im Gemeinschaftsraum (US$15/Pers.). ❹–❺

Golden Beach Resort Hotel, ✆ 042-204 2350, 204 2351, ✉ goldenbeachchaungtha@gmail.com. Größere Anlage mit 101 Zimmern mit Du/WC, fast alle mit AC, einige mit Meerblick. Pool. Minigolf. Spa. ❺–❻

Grand Hotel, ✆ 042-42330, 42337, 42329, 💻 www.grandhotelchaungtha.com. Sympathische 34-Zimmer-Anlage mit diversen Wohnoptionen, darunter 6 Bungalows mit Meerblick, 22 in länglichem Bau und 6 Bungalows für 4 Pers. zum Garten hin. ❺

Shwe Hin Tha Hotel, ✆ 042-204 2118, 204 2322. 48 Zimmer mit AC oder Ventilator, viele mit Veranda und Meerblick, gute Küche. Engagiert, aber etwas unpersönlich gemanagt. Das Personal gibt Tipps für Ausflüge. Schön: ein Sundowner an der Strandbar. ❷–❹

Shwe Ya Minn, 30 Chaungtha Rd., ✆ 042-204 2126, 204 2107. Nettes Restaurant, das im hinteren Bereich 34 Zimmer mit Moskitonetzen, Bad, z. T. mit AC, bietet. Dazu gehört ein kleines Spa ❸–❹

The Akariz Resort, ✆ 042-204 2116, 094-921 4481, 💻 www.theakarizhotel.com. Das Resort liegt am nördlichen Teil des Strandes und hat 59 Zimmer und Suiten, die sich in einem lang gezogenen Gebäude mit 3 Etagen oder in Gartenbungalows verteilen. Das Interieur ist modern mit viel Holzdekor, das Restaurant allerdings recht nüchtern. Schöner großer Pool. ❺–❻

Thiri Chaungtha Beach Resort Hotel, ✆ 042-204 2224, 204 2334, ✉ thirihotel074@gmail.com. Insgesamt 24 Zimmer, davon 6 Strandbungalows mit Bad, AC, Meerblick für US$80. 8 ordentliche Zimmer mit Bad und AC im Seitengebäude. Stilvolles Restaurant am Strand. ❹–❺

ESSEN

Im Dorf Chaungtha konkurrieren jede Menge Restaurants mit preisgünstigen Meeresfrüchten. Empfehlenswert sind **Kaung King Moe**, 🕒 6–22 Uhr, das **PK Restaurant**, 🕒 10–22 Uhr, und **Nay Chi Thar**, 🕒 10–22 Uhr, an der Hauptstraße, sowie das gemütliche **Beach Paradise** an der Ecke zur Strand-Straße. Die **Grand Bakery** vor dem Grand Hotel ist eine gute Adresse für Cappuccino & Co. samt Keksen und Gebäck, 🕒 7–22 Uhr. In den **Teestuben** unweit des Busbahnhofs werden die üblichen Snacks serviert,

Happy Chaung Tha Motel und **Shwe Ya Minn** direkt an der Hauptstraße (s. Übernachtung) tischen in nettem Ambiente recht gute Reis- und Seafood-Gerichte auf.

UNTERHALTUNG

Außer den Hotelbars und der empfehlenswerten Strandbar des Shwe Hin Tha Hotels bietet Chaungtha für die Bespaßung der

Einheimischen diverse Karaoke-Einrichtungen (KTV).

SONSTIGES

Boots- und Schnorchelausflüge

Interessant ist die Fahrt mit dem Fischerboot nach **Ngwe Saung** (100 000 Kyat, ca. 45 Min.), die vom Shwe Hin Tha Hotel arrangiert werden kann. Allerdings ist sie nur bei geringem Wellengang zu empfehlen, da sich entlang der Küste zahlreiche Klippen befinden und die Boote nicht gerade vertrauenserweckend sind. Viele Unterkünfte vermitteln Schnorchelfahrten zur **White Sand Island** (6000 Kyat p. P.) oder zu einem **Fischerdorf** am U Do Chaung (12 000 Kyat p. P.).

Fahrrad- und Mopedverleih

Das beste Fortbewegungsmittel ist der Drahtesel, zu mieten entlang dem Strand (ab 1500 Kyat/Std.) oder im Hotel. Das Shwe Hin Tha Hotel verleiht auch Mopeds (18 000 Kyat/Tag).

Informationen

Verlässliche Informationen gibt es nur über die Hotelrezeptionen.

TRANSPORT

Mopedtaxis

Mit dem Moped kann man sich für 18 000 Kyat (plus Fährgebühren) entlang der Küste zum 15 km südlich gelegenen Strand von NGWE SAUNG fahren lassen. Abhängig von den Wartezeiten an den drei Flüssen U Do Chaung, Ye Do Chaung und Tazin Chaung, die mit kleinen Booten zu überqueren sind, beträgt die Fahrzeit 1 1/2–2 Std. Es empfiehlt sich, früh zu starten, da die Boote morgens häufiger verkehren. Sparsame können sich auch zum Fähranleger am U Do Chaung bringen lassen und auf der anderen Seite nach einem anderen Mopedtaxi Ausschau halten, s. auch eXTra [5702].

Busse und Taxis

PATHEIN, 58 km, Abfahrt vom übersichtlichen Busbahnhof zwischen 8 und 16 Uhr im Zweistundentakt für 4000 Kyat in 2 1/2–3 Std. Die Fahrt wäre reizvoller, wenn die Busse besser in Schuss wären und nicht so viel abgeholzt worden wäre, denn der Weg führt teilweise über die Ausläufer des Rakhine Yoma.

YANGON, 240 km, mehrere Unternehmen unterhalten Direktverbindungen, darunter Asia Dragon um 10.30 und 22.30 Uhr (bis zur Sule-Pagode), Htet Aung Lin um 6.30 und 9.30 Uhr, und Kam Htoo Aung um 5.30 und 7.30 Uhr, für 9000 Kyat in 6–7 Std.

3 HIGHLIGHT

Ngwe Saung Beach

Neben Ngapali zählt der über 14 km lange „Silberne Strand" zu den schönsten Stränden Myanmars. Hinsichtlich seiner Lage und Qualität läuft er dem nahen Chaungtha Beach mit Abstand den Rang ab.

Einige vorgelagerte Inseln, allen voran die **Bird Island**, empfehlen sich zum Tauchen und Schnorcheln. Dort sollte man jedoch auf die Strömung achten; Leser beklagen den Leichtsinn und die Ignoranz mancher Bootsfahrer.

Am Nordende des Strandes liegt der Hauptort, Ngwe Saung Village genannt, in dem es mehrere Souvenirshops und Restaurants gibt. Eine KBZ-Bank befindet sich im Beach Plaza am Ortseingang. An Wochenenden und Feiertagen dominiert die Zahl der einheimischen Touristen, die gerne mit dem Moped den Strand entlangsausen. Die Sonne meidend, treffen sie sich morgens und abends bei der markanten **Zwillingspagode** (Kyauk Maung Hna Ma), zwei auf einen Felsblock gebauten Stupas. Schnorchler können vor der **Liebesinsel** am Südende des Strandes die Unterwasserwelt erkunden, allerdings verleihen die wenigsten Hotels eine Ausrüstung. Ebenfalls am Südende des Strandes kann man von einem **Hügel mit Stupa** den herrlichen Ausblick genießen. Ein Stück weiter erstreckt sich der weitläufige **Ngwe Saung Yacht Club & Marina**, der 2013 wegen der Vertreibung der lokalen Bevölkerung in Verruf geraten war, aber eine gute Adresse für Wassersportler ist.

ÜBERNACHTUNG

Die Preise verstehen sich inkl. Frühstück. Wegen eines fehlenden öffentlichen Stromnetzes bieten nur die teuren Resorts eine nahezu ganztägige Versorgung an, was die Übernachtungspreise in die Höhe treibt, da die Stromkosten 35–40 % der Gesamtkosten ausmachen. Alle anderen Unterkünfte lassen ihren Generator nur nachts laufen. Weihnachten/Neujahr und an Thingyan im April gibt es gewaltige Preisaufschläge.

Untere und mittlere Preisklasse

Bungalow Gh., Zee Maw St., ✆ 094-2250 6136, ✉ minminwintin810@gmail.com. Auf ihrem Grundstück vermietet die Eignerfamilie 5 schlichte Bambus-Bungalows mit AC und Bad. Es wird kaum Englisch gesprochen und kein Frühstück gereicht. Dafür geht man am besten ins nahe Soe Ko Ko Beach House. ❶

Dream House, an der Straße nach Pathein, etwas östl. der KBZ-Bank, ✆ 094-2252 0008, ✉ MichaelPhyo2015@gmail.com. Ein Traum ist dieses Gästehaus sicherlich nicht, aber von Eigner Michael und seinem Team gut geführt. Die 5 DZ mit Bad, 4 EZ mit Gemeinschaftsbad und 5 Familienzimmer für bis zu 4 Pers. verteilen sich in einem länglichen Holz- und Bambusbau auf 2 Etagen. Chillen kann man auf dem Gemeinschaftsbalkon. Alles recht schlicht, aber mit Liebe zum Detail gestaltet. Rad- und Scooter-Verleih. ❶–❷

Forest Home, auf einer Anhöhe gegenüber dem Shwe Hin Tha Hotel, ✆ 097-9393 8192, ✉ paingsoethet217@gmail.com. Die 14 Holzbungalows mit markanter lilafarbener Fassade samt Moskitonetz, Veranda und Nasszelle reihen sich nebeneinander. Ziemlich schattenlos, einen Wald sucht man vergebens. Weit vom Dorf und Strand. Einfaches Frühstück, Fahrrad- und Scooterverleih. ❶–❷

Hill Top, auf einer Anhöhe südlich des Silver Coast Beach, ✆ 098-9324 6421, ✉ hilltopns@gmail.com. Die Bungalowanlage verfügt über 9 einfache und 3 etwas bessere Holzhütten mit karger Ausstattung und Moskitonetzen plus kleiner Nasszelle. Essen wird in einem offenen Pavillon gereicht. Organisiert Bootstouren. ❷–❸

Peace House Gh., Zee Maw St., ✆ 094-2248 3616, ✉ peacehomeguesthouse.ngwesaung@gmail.com. Das sehr persönlich von Ko Ko Win geführte Gästehaus liegt in einer ruhigen Seitenstraße und bietet 4 kleine, aber saubere Bungalows plus 2 größere Zimmer samt offenem Restaurant. Radverleih für 4000 Kyat/Tag. ❷

Soe Ko Ko Beach House, Myo Pat Rd., ✆ 09-513 2440, 💻 www.soekokobeachhousengwesaung.com. Freundliches Budget-Resort mit 7 Bambusbungalows samt Veranda/Bad und 3 Economy-Zimmern mit Gemeinschaftsbad, ca. 300 m vom Strand entfernt. 24-Std.-Strom kommt aus der Solaranlage. Alles wirkt sehr persönlich und familienfreundlich. Gutes und günstiges Restaurant (Tipp: Avocado-Salat) plus urige Bar mit viel Holz. Rad- und Scooterverleih. ❷–❸

Shwe Hin Tha Hotel, ✆ 042-204 0340, 09-520 0618, ✉ shwehintha.sales@gmail.com. Älteste und immer noch zu Recht populäre Traveller-Bleibe am schönsten Strandabschnitt. Alle 33 Bungalows (Veranda, Kaltwasserbad, Ventilator oder AC) aus Bambus oder Stein bieten Meerblick, sind aber in die Jahre gekommen. Das Personal hilft bei der Weiterreise und Ausflugsplanung. Fahrrad- und Mopedverleih. ❷–❺

Silver Coast Beach, ✆ 042-204 0324, 204 0325. In einem großen Palmenhain verteilen sich mehrere Bungalows mit 18 etwas in die Jahre gekommenen und nüchternen Zimmern (davon 4 ohne AC für US$30). Essen gibt es im **Beach Point** direkt am Meer, 🕒 9–22 Uhr. Für den Preis akzeptabel. ❹–❺

Thahar Villa, Pathein Rd., Nähe Myo U Zedi, ✆ 094-0408 0040, ✉ thaharvilla@gmail.com. Das kleine Resort liegt zwar etwas ab vom Schuss unweit des Stupas, dafür bietet es 13 Bungalows diverser Größen und Preisklassen (ab 15 000 Kyat) und einen kleinen Pool plus offenes Restaurant. ❹–❺

Obere Preisklasse

Bay of Bengal Resort, nördl. des Dorfes, ✆ 042-204 0346, 💻 www.bayofbengalresort.com. Da

AYEYARWADY-DELTA

hat Myanmars Stararchitekt Stephen Zaw Moe Shwe, 💻 www.spinearchitects.com, ein Glanzstück moderner Hotelarchitektur geschaffen. Klare Strukturen und offene Räume bestimmen die großzügige Anlage mit 62 Zimmern von Superior bis Villa. Über 500 m Strand, großer Pool, etwas kleines Spa, Tennisanlage (US$20–40 für Tagesgäste), hauseigener Arzt, 2 Bars – was will man mehr? ❻–❼

E.F.R. Seconda Casa, Myoma St., ☏ 042-204 0398, 099-7728 6287, 💻 www.efrsecondacasa.com. Die zentrale Lage im Dorf ist gut, die 15 AC-Zimmer in Chalets und Bungalows mit Naturmaterialien und Dachterrasse sind es trotz enger Bebauung ebenfalls. Im hinteren Bereich tischt das Restaurantteam gute Seafood-Gerichte auf. ❺

Eskala, ☏ 042-204 0341, 09-520 0613, 💻 www.eskalahotels.com. Auf einem großen Grundstück verteilen sich 60 geräumige Zimmer in Bungalows mit Veranda und zwei 3-stöckigen Gebäuden, die recht eng beieinander liegen. Die Einrichtung ist großzügig und modern. Sehr einladend wirkt die großräumige Lobby mit schweren Rattansofas. Im vorderen Bereich befinden sich das halb offene Restaurant und der Pool. Tipp: **The Village House**, das Gartenlokal mit leckeren birmanischen Gerichten. ❻–❼

Palm Beach Resort, ☏ 042-204 0233, 204 0234, ✉ palmbeachgwesaung@gmail.com, [5721]. Resort mit 31 liebevoll eingerichteten Chalets unter Palmen. Relaxen kann man am Pool oder im empfehlenswerten Spa. Tennisplatz (US$5 für Außenstehende), Schnorchel- und Surfausrüstung sind vorhanden. Tipp: Sunset Cocktail auf der Terrasse und der frisch gebrühte Kaffee. Gelobt werden die westlichen Gerichte im Restaurant. ❺–❻

The Emerald Sea, ☏ 042-204 0247, 204 0394, 💻 www.emeraldsearesorts.com. Lauschige Bungalowanlage unter Palmen mit 23 netten Zimmern mit Bad, AC, TV, Kühlschrank (viel Holz und Rattan). Schöner Pool, stilvolles Spa und offenes Restaurant. Empfehlenswert für gehobene Ansprüche. ❻–❼

ESSEN

An der Myoma Street, der Hauptstraße im Dorf, buhlen mehrere Restaurants um Kundschaft. Sowohl **Sea King**, **Golden Heart**, **Golden Myanmar** und **Pyant Thin** haben solides Seafood. Das **Thidar San** bietet mittags birmanische Currys, eine gute Adresse für chinesische Gerichte ist nebenan das **Ngwe Hline Si**.

Food Lover, Myoma St., hebt sich durch seine gemütliche Atmosphäre ab: Man kann in der Bambushalle speisen, unter Kokospalmen essen oder in Hängematten chillen. Auch hier ist das Seafood-Essen gut (ab 3500 Kyat).

Das **Palm Beach Resort** serviert westliches Essen zu annehmbaren Preisen. Dort gibt es sogar einen richtigen Kaffee oder Espresso zum Verdauen.

Royal Flower, Myoma St., am Dorfeingang, bietet nicht nur schmackhaftes Seafood, sondern auch gut gemixte Cocktails. Wer Heißhunger auf Spaghetti hat, wird im **Soe Ko Ko Beach House** glücklich (ab 4500 Kyat).

UNTERHALTUNG

Unter den großen Hotels ist die offene **Fisherman Bar** des Bay of Bengal mit Fassbier um 1300 Kyat, Cocktails ab 5000 Kyat und Billard für 3000 Kyat/Std. zu empfehlen, 🕒 12–22 Uhr. Ein beliebter Traveller-Treff ist die Bar des **Soe Ko Ko Beach House** mit diversen Cocktails ab 4000 Kyat, 🕒 9 Uhr–spät. Bei dem touristischen Ngwe Saung Seafood Restaurant bietet das **Ume Café** zu Cocktails und Bier um 20 und 21.30 Uhr eine halbstündige „Fire Show", 🕒 12 Uhr bis spät.

SONSTIGES

Informationen

Der hilfsbereite **Tom Tom (Tun Lin Htaik)** vom Shwe Hin Tha Hotel Hotel, ☏ 094-2246 2904, 💻 www.ngwesaungtrip.wordpress.com, hilft bei Reisefragen aller Art und kann Ausflüge, Mopeds, Fischerboote u. v. m. organisieren. Auch der zuverlässige **Michael Kyaw**, ☏ 092-5011 8008, ✉ kyawhlaingmyint07@gmail.com, arrangiert Moped- und Bootstouren. Das von

Tipps für Aktive

Auf der Höhe des Ngwe Saung Beach Hotel & Resort (Central) am Südende des Strandes führt ein kurzer Fußweg zu einem kleinen **Stausee**, an dem sich zu den Morgen- und Abendstunden Wasservögel tummeln. Ein lauschiger Ort für Natur- und Vogelfreunde.

Wer zum 15 km entfernten Strand von **Chaungtha** wandern will, lässt sich mit dem Moped zur Fähre am Tazin Chaung (700 Kyat) fahren. Auf der anderen Flussseite führt der Weg durch einen Palmenhain, an Garnelenfarmen vorbei und am Strand entlang, bevor noch die Flüsse Ye Do Chaung (Fähre 700 Kyat) und U Do Chaung (800 Kyat) überquert werden. Insgesamt ist man 3–4 Std. unterwegs.

Mit dem Moped bietet sich ein Halbtagsausflug zum stimmungsvollen **Fischerdorf Sinma** an, das 18 km südlich von Ngwe Saung liegt. Bei Ebbe verläuft die Fahrt teilweise direkt am Strand entlang, aber meist über einen sehr sandigen Weg (einfach 1 1/2 Std.). Zum Baden bietet sich dort der **Sar Chit Beach** an (10 000 Kyat plus Fährtickets; inkl. Seafood-Lunch 30 000 Kyat).

Miss Island, Myoma St., ✆ 099-7762 2944, 09-9776 22955, organisiert Kajaktouren durch die Mangroven im Thazin Creek, Kosten ab 10 000 Kyat/Std.

Kyaw Moe geführte **Myint Travel**, Pathein Rd., ✆ 094-2246 0050, ✉ myintngwesaung@gmail.com, ist hilfreich beim Organisieren von Bustickets oder Mietwagen.

Massagen

Das schöne Spa des **Emerald Sea Resorts** bietet solide birmanische Massagen ab US$15 für 1 1/2 Std. an (⏲ 8–20 Uhr). Im stilvollen „Nature Spa" des **Aureum Palace Resort & Spa** wird man für US$30/Std. durchgeknetet (⏲ 10–19 Uhr). Günstiger und bescheidener sind die Spa-Angebote des **Sunny Paradise** mit 21 000 Kyat/Std. für Thai- und die etwas heftigere Myanmar-Massage (⏲ 10–22 Uhr). Mit Blick aufs Meer kann man sich im **Palm Beach Resort** massieren lassen.

Medizinische Hilfe

Außer im schlichten Bezirkskrankenhaus, ✆ 042-204 0181, gibt es im Bay of Bengal Resort einen Arzt (tgl. 9–17 Uhr).

Schnorcheln und Tauchen

Myanmar Dive Centre, beim Ocean Paradise Hotel, ✆ 099-7744 1611, 097-9092 4420 (Yangon), ✉ myanmardivecenter@gmail.com, 🖳 www.facebook.com/MyanmarDiveCenter.

divemya.com, c/o Saw El Doh Htoo, am Strand des Eskala Hotels, ✆ 099-5381 1921, 097-9544 8627, 🖳 www.divemya.com.

Beide Tauchanbieter steuern im Rahmen einer Tagestour die beiden 11 km vor der Küste liegenden Inseln South Island (Taung Yar Shay) und North bzw. Bird Island an. Saison ist zwischen Anfang Okt und April. Schnorcheln ab US$40, zwei Tauchgänge US$100.

TRANSPORT

Busse und Taxis

PATHEIN, die 46 km lange Strecke zwischen Ngwe Saung und Pathein ist gut und führt über den abgeholzten Rakhine Yoma, vorbei an Kayin-Dörfern und Kautschukplantagen. Vom Platz vor der Schule starten gute **Busse** von ACM mit 14 Sitzen um 6.30, 7.30, 12.30 und 13.30 Uhr für 4000 Kyat in ca. 1 1/2 Std.

YANGON, 230 km, um 6.30 und manchmal 8 Uhr mit AC-Bussen von Shwe Pyi Lwin, um 8 Uhr von Myint Express und um 10 Uhr von Kan Htoo Aung, Asia Dragon, Golden Star und Shwe Chaungtha, ab 10 000 Kyat in 6 Std. In der Saison auch um 13 Uhr mit Bus von Ngwe Kaung Lung.

Mit dem **Taxi** oder **Tuk Tuk** kostet die Fahrt nach PATHEIN 40 000 Kyat, nach YANGON 150 000 Kyat.

Zweiräder und Boote

Viele Unterkünfte vermieten Räder ab 3000 Kyat/Tag und Mopeds ab 10 000 Kyat.

Zum Strand von CHAUNGTHA, 15 km, fährt man am besten mit dem Mopedtaxi (18 000 Kyat plus Fährgebühren, 1 1/2–2 Std.) oder mit einem Fischerboot (120 000 Kyat, 45 Min.). Statt per Bus kann man sich mit dem Tuk Tuk nach

PATHEIN, 46 km, fahren lassen (30 000 Kyat, 1 1/2 Std.). Am Strand unweit der Liebesinsel warten Bootsfahrer auf Kundschaft und verlangen für die Fahrt zur Bird Island 25 000 Kyat/Pers.

Gaw Yan Gyi

Vom Geheimtipp zum angesagten Strand hat sich die Halbinsel Gaw Yan Gyi entwickelt, seit dort 2016 einige Unterkünfte eröffneten. Noch ist alles ziemlich einfach und auf Einheimische ausgerichtet, doch die Zahl der passablen Lodges nimmt zu – auch wenn die Strände nicht strahlend weiß und leider auch nicht mehr sehr sauber sind. Zwei Wege führen nach Gaw Yan Gyi: per Moped über teils sehr sandige Wege vom Ngwe Saung Beach (50 km, 4 Std.) aus entlang der Küste oder per Bus oder Mietwagen von Pathein (130 km, 3–4 Std.) über den Rakhine Yoma. Wer aus Pathein kommt, überquert die Brücke, folgt die ersten 100 km der Straße nach Mawdin Sun und biegt dann bei der Nga Yoke Kaung Taung Junction gen Westen ab, wo eine schlechte Straße über den Rakhine Yoma bis nach **Nga Yoke Kaung** (29 km) verläuft. In Nga Yoke Kaung, das wegen seiner guten Arekanüsse bekannt ist, nimmt man die Fähre über den gleichnamigen Fluss und steuert einen der nahen Strände an, die sich auf der Nord- und Westseite der wie ein Amboss ins Meer ragenden Halbinsel verteilen. Ein schöner Blick eröffnet sich nach 426 Stufen von der auf einem Hügel liegenden „Pagode der smaragdfarbenen Pollen", **Myawaddy Paya**. Bootsfahrer bieten eine Tour auf die felsige Westseite der Halbinsel an, wo es eine kleine Bucht mit schönem Ausblick gibt. Noch recht ursprünglich ist das Kayin-Dorf **Nan Tha Pu** unweit des gleichnamigen Strandes.

ÜBERNACHTUNG

Die Unterkünfte verteilen sich am **Kyawe Chaung Beach** auf der Westseite und entlang der Strände auf der Nordseite. Meist wird nur abends der Generator angeschmissen. Die Zimmerpreise liegen bei 35 000–50 000 Kyat.
G 7 Plage, Chai Lay Beach, ✆ 094-5323 5252, 094-5221 6685, ✉ g7hotelplage@gmail.com. Am Rand eines Felsrückens schmiegen sich nur

Traditionelles Teamwork bei den Fischern von Gaw Yang Gyi

© MARTIN H. PETRICH

AYEYARWADY-DELTA

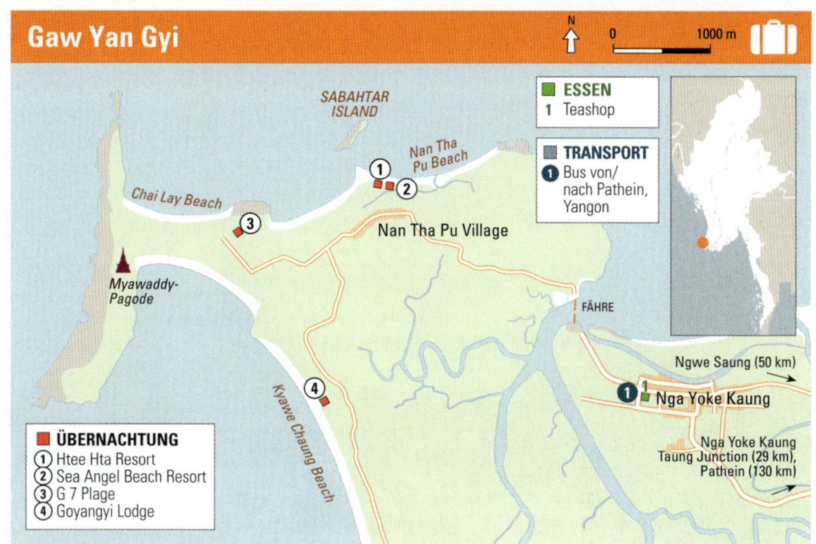

100 m vom Strand 12 Holzbungalows mit Veranda und Matratzen auf dem Boden. Alles ist recht rustikal, aber geschmackvoll. Das Bad ist mit Findlingen ausgestattet. ❸

Goyangyi Lodge, Kyaway Chaung Beach, ✆ 092-6271 0060 (Res.), 092-6271 0040, ✉ goyangyilodge@gmail.com. In einem weitläufigen Palmenhain reihen sich 9 klimatisierte Stein- und 12 einfachere Holzbungalows mit Bad. Das Essen wird in einem offenen Pavillon aufgetischt. Netter Strandabschnitt. ❸

Htee Hta Resort, Nan Tha Pu Beach, ✆ 092-6181 8017, 094-5011 7773. Die 7 Strandhütten mit Bad sind schlicht, aber sauber. ❸

Sea Angel Resort, Nan Tha Pu Beach, ✆ 094-4545 4494, 094-5067 1485. Neben dem Htee Hta Resort, aber etwas besser. 5 kleine Bungalows unter Palmen mit akzeptablen Bädern. Kein Frühstück. ❷–❸

TRANSPORT

Von Nga Yoke Kaung verkehrt tgl. um 8 Uhr ein **Bus** nach PATHEIN, 130 km, für 5000 Kyat in 4 Std., tgl. um 18 Uhr nach YANGON, 310 km, für 10 000 Kyat in 9 Std.

Entlang der Küste nach Ngwe Saung, 50 km, 4 Std., verläuft eine weitgehend unbefestigte Piste. Der Weg ist teils sehr sandig und nur per **Moped** befahrbar (Tuch, Mütze, Sonnenbrille!), ca. 50 000 Kyat. Von Nga Yoke Kaung nach Gaw Yan Gyi kostet das Mopedtaxi 3000–4000 Kyat.

SHWEMAWDAW-PAGODE, BAGO; © ANDREA MARKAND

Nördlich von Yangon

Die Region nördlich von Yangon ist auf zwei Korridoren zu bereisen. Die Mehrzahl der Reisenden fährt Richtung Mandalay und besucht auf diesem Weg die Tempel von Bago. Richtung Rakhine-Staat im Westen befindet sich das noch wenig erschlossene Pyay mit dem nahe gelegenen Weltkulturerbe Sri Ksetra. Von hier geht es dann weiter nach Bagan oder ans Meer.

Stefan Loose Traveltipps

4 **Bago** Die alte Hauptstadt der Mon beherbergt den bekanntesten liegenden Buddha des Landes. S. 205

Toungoo Der ehemalige Königssitz gewährt Einblicke in das Provinzleben. S. 213

Nay Pyi Taw In der neuen Hauptstadt von Myanmar können die gigantischen Visionen der ehemaligen Militärregierung bestaunt werden. S. 217

Sri Ksetra Mit dem Tuk Tuk – wer mag, steigt dort auf den Ochsenkarren um und erkundet das Weltkulturerbe auf archaische Art. S. 226

WEIBLICHER BÜFFEL-NAT MEDAW, BAGO; © ANDREA MARKAND

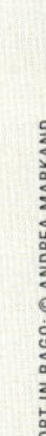

WARENTRANSPORT IN BAGO; © ANDREA MARKAND

Wann fahren? Die beste Reisezeit für die Region sind die Monate November bis Februar.

Wie lange? Für jede Stadt braucht man nur einen Tag. Wer alle besuchen will, muss großzügig kalkulieren, denn die Wege sind weit und nicht alle Städte liegen am Reiseweg.

Abseits ausgetretener Pfade Seit 2014 ist Sri Ksetra Weltkulturerbe – eine Entdeckungstour abseits der Touristenpfade.

Schöne Tagesausflüge Viele besuchen die Tempel von Bago auf einem Tagesausflug von Yangon aus oder stoppen hier für ein paar Stunden auf ihrem Weg ins Landesinnere.

Nördlich von Yangon
N
0
50 km
Wotmansot
Minbu
Myothit
Magwe
Yin
Beikthano
Taungdwingyi
Myingun
Min-Hla
Malun
Migyaungye
Chaungnet
Satthwa
Taungnyo
Sinthay
Ngalaik
Nyaunglun
Tatkon
Kydaunggan
Mingon
Nay Pyi Taw
Lewe
Pyinmana
Ela
Paunglaung
1905
Pinlaung
Sanka
Hsi Hseng
Sa-koi
Pekon
1829
Mongpai
Loiyin
Loikaw
1726
Nanmekhon
Ngwetaung
Demoso
Yaenanma
MAGWE
Sinbaungwe
REGION
s. Detailplan Nay Pyi Taw S. 219
Thawatthi
KAYAH
Yeni
Myohla
Yado
Hpruso
2037
Kyephogyi
Aunglan
Thayet
Kyaukpadaung
Pyaye
Ayeyarwady
Bwetgyi
Pyalo
Shwebandaw
Pho Kyar Elephant Camp
Thagara
Swa
STATE
Dawnye Hku
Yedashe
Leiktho
Hoya
Bawlakhe
Sabadan
Kamma
Yenantha
Nawin
Wethtigan
Bago Yoma
Khabaung
Kyungon
Kaykaw
Thandaung Gyi
Thandaung
Bawgaligyii
Nampon
Hpasawng
s. Stadtplan Pyay S. 222
Pyay
Paukkaung
Paungdale
Sri Ksetra
Hmawza
Sinde
Padaung
Sinmezwe
s. Detailplan Sri Ksetra S. 227
-Gebirge
Toungoo
Oktwin
Tantabin
Zayatgyi
YE SEIN BAGO YOMA-NATIONALPARK
s. Stadtplan Toungoo S. 214
Mawchi
2623
Nat Mountain
Okshittpin
Shwedaung
Thegon
Padigon
Hmattaing
Phyu
Nyaungchedauk
Zayawaddy
Sittaung
Bomati
Mon
Tonbo
Nyaungzaye
Paungde
BAGO
534
Phyu
Nyaungbintha
Kawludo
821
Mt. Sinnamaung
Kun
Kanyutkwin
Kyaukkyi
Yunzalin
Kyangin
Myanaung
Zigon
REGION
Gyobingauk
Okpho
Kyauktaga
Penwegon
1287
Yenwe
Seinkantlant
Monyo
Shandaw
Myochaung
Tawwi
1884
1221
Mt. Taungni
Tugyi
Mezaligon
Minhla
Sitkwin
Bago
Naunglebin
Pyontaza
Shwegyin
Madauk
Mawaing
Ingapu
Kwingauk
Ziphyugon
Mt. Kantbalu
803
Letpadan
Daiku
Pa-o-tha
Myogwin
Harraraw
Hpaihwegyaw
Phaungdawth
Lagunpyo
Lemyethna
Hinthada
Tharrawaddy
Kadok
Kunzeik
Aithabyu
Ayeyarwady
Tonse
Zaungdu
Pyinbongyi
Myttkyo
Moeyingyi-See
Khamaukzu
Myitmaka
Winga Baw Elephant Conservation Camp
Theinzayat
Zalun
Okkan
Payagyi
1102
Mt. Kyaikhtiyo
Gyo-Phyu-See
Waw
Moatpalin
Ahataung
Apyauk
Bago
Kinmon
Laykhay
Zakagyi
Paunggyi
Danubiu
Taikkyi
Thanatpin
Kyaikto
Bilin
YANGON
Intagaw
Kamase
Wanet Chaung
Kawkadwaut
Setkawt
Satthawadaw
Tongyi
Pathwe
Hmawbi
Hlegu
Onhhe
Theinzeik
Kawa
s. Stadtplan Bago S. 206
Nyaungdon
Tantabin
Htaukkyant
Dabein
Pantanaw
Samalauk
Insein
Kayan
Thaton
REGION
Thabyegan
Yangon
Thanlyin
Thathaykwin
Yinnyein
Maubin
Yelegale
Twante-Kanal
Dala
Thongwa
Shwedaunghmaw
Twante
Kaabe
Seikkyi
Thilawa
Tadaywa

4 HIGHLIGHT

Bago

Bago, die alte Hauptstadt der Mon, liegt etwa 80 km nordöstlich von Yangon am Golf von Mottama. Die ersten europäischen Reisenden im 16. Jh. nannten sie Pegu und beschrieben sie als blühende Stadt. Heute ist Bago trotz aller Provinzialität immerhin Hauptstadt der Region. Die einstige Pracht lässt sich bei der Erkundung der zahlreichen Tempel zumindest erahnen. Zwei heftige Erdbeben 1919 und 1932 zerstörten vieles, aber dank jahrelanger intensiver Restaurierungen, die bis heute andauern, und dem Neubau weiterer Heiligtümer gibt es eine Menge Pagoden und Buddhas zu sehen.

Die Legende berichtet, dass Bago einst eine winzige Insel war, auf der sich ein Wildgänsepärchen seinen Landeplatz suchte. Da die Insel so klein war, nahm das Weibchen auf dem Rücken des Männchens Platz. Zwei Mon-Fürsten, die das Schauspiel beobachteten, deuteten dies als günstiges Zeichen und gründeten im Jahr 573 eine Siedlung. Andere Chroniken erzählen, dass die Stadt 825 von den Brüdern Thamala und Wimala gegründet wurde. Bago war neben Thaton und Mottama das wichtigste Zentrum der Mon, bis es schließlich 1057 von Anawrahta, dem ersten großen Bagan-König (reg. 1044–77), erobert wurde. Viele Mon flohen im Laufe der Jahrhunderte aus Bago, und Birmanen siedelten sich an. Heute sind die Mon in ihrem alten Siedlungsgebiet in der Minderheit. Hinterlassen haben sie eine Vielzahl imposanter Tempel, die gut per Tuk Tuk, Moped oder Fahrrad erkundet werden können.

Wichtig für das heutige Erscheinungsbild der Stadt und die Anzahl der Wallfahrtsorte ist die Regierungszeit König Dhammazedis (reg. 1472–92), der Bago zum Zentrum des Theravada-Buddhismus machte. Der Legende nach war Dhammazedi ein Mönch, der von Prinzessin Shinsawbu, die keine eigenen Kinder hatte, zum Nachfolger erkoren wurde. Wer aus Yangon kommt, wird schon vor den Stadttoren von Dhammazedis berühmten vier sitzenden Buddhas begrüßt.

Die ursprünglichen Bauten, die aus verschiedenen Epochen stammen, sind vielfach durch neuere ersetzt worden – eine Folge von Erdbeben und Plünderungen. Dennoch lassen sich die unterschiedlichen Baustile noch immer erkennen.

Entspannen kann man sich nicht nur in einigen der abseits des Touristentrubels liegenden Pagoden, sondern auch in einem kleinen Pavillon bei einem Wasserbecken auf dem Weg zum Palast. Am Eingang kann man Brotreste kaufen und damit die riesigen Karpfen im Wasser füttern. Das soll Glück bringen.

Besichtigung (Hauptroute)

Die meisten Touristen fahren mit dem Auto und einem eigenen Fahrer nach Bago. Nach der Besichtigung der wichtigsten Tempel geht es für sie gewöhnlich weiter zum Goldenen Felsen nach Kyaikhto oder bis Toungoo – auf dem Weg nach Mandalay ein guter Übernachtungsstopp. Jene, die hier in Bago mit öffentlichen

Betrugsmasche mit Eintrittspreisen

Vermehrt versuchen Mopedfahrer, ihre Kunden über den Tisch zu ziehen: Vermeintlich in der Absicht, ein Ticket zu kaufen, kassieren sie das Eintrittsgeld (S. 207), stecken es in die eigene Tasche und fahren dann nur die Plätze an, an denen gar kein Eintritt erhoben wird. Manche behaupten, die Tempel seien geschlossen, andere versuchen, die Touristen über den Hintereingang in jene Tempel zu lotsen, die etwas kosten würden. Wer alle Tempel besuchen möchte, sollte sich sein Ticket also einfach selbst kaufen. Wird dieser Wunsch freundlich und bestimmt vorgetragen, schmollen die Mopedfahrer zwar kurz und bekunden mit ausschweifenden Gesten, dass sie das Geld viel dringender brauchen können als die Tempelwächter. Doch sie sind dann meist schnell wieder freundlich und fahren – als sei nichts passiert – alle Sehenswürdigkeiten an. Am Eingang zum Palastgelände müssen auch die Mopedfahrer einen kleinen Obolus (200 Kyat) zahlen, um auf das Gelände zu kommen. Wer mag, erstattet ihnen diese Kosten.

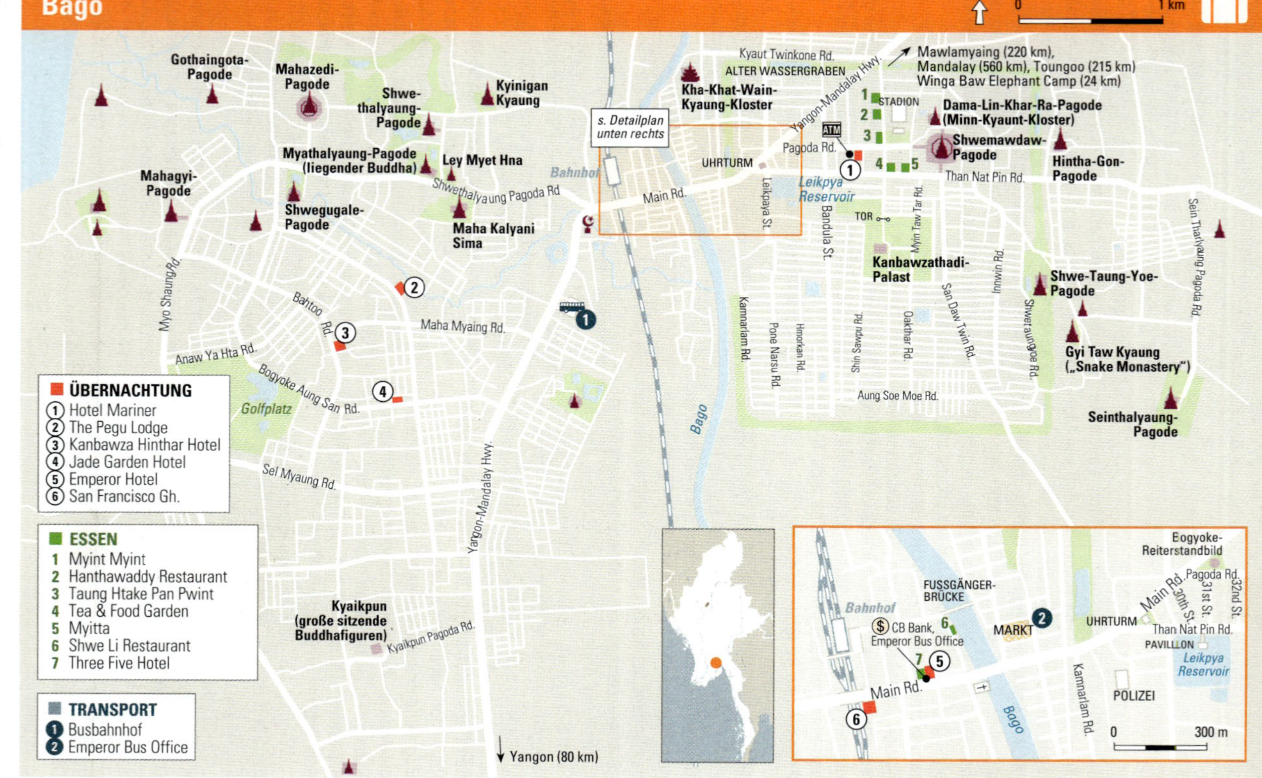
Bago
N
0
1 km
Gothaingota-Pagode
Mahazedi-Pagode
Shwe-thalyaung-Pagode
Kyinigan Kyaung
Kha-Khat-Wain-Kyaung-Kloster
Kyaut Twinkone Rd.
ALTER WASSERGRABEN
Yangon-Mandalay Hwy.
Mawlamyaing (220 km), Mandalay (560 km), Toungoo (215 km) Winga Baw Elephant Camp (24 km)
STADION
Dama-Lin-Khar-Ra-Pagode (Minn-Kyaunt-Kloster)
Shwemawdaw-Pagode
Hintha-Gon-Pagode
s. Detailplan unten rechts
Mahagyi-Pagode
Myathalyaung-Pagode (liegender Buddha)
Ley Myet Hna
Shwethalyaung Pagoda Rd
Shwegugale-Pagode
Maha Kalyani Sima
Bahnhof
UHRTURM
Main Rd.
Leikpaya St.
Pagoda Rd.
ATM
Leikpya Reservoir
Than Nat Pin Rd.
Bandula St.
TOR
Myin Taw Tar Rd.
Kanbawzathadi-Palast
Innwin Rd.
Sein Tharlyaung Pagoda Rd.
Shwe-Taung-Yoe-Pagode
Shwetaungyoe Rd.
Gyi Taw Kyaung („Snake Monastery")
Seinthalyaung-Pagode
Myo Shaung Rd.
Bahtoo Rd.
Maha Myaing Rd.
Anaw Ya Hta Rd.
Bogyoke Aung San Rd.
Golfplatz
Kamnarlam Rd.
Pone Narsu Rd.
Hmorkan Rd.
Shin Sawpu Rd.
Oakthar Rd.
San Daw Twin Rd.
Aung Soe Moe Rd.
Bago
Sel Myaung Rd.
Kyaikpun (große sitzende Buddhafiguren)
Kyaikpun Pagoda Rd.
Yangon (80 km)
Eogyoke-Reiterstandbild
FUSSGÄNGER-BRÜCKE
CB Bank, Emperor Bus Office
MARKT
UHRTURM
Pagoda Rd.
32nd St.
31st St.
30th St.
Than Nat Pin Rd.
PAVILLON
POLIZEI
0
300 m
ÜBERNACHTUNG
1 Hotel Mariner
2 The Pegu Lodge
3 Kanbawza Hinthar Hotel
4 Jade Garden Hotel
5 Emperor Hotel
6 San Francisco Gh.
ESSEN
1 Myint Myint
2 Hanthawaddy Restaurant
3 Taung Htake Pan Pwint
4 Tea & Food Garden
5 Myitta
6 Shwe Li Restaurant
7 Three Five Hotel
TRANSPORT
1 Busbahnhof
2 Emperor Bus Office

Verkehrsmitteln ankommen, können die Pagoden und Tempel wahlweise mit einem Tuk Tuk, dem Fahrrad oder einem Moped erkunden. Eine etwa fünfstündige Mopedtour, die am besten am frühen Morgen oder am frühen Nachmittag beginnt, kostet 10 000 Kyat. Auf 15 000 Kyat beläuft sich die Fahrt mit dem Tuk Tuk, etwa mit jenem von **Myo Min Han**, ✆ 092-605 42266, 093-120 1510. Der freundliche Mr. Myo spricht recht gutes Englisch und steht oft nahe dem Bahnhof bei der Teestube Khao Tae San.

Die Sehenswürdigkeiten haben wir in der Reihenfolge gelistet, in der sie meist angefahren werden.

Eintritt

An vier Sehenswürdigkeiten befinden sich **Ticketschalter**: bei den vier Buddhas von Kyaikpun, der Shwethalyaung-Pagode, der Shwemawdaw-Pagode und der Palastanlage. Hier müssen pauschal 10 000 Kyat Eintritt gezahlt werden. Das Ticket gilt für alle vier Sehenswürdigkeiten, auch wenn man nur eine einzige besucht. Alle anderen Tempel und Pagoden können kostenlos besichtigt werden.

Die vier Buddhas von Kyaikpun

Wer von Yangon nach Bago fährt, wird etwa 4 km vor dem Stadtkern auf der linken Seite vier sitzende Buddhas erblicken. Der 30 m hohe Turm, an dem Rücken an Rücken sitzende Buddhas in die vier Himmelsrichtungen blicken, wurde 1476 vom Mon-König Dhammazedi errichtet. Nach Norden blickt Gautama, der historische Buddha. Die drei anderen Buddhas sind seine Vorgänger. Konagamana schaut nach Süden, Kakusandha nach Osten und Kassapa nach Westen. Alle Buddhas wurden im Laufe der letzten Jahre restauriert. Weiße Haut, rote Lippen und in der Sonne glitzernde, mit Spiegeln versehene Fingernägel – so schön zurechtgemacht, blicken die vier ins Land und warten auf den kommenden Buddha. Eintritt s. Kasten, Fotogebühr 300 Kyat, Video 500 Kyat.

Shwethalyaung-Pagode

Der Shwethalyaung-Buddha gilt als der schönste liegende Buddha des Landes. Er ist über 50 m lang, 16 m hoch und zeigt Buddha im Augenblick seines Todes, dem Moment, in dem er ins Nirvana eintritt. Buddha ruht auf Kissen, auf denen Szenen aus seinem Leben dargestellt sind.

An der Rückseite des Buddhas erzählen Zeichnungen mit englischen und birmanischen Erklärungen die Geschichte der Pagode: Einst, in der wilden, vorbuddhistischen Zeit, schickte König Migadeikpa seinen Sohn in den Wald, um etwas zu jagen, was den Göttern geopfert werden könnte. Der Prinz verliebte sich unterwegs in eine junge Mon-Dame, die eine Anhängerin Buddhas war. Sie folgte ihm in den Palast, unter der Bedingung, ihre Religion weiterhin ausüben zu dürfen. Eine Intrige von Hofbeamten brachte den König dazu, die Prinzessin den heidnischen Göttern opfern zu wollen. Die Prinzessin konnte jedoch durch Gebete die Statue eines grausamen Gottes zerstören, was dem König eine „Heiden"-Angst einjagte: Er wurde selbst zum Anhänger Buddhas, ließ überall Buddhastatuen aufstellen und beendete 994 den Bau der Shwethalyaung-Pagode.

Im 15. Jh. ließ Dhammazedi die Statue restaurieren. Danach geriet sie etwas in Vergessenheit. 1881 wurde sie beim Bau der Eisenbahn wiederentdeckt und mit der schützenden Dachkonstruktion versehen.

Die Pagode gehört seit vielen Jahren zu den bei Touristen beliebtesten Sehenswürdigkeiten. Am Aufgang bieten Souvenirhändler Holzschnitzereien, Kästchen aus duftendem Sandelholz und andere kunsthandwerkliche Produkte zum Kauf. Oben in der Halle ist eine Foto-/Videogebühr von 300/500 Kyat zu entrichten sowie das Eintrittsticket vorzuweisen oder zu kaufen (s. Kasten oben). Mit Studentenausweis kann der Buddha unentgeltlich besucht werden. Die Fotogebühr halbiert sich dann.

Mahazedi-Pagode

Die weiß getünchte Pagode befindet sich westlich der Shwethalyaung-Pagode. Ihr Name bedeutet „großer Stupa". Die erste Version der Pagode wurde 1560 von König Bayinnaung errichtet. Bereits vier Jahre später zerstörte ein Erdbeben das Heiligtum. Nur wenige Jahrzehnte danach muss ein Wiederaufbau erfolgt sein, denn es heißt, der Portugiese de Brito habe 1601 die Edelsteine des neuen *hti* gestohlen.

Ein weiteres Mal soll die Pagode 1757 bei der Eroberung Bagos durch Alaungpaya, den Begründer der Konbaung-Dynastie, zerstört worden sein. Bis zum letzten großen Erdbeben 1930 gelang keine wirkliche Rekonstruktion der Ruine. Erst in den 1980er-Jahren erfolgte der Bau der heutigen Pagode. 1982 wurde der neue *hti* aufgerichtet, dessen Spitze mittlerweile vergoldet ist. Der steile anstrengende Aufgang zum hohen Stupa ist nur Männern gestattet. Frauen können sich derweil den kleinen Tempel im hinteren Bereich ansehen – außen im Bagan-Stil aus Sandstein erbaut und innen wunderschön vergoldet. Zahlreiche Buddhafiguren wachen in kleinen Nischen. Hierher kommen vornehmlich weibliche Gläubige zum Gebet.

Shwegugale-Pagode

Ein Nachfolger Dhammazedis, König Byinna Ran (reg. 1492–1526), baute 1494 die Shwegugale-Pagode. Der Zentralstupa ist innen durch einen Wandelgang begehbar. In dem halbdunklen Gewölbe sitzen 64 Buddhafiguren. Ein Schrein auf dem Gelände beherbergt u. a. zwei Mönchsfiguren mit skurril wirkenden Brillen. Zwei Glockenträger-Figuren mit traditionellen Tattoos haben ein Handy im Longyi stecken. Im Garten befindet sich zudem ein Buddhagarten mit der Darstellung zahlreicher Mudras.

Myathalyaung (Liegender Buddha) und Ley Myet Hna („Vier Gesichter")

Der wunderschöne „Liegende Smaragd-Buddha", **Myathalyaung**, wurde Ende 2006 fertiggestellt. Sanft lächelt er den Besucher an, und da er kein Dach über dem Kopf hat, kommt seine Gestalt besonders gut zur Geltung. Die riesige Statue ist etwa 90 m lang und 21 m hoch. Leider lässt sie sich nur schwer fotografisch in Szene setzen, da ihr Gesicht von der Sonne abgewendet ist.

Schräg gegenüber dem liegenden Buddha stehen vier Buddhafiguren, **Ley Myet Hna**, die in alle vier Himmelsrichtungen blicken, um nach dem zukünftigen Buddha Ausschau zu halten. Auf dem Gelände befindet sich außerdem noch ein kleiner Buddhagarten.

Maha Kalyani Sima

König Dhammazedi schuf diese Ordinationshalle *(thein)* 1476, um den zersplitterten Mönchsorden

Ruhig und gelassen warten die vier Buddhas von Kyaikpun auf den zukünftigen Buddha.

(sangha) zu vereinen, oder vielleicht auch, um den Orden unter seine königliche Kontrolle zu bringen. Dies war die erste von 397 Hallen, die er zu diesem Zweck im ganzen Land erbauen ließ.

Am Eingang steht ein türkis verspiegelter Schrein mit einem großen Buddha. Die Ordinationshalle darf der Legende nach nicht durch jede Tür betreten werden. Wer hinein will, sollte den Westeingang benutzen. Der Innenraum ist mit Wandgemälden und Buddhafiguren geschmückt. Kühler Marmorboden erfreut die nackten Füße. Von außen ist das Gebäude mit Reliefs versehen, die Buddha mit seinen Jüngern zeigen.

Shwemawdaw-Pagode

Diese große Pagode liegt mitten im Stadtgebiet und ist eines der wichtigsten und belebtesten Heiligtümer Bagos. Der heutige Stupa ist von 1954 und mit 114 m der höchste des Landes. Obwohl er viele Touristen und Pilger anzieht, gibt es an den Aufgängen keine Verkaufsstände. Devotionalien werden am Fuß des Ostaufgangs auf einem größeren Markt verkauft.

Der Westaufgang wird von zwei *chinthe* (mythischen Löwen) bewacht. Im Maul tragen sie eine Figur von Shin Upagote, dem Beschützer der Fischer und Seefahrer. Der Ostaufgang führt zum Hinthagon-Hügel, der von der gleichnamigen Pagode gekrönt ist.

Drei Erdbeben zerstörten die Pagode in den Jahren 1912, 1917 und 1930. Nach jedem Einsturz wurde sie ein bisschen prächtiger wieder aufgebaut. An der Ostecke des zentralen Stupas wurde ein Stück der alten Pagode in den neuen Bau integriert. 1990 wurde die Pagode das letzte Mal erneuert und frisch vergoldet.

Viele kleine *tazaung* befinden sich auf der Tempelterrasse, wo sich Mönche, Gläubige und Touristen tummeln. Eintritt s. Kasten S. 207, Fotogebühr 300 Kyat, Video 500 Kyat.

Kha Khat Wain Kyaung

Im Kha Khat Wain Kyaung leben über tausend Mönche. Die meisten erhalten hier eine mehrjährige Ausbildung. Viele Thais kommen zum Kloster, um während der Essensausgabe gegen 11 Uhr Mönchen Snacks und andere Präsente zu überreichen. Zu ihnen gesellen sich Busladungen von Touristen, die das Spektakel fotografieren. Vor dem Eingang stehen aufgrund der vielen spendenfreudigen Besucher zahlreiche Bettler und halten schlafende Kinder im Arm. Auf uns wirkten diese künstlich ruhiggestellt, sodass wir persönlich davon abraten, Spenden zu verteilen. Kinder fordern „shoe money" von allen, die hier ihre Schuhe abgestellt haben (unter 200 Kyat sind sie meist nicht zufrieden). Generell ist diese „Mönchspeisung" ein sehr seltsames Erlebnis und nicht jedermanns Sache. Wir raten eher davon ab, zu diesem Zeitpunkt hierher zu kommen.

Der weibliche Büffelgeist

Ein Nat-Schrein auf dem Gelände der Shwemawdaw-Pagode zeigt den weiblichen Schutz-Nat von Bago; erkennbar an der schwarzen Kleidung und dem Wasserbüffelschädel. Der Legende nach war die sogenannte **Bago Maedaw** eine Wasserbüffelkuh, die ein ausgesetztes Kind fand und es liebevoll großzog. Als sich das Kind als Prinz entpuppte und an den Hof zurückkehrte, suchte die Kuh ihr Junges. Auf ihrer verzweifelten Suche zerstörte sie zahlreiche Felder. Auf Befehl des Königs tötete der Prinz seine Ziehmutter. Er erkannte seinen Fehler zu spät, woraufhin er die tote Wasserbüffelkuh mit allen Ehren beerdigen ließ. Seither wird die Bago Maedaw als die Königsmutter von Bago verehrt.

Kanbawzathadi-Palast

Um jenem Herrscher zu huldigen, unter dessen Herrschaft Myanmar die größte Ausdehnung seiner langen Geschichte erlebte, rekonstruierte man den Kanbawzathadi-Palast von König Bayinnaung und nicht jenen der früheren Mon-Regenten. Bayinnaung ließ 1566 eine gewaltige Anlage mit 1,8 km Seitenlänge errichten, die bereits 33 Jahre später wieder zerstört wurde. Die Grundmauern wurden erst 1990 von Archäologen freigelegt. Zutage kamen Teile der alten Teakholzsäulen, die heute in einer Dauerausstellung gezeigt werden. Nur Audienz- und Thronhalle wurden aus Beton und Glas rekonstruiert, wirken aber mit ihren goldenen Fassaden und

Staffeldächern kitschig überladen. Ein Besuch ist daher nur mäßig spannend. 🕒 9–16 Uhr, Eintritt s. Kasten S. 207.

Gyi Taw Kyaung („Snake Monastery")

In diesem „Schlangenkloster" wartet eine Attraktion der besonderen Art: eine riesige, knapp 6 m lange Tigerpython. Sie wird von Gläubigen als Schutzgeist verehrt, was zu üppigen Spendeneinnahmen führt. Mal liegt sie gelassen in einer Ecke ihres Raumes zusammengerollt, mal schlängelt sie sich etwas nervös an einem Wasserbecken entlang. Hat man sich satt gesehen, dann kann man über ein paar Stufen zu einer Pagode mit einer Buddhafigur und beschützender Schlange hochsteigen und von dort den schönen Blick auf die Umgebung samt Mon-Dorf genießen.

Weitere Sehenswürdigkeiten

Die folgenden Pagoden liegen nicht auf der Hauptroute und werden selten angefahren. Wer sie besuchen will, sollte dies frühzeitig mit dem Fahrer klären. Leider stimmen einige Fahrer zwar zu, dorthin zu fahren, bedienen aber dann doch nur die Standardroute.

Dama-Lin-Khar-Ra-Pagode (Minn-Kyaunt-Kloster)

Ein paar Meter hinter der Shwemawdaw-Pagode befindet sich diese etwa 500 Jahre alte Pagode, die noch heute als Kloster dient. Am Tor erwarten zwei große Elefanten den Besucher. Die Halle des Klosters ist wunderschön gestaltet, Teakholzsäulen und Türen sind reich verziert und mit Gold und leuchtendem Rot bemalt. Zahlreiche kleine und große Buddhas befinden sich auf der rechten Seite der Halle, frontal zum Eingang sind weitere (aus Thailand stammende) Buddhas aufgereiht. In kleinen Seitenräumen auf der linken Seite stehen weibliche Gottheiten und Nats. Draußen, linker Hand der Halle, vorbei an alten Meditationskammern (eine beklemmende Vorstellung, dort länger zu verweilen), kann man auf einer Treppe nach oben steigen. Dort erwarten Besucher neben verfallenen Räumen ein riesiger Buddhakopf und ein schöner Blick auf die nahe gelegene Shwemawdaw-Pagode. Rechts der Haupthalle befindet sich in einem Nebengebäude ein großer Buddha, der aus Thailand stammt und dem Kloster gestiftet wurde. Sollte die Tür zum Kloster verschlossen sein, findet sich immer jemand, der Interessierten öffnet. Es wird eine Spende erbeten.

Hintha-Gon-Pagode

Die Pagode liegt auf einer Anhöhe und bietet von oben einen schönen Blick auf die Stadt. Am Aufgang werden Devotionalien verkauft. In der Halle sitzt Buddha in einem goldenen Schrein, um den herum viele weitere Buddhas gruppiert sind. Vor der zentralen Buddhafigur ist noch einmal die Legende dargestellt: die beiden Vögel, aufeinander rastend (S. 205). Auf diesem Hügel sollen sie einst gelandet sein. Dieselben Darstellungen finden sich auch auf den Stelen. Reisegruppen

Winga-Baw-Elefantencamp

Nur eine halbe Autostunde von Bago entfernt liegt am Südrand des Bago Yoma Myanmars erstes Elefantenwaisenhaus. Es ist Teil des 2016 etablierten **Winga Baw Elephant Conservation Camp** und wird von der Myanmar Timber Enterprise (MTE) gemanagt. Hintergrund: Seit dem Verbot des Holzeinschlags sind die gut 5000 Arbeitselefanten Myanmars ohne Job. Der Tourismus soll nun neue Einnahmequellen erschließen. Und so wird auch in diesem Camp eine Elefantenshow samt Reiten (20 000 Kyat) angeboten, was von Tierschützern heftig kritisiert wird. Zugleich gibt es aber auch die Möglichkeit, Elefanten im Fluss zu waschen. Zudem werden hier sechs Elefantenwaisen großgezogen, darunter die wasserscheue Ayar May, welche 2017 als einjähriges Baby von Bauern aus dem Fluss gezogen wurde. Wegen falscher Ernährung wäre sie danach um ein Haar gestorben. Wer prinzipiell derartige Einrichtungen ablehnt, kann das Camp ja links liegen lassen, wer die Bemühungen von MTE trotz Mängel in der Tierhaltung unterstützen will, kann in diesem Camp einiges über Elefanten lernen. Die beste Besuchszeit ist frühmorgens. Kontakt: Nähe Payagyi Bawnatgyi Road, 24 km nördlich von Bago, 📞 099-714 44996, 🕒 6–18 Uhr, Eintritt 10 000 Kyat.

© MARK MARKAND

Die Dama-Lin-Khar-Ra-Pagode bietet als Kloster vielen Mönchen eine Heimat.

werden hier mit Gesang, Musik und Folklore bedacht. Fotogebühr 300 Kyat, Video 500 Kyat.

Gothaingota-Pagode

Nach einem kurzen Aufstieg über die Tempeltreppe wähnt sich der Besucher in einem Buddhagarten (unter diesem Namen ist der Platz auch einigen Hotelinhabern und Rikschafahrern bekannt). Pferde, Schildkröten, Nagas, Enten, Elefanten und Fabelwesen tragen goldene und weiße Stupas. Eine beeindruckende Skulptur, die von einem kleinen Teich umgeben ist, zeigt zwei mächtige Nagas, mythische Drachen-Schlangen, die sich drohend und schützend zugleich über Buddha aufrichten.

ÜBERNACHTUNG

Die Auswahl im Budget-Bereich ist mau, dafür gibt es zunehmend nette Mittelklasseoptionen in einem ruhigen Wohnviertel südlich der wichtigsten Tempel.

€ **Emperor Hotel**, 8 Main Rd., ✆ 052-2223 024, 2222 108 [7934]. Vorne die Hauptstraße, hinten die Moschee – an Ausschlafen ist hier also leider nur zu denken, wenn man mit Ohrstöpseln für individuelle Ruhe sorgt. Ruhiger sind die fensterlosen Räume. Alles Zimmer sehr einfach, dafür ab US$8/Pers. bzw. US$15 fürs DZ (ohne Frühstück) unschlagbar günstig. Das Richtige für anspruchslose Traveller mit kleinem Budget. Arrangiert Räder und Mopeds. ❶

Jade Garden Hotel, 364 Bogyoke Aung San Rd., ✆ 052-223 0570, 094-574 04848, ✉ jadegardenhotel.bago@gmail.com [7935]. Recht abseits, dafür ruhig gelegen. 29 Zimmer in 3 Kategorien, alle mit AC, TV und Kühlschrank. Die schöneren Zimmer liegen im rückwärtig gelegenen Anbau. Vorne Restaurant mit chin. Speisen. ❸–❹

Kanbawza Hinthar Hotel, A1 Bahtoo Rd., ✆ 052-223 0485, 💻 www.kbzhinthar.com, [10457]. Eine moderne und gut geführte Anlage mit 27 großen Zimmern in 3 Kategorien, oft mit einem großen und einem kleinen Bett. Freundliches, hilfsbereites Personal. Hol- und Bringservice von und zu den Bahnhöfen (Bus und Zug). E-Bike-Verleih für 1000 Kyat/Std. ❹

Mariner, 330 Shwe Maw Daw Pagoda Rd., ✆ 052-220 1034, ✉ hotelmariner.hm@gmail.com, [9826]. Fußläufig von der Shwemawdaw-Pagode gelegenes Mittelklassehotel mit teils tollem

Stupa-Blick. Typische Ausstattung für Mittelklassehotels (29 funktionale, farblich nüchterne DZ mit Bad). Wen das ein wenig deprimiert, der geht in die angeschlossene **Fashion Zone Shopping Mall** oder in die **DJ Donuts & Caffee Bar** im 3. Stock – Farbe tanken (🕒 9–21 Uhr). ❸

€ **San Francisco Gh.**, 14 Main Rd., ✆ 052-222 2265, 💻 fb.com/Sanfrancisco-Guest-House-Bago-121346025234313, [5314]. Kurz vor der Betonbrücke Richtung Yangon. Geführt von 2 freundlichen und hilfsbereiten Schwestern mit Vorliebe für Grün. 6 einfache, saubere Zimmer mit AC. 5 Zimmer bieten einen Balkon (nach vorne zur Straße recht laut, aber es gibt viel zu sehen). Fahrradverleih für 2000 Kyat/Tag. ❶–❷

The Pegu Lodge, 34-35 Bayinnaung Rd., ✆ 098-928 24123, 098-995 68559, 💻 www.the-pegu-lodge.com, [11019]. 3-stöckiger Ziegelbau mit nettem Garten und 22 geräumigen Zimmern mit hohen Decken , teils mit Balkon. Das Restaurant im Erdgeschoss wirkt etwas nüchtern. Räder und Mopeds können arrangiert werden. ❸–❹

NÖRDLICH VON YANGON

ESSEN

Rund um den freien Platz an der Pagoda Rd. vor der Shwe-Maw-Daw-Pagode konkurrieren etliche Läden und Lokale miteinander, darunter der **Tea & Food Garden** (Sanay Thar) mit Mohinga & Co. am Morgen und vielerlei chinesischen Speisen den restlichen Tag über (🕒 5.30–24 Uhr), sowie das blechbestuhlte **Myitta** (nur birm. beschriftet) mit chinesischen und koreanischen Gerichten (🕒 10–21 Uhr).

Hanthawaddy Restaurant, 192 Hintha St., ✆ 092-625 95272, [7939]. „Fine Dining" à la Bago: In einem alten Holzhaus auf 2 Ebenen untergebrachtes Restaurant. Besonders schön sitzt man auf der großen Terrasse im 1. Stock mit Blick auf die Shwemawdaw-Pagode. Chinesisch-thailändisches Essen zu etwas gehobenen Preisen (ca. 2500–7000 Kyat). Mittags meiden, da viele Reisegruppen! 🕒 10–22 Uhr.

Myint Myint, 198 Hintha St. Geht es um gute birmanische Currys, dann wird stets dieses nur auf Birmanisch beschriftete Mittagslokal gegenüber dem Stadion genannt. Mit Fingerzeig kann man das Essen vom Buffet bestellen, das Curry kostet etwa 1500 Kyat. 🕒 10–15 Uhr.

Shwe Li Restaurant, 194 Strand St., am Fluss, ✆ 052-222 2213. Das chinesisch geprägte Restaurant wird seit jeher von Einheimischen empfohlen. Nichts Außergewöhnliches, aber z. B. schmackhaftes Chicken-Curry. 🕒 12–21 Uhr.

Taung Htake Pan Pwint, Pagoda Rd., Ecke Hintha St. Hinter dem komplizierten Namen verbirgt sich ein großer Teashop mit englischsprachiger Speisekarte. Es gibt von einfachen Nudel- und Reisgerichten bis zu üppigen Seafood-Angeboten eine große Auswahl. Nachteil: Man sitzt unbequem auf Metallbänken. 🕒 9–19 Uhr.

€ **Three Five Hotel**, 10 Main Rd., ✆ 052-222 1966. Übernachten kann man hier nicht, dafür sich durch die ganze Palette asiatischer Speisen futtern. Wie wäre es etwa mit gebratenem Ziegenhoden? Aber es gibt auch vegetarische Optionen inkl. Magenfüller wie gebratenem Reis. Zum Runterspülen bestellt man Bier vom Fass. 🕒 9–22 Uhr.

NAHVERKEHR

Tuk Tuks und **Mopedtaxis** bieten Touristen ihre Dienste an. Daneben verkehren in Bago **Pick-ups**: Fahrpreis Innenstadt bis Busbahnhof 1000 Kyat. Wer mit dem **Fahrrad** auf Tour gehen will, fragt in seinem Gästehaus nach. Räder kosten etwa 3000 Kyat/Tag.

TRANSPORT

Nur etwa 80 km von Yangon entfernt, eignet sich Bago als Tagesausflugsziel oder als Zwischenstopp auf der Fahrt nach Mandalay, Taungoo, zum Goldenen Felsen und nach Mawlamyaing (Moulmein).

Auto und Tuk Tuk

Mit dem Taxi oder Mietwagen ist Bago besonders gut zu erreichen, die Fahrt von und nach YANGON dauert etwa 1 1/2 Std. Wagen mit Fahrer kosten ab Yangon etwa 50 000 Kyat, für den ganzen Tag inkl. Rundfahrt zu den Sehenswürdigkeiten (ca. 7–17 Uhr) um die 100 000 Kyat. Ab Bago verlangt ein Tuk Tuk zum GOLDENEN FELSEN 40 000 Kyat (einfach).

Pick-ups

Pick-ups von Bago fahren zwischen 4 und 21 Uhr, wenn sie voll sind, für 2000 Kyat nach YANGON, Haltepunkt vor der Eisenbahnbrücke am Triple Diamond Restaurant. Besonders an Sonn- und Feiertagen sind sowohl Pick-ups als auch Busse voll, da viele Myanmaren einen Ausflug nach Bago unternehmen.
Pick-ups von Bago nach KYAIKTYO erreichen den Goldenen Felsen nach rund 5 Std. und verlangen etwa 3000 Kyat. Sie stehen ab 4–9 Uhr vor dem Hadaya Café.

Busse

Bustickets gibt es direkt am **Busbahnhof**, Yangon–Mandalay Hwy., und auch beim **Emperor Bus Office**, einem kleinen Ticketschalter neben dem Three-Five-Hotel-Restaurant, ✆ 097-969 68057, 094-282 02007.
HPA-AN, 200 km, um 14, 14.30, 19.30 und 20.30 Uhr für 8000 Kyat in 4 1/2 Std.
KINPUN (Basislager am Goldenen Felsen), 100 km, um 6.30, 7.30, 9.30, 12.30, 14.30 und 16.30 Uhr für 7000 Kyat in 3 1/2 Std.
KYAIKHTO, 90 km, um 7 und 8 Uhr für 5000 Kyat in 3 Std.
MANDALAY, 560 km, um 18.30, 19.30 und 20.30 Uhr für 15 000 Kyat in 10 Std.
MAWLAMYAING, 220 km, um 7 und 8 Uhr für 10 000 Kyat in 7 Std.
NAY PYI TAW, 300 km, um 9.30, 10.30, 15,30, 17.30 und 19 Uhr für ab 8000 Kyat in 5 Std.
PYAY, 280 km, um 6, 7.30 und 18 Uhr für 10 000 Kyat in 8 Std.
PYIN U LWIN, 610 km, um 19.30 Uhr für 15 000 Kyat in 10 Std.
TAUNGGYI, 580 km (via Kalaw und Nyaungshwe), um 15.30 und 20.30 Uhr für 15 000 Kyat in 12 Std.
TOUNGOO, 210 km, um 9, 10, 13, und 14 Uhr für 7000 Kyat in 6 Std.
YANGON, 80 km, tagsüber ca. stdl. für 2000 Kyat in 1 1/2 Std.
Alle **Tickets** sollten am Tag vor der Reise gebucht werden.

Eisenbahn

Bago ist ein Zwischenstopp auf den Strecken Yangon–Mandalay und Yangon–Mawlamyaing. Es ist schwierig, spontan Zugtickets zu bekommen, denn meist ist alles bereits ab Yangon ausgebucht. Tickets daher am besten einen Tag vorher um 16 Uhr am Bahnhof kaufen. Der Fahrplan für Ziele entlang dieser Strecken sowie Preise und Fahrtdauer S. 174 (Yangon Transport).
Nach YANGON u. a. um 12.11 Uhr (10dn) 15.23 Uhr (32dn) und 18.59 Uhr (12dn) für 1000–1150 Kyat in knapp 2 Std.

Toungoo

Toungoo war einmal eine königliche Hauptstadt, wovon allerdings nicht mehr viel zu sehen ist. Die Stadt erlebte ihre Blütezeit im 15. und 16. Jh. Heute erstreckt sie sich einige Kilometer entlang der Straße Yangon–Mandalay. Reste der Stadtmauern stehen noch und sind neben einigen Pagoden die einzigen Zeugen der goldenen Zeit dieser Stadt.

Das Leben hier ist ruhig, die Menschen sind freundlich, und in einigen Gästehäusern lässt es sich ein paar Tage aushalten. Bei den Birmanen ist Toungoo vor allem wegen seiner Arecapalmen berühmt. Deren Frucht, die Betelnuss, wird im ganzen Land gekaut. Außerdem ist Toungoo ein wichtiger Umschlagplatz für Teakholz aus dem Bago Yoma und dem Kayin-Staat.

Sehenswürdigkeiten

Einige Reste der **Stadtmauer** sind noch zu erkennen. Sie soll ursprünglich etwa 6 m hoch und 2,50 m breit gewesen sein und wurde von mehreren Stadttoren durchbrochen. Der natürliche See **Kya In** (Lotus-See) wurde über die Jahre vergrößert. Er wird auch Lay Kyaung Kandawgyi, königlicher See, genannt. Auf dem See sind vier kleine Inseln entstanden, die Sabe (Jasmin), Nga pyaw (Banane), Oun (Kokosnuss) und Leinmaw (Orange) heißen. Auf ihnen stehen Pavillons, die früher einmal zum Palast gehörten. Dank einiger Stege sind die Inseln zu Fuß erreichbar.

Die beiden wichtigsten Pagoden der Stadt befinden sich im Zentrum. Die bedeutendste Pilgerstätte ist die **Shwesandaw-Pagode**, in deren Vorgängerin der Legende nach einmal eine Haarreliquie Buddhas aufbewahrt wurde. Über

Toungoo
N
0
500 m
Mandalay
Express Highway
(12 km)
alter
Busbahnhof
Wassergraben
Reste der
alten Stadtmauer
GEFÄNGNIS
Jail Rd.
Sacred
Heart-
Kathedrale
Sittaung
Kawmudaw-Pagode
U Pan Phyu Rd.
Thandaung
Bo Hmu Pho Kun Rd.
KLOSTER
Market St.
U Hmann St.
5 St.
Pha Yar St.
Ta Bin Shwe Hti St.
MARKT
6 St.
7 St.
1 St.
GEMÜSEMARKT
Royal Kaytumadi Rd.
Royal Lake
(Kandawgyi)
Shwesandaw-
Pagode
Kan St.
Myasigon-
Pagode
Bahnhof
POLIZEI
Reste der
alten Stadtmauer
Wassergraben
SPORTPLATZ
Dadena-
Pagode
Daw Chaw-
Pagode
Yangon
ÜBERNACHTUNG
① Pathi Hotel & Hostel
② Myanmar Beauty Hotel 1
③ Royal Kaytumadi Hotel
④ Global Grace Hotel
⑤ Yoma Hotel
⑥ Myanmar Beauty Hotel 2
ESSEN
1 Grace Star
2 Sun Date Bakery
3 Angel Café
4 Nachtmarkt
5 Erfrischungsstände
6 Stellar
7 Mothers House Restaurant
TRANSPORT
❶ Pho Kwar Lay Bus Station (Busse nach Yangon, Bago, Meiktila, Taunggyi, Mandalay)
❷ Busse nach Yangon
❸ Busse nach Nay Pyi Taw
❹ Saytaman Bus Station (Busse nach Yangon)
❺ Shan Ma Lay Bus Station (Mandalay, Yangon)
❻ Yoma Bus Stop (Busse nach Bago)

den Resten der alten Pagode wurde im Jahr 1597 der heutige Stupa errichtet. Der 3,60 m große sitzende Buddha wurde von einem Mann gestiftet, der sein Gewicht in Bronze aufwiegen ließ. Als er drei Jahre später verstarb, wurde seine Asche hinter der Statue beigesetzt. In einem *tazaung* finden sich Statuen der sieben Könige von Toungoo, die bildlich auch in der nahe gelegenen **Myasigon-Pagode** anwesend sind. Die Myasigon-Pagode beherbergt zwei Bronzefiguren, die 1901 von einem Deutschen namens Jürgen hierher gebracht wurden. Jürgen heiratete eine birmanische Frau und stiftete die vermutlich aus China stammenden Figuren der Pagode.

Bei der **Kawmudaw-Pagode** markiert ein verspiegelter Pfeiler jene Stelle, von der die Könige einst auszogen, um ihre Feinde zu bekämpfen. Noch heute pilgern Gläubige hierher, die sich Erfolg für ein besonderes Projekt erhoffen. Diese älteste Pagode Toungoos ist über die Straße westlich des Sees zu erreichen.

Die **Daw-Chaw-Pagode**, nahe den Hotels Myanmar Beauty Land II, III und IV an der Hauptstraße rechts Richtung Mandalay, erstrahlt nachts wie ein kleines Märchenschloss. *Chinthes* bewachen den Eingang zu der fragil gebauten Pagode mit einem kleinen goldenen *hti*. Sie beherbergt auf geschnitzten Altären acht sitzende Buddhas.

Ein paar Meter weiter Richtung Downtown steht die **Dadena-Pagode**, eine Versammlungshalle, die nur bei Besuchen ranghoher Mönche zum Einsatz kommt. Ansonsten lebt und arbeitet hier niemand.

ÜBERNACHTUNG

Global Grace Hotel, 20 Mingalar Rd., Ecke Setchin Rd., ✆ 054-26167, 🖳 www.globalgracehoteltaungoo.com, [7950]. In einer ruhigen Seitenstraße gelegen mit großem Garten. 14 saubere Zimmer mit AC, TV und Kühlschrank im 2-stöckigen Haus mit hübschem Säulengang. Schöner sind die 4 Zimmer im länglichen Holzbungalow samt Veranda. ❸–❹

€ **Myanmar Beauty Hotel 1**, 134 Bo Hmu Pho Kun Rd., ✆ 094-006 50100, 097-840 40401, 🖳 www.myanmarbeautyhotel.com [7948]. Von einer Arztfamilie gegründet, startete die Unterkunft nahe dem Markt 1995 als einfaches Holzhaus. Das wurde durch ein längliches Gebäude mit über 15 funktionalen Zimmern mit AC ersetzt. Die günstigsten Zimmer mit Gemeinschaftsbad gibt es bereits ab US$8. Ohne Frühstück. ❶–❷

Myanmar Beauty Hotel 2, 801 Pauk Hla Gyi Rd., ✆ 097-840 40402, 094-006 50200, 🖳 www.myanmarbeautyhotel.com [5317]. Am südlichen Rand des Ortes liegen mehrere Holzhäuser direkt an den Reisfeldern. Ausgezeichnetes reichhaltiges Frühstück mit birmanischen Spezialitäten. 20 saubere Zimmer, mit viel Holz und eigenem Bad. Weitere 10 sind geplant. Fahrräder 1500 Kyat/Tag. Interessante Ausflüge in die Umgebung, u. a. nach Thandaung Gyi. ❷–❹

€ **Pathi Hotel und Dorms @ Pathi**, 2/1996, Lake Circular St., ✆ 054-25251, 09-2616 16171, 🖳 www.facebook.com/Pathihotel, [11020]. 22 moderne Zimmer mit Bad. Im Hostel nebenan kann man zwischen 1 DZ, einem 3-Bett-Zimmer und 2 8-Bett-Zimmern ab US$9/Pers. inkl. Frühstück wählen. Tolle Dachterrasse, beliebt vor allem zum Sundowner, mit Blick auf den Wassergraben. Rad- und Mopedverleih für 3000 bzw. 6000 Kyat. ❷

Royal Kaytumadi Hotel, Royal Kaytumadi St., ✆ 054-24761, 🖳 www.kmahotels.com, [5318]. Wer in der Stadt wohnen und sich etwas gönnen möchte, wird hier glücklich (ab US$85). Das Hotel im Stil einer riesigen Palastanlage mit Pagode, vielen Häusern und Statuen nimmt die gesamte Westseite des Sees ein. Restaurant, Fitnessraum, Pool, Beautybereich und geschmackvoll gestaltete Zimmer. In jedem Fall nach „lake view" fragen, denn die Kategorie allein entscheidet hier nicht, ob man diesen tollen Ausblick genießen kann. ❺, Suiten ❼

Yoma Hotel, 666 Gamani St., ✆ 054-25078, [7951]. 2 typische Häuser mit einfachen älteren Zimmern mit Holzfußboden. Die Räume sind relativ groß, bieten eine alte AC und ein Bad (muss dringend renoviert werden). Im TV auch englische Sender. Familienzimmer mit einem großen und einem kleinen Bett. Trotz der genannten Mängel eine gute Budget-Option. Freundliche Leute. ❷

NÖRDLICH VON YANGON

ESSEN

Gelobt werden das Restaurant im **Myanmar Beauty Hotel 2** und das **Harmony** im Pathi Hotel. Diverse Cafés und Lokale verteilen sich entlang der **Bo Hmu Pho Kun Road** an der Nordseite des Royal Lake. Das **Grace Star**, U Pan Phyu Rd., ist eine beliebte „Beer Station" mit Gegrilltem und diversen Reisgerichten. Die **Sun Date Bakery**, Bo Hmu Po Kun Rd., verkauft neben deftigem Kuchen auch einige Reis- und Nudelgerichte. Auf dem **Nachtmarkt** neben dem zentralen Markt werden Chapati und andere lokale Gerichte angeboten.

Angel Café, Sayar Phay Rd., ✆ 097-822 29127. Mit Sandwiches, Waffeln, Eis, Smoothies und gutem Kaffee eine gefragte Abwechslung zu Reis und Nudeln. ⌚ 9–21 Uhr.

Mothers House Restaurant, 501-502 Yangon–Mandalay Highway, ✆ 054-24240. „Solide" umschreibt wohl am besten das Angebot in diesem Hotelrestaurant. Geboten werden allerlei Nudel- und Reisgerichte, aber auch gutes Seafood. ⌚ 9–22 Uhr.

Stellar, 14/355 Shwe Kyaung St., ✆ 054-24845. Wer etwa mehr Ambiente möchte, findet es hier zum Fassbier und ordentlichen birmanischen Gerichten. ⌚ 9–23 Uhr.

TRANSPORT

Auto

Die meisten Reisenden, die mit einem Mietwagen von YANGON aus nach Norden unterwegs sind, machen in Toungoo ihre erste Übernachtungspause. Man kann problemlos morgens in der alten Hauptstadt aufbrechen, ein paar Tempel in BAGO besichtigen und bis nach Toungoo weiterfahren, das man dann bei Dunkelheit erreicht. Mit dem Jeep ist eine Tour durch den Urwald bis nach PYAY möglich (S. 217, Bago Yoma).

Busse

Einige lokale Busse nach Yangon, Mandalay und Meiktila fahren vom alten Busbahnhof ab. Die meisten Gesellschaften haben ihr Büro am Highway, wo auch die jeweiligen Busse halten. Die Betreiber der Gästehäuser können Auskunft über die aktuellen Preise und genauen Abfahrtszeiten geben und die Tickets besorgen.

BAGO, 210 km, 4x tgl. zwischen 5.30 und 12 Uhr für 7000 Kyat in 6 Std. Der Bus um 8 Uhr gilt als die beste Wahl.
MANDALAY, 380 km, mehrere Busse zwischen 18.30 und 19 Uhr für 8000 Kyat in 6 Std.
MEIKTILA, 260 km, mit dem Mandalay-Bus für 8000 Kyat in 5 1/2 Std. Ankunft nachts gegen 1 Uhr am Highway (4 km von der Stadt entfernt). Die bessere Option ist der Tagesbus (7 Std. Fahrt) für 4500 Kyat. Aktuelle Abfahrtszeiten im Guesthouse erfragen.
NAY PYI TAW, 120 km, 9x tgl. zwischen 6 und 15 Uhr für 2000 Kyat in 3 Std.
PYAY, 220 km, um 6.30 und 8.30 Uhr für 15 000 Kyat in 8 Std.
TAUNGGYI, 390 km, um 18.30 Uhr über Kalaw und Nyaung Shwe für 17 000 Kyat in 10 Std.
YANGON, 280 km, um 5, 7.30, 10, 11, 12, 17, 19, 21 und 23 Uhr für 5000 Kyat in 5 Std.

Eisenbahn

Der Bahnhof ist nicht besonders belebt. Wer nachts ankommt, sollte sich sicherheitshalber vorher um den Transport zum Hotel kümmern (abholen lassen). Hier spricht kaum jemand Englisch. Die Ticketverkäufer sind zwar bemüht und hilfsbereit, aber Auskunft zu erhalten, ist sehr schwierig. Karten bekommt man erst am Tag der Reise, etwa eine halbe Stunde vor Abfahrt. Platzreservierungen sind nicht möglich, ggf. landet man in der „Holzklasse" (die kostet dann aber auch sehr viel weniger).

MANDALAY, um 12.31 Uhr mit dem 11up, Ankunft um 21 Uhr, 20.59 Uhr mit dem 5up, Ankunft 5 Uhr morgens, oder um 23.25 Uhr mit dem 3up, Ankunft um 7.45 Uhr, für etwa 7000 Kyat.
THAZI, mit den Zügen nach Mandalay, am besten eignet sich der 11up um 12.31 Uhr, Ankunft in Thazi 18.15 Uhr, für 4000 Kyat.
YANGON, um 10.59 Uhr mit 32dn, Ankunft 17 Uhr, oder um 14.51 Uhr mit dem 12dn, Ankunft 21 Uhr, für 5000 Kyat.

Bago Yoma

Zwischen den Ebenen des Ayeyarwady und des Sittaung zieht sich der **Bago Yoma** 435 km in Richtung Norden. Wegen seiner reichen

Teak-Vorkommen wurden die Wälder dieses Gebirgszuges bereits in der Kolonialzeit stark geplündert. Der Holzeinschlag ist mittlerweile verboten, und vielerorts wurden Teakbaum-Plantagen angelegt. Touristen wird oft der Besuch des **Pho Kyar Elephant Camp**, 60 km nordwestlich von Toungoo, angeboten. Hier gibt es Shows und Unterkunft. Unserer Ansicht nach sind solche Elefantencamps weit davon entfernt, den Tieren eine artgerechte Haltung zu bieten. Daher raten wir von einem Besuch ab. Abenteurer können mehrtägige Touren organisieren lassen und mit dem Jeep durch den Urwald bis nach Pyay fahren. Nur auf dieser Tour geht es noch durch richtigen Urwald.

TRANSPORT

Von TOUNGOO aus können ein- bis dreitägige Touren über das Myanmar Beauty Hotel (S. 215) gebucht werden. Die Anreise ist per Moped oder Auto möglich.

Thandaung Gyi

Zunehmend entdecken Traveller das auf 1240 m Höhe gelegene Thandaung Gyi, 45 km östlich von Toungoo. Erst seit 2013 ist der Bergort für Ausländer zugänglich. Die meisten der 4000 Einwohner sind christliche Karen, die vom Tee- und Gemüseanbau leben. Thandaung Gyi wurde nach dem Zweiten Anglo-Birmanischen Krieg zur britischen Sommerfrische ausgebaut, später aber zugunsten von Kalaw wieder aufgegeben. Aus dieser Ära sind die vom Militär betriebene **Teefabrik** und die auf einem Hügel thronende **St. George's Church** übrig. Es lohnt sich, durch den freundlichen Ort zu schlendern und die hügelige Umgebung zu erkunden. Einen Plan des Ortes unter eXTra [10988]. Nicht fehlen sollte der Besuch des **Naw Bu Baw Prayer Mountain** zum Sonnenaufgang und des benachbarten **Karen New Year Hill** gegen Abend. Die serpentinenreiche, aber landschaftlich äußerst schöne Anfahrt erfolgt per Moped (10 000 Kyat) oder Mietwagen (ca. 40 000 Kyat) von Toungoo aus. Trekking-Guides können über Saw Samson Kaing, ✆ 094-000 39561, organisiert werden.

Im Ort verteilen sich einige B&Bs mit Zimmerpreisen zwischen 25 000 und 35 000 Kyat, darunter **I Wish**, ✆ 094-309 6036, **Kaing's Villa**, ✆ 094-282 09104, und **ACME**, ✆ 097-836 39609. Sehr gute Karen-Küche tischt das rustikale **Amazing Restaurant** auf.

Nay Pyi Taw

In Anlehnung an die königliche Tradition, Hauptstädte zu verlegen, und vielleicht auch auf astrologischen Rat hin, setzten sich in den frühen Morgenstunden des 6. November 2005 in Yangon über 600 Militärlaster Richtung Pyinmana in Bewegung – der Beginn eines historischen Umzugs. Und seit August 2006 hat das kleine Dorf Kyet-Pyay, 15–20 km nordwestlich von Pyinmana, einen neuen Namen: Nay Pyi Taw. An der neuen Hauptstadt Myanmars wurde seit ungefähr dem Jahr 2000 heimlich gebaut, inklusive Flughafen und Golfplatz. Der Name wurde schon zu früheren Zeiten einmal verwendet und steht für die „königliche Stadt".

Nay Pyi Taw [5358] ist nicht wirklich ein Touristenziel. Es sei denn, man reist mit eigenem Auto und Fahrer an und empfindet Freude an achtspurigen, völlig freien Straßenzügen. An den wichtigsten Kreuzungen verzieren riesige Lotusblumen die Mitte. Die Ausdehnung der Stadt hat gigantische Züge – die ihr zugewiesene Fläche entspricht fast achtmal der Fläche Berlins!

Die Stadt ist in verschiedene **Zonen** unterteilt: eine Zone für Regierungsgebäude und eine für Wohnhäuser der Regierungsangestellten, Zonen für Einkäufe und Hotels. Rechts und links der gepflegten, aber verwaisten Straßen liegen deshalb vereinzelt Ansammlungen von Wohnblocks, Villen, ein Shoppingcenter oder eine Ladenzeile.

Vom Highway-Busbahnhof kommend, überragt die große Uppatasanti-Pagode die Stadt. Zwischen dem Parkplatz und dem Haupteingang säumen kleine Erfrischungs- und Verkaufsstände den Weg. Schuhe müssen für 100 Kyat rechts vor dem Eingang abgegeben werden. Ausländische Besucherinnen ohne lange Hosen oder Longyi bekommen letzteres Kleidungsstück ausgeliehen und angezogen. Die Besucher fahren dann mit dem Fahrstuhl hinauf auf die Plattform, in deren Mitte sich die goldene Kuppel erhebt. Die **Uppatasanti-Pagode** ist in Form und Größe der Shwedagon-Pagode in Yangon nachempfunden; sie ist nur 30 cm kleiner! Die riesige helle Plattform wirkt jedoch seltsam unbelebt. Von hier aus hat man einen guten Blick auf die Stadt – oder eher auf die riesigen Grünflächen. Eintritt frei. Am Fuße des nördlichen Pagoden-Aufgangs (rechter Hand) stehen unter zwei hübsch verzierten Dächern auf kleinem Raum gehaltene weiße Elefanten und ihr Nachwuchs.

Der **Water Fountain Garden** in der Stadtmitte ist eine schön angelegte Grün- und Wasserfläche, die nachts bunt illuminiert wird und viele Einwohner anzieht. Künstlich angelegte Wasserfälle und Pools, in denen auch geschwommen wird, eine Hängebrücke, Wasserrutschen und Kinderkarussells locken Familien an. Zwei einfache Restaurants bieten Erfrischungen an. Abends treffen sich hier Jugendliche und lauschen englischer Rockmusik; dazu gibt es passende Wasserfontänen im großen Teich. ⌚ 9–21 Uhr, Eintritt für das Gelände 800 Kyat.

Im **Edelsteinmuseum** lassen sich Edelsteine und daraus gefertigte filigrane Figuren bewundern. Selbst wer nichts mit den Steinen anfangen kann, wird über den großen Saphir aus Mogok staunen, der immerhin 12 kg wiegt und auf über 60 000 Karat geschätzt wird. Lange galt er als der größte der Welt. Auch die größte natürliche Perle der Welt ist hier ausgestellt. Ein freundlicher Führer zeigt die besten Stücke des Museums. ⌚ Di–So 10–16.30 Uhr, Eintritt 7000 Kyat. Ausländer müssen den Reisepass abgeben, bzw. es wird eine Kopie angefertigt.

ÜBERNACHTUNG

Zahlreiche weitläufige Hotelanlagen auf grünen Hügeln säumen die breiten Straßen, weitere sind im Bau. Es gibt luxuriöse Hotels im Bungalowstil und mehrstöckige Hotelbauten. Es lohnt sich, in den Buchungsmaschinen zu stöbern, denn immer mal wieder gibt es gute Promotions. Einfach geht das unter eXTra [10459].

Apex Hotel Nay Pyi Taw, 34-35 Yaza Thingaha Rd., ✆ 067-810 6655. Recht große, etwas spartanisch und funktional ausgestattete Zimmer. TV und WLAN. Inkl. Frühstücksbuffet. ❸–❹

Royal Naypitaw Hotel, 5 Yaza Thingaha Rd., ✆ 067-414 960, 💻 www.kmahotels.com, [7956]. Schöne Anlage. Die Häuser haben alle ein tempelähnliches Dach. Standardzimmer im 3-stöckigen Block im hinteren Teil der Anlage. Große, recht einfache Zimmer mit Teppichboden. Die besseren Zimmer mit Holzböden und großen Balkonen befinden sich näher an der Rezeption und am Pool. Spa, Fitnessraum. WLAN auf den Zimmern. ❺–❼

Sky Palace Hotel & Café Flight, 3 Yaza Thingaha Rd., ✆ 067-422 122, 💻 www.skypalace.asia, [7958]. Ordentliche, große Zimmer im Haupthaus. Im rückwärtigen Teil Doppelbungalows mit Wohn- und Schlafbereich. Auf dem Gelände stehen zwei Flugzeug-Nachbildungen, die Platz für mehrere Personen bieten. Ein Original-Flugzeug wurde zum Café Flight umgebaut. ❹–❻

ESSEN

Diverse Hotels verfügen über teils gute Restaurants. Gegenüber dem Haupteingang zum Water Fountain Garden liegt der „Restaurant-Hügel":

€ **Maw Khan Nong Restaurant**, Tha Pyay Gone Restaurant Hill, ✆ 067-414 537. Bei Einheimischen beliebtes und günstiges Restaurant mit großer Außenterrasse. Hier kann man nicht nur von der englischen Speisekarte wählen, sondern auch in die Töpfe im Innenraum schauen. ⌚ 7.30–22 Uhr.

Santino Café, Bakery, Bar & Restaurant, Tha Pyay Gone Restaurant Hill, ✆ 067-414 551. Große Auswahl an chinesischen, thailändischen, japanischen, europäischen und birmanischen Gerichten. Cocktails gibt es an der kleinen, sehr hell erleuchteten Bar. ⌚ 7.30–22.30 Uhr.

Siam Lotus Thai Restaurant, Tha Pyay Gone Restaurant Hill, ✆ 067-432 337. Gehobenes Thai-Restaurant in klimatisiertem Raum mit schön gedeckten Tischen. Große Auswahl an authentischen Gerichten. ⌚ 12–21 Uhr, von 16–17 Uhr meist geschlossen.

Im **Food Court Center** auf dem Hügel neben dem Markt gibt es eine große Auswahl an weiteren

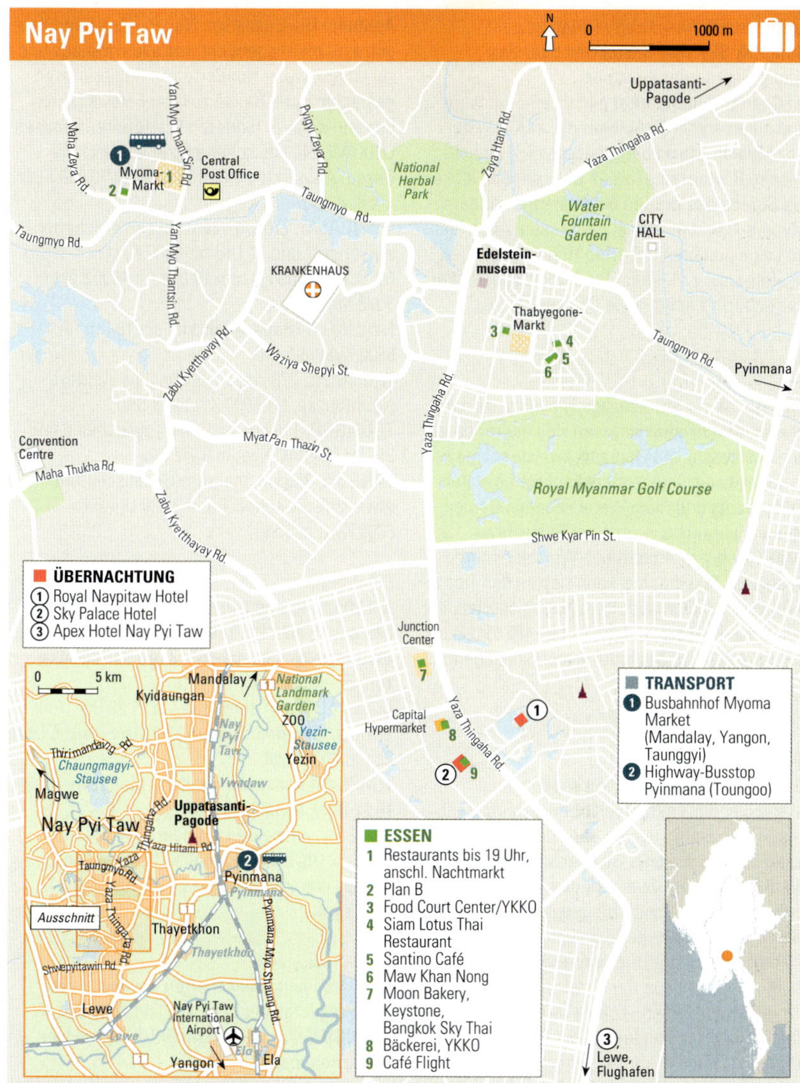

Restaurants. Viele haben Tische draußen aufgestellt, darunter **YKKO**, das Nudeln in allen Varianten und Gegrilltes zubereitet, dazu frische Obstsäfte. Nicht ganz billig. ⌚ 10.30–22 Uhr.

Im **Junction Center** in der Hotelzone befindet sich ein Ableger der **Moon-Bakery-Kette** mit koreanischen Reisgerichten, Nudelsuppen, Fruchtsäften und Süßigkeiten. Weitere Restaurants stehen im Untergeschoss des

Einkaufsparadieses zur Verfügung: das **Bangkok Sky Thai Restaurant** oder das Nudel-Restaurant **Keystone**.
Im **Capital Hypermarket** gibt es eine Bäckerei und einen weiteren Ableger der YKKO-Kette. Der **Myoma-Markt** beherbergt einige einheimische Restaurants (bis 19 Uhr), danach locken die Stände des großen **Nachtmarkts** vor dem Myoma-Markt mit günstigem Essen. Auch hier gibt es einen benachbarten Hügel mit einigen Restaurants, z. B. dem **Plan B** (dort sehr lecker: das scharfe Kachin-style Chicken).

NAHVERKEHR

Auch wenn die Straßenzüge wie ausgestorben wirken: **Motorradtaxis** lassen sich überall heranwinken (besser, man hat eine zweisprachige Karte dabei, kaum einer spricht Englisch). Vor den Restaurants oder dem Water Fountain Garden stehen Fahrer und warten auf Gäste (etwa 2000 Kyat bis zur Hotelzone). Wer lieber ein bequemeres **Taxi** möchte, kann sich an den Tipp einer Leserin halten und Herrn Naung anrufen, der ein wenig Englisch spricht, ✆ 094-485 9542 oder 097-9824 9116 (US$40 für eine mehrstündige Tour).

TRANSPORT

Busse

Der 4-spurige Highway von Yangon nach Mandalay führt natürlich über die Hauptstadt. Die Straße ist nicht mehr ganz neu (von 2010), doch trotz zahlreicher Straßenschäden sind die Busse – dank dem geringen Verkehrsaufkommen – ziemlich zügig unterwegs.
Nay Pyi Taw hat zwei Busbahnhöfe: Im Ort Pyinmana liegt der **Highway-Busstop** (etwa 30 Min. Fahrzeit von der Hotelzone, 4000 Kyat für ein Motorradtaxi). Lokale Direkt-Busse nach Toungoo fahren von hier. In die Busse nach Yangon, Mandalay und Taunggyi kann man am näher liegenden **Busbahnhof Myoma Market** zusteigen (2000 Kyat für ein Motorradtaxi von der Hotelzone). Empfehlenswert der Mandalar Minn Express mit Bildschirmdurchsagen in englischer Sprache sowie Shwe Mandalar und J.J.-Express mit Bordservice. Beide bedienen die Strecke Yangon–Mandalay.

Achtung: Die Busse von Nay Pyi Taw nach Yangon sind oft ausgebucht; vor allem freitags und samstags, wenn Hunderte von Regierungsangestellten nach Hause zu ihrer Familie fahren. Es kann dann zu längeren Wartezeiten kommen.
LOIKAW, 240 km, schöne Strecke durch die Berge, Abfahrt um 7 und 15 Uhr, für 10 000 Kyat in ca. 8. Std.
MANDALAY, 270 km, mehrere Gesellschaften zwischen 7 und 21 Uhr für 6000 Kyat in 4–5 Std.
MEIKTILA, 150 km, um 10 Uhr für 4000 Kyat in 3 1/2 Std.
NYAUNG U (Bagan), 260 km, um 19 Uhr für 6500 Kyat in 5 Std.
TAUNGGYI, 270 km, um 6 Uhr, plus mehrere Nachtbusse, für 6000 Kyat in 8 Std.
TOUNGOO, 110 km, mehrmals zwischen 6 und 21 Uhr für 1800 Kyat in 3 1/2 Std.
YANGON, 355 km, mehrere Gesellschaften etwa stdl. zwischen 7 und 22.30 Uhr für 6000 Kyat in 5 Std.

Eisenbahn

Am 20 km nordöstlich des Myoma-Marktes gelegenen **Nay Pyi Taw Central Railway Station** halten die meisten Züge der Strecke Yangon–Mandalay.
MANDALAY, mit dem 11up um 15.22 Uhr (Ank. 21 Uhr), oder dem 5up um 23.32 Uhr (Ank. 5 Uhr), knapp 6000 Kyat.
THAZI, mit dem 11up Richtung Mandalay (Ank. 18.12 Uhr), etwa 3000 Kyat.
YANGON, am besten mit dem 32dn um 8 Uhr (Ank. 17 Uhr), dem 12dn um 11.54 Uhr (Ank. 21 Uhr) oder dem 6dn um 20.36 (Ank. 5 Uhr), 6000 Kyat.

Flüge

Mehrere Fluggesellschaften verbinden die Hauptstadt tgl. mit YANGON und MANDALAY (ca. US$65–75). Auch BANGKOK ist von hier aus erreichbar.

Pyay

Pyay [7898], von den Engländern Prome genannt, ist eine Provinzstadt am Ayeyarwady, die sich als Zwischenstation auf dem Weg von Yangon

Der große zehnstöckige Sehtatgy Buddha in Pyay

nach Bagan anbietet. Außerdem kann man von ihr aus an den Ngapali Beach oder via Pathein an den Strand von Ngwe Saung weiterfahren. Besondere Bedeutung erhält sie durch ihre Nähe zu Myanmars erster Unesco-Welterbestätte **Sri Ksetra** (Thayekhittaya). Pyay selbst hat neben der **Shwesandaw-Pagode**, die auch Ziel einheimischer Pilger ist, ein **Reiterdenkmal** von General (Bogyoke) Aung San und einen kleinen Nachtmarkt zu bieten. Am Ufer des Flusses steht ein kleiner Schrein zu Ehren Ramas, des königlichen Helden aus dem indischen Ramayana-Epos. Einmal im Jahr, am Novembervollmond, versammeln sich hier zahlreiche Hindus, um im Fluss zu baden. Dann fühlt man sich rund um den **Sri-Ram-Janki-Tempel** fast wie in Indien.

Wer sich abends vom Ufer in Richtung Norden aufmacht, kann in den hohen Bäumen beobachten, wie sich die Vögel einen Schlafplatz suchen und die Flughunde zu ihren nächtlichen Beutezügen aufbrechen – ein lautes und imposantes Schauspiel.

Die Stadt war schon in der Bagan-Zeit ein Handelszentrum. Heute werden hier viele Geschäfte mit Kaufleuten aus dem Rakhine-Staat abgewickelt, von dem soziale und kulturelle Einflüsse zu spüren sind: Zahlreiche Bewohner Rakhines reisen durch Pyay nach Zentral-Myanmar oder nach Yangon, und für junge Mönche aus dem Küstenstaat bedeutet der Eintritt ins Kloster von Pyay einen Schritt in die große weite Welt.

Sehenswürdigkeiten

Die **Shwesandaw-Pagode** („Pagode der goldenen Haarreliquie") ist das bedeutendste Heiligtum der Stadt. Die vier Eingänge werden von großen *chinthes* bewacht. Für Lauffaule gibt es einen Aufzug, der vor allem in den frühen Abendstunden von Pilgern gern benutzt wird. Der Zentralstupa unterscheidet sich von anderen Stupas durch seine ungewöhnliche Form: Er verjüngt sich nicht konstant von unten nach oben. Auch die Goldplatten sind erstaunlich dick, was gut an der groben Vernietung zu erkennen ist.

Wer vom zentralen Treppenaufgang zur Pagode in Richtung Osten geht, findet ein kleines **Museum** mit alten Buddhafiguren und anderen Überresten aus der Pyu-Zeit. Noch weiter im Osten bietet sich ein guter Blick auf den **Sehtatgyi-Buddha**, den großen zehnstöckigen Buddha.

Vom langen Steg des Aufzugs lassen sich schöne Fotos der abends angestrahlten Pagode machen. Von hier eröffnet sich auch ein weiter Blick auf den Fluss und die Stadt (3000 Kyat Eintritt).

Die **Shwe-Nwe-Pagode** in der Lanmadaw Street wurde 1995 mit Spenden aus der Bevölkerung renoviert. Die umliegenden Händler erzählen gern, wer an welcher der neuen bunten Glocken beteiligt war. Die Pagode besitzt einen kleinen vergoldeten Stupa und einige Buddhafiguren. In einem Nebengebäude rechts sitzen zwei schlanke, goldene und hochverehrte Buddhafiguren. In einem Glaskasten rechts davon befinden sich kleine Statuetten und Bronzefiguren, die vermutlich aus der Sri-Ksetra-Zeit stammen.

Die 5 km vom Zentrum am Ostende der Stadt gelegene „Große Pagode", **Payagyi**, steuert man am besten per Zweirad, Tuk Tuk oder mit der Fahrradrikscha an. Wer sich nicht die Ruinen von Sri Ksetra ansehen möchte, kann hier einen Eindruck von der Architektur dieser Epoche gewinnen (mehr dazu auf S. 226).

Nur einige Hundert Meter hinter der Payagyi-Pagode befindet sich auf der anderen Straßenseite die **Shwe-Lei-Ya-Pagode**. Umringt wird der goldglänzende Stupa von 49 Buddhafiguren. Jede stellt Buddha in einer anderen Pose dar. Mehr als die Hälfte der Bildnisse stammt aus Myanmar, z. B. der Harfe spielende und der magere Buddha. Ungefähr jede zweite Figur hat ihren Ursprung jedoch in anderen Ländern, u. a. Indien, Nepal, Kambodscha, Japan und auch Afghanistan und Pakistan.

Direkt am Fluss liegt ein kleines indisches Heiligtum, der **Sri-Ram-Janki-Tempel**, in dem Rama, sein Bruder Lakshmana, seine Frau Sita und der Affengeneral Hanuman verehrt werden. Es sind Figuren aus dem indischen Heldenepos Ramayana, die in ganz Asien bekannt sind.

Neben einem Ausflug in die alte Stadt Sri Ksetra (S. 226) ist auch eine Fahrt in die Kleinstadt Shwedaung, 15 km südlich von Pyay, eine Option. Ein großes Schild weist dort den Weg zur berühmten **Shwemyetman-Pagode**. Sie wird von vielen Pilgern besucht, denn der dort sitzende Buddha mit der goldenen Brille verspricht nach lokalem Glauben Hilfe bei Augenleiden. Seine erste Brille bekam der Buddha angeblich in der Konbaung-Zeit (18./19. Jh.). Sie wurde jedoch gestohlen. Die Brille, die Buddha jetzt trägt, stiftete in der Kolonialzeit ein englischer Offizier, dessen Frau an einem Augenleiden litt – sie wurde natürlich geheilt.

Die Brille wird alle 14 Tage geputzt: Dazu sind neun Mönche notwendig. Anreise mit dem Pickup zwischen Pyay und Shwedaung den ganzen Tag über ab dem Busbahnhof. Wie immer dünnt der lokale Nahverkehr nachmittags aus, und spätestens gegen 17 Uhr sollte man sich auf den Rückweg machen. Mit dem Mopedtaxi dauert die Fahrt pro Strecke etwa 20 Min. und kostet 5000 Kyat.

ÜBERNACHTUNG

Lucky Dragon Hotel, 772 Strand Rd., ✆ 053-24222, 💻 www.luckydragonhotel.com, [7900]. Zentral gelegene Hotelanlage im Bungalowstil. 30 Zimmer mit 2 Betten, Doppelbett oder 3 Betten liegen rund um einen schön angelegten Garten mit kleinen Pavillons. Die Zimmer sind geschmackvoll eingerichtet. Moderne, große Bäder. Vor jedem Zimmer ist eine kleine Veranda mit Tisch und Stühlen und Blick in den Garten. Kleiner Pool mit Jacuzzi. Vermietet Fahrräder für 3000 Kyat/Tag. Die Angestellten sprechen wenig Englisch. ❹

Mingalar Garden Resort, Flying Tiger Garden, ✆ 053-28661, 09-531 2042, 💻 www.mingalargardenresort.com, [7928]. Am Ostende der Stadt, nahe der Payagyi-Pagode. Elegante Anlage mit 43 schönen Bungalows rund um eine künstliche Teichlandschaft. Es gibt 2 Zimmertypen zum gleichen Preis. Die japanisch inspirierten Bungalows haben Matratzen auf dem Boden, die anderen 2 getrennte Betten oder ein großes Bett. Am besten gefallen haben uns die alten Bungalows mit Blick aufs Wasser. Das Frühstück wird bei gutem Wetter in kleinen Pavillons am See gereicht. Gutes Restaurant mit chinesischer und birmanischer Küche. ❺

Nawaday Hotel, 866 Nawaday Rd., ✆ 09-531 2321, 💻 fb.com/nawadayhotel, [9828]. Das Hotel liegt zwar ab vom Schuss, ist aber dank der 21 großen, wenn auch recht fantasielosen Zimmer eine recht gute Wahl, vor allem, wenn man einen schönen Blick schätzt. Denn je weiter oben man ein Zimmer wählt, desto günstiger wird es – dank den Birmanen, die, um sich das Treppensteigen zu sparen, für ein Zimmer im Erdgeschoss ohne Ausblick mehr zahlen als für schönere Räume im obersten Stockwerk. Es lohnt sich, verschiedene Zimmer vor Einzug zu checken, denn nicht alle sind gleichermaßen gut in Schuss. ❷–❸

€ **Pann Gabar Aircon Lodging House**, 342 Merchant St., ✆ 053-26543, 094-2365 6248, [9827]. In einem verschachtelten Haus nahe dem Fluss gibt es 20 einfache Zimmer unterschiedlicher Größen. Die besseren sind mit eigenem Bad, einem großen und einem kleinen Bett augestattet. Der freundliche und hilfsbereite Win Naing managt das Haus seit vielen Jahren und hat eine Menge Loose-Freunde. Einige asketische EZ gibt es für US$6, eine große „Rustic Suite" mit 3 Betten und Rundtisch eignet sich für anspruchslose Familien. Gutes lokales Frühstück. ❶

NÖRDLICH VON YANGON

Naung Yoe Hotel, Nawaday Rd., Seitenstraße hinter dem Boss KTV, ✆ 053-24224, 09-863 2838, ✉ naungy123@gmail.com, 🖳 fb.com/Naung-Yoe-Motel-186725062172320. [11021]. Die ansprechende und günstige Bungalow-Anlage liegt zwar recht abgelegen, aber dank Rad (2000 Kyat/Tag) und Moped (12 000 Kyat/Tag) ist man schnell in der Stadt. Die 23 Zimmer mit Veranda und eigenem Bad (nur kaltes Wasser) verteilen sich in drei länglichen Flachbauten. Sie sind einfach und relativ sauber. Das halboffene Restaurant liegt erhöht und bietet einen netten Ausblick. ❶

ESSEN

Ein **Nachtmarkt** findet ab dem frühen Abend zwischen dem Fluss und dem Reiterdenkmal statt. Es werden neben süßen Leckereien auch Curry-, Reis- und Nudelgerichte verkauft. Zahlreiche Teestuben bieten morgens Mohinga, ansonsten eine Mischung aus indischen Snacks und einfachen chinesischen Gerichten an. Gute Adressen dafür sind **Pannganamwin** in der Kan St., ⌚ 5–17 Uhr, und **Top Star** an der Yangon-Pyay Rd., ⌚ 5–21.30 Uhr.

In der Nähe des Nachtmarktes buhlen entlang der Yangon-Pyay Road diverse „Beer Stations" mit günstigem Zapfbier um Kundschaft, darunter die **UDV Dagon Beer Station**, **Thee Thant BBQ** und der gar nicht wie ein Biergarten ausschauende **Beer Garden**. Die Gäste sind vorwiegend männlich, die chinesischen und birmanischen Gerichte eher Durchschnitt. Beliebt sind die Grillspießchen.

May Ywet War, Kan St. Das seit 1985 auch als „Auntie Mo's" bekannte Restaurant ist eine gute Adresse für birmanische Küche. In einem großen hellen Speisesaal warten die schmackhaften Currys in den Auslagen. Aber auch die Fruchtsäfte schmecken. ⌚ 9–21 Uhr.

Baydaryi Food Village, Bogyoke St., am Nachtmarkt. Papierschirme, Holztische und Bambuslampen zaubern eine einladende Atmosphäre, die vor allem die Jugend anzieht. Es gibt chinesische Gerichte und gute Suppen für den kleinen Hunger. Eine gute Adresse für den Abend. ⌚ 16–23 Uhr.

Café Grandma, Bogyoke St., am Nachtmarkt. Kleines, recht nüchternes Restaurant auf 2 Ebenen mit großen Fenstern zum Nachtmarkt. Beliebt wegen der koreanischen Küche, die Nudeln sind eher Durchschnitt. ⌚ 17–22 Uhr.

San Francisco Restaurant, Strand Rd., neben dem Lucky Dragon Hotel. Alteingesessen und bekannt für schmackhafte chinesische Küche in einem lagerhallenartigen offenen Raum und im Freien. ⌚ 11–22 Uhr.

Yokohama Restaurant, 117 Strand Rd., ✆ 094-2367 0546. Eine gute Adresse für Freunde der japanischen Küche: Über 30 japanische Gerichte und schmackhafte Spaghetti werden mit Parmesan und Tabasco gereicht. Netter Außenbereich mit Flussblick. Gerichte von US$2–5. ⌚ 11.30–14 und 17–22 Uhr.

Wish River View, Strand Rd. Zu Familienfeiern und bei besonderen Anlässen geht man wegen des schönen Flussblicks gerne dorthin. Geboten werden hier Seafood und allerlei chinesische Gerichte. Die Preise sind entsprechend etwas höher. ⌚ 11–23 Uhr.

SONSTIGES

Einkaufen

In Pyay findet täglich außer sonntags ein großer **Markt** nahe dem Fluss statt, auf dem Stoffe, Haushaltswaren und eine Vielzahl an Nahrungsmitteln angeboten werden. Von Nüssen über Chilis und getrockneten Fisch bis hin zu süßen Leckereien gibt es viel zu entdecken.

Devotionalien, z. B. Buddhaplakate und geschnitzte Figuren, werden vor dem Aufzug und im Nordaufgang der Shwesandaw-Pagode verkauft. Viele Handwerker schnitzen die Figuren vor Ort. Sie verkaufen ihre Werke günstig und nehmen auch Auftragsarbeiten an.

Guides

Wer jemanden sucht, der Englisch spricht, freundlich ist und sich zudem recht gut auskennt, wendet sich am besten an **Scott**, ✆ 094-5233 5255, ✉ scottjogurt@gmail.com. Der kleine drahtige Birmane ist Englischlehrer und seit ein paar Jahren auch lizenzierter Tourguide. Ausflüge zu den Ruinen kosten offiziell US$35, und wer nicht auf jeden Dollar gucken muss, sollte ihm dieses Einkommen auch zugestehen. Für Budgetreisende macht er aber auch günstigere Preise. Sehr angenehm ist auch dessen Freund **Myint Zaw**, ✆ 094-0269 5676, der ebenfalls Touristen nach Ngwe Saung oder Ngapali fährt.

Medizinische Hilfe

Ein Kontakbüro des **Bangkok International Hospital**, Anout Soung Tan St., Ecke Yangon-Pyay Rd., ✆ 053-24446, bietet Hilfe bei ernsten Problemen, z. B. wenn man ausgeflogen werden muss. Hier hilft Dr. Khin Maung Nyunt.

NAHVERKEHR

Als Nahverkehrsmittel werden hauptsächlich **Fahrradtrishaws, Tuk Tuks** oder **Mopedtaxis** genutzt. Eine Fahrt per Moped zum Busbahnhof kostet 2000 Kyat, kürzere Fahrten ab 1000 Kyat. Eine Fahrt im **Tuk Tuk** zum Busbahnhof kostet 2500 Kyat.

Für einen Ausflug mit dem **Mopedtaxi** zu den Ruinen zahlt man ungefähr 15 000 Kyat, etwa 20 000 Kyat mit dem Tuk Tuk (hin und zurück inkl. Rundtour). Da Tuk-Tuk-Fahrer am Busbahnhof auf ankommende Passagiere warten, kann ein Ausflug zu den Ruinen schon dort abgesprochen werden.

TRANSPORT

Auto und Taxi

Mit dem **Mietwagen** dauert die Fahrt zwischen YANGON und Pyay je nach Stadtverkehr 5–6 Std. (ca. US$100). Dabei bietet sich im Dorf Shwedaung ein Stopp bei der Shwemyetman-Pagode an (S. 223). Für Fahrten nach NGAPALI oder NGWE SAUNG s. Kasten.

Busse

Der **Busbahnhof** von Pyay liegt am östlichen Ende der Stadt und teilt sich in einen Bereich mit den großen Bussen und einen anderen mit Minibussen und Vans.

BAGAN, 330 km, wird mit Bussen von Aung Lan Star (✆ 097-6946 3377) um 6.30, 8.30, 10.30, 14 und 17 Uhr und von New Aung Lan, (✆ 094-4265 5553) um 6.30, 8.30, 9.30 und 16.30 Uhr angesteuert. Sie fahren via Magway und enden in Pakokku. 15 000 Kyat, 9 Std.

MANDALAY, 440 km, etwa 6x tgl. zwischen 15.30 und 19 Uhr ab 10 000 Kyat in 9–10 Std.

NGAPALI (s. Kasten).

PATHEIN, 290 km, mit Minibussen von Pwint Pathein um 4.30, 7.30, 9, 10.30 und 12.30 Uhr, von Myoe Gyi Thar um 4, 6 und 11 Uhr, für 10 000–14 000 Kyat in 7 Std.

TAUNGGYI, 460 km, mit Zwischenstopp in Kalaw und Nyaung Shwe um 15.30 Uhr für 12 500 Kyat in 12 Std.

TOUNGOO, 220 km, um 6.30 und 8.30 Uhr für 15 000 Kyat in 8 Std.

YANGON, 270 km, wird vormittags nahezu stdl. von AC-Bussen angesteuert, allerdings kann sich die Fahrt durch viele Stopps in die Länge ziehen. Mehrere Busse starten abends zwischen 21 und 23 Uhr. Die Busse von Famous Traveller starten um 7.30 und 22 Uhr und fahren durch. Ab 6000 Kyat in 6–7 Std.

Eisenbahn

BAGAN, Abfahrt ca. 23 Uhr, fü 2600 Kyat *ordinary class*, 6800 Kyat *upper class*, in etwa 12 Std. **Achtung**: Zustieg zu diesem Zug ist nur in der kleinen Shwedagar Station unweit von Sri Ksetra möglich!

YANGON, mit dem 72dn um ca. 22.30 Uhr, für 1950 Kyat *ordinary class*, in etwa 7 Std.

Von Pyay zum Beach

Pyay ist eine beliebte Ausgangsstation für die Fahrt zum 240 km entfernten **Ngapali Beach**. Allerdings ist die Tour nicht unbeschwerlich, da sie über den Rakhine Yoma führt. Kleine Busse von Yoma Yarzar, ✆ 092-5060 4569, starten um 7.30 und 18.30 Uhr (16 500 Kyat, ca. 10 Std). Taxis sind rund acht Stunden unterwegs und kosten um US$150.

Aufwendiger ist die Fahrt zum 340 km entfernten **Ngwe Saung Beach**. Dazu fährt man zunächst mit dem Minibus oder Van nach Pathein (Abfahrten s. o.) und nimmt dort einen weiteren Bus nach Ngwe Saung. Eine Taxifahrt zum Strand dauert acht bis neun Stunden und kostet ca. US$180.

Tickets für die einfache Klasse gibt es bis kurz vor Abfahrt. Wer bequemer unterwegs sein will, muss sich unbedingt frühzeitig um ein Ticket bemühen.

Sri Ksetra (Thayekhittaya)

Die Ruinen der alten Stadt Sri Ksetra liegen ca. 5 km östlich des Stadtrands von Pyay und gehören zur einst größten Stadt der Pyu. Über 600 Jahre lang war sie das Machtzentrum der Region und wurde von insgesamt 25 Königen regiert. Die wenigen Quellen vermuten den endgültigen Untergang des Reiches um 832 n. Chr, als die Pyu von den Bamar verdrängt wurden und sich im Laufe der Zeit mit ihnen assimilierten.

1882 begann sich der deutsche Epigraf Dr. E. Forchammer für Sri Ksetra zu interessieren. Ihm folgten ab 1900 zahlreiche Forscher, die damit begannen, die Ruinen auszugraben und teils zu restaurieren. Diese Arbeiten hielten sich jedoch zum Glück in Grenzen, denn sonst wäre die Stadt sicher nicht so schnell als Weltkulturerbe der Unesco anerkannt worden. Bereits 1996 wurden die Ruinen vorgeschlagen; 2014 war es dann so weit, Sri Ksetra wurde Weltkulturerbe. Heute sind viele Ruinen teilweise restauriert, sodass man einen Eindruck von der Architektur der Pyu erhält, ohne dass die Bauten neu erschaffen wurden (wie es beispielsweise vielfach in Bagan geschah). Einiges, wie der Palast und viele Eingangstore, ist daher nicht mehr als eine kleine Ansammlung roter Backsteine. Andere Tempel sind hingegen so gut erhalten, dass sich ein Besuch durchaus lohnt. Man darf allerdings kein Weltwunder erwarten. Im Folgenden sind die Sehenswürdigkeiten in der Reihenfolge gelistet, in der man sie anfährt.

Payagyi-Pagode

Die aus rotem Backstein errichtete Payagyi-Pagode am Ostrand von Pyay stammt vermutlich aus dem 6./7. Jh. und gehört laut einer Inschrift zu den ältesten Pagoden Myanmars. Sie gilt als Prototyp für die späteren Pagoden des Landes. Es heißt, die Pagode sei kurz vor der Baw-Baw-Gyi-Pagode (S. 228) gebaut worden. Mündliche und schriftliche Überlieferungen legen den Schluss nahe, dass die Payagyi-Pagode eine jener neun Pagoden ist, die von König Duttabaung errichtet wurden. Der große Zehennagel von Buddhas rechtem Fuß soll hier neben anderen Reliquien eingemauert sein. Der *hti* (Schirm) stammt vermutlich von einem Mönch, der ihn nach der letzten Restaurierung um 1888 gespendet haben soll. Der Name der Pagode änderte sich mehrmals im Laufe ihrer Geschichte: Wegen der langen Bauzeit hieß sie zuerst Sai-Sai-Pagode, was so viel wie „Langsam-Langsam-Pagode" bedeutet. Später erhielt sie ihren heutigen Namen Payagyi („große Pagode"). Frauen dürfen nur bis zur zweiten Erhöhung steigen. Männern ist es erlaubt, auch die dritte Stufe zu erklimmen.

Stadtmauer

Etwa 4 km weiter stößt man an die Stadtmauer von Sri Ksetra. Sie weist eine ovale Form auf und ist aus rotem Backstein erbaut. Quellen berichten von zwölf Toren, bisher wurden aber erst neun freigelegt. Viele der Seitenwände befinden sich noch immer unterhalb des Erdreiches. Aus Pyay kommend passiert man zuerst das 1971 ausgegrabene **Nagatung-Tor**. Aufgrund seiner gewundenen Form wird es auch „sich windender Drache" *(wiggling dragon)* genannt. An der Stadtmauer entlang erreicht man das 2010 ausgegrabene **Nat-Pauk-Tor**. Vorbei an der **Field School of Archeology** ist bald das Museum erreicht.

Museum

In dem kleinen Museum befinden sich wenige, jedoch interessante Stücke aus der Pyu-Epoche. Neben Buddhabildnissen, Steinreliefs und Inschriften sind auch alte Münzen, Goldschmuck und große steinerne Urnen ausgestellt. Zu den bekanntesten Stücken zählen fünf kleine, aus Bronze gefertigte Figuren, die Musiker und Tänzer darstellen. Sie wurden nahe der Phayamar-Pagode gefunden, später aber gestohlen. Nach vielen Jahren tauchten sie wieder auf und zählen heute zum Stolz des Museums. In der Shwe-Nwe-Pagode in Pyay werden Figuren aufbewahrt, die ebenfalls aus dieser Epoche stammen sollen. ⌚ Di–So 9.30–16.30 Uhr, feiertags geschlossen, Eintritt 5000 Kyat.

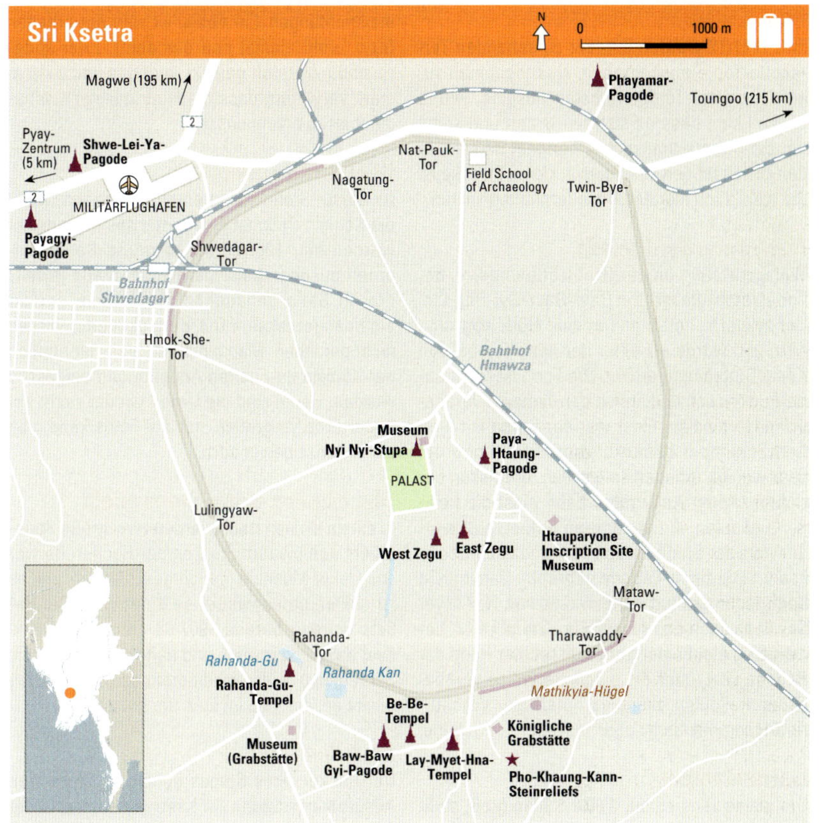

Palast

Ein paar Meter hinter dem Museum steht die erste Mauer, die zur Palastanlage gehört. Von dem Palast Palast, der einst 518 x 343 m maß, ist nicht mehr viel zu sehen, nur ein paar Steine sind zu sehen . Mit den Ausgrabungen wurde 1968/69 begonnen. Bis zum Jahr 2013 fanden insgesamt 14 Ausgrabungsprojekte statt. Es wird davon ausgegangen, dass der Palast während der Pyu-Herrschaft mehrfach umgebaut wurde. Ein paar Meter weiter sind große Eisennägel zu sehen, die in der Mauer gefunden wurden. Es ist nichts darüber bekannt, wie die Pyu diese bearbeitet haben. Sie dienten wohl zur Verstärkung der Wände und sollten das Böse fernhalten.

Rahanda Gu

Durch das **Rahanda-Tor** hindurch gelangt man außerhalb der Stadtmauern zum kleinen **Rahanda-Gu-Tempel**, dessen Erbauungszeit unbekannt ist. Er wurde für acht sitzende, in Sandstein gemeißelte Buddhafiguren errichtet, die im Inneren des höhlenartigen Baus untergebracht sind (der Tempel wird oft auch als Cave Pagoda bezeichnet). Der Eingang ist durch ein Gitter versperrt. Dahinter sind zwei von ursprünglich drei Buddhafiguren (die mittlere fehlt) zu sehen. Sie blicken in Richtung der alten Stadt. Gegenüber dem Tempel befindet sich der **Rahanda Kan**, der als Stausee diente und einst dank einem hydraulischen System half, die Felder zu bewässern.

Museum (Grabstätte)

Erst 2011/12 wurden die hier zu sehenden Terrakotta-Töpfe ausgegraben. Nachdem man zuerst von einer Töpferwerkstatt ausging, wurde schnell klar, dass es sich um Urnen und somit um eine Bestattungsstätte handeln musste. In den Urnen fanden sich jeweils kleine Eisenkeile, die wohl auch hier das Böse fernhalten sollten.

Baw-Baw-Gyi-Pagode

Wenige Meter von der Grabstätte entfernt, befindet sich die große Baw-Baw-Gyi-Pagode. Der zylindrische Stupa hat eine Höhe von rund 47 m und wurde als einer der neun Tempel von König Duttabaung erbaut. Die Form ist recht außergewöhnlich und ähnelt den Tempeln Varanasis in Nordindien. Einst war der Stupa mit weißen Schindeln bedeckt, von denen noch ein paar wenige erhalten sein sollen. Chroniken berichten, König Anawrahta habe einst die heiligen Reliquien, die im Inneren aufbewahrt wurden, aus der Stupa entnommen und nach Bagan in die Shwezigon-Pagode gebracht. Damit nicht noch mehr geklaut wird, wacht nun Nat Myat Say (was übersetzt so viel wie „Grand Lady" bedeutet), die auf einer Schaukel rechter Hand der Pagode sitzt, über die möglicherweise verbliebenen Reliquien. Gläubige opfern der Wächterin Tücher und auch schon mal ein Paar Schuhe.

Be-Be-Tempel

Der kleine Tempel, nur 4,90 x 5,20 m groß, steht nahe der Baw Baw Gyi. In seinem Inneren befindet sich ein Steinrelief, das Buddha mit zwei Mönchen zeigt. Buddhas Körper wurde restauriert und mit Beton nachmodelliert. Aufgrund der Form des Stupas wird der Bau des Tempels in die Zeit der Bagan-Ära datiert (11.–13. Jh.). Das Buddharelief ist jedoch vermutlich älter und stammt aus der späten Pyu-Ära des 7. Jhs.

Lay-Myet-Hna-Tempel

Dicke Eisenträger stützen den kleinen Tempel, der etwa 7 x 7 m im Quadrat misst und etwa 6 m hoch ist. Er wurde vermutlich in der späten Pyu-Zeit im 7.–9. Jh. erbaut. Der Lay Myet Hna ist der einzige Tempel der Region, der vier Eingänge aufweist. Die in Stein gemeißelten Buddhagesichter im Inneren gucken in alle vier Himmelsrichtungen. Ein Abbild ist sehr gut erhalten (bzw. wohl einmal neu gemacht), zwei andere sind mit Beton geflickt, und das letzte ist so stark verwittert, dass die Figur nur noch schemenhaft zu erkennen ist.

Königliche Grabstätte

An dieser Stelle soll in einer der großen Urnen die Königin Beikthano bestattet sein. Insgesamt wurden hier 1967/68 sechs große Sandsteinurnen ausgegraben. Sie bestehen aus jeweils drei in Stein gehauenen Ringen, die perfekt aufeinanderpassen. Die Bedeckungen wurden nicht gefunden. Man nimmt an, dass hier neben der Königin ihre nahen Angehörigen beigesetzt wurden. Heute sind die Urnen wieder recht tief in der Erde vergraben, nur auf Fotos kann man sie in Gänze bewundern.

Pho-Khaung-Kann-Steinreliefs

In einem kleinen Haus werden zwei große Steinreliefs aufbewahrt. Zur Zeit der Recherche war das kleine Museum jedoch geschlossen, und es ist unklar, ob es wieder geöffnet wird. Die Reliefs wurden bereits 1907/08 gefunden. Beide sind etwa 1,80 m hoch und nahezu ebenso breit. Sie zeigen u. a. den meditierenden Buddha. Man nimmt an, dass sie im 5.–7. Jh. entstanden.

Mathikyia-Hügel

Der Sockel eines Stupas gehört zu den ersten Ausgrabungsstätten Sri Ksetras und wurde bereits 1927/28 von Charles Duroiselle gefunden. Archäologen datieren den Bau des Stupas auf das 3./4. Jh. Es wurden zudem Eisennägel, Bronzespiegel, Votivtafeln und Waffen ausgegraben. Diese sind hier heute nicht mehr im Original zu sehen (nur auf einer Infotafel).

East und West Zegu

Zurück Richtung Palast führt eine Straße, die nicht bei jedem Wetter befahrbar ist, vorbei am East und am West Zegu. Im East Zegu wurde eine Buddhastatue gefunden, die heute im Museum zu bestaunen ist. Der West Zegu, heute nur noch eine Ruine, befindet sich nahebei. Wer hier nicht vorbeifahren kann, nimmt die äußere Straße zurück, vorbei am Baw-Baw-Gyi-Tempel.

Die Ruinen der alten Stadt Sri Ksetra sind weit über tausend Jahre alt.

Paya-Htaung-Pagode

Diese kleine Pagode befindet sich nahe dem Museum. Lange Zeit galten Erbauer und Zeitraum als unbekannt. Heute gehen Forscher davon aus, dass der Bau zwischen 900 und 1000 n. Chr. errichtet wurde. Die Legende berichtet, 1000 Offiziere hätten ihn bezahlt. Im Stil ähnelt die Pagode jenen von Bagan. Einst sollen die vier Türen offen gewesen sein, heute sind sie zugemauert. Nahebei wurden Urnen gefunden, u. a. soll hier eine große Urne in einem Stupa eingemauert gewesen sein. Das Beweisfoto zum Fund ist aber äußerst fragwürdig und sieht eher aus wie die Photoshop-Arbeit eines Anfängers. Wo die Urne, die über 2 m Durchmesser aufweisen soll und mit Inschriften geschmückt ist, heute zu finden ist, konnten wir leider noch nicht herausfinden.

Phayamar-Pagode

Wieder außerhalb der Stadtmauer ist die Phayamar-Pagode die letzte Station der Besichtigungstour. Sie ähnelt der Payagyi-Pagode und wurde wohl auch zur selben Zeit erbaut. Auch Phayamar soll einmal Reliquien Buddhas beherbergt haben: einen Finger, einen Fußnagel und auch Knochenstückchen.

TRANSPORT

Für einen Ausflug benötigt man etwa 4 Std. Zeit. In der Stadt bieten **Mopedfahrer** ihre Dienste an. Für 15 000 Kyat kann man sich zu den Sehenswürdigkeiten und wieder zurück bringen lassen. Die Feldwege innerhalb der alten Stadtmauern sind in einem annehmbaren Zustand und können mit einem Moped gut befahren werden. Auf einem **Fahrrad** in Eigenregie ist es etwas schwieriger, aber machbar (hin und zurück samt Besuch der Ruinen ca. 27 km). Nostalgiker mieten sich einen **Ochsenkarren** (8000 Kyat) und lassen sich von einem der Bauern gemächlich zu den Tempeln und Pagoden kutschieren.

Tipp: Bitte abseits der Wege auf Schlangen achten, unbedingt genügend Wasser mitnehmen und auch Sonnenschutz nicht vergessen.

PER BALLON ÜBER BAGAN; © MARTIN H. PETRICH

Bagan und Umgebung

Wenn die ersten oder letzten Sonnenstrahlen die einmalige Kulturlandschaft in warmes Licht hüllen, wünscht man sich nichts mehr, als dass der Augenblick zur Ewigkeit wird. Sprachlos steht man vor einem der heute über 3400 aufgelisteten Monumente Bagans, die innerhalb von 250 Jahren errichtet wurden und zu den architektonischen Meisterleistungen Asiens zählen.

Stefan Loose Traveltipps

5 **Bagan** Oft beschrieben und doch unbeschreiblich: eine endlose Pagodenlandschaft in pastellfarbenen Tönen. S. 234

Sale Gemütlicher Flecken im Dornröschenschlaf mit Zeugnissen einer lebendigen Vergangenheit. S. 287

Mount Popa Wie eine Fata Morgana in endloser Weite. Ein Ort schicksalhafter Begegnungen und unruhiger Geister. S. 272

Pakokku Lebendige Stadt am Ayeyarwady mit geschichtsträchtigen Klöstern und interessanten Handwerksdörfern in der Umgebung. S. 277

Salin, Legaing und Sagu Stimmungsvolle Städtchen in Ober-Myanmar mit urigen Holzklöstern. S. 295

KUTSCHPARTIE AUF BIRMANISCH; © MARTIN H. PETRICH

KUNSTVOLLE HANDARBEIT: LACKWAREN AUS BAGAN; © MARK MARKAND

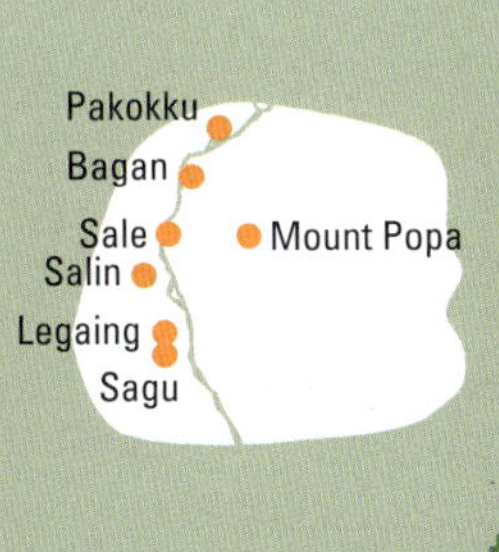

Wann fahren? Bagan und Umgebung sind das ganze Jahr über schön.

Wie lange? Besucher sollten mindestens 2 Tage einplanen, besser mehr.

Bekannt für die herrliche Pagodenlandschaft

Beste Feste Das Ananda-Festival im Januar

Unbedingt ausprobieren Die süßen Tamarindenblättchen

Highlight Eine Fahrt mit der Pferdekutsche durch Bagan ist ein besonderes Erlebnis. Ungleich teurer, aber ebenfalls ein absolutes Highlight: im Heißluftballon über das Pagodenmeer zu gleiten.

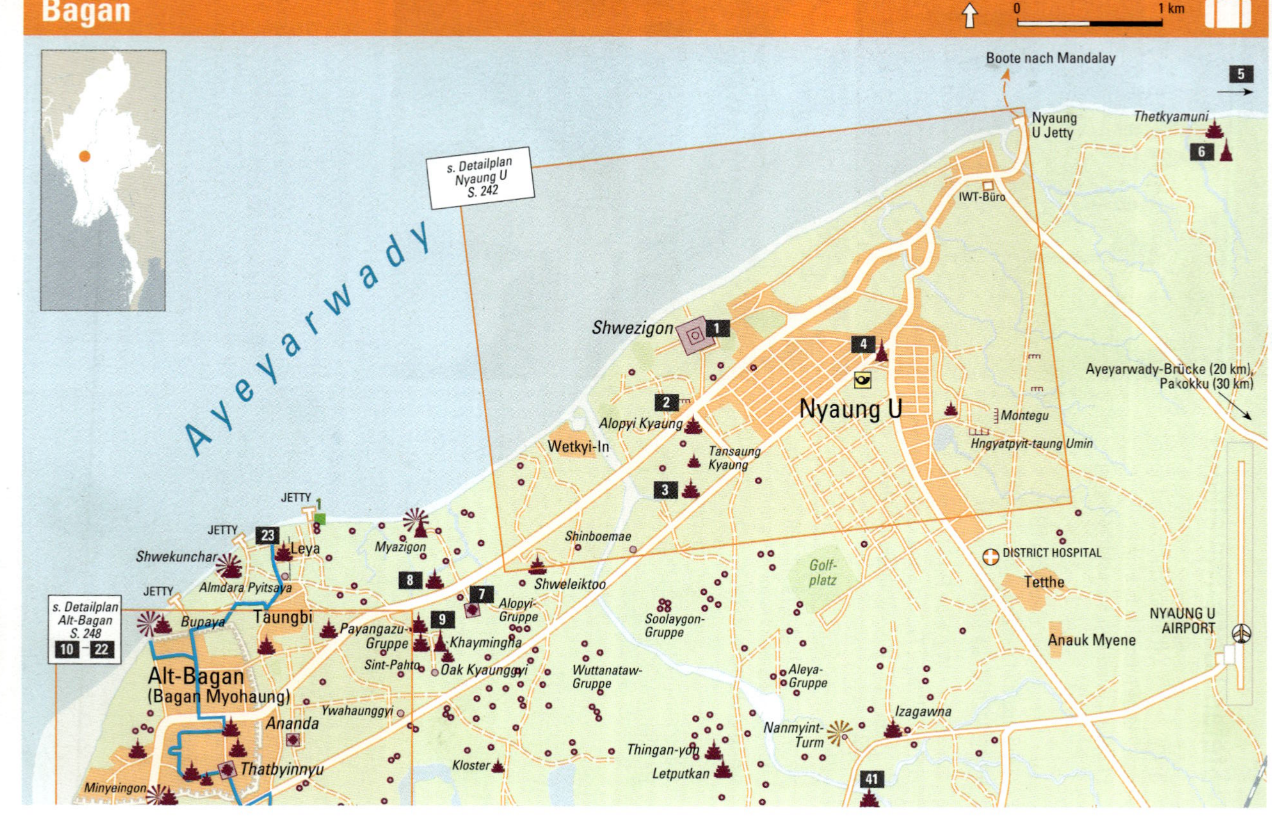
Bagan
N
0
1 km
Boote nach Mandalay
5
Nyaung U Jetty
Thetkyamuni
6
IWT-Büro
s. Detailplan Nyaung U S. 242
Ayeyarwady
Shwezigon
1
4
Nyaung U
2
Alopyi Kyaung
Tansaung Kyaung
3
Montegu
Hngyatpyit-taung Umin
Ayeyarwady-Brücke (20 km), Pakokku (30 km)
Wetkyi-In
Shinboemae
Shweleiktoo
DISTRICT HOSPITAL
Tetthe
Golfplatz
NYAUNG U AIRPORT
Anauk Myene
JETTY
23
Leya
Shwekunchar
Myazigon
8
7
Alopyi-Gruppe
Almdara Pyitsaya
Taungbi
Bupaya
9
Payangazu-Gruppe
Khaymingha
Sint-Pahto
Oak Kyaunggyi
Soolaygon-Gruppe
Wuttanataw-Gruppe
Aleya-Gruppe
Izagawna
s. Detailplan Alt-Bagan S. 248
10 – 22
Alt-Bagan
(Bagan Myohaung)
Ywahaunggyi
Ananda
Thatbyinnyu
Minyeingon
Kloster
Thingan-yoh
Letputkan
Nanmyint-Turm
41

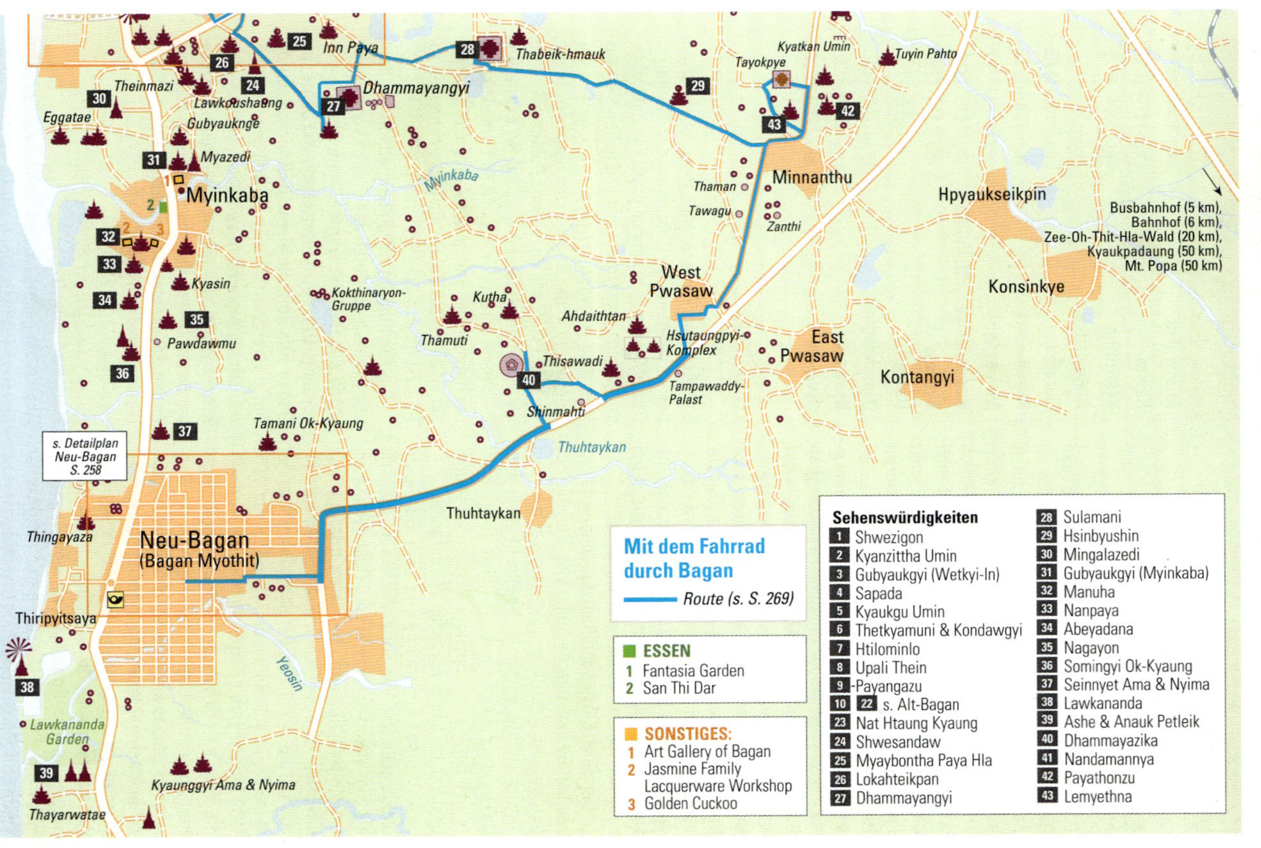
Mit dem Fahrrad durch Bagan
Route (s. S. 269)
Sehenswürdigkeiten
1 Shwezigon
2 Kyanzittha Umin
3 Gubyaukgyi (Wetkyi-In)
4 Sapada
5 Kyaukgu Umin
6 Thetkyamuni & Kondawgyi
7 Htilominlo
8 Upali Thein
9 Payangazu
10–22 s. Alt-Bagan
23 Nat Htaung Kyaung
24 Shwesandaw
25 Myaybontha Paya Hla
26 Lokahteikpan
27 Dhammayangyi
28 Sulamani
29 Hsinbyushin
30 Mingalazedi
31 Gubyaukgyi (Myinkaba)
32 Manuha
33 Nanpaya
34 Abeyadana
35 Nagayon
36 Somingyi Ok-Kyaung
37 Seinnyet Ama & Nyima
38 Lawkananda
39 Ashe & Anauk Petleik
40 Dhammayazika
41 Nandamannya
42 Payathonzu
43 Lemyethna
ESSEN
1 Fantasia Garden
2 San Thi Dar
SONSTIGES:
1 Art Gallery of Bagan
2 Jasmine Family
Lacquerware Workshop
3 Golden Cuckoo
Busbahnhof (5 km),
Bahnhof (6 km),
Zee-Oh-Thit-Hla-Wald (20 km),
Kyaukpadaung (50 km),
Mt. Popa (50 km)
Hpyaukseikpin
Konsinkye
Kontangyi
Minnanthu
East Pwasaw
West Pwasaw
Tuyin Pahto
Kyatkan Umin
Tayokpye
Zanthi
Thaman
Tawagu
Hsutaungpyi-Komplex
Tampawaddy-Palast
Thabeik-hmauk
Dhammayangyi
Inn Paya
Ahdaithtan
Thisawadi
Shinmahti
Thuhtaykan
Kutha
Thamuti
Myinkaba
Kokthinaryon-Gruppe
Tamani Ok-Kyaung
Lawkoushaung
Gubyaukngé
Myazedi
Myinkaba
Theinmazi
Kyasin
Pawdawmu
Eggatae
Neu-Bagan
(Bagan Myothit)
Yeosin
s. Detailplan Neu-Bagan S. 258
Thingayaza
Thiripyitsaya
Lawkananda Garden
Kyaunggyi Ama & Nyima
Thayarwatae

5 HIGHLIGHT

Bagan

Der Besuch der Unesco-Welterbestätte Bagan [5343] gehört zweifellos zu den Höhepunkten einer Myanmar-Reise. Das 40 km² große Tempelareal liegt in einer Trockenzone mit einer jährlichen Niederschlagsmenge von durchschnittlich weniger als 1000 mm. Dafür verantwortlich sind die bis zu 3000 m hohen Gipfel des Rakhine Yoma im Westen Myanmars, da sie die schweren Regenwolken des Monsuns abhalten. Die Landschaft hat einen savannenähnlichen Charakter mit entsprechender Flora und Fauna. Bei den Bäumen dominieren Akazien, Niem und Tamarinde sowie Euphorbien und die Palmyrapalme. Unter den Tieren gibt es sogar vier endemische Vogelarten, darunter die Birmanische Buschlerche und den Weißkehldrossling, sowie überdurchschnittlich viele Schlangenspezies, die sich in den dunklen Ecken der Tempelbauten am wohlsten fühlen. Also etwas aufgepasst!

Die vielen Klöster und Pagoden zeugen davon, wie tief die birmanische Kultur vom Buddhismus durchdrungen ist. Wer einen Tempel oder ein Kloster stiftete, wollte der Nachwelt seine tiefe Religiosität demonstrieren. Vor allem aber erhoffte sich der fromme Spender bessere Aufstiegschancen bei seiner nächsten Wiedergeburt..

An dieser Einstellung hat sich bis heute nichts geändert. Von der einfachen Reisbäuerin bis zum obersten General wird Geld gespendet, um die Sakralbauten renovieren oder gar neu errichten zu lassen, denn nicht selten war davon nur noch ein Ziegelsteinhaufen übrig. Auf diese Weise entstanden zwischen 1995 und 2008 1299 Monumente vollständig neu. Oft wird wenig Wert darauf gelegt, die Bauten originalgetreu wiederaufzubauen. *Hti* werden an der Spitze eines Stupas angebracht, obwohl zu Bagans Zeiten noch gar keine Metallschirme eingesetzt wurden, oder Böden mit Marmor belegt, was rein gar nichts mit der ursprünglichen Ausstattung zu tun hat. So präsentiert sich Bagan immer mehr als eine Mischung aus historischer Stätte und zeitgenössischem Glauben.

Die Könige von Bagan

Anawrahta	reg. 1044–1077
Sawlu	reg. 1077–1084
Kyanzittha	reg. 1084–1112
Alaungsithu	reg. 1112–1167
Narathu	reg. 1167–1170
Naratheinkha	reg. 1170–1173
Narapatisithu	reg. 1173–1210
Nadaungmya („Htilominlo")	reg. 1210–1234
Kyazwa	reg. 1234–1250
Uzana	reg. 1250–1254
Narathihapate	reg. 1254–1287
Kyawzwa	reg. 1287–1298
Sawhnit	reg. 1298–1312

Geschichte

Der Aufstieg Bagans geht Hand in Hand mit der zunehmenden Dominanz der Bamar in Ober-Myanmar. In immer größerer Zahl drangen sie aus dem Norden vor und ließen sich entlang dem Ayeyarwady nieder. Schließlich gelangten sie in die Gegend des heutigen Bagan, wo eine Pyu-Siedlung namens **Pukam** existierte, die durch ein Städtebündnis mit Sri Ksetra und Beikthano verbunden war. Nach Chronikberichten nahmen die Bamar unter ihrem König Pyinbia im Jahre 849 Pukam ein und machten es zur Hauptstadt ihres Königreiches.

Die fruchtbaren Reisanbaugebiete bei Salin und Kyaukse, die durch das Graben von Kanälen stetig ausgeweitet wurden, sicherten die Versorgung. Doch es dauerte noch 200 Jahre, bis Bagan zum Zentrum eines Großreiches wurde. Dafür verantwortlich war ein ambitionierter König, der als **Anawrahta** den Thron bestieg. Sein Krönungsjahr 1044 gilt als der Beginn des Ersten Birmanischen Reiches. Der Königsstadt gab er den Sanskritnamen **Arimaddanapura**, „Stadt, die den Feind vernichtet".

Glanz und Untergang einer Regionalmacht

Anawrahta gelang es innerhalb kurzer Zeit, sein Reich zu festigen. Doch um es wirklich zu einem Großreich werden zu lassen, brauchte er den Zugang zum Meer. Daher unterwarf der König die Küstenregion, wo mit Mottama (bei Mawlamyine), Dala (bei Yangon) und Pathein wichtige Häfen für den Seehandel im Golf von Mottama und Bengalen lagen. Ob Anawrahta wirklich 30 000 **Mon** samt ihrem König Manuha aus Thaton verschleppte, wie es die fantasiereiche *Glaspalastchronik* detailreich schreibt, bleibt angesichts fehlender Beweise fraglich.

Unter Anawrahta begann in Bagan ein atemberaubender religiöser Bauboom. Mit der Fertigstellung der Shwezigon und der Errichtung des Ananda setzte sein zweiter Nachfolger, **Kyanzittha** (reg. 1084–1112), neue architektonische Maßstäbe und ließ sich von diversen Kulturen inspirieren. Für seine Inschriften verwandte er neben dem altbirmanischen Alphabetensystem auch jenes der Mon und entwickelte in seinen Bauten die Architektur von Pyu-Tempeln weiter, während die Skulpturen wiederum nordindischen Vorbildern folgten. Der Niedergang des Ersten Birmanischen Reiches begann im 13. Jh., wofür es eine Reihe von Gründen gibt. In der Provinz rebellierten manche Statthalter, auch ging die Küstenregion wieder verloren. Zu einem chronischen Problem wurden die sinkenden Steuereinnahmen infolge der vielen Landschenkungen an buddhistische Klöster. Vor allem unter dem baufreudigen Regenten **Narapatisithu** (reg. 1173–1210) und dessen Sohn **Nadaungmya** (reg. 1210–34) nahm der Anteil monastischer Ländereien enorm zu.

Es gibt Berechnungen, dass in der zweiten Hälfte des 13. Jhs. mehr als 60 % der in der weiteren Umgebung Bagans geschätzten 2308 km² Anbaufläche für Nassreis von Abgaben befreit waren. Versuche, die teilweise übermächtig gewordenen **Klöster** zu enteignen, konnten daran nicht viel ändern. Kostspielige Tempelbauten führten zur Konzentration der Arbeitskräfte, die an anderer Stelle fehlten, sodass Bagan den bevorstehenden geopolitischen Veränderungen in Südostasien nichts entgegenzusetzen hatte.

Als die rasanten Eroberungszüge des Mongolenführers Kublai Khan auch das Birmanische Reich erreichten, war dies der Anfang vom Ende Bagans. Nach einer ersten Expedition in den Norden des Landes 1285 folgte ein gutes Jahr später eine zweite. Es ist jedoch unwahrscheinlich, dass die Mongolen jemals nach Bagan kamen. Vom letzten großen König **Narathihapate** (reg. 1254–87) wird erzählt, er habe 1287 eine mongolische Gesandtschaft hinrichten lassen, sei nach Pyay geflohen und dort von seinem Sohn umgebracht worden. Allerdings wurde die Stadt mit seinerzeit etwa 400 000 Einwohnern vermutlich erst Mitte des 14. Jhs. verlassen, als etwa 180 km flussaufwärts in Sagaing (und später Inwa) ein neues Machtzentrum entstand.

Siedlung der Pyu

Der in Chroniken verwendete Name für Bagan, *Pukam*, wird erstmalig in einer um 1050 datierten Cham-Inschrift aus dem Po-Nagar-Tempel im vietnamesischen Nha Trang erwähnt. Bagan leitet sich vermutlich von *Pyu gama*, „Siedlung der Pyu", ab. Die Briten führten die Schreibweise *Pagan* ein. Seit 1989 wird es *Bagan* geschrieben, obgleich das „B" sehr hart ausgesprochen wird.

Bauphasen in Bagan

Frühe Phase: Die *pahto* aus der Anfangszeit wirken wegen ihres niedrig gehaltenen Hauptraums und der meist flach ansteigenden Dachkonstruktionen ziemlich gedrungen. Durch die gitterförmigen Fensteröffnungen dringt nur wenig Licht ins Innere. Die Kühle und Dunkelheit sowie zahlreiche Nischen verleihen ihnen einen „Höhlencharakter", weshalb die Tempel häufig als *gu*, „Höhle", bezeichnet werden.

Mittlere Phase: Typisch für diese Bauperiode im 12. Jh. sind die kubisch gestalteten, deutlich voneinander abgehobenen Stockwerke. Große Fenster- und Türöffnungen lassen viel Licht ins Innere.

Späte Phase: Während des 13. Jhs. finden sich verschiedene Stilrichtungen. Mal dienen ältere Bauten als Vorbild, mal wird der *pahto* vollkommen anders gestaltet, wie etwa der dreiteilige Payathonzu in Minnanthu.

Architektur

Die 3400 Bauwerke sind fast ausschließlich religiöser Natur und unterteilen sich in Tempel *(pahto)*, Stupas *(zedi)*, Klosteranlagen *(kyaung)* und andere Gebäude wie Schreine, Bibliotheken *(pitakataik)* und Ordinationshallen *(thein)*. Fast alle nicht-religiösen Gebäude wie Königspalast und Wohnhäuser existieren nicht mehr, da sie aus Holz oder Bambus errichtet wurden. Nur das Tharaba-Tor und Teile der Stadtmauer sind erhalten. Auch viele religiöse Gebäude wie die Wohnräume der Mönche, Ordinationshallen oder Bibliotheken bestanden aus Holz. Wie sie ausgesehen haben, lässt sich vage rekonstruieren, da noch einige Beispiele aus Stein existieren, darunter der Upali Thein und Pitaka Taik.

Bei den **Stupas** lassen sich vier Typen unterscheiden. Bei **Typ 1** handelt es sich um die ältesten Exemplare aus der Pyu-Ära wie den gurkenförmigen Bupaya und den eiförmigen Ngakywenadaung in Alt-Bagan. Als **Typ 2** gilt der birmanische Stil mit Terrassen und einem glockenförmigen Hauptkörper *(anda)*. Terrassen und Glockenform des *anda* finden sich ebenfalls bei **Typ 3**, aber der Abschluss wird durch eine breite, diskusförmige Schale mit anschließendem zylindrischem und geripptem Aufsatz gebildet. Markenzeichen von **Typ 4** ist ein quadratischer Aufsatz über dem *anda*, wie er auch bei den Stupas in Sri Lanka zu finden ist.

Im Gegensatz zu den Stupas sind die teilweise recht großen Tempelbauten, **Pahto** genannt, innen begehbar und bergen Hallen und Korridore. Bei manchen *pahto* wie dem Ananda oder Thatbyinnu ist die Grundform quadratisch mit einem oder vier Eingängen. Zudem gibt es Tempel mit vorgelagerter Eingangshalle und nur einem Eingang.

Wandmalereien

In 347 Tempeln sind zumindest Reste von Wandmalereien erhalten. Als Experten der Unesco in den 1980er-Jahren mit Restaurierungsarbeiten begannen, gelangten hervorragende Kunstwerke ans Tageslicht. Oft kamen die Experten jedoch zu spät: Viele Malereien waren bereits durch Übertünchung für immer verloren. Doch folgende Tempel enthalten teilweise noch gut erhaltene Malereien: Abeyadana, Gubyaukgyi (Wetky-in), Gubyaukgyi (Myinkaba), Lokahteikpan, Nandamannya, Nagayon, Payangazu-Gruppe (mit Resten von Stoffmalereien), Payathonzu, Pathothamya, Hsinbyushin-Klosterkomplex.
Auch wenn die Motive fast ausnahmslos religiös sind, geben sie Aufschluss über die zeitgenössische Kleidung, Haartracht und Architektur der Bagan-Ära. Die Malereien im Ananda Ok-Kyaung und Upali Thein stammen aus dem 18. Jh. und wirken wunderbar lebendig.

Hauptthemen sind:

- die 28 bisher erschienenen Buddhas (jeder fand unter einem anderen Baum die Erleuchtung)
- 547 (gelegentlich auch 550) Jatakas
- Szenen aus dem Leben des Gautama Buddha, darunter sehr häufig folgende acht Hauptereignisse: Geburt; Erleuchtung; erste Predigt von Benares; Vermehrungswunder in Kosala (Buddha erscheint gleich mehrfach); Abstieg aus dem Tavatimsa-Himmel; Zähmung des Elefanten Nalagiri; Buddha im Wald Parileyaka, wo er von einem Affen und Elefanten verpflegt wird; Parinibbana (Tod Buddhas)
- Bodhisattvas und Himmelswesen in mahayana-buddhistisch beeinflussten Tempeln
- Hindu-Gottheiten

Erdbeben und Plünderungen

Auch nachdem Bagan seine Funktion als Königsstadt verloren hatte, galt der Ort als symbolisches Zentrum Myanmars. Bedeutende Könige restaurierten und beschenkten die wichtigsten Tempel. So ließ König Bayinnaung (reg. 1551–81) im Jahr 1557 die Shwezigon neu vergolden und eine neue Glocke gießen. Im 18. Jh. wurden mit dem Upali Thein und Ananda Ok-Kyaung sogar zwei neue Tempel errichtet. Doch konnte nicht verhindert werden, dass es regelmäßig zu Plünderungen kam, u. a. von den deutschen Hobby-Archäologen Dr. Thomann (S. 250) und Fritz Noetling.

Noetling, der als Geologe in den Ölfeldern von Yenangyaung arbeitete, entfernte am Mingalazedi und Dhammayazika zahlreiche Terrakottatafeln und schenkte 101 von ihnen 1893 dem Berliner Museum für Indische Kunst. Einem anderen Deutschen, Dr. Emil Forchhammer, der im Auftrag der Kolonialregierung Bagan 1881 erstmalig erforschte, sind wiederum wichtige Tempelstudien zu verdanken.

Vor allem war es jedoch Gordon Hannington Luce (1889–1979), der ab 1912 Bagan systematisch untersuchte und die Geschichte anhand der mehr als 400 Inschriften zu erhellen versuchte. Von dem Briten stammen die wichtigsten Forschungsergebnisse, welche er u. a. zusammen mit Bo-Hmu Ba Shin in seinem Standardwerk *Old Burma; Early Pagan* veröffentlichte. Die politische Isolation ab 1962 verhinderte spätere Arbeiten. Das schwere Erdbeben vom 8. Juli 1975 bedeutete einen herben Rückschlag für den Erhalt der Tempel in Bagan.

Erst unter dem Franzosen Pierre Pichard kam es im Auftrag der École française d'Extrême-Orient (EFEO) ab 1992 zu einer umfassenden Bestandsaufnahme der Tempel. Fatal wirkten sich die dilettantischen Restaurierungsarbeiten nach dem Erdbeben vom 24. August 2016 aus, als über 400 Monumente vor allem an den restaurierten Teilen beschädigt worden waren. Nach Jahren der Diskussionen ist Bagan 2019 in die Unesco-Welterbeliste aufgenommen worden.

Stupas

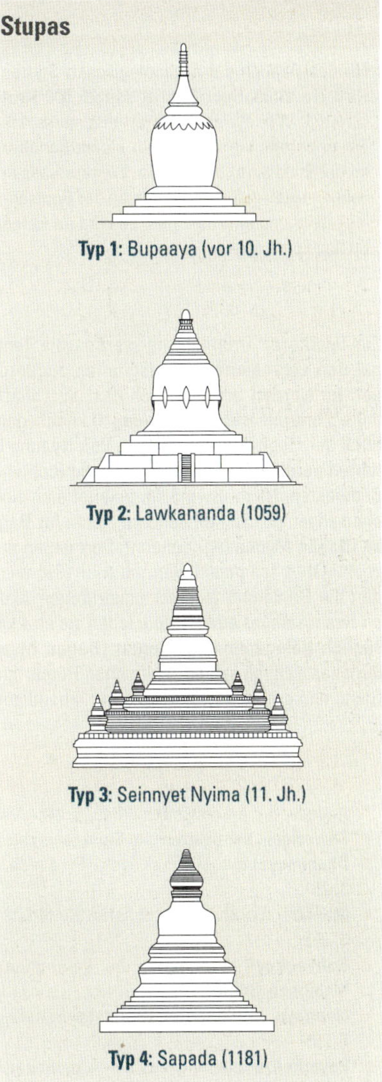

Typ 1: Bupaaya (vor 10. Jh.)

Typ 2: Lawkananda (1059)

Typ 3: Seinnyet Nyima (11. Jh.)

Typ 4: Sapada (1181)

Besichtigung

Viele Unterkünfte und Läden verleihen **Fahrräder** ab rund 1500 Kyat und **E-Bikes** um 5000 Kyat am Tag. Ansonsten kann man sich für den Tag ein **Tuk Tuk** mit Fahrer mieten (35 000 Kyat/Tag). Stilvoller ist die Fahrt mit der **Pferdekutsche**. Viele Fahrer sprechen passables Englisch. Für eine Halbtagstour erwarten die Kutscher abhängig von der Route ca. 25 000 Kyat. An der Anlegestelle unweit des Aye Yar River View Hotels kann man auch ein **Boot** mieten, um z. B. den Höhlentempel Kyauk-gu Umin zu besuchen. Diese zwei- bis dreistündige Fahrt ist vor allem nachmittags sehr schön (ca. 20 000 Kyat). Für eine Sunset-Tour verlangen die Fahrer etwa 12 000 Kyat/Stunde.

Zur Besichtigung vieler Tempel ist eine **Taschenlampe** nötig. Sollte ein Gebäude verschlossen sein, findet sich immer jemand, der weiß, wo sich der **Schlüsselträger** gerade aufhält. Gegen ein kleines Trinkgeld öffnen sich viele Türen. Weitere Infos zu Bagan gibt es auch unter **eXTra [5343]**.

Eintritt

Für den Besuch der archäologischen Stätten wird ein **einmaliger Eintritt von 25 000 Kyat** verlangt. Wer mit dem Bus anreist, muss das Ticket bereits vor Ankunft an einem Schalter an der Einfallstraße bezahlen. Weitere Kassen befinden sich in Nyaung U unweit der Bootsanlegestelle und am Flughafen. Es wird an vielen Stellen kontrolliert.

Orientierung

Zur leichteren Orientierung werden die Tempel den verschiedenen Ortschaften zugeordnet. Im Norden befindet sich das wirtschaftliche Zentrum Bagans, **Nyaung U**, nach dem auch der Flughafen benannt ist. Von Nyaung U führen parallel zwei breite Straßen in Richtung Südwesten. Nach etwa 5 km gelangt man zum ehemaligen politischen Zentrum, heute **Alt-Bagan (Bagan Myohaung)** genannt. Dort liegen die wichtigsten Tempelanlagen. Im Mai 1990 wurden die Bewohner in einer umstrittenen Aktion zwangsumgesiedelt. Heute leben sie im 4 km südlich gelegenen **Neu-Bagan (Bagan Myothit)**, das sich mit seinen zahlreichen Hotels und Gästehäusern inzwischen zu einer lebendigen Siedlung gemausert hat. Etwa 1 km südlich von Alt-Bagan liegt **Myinkaba** mit zahlreichen Lackwerkstätten. Weitere Orte sind **Thiripyitsaya** am Ayeyarwady, das mit Neu-Bagan zusammengewachsen ist, und **Minnanthu** im Osten Bagans.

Best of Bagan

- **Ananda** der prächtigste Kultbau, S. 243
- **Shwezigon** der glänzendste Stupa, s. rechts
- **Dhammayangyi** die massivste Pyramide, S. 251
- **Manuha** die ungewöhnlichsten Buddhas, S. 255
- **Gubyaukgyi** (Myinkaba) die schönsten Malereien, S. 239
- **Nanpaya** die feinsten Sandsteinreliefs, S. 255
- **Payathonzu** die filigransten Wandbilder, S. 259
- **Kyaukgu Umin** Meditationshöhle mit der bezauberndsten Anfahrt, S. 240
- **Shwesandaw** der Stupa mit der schönsten Aussicht, S. 251
- **Thatbyinnyu** der höchste Tempelbau, S. 246

Nyaung U

Shwezigon 1

- Datierung: 1059–90, Karte S. 240

Die vergoldete Shwezigon zählt zu den Meisterwerken der Tempelbauten Bagans. Erstmalig wurde mit ihr ein Zedi in einem eigenständigen birmanischen Stil errichtet. Der Baubeginn fällt in eine Phase, als der Stifter-König **Anawrahta** sein neu geschaffenes Großreich durch den Buddhismus als einigende Religion festigen wollte. Daher war ihm sehr daran gelegen, die wichtigsten Reliquien Buddhas nach Bagan zu bringen und für sie eine Pagode zu bauen. Aus der alten Pyu-Metropole Sri Ksetra brachte er ein Stirnbein Buddhas mit, und der befreundete König von Sri Lanka machte ihm ein Duplikat der berühmten Zahnreliquie (heute in Kandy) zum Geschenk. Der Legende nach ließ er den geeigneten Standort von einem weißen Elefanten ermitteln. Dort, wo das frei herumlaufende Tier mit den Reliquien auf dem Rücken anhielt, sollte sie erbaut werden. So geschah es. Die erwählte Stelle wurde *zeya bhumi*, „Land des Sieges", genannt, woraus sich der Name der Shwezigon ableitet. Nach mehrjähriger Unterbrechung vollendete **Kyanzittha** die Shwezigon nach sieben Monaten Bauzeit am Mai-Vollmond 1090. Schenkungen und Restaurierungen in den folgenden Jahrhunderten zeugen davon, dass auch später die Shwezigon von großer Bedeutung war. Bis heute ist sie ein Pilgerziel, vor allem zu ihrem Fest am November-Vollmond. Dann entsteht über mehrere Wochen hinweg rund um die Shwezigon ein bunter Jahrmarkt.

Da Höhe und Breite an der **Basis** mit knapp 49 m exakt gleich sind, wirken die Proportionen sehr massiv und kompakt. Die Basis bilden drei hohe, sich verjüngende quadratische Terrassen, die auf allen vier Seiten mit Treppenaufgängen verbunden sind und grün glasierte Terrakottatafeln bergen. Es folgt eine achtseitige Basis, auf welcher der glockenförmige *anda* ruht. Er wird durch immer kleiner werdende Kreise und am Ende durch nach oben bzw. unten gerichtete Lotosblätter abgeschlossen. Dies wurde zum Markenzeichen für Stupas im birmanischen Stil. Die Spitze hat die Form einer Bananenblüte und wird von einem schmalen *hti* gekrönt.

Rund um den Stupa gibt es weitere interessante Gebäude, etwa die vier *tazaung* an seinen Achsenpunkten mit stehenden Buddhafiguren aus Bronze, die vermutlich aus dem frühen 12. Jh. stammen. Doch nicht nur der Erleuchtete wird verehrt, sondern auch die Nats, denen im Südostteil der Anlage ein Schrein gewidmet ist. Es ist der erste **Nat-Schrein** auf dem Gelände eines buddhistischen Heiligtums. Nur die lackierte und vergoldete Holzplastik des Nat-Königs Thagyamin ist noch ein Original, alle anderen 36 Nat-Figuren sind jüngeren Datums, ebenso der heutige Bau. In einem unscheinbaren Gebäude auf der linken Seite des Westeingangs werden zwei weitere Nats, **Shwe Nyo Thin**, der Vater, und hinter ihm sein Sohn, **Shwe Saga**, verehrt. Sehenswert ist wegen seiner schönen Holzschnitzereien auch der **Youk-soun Tazaung** unweit des Südaufgangs.

Kyanzittha Umin 2

- Datierung: 11. Jh

Irreführenderweise wird dieser Höhlentempel *(umin)* westlich von Nyaung U nach König Kyanzittha benannt, obwohl er stilistisch eher der Zeit Anawrahtas (reg. 1044–77) zuzuordnen ist. Der massive Ziegelsteinbau ist Teil einer Klosteranlage, von welcher jedoch nur noch die Außenmauern erhalten geblieben sind. Alle anderen Gebäude, wie etwa Mönchszellen und Refektorium, sind verschwunden. Das Innere besteht aus Gängen und Kammern, die der Meditation dienten. An den Wänden sind noch Reste von Wandmalereien zu sehen, darunter die Darstellung mongolischer Krieger. Wann sie gemalt wurden, ist jedoch unklar.

Gubyaukgyi 3

- Datierung: 13. Jh.

Südöstlich des Dorfes Wetkyi-in liegt der **Gubyaukgyi-Tempel**, ein einfacher *pahto* mit nach Norden ausgerichtetem Eingang. Vermutlich ist er im 13. Jh. entstanden. Sein abschließender *shikhara* erinnert mit den vier flachen Seiten an den Mahabodhi-Tempel im indischen Bodhgaya. Das Innere macht dem volkstümlichen Na-

BAGAN UND UMGEBUNG

Die Shwezigon begründete einen eigenständigen birmanischen Pagoden-Stil.

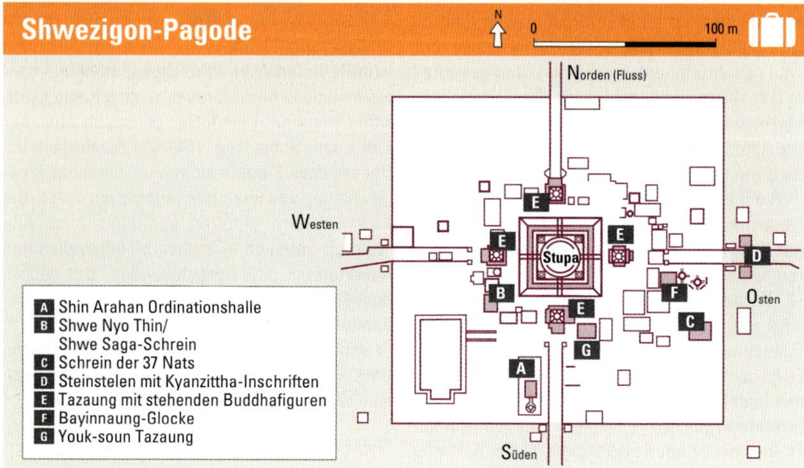

men, „Großer *(gyi)* bemalter *(byauk)* Höhlentempel *(gu)*", alle Ehre. Fast 700 Jahre überstanden die Wandmalereien Verfall und Zerstörung. 1899 jedoch entfernten der deutsche Pseudoarchäologe Dr. Thomann und seine Kollegen große Teile davon mit einer Säge. Bis heute gelten sie als verschollen. Anfang der 1990er-Jahre säuberte ein Expertenteam unter der Führung der Unesco die übrig gebliebenen Malereien. Erst danach wurde deutlich, welche Schätze der Gubyaukgyi birgt und was verloren ging.

An den Seitenwänden des Hauptraumes ist auf den ursprünglich 544 kleinen quadratischen Flächen jeweils eine Jataka-Geschichte dargestellt. Über ihnen sind auf beiden Wandseiten je 14 Buddhas abgebildet und erinnern an die bisherigen 28 Buddhaerscheinungen. Die überdimensionale Buddhafigur, deren halsloser breiter Kopf an einen verstorbenen bayerischen Ministerpräsidenten erinnert, verdeckt leider Teile der Wandmalereien in der Mitte, welche den Angriff der Armee Maras darstellen.

Sapada 4

■ Datierung: 12. Jh.

Wo die Anawrahta Road auf die Straße zum Bahnhof und Flughafen trifft, befindet sich der Sapada-Zedi. Benannt ist er nach dem Mönch Sapada Sayadaw (auch: Chapada), der den Bau 1181 initiierte. Mit dem charakteristischen *harmika*, der quadratischen Reliquienkammer auf dem glockenförmigen *anda*, weist er singhalesische Einflüsse auf. Der Grund liegt auf der Hand: Der aus Pathein stammende Sapada gehörte zu jener Mönchsgruppe, die 1171 nach Sri Lanka aufgebrochen war, um dort den orthodoxen Buddhismus zu studieren. Neu ordiniert, kehrte er nach zehn Jahren zurück und erbaute den Stupa. Der strenggläubige Mönch weigerte sich jedoch, die in Myanmar ordinierten Mönche anzuerkennen und gründete daher den singhalesischen Orden, was zu Spaltungen im Sangha führte. Nach seinem Tod kam es zu weiteren Spaltungen, sodass am Ende der Bagan-Ära vier buddhistische Schulen existierten.

Kyaukgu Umin 5

■ Datierung: 11./12. Jh.

Nordöstlich von Nyaung U versteckt sich in einem Bergeinschnitt nahe dem Ayeyarwady das wohl schönste Beispiel einer Meditationshöhle, die Kyaukgu Umin. Der Archäologe Emil Forchhammer, der den „Steinernen Höhlentunnel" untersuchte, berichtet von der „unbeschreiblichen Einsamkeit", die einen hier überkomme.

Der massive Ziegelsteintempel wurde direkt an den Berghang gebaut. Der obere Bereich gliedert sich in drei Terrassen und wird

Schöne Bootsfahrt

Den Besuch von Kyaukgu Umin kann man mit einer Bootsfahrt verbinden (um 20 000 Kyat). Nachmittags ist die Fahrt am schönsten. Aber auch mit Fahrrad und Pferdekutsche ist er gut zu erreichen.

von einem später hinzugefügten Stupa gekrönt. Türpfosten und Fensterrahmen weisen hervorragende, in den Sandstein gearbeitete Verzierungen auf. Das massive Dach wird im Innenraum von zwei mächtigen Pfeilern gestützt, die eine kolossale Buddhafigur aus Stein flankieren. In den Wänden befinden sich zahlreiche Nischen, die mit Sandsteinreliefs bestückt waren. Viele sind verschollen oder befinden sich im Archäologischen Museum.

Beidseitig der sitzenden Buddhafigur führen Höhlengänge mit angeschlossenen Meditationskammern in den Berg hinein. Eine Datierung des Klosters fällt schwer, da Inschriften fehlen. Stilistisch wird er dem ausgehenden 11. Jh. zugeordnet, während die oberen Terrassen wahrscheinlich erst unter Narapatisithu (reg. 1173–1210) entstanden.

Thetkyamuni und Kondawgyi 6

- Datierung: 12. Jh.

Die Bootsfahrt zum Kyaukgu Umin kann etwa 1 km davor durch den Besuch von zwei kleinen, aber feinen *pahto* unterbrochen werden. Auf dem Gelände eines einfachen Klosters liegt der **Thetkyamuni-Tempel** (Sanskrit: Shakyamuni). Der quadratische Block mit einer im Westen anschließenden Vorhalle wirkt aufgrund der fein abgestuften Terrassen und eines abschließenden, geschwungenen *shikhara* formvollendet. Im Inneren birgt er Wandmalereien aus dem frühen 12. Jh., darunter 550 Jataka, die 28 bisher erschienenen Buddhas unter ihren entsprechenden „Erleuchtungsbäumen" sowie Darstellungen des Königs Ashoka und der Ausbreitung des Buddhismus in Sri Lanka.

Nicht weit entfernt liegt etwas südlich davon auf einer Anhöhe der zeitgleich entstandene **Kondawgyi-Tempel** („großer erhabener Erdhügel"). Anstelle eines maiskolbenförmigen *shikhara* schließt hier ein Stupa die obere Terrasse des Tempels ab. Im Osten ist der quadratische Block durch eine massig wirkende Vorhalle erweitert. Das Innere ist ebenfalls mit Malereien ausgeschmückt.

Zwischen Nyaung U und Alt-Bagan

Htilominlo 7

- Datierung: 1211

Bagans letzter große *pahto* erhebt sich linker Hand an der Straße nach Alt-Bagan. Unschwer ist seine Ähnlichkeit mit dem Sulamani-Tempel zu erkennen, und in der Tat diente dieser drei Jahrzehnte zuvor fertiggestellte Bau König Nadaungmya (reg. 1210–34) als Vorbild für sein neues Projekt. Der Name des 1211 vollendeten Tempels – Htilominlo, „Vom Schirm bevorzugt, vom König bevorzugt" – bezieht sich auf die volkstümliche Bezeichnung Nadaungmyas, der laut Überlieferung von seinem Vater dadurch erwählt wurde, dass jener seine fünf erbberechtigten Söhne sich um einen weißen Schirm setzen ließ. In wessen Richtung der Schirm fiel, der sollte die Nachfolge antreten. Der auf Ausgleich bedachte Nadaungmya ließ jedoch seine Brüder an der Macht teilhaben und bildete dafür einen obersten Rat.

Der 46 m hohe und an der quadratischen Basis 43 m breite Htilominlo ist in zwei deutlich voneinander abgehobene Blöcke getrennt, die durch drei zurücktretende Terrassen harmonisch miteinander verbunden sind. An deren Ecken sind noch die dekorativen Miniaturstupas erhalten geblieben. Die Krönung bildet ein eleganter *shikhara*.

Beide Ebenen enthalten auf allen vier Seiten Buddhafiguren, wobei die Figur im Osten durch ihre Größe hervorragt. Im unteren Eingangsbereich sind noch Reste von Wandmalereien und einige Horoskope zu sehen.

Upali Thein 8

- Datierung: 1793/94

Gegenüber dem Htilominlo-Tempel liegt der unscheinbare Upali Thein. Die Ordinationshalle ist

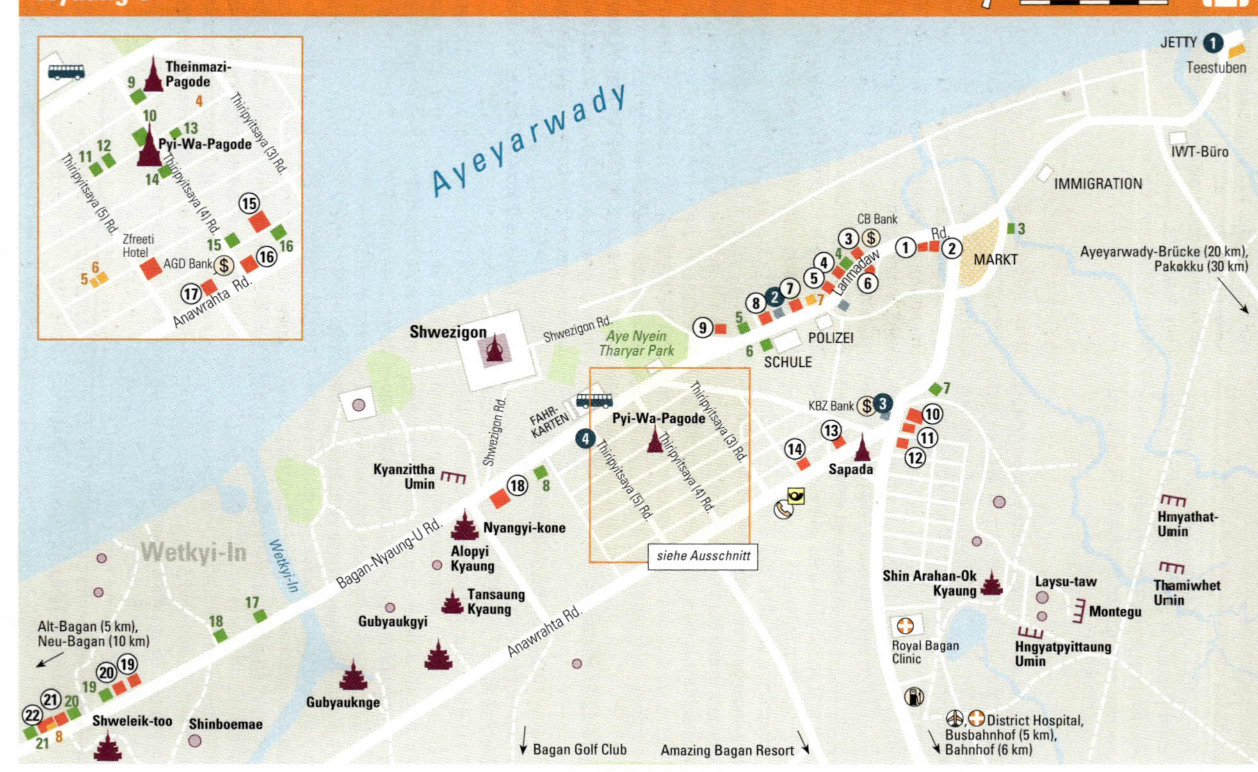

Nyaung U
N
0
500 m
JETTY
Teestuben
IWT-Büro
IMMIGRATION
Ayeyarwady-Brücke (20 km),
Pakokku (30 km)
MARKT
Ayeyarwady
CB Bank
Lanmadaw Rd.
POLIZEI
SCHULE
KBZ Bank
Sapada
Hmyathat-Umin
Thamiwhet Umin
Montegu
Laysu-taw
Hngyatpyittaung Umin
Shin Arahan-Ok Kyaung
Royal Bagan Clinic
District Hospital,
Busbahnhof (5 km),
Bahnhof (6 km)
Amazing Bagan Resort
Bagan Golf Club
siehe Ausschnitt
Thiripyitsaya (3) Rd.
Thiripyitsaya (4) Rd.
Thiripyitsaya (5) Rd.
Pyi-Wa-Pagode
Aye Nyein Tharyar Park
Shwezigon Rd.
FAHR-KARTEN
Shwezigon
Nyangyi-kone
Alopyi Kyaung
Tansaung Kyaung
Anawrahta Rd.
Kyanzittha Umin
Gubyaukgyi
Bagan-Nyaung-U Rd.
Gubyaukgne
Wetkyi-In
Shinboemae
Shweleik-too
Alt-Bagan (5 km),
Neu-Bagan (10 km)
Theinmazi-Pagode
Zfreeti Hotel
AGD Bank

ÜBERNACHTUNG
1. Golden Myanmar Gh.
2. Innwa Motel
3. Sabai Myaing (Jasmin Villa)
4. Pyinsa Rupa Gh.
5. May Kha Lar Gh.
6. Saw Nyein San Gh.
7. Shwe Na Di Gh.
8. Wut Hmon Thit
9. Pann Cherry Gh.
10. Thante Hotel
11. New Life Gh.
12. Large Golden Pot Gh.
13. Hotel Zein
14. Oasis Hotel
15. New Park Hotel
16. Yar Kinn Tha Hotel
17. Prince Gh.
18. Aung Mingalar Hotel
19. Winner Gh.
20. New Wave Hotel
21. Bagan Baobabed Hostel
22. Bagan Umbra

ESSEN
3 Shwe Myit Tar
4 Shwe Moe
5 San Kabar Pub & Restaurant
6 Moe Moe Win Yangon
7 Sanon
8 Sharky's Bagan
9 Weather Spoon's Bagan
10 La Terrazza
11 Bibo
12 Hti Bar
13 Black Bamboo
14 Pyi Wa Restaurant
15 Indian Hut
16 Kan Thar Oo
17 Eden BBB
18 Nanda Restaurant
19 Pyi Sone
20 Golden Emperor
21 Harmony

SONSTIGES
4 Di Mak Healthy Spa
5 Balloons over Bagan
6 Ever Sky Information
7 Oriental Ballooning
8 Golden Eagle Ballooning

TRANSPORT
1 Shwe Keinnery, Malikha
2 Yangon Airways
3 Air KBZ
4 Busse nach Pakokku und Magwe, OK Express

nach dem Mönch Shin Upali benannt, einem einstigen Friseur und späteren Schüler Buddhas. Das längliche Gebäude stammt aus der Konbaung-Ära. In der Mitte des Satteldaches befindet sich ein kleiner Stupa, zwei Reihen von Zinnen zieren die Dachseiten. Laut Inschrift stiftete ein betuchtes Ehepaar die Wandmalereien im Inneren für 1920 Kyat. Die Arbeiten begannen am 4. März 1793 und dauerten ein Jahr.

Das Gewölbe ist mit himmlischen Wesen und ornamentalen Verzierungen ausgeschmückt und an den Wänden werden die Biografien der 28 bisher erschienenen Buddhas illustriert. Deren Leben verlief nahezu identisch: die Erleuchtung der Buddhas unter verschiedenen Bäumen; ihr Auszug in die Hauslosigkeit, allerdings mit unterschiedlichen Reittieren und Gefährten; ihre erste Predigt vor verschiedenen Zuhörerschaften.

Payangazu 9

- Datierung: 12. Jh.

Das einige hundert Meter südwestlich des Htilominlo gelegene Tempelensemble wird Payangazu, „Gruppe der fünf Tempel", genannt. Einer von ihnen, Tempel Nr. 1845, birgt in seinem Inneren eine Besonderheit: Der Hintergrund der zentralen Buddhafigur besteht aus einem bemalten Baumwolltuch. Die Tuchmalerei hat all die Jahrhunderte seit Errichtung des *pahto* im 12. Jh. überstanden. Leider entfernte auch hier Dr. Thomann einige der Wandmalereien.

Monumente in Alt-Bagan

Ananda 10

- Datierung: 1090

Mit dem östlich der ehemaligen Stadtmauer gelegenen Ananda-Tempel setzte sein Stifter, König **Kyanzittha**, neue architektonische Maßstäbe. Bis in die jüngste Vergangenheit wurde er vielfach kopiert. Wahrscheinlich fand er um 1090 seine Vollendung. Seine Ursprungslegende wird in der *Glaspalastchronik* erzählt: Vor Kyanzitthas Palast erschienen acht indische Mönche und berichteten ihm, sie kämen von dem Berg Gandhamadana und lebten dort in der Nandamula-Grotte. Hindu-buddhistischen Mythologien zufolge ist der Gandhamadana („der Aro-

Vorschläge für Tagestouren

Erster Tag: die Highlights

Morgens: Shwezigon 1 ▶ Kyanzittha Umin 2 ▶ Gubyaukgyi (Wetkyi-In) 3 ▶ Ananda 10 ▶ Ananda Ok-Kyaung 11

Nachmittags: Gubyaukgyi (Myinkaba) 31 ▶ Nanpaya 33 ▶ Manuha 32 ▶ Sulamani 28 ▶ Dhammayangyi 27

Zweiter Tag

Morgens: Lawkananda 38 ▶ Dhammayazika 40 ▶ Payathonzu 42 ▶ Nandamannya 41

Nachmittags: Upali Thein 8 ▶ Htilominlo 7 ▶ Payangazu 9 ▶ Shwegugyi 16 ▶ Nathlaung Kyaung 13 ▶ Thatbyinnyu 12 ▶ Bupaya (Sonnenuntergang) 22

Dritter Tag

Morgens: Mingalazedi 30 ▶ Abeyadana 34 ▶ Nagayon 35 ▶ Somingyi Ok-Kyaung 36 ▶ Ashe und Anauk Petleik 39

Nachmittags: Myaybontha Paya Hla 25 ▶ Lokahteikpan 26 ▶ Bootsfahrt nach Kyaukgu Umin (Sonnenuntergang auf dem Boot) 5

matische") der östliche der vier den Berg Meru umgebenden Gipfel. In seinen Wäldern wachsen zahlreiche Heilpflanzen. Kyanzittha wollte unbedingt mehr über das Aussehen der Grotte erfahren. Daher ließen die Mönche sie in einer Vision vor Kyanzitthas Augen erscheinen, woraufhin er beschloss, diese heilige Grotte nachzubauen.

In der Tat lässt der Ananda im dunklen Innern die Atmosphäre einer Grotte aufkommen. Zwei Korridore umlaufen den Kern des kubischen Baus. Sie werden auf allen vier Seiten durch Gänge unterbrochen, die von den Vorhallen ins Innere verlaufen. Durch diese Vorhallen erhält der **Grundriss** (s. rechts) des Ananda die Form eines griechischen Kreuzes mit einer Seitenlänge von 91 m. Hohe Räume mit jeweils einer etwa 10 m hohen stehenden Buddhafigur bilden den Abschluss der Eingänge. Die insgesamt vier **Figuren** stellen die Buddhas der gegenwärtigen Weltzeit dar: im Norden Kakusandha, im Osten Konagamana, im Süden Kassapa und im Westen Gautama. Alle Figuren sind aus Holz, mit Lack überzogen und vergoldet. Allerdings sind nur die nördliche und südliche Figur im Original erhalten geblieben. Die beiden anderen Figuren ersetzten wahrscheinlich Ende des 18., Anfang des 19. Jhs. die zerstörten Originale. Am Fuße des Buddhas auf der Westseite knien beidseitig in Nischen anstelle der üblicherweise abgebildeten Buddhaschüler Moggallana und Shariputra der Mönch Shin Arahan (links) und König Kyanzittha (rechts). Freigelegte Wandmalereien an einigen Eingängen legen die Vermutung nahe, dass das Innere komplett ausgemalt war.

Man sollte unbedingt auch einen genaueren Blick auf das Äußere werfen, um die Massivität des Baus wahrzunehmen. Wie ein Band umgibt eine Vielzahl von grün glasierten **Terrakotta-**

Die Buddhalegende

Im äußeren Korridor des **Ananda-Tempels** illustrieren auf zwei Ebenen insgesamt 80 Sandsteinreliefs das Leben Gautama Buddhas von seiner Geburt bis zur Erleuchtung. Sie sind in Nischen der Außenseite eingefügt. Grundlage der Szenen ist die Buddhalegende Nidanakatha aus dem 5./6. Jh. Die Erzählung beginnt auf der unteren Ebene rechts vom Westeingang und verläuft weiter im Uhrzeigersinn. Um alle Szenen zu erfassen, muss man den Korridor zweimal umlaufen. Auf der unteren Ebene wird die Geschichte von der Schwangerschaft seiner Mutter Maya bis zum Verlassen des Palastes geschildert, auf der oberen Ebene, wieder am Westeingang beginnend, von Buddhas Weltentsagung bis zur Erleuchtung.

© MARTIN H. PETRICH

Ein Bilderbuch des Buddhismus – der Ananda

tafeln – das sind gebrannte und glasierte Tontafeln – die Basis des Tempelbaus. Bei genauerem Hinsehen fallen Fabeltiere und bewaffnete Menschen auf. Sie gehören zur „Armee" des Mara, die Leidenschaft und Begierde verkörpern. Ihre Vertreibung wird von *devas* bejubelt. An den nicht zugänglichen oberen, sich verjüngenden Terrassen sind weitere Terrakottatafeln mit Szenen aus den Jatakas angebracht.

An der **Spitze** des 51 m hohen Tempels befindet sich ein vergoldeter *shikhara*, der an seinen Seiten in fünf übereinanderliegenden Nischen Buddhafiguren enthält. Neben den üblichen vier Buddhas des jetzigen Zeitalters wird zusätzlich der zukünftige Buddha Metteya dargestellt. Zusammen mit den vier umgebenden kleineren *shikhara* symbolisieren die Spitzen die fünf Gipfel des Berges Meru.

Ananda Ok-Kyaung 11

■ Datierung: 1775–1786

In unmittelbarer Nachbarschaft des Nordeingangs zum Ananda-Tempel liegt das „Ziegelsteinkloster", Ananda Ok-Kyaung, mit wunderbaren Wandmalereien aus dem ausgehenden 18. Jh., als Bagan eine Art religiöses Revival erlebte. 1775 begonnen und elf Jahre später vollendet, verbauten die Handwerker laut Inschrift 450 000 Ziegelsteine und 1500 *viss* (2544 kg) Kalk. Dafür musste die Stifterfamilie des Königlichen Archivars 3959 *tical* (67 kg) Silber berappen.

Das komplett aus Ziegeln errichtete Gebäude erhebt sich auf einer Plattform und besticht durch eine elegante gestaffelte Dachkonstruktion. Das

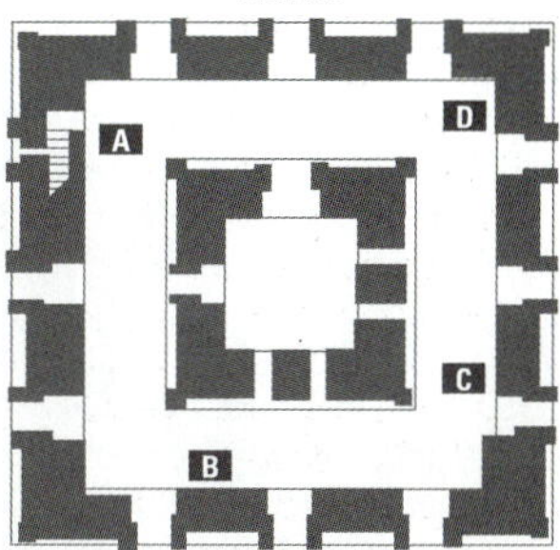

Legende:
A Kukkura-Jataka
B Katthahari-Jataka
C Cullakasethi-Jataka
D Serivanija-Jataka

Innere besteht aus einem Kernraum mit umlaufendem Korridor. Typisch für die Malkunst jener Zeit sind die farbenfrohe Detailverliebtheit sowie eine reichhaltige Ornamentik. Dies wird gerade bei den Jataka-Geschichten deutlich, welche auf zwei Ebenen den äußeren Korridor komplett ausschmücken und zudem Mode und Stil des 17. Jhs. widerspiegeln. Der Kernraum illustriert mit dem Berg Meru die Mitte des Universums.

Thatbyinnyu 12

■ Datierung: Mitte 12. Jh.

Mit 61 m ist der Thatbyinnyu an der Südostecke Alt-Bagans das höchste Bauwerk. Sein vollständiger Name *thatbyinnyutanyan* leitet sich vom Pali-Wort *sabbannutanana* ab und bedeutet „allwissend". Mit diesem Bau wurde die Mittlere Periode eingeläutet, deren wesentliches Merkmal zwei deutlich voneinander abgehobene Stockwerke sind. Als Stifter gilt König Alaungsithu, der ihn vermutlich Mitte des 12. Jhs. in Auftrag gab.

Markant heben sich die beiden kubischen Blöcke voneinander ab und werden jeweils von drei sich verjüngenden Terrassenstufen abgeschlossen. Dadurch wirkt der Bau trotz seiner Massigkeit leicht. Die Spitze bildet ein kurz gehaltener *shikhara*.

Beiden quadratischen Blöcken ist im Osten eine Eingangshalle vorgelagert, die im Inneren eine Buddhafigur birgt. Dank zweier übereinander liegender Fensterreihen wirkt das Innere luftig und hell. Wie viele Ziegelsteine für den Thatbyinnyu verwendet wurden, kann man bei einem gar nicht so kleinen, nahe liegenden Stupa erahnen. Für jeden zehntausendsten Ziegel wurde einer zur Seite gelegt und dieser *pahto* errichtet.

Nathlaung Kyaung 13

■ Datierung: ca. 10. Jh.

Das volkstümlich „Kloster *(kyaung)* der eingesperrten *(hlaung)* Nats" genannte Monument ist Bagans einziger reine Hindutempel. Aufgrund der Darstellungen könnte er dem Gott Vishnu geweiht worden sein. Die Inschrift eines aus dem südindischen Tamil Nadu stammenden Stifters könnte auf größere Umbauten im 13. Jh. hinweisen.

Im Zentrum der Haupthalle befindet sich ein massiver Stützpfeiler mit Vishnu-Darstellungen an seinen vier Seiten. Sie wurden Ende der 1990er-Jahre nur sehr mangelhaft rekonstruiert, wie etwa der auf der Weltenschlange Ananta

Bagans höchstes Bauwerk – der 61 m hohe Thatbyinnyu

© VOLKER KLINKMÜLLER

ruhende Vishnu *(anantashayin)*, aus dessen Nabel drei Lotosblumen wachsen mit je einer Hindugottheit – darunter Brahma – darauf sitzend. In den Nischen der vier Außenseiten befanden sich Abbildungen der zehn Erscheinungsweisen *(avatar)* Vishnus, u. a. als Rama und Krishna. Einige der verschwundenen Figuren wurden von dem Deutschen Fritz Noetling Ende des 19. Jhs. entfernt und dem Berliner Museum für Indische Kunst vermacht.

Ngakywenadaung 14

■ Datierung: ca. 9. Jh.

Dieser zwiebelförmige Stupa gilt als einer der ältesten Bagans und könnte im 9. Jh. von Pyu errichtet worden sein. Ende der 1990er-Jahre wurde er leider unsachgemäß restauriert. Original erhalten geblieben sind noch mehrere grün glasierte Ziegelsteine.

Pahtothamya 15

■ Datierung: ca. 11. Jh.

Über den Ursprung des Pahtothamya herrscht Unklarheit. Wahrscheinlich wurde er im ausgehenden 11. Jh. unter König Sawlu (reg. 1077–84) oder Kyanzittha (reg. 1084–1112) erbaut. Auf die frühe Bauphase in Bagan deuten die gitterförmigen Fensteröffnungen hin, die nur wenig Licht in das Innere des Tempels gelangen lassen. Daher sind die schlecht erhaltenen Wandmalereien im umlaufenden Korridor – die frühesten Bagans – nicht gut sichtbar. Einige wurden restauriert und lassen eine hohe künstlerische Qualität sowie eine umfassende Kenntnis der theravada-buddhistischen Schriften erahnen.

Shwegugyi 16

■ Datierung: 1131

Der „Große *(gyi)* goldene *(shwe)* Höhle *(gu)*" genannte Tempel ist eine Stiftung des Königs Alaungsithu (reg. 1112–67). Dank der beiden Inschriften an der Innenseite der Nordwand ist die exakte Bauzeit bekannt. Der Tempel wurde am Sonntag, dem 17. Mai 1131, begonnen und nach sieben Monaten am Mittwoch, dem 16. Dezember, fertiggestellt – um einen „freundlichen, lieblichen Raum, eine wohlriechende Kammer für den allsehenden Gautama Buddha" zu schaffen, so die Inschrift.

Mit dem Shwegugyi ist das tragische Ende Alaungsithus verbunden. Sein zweitältester Sohn Narathu habe, so berichtet die *Glaspalastchronik*, den 81-jährigen sterbenskranken König 1167 in seinen Tempel gebracht und dort mit einer Decke erstickt. Mit dem Tod Alaungsithus endete eine 55 Jahre währende friedvolle Regentschaft, und es folgte die kurze grausame Tyrannei Narathus (reg. 1167–70).

Er gilt als eines der schönsten Beispiele für die Übergangsphase zwischen der Frühen und Mittleren Periode. Während der Grundplan noch den älteren Vorbildern folgt, strebt der Bau im Gegensatz zu jenen in die Höhe. Diese Wirkung wird vor allem durch den schlanken *shikhara* an der Spitze erzielt. Er bildet den Abschluss von mehreren, sich nach oben hin verjüngenden Terrassen, an deren Ecken vier elegante Miniaturtürme stehen. Der ganze Tempelbau steht auf einer ca. 4 m hohen Plattform und überragt die Umgebung. Durch die hohen Fenster und Eingänge wirkt das Innere luftig und hell.

Pitaka Taik 17

■ Datierung: 1784

Nur wenige hundert Meter vom Shwegugyi entfernt liegt das „Gebäude *(taik)* des Tipitaka". Es soll unter König Anawrahta im 11. Jh. errichtet worden sein, um die aus der Mon-Metropole Thaton verschleppten 30 Sammlungen des Palikanon aufzubewahren. Der heutige, 15,50 x 15,50 m große Bau wurde jedoch 1784 unter König Bodawpaya erheblich verändert, um ein neues Set des Tipitaka unterzubringen.

Gawdawpalin 18

■ Datierung: frühes 13. Jh.

Der Gawdawpalin-Tempel gegenüber dem Archäologischen Museum wurde von König Narapatisithu (reg. 1173–1210) begonnen und von seinem Sohn und Nachfolger Nadaungmya (reg. 1210–34) vollendet. Als Vorbild für das rund 55 m hohe Bauprojekt diente sicherlich der Sulamani.

Wie der Thatbyinnyu besteht er aus zwei sich deutlich voneinander abhebenden quadratischen Blöcken mit Vorhalle auf der Ostseite. Im Gegensatz zu Ersterem wirkt er jedoch aufgrund seiner fein verzierten Terrassen und eines schlanken *shikhara* an der Spitze um vieles ele-

Alt-Bagan (Bagan Myohaung)

ganter. Vom großen Erdbeben von 1975 wurde er erheblich in Mitleidenschaft gezogen. Heute sind alle Schäden beseitigt, allerdings ging ein Großteil des originalen Stuckwerks verloren.

Archäologisches Museum 19

Seit seiner Fertigstellung im Jahr 1998 überragt das gewaltige Gebäude des Archäologischen Museums die Pagodenlandschaft Bagans. Trotz seiner abschreckenden Größe ist die Zahl der sehenswerten Exponate überschaubar. In der riesigen Haupthalle im Erdgeschoss sind einige der herausragendsten Sandsteinreliefs versammelt.

Sehenswert ist in einem rechts abgehenden Raum die Stelen-Sammlung, welche als Informationsquelle für Historiker unabkömmlich ist. Sie geben Auskunft über die Stifter sowie Motiv und Umfang ihrer Schenkung. Teilweise wurden peinlich genau die Kosten für einen Tempelbau aufgeführt. Vielen Klöstern wurden zum Lebensunterhalt der Mönche ganze Dörfer zugewiesen. So vermerkt in der berühmten Rajakumar-Stele aus dem Jahr 1113 der Stifter, er habe zum Erhalt des Tempels die drei Dörfer Munalun, Yape (bei Yangon) und Hainbo (bei Kyaukse) bestimmt. Da sie die identischen Texte in Mon, Pali, Birmanisch und Pyu enthält, konnte Charles Otto Blagden 1911 die Pyu-Schrift entziffern. Zudem ist sie das älteste Zeugnis für eine eigenständige birmanische Schrift. Von dem dort genannten *mranma* leitet sich der heutige Landesname ab.

Exponate in einem links von der Haupthalle abgehenden Raum gewähren eher Einblicke in die Alltagskultur Bagans, etwa die Frisurengalerie. Im Obergeschoss birgt ein Raum eine umfassende Sammlung von Sandsteinreliefs und Buddhafiguren, darunter einige Raritäten aus Bronze. ⌚ Di–So 9.30–16.30 Uhr, Eintritt 5000 Kyat.

Tharaba-Tor 20

■ Datierung: 9. Jh.

Als einziges von ursprünglich zwölf Toren ist das Tharaba-Tor erhalten geblieben. Die seitlich abgehenden Überreste der Stadtbefestigung einschließlich des Wassergrabens wurden Anfang der 1990er-Jahre restauriert. Das Tor stammt aus der Zeit des Königs Pyinbya im 9. Jh. und wurde wahrscheinlich deshalb nicht abgetragen, weil sich in zwei Nischen die verehrten Statuen der Schutzgeister Bagans befinden: Maung Tinde, „Herr Stattlich" (links), und dessen Schwester Shwe Myethna (rechts), „Frau Goldgesicht", auch Meinmahla („schöne Frau") genannt. Alles, was mit Feuer zu tun hat, gehört in ihren Verantwortungsbereich.

Wer ein neues Auto kauft, fährt zuerst zum Tharaba-Tor, um ihnen ein Opfer zu bringen. Im neuen Fahrzeug werden ein weißes und rotes Band angebracht. Mehr zur Geschichte der Mahagiri-Nats im Kasten.

Mahagiri-Nats

Im Königreich Tagaung lebte einst ein Schmied, der so kräftig war, dass er in jeder Hand einen Hammer halten konnte. Seine Schläge brachten sogar die Erde zum Beben. Wegen seiner ansehnlichen Gestalt erhielt er den Spitznamen „Herr Stattlich". Die Beliebtheit und Stärke des jungen Mannes kam auch dem König zu Ohren, der ihn aus Furcht und Neid töten lassen wollte. Doch **Maung Tinde** wurde rechtzeitig gewarnt und floh. Daraufhin nahm der König dessen schöne Schwester zur Frau und lud ihn in den Palast ein. Kaum hatte Maung Tinde die Königsstadt betreten, wurde er festgenommen, an einen Sagabaum gebunden und verbrannt. Seine verzweifelte Schwester stürzte sich daraufhin zu ihrem Bruder ins Feuer, wo beide qualvoll starben. Nur das Gesicht der Frau blieb unversehrt, weshalb man sie später „Goldgesicht" nannte. Die Geister der Geschwister blieben im Sagabaum zurück und brachten allen, die in den Schatten des Baumes traten, Unglück.

Daraufhin ließ der König den Stamm fällen und in den Ayeyarwady werfen. Schneller als der Stamm weitertrieb, verbreitete sich die Geschichte wie ein Lauffeuer im Land, und als der Stamm Thiripyitsaya bei Bagan erreichte, ließ ihn der dortige König herausfischen und zwei Figuren daraus schnitzen. Die Statuen brachte er zum Berg Popa und ernannte die beiden zu den Herrschern des „Großen Berges", Mahagiri.

Affäre Dr. Thomann

Am 30. November 1899 schickte ein Sekretär der kolonialen Finanzverwaltung in Rangoon einen Brief an das Generalgouvernement in Kalkutta mit dem Betreff: „Zerstörung sakraler Kunstwerke in Pagan durch deutsche Archäologen". Darin teilte er mit, ein gewisser „Mr. Thomann" habe sich mit vier Kollegen für drei Monate in Bagan aufgehalten und dort zahlreiche archäologisch wertvolle und für Buddhisten heilige Objekte entwendet. Aus einem Tempel seien sogar Wandmalereien mit einer Säge entfernt worden. Nach der daraufhin angeordneten Ausweisung durch den Generalleutnant Sir Frederic Fryer hätten sie Rangoon am 16. November mit einem Dampfer verlassen.

Dr. Th. H. Thomann, wie der selbst ernannte Archäologe sich auf seinen Reisen vorstellte, war im Juni 1899 nach Bagan gekommen und residierte dort mit fünf Reisebegleitern in einem buddhistischen Kloster. Mit deutscher Gründlichkeit untersuchte er die zahlreichen Tempelruinen, dokumentierte sie und entfernte die interessantesten Objekte. Am schlimmsten betroffen waren die beiden kleineren Tempel Gubyaukgyi in der Nähe des Dorfes Wetkyi-in und der heute kaum besuchte Theinmazi, nördlich von Myinkaba. Dort fielen die schönsten Teile der Wandmalereien Thomanns Raffgier zum Opfer. Sie waren noch relativ komplett und gut erhalten, wie Fotoaufnahmen von Thomanns Team beweisen. Der Beutezug sollte sich für ihn lohnen. Dem Hamburger Völkerkundemuseum verkaufte er 1906 Teile der Theinmazi-Malereien und andere Objekte für die damals gewaltige Summe von 60 550 Reichsmark. Heute werden die Exponate nur selten aus dem Magazin geholt. Die gestohlenen Malereien des Gubyaukgyi-Tempels sind bis heute verschollen.

Dr. Thomann starb 1924 unter nicht ganz geklärten tragischen Umständen. Offensichtlich sollte sich bewahrheiten, was die Bagan-Königin Phwa Saw Plünderern in ihrer Inschrift zum Tempel Myauk Guni 1241 wünschte: „Mögen all jene, die meine verdienstvollen Großtaten zerstören oder rauben, von unzähligen Krankheiten und großen Unglücken heimgesucht werden ... Als Mensch sollen sie zu Geistern werden ... Sie sollen von ihren geliebten Frauen, Söhnen oder Ehemännern für immer getrennt werden. Möge der Blitz in ihr Haus einschlagen ... Und nachdem sie gestorben sind, sollen sie in der Avici-Hölle so oft schmoren, wie es Staubkörner zwischen Nyaung U und Thiripyitsaya gibt."

Mahabodhi 21

■ Datierung: 1211

Seiner eigenwilligen Architektur wegen kommt dem Mahabodhi in Bagan eine Sonderstellung zu. Bereits der Name deutet darauf hin, dass er in Verbindung mit dem gleichnamigen Tempel im nordindischen Bodhgaya steht. Jener wurde an der Stelle errichtet, an der Buddha unter einem Bodhi-Baum die Erleuchtung erlangt hatte. Zu dieser Stätte pflegten die Könige Bagans ein besonders enges Verhältnis. So schickten Kyanzittha und Alaungsithu Handwerker dorthin, um ihn zu renovieren. Im Jahr 1211 ließ Nadaungmya (reg. 1210–34) in Bagan eine Kopie des Mahabodhi erbauen. Über dem massiven quadratischen Schrein erhebt sich ein steil ansteigender pyramidenförmiger Tempelturm, umgeben von vier kleineren Türmen. Dies ist das Markenzeichen des Mahabodhi. An seinen vier Außenseiten befinden sich zahlreiche Nischen mit Buddhafiguren.

Bupaya 22

■ Datierung: 9. Jh.

Am Ufer des Ayeyarwady steht die in leuchtendem Gold erstrahlende „Flaschenkürbis-Pagode" *(bupaya)*. Ihr Name stammt von der eigentümlichen Form. Der Stupa wird den Pyu zugeordnet und stand spätestens bei der Errichtung der Befestigungsanlagen im 9. Jh., wahrscheinlich schon früher. Unwahrscheinlich sind jene Legenden, die ihn ins 3. Jh. v. Chr. datieren. Das Erdbeben von 1975 hatte den Baukörper dermaßen zerstört, dass er vollkommen neu errichtet werden musste.

Nat Htaung Kyaung 23

■ Datierung: 19. Jh.

Im Dorf Taungbi nordöstlich von Alt-Bagan ist unweit des Ayeyarwady das urige Holzkloster Nat Htaung Kyaung sehenswert. Dank der Spenden von Touristen wurde das „Kloster der aufgerichteten Schutzgeister" in den letzten Jahren etwas restauriert. Idyllisch in einen Hof mit Palmyrapalmen und Padauk-Bäumen eingebettet, blickt es mit seinen eleganten schlanken Dächern und Schnitzereien auf eine fast 200-jährige Geschichte zurück.

Zwischen Alt-Bagan und Minnanthu

Shwesandaw 24

■ Datierung: 1057

Der 41 m hohe Stupa der „Goldenen *(shwe)* Haarreliquie *(sandaw)*" gehört zu den ersten Bauten Anawrahtas. Chroniken zufolge ließ der Herrscher ihn um 1057 nach seiner siegreichen Rückkehr aus der Mon-Hauptstadt Thaton zu Ehren einer Haarreliquie Buddhas errichten.

Die Pyramidenform des Stupa entsteht durch fünf sich stark voneinander abhebende quadratische Terrassen, zwei achtseitige Zwischenebenen und einen schlanken glockenförmigen *anda*. Ein Novum zu jener Zeit stellen die Treppen an den vier Achsenpunkten dar. Offensichtlich sollten Gläubige die in den Nischen befestigten Terrakottatafeln mit Jataka-Geschichten betrachten können. Sie waren an den Terrassenseiten angebracht, sind aber heute fast komplett verschwunden. Ebenso fehlen Darstellungen des hinduistischen Elefantengottes Ganesha (birm. „Mahapeine"), welche die Ecken der Terrassen zierten.

Auf der Südwestseite des Shwesandaw-Tempelbezirks befindet sich ein massiver länglicher Ziegelbau, der die gut 21 m lange liegende Buddhafigur **Shinbinthalyaung** enthält. Sie ist die größte liegende Figur in Bagan und stammt wahrscheinlich ebenfalls aus dem 11. Jh.

Myaybontha Paya Hla 25

■ Datierung: 12. Jh.

Auf dem Weg von der Anawrahta Road in Richtung Shwesandaw liegt etwas abseits auf der linken Seite der wenig besuchte Myaybontha Paya Hla. Der „Schöne *(hla)* Tempel *(paya)*" wird in die Anfangsphase der Regentschaft Alaungsithus (reg. 1112–67) datiert und gilt als ein wichtiges Beispiel für die Übergangszeit zwischen der Frühen und Mittleren Phase. Teilweise in exzellentem Zustand sind noch die Stuckverzierungen mit schönen Darstellungen des körperlosen Dämonen Kala, auch *kirthimukha*, „Ruhmgesicht", genannt.

Im Innern sind auf den vier Seiten des massiven Innenpfeilers die vier zentralen Lebensstationen Buddhas dargestellt: Geburt (Nordseite), Erleuchtung (Ostseite), Erste Predigt (Südseite), Tod (Westseite). An der jeweiligen Altarbasis befinden sich teilweise noch Figuren des viergesichtigen Brahma. Seinen Namenszusatz *myaybontha* (Untergrund) erhielt der *pahto*, weil er bis zur Restaurierung teilweise zugeschüttet war.

Lokahteikpan 26

■ Datierung: 12. Jh.

Geht man von der Anawrahta Road kommend auf dem Sandweg in Richtung Shwesandaw, so führt bald ein rechts abzweigender Weg zu dem äußerlich unscheinbaren Lokahteikpan („Zierde der drei Welten"). Der kompakte Tempel wird dem baufreudigen Alaungsithu (reg. 1112–67) zugeschrieben und entstand wohl im frühen 12. Jh. Das Innere der Vor- und Haupthalle ist mit recht gut erhaltenen Wandmalereien ausgeschmückt. Neben Darstellungen der 28 bisher erschienenen Buddhas und der acht Hauptereignisse des Erleuchteten sind die zehn letzten Jataka illustriert.

Dhammayangyi 27

■ Datierung: 1167–70

Das monumentalste Bauwerk Bagans geht auf König Narathu (reg. 1167–70) zurück, den in der *Glaspalastchronik* als grausam beschriebenen Despoten und Mörder seines Vaters Alaungsithu. Der Dhammayangyi lehnt sich in seiner Architektur unverkennbar an den Ananda-Tempel an. Auch bei ihm gleicht der Grundriss einem griechischen Kreuz. Seinem Vorbild folgend besitzt der Dhammayangyi vier vorgelagerte Eingangshallen und nur ein Stockwerk. Die fünf Terrassen sind dermaßen geneigt, dass sie den Tempel einer Pyramide gleichen lassen. Die hervorragende Verarbeitung der Ziegelsteine ist im Detail erkennbar. Die Steine sind exakt einander angepasst und lassen kaum eine Lücke entstehen.

Dämonenfratze im Klosterkomplex Hsinbyushin

Unklar ist, was als Bindemittel verwendet wurde, eventuell wurden Lack oder der Saft der Palmyrapalme beigemischt. Zur Stabilisierung setzten die Baumeister an den Ecken Sandsteine ein.

Der Bau birgt eines der größten Rätsel Bagans, denn der innere der beiden umlaufenden Korridore wurde zugemauert. Einzig an der Ostseite geht der Eingang bis tief in das Gebäude hinein. Ob der innere Wandelgang während der Regentschaft Narathus verschlossen wurde oder danach, lässt sich nicht mehr sagen. Untersuchungen ergaben, dass er vollendet wurde. Eine Besonderheit sind auch die nebeneinander sitzenden Buddhafiguren im westlichen Zugang. Vielleicht ist hier der Erleuchtete zusammen mit dem zukünftigen Buddha Metteya dargestellt.

Sulamani 28

■ Datierung: 1183

Nordöstlich des Dhammayangyi erheht sich mit dem Sulamani das beste Beispiel der Mittleren Periode. Laut Inschrift ließ ihn Narapatisithu 1183 einweihen, „damit die Menschen dem Pfad (Buddhas) folgen und *nibbana* erlangen". Der Name „Krönendes Juwel" bezieht sich auf den legendären Sulamani-Zedi, welchen der Gott Sakha im Tavatimsa-Himmel für die abgeschnittenen Haarlocken Buddhas errichtet hatte. Der Tempel besitzt einen quadratischen Grundriss mit einer Vorhalle im Osten. Die beiden gleich hohen Stockwerke sind durch drei sich verjüngende Terrassen harmonisch miteinander verbunden. Ein in den 1990er-Jahren wiederhergestellter *shikhara* stürzte beim Erdbeben 2016 nach unten und richtete schwere Schäden an. Im unteren Block verläuft ein Wandelgang mit noch teilweise gut erhaltenen Wandmalereien aus der Konbaung-Zeit. Er verbindet die Altarnischen auf den vier Seiten. Die Außenmauer und deren mächtigen Tore sind noch in sehr gutem Zustand. Ursprünglich befanden sich dort 100 Mönchszellen *(kutis)*.

Hsinbyushin 29

■ Datierung: 14. Jh.

Wer auf dem sandigen Weg vom Sulamani weiter in Richtung Minnanthu fährt, gelangt zum Klosterkomplex Hsinbyushin. Er ist deshalb von Bedeutung, weil er beweist, dass auch in den Jahrzehnten nach dem Untergang Bagans die Stadt vorerst ein wichtiges kulturelles Zentrum blieb. Als Stifter gilt der „Herr über den weißen Elefanten" (Hsinbyushin), **Thihathu** (reg. 1312–24). Er war der jüngste, aber ambitionierteste von drei Brüdern, die anfänglich im Dienste Narathihapates standen, nach dessen Tod 1287 das politische Vakuum ausnutzten und nach der erfolgreichen Vertreibung der mongolischen Besatzer im Jahr 1298 die Macht in Ober-Myanmar übernahmen.

Thihathu entmachtete den regulären Regenten Kyawzwa (reg. 1287–98), nahm dessen erste Königin zu seiner Frau und erkor 1312 als uneingeschränkter Herrscher Ober-Myanmars den Ort Pinya, südlich von Inwa, zu seiner neuen Residenz. Die buddhistische Chronik *Sasanavamsa* preist den frommen König als Förderer des Buddhismus und Stifter zahlreicher Pagoden und Klöster. Mit dem Hsinbyushin ließ er eine der größten Universitäten erbauen.

Die Maße sind beeindruckend: Eine 244 x 216 m messende Umfassungsmauer schließt den Gesamtkomplex ein. Hier sind noch die Reste der kubischen Meditationszellen erkennbar. Die wichtigsten Gebäude befinden sich im inneren Bereich, der ebenfalls von einer Umfassungsmauer (114 x 100 m) eingeschlossen ist. Dort steht im Westen ein *pahto* mit teils gut erhaltenen Stuckresten. Ihm ist im östlichen Bereich eine offene Ordinationshalle vorgelagert. Insgesamt 28 Säulen stützen das rekonstruierte Dach. Nördlich davon steht ein begehbarer Stupa im singhalesischen Stil mit gut erhaltenen Wandmalereien.

Myinkaba

Im heute friedlichen Myinkaba entschied sich im Jahr 1044 der blutige Machtkampf zwischen Anawrahta und seinem Halbbruder Sokkate. Vom Speer getroffen, soll Sokkate in den Myinkaba Chaung gestürzt und gestorben sein. Der Tradition nach fristete hier ab 1057 der verschleppte Mon-König Manuha sein Dasein. Für heutige Besucher lohnt sich ein Spaziergang durch das Dorf, in dessen zahlreichen Werkstätten und Privathäusern die Nachkommen Manuhas Lackwaren produzieren.

Mingalazedi 30

- Datierung: 1274

Auf halbem Wege zwischen Alt-Bagan und Myinkaba liegt die „Glücksbringende Pagode“, Mingalazedi. Sie ist das letzte bedeutende Bauprojekt Bagans und sollte ihrem Namen keine Ehre machen, denn erst nach sechsjähriger Bauzeit wurde sie 1274 fertiggestellt. Weil sich der Bau ewig hinzog, machte das Gerücht die Runde, dass mit Vollendung des Stupas der Untergang des Reiches käme. Als dieses schlechte Omen König Narathihapate (reg. 1254–87) zu Ohren kam, veranlasste er die Einstellung des Baus. Erst als ihn der Mönch Panthagu auf die buddhistische Lehre der Unbeständigkeit *(anicca)* hinwies, ließ er die Bauarbeiten wieder aufnehmen. Die Prophezeiung bewahrheitete sich: Mit diesem König ging das Bagan-Reich unter.

Die Shwezigon-Pagode ist unschwer als Vorbild für den Mingalazedi auszumachen. Wie bei ihr bilden drei durch Treppen verbundene Terrassen die Basis, auf welcher sich der glockenförmige *anda* erhebt. An den Ecken der obersten Terrasse stehen vier kleinere Stupas, die bei den unteren Terrassen durch sogenannte *kalasa*, „Heilige Töpfe“, ersetzt sind. Ein Großteil der Terrakottatafeln an den Terrassenseiten ist

Spaziergang durchs Lackwaren-Dorf

Statt die kommerziellen und sehr touristischen Lackwerkstätten zu besuchen, kann man auch einfach durch die Seitenwege von Myinkaba spazieren, wo viele Familien sich der Herstellung von Lackwaren widmen. Die einen bearbeiten den Bambus, andere ritzen die Muster in den Lack ein, wieder andere sind mit dem Flechten von Rosshaar beschäftigt. Wer in direkten Kontakt treten möchte, kann dies über die Win-Familie tun. U Maung Win und seine Frau Aye Sandar betreiben in einem Seitenweg hinter dem Manuha-Tempel eine kleine Werksätte samt Laden und kennen das ganze Wohnviertel. Zudem können sie noch zwei hübsche Tempel zeigen. Am besten ruft man vorher bei ihrer Tochter Nandar Win, ✆ 094-2508 6445, an, welche die Tour organisieren kann. Detailkarte auf www.stefan-loose.de über [10986] abrufbar.

Niem – die Apotheke Birmas

Für erschöpfte Besucher Bagans hat der mächtige Niembaum vor allem einen Nutzen: Er spendet Schatten. Dabei ist ihnen kaum bewusst, dass dieser Baum zu den wichtigsten Nutzpflanzen der Erde gehört. Der Niembaum (birm. *tamar*), erkennbar an seinen fedrigen, spitz zulaufenden schmalen Blättern, ist in dieser trockenen Region häufig anzutreffen, weil er mit viel Wärme und wenig Wasser auskommt. Er wächst vor allem in den Savannenlandschaften Indiens und Myanmars und wird gerne für die Wiederaufforstung verödeter Gebiete verwendet, z. B. auf dem Berg Shwe Pon Taung bei Chauk.

Heute wird „der Heiler der Gebrechen", *arishtha*, wie er in ayurvedischen Schriften genannt wird, in vielen Ländern Lateinamerikas und Afrikas kultiviert, weil sein Öl, seine Samen, Rinde und Blätter vielfältige Wirkstoffe besitzen. Die gemahlenen Samen werden mit Wasser vermischt als Pestizid verwendet und vertreiben Mücken, Läuse und anderes Ungeziefer. Das aus den Samen gepresste Öl kann zu Seife weiterverarbeitet werden, hilft bei Magen- und Darmerkrankungen und stärkt das Immunsystem. Die Blätter bilden die Basis für Zahnpasta, Kompressen und Mückenmittel. Die Rinde schließlich wirkt antiseptisch und lindert Rheuma und Fieber.

Seinen umfassenden Nutzen hatte auch der US-amerikanische Chemiegigant W. R. Grace & Co. erkannt. Er ließ in den 1990er-Jahren in den USA und in Europa einige Anwendungen patentieren, obwohl sie seit Jahrhunderten bekannt sind. Als es vor allem in Indien zu Massenprotesten gegen diese „Bio-Piraterie" kam, widerrief das zuständige Europäische Patentamt in München im Jahr 2000 das Patent. Der „freie Baum", so die Bedeutung des persischen Namens *azad darakht* (lat. *Azadirachta indica*), wurde daraufhin zum Symbol für den Kampf gegen die neue Form des Kolonialismus.

verschwunden. Über 100 von ihnen entfernte Fritz Noetling und vermachte sie 1893 dem Berliner Museum für Indische Kunst.

Gubyaukgyi 31

- Datierung: 1113

Mit diesem Tempel im Norden Myinkabas ist eine Liebesgeschichte verbunden: Auf der Flucht vor der Rache des Königs Anawrahta gelangte der damalige General Kyanzittha eines Tages zu einer Einsiedelei. Dort lebte ein Mönch mit seiner schönen Nichte Thambula. Wie an heiligen Stätten Myanmars nicht unüblich, verliebten sich die beiden ineinander. Thambula wurde schwanger, doch noch vor der Entbindung musste Kyanzittha an den Königshof zurückkehren. Als Erkennungszeichen schenkte er ihr einen Ring. Sieben Jahre später, als Kyanzittha bereits König war, übergab ihr Sohn **Rajakumar** dem Herrscher den Ring. Beide wurden daraufhin in den Königshof aufgenommen. In späteren Jahren sollte der „Königliche *(raja)* Prinz *(kumar)*" zu einem der größten Gelehrten und wichtigsten Berater des Königs werden. Kurz nach dem Ableben Kyanzitthas ließ Rajakumar im Jahr 1113 den Gubyaukgyi-Tempel errichten. Damit wollte er dem Vater gegenüber seine Loyalität beweisen, obwohl jener nicht ihn, sondern einen Enkel namens Alaungsithu zum Nachfolger bestimmt hatte.

Architektonisch zählt der Gubyaukgyi zu den frühen *pahto*: ein quadratisches Sanktuarium mit einem weiten Vorbau im Osten. Das steil ansteigende Dach endet in einem gerippten *shikhara*. Durch die gitterförmigen Fenster – mit teilweise exzellent erhaltenen Stuckverzierungen – dringt so spärlich Licht ins Innere, dass man sich fragt, wie die Künstler die dortigen Wände dermaßen detailgenau bemalen konnten.

Das **Sanktuarium** besteht innen aus einem nach Osten geöffneten Raum mit umlaufendem Korridor. Die Außenwände des Korridors sind auf mehreren Reihen komplett mit 550 Jataka-Geschichten (drei mehr als gewöhnlich) ausgemalt. Jede Geschichte ist in einem der Quadrate mit der Hauptszene dargestellt und in der Mon-Schrift betitelt. Die Serie der Geburtsgeschichten beginnt auf der linken Seite der Ostwand, drittoberste Reihe. Die obersten beiden Reihen erzählen die Geschichte Gautama Buddhas sowie einen Schöpfungsmythos. Auf den gegenüberliegenden Innenwandseiten werden neben weiteren Szenen aus dem Leben Buddhas

(z. B. an der westlichen Innenwand der erfolglose Angriff Maras sowie der Abstieg Buddhas aus dem Tavatimsa-Himmel), Legenden früherer Buddhas, die ersten drei Konzilien sowie das Leben des indischen Königs Ashoka dargestellt. Zehnarmige Bodhisattvas (eigentlich für den Mahayana-Buddhismus typisch) flankieren als Wächter den Eingang zum Heiligtum.

Auf dem Gelände des benachbarten Stupas **Myazedi** fand Emil Forchhammer 1886/87 eine der beiden Rajakumar-Stelen, mit deren Hilfe die Pyu-Schrift entziffert werden konnte. Die eine befindet sich heute im Archäologischen Museum, die andere auf dem Tempelgelände in einem kleinen Schrein.

Manuha 32

■ Datierung: 12. Jh.

Im klobig wirkenden Manuha-Tempel sind drei riesige sitzende Buddhafiguren dermaßen hineingezwängt, dass füllige Personen sie nur mit großen Schwierigkeiten aufsuchen können. Auf der Hinterseite des Gebäudes ist eine liegende Buddhafigur im *parinibbana* untergebracht.

Die Tradition schreibt den Tempel dem namensgebenden Mon-Regenten Manuha zu, der damit seiner beengten Situation als Gefangener Ausdruck verliehen haben soll. Stilistisch wird der längliche Bau jedoch dem 12. Jh. zugeordnet. Auf dem Tempelgelände wurde linker Hand ein offener Schrein mit Statuen des Manuha und seiner Frau Ningaladevi errichtet.

Nanpaya 33

■ Datierung: 11. Jh.

Auf der Südseite des Manuha befindet sich nur wenige Schritte entfernt der Nanpaya-Tempel. Narapatisithu (reg. 1173–1210) soll ihn an der Stelle der ehemaligen Residenz des Manuha errichtet haben, daher sein Name „Palasttempel". Stilistisch gehört er jedoch eindeutig der Frühzeit Bagans an: ein quadratischer, flacher Bau mit einem weit vorgezogenen, nach Osten ausgerichteten Vorbau. Eine Besonderheit ist die vollständige Auskleidung des Ziegelbaus mit weichem Sandstein. Zum Teil sind die feinen Verzierungen mit Darstellungen von „Ruhmesgesichtern" *(kirtimukha)* des körperlosen Dämonen Kala, aus dessen Mund Rankenwerk sprießt, krokodilartigen Ungeheuern *(makara)* sowie des von spiralförmiger floraler Ornamentik umgebenen Vogels *hintha* noch gut erhalten.

Das Innere besteht aus einem Raum mit vier massiven Pfeilern in der Mitte, die sich um einen heute verschwundenen stehenden Buddha gruppieren. An den beiden Innenflächen ist der vierköpfige Hindugott Brahma mit Lotosblumen in der Hand dargestellt – Gleiches findet sich als Malerei an manchen Eingängen des Ananda. Vermutlich spielt das Motiv auf den Abstieg Buddhas aus dem Tavatimsa-Himmel an, bei welchem der Erleuchtete von Brahma und Indra begleitet wird.

Abeyadana 34

■ Datierung: Ende 11. Jh.

Südlich von Myinkaba liegt auf der Westseite der Straße nach Neu-Bagan der Abeyadana. Benannt nach Kyanzitthas bengalischer Hauptfrau, soll der Tempel der Überlieferung nach an jener Stelle errichtet worden sein, an welcher Abeyadana auf ihren vor König Sawlu fliehenden Mann gewartet hat. Bauliche Parallelen zum Nagayon-Tempel lassen vermuten, dass die beiden *pahto* Ende des 11. Jhs. etwa zeitgleich errichtet wurden. Dem quadratischen Bau ist an der Nordseite eine lange Eingangshalle vorgelagert. Das abgeschrägte Dach wird von einem Stupa gekrönt, der von einer diskusförmigen Schale mit anschließendem zylindrischem und geripptem Aufsatz abgeschlossen wird.

Die Motive der Wandmalereien im Inneren geben Anlass zu fantasiereichen Spekulationen. Finden sich in der Eingangshalle klassische Themen des Theravada-Buddhismus, allen voran die Jataka, so tauchen an der Außenwand des um den Zentralblock laufenden Wandelgangs auf mehreren Ebenen typische mahayana-buddhistische Motive auf, etwa der Bodhisattva Avalokiteshvara. An der Korridor-Innenwand wiederum finden sich hinduistische Gottheiten wie Brahma, Vishnu und Indra. Dieser religiöse Pluralismus wurde mit der indischen Herkunft Abeyadanas in Verbindung gebracht. Vielleicht beweist er aber auch nur, dass die Bewohner Bagans – einschließlich der Könige – so orthodox theravada-buddhistisch nicht waren, sondern sich für andere religiöse Strömungen offen zeigten.

Nagayon 35

■ Datierung: Ende 11. Jh.

Auf der Weiterfahrt nach Süden passiert man linker Hand mit dem Nagayon einen weiteren Tempel der Frühzeit. Auch dessen Standort steht in Verbindung mit der Flucht Kyanzitthas vor Sawlu. Hier soll er laut *Glaspalastchronik* im Schutz einer Naga-Schlange geschlafen haben – wie einst Buddha vom Naga-König Mucalinda geschützt wurde. So zumindest ist die gewöhnliche Deutung des Namens Nagayon, „von einem Naga beschützt".

Wie beim vis-à-vis der Straße gelegenen Abeyadana weist der Eingang in Richtung Norden. Im Gegensatz zu ihm werden die abgeschrägten Dachterrassen jedoch von einem *shikhara* abgeschlossen. Insgesamt wirkt die Architektur des Nagayon wohlproportioniert. Im Inneren umläuft ein Korridor den Zentralblock, der eine 5,50 m große, auf einem Naga stehende Buddhafigur birgt. Sie wird von zwei weiteren stehenden Buddhas flankiert, die stilistisch der Frühzeit zuzuordnen sind.

Die Wände des Korridors enthalten 60 Nischen für Sandsteinreliefs mit Darstellungen aus dem Leben Buddhas. Viele Originale befinden sich heute im Archäologischen Museum und wurden durch Kopien ersetzt. Sowohl in der Vorhalle als auch an den Wänden des Korridors sind noch Reste von Wandmalereien auszumachen.

Somingyi Ok-Kyaung 36

■ Datierung: 1204

Etwa auf halbem Weg zwischen Myinkaba und Neu-Bagan befinden sich auf der westlichen Straßenseite die Ruinen des Somingyi Ok-Kyaung. Es ist eines der wenigen Klöster, die vollständig aus Ziegeln erbaut wurden. Einer aufgefundenen Inschrift zufolge wurde es 1204 von einer Frau namens Somin gestiftet. Der quadratische, von einer Mauer eingeschlossene Bau besteht aus kleinen Mönchszellen an den Seiten, einer Eingangshalle im Osten und einem zweistöckigen, turmartigen *pahto* für religiöse Feiern im Westen. Von den meisten Bauten sind jedoch nur noch Reste übrig. Im Gegensatz dazu ist der benachbarte Stupa noch gut erhalten.

Seinnyet Ama und Seinnyet Nyima 37

■ Datierung: 12./13. Jh.

Kurz vor dem Ortseingang Neu-Bagans stehen auf der östlichen Straßenseite in geschwisterlicher Harmonie vereint der Seinnyet-Ama-Tempel („Ältere Schwester") und die Seinnyet-Nyima-Pagode („Jüngere Schwester"). Der Überlieferung nach sollen beide Monumente im 11. Jh. von der Königin Seinnyet errichtet worden sein. Allerdings sprechen die architektonischen Baustile eher für unterschiedliche Bauzeiten in der Mittel- bzw. Spätphase Bagans.

Der Seinnyet Ama ist ein quadratischer *pahto* mit vier Eingängen, wobei der Osteingang etwas vorgelagert ist. Die drei Terrassen lassen das Dach wie eine Pyramide erscheinen. Den Abschluss bildet ein gerippter *shikhara*.

Drei Terrassen bilden die Basis für den glockenförmigen *anda* des Stupas Seinnyet Nyima. Teilweise sind die Stuckverzierungen noch in gutem Zustand, darunter die Kala-Fratzen, deren Mäuler durch Girlanden verbunden sind. Auf vier Seiten befinden sich in Nischen kleine Buddhafiguren. Auffallend ist der diskusförmige Glockenaufsatz mit einer sich nach oben verjüngenden gerippten Spitze.

Tempel in Neu-Bagan

Der geschichtsträchtige Hafenort Thiripyitsaya ist mittlerweile mit dem nach 1990 entstandenen Neu-Bagan (Bagan Myothit) zusammengewachsen. Beide Orte liegen etwa 4 km südlich von Alt-Bagan. In Thiripyitsaya lag während der Bagan-Ära der Haupthafen. Entsprechend finden sich hier einige wichtige Monumente.

Tempel in Neu-Bagan siehe Karte S. 258 und S. 232/233.

Lawkananda 38

■ Datierung: 1059

Zu Ehren eines Duplikats der berühmten Zahnreliquie aus Sri Lanka ließ Anawrahta im Jahr 1059 im Süden Thiripyitsayas direkt am Ufer des Ayeyarwady einen Stupa errichten. Mit seinem zylindrisch geformten *anda* ist er noch den Pyu-Vorbildern verhaftet. Die Basis bilden drei achteckige Terrassen, von denen zwei über Treppen begeh-

Am Ufer des Ayeyarwady – der 1059 erbaute Lawkananda

bar sind. Der Lawkananda – abgeleitet vom Pali-Wort *lokananda*, „Freude der Welten" – zählt zu den insgesamt fünf Pagoden, die von Anawrahta zum spirituellen Schutz Bagans errichtet wurden. In den 1990er-Jahren wurde er vergoldet.

Ashe und Anauk Petleik 39

■ Datierung: erste Hälfte 11. Jh.

Etwas südlich von Thiripyitsaya stehen die beiden Tempel Ashe (östlicher) Petleik und Anauk (westlicher) Petleik. Es gibt Vermutungen, dass sie noch vor Anawrahtas Regentschaft in der ersten Hälfte des 11. Jhs. errichtet wurden. Von außen wirken die beiden Stupas eher unspektakulär. An ihrer Basis befanden sich umlaufende überdachte Korridore, was eher ungewöhnlich für Stupas ist. Als zwischen 1907 und 1915 die Restaurierungsarbeiten durchgeführt wurden, versah man die eingestürzten Korridore mit einem Dach. Bei der Ausgrabung kam eine Vielzahl von unglasierten gebrannten Tontafeln zum Vorschein. Die dargestellten Jataka-Szenen beeindrucken in ihrer klaren Schlichtheit.

Dhammayazika 40

■ Datierung: 1196

Auf den ersten Blick scheint der Dhammayazika („dem König des Gesetzes gehörend") mit seinen drei Terrassen und dem glockenförmigen *anda* sehr der Shwezigon zu ähneln. Doch zeigt sich beim näheren Hinsehen ein elementarer Unterschied: Die Terrassen des 1196 von Narapatisithu errichteten Stupas sind fünfseitig und nicht, wie üblich, quadratisch. Den Seiten ist jeweils ein *tazaung* vorgelagert, in welchem nicht nur einer der vier Buddhas des jetzigen Zeitalters verehrt wird, sondern auch der zukünftige Buddha Metteya.

Von den Terrakottatafeln auf den Terrassen sind leider viele verschwunden. Nachdem der zwischen Neu-Bagan und Minnanthu gelegene Dhammayazika lange Zeit verloren im Feld stand, erfuhr er in den 1990er-Jahren eine Art Revival. Im Auftrag des Militärs wurden der *anda* vergoldet, die Plattform um den Tempel verschönert und mehrere neue Holzpavillons errichtet.

Die Tempel von Minnanthu

An der östlichen Peripherie der Königsmetropole, rund um das heutige Dorf Minnanthu, entstanden im 13. Jh. viele Klosteranlagen. Ihre Umfassungsmauern sind teilweise noch recht gut erhalten. Architektonisch mag ihnen die Monumentalität früherer Bauten fehlen, dafür bergen sie in ihrem Inneren manche Überra-

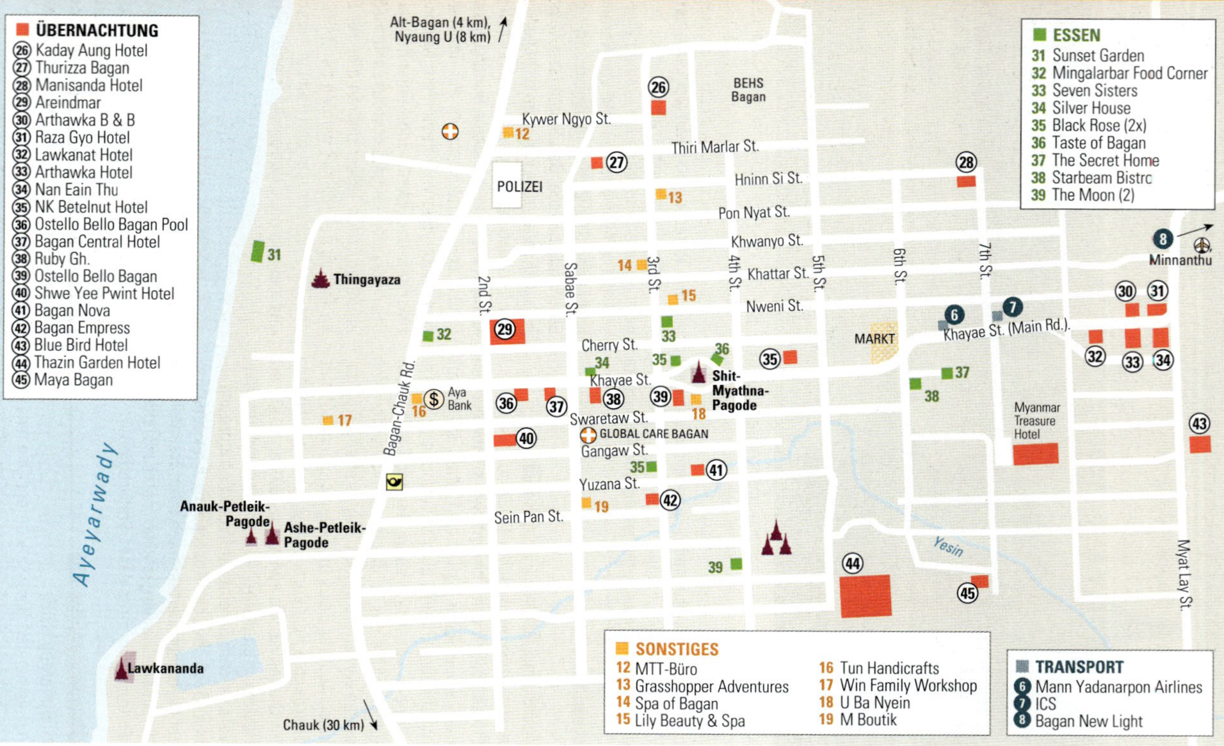

Neu-Bagan (Bagan Myothit)
N
0
500 m
ÜBERNACHTUNG
26 Kaday Aung Hotel
27 Thurizza Bagan
28 Manisanda Hotel
29 Areindmar
30 Arthawka B & B
31 Raza Gyo Hotel
32 Lawkanat Hotel
33 Arthawka Hotel
34 Nan Eain Thu
35 NK Betelnut Hotel
36 Ostello Bello Bagan Pool
37 Bagan Central Hotel
38 Ruby Gh.
39 Ostello Bello Bagan
40 Shwe Yee Pwint Hotel
41 Bagan Nova
42 Bagan Empress
43 Blue Bird Hotel
44 Thazin Garden Hotel
45 Maya Bagan
ESSEN
31 Sunset Garden
32 Mingalarbar Food Corner
33 Seven Sisters
34 Silver House
35 Black Rose (2x)
36 Taste of Bagan
37 The Secret Home
38 Starbeam Bistro
39 The Moon (2)
SONSTIGES
12 MTT-Büro
13 Grasshopper Adventures
14 Spa of Bagan
15 Lily Beauty & Spa
16 Tun Handicrafts
17 Win Family Workshop
18 U Ba Nyein
19 M Boutik
TRANSPORT
6 Mann Yadanarpon Airlines
7 ICS
8 Bagan New Light
Alt-Bagan (4 km), Nyaung U (8 km)
Minnanthu
Myat Lay St.
7th St.
6th St.
5th St.
4th St.
3rd St.
2nd St.
Sabae St.
Khayae St. (Main Rd.)
Myanmar Treasure Hotel
MARKT
Yesin
BEHS Bagan
Thiri Marlar St.
Hninn Si St.
Pon Nyat St.
Khwanyo St.
Khattar St.
Nweni St.
Kywer Ngyo St.
POLIZEI
Cherry St.
Khayae St.
Swaretaw St.
GLOBAL CARE BAGAN
Gangaw St.
Yuzana St.
Sein Pan St.
Shit-Myathna-Pagode
Aya Bank
Bagan-Chauk Rd.
Thingayaza
Anauk-Petleik-Pagode
Ashe-Petleik-Pagode
Chauk (30 km)
Lawkananda
Ayeyarwady

schung. Wer mal etwas anderes als Tempel sehen möchte, kann auch einen Rundgang durch den netten Ort unternehmen. Alternativ bietet sich ein Spaziergang durch eine der beiden etwas weiter südlich gelegenen Ortschaften, **West-Pwasaw** und **Ost-Pwasaw**, an.

Nandamannya 41

■ Datierung: 1248

Von außen wirkt der Nandamannya-Tempel sehr unscheinbar: ein kleiner quadratischer *pahto* mit vier gleich gestalteten Seiten; oben wird er durch einen Stupa abgeschlossen. König Kyazwa (reg. 1234–50) stiftete ihn 1248 und benannte ihn nach einem der Attribute Buddhas „Unendliche Weisheit“ (Pali: *anantapañña*). Die Überraschung liegt im Inneren. Dort ist er fast vollständig ausgemalt. Selbstverständlich sind es wieder vorwiegend Szenen aus dem Leben des Erleuchteten, wie etwa seine wundersame Geburt aus der Seite seiner Mutter Maya, und die Darstellungen der 28 Buddhas. Zudem sind zahlreiche tierische Fabelwesen abgebildet, die zur Armee des Mara gehören. Raffiniert wurden sie in die Ornamentik der Wandpfeiler eingearbeitet.

Auf mehr Interesse mag jedoch die Prozession barbusiger Frauen stoßen, deren anscheinend vulgär erotische Darstellung dem prüden französischen Pali-Experten Charles Duroiselle bei seinen Forschungen 1915 die Röte ins Gesicht trieb. Sie ist in einer Nische an der Südwand unter einer Buddhadarstellung zu sehen. Der Buddhalegende Nidanakatha zufolge wurden die Frauen unterschiedlichen Alters von den drei Töchtern Maras geschickt, um Buddha „auf jede Art und Weise“ zu verführen. Die Töchter namens Tanha (Gier), Raga (Lust) und Arati (Unzufriedenheit) sind auf der gegenüberliegenden Seite nochmals mit ihrem Vater dargestellt. Da die Malereien jenen des Payathonzu ähneln, gibt es Vermutungen, dass hier dieselben Künstler am Werk waren.

Nur wenige Schritte entfernt stößt man auf den **Kyatkan Umin** (11. Jh.) mit noch heute genutzten unterirdischen Meditationszellen.

Payathonzu 42

■ Datierung: 13. Jh.

Ein Stück weiter südlich liegt der unvollendet gebliebene Payathonzu („drei Tempel“). Er besteht aus drei auf einer Ost-West-Achse liegenden quadratischen Kammern, die durch schmale Gänge miteinander verbunden sind. Oben werden sie von drei Terrassen und einem *shikhara* abgeschlossen. Zwar ist diese Dreiteilung äußerst ungewöhnlich für die Tempel Bagans, doch findet sie sich auch bei einigen Khmer-Tempeln in Kambodscha und Thailand (z. B. Lopburi).

Im Inneren dominieren drei Altäre mit restaurierten Buddhafiguren den Raum. Nur der östlich gelegene *pahto* ist vollständig mit Wandmalereien ausgeschmückt. In dessen Vorraum finden sich typische theravada-buddhistische Motive wie die 547 Jataka und einige Szenen aus dem Leben Buddhas, darunter seine Geburt und der Abstieg aus dem Tavatimsa-Himmel.

Im Hauptraum lassen sich an den Seitenwänden die unter Bäumen meditierenden 28 Buddhas erkennen. Zudem gibt es mahayana-buddhistische Darstellungen wie mehrarmige Bodhisattvas, nicht identifizierbare Figuren in inniger Umarmung mit weiblichen Gestalten sowie Fabelwesen und Ornamentik.

Lemyethna 43

■ Datierung: 1223

Der auffallend weiß getünchte Tempel, nördlich von Minnanthu, besticht durch seine Eleganz. Bewirkt wird sie durch den feinen Übergang zwischen dem quadratischen Unterbau und dem schlanken *shikhara*. Der „Tempel der vier Himmelsrichtungen“ ist eine Stiftung von Ananthaturiya – einem Minister am Hofe Nadaungmyas – und seiner Frau aus dem Jahre 1223, um laut Inschrift „zu einem allwissenden Buddha zu werden, der alles weiß und alles sieht“. In ihrer Inschrift erwähnen sie zudem „wunderschön gemalte Szenen aus den 550 Jataka“. Doch leider wurden Teile der Originalmalerei von den Einheimischen übertüncht.

ÜBERNACHTUNG

Die günstigsten Übernachtungsmöglichkeiten bieten **Nyaung U** und **Neu-Bagan**. Beide Orte sind etwa 10 km voneinander entfernt. In **Alt-Bagan**, das etwa in der Mitte liegt, gibt es einige schöne, allerdings nicht gerade billige Hotels. Wer vorhat, mehrere Tage in Bagan zu bleiben, kann ein paar Tage im nördlichen Bereich verbringen, die anderen im südlichen. Leider sind auch in Bagan die Übernachtungspreise derzeit völlig überzogen, in der Hochsaison sollte man unbedingt reservieren.

Nyaung U

Karte S. 242

Als Verwaltungs- und Wirtschaftszentrum Bagans hat Nyaung U eine entsprechende Infrastruktur mit Krankenhaus, Banken, Schulen, Hotels, Restaurants etc. Auch der Flughafen ist nach dem Städtchen benannt. Ein Spaziergang durch den sympathischen Ort mit einem bunten **Markt** lohnt sich allemal. Dank einer genügenden Auswahl an guten Restaurants und günstigen Unterkünften wird Nyaung U von vielen Besuchern als Standort bevorzugt. Eine geschäftige Straße zwischen Anawrahta Road und altem Busbahnhof hat sich zur Traveller-Meile entwickelt. Dort kann man gut essen und Infos austauschen.

Lanmadaw (Main) Road

Golden Myanmar Gh. ①, ✆ 061-246 0901, ✉ gmyanmar58@gmail.com. Einfaches, recht nüchtern gehaltenes Gästehaus mit 15 Zimmern, die meisten mit AC und Bad. Im 1. Stock verströmen die 7 Räume mit ihrer dünnen Holzvertäfelung rustikale Hüttenatmosphäre. ❷

Innwa Motel ②, ✆ 061-246 0902, 246 0849, ✉ innwa.gh@gmail.com. Gut geführtes 3-stöckiges Gästehaus mit 40 kleinen, etwas betagten AC-Zimmern mit Bad, einige größere mit TV und Kühlschrank. Frühstück auf der Dachterrasse. ❸–❹

May Kha Lar Gh. ⑤, ✆ 061-246 0304, 246 0907. Das betagte Gästehaus bietet für jeden Geldbeutel etwas: 6 AC-Zimmer mit Gemeinschaftsbad, 25 AC-Zimmer mit Bad, TV und Kühlschrank, 4 3-Bett-Zimmer. Fahrradverleih, hilfreiches Personal. ❷

Pann Cherry Gh. ⑨, an der östlichen Zufahrt zur Shwezigon, ✆ 061-246 0075, ✉ panncherrymotel.bagan@gmail.com. Wer keinen Wert auf Optik legt, dem reichen die 4 spartanischen EZ für nur US$7 und 4 DZ für US$14 mit Gemeinschaftsbad. Es gibt aber auch bessere 3- bis 4-Bett-Zimmer mit AC für Familien. ❶–❷

€ **Pyinsa Rupa Gh.** ④, ✆ 061-246 0607, ✉ pyinsarupaguesthouse@gmail.com. Eine beliebte Traveller-Absteige mit 38 meist einfachen Zimmern mit Ventilator oder AC und wenig sauberen Bädern. Weitaus besser sind die Zimmer im hinteren Anbau. Es gibt auch einige Family Rooms mit 3–4 Betten. Hilfsbereite Angestellte. ❶–❷

Sabai Myaing (Jasmin Villa) ③, ✆ 061-246 0764, 09-204 2898. Lauschiger Kolonialbungalow, in welcher die freundliche Daw Swe Swe Oo das Regiment führt. Die 3 asketischen EZ kosten US$6, die 7 DZ mit Gemeinschaftsbad und Ventilator nur US$10. Etwas höheren Standard bieten die 4 AC-Zimmer mit Bad. Kein Frühstück. ❶–❷

Saw Nyein San Gh. ⑥, ✆ 061-246 0651, 09-7984 83811, ✉ kolwinminzee@gmail.com. Die gefliesten Böden und die hellgrüne Farbe in den 10 Zimmern verströmen den Charme einer Waschküche, aber der freundlich-hilfsbereite Service, Sauberkeit und die nette Dachterrasse fürs Frühstück und abendliche Chillen machen es zu einer guten Wahl. ❸–❹

Shwe Na Di Gh. ⑦, ✆ 061-246 0409, ✉ shwenadi.nyaungoo@gmail.com. Eine der günstigsten Optionen in der Straße. Nicht unbedingt heimelig, aber mit solider Grundausstattung: 44 teils holzvertäfelte Zimmer mit Bad, AC und TV, davon 18 mit Gemeinschaftsbad. Es gibt auch einen 5-Bett-Schlafsaal. Radverleih. ❶–❷

Wut Hmon Thit ⑧, ✆ 061-246 0794, 09-204 2279, ✉ wuthmonthit@gmail.com. Der moderne 3-stöckige Bau mit überdachter Dachterrasse birgt 27 klimatisierte Zimmer in diversen Größen und warmen bräunlichen Farben. Durch die gefliesten Böden in den Gängen wirkt alles recht sauber. ❷–❸

Zwischen Shwezigon Road und Anawrahta Road

Aung Mingalar Hotel ⑱, Bagan-Nyaung U Rd., ✆ 061-246 1169, 246 0847, ✉ aungmingalarhotel@gmail.com. Toplage gegenüber der Shwezigon-Pagode, allein Service und Sauberkeit lassen zu wünschen übrig. Es gibt 33 auf mehrere Bungalows verteilte Zimmer mit Bad, AC, TV und Kühlschrank. Die besseren sind mit viel Holz ausgestattet und wirken dadurch recht geschmackvoll. ❹–❺

Hotel Zein ⑬,Thiripyitsaya (1) Rd., Ecke Anawrahta Rd., ✆ 061-246 0204, 092-5975 2044, ✉ motelzein.myanmar@gmail.com. Das gut geführte Gästehaus unweit der Sapada-Pagode verfügt über 24 freundliche, mit viel Holz ausgestattete Zimmer (AC, Bad, kleine Veranda) in 2 Kategorien, die sich in einem 2-stöckigen Bau verteilen. Für den Preis eine gute Wahl. Tipp: die selbst produzierten Ingwer-Pflaumen-Bonbons *(gin zee pya)*. ❸–❹

New Life Gh. ⑪, Main Rd., neben dem Thante Hotel, ✆ 061-246 1035, 09-204 2131, ✉ newlifebagan@gmail.com. Die 22 Zimmer verteilen sich in 2 parallelen Gebäuden. Einige sind mit Balkon/Veranda, von denen man jedoch nur die andere Hauswand anschaut. Die Zimmer sind relativ freundlich, wenn auch dunkel und etwas klein, aber sauber. ❸–❹

New Park Hotel ⑮,Thiripyitsaya (4) Rd., ✆ 061-246 0322, 246 0484, 🖳 www.newparkmyanmar.com. Die Bungalowanlage mit 26 Zimmern liegt in einer Seitenstraße und hat 2 Standards: etwas kleinere Zimmer in einem länglichen Flachbau mit Veranda, AC, TV, WC und Kühlschrank; die anderen seitlich sind wesentlich größer. Frühstück gibt es in einem offenen Pavillon, Tourenarrangement und Fahrradverleih. ❷–❹

Oasis Hotel ⑭, Anawrahta Rd., ✆ 061-246 0923, 🖳 www.oasishotelbagan.com. Der Name passt, denn das lang gezogene Grundstück ist schön bepflanzt. In den länglichen Bauten verteilen sich 18 ansehnliche, weitgehend in Weiß gehaltene Zimmer mit nettem Interieur. Wohnliches Ambiente, der kleine Pool und das offene Restaurant machen das Hotel zu einer guten Wahl. ❺–❻

Prince Gh. ⑰, Anawrahta Rd., ✆ 061-246 0411. Inmitten eines schönen Gartens mit Bambus gelegen, finden sich 28 schlichte Standard-Zimmer und geräumige Deluxe-Zimmer mit Bad (Warmwasser) und Klimaanlage. Das Frühstück wird in einer offenen Halle serviert. ❷–❸

Yar Kinn Tha Hotel ⑯, Anawrahta Rd., ✆ 061-246 0051, 094-300 9227, ✉ hotelyarkinntha@gmail.com. Etwas kühl wirkender Kasten, doch gutes Preis-Leistungs-Verhältnis. 43 etwas nüchterne AC-Zimmer mit WC, TV und Kühlschrank in 2 Kategorien sowie 12 schöne Bungalows samt Veranda im Innenhof. Der Pool wirkt vernachlässigt. ❹–❺

Weitere Unterkünfte

Large Golden Pot Gh. ⑫, Nähe Sapada-Pagode, ✆ 061-246 0074. Nicht ganz so fantasievoll wie der Name sind die 14 eher langweilig gestalteten AC-Zimmer mit Bad im Hauptbau. Im hinteren Bereich bieten 12 weitere Zimmer etwas mehr Komfort. Auf der Dachterrasse kann man sein Bier genießen. Fahrradverleih. ❷–❸

Thante Hotel ⑩, in Nyaung U unweit der großen Kreuzung, ✆ 061-246 0315, 🖳 www.thantenyu.com. Eine gute Wahl für jene, die zentral und etwas komfortabler wohnen wollen. Pluspunkt ist der Pool. Die 39 Zimmer (AC, Du/WC) in Bungalows sind sauber und ebenso wie das Restaurant etwas nüchtern eingerichtet. ❹–❺

Wetkyi-In

Karte S. 242, Nyaung U

Die Unterkünfte zwischen Nyaung U und Alt-Bagan haben den Vorteil, dass die Wege zu den wichtigsten Sehenswürdigkeiten nicht so weit sind. Zudem gibt es einige vorzügliche Restaurants und Snackbars.

Bagan Baobabed Hostel ㉑, Bagan-Nyaung U Rd., ✆ 061-246 1124, 246 1159, 🖳 www.baobabedhostelgroup.com. Stylish gestaltetes Hotel mit Pool, jeweils zwei 4- bzw. 6-Bett-Zimmer, ein 8-Bett-Zimmer ab US$15/Bett und 16 DZ mit Bad. Für Frühankömmlinge gibt es einen Ruhebereich. Zudem stehen Waschmaschinen zur Verfügung. Nettes Lobbycafé. ❷–❸

Bagan Umbra ㉒, Bagan-Nyaung U Rd., ✆ 061-246 0034, 246 0381, 🖳 www.thehotelumbrabagan.com. Die 94 Zimmer in drei Kategorien variieren in Größe und Ausstattung. Die älteren Standard-Zimmer sind recht schlicht. 2 Pools, Spa (🕒 10–21.30 Uhr), Fahrrad- und E-Bike-Verleih. Auf Wunsch werden Touren arrangiert, etwa für US$30 zum Mt. Popa. ❹–❻

New Wave Hotel ⑳, ✆ 061-246 0731, ✉ newwavebagan@gmail.com. Im vorderen Altbau verteilen sich 8 funktionale Zimmer mit AC und Bad, im hinteren, 2-stöckigen Gebäude

22 freundliche Zimmer mit allen Annehmlichkeiten. Allerdings wirken die dicht beieinander stehenden Gebäude etwas beengend. Solides Frühstück gibt's auf der Dachterrasse. ❷–❸

Winner Gh. ⑲, neben dem New Wave, ✆ 061-246 1069, 094-0250 1091. Hier wurde fleißig erweitert und aus der einstigen Budget-Bleibe ein solides Gästehaus mit 29 Zimmern gemacht, manche mit Gemeinschaftsbad, einige davon sehr gut für Kleinfamilien geeignet. Selbst Schwergewichte liegen auf den stabilen Stahlbetten gut. Tipp: Loose-Fans können im knallig orangefarbenen Zimmer W 5 nächtigen, Verliebte im pinkfarbenen Zimmer W 4. ❶–❸

Alt-Bagan (Bagan Myohaung)

Karte S. 248

Anstelle der 1990 vertriebenen einheimischen Bevölkerung logieren heute Touristen innerhalb der Tore Alt-Bagans. Wer hier wohnt, hat zwei Vorteile: komfortable Unterkünfte und Toplage. Zu Fuß oder mit dem Fahrrad sind die interessantesten Pagoden einfach zu erreichen. Auch der Ayeyarwady ist nicht weit. Einem Sundowner – etwa im Garten des Bagan Thande – steht also nichts im Wege.

Bagan Hotel River View ㉔, Nähe Gawdawpalin-Pagode, ✆ 061-246 0032, 246 0316, 💻 www.kmahotels.com. Schöne Hotelanlage mit eigener Pagode am Ayeyarwady. Alle Bauten sind im Stil der Pagodenruinen errichtet worden. In den 107 Zimmern (AC, TV, Minibar) lässt es sich wunderbar logieren, für schlappe US$450 auch in der Presidential Riversuite. Zur Anlage gehören Konferenzraum, Businesscenter und Pool. Im herrlichen Garten werden Frühstück und Dinner serviert. ❻–❼

Bagan Thande Hotel ㉕, neben dem Archäologischen Museum, ✆ 061-246 0025, 246 0031, 💻 www.thandehotel.com/bagan. Bagans älteste Unterkunft hat sich gemausert. Wo der Prince of Wales (und spätere Edward VIII.) 1922 residierte, bietet das Hotel heute 2 riesige Suiten und ein Restaurant. Einige der 44 Deluxe-Zimmer befinden sich direkt am Ayeyarwady-Ufer. Die Bungalow-einheiten mit 20 Superior-Zimmern, alle mit AC, TV, Minibar, Du/WC, liegen etwas zurückversetzt. Tipp: Auch wer nicht in diesem Hotel wohnt, kann sich unter den knorrigen Akazienbäumen mit herrlichem Flussblick einen Drink gönnen. Seitlich gibt es Pool und Massage. Fahrradverleih. ❻–❼

The Hotel@Tharabar Gate ㉓, ✆ 061-246 0037, 246 0042, 💻 www.tharabargate.com, [10366]. Wo einst die Dorfschule stand, erstreckt sich nur einen Steinwurf vom Tharaba-Tor entfernt das weitläufige Hotel mit 84 geräumigen Zimmern (AC, TV, Du/WC, Minibar). Beim Interieur wurden vorwiegend einheimische Materialien, allen voran Teakholz, verwendet. Zur Ausschmückung der Räume kopierten lokale Künstler Tempelmalereien. Restaurant, Gartenanlage und Pool sind der Umgebung harmonisch angepasst. Zum Angebot gehört auch ein Spa. ❻–❼

Neu-Bagan (Bagan Myothit)

Karte S. 258

Neu-Bagan wurde 1990 von den zwangsumgesiedelten Bewohnern Alt-Bagans gegründet. Heute ist es ein lebendiger Ort mit zahlreichen Hotels, Restaurants, Souvenirshops und Lackwerkstätten. Die günstigeren Unterkünfte haben sich vorwiegend entlang der Khayae Street, meist schlicht „Main Road" genannt, und einiger Seitenstraßen angesiedelt. Eine Reihe von Mittelklasse-Hotels liegt etwas abseits am östlichen Ortsrand und ist eher für Touristen mit eigenem Fahrzeug geeignet. Fast alle Zimmerpreise schließen Frühstück mit ein.

Untere Preisklasse

Bagan Central Hotel ㊲, 5/16 Khayae St., ✆ 061-246 5057, 246 5265, [10358]. Die Außenwände der 26 Zimmer wurden mit versteinerten Bäumen verkleidet. Auch innen sind die geräumigen Zimmer mit Holzboden, AC und Du/WC ansehnlich. Für Sparsame gibt es drei 3-Bett-Zimmer für US$13 pro Schlafplatz und Gemeinschaftsbad. Netter Innenhof mit schattigen Niembäumen. ❶–❹

Maya Bagan ㊺, 22 7th St., östl. des Thazin Garden Hotel, ✆ 09-513 5145, 092-5346-1122, 💻 www.facebook.com/mayabaganmm. Hostel mit großzügigem Gelände und 12 Zimmern, darunter sieben 4-Bett-Zimmer, je ein 6-Bett-

bzw. 8-Bett-Zimmer ab US$9/Bett und 3 DZ in separatem Bungalow. Offenes Restaurant mit Bühne, wo abends oft Musiker auftreten. ❶–❷

NK Betelnut Hotel ㉟, Khayae St., ☏ 061-246 5054, 246 5262, [10360]. Gut geführtes Gästehaus mit 24 sauberen Zimmern mit AC, Du/WC,TV und Minibar in einstöckigen Bungalows. Kleiner Garten. Behilflich beim Besorgen von Tickets. ❸

Ostello Bello Bagan ㊱, Khayae St., Nähe Shit-Myathna-Pagode, ☏ 061-246 5069, 092-5703 9009, 💻 www.ostellobello.com, [10364]. Die Mutter von Bagans Hostelszene hat die Backpacker nach Neu-Bagan gelockt. Mit viel Holz geschmackvoll gestaltet und mit einer Bandbreite von Wohnoptionen: Je drei 4- und 8-Bett-Zimmer, sechs 6-Bett-Zimmer, aber auch 12 DZ ab US-$29. Saisonabhängig sind ab US$12 pro Bett zu bezahlen. Nette Garten-Bar und Terrasse. ❷–❸

Ostello Bello Bagan Pool ㊴, Khayae St., Nähe 2nd St., w 094-0315 3387, 💻 www.ostellobello.com. Der Ableger bietet sogar Pool (Außenstehende US$5) plus zwölf 4-Bett-, ein 10-Bett-Zimmer und ein DZ. Zudem gibt es einen Ruhebereich für Frühankömmlinge. Die Angestellten engagieren sich auch für ein sauberes Bagan. ❷–❸

€ **Ruby Gh.** ㊳, Khayae St., westlich der Shit-Myathna-Pagode, ☏ 061-246 5124, 09-204 3976, [10365]. 9 einfache, funktionale Zimmer mit AC, Du/WC und grünen Teppichen sowie grün gestrichenen Wänden. Kein Frühstück. Zuverlässiger Wäscheservice. Arrangiert Touren. ❷

Mittlere Preisklasse

Arthawka Hotel ㉝, Khayae St., ☏ 061-2465321, 💻 www.arthawkahotel.com, [6640]. Sympathisches 2-stöckiges Hotel mit insgesamt 59 Zimmern (AC, Du/WC,TV, Minibar). Restaurant mit Tiefgaragen-Flair, aber man kann auch auf der Dachterrasse speisen. Den Pool im Innenhof wird man an heißen Tagen zu schätzen wissen. Das **Arthawka B & B** gegenüber bietet 4- bis 10-Bett-Zimmer mit Außentoilette ab US$9. ❶–❹

Bagan Empress ㊷, 107 Yuzana St., ☏ 09-504 0436, ✉ baganempresshotel@gmail.com. Der rostbraune Klotz sticht aus der grünen Umgebung heraus. Auf 3 Etagen verteilen sich 20 geräumige, funktionale Zimmer und eine Dachterrasse fürs Frühstück. Mit viel Holz ausgestattet, wirkt alles recht wohnlich. Hilfsbereites Personal. ❸

Bagan Nova ㊶, 87 Yuzana St., ☏ 061-246 5479, 09-501 8134, ✉ bagannova@gmail.com. Das 12-Zimmer-Gästehaus beweist, dass es architektonisch nicht viel Aufwand braucht, um angenehmen Wohnraum zu schaffen: offenes Treppenhaus, dezente Farben, modernes Mobiliar und funktionale Bäder. Die Zimmer samt Minibalkon sind indes etwas klein. Frühstück wird im Erdgeschoss aufgetischt. ❷–❸

Kaday Aung Hotel ㉖, Hninn Pann St., ☏ 061-246 5070, 09-204 3212, 💻 www.kadayaunghotel.com, [10357]. Ansprechendes Mittelklassehotel mit Pool und schönem Garten mit alten Bäumen. 45 wohnliche Zimmer in vier Kategorien mit AC, Bad und viel Rattan und Bambus. Gutes Preis-Leistungs-Verhältnis, sehr zu empfehlen. ❸–❺

Lawkanat Hotel ㉜, Khayae St., ☏ 061-246 5046, ✉ lawkanat.info@gmail.com. Heimelige Bungalowanlage mit 20 geräumigen und geschmackvoll eingerichteten Zimmern mit AC und betagten Bädern. Kleiner netter Garten mit alten Bäumen und mäßig sauberem Pool. ❹–❺

Manisanda Hotel ㉘, 7th St., Ecke Hninn Si St., ☏ 061-246 5438, 246 5438, ✉ manisandarhotel@gmail.com. Familiäres Mittelklassehotel am östlichen Ortsrand mit 21 recht dunklen, aber sauberen Zimmern in einem verwinkelten Gebäudekomplex. Toller Pagodenblick von der Dachterrasse. ❸–❺

Nan Eain Thu ㉞, Myat Lay St., ☏ 061-246 5118, 246 5214. Die 27 AC-Zimmer mit Du/WC und Minibar sind angenehm sauber und verbreiten eine entspannte Atmosphäre. ❸–❹

Thurizza ㉗, Sabae St., Ecke Thiri Marlar St., ☏ 061-246 5229, ✉ thirimarlarhotelbagan@gmail.com, [8317]. Ruhige Hotelanlage mit 17 Standard- und Superior-Zimmern (AC, TV, Du/WC, Minibar). Die Zimmer sind geschmackvoll eingerichtet, der Standard ist eher schlicht. Dachterrasse mit tollem Pagodenblick. Nette Sunset-Bar. ❹–❺

Obere Preisklasse

Areindmar ㉙, 2nd St., zwischen Nweni St. und Cherry St., ✆ 061-246 5049, 💻 www.areind marhotel.com. Auf überschaubarem Gelände umschließt ein 2-stöckiger Bau einen schönen Garten. Der kleine Pool liegt seitlich des halb offenen Restaurants. 50 geschmackvoll mit viel Holz und traditionellem Dekor ausgestattete Deluxe-Zimmer mit AC, TV, Du/WC. ❼

Blue Bird Hotel ㊸, Myat Lay St., ✆ 061-246 5440, 246 5449, 💻 www.bluebirdbagan.com. 24 stilvolle Zimmer mit Betonböden, großen Betten und Wasserfall-Duschen im Bad. Alles mit einem Hauch Bagan-Chic verschönt, inklusive Schwarz-Weiß-Bildern der Tempelstadt in den Gängen. Der Pool ist eher was für Kleinkinder. ❺–❻

Raza Gyo Hotel ㉛, Myat Lay St., ✆ 061-246 5326, 246 5431, 💻 baganrazagyohotel.com. Am östlichen Ortsausgang gelegenes Boutiquehotel mit 40 überwiegend kleinen Zimmern mit Du/WC und Teppich. Der kleine Garten und die geschwungenen Torbögen am Eingang verströmen eine einladende Atmosphäre. ❺–❻

Shwe Yee Pwint Hotel ㊵, 2nd St., südlich der Khayae St., ✆ 061-246 5421, 246 5418, 💻 www. shweyeepwinthotel.com. Großzügige Anlage mit 35 stilsicheren, etwas kleinen Superior-Zimmern mit AC, TV und Bad im Hauptbau sowie größeren Deluxe-Zimmern in Bungalows. Zur Einrichtung gehören Meditationsraum, Pool und Dachterrasse mit Pagodenblick. ❺–❻

Thazin Garden Hotel ㊹, Thazin Rd., ✆ 061-246 5035, 246 5044, 💻 www.thazingarden.com, [10361]. Die wunderbare Anlage liegt weit im Süden des Ortes. Die 60 Zimmer mit AC, Du/WC, TV und Minibar wurden bis ins Detail stilvoll (mit viel Holz) eingerichtet. Zum Komfort gehören ein gutes Restaurant, ein Pool und ein Spa, wo müde Muskeln wieder munter massiert werden. Der schattige Garten erscheint wie eine Oase. ❻–❼

ESSEN

Nyaung U

Karte S. 242, s. auch eXTra [5344].

Entlang dem „Traveller Walk", der Thiripyitsaya (4) Road zwischen altem Busbahnhof und Anawrahta Road, buhlen zahlreiche Lokale um Kundschaft. Leser loben das **Pyi Wa** (neben dem Pyi Wa-Tempel) und das familiengeführte **Bibo** in einer Seitenstraße westlich des Pyi-Wa-Tempels. Im populären **Weather Spoon's Bagan** tischt Eigner Win Tun die ganze Bandbreite zwischen Burger und Curry auf, während sich die sehr gute **Indian Hut** der Küche aus dem Subkontinent verschrieben hat. Im **Kan Thar Oo** gegenüber dem New Park Hotel wird solide China-Küche serviert.

Im schicken Gartenlokal **Black Bamboo**, das in einer Nebenstraße liegt, können Gäste in noble Bambussessel versinken und gute chinesische und birmanische (30 Min. Wartezeit) Speisen verkosten oder das superleckere Eis genießen.

Hti Bar, Thiripyitsaya (4) Rd., in der Nähe der Pyi-Wa-Tempels. Die Ballonfahrer-Stammkneipe. Mit Shisha unterm Bambusdach schmecken die supergünstigen Cocktails (1500–3000 Kyat) besonders lecker, vor allem wenn man zwischen 17 und 19 Uhr zwei für den Preis von einem bekommt. Ein Tipp aus der Küche: Chili con carne. 🕒 9–22.30 Uhr.

La Terrazza, Thiripyitsaya (4) Rd., Nähe des Pyi-Wa-Tempels, ✆ 094-0263 0878. Bagans Bella Italia in Schweizer Hand mit hervorragenden Pastas und Pizzas (ab 10 000 Kyat). Dazu schönes Bambusinterieur mit Galerie und gute Auswahl. 🕒 11–22.30 Uhr.

Sanon, Pyu Saw Hti St., seitlich des Thante Hotels, ✆ 094-5195 1950. 🕒 10–22 Uhr. Wer hier speist, unterstützt die Ausbildung sozial benachteiligter Jugendlicher. Schmackhafte Gemüse-, Fleisch und Seafood-Speisen in Tapas-Größen um 4000–8000 Kyat, dazu superleckere Nachspeisen samt guter Kaffee- und Saftauswahl. Definitiv einen Besuch wert!

Shwe Myit Tar, im schmalen Seitenweg hinter dem Markt. Mit seinen vorzüglichen birmanischen Currys eine Institution. 🕒 9–21 Uhr.

Sharky's Bagan, Bagan-Nyaung U-Rd. Im einstigen Aung Mingalar Cinema gegenüber der Shwezigon gibt es heute großes „Essenskino" mit Pizzaofen, Eistheke, Weinsortiment, Feinkostabteilung und Lounge zum Kaffee- und Cocktailschlürfen. Gute, aber teure westliche Gerichte. 🕒 8–22 Uhr.

Zwischen Markt und altem Busbahnhof bei der Shwezigon gibt es entlang der Lanmadaw Street ebenfalls einige einladende Lokale, darunter das **San Kabar Pub & Restaurant** mit guten Nudelgerichten und Pizza oder das in Zuschriften gelobte Lokal **Shwe Moe** mit günstigen und guten Currys. Das **Moe Moe Win Yangon** ist morgens eine beliebte Adresse für *mohinga*.

Wetkyi-In

Karte S. 242, Nyaung-U

Nanda, Bagan-Nyaung U Rd., ✆ 061-246 0754. Bietet in einer schön dekorierten Halle allabendliche Marionettenvorführungen. Die birmanischen und chinesischen Speisen sind vorzüglich. Der Nachteil: Durch die vielen Reisegruppen herrscht viel Trubel.

Weitaus lauschiger und ziemlich schick ist das weiter nördlich gelegene **Eden BBB**, Bagan-Nyaung U Rd., ✆ 061-246 0040, mit guten Fusion-Gerichten. ⌚ 10.30–14.30, 17.30–22.30 Uhr.

Nördlich des Bagan Umbra Hotels bereitet das sympathische **Pyi Sone** gute chinesische und (nach Vorbestellung) birmanische Küche zu. Sehr schön sitzt man auf der Dachterrasse. In der Nachbarschaft tischt das einfachere und günstigere **Golden Emperor** ebenfalls solide Speisen auf. Beliebt sind die birmanischen Currys.

€ Für den kleinen abendlichen Hunger bietet sich das **Harmony**, neben dem Bagan Umbra Hotel, mit Grillspießchen und billigem Bier an.

Alt-Bagan und Myinkaba

Karte S. 248 und S. 232/233

Shwe Myanmar (auch: Golden Myanmar) und **Marlar Theingi** östlich des The Hotel @ Tharabar Gate sind eine gute Wahl für birmanische Currys. Leckere Speisen serviert auch ein weiteres Lokal namens **Shwe Myanmar 2** an der nördlichen Zufahrt zum Ananda-Tempel.

Im **Moon Restaurant** nebenan wirken nicht nur die rotkarierten Tischdecken stilvoll, dort wird auch ziemlich Leckeres aufgetischt. Neben Vegetariern kommen Suppenfreunde auf ihre Kosten. ⌚ 9–21 Uhr. Als kulinarisches Kleinod wird von Loose-Lesern besonders das gegenüberliegende **Yar Pyi** empfohlen. Zwar ist das Ambiente schlicht, aber „den Tieren zuliebe" zaubert die Familie vorzügliche vegetarische Gerichte, darunter „Special Obergine". Ein Hit sind dort die Lassis und Shakes, etwa mit Avocado (Okt–März) oder Mango (April–Juli). ⌚ 7–21 Uhr.

Alternativ bietet sich der Gang zu Tin Myint und seiner Frau im **Starbeam Bistro** an. Das Eigentümerpaar hat sich in der Hotelküche kennengelernt und kreiert nun in Eigenregie leckere Gerichte und verführerische Desserts, die einen Hauch Haute Cuisine in die Pagodenlandschaft bringen. Empfehlenswert sind der Avocado-Salat und frischer Fisch vom Fluss. ⌚ 9–22 Uhr.

Ordentliche chinesische und birmanische Gerichte servieren in schönem Ambiente die Touristenlokale **Sarabha** und etwas zurückversetzt **My Bagan** (inkl. Marionettentheater), nahe dem Tharaba-Tor, ⌚ 9–22 Uhr.

Zum Chillen mit Flussblick eignet sich der versteckte **Fantasia Garden & Jetty**, ✆ 097-7891 5291, 💻 www.bagan-boat-trips.com, in Taungbi mit Getränken und Snacks. Dazu fährt man den schmalen Weg hinter dem markanten weißen *pahto* 400 m gen Norden in Richtung Ayeyarwady, ⌚ 9–19 Uhr.

Wärmstens empfehlen viele Leser das sympathische **San Thi Dar** [5345] in Myinkaba, das sich auf birmanische Currys und vegetarische Gerichte schon ab 3000 Kyat spezialisiert hat. Es ist dank Khin Maung Oo und seiner Frau San San Win auch sehr familiär. ⌚ 10–21 Uhr.

€ Die altertümliche Tempelstadt ist im ganzen Land bekannt für ihre leckeren Currys – und derzeit kocht sie in Alt-Bagan niemand besser als Kyi Kyi Min vom **Tharaba 3** [5672], wie Einheimische ihren Essensstand nennen: ein paar Tische unter einem Akazienbaum am Rand des großen Platzes gegenüber dem Hotel@Tharaba Gate, die sich schnell mit zig Schälchen leckerer Speisen füllen. Man wählt ein, zwei Currys, der Rest kommt von selbst. ⌚ 10–15 Uhr.

Neu-Bagan

Karte S. 258

Black Rose, am Pagoden-Kreisel. Aufmerksamer Service, günstige Preise und ordentliche

Das Angebot auf dem Markt von Nyaung U ist vielfältig.

chinesische Gerichte haben das Lokal zum Liebling der Traveller werden lassen. Eine Filiale liegt an der Gangaw St. gegenüber dem Bagan Express. 🕒 9–22 Uhr.

Seven Sisters, 79 Nweni St., Ecke 3rd St., ✆ 061-246 5404. Massive Teaksäulen stützen das Dach der offenen Halle, in welcher die Gäste zwischen leckeren Currys und chinesischen Gerichten ab 4000 Kyat wählen können. Sehr schmackhaft ist der grüne Papayasalat. Für guten Service garantieren die sieben aus Neu-Bagan stammenden Schwestern. 🕒 9–22 Uhr.

The Moon (2), 4th St., ✆ 094-301 2411. Der Ableger des 1994 etablierten Originals ist platzmäßig großzügiger mit entspanntem Lounge-Bereich und viel Grün. Auch hier bekommt man vorzügliche vegetarische Gerichte und leckere Smoothies. Tipp: Bagan Tamarind Leaf Curry. 🕒 7–22 Uhr.

The Secret Home, ✆ 099-6655 5640. In der großen offenen Halle speisen Touristengruppen zur Dinner-Show. Lauschiger ist es im Hauptbau mit schöner Ausstattung und guten birmanischen und chinesischen Speisen. 🕒 9–21 Uhr.

Taste of Bagan, am Pagoden-Kreisel, ✆ 094-2005 9757. Das Restaurant mit geschlossenem Bau und kargem Hof ist für seine gut gewürzten Currys und vielerlei Reisgerichten ab 3000 Kyat bekannt. Für Pizzas gibt es bessere Adressen. 🕒 7–22 Uhr.

Mingalarbar Food Corner, Bagan-Chauk Rd. Keine große Küche, aber ein gemütlicher Ort mit Terrasse, um sich mit Bier den Bagan-Staub herunterzuspülen. 🕒 9–22 Uhr.

Silver House, Khayae St. Das einfache Lokal zählt zu den ältesten des Ortes und kocht solide chinesische Gerichte. 🕒 10–22 Uhr.

Starbeam Bistro, 6th St., südl. vom Markt, ✆ 099-7061 6476. Erfolgreicher Ableger des Originals in Alt-Bagan und wie dort gibt es gute Salate, schmackhafte Currys, aber auch westliche Speisen. 🕒 11–22 Uhr.

Sunset Garden, ✆ 061-2465037. Weitläufiges Restaurant mit chinesischer und birmanischer Küche und tollem Flussblick. Bei Reisegruppen populär. 🕒 11–15, 18–21 Uhr.

EINKAUFEN

Alt-Bagan

Die meisten Tempeleingänge quellen über mit Souvenirs. Darunter ist leider viel Ramsch.

Ordentliche Qualität zu guten Preisen bieten die etablierten Verkaufsstände am Nordeingang des Ananda-Tempels, darunter für Lackarbeiten **Aye Aye**, **Ko Aung Lin** und **Ko Ko Naing**. Dort verkauft auch der Fotograf **Bagan Maung Maung** seine hervorragenden Bilder. Ältere Lackwaren und Schnitzarbeiten gibt es im Geschäft von **Shwe War Thein**, ✆ 061-2467032, ⌚ 7–21 Uhr. Es liegt an einer Staubpiste hinter The Hotel@Tharaba Gate, unweit des Dorfes Taungbi. Der Weg dorthin ist ausgeschildert.

Myinkaba

Die vom Maler Maung Aung Myin geführte **Art Gallery of Bagan** unweit des Gubyaukgyi-Tempels, ✆ 061-246 5047, 65287, bietet wohl Bagans beste Auswahl an hochwertigen Lackwaren. **Golden Cuckoo**, ✆ 061-246 5156, hat ebenfalls exzellente Qualitätsprodukte im Angebot. Die Werkstatt befindet sich in einem nördlich des Manuha-Tempels abgehenden Seitenweg, ein moderner Verkaufsraum auch an der Hauptstraße. Hinter dem Golden Cuckoo produziert auch der von Lesern empfohlene **Jasmine Family Lacquerware Workshop** gute Qualitätsware.

Bagan Chic

Myanmars schickste Handtaschen werden nicht in einer teuren Boutique in Yangon, sondern in Läden seitlich des Thatbyinnyu-Tempels in Alt-Bagan sowie in einer Nebenstraße der Bagan-Chauk Road in Neu-Bagan verkauft. Was Aye Aye Win und ihre Familie anfertigen lassen, tragen modebewusste Myanmarinnen ebenso wie Liebhaber von Naturmaterialien. Die Taschen sind aus Rattan, Bambus oder Wasserhyazinthe angefertigt. Aus dem gleichen Material gibt es zudem Hüte, Sandalen, Smartphone-Halter und vieles mehr. Gerne arrangiert die Familie auch einen Besuch bei den produzierenden Bewohnern des Dorfes Tha Zin auf der anderen Flussseite, etwa 30 km südwestlich von Pakokku, S. 282.
Win Family, Nordostseite des Thatbyinnyu, ✆ 061-246 0880, s. auch eXTra [5675].

Neu-Bagan

In Neu-Bagan gibt es einige recht touristische Workshops, darunter **Tun Handicrafts**, Khayae St., Ecke Bagan-Chauk Rd., und **U Ba Nyein**, Khayae St., südlich der Shit-Myathna-Pagode. Ihre Auswahl ist entsprechend groß.

M Boutik, Sein Pan St., Ecke Sabae St., ✆ 099-5111 9076, 🖳 www.facebook.com/mboutiksocialbusiness. Breite Palette von Handarbeiten, welche im Social Economic Development Network (SEDN) organisierte Frauengruppen produzieren. Schöne Auswahl an Kleidern und Accessoires. ⌚ 9–20 Uhr.

SONSTIGES

Informationen

Ever Sky Information, Thiripyitsaya (5) Rd., neben Balloon over Bagan, Nyaung U, ✆ 061-246 0895, 094-300 8170, ✉ everskynanda@gmail.com. Die agile Saw Nanda und ihr Sohn liefern Infos aller Art, buchen Flug- und Bootstickets sowie Mietwagen und Kleinbusse. Hier kann man sich auch nach Mitfahrgelegenheiten erkundigen und Tipps für den Besuch des Natmataung-Nationalparks einholen. ⌚ 7.45–21 Uhr.
In Neu-Bagan ist das Büro von **ICS**, B 146 Khayae St., ✆ 061-246 5130, 65131, ✉ komoebagan@gmail.com, gegenüber dem Myanmar Treasure Hotel eine gute Anlaufstelle. Ko Moe, der Besitzer kann nicht nur Flüge und Hotels buchen, sondern auch Wagen mit Fahrer arrangieren.
Am nördlichen Ortseingang an der Bagan-Chauk Rd. liegt das **MTT-Büro**, ✆ 061-246 5040, dessen freundliches Personal Mietwagen und Bootstickets arrangiert sowie Hinweise für die Weiterfahrt geben kann. Für die Fahrt nach Mrauk U hilft Phyu Phyu Zan weiter, ✆ 09-568 0223. ⌚ 9–16.30 Uhr.

Wellness

Sehr empfehlenswert ist das **Spa of Bagan**, 3rd St., Neu-Bagan, ✆ 092-545 09982, etwas nördl. des Seven Sisters Restaurant. Unter Leitung von Ohmar bietet es u. a. eine Myanmar Traditional Massage für US$10/Std. an, ⌚ 9–22 Uhr. Nicht weit davon entfernt liegt das **Lily Beauty**

Bagan mit Kindern

Das weitläufige Tempelareal mag zwar erschlagend wirken, aber bei einer guten Mischung und Auswahl haben auch Kinder ihren Spaß. Sehr stimmungsvoll ist sicherlich eine Runde im dunklen **Ananda**, wo ein steter Strom von Gläubigen zu spontanen Begegnungen führen kann. Im daneben liegenden **Ananda Ok-Kyaung** lassen sich im Licht einer Taschenlampe an den fantasiereichen Wandmalereien tolle Details entdecken, während die Sprösslinge an den bemalten Wänden des kleinen **Lokahteikpan** Buddhas Leben erforschen können. Richtig spannend wird es bei einer Bootsfahrt auf dem Ayeyarwady zum **Kyaukgu Umin**, der mit seinen Gängen und Meditationskammern schön geheimnisvoll wirkt. Highlight ist sicherlich eine Runde durch die Pagodenlandschaft mit der **Pferdekutsche**. Auch der Besuch in einer **Lackwerkstatt** darf nicht fehlen.

& Spa, Nweni St., Ecke 3rd St., Neu-Bagan, ✆ 092-5927 4469, mit ähnlichem Angebot. Dort finden auch regelmäßig von **Yoga Bagan** organisierte Kurse statt. Info: ✆ 094 2688 5331, 💻 www.facebook.com/yoga.in.bagan.
In Nyaung U ist das **Di Mak Healthy Spa**, 82 Thiripyitsaya (4) Rd., unweit des Black Bamboo Restaurant, ✆ 092-6002 0323, eine gute Adresse, wo die Massagen zwischen US$10 (Thai) und US$20 (Öl) kosten, 🕒 10–23 Uhr.

Medizinische Hilfe

Erste Wahl ist **Global Care Bagan**, Sabae St., Ecke Swaretaw St., Neu-Bagan ✆ 094-4936 9844 (Hotline), 061-246 5485. Das staatliche **District Hospital Nyaung U** liegt an der Nyaung U-Kyaukpadaung Rd., ✆ 061-246 0508. Medizinischen Grundservice bietet nicht weit entfernt in derselben Straße die private **Royal Bagan Clinic**, ✆ 061-246 0060, 246 0061.

NAHVERKEHR

Busse und Pick-ups

Zwischen Nyaung U und Neu-Bagan verkehren in regelmäßigen Abständen Pick-ups und Busse; sie starten unweit des alten Busbahnhofs. Die meisten fahren weiter nach Chauk oder kommen von dort.

Boote

An den Jettys von Nyaung U und Alt-Bagan (dort beim Bupaya-Tempel und Aye Yar River View Hotel) warten Bootsfahrer auf Kundschaft. Für eine einstündige „Sunset-Tour" verlangen sie um 15 000 Kyat, für eine Bootsfahrt zum Kyaukgu Umin ab Alt-Bagan etwa 25 000 Kyat, für den Besuch des Taungyi Taung auf der anderen Flussseite ebenfalls 25 000 Kyat. Wer sich mit anderen zusammenschließen möchte, wendet sich an **Fantasia Garden & Jetty** in Taungbi, ✆ 097-7891 5291, 💻 www.bagan-boat-trips.com, das tgl. um 16.45 Uhr eine Sunset-Tour anbietet (5000 Kyat/Pers.).

Fahrradverleih

Zahllose Unterkünfte und Verleihe vermieten Zweiräder. Die Preise variieren erheblich und starten bei 1500 Kyat/Tag für ganglose Räder und 2500 Kyat/Tag für Mountainbikes. Entsprechend groß sind allerdings auch die Qualitätsunterschiede. Man sollte daher am Anfang unbedingt eine Proberunde drehen. Erste Wahl sind jedoch **E-Bikes** (eher E-Mofas, da man nicht treten muss), die ebenfalls in großer Zahl zu haben sind (ab 5000 Kyat). Zahlreiche Verleihe gibt es in der Thiripyitsaya (4) Rd., Nyaung U. In Neu-Bagan wird man in der Khayae St. fündig. Gute günstige E-Bikes hat Htun Wai, ✆ 092 5900 0911, gegenüber dem Floral Breeze Hotel an der Bagan-Chauk Rd. im Angebot.

Grasshopper Adventures, Hninn Si St., Ecke 3rd St., Neu-Bagan, ✆ 092-5754 6905, 💻 www.grasshopperadventures.com, 🕒 Mo–Fr 7–13 Uhr, bietet drei Tourvarianten an: vormittags „Bagan Sunrise Experience" und „Bagan Morning Ride" für US$15 bzw. US$35 sowie nachmittags „Bagan Bike & Boat Sunset Tour" für US$60 inkl. Bootsfahrt.

Pferdekutschen

Pferdekutschen sind sicherlich das originellste Fortbewegungsmittel in Bagan – beruhigend für das ökologisch sensible Gewissen, doch nicht immer sehr tierfreundlich. Sie bieten Platz für

Mit dem Fahrrad durch Bagan

- **Startpunkt**: Neu-Bagan
- **Ziel**: Taungbi-Dorf
- **Länge**: 17 km
- **Dauer**: ca. 6 Std. inkl. Besichtigungen
- **Kosten**: Außer Eintritt (25 000 Kyat) und Miete für E-Bike oder Fahrrad entstehen keine weitere Kosten.
- **Hinweise**: Unbedingt an Sonnenschutz und genügend Wasser denken. Unterwegs gibt es vor den Pagoden immer wieder Erfrischungsstände und einfache Lokale.
- **Karte** s. S. 232/233 und unter eXTra [10987].

Diese anspruchsvolle Tagestour beginnt in **Neu-Bagan** und führt zunächst entlang der Teerstraße gen Osten, wo sich nach 2,5 km ein Halt beim **Dhammayazika** anbietet. Von dort kann man über eine Sandpiste Richtung **West Pwasaw** weiterfahren und nach einer Runde im Dorf der Teerstraße gen Norden nach **Minnanthu** folgen. Nach der Besichtigung der nördlich von Minnanthu gelegenen Tempel (etwa Payathonzu und Nandamannya) geht es zurück ins Dorfzentrum und anschließend eine Staubstraße entlang gen Westen. Dort bietet sich nach 500 m ein Abstecher zum Klosterkomplex **Hsinbyu-shin** an. Weitere 1,5 km sind es bis zum mächtigen **Sulamani**. Von dort ist schon in Sichtweite der nächste Zwischenstopp: der knapp 1 km entfernte **Dhammayangyi**. Nach einer Runde im kühleren Inneren kann man an einem der vielen Stände eine Erfrischungspause einlegen.

Weiter geht es gen Westen, vorbei am gut 1 km entfernten Stupa des **Shwesandaw**. Ein paar hundert Meter nördlich davon biegt man in die geteerte Anawrahta Road links hinein und verlässt sie nach 250 m rechts in Richtung **Thatbyinnyu**. Vorbei an den linker Hand liegenden Tempeln wie Nathlaung Kyaung und Pahtotamya führt eine schmale Piste ca. 450 m wieder gen Osten zum **Shwegugyi**. Anschließend passiert man die Fundamentreste des einstigen Palastes und biegt links in die Teerstraße ein, dann gleich wieder rechts zum markanten **Mahabodhi** und hinter ihm links zum Flussufer mit dem vergoldeten **Bupaya**. Den gleichen Weg ein Stück zurück und dann vorbei am etwas nördlich liegenden Aye Yar River View Hotel folgt man der Straße durch das **Taungbi**-Dorf, wo linker Hand hinter einem weißen Tempel ein schmaler Weg 350 m bis zum Ayeyarwady verläuft. Dort lässt sich mit Blick auf den Fluss die Tour im Fantasia Garden & Jetty ausklingen.

zwei nicht gar so beleibte Personen. Zumindest tagsüber sind sie einfach aufzutreiben. Man kann sie für eine Strecke, einen Zeitraum oder einen ganzen Tag mieten. Handeln ist jedoch angesagt, denn die Preise sind sehr abhängig von der Saison und Tageszeit. Für einen halben Tag sind 25 000 Kyat, für einen ganzen Tag – abhängig von der vereinbarten Route und Dauer – 35 000–40 000 Kyat einzukalkulieren. Fahrten zum Sonnenaufgang bzw. -untergang kosten ca. 15 000 Kyat. Viele Kutscher sprechen passables Englisch und können neben Erklärungen auch beim Auftreiben von Schlüsseln für die Tempeleingänge etc. behilflich sein, s. **eXTra [5676]**.

Tuk Tuk

Eine Fahrt mit dem Tuk Tuk zwischen Neu-Bagan und Flughafen oder Busbahnhof kostet 7000 Kyat, zwischen Nyaung U und Neu-Bagan 6000 Kyat. Buchbar auch über **Grab**: ✆ 097-5010 8734, 097-5010 8735, ⌚ 6–22 Uhr (derzeit nur Callcenter).

TRANSPORT

Auto

Mietwagen bieten sich an, wenn unterwegs weitere Sehenswürdigkeiten angesteuert werden sollen, die mit öffentlichen Verkehrsmitteln nicht oder nur umständlich besucht werden können. Man sollte vor Fahrtantritt mit dem Fahrer genau die Route absprechen. One-Way-Fahrten sind immer teurer, da der Fahrer wieder zurückfahren muss. Bei mehrtägigen Fahrten reduziert sich der Preis. Preisvergleiche lohnen sich auf jeden Fall.

Ko Moe von **ICS** in Neu-Bagan, ✆ 09-204 2010 und 061-2465130, ✉ komoebagan@gmail.com, kann Wagen und Van arrangieren. Gleiches gilt für Nanda von **Ever Sky Information**, Thiripyitsaya (5) Rd., Nyaung U, ✆ 094-300 8170, und Chan Chan von **Bagan New Light** unweit des Tempel View Hotel am Ostende von Neu-Bagan, ✆ 097-8949 9043, 097-594 6310. Letzterer hat auch Tuk Tuks im Angebot, s. **eXTra [5674]**.

- Bagan-Sightseeing: ab 25 000 Kyat
- Mt. Popa oder Sale: 30 000 bzw. 35 000 Kyat
- Mt. Popa und Sale: 60 000 Kyat
- Pakokku: 45 000 Kyat

Ballonfahren

Angesichts der traumhaften Pagodenlandschaft gehen in Bagan viele gern in die Luft. „Die Pagodenwelt frühmorgens von oben zu erleben, ist jeden Dollar wert", so der allgemeine Kommentar. Seit **Balloons Over Bagan** 1999 erstmals abhob, ist die Fahrt mit Heißluftballons zum Renner geworden. Mittlerweile sind über 20 Himmelsgefährte unterwegs. Dauer: je nach Thermik 45–60 Min. Wer abheben will, muss tief in die Tasche greifen. Mit Reservierung kostet der Rundflug ab US$330 p. P., bei Verfügbarkeit gibt es kurzfristig Stand-by-Tickets. Passagiere mit über 125 kg Körpergewicht zahlen das Doppelte.

Balloons over Bagan: Thiripyitsaya (5) Rd., nahe Zfreeti Hotel, Nyaung U ✆ 061-2460713, 094-4804 5716, 💻 www.balloonsoverbagan.com, ⌚ 9–20 Uhr; **Oriental Ballooning**: 76 A Lanmadaw Rd., Nyaung U, ✆ 092-5050 5383, 092-5910 0511, 💻 www.orientalballooning.com, ⌚ 9–20 Uhr; **Golden Eagle Ballooning**: Bagan Umbra Hotel, Main Rd., Wetkyi-In, ✆ 092-5208 4232, 092-5208 4242, 💻 www.goldeneagleballooning.com, ⌚ 9–19 Uhr.

Busse und Vans

Der **Bagan Shwe Pyi Highway Bus Terminal** liegt etwa 5 km südöstlich an der Straße nach Kyaukpadaung. Tickets können in Nyaung U an den Verkaufsstellen beim alten Busbahnhof an der Bagan-Nyaung U Rd. nahe der Shwezigon besorgt werden (am besten am Vortag). In Neu-Bagan ist Bagan New Light (s. o.) eine gute Adresse. Die meisten Busunternehmen holen ihre Passagiere von den Unterkünften ab. Eine Tuk-Tuk-Fahrt kostet zwischen 5000 Kyat (Nyaung U) und 7000 Kyat (Neu-Bagan).

Magwe-Pyay

Mit Non-AC-Bussen von **Aung Gabar**, ✆ 061-246 1129, um 9, 14.30 und 16.30 Uhr nach MAGWE (150 km, 4 Std., 6500 Kyat). Via Magwe nach PYAY (330 km, 9 Std., 15 000 Kyat) fahren Busse von Aung Lan Star (✆ 097-6946 3322) um 7, 9, 11 und 18 Uhr, und von New Aung Lan (✆ 097-7683 3569) um 6.30, 8.30, 9.30 und 16.30 Uhr.

Mandalay
Die meisten Busse fahren via MYINGAN und den Express Way nach MANDALAY (170 km, 5 Std., ab 9000 Kyat), darunter von folgenden Unternehmen: **Pyi Taw Aye**, ✆ 092-5903 2910, ab 9 und 12 Uhr; **Moe Htout Htun**, ✆ 092-6204 4445, ab 5.30, 7, 9, 12, 14, 17 und 10.30 Uhr; **Apex Express**, ✆ 094-4455 8944, ab 6.30, 11 und 15 Uhr. Kleinbusse von **OK Express**, ✆ 092-5627 3331, starten beim Yatho Gabar Restaurant gegenüber dem alten Busbahnhof um 5, 6.30, 8.30, 10, 13, 14.30, 16 und 18 Uhr. Dort ist auch Abfahrt der Busse von **Hello Express**, ✆ 092-6200 8886, um ab 8, 11 und 15 Uhr.

Mindat
Um nach MINDAT (180 km, 8 Std.) im Chin-Staat zu kommen, fährt man zunächst nach Pakokku und nimmt dort einen der Busse. Infos und Tickets gibt es bei Ever Sky Information.

Mrauk U
Wer von Bagan nach MRAUK U (480 km, 16 Std., 40 000 Kyat) reisen möchte, fährt gegen 18.30 Uhr nach Kyaukpadaung (55 km, 1 1/2 Std.) und nimmt dort den gegen 21 Uhr aus Mandalay kommenden Bus von **Modern Travelling Service**, ✆ 092-5603 9553. Ankunft ist gegen 11 Uhr am nächsten Tag. Alternativ fährt man nach Magwe (150 km, 4 Std.) und nimmt dort gegen 23 Uhr den aus Mandalay kommenden Nachtbus (350 km, 9–10 Std., 30 000 Kyat) von **Nan Taw Win**, ✆ 092-5880 9598. Achtung: Die Fahrt führt meist über schlechte Straßen durch die Rakhine-Berge und ist daher sehr strapaziös!

Nyaung Shwe-Taunggyi
Fast alle Busse nach TAUNGGYI (330 km, 8–9 Std., ab 15 000 Kyat) halten auch in NYAUNG SHWE: 7.30 Uhr mit **Shwe Man Thu**, ✆ 092-5962 2246; 8, 19 und 20.30 Uhr mit **Bagan Minn Thar Express**, ✆ 094-312 8712; 21 Uhr mit **Golden Shuttle**, ✆ 094-2100 4512.

Pakokku-Monywa
Mit Non-AC-Bussen von **Aung Gabar**, ✆ 061-246 1129, um 8, 10.30, 14.30 und 16.30 Uhr via PAKOKKU (30 km, 45 Min., 2000 Kyat) nach MONYWA (140 km, 4 Std., 6500 Kyat).

Yangon
Alle genannten Busse nach YANGON (680 km, 10 Std., ab 13 000 Kyat) nutzen nach 160 km den Highway über NAY PYI TAW (275 km, 6 Std.). Abfahrt um 8, 20 und 21 Uhr (VIP) mit **Famous Traveller Express**, ✆ 097-8899 7711; um 20.30 und 21 Uhr mit **Khaing Mandalay**, ✆ 092-6264 2244; um 19 Uhr mit **Shwe Man Thu**, ✆ 092-5962 2246; um 20 Uhr mit **Golden Shuttle**, ✆ 094-210 04512.

Eisenbahn

Der **Bahnhof** liegt ungünstige 6 km südöstlich von Nyaung U an der Straße zum Mount Popa. Zug Nr. 119up nach MANDALAY startet tgl. um 7 Uhr (Ankunft: 15 Uhr). Zug Nr. 62dn nach YANGON schnauft tgl. um 17 Uhr (Ankunft: 11 Uhr) los. *Upper class sleeper*: 17 500 Kyat, *upper class*: 9000 Kyat, *first class*: 4500 Kyat. Infos unter ✆ 061-246 0944.
Wer per Eisenbahn in den Shan-Staat will, kann mit Bus oder Pick-up von Nyaung U, nach THAZI fahren (Zwischenstopps in Kyaukpadaung und Meiktila) und dort die Züge nach SHWENYAUNG nehmen (S. 405). Taxifahrt zwischen Nyaung U und Bahnhof kostet offiziell 5000 Kyat/Wagen (nicht pro Person, wie die Fahrer gerne behaupten!).

Boote

Die Fahrt mit dem Boot zwischen MANDALAY und Bagan zählt zu den beliebtesten Anreise-Varianten. Nähere Hinweise und Fahrzeiten s. Kapitel Mandalay, S. 342. Die Kontaktadressen der Ticketbüros sind:
Malikha River Cruises, ✆ 097-315 2680, 09-511 8357, 💻 www.malikha-rivercruises.com.
Myanmar Golden River Group (MGRG), Aung Tha Pyae Area, Nyaung U, ✆ 092-5866 8080, 097-8505 7685, 💻 www.mgrg express.com.
RV Panorama, Alliance Myanmar River Cruise, ✆ 09-7828 43784, 💻 www.alliancemyanmar rivercruise.com.

Flüge

Der **Flughafen** liegt etwa 3 km südöstlich von Nyaung U. Manche Hotels bieten einen kosten-

losen Transfer an. Vom Flughafen zahlt man nach festgelegten Tarifen mit dem Taxi nach Nyaung U 5000 Kyat, nach Alt-Bagan 7000 Kyat und nach Neu-Bagan 8000 Kyat (Preistafel vor dem Terminal beachten!).
Der Flughafen wird von allen Inlandsgesellschaften angeflogen. Saisonabhängig fliegen vorwiegend Propellermaschinen von **Air KBZ**, **Myanmar National Airlines, Mann Yadanarpon** und **Yangon Airways** mehrmals tgl. die 1 1/4-stündige Strecke zwischen YANGON und Nyaung U (ab US$102). Meist kombinieren die Airlines den Flug mit MANDALAY (ab US$62) und HEHO (ab US$87) – Umwege muss man zuweilen in Kauf nehmen. Auch THANDWE (US$112) wird tgl. angesteuert. Die Flugfrequenz richtet sich nach der Touristensaison, aber auch der tägliche Flugplan ist variabel, daher vor Abflug immer nach der aktuellen Zeit fragen!

Fluggesellschaften
Air KBZ, nahe Thante Hotel, Nyaung U, ✆ 061-2461187, 2461188.
Mann Yadanarpon, Khayae St., nahe Myanmar Treasure Resort, Neu-Bagan, ✆ 094-0446 0008, 094-0446 0009.
Myanmar National Airlines, Yarza Thingya 4th St., ✆ 09-204 0231
Yangon Airways, Lanmadaw Rd., Nyaung U, ✆ 061-246 0475, 09-680 7105.

Ausflug zum Berg Popa

Ein Halbtagsausflug zum **Berg Popa** gehört zum Standardprogramm vieler Touristen. Es macht Sinn, die Tour mit dem Besuch von **Sale** (S. 287) zu verbinden. Dabei kann man nicht nur zwei interessante Orte kennenlernen, sondern auch eine markante Savannenlandschaft, in der sich idyllische Dörfer mit Palmenhainen und weiten Ebenen abwechseln. Dabei fährt man zunächst über eine direkte Straße zum Mt. Popa (60 km) und nach dessen Besuch über Kyaukpadaung nach Sale. Von dort geht es über das für seine Ölfelder bekannte **Chauk** zurück nach Bagan (60 km).

Mount Popa

Wer von Bagan aus durch die von Palmyrapalmen gesäumte Landschaft fährt, wird den weit sichtbaren Berg Popa wie eine Fata Morgana erleben. Im Vergleich zur kargen Ebene erscheinen seine Wälder saftig grün. Glücklicherweise wurde der 1518 m hohe erloschene Vulkan zum Nationalpark erklärt, sodass der wertvolle Baumbestand weitgehend erhalten blieb.

Byat-ta und Mae Wanna

In der Zeit des Königs Anawrahta hatte sich in den Wäldern des Berges Mae Wanna Thanegi, die schöne Schwester des gefangenen Mon-Königs Manuha, zurückgezogen, um zu meditieren. Damit ihr niemand etwas antun konnte, bat sie Buddha, sie Fremden gegenüber als Dämonin erscheinen zu lassen. Der Wunsch wurde ihr gewährt. Eines Tages kam Byat-ta, ein aus Indien stammender Moslem und Krieger, zum Berg. Er stand in Diensten Anawrahtas und musste jeden Morgen frische Blumen zum Palast bringen. Da er mit übermächtigen Kräften ausgestattet war, sah er das wirkliche Gesicht Mae Wannas und verliebte sich in sie. Auch sie war ihm zugeneigt, sodass er sich aufgrund des täglichen Tête-à-Tête immer häufiger verspätete.
Mae Wanna wurde schwanger und gebar die Zwillinge Min Gyi und Min Lay. Als Byat-ta wieder einmal zu spät nach Bagan zurückkam, ließ ihn der erzürnte Regent töten. Die beiden Söhne wurden daraufhin zum Palast gebracht. Mae Wanna konnte den Verlust nicht überwinden und starb aus Gram. Wie ihr Mann – und später ihre Söhne, die heute als die berühmten Taungbyone-Nats verehrt werden – wurde sie zu einem mächtigen Schutzgeist des Berges, zur Popa Maedaw. Viele Orte auf dem Berg erinnern an sie. Da Byat-ta Moslem war, wird bis zum heutigen Tag rund um den Berg Popa kein Schweinefleisch gegessen, und da die Popa Maedaw stets schwarz gekleidet war, sollte man diese Farbe beim Besuch des Berges meiden.

Der markante 737 m hohe Popa Taung Kalat

Seit Urzeiten ist der Berg von Mythen umrankt. Zahllose geheimnisvolle Wesen haben sich in seinen Wäldern herumgetrieben, darunter Okkultisten und Alchimisten auf der Suche nach lebensverlängernden Wunderkräutern. Kurzum: ein Ort seltsamer Gestalten und schicksalhafter Begegnungen. Doch spielte er auch eine strategische Rolle, denn die Wälder boten Räubern und Rebellen Schutz. Seinerzeit versteckte sich hier Anawrahta mit seiner Truppe, um gegen seinen Halbbruder Sokkate um den Thron zu kämpfen. Einige Jahrzehnte später nutzte auch Kyanzittha die geografischen Vorzüge des Berges.

Besichtigung

Die meisten Besucher werden sich nicht auf die Spitze des Popa-Berges mühen, sondern „nur" den seitlich gelegenen 737 m hohen **Popa Taung Kalat** erklimmen. Dieser markante Vulkankegel ist einer der wichtigsten Wallfahrtsorte des Landes für die Verehrung der 37 Nats. Ihnen wurde am Fuße des Berges ein eigener Schrein gebaut, wo häufig *nat pwe* abgehalten werden. Im Mittelpunkt des Kultes stehen die Mahagiri-Nats und die Popa Maedaw, deren Schicksal mit dem Berg verbunden ist (s. Kasten S. 272). Sie steht mit ihrem Göttergatten und den beiden Söhnen in der Mitte der insgesamt 37 lebensgroßen Nat-Figuren, die im Schrein in einer Reihe aufgestellt sind. Ihr Markenzeichen ist eine Dämonenmaske.

Andere Nats sind an Kleidung und Attributen erkennbar, darunter Ko Myo Shin, immer mit zwei Schwertern dargestellt, weil er mit dem einen kämpfte und mit dem anderen sich selber umbrachte; der mit Whiskeyflaschen behängte Ko Gyi Kyaw (oder U Min Kyaw), der seine Zeit

Blumen und Vögel

Der Name Popa leitet sich aus dem Sanskrit ab und bedeutet „Blume". Eine nahe liegende Bezeichnung, denn in seinen dichten Wäldern verbirgt sich eine vielfältige Flora mit zahlreichen Blumenarten, darunter mehreren Orchideenspezies. Vom Sagabaum *(Michelia champaca)*, einer Magnolienart, werden die gelben duftenden Blüten gesammelt, in Flaschen gepackt und als Souvenir verkauft. Mit 176 Vogelarten ist der Berg auch ein interessanter Ort für Ornithologen.

Umgebung Bagan

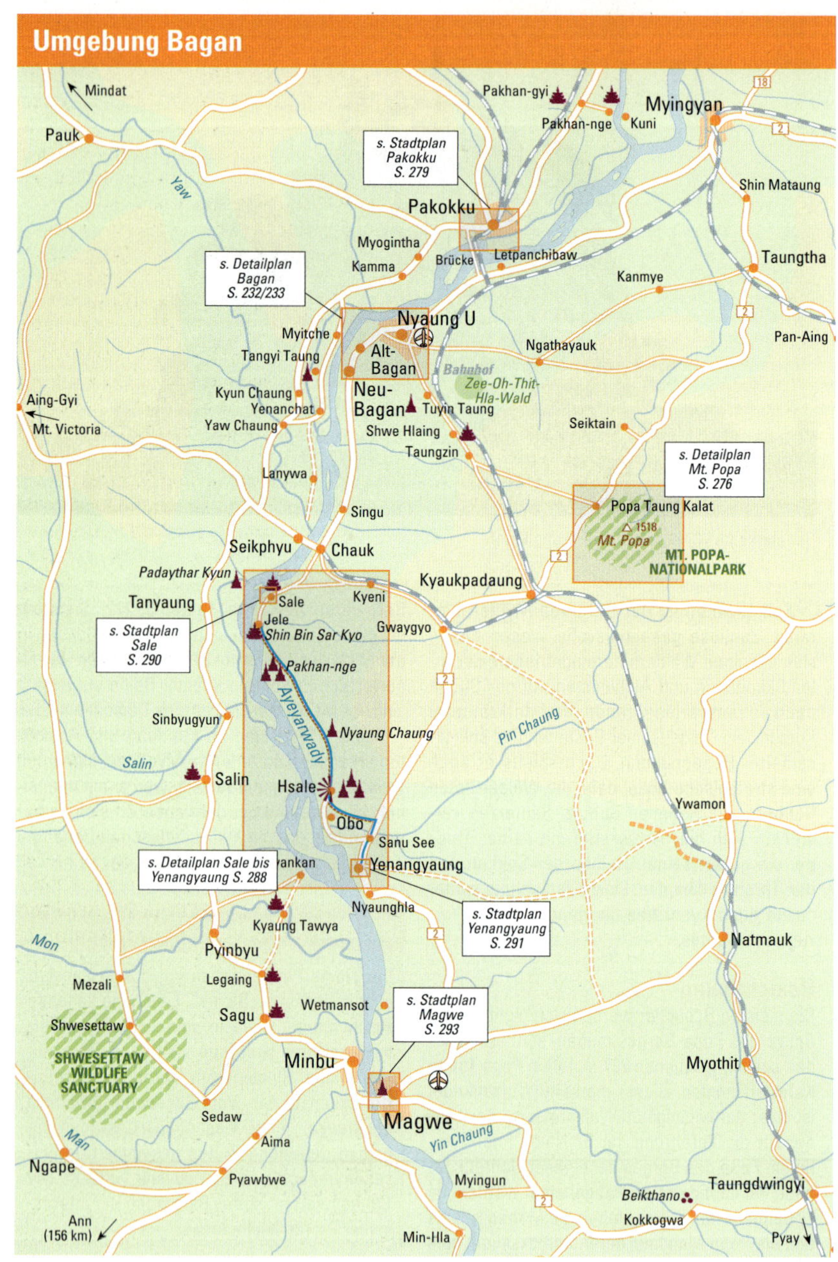

mit Hahnenkämpfen und Trinken verbrachte; oder Yun Bayin, zu Lebzeiten König Mekuti (reg. 1551–64) von Chiang Mai (birmanisch: Zimme), der 1558 von König Bayinnaung nach Bago verschleppt wurde und – weil er den birmanischen Curry nicht vertrug – an Diarrhöe starb. Dargestellt wird er auf einem Lotosthron sitzend und mit einem Schwert in der Hand.

Im **Pilgerdorf** reihen sich entlang der einzigen Straße einige einfache Lokale. Frauen versuchen Blumen und den berühmten Popa-Stein (ein Stein, der in hohle Lava eingeschlossen ist) zu verkaufen. 787 überdachte Treppen führen bis zur 120 m höher gelegenen Spitze des Taung Kalat.

Der halbstündige **Aufstieg** ist allerdings beschwerlich, da man den Großteil barfuß gehen muss und die Stufen teilweise sehr schmal und hoch sind. Aber am Rande gibt es Verkaufsstände und Sitzgelegenheiten, wo Getränkeverkäufer auf keuchende Kunden warten. Man sollte seine Taschen nicht gerade voller Süßigkeiten oder Bananen packen, denn entlang dem Aufstieg springen freche, gelegentlich auch aggressive Makaken umher. Am besten die wilden Affen einfach ignorieren, langsam weitergehen und auf die allgegenwärtige Makaken-Kacke achten.

Oben angelangt, eröffnet sich an klaren Tagen eine wunderschöne Aussicht über die weite Ebene und den Berg. An Sehenswürdigkeiten gibt es hingegen nichts Besonderes, denn die Stupas und *tazaung* sind allesamt neueren Datums und wurden auf Initiative des Mönchs U Pyi Sone († 1994) errichtet. Manche Stellen erinnern auch an den *weizzar* (Magier) **Bo Min Gaung**, der hier im frühen 20. Jh. lebte und dem übernatürliche Kräfte nachgesagt werden. Zu Lebzeiten praktizierte dieser birmanische Harry Potter, den indischen Sadhus nicht unähnlich, strenge Askese und extreme Meditationsformen, *thamahta* genannt, um durch Zauberei und Wunder glänzen zu können. Er ist auch nicht gestorben, sondern hat sich 1952 einfach in Luft aufgelöst. Der etwas grimmig blickende Bo Min Gaung wird sitzend, das eine Bein über das andere Knie geschlagen, und mit gewöhnlicher Kleidung abgebildet.

Das wichtigste **Nat-Fest** wird zum Vollmond Nadaw (Nov/Dez) abgehalten, steht jedoch im

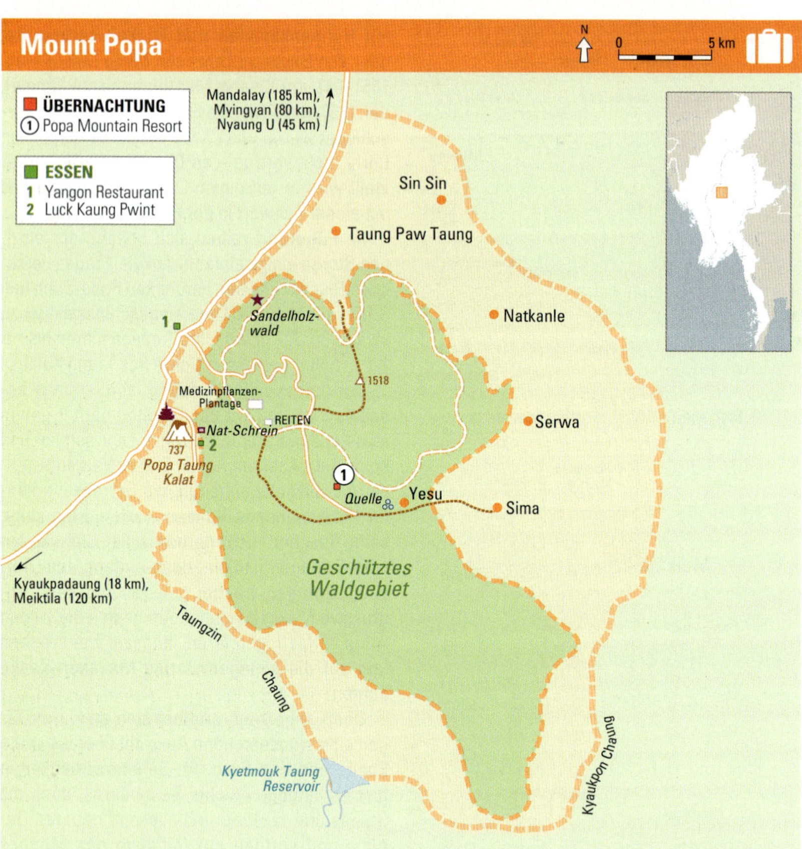

BAGAN UND UMGEBUNG

Schatten des populären Festes zu Ehren von Bo Min Gaung im September.

ÜBERNACHTUNG UND ESSEN

Im Pilgerort gibt es im **Luck Kaung Pwint** an der Hauptstraße, ⌚ 5–21 Uhr, Tee, Softdrinks und einfache Reis- bzw. Nudelgerichte.

Popa Mountain Resort, Popa Mountain Park, ☏ 02-69168, 💻 www.popamountain.htoohospitality.com. Man mag erstaunt sein, eine so luxuriöse Anlage inmitten des Popa-Mountain-Parks zu finden. Von ihr hat man einen grandiosen Blick auf den Popa Taung Kalat. Die 30 sehr geschmackvoll eingerichteten Zimmer im Chaletstil sind vom Feinsten. Günstiger und bescheidener wohnt es sich in den 20 Standard-Zimmern. Es gibt einen Pool, ein gutes Restaurant mit tollem Ausblick, ein Tagungszentrum und ein Spa. Vom Resort führen Wanderwege durch den Nationalpark. ❻–❼

Yangon Restaurant, Popa Rd., ☏ 061-50744. Offeriert gute chinesische und birmanische Gerichte. Das von Cho und ihrem Mann effizient geführte Lokal und Gästehaus liegt unweit der Auffahrt zum Popa Mountain Resort. ⌚ 9–21 Uhr.

TRANSPORT

Auto

Ein Mietwagen verlangt für die Rundtour von BAGAN aus 45 000 Kyat. Schließt man Sale mit ein, so kostet der Trip um 65 000 Kyat. Viele Gästehäuser organisieren oder vermitteln Halbtagsfahrten für 10 000 Kyat/Pers. Wer mit dem Mietwagen in Richtung Shan-Staat oder Mandalay unterwegs ist, kann am Mount Popa einen Zwischenstopp einlegen. Allerdings sollte man dafür früh aufbrechen.

Pick-ups und Vans

Nach NYAUNG U sind es etwa 45 km, nach KYAUKPADAUNG 18 km. Je nach Saison fahren vom Busbahnhof in Nyaung U Pick-ups direkt zum Mount Popa, um nach etwa 2 Std. wieder zurückzufahren. Alternativ nimmt man einen Pick-up nach Kyaukpadaung (2 Std.) und von dort einen weiteren zum Berg Popa. Dies ist allerdings umständlich und nimmt den ganzen Tag in Anspruch.

Nördlich von Bagan

Pakokku und Umgebung

Lange wurde Pakokku links liegen gelassen, doch heute legen dank der 2012 eröffneten Brücke immer mehr Touristen einen Stopp in dieser 140 000 Einwohner zählenden Stadt am Westufer des Ayeyarwady ein. Denn wer mit dem Bus oder dem eigenem Fahrzeug Richtung Monywa (115 km, 3 Std.) oder Nyaung U (30 km, 45 Min.) unterwegs ist, kann hier eine mehrstündige Besichtigungstour unternehmen und am gleichen Tag weiterfahren. Zudem ist die Stadt ein guter Ausgangspunkt für einen Abstecher in den Chin-Staat, wo von Mindat (150 km, 5 Std.) aus vielerlei Trekkingmöglichkeiten existieren (s. Kasten S. 280).

Pakokku ist ein wichtiger Umschlagplatz für Handelswaren und ein Zentrum für den Anbau von Tabak, Baumwolle und Thanaka. Zwar ist die Stadt im ganzen Land für ihre großen Klöster bekannt, doch bietet sie für Touristen nur wenige Attraktionen.

Tihoshin

Das bekannteste und geschichtsträchtigste buddhistische Heiligtum ist der **Tihoshin-Tempel** im Süden Pakokkus, an der Straße zur Anlegestelle. Chroniken zufolge wurde der Zedi erstmalig 1117, also während der Regentschaft Alaungsithus (reg. 1112–67) errichtet und im Laufe der Jahrhunderte, zuletzt 1927, vergrößert. Das Zentrum der Verehrung bildet eine stehende Buddhafigur, die der König von Sri Lanka dem damaligen birmanischen Regenten Alaungsithu zum Geschenk gemacht haben soll. Sie besteht aus zehn verschiedenen Holzsorten und war bis 1996 über und über mit Blattgold beklebt. Da die Figur jedoch immer mehr aus der Form geriet, wurde das gesamte Gold entfernt.

1178 stiftete ein Dorfvorsteher zwei weitere stehende Buddhafiguren, die nun die Hauptfigur flankieren. Bemerkenswert sind die filigranen Holzschnitzarbeiten an den Eingängen zum Hauptschrein. Beim Rundgang über das Tempelgelände kann man auch einen Blick ins linker Hand gelegene **Museum** (🕒 6–17 Uhr) voller Buddhas werfen, wo in einem Schrein auch die grün gekleidete Figur des Mae-Sein-Nyo-Nat verehrt wird. Am Vollmond Nayon (Mai/Juni) findet über drei Wochen hinweg das berühmte Tihoshin-Tempelfest statt.

Weitere Sehenswürdigkeiten

Im Südwesten der Stadt liegt das **Mandalay Kyaung Taik**, in dem ein sehenswertes, 1907 gestiftetes Kolonialgebäude mit einer raffinierten Dachkonstruktion steht. Es dient größeren Versammlungen und Mönchsprüfungen.

Das berühmteste und mit durchschnittlich 700 Mönchen größte Kloster Pakokkus ist das **Mahawithutayama Kyaung**, auch „Mittleres Kloster" genannt. Es wurde 1903 von dem Mönchsgelehrten Gandhadhaya Sayadaw gegründet und galt lange Zeit als eine der besten Klosteruniversitäten der Region. „Niemand kann vollkommen werden, ohne in diesem Kloster studiert zu haben", heißt es bis heute. Ein 1955 gestifteter „Big Ben" steht auf dem riesigen Gelände und macht mit dem Klang seinem Londoner Bruder Konkurrenz. Nebenan ist eine Bibliothek mit Palmblattmanuskripten sehenswert. Das Kloster war 2007 Schauplatz von gewalttätigen Mönchsdemonstrationen.

An der Bogyoke Street lohnt sich der Besuch der **Shwegugyi-Pagode** wegen einer detailvollen Schnitzarbeit am Hauptaltar. Sie wurde 1908 von einem lokalen Holzschnitzer und seinem Sohn angefertigt und stellt im unteren Bereich eine Episode aus dem Leben Buddhas dar, in welcher ein Prinz namens Ajatasattu auf Anraten seines heimtückischen Freundes Devadatta seinen Vater Bimbisara auf grausame Weise verhungern und schließlich durch Abschneiden der Zehen töten lässt. Zu spät erkennt er die große Liebe seines Vaters. Bimbisara war König von Magadha und ein großer Förderer des Erleuchteten. Im oberen Teil des Kunstwerkes ist der Abstieg Buddhas aus dem Tavatimsa-Himmel dargestellt.

Ein weiteres bedeutendes Kloster, das nach dem indischen König Ashoka benannte **Athokayone Kyaung**, liegt im Norden der Stadt. Über 500 Mönche werden dort ausgebildet. Entsprechend groß ist die 1919 gegründete Anlage, die eher einer eigenen Siedlung gleicht. Der Bagan-König Narapatisithu (reg. 1173–1210) soll die benachbarte **Phaung-Daw-U-Pagode** gestiftet haben, die eine völlig mit Blattgold überklebte Buddhafigur birgt.

ÜBERNACHTUNG

Es sind überwiegend einheimische Geschäftsreisende, die in Pakokku nächtigen, weshalb nur wenig Englisch gesprochen wird.

Hotel Juno, 211 Myoma Rd., ✆ 062-23650, 097-8532 1457, ✉ hoteljuno.pku@gmail.com. Holzvertäfelung und -boden verströmen eine wohnliche Atmosphäre in den 45 sauberen Zimmern. Sie verteilen sich in einem Hauptbau und einigen Bungalows. Das Restaurant wirkt steril, aber den Pool wird man heißen Tagen schätzen. ❹

€ **Mya Yatanar Inn**, 75 Lanmadaw St., ✆ 097-8532 1457, 097-7161 9177. Betagtes Kolonialhaus mit Flussblick (bes. von Zimmer B) und 12 asketischen Zimmern mit Gemeinschaftsbad. Geführt seit 1980 von der freundlichen Daw Mya Mya und ihrer Tochter, welche gutes Englisch sprechen und viele Tipps geben. ❶

Royal Palace (Taw Win Nan), 6th St., zw. Myaing- und Thin Tan St., ✆ 062-23205, 09-230 1467. Eher unter dem birmanischen Namen bekannt, verteilen sich in dem klobigen Gebäude 35 funktionale Zimmer mit AC, TV und Dusche. Frühstück wird im obersten Stock gereicht. Es wird kaum Englisch gesprochen. ❷–❸

Thu Kha Hotel, 1 Myoma Rd., ✆ 062-23077, 23277, ✉ thukha717@gmail.com, neben der Wesley Church. Von außen ein nüchterner Hotelkasten mit vier Etagen. Doch die Holzböden und -schränke in den 33 Zimmern mit AC und Bad sowie die Freundlichkeit der Angestellten lassen etwas Wohnlichkeit aufkommen. Frühstück wird im 4. Stock serviert. ❹

Yatanar Sin Motel, 15 Myoma Rd., ✆ 062-23727, 097-9230 0600. Ein schmales, 5-stöckiges Geschäftshotel an der Hauptstraße mit 21 teils kleinen Zimmern mit AC und Bad. Alles wirkt nüchtern und funktional, aber in dieser Preisklasse eine gute Option: Tipp: Frühstück im Moe Kaung Kin Tea Shop schräg gegenüber. ❷–❸

ESSEN

Htate Tann Yaw Buffet, 4th St., westl. der Shwe St. Hier braucht man gar nicht zu bestellen, die vielen Curry-Schälchen werden wortlos gebracht. Hier steht niemand hungrig auf. 🕒 12–21 Uhr.

Ho Pin, 2nd St., ✆ 062-22979. Eine weitere gute Adresse für birmanische Currys, allerdings wesentlich touristischer. Dafür ein Hauch mehr Komfort. 🕒 8.30–20.30 Uhr.

Moe Kaung Kin, 4 Dhammazaydi St., östl. der Yake Thar St. Der Teashop ist mit seinen massiven Holztischen ein beliebter Jugendtreff und bietet Snacks, Säfte und leichte Gerichte. Tipp: der starke Tee *ngapeiyei kyasin.* 🕒 6–21 Uhr. Eine **Filiale** liegt an der Myoma Rd., schräg gegenüber dem Yadonar Sin Motel. 🕒 5–21 Uhr.

EINKAUFEN

Die „Stadt des Tabaks" besitzt natürlich auch einige Cherootfabriken, z. B. die Manufaktur von

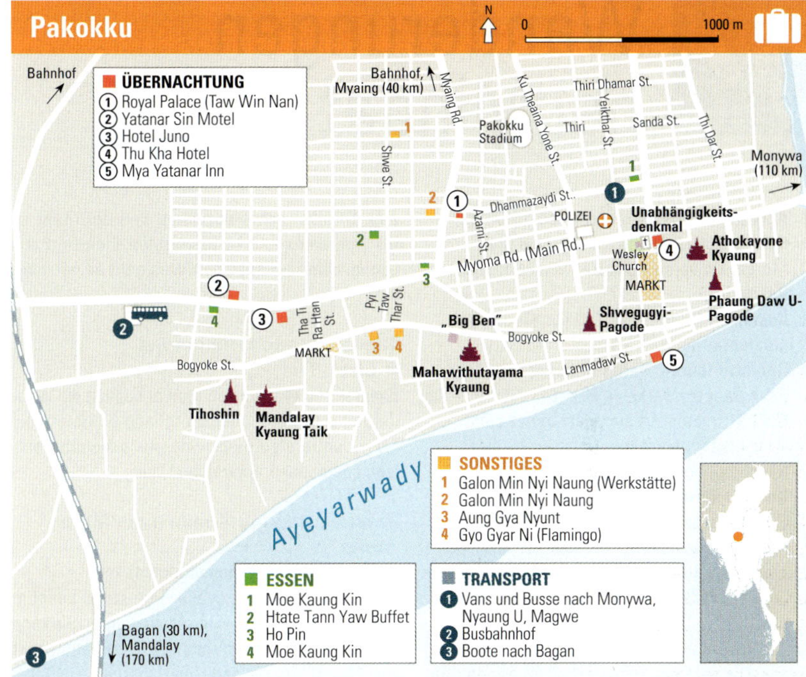

Aung Gya Nyunt in der Bogyoke St. Nur einen Steinwurf entfernt werden bei **Gyo Gyar Ni** (Flamingo) Lederschlappen hergestellt und in allen Farben verkauft. Bekannt ist Pakokku auch für seine Baumwollwebereien, in denen die weit verbreiteten karierten Baumwolldecken hergestellt werden. Eine gute Auswahl bietet **Galon Minn Nyi Naung**, 14 6th St., westl. der Myaing St., und dessen Werkstätte in der 11th St., unweit der Shwe St.

TRANSPORT

Busse

Der große **Busbahnhof** befindet sich an der Main Road

MANDALAY, 195 km, mit Shwe Man Thu um 8 Uhr für 4000 Kyat in 5 Std.

MINDAT, 150 km, einfache Busse von Shwe Nyaung Aye fahren um 7, 8 und 9 Uhr für 10 500 Kyat in 5 Std.

TAUNGGYI, 315 km, um 7.30, 8.30 und 17.30 Uhr mit Cherry Myanmar sowie um 7 und 18 Uhr mit Bagan Mintha ab 13 000 Kyat in 9–10 Std.

YANGON, 630 km, via Nyaung U, mit Famous um 7, 19 und 20 Uhr, mit Man Thu um 18 Uhr, und Ye Thu Aung um 17.30 Uhr, ab 11 000 Kyat in 11 Std.

Weitere Busse fahren nach MAGWE (170 km, 5 Std.) und NAYPYITAW (300 km, 8 Std.).

In der Yeikthar Street, die östlich des Städtischen Krankenhauses von der Main Road abzweigt, starten Vans und Kleinbusse diverser Anbieter in die nähere und weitere Umgebung, u. a. von Aung Gabar, ✆ 094-720 7780, um 6, 9, 10 und 14 Uhr nach MONYWA (110 km, 3 Std., 4000 Kyat) und um 14 Uhr via Monywa nach KALAY (340 km, 10 Std., 13 000 Kyat). Vans von Ayeyarwady, ✆ 093-317 5648, fahren um 4.15, 6, 8.30, 10.30, 12 und 13.30 Uhr nach MANDALAY (5000 Kyat) und um 6 und 9 Uhr nach Kalay (15 000). Weitere Ziele sind MAGWE und MYAING (40 km, 1 Std.).

Wanderungen bei Mindat

- **Anfahrt per Bus**: Pakokku–Mindat (150 km, 6 Std., 10 000 Kyat) ab 6.30, 7 und 8 Uhr. Morgens diverse Abfahrten von Mindat nach Pakokku
- **Kosten für Guide**: ab 40 000 Kyat/Tag (vorab buchen!)
- **Geführte Touren**: **Naing Trekking Service**, nähe Sanpya-Markt, ✆ 094-4011 0353, 099-103 6265 ✉ naingtravelservices@gmail.com, 💻 www.facebook.com/Chintravelexpert, Mindats führender Trekkinganbieter; **Uncharted Horizons**, 109 49th St. (Middle Block), Yangon, ✆ 094-5006 2960, 099-7117 6085, 💻 www.uncharted-horizons-myanmar.com, Chin-Staat-Spezialist unter Leitung von Jochen Meißner mit festen Terminen für mehrtägige Trekkingtouren.

Ausgangspunkt der Tagestouren ist Mindat, das sich auf gut 1400 m NN entlang einem Bergkamm erstreckt und über einige Gästehäuser, Läden und den Sanpya-Markt verfügt. Für die meisten Besucher ist Mindat Übernachtungsstopp auf dem Weg zum Mount Victoria. Aber es lohnt sich auch, die Umgebung des sympathischen Ortes zu erkunden. In den umliegenden Dörfern kann man die Lebensweise der Chin kennenlernen. Wer mehr dazu erfahren möchte, sollte unbedingt einen Guide engagieren.

Tagestour nach Pan Awet und Am Laung

- **Länge**: 13 km

Mit dem Motorbike lässt man sich vom Ortszentrum entlang der Mindat-Matupi Road ca. 3 km gen Westen bis zur Abzweigung der Straße nach Pan Awet fahren. Dort beginnt auf 1470 m Höhe der ca. 3 km lange Weg (ca. 1 Std.) einen Bergrücken entlang bis zum Dorf Pan Awet (1250 m NN), wo es noch einige interessante Steingräber zu sehen gibt. Weiter geht es den Berghang entlang, bis nach ca. 300 m bei einigen Wohnhäusern eine Straße rechts abzweigt. Von dort geht es bis zum weitere 3 km entfernten Chin-Dorf Am Laung. Über den gleichen Weg geht es nachmittags zurück.

Tagestour nach Hleikawng

- **Länge**: 9 km

Ebenfalls im Westen von Mindat beginnt die Wanderung den nördlichen Berghang hinunter zum 4,5 km entfernten Hleikawng. Auch sie führt entlang einem panoramareichen Weg.

Moped-Trekking-Kombi nach Mein Taung

- **Trekking**: 12 km, **Mopedfahrt**: 47 km

Bei dieser anspruchsvollenTagestour benötigt man einen Guide und einen Mopedfahrer. Sie kann auch mit der Weiterfahrt nach Kanpetlet oder zum Mount Victoria kombiniert werden. Zunächst fährt man mit dem Moped entlang der serpentinenreichen Mindat-Kanpetlet Road über die Chit-Chaung-Brücke ca. 15 km, wo gegenüber einigen Wohnhäusern, die sich entlang der Straße reihen, auf 1100 m NN der erste Teil der Trekkingtour beginnt. Der Weg verläuft einen leicht ansteigenden und teils bewaldeten Berghang ca. 1,5 km hinauf bis zum auf 1200 NN gelegenen Chin-Dorf Ein Hmyin. Dort eröffnet sich ein herrlicher Ausblick auf das vom Chit-Fluss durchschnittene Tal. Von Ein Hmyin geht es gen Süden über den Weiler Dee wieder zur Mindat-Kanpetlet Road, wo der Mopedfahrer wartet. Mit ihm fährt man ca. 4 km die kurvenreiche Straße entlang bis zum Dorf Aye Sakhan (1750 m NN), wo es ein Camp für die Trekkingtouristen zum Mount Victoria gibt. Etwas südlich des Ortes beginnt gegenüber der Kirche der zweite und längere Trekkingabschnitt. Er verläuft einen Bergrücken knapp 6 km hinauf zum Chin-Dorf Mein Taung (1830 m NN). Dort kann der Mopedfahrer warten, oder man geht weitere 2 km entlang einem guten Weg bis zu dessen Einmün-

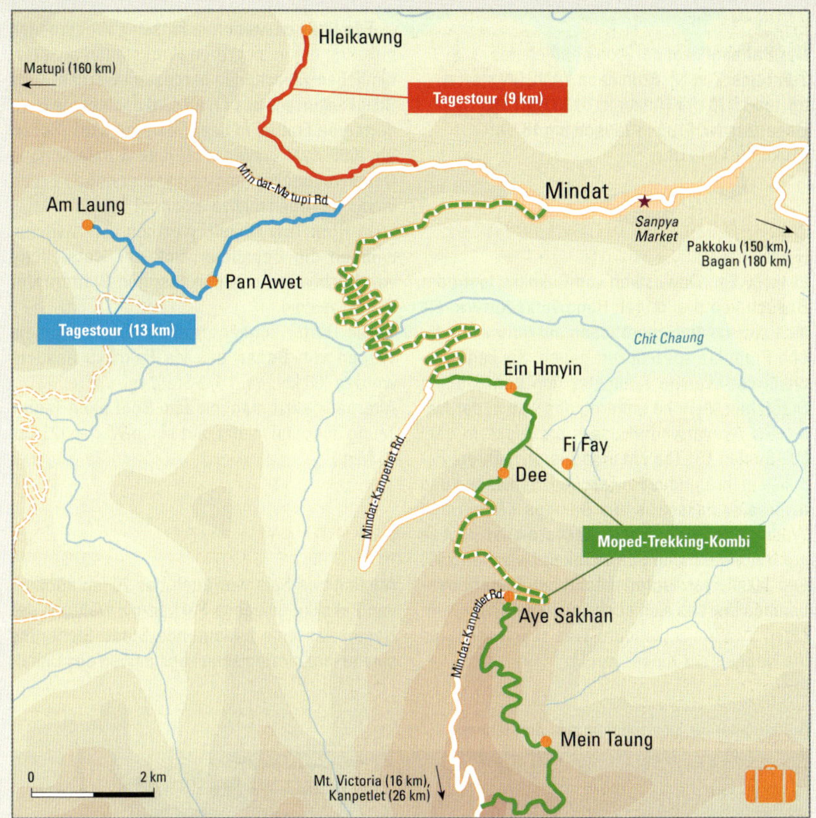

dung in die Mindat-Kanpetlet Road. Dabei überquert man jedoch einen bis zu 2200 m hohen Bergrücken. Von der Wegeinmündung sind es 35 km zurück bis nach Mindat. Alternativ kann man ins nähere, 26 km entfernte Kanpetlet fahren.

Praktische Hinweise

Reisezeit

Beste Reisezeit ist Ende November bis März. In den Nächten kann es von Dez–Feb empfindlich kalt werden. Wegen der baumarmen Umgebung sollte man unbedingt an Sonnenschutz denken.

Auf eigene Faust oder mit Guide?

Die Dörfer rund um Mindat kann man auf eigene Faust erwandern, ansonsten: Guide nehmen!

Übernachtung in Mindat

Se Nang Gh., Main Rd., ✆ 094-4200 2645, schlichte Zimmer mit Gemeinschaftsbad ab 15 000 Kyat/Pers.; **Tun Gh.**, Main Rd., ✆ 070-70166, 094-717 0090, freundliche Zimmer mit Gemeinschaftsbad in Steinbungalow ab 15 000 Kyat; **Victoria Gh.**, Main Rd., gegenüber Markt, ✆ 01-707 0127, betagte Zimmer mit Gemeinschaftsbad und kaltem Wasser um 10 000 Kyat/Pers.

Geschäfte/Banken

Proviant gibt es in diversen Läden in Mindat. Bislang existieren keine Wechselstuben.

Sprachknigge

Naga naya („hallo“) und *Napo ta ni* („danke“)

Eisenbahn

Der **Bahnhof** liegt ca. 3 km nördlich des Zentrums. Zug Nr. 62dn nach YANGON startet tgl. um 15.20 Uhr (Ankunft: 10.30 Uhr), der Gegenzug Nr. 61up in Yangon um 16 Uhr (Ankunft: 11.10 Uhr).

Handwerksdörfer bei Myitche

Etwa 30 km südwestlich von Pakokku lohnt der Besuch von drei urigen Handwerksdörfern, die sich seit vielen Generationen auf unterschiedliche Produkte spezialisiert haben. Sie liegen jeweils nur wenige Kilometer von dem kleinen Städtchen **Myitche** entfernt, das sich in der Nähe des Ayeyarwady-Flusses erstreckt. In dem 800-Seelen-Ort **Tha Zin** produzieren mehrere Familien in ihren Häusern Taschen, Schlappen und diverse Accessoires aus Bambus, Rattan und Wasserhyazinthe. Der Tagesverdienst liegt je nach Aufwand und Schnelligkeit zwischen 2500 und 5000 Kyat. Unter mächtigen Tamarindenbäumen lässt es sich auch schön durch die sandigen Straßen schlendern, was schon sehr bald die Neugier der Kinder weckt.

Eye Shay ist wiederum für seine Webarbeiten bekannt, die in mehreren Werkstätten an altertümlichen Webstühlen hergestellt werden. Trotz Billigkonkurrenz aus China sind noch heute Hunderte von Frauen in dem Gewerbe aktiv. Schon ab 3000 Kyat lassen sich hier wunderschöne Baumwolldecken und Longyis erstehen – und ländliche Arbeitsplätze erhalten!

In **Htan Taw Chauk**, westlich von Myitche, widmen die Bewohner sich der Herstellung von Korbwaren aus den fasrigen Blättern der Palmyrapalme.

Die Dörfer können problemlos mit eigenem Wagen von Bagan aus via Pakokku besucht werden (60 km, ca. 1 1/2 Std.), vgl. eXTra [8739]. Alternativ setzt man mit dem Boot nach Tangyi Taung über und mietet dort einen Wagen (23 km, 45 Min.).

Pakhan-gyi

Ähnlich wie Sale war auch das 20 km nördlich von Pakokku gelegene Pakhan-gyi während der Bagan-Ära eine bedeutende Stadt. Sicherlich spielte ihre strategische Lage unweit des Chind-

Rattanhalter für Smartphones sind der Renner.

Der Trinker-Nat

Ko Gyi Kyaw – oder U Min Kyaw, wie er auch genannt wird – war der Sohn von Kuni Devi und einem *myosa, Statthalter*, von Pyay. Außerdem war er mit einem weiteren berühmten Nat, Ko Myo Shin, verschwägert und wie jener sehr jähzornig. Er vertrieb sich seine Tage mit Hahnenkämpfen, Trinkgelagen und Wettreiten. Daher wird er immer auf einem Pferd sitzend und mit Alkoholflaschen behängt dargestellt. Ko Gyi Kyaw war so grausam, dass er eines Tages bei einem Raubzug durch den Shan-Staat die beiden Shan-Prinzen Khun Chou und Khun Tha lynchte. Beide wurden zu Nats und rächten sich, indem sie einen Baum auf ihn stürzen ließen. Der vom Baum erschlagene Trunkenbold wurde ebenfalls zu einem Nat und wird vor allen Dingen in geschäftlichen Belangen konsultiert.

win-Flusses eine wichtige Rolle. Wie Funde aus dem Neolithikum beweisen, war die Region offensichtlich schon sehr früh besiedelt. Es gibt einige interessante Sehenswürdigkeiten, die den Ort zu einem lohnenswerten Ausflugsziel oder Zwischenstopp auf der Fahrt von Monywa nach Pakokku bzw. umgekehrt machen.

Das von 255 Teakholzstämmen gestützte **Holzkloster** ist fraglos die Hauptattraktion des Ortes. Seine Entstehung ist einer Art „Steuerflucht" zu verdanken, denn um heftigen Abgaben zu entgehen, ließen der Kaufmann U Po Dok und seine Frau Daw Phe Teile ihres Vermögens in den Bau des Klosters fließen. Zwischen 1868 und 1870 wurde es errichtet. Sehenswert sind innen die Schnitzereien mit Darstellungen von Szenen aus dem *Ramayana*. Auf der Westseite des Klosters stehen einige **Grabstupas** zu Ehren verendeter Arbeitselefanten.

Besuchenswert ist auch das Museum mit Exponaten aus dem Neolithikum (Ton, Steine, Scherben …) und insgesamt acht Steininschriften, die vorwiegend über Klosterstiftungen berichten. Die meisten stammen aus der Bagan-Ära. Eine Tour durch Pakhan-gyi lässt erahnen, dass der Ort so unbedeutend nicht gewesen sein kann, denn viele **Stupa-Ruinen** liegen im Umkreis verstreut. Reste der mächtigen **Stadtbefestigung** und eines **Tunnelsystems** im Westen der Stadt, das vermutlich zu Verteidigungszwecken angelegt worden war, erinnern an Pakhan-gyis militärische Bedeutung. Am westlichen Ortsrand werden in Privathäusern im alten Stil Tongefäße getöpfert. Für den Besuch der archäologischen Stätte einschließlich des Museums wird eine Eintrittsgebühr von 5000 Kyat verlangt. Meist muss man erst nach dem Museumswächter fragen, da die Türen normalerweise verschlossen sind.

Als Fortbewegungsmittel vor Ort kann man versuchen, ein Fahrrad auszuleihen. Busse und Pick-ups von Pakokku nach Yesagyo oder Monywa passieren auch Pakhan-gyi.

Pakhan-nge

Eigentlich ist Pakhan-nge ein verschlafenes Nest am Chindwin, das nur über einen Damm vom 3 km entfernten Pakhan-gyi zu erreichen ist. Allerdings lässt das große verfallene **Kloster** darauf schließen, dass der Ort einst bessere Zeiten gesehen hat. Wie Zahnstocher ragen die 332 Stützstämme des *kyaung* aus dem Boden. Zwischen 1857 und 1864 errichtet, war es einst das größte Kloster der Umgebung. Sponsor war U Yan Wei, ein ehemaliger Mönch und Lehrer König Mindons, der in seinen späten Jahren als *myosa*, Statthalter, von Pakhan-gyi fungierte.

In den beiden Wochen vor dem Vollmond Tabaung (Feb/März) herrscht in Pakhan-nge Ausnahmezustand. Tausende von Menschen aus der ganzen Region machen sich auf, um im Dorf **Kuni** auf der anderen Seite des Chindwin das Fest des berühmten Nats **Ko Gyi Kyaw** zu feiern. Zu Ehren dieses Rauf- und Trunkenboldes geht es dabei ziemlich feuchtfröhlich zu. Flaschen werden geleert und Hühner geopfert, vor seinem Schrein kommt es zu wilden Tänzen. Für die Marktleute aus der Region ist es nach dem Anandafest das lukrativste Fest (s. **eXTra [5677]**).

Östlich von Bagan

Kyaukpadaung

Wer von Nyaung U nach Meiktila oder Magwe fährt, wird zwangsläufig nach 50 km durch den Ort Kyaukpadaung kommen. Der regionale Verkehrsknotenpunkt ist auf Durchreisende eingestellt. Zwar fehlen Sehenswürdigkeiten, dennoch besitzt der Ort einen ländlichen Charme. Der Berg Popa liegt etwa 18 km entfernt und ist über eine landschaftlich schön gelegene Straße zu erreichen.

Nur wenige Lokale sind auf ausländische Touristen eingestellt, etwa das **Thiri Nanda Restaurant** oder das **Pho Pa Gyi Restaurant**, 400 m nördlich der Hauptkreuzung.

Meiktila

Die Provinzstadt Meiktila liegt an einem 9 km^2 großen See, der von einer großen Brücke überspannt wird und an dessen Rand sich eine nette Uferpromenade entlangzieht. Der See trägt den Namen der 120 000-Einwohner-Stadt und verleiht ihr ein freundliches Gesicht. Bereits vor Jahrhunderten wurde er künstlich angelegt und ist bis heute als Wasserreservoir von Bedeutung. Touristen nutzen Meiktila am ehesten als Zwischenstopp auf der Fahrt von Bagan (160 km) zum Inle-See (175 km).

Sehenswürdigkeiten sind rar, denn die Stadt wurde immer wieder zerstört, zuletzt bei einem Großbrand 1991. Meiktila war auch Schauplatz einer entscheidenden Schlacht während des Zweiten Weltkriegs, als die Briten sie im Februar/März 1945 nach längerer Belagerung eroberten. Im März 2012 kam es zu brutalen Übergriffen auf die moslemische Minderheit, bei denen Dutzende Todesopfer zu beklagen waren. Seitdem hat sich die Lage in der Stadt wieder einigermaßen entspannt.

Auch in Meiktila zählen die Tempel und Klöster zur Hauptattraktion, besonders die kleine, goldglänzende **Antaka-Yele-Pagode** auf dem See. Schon der Weg über Brücke mit einer Gebetshalle am Ufer entfaltet eine entspannte Atmosphäre. In der Nähe von Meiktila, an der Straße Richtung Mandalay, befindet sich eine Basis und Ausbildungsstätte der Luftwaffe. Am Eingang steht ein ausrangiertes Kampfflugzeug aus den 1950er-Jahren.

ÜBERNACHTUNG

A 1 Motel, 1st Main Rd., ✆ 064-25525, 09-220 0335. Zentraler geht es fast nicht. Der 5-stöckige Bau mit blauer Verglasung trägt nicht unbedingt zur Stadtverschönerung bei. Das trifft auch für die 11 AC-Zimmer samt Bad mit 08/15-Optik zu. Dafür bieten sie teilweise schönen Seeblick. ❷

Peace Path Palace Hotel, Kan Pat St., ✆ 064-24485, 093-312 3882. Kein Palast, eher funktional, aber die 25 etwas kleinen AC-Zimmer mit Bad und großen Fenstern sind sauber. Die Ausstattung (Kühlschrank, TV, Tisch) wirkt recht zusammengewürfelt. ❶–❸

The Floral Breeze (Wunzin Hotel), Than Lwin Rd., am nördlichen Seeufer, ✆ 064-23848. Im u-förmigen Flachbau direkt am See verteilen sich 40 Zimmer in drei Kategorien, die Deluxe-Zimmer sind recht geräumig und durch das Holzdekor recht wohnlich. Für Sportler gibt es einen Tennisplatz. ❹–❺

ESSEN

Das **Honey Restaurant** in der Pan Chan St. legt wenig Wert auf Optik, aber seine chinesische Küche genießt einen guten Ruf. Weiter südlich, direkt am See, kann man im beliebten **Mya Kan Thar Yar Restaurant** mit Blick aufs Wasser entspannt essen. Es gibt Reis- und Nudelgerichte, frische Obst- und Milchshakes. Tipp: Sundowner zum Sonnenuntergang.

Im 2006 etablierten, durchaus einladenden **Pan Nu Yaung Restaurant**, 1st Main Rd., ✆ 064-25616, gibt es solide chinesische Küche zu kühlem Bier. Auch Smoothies und Speiseeis sind im Angebot. Die Speisekarte gibt es auch auf Englisch. 🕒 8–21 Uhr.

Wer es etwas schicker haben möchte, findet ein modernes Ambiente im **Lekker Corner**, ✆ 064-

23725, ⌚ 8–21 Uhr, in einer Nebenstraße südlich der Hauptstraße. Es gibt gute Thai- und chinesische Gerichte. Im 2-stöckigen **Champion Café** an der Hauptstraße gibt es mäßig gute Küche, aber leckeren Kaffee, Gebäck und diverse Säfte.

TRANSPORT

Busse und Vans

Vans in Richtung KYAUKPADAUNG (96 km), MANDALAY (154 km), MYINGYAN (93 km), NYAUNG U (153 km) und THAZI (22 km) starten am **Busbahnhof** östlich der Htee Thone Sint-Pagode oder an der Hauptstraße.

Lokale Busse (Non-AC) fahren von 5–16 Uhr etwa halbstündl. nach MANDALAY (3 Std.) und vormittags um 5, 7 und 9 Uhr nach TAUNGGYI (186 km, 8 Std.).

Eisenbahn

Zugtickets gibt es im **Bahnhof** von Thazi. Pick-ups und Busse nach THAZI fahren bis zum frühen Nachmittag ab dem Busbahnhof (ca. 30 Min., 1000 Kyat).

Thazi

Dieser Verkehrsknotenpunkt verdankt seine Bedeutung allein seinem Bahnhof: In Thazi kreuzen sich die Bahnlinien Yangon–Mandalay und Myingyan–Shwenyaung. Das kleine Örtchen liegt am Rande der Tiefebene; am östlichen Horizont zeichnen sich bei guter Sicht die Shan-Berge ab. Häuser und Geschäfte reihen sich an der ausgebauten Hauptstraße und der Straße Richtung Bahnhof aneinander. Die Läden sind auf Weiterreisende eingestellt. Ansonsten hat der Ort nicht viel zu bieten.

ÜBERNACHTUNG UND ESSEN

Moon Light Rest House, an der Hauptstraße, etwa 1 km vom Bahnhof, ✆ 064-69056. 15 einfache Zimmer mit ordentlichen Betten, teils gekachelt samt AC und Bad. Ni Ni, die freundliche Besitzerin, hilft gerne mit Tipps für die Weiterreise, arrangiert Tickets und gestattet auch Kurzbesuchern, sich zu erfrischen. Im dazugehörigen **Red Star Restaurant** wird gute chinesische und birmanische Küche serviert. ❶–❷

Wonderful Guest House, an der Hauptstraße, unweit der Abzweigung zum Bahnhof, ✆ 064-69068, 097-9396 9068. Wer die Farbe Grün liebt, wird die teils schuhschachtelgroßen Zimmern mit Bad „wonderful" finden. Auch hier hilft das Personal bei Fragen zur Weiterfahrt. ❷

TRANSPORT

Pick-ups und Vans

Pick-ups und Vans fahren jede halbe Stunde Richtung MEIKTILA (22 km). Vormittags starten in unregelmäßigen Abständen einige Vans nach KALAW (93 km, ab 4 1/2 Std., 5000 Kyat); nur wenige fahren weiter nach SHWENYAUNG (145 km, 6 Std.) und TAUNGGYI (164 km, 7 Std., 7000 Kyat).

Busse

Die Busse von/nach MANDALAY, TAUNGGYI und NYAUNG U (Bagan) halten an der Hauptstraße gegenüber dem Moon Light Rest House. Wer weiter nach YANGON reisen möchte, muss zunächst nach Meiktila fahren. Nach MANDALAY (3 Std.) passieren die Busse den Ort zwischen 11 und 12 Uhr, nach NYAUNG U (4 Std.) zwischen 10 und 11 Uhr.

Zugfahrplan für Thazi

Zug-Nr.	11up	5up	3up	
Yangon	06.00	15.00	17.00	
Thazi	18.12	02.08	04.55	
Mandalay	21.00	05.00	07.45	
Zug-Nr.	**12dn**	**6dn**	**4dn**	**10 dn**
Mandalay	06.00	15.00	17.00	
Thazi	08.51	17.46	19.46	22.00
Yangon	21.00	05.00	07.45	14.40
Zug-Nr.	**141**			
Thazi	07.00			
Kalaw	13.30			
Heho		15.30		
Shwenyaung*	17.00			

Preis Thazi–Shwenyaung: *upper class* 3000 Kyat

* Mit Pick-ups Anschluss nach Taunggyi und Nyaungshwe am Inle-See.

Eisenbahn

Die Fahrkarten sollten einen Tag vorher besorgt werden. Die Betreiberin des Moon Light Rest House hilft gern. Es gibt eine Wartehalle, in der Getränke und Snacks verkauft werden. Gegen eine Gebühr von US$1 dürfen dort auch Ausländer hinein und in einem der halbwegs bequemen Sessel Platz nehmen. Hier gibt es auch einigermaßen saubere Toiletten.

Über Yenangyaung nach Magwe

Die Fahrt von Bagan ins 150 km entfernte Magwe führt durch eine karge Savannenlandschaft. Nach gut 100 km passiert man die alte „Öl-

Stadt" Yenangyaung, wo es einiges zu entdecken gibt und ein Hideaway zum längeren Aufenthalt lockt.

Sale (Salay)

Gut 50 km südlich von Bagan liegt Sale (Salay), ein freundlicher Flecken von knapp 10 000 Bewohnern mit vielen Klöstern, alten Tempeln, schmucken Kolonialgebäuden und einem lebendigen Markt. Nur die mit japanischer Hilfe errichtete Düngefabrik im Norden der Stadt stört die Optik. Ansonsten kann man durch den lebendigen Ort schlendern, der offensichtlich in der Spätzeit des Bagan-Reiches eine wichtige Rolle spielte. Allein im Stadtkreis hat das Archäologische Department 52 Monumente aus jener Zeit erfasst. Die meisten stammen wohl aus dem 13. Jh., aber genauere Infos sind mangels Quellen spärlich.

Youk-soun Kyaung

Hauptattraktion Sales ist fraglos das Youk-soun Kyaung, seit 1995 ein Museum für buddhistische Kunst. Das 1882 errichtete Holzkloster geht auf eine Stiftung des betuchten Händlers U Po Gyi und seiner Gattin Daw Shwe Thet zu Ehren eines Mönchs namens U Guna zurück. Nach Jahrzehnten des Verfalls wurde das 23 x 31 m große Gebäude 1992 umfassend restauriert. Einige der 154 Stützsäulen mussten ausgewechselt werden.

Interessant sind einerseits die Holzschnitzereien an der Verkleidung der äußeren Veranda. Dort sind buddhistische und folkloristische Szenen zu sehen, darunter die Erzählung vom Lotosprinzen und seiner bösen Gattin (Culla Paduma-Jataka Nr. 193). Zum anderen kann sich auch die Buddha-Figuren-Sammlung, darunter einige Exemplare aus der Bagan- und Konbaung-Zeit, sehen lassen. Eine unscheinbare Steininschrift, ebenfalls aus der Zeit Bagans, gibt Aufschluss über die damalige Vererbungspraxis, derzufolge auch Frauen das Recht hatten, über ihr Eigentum zu verfügen und entsprechend zu vererben (in diesem Fall an die Kinder aus erster Ehe). ◷ Di–So außer feiertags 9.30–16.30 Uhr, Eintritt 5000 Kyat.

Spaziergang und Bootstour

Nach der Besichtigung des **Youk-soun Kyaung** kann man einen nördlich abzweigenden Weg entlangspazieren, nach 200 m einen Blick in den **Man Paya** werfen und von dort weiter gen Norden zwischen diversen Klöstern vorbeischlendern, u. a. am Backsteinbau des **Khinkyisa Ok-Kyaung**, einem steinernen Klostergebäude mit Resten von Stuckverzierungen. Von dort wendet man sich gen Westen, vor einem Stupa rechts vorbei, wo man eine **Sammelstelle für Cheroots** passiert. Von dort folgt man der etwas abschüssigen Toe Tat Yae Street Richtung Ayeyarwady, vorbei am Stupa des **Mahazedigyi Paya**, und biegt dann in die Strand Road ein. Wendet man sich nach rechts, geht es zum Jetty von Sale, geht man links weiter, vorbei an einigen hübschen Kolonialgebäuden, endet der Spaziergang nach knapp 1,5 km zur Einkehr im **Salay House** (vgl. Karte).
Sehr schön ist auch eine Bootstour ins „Blumendorf" **Padaythar Kyun**, das auf der anderen Flussseite liegt und bekannt für seine Gemüse- und Blumenfelder ist. Die Überfahrt dauert etwa eine halbe Stunde. Drüben angelangt, bietet sich ein Spaziergang an. Das Boot kann über das Salay River View Inn organisiert werden (US$20 für Boot, US$50 inkl. Führung bis zu fünf Pers.).

Man Paya

Ein kleiner Weg führt vom Youk-soun Kyaung in Richtung Norden zum Man Paya. Dort beeindruckt in einer Halle eine 3 m große Buddhafigur, die aus einer Mischung von Lack und Sägemehl gearbeitet wurde. Wer es nicht glaubt: An ihrem Rücken befindet sich eine Tür, durch die man ins Innere der Figur gelangt – eventuell muss man den Schlüssel von einem Bediensteten besorgen. Die vergoldete Figur soll um 1300 hergestellt und 1888 bei einem Hochwasser in Sale an Land gespült worden sein.

Weitere Sehenswürdigkeiten

Vom Man Paya führt der Weg zu einem weiteren Holzkloster, dem **Thadana Yaunggyi Kyaung** (auch Withodarama Kyaung). In den 1870er-Jah-

Zweiradtour gen Yenangyaung

- **Startpunkt**: Sale (S. 287)
- **Länge**: Sale–Pakhan-nge 14 km, Sale–Yenangyaung 55 km
- **Tourvarianten**: Diese Tour ist nur in der Trockenzeit machbar, da die Straßen unbefestigt und daher nach längeren Regenschauern recht matschig sind. Aktive können mit dem Mountainbike zunächst nach Jele fahren, dort die Klosteranlage besuchen und dann weiter bis Pakhan-nge radeln (13 km), wo es einige Tempel aus der Bagan-Zeit gibt. Von dort geht es den gleichen Weg zurück. Auf dem Rücksitz eines Mopeds lässt sich die Tour bis Yenangyaung (S. 291) verlängern. Interessante Stopps lohnen sich in einigen ursprünglichen Dörfer und in Hsale (40 km), wo man weitere Monumente aus der Bagan-Ära besichtigen kann. Von Yenangyaung aus bietet sich die Weiterfahrt per Bus nach Magwe an. Der genauere Routenverlauf ist auf www.stefan-loose.de über [10985] abrufbar.
- **Praktisches**: Mountainbikes können im Salay River View Inn ausgeliehen werden. Dort werden auch Mopeds mit Fahrer organisiert. Kosten: US$10 für Mountainbike, US$35 für Mopedtour (inkl. Fahrer und Proviant)
- **Bitte beachten**: Unbedingt an genügend Wasser und Sonnenschutz denken. Vorsicht beim Besuch der Tempel, oft verstecken sich im Gebüsch oder dunklen Inneren Schlangen.

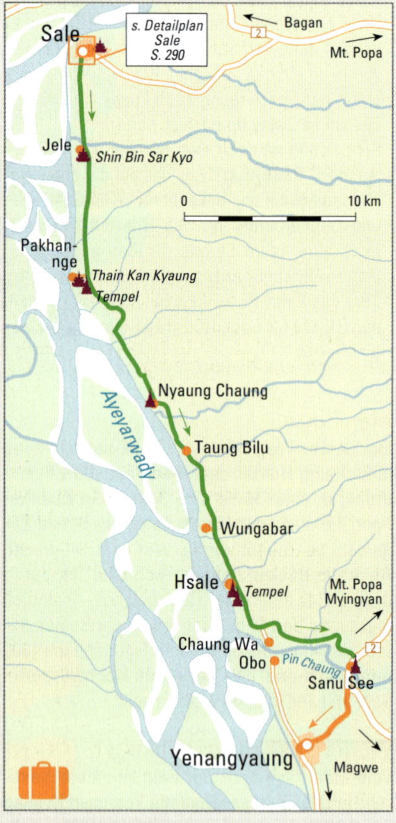

An sich lässt sich bei dieser staubreichen, aber sehr interessanten Tour abseits der Touristenpfade nicht viel falsch machen, denn ab Sale geht es entlang der gar nicht mal so schlechten Piste stets gen Süden. Allerdings wird nirgends Englisch gesprochen, und die Beschilderung ist fast ausschließlich auf Birmanisch. Daher sollte man bei der längeren Variante per Moped besser nicht auf eigene Faust starten.

Shin Bin Sar Kyo

Bereits nach 6 km ist im Dorf Jele der Klosterkomplex **Shin Bin Sar Kyo** erreicht. Eingebettet in einen großen Klosterkomplex gibt es einige *pahto* und Stupas aus dem 13. Jh., darunter

Hsale war zur Zeit Bagans im 13. Jh. ein bedeutender Ort.

zwei mit wunderschönen Wandmalereien. Weitere Gebäude und Hallen stammen aus der Kolonialzeit, darunter der überdachte Zugangskorridor mit Stuckfiguren und Malereien. In der Haupthalle wird ein gekrönter Buddha aus der Bagan-Ära verehrt. Ein überdachter Zugang mit Teakholzsäulen führt 300 m gen Westen zu einem Stupa, den 1191 König Narapatisithu errichtet haben soll. Drum herum liegen einige Gräber verstorbener Mönche.

Über Pakhan-nge nach Hsale

Von Jele führt die Straße weiter gen Süden, wo man nach etwa 7 km auf das Dorf **Pakhan-nge** stößt. Auf den kargen Böden wachsen vorwiegend Erdnüsse und Bohnen, während mächtige Tamarinden- und Niembäume gefragte Schattenspender sind. Pakhan-nge ist bekannt für seine Monumente aus der Bagan-Ära, die sich rund um das Dorf verteilen. Angesichts der Vielzahl an Tempeln war hier im 13. Jh. offensichtlich einiges los, während heute alles etwas verschlafen wirkt. Traurig ist der Zustand des **Thain Kan Kyaung**, eines halbverfallenen Holzklosters aus dem 19. Jh. Weiter geht es gen Süden über die Dörfer **Wungabar** und **Nyaung Chaung**, wo auf dem Schulgelände ein Stupa mit Buddha aus der Bagan-Zeit steht.

Hsale

Nach insgesamt 40 km ist Hsale erreicht, ein hübscher Ort mit knorrigen Bäumen und viel Landleben-Flair. In und vor allem südlich des Dorfes verteilen sich insgesamt 41 kleinere Tempel aus der Bagan-Ära, die teilweise recht gut erhaltene Wandmalereien bergen. Stilistisch passen sie ins 13. Jh., aber über Grund und Gründer ist nichts bekannt. Doch allein die große Zahl der Monumente weist darauf hin, dass es sich während der Bagan-Zeit um eine bedeutende Siedlung gehandelt haben muss (s. eXTra [5679]). Von Hsale verläuft die Piste ca. 10 km Richtung Südosten, wo sie auf die N 2 trifft. Von dort sind es weitere 9 km bis Yenangyaung.

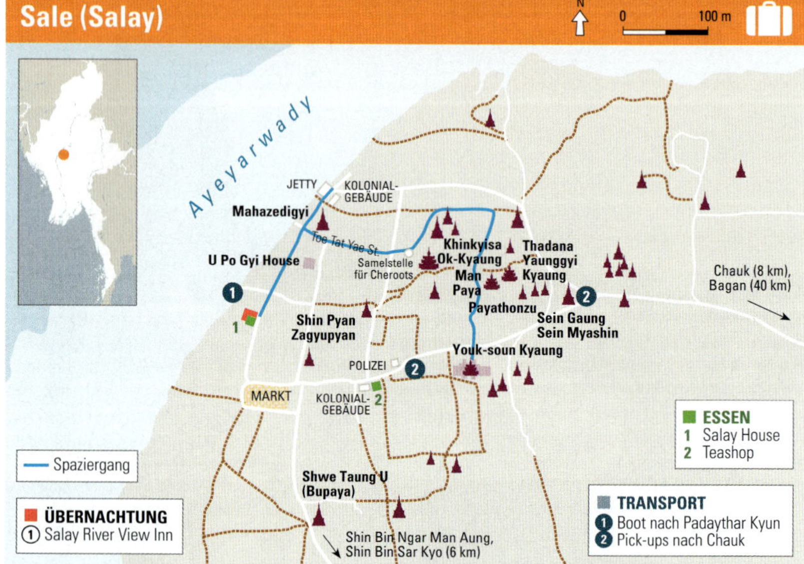

ren ließen die Stifter, wohlhabende Bauern, es zu Ehren ihres Cousins, des Mönchs U Khin Kyi Tha, erbauen. Heute ist es ein regional bekanntes Meditationskloster. Neben Holzschnitzereien ist im Innern eine wertvolle Truhe mit buddhistischen Schriften sehenswert.

Aus der späten Bagan-Zeit stammt der **Payathonzu** („drei Tempel"). Die drei harmonisch in einer Reihe stehenden *pahto* scheinen zu verschiedenen Zeiten entstanden zu sein. Das kann man etwa an den unterschiedlich gestalteten *shikhara* (Spitze) sehen. Im Inneren sind noch Reste von Malereien vorhanden.

ÜBERNACHTUNG UND ESSEN

Auf dem Markt bieten **Essensstände** leckere Nudelgerichte an. Zudem gibt es eine Reihe von **Teestuben** entlang der Hauptstraße, u. a. bei einem alten Kolonialgebäude, 200 m östlich.

Salay River View Inn und **Salay House**, 481 Strand Rd., ✆ 09-517 5690, 097-9722 2122, 🖳 www.salayriverviewinn.com & www.salayhouseburma.com. Mit der Renovierung eines alten Kolonialgebäudes von 1906 haben sich die deutschsprachige Win Thida Khine und ihr Mann Tun einen Traum verwirklicht. Tolle Souvenirs im Haus, schmackhafte Gerichte und Drinks im Garten mit Blick auf den Ayeyarwady. Im seitlich gelegenen **Gästehaus** verteilen sich 14 holz- und dekorreiche Zimmer, davon zwei etwas größere mit Flussblick. Khine arrangiert diverse Ausflüge, u. a. auch nach Yenangyaung. ❺.

TRANSPORT

In regelmäßigen Abständen verkehren **Pick-ups** und **Vans** zwischen Nyaung U und CHAUK (40 km, 1 1/2 Std.). Dort muss man einen weiteren Pick-up ins 8 km entfernte Sale nehmen.
Direktbusse fahren nach:
Mandalay, 270 km, um 4.30, 6, 7.30 und 8.30 via Meiktila in 5 Std.
YANGON, 600 km, um 8, 18 und 20 Uhr in 10 Std.
Für die Halbtagstour aus Bagan werden mit dem **Tuk Tuk** 35 000 Kyat verlangt, für eine Tagestour inkl. Mt. Popa ca. 50 000 Kyat. Das Salay River View Inn kann auch ein **Boot** von Bagan nach Sale arrangieren(3 Std., US$90).

Yenangyaung

„Strom von Öl", heißt Yenangyaung übersetzt, und der Name der lebendigen 50 000-Einwohner-Stadt passt auch heute noch, denn im Umkreis säumen Bohrtürme die Landschaft. Öl wurde bereits im 18. Jh. gefördert, so zählte Captain Hiram Cox, ein Vertreter der East India Company, bei seinem Besuch 1796 in Yenangyaung 520 Ölquellen. Streng kontrolliert von 24 lokalen Familien, welche die Quellen per Hand ausbeuten ließen, dominierten ab 1886 die Briten das Geschäft. Während der japanischen Invasion kam es im April 1942 zu heftigen Kämpfen.

Die weitläufige Stadt besticht durch eine entspannte Atmosphäre, einen lebendigen **Markt** und eine Reihe schmucker **Kolonialbauten**. Unweit des Ayeyarwady sind einige durch Erosion entstandene **Sandsteinformationen** interessant. Vom einstigen Reichtum künden auch die fünf an einem Berghang gelegenen, sehr schönen Hallen des **Kyauk Sar Yone Gyi** (auch Thipeitaka Sone Kyaung), in denen auf 451 Marmortafeln die Texte des Palikanons (Tipitaka) eingemeißelt wurden. Sie wurden 1914 von dem Ölhändler U Tin Maung und seiner Gatin Daw Khin Thin Swe gestiftet. Nebenan ist noch ein **Nat-Schrein** von Interesse.

Mit dem Moped kann man von Yenangyaung ins 12 km nördlich gelegenen **Hsale** mit Monumenten aus der Bagan-Ära fahren (S. 289). Das Lei Thar Gone Gh. arrangiert den Ausflug mit Moped und Fahrer für US$15/Pers.

ÜBERNACHTUNG UND ESSEN

Hotel Country, 716 Yangon–Mandalay Rd., ✆ 060-8821 667, 097-8837 0667, ✉ hotelcountry.yng@gmail.com. Ein mehrstöckiger Hotelkasten mit 15 sauberen, hellen Zimmern mit Bad und z. T. kleinem Balkon. Es gibt nur Frühstück. ❷

Lei Thar Gone Gh., Thit Ta Bway Qr., ✆ 060-8821 620, 09-505 3342, 💻 www.leithargone-guesthouse.com. Tolles Hideaway auf einer Anhöhe, die den Ayeyarwady überblickt. 15 sehr geschmackvolle Zimmer (viel Naturstein und Holz) mit sauberen Bädern und Veranda. Kleiner Pool und offenes Restaurant. Arrangiert Moped- und Bootstouren. Der Besitzer ist Leiter der nahen „Love Private High School", die er u. a. mit dem Geld aus der Unterkunft finanziert, 💻 www.kin-bir.de und 💻 www.hirten-kinder.ch. ❹

Sin Mya, Yangon–Mandalay Rd., neben dem Hotel Country. In der halb offenen Halle wird durchschnittliche chinesische Küche aufgetischt. Es wird kaum Englisch gesprochen. 🕒 9.30–23 Uhr.

TRANSPORT

Busse zwischen NYAUNG U (100 km, 2 1/2 Std.) und MAGWE (45 km, 1 Std.) durchqueren auch Yenangyaung. Über die Unterkünfte kann man die aktuellen Zeiten erfragen oder einen Privattransport organisieren.

Magwe (Magway)

Etwa 150 km südlich von Nyaung U liegt Magwe, die Hauptstadt der gleichnamigen, 44 820 km² großen Magwe-Region. An Sehenswürdigkeiten bietet sie wenig, spielt aber dank der 2002 eröffneten Ayeyarwady-Brücke für den Durchgangsverkehr eine Rolle. Zudem ist die Heimat von etwa 250 000 Menschen als Verwaltungs- und Bildungszentrum von Bedeutung. Für Touristen kommt sie am ehesten als Übernachtungsstopp infrage. Man kann die Zeit für einen Rundgang über den **Myoma-Markt** nutzen oder für einen Spaziergang entlang der **Strand Road**. Im Süden der Stadt gibt es noch manch schöne Villa aus der Kolonialzeit.

Nicht versäumen sollte man den Besuch der **Mya-Tha-Lun-Pagode**, die nördlich der Stadt auf einer Anhöhe liegt. Von ihr kann man abends bei klarem Wetter einen schönen Sonnenuntergang über dem Ayeyarwady erleben. Der erste Stupa soll von Bagan-König Sawlu (reg. 1077–84) gestiftet worden sein, als dieser noch Kronprinz war, und wurde zwischen 1064 und 1092 errichtet. Nachdem er lange Zeit eine Ruine war, ließen ihn die Bewohner Magwes 1857 wieder aufbauen.

Wie vielerorts in Myanmar hat auch diese Pagode in den 1990er-Jahren eine Renovierung erfahren, sodass der goldene Stupa wieder glänzt. Einer Legende nach waren die beiden Dämonen Bawgyaw und Bawthaw Stifter des Stupa, um eine „Smaragd-Couch" – so die Übersetzung des Namens *mya tha lun* – aufzubewahren, auf welcher Buddha bei seinem Besuch auf der anderen Flussseite, im heutigen Minbu, gelegen haben soll. Daher sind an den Eingängen zur Pagode Dämonen zu sehen. Auch der liegende Buddha in einem der *tazaung* erinnert an die Legende.

Das Pagodenfest feiern die Bewohner in den Tagen um den Vollmond Thadingyut (Okt), mit dem die dreimonatige buddhistische Fastenzeit endet.

ÜBERNACHTUNG

Htein Htein Thar Hotel, 10 A Natmauk Rd., ✆ 063-2023 499, 097-7457 7745. Freundliche Farben und nette Holzböden machen die 50 Zimmer mit Bad auch optisch zu einer guten Wahl. Die Zimmer verteilen sich in Bungalows und einem Haupgebäude. Pluspunkt ist der Pool. ❸–❺

Nan Htike Thu Hotel, Strand Rd., ✆ 063-2028 597, 063-2028 596, ✉ info@nanhtikethu.com. Das 4-geschossige Businesshotel mit Blick auf den Ayeyarwady bietet 68 große Zimmer mit viel Holz, hässlichen Teppichen und Blumen-Plüsch sowie einen Swimming Pool und ein recht nüchternes Restaurant. ❹–❺

Patharda, Natmauk Rd., ✆ 063- 2027 139, 097-9666 1334, 💻 www.patharda-hotel-magway.com. Eine passable „Für-eine-Nacht-Bleibe" mit 30 funktionalen AC-Zimmern samt kargem Bad und viel Synthetik, einem dunklen Essensraum, aber freundlichem Service. Dank der guten Lage ist man auch schnell bei diversen Restaurants. ❸–❹

Rolex Gh., Natmauk Rd., nähe Kreisel, ✆ 099-7447 0618, 099-6042 6786. Zentrale Lage, aber die meisten der 20 AC-Zimmer mit Kachelcharme sind trotz Protznamen ziemlich karg, aber dafür mit 15 000 Kyat/Pers. auch günstig. ❶–❷

€ **Sein San Hotel**, B 185 16th St., ✆ 063-2023 799, 094-0166 6606. Schlaftechnisch sind die 16 recht ranzigen Zimmer samt AC und Bad mit 12 000 Kyat/Pers. eher für asketische Sparer geeignet. Kein Frühstück. ❷

ESSEN

Schmackhafte Snacks bieten einige **Teestuben** entlang der Hospital Rd. und am Myoma-Markt.

Café Italiano, Koung Mon Center, Pyi Taw Thar Rd., Ecke Myit Tar St. Das Lokal im Obergeschoss des populären Einkaufszentrums

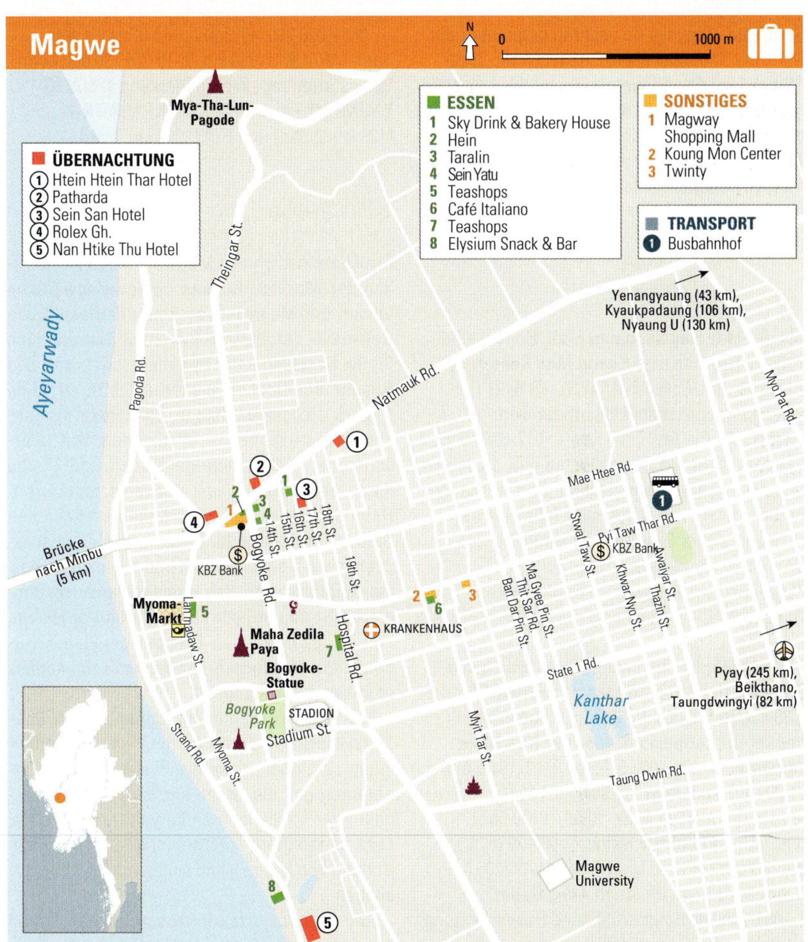

ist mit Pasta und diversen Reisgerichten gut aufgestellt. Auch der Kaffee schmeckt. Die angefutterten Pfunde kann man in den beiden Karaoke-Räumen wieder wegsingen. Tgl. außer Di und Do gibt es Livemusik. ⌚ 9–21 Uhr.

Elysium Snack & Bar, Strand Rd., ✆ 064-2028 204. Beliebtes Lokal mit Terrasse und Flussblick. Schwerpunkt liegt auf gut gewürzter chinesischer Küche zu günstigen Preisen. ⌚ 10–22 Uhr.

€ **Hein**, Bogyoke Rd., neben der Magway Shopping Mall. Schon seit 1959 tischt hier das einfache familiengeführte Lokal Reis- und Nudelgerichte für wenig Geld auf. ⌚ 9–20.30 Uhr.

Sky Drink & Bakery, 151, 16th St., ✆ 063-2025 858. Gute Adresse für Nudelgerichte (z. B. *shwe taung kauk swe* und *nala thouk*), Snacks und Tee. Sehr beliebt zum Frühstück. ⌚ 6–21 Uhr.

Sein Yatu, Bogyoke Rd., schräg gegenüber der Magway Shopping Mall. Eine typische „Beer Station" mit Gegrilltem zum Auswählen und günstigem Fassbier. Logischerweise sind hier die Männer in Überzahl. ⌚ 8.30–21.30 Uhr.
Taralin, Bogyoke Rd., schräg gegenüber der Magway Shopping Mall, ist bei Jugendlichen eine beliebte Adresse für Eis und Softdrinks. ⌚ 7–22.30 Uhr.

EINKAUFEN

Mit der **Magway Shopping Mall**, Bogyoke Rd., ⌚ 9–21 Uhr, und dem **Koung Mon Center**, Pyi Taw Thar Rd., Ecke Myit Tar St., ⌚ 9–21 Uhr, gibt es zwei passable Einkaufszentren.
Twinty, 168 Pyi Taw Thar Rd., ☎ 097-8300 0083, 💻 www.facebook.com/yewinaung81. In diesem originellen Laden kann man auf Holz gescannte Porträts kaufen, u. a. von sich, falls man es rechtzeitig über Facebook einschickt. ⌚ 9–19.30 Uhr.

TRANSPORT

Der **Busbahnhof** liegt knapp 3 km östlich des Stadtzentrums. Die Strecke nach YANGON (533 km, 10 Std., ab 10 000 Kyat) bedienen mehrere Unternehmen, darunter **Nan Htike Taw Win**, ☎ 063-2026 575, um 9, 19, 19.30 und 21.30 Uhr, **Nadi Ayar**, ☎ 094-0204 8881, um 18 Uhr und **Tun Ayar**, ☎ 097-9109 5822, um 20 Uhr. **Mandalar Minn**, ☎ 063-2028 359, steuert um 8 und 20 Uhr MANDALAY (305 km, 6 Std., 8000 Kyat) an. Auch **Aung Gabar**, ☎ 094-2400 6688, unterhält eine Busverbindung nach Mandalay um 18.30 Uhr sowie nach NYAUNG U (150 km, 4 Std., 5000 Kyat) um 8.30, 11 und 13 Uhr. Busse von **Maha Nwe**, ☎ 092-6503 3367, fahren um 7, 9, 11 und 15 Uhr über Nyaung U nach MONYWA (280 km, 6 Std., 6500 Kyat). **Dong Nyi Naung**, ☎ 097-7776 0114, hat TAUNGGYI (320 km, 12 Std., 10 000 Kyat) zum Ziel.
Busse von **Bandine**, ☎ 063-2028 285, fahren um 8 und 13 Uhr nach ANN (160 km, 8 Std., 11 300 Kyat), wo Anschluss nach Mrauk U besteht. Zudem hält gegen 22.30 Uhr ein Nachtbus aus Mandalay von **Nan Taw Win**, ☎ 063-4026 900, 4025 977, und fährt via Ann nach MRAUK U (350 km, 9–10 Std., 30 000 Kyat). Vans starten regelmäßig Richtung YENANGYAUNG (45 km, 1 Std.), KYAUKPADAUNG (100 km, 2 Std.) und PYAY (200 km, 5 Std.).

Beikthano

Gut 65 km östlich von Magwe bzw. 20 km westlich des Marktstädtchens Taungdwingyi liegen unweit der Magwe–Pyay Road die Ruinen von Beikthano, der ältesten Pyu-Stadt. Nur wer sich für die Geschichte der Pyu interessiert, wird den Besuch der Unesco-Welterbe-Stätte aus dem 1. bis 5. Jh. lohnend finden, denn mehr als Fundamentreste gibt es nicht zu sehen. Von 1959–63 wurden 100 Ruinen identifiziert und 35 von ihnen ausgegraben und teilweise restauriert. Dabei kamen Reste eines Klosters sowie von Stupas ans Tageslicht. Da sie zeitlich und stilistisch mit den südindischen buddhistischen Stätten Amaravati und Nagarjunakonda korrespondieren, vermutet man kulturelle und politische Verbindungen. Vor dem Brennen der Ziegel wurden dem Lehm Reiskörner beigemischt, sodass er etwas porös erscheint.

Bei den Ausgrabungen kamen zudem über 700 zylindrische Urnen zutage, woraus Archäologen schließen, dass die Pyu ihre Toten verbrannten und die Urnen am Rande oder innerhalb ihrer Siedlungen aufbewahrten. Reste der oval angelegten Stadtbefestigung mit einem Umfang von knapp 9 km² sind noch erhalten geblieben.

Die archäologischen Ausgrabungen liegen nördlich des Dorfes Kokkogwa. Da das Gelände sehr weitläufig ist, sollte man sich im Ort nach einem Mopedtaxi (ca. 10 000 Kyat) umschauen. Entlang von Resten eines Erdwalls führt ein Weg gen Norden, wo unweit der Bahnlinie die Ruinen des **KKG 2** – ein länglicher Raum mit acht gleich großen Zellen – liegen. In dessen Nähe befindet sich das freigelegte Fundament eines Stupas, **KKG 3**, der wahrscheinlich dem berühmten Stupa des indischen Amaravati glich. Einige hundert Meter weiter kann man östlich des Ingyikan-Sees die Reste des **Palastes** erkennen.

Westseite des Ayeyarwady

Eine weitere Tourvariante führt von Bagan über Chauk auf die Westseite des Ayeyarwady und über die Orte Salin, Sagu und Minbu nach Magwe (210 km). Mit öffentlichen Verkehrsmitteln ist letztere Variante allerdings nur sehr umständlich zu bewältigen.

Salin

Die Stadt liegt knapp 80 km südlich von Nyaung U bzw. 35 km von Chauk entfernt auf der Westseite des Ayeyarwady. Inschriften und Chroniken zufolge spielten die Reisfelder um Salin bereits zur Zeit Bagans eine wichtige Rolle. Dank dem angrenzenden **Wethtigan-See** und dem mit ihm verbundenen Kanalsystem ist eine Bewässerung auch während der langen Trockenzeit gewährleistet. Salin präsentiert sich als grüne Oase im Savannengebiet. Viele Pagoden – vor allem am nördlichen Ortseingang – und insgesamt fünf Klöster zeugen von ihrem einstigen Reichtum.

Im Zentrum biegt bei der Polizei eine Straße nach Westen ab zum See. An dessen Ostseite erhebt sich die **Shwe Maw Taw** wie eine Insel aus dem Wasser. Salins Hauptattraktion ist jedoch das **Myaw Hle Sin Kyaung** etwas südlich des Sees. Der von 245 Stämmen getragene Holzbau von 1868 wurde etwas restauriert und präsentiert im Inneren eine kleine Buddhasammlung. Die Holzschnitzereien an der Veranda sind von hervorragender Qualität. Etwas weiter südlich, auf dem Weg zu den Stupas von **Buddha Tataung**, kann man Stellmachern beim Anfertigen von Wagenrädern zuschauen (s. eXTra [5680]).

Da Salin auf der Strecke Chauk – Minbu liegt, halten dort auch alle Pick-ups. Entlang der Straße in Richtung See gibt es einige **Restaurants**, darunter das La Min Thaw Tar.

Die Fußstapfen Buddhas

Eines Tages bat ein Mönch namens Maha Punna den Erleuchteten, doch in das Land Sunaparanta Vaniccagama zu kommen, um seine Lehre auch den Menschen dort zu verkünden. Buddha willigte ein und reiste mit 500 Schülern an. Ein Sandelholzkloster wurde als Unterkunft während ihres Aufenthalts errichtet. Zum Schluss des Besuchs wünschten sich die beiden einheimischen Anhänger Sicca Vanda und Naga Nammada eine Erinnerung. Diese gewährend hinterließ Buddha zwei Fußabdrücke, einen direkt am Ufer des Man-Flusses und einen zweiten auf einer nahe gelegenen Anhöhe. Der Ort wurde Shwesettaw, „goldener Fußabdruck", genannt. Anstelle des Sandelholzklosters errichtete man die Kyaung-Tawya-Pagode, welche unweit von Legaing am Mon-Fluss liegt und noch heute viele Pilger anzieht (s. rechts).

Legaing

Der unscheinbare Flecken auf halbem Wege zwischen Pyinbyu und Sagu war während der Konbaung-Zeit ebenfalls ein wichtiger Ort. Sehenswert ist das 1891 gestiftete **Youk-soun Kyaung**, dessen Holzbalustraden von den besten Künstlern aus Mandalay gefertigt wurden. Der Stifter U An Taw und seine Frau mussten für den Bau 17,5 Körbe Silber aufbringen. Immerhin stellte ein Verwandter ihnen Elefanten zur Verfügung, um die 214 Teakstämme zu schleppen. Leider wurden schon viele wertvolle Gegenstände gestohlen. Das Kloster ist über einen gen Westen abgehenden Fußweg zu erreichen.

Das an der Hauptstraße gelegene **Athuru Kyaung**, auch Bhawe Kyaung genannt, lohnt aufgrund der schönen Buddhastatuen und filigranen Holztafeln im Inneren ebenfalls einen Besuch. 1894 stiftete ihn die Tugaung Myo-Familie (s. eXTra [5681]).

Sagu

Knapp 50 km südlich von Salin und 16 km nördlich von Minbu liegt ein weiterer, dank der üppigen Reisfelder prosperierender Ort, Sagu. Er

Holzschnitzkunst am Maha Withurama Kyaung in Sagu

gehörte bereits in der Bagan-Ära zum ökonomischen Rückgrat des Reiches. Gespeist werden die Reisfelder vom Man-Fluss, der seinen Ursprung im Rakhine Yoma hat.

Im 19. und frühen 20. Jh. war Sagu ein bedeutendes Zentrum der buddhistischen Lehre. Dies ist heute noch beim **Maha Withurama Kyaung** der Fall, einer Anlage aus den 1920er-Jahren, die inmitten eines großen Geländes westlich der Hauptstraße liegt. Das Kloster ist eine bekannte Pali-Schule, was nicht zuletzt am Gemurmel der lernenden Novizen zu hören ist. Dank mehrerer Restaurierungen ist das Kloster relativ gut erhalten. An den Ecken der Veranda sind mythologische Schutzwesen hervorragend in das Holz gearbeitet, darunter Yakshas (Dämonenwesen), Nagas, Kinnaras, Garudas und andere gute und weniger gute Geister. Ein weiteres, nicht weit entfernt gelegenes Kloster, **Thet Daw Kyaung**, ist schlichter, birgt aber eine sehr schöne Sammlung von Buddhas (s. eXTra [5682]).

Minbu

Bei Minbu ist der Ayeyarwady kilometerbreit. Seit eine 2930 m lange Brücke den Fluss überspannt, profitiert die Stadt erheblich von der verbesserten Verkehrsanbindung. Zwar hat sie nicht viele Sehenswürdigkeiten zu bieten, mag aber als Übernachtungsstätte infrage kommen, oder als Ausgangspunkt für die Fahrt zur 53 km entfernten Shwesettaw-Pagode.

Am südlichen Ortsrand können **Schlammvulkane** besichtigt werden. Eigentlich sind es nur Erdlöcher, aus denen flüssiger heißer Schlamm blubbert. Die Einheimischen nennen sie Nagapwet Taung, „Drachenberg“, und entsprechend ist der Ort so heilig, dass man sogar die Schuhe ausziehen muss. Der Nagapwet Taung gleicht einem „Drachen-Themenpark“. Zwei Pythonschlangen werden gehalten und gerne gegen ein Entgelt zur Schau gestellt. Buddha wird unter dem Naga-König Mucalinda sitzend dargestellt. Schließlich verehren Gläubige in einem Nat-Schrein das Geschwisterpaar Amadaw („ältere Schwester") und Maungdaw („jüngerer Bruder"). Beide tragen einen Drachenkopf als Kopfbedeckung.

Eher der Aussicht wegen lohnt sich der Besuch der auf einem Hügel liegenden **Settkeindeh-Pagode**. Von ihr kann man weit über die Ayeyarwady-Ebene bis nach Magwe blicken. Einer Legende zufolge hat der Erleuchtete hier auf einer mit Smaragden verzierten Couch genächtigt, für welche später zwei Dämonen die Mya-Ta-Lun-Pagode in Magwe errichteten. Im Inneren des hohlen Stupas wird auf jeder der acht Seiten des Schreins ein anderer Planet verehrt. Ein weiterer, etwas erhöht liegender Schrein birgt einen Fußabdruck Buddhas. Mit viel Lärm und Klamauk verbunden ist der Versuch, eine vor Nagas „fliehende" Opferschale im Spendenraum zu treffen (s. eXTra [5683]).

ÜBERNACHTUNG

Joy Gh., 3 Minbu-Sagu Rd., ✆ 065-21098. 18 AC-Zimmer, teilweise mit Bad oder Gemeinschaftsbad, verströmen nur wenig Charme, sind jedoch für eine Nacht annehmbar. ❶–❷

Motel High Way, Minbu Rd., ✆ 092-6011 5522. Das Resort liegt an der Straße Richtung Ayeyarwady-Brücke und hat über 20 funktionale Bungalows mit viel Plastik und ein nüchternes Restaurant. Eher auf einheimische Geschäftsleute eingestellt. ❹

Shwe Mintha Gh. II, ✆ 065-21302. Das Gästehaus unweit des Busbahnhofs besitzt 4 kleine 3-Bett-Zimmer mit AC und Du/WC. Achtung: Die großen getönten Fensterscheiben an der Vorderfront mögen manch ungebetenen Zuschauer anlocken! ❷

ESSEN

Da Minbu ein wichtiger lokaler Verkehrsknotenpunkt ist, haben sich Lokale und Teestuben entlang der Hauptstraße (Minbu-Sagu Rd.) etabliert.

Empfehlenswert ist das **Joy Restaurant** (nur birmanisch angeschrieben) unweit des Joy Guest House mit leckeren Curry-Gerichten.

MAHAMUNI-PAGODE; © VOLKER KLINKMÜLLER

6 Mandalay

Lange vollzog sich der Wandel in Mandalay nicht so rasant wie in Yangon, doch allmählich kommt auch Myanmars zweitgrößte Metropole in einem neuen Zeitalter an. Abzulesen lässt sich das nicht zuletzt an den zahlreichen Tuk Tuks, die nun – zusammen mit immer mehr leuchtender Neon-Reklame und LED-Technik – für deutlich mehr Farbe im Straßenbild sorgen, wunderbar auch zu erleben von allerlei neuen Dachterrassen-Spots.

Stefan Loose Traveltipps

Königspalast Zwischen Holzsäulen, Spiegelwänden und Sänften unterwegs auf den Spuren des Romans Der Glaspalast von Amitav Ghosh. S. 308

Kuthodaw-Pagode Wer im größten Buch der Welt blättern will, braucht viel Ausdauer – und Kraft: Es besteht aus 729 schneeweißen Marmortafeln. S. 314

Mahamuni-Statue Die mit Abstand meistverehrte Buddhastatue von Myanmar wird jeden Tag mit so viel Blattgold bedacht, dass sich ihre Konturen immer mehr verformen. S. 316

Traditionelles Kunsthandwerk Unzählige Stätten religiösen Kunsthandwerks und althergebrachte Spielkünste lassen das spirituelle Herz des Landes pulsieren. S. 319

Neue Perspektiven Bisher sorgte der schweißtreibend zu erklimmende Mandalay Hill für den besten Blick auf die Stadt, nun sind es Rooftop-Spots. S. 323

Ayeyarwady Ob am Ufer oder auf dem Wasser: Der größte Fluss Myanmars bietet verlockende Möglichkeiten für Erkundungstouren. S. 344

MARIONETTEN-VERKAUF; © NIPAPORN YANKLANG

OLDTIMER-LASTWAGEN; © VOLKER KLINKMÜLLER

Wann fahren? Auch in der Monsunzeit, die Region gilt als besonders regenarm

Wie lange? Mindestens 2, besser 3 Tage

Der beste Überblick Vom neuen Apex Hotel

Keinesfalls verpassen Das facettenreiche Uferleben am Ayeyarwady bei einem kühlen Fassbier genießen

Schlemmer-Spartipp Buffets in den Shan-Restaurants

Verlockende Mitbringsel Thanaka aus erfahrener Hand

Schönster Abstecher Mit Fähre und Fahrrad nach Mingun

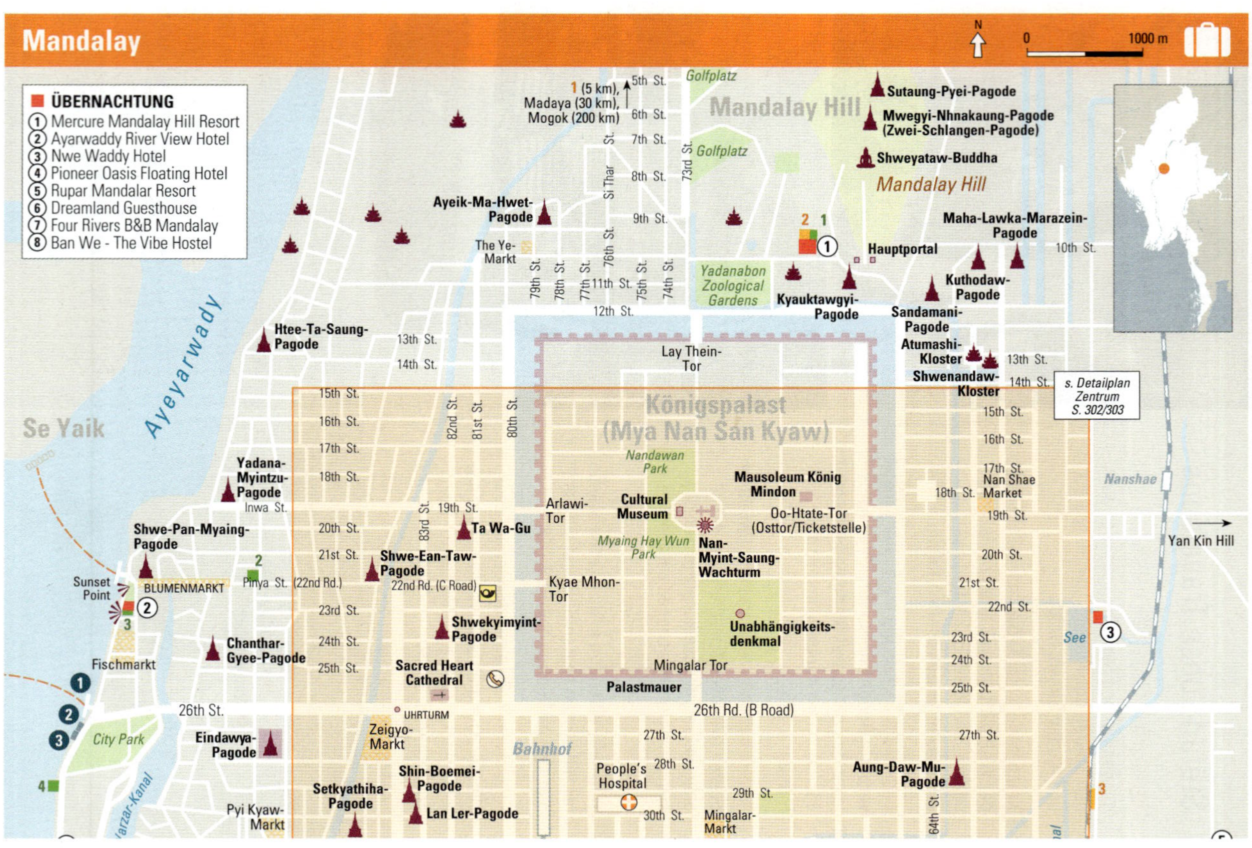
Mandalay
N
0
1000 m
ÜBERNACHTUNG
① Mercure Mandalay Hill Resort
② Ayarwaddy River View Hotel
③ Nwe Waddy Hotel
④ Pioneer Oasis Floating Hotel
⑤ Rupar Mandalar Resort
⑥ Dreamland Guesthouse
⑦ Four Rivers B&B Mandalay
⑧ Ban We - The Vibe Hostel
1 (5 km), Madaya (30 km), Mogok (200 km)
Golfplatz
Mandalay Hill
Sutaung-Pyei-Pagode
Mwegyi-Nhnakaung-Pagode (Zwei-Schlangen-Pagode)
Shweyataw-Buddha
Mandalay Hill
Ayeik-Ma-Hwet-Pagode
The Ye-Markt
Maha-Lawka-Marazein-Pagode
Hauptportal
Kuthodaw-Pagode
Yadanabon Zoological Gardens
Kyauktawgyi-Pagode
Sandamani-Pagode
Atumashi-Kloster
Shwenandaw-Kloster
Htee-Ta-Saung-Pagode
Lay Thein-Tor
s. Detailplan Zentrum S. 302/303
Se Yaik
Ayeyarwady
Königspalast (Mya Nan San Kyaw)
Nandawan Park
Mausoleum König Mindon
Yadana-Myintzu-Pagode
Inwa St.
Arlawi-Tor
Cultural Museum
Oo-Htate-Tor (Osttor/Ticketstelle)
Nan Shae Market
Nanshae
Yan Kin Hill
Shwe-Pan-Myaing-Pagode
Ta Wa-Gu
Myaing Hay Wun Park
Nan-Myint-Saung-Wachturm
Shwe-Ean-Taw-Pagode
Sunset Point
BLUMENMARKT
Pinya St. (22nd Rd.)
22nd Rd. (C Road)
Kyae Mhon-Tor
Shwekyimyint-Pagode
Unabhängigkeitsdenkmal
See
Chanthar-Gyee-Pagode
Fischmarkt
Sacred Heart Cathedral
Mingalar Tor
Palastmauer
26th St.
UHRTURM
26th Rd. (B Road)
City Park
Eindawya-Pagode
Zeigyo-Markt
Bahnhof
People's Hospital
Aung-Daw-Mu-Pagode
Setkyathiha-Pagode
Shin-Boemei-Pagode
Lan Ler-Pagode
Pyi Kyaw-Markt
Mingalar-Markt
Yarzar-Kanal
5th St.
6th St.
7th St.
8th St.
9th St.
10th St.
11th St.
12th St.
13th St.
14th St.
15th St.
16th St.
17th St.
18th St.
19th St.
20th St.
21st St.
22nd St.
23rd St.
24th St.
25th St.
27th St.
28th St.
29th St.
30th St.
64th St.
73rd St.
74th St.
75th St.
76th St.
77th St.
78th St.
79th St.
80th St.
81st St.
82nd St.
83rd St.
Si Thar St.

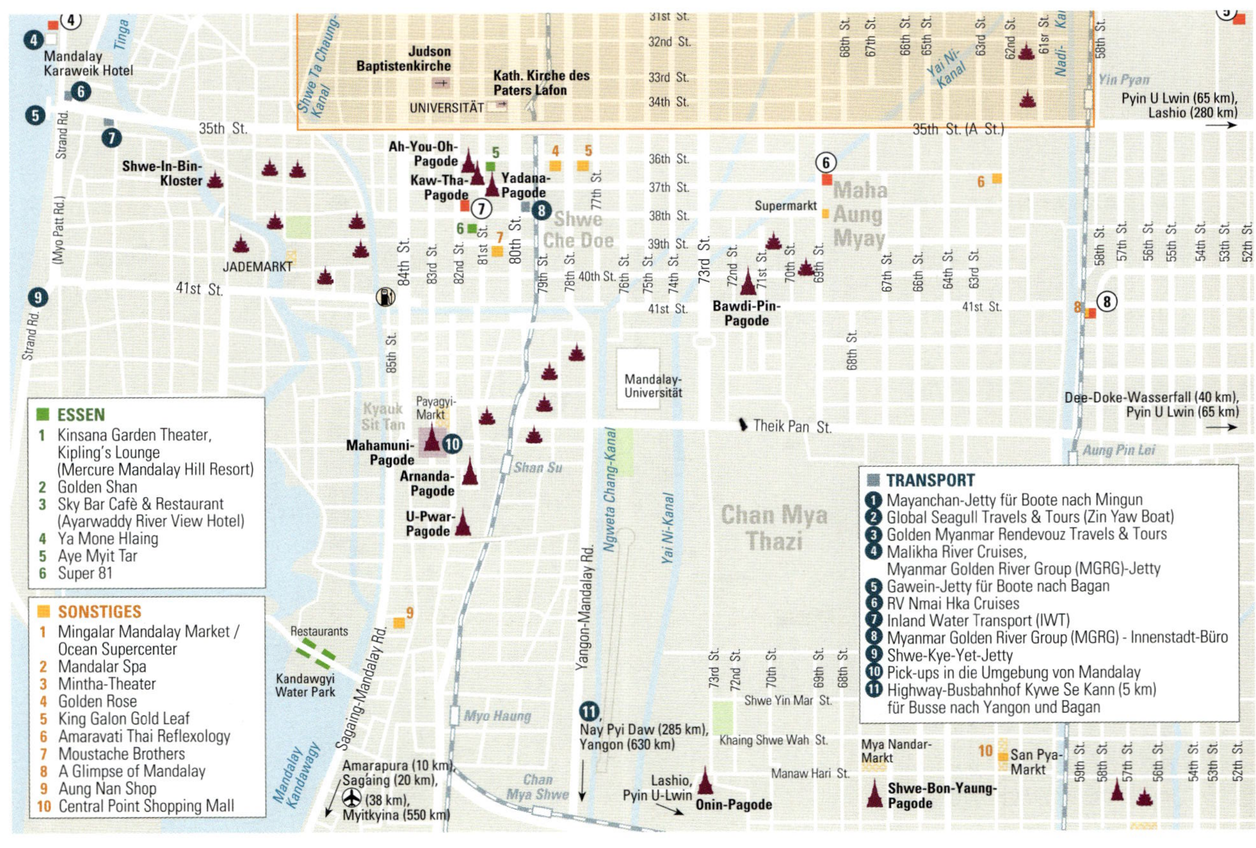
Mandalay Karaweik Hotel
Tinga
Judson Baptistenkirche
Kath. Kirche des Paters Lafon
UNIVERSITÄT
Shwe Ta Chaung-Kanal
Yai Ni-Kanal
Nadi-Kanal
Yin Pyan
Pyin U Lwin (65 km), Lashio (280 km)
35th St.
35th St. (A St.)
Strand Rd.
(Myo Patt Rd.)
Shwe-In-Bin-Kloster
Ah-You-Oh-Pagode
Kaw-Tha-Pagode
Yadana-Pagode
Shwe Che Doe
Maha Aung Myay
Supermarkt
JADEMARKT
41st St.
Bawdi-Pin-Pagode
Mandalay-Universität
Dee-Doke-Wasserfall (40 km), Pyin U Lwin (65 km)
Theik Pan St.
Aung Pin Lei
Kyauk Sit Tan
Payagyi-Markt
Mahamuni-Pagode
Arnanda-Pagode
U-Pwar-Pagode
Shan Su
Ngweta Chang-Kanal
Yai Ni-Kanal
Chan Mya Thazi
Yangon-Mandalay Rd.
Sagaing-Mandalay Rd.
Restaurants
Kandawgyi Water Park
Mandalay Kandawgyi
Myo Haung
Chan Mya Shwe
Amarapura (10 km), Sagaing (20 km), (38 km), Myitkyina (550 km)
Nay Pyi Daw (285 km), Yangon (630 km)
Lashio, Pyin U-Lwin
Onin-Pagode
Shwe Yin Mar St.
Khaing Shwe Wah St.
Manaw Hari St.
Mya Nandar-Markt
San Pya-Markt
Shwe-Bon-Yaung-Pagode
ESSEN
1 Kinsana Garden Theater, Kipling's Lounge (Mercure Mandalay Hill Resort)
2 Golden Shan
3 Sky Bar Cafè & Restaurant (Ayarwaddy River View Hotel)
4 Ya Mone Hlaing
5 Aye Myit Tar
6 Super 81
SONSTIGES
1 Mingalar Mandalay Market / Ocean Supercenter
2 Mandalar Spa
3 Mintha-Theater
4 Golden Rose
5 King Galon Gold Leaf
6 Amaravati Thai Reflexology
7 Moustache Brothers
8 A Glimpse of Mandalay
9 Aung Nan Shop
10 Central Point Shopping Mall
TRANSPORT
1 Mayanchan-Jetty für Boote nach Mingun
2 Global Seagull Travels & Tours (Zin Yaw Boat)
3 Golden Myanmar Rendevouz Travels & Tours
4 Malikha River Cruises, Myanmar Golden River Group (MGRG)-Jetty
5 Gawein-Jetty für Boote nach Bagan
6 RV Nmai Hka Cruises
7 Inland Water Transport (IWT)
8 Myanmar Golden River Group (MGRG) - Innenstadt-Büro
9 Shwe-Kye-Yet-Jetty
10 Pick-ups in die Umgebung von Mandalay
11 Highway-Busbahnhof Kywe Se Kann (5 km) für Busse nach Yangon und Bagan

Mandalay Zentrum

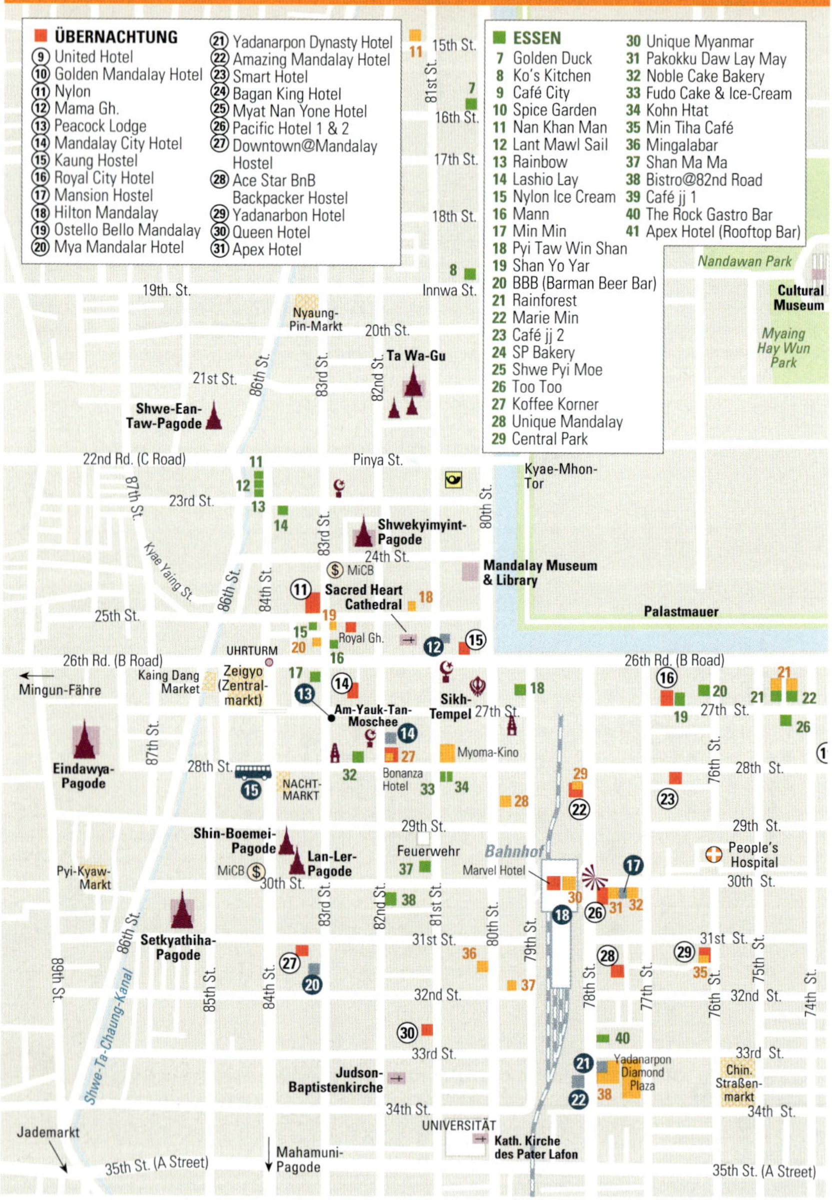

ÜBERNACHTUNG
- (9) United Hotel
- (10) Golden Mandalay Hotel
- (11) Nylon
- (12) Mama Gh.
- (13) Peacock Lodge
- (14) Mandalay City Hotel
- (15) Kaung Hostel
- (16) Royal City Hotel
- (17) Mansion Hostel
- (18) Hilton Mandalay
- (19) Ostello Bello Mandalay
- (20) Mya Mandalar Hotel
- (21) Yadanarpon Dynasty Hotel
- (22) Amazing Mandalay Hotel
- (23) Smart Hotel
- (24) Bagan King Hotel
- (25) Myat Nan Yone Hotel
- (26) Pacific Hotel 1 & 2
- (27) Downtown@Mandalay Hostel
- (28) Ace Star BnB Backpacker Hostel
- (29) Yadanarbon Hotel
- (30) Queen Hotel
- (31) Apex Hotel

ESSEN
- 7 Golden Duck
- 8 Ko's Kitchen
- 9 Café City
- 10 Spice Garden
- 11 Nan Khan Man
- 12 Lant Mawl Sail
- 13 Rainbow
- 14 Lashio Lay
- 15 Nylon Ice Cream
- 16 Mann
- 17 Min Min
- 18 Pyi Taw Win Shan
- 19 Shan Yo Yar
- 20 BBB (Barman Beer Bar)
- 21 Rainforest
- 22 Marie Min
- 23 Café jj 2
- 24 SP Bakery
- 25 Shwe Pyi Moe
- 26 Too Too
- 27 Koffee Korner
- 28 Unique Mandalay
- 29 Central Park
- 30 Unique Myanmar
- 31 Pakokku Daw Lay May
- 32 Noble Cake Bakery
- 33 Fudo Cake & Ice-Cream
- 34 Kohn Htat
- 35 Min Tiha Café
- 36 Mingalabar
- 37 Shan Ma Ma
- 38 Bistro@82nd Road
- 39 Café jj 1
- 40 The Rock Gastro Bar
- 41 Apex Hotel (Rooftop Bar)

15th St.
16th St.
17th St.
18th St.
81st St.
Innwa St.
19th. St.
Nandawan Park
Cultural Museum
Myaing Hay Wun Park
Nyaung-Pin-Markt
20th St.
Ta Wa-Gu
21st St.
86th St.
83rd St.
82nd St.
Shwe-Ean-Taw-Pagode
22nd Rd. (C Road)
Pinya St.
Kyae-Mhon-Tor
87th St.
23rd St.
80th St.
Shwekyimyint-Pagode
Kyae Yaing St.
24th St.
MiCB
Mandalay Museum & Library
Sacred Heart Cathedral
84th St.
25th St.
Palastmauer
Royal Gh.
UHRTURM
26th Rd. (B Road)
Mingun-Fähre
Kaing Dang Market
Zeigyo (Zentralmarkt)
Am-Yauk-Tan-Moschee
Sikh-Tempel
27th St.
Eindawya-Pagode
Myoma-Kino
28th St.
NACHT-MARKT
Bonanza Hotel
76th St.
29th St.
Shin-Boemei-Pagode
Lan-Ler-Pagode
Feuerwehr
Bahnhof
Marvel Hotel
People's Hospital
Pyi-Kyaw-Markt
30th St.
Setkyathiha-Pagode
79th St.
31st St.
75th St.
89th St.
85th St.
78th St.
77th St.
74th St.
32nd St.
Shwe-Ta-Chaung-Kanal
33rd St.
Yadanarpon Diamond Plaza
Chin. Straßenmarkt
Judson-Baptistenkirche
34th St.
UNIVERSITÄT
Kath. Kirche des Pater Lafon
Jademarkt
35th St. (A Street)
Mahamuni-Pagode

MANDALAY

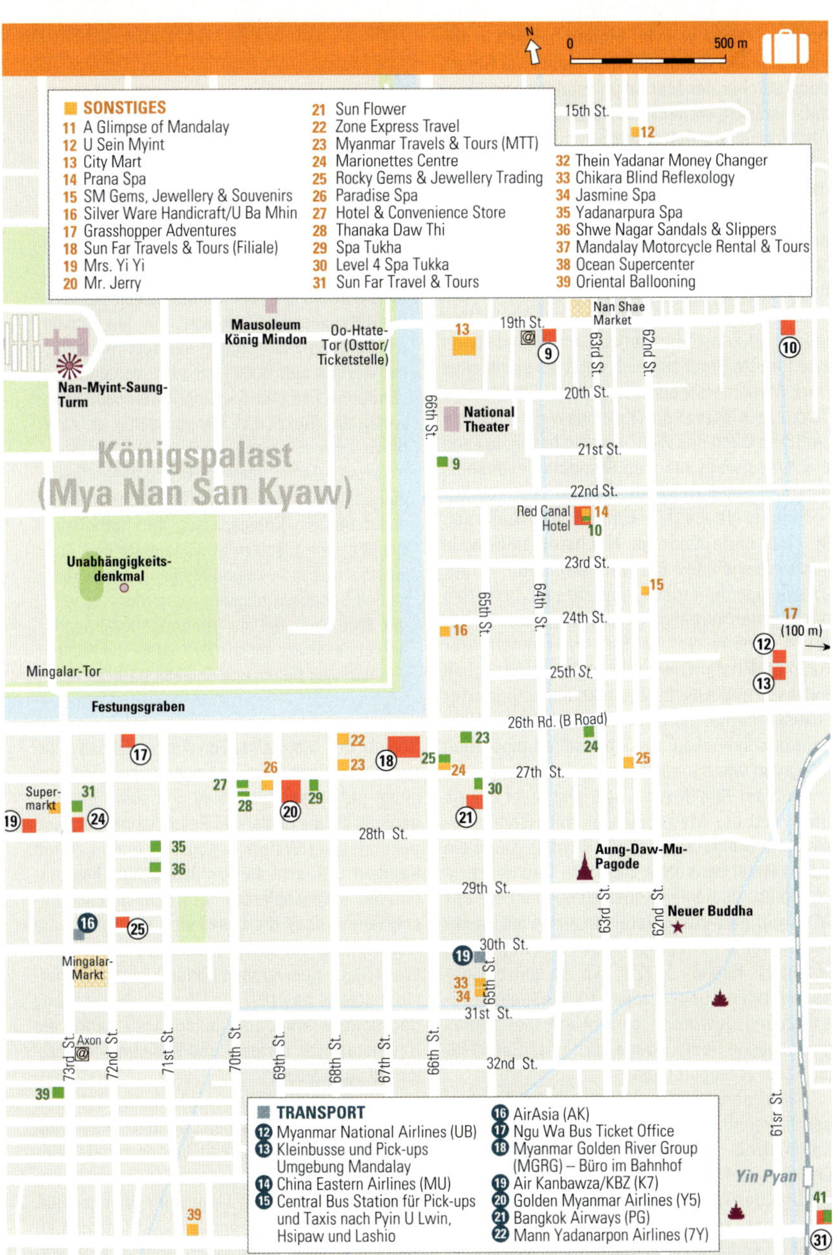
0 500 m
SONSTIGES
11 A Glimpse of Mandalay
12 U Sein Myint
13 City Mart
14 Prana Spa
15 SM Gems, Jewellery & Souvenirs
16 Silver Ware Handicraft/U Ba Mhin
17 Grasshopper Adventures
18 Sun Far Travels & Tours (Filiale)
19 Mrs. Yi Yi
20 Mr. Jerry
21 Sun Flower
22 Zone Express Travel
23 Myanmar Travels & Tours (MTT)
24 Marionettes Centre
25 Rocky Gems & Jewellery Trading
26 Paradise Spa
27 Hotel & Convenience Store
28 Thanaka Daw Thi
29 Spa Tukha
30 Level 4 Spa Tukka
31 Sun Far Travel & Tours
32 Thein Yadanar Money Changer
33 Chikara Blind Reflexology
34 Jasmine Spa
35 Yadanarpura Spa
36 Shwe Nagar Sandals & Slippers
37 Mandalay Motorcycle Rental & Tours
38 Ocean Supercenter
39 Oriental Ballooning
15th St.
Nan Shae Market
19th St.
63rd St.
62nd St.
Mausoleum König Mindon
Oo-Htate-Tor (Osttor/ Ticketstelle)
Nan-Myint-Saung-Turm
20th St.
66th St.
National Theater
21st St.
Königspalast (Mya Nan San Kyaw)
22nd St.
Red Canal Hotel
Unabhängigkeits-denkmal
23rd St.
65th St.
64th St.
24th St.
17 (100 m)
25th St.
Mingalar-Tor
Festungsgraben
26th Rd. (B Road)
27th St.
Super-markt
28th St.
Aung-Daw-Mu-Pagode
29th St.
Neuer Buddha
30th St.
Mingalar-Markt
31st St.
Axon
73rd St.
72nd St.
71st St.
70th St.
69th St.
68th St.
67th St.
66th St.
32nd St.
61sr St.
Yin Pyan
TRANSPORT
12 Myanmar National Airlines (UB)
13 Kleinbusse und Pick-ups Umgebung Mandalay
14 China Eastern Airlines (MU)
15 Central Bus Station für Pick-ups und Taxis nach Pyin U Lwin, Hsipaw und Lashio
16 AirAsia (AK)
17 Ngu Wa Bus Ticket Office
18 Myanmar Golden River Group (MGRG) – Büro im Bahnhof
19 Air Kanbawza/KBZ (K7)
20 Golden Myanmar Airlines (Y5)
21 Bangkok Airways (PG)
22 Mann Yadanarpon Airlines (7Y)

An seiner Höhe von vier Metern hat sich in den vergangenen Jahrhunderten nichts verändert, doch wächst der Mahamuni-Buddha von Mandalay ständig weiter in die Breite: Rund um die Uhr strömen die Gläubigen herbei, um die legendäre Statue so dick mit Blattgold zu überziehen, dass ihre Konturen teilweise schon nicht mehr zu erkennen sind. Ganz in der Nähe lässt sich hautnah erleben, wie hart und lange Gold geschlagen werden muss, um überhaupt erst rituellen Zwecken dienen zu können – und ringsherum wimmelt es nur so von weiteren Stätten religiösen Kunsthandwerks, die die landesweit zweitgrößte Stadt zugleich auch als spirituelles Herz Myanmars pulsieren lassen. Einzigartige Teakholz-Klöster, die Kuthodaw-Pagode als „größtes Buch der Welt" und die herrliche Lage am Ayeyarwady machen Mandalay ebenso zu einem Muss für Reisende.

Etliche Neubauten künden vom Aufbruch in eine neue Epoche. Höchstes und wohl auch hässlichstes Bauwerk der Stadt ist der 25-stöckige Turm des Zeigyo-Areals. Immerhin hat er in den vergangenen Jahren allerlei kleine, recht schöne Schwestern bekommen: Der Hauptbahnhof präsentiert sich im ansehnlichen Retrostil und seit 2016 sogar mit integrierter Luxusherberge. Die gegenüber errichteten Neubauten schmücken sich ebenso mit modernen Fassaden wie die noch jungen Einkaufszentren entlang der 78th Street – oder erst recht der am Stadtrand der Metropole aus dem Boden gestampfte Mingalar Mandalar Market. Kaum ein neues Hotel wird ohne krönende Dachterrasse konzipiert, und einen neuen Höhepunkt hat das 2018 eröffnete Apex Hotel gesetzt – mit seiner faszinierenden, mehrgliedrigen Rooftop-Landschaft (s. Kasten S. 323), wo die einst allgegenwärtigen Longys sogar zur Ausnahme-Erscheinung geworden sind. Auch die schnell gewachsene Hostel-Szene dürfte das Gefühl für die Stadt verändert haben.

Außer dem Uhrturm im Zentrum gibt es keinerlei steinerne Zeitzeugen aus der britischen Kolonialzeit. Der romantische, altertümliche Charme von Mandalay erschließt sich vor allem am Ufer des Ayeyarwady (s. Kasten S. 344). Wer mehr über längst vergangene Zeiten erfahren möchte, sollte sich als ideale Reiselektüre den Roman *Der Glaspalast* von Amitav Ghosh zulegen. Schließlich kann es keine bessere Einstimmung geben auf Mandalay und seine Vergangenheit, als sie dieser 600 Seiten lange, packend geschriebene Wälzer ermöglicht. In den ersten Kapiteln z. B. sind die Architektur und Faszination des Königspalastes derart anschaulich beschrieben, dass die Leser sich bestens in die Atmosphäre vor der Vernichtung im Zweiten Weltkrieg hineinversetzt fühlen können. Immerhin fungierte das 1857 am Ufer des Ayeyarwady gegründete Mandalay ja auch 25 Jahre als Hauptstadt von Birma – und Residenz des letzten Königs Thibaw.

Vom sagenumwobenen Mandalay Hill kann man sogar die mit Pagoden übersäten Hügel von Sagaing erspähen. Auch die beiden anderen Königsstädte Amarapura und Inwa (Ava) sowie das faszinierende Mingun liegen nur wenige Kilometer von Mandalay entfernt und lassen sich vortrefflich im Rahmen mehrstündiger Exkursio-

Eintrittspreise

Mit einem 10 000 Kyat teuren, fünf Tage gültigen **Sammelticket** des Department of Archaeology Mandalay, das sich die meisten Besucher beim Eintritt in den zum Königspalast zulegen, lassen sich alle Heiligtümer und Ruinen von Mandalay, Amarapura (inkl. Museum) und Inwa (mit Paleik) besuchen. Seit April 2019 werden für die Mahamuni-Statue 5000 Kyat extra erhoben, für die Sutaung-Pyei-Pagode auf dem Mandalay Hill zusätzliche 1000 Kyat. Für den Zugang zur Sutaung-Pyei-Pagode auf dem Mandalay Hill werden gern 1000 Kyat extra verlangt. Die „Entrance Fee" für Sagaing kostet 5000 Kyat, wobei das Ticket inkl. Mingun gültig ist, aber offiziell nur für einen einzigen Tag. Die Kontrolle wird unterschiedlich streng gehandhabt, manchmal entfällt sie auch (aktive Checkpoints meist nur am Königspalast, der Kuthodaw-Pagode, den Klöstern Shwenandaw und Atumashi sowie in Inwa und Mingun). Der Zugang zu den Sehenswürdigkeiten von Monywa wird mit 3000 Kyat für die Thanboddhay-Pagode berechnet sowie mit je 2000 Kyat für die Höhlen von Hpo Win Daung und Shweba Daung.

nen erkunden. Die große Dichte der Residenzen vergangener Epochen auf so kleinem Raum lässt sich historisch leicht erklären: Die birmanischen Könige pflegten nach ihrer Krönung alle potenziellen Rivalen zu beseitigen und verwendeten ihre Energien und ihr Geld anschließend darauf, mit neuen Königsstädten neue Zeichen zu setzen. Heute präsentiert sich die Region als kultureller Mittelpunkt des Landes. In den 2000 Klöstern, unter denen sich die wichtigsten des Landes befinden, sollen mehr als zwei Drittel aller Mönche Myanmars meditieren.

Nirgendwo sonst präsentiert sich das Kunsthandwerk so vielfältig und lebendig wie in Mandalay – besonders das religiöse, wie die Produktion von Buddhafiguren und Blattgold. Vielerorts werkeln traditionelle Kunsthandwerker-Gemeinschaften aus Holzschnitzern, Kunstschmieden, Bronzegießern, Steinschleifern und Seidenspinnern oder Teppichwebern. Der Tourismus hat weiteres Gewerbe aufblühen lassen: An fast jedem Tempeleingang bieten z. B. Kunstmaler mit Freiluftgalerien formen- und farbenfreudige Zeugnisse ihrer Fertigkeiten an.

Auch die Schriftsteller Somerset Maugham und George Orwell sind in Mandalay gewesen – nicht aber Kollege Rudyard Kipling, der sich allein schon durch den klangvollen Namen beflügelt fühlte, Mandalay in musikalischer Versform zu verarbeiten: *...Come you back to Mandalay, where the old flotilla lay: Can't you hear the paddles clunkin from Rangoon to Mandalay? On the road to Mandalay, where the flying fishes play, and the dawn comes up like thunder outer China crost the bay* – dichtete er 1890 über den Weg eines britischen Soldaten zu seiner birmanischen Geliebten. Man könnte sich daran erinnert fühlen, wenn auf dem Ayeyarwady wieder einmal das grazile Kreuzfahrtschiff *Road to Mandalay* vorbeigleitet, das hier natürlich auch seinen Heimathafen hat.

Geschichte

Obwohl es sich bei Mandalay um eine noch vergleichsweise junge Stadt handelt und die Ära als Residenz des letzten birmanischen Königreichs nur kurz anhielt, ist ihr klangvoller Name mit einem gewissen Mythos verbunden. Schließlich hatten die Regenten ihre Hauptstädte, von denen heute nur noch Ruinen erhalten sind, schon seit Jahrhunderten in der Umgebung angesiedelt.

Als vorletzter Herrscher der Konbaung-Dynastie legte am 13. Februar 1857, einem von den Astrologen vorbestimmten Tag, **König Mindon** den Grundstein für seine neu gewählte Hauptstadt. Zwei Jahre später erfolgte der Umzug aus dem 12 km entfernten **Amarapura**. Offenbar wollte der König mit der Verlegung einen Neuanfang machen, nachdem er in einem Staatsstreich mit Unterstützung seines jüngeren Bruders Prinz Kanaung seinen Halbbruder Pagan Min abgesetzt hatte. Außerdem folgte er mit dem Ortswechsel einer Prophezeiung Buddhas (s. Kasten S. 311). Nach alter birmanischer Tradition wurde der neue Palast vorwiegend mit den abgetragenen Holzmaterialien des alten errichtet, während die weitere Stadtplanung in vielen Dingen buddhistischen Traditionen folgte. Mindon wollte seine neue Residenz Yadanabon („Juwelenhaufen“) nennen, doch unter den rund 100 000 umgesiedelten Menschen setzte sich der Name Mandalay durch, der sich von dem Pali-Wort *mandala* („gute Ebene“) ableitet.

Es wurden zahlreiche Reformen umgesetzt, wie die Einführung eines Münzsystems und die Stärkung des Ministerrats, der dem König fortan sogar widersprechen durfte. Doch bestimmte Mindon mit **Thibaw** einen unglückseligen Nachfolger, der die Stadt am 29. November 1885 in die Hände der Briten fallen ließ. Thibaw und seine berüchtigte Königin (und Halbschwester) **Supayalat** wurden ins Exil nach Indien verbannt und mussten mit ihren Kindern und den letzten Günstlingen noch am selben Tag auf Ochsenkarren schmachvoll zum Hafen ziehen. In Folge war das „Zentrum des Universums“ oder die „Goldene Stadt“ nur noch ein Außenposten des Britischen Empire. Bei den Kämpfen gegen die Japaner versank dieser 1945 überwiegend in Schutt und Asche.

15 Jahre nach der Unabhängigkeit fiel Mandalay unter der sozialistischen Regierung von General Ne Win in einen Dornröschenschlaf. Aber seit mehrere Rebellengruppen befriedet werden konnten, der Handel liberalisiert und die **Burma Road** (s. eXTra [9894]) durch Lashio nach China wieder eröffnet wurde, erlebt die Stadt als

MANDALAY

Magische Momente in Mandalay

Es gibt viel zu entdecken – jenseits der klassischen, kulturhistorischen Sehenswürdigkeiten, vor allem am Ufer des Ayeyarwady, aber auch in den Tiefen der Stadt oder gar aus luftiger Höhe:

Besuch am Sunset Point

Als lohnender Einstieg für eine alternative Erkundungstour empfiehlt sich der am Ufer des Ayeyarwady liegende **Sunset Point**, der ebenso in den Morgenstunden besonderen Reiz zu entfalten vermag. Denn hier lädt das leicht erhöhte Ufer dazu ein, von einem kleinen Park mit Schatten spendenden Baumriesen und kleinen Sitzbänken das rege Treiben am und auf dem Fluss zu beobachten – so, wie es sich schon vor Jahrhunderten abgespielt haben mag. Die leider kürzlich erfolgte Einzäunung birgt mittlerweile immerhin ausreichend große Löcher, um lohnende Fotos schießen zu können. Weitgehend vorbei sein dürfte es jedoch mit der Idylle, wenn hier tatsächlich die geplante Brücke gebaut würde.

Spritztour auf dem Ayeyarwady

Eines Tages soll sie vom Festland zum Dorf **Se Yaik** hinüberführen: die geplante Brücke. Bestehend aus etwa 100 Pfahlbauten und 300 Bewohnern, klammert sich das Dorf romantisch an die gegenüberliegende Landzunge und wird mithilfe der hier dümpelnden Holzboote versorgt. Diese lassen sich sogar für rund 5000–6000 Kyat chartern, um die beschauliche Region auf dem Wasserweg zu erkunden. Meist tuckern die Bootsführerinnen ihre Passagiere an den Flanken der Halbinsel entlang (warum nicht auch mal zwischendurch aussteigen?), doch reicht ein Stündchen meist gut aus, um sie auch mal ein Stückchen flussabwärts zu dirigieren. Hier lassen sich die vertäute Armada in Augenschein nehmen oder bis zu 20 m hohe Berge aus geborgenem Flusssand, die den Bauboom der Stadt speisen.

Spaziergang durch einen „Monumental-Film"

Von der **Strand Road** aus – startend vom Sunset Point – geht es mindestens zwei oder drei Kilometer südwärts, vorbei an den **Jettys** der Fährboote nach/von Mingun oder Bagan, am dem mit Riesenrad und bunt lackierter Achterbahn bestückten, etwas surreal anmutenden **City Park** und dem betriebsamen Fischmarkt. Auf der von reichlich Schatten spendenden Baumriesen flankierten Straße, am lehmig-mülligen Ufer und auf den trübe schwappenden Flussfluten pulsiert das pralle, aber oft auch erschreckend spartanische Leben: Hier werden Massen bunter Wäsche gewaschen und getrocknet, stapelweise schwere Fässer und Säcke verladen, Baumaterialien, Bambus und Bast entladen – mit purer Muskelkraft bzw. einem illustren Fuhrpark aus rustikalen Nutzfahrzeugen. Unterdessen legen ständig kleine Boote an oder ab, zuweilen auch wesentlich größere Schiffe – wie die nostalgischen **Flusskreuzer** der Paukan-Flotte. Sehenswert auch das schwimmende und golden schillernde **Mandalay Karaweik Hotel**. Seit wenigen Jahren erst zeugt es eindrucksvoll von traditioneller Handwerkskunst, bleibt neuerdings allerdings chinesischen Reisegruppen vorbehalten.

Streifzug über den Fischmarkt

„Schön" kann ein Fischmarkt wohl kaum sein, interessant aber gewiss – allein schon ob der ungeahnten **Artenvielfalt**. Hier werden unglaubliche Mengen an frischem Fisch verkauft, versendet oder

MANDALAY

Tor nach Norden einen enormen wirtschaftlichen Aufschwung.

Orientierung und Erkundung

Im Westen wird Mandalay vom Ayeyarwady, im Norden vom Mandalay Hill begrenzt. Der Berg gilt als natürlicher Orientierungspunkt und erinnert zusammen mit dem quadratischen Areal des ehemaligen Königspalastes an den ebenfalls durch Befestigungsanlagen und Wassergräben markierten Grundriss von Thailands zweitgrößter Stadt Chiang Mai. An den langen

auch verarbeitet. Dieser stammt zu jeweils rund einem Drittel aus dem Fluss, den Binnengewässern und Farmen der Region sowie aus maritimen Fängen in der Küstenregion. Betrieb herrscht hier von ca. 5–18 Uhr – zwischen 13 und 15 Uhr erreicht die schillernde wie schlüpfrige und gewiss auch nicht ganz geruchsfreie **Geschäftigkeit** ihren Höhepunkt.

Logenplätze am Flussufer

Um all die Eindrücke entlang der Strand Road erst einmal sacken zu lassen, empfiehlt sich die stilgerechte und stimmungsvolle Einkehr mit Blick auf den Ayeyarwady. Dazu und vielleicht auch zu einem Glas eisgekühltem Fassbier locken besonders der direkt am Flussufer liegende, authentische Einheimischen-Spot **Ya Mone Hlaing** (S. 328) oder das herrliche Dachterrassen-Restaurant des **Ayarwaddy River View Hotels** (S. 325), das tagsüber allerdings ziemlich in der Sonne glüht. By the way: Für einen Streifzug entlang dem Ufer sollte man am besten zwei bis vier Stunden veranschlagen – und zwar entweder morgens bzw. vor der Fährfahrt nach Mingun oder ganz einfach nach der Rückkehr am frühen Nachmittag, dann aber natürlich gleich bis zum Sonnenuntergang.

Vom Wasser und aus der Luft

Dieser lässt sich auch besonders stimmungsvoll mit den neuen Sunset-Cruises von **Golden Myanmar Rendevouz Travels & Tours** (S. 344) erleben, bei denen der Ayeyarwady zum goldenen Zeitpunkt rauf und runter gekreuzt wird – und zwar schon ab 2 Pers. für US$10 p. P. Für eine Kombination aus Panoramablick und farbenfrohem Sonnenuntergang locken aber noch viel mehr Optionen – wie das neue **Apex Hotel** (S. 324), das gleich mit einer ganzen Rooftop-Landschaft aufwarten kann: Schon das Restaurant in der 10. Etage bietet einen fantastischen Ausblick, weitaus szenischer geht es zu in der arg angesagten, halb offenen 11. Etage oder in der komplett offen gestalteten 12. Etage. Garantiert eine Qual der Wahl ereilt die Besucher von Sagaing, denn hier locken neben dem neuen Terrassen-Restaurant **Delight River View** (S. 361) oder dem rustikalen **River View Sagaing** (S. 361) auch diverse Hügel-Tempel oder sogar zwei fotogene Brücken zum fulminanten Finale einer jeden Erkundungstour (S. 357). Besonders atemberaubende Ausblicke indes können rund einstündige Fahrten per Heißluftballon bescheren: Für rund US$300 sind sie von Anfang Oktober bis Ende März buchbar z. B. bei **Oriental Ballooning**, Ecke (35/71), ✆ 092-5622 4976, 💻 www.orientalballooning.com.

Unterkünfte als Erlebniswelten

Von besonderem Reiz kann sich erweisen, als externer Gast manche Unterkunft zu erkunden – wie das als internationaler Traveller-Hotspot pulsierende Hostel **Ostello Bello Mandalay** (s. Kasten S. 323) oder das als alternative Galerie fungierende **Dreamland Guesthouse** (S. 325). Wesentlich kostspieliger, aber nicht minder erbaulich wäre z. B. eine Pool-Visite im faszinierenden **Rupar Mandalar Resort** (S. 326), eine Massage im stilsicheren **Prana Spa** (s. Kasten S. 336) des Hotels by the Red Canal oder das Abendbüfett mit Marionetten-Spiel im stimmungsvollen **Kinsara Garden Theater** des Mercure Mandalay Hill Resort (S. 326) – inkl. Aperitif oder Absacker mit Livemusik in der dazugehörigen **Kipling's Lounge** (S. 331).

Festungsmauern des Königspalastes lassen sich gut die weiten Entfernungen in Mandalay abschätzen. Besonders in der Trockenzeit können fußläufige Erkundungstouren durch das Stadtzentrum schnell zur Qual werden – aufgrund der meist hohen Tagestemperaturen, viel Staub (sogar mitten im Zentrum sind viele Straßenränder nach wie vor unbefestigt bzw. unglaublich dreckig) und der Abgase des seit 2015 rasant angewachsenen Verkehrs.

Doch die bunte Schar der neuen Tuk Tuks kann Erkundungstouren ernorm erleichtern

Das System der Nummern

Im Zentrum erleichtern in amerikanischem Stil durchnummerierte, rechtwinklig aufeinanderstoßende Straßen die Orientierung. Die von West nach Ost führenden Verkehrswege reichen bis in die 40er, während die von Norden nach Süden bei 60 beginnen und in den 80ern enden. Die wichtigste Durchgangsstraße in Ost-West-Richtung ist die **35th Street**, während die **80th Street** die wichtigste Nord-Süd-Achse darstellt. Hauptgeschäftsstraßen sind die **26th und 84th Street**. Eine Anschrift wie: 80th St. (39/40) bedeutet, dass der Ort in der 80. Straße zwischen den Einmündungen der 39. und der 40. Straße liegt.

(s. Kasten S. 337) – so gibt es mit ihnen endlich ein halbwegs reguläres Taxiwesen in Myanmars zweitgrößter Metropole (s. Kasten S. 338). Gewiss kann man Mandalay auch als Selbstfahrer mit Rad oder Moped erkunden, was aber – besonders nach Einbruch der Dunkelheit – erhebliche Unfallrisiken birgt. Wer jedoch eine geführte Fahrradtour z. B. nach Amarapura, Mingun oder Sagaing bucht (s. Kasten S. 334), radelt meist auf der sicheren Seite. Der Hitze Mandalays wunderbar entfliehen kann man in den Felsbecken des neu zu entdeckenden Dee-Doke-Wasserfalls (s. Kasten S. 350).

Königspalast

Der Saal war erfüllt von geschäftigem Lärm, einem emsigen Summen, das sich zusammensetzte aus Schneiden und Hämmern, aus Brechen von Holz und Zerschlagen von Glas. Überall waren Menschen eifrig an der Arbeit, Männer und Frauen, bewaffnet mit Beilen, und taten das: Sie zerhackten mit Juwelen besetzte Kästchen, brachen Edelsteine aus dem verzierten Marmorboden, kratzten mit Hilfe eines Angelhakens Elfenbeinintarsien aus Truhen.

Amitav Ghosh in seinem Roman *Der Glaspalast* über Plünderungen nach dem erzwungenen Auszug von König Thibaw 1885

Das 4 km² große Palastgelände von Mandalay präsentiert sich als Stadt in der Stadt. 1857 hatte König Mindon den Bau seiner stark befestigten Residenz in Auftrag gegeben: Die 8 m hohen, aus Erdwällen und Ziegeln bestehenden Mauern sind unten 3 m dick und laufen oben an der Zinnen-Krone mit einer Breite von 1,5 m aus. Alle vier Mauerseiten sind jeweils 2 km lang (obwohl sie zuweilen als Rechteck dargestellt oder empfunden werden) und werden von einem 52 m breiten, 3 m tiefen Wassergraben flankiert, über den fünf Brücken führen. Auf jeder Seite gibt es zwölf Wachtürme und drei Stadttore. Eines davon durfte nur für den König, ein anderes nur für das Heer geöffnet werden. Die alte Bezeichnung für das Westtor hat sich bis heute gehalten. Es heißt Arlawi, „Tor des Unheils", weil es nur für Todgeweihte und Trauerzüge bestimmt war.

Im Zentrum befand sich der mit hölzernen Palisaden befestigte Königspalast – heute auf Schildern ausgewiesen als **Mya Nan San Kyaw** oder **Mandalay Royal Palace**. Er bestand aus rund 130 Gebäuden, die auf einem Rechteck aus 650 x 680 m untergebracht und in einen äußeren, mittleren und inneren Bereich untergliedert waren. In der Mitte war der Thronsaal als Zentrum des Universums platziert – überragt von einem siebenstufigen, vollständig vergoldeten Pavillon (Pyat That). Auf seinem Löwenthron sitzend, der heute im Nationalmuseum von Yangon zu bewundern ist, nahm der König dreimal im Jahr die Loyalitäts-Bekundungen seiner Untertanen entgegen. Zu literarischer Berühmtheit gelangte der Glaspalast, dessen Name aus den bunt verglasten und verspiegelten Wanddekorationen resultierte, durch den gleichnamigen Roman von Amitav Ghosh. Allerdings handelte es sich eher um einen Arbeitssaal, denn hier traf sich der König zur Beratung mit seinen Ministern und Sekretären. Mehr über dieses Werk s. **eXTra [5796]**.

Nachdem die Königsstadt im Dezember 1885 an General Prendergast übergeben worden war, machten die Briten die Anlage zum Sitz ihrer Kolonialverwaltung und zum militärischen Hauptquartier. Ein Jahr später wurde sie zu Ehren des Besuchs von Lord Dufferin in Fort Dufferin umbenannt. Ehrwürdige Palastbauten wurden in Offizierscasinos und Billardzimmer verwandelt, der Mye-Nan-Pavillon in eine Kirche. Erst 1901 kam Lord Curzon auf die Idee, den Palast als architektonisches Erbe zu schützen. Doch am 20. März 1945 fing er bei erbitterten Gefechten zwischen britischen und indischen Truppen gegen die japanischen Streitkräfte, die Mandalay seit 1942 besetzt hielten und deren Hauptquartier dort vermutet wurde, Feuer und brannte bis auf die Grundmauern nieder. So erlitt die letzte und großartigste Anlage dieser Art das Schicksal vieler anderer Paläste, die nach birmanischer Tradition vollständig aus Holz gebaut waren. Nur außerhalb der Mauern hat ein Stück Palast überlebt: der **Pavillon**, in dem König Mindon starb und der – 1880 in das Kloster Shwenandaw verwandelt – an anderer Stelle wieder aufgebaut worden war.

Als nördliches Stabsquartier ist das Festungsgelände, das Mitte der 1990er-Jahre mithilfe von Zwangsarbeit herausgeputzt worden ist (s. Kasten S. 310), ein wichtiger Stützpunkt der birmanischen Armee – mit Tausenden Soldaten. Aber weite Teile des Geländes wirken eher wie ein Obst- und Gemüsegarten, mit dem ihre Familien den kargen Sold aufzubessern pflegen. In der Nordostecke des Geländes verbirgt sich das gut erhaltene, aber auch für Einheimische nicht zugängliche **Mausoleum von König Mindon**. Ursprünglich war es mit Gold und Glasmosaiken verziert, doch diese frühe Handwerkskunst fiel vor über 100 Jahren einer Restauration zum Opfer.

Früher waren die Bauten des Palastbereichs aus vergoldetem Schnitzwerk bzw. mit Glasmosaiken verziertem Teakholz oder auch aus Ziegeln gebaut. Für die **Rekonstruktion** jedoch, die unter Fachleuten umstritten und nicht mit allzu hohen Erwartungen zu verknüpfen ist, wurden vor allem Beton und Wellblech verwendet oder Goldbronze als Ersatz für Blattgold. Nicht zuletzt deshalb sind die 1989–96 entstandenen Nachbauten Geschmackssache, können aber durchaus die Fantasie beflügeln und in ihrer rot-goldenen Farbgebung zusammen mit dem grünen Rasen und blauen Himmel auch nette Fotomotive abgeben. Andererseits scheint manch Hotelier bestrebt, einstige Palastgemächer wiederauferstehen zu lassen – wie z. B. im Rupar Mandalar Resort (S. 326) oder im Shwe Pyi Thar Hotel (💻 www.hotelshwepyithar.com), wo die „Royal Villa Suite" oder die „Royal King Villa Suite" für rund US$1000 pro Nacht wahrlich majestätische Gefühle wecken können.

Am Ufer des Ayeyarwady ist das Leben noch ursprünglich.

Der schöne Schein – vom Zwang zur Stadtverschönerung

Wie ästhetisch sich die Silhouette der Zinnen und Wachtürme in den breiten Wassergräben spiegelt, während an den Ufern des Ayeyarwady eine Idylle aus Schatten spendenden Bäumen, bunten Blumenrabatten und romantischen Sitzbänken zum Verweilen einlädt ... Touristen genießen die historischen Befestigungsanlagen von Mandalay – wie auch die Uferstraße unten am Fluss, die stets einen freien Blick auf kinoreife Kulissen ermöglicht. Das Herausputzen dieser Sehenswürdigkeiten jedoch war nur gegen einen hohen, (un)menschlichen Preis zu haben: viel Blut, Schweiß und Tränen durch Zwangsarbeit und Zwangsumsiedlungen, wie sie in der westlichen Welt schon lange unbekannt sind!

Umzug für die neue Uferstraße

Die Menschen, die einst an den Uferbänken wohnten und arbeiteten, leben jetzt im Distrikt Yadanabon. Zur Jahrtausendwende mussten sie ihre seit Generationen angestammte Heimat verlassen, um einem effektiveren Hochwasserschutz und der neuen Uferstraße nach Sagaing Platz zu machen. Zwangsumsiedlungen gab es in Birma sogar schon bei der Gründung von Mandalay: Unter Androhung der Todesstrafe waren die rund 100 000 Einwohner von Amarapura einst gezwungen worden, König Mindon in die neue Residenz zu folgen.

Wühlen in den Wassergräben

Auch einige Bewohner im Bereich der Stadtbefestigungen mussten 1995 ihre Behausungen innerhalb von fünf Tagen eigenhändig abreißen und in eine etwa 50 km entfernte Gegend übersiedeln, damit die Anlage ihren heutigen, parkartigen Charakter erhalten konnte. Rund 1000 Häuser fielen der Spitzhacke zum Opfer. Doch viele Bewohner Mandalays betrachten diese „Stadtverschönerung" aus anderen Gründen mit gemischten Gefühlen: Sie mussten – zusammen mit Gefangenen in Ketten – Zwangsarbeit leisten, um die Wassergräben zu säubern und neu zu befestigen. Jede Familie musste für einen Tag im Monat einen Angehörigen als Arbeitskraft stellen oder sich durch die Bezahlung einer anderen Person freikaufen. 20 000 Menschen sollen auf diese Weise zum Einsatz gekommen, auch einige Klosteranlagen so restauriert worden sein.

Unglückselige Tradition

Derartige Methoden haben in Birma eine lange, unglückselige Tradition. Allzeit war die Bevölkerung der Willkür ihrer Herrscher ausgesetzt, die ihre Untertanen zu Fron- und Kriegsdiensten zwangen, auch ansehnliche Pagoden mit dem Blut und Schweiß von rechtlosen Bauern erschaffen ließen (wobei es zuweilen auch als Ehre galt, ein „Pagoden-Sklave" zu sein). Welcher Myanmar-Urlauber mag erahnen, dass auch manches gern genutzte Projekt der Neuzeit auf diese Weise erschaffen worden ist – wie z. B. der Botanische Garten von Pyin U Lwin, die Landroute zwischen Mandalay und Yangon, die 180 km lange Eisenbahnstrecke zwischen Dawei und Ye oder der Flughafen von Kawthoung?

Als wichtigster Anlaufpunkt fungiert der aus Holz errichtete und über eine spiralförmige Außentreppe zu besteigende **Wachturm** (Nan Myint Saung). Der 33 m hohe Bau diente König Thibaw einst als einziges Fenster zur Außenwelt, denn wegen häufiger Intrigen wagte er nicht, seinen Palast zu verlassen. Von oben eröffnet sich ein hervorragender Blick über die acht Thronsäle, Privatgemächer des Königs und seiner Lieblingsfrauen, das Schatzamt und andere wichtige Regierungsgebäude. Die Pavillons der Frauen waren auch den ältesten Söhnen des Königs verboten. Ab einem gewissen Alter durften sie ihre Mütter nicht mehr besuchen. Die unterschiedliche Größe der Unterkünfte spiegelte den Rang der jeweiligen Bewohnerin wider. Konkubinen lebten in einfachen Häusern, Hauptfrauen in prachtvolleren Gebäuden. Mindon war der einzige König, der seine Frauen – meist zwei am Tag – nach einem festen Terminplan zu besuchen pflegte. Insgesamt 49 Frauen, 53 Söhne und 60 Töchter soll das familiäre Gefolge des Herrschers umfasst haben.

Ausländern wird nur durch das **Osttor** (Oo Htate Gate) Einlass gewährt, wo der Reisepass hinterlegt werden muss! Mit gechartertem Tuk Tuk oder Taxi oder auch per pedes (nicht aber als Selbstfahrer eines Fahrrads oder Mopeds) kann man über die Hauptachse zum Mittelpunkt der Anlage gelangen, wobei Soldaten ebenso wenig fotografiert werden dürfen wie militärische Einrichtungen. Der Zugang wird von dicken Eisenkanonen auf Betonlafetten flankiert und führt zunächst zur Audienz-Halle und dann zur Halle des Sieges, wo die Besucher im Säulenwald z. B. auf lebensgroße Figuren der Könige Mindon und Thibaw stoßen. Das ganz hinten liegende **Museum** (🕒 tgl. außer Mo 9.30–16.30 Uhr) zeigt Überbleibsel aus königlichem Besitz: historische Gewänder, hölzerne Sänften, Kutschen und Truhen oder ein französisches Glasbett aus dem 19. Jh. Historische Fotos von Gebäuden und Personen vermitteln einen Eindruck, wie es hier einst zugegangen ist – und trösten vielleicht auch etwas über die allerorts spärlichen Erläuterungen hinweg.

Mandalay Hill

Vom 236 m hohen Gipfel des Berges von Mandalay (Mandalay Hill) eröffnet sich ein faszinierender Panoramablick in alle Richtungen. Im Norden verfängt er sich in einer weiten Ebene aus Reisfeldern und Bewässerungskanälen. Im Westen glitzert der Ayeyarwady vor der Kulisse der Hügel von Sagaing und Mingun, die mit Pagoden übersät sind. Im Osten reicht die Sicht sogar bis zur wolkenverhangenen Silhouette der Shan-Berge.

Markant sind das Areal des Königspalastes und die weißen Pagoden des „größten Buchs der Welt" am Fuß des heiligen Berges und als Bauten der Neuzeit das halbrunde Mercure Mandalay Hill Resort, das Hotel Hilton sowie der große, gelbliche Gefängniskomplex – errichtet auf einem ehemaligen Friedhof. Zu genießen ist der Ausblick von der riesigen, sonnenerwärmten Terrasse der Sutaung-Pyei-Pagode, an deren Peripherie sich etwas unterhalb die Mwegyi-Nhnakaung-Pagode (Zwei-Schlangen-Pagode) befindet. Die großzügige Anlage wurde erst in den 1990er-Jahre errichtet. Ihre Säulen und Spiegelmosaiken, die 10 x 10 cm großen weißen, hellblauen, gelben, grünen und rosafarbenen Bodenfliesen sowie die goldenen Stupas lassen sie wie ein einziges, farbenfrohes Glitzerwerk erscheinen. Am späten Nachmittag geht es hier überaus gesellig und geschwätzig zu. Manchmal versuchen Mönche und Studenten mit den Touristen, die zum Sonnenuntergang in Scharen hierher pilgern, ins Gespräch zu kommen, um ihr Englisch oder sogar Deutsch zu praktizieren.

Wie Mandalay entstand

Der Weg zum Gipfel des heiligen Berges führt an zwei religiösen Skulpturen vorbei, die eng mit der mythischen Entstehungsgeschichte von Mandalay verknüpft sind. Mit ausgestreckter Hand deutet der **Shweyataw-Buddha** in Richtung des Königspalastes, der früher das Stadtzentrum bildete. Diese Geste geht auf eine Prophezeiung Buddhas zurück: Bei seinem Besuch in Begleitung des Mönchs Ananda (kniende Statue) hatte er vorausgesagt, dass 2400 Jahre später am Fuße dieses Hügels eine große Stadt entstehen würde. Nach westlichem Kalender wäre das 1857 gewesen und damit genau der Zeitpunkt, zu dem König Mindon den Umzug von Amarapura nach Mandalay angeordnet hatte. Kurz vor dem Gipfel gelangt man zu einer bunt bemalten **Frauenskulptur**, die Buddha ihre beiden Brüste überreicht, wobei sich – ein Flüchtigkeitsfehler des Künstlers? – unter ihrer Bluse aber dennoch einiges wölbt. Der Legende nach war die Dämonin Sanda Moke Kit von seiner Prophezeiung so angetan, dass sie sich – weil sie sonst nichts weiter besaß – ihre Brust abschnitt und sie dem Erleuchteten schenkte. Als Dank soll er ihr ihre Wiedergeburt als Gründer und König dieser Stadt versprochen haben.

Zwischen 16 und 17 Uhr ist eine gute Zeit zum rund 30-minütigen Aufstieg auf den Mandalay-Berg – sofern man nicht den frühen Morgen bevorzugt, an dem weniger Betrieb herrscht und der Blick auf die Stadtkulisse meist klarer ist. Zwei riesige, weiße Löwenfiguren bewachen den beliebten Südwesteingang. Wer denselben Weg zurückgehen möchte, sollte seine Schuhe an einem der Verkaufsstände deponieren, doch kann man sie natürlich auch in einer Plastiktasche mitnehmen. Das Sammelticket muss meist nicht vorgezeigt werden.

Insgesamt führen drei überdachte, miteinander verzweigte **Treppenaufgänge** im Zickzack durch das Grün des Hügels nach oben. Sie sind von kleineren Tempelanlagen, Hallen und Plattformen mit Erfrischungsständen, Andenken buden und Holzschnitzereien unterbrochen. Wer sich die Mühe macht, die Stufen zu zählen, wird überrascht sein: Statt der meist genannten Zahl von 1729 sind es – gezählt am Hauptaufgang – nur 934 Stufen, die auf den Berg von Mandalay führen!

Fast überall laden flankierende, steinerne Sitzbänke zu Verschnaufpausen ein. Auf halber Höhe liegt der erste größere **Schrein**, der an drei Knochen von Buddha erinnern soll. Sie lagern in einem Kloster am Fuß des Hügels und gehören zu den wenigen Überresten des Erleuchteten, denen eine hohe Authentizität zugeschrieben wird. 1908 waren sie bei Ausgrabungsarbeiten eines zerstörten, aus dem 11. Jh. stammenden Tempels im pakistanischen Peshawar gefunden worden. Nach rund zwei Dritteln des Aufstiegs ist der stehende **Shweyataw-Buddha** erreicht, der mit ausgestreckter Hand auf das Palastgelände zeigt. Das einst von König Mindon in Auftrag gegebene Original ist 1882 verbrannt und wurde von dem buddhistischen Einsiedler U Kanthi rekonstruiert. Wie auch die bunt bemalte **Frauenstatue** kurz unterhalb des Gipfels, steht diese Skulptur in engem Zusammenhang mit der Legende zur Stadtgründung (s. Kasten S. 311). Bis 1990 endete hier der Aufstieg, alle weiteren Anlagen wurden später ergänzt. In der Nähe erinnert ein marmornes **Mahnmal** mit der Inschrift „For all Japanese, Myanmars and English victims of the war, we pray for their souls to rest in peace here forever" daran, dass der Mandalay Hill 1945 erbittert umkämpft gewesen ist. Hier hatte sich die britische Artillerie verschanzt, um den Palast zu beschießen.

Eine Visite auf dem Mandalay Hill verbindet sich stets mit einer besonderen Stimmung.

© NIPAPORN YANKLANG

Auf der Rolltreppe zum Heiligtum

Vor wenigen Jahren noch hat man sich nicht vorstellen können, dass in den Heiligtümern massenhaft Selfies mit altehrwürdigen Budda-Statuen geschossen werden, ganz ungeniert mit Smartphones telefoniert wird oder sich Mönche in einem Seitengelass gar im gemeinsamen Karaoke-Sound üben. Die große Wende von Myanmar hat es möglich gemacht, der Wandel aber hatte die Wallfahrtsstätten des Landes schon Ende der 1990er-Jahre erfasst – als Tribut an die vermeintlichen Erfordernisse der Neuzeit oder einfach nur den Zeitgeist.

Blinklichter als Heiligenschein

Vielerorts begannen Betonmischer zu rattern, andernorts ist viel ursprüngliches Flair der Chromstahl-Euphorie zum Opfer gefallen. Etliche Pagoden wurden mit Fahrstühlen und Rolltreppen zugänglich gemacht, bei anderen die Zugänge mit einem dichten Spalier aus Souvenirläden, Erfrischungsständen oder Teestuben umrahmt. Der Ausbau findet aber auch im Kleinen statt: Immer mehr religiöse Stätten werden in ein neues Licht gerückt – mit gleißenden Strahlern, blinkenden Heiligenscheinen, künstlichen Kerzen, bunten Lichterketten aller Größenordnungen, kitschig anmutenden Lämpchen in Lotosform oder gar Digital-Displays.

Buddhabildnis mit Kopfhörer

Die Birmanen finden das – schließlich hat Buddha ja auch stets die Veränderung und Vergänglichkeit von materiellen Dingen gelehrt – wohl als völlig unbedenklich. Als Ende 2014 ein Yangoner Nachtclub mit einem Bildnis warb, auf dem der Erleuchtete einen Kopfhörer trug, schritten die Behörden allerdings ein. Das von Human Rights Watch kritisierte Urteil: zwei Jahre Knast für die drei Betreiber – plus sechs Monate für Überschreitung der Öffnungszeiten.

Besser Schutz statt Schwund

Manch westlicher Besucher mag die schleichend schwindende Ursprünglichkeit, Würde und Spiritualität in Buddhas Zauberland bedauern bzw. sich nach mehr Denkmalschutz sehnen. Mit den Ruinen von Pyu wurde 2014 immerhin endlich ein erster Spot in das Welterbe der Unesco aufgenommen, 16 weitere seit 1996 auf die Tentativ-Liste gesetzt – darunter auch Inwa, Amarapura, Sagaing und Mingun sowie das hölzerne Kloster Shwenandaw in Mandalay.

Seit 1993 führt auch eine asphaltierte, 2,5 km lange Straße zum Gipfel, auf der sich Ausländer in Sammeltaxis für 2000 Kyat nach oben bringen lassen können. An ihrem Ende warten ein Lift (zuweilen außer Betrieb) und eine imposante Rolltreppen-Anlage (tagsüber nur aufwärts, später dann abwärts). Diese hat die weitläufigen Aussichtsterrassen der Sutaung-Pyei-Pagode für größere Menschenmassen, aber auch alte und behinderte Besucher zugänglich gemacht (s. dazu Kasten S. 304).

Wer die Zutrittsgebühr von 1000 Kyat sparen und es zum Sonnenuntergang gern etwas einsamer möchte, sollte sich in dem Mosaik-Torbogen der tiefer gelegenen Plattform platzieren.

Pagoden, Klöster und Kirchen

Kyauktawgyi-Pagode

Hier wird im Oktober Mandalays populärstes, eine Woche dauerndes Fest veranstaltet. Die Kyauktawgyi-Pagode, die als viertwichtigstes **Heiligtum** der Stadt zwischen 1853 und 1878 erbaut worden ist, erhebt sich in der Nähe des Südeingangs zum Mandalay Hill. Wäre nicht die Palastrevolte dazwischengekommen, wäre sie genauso aufwendig wie die gleichnamige Pagode in Amarapura gestaltet worden, die wiederum dem Ananda-Tempel von Bagan nachempfunden wurde. Aber immerhin enthält sie ebenfalls eine große, aus einem einzigen **Marmorblock** gemeißelte, sitzende Buddhastatue.

Dieser soll mit seinen 800 t gigantisch groß gewesen sein. Der Legende nach waren 10 000 Männer im Einsatz, um ihn vom Ufer des Ayeyarwady in rund zwei Wochen über einen eigens dafür gebauten Kanal und rollende Baumstämme 7 km weit zu seinem jetzigen Standort zu schaffen. Nach der Bearbeitung wiegt der 15 m hohe Steinblock, von dem 3 m unter der Erde liegen, immerhin noch 500 t. Zwischen den Augenbrauen glitzert ein rundes **Ornament**, das aus 54 einkarätigen Diamanten bestehen soll. Rings um den Schrein sind an allen vier Seiten (in Gruppen zu jeweils 20) Buddhas 80 Schüler *(arahat)* figürlich dargestellt. Eine weitere Attraktion besteht in dem einzigen erhalten gebliebenen Gemälde von König Mindon.

Der Zugang zu der von zwitschernden Vögeln umschwirrten Statue erfolgt über eine eindrucksvolle, verspiegelte **Säulenhalle**, die in Türkis und Hellblau kunstvoll ausgeschmückt worden ist. Unterwegs lauern allerlei Souvenirverkäufer, Handleser und Astrologen.

Kuthodaw-Pagode

Einen guten Überblick über das Ausmaß der 1868 fertiggestellten „Pagode der Königlichen Verdienste" kann man sich anhand des großen, anschaulich gestalteten **Modells** im südlichen Pavillon machen. Sieben Jahre, sechs Monate und 22 Tage sollen 200 örtliche Kunsthandwerker gebraucht haben, um den gesamten *Tipitaka* (buddhistische Lehrtexte) als „größtes Buch der Welt" auf 729 Marmortafeln zu verewigen, die jeweils zu dritt von Mini-Pagoden geschützt werden. Dieses Werk, das auch als Palikanon bezeichnet wird und sich mit „Drei Körbe" übersetzen lässt, umfasst in drei Teilen die buddhistische Lehre. Bis zu diesem Zeitpunkt waren die Texte immer nur auf Palmblätter geschrieben worden. Anfangs waren die beidseitig beschriebenen Tafeln von Metallschirmen geschützt, erst später erhielt jede einzelne eine kleine Pagode. Ursprünglich war die Schrift – in birmanischer Schreibweise abgefasstes Pali – vergoldet, heute ist sie nur noch in schwarzer Farbe ausgemalt. Im Jahr 1900 erschien eine gedruckte Fassung des steinernen Originals, bestehend aus 38 Bänden mit jeweils 400 Seiten.

Wer hier jeden Tag rund acht Stunden liest, würde wahrscheinlich 450 Tage benötigen, um das gesamte Werk durchzuarbeiten. Anlass zur Erschaffung dieses Heiligtums war die Fünfte Buddhistische Synode von 1871, die König Mindon zum Gedenken an den 2400. Todestag Gautama Buddhas einberufen hatte. Während der sechsmonatigen Großveranstaltung rezitierten 2400 Mönche den gesamten Text des *Tipitaka* und einigten sich auf eine einheitliche Fassung.

Aus der Mitte der weitläufigen Anlage erhebt sich die vergoldete **Maha-Lawka-Marazein-Pagode**, die nach dem Modell der Shwezigon-Pagode von Bagan bereits 1857 errichtet wurde. Die traditionell dazugehörige Glocke hängt zwischen zwei Teakholzpfosten mit bunten Figuren des Göttervogels Garuda.

Im Schatten des über 150 Jahre alten „Star Flower Tree", dessen imposante Ausläufer mit Holzsäulen abgestützt werden, bietet sich eine wunderbare Möglichkeit zu Rast und Einkehr.

Sandamani-Pagode

Diese Pagode südöstlich des Mandalay-Berges wird gelegentlich mit der weiter östlich stehenden Kuthodaw-Pagode verwechselt, weil sie ebenfalls aus einer riesigen Anzahl kleiner, weiß getünchter Pagoden mit Schrifttafeln besteht. Es sind zwar erheblich mehr, doch sind sie nicht so ansehnlich und stehen erheblich dichter aneinander. Hier erhob sich während des Baus des Königspalastes die provisorische Residenz von König Mindon.

Die Sandamani-Pagode wurde zur Erinnerung an Kronprinz Kanaung errichtet, der Mindons jüngerer Bruder und als dessen Nachfolger auserwählt war. Doch während einer Palastrevolte im August 1866 wurde er hier von zwei Söhnen König Mindons ermordet. Erst 1913 wurde die Pagode auf Initiative des populären, auf dem Mandalay-Berg lebenden Einsiedlermönchs U Khanti mit langen Reihen weiß getünchter Pagoden umgeben.

Diese enthalten 1774 **Marmortafeln**, auf denen zwei berühmte Kommentare zum *Tipitaka* eingemeißelt sind. Außerdem findet sich hier eine eiserne, 1802 von König Bodawpaya gestiftete **Buddhastatue**.

Shwenandaw-Kloster

Der imposante Holzbau des „Goldenen Palastklosters" ist das einzige größere Überbleibsel vom einstigen Kern des Königspalastes. Er hat bereits zwei Umzüge überstanden – und findet sich seit 1996 auf der Tentativ-Liste für das Weltkulturerbe der Unesco. Erstmalig 1782 errichtet, wurde es 1857 zerlegt und in Mandalay innerhalb von zwei Jahren wieder aufgebaut. Es gehörte zu den Privatgemächern König Mindons, der hier auch gestorben ist. Sein Sohn und Nachfolger Thibaw ließ die Anlage 1880 abermals abbauen und außerhalb der Palastmauern in der Nähe des Osttors wieder errichten, sodass sie dem verheerenden Feuersturm von 1945 entgehen konnte. Er benutzte den Pavillon noch eine Weile zur Meditation, bevor er ihn den Mönchen als Kloster stiftete. 1996 wurde das Bauwerk renoviert und der Öffentlichkeit als **Museum** zugänglich gemacht.

Anhand des Shwenandaw-Klosters lassen sich die Pracht und Atmosphäre des ehemaligen Königspalastes weitaus besser erahnen als am Nach- und Neubau der übrigen Palastteile innerhalb der Befestigungsanlagen. Es gibt kaum eine Fläche, die nicht mit kunstvoll geschnitzten Nat-Figuren oder Blumenornamenten ausgeschmückt ist. Schön erhalten sind die Jataka-Erzählungen (Szenen aus dem Leben Buddhas). Früher war dieses Bauwerk außen und innen vergoldet sowie vielerorts mit eingelegten Glasmosaiken verziert. Heute sind nur noch die eindrucksvolle Decke des Hauptraums vergoldet und einige Teile der 150 mächtigen, rot gestrichenen Teakholzsäulen, auf denen das Bauwerk ruht. Im Hauptraum findet sich eine Nachbildung des Königthrons. Hinein gelangt man barfuß über eine umlaufende, schmale Veranda, wo zuweilen Novizen darauf warten, für ein paar Kyat fotogen in den Öffnungen abgelichtet zu werden. Man beachte den Eingang mit der etwas höheren Stufe: Diese neckische Hürde hatte der König installieren lassen, um zu gewährleisten, dass nur seine Frauen den Raum betraten. Denn dabei mussten sie ihren Rock anheben, sodass die obligatorische Tätowierung am Fußknöchel zum Vorschein kam.

Atumashi-Kloster

Das von König Mindon 1857 westlich des Shwenandaw-Klosters als „Unvergleichliches Kloster" begonnene Bauwerk gehörte einst zu

Das imposante Shwenandaw-Kloster ist das größte Überbleibsel aus dem einstigen Königspalast.

den großartigsten Anlagen seiner Art in Südostasien. 1890 war es bis auf die aus Stein erbauten und mit Stuck verzierten Balustraden und Treppenaufgänge niedergebrannt, wobei auch vier komplette *Tipitaka*-Ausgaben in Teakholzkisten vernichtet wurden. Die 1996 mithilfe von Zwangsarbeitern leider nur in Betonbauweise durchgeführte Rekonstruktion gilt als nicht besonders gelungen, zumal nach der typischen birmanischen Klosterbauweise eigentlich ein Sockel gemauert und dann das hölzerne Gebäude darübergestülpt wird. Einst gab es in dem Kloster eine Buddhastatue, die aus Seidenstoffen des Königs und Lack gefertigt war. Auf ihrer Stirn soll sie einen großen Diamanten getragen haben. Bei der britischen Eroberung der Stadt kam die Statue 1885 abhanden.

Mahamuni-Pagode

Im Süden der Stadt laufen aus allen vier Himmelsrichtungen überdachte Basar-Passagen auf die sitzende **Mahamuni-Statue** („Erhabener Weiser") zu, denn sie ist die mit Abstand meistverehrte Figur Myanmars und zählt mit der Shwedagon-Pagode und dem Goldenen Felsen zu den Hauptpilgerzielen des Landes. Sie ist 3,80 m hoch und war ursprünglich eine Bronzefigur, die im Laufe der Zeit fast bis zur Unförmigkeit mit Blattgold bedeckt wurde. Das Gewicht des aufgeklebten Goldes wird mittlerweile schon auf mehrere Tonnen geschätzt! Am Arm soll es 25 cm dick sein, an der Brust sogar 35 cm. Die Finger haben ihre Form bereits verloren. Sogar die umliegenden Pfeiler sind vergoldet. Auf der Stirn trägt die Mahamuni-Statue mehr Rubine, Saphire und Diamanten als jedes andere gekrönte Haupt der Welt.

Von den Einheimischen wird das Heiligtum gern **Payagyi** („Große Pagode") genannt, doch auch **Rakhine-** bzw. **Arakan-Pagode** sind geläufige Bezeichnungen. Herzstück des Schreins ist die Mahamuni-Statue, die 1784 von König Bodawpayas Truppen, als Kriegsbeute in drei Teile zerlegt, aus Rakhine hierher gebracht wurde. Der Legende nach hat König Chandrasurya sie einst in Rakhine als Abbild von Buddha anfertigen lassen, nachdem er von dem Erleuchteten über die Vier Edlen Wahrheiten belehrt worden war. Der Überlieferung nach handelt es sich dabei um eines von nur fünf Ebenbildern, die schon zu Buddhas Lebzeiten geschaffen worden sein sollen.

In der Regenzeit wird die Statue, die mit der rechten Hand den Boden berührt und somit die „Erdberührungsgeste" einnimmt, mit Mönchsroben bekleidet. Jeden Morgen um 4.30 Uhr waschen Mönche – einer indischen Tradition bei Hindugöttern folgend – das Gesicht der ursprünglich bronzenen Mahamuni-Statue, das dadurch ebenfalls schon einen goldenen Farbton angenommen hat, obwohl es bisher als einziges Körperteil vom Blattgold verschont wurde. Dabei werden der Statue sogar die Zähne geputzt, was jedoch nicht fotografiert werden darf. Jedes Jahr Anfang Februar wird das Tempelfest der Mahamuni-Pagode veranstaltet, das zu den wichtigsten religiösen Feierlichkeiten Myanmars gehört. Dann pilgern Tausende aus Mandalay und Umgebung zur Statue und übervölkern die Tempelanlage so sehr, dass sogar Videos und Monitore installiert werden müssen, damit auch wirklich alle Gläubigen an den Zeremonien teilhaben können.

Wie viel Gold mag es sein?

Es ist extrem schwierig zu schätzen, wie viel Blattgold die Gläubigen im Lauf der Jahrzehnte bereits auf den Mahamuni-Buddha gedrückt haben mögen. Offizielle Vermutungen schwanken zwischen 3,5 und mehr als 12 t. Konkrete Anhaltspunkte indes gibt es nur ganz wenige: Bei dem großen Brand von 1884 war das gesamte Gold von der Figur heruntergeschmolzen. Danach konnten 5450 Ticals (1 Tical = 16 g) geborgen werden. Ein Jahr später spendete König Thibaw weitere 6000 Ticals Gold. Das zusammen entspricht erst einer Menge von fast 200 kg. Seitdem haben jedoch jeden Tag Tausende Pilger weiteres Blattgold aufgebracht, sodass die dicksten Schichten an einigen Stellen bald eine Stärke von 50 cm erreichen dürften. Fakt ist immerhin, dass pro Jahr allein um die 8 kg heruntergefallenes oder -gewaschenes Blattgold eingesammelt und natürlich erneut zu hauchdünnen Blättchen verarbeitet werden.

Die andächtigen Blicke der sitzenden Besucher und das ständige Gemurmel ihrer Gebete spiegelt die Bedeutung dieses Schreins wider. Allerdings dürfen sich nur Männer der Mahamuni-Statue nähern und Blattgold anbringen, während Frauen das Betreten des innersten Bereichs verboten ist. Die Kleidung sollte natürlich nicht zu freizügig sein, bei männlichen Besuchern müssen die Knie bedeckt sein. Es ist immer wieder erstaunlich, dass Ausländern der Zugang zu diesem wichtigen Heiligtum in so großzügiger Form gewährt wird, erscheinen sie mit ihren Fotoapparaten und Videokameras (je 1000 Kyat Gebühr, hier kann ggf. meist auch ein Longyi geliehen werden) doch als erheblicher Störfaktor. ⌚ 4–21 Uhr. Jedoch kostet der nicht mehr vom Sammelticket abgedeckte Zutritt neuerdings 5000 Baht.

Die Tempelanlage, die nach einem Großbrand 1884 erneuert werden musste, war 1784 von König Bodawpaya erbaut worden und über eine 8 km lange, überdachte Ziegelstraße mit seinem Palast in Amarapura verbunden. Ein kleines Gebäude an der Nordseite des Hofes beherbergt sechs bronzene, rund 800 Jahre alte **Khmer-Figuren**, die zusammen mit dem Mahamuni-Buddha ebenfalls als Kriegsbeute von Mrauk U nach Mandalay gebracht wurden.

Einst waren es 30, doch König Thibaw ließ die meisten zu Kanonen umschmelzen. Übrig sind noch drei **Löwen** und zwei **Tempelwächter** *(Dvarapala)*, denen magische Kräfte zugeschrieben werden. Denn nach dem Volksglauben vertreibt das Reiben an den entsprechenden Körperstellen der Statuen eigene körperliche Beschwerden. Der blank gescheuerte Bauch zeigt, dass auch Einheimische unter Magenproblemen leiden können. Am besten erhalten ist allerdings der rund 1,50 m hohe **Erawan** – ein dreiköpfiger Elefant als Reittier des hinduistischen Götterkönigs Indra. Einst wachten diese Figuren über Kambodschas Angkor Wat, doch 1431 brachten die Siamesen sie nach Ayutthaya. Als Kriegsbeute kamen sie 1564 dann mit König Bayinnaung nach Bago (Pegu), von wo sie König Razagyi 36 Jahre später nach Mrauk U brachte.

Shwekyimyint-Pagode

Diese Pagode wurde 1167 während der Bagan-Epoche von Prinz Minshinzaw, einem verbannten Sohn von König Alaungsithu, gegründet und ist damit lange vor der Gründung Mandalays entstanden. Mitten im Stadtzentrum an der 24th Street (82/83) in der Nähe des Uhrturms gelegen, hat sie so manche Überraschung zu bieten. Die Buddhastatue im Inneren stammt aus dem 12. Jh., wie auch die aus dem Königspalast von Mandalay gerettete Sammlung von Buddhaskulpturen aus Gold, Silber und Kristall sowie wertvolle Geschenke der letzten birmanischen Könige. Diese Kleinodien wurden kurz nach der britischen Besetzung hierher gebracht, werden aber leider nur zu wichtigen religiösen Anlässen zugänglich gemacht.

Eindawya-Pagode

Der Schrein wurde 1847 von König Pagan Min an dem Ort errichtet, an dem er vor seiner Thronbesteigung gewohnt hatte. Die „Pagode am Platz des königlichen Hauses" findet sich etwas abseits in der 89th Street westlich des Zeigyo-Markts und bietet durch den stark vergoldeten Stupa ein schönes, in der Sonne schillerndes Fotomotiv. Die Eindawya-Pagode ist von mehreren kleinen Tempeln und Pagoden umgeben. Sie beherbergt eine seltene Buddhastatue aus Quarz und Opal, die 1839 aus Bodhgaya in Indien nach Myanmar gelangt sein soll.

Setkyathiha-Pagode

Diese in der 85th Street, nur wenig südwestlich des Zeigyo-Markts auf einem Mauersockel stehende Pagode enthält eine aus Bronze erschaffene, fast 5 m hohe, sitzende Buddhastatue. Sie wurde 1823 unter König Bagyidaw in Inwa gegossen, später nach Amarapura und dann nach Mandalay gebracht. Im Innenhof sind Abbildungen von liegenden Buddhas zu sehen. Den heiligen Bodhi-Baum auf dem Gelände hat der ehemalige Ministerpräsident U Nu gepflanzt.

Shwe-In-Bin-Kloster

Das südlich der 35th Street gelegene, anmutig wirkende Teakholzkloster wurde 1895 von zwei reichen chinesischen Jade-Kaufleuten gestiftet und lohnt einen Besuch wegen seiner wunderschönen Schnitzereien an den Balustraden und Dachgesimsen, aber auch wegen der besonders angenehmen, stillen Atmosphäre.

Schläge im Schummerlicht – hammerharte Arbeit, federleichtes Gold

Normalerweise würde jeder reflexartig in Deckung gehen, wenn aus der Höhe ein Hammer herunterschnellt und mit großer Wucht nur wenige Handbreit entfernt aufprallt. Doch die jungen Männer, die sich in dem engen, nur schummrig beleuchteten Holzschuppen direkt zwischen den schwitzenden Goldschlägern zu einer Pause niedergelassen haben, vertrauen ganz und gar auf die Fertigkeiten ihrer muskulösen Kollegen im Lendenschurz. Schließlich wurden diese ja auch sechs Monate lang ausgebildet, damit ihnen der 3 kg schwere Hammer niemals aus den Händen rutscht! Bereits mit 16 Jahren kann der Beruf des Goldschlägers erlernt werden, nach rund zehn Jahren stellen sich die berüchtigten, chronischen Rückenprobleme ein, und mit spätestens 45 Jahren sind die menschlichen Maschinen verschlissen. Dennoch ist der Beruf begehrt, denn er garantiert ein gutes Einkommen und unbezahlbare Verdienste für das nächste Leben.

Goldschläger in Rotation

„Gold beating", wie es bereits vor mehr als 5000 Jahren in Indien und vor 500 Jahren erstmals in Deutschland praktiziert wurde, findet nur im Stadtteil Myat Par Yat statt. Vor allem in der 78th Street (35/36) führt das gleichmäßige Klopfen der Hämmer direkt zu den rund 50 Werkstätten der Goldschläger. Nur in den Familienbetrieben von Mandalay wird das hauchdünne Blattgold produziert, mit dem die Gläubigen Statuen und Stupas in ganz Myanmar überziehen. Eng geschichtet und verpackt in Hirschleder-Lappen, dampft das 24-karätige Gold – es stammt meist aus dem Ayeyarwady oder seinen Nebenflüssen – zwischen hauchdünnen Lagen Bambuspapier, das in ebenfalls aufwendiger Herstellung speziell für dieses Ritual vorbereitet wird. Im Rotationsbetrieb arbeiten die Goldschläger eine volle Stunde lang, bevor sie sich 15 Minuten Pause gönnen. Um die Fläche des Goldes immer weiter zu vervielfältigen, wird 6 1/2 Stunden (erst eine halbe, dann eine ganze und anschließend 5 Std.) lang darauf herumgehauen.

Dünner als ein Tintenstrich

Dabei wird die Zeit der einzelnen Arbeitsgänge mit einer traditionellen Wasseruhr gemessen; einer schwimmenden Kokosnussschale, die sich durch ein kleines Loch mit Wasser füllt und dann jeweils nach einigen Minuten versinkt. Am Ende hat sich die Fläche des Goldes so sehr erweitert, dass das Blattgold nur noch einen Tausendstel Millimeter misst – also dünner ist als ein Tintenstrich auf einem Blatt Papier. Haben Frauen sich beim Goldschlagen in respektvoller Entfernung zu halten, so sind sie paradoxerweise aus anderen Teilen des Produktionsprozesses nicht wegzudenken: In verglasten, windgeschützten Zimmern schneiden junge Mädchen das ausgetriebene, federleichte Gold an niedrigen Tischen zu quadratischen Goldplättchen, um es für die weitere Verarbeitung vorzubereiten oder schließlich zum Verkauf zu verpacken.

Verkauf auch zum Verzehr

Die Zehnerpäckchen werden mit Blättchen zu 2 x 2 cm, 4 x 4 cm und 5 x 5 cm verkauft. Die glitzernden Quadrate sind zwar weitgehend geschmacklos, werden aber – z. B. zusammen mit Schokolade – durchaus auch verzehrt, weil ihnen eine positive gesundheitliche Wirkung zugeschrieben wird. Zehn Arbeitskräfte produzieren pro Tag durchschnittlich zehn Packungen. Ausländische Zuschauer fragen sich mitunter, wie sich die Goldschläger von Mandalay bei ihrem stundenlangen, monotonen Gehämmer ablenken oder gar entspannen können. Doch derartige Gedanken scheinen abwegig: Jeder Hammerschlag erfordert höchste Konzentration, weil die Lederpäckchen jeweils zielgenau auf ihrer ganzen Fläche getroffen werden müssen.

Kirchen

Ob der ständigen Begegnung mit buddhistischen Heiligtümern mutet es fast schon als Überraschung an, mal einen Kirchturm zu erspähen. In der 80th Street (34/35) findet sich z. B. die 1894 von den Franzosen im gotischen Stil erbaute

Katholische Kirche des Pater Lafon, die 1919 restauriert wurde. Um einen kompletten Neubau handelt es sich dagegen bei der **Sacred Heart Cathedral** in der 82nd Street (25/26), die im Zweiten Weltkrieg den Bomben zum Opfer gefallen war. Es sind vorwiegend indische und chinesische Christen, die sich in diesen beiden Gotteshäusern zum Gottesdienst treffen. Nach einem amerikanischen, in Myanmar hoch verehrten Missionar benannt ist die **Judson-Baptistenkirche** in der 82nd Street (33/34).

Kunsthandwerk mit Verkauf

Viele Betriebe des zumeist religiösen Kunsthandwerks haben sich darauf eingestellt, neugierigen Besuchern nebenbei ihre Produkte zu verkaufen, sodass sich der Bummel durch die Werkstätten im Südwesten der Stadt durchaus als Einkaufstour gestalten lässt. Da die kleineren Handwerksbetriebe oft ziemlich versteckt liegen, kann es sinnvoll sein, mit einem ortskundigen Führer oder Taxifahrer auf die Suche zu gehen. Wer bei der Restauration oder Anfertigung eines *hti* zuschauen möchte, sollte die Werkstätten am Westeingang der Mahamuni-Pagode besuchen.

Blattgoldproduktion

Die meisten Betriebe finden sich in der 36th Street (77-79), wie **King Galon Gold Leaf** im Haus Nr. 143, ✆ 02-403 2135, als größtes Unternehmen mit 30 Mitarbeiter(inne)n, die nach Anzahl der produzierten Päckchen bezahlt werden. Durch das rhythmische Klopfen sind sie leicht zu finden (S. 318). Hier – oder auch beim nahe gelegenen Golden Rose – kann man zudem den langwierigen, komplizierten Prozess zur Herstellung von Bambuspapier erleben, das zur Blattgoldproduktion benötigt wird (s. dazu auch 💻 www.kultur-in-asien.de/Birma/seite115.htm).

Bronzegießereien

Glocken, Gongs und kleinere Statuen werden in mehreren Werkstätten am Myohaung-Bahnhof gefertigt. Hauptsächlich Buddhafiguren werden indes im Kyithunkha-Viertel gegossen, das kurz vor Amarapura liegt. Besonders gut ist der Herstellungsprozess bei **Myanmar Bronze Moulder Casting**, 93 Panthidan, Tampawaddy-Viertel, ✆ 02-402 3182, zu beobachten.

Holzschnitzkunst

Vorwiegend im Tampawaddy-Viertel, aber auch im östlichen Aufgang der Mahamuni-Pagode oder an der 84th Street in Richtung Amarapura finden sich die emsigen Holzschnitzer. Sie fertigen vor allem Buddhafiguren, Hausaltäre und Klosterreliefs. Auftraggeber dafür sind meist Mönche und religiöse Stifter.

Jadeverarbeitung

In den beiden Dörfern Kyawzu und Minthazu, die mit Mandalays Süden verwachsen sind, wird Jade geschnitten, poliert und durch traditionelle Schnitzkunst zu Schmuck verarbeitet. Der ebenfalls hier beheimatete, faszinierende Jademarkt findet sich in einem Gebäude an der 87th Street (38/39) und kostet 2000 Kyat Eintritt, 🕒 5–15 Uhr. Mit Hunderten Ateliers von Händlern und Schleifern gilt er als größter der Welt, aber Vorsicht beim Einkauf: Es gibt Fälschungen der roten, weißen oder grünen (smaragd- und mauvefarben ist das Jadeit am wertvollsten) Steinklumpen, bei denen nur außen eine dünne Jadeschicht aufgetragen ist, während sich im Inneren des Klumpens wertloses Gestein oder gar Zement verbirgt.

Silberschmiede

Wer sich für dieses Handwerk interessiert, kann vor allem in **Ywataung**, das an der Straße von Mandalay nach Monywa hinter Sagaing liegt, Silberschmieden über die Schulter schauen. Am besten zur Verarbeitung eignet sich eine Legierung aus 92,5 % Silber und 7,5 % Kupfer.

Steinmetzbetriebe

Herrliche Impressionen ergeben sich bei einem Bummel durch die Straße der Steinmetze, die **Kyauk Sit Tan** genannt wird. Sie liegt an der Mahamuni-Pagode, Ecke 84/85, und ist am besten über den Westausgang des Heiligtums zu erreichen. Hier werden Buddhastatuen aller Größen aus Stein und Marmor gemeißelt, gefräst oder gebohrt – stets ein interessantes Schauspiel. Zuerst wird der Körper herausgearbeitet,

© VOLKER KLINKMÜLLER

Mithilfe von eifrigen Arbeitsgemeinschaften wird reichlich Blattgold produziert.

MANDALAY

zuletzt das Gesicht. Einige Foto-Impressionen s. eXTra [5798].

Teppichknüpfer

Handgefertigte Teppiche wie auch Kalaga-Wandbehänge werden vorwiegend zwischen der Bahnlinie und der 78th Street im Stadtteil **Shwe Che Doe** hergestellt. Letztere bestehen aus schwerem Stoff mit prächtigen Stickereien, die höfische oder religiöse Szenen zeigen.

Textilwebereien

Gewoben werden Baumwolle und Seide, die relativ fest ist und sich gut für Longyis eignet, vor allem gegenüber dem Osteingang des Königspalastes und an der Ecke 62/19.

Traditionelle Shows

Als kulturelles Herz des Landes ist Mandalay nicht nur die wichtigste Stadt des religiösen Kunsthandwerks, sondern auch der traditionellen Unterhaltungskunst. Die Ensembles, die als *pwe* bezeichnet werden und in der Trockenzeit über Land ziehen, um bei Tempelfesten, Ordinationen oder Hochzeiten mit Musik-, Tanz- und Marionettenvorführungen (S. 125) oder Improvisationstheater aufzutreten, sind vor allem im Bereich der 39th und 40th Street (80/81) beheimatet. In der Saison gibt es allabendliche Musik-, Tanz- und Marionettenshows für Touristen, z. B. im Obergeschoss des Unique Myanmar Restaurant, auf den Dachterrassen der Hotels Bagan King und Yadanarbon oder auch im Garten-Restaurant des Mercure Mandalay Hill Resort.

Marionettes Centre

Das 1990 gegründete **Marionetten-Theater**, 66th St. (26/27), ✆ 0240-34446, 💻 www.myanmarmarionettes.com, präsentiert sich als erstaunlich originär, kämpft aber auch ums Überleben – neuerdings auch mit Englisch-Unterricht oder Touren. Allabendlich ab 20.30 Uhr gibt es für 15 000 Kyat in einer rund einstündigen Vorstellung Kostproben von der hohen Kunst des birmanischen Puppenspiels. Mit seinem freundlichen Personal, den nur etwa 60 Sitzplätzen, schummrig beleuchteten Bastwänden und einem traditionellen Orchester strahlt das 1990 gegründete Theater viel authentisches Flair aus. Das von Mrs. Daw Ma Ma Naing geführte,

25-köpfige Ensemble ist sogar schon auf Tournee in Europa, Amerika, Asien und Afrika gewesen. Die als Dekoration aufgehängten Marionetten sind zumeist auch verkäuflich. ⌚ 7–23 Uhr.

Mintha-Theater

In einem kleinen, halb offenen Theater, 58th St. (29/30), ✆ 094-5897 4512, 💻 www.mintha theater.com, gibt es ein stets wechselndes Programm aus zwölf traditionellen **Tanzvorführungen**, die Namen wie „Zwagyi the Alchimist's Dance", „The Spirit Boozer U Mingyaw Dance" oder „Dance of the Mythical Bird Couple" tragen. Gespielt wird von November bis März um 20.30–21.30 Uhr – auch wenn sich nur ein einziger Gast einfinden sollte! Der Eintritt kostet 14 000 Kyat und fließt in die angegliederte **Inwa School of Performing Arts**, in der Kinder und Jugendliche die traditionellen Künste erlernen sollen.

Moustache Brothers

Da heute nicht mehr verboten bzw. vom Wandel überholt, haben ihre Kommentare zu aktuellen politischen oder wirtschaftlichen Themen enorm an Bedeutung und Brisanz verloren. Doch präsentieren sich die „Schnauzbart-Brüder" **U Lu Maw** und **U Lu Zaw** als lebende Legenden und mit einer einzigartigen Form der Unterhaltung, die früher unter extrem kritischer Beobachtung der Junta stand. Inzwischen verdienen sie ihr Geld sogar auch mit dem Verkauf von Souvenirs und Touren.

In einem kleinen, 1992 gegründeten Theater, 39th St. (80/81), ✆ 094-0257 9799, wo die meist nur wenigen Gäste (Mindestteilnehmerzahl: fünf) direkt an der Bühne sitzen, wird von 20.30–21.30 Uhr für 10 000 Kyat eine vorwiegend englischsprachige Show geboten. Mit ihren Tänzerinnen, Musikern, Erzählern und Marionettenspielern bietet die Familie Gelegenheit, etwas über die traditionelle *pwe* zu erfahren. Ob mancher Langatmigkeit, teils sprachlicher wie inhaltlicher Unverständlichkeit dürften die Darbietungen aber nicht unbedingt jedermanns Sache sein.

Wegen politischer Satire waren der ältere Bruder **U Par Par Lay** (2013 verstorben) und sein Vetter U Lu Zaw mit einem Dutzend weiterer Schauspieler 1996 in Mandalay verhaftet und zu sieben Jahren Arbeitslager verurteilt worden. Kurz zuvor waren die Komödianten vor dem Haus von Aung Sun Suu Kyi in Yangon auf einer Veranstaltung zum Unabhängigkeitstag aufgetreten, die sich spontan zu einer Versammlung von rund 2000 Oppositionellen entwickelt hatte. Es war vor allem Amnesty International zu verdanken, dass die Moustache Brothers etwas früher entlassen wurden – und sogar bzw. nur vor Ausländern wieder auftreten durften. Während des Mönchsaufstands von 2007 wurde U Par Par Lay abermals verhaftet und für 36 Tage ins Gefängnis gesteckt.

National Theatre

Der Theatersaal auf dem Gelände der School of Fine Arts, 66th St. (20/21), ✆ 02-4061 168-9, bietet 1200 Plätze für die Aufführungen traditioneller Musik- und Marionettenkunst. Sie dauern von 19–20.30 Uhr und kosten 10 000 Kyat, finden aber leider nur sporadisch statt.

ÜBERNACHTUNG

Wer Luftverschmutzung und Lärm im Zentrum entrinnen möchte, sollte eine Unterkunft in einer Nebenstraße oder an der Peripherie wählen – oder vielleicht sogar im beschaulichen Sagaing. Es hat sich viel getan beim Hotelangebot, während die Preise teilweise erheblich reduziert wurden. Die jüngste Generation der Unterkünfte kommt gern als Hostel daher, etwas höherpreisige Kategorien bieten Laminat-Böden, Flachbild-TV, zeitgemäße Zimmer-Safes, Touchscreen-Lifte oder Dachterrassen-Spots als Rooftop- oder Skybars. AC und WLAN gelten heute als Standard. Die folgenden Preisangaben gelten generell für ein DZ, eine Ermäßigung in der Nebensaison oder für Einzelreisende ist aber durchaus üblich. Zur Orientierungshilfe bei den Adressen s. Kasten S. 308.

Im Zentrum

Karte S. 302/303

Untere Preisklasse

Die zahlreichen neuen Unterkünfte mit Hostel-Preisen und Backpacker-Ambiente (s. Kasten

S. 323) haben allerlei lange etablierte Billig-Herbergen wie das **Bonanza** oder **Royal Guest House** aus der Zeit fallen lassen. Dorm-Betten kosten meist US$6–10, die günstigsten Zimmer gibt es ab rund US$15, etwas mehr Komfort und Ambiente dürfen für US$20–25 erwartet werden.

Golden Mandalay Hotel ⑩, Ecke (19/60), ✆ 094-0251 8896, ✉ shwemdy1974@gmail.com. Originell gestaltet aus Ziegeln und Naturmaterialien, im Inneren teilweise mit faszinierenden Reliefs dekoriert. In ihrer für Mandalay einzigartigen, familiär geführten Bungalowanlage bieten Mr. Han Soe und Mrs. Thinzar 10 Wohlfühlzimmer mit AC und kleinen Verandas (am schönsten ist Nr. 103). Im hinteren Garten lockt eine lauschige Bambusterrasse – mit Blick auf den gleichen teichartigen Kanal, der mit seinem üppigen Lotosbewuchs auch das Grundstück der Peacock Lodge durchzieht. Abends recht nett zum Essen, alsbald möglich soll es sogar einen Pool geben. ❸

Nylon ⑪, Ecke (83/25), ✆ 02-403 3460, 02-406 9717 (Neubau), ✉ nylon33460@gmail.com. Oft gelobtes, 4-stöckiges Hotel mit Rooftop-Restaurant, 21 kleinen, bis unter die Decke gefliesten AC-Zimmern zu US$15 (inkl. Frühstück). Seit 2016 mit 7-stöckigem Neubau-Flügel und zweitem Eingang von der 83rd St. bzw. eigener, freundlicher Rezeption und Lift: 32 saubere, schöne Zimmer mit Badewannen-Bädern zu US$25, davon 6 mit Balkon und die Eckzimmer mit 2 Fenstern (am besten sind Nr. 7001 und 7002 an der Dachterrasse). ❷

Mittlere Preisklasse

Diese Kategorie umfasst viele chinesische Hotels für US$30–50, das Frühstück ist meist inklusive.

Amazing Mandalay Hotel ㉒, 78th St. (28/29), ✆ 09-513 3013, 💻 www.hotelamazingmandalay.com. In einem schönen Altbau befindet sich diese kleine, feine Hotel-Oase mit Stil und Stimmung, 16 wohnlichen Deluxe-Zimmern, einem Restaurant mit Außenbereich und dem professionell geführten **Spa Tukha**, 🕒 12–1 Uhr. ❹

Mama Gh. ⑫, 60th St. (25/26), ✆ 02-403 3411, 💻 http://mama-guesthouse.com/. Der Name ist Programm, denn die 3-stöckige, gepflegte Unterkunft mit umlaufendem Balkon wird von Mrs. Su und ihrer betagten Mutter Alice geführt, die einst die benachbarte wie beliebte Peacock Lodge gegründet hatte. 9 geräumige, zeitgemäß ausstaffierte Holzboden-Zimmer für US$45 inkl. Frühstück. Zudem gibt es Fahrräder und Kochkurse (S. 336). ❹

Mya Mandalar Hotel ⑳, Ecke (27/69), ✆ 02-403 0009, ✉ myamandalarhotel@gmail.com. Alteingesessenes, angenehmes Hotel mit gut gepflegter Patina und 42 Holzboden-Zimmern, davon 18 im hellgrün getünchten Hauptbau aus den 1970er-Jahren. Zur Anlage gehören ein schöner Garten, der älteste Pool der Stadt sowie das gleich daneben liegende, aber extern gemanagte **Central Restaurant** (S. 331). ❸

Myat Nan Yone ㉕, 737 72nd St. (29/30), ✆ 02-4069 260-4, ✉ myatnanyonemdy@gmail.com. Seit 2016 in zentraler Lage als steiler Zahn – und das nicht nur architektonisch: schlanker, violettfarbener und üppig verglaster Hochbau mit 12 Etagen und 73 Komfort-Zimmern in 3 Kategorien ab US$35. Besonders schön sind die 10 Suiten mit Teppichboden und Halb-Erker bzw. entsprechendem Ausblick im 10. und 11. Stock (wie Nr. 111, 112, 116 oder 117!) – für nur US$50. Einziges Manko ist die Abflusskonstruktion der Badewanne. Dach-Restaurant mit gutem Frühstücksbuffet und aufmerksamem Personal. ❸–❹

Nwe Waddy Hotel ③, 58 St. (22/23), ✆ 099-7958 1111, ✉ nwewaddyhotel.mandalay@gmail.com. Zählt seit Anfang 2018 zu den neuesten Hotels von Mandalay. Bildergeschmückte Flure führen zu 65 schönen Superior- und wesentlich größeren Deluxe-Zimmern für US$44 bzw. US$55 (Nr. 1003, 2003, 3003, 4003 und 5003 als üppig verglaste Eck-Einheiten mit Holzböden und Badewannen-Bädern). Illustres Manko: Aus einigen Zimmern ist der vorgelagerte Balkon allenfalls aus dem Fenster zugänglich. Viel Dekoration, einladender Pool und Gym, freundliches Personal. ❸–❹

Pacific 1 & 2 ㉖, Ecke (30/78), ✆ 02-403 2506-8, 💻 www.pacifichotel.com.mm. Gegenüber dem Bahnhof als markanter Eckbau mit 7 Stockwerken und überraschend gutem Preis-Leistungs-Verhältnis. Rund 80 geräumige, großzügig verglaste Deluxe-Zimmer mit

Hostels als Hotspots

€ Die ersten eröffneten um 2016 in Mandalay, heute dürften es schon um die 15 Unterkünfte sein, die sich als Mischung aus Hostel und Hotel präsentierten – bzw. als wunderbare Option zur preiswerten Übernachtung in teils sogar avantgardistischem Ambiente. Nicht wenige davon konzentrieren sich entlang der 26th St.

Ultimative Adresse für Hostel-Fans

Das bereits seit 2016 auf illustre Weise pulsierende **Ostello Bello Mandalay** ⑲, 54 28th St. (73/74), ✆ 02-406 4530, 💻 www.ostellobello.com, bietet 20 gemischt beziehbare AC-Dorms für 4 (US$14–18), 6 (US$12–16) und 8 (US$9–15) Gäste. Die 13 DZ zu sagenhaften US$40–60 sind klein, aber fein und wohnlich – mit Sofas, Safes und modernen Bädern. Der mit Restaurant und Bar beliebte Rooftop-Spot im 7. Stock sowie die gleichfalls einladende, hippe Lobby bieten eine vergleichsweise teure Gastronomie – z. B. mit Spaghetti, Sandwiches oder Pizzas (alles um 6000–8000 Kyat). Bier fließt aus Dosen (1800 Kyat) und Flaschen (2500 Baht), wesentlich teurer sind Cocktails (5000 und 6000 Kyat). Als pfiffig-quirlige Managerin fungiert die 30-jährige Koreanerin MJ und sorgt mit ihrem teilweise sogar noch deutlich jüngeren, vielsprachigen Rezeptions-Team tagtäglich für reichlich dynamische Stimmung – z. B. mit Film-Nächten, Bingo-Spiel oder Tanz-Shows und Happy Hours von sogar 17–21 Uhr. Ebenso den Nerv der Gäste dürfte das am Travel-Desk, ✆ 099-6911 5970, 🕒 7–21.30 Uhr, buchbare, ausgefeilte Tour-Programm (z. B. mit Drei-Wasserfall-Tour) treffen.

Weitere Klassiker der ersten Generation

Das **Ace Star BnB Backpacker Hostel** ㉘, Pearl St. (31/32) / (77/78), ✆ 092-5841 1776, 💻 www.acestarbnb.com, nur 5 Min. Fußweg vom Bahnhof oder dem Diamond Plaza entfernt, verteilt sich auf 2 Flure mit 3 AC-Dorms für bis zu 10 Gäste (je US$6 und US$7) sowie 1 „VIP-Mixed-Room" mit 8 Schlafplätzen (US$7) und Balkon. Auf die Gemeinschafts-Terrasse im 4. Stock darf man sich Bier bzw. Alkohol mitbringen. Ebenso auf eine schon rund vierjährige, erfolgreiche Laufzeit zurückblicken kann das **Four Rivers B&B Mandalay** ⑦, 543 82nd St. (37/38), ✆ 097-8306 8335, 💻 www.facebook.com/4riversbnbmdy. Es bietet gemischte Dorms mit weiß und dunkelblau gehaltenen Schlafkabinen für 6, 8 oder 20 Gäste sowie einige Privatzimmer.

Immer mehr Vielfalt und Wettbewerb

Als „Boutique Capsule Hostel" versteht sich das vergleichsweise teure **Mansion Hostel** ⑰, 26 St. (72/73), ✆ 099-5447 0042, 💻 https://mansionhostels.com/. Die 4 Dorms umfassen 4 oder 6 (US$13 bzw. US$11) Schlafkabinen mit viel Echtholz und generieren entsprechend viel Behaglichkeit. Die hosteleigene Rooftop-Bar besticht zwar nicht durch besondere Höhe, aber einen herrlichen Ausblick. Nicht weit entfernt bzw. ebenfalls als Neugründung an der südlichen Flanke des Königspalastes liegt das angenehme **Kaung Hostel** ⑮, 26 St. (80/81), ✆ 092-5894 8523, 💻 www.facebook.com/pg/kaunghostel. Es bietet 9 Dorms à 4 oder 8 Betten (US$7 und US$6) sowie 2 Privat-Zimmer (US$20), ebenso inkl. Frühstück, Miet-Fahrräder kosten 4000 Kyat. Als knallblauer Farbtupfen sticht das **Downtown@Mandalay** ㉗, 31st St. (83/84), ✆ 099-6907 1608, 💻 www.hosteldowntownatmandalay.com, ins Auge. Im Inneren finden sich durchgängig graue Zementwasch-Böden und 3 Dorms mit je 8 Schlafplätzen als Doppelstock-Betten (US$9), davon 1 nur für Frauen sowie 10 angenehme Privatzimmer (US$23 und US$25).

Ein Guesthouse als Haus der Kunst und Musik

Als kreative Mischung aus Hostel und Guesthouse, Atelier, Kunstgalerie und Musikschule fasziniert das etwas entlegene **Dreamland Guesthouse** ⑥. Es darf definitiv zu den originärsten Optionen der Stadt gezählt werden bzw. fungiert gar als eigene Sehenswürdigkeit (S. 325).

Teppichboden und passablen Badewannen-Bädern, 70 weitere Zimmer mit Fliesenboden im dahinter liegenden Neubauflügel mit Laubengang. ❸

Peacock Lodge ⑬, 60th St. (25/26), ✆ 099-6204 2059 (Win Tun), ✉ peacock lodge@gmail.com. Gern gelobtes Wohngefühl an einem idyllischen, mit Lotus bewachsenen Kanal. Seit 1995 und mittlerweile in 2. Generation von dem engagierten Ehepaar Nyein Win Tun (spricht perfekt Englisch) und Chit Su Kyi geführt. Das Haupthaus beherbergt 5 geräumige Komfortzimmer mit jeweils mehreren Fenstern (im Erdgeschoss etwas kühler, am besten sind Nr. 101 und 102 mit Holzboden und großen Bädern im Obergeschoss). Ebenfalls über wahlweise AC oder Ventilator verfügen die 4 Zimmer im Seitentrakt, 2 davon (Nr. 108 und 109) sogar über Balkon mit Kanalblick. Der große Vorhof mit schönem Pavillon fungiert als lauschiges Restaurant mit Fassbier für 1000 Kyat, zum Frühstück gibt es u. a. frische Früchte und hausgemachte Erdbeermarmelade. Fundierte Infos und Kochkurse (S. 336), Transfers und Touren sowie Miet-Fahrräder. ❸–❹

Queen ㉚, 81st St. (32/33), ✆ 097-8787 8835, 💻 www.hotelqueenmandalay.com. Angenehmes Hotel mit 68 gepflegten, wohnlichen Holzboden-Zimmern und Badewannen-Bädern. Von den 4 Preisklassen empfehlen sich vor allem die Superior-Kategorie und die Suiten. Im 7. Stock lockt die schöne **Sky View Bar** mit einem faszinierenden Ausblick, 🕒 rund um die Uhr. ❹

Royal City ⑯, 130 27th St. (76/77), ✆ 02-403 1805, 💻 www.royalcityhotelmandalay.com. Gehört dem gleichen Besitzer wie das Royal Gh. und das Royal Green Hotel in Pyin U Lwin. Angenehme, freundliche Atmosphäre mit 20 liebevoll dekorierten, über 20 m² großen Zimmern, die über mehrere Fenster verfügen und sauber bis steril wirken. Der 6. Stock besteht aus einer schönen, teilweise überdachten Dachterrasse, wo es sich angenehm frühstücken und entspannen lässt. Im Erdgeschoss lockt eine kleine, lauschige Lobby-Lounge und praktikablerweise gleich nebenan das einfache, aber gute wie preiswerte Buffet-Restaurant **Shan Yo Yar**, 🕒 5–21 Uhr. Fahrräder 3000 Kyat. ❸–❹

Smart ㉓, 167 28th St. (76/77), ✆ 02-403 2682, 💻 www.smarthotelmandalay.com. Gutes Preis-Leistungs-Verhältnis mit 32 Teppichboden-Zimmern – als Superior (meist Eckzimmer mit Schreibtisch) US$30, in der empfehlenswerten Executive-Kategorie zu US$45 sogar mit lauschigem Balkon (wie Nr. 603 und 604). Die 7. Etage fungiert als **Sky Bar** mit schönem Ausblick, 🕒 6.30–22 Uhr. Gratis-Verleih von Fahrrädern. ❷–❹

United ⑨, 60 Ecke (19/64), ✆ 02-407 4176, 💻 www.facebook.com/hotelunited.mdy. Kein besonders origineller Name für ein derart schönes Hotel. In perfekter Lage mit 56 großzügig verglasten, wohnlichen Holzboden-Zimmern diverser Größe, von denen sich besonders die Family-und Triple-Kategorie empfiehlt. Netter Ausblick vom Frühstücks-Restaurant im 7. Stock. ❸–❹

Obere Preisklasse

Reservierungen für diese Kategorie sind per Internetbuchung meist erheblich günstiger abzuwickeln bzw. so lassen sich die offiziellen Preise in der Nebensaison oft um bis zu 50 % herunterhandeln.

Apex Hotel ㉛, 35th St. (58/59), ✆ 02-284 8255, 💻 www.hotelapexmandalay.com. Dieser neue Meilenstein lohnt nicht nur ob des famosen Rooftop-Spots (S. 306 und 323): Von den 82 (später über 100) modern wie stilgerecht konzipierten Zimmern empfiehlt sich besonders die um US$80 teure Deluxe-Kategorie aus 14 schönen Eck-Einheiten – mit 60 m², großflächigen Fenstern, Kingsize-Betten und Badewannen-Bädern. Kleiner, halb offener Pool im 1. Stock. ❹–❺

Bagan King Hotel ㉔, 44 Ecke (73/28), ✆ 02-4067 123-4, 💻 www.baganking hotel.com. Hier sollte man zumindest mal im Foyer vorbeischauen oder auch im Rooftop-Restaurant **Shwe Bagan**, 🕒 6–22.30 Uhr, bzw. in der **Nga Htway-Bar**. Denn diese märchenhaft anmutende Unterkunft ist an traditioneller Architektur und authentischer Dekoration kaum zu überbieten. Es gibt jede Menge Backstein, Holzboden und Teakmobiliar sowie Relief- und Textilwebkunst, in der Saison von 18.30–20.30 Uhr zudem auch Marionetten-Spiel.

29 romantische Zimmer als Superior zu US$100 und Deluxe zu US$120 (am schönsten sind die Eck-Einheiten). ❺–❻

Hilton Mandalay Hotel ⑱, Ecke (26/66), ☏ 02-403 6488, 💻 www3.hilton.com. Bereits 1995 als „Sedona Hotel" eröffnet und 2017 für US$41 Mio. von der renommierten Eden- bzw. Hilton-Gruppe übernommen, möchte der markante Meilenstein von Mandalays Hotelindustrie nun wieder mit dem Mercure Mandalay Hill Resort um den Ruf als bestes Haus der Stadt rangeln. Die eindrucksvolle Lobby und der dunkel geflieste Pool wurden bereits umfassend renoviert, nun sind – von unten nach oben – die 231 Zimmer dran, dürften dann wohl auch entsprechend teurer werden. ❻–❼

Mandalay City Hotel ⑭, 26th St. (82/83), ☏ 02-4061 700-4, 💻 www.mandalaycityhotel.com. 2004 auf dem Gelände des ehemaligen Busbahnhofs eröffnet, präsentiert sich dieses Hotel sogar im Boutique-Stil: 57 der 69 originell dekorierten Holzboden-Zimmer mit tollen Bädern zählen zur US$75 teuren Superior-Kategorie, die beiden verlockenden großen Suiten kosten US$110. Schöne Innenhof-Oase mit Stupa und einem 12-Meter-Becken als äußerst seltenem Pool im Zentrum. ❺

Yadanarbon Hotel ㉙, 31st St. (76/77), ☏ 02-407 1999, 💻 www.hotelyadanarbonmandalay.com. Zentral gelegen und professionell gemanagt. 77 wohnliche Zimmer ab US$56 mit Parkettböden, landestypischer Dekoration, Flachbild-TV und Badewannen-Bädern, besonders schön sind die Zimmer der drei Deluxe-Kategorien für US$65–108. Die halb offene **Sky Bar** im 6. Stock bietet einen schönen Ausblick, eine originelle, entsprechend bepreiste Speisekarte und in der Saison jeden Tag von 19.30–21 Uhr Marionetten-Spiel. Der Erweiterungsbau von 2018 umfasst das **Yadanarpura Spa** im 7. Stock, 🕒 10–22 Uhr, sowie ein hölzernes Sonnendeck mit herrlichem Infinity-Pool auf dem Dach. ❹–❺

Yadanarpon Dynasty ㉑, 65th St. (27/28), ☏ 02-406 1340, 💻 www.yadanarpondynastyhotel.com. Noch jung und in praktikabler Lage: 80 empfehlenswerte Wohlfühl-Zimmer mit Holzböden, hohen Decken und stilvollem Mobiliar, davon 36 als Deluxe mit Balkonen und 16 als verlockende Villen mit Baldachinbetten, großen Terrassen inkl. schönem Korbmobiliar sowie originell geformten Waschbecken und Toilettenschüsseln. ❺–❻

Außerhalb des Zentrums

Karte S. 300/301

Ayarwaddy River View Hotel ②, Strand Rd. (22/23), ☏ 02-4064 945-7, 💻 www.arvhotel.com. Lebt von seiner faszinierenden Lage am Ufer des Ayeyarwady bzw. vom entsprechenden Ausblick- und dem freundlichen Direktor Thet Lin Aung, der gern scheu wie stolz sein Deutsch trainiert: 64 gefällige, aber teils leider etwas renovierungsbedürftige Holzboden-Zimmer in 5 Kategorien (als Deluxe mit Balkon) sowie eine kleine Pool-Oase, Gym und Spa. Gutes Frühstücks-Buffet mit mehreren Sorten hausgemachten Brots und Joghurts. Das **Sky Bar Café & Restaurant** in der 5. Etage lockt mit AC- und Freiluftbereich sowie einer Bar und genialem Flussblick, am Fr, Sa und So von 19–21 Uhr sogar mit Livemusik, 2 14–22 Uhr. Hier kann man sich das mit 6400 Kyat bzw. US$4 wohl teuerste Flaschenbier von Mandalay gönnen, während Heineken-Fassbier zum verblüffenden Schnäppchenpreis von US$1 pro Glas strömt. ❺–❻

Dreamland Guesthouse ⑥, Ecke (69/37), ☏ 02-403 2850, 094-0254 4997, 💻 https://dreamland-guesthouse.com/. Hier ist der Name Programm, denn es handelt sich in der Tat um eine traumhafte Oase. Die 2014 eröffnete, rund 4 km vom Zentrum liegende Unterkunft erscheint mit ihren Gemälden, Reliefs und Plastiken, Wandbehängen und Batiken als ein einziges Kunstobjekt – sogar die Treppen und Fußböden sind bemalt. Einige Räumlichkeiten dienen zu individuellem Musik-Unterricht (z. B. für Geige), der 4. Stock präsentiert sich als Dachterrasse mit Bambus-Salas. Es gibt 9 AC-Zimmer für US$15 und US$18 (mit Innenbad) sowie 4 AC-Dorms mit 4, 6, 8 und 10 Betten à US$6–10 (inkl. Frühstück), die je nach aktuellem Bedarf gemischt belegbar sind. Ebenso originell und beliebt ist der gleichnamige Ableger in Ayetharyar/Taunggyi. ❶

Mercure Mandalay Hill Resort ①, 10th St., ✆ 02-403 5638, 💻 www.accorhotels.com. 1995 am Fuß des Mandalay Hill eröffnet und seit Kurzem (wieder) zur renommierten französischen Accor-Gruppe zählend – als sicherlich bestes Hotel von Mandalay: 208 stilsicher und bestens ausstaffierte Zimmern ab US$173 bzw. entsprechende Suiten bis zu US$277. An die schöne Lobby grenzt die ebenso gediegene **Kipling's Lounge**, wo allabendlich mitreißende Livemusik ertönt (S. 331). Das Frühstück kann sich sehen lassen, erst recht die gediegenen Abendbuffets von 18.30–22.30 Uhr zu US$32 bzw. für US$38 mit Show (19.45–20.45 Uhr) im **Kinsana Garden Theater**, das als romantisches Restaurant fungiert. Es liegt in der herrlichen Gartenanlage des 8-stöckigen, wuchtig anmutenden Betonbaus – wie auch das weitläufige Schwimmbad, ein stimmungsvoller Meditations-Pavillon und das exklusive **Mandalar Spa** (S. 336). Das Hotel verfügt über 350 gut geschulte Mitarbeiter sowie einen ASEAN Green Award für die Nutzung von Abwasser und Reduzierung von Chemikalien. ❼

€ **Pioneer Oasis Floating Hotel** ④, Strand Rd. (26/36), ✆ 094-0258 3534, 💻 www.pioneeroasisfloatinghotel.com. Seit Ende 2018 als schwimmendes Hotel am Ufer des Ayeyarwady, vertäut direkt neben dem goldglitzernden Mandalay Karaweik Hotel. Mehr als 30 Komfort-Kabinen für US$20 und US$30 inkl. Frühstück, aber nur die 4 EZ für US$15 bieten eigene Bäder. Lounge, Restaurant mit AC- und Außenbereich, eine Bar und sogar eine Disco. ❶–❷

Rupar Mandalar Resort ⑤, Ecke (53/30), rund 4 km östlich vom Zentrum, ✆ 02-4061 552-9, 💻 www.ruparmandalar.com. Hier hat ein Magnat aus dem Edelsteingeschäft seinen Traum verwirklicht. Als eindrucksvoller Edelholzpalast präsentiert sich das stilvollste Hotel von Mandalay, dessen Zufahrt von einem imposanten Baumstumpf geziert wird. 44 Zimmer in 5 Kategorien, die meisten als Suiten. Wände und Decken sind quasi komplett mit feinstem und nach allen Regeln der Kunst verarbeitetem Hartholz verkleidet. Die günstigsten Raten beginnen zuweilen schon bei US$180, können aber auch bis zu US$550 erreichen. Man kann aber auch nur das schöne Spa oder Schwimmbad (Zutritt für externe Gäste: US$12) besuchen. ❼

ESSEN

Fotogen gebrutzelte **Straßenküche** gibt es z. B. an der großen Kreuzung (27/76). Zur jüngsten Generation der Gastronomieszene zählen etliche **Dachterrassen-Spots** (s. Unterkünfte) oder gut klimatisierte Bäckerei-Cafés, die in gewisser Weise mit den traditionellen **Teestuben** (s. Kasten S. 328) konkurrieren. Als preiswerte Klassiker zum Mittag- oder Abendessen empfehlen sich nach wie vor die genialen, reichhaltigen **Shan-Buffets** (s. Kasten S. 329), beim einheimischen Wein sollte man sich am ehesten an den Rosé des Weinguts **Red Mountain** halten.

Myanmarisch

Aye Myit Tar, 81st St. (36/37), , ✆ 099-6404 2021, Karte S. 300/301. Auch nach dem Umzug schlicht, aber viel gelobt für aufmerksames Personal und authentische Küche – wie die Currys oder das Tontopf-Gericht *Meeshay*, serviert stets mit allerlei Gratis-Beilagen. 🕒 9.30–21.30 Uhr.

Mingalabar, 71st St. (28/29), ✆ 02-406 0480, 💻 www.mingalabarrestaurant.com. Zählte seit seiner Eröffnung Ende 2015 umgehend zu den stadtweit beliebtesten Restaurants. Angenehmes, gediegenes Ambiente, im Obergeschoss mit AC, sowie freundliches Personal. Die Hauptspeisen zu 6000–7000 Kyat kommen mit einer unglaublichen Menge an Beilagen-Gerichten auf den Tisch. 🕒 6–21 Uhr.

€ **Pakokku Daw Lay May**, 73rd St. (27/28), ✆ 02-403 5082. Einfach, aber sauber und schon lange etabliert. Die Gerichte stehen in Beispiel-Schälchen in einer Vitrine, zudem kommt automatisch eine enorme Menge an Beilagen auf den Tisch. 🕒 10–21 Uhr.

Rainbow, Ecke (84/23), ✆ 02-492 3266. Das Eckhaus-Restaurant entpuppt sich als populärer Treff der Einheimischen. Geboten werden reichlich BBQ-Kost für 600–1500 Kyat, Knusper-Pommes und Mini-Frühlingsrollen, leckere Wasserkresse mit Pilzen oder ganze Fische für

© VOLKER KLINKMÜLLER

In traditionellen Teestuben hockt man auf Miniatur-Mobiliar zusammen.

nur 3300 Kyat sowie eisgekühltes *Myanmar*-Fassbier (Glas zu 850 Kyat, Krug 3200 Kyat). ⌚ 9.30–23 Uhr.

Too Too, 79 27th St. (74/75), ✆ 02-406 6451. Kann auf eine Tradition von über 30 Jahren zurückblicken und erstreckt sich über 3 Räume, einer davon mit AC. Die Gäste werden aus Töpfen in einer Glasvitrine bedient. Es munden besonders die auf Einheimische zugeschnittenen, aber nicht preiswerten Currys mit Lamm, Ziege oder Flusskrabben. ⌚ 9–22 Uhr.

Unique Myanmar, Ecke (27/65), ✆ 02-402 3562, 099-6203 8134 (Ohmar). Halb offenes, angenehmes und bei Ausländern beliebtes Restaurant, in dem sich die aufgeweckte, rund 35-jährige Besitzerin Ohmar freundlich wie besonders eloquent (sie spricht vermutlich das schnellste Englisch Mandalays) um ihre Gäste kümmert. In der Küche wird zumeist auf die Verwendung lokaler Bioprodukte gesetzt statt auf Glutamat. Hauptgerichte wie der *Steamed Fish with Fresh Lime and Garlic Sauce* liegen bei 4000–7000 Kyat – ausgewiesen jeweils für kleine und große Portionen. Dazu munden *Mandalay*-Fassbier für 1500 Kyat, einheimische Weißweine wie Aythara für 5000 Kyat pro Glas bzw. 23 000 Kyat pro Flasche. Im neu aufgesetzten Obergeschoss mit externem Eingang gibt es in der Saison von 19.15–20.15 Uhr professionelles Marionetten-Spiel. ⌚ 11–22 Uhr.

Chinesisch

Golden Duck, 192 Ecke (80/16), ✆ 02-403 6808. Erstreckt sich über 3 Etagen und ist mit typisch chinesischen Rundtischen eher auf Reisegruppen ausgerichtet. Serviert wird vorwiegend goldbraune Knusper-Ente, aber auch myanmarische, thailändische und europäische Küche zu gehobenen Preisen – halbe Enten jedoch schon für 7500 Kyat. ⌚ 11–21.30 Uhr.

€ **Kohn Htat**, 28th St. (80/81), gegenüber dem Myoma-Kino, ✆ 02-402 4100. Spartanisch, aber empfehlenswert aufgrund der köstlichen und erfreulich günstigen Hühnchengerichte. Zudem munden hier auch allerlei Eiscreme-Variationen. ⌚ 7–19 Uhr.

Mann, 83rd St. (25/26), ✆ 02-406 6026. Bereits etabliert seit 1977, hat dieser Klassiker durch Renovierungen zwar an urtypischem Charme verloren, fungiert aber nach wie vor als beliebter Anziehungspunkt für Traveller, die sich hier gern unter die Einheimischen mischen. Gute Speisen zu 3000–4000 Kyat, großes *Mandalay Beer* nur 1800 Kyat. 🕓 10–22 Uhr.

Min Min, 83rd St. (26/27), ✆ 099-6200 1704. Lang gestreckt und stuckverziert – mit einer fast vier Jahrzehnte währenden Tradition. Gute, preiswerte Küche mit chinesischen, birmanischen und muslimischen Speisen. Besonders beliebt sind das Hühnchen für 3000 Kyat pro Teller oder die halben gerösteten Honig-Enten für 6000 Kyat. 🕓 10.30–21 Uhr.

Super 81, 81 St. (38/39), ✆ 097-7779 0081, Karte S. 300/301. Einheimische speisen meist unten, Ausländer lieber im klimatisierten Obergeschoss oder auf der schönen Dachterrasse. Üppig bemessene Portionen zu einem erfreulich guten Preis-Leistungs-Verhältnis – knusperig gebraten und herzhaft gewürzt, wie z. B. G*rilled Duck with Honey*, *Szechuan Chicken* oder *Fried Chicken Basil Leaf*. Dazu können die Gäste eisgekühltes Fassbier strömen lassen. 🕓 9–23 Uhr.

Ya Mone Hlaing, Strand Rd., ✆ 09-205 4977, Karte S. 300/301. Etwas spartanisch und ziemlich zerfledderte Speisekarten, aber gut und günstig: Nicht weit vom Mingun-Jetty eröffnet sich ein herrlicher Ausblick auf den Ayeyarwady, das bunte

Kein Tag ohne Teestube

Noch mehr traditionelle Teestuben als in Yangon soll es in Mandalay geben. Im Schatten von Wellblechdächern oder Bäumen laden sie mit einfachem Mobiliar zu Tee, Kaffee, Kakao oder Milchshakes ab 500 Kyat und preiswerten Snacks ein, vor allem aber zur Geselligkeit.

Sehnsüchte im Straßenleben

Bereits gegen 5 Uhr morgens öffnen die ersten Teestuben zum Frühstück, während andere das Mittags- oder Nachmittagsgeschäft abschöpfen. Ab ca. 19 Uhr bilden sie den Mittelpunkt von Mandalays spärlichem Nachtleben. Meist hocken nur männliche Besucher auf den Stühlen und Schemeln, klönen und versuchen, ihren Tee mit „Eye Candies" zu versüßen, wie sie die im vorbeiziehenden Straßenleben zu erspähenden Mädchen zu bezeichnen pflegen …

Tee mit Samosa und Salz

Da die meisten Teestuben indisch ausgerichtet sind, offerieren sie gern dreieckige Samosa-Teigtaschen oder Palata-Fladenbrot, während es bei den eher chinesisch beeinflussten Tea Shops Frühlingsrollen, Dampfbrötchen oder frittiertes Stangengebäck sind. Wie Kaffee wird auch Tee – im Myanmarischen *Laphet Ye* genannt – gern mit viel Milch und Zucker aufgebrüht, wie es in Indien üblich ist. Je nach Zubereitung ist zwischen *pon maen* (nicht süß, nicht bitter), *cho pot* (eher bitter), *pot kya* (sehr bitter), *faen cho* (süß und bitter) und *kyauk pa daung* (stark gesüßt) zu unterscheiden. Manchmal wird der Tee auch mit einer Prise Salz veredelt.

Klassiker der Gegenwart

Die Qualität einer Teestube lässt sich an der Dichte der abgestellten Mopeds ablesen. Besonders populär sind z. B. das **Min Tiha Café** in der 72nd St., 🕓 5–17 Uhr (unbedingt den *Min Tiha Cake* probieren), und das große **Shwe Pyi Moe** in der 66th St. (26/27), 🕓 6–18 Uhr, mit einer ansehnlich bebilderten Speisekarte und z. B. gern gerühmt für seine Pastries und Pancakes.

Modernisierung einer Institution

Doch die Jugend zieht es heute eher in die heruntergekühlten Bäckereien und Eiscafés, von denen in Mandalay immer mehr eröffnen. Zu den populärsten Teestuben der Neuzeit zählt das 2017 mit umlaufender Holzterrasse eröffnete **Unique Mandalay**, 70th St. (27/28), 🕓 6–17.30 Uhr: Es ist modern und moderat bepreist (alles unter 3000 Kyat), gediegen, pieksauber und relaxt.

Treiben am Ufer und den Sonnenuntergang, sodass man hier durchaus zwei Stündchen hängen bleiben kann (s. Kasten S. 307). Im Schatten großer Bäume munden eisgekühltes *Dagon*-Fassbier zu sagenhaften 800 Kyat (Krug 4000 Kyat) und einheimische Speisen in großen Portionen für 4000–6000 Kyat, wie z. B. die Fünfer-Portion großer, leckerer *River Prawns with Orange Sauce* oder das exzellente *Mutton Grilled*, aber auch westliche Gerichte wie *Golden Deep Fried Chicken, Fish 'n' Chips* oder sogar *Cordon Bleu*. ⌚ 8–23 Uhr.

Indisch

Marie Min, 27th St. (74/75), ✆ 02-403 6234. Viel gelobtes Vegetarier-Restaurant in ruhiger Lage, geleitet von Manager Eric als freundlichem Spross einer indisch-katholischen Familie. Angenehmes Ambiente mit 8 Tischen auf einer halb offenen Terrasse im Obergeschoss. Ob die populären Currys, Müsli, Bratkartoffeln oder Pfannkuchen: Fast alle Gerichte der appetitanregend bebilderten Speisekarte liegen bei 2500–4000 Kyat. Unschlagbarer *Lemon Honey Ginger Juice* zu 3000 Kyat sowie gute Joghurt-Drinks, Lassis und Milch-Shakes, aber kein Bier oder andere Alkoholika. Im Erdgeschoss wie auch gegenüber lockt der angegliederte Preziosenhandel von Sun Flower. ⌚ 10–21 Uhr.

Spice Garden, 417 Ecke (63/22), ✆ 02-406 1177, 💻 www.hotelredcanal.com. Gehört zum teuren Hotel by the Red Canal, aber hier ist nicht nur das Preisniveau gehoben, sondern auch das Ambiente, handelt es sich doch um das einzige indische Fine-Dining-Restaurant Mandalays. Gebrutzelt werden die exzellent mundenden Speisen in einer Schauküche. Besonders schön sitzt es sich auf der Terrasse am künstlichen Wasserfall bzw. mit Blick auf den Pool. ⌚ 6–22.30 Uhr.

Thai

Ko's Kitchen, 282 Ecke (19/80), ✆ 02-406 9576. Bereits 1997 eröffnet und seitdem geführt von der Thailänderin Juttima. Angenehmes Ambiente mit Rattan-Bestuhlung, aber in der Saison auch viele Reisegruppen. Reichhaltige, bebilderte Speisekarte mit guten und auch

Gut und günstig: Shan-Buffets

€ Vor allem in der nördlichen Innenstadt finden sich als ideale Option (besonders für Vegetarier) zum Mittags- oder Abendmahl einschlägige Buffet-Restaurants mit authentischer Shan-Küche. Verlockende Probiermeilen, bei denen die Gäste per Fingerzeig zwischen rund zwei Dutzend täglich wechselnden Speisen wählen können. Ein Teller mit Reis, ein bis zwei Fleisch- oder Fischbeilagen sowie zweifach Gemüse liegt bei 3000 Kyat. Mancherorts kann man sich den Bauch auch zur Flatrate von 4000 oder 5000 Kyat vollschlagen bzw. eben von vielem kosten.

Golden Shan, 22nd St. (90/91), ✆ 094-301 2909. Etwas abgelegen in einem halb offenen Eckhaus, doch der Weg lohnt sich: Mrs. Pyae Pyae und ihr Mann bieten Professionalität, Quantität und Qualität bzw. sogar eine Beschriftung der Speisen. Besonders lecker sind z. B. der Spinat, die gebratenen Pilze oder das süßliche Schwein (Portion ohne Reis 3500 Kyat); Flatrate 5000 Kyat. Verstärkt zu empfehlen ist der frisch gepresste Maracuja-Saft zu 1500 Kyat. Im 3. Obergeschoss gibt es einen AC-Raum mit separat aufgebautem Buffet. ⌚ 11–21 Uhr.

Lant Mawl Sail, 84th St. (22/23), ✆ 094-0370 2971, und **Nan Khan Man**, 84th St. (22/23), ✆ 02-403 3024. Lohnen eigentlich nur, wenn man gerade in der Nähe ist. Beide ⌚ 10–21 Uhr.

Lashio Lay, 23rd St. (83/84), ✆ 02-402 2653. Bereits seit über 30 Jahren etabliert bzw. einst das beste, bekannteste und beliebteste Shan-Restaurant von Mandalay – nun aber etwas teuer geworden. Unbedingt mal das *Red Pork Curry* versuchen, auch wenn es keinerlei Curry enthält. Gespeist wird an großen Rundtischen. ⌚ 9–21 Uhr.

Pyi Taw Win Shan, 79th St. (26/27), ✆ 09-680 1787. Nicht weit vom Bahnhof und mit dem Charme einer Bahnhofshalle, aber empfehlenswert – z. B. ob des leckeren *Crispy Pork*, zusätzlicher BBQ-Möglichkeiten oder des eisgekühlten Fassbiers. In den oberen Etagen verbergen sich mehrere Räumlichkeiten mit AC. ⌚ 8–22 Uhr.

Shan Ma Ma, 81st St. (29/30), ✆ 02-407 1858. ⌚ Wird als Familienbetrieb vom 25-jährigen, gut Englisch sprechenden Ricky geführt und ist populär geworden. ⌚ 10.30–21.30 Uhr.

einigen günstigen Gerichten sowie professionellen Menü-Kreationen. ⌚ 11–14.30 und 17–22 Uhr.

Rainforest, 27th St. (74/75), ✆ 094-316 1551 (Tommy). Beliebt und bestens geeignet, um luftig bei offenen Fenstern abzuhängen. Stil- und stimmungsvolles Ambiente mit üppiger Dekoration und oft gelobter, authentischer Thai-Küche in ansehnlichen Portionen. Die thailändische Köchin ist mit Besitzer Tommy verheiratet, der im Erdgeschoss einen interessant bestückten Souvenirladen (u. a. mit massenhaft spannenden, in Vitrinen-Tischen präsentierten Preziosen) betreibt wie auch im gegenüber liegenden Marie Min, das seiner Schwester gehört. ⌚ 9–22 Uhr.

Westliche Küche, Snacks und Szenetreffs

Bistro@82nd Road, 82nd St. (30/31), ✆ 092-5012 1280, 💻 https://de-de.facebook.com/pg/Bistro82nd/. Noch jung und angesagt – trotz des gehobenen Preisniveaus mit Hauptspeisen zu 10 000–14 000 Kyat: Der aus Zürich stammende Renato bietet in 3 verschiedenen Räumlichkeiten mit modernen Zementwasch-Böden und minimalistischer Dekoration ausgezeichnete westliche Speisen wie Steaks, Salate und Desserts als kreativ konzipierte Tellergerichte, neuerdings auch *Carlsberg* vom Fass. ⌚ 10–22 Uhr.

Café City, 66th St. (20/22), ✆ 094-4403 3544, 💻 www.cafecitymandalay.com. Populär nicht nur bei der einheimischen Jugend. Wirkt etwas dunkel, generiert aber mit Boden und Decke aus Holz, reichlich Korbmobiliar, origineller Deko und Bildern an der Wand eine gewisse Wohlfühlatmosphäre. Allerlei Kaffee-Spezialitäten und Eiscreme sowie leckere Pizzas, Spaghetti und Seafood-Gerichte. Der Besitzer betreibt auch das **BBB** (Barman Beer Bar) in der 76th St. (26/27), ✆ 02-407 3525, einst und lange eines der ersten westlichen Restaurants. Beide ⌚ 10–22.30 Uhr.

Café jj 2, 26th St. (26/65), ✆ 02-407 4349, 💻 www.facebook.com/cafejj2. Gepflegt, gediegen und gut heruntergekühlt bzw. angesagt als stilvolle Internet- und Surf-Oase mit behaglichem Korbstuhl-Mobiliar, ansprechender Dekoration, vielen roten Kissen und attraktiv bebilderter, aber nicht gerade billiger Speisekarte. Kreativ gestaltete Tellergerichte und Pizza sowie allerlei Kaffee-Spezialitäten,

Besonders in der 78th Street präsentiert sich Mandalay mit einem modernen Gesicht.

© VOLKER KLINKMÜLLER

Milchshakes, Fruchtsäfte sowie mehrere Sorten Fassbier und Cocktails. Als kleinerer Ableger fungiert das **Café jj 1**, 73rd St. (32/33), ✆ 02-403 2471. ⌚ Beide 9–22 Uhr.

Central Park, 27th St. (68/69), ✆ 099-101 3500. Klein und angesagt bei Insidern – nicht zuletzt wohl auch ob der bezahlbaren Preise. Die Speisekarte umfasst originelle westliche Kreationen wie *The Work Burger* mit Spiegelei und Ananas, Pizzas in 3 Größen oder mexikanische Speisen wie *Tacos* und das leckere *Chicken Quesadillas*. Ein Glas *Myanmar Premium* kostet 1300 Kyat, zu den populärsten Cocktails zählen *Long Island Ice Tea*, *Adio M(otherfucker)* oder *AK 47*, während der Happy Hour von 18–20 Uhr gilt 2 für 1. Im Außenbereich lockt modernes Alu-Mobiliar, am großen Baum ein beschaulicher Zweier-Tisch und gleich nebenan der für 4000 Kyat nutzbare Pool des benachbarten Mya Mandalar Hotels. ⌚ Mo–Fr 15–23, Sa, So schon ab12 Uhr.

Fudo Cake & Ice-Cream, Ecke (81/28), ✆ 099-7718 2674. Moderne Kette mit gehobenem Niveau und stadtweit 6 Filialen: Auf vielen Metern locken Kühltresen zum Auswählen von hübsch aufgemachten Kuchenstücken, Pudding und Pasteten. Eiscreme, frisch gepresste Fruchtsäfte, aber auch *Crispy Chicken*. Angenehm zum Hinhocken und Abkühlen. ⌚ 7–22 Uhr.

Koffee Korner, Ecke (27/70), ✆ 02-406 8648. Gehört als moderner Pavillon-Bau mit Außenbereich und Palmen sowie einem faszinierend gefüllten Blickfang-Aquarium zur Riege der neuen, angesagten Chill-Cafés. Zu angemessenen Preisen werden allerlei Kaffee-Spezialitäten und Cocktails serviert, 6 Variationen mit Lammfleisch sowie Pasta oder auch Pizzas. ⌚ 9–23 Uhr.

€ **Noble Cake Bakery**, 250 A 28th St. (82/83), ✆ 02-406 9508, 💻 www.facebook.com/noblecakemandalay. Etabliert seit 1997 unter dem Motto „Made with Love, bake with heart" – als gut sortierte Bäckerei mit allerlei Kuchen und Keksen zu verschwindend geringen Preisen. ⌚ 7–22 Uhr.

€ **Nylon Ice Cream**, 176 Ecke (25/83), ✆ 02-406 5754. Trotz des synthetischen Namens und erheblich gewachsener, moderner AC-Konkurrenz nach wie vor populäre Eisdiele mit originärem Charme und Alu-Mobiliar. Ob eine dicke Kugel *Rainbow*-Eis zu 800 Kyat, Erdbeer-Milchshakes, Joghurt oder Pudding – alles mundet gut und erfreulich magenfreundlich. ⌚ 8–21 Uhr.

SP Bakery, 26th St. (63/64), ✆ 02-402 3395. Eine pieksaubere AC-Oase als Hauptsitz einer modernen, angesagten Kette aus 6 Bäckerei-Cafés – inkl. Filiale am Flughafen. In einer Phalanx aus Glasvitrinen locken massenhaft extravagante Kuchen, die eher faszinierenden Kunstwerken gleichen, kunterbunte Pralinen und absolut hygienisch verpackte Kekse. Die italienische Eiscreme besteht angeblich nur aus natürlichen Zutaten. Leider ist das Angebot nicht gerade billig und der wohl beste *Cheese Cake* von Mandalay mit 2200 Kyat besonders teuer. Nicht zu vergessen sind die warmen Speisen, wie das Hühnchen im knusprigen KFC-Verschnitt. ⌚ 7–22 Uhr.

UNTERHALTUNG

Obwohl Mandalay als zweitgrößte Stadt des Landes fungiert, hält sich das **Nachtleben** in verblüffend engen Grenzen. Es gibt einige schummrige Karaoke-Schuppen mit reichlich Flaschen- und Fassbier, lautem Sound oder auch Fashion-Shows, die aber fast nur einheimische Gäste in Stimmung bringen. Westliche Besucher begnügen sich meist mit Restaurants oder Rooftop-Spots.

Apex Hotel, s. o. In den Rooftop-Spots kosten Hauptspeisen 6000–10 000 Kyat, und weil zudem die Qualität schwankt, kann man ja auch andernorts schlemmen bzw. sich hier z. B. auf das frisch gezapfte *Kirinichiban* oder *Myanmar Premium* für 1700 Kyat pro Glas konzentrieren. Flaschenbier liegt bei 3000–3500 Kyat, ein Glas Wein bei 5000 Kyat, Cocktails wie *Apex Sunset* oder *Apex Sour* werden für 4000–7000 Kyat gemixt. Kaffee-Spezialitäten nur 1000–2000 Kyat, frische Fruchtsäfte 2000 Kyat. Zudem gibt es Shishas und tgl. außer Mi von 19–22 Uhr Livemusik. ⌚ 17–1 Uhr.

Kipling's Lounge, im Foyer des Mercure Mandalay Hill Resort (S. 326). Wer sich hier einmal niedergelassen hat, wird so schnell nicht wieder aufstehen wollen. Herrlich entspannende Oase mit gediegenem, stilsicherem Interieur und professioneller Livemusik-Band (ca. 20.30–23.30 Uhr) sowie einer letztendlich bezahlbaren Getränkekarte und kleinen Speisen, wie knusprig frittierte Hühnerflügel oder Knoblauch-Garnelen. ⌚ 14–1 Uhr, zuweilen länger.

The Rock Gastro Bar, Zawtika Rd. (32-33) / (77-78), ✆ 094-4400 2525. Avantgardistische Bar – konzipiert und dekoriert im Stil eines amerikanischen Roadhouses. Entsprechend stark frequentiert von der aufkeimenden Biker-Szene (wie den „Burmese Phytons"). Kreativ dekoriertes Essen, Fassbier, Cocktails und zuweilen auch Livemusik. ⌚ 10–23 Uhr.

EINKAUFEN

Einkaufszentren

Im Zentrum von Mandalay eröffnen agile Ketten wie **Grab & Go** oder **CoCo** immer mehr kleine, rund um die Uhr geöffnete, neondurchflutete AC-Supermärkte (Convenience Store), deren Sortiment das Touristendasein durchaus angenehmer machen kann.

Die modernsten und größten Einkaufszentren reihen sich an der 78th St. auf. Als landesweites Flaggschiff eröffnete Mitte 2011 das 6- bzw. 7-stöckige **Yadanarpon Diamond Plaza**, 78th St. (33/34), ⌚ 9–21.30 Uhr. In futuristischer Architektur konzipiert und von ansehnlichen Rotunden geziert, beherbergt der 181 000 m² große Komplex rund 2200 Ladeneinheiten, von denen aber nicht alle bestückt sind. Im obersten Stockwerk liegen ein Kino, ein Food Court und Kinderspielstätten. Im Untergeschoss erstreckt sich der bestens sortierte Supermarkt **Ocean Supercenter**, 💻 www.oceansupercenter.com., ⌚ 7–22.30 Uhr.

Ein weiterer Meilenstein dieses landesweit führenden Konzerns hat Ende 2015 an der 73rd St. bzw. ca. 6 km vom Zentrum entfernt eröffnet, ⌚ 7–22.30 Uhr, und erstreckt sich über mehrere Etagen des **Mingalar Mandalay Market**: Ein monströses, an Thailand erinnerndes Konglomerat aus Einkaufszentrum mit Kino, Boutiquen, Beauty-Salons, Restaurants und Cafés und weiteren modernen Bauten, Fußgängerzone und Piazza zum Flanieren.

Weitere Einkaufszentren inkl. zeitgemäßen Geschäften und Restaurants sind entstanden mit dem **City Mart** in der 19th St. bzw. in der Nähe des Osteingangs zum Königspalast sowie mit der **Central Point Shopping Mall**, 62nd St. Beide ⌚ 9–21 Uhr.

Kunst(handwerk) und Schmuck

Gibt es quasi überall zu kaufen, vor allem an den Zuwegen (wie dem Ostgang der Mahamuni-Pagode) zu den und meist sogar auch innerhalb der Tempelanlagen oder natürlich direkt in den Werkstätten. Wer mit Führern, Fahrern oder professionellen Schleppern auf Einkaufstour geht, sollte nicht vergessen, dass viele Geschäfte diesen hohe Provisionen zahlen, die sich natürlich über den Verkaufspreis finanzieren. Vielerorts günstig angeboten werden hübsche Ölgemälde und Aquarelle.

Aung Nan, in den Häusern 97-99 an der Sagaing-Mandalay Rd., kurz vor der Bon-Kyaw-Brücke, ✆ 093-330 4689, 💻 www.aungnan.com. In dieser Schatzkammer sollte man sich auch umschauen, wenn man partout

Thanaka aus erfahrener Hand

Zum Kauf der Wunderpaste Thanaka (S. 39) als Souvenir eignet sich besonders das über 60 Jahre alte, unscheinbare und von U Myo Tham geführte Geschäft der Familie **Kyi Daw Myint** im Haus Nr. 163 der 80th St. (28/29), ✆ 09-202 0919. Hier lässt sich Thanaka in allen Variationen erwerben, auch als originäre Holzstangen oder getrocknet als „cake" sowie die zur Verarbeitung erforderlichen Mörser und Schleifsteine. Kleine Plastikdosen kosten 500 Kyat, die großen (mit etwas viel Luft drin) bis zu 2000 Kyat. Empfehlenswert ist vor allem und am besten zum nächtlichen Auftragen die unparfümierte, besonders effektive Variante in den schlichten, gelblichen Dosen. Neu im Sortiment sind Pasten aus Zirbenholz, die zwar etwas teurer sind, aber angenehm duften und eine reinigende Wirkung versprechen. ⌚ 8–20 Uhr.

© VOLKER KLINKMÜLLER

Die Strand Road am Ayeyarwady fungiert offensichtlich – als genialer Wäschetrockner …

nichts kaufen möchte. Weitläufiges, uriges Stöbergeschäft mit *Tomb-Raider*-Charme, wo sich zu vergleichsweise hohen Preisen das unterschiedlichste Kunsthandwerk findet und teilweise auch produziert wird. ⌚ 8–17 Uhr.

Rocky Gems & Jewellery Trading, 27th St. (62/63), ✆ 094-5711 7987. Senior-Chefin Myint Myint und ihre ebenso freundlichen Zwillingstöchter Tina und Dina warten nicht unbedingt mit Schnäppchenpreisen auf, doch gibt es meist bis zu einem Drittel Rabatt, wenn man ohne Schlepper kommt. Das reichhaltige Sortiment an Edelsteinen (wie z. B. blauer Saphir oder schwarzer Turmalin) wird durch regelmäßige Einkaufstrips nach Mogok aufgefrischt – und kann sich ebenso sehen lassen wie das Angebot von Schmuck, Kunst(handwerk) und Textilarbeiten. ⌚ 8–21 Uhr.

SM Gems, Jewellery & Souvenirs, 62nd St. (23/24), ✆ 097-9906 7742. Die ungewöhnliche Abkürzung steht für „Second Mother" bzw. die agile Ohmar vom Unique Myanmar Restaurant (S. 327), die auch in ihrer Familie nichts dem Zufall überlässt und dieses Geschäft für ihren Vetter initiiert hat. Angeblich erhalten Ausländer gleiche Preise wie Einheimische, und der hauseigene Goldschmied soll individuell gewünschte Ringe in 2–3 Std. anfertigen können. ⌚ 9–12 Uhr.

Sun Flower, in den Restaurants Marie Min und Rainforest. Vor oder nach dem Essen ist es spannend, den Blick durch das Sortiment dieses Souvenirhandels schweifen zu lassen, der mit seinen facettenreichen Pretiosen und Vitrinen eher einem Museum gleicht – und aus allen Nähten zu platzen scheint. ⌚ 8–22 Uhr.

U Sein Myint, 62nd St., (16/17), ✆ 09-523 9254. Der betagte, freundliche Künstler, dessen Werke bis in das New Yorker UN-Hauptquartier gelangt sind, produziert schöne Wandbehänge, die Werkstatt ist eindrucksvoll mit Antiquitäten, Gemälden und Schnitzereien dekoriert. ⌚ 9–18 Uhr.

Märkte

Überragt von Mandalays erstem Wolkenkratzer, der nach vieljähriger Bauzeit als klotziger Profanbau mit 25 Etagen in den Himmel ragt, erstreckt sich in der 84th St. (26/27) und (27/28) als pulsierendes Herz der Stadt der **Zeigyo-Markt**, ⌚ 8–16.30 Uhr. Der Begriff Zeigyo,

Reizvolle Radtouren um Mandalay

- **Routen**: rund um den Mandalay Hill und durch Inwa (Ava), Amarapura und Sagaing
- **Länge**: 22 km und 20 km (Grashopper Adventures) und 25–50 km
- **Dauer**: 4–5 Std. und 10 Std.

Fahrradtouren bieten die Chance, dem Trubel und Staub des Zentrums von Mandalay zu entkommen und mehr vom Charme der Region zu erfahren. Sie eröffnen faszinierende Einblicke in das Alltagsleben der Einheimischen und dürften neidische Blicke aus Touristenbussen garantieren.

Routen

Die Etappen verlaufen über wenig befahrene Straßen und Feldwege, vorbei an Pagoden und touristischen Attraktionen sowie durch Dörfer mit bunten Märkten und Handwerkskunst. Der 22 km lange „Mandalay Morning Ride" führt ab 7.30 Uhr inkl. Teeshop-Lunch östlich um den Mandalay Hill, die 20 km lange, ebenfalls als Halbtagstour konzipierte „Ava und U Bein Bridge Sunset Tour" ab 13 Uhr durch Inwa (Ava) und Amarapura, um zum Sonnenuntergang mit einer längeren, romantischen Bootsfahrt über den Taungthaman-See an der U-Bein-Brücke zu enden.

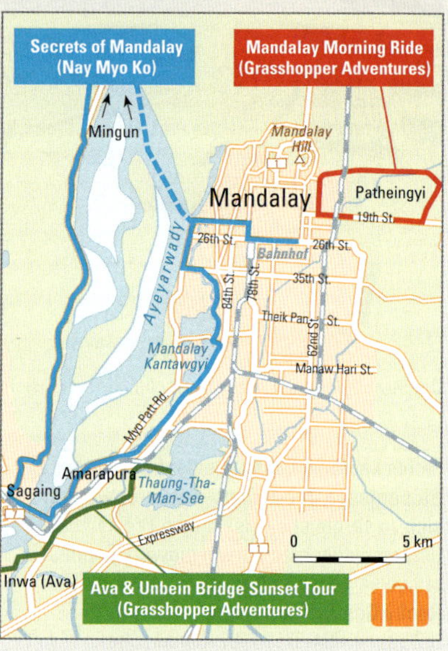

Anbieter

Das auch in Thailand, Laos, Kambodscha und Vietnam etablierte Unternehmen **Grasshopper Adventures**, Parami Rd. (25/26) und (58/59), ✆ 094-0265 9886, 💻 www.grasshopperadventures.com, ⌚ Mo-Fr 8–12.30 und 16.30–18.30 Uhr, steht in Myanmar unter westlicher Leitung und bietet die Morgentour für US$35 p. P. (bei max. 12 Pers.) an, die Nachmittagstour kostet US$60 – jeweils inkl. Equipment und Trinkwasser.

Individuelle Radtouren

Als passionierter wie sympathischer Fahrrad-Guide für exklusiv ausgetüftelte Touren in der Region Mandalay (oder gar bis Bagan und durch den Süden) empfiehlt sich **Nay Myo Ko** (S. 339). Bei der je nach Kondition 25–35 km weiten Erkundungstour „Secrets of Mandalay" geht es vormittags durch die Stadt und nachmittags in die Umgebung (1 Pers. US$40, 2 Pers, US$50, 3 Pers. US$70), eine andere Tagestour führt über 45–50 km durch Amarapura, Sagaing und Mingun (1 Pers. US$80, 2 Pers. US$110, 3 Pers. US$150). Im Preis inbegriffen sind Mountainbikes der Marke Trek mit 27 Gängen, gute Fahrradhelme, etwas Marschverpflegung (Kekse und Früchte) sowie Trinkwasser.

Als weiterer Anbieter etabliert hat sich das von dem Belgier Ben Jespers mit dem Birmanen Thantzin gegründete **Mandalay Bike Tour**, ✆ 092-5908 5154, 💻 www.mandalaybiketour.com, Touren ab US$44 pro Pers.

Zei-gyo, Zegyo, Zay Cho oder Zei-cho, der „Se-Dschou" gesprochen wird, bedeutet ganz einfach: Zentralmarkt. Einst bestand er aus weitläufigen, einstöckigen Markthallen, die 1903 von dem italienischen Grafen Caldari – damals Chefsekretär der Stadtverwaltung Mandalays – entworfen worden waren.
1990 wurde das Bauwerk gegen den Widerstand der Bevölkerung abgerissen und durch eine hässliche Betonkonstruktion mit Rolltreppen und Aufzügen ersetzt. Das chinesisch bis sozialistisch anmutende, in zwei Gebäudeteile mit bis zu vier Geschossen zergliederte Marktlabyrinth wirkt auf westliche Touristen nicht gerade anziehend, zeichnet sich aber durch ein reichhaltiges Angebot mit Waren aus dem ganzen Land, China und Thailand aus. In vielen kleinen Ladeneinheiten werden Alltagswaren, Schmuck, Bücher, Kleidung und Stoffe oder auch Kunsthandwerk verkauft.
Auf dem sehenswerten **Kaing-Dang-Markt** in der 27th St. (86/87), einige Straßenzüge westlich des Zeigyo-Markts, gibt es frisches Gemüse, Obst und Zuckerrohr. Der größte Umschlagplatz für frische Lebensmittel ist allerdings der **Nyaung-Pin-Markt** in der 19th St. (84/86).
Der **Mingalar-Markt** ist ein kleiner, aber lebendiger Markt an der Ecke (73/30). Auf religiöse Artikel spezialisiert ist der **Payagyi-Markt** nahe der Mahamuni-Pagode, 83rd St. (44/45).
In der immer schneller wachsenden Chinatown hat sich der **chinesische Straßenmarkt** ausgebreitet, dessen Kern in der 34th St. (75/76) liegt. Viele Lebensmittel und Garküchen, dazu ein breites Angebot an Textilien und billigen Alltagswaren.
In der 84th St. (27/29) beginnt mit der Dämmerung ein **Nachtmarkt**, dessen Sortiment an Radios, Uhren, Werkzeug, Militärausrüstung und Postern nicht besonders attraktiv erscheint. Doch ein Bummel bietet stets interessante Eindrücke und führt an etlichen Garküchen vorbei.

Schuhe

Shwe Nagar Sandals & Slippers, 233 80th St. (31/32), ✆ 02-407 4333. Bietet eine üppige, qualitativ hochwertige Auswahl (auch Ausländer-Größen) an traditionellen, teils extravaganten Slippern, die auf Wunsch maßgefertigt werden. Die Preise sind aber recht hoch, weil auch für die Popularität bezahlt werden muss: Hier kaufen auch Models, Film- und Popstars oder gar Thailands Prinzessin ein, wie die an den Wänden hängenden Fotos stolz verkünden. ⌚ 8–21 Uhr.

Silberwaren

Silver Ware Handicraft, Ecke (66/24), ✆ 02-403 5635. Ko Min Naung und seine Frau Ma Kyu Kyu Win verkaufen schönen, teilweise recht günstigen Silberschmuck sowie auch größere Arbeiten. ⌚ 9–18 Uhr. Seine Eltern betreiben den Hauptsitz mit betriebsamer Werkstatt an der Durchgangsstraße in Sagaing bzw. im dortigen Silberschmiede-Bezirk Ywataung (S. 319).

SONSTIGES

Fahrrad- und Mopedverleih

Dichter Verkehr, schmutzige Luft und tropische Hitze können die Fortbewegung per Zweirad zum zweifelhaften Vergnügen machen. Einfache **Fahrräder** (mit 3 bis 6 Gängen) gibt es in manch einer Unterkunft gratis, sonst meist für 3000 Kyat pro Tag, **Mountainbikes** für bis zu 15 000 Kyat.
Für **Mopeds** sind 10 000 Kyat zu berappen, vollautomatische **Roller** liegen bei 15 000 Kyat – z. B. beim schon lange etablierten, überaus freundlichen und exzellent Englisch sprechenden **Mr. Jerry**, 83rd St. (25/26), ✆ 02-406 5312, 099-6159 0953, ⌚ 8–19 Uhr. Er verfügt über ein Dutzend Mopeds und ebenso viele Fahrräder, wünscht die Vorlage eines (idealerweise: internationalen) Führerscheins und hat ggf. sogar einen Bring- und Holservice zu bieten.
Größere und gut gepflegte Motorräder für längere, bei Bedarf auch professionell geführte Touren gibt es beim Expat-Amerikaner **Zach Benoy** bzw. **Mandalay Motorcycle Rental & Tours**, 32nd St. (79/80), ✆ 094-4402 2182, 💻 www.mandalaymotorbike.com, wie z. B. 125er-Enduros (15 000 und 30 000 Kyat pro Tag) oder 250er-Maschinen (US$50–60). Mit Krafträdern motorisierte Ausländer werden von der Polizei meist nicht angehalten, doch

Massage-Oasen in Mandalay

Meist werden Frauen von Frauen und Männer von Männern bearbeitet, eine Stunde Fuß- oder Ganzkörper-Massage liegt bei 8000 Kyat, in den Luxushotels ab ca. US$20. ⌚ Meist 9–22 Uhr.
Amaravati Thai Reflexology, Ecke (62/37), ✆ 094-4403 2013. Etwas abgelegen, aber im Vergleich zu den meisten anderen Spots ansprechend dekoriert und nicht zuletzt deshalb recht beliebt.
Chikara Blind Reflexology, 65th St. (30/31), ✆ 094-4400 3095. Wird gern gelobt, zudem gehen hier 25 % des Obolus an die blinden Angestellten. Wer sich statt in den profanen, eisgekühlten 3-Bett-Zimmern im eigenen Hotelzimmer massieren lassen möchte, zahlt keinen Aufpreis.
Jasmine Spa, 65 St. (30/31), ✆ 094-0261 4455. Nur einen Steinwurf entfernt von der Chikara Blind Reflexology und zudem eine beliebte Alternative.
Level 4 Spa Thukka, im Hotel Marvel, ✆ 02-406 7466. Schön, bis spät geöffnet und vergleichsweise günstig – mit 30-minütigen Massagen ab 6000 Kyat. ⌚ 12–2 Uhr. Nur einen Steinwurf entfernt empfiehlt sich das **Spa Tukha** des Amazing Mandalay Hotels (S. 322).
Mandalar Spa, im Garten des Mercure Mandalay Hill Resort (S. 326), ✆ 02-403 5638. Diese faszinierende Wellness-Oase bietet hervorragende Anwendungen durch qualifiziertes Personal, aber natürlich zu entsprechenden Preisen bzw. 1 Stunde für US$20–40. Ähnlich gediegen geht es zu in den Spas des **Rupar Mandalar Resorts** (S. 326) und des **Yadanarbon Hotels** (S. 325).
Paradise Spa, 27th St. (69/70), ✆ 094-2191 2525. Seit 2015 in wunderbar zentraler Lage, professionell wie routiniert und sogar rund um die Uhr geöffnet!
Prana Spa, Ecke (63/22), ✆ 02-406 1177, 💻 www.hotelredcanal.com. Klein, aber fein im Hotel by the Red Canal. Hier dominieren Wände aus Naturmaterialien, Terrakotta, Wasserspiele und auch sonst facettenreiches Wohlgefühl.

Verstöße gegen die Helmpflicht gern mit 30 000 Kyat geahndet.

Geld

Auf dem **Flughafen** gibt es Geldwechsel-Schalter und Geldautomaten, im Stadtgebiet eine ganze Menge davon – besonders am Zeigyo-Markt. Bargeld aller Währungen lässt sich unkompliziert tauschen, z. B. beim **Thein Yadanar Money Changer**, ✆ 02-403 1709, neben Sun Far Travel in der 30th St. (77/78) sowie bei 15 weiteren Filialen im Stadtgebiet, ⌚ meist 8–20 Uhr. Nicht zuletzt für Problemfälle wie unschöne Scheine empfiehlt sich **Zone Express Travel** (s. Reise-Agenturen).

Informationen und Stadtpläne

Das Büro von **Myanmar Travels & Tours** (MTT), Ecke (27/68), ✆ 02-406 0356, ⌚ 9.30–16.30 Uhr, empfiehlt sich vor allem für seine Landkarten mit großem Stadtplan von Mandalay (meist nur auf Nachfrage erhältlich bzw. gerade mal wieder vergriffen). Mit ebenfalls kostenlosen, selbst produzierten Stadtplänen können das **Bagan Hotel** oder **Dreamland Guesthouse** punkten.

Internet

Fast alle Hotels haben Internet und WLAN – meist sogar auf dem Zimmer. Beliebt ist das Surfen und Mailen in angesagten Restaurants wie **Café jj**, **Koffee Korner** oder **Café City** (S. 330).

Kochkurse

Bietet günstig z. B. die **Peacock Lodge** (2–3 Std. inkl. Einkaufstour für US$25 p. P., bei 2 Pers. US$40), indiskutabel teurer ist das benachbarte **Mama Guesthouse** (US$40 p. P., bei 2 Pers. US$70, inkl. Einkaufstour sogar US$50 bzw. US$90).

Beliebt sind die ganztägigen Kochkurse von **A Glimpse of Mandalay**, ✆ 097-8572 9588, 💻 https://de-de.facebook.com/aglimpseofmandalay/. Sie werden über das **Nan Bwe The Vibe Hostel**, Ecke (41/59), ✆ 09-240 2106, organisiert und verbinden sich für US$35 p. P. (ab 2 Pers.) mit ländlichen Fahrradtouren zu Märkten und Kochstellen von Einheimischen.

Medizinische Hilfe

Neue Privatkliniken haben die medizinische Versorgung erheblich verbessert.

Von Trishaws und Tuk Tuks, Three-Wheelern und Thonebanes

Spätestens seit Fahrrad-Rikschas in Berlin-Mitte Einzug gehalten haben, ist der Personentransport per Muskelkraft auch in der Heimat gesellschaftsfähig geworden – allerdings zu einer Zeit, da dieses Verkehrsmittel in den Metropolen Südostasiens längst vom Aussterben bedroht ist.

Ein Symbol auf dem Rückzug

In Hongkong und Singapur gibt es Fahrrad-Rikschas nur noch als inszenierte Touristenattraktion oder Foto-Objekt, auch in Bangkok, Hanoi oder Saigon sind die **Samlors**, **Cyclos** oder **Trishaws** – einst traditionelles Symbol für brodelndes, asiatisches Leben – meist schon aus den größeren Städten verschwunden, weil die Behörden sie als „Verkehrshindernisse" und „Symbole der Armut" verboten haben. In Myanmar verschwanden die urigen Gefährte zuerst aus Yangon, dann auch aus den Hauptverkehrsadern von Mandalay. Mancherorts gammeln die Gefährte als Schrott am Straßenrand – oder finden halbiert als Beiwagen für Mopeds eine letzte Verwendung.

Per Trishaw zur Freundschaft

Der Rückzug der **Rikschas** bedeutet nicht nur einen Verlust von Ursprünglichkeit und Authentizität, sondern auch an zwischenmenschlichen Begegnungen. Denn schon aus manchem Trishaw-Trip ist eine Freundschaft erwachsen. Schließlich verführt nicht zuletzt die Konstruktion der birmanischen Rikschas zu angeregten Plaudereien: Während die beliebten Gefährte in den Nachbarländern so konstruiert sind, dass die Fahrgäste, meist abgeschirmt durch einen Sonnen-Regen-Schutz, vor oder hinter dem Chauffeur Platz nehmen, werden sie in Myanmar Rücken an Rücken neben dem Fahrer sitzend transportiert. Die letzten Trishaws von Mandalay finden sich meist entlang der 83rd bzw. an den Kreuzungen mit der 25th, 27th, 28th oder 29th St. sowie im Bereich von Märkten oder Außenbezirken. Das Entgelt ist natürlich vor der Fahrt auszuhandeln.

Mit Tuk Tuks aus der Taxi-Krise

Rasend schnell haben die erst 2018 in Mandalay eingeführten **Tuk Tuks** die Hauptlast des öffentlichen Personennahverkehrs übernommen. Denn nach dem schrittweisen Verschwinden der einst üblichen Pferdefuhrwerke, der Trishaws, der himmelblauen Mazda-Mini-Pick-ups und der zuletzt illegal als Taxis betriebenen, spärlich vorhandenen Mopeds und Toyota-Rostlauben, hat die zweitgrößte Metropole Myanmars endlich ein funktionierendes Taxiwesen erhalten. Dabei stehen die **Three-Wheeler**, wie sie im Englischen gern genannt werden, sogar in einer gewissen überraschenden Tradition – knüpfen sie doch an jene orangefarbenen, motorisierten Dreiräder an, die vor rund 30 Jahren als **Thonebanes (Thounbeins)** auf den Straßen Myanmars knatterten.

Bunte Farbtupfen aus Indien

Obwohl die neuen Tuk Tuks im Stadtbild gar nicht so präsent scheinen, sollen es bereits um die 10 000 sein. In sechs verschiedenen Farben lackiert, stammen sie fast alle aus Indien, weil die aus China zu importierenden Gefährte qualitativ minderwertiger sein sollen. Die Kosten der Anschaffung liegen bei US$1500, der etwa gleiche Betrag muss noch einmal für Lizenzen und Steuern berappt werden. Mit den traditionellen Trishaws gemeinsam haben die neuen Tuk Tuks (Transfer- und Charterpreise s. S. 339, empfehlenswerte Fahrer s. Kasten S. 338) immerhin die Anzahl von drei Rädern und dass sie manche Hauptstraße nicht befahren oder den Königspalast z. B. nur an seiner Nordflanke passieren dürfen.

Apotheken finden sich vor allem in der 30th St. (77/78) oder am Mandalay General Hospital.

HNO-Klinik, 288 81st St. (24/25), ✆ 02-402 6841. Eine Privatklinik von Dr. Win Swin.

MANDALAY

Tolle Touren per Taxi

Mandalays Taxifahrer kennen sich meist nicht besonders gut aus in Geschichte, Kultur und Architektur, dafür umso besser mit den Provisionen der von ihnen empfohlenen Geschäfte – so zumindest ein gängiges Vorurteil. Doch mancher Vertreter der Zunft – ob mit Tuk Tuk, Limousine oder Minivan – entpuppt sich als freund(schaft)licher, hilfsbereiter Begleiter, spricht passabel Englisch und vermag seinen Passagieren Mandalay und Umgebung zu Tagesraten von US$30–50 möglichst authentisch zu präsentieren. Leser/innen empfehlen folgende Chauffeur-Guides:

- **Jo Jo**, ✆ 094-5410 0102, ✉ jojo00412@gmail.com, lauert meist in der Nähe des Too-Too-Restaurants, ist sympathisch, stets engagiert und besorgt seinen Kunden auch gern mal ein günstiges Hotel oder Tickets für Bus und Bahn.
- **Moe**, ✆ 09-201 8594, ✉ moemandalay1@gmail.com, verfügt über eine familienbetriebene Limousine und einen Minivan (bis zu 7 Pers.) und hat ein hohes Maß an Professionalität entwickelt, das er gern auch auf längeren Touren unter Beweis stellt.
- **Myint Shin**, ✆ 092-5912 5095, ✉ myintshin15@gmail.com, trägt den Spitznamen *Mr.-Take-It-Easy*, ist stets gut motiviert und meist im Bereich der 27th St. (80/81) zu finden. Sein Moped hat er zwischenzeitlich gegen ein Tuk Tuk getauscht.
- **Soe Paing**, ✆ 094-0253 8362, ✉ soe.paing246@gmail.com, ist es offenbar gelungen, schon viele Kunden zu Freunden zu machen – egal ob sie mit ihm per Limousine, Minivan oder dem sogar zum Cabrio wandelbaren Tuk Tuk unterwegs gewesen sind. Er engagiert sich leidenschaftlich und spricht auch gut Englisch.
- **Win Nying**, ✆ 09-202 8137, ✉ winnying10908@gmail.com, zählt zweifellos zu den besten Optionen, denn er spricht fließend Englisch und macht faire Preise, ist freundlich, erfahren und verlässlich. Einer Trishawfahrer-Dynastie entstammend, kennt sich der 47-Jährige in Mandalay und Umgebung allerbestens aus und positioniert sich mit seinem neuen, knallroten Tuk Tuk meist am Hauptaufgang zum Mandalay Hill. Zudem klemmt er sich auch gern hinter das Steuer einer Limousine oder seines komfortablen Toyota-Minivans, um Gäste auf Tagestrips zu den alten Königsstädten zu bringen oder nach Monywa, wo er als ultimativer Insider fungiert (zumal seine Frau von hier stammt), sowie auf stets angenehme, perfekte organisierte Übernachtungstouren – bei Bedarf natürlich auch bis nach Bagan, zum Inle-See oder sogar an die Küste.
- **Win San**, ✆ 094-0257 6324, ✉ win.san.tourguide@gmail.com, bietet seine Limousine an: Er ist sympathisch, einsatzfreudig und zuverlässig, spricht sogar etwas Französisch.

Zwei zielgerechte Empfehlungen für Moped-Taxifahrer in Sagaing, Inwa und Amarapura s. S. 362.

Wem es allerdings bei der Erkundung von Mandalay nach etwas mehr Geselligkeit gelüsten sollte, möge sich den attraktiven Tour-Programmen des **Ostello Bello Hostels** (S. 323) oder **Marionettes Centre** (S. 320) anschließen.

MANDALAY

Linn (Augenklinik), 146 80th St. (14/15), ✆ 02-403 2115, ⏲ 12–14 Uhr. Filiale in der 27 24th St. (81/82), ✆ 02-403 3584, ⏲ 17–20 Uhr.
Nyein (Diagnostic Centre & Special Clinic), 333 82nd St. (29/30), ✆ 02-403 2050, ⏲ 24 Std.
Palace Specialist Clinic, 71st St. (28/29), ✆ 02-403 6128, 604 45-9. Als 7-stöckiger Bau bzw. größte Privatklinik der Stadt, z. T. mit Geräten aus Deutschland.
Pesodent (Zahnklinik), 110 74th St. (27/28), ✆ 02-402 4622.

Reise-Agenturen

Als professionell und zuverlässig erscheinen:
Sun Far Travels & Tours, 7 SY Building, 30th St. (77/78), nicht weit vom Bahnhof, ✆ 02-406 9712, 097-9737 9120 (Mrs. Zar Zar – spricht gut Englisch), 💻 www.sunfartravels.com. Hier wird alles, was mit Flugtickets zu tun hat, erfreulich effizient abgewickelt, ⏲ 9–17, Sa, So nur bis 12 Uhr.
Zone Express Travel, 1 68th St. (26/27), ✆ 02-284 4651, 09-200 7337 (Jasmine), 💻 https://myanmartravelzone.com/. Profes-

sionelle Vermittlung von Bustickets (plus US$2 Service-Gebühr), Flug- oder Schiffstickets (z. B. Schnellboote nach Bagan und *Pandaw*-Flotte), Langstrecken-Taxis oder Unterkünften im ganzen Land. Buchung von Fahrten per Heißluftballon sowie Organisation von Permits und Pauschaltouren zum geheimnisvollen Mogok (S. 383), aber bis auf Weiteres nur mit einer Bearbeitungszeit von zehn Tagen und einem lizenzierten Reiseführer für US$35 pro Tag. Erfreulich unkomplizierter Devisenwechsel, meist auch von „problematischen Banknoten". 🕒 8.30–18.30 Uhr.

Reiseführer

Es kann durchaus sinnvoll sein, sich einfach nur dem Fahrer eines Tuk Tuks oder Taxis anzuvertrauen (s. Kasten S. 337), doch wer es gehaltvoller mag, sollte sich einen ortskundigen, lizenzierten Fremdenführer leisten. Für die Stadt oder Umgebung kosten diese US$30–40 am Tag, deutschsprachig sogar US$40–50. Bei Abstechern wie nach Monywa kommen noch Übernachtungskosten von ca. US$20 sowie rund US$5 für Verpflegung hinzu. Als Fahrrad-Guide für die Region Mandalay oder auch andere Landesteile empfiehlt sich der bestens Englisch sprechende, liebenswürdige **Nay Myo Ko** (Myo Myo), 📞 094-300 2903, 099-6003 7272, ✉ konaymyo6@gmail.com. Für zwei seiner Touren s. „Radtouren um Mandalay" S. 334, Details zu weiteren Trips abrufbar über **Off The Beaten Track Myanmar**, 💻 www.offthebeaten trackmyanmar.com.

NAHVERKEHR

Busse und Pick-ups

Für exotische Abenteuer mit öffentlichen Verkehrsmitteln bzw. **Bussen** oder **Pick-ups** bieten sich z. B. die Routen zum Mandalay Hill und Mingun-Pier an, aber vor allem die Fahrt nach Amarapura, Inwa und Sagaing, die in rund 1 Std. zu bewältigen ist (meist nur bis ca. 18 Uhr). Wichtigste Startpunkte sind die Ecke (84/35), das Osttor der Mahamuni-Pagode und der Zeigyo-Markt. Die Fahrten kosten um 1000 Kyat, Details am besten in der Unterkunft erfragen.

Taxis

Kleinere und mittlere Strecken mit **Tuk Tuks** kosten 2000–5000 Kyat, ein halber Tag liegt je nach Verhandlungsgeschick bei 10 000–15 000 Kyat, ganzer Tag bis zu 30 000 Kyat (bewährte Fahrer s. Kasten S. 338). Steigender Beliebtheit erfreut sich die geniale Möglichkeit (keine nervigen Preisverhandlungen oder Englischkenntnisse der Fahrer erforderlich!), Tuk-Tuk-Transfers mithilfe des **Fahrdienstes Grab** zu arrangieren, 💻 www.grab.com/mm/en/thonebane.
Als **Limousinen** (in Mandalay „Saloon") sind Taxis nach wie vor schwerlich aufzutreiben – es sei denn, man chartert sie für länger.
Ein Tag innerhalb von Mandalay z. B. liegt bei US$30–40, als Ausflugstour nach Amarapura, Inwa oder Sagaing kostet bis zu US$50, **Minivans** sind meist um US$10 teurer (bewährte Fahrer s. S. 338, für Flughafen-Transfers s. S. 345).

TRANSPORT

Die Anbindung von Yangon ist nun so gut, dass man nicht mehr in den Flieger steigen muss.

Taxis

Die Charter-Preise für Limousinen (Saloon) mit Chauffeur haben sich durch die neue Fahrzeugdichte teilweise erfreulich verringert, bei längeren Strecken jedoch muss nach wie vor auch für den Rückweg (insofern als Leerfahrt) mitbezahlt werden. Jede unterwegs eingelegte Nacht wird in der Regel mit zusätzlichen US$30 berechnet. Langstrecken-Taxis sind privat buchbar (s. Kasten S. 338) oder auch über professionelle Agenturen wie **Zone Express Travel** (S. 338).

Strecke	Kosten
Mandalay–Amarapura–Inwa–Sagaing	US$40–50
Mandalay–Shwebo	US$60–70
Mandalay–Pyin U Lwin	US$50–60
Mandalay–Monywa	US$60–70
Mandalay–Bagan (inkl. Mount Popa)	US$90–100
Mandalay–Inle-See	US$110–120

Mandalay–Taunggyi	US$120–130
Mandalay–Pakkoku	US$80–100
Mandalay–Hsipaw	US$110–130
Mandalay–Lashio	US$140–160

(alle Preise nur als Transfers / Tagestrips bzw. ohne Reiseführer etc.)

Busse und Minivans

Die Tickets werden von den Büros der entsprechenden Busgesellschaften in der 31st St. (82/83) oder 32nd St. (82/83) verkauft, lassen sich aber auch von den Unterkünften oder Service-Agenturen besorgen. Auf den Verkauf fast aller Strecken hat sich z. B. das **Ngu Wa Bus Ticket Office**, 30th St. (77/78), ✆ 02-403 5110, ⏲ 7–21.30 Uhr, spezialisiert (persönliches Erscheinen erforderlich, das Personal spricht etwas Englisch). Bequemer ist die Besorgung z. B. über **Zone Express Travel** (S. 338), schlägt dann allerdings auch mit US$2 Servicegebühr zu Buche.

Die Verbindungen reichen inzwischen sogar bis zum 24 Busstunden entfernten Sittwe/Ngapali, viele werden zusätzlich von AC-Minivans (bis zu 12 Pers.) bedient. Die sind zwar rund 2000–3000 Kyat teurer, bieten aber immerhin auch einen Tür-zu-Tür-Service.

Der **Kywe Se Kann** oder auch **Main Bus Station** genannte, recht erbärmlich wirkende Highway-Busbahnhof liegt nahe dem alten Flughafen, rund 8 km südlich des Zentrums – zu erreichen mit Tuk Tuks für ca. 6000 Kyat. Von hier fahren die Busse über Meiktila und Bago nach Yangon sowie nach Bagan, Kalaw und Taunggyi. Die meisten anderen Ziele werden vor allem von Kleinbussen mit ca. 25 Plätzen angesteuert, während Pick-ups als Sammeltaxis allmählich verschwinden.

BAGAN (NYAUNG U), ca.170 km, mehrmals tgl. für 7000–9000 Kyat in 4–5 Std. Die meisten Minivans starten gegen 8.30 oder 16 Uhr, sind etwas schneller am Ziel und kosten um 11 000 Kyat.

BHAMO, ca. 430 km, 2x tgl. für 15 000 Kyat in mind. 14 Std. Die Strecke führt durch eindrucksvolle Landschaften – ist aber nichts für schwache Nerven und bleibt Ausländern zuweilen untersagt, sodass man lieber per Flug oder Boot planen sollte.

HSIPAW, ca. 210 km, um 6 und 14 Uhr für 8000 Kyat in 5–6 Std., Minivans 11 000 Kyat.

INLE-SEE (NYAUNG SHWE), ca. 360 km, meist um 20 Uhr für 9000 Kyat in 8–9 Std., populärer sind die um 8.30 und 17 Uhr startenden Minivans für 11 000 Kyat.

KYAUKSE, 35 km, von der Ecke (84/29) unregelmäßig mit Pick-ups in ca. 1 1/2 Std.

LASHIO, ca. 280 km, gegen 8 und 19.30 Uhr für 16 000 Kyat in 6–7 Std., Minivans meist um 8 Uhr für bis zu 25 000 Kyat.

LOIKAW, ca. 360 km, um 18–19 Uhr für 10 500 Kyat in rund 14 Std., meist über Taunggyi oder Kalaw und von dort aus noch ca. 6 Std.

MAWLAMYAING und HPA-AN, 750 km bzw. 740 km, gegen 17–18 Uhr starten die meisten der tgl. rund 10 Busse, gern genutzt wird die Verbindung ab 20.30 Uhr für 15 500 Kyat in 12–13 Std.

MONYWA und SHWEBO, ca. 100 km, von 8–16 Uhr quasi stdl. mit Kleinbussen für ca. 5000 Kyat in ca. 5 Std., wobei Shwebo weniger häufig bedient wird. Taxis schaffen die Strecke in nur 3 Std.

MYITKYINA, 550 km, 1x tgl. Für 26 000 Kyat in 16 Std.

PYIN U LWIN, ca. 65 km, die häufig verkehrenden Pick-ups starten von der Ecke (84/35) für 2000 Kyat (Kabine 3000 Kyat), in bis zu 2 1/2 Std. Sammeltaxis von Shwe Mann May, 79th St. (27/28), ✆ 09-680 6556, kosten 5000 und 7000 Kyat. Praktikabel wie beliebt sind die um 8.30, 9.30 und 10.30 Uhr startenden Minivans für 6000 Kyat mit einer Fahrtzeit von 2 Std.

SITTWE und NGAPALI, ca. 800 bzw. 700 km, um 16 Uhr mit Non-AC-Bussen für 22 000 Kyat in ca. 24 Std., sodass meist eher der Luftweg bevorzugt wird.

TAUNGGYI, ca. 260 km, mit großen AC-Bussen für 13 000 Kyat in 9 Std., noch keine Minivans verfügbar.

YANGON, ca. 650 km, oft und besonders gegen 9 Uhr sowie 21–22 Uhr von rund 30 Firmen mit meist modernen chinesischen Bussen bzw. 45 Sitzplätzen für ca. 15 000 Kyat in ca. 9 Std.

Bester Bus nach Yangon: Für die Strecke nach Yangon empfiehlt sich ein **Special Bus**, wobei das Angebot je nach Anbieter *First Class, Special Class, Business Class, Gold Class*

Am Ufer des Ayeyarwady dümpelt stets eine ansehnliche Armada.

oder *VIP-Night-Bus* heißen kann. Die Busse haben meist nur 27 Sitzplätze (3 pro Reihe), entsprechend mehr Komfort und eine effektive AC. Sie verkehren nur nachts, die Tickets liegen bei 22 000 Kyat.

Eisenbahn

An der Stelle des britischen Bahnhofs von 1889 erhebt sich heute ein imposantes, modernes Bauwerk mit markanter Architektur. Das Ticket-Büro, ✆ 02-403 5140, liegt im Erdgeschoss. ⌚ 6–16 Uhr. Einheimische und Ausländer zahlen die gleichen Tarife, die umfangreichsten Infos bietet 💻 www.seat61.com/Burma.htm.

BAGAN (NYAUNG U), tgl. gegen 21 Uhr mit Zug Nr. 120 für 4500 Kyat *(first class)*, 9000 Kyat *(upper class)* oder 17 500 Kyat *(upper class sleeper)* in 7 1/2 Std., wobei es aber nicht üblich ist, diese Strecke per Eisenbahn zurückzulegen.

MONYWA, tgl. um 14.30 Uhr für 700 Kyat, aber nur in der *ordinary seat* möglich und wegen der langen Fahrtdauer von 5–6 Std. nicht besonders akzeptabel.

MYITKYINA, um 14.10 Uhr *(55 up)* und 16.20 Uhr *(57 up)* als Express-Zug für 4150 Kyat *(ordinary class)*, 5150 Kyat *(first class)* oder 8250 Kyat *(upper class)*, unter Ausländern am beliebtesten. Die Strecke nach Myitkyina benötigt bis zu 20 Std. Der um 13 Uhr *(33 up)* startende Zug ist der einzige mit einer *sleeper class*. Der privat betriebene Zug von Myit Sone – Mandalar Express Train *(37 up) – fährt um* 10.20 Uhr ab für 8300 Kyat *(ordinary)* bzw. 16 500 Kyat *(upper class)*. Der *41 up* verkehrt als Postzug, der allerdings überall stoppt.

PYIN U LWIN, HSIPAW, LASHIA, tgl. um 4 Uhr bis nach Pyin U Lwin für 600–700 Kyat *(ordinary/ first class)* in rund 3 1/2 Std., bis HSIPAW 1700–3200 Kyat in 9 Std. und nach LASHIO für 2400–3200 Kyat in rund 16 Std. Die Fahrt über den Gokteik-Viadukt zwischen Pyin U Lwin und Hsipaw zählt zu den schönsten Zugstrecken von Myanmar, später ist es aber weniger spannend.

YANGON, 3x tgl. als Expresszug um 15, 17 und 6 Uhr für 4650 Kyat (*ordinary seat*, Ventilator), 9300 Kyat *(upper seat)* und 12 750 Kyat *(sleeper)* in 15–16 Std. Der *slow train* startet um 19.15 Uhr und trifft am nächsten Tag um 17.35 Uhr in Yangon ein.

Traveller-Train nach Yangon: Als beliebteste Option unter westlichen Reisenden gilt der tgl. um 15 Uhr startende Special Train.

Auf dem Wasserweg nach Bagan

Der Ayeyarwady zwischen Mandalay und Nyaung U müsste eigentlich „Road to Bagan" heißen, denn die meisten Touristen starten von der nördlichen Metropole aus per Boot zur ehemaligen Königsstadt bzw. als verlockende Alternative zum halbstündigen Flug oder einer profanen Busfahrt. Doch sollten die Erwartungen nicht zu hoch gesteckt werden: In diesem Abschnitt zeigt sich die Landschaft eher eintönig, ist der Ayeyarwady breit und das Ufer flach.

Zudem erschweren niedrige Wasserstände am Ende der Trockenzeit (steigen erst wieder im März mit der Schneeschmelze im Himalaya) und etliche Sandbänke die Navigation auf dem Fluss. Oft kommt es zu Verzögerungen, laufen **Fährboote** sogar auf Grund oder stellen ihren regelmäßigen Betrieb ganz ein – wie zuweilen auch in der Nebensaison. Die schnellsten Boote benötigen rund 9–10 Std. (in Gegenrichtung sogar 11–13 Std., obwohl die Tickets meist sogar rund US$10 billiger sind), während sich luxuriöse **Flusskreuzer** bis zu drei Tage Zeit lassen. Einen hilfreichen Überblick bietet 💻 www.myanmarrivercruises.com.

Komfortable Expressboote

RV Nmai Hka Cruises, Ecke (35/92), ✆ 094-0270 0062, 💻 www.rivernmaihkatravel.com, 🕒 9–18 Uhr. Benannt nach einem der wichtigsten im Kachin-Staat strömenden Zufluss des Ayeyarwady. Gilt als neuer Marktführer, ist bei Travellern besonders beliebt und verkehrt auch in der Nebensaison möglichst jeden Tag mit der *Nmai Kha 1* oder *Nmai Kha 2* bzw. jeweils bis zu rund 80 Passagieren nach Bagan. Die Tickets kosten US$42 und umfassen 2 kleine Mahlzeiten sowie einen rund 45-minütigen Zwischenstopp im historischen Ufer-Dorf Yandabo.

Malikha River Cruises, Pearl St., (77/78) und (32/33), ✆ 02-407 2279, 💻 www.malikha-rivercruises.com. Die schnittige *Malikha 2* kann die Passage mit bis zu 100 Passagieren und 11 Knoten bewältigen. Zudem verfügt das 106 m lange und 17 m breite, 2-stöckige Kabinenboot über einen klimatisierten Innenbereich und ein Sonnendeck mit Sitzgelegenheiten (rechtzeitig belegen, da sehr beliebt!). Abgelegt wird in Mandalay morgens um 7 Uhr für US$42. An Bord gibt es kostenlos ein kleines Frühstück und Mittagsmahl, Trinkwasser, Kaffee und Tee, gegen Bezahlung auch Cola oder Bier (3000 Kyat). Als weiteres und halb offenes Boot für bis zu 120 Passagiere wird die *Malikha 3* eingesetzt, während die

Er absolviert auf der Strecke nach Yangon nur 5 Zwischenstopps und benötigt rund 15 Std., sodass man perfekt frühmorgens ankommt. Die Tickets für die upper class liegen bei 18 000 Kyat.

Boote

Der Begriff „Jetty" bezeichnet in Mandalay keine betonierten Piers, sondern lediglich die mit mobilen Holzplanken bestückten Anlegestellen am lehmigen Ufer des Ayeyarwady. Die beiden wichtigsten sind der **Mayanchan-Jetty** (auch Mayangyan- oder Mingun-Jetty) für Boote nach Mingun am Ende der 36th St. und der **Gawein-Jetty** (auch Gawwein-Jetty) für Schiffe nach Bagan am Ende der 35th St. Die luxuriösen Flusskreuzer *Road to Mandalay* und die Schiffe der *Pandaw*-Flotte starten vom Anleger **Shwe Kyet Yet** – rund 2 km vor der Brücke nach Sagaing.

Tickets für den Wasserweg nach Bagan, Pyay und Bhamo gibt bei der **Inland Water Transport (IWT)** in Nähe des Gawein-Jetty bzw. am Westende der 35th St., ✆ 02-403 6035, 🕒 9.30–16.30 Uhr. Hier hängen auch Fotos aller Schiffe aus. Die Tickets sollten mind. 1 Tag vor Abreise gekauft bzw. gegen US$2–3 Aufpreis von der Unterkunft oder einer Reise-Agentur besorgt werden.

Für Törns mit gediegenen **Flusskreuzern** s. Kasten S. 344, für **Charterboote** s. Kasten S. 344.

Bagan

Für Bootsverbindungen nach Bagan s. Kasten. Generell anzumerken ist, dass das Angebot

für nur 40 Reisende ausgelegte *Maykha 2* als beschauliche Holzdschunke vor allem zu gemächlichen Chartertouren startet.
Myanmar Golden River Group (MGRG), Innenstadt-Büro: 38th St. (79/80), ☏ 02-406 6204, 🖳 www.mgrgexpress.com, ⌚ 6–18 Uhr, und Service-Schalter am Fluss unter einem großen Banyan-Baum: Strand Rd. (26/35), ☏ 092-5888 8098 (Mrs. Ye Ye ist kompetent und spricht gut Englisch), ⌚ 11–18 Uhr. Insgesamt 6 Boote (teils mit Kabinen), in der Saison tgl. Verbindungen ab 6.30 Uhr für US$42 inkl. Frühstück und kleinem Mittagsmahl.

Nostalgische Flusskreuzer

Am stil- und stimmungsvollsten bewältigen lässt sich die Strecke mit Flusskreuzfahrten bzw. schwimmenden Boutiquehotels, die natürlich ihren Preis haben (z. B. mit 1 Nacht ab US$250):
Amara River Cruises, 🖳 www.amaragroupmyanmar.com. Mit einer jeweils zwölfköpfigen Besatzung auf Kreuzfahrt gehen die beiden hölzernen Schiffe *Amara I* und *Amara II* bis hoch nach Bhamo. Ein Teil des Gewinns fließt in soziale Zwecke.
Ayravata Cruises, 🖳 www.ayravatacruises.com. Nostalgisch und nobel geht es zu auf den Flusskreuzern *RV Paukan 2007, RV Paukan 2012* und *RV Paukan 2015* sowie an Bord der *Irrawaddy Explorer, Irrawaddy Voyager I* und *Irrawaddy Voyager II.*
Belmond, 🖳 www.belmond.com. Das seit 1996 als erster Flusskreuzer Myanmars über den Ayeyarwady gleitende ehemalige Rheinschiff *Road To Mandalay* kann mit 43 Suiten für bis zu 82 Passagiere und einem bordeigenen Pool aufwarten.
Pandaw River Expeditions, 🖳 www.pandaw.com. Die führende Reederei für Flusskreuzfahrten bedient die Strecke mit mehreren Schiffen und teuren Törns (s. Kasten S. 344).
Tint Tint Myanmar Group of Companies, 🖳 www.tinttintmyanmarcruises.com. Legt ab mit den gediegenen, aber vergleichsweise überraschend preiswerten Flusskreuzern *Makara Queen, Irrawaddy Princess* und *Princess Royal.*

Fast alle Fluss(kreuz)fahrten sind in Mandalay über **Zone Express Travel** buchbar (S. 338).

ständigen Veränderungen unterliegt – wie z. B. das plötzliche Verschwinden des langjährigen Marktführers **RV Shwe Keinnery** gezeigt hat. Seit 2017 ebenso eingestellt wurden die **Slow-Boat-Törns** der **IWT**, die mind. 5 Std. länger benötigt hatten.

Bhamo / Homalin

Schiffe der **IWT** bedienen die Strecke regelmäßig für 15 000 Kyat, wobei ein Platz in einer recht sauberen Doppelkabine bis zu 72 000 Kyat p. P. kosten kann. Abfahrt ist Mo, Do und Sa um 6 Uhr. Stromaufwärts brauchen die Boote 3 Tage und 2 Nächte, in Gegenrichtung (Mo, Mi und Fr ab 7 Uhr) meist nur 2 Tage und 1 Nacht. Luxus-Kreuzfahrten: Auf der **Road to Mandalay** gibt es 11-tägige, mit der **Pandaw-Flotte** bis zu 2 Wochen dauernde Törns nach Bhamo (s. Kasten S. 344).
Praktikabel, aber nicht gerade preiswert sind die Charterboote des am Mayanchan-Jetty ansässigen Unternehmens **Global Seagull Travels & Tours (Zin Yaw Boat)**, ☏ 02-406 3596, 094-0274 6058 (Naing Win Tun), 🖳 www.globalseagullmyanmar.com, ⌚ 8–18 Uhr. Mr. Naing Win Tun und seine Familie besitzen insgesamt 15 Schiffe (für max. 40 Pers.), die vor allem für Flusskreuzfahrten nach Mingun und Bagan (1–5 Pers. US$650, 6–10 Pers. US$850) eingesetzt werden. Passagen nach Bhamo (4 Tage rauf/3 Tage runter) kosten bei 1–4 Pers. etwa US$1600 (als Rundtour US$5000), nach / von Homalin im Chin-Staat (9 Tage rauf/ 7 Tage runter – mit einfachen Ventilator-Kabinen) lassen sich ab US$5000 chartern.

Expeditionen mit Nostalgie, Luxus und Legenden

Hier lohnt sich auch einfach nur die Homepage – zur Lektüre und Fortbildung, denn **Pandaw River Expeditions** (The Irrawaddy Flotillia Company), 💻 www.pandaw.com, fungiert als Pionier für Flusskreuzfahrten und präsentiert sich bemerkenswert kompetent. Der Ursprung dieser Reederei, die in Asien mittlerweile 18 kolonial-nostalgische Luxusschiffe betreibt, liegt in Myanmar und reicht bis in das Jahr 1865 zurück. Das enorm verlockende Programm wird ständig ausgebaut und umfasst landesweit bereits 13 Touren, von denen etliche in Mandalay starten und auf dem Ayeyarwady z. B. bis nach Bhamo führen können sowie auf dem Chindwin über Monywa bis nach Kalewa oder gar Homalin. Die erlebnisreichen Expeditionen können bis zu 3 Wochen dauern, die kürzeste umfasst 4 Nächte und erfolgt für rund US$1400 zwischen Mandalay nach Bagan. Die Einnahmen fließen z. T. in soziale Projekte wie 8 Kliniken, s. 💻 www.pandawcharity.com.

Die **IWT** bedient diese Strecke nur ab Monywa (S. 375).

Mingun

Die Abfahrten erfolgen vom Mayanchan-Jetty. Wer die staatliche, um 9 Uhr ablegende Fähre benutzen will, sollte sich rechtzeitig im entsprechenden Büro gemeldet haben, wo Manager Khin Maung Aye fließend Englisch spricht, ✆ 02-406 5396, ⌚ 8–10.30 Uhr. Das eigens für Ausländer eingerichtete **Linienboot** kostet 5000 Kyat p. P. (Fahrräder plus 1000 Kyat), benötigt 60 Min. und kehrt um 12.30 Uhr in 45-minütiger Fahrt wieder zurück nach Mandalay. Seit 2018 konkurriert **Golden Myanmar Rendezvouz Travels & Tours**, ✆ 094-0274 6060 (Mrs. Phyu Pyu Thet), 💻 http://myanmarrendezvous.com/ mit Transfers für US$10 p. P. – und das sogar schon ab 2 Pers., mit Start um 8 Uhr und Rückkehr gegen 12 Uhr. Zu den gleichen Konditionen werden auch *Sunset Cruises* angeboten, und zwar von 16.30–19.30 Uhr. Ganz individuell und wohl auch romantischer geht es mit einem der 30 hier liegenden **Charterboote** nach Mingun – wie von **Global Seagull Travels & Tours** (s. o.): Schlichte Transfers oder rund 4-stündige Rundtrips kosten für bis zu 5 Pers. US$30, für bis zu 10 Pers. US$40 (ggf. sollte man am Fährbüro warten, bis mehr Passagieren da sind). Die Boote sind meist beschaulich und bequem, ermöglichen zudem auch flexible Besuchszeiten, sodass man ggf. schon vor 9 Uhr in Mingun sein kann bzw. bevor die Touristenmassen eintreffen (mehr Infos zu Mingun-Trips s. S. 361, weitere Möglichkeiten zum Chartern von Booten s. Kasten), für Delfin-Touren s. Kasten S. 365.

Charter-Törns rund um Mandalay

Noch jung ist die Möglichkeit zu mehrtägigen Flusstouren als Charter – wie mit der **The River Lounge**, ✆ 097-8015 4175, 💻 www.ancientcitiesflottila.com. Sie kann von 2 bis 24 Personen geentert werden – z. B. für Halbtagestouren nach Mingun oder 3-tägige Törns zu den Königsstädten in der Umgebung von Mandalay. Andere Charter-Trips können zu den Delfin-Dörfern im Norden von Mandalay führen (s. Kasten), bis nach Bhamo (S. 343) oder auch einfach nur in den Sonnenuntergang (S. 307).

Flüge

Der 2000 eröffnete **Mandalay International Airport**, 💻 www.mandalayairport.com, liegt rund 35 km südlich der Stadt. Trotz der Anbindung durch neue, breite Straßen beträgt die Fahrtzeit fast 1 Std. Der für US$600 Mio. von einem thailändisch-italienischen Konsortium erbaute Flughafen kann mit seiner 4267 m langen Start- und Landebahn auch größere Maschinen abfertigen. Im Terminal finden sich mehrere Schalter für Geldwechsel und SIM-Cards. Transfers s. Kasten S. 345.

National

Die Inlands-Anbindung von Mandalay hat sich erheblich verdichtet, die wichtigsten Flugrouten sind:

BAGAN, bis zu 6x tgl. für US$55–65 in 30 Min., meist als Zwischenstopp nach Yangon.
BHAMO, 4x wöchentl. für ca. US$120, mit Myanmar National Airlines, in 1 Std.
HEHO / INLE-SEE, 5x tgl. für US$50–60 in 30 Min.
KENGTUNG, fast tgl. für ca. US$140, mit 2 Airlines, in 85 Min.
MYITKYINA, tgl. für US$126, als Zwischenstopp nach Putao, mit 5 Airlines, in 1 Std.
PUTAO, 3x wöchentl. für US$138, mit 2 Airlines, in fast 2 Std.
YANGON, bis zu 10x tgl. für US$110–120, morgens, mittags und nachmittags – mit 7 Airlines, in 1 1/4 Std.
Auch HOMALIN, HKAMTI, LASHIO, KALAYMYO, NAY PYI TAW und TACHILEK werden bedient.

International
Von besonderer Bedeutung sind die Verbindungen nach Bangkok und Chiang Mai:
BANGKOK, tgl. um 12.45 Uhr mit AirAsia (US$110–120) in knapp 2 Std. (Achtung: nur zum Don Mueang Airport), tgl. um 14 Uhr mit Bangkok Airways (US$150–160) sowie 4x wöchentl. um 12 Uhr mit Thai Smile Airways (US$110) in 2 1/2 Std.
CHIANG MAI, 4x wöchentl. um 18 Uhr mit Bangkok Airways (US$130–160) in rund 1 1/2 Std.
KUNMING, 1x tgl. um 14 Uhr mit China Eastern Airlines (US$260) in ca. 3 Std.

Fluggesellschaften
Die Innenstadt-Büros haben meist geöffnet von Mo–Fr um 9–17 Uhr und Sa, So um 9–12 Uhr, doch lassen sich alle Anliegen auch bestens über z. B. **Sun Far Travels & Tours** (S. 338) abwickeln.
AirAsia (AK), 73rd St. (30/31), ✆ 097-6125 2525.
Air Kanbawza / KBZ (K7), 30th St. (65/66), ✆ 02-402 462-3, 402 7053-4 (Flughafen).
Bangkok Airways (PG), 78th St. (33/34), ✆ 02-403 6323 und 402 7082 (Flughafen).
China Eastern Airlines (MU), 82nd St. (27/28), ✆ 02-406 0990-1.
Golden Myanmar Airlines (Y5), 83rd St. (31/32), ✆ 02-403 0720 und 402 7073 (Flughafen).
Mann Yadanarpon Airlines (7Y), 78th St. (33/34), ✆ 02-406 7099 und 406 7099 (Flughafen).
Myanmar National Airlines (UB), 81st. St. (25/26), ✆ 02-403 6221-2.
Myanmar Airways International (MA) / Thai Smile Airways (TG), am Flughafen, ✆ 02-402 0279.
Yangon Airways (HK), am Flughafen, ✆ 02-403 4405-6 und 402 7050.

Flughafen-Transfers

Es gibt keinen regulären Busverkehr zwischen Mandalay und dem Flughafen, doch organisiert z. B. **Sun Far Travels & Tours** (S. 338) **Sammeltransporte** per Limousine oder Minibus für 4000 Kyat. inkl. Abholung von der Unterkunft. Ein eigenes **Taxi** vom/zum Flughafen gibt es ab 12 000 Kyat, ein Minivan liegt bei 18 000 Kyat. Privat arrangierte Transfers (Fahrer s. Kasten S. 338) können unterwegs einen Abstecher zur Schlangen-Pagode **Mway Paya** ermöglichen (in Paleik bzw. auf halbem Weg, ca. 5 Min. Autofahrt von der Hauptstrecke).

THANBODDHAY-PAGODE, MONYWA; © NIPAPORN YANKLANG

Die Umgebung von Mandalay

Pittoreske Hinterlassenschaften längst versunkener Königreiche, mit Pagoden und Klöstern übersäte Hügel, aber auch etliche Superlative und Kuriositäten locken zu ein- oder besser mehrtägigen Entdeckungstouren in die Umgebung von Mandalay. Diese lassen sich teilweise sogar als beschauliche Flusskreuzfahrten auf dem Ayeyarwady arrangieren.

Stefan Loose Traveltipps

Amarapura Die „Stadt der Unsterblichkeit" lohnt allein schon wegen der romantischen U-Bein-Brücke einen Besuch – zumal diese als längste Holzbrücke der Welt gilt. S. 350

Sagaing Nirgends in Myanmar findet sich eine so spektakuläre Dichte von Tempeln, Pagoden und Klöstern wie auf und zwischen den sanften Hügeln am Ufer des Ayeyarwady. S. 357

Mingun Die faszinierenden Überreste der imposanten Pahtodawgyi-Pagode zeugen noch heute davon, dass hier einst die größte Pagode der Welt in den Himmel ragen sollte. S. 362

7 **Pyin U Lwin** Von den Briten angelegt, erfreut der Bergort mit kühlem Klima, kolonialem Charme und filmreifen Westernkutschen. S. 364

8 **Monywa** An die 600 000 Buddhabildnisse schmücken die Thanboddhay-Pagode, während sich nicht weit entfernt die zweithöchste Buddhastatue der Welt erhebt. S. 375

REGIONALE SPEZIALITÄTEN, PYIN U LWIN; © VOLKER KLINKMÜLLER

WASSERBÜFFEL, MONYWA; © VOLKER KLINKMÜLLER

Wie lange? Mit Pyin U Lwin und Monywa rund eine Woche

Romantischer Reiz Sonnenuntergang mit Blick auf Sagaing

Sportliche Spritztour Mit Fähre und Fahrrad nach Mingun

Unvergessliches Erlebnis Fluss-Flipper im Ayeyarwady sichten

Leckere Mitbringsel Getrocknete Früchte aus Pyin U Lwin

Nicht verpassen Besuch bei den drei Riesen-Buddhas von Monywa

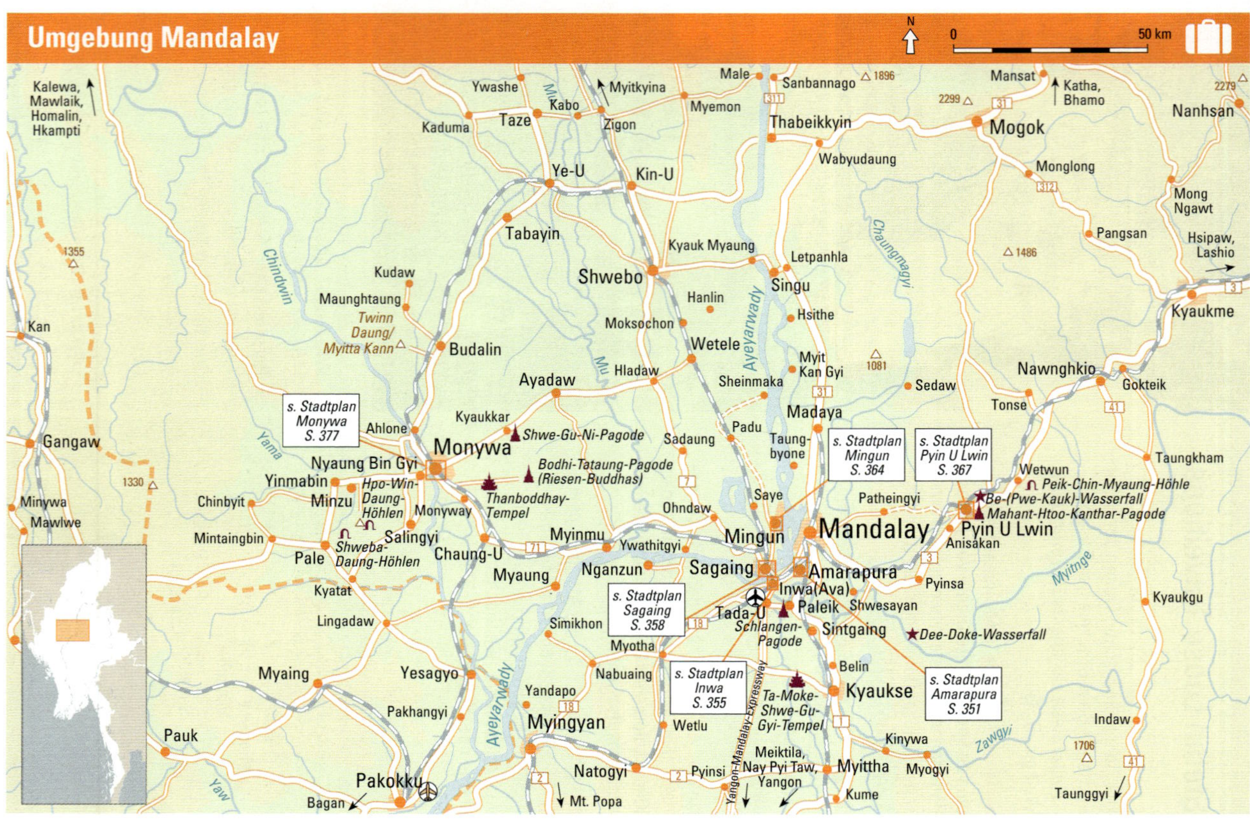

Umgebung Mandalay
N
0
50 km
Kalewa, Mawlaik, Homalin, Hkampti
Ywashe
Mu
Kabo
Myitkyina
Male
Sanbannago
1896
Mansat
Katha, Bhamo
2299
2279
Nanhsan
Kaduma
Taze
Zigon
Myemon
Thabeikkyin
Mogok
Wabyudaung
Monglong
Mong Ngawt
Ye-U
Kin-U
Tabayin
Pangsan
1486
Hsipaw, Lashio
1355
Chindwin
Kyauk Myaung
Letpanhla
Chaungmagyi
Kudaw
Shwebo
Singu
Maunghtaung
Hanlin
Hsithe
Kyaukme
Kan
Twinn Daung/ Myitta Kann
Moksochon
Ayeyarwady
Budalin
Wetele
Myit Kan Gyi
1081
Hladaw
Nawnghkio
Gokteik
Ayadaw
Sheinmaka
Sedaw
Tonse
s. Stadtplan Monywa S. 377
Kyaukkar
Madaya
Ahlone
Shwe-Gu-Ni-Pagode
Padu
Gangaw
Yama
Sadaung
Taung-byone
s. Stadtplan Mingun S. 364
s. Stadtplan Pyin U Lwin S. 367
Taungkham
Monywa
Nyaung Bin Gyi
Bodhi-Tataung-Pagode (Riesen-Buddhas)
Wetwun
Peik-Chin-Myaung-Höhle
1330
Yinmabin
Hpo-Win-Daung-Höhlen
Saye
Patheingyi
Be-(Pwe-Kauk)-Wasserfall
Minywa
Chinbyit
Minzu
Monyway
Thanboddhay-Tempel
Ohndaw
Mahant-Htoo-Kanthar-Pagode
Mawlwe
Mandalay
Pyin U Lwin
Mintaingbin
Salingyi
Myinmu
Mingun
Anisakan
Shweba-Daung-Höhlen
Ywathitgyi
Pale
Chaung-U
Sagaing
Amarapura
Myaung
Nganzun
Pyinsa
Myitnge
Kyatat
s. Stadtplan Sagaing S. 358
Inwa(Ava)
Tada-U
Paleik
Shwesayan
Kyaukgu
Lingadaw
Simikhon
Schlangen-Pagode
Sintgaing
Dee-Doke-Wasserfall
Myotha
Belin
Myaing
Yesagyo
Nabuaing
s. Stadtplan Inwa S. 355
Yandapo
Ta-Moke-Shwe-Gu-Gyi-Tempel
Kyaukse
s. Stadtplan Amarapura S. 351
Pakhangyi
Myingyan
Wetlu
Yangon-Mandalay-Expressway
Indaw
Pauk
Kinywa
Zawgyi
1706
Natogyi
Pyinsi
Meiktila, Nay Pyi Taw, Yangon
Myittha
Myogyi
Pakokku
Yaw
Taunggyi
Bagan
Mt. Popa
Kume

Auf engstem Raum finden sich um Mandalay mit Amarapura, Inwa (Ava), Sagaing und Shwebo vier ehemalige Königsstädte, die sich leicht mit Tagestouren erkunden lassen. Denn nach dem Niedergang von Bagan blieben Mandalay und Umgebung bis 1885, als der dritte und letzte Anglo-Birmanische Krieg mit einer endgültigen Niederlage endete, das Zentrum der Königreiche. Um das jeweils mit der alten Residenz verbundene Unheil – etwa durch das Töten von Rivalen und ihrer Familien – abzuschütteln, verlegten die Herrscher der rund 130 Jahre währenden Konbaung-Dynastie ihre Hauptstadt insgesamt fünf Mal!

Immer wenn der Umzug in eine neue Hauptstadt anstand, wurden die weitgehend aus Edelhölzern errichteten Paläste und Klöster einfach ab- und an der neu erwählten Stätte wieder aufgebaut. Sobald die Herrscher mit ihrem Gefolge abgezogen waren, wurden ehemals mächtige Städte wieder zu einfachen Bauerndörfern, während die aus Mauerwerk und Ziegeln erbauten Heiligtümer Bestandteil der Landschaft blieben. Nach dem Sturz von Bagan erlangte im frühen 14. Jh. zunächst Sagaing Bedeutung, aber schon 1364 schwang sich Inwa zur Nachfolge auf – wurde Regierungssitz von 1764 bis 1783. Dann wurde die Hauptstadt nach Amarapura verlegt, doch 1823 war Inwa wieder an der Reihe, bis das verheerende Erdbeben von 1838 die gesamte Region verwüstete und die Staatsverwaltung zurück nach Amarapura verlegt werden musste. König Mindon zog 1857 schließlich nach Mandalay um, das bis zur britischen Eroberung für 25 Jahre Hauptstadt blieb.

Obwohl das nördlich am Ayeyarwady liegende Mingun niemals Königsstadt gewesen ist, kann es mit interessanten Sehenswürdigkeiten aufwarten, darunter die Überreste einer gigantischen Pagode und die größte funktionstüchtige Glocke der Welt. In Monywa locken mit der bunt-verspielten, von fast 600 000 Buddhastatuen geschmückten Thanboddhay-Pagode und drei Buddhas der Superlative beeindruckende Heiligtümer sowie stimmungsvolle Flussreisen auf dem Chindwin. Ein Ausflug nach Shwebo indes führt in eine abgelegene, beschaulich gebliebene Stadt, von der aus König Alaungpaya einst das Dritte Birmanische Reich gründete.

Tipps zur Tourenplanung

Wer es eilig hat, kann die Erkundung von Amarapura, Inwa (Ava) und Sagaing an einem einzigen Tag schaffen, doch für Mingun sollte mindestens noch ein weiterer halber Tag eingeplant werden. Die Sehenswürdigkeiten von Mandalay aus per öffentlichem Personennahverkehr erreichen zu wollen, kann in eine zeitraubende Tortur ausarten – zumal die Ziele meist nicht direkt angefahren werden. Weitaus angenehmer gestalten sich das Anheuern eines Tuk Tuks oder Taxis (S. 338), eine erlebnisreiche Fahrradtour (S. 334 und S.361) oder – für die Strecke nach Sagaing – vielleicht sogar der bis zu 2 1/2 Stunden dauernde Wasserweg per Charterboot (S. 344). Übernachten kann man allenfalls in Sagaing, das sich so auch authentischer erleben lässt. Vielerorts muss – abhängig von Saison und Tageszeit – mit aufdringlichen Souvenirverkäufern gerechnet werden. Zu den Eintrittskosten s. Kasten S. 304. Für einen Besuch von Pyin U Lwin sollten auf jeden Fall ein oder besser zwei Übernachtungen eingeplant werden, um die historische Stimmung der ehemaligen Bergstation besser erfassen zu können. Auch zum Abstecher nach Monywa gehört eigentlich mindestens eine Hotelnacht. Ein Trip zur Edelstein-Enklave Mogok indes mag zwar spannend erscheinen, ist aber ob der wieder angezogenen Permit-Bestimmungen weniger angesagt. Nach Shwebo sollte sich allenfalls aufmachen, wer bereits alle anderen bedeutenden Sehenswürdigkeiten erkundet hat.

Als neu zu entdeckende Attraktionen gelten der Dee-Doke-Wasserfall (s. Kasten S. 350) und das 35 km südlich von Mandalay liegende **Kyaukse** bzw. der dort im Oktober zu bestaunende **Elefanten-Tanz** sowie die 11 km westlich der Stadt liegenden Tempelruinen von **Ta Moke Shwe Gu Gyi**, deren acht Bauten bis in das 8. Jh. zurückreichen.

Die für Ausländer lange gesperrte, geheimnisumwitterte und von hohen Bergen umrahmte Edelstein-Enklave Mogok darf seit 2013 besucht werden, aber nur mit Sondergenehmigung und

Abstecher zum Abkühlen

Der Hitze Mandalays entfliehen und sich in paradiesischen Pools erfrischen: Der südöstlich der Metropole lockende **Dee-Doke-Wasserfall** und seine türkisblauen Felsbecken machen es möglich! Die rund einstündige bzw. 40 km lange Anreise führt zunächst über die Nationalstraße 3 in Richtung Pyin U Lwin und dann parallel zum Myitnge, um sich später mit einem rund 20-minütigen Aufstieg zu verbinden. Schließlich teilt sich der Pfad – schlängelt sich entweder zum Haupt-Wasserfall oder zu den Bade-Pools, wo es sogar ein erstes, einfaches Restaurant gibt.

Das **Ostello Bello Hostel** in Mandalay (S. 323) bietet u. a. die erlebnisreiche, besonders naturnahe „The Incredible 3 – Tiered Waterfall Tour" an – als Tagestour für 18 000 Kyat p. P.

lizenziertem Reiseführer. Denn hier werden die wertvollsten Rubine und Saphire des Landes aus der Erde gegraben.

DIE UMGEBUNG VON MANDALAY

Amarapura

Die rund 10 km weite Anfahrt von Mandalay führt vorbei am weitläufigen **Kandawgyi-See** (historisch: Thet Thay). An dem 3,7 km langen und bis zu 1 km breiten Gewässer liegen etliche Restaurants, die abends mit bunter Beleuchtung auf sich aufmerksam machen. Als spektakulärstes lockt die **Pyi Gyi Mon Royal Barge**, die bis Ende der 1990er-Jahre auf dem Graben des Königspalastes in Mandalay dümpelte und sich nun auf 215 Pfähle stützt. Wie auch das goldfarben schillernde Mandalay Karaweik Hotel am Ufer des Ayeyarwady (S. 306) ist sie ein imposanter Nachbau der einstigen königlichen Schiffe – und erreicht eine stattliche Höhe von über 18 m.

Geschichtliche Bedeutung

Obwohl der aus dem Sanskrit stammende Name „Stadt der Unsterblichkeit" bedeutet, währten die Zeiten von Amarapura als Hauptstadt nicht lange. Kurz nach seiner Thronbesteigung 1782 wählte König Bodawpaya Amarapura für einen Neubeginn – hatte er zu Beginn seiner Herrschaft doch zahlreiche Rivalen und deren Familien umbringen lassen. Doch schon 40 Jahre später verlegte Bagyidaw den Regierungssitz zurück nach Inwa. 1841 wurde Amarapura nochmals Hauptstadt, bevor König Mindon 1857 nach Mandalay umzog, was insgesamt drei Jahre in Anspruch nahm.

Eine Woche nach Ende des Nat-Festes von Taungbyone (s. Kasten S. 352) strömen Gläubige in Scharen zum **Irinaku-Fest** (Yadanagu-Fest) von Amarapura. Es erinnert an die Mutter der Taungbyone-Brüder, die Popa Maedaw (S. 272). Für seine wilden Auswüchse bekannt, zählt es für die Anhänger des Nat-Kultes zu den Höhepunkten des Jahres.

Orientierung und Erkundung

Da vom einstigen **Palast** nur wenig erhalten ist, kommen die meisten Besucher wegen der 1,2 km langen, hölzernen **U-Bein-Brücke**, einige aber auch wegen der eindrucksvollen Massenspeisung von mehreren hundert Mönchen und Nonnen im nahen **Mahagandhayon-Kloster**. Zudem erinnert noch mancher Straßenzug daran, wie es hier schon vor Jahrhunderten ausgesehen haben mag – als Amarapura ein Zentrum der Seiden- und Baumwollweberei war: Aus etlichen Häusern ist das monotone Klappern traditioneller Holzwebstühle zu vernehmen, in der **Mingalar Road** hängen archaisch anmutende Färbereien massenhaft Baumwollfäden zum Trocknen auf – ein fotogenes Feuerwerk der Farben. Doch auch viele Handwerksbetriebe des Bronzegusses, der Holzschnitz- und Steinmetzkunst sind in Amarapura angesiedelt.

Taungthaman-See

Seit dieser sich südöstlich von Amarapura erstreckende See durch einen Damm aufgestaut wird, kann er das ganze Jahr über Wasser führen und für allerlei idyllische Impressionen sorgen (als Beispiel s. eXTra [5800]). Die **Fischereirechte** werden alle paar Jahre neu vergeben – und offensichtlich auch exzessiv genutzt: Kaum zu glauben, dass die Fänge überhaupt noch lohnen, wird den Fischen doch tagtäglich facettenreich wie flächendeckend nachge-

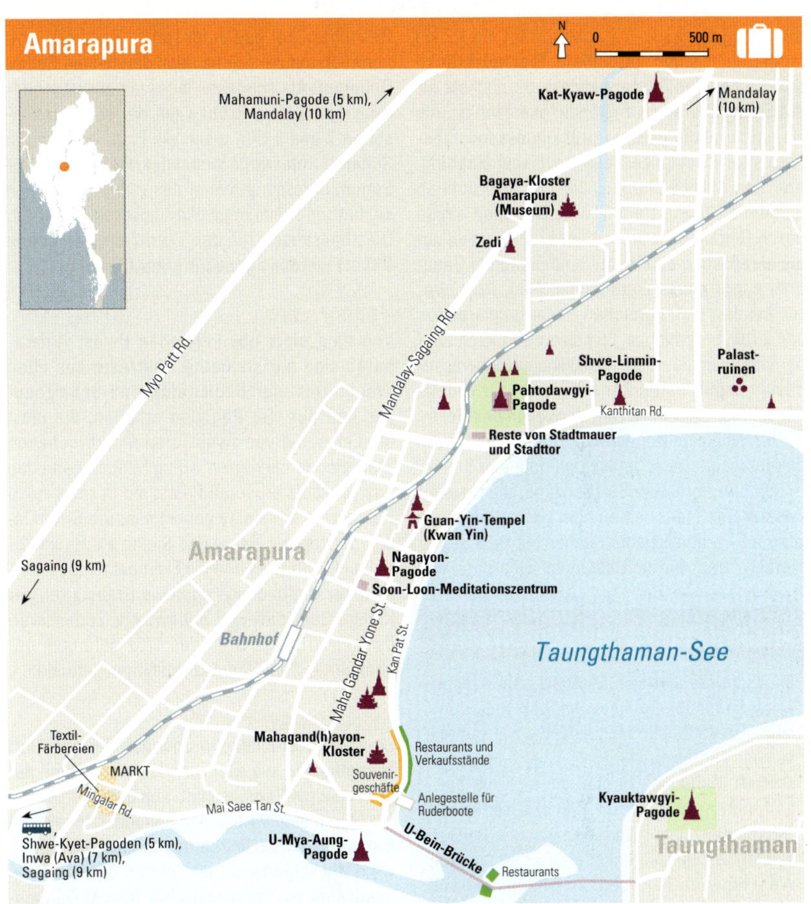

stellt – ob mit vom Ufer oder Booten schwungvoll ausgeworfenen Netzen, durch Stellnetze, Reusen und Stehangler sowie nicht zuletzt eben auch von den scharenweise über dem ausgesprochen flachen Gewässer kreisenden Adlern. In der Trockenzeit wird der freigegebene, fruchtbare Seegrund umgehend zum Anpflanzen von Gemüse genutzt. In der Monsunzeit jedoch kann der **Wasserpegel** – gespeist von den Fluten des Ayeyarwady – sogar bis knapp unter die Brückenplanken schwappen.

Auf jeden Fall empfiehlt sich eine beschauliche Runde mit einem der **Ruderboote**, die am Ufer dümpeln. Eine rund einstündige Tour kostet morgens meist 10 000 Kyat (max. 3 Pers.), nachmittags bis zu 15 000 Kyat – und verspricht stets ganz andere Perspektiven der legendären Brückenkonstruktion. Natürlich kann man sich auch in einem der immer zahlreicher werdenden, halb offenen **Restaurants** mit romantischem Ausblick niederlassen (s. Kasten S. 353) – zumal hier quasi auch nichts mehr als 2000 Kyat kostet.

U-Bein-Brücke

Um 1850 unter König Pagan – dem Bruder Mindons und einem der grausamsten Herrscher der

Konbaung-Dynastie – errichtet, trägt die 1,2 km lange, einst sogar vergoldete **Teakholzbrücke** den Namen des Bürgermeisters, der damals für die Stadt Amarapura zuständig gewesen ist. Als Baumaterial diente das zurückgelassene Teakholz alter Residenzen aus Inwa und Sagaing. Von den 1086 Stämmen, die die zerbrechlich wirkende Brücke tragen, wurden schon einige durch Betonpfeiler ersetzt, was nicht unbedingt als Ideallösung erscheint – und manchen Besucher sogar etwas enttäuschen mag. Doch waren bei den umfangreichen Sanierungsarbeiten von 2016 immerhin u.a. 35 hölzerne Stützen wieder eingesetzt worden, die 2004 ein Hochwasser davongespült hatte. Zudem wurde die Brücke mit schönen Pavillons zum Verweilen bestückt.

Der Weg zum Bauwerk führt über von Baumriesen beschattete, beidseitig üppig von Souvenirständen flankierte Straßenzüge, die meisten Restaurants indes reihen sich weiter unten am Ufer auf – teilweise sogar schon mit zwei Stockwerken. Unaufhörlich strömen Besucher wie Besuchte über das aufgestelzte Bauwerk – oft natürlich auf der Suche nach den besten Selfie-Optionen. Als schönste Tageszeit zur Überquerung der U-Bein-Brücke gilt der Morgen zwischen 7 und 9 Uhr, wenn die Einheimischen in Scharen unterwegs sind, oder die Zeit kurz vor Sonnenuntergang, wenn das warme Licht bisweilen für stimmungsvolle Impressionen sorgt. Die theoretisch für den Zutritt erforderlichen Tickets werden nur selten kontrolliert.

Das Nat-Festival von Taungbyone

Im 30 km nördlich von Mandalay am Ayeyarwady liegenden Taungbyone wird jeden Juli oder August eines der landesweit ausgelassensten Nat-Feste zelebriert. Es strömen massenhaft Menschen herbei, um sich bei ausgedehnten Mahlzeiten, feucht-fröhlichen Trinkrunden, allerlei Vorführungen und Glücksspielen zu vergnügen oder Astrologen und Wahrsager zu befragen. Im Mittelpunkt des Festes stehen die Nat-Brüder **Min Gyi** und **Min Lay**. Nach dem Tod ihrer Eltern (S. 272) wurden sie von **König Anawrahta** gezwungen, am Feldzug nach Yunnan teilzunehmen. Auf dem Rückweg befahl er seinen Weggefährten, am Ort des heutigen Taungbyone eine Pagode zu bauen. Als die beiden Brüder ihre Hilfe verweigerten, wurden sie kurzerhand hingerichtet. Später schien es den König zu reuen: Er ordnete den Bau eines Schreins an, zudem sollte es zu Ehren der Brüder alljährlich ein Fest geben. Dazu werden die bemalten Holzfiguren rituell gewaschen und durch die Menge getragen, wobei jeder versucht, sie zu berühren.

Palastruinen

Von dem einst quadratischen Palast Amarapuras sind nur steinerne Überreste des alten Wachturms, der Registratur, des Schatzhauses und der vier Pagoden erhalten, die einst die Ecken der von zwölf Toren unterbrochenen Stadtmauer markierten. König Mindon hatte den aus Teakholz erbauten Palast mit in seine neue Hauptstadt Mandalay genommen. Die Briten indes nutzten die Ziegel und Steine als Baumaterialien für Straßen und die Eisenbahnlinie. Innerhalb der Umfriedung liegen die Grabstätten der Könige Bagyidaw und Bodawpaya. Zudem wurde hier 2013 das Grab des 1767 gefangen genommenen Thai-Königs Uthumphon gefunden.

Kyauktawgyi-Pagode

Die U-Bein-Brücke führt über den See zum Dorf **Taungthaman**, wo sich vor allem ein Besuch der Kyauktawgyi-Pagode lohnt. König Pagan ließ sie 1847 nach dem Vorbild des Ananda-Tempels von Bagan errichten. Durch das fünfstöckige Dach wirkt die Pagode auf den ersten Blick wie ein tibetischer oder nepalesischer Tempel. Im Inneren finden sich eine imposante Buddhafigur aus hellem Sagyin-Marmor, Figuren der 88 Schüler Buddhas und der halb menschlichen Manothiha-Fabelwesen. Die Eingangshallen sind mit Wandmalereien geschmückt, die Tierkreisbilder, Paläste und Pagoden oder Alltagsszenen zeigen, auf denen sogar einige Ausländer zu erkennen sind – als Hinweis darauf, wie bewusst den Einheimischen die Präsenz der Engländer damals gewesen ist.

Mahagand(h)ayon-Kloster

Das 1914 am Ortsausgang gegründete und für strenge, religiöse Disziplin gerühmte Maha-

Der schönste Blick auf die Brücke eröffnet sich erst auf einer beschaulichen Bootstour.

gandhayon-Kloster gehört zu den landesweit größten und auch bekanntesten Klöstern. Denn die hier täglich um 10.30 Uhr (bei großen Spendenübergaben bereits um 10.15 Uhr) beginnende **Mönchsspeisung** ist in erschreckendem Ausmaß als Touristenspektakel freigegeben. Während sich Hunderte von Mönchen in die Warteschlange einreihen, um geduldig und demütig auf das Füllen ihrer Almosenschalen zu warten, werden sie von ausländischen, teilweise unzureichend bekleideten Besuchern umzingelt. Selbst beim Essen scheinen die Mönche keinen wirklichen Frieden zu finden, denn durch die offenen Fenster und Türen des Speisesaals werden sie von den Touristen gnadenlos mit Fotoapparaten und Smartphones „abgeschossen".

Obwohl sich die Mönche vielleicht gar nicht so sehr an den Aufdringlichkeiten stören, sollte jeder Besucher dazu beitragen, die Würde des Ortes zu erhalten.

Wer es authentischer mag, kann sich zum nahen **Soon-Loon-Meditationszentrum** begeben. Dort kommen um 11.15 Uhr auch Nonnen zur Speisung, und mit etwas Glück darf man sogar daran teilnehmen.

Pahtodawgyi-Pagode (Mahavizayaranthi-Pagode)

Dieses gut erhaltene Heiligtum wurde 1820 unter der Regentschaft von König Bagyidaw außerhalb der alten Stadtmauern errichtet. Der im

Entspannung mit Köstlichkeiten

Wer die Brücke von Amarapura besucht, sollte sich im Schatten der gewaltigen, 1875 am Seeufer aufragenden Meh-Zeh-Bäume niederlassen. Denn in den dortigen **Freiluftrestaurants** kann man sich in aller Beschaulichkeit eine Kokosnuss, einen heißen Tee oder ein eisgekühltes *Myanmar*-Bier sowie jede Menge leckere Snacks gönnen – wie gebratene Kürbisstücke, Sojakuchen oder Linsenkugeln mit würziger Tamarindensoße. Und warum nicht mal von den knusprigen Krabben-Omelettes *Basonijo* oder den frittierten, klitzekleinen Fischen kosten? Der anschließende Verdauungs-Spaziergang sollte für 2–3 km am Nordwestufer des Sees entlangführen, wo sich zwischen Baumriesen, Holzhäusern und Pagoden allerlei Eindrücke sammeln lassen.

indischen Stil gehaltene, glockenförmige Stupa erhebt sich über fünf Terrassen in eine Höhe von 55 m. Weiße Marmorplatten zeigen Szenen aus den Jataka-Geschichten, während sich von oben schöne Ausblicke auf die Umgebung bieten. Im Inneren kündet ein mit Inschriften versehener Stein von der Geschichte des Bauwerks. Die 2,30 m große Bronzeglocke wiegt über 24 t und zählt zu den größten Myanmars

Nagayon-Pagode

Auffällig an der Architektur dieses zu Beginn des 19. Jhs. errichteten, strahlend weißen Heiligtums ist, dass der *pahto* von einer riesigen, drachenähnlichen Nagaschlange geschützt wird, was in der buddhistischen Ikonografie sonst nur Buddhastatuen zuteil wird. Daher erklärt sich auch der Name der „von einem Naga bekrönten" Pagode.

Guan-Yin-Tempel (Chinese Joss House)

Dieser mit seinen chinesischen Dächern und bunten Figuren sehenswerte Tempel von 1773 ist nach Guan Yin, dem Bodhisattva der Barmherzigkeit, benannt. Er gilt als einziges Heiligtum Amarapuras, das seit der Gründung ununterbrochen bewohnt ist. Denn beim Umzug von König Mindon nach Mandalay hatten die chinesischen Händler es vorgezogen, in Amarapura zu bleiben, da ihre Häuser im Gegensatz zu denen der Birmanen aus Stein gebaut waren. Die heute noch hier lebenden Chinesen arbeiten vor allem als Seidenweber. Nachdem er 1810 abgebrannt war, wurde der Guan-Yin-Tempel 1847 wieder aufgebaut. Um Geistern den Zugang zu erschweren, führt der Eingang nicht geradewegs zum Heiligtum. Nach chinesischer Vorstellung wandern sie nämlich immer geradeaus und dicht am Boden entlang, was auch die erhöhte Türschwelle am Eingang erklärt.

Bagaya-Kloster

Das am Ortsausgang von Amarapura liegende Bauwerk fungiert als **Museum** buddhistischer Kunst und **Bibliothek** mit Palmblattmanuskripten. Das ehemalige Kloster wurde von 1993 bis 1996 nach Plänen und Zeichnungen rekonstruiert. Als originär gelten lediglich die acht Backsteinstufen. Erstmals Anfang des 19. Jhs. anlässlich der Verlegung der Hauptstadt nach Amarapura unter König Bodawpaya errichtet, war das Kloster immer wieder zerstört worden – zuletzt im Zweiten Weltkrieg.

Shwe-Kyet-Pagoden

Am Ayeyarwady liegen die aus dem 12. Jh. stammenden Shwe-Kyet-Pagoden. Während **Shwe Kyet Kya** einen Hügel krönt, besticht **Shwe Kyet Yet** durch die faszinierende Lage am Flussufer (s. Kasten S. 357) bzw. mit einer Phalanx aus Zedis, die als „Lauf des goldenen Vogels" bezeichnet werden und einen schroff abfallenden Felsen säumen. Besonders eindrucksvoll ist der Anblick vom Wasser aus – vielleicht findet sich ja jemand, der mit seinem Boot mal etwas hinausfahren kann.

TRANSPORT

Ein **Mietwagen** mit Chauffeur für eine Tagestour nach Amarapura (mit Inwa, Sagaing oder auch Mingun) liegt bei US$30–50. **Kleinbusse** und **Sammeltaxis** von/nach MANDALAY kosten um 1000 Kyat). Nach der Ankunft kann man zu Fuß die Pahtodawgyi-Pagode erreichen. Für die Anfahrt per **Fahrrad** müssen rund 45 Min. einkalkuliert werden.

Inwa (Ava)

Der Besuch der ehemaligen, rund 22 km südlich von Mandalay liegenden Königsstadt verbindet sich mit einer kurzen Fährfahrt. Denn als zwischen den Flüssen Myitnge und Ayeyarwady der Kanal Myittha Chaung entstand, wurde Inwa zu einer künstlichen Insel. Innerhalb der Stadtmauern siedeln mehrere kleine Dörfer bzw. bestellen Bauern heute den historischen Boden, auf dem sich einst die Palastanlage erstreckte. Keine andere Hauptstadt hat sich so lange behaupten können wie Inwa („Eingang zum See"), dessen klassischer Pali-Name Ratnapura („Stadt der Edelsteine") lautet, das im Ausland aber eher unter dem Namen Ava bekannt wurde.

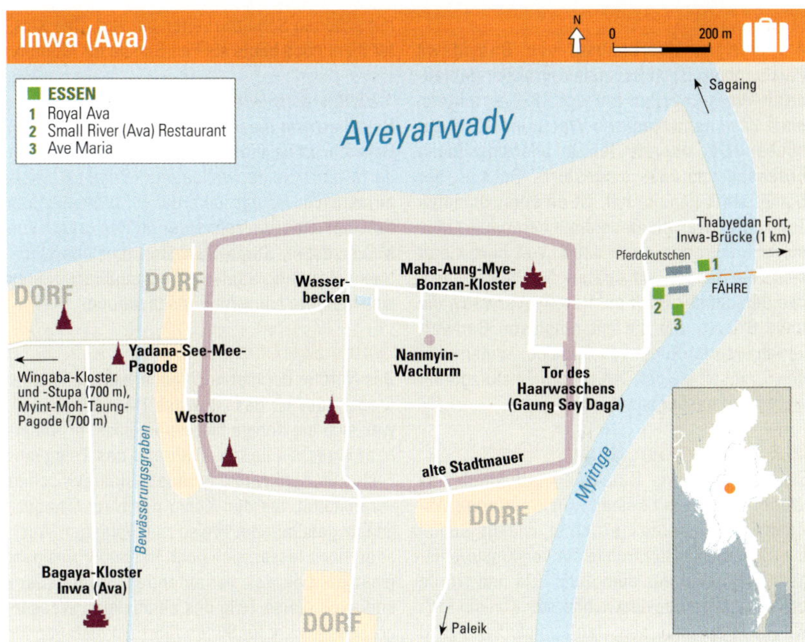

Geschichtliche Bedeutung

Mit dem Zusammenbruch des Bagan-Reichs Ende des 13. Jhs. verlagerte sich das Machtzentrum in die Umgebung von Inwa. Dort etablierten sich verschiedene Fürstentümer der Shan, u. a. in Pinya und Sagaing, die 1364 unter dem Shan-Fürsten Thadominbya (1364–68) gewaltsam vereint wurden. Aufgrund der strategisch günstigen Lage erwählte der für seine Grausamkeit bekannte Herrscher Inwa zu seinem neuen Regierungssitz. Es sollte – mit mehreren kurzen Unterbrechungen – über 400 Jahre lang Hauptstadt eines birmanischen Königreichs bleiben, bis dies 1841 endgültig das nur wenige Kilometer nördliche Amarapura wurde. Letztlich aber war es das verheerende Erdbeben von 1838, das die glorreiche Epoche von Inwa endgültig beendete.

Orientierung und Erkundung

Obwohl von den Bauwerken der drei Herrschaftsperioden – Inwa-Periode (1364–1555), Toungoo-Dynastie (in Inwa ab 1635), Konbaung-Dynastie (1765–83 und 1823–38) – nicht mehr viel zu sehen ist, lädt Inwa mit seiner ländlich-friedlichen Atmosphäre zum längeren Verweilen ein. Allein schon die 200 **Pferdekutschen** als Hauptverkehrsmittel können den Besuch zum Erlebnis machen – sofern man nicht unter der recht rustikalen Federung der Fuhrwerke leidet. Für eine etwa anderthalbstündige Rundtour, die die vier wichtigsten Sehenswürdigkeiten beinhaltet, werden bei zwei Personen 10 000 Kyat aufgerufen (für jede zusätzliche Stunde plus 5000 Kyat, generell sollte man sich auf harte Verhandlungen gefasst machen!). Ein ganzer Tag mit den sechs bedeutendsten Attraktionen sowie weiteren Heiligtümern wie der Myint-Moh-Taung-Pagode oder der Rund-Ruine des Wingaba-Klosters kostet 20 000 Kyat. Hartgesottene können sich natürlich auch per pedes auf Erkundungstour begeben, doch ist es in der Trockenzeit enorm staubig und in der Regenzeit sehr matschig.

Nanmyin-Wachturm

Als einziges Überbleibsel von Bagyidaws Palastanlage ist außer einem großen, gemauerten Wasserbecken nur der 1822 errichtete, einst 27 m hohe Nanmyin-Wachturm übrig geblieben. Der oberste Teil ist allerdings beim Erdbeben von 1838 eingestürzt. Da sich der Rumpf stark geneigt hat, ist oft vom „schiefen Turm von Inwa" die Rede. Im Inneren führt eine steile Holztreppe nach oben. Von dort bietet sich, besonders am späten Nachmittag, ein wunderschöner Blick auf den Ayeyarwady, die Inwa-Brücke und die mit religiösen Bauwerken übersäten Hügel von Sagaing. Leider kann der Turm seit einiger Zeit wegen Einsturzgefahr nicht mehr bestiegen werden.

Maha-Aung-Mye-Bonzan-Kloster

Das ockerfarbene Bauwerk nordöstlich des Wachturms ist mit seinen stuckverzierten Außenwänden aus Stein errichtet, imitiert jedoch die traditionelle Holzarchitektur von Klosteranlagen. Es stammt aus dem Jahr 1818 und wurde im Auftrag von Bagyidaws oberster Königin Meh Nu für ihren Geliebten, den königlichen Abt U Po (Nyaunggan Sayadaw), errichtet. Im Inneren thront eine Buddhastatue auf einem mit Glasmosaiken verzierten Podest. Mit etwas Glück kann man in der Nähe den überwucherten Gedenkstein für Dr. Adoniram Judson finden: Dieser hatte 1849 das erste birmanisch-englische Wörterbuch verfasst und wurde von König Bagyidaw nach Ausbruch des Ersten Anglo-Birmanischen Krieges wegen Spionageverdachts für ein Jahr inhaftiert.

Bagaya-Kloster

Im Südwesten des ehemaligen Königspalastes bzw. heute inmitten von Reisfeldern liegt das Bagaya-Kloster. Bisher von Naturkatastrophen und Eingriffen der Restaurateure weitgehend verschont, zählt es ob seiner Authentizität zu den schönsten Klöstern Myanmars. Die 1834 von König Bagyidaw initiierte Anlage wurde fast komplett aus besonders dunklem Teakholz erbaut. Getragen wird die 57 m lange und 31 m breite Konstruktion von 267 mächtigen Stämmen, deren größter über 18 m hoch ist und einen Umfang von fast 3 m erreicht. Die Eingänge sind mit schönen Schnitzarbeiten verziert. Das Kloster dient noch heute als Pali-Schule für Mönche.

Yadana-See-Mee-Pagode

Die Überreste dieses Heiligtums finden sich im Bereich eines mächtigen, mehrere Jahrhunderte alten Seidenwollbaums (*Bombax ceiba*, birmanisch: *let pan bin*), der im birmanischen Sommer eine Vielzahl roter Blüten trägt. Von Mauerresten, Stupa-Stümpfen und den Überbleibseln einer Säulenhalle umgeben, finden sich mehrere hübsche Buddhastatuen.

Gaung Say Daga

Das Nordtor der hier noch gut erhaltenen hohen Stadtmauer ist das „Tor des Haarwaschens", weil sich die Könige hier zeremoniell ihr Haupthaar waschen ließen. Während des Thingyan-Festes im April wird das rituelle Haarewaschen veranstaltet, um den König der Nats (Thagyamin) in gebührender Weise zu empfangen. Auch andernorts lassen sich noch Reste der riesigen, einst im Zickzack verlaufenden Stadtmauern und auch einige Teile des ehemaligen Wassergrabens finden. Im Süden führt ein historischer Fußweg aus Ziegeln vom einstigen Stadttor in Richtung Tada-U.

Paleik

Das gepflegte Dorf südöstlich von Inwa wird von über 300 überwucherten Stupas, Pagoden und verlassenen Klöstern umgeben, die vorwiegend aus der Zeit der Konbaung-Dynastie stammen. So wirkt es fast ein bisschen wie Bagan – mit dem Unterschied, dass die Landschaft grüner ist. Die bereits im 12. Jh. von Alaungsithu gegründete **Yadana-Labamuni-Pagode** ist auch unter dem Namen „Schlangen-Pagode" bekannt. Denn an einer Buddhafigur haben sich erstaunlicherweise Pythonschlangen niedergelassen, die jeden Morgen um 11 Uhr gewaschen und gefüttert werden. Im Juni/Juli wird hier ein Fest mit Jahrmarkt und allerlei Vorführungen veranstaltet.

ESSEN

Ave Maria Riverside, ✆ 094-2032 7878. Der kurze Fußmarsch lohnt sich, denn Mr. Nyi Nyi ist freundlich, und die birmanisch-

chinesischen Hauptgerichte zu 4000–7000 Kyat sind die preiswertesten am Ort. Zudem kann man hier direkt am Wasser hocken. ⌚ 9–17 Uhr.
Royal Ava, ☏ 094-4497 9712. Seit 2016 als jüngstes der 3 Restaurants: Nahe dem Anleger bzw. etwas zu dicht an den Pferdekutschen inkl. entsprechendem Duft – doch gibt es auch einige Bambus-Salas am Flussufer mit Blick auf die alte Sagaing-Brücke. ⌚ 6–18 Uhr.
Small River (Ava) Restaurant, ☏ 09-9100 1921. Der Klassiker – und natürlich besonders gern besucht von Tourgruppen. Vor einem alten Haus kann man sich im luftigen Schatten ausladender Baumriesen mit allerlei Speisen (auch veganen) und Getränken stärken ⌚ 8–18 Uhr.

TRANSPORT

Wer mit einem halb offenen **Kleinbus** oder **Sammeltaxi** für 1000 Kyat aus MANDALAY oder AMARAPURA kommt, muss an der Haltestelle am ersten Kreisel bzw. Eisenbahntunnel aussteigen, um über den zweiten, etwas weiter südlich liegenden Kreisel und eine Baumallee hinunter zur **Fähre** (alle 30 Min., Rundticket 1000 Kyat) am Ayeyarwady-Zufluss Myitnge zu gelangen.

Sagaing

Schon bei der Anfahrt aus dem 20 km entfernten Mandalay eröffnet sich ein fantastischer Blick auf die im Sonnenlicht glitzernden Heiligtümer – umflossen von den trägen Wassermassen des Flusses: Mehr als 700 Tempel, Stupas, Klöster und Meditationszentren prägen die Hügelketten von Sagaing am westlichen Ufer des Ayeyarwady, wo Touristen die Orientierung naturgemäß etwas schwerfällt. Die Tempel ziehen sich hin bis zum 18 km entfernten Mingun. Um die 6000 Mönche und Nonnen sollen sich hier in buddhistischer Einkehr, Enthalt- und Gelehrsamkeit üben. Das fünf Tage gültige, auch für Mingun geltende Besucher-Ticket kostet 5000 Kyat, wird aber selten kontrolliert.

Geschichtliche Bedeutung

Nachdem der Untergang Bagans das Land ins Chaos gestürzt hatte, war Sagaing von 1315 bis 1364 zur Hauptstadt eines unabhängigen Shan-Fürstentums geworden. Danach wurde die Residenz, deren Name einst Jayapura („Siegesstadt") lautete, in das strategisch günstiger gelegene Ava (Inwa) verlegt. Zwischen 1760 und 1764 war Sagaing dann noch einmal für eine kurze, eher belanglose Zeit Königsstadt. Im 18. Jh. ließ König Alaungpaya hier aus Manipur und Ayutthaya verschleppte Silberschmiede ansiedeln.

Über diese Brücke musst du gehen

Die Frage, ob der Sonnenuntergang eher mit Blick von – oder auf – Sagaing genossen werden sollte, erscheint wahrlich knifflig. Keinesfalls versäumt werden sollte jedoch ein Fotostopp an der **Yadanabon-Brücke** (am Ostufer gibt es kleine Parkbuchten) oder noch viel besser: diese einmal zu Fuß zu überqueren, wobei allerdings der Verkehrslärm möglichst gut auszublenden ist. Denn von hier eröffnet sich ein faszinierender Ausblick auf den Ayeyarwady, die Pagodenhügel und die imposanten Bogen der parallel verlaufenden, altehrwürdigen **Inwa-Brücke**. Mit etwas Glück lässt sich zwischen der Armada der Frachtschiffe vielleicht sogar der hier beheimatete Flusskreuzer *Road to Mandalay* oder ein Schiff der *Pandaw*-Flotte erspähen.
Als besonders fotogen präsentiert sich die am östlichen Flussufer liegende, golden schimmernde Stupa-Gruppe der **Shwe-Kyet-Yet-Pagode**, von der sich wiederum ein bestechender Blick auf die Brücke eröffnet – besonders zum Sonnenuntergang oder auch noch lange danach, wenn sie künstlich illuminiert wird. Eine ideale Möglichkeit, um eine Erkundungstour in die Umgebung von Mandalay stimmungsvoll ausklingen zu lassen.
Eine weitere eröffnet sich mit dem rustikalromantischen, direkt am westlichen Flussufer liegenden Restaurant **River View Sagaing** (s. S. 361, Treppe von der / zur Yadanabon-Brücke in der Nähe), die neueste und unverzichtbare Option jedoch besteht im 2017 am Ostufer eröffneten Restaurant **Delight River View** (S. 361), das die Qual der Wahl vollendet. Aber: Warum nicht einfach beides kombinieren?

Orientierung und Erkundung

Besucht werden sollten hier auf jeden Fall die **Umin-Thounzeh-** und die **Sun-U-Ponnya-Shin-Pagode** sowie die **Shin-Pin-Nan-Khine-Pagode**, die ebenfalls einen wunderbaren Ausblick auf die wichtigsten Hügel, den südlichen Teil des Ortes und den Ayeyarwady bietet. Dieses Heiligtum ist gut zu erkennen – an der im Freien sitzenden, etwa 6 m hohen Buddhastatue. Der Aufgang kann von Süden oder Osten erfolgen. Es empfiehlt sich, Sagaing nicht nur in einem Tagesausflug zu besuchen, sondern hier vielleicht sogar – statt im geschäftigen Mandalay – Quartier zu beziehen. Denn wenn spätestens gegen 17 Uhr die letzten Touristen den Ort verlassen haben, herrscht eine angenehme, spirituelle Atmosphäre. Zudem laden einige Geschäfte zum abendlichen Bummeln ein. Einige der hiesigen Klöster bieten sogar Meditations-Aufenthalte für Ausländer an (s. Kasten S. 360).

Thabyedan Fort

Kurz vor der Inwa-Brücke lassen sich am Ufer die Überreste der Festung Thabyedan ausmachen. Sie wurde 1885 von den Birmanen unter Anleitung italienischer und französischer Berater als letzte Verteidigungsanlage vor dem Dritten Anglo-Birmanischen Krieg gebaut, aber ohne jeglichen Kampf mühelos von den Angreifern eingenommen.

Inwa-Brücke (Ava-Brücke)

Die rund 750 m lange, 16 Bogen zählende Brücke wurde 1934 von den Briten gebaut und erschloss den Norden Myanmars für den Straßen- und Eisenbahnverkehr. Bis zur Einweihung der Brücke in Pyay 1998 führte die Inwa-Brücke als einziger Übergang über den Ayeyarwady. 1942 wurden zwei Bogen gesprengt, um den Vormarsch der japanischen Truppen aufzuhalten. Die Reparatur erfolgte erst 1954, heute wird die Brücke vor allem für den Eisenbahnverkehr genutzt.

Yadanabon-Brücke (Irrawaddy-Brücke)

Die 2008 eröffnete, vierspurige Brücke verläuft in 610 m Entfernung parallel zur alten Inwa-Brücke. Rund 1,7 km lang, zeichnet sie sich durch ihre Nostalgie-Architektur mit drei riesigen Bogen aus. Sie ist mautpflichtig, vor der Überquerung wird zuweilen die Gelegenheit genutzt, die Touristentickets zu kontrollieren bzw. zu verkaufen. Schon die Anfahrt aus Mandalay ist spannend, eröffnet sich doch immer wieder ein Blick auf den Fluss und seinen faszinierenden Schiffsverkehr (s. Kasten S. 344).

Hügel von Sagaing

Zu den eindrucksvollsten Heiligtümern gehört die **Umin-Thounzeh-Pagode**. Sie enthält 45 größere Buddhastatuen – angeordnet in einer schönen, halbrunden Kolonnade. Die nicht weit entfernte **Sun-U-Ponnya-Shin-Pagode** wurde um 1315 von dem Minister U Ponnya gestiftet. Sie ist 29,3 m hoch, während ihr Schirm 7,8 m misst. Vor dem Hauptaltar in der Gebetshalle dienen bronzene Hasen und Frösche, die an frühere Inkarnationen Buddhas erinnern, als Opferstock. Zu den aufbewahrten Reliquien gehören zwei Bettelschalen. Von der weitläufigen Terrasse bietet sich ein herrlicher Blick.

Im Höhlentempel **Tilawka Guru**, der um das Jahr 1597 entstand, finden sich – wie auch in der nur rund 500 m entfernt liegenden **Mee-Pauk-Gyi-Pagode** – schöne Wandmalereien, die teilweise noch aus dem 17. Jh. stammen. Viele stellen wundersame Fabelwesen dar. Außerdem zu sehen sind aufwendig gemalte Fußabdrücke Buddhas und stilisierte Lotosblüten. Der Schlüssel zum Heiligtum kann (theoretisch kostenlos) beim **Buddha & Cultural Museum** erbeten werden, das aber überteuerte 5000 Kyat Eintritt kostet und sich auch sonst nicht besonders lohnt. 🕒 9.30–16.30 Uhr.

Htupayon-Pagode

Beim großen Erdbeben von 1838 verlor dieses Heiligtum seine Spitze, die auch bei den Restaurationsarbeiten von 1949 nicht ersetzt wurde. Erbaut worden war die Htupayon-Pagode 1444 von König Narapati aus Inwa, der das Bauwerk mit drei für Birma untypischen runden Stockwerken versehen ließ, die von bogenförmigen Nischen umgeben sind.

Aungmyelawka-Pagode (Eindawya-Pagode)

Wo sich zuvor sein Wohnpalast befunden hatte, erbaute König Bodawpaya 1783 am Flussufer die von zwei riesigen Löwenfiguren bewachte Aungmyelawka-Pagode. Sie wurde vollständig aus Sandstein errichtet und wirkt wie eine Imitation der Shwezigon-Pagode von Bagan.

Weitere Heiligtümer

Bei der **Datpaungzu-Pagode** handelt es sich um ein relativ junges Bauwerk, das aber viele Reliquien aus älteren Tempeln enthält, die dem Bau der Eisenbahntrasse durch Sagaing weichen mussten. Die **Ngahtatgyi-Pagode** im Westen von Sagaing wurde 1657 mit fünf Terrassen errichtet und besitzt eine schöne, sitzende Buddhastatue, die als eine der landesweit größten gilt. Wegen etlicher Elefantenstatuen an den Eingängen gilt die **Hsinmyashin-Pagode** auch als „Pagode der vielen Elefanten". Nach singhalesischem Vorbild 1429 von König Monhyin errichtet, um Reliquien aus Sri Lanka aufzunehmen, erlitt sie bei Erdbeben 1485 und 1955 schwere Beschädigungen.

Kaunghmudaw-Pagode (Rajamanisula-Pagode)

Der bekannteste Stupa von Sagaing erhebt sich als golden schimmernde, 46,5 m hohe, einen Umfang von 274 m messende Kuppel rund 10 km westlich der Stadt und erinnert eher an

Besinnliche Tage im Kloster

Es muss nicht bei einem flüchtigen Besuch der Heiligtümer und Mönche in den spirituellen Hügeln von Sagaing bleiben. In den vom 75-jährigen Abt U That Dahmma Da Za geführten **Kyazwa-Kloster**, das nach rund 4 km entlang der Uferstraße nach Mingun erreicht ist, sind westliche Ausländer gern gesehene Gäste. Gegen eine Spende können sie – beginnend meist im Januar – für 15 oder 21 Tage am religiösen Leben teilnehmen und etwas für ihr Seelenwohl tun. Die meist bis zu 30 Teilnehmer werden während ihres Meditationsaufenthalts von einem westlichen Ausländer betreut und leben in schlichten Bungalow-Kammern, die sich über einen Hang verteilen und teilweise sogar einen Panoramablick bieten. Infos und Anmeldung beim englischsprachigen U Than Tun, ✆ 09-3322 7237. Ebenfalls in der Umgebung von Mandalay bzw. am Berg Yaytagun liegt das 2004 gegründete **Dhamma Mandala Vipassana Meditation Centre**, ✆ 02-39694, 💻 www.mandala.dhamma.org, das bis zu 160 Gäste aufnehmen kann.

eine Radarstation oder gar weibliche Brust als an ein buddhistisches Heiligtum. Die gewaltige Konstruktion in Form einer Halbkugel, deren Name „Werk des großen Verdienstes" bedeutet, wurde nach dem Vorbild des Mahazedi (Großer Stupa) in Sri Lanka geschaffen. Die Ursprünge der im singhalesischen Stil errichteten Anlage reichen bis 1645 zurück. Ihre Reliquienkammer nahm einst die aus der Mahazedi-Pagode in Bago herbeigeführten Schätze auf.

Die auch unter dem Pali-Namen *Rajamanisula* bekannte Pagode ist von 812 Steinsäulen umgeben, die 1,50 m hoch und mit kleinen Öffnungen für Öllampen versehen sind. In 120 Nischen, die ebenfalls die Basis umlaufen, befinden sich Nat-Bildnisse. In einer Ecke des Tempelgeländes steht eine fast 3 m hohe Marmorplatte, deren birmanische Inschrift über die Geschichte des Heiligtums berichtet. Andernorts werden Spatzen und Tauben verkauft, deren Freilassung das Karma verbessern kann – aber zuweilen leider auch junge Eulen, für die gleißendes Sonnenlicht unsägliche Qualen bedeutet.

Silberhandwerk

Im Bezirk **Ywataung** (Ra Htaung) werden noch heute in alter Tradition Silberschmiede-Arbeiten gefertigt – meist reichhaltig verzierte Utensilien für religiöse Zwecke. Ein Großteil der Produktion wird über Thailand nach Indien oder Italien exportiert. Entsprechende Werk- und Verkaufsstätten finden sich entlang der Straße nach Shwebo/Monywa – wie z. B. das schon lange etablierte **Silverware Handicraft**, ✆ 072-21304, 🕒 9–18 Uhr, des Ehepaars U Ba Mhin und Daw Khin Lay, dessen Mandalay-Ableger heute von Sohn und Schwiegertochter geführt wird (S. 335).

ÜBERNACHTUNG

Alle hier aufgeführten Unterkünfte sind erst in den letzten Jahren entstanden:

New Happy Hotel, ✆ 09-203 3440, ✉ newhappyhotel@gmail.com. Als Neubau des ältesten und professionellsten Hotels am Ort – mit Fahrstuhl, 6 Etagen und großem Rooftop, von dem sich etliche, abends illuminierte Pagoden erspähen lassen. 50 bestens gepflegte Komfortzimmer mit Fliesen oder Teppich, wovon sich besonders die Eck-Einheiten mit 2 Fenstern empfehlen (wie Nr. 101 und 202 als Superior oder Nr. 301, 401 und 501 als Deluxe). Routiniertes Restaurant mit chinesischer Kost und ebenso typischen Rundtischen, 🕒 8–21 Uhr. ❹

€ **Nyein Thiri Hotel**, ✆ 09-7978 40124. Nicht unbedingt romantisch, aber günstig und sauber. In diversen Bauten mit 40 AC-Zimmern und teils viel Holzvertäfelung. ❷

Sagaing Hotel, w 099-6555 5162-4, 💻 www.hotelsagaing.com. Seit 2016 als ansehnlicher, reichlich verglaster Neubau mit 28 Teppichboden-Zimmern, in der Superior-Kategorie zu US$37 recht schön und groß bzw. als Eck-Einheiten mit 2 Fenstern (wie Nr. 204, 304 oder 404). Die zugehörigen Bungalows im Hinterhof sind klein und fensterlos, aber nicht ohne Charme. Frühstück gibt es auf dem Rooftop in der 5. Etage, um die Ecke lockt das Lucky 7. ❷ und ❸

Shwe Pyae Sone Hotel, ✆ 072-22781, ✉ shwepyaesonehotel.sgg@gmail.com. Wirkt etwas verwinkelt – nicht zuletzt durch den Neubauflügel mit Lift: 36 akzeptable

Zimmer mit Boden- und Wandfliesen, als Superior größer und mit eigenem Bad, TV und Minibar. Am besten sind die Eck-Einheiten mit 2 Fenstern (wie Nr. 201 und 301, Nr. 208 und 309). Vom Rooftop schöner Ausblick auf das Grün und Gold der Pagodenhügel. ❷–❸

ESSEN

Auch die Gastronomie-Szene von Sagaing ist auf Wachstumskurs:

Delight River View, am Ostufer, ✆ 099-7684 0000. Erst seit 2017 – als ultimativer Spot der Region und genial gelegen im Winkel beider Sagaing-Brücken: weitläufige Terrassen mit Panoramablick, authentischem Verkehrs-Sound, Rundtischen und sogar 3 Sorten eisgekühltem Fassbier (*Tiger* 1200 Kyat, *Carlsberg* 1500 Kyat und *Myanmar* 1500 Kyat, als Flasche 2300 Kyat). Das Essen ist ausgezeichnet – wie z. B. *Pommes Frittes* zu ca. 3000 Kyat, *Squid Tempora* für 6500 Kyat oder die besonders zu empfehlende *Mutton Hot Plate* für 7500 Kyat. ⌚ 10–22 Uhr.

Lucky 7, nahe der Busstation, ✆ 099-7437 1449. Halb offenes Restaurant mit Bar, behaglichem Korbstuhl-Mobiliar und beliebter China-Küche, BBQ und Hot-Pot-Service sowie *Tuborg*-Fassbier für 900 Kyat. Besitzer Sithu Myint Ko Kewen ist freundlich und spricht gut Englisch. ⌚ 8–22 Uhr.

Myit Zu Yeit, am Westufer, ✆ 094-0045 6283. Im Schatten eines über 400 Jahre alten Longifolia (Metukha)-Baums bzw. mit Blick auf den Ayeyarwady und die alte Inwa-Brücke mundet erfrischendes *Mandalay*-Fassbier für 800 Kyat pro Glas. Es ist zwar etwas schmuddelig und nicht immer alles vorrätig, aber die Speisen sind günstig und zuweilen auch ganz gut. ⌚ 8–21 Uhr.

€ **River View Sagaing**, am Westufer, ✆ 097-8778 0475. Schöne Salas und Sitzgarnituren aus Bambus, die man sich ggf. auch an das Flussufer holen kann, denn hier fasziniert ein Panoramablick auf beide Brücken, szenisches Fluss-Floß-Leben und die Shwe-Kyet-Yet-Pagode am gegenüberliegenden Ufer. Gute Gerichte mit Schwein und Hotpot-Service für 5000 Kyat, doch Bier müssen sich die Gäste bei Bedarf mitbringen. ⌚ 9–21 Uhr.

Faszinierende Fahrradtour

Wer mit einem eigenen Charterboot bereits vor 9 Uhr nach Mingun gelangt, kann den Charme der Sehenswürdigkeiten meist genießen, bevor die Touristenmassen eintreffen. Auch sonst sind die schönen, großen Boote sehr zu empfehlen, da sie meist über ein Sonnendeck mit gemütlichen Korbsesseln verfügen, aus denen sich die Überfahrt mit Panoramablick genießen lässt. Kaum jemand nutzt bislang allerdings den rund 50 km langen Landweg von Mandalay über Amarapura und Sagaing nach Mingun (oder umgekehrt), obwohl dieser überwiegend romantisch am Fluss entlangführt und besonders auf dem letzten/ersten, 25 km langen Abschnitt zwischen Sagaing und Mingun eine wunderbare Strecke für Fahrradtouren abgibt – auch wenn sie ob des ständigen, rund zweistündigen Auf und Ab ziemlich in die Beine gehen kann. Die Drahtesel jedenfalls lassen sich bei einer Hin- oder Rückfahrt auf dem Wasserweg meist bequem auf den Booten verstauen. (Weitere Tipps zu Fahrradtouren in der Region Mandalay s. S. 334.)

Sagaing Hill, Parami Quarter, ✆ 072-21874. Etwas entlegen – als professionell geführtes, populäres Mittags-Restaurant mit 200 Plätzen in 4 Bereichen und gutem Hygiene-Standard, zur Stoßzeit natürlich entsprechend voll. Mit schöner, luftiger Dachkonstruktion. Oft gelobte Qualität der Speisen – wie beim lecker mit Kräutern bestückten *Sagaing Hill Chicken Curry* für rund 6000 Kyat oder dem beliebten *River Prawn Curry* für 8000 Kyat. ⌚ 11–15 Uhr.

TRANSPORT

Sagaing ist vom rund 20 km entfernten MANDALAY leicht, schnell und preisgünstig per **Bus** zu erreichen, eine Taxifahrt kostet etwa 15 000 Kyat. Innerhalb des Ortes liegen kurze Fahrten per **Mopedtaxi** bei 2000–3000 Kyat, ein halber Tag bei 10 000–12 000 Kyat (für Fahrer s. Kasten S. 362). Transfers nach Mandalay oder MINGUN kosten 10 000 Kyat, nach AMARAPURA oder INWA 8000 Kyat. Tuk Tuks sind ebenfalls verfügbar, aber natürlich etwas teurer.

Senior-Guides im Doppelpack

Unter dem Banyan-Baum am Markt im Zentrum von Saiging lauern 2 freundlich-angenehme Senior-Mopedtaxi-Guides: Der 60 Jahre alte, ehemalige Trishaw-Fahrer **U Tay (Maunty)**, ✆ 092-5031 5699, ✉ maunghtaytrishawman.sgg@gmail.com, und sein geringfügig jüngerer, etwas weniger gut Englisch sprechender Freund **Mucho**, ✆ 099-7379 5435, ✉ moekyawsagaing@gmail.com, nehmen für einen halben Tag Sagaing-Rundfahrt US$10, ganztägig US$15 und inkl. Besuch von Inwa oder Mingun US$20 (ggf. plus Abholung aus Mandalay). Für Taxi-Guides in Mandalay s. S. 338.

Mingun

Nur einen halben Tag nimmt der empfehlenswerte Ausflug nach Mingun in Anspruch. Wer am Morgen startet, kann sich auf gutes Fotolicht freuen. Am späteren Nachmittag hingegen ist Mingun nicht mehr so sehr von Touristen überlaufen – zudem lockt auf der Rückfahrt das Flusspanorama mit einem farbenfrohen Sonnenuntergang. Leider wurde das Besteigen der Mingun-Pagode nach dem Erdbeben von 2012 aus Sicherheitsgründen verboten – von dort oben hatte sich stets ein atemberaubender Rundblick eröffnet. Das Ticket kostet im Verbund mit Sagaing 5000 Kyat.

Mit dem Boot indes geht es (je nach Wasserstand) in 1–1 1/2 Stunden von Mandalay 11 km den Ayeyarwady hinauf, bevor auf dem gegenüberliegenden Ufer die riesige Ruine der **Mingun-Pagode** in Sicht kommt. Die Fahrt bietet stimmungsvolle Eindrücke vom Leben am und auf dem Fluss. Mit viel Glück lassen sich vielleicht sogar **Irrawaddy-Delphine** erspähen (s. Kasten S. 365). Das touristische Angebot auf dem Weg zwischen den Sehenswürdigkeiten hat sich enorm vervielfältigt und erscheint mitunter überraschend preiswert. Zum Kontrast empfiehlt sich ein Besuch in dem 1915 gestifteten, landesweit bekannten **Buddhist Infirmary** (Altersheim) gegenüber der Mingun-Glocke, in dem ausländische Besucher gern gesehene Gäste sind. Hier freut man sich stets über Gastgeschenke, z. B. nicht mehr benötigte Medikamente aus der Reiseapotheke.

Mingun-Pagode (Pahtodawgyi-Pagode)

Einst sollte es die imposanteste Pagode aller Zeiten werden und einen Zahn Buddhas enthalten, heute jedoch ist es mit Seitenlängen von 72 m und einer Höhe von 50 m immerhin noch der größte Ziegelhaufen der Welt. Seit dem Baubeginn im Jahr 1790 hatte König Bodawpaya viele tausend Sklaven und Kriegsgefangene am riesigen Stupa arbeiten lassen, der eine Höhe von insgesamt 152 m erreichen sollte (der heute höchste Stupa der Welt erhebt sich mit 127 m im thailändischen Nakhon Pathom). Da die Arbeiten nach dem Tod Bodawpayas 1819 eingestellt wurden, blieb nur die Ziegelbasis zurück, die aber mit ihren vier Portalen schon ein Drittel der geplanten Höhe erreicht hatte. 20 Jahre später beschädigte ein Erdbeben das gewaltige Monument schwer.

An der Süd- und Rückseite der Ruine finden sich herrliche, leuchtend gelb blühende Bäume, die zusammen mit dem rötlichen Ziegelklotz und blauen Himmel wunderbare Fotomotive abgeben können. Am Fluss lässt sich ein einst 30 m hohes Paar von weiß getünchten *chinthe*-Figuren entdecken. Sie sind aus Ziegelsteinen gebaut und ebenfalls vom Verfall gezeichnet, da ihnen das Erdbeben von 1838 stark zugesetzt hat (einige Foto-Impressionen s. **eXTra [5801]**).

Pondaw-Pagode

Nur wenig weiter stromabwärts vermittelt im Schatten eines gewaltigen Mangobaums das 5 m hohe „Arbeitsmodell" der Mingun-Pagode einen anschaulichen Eindruck von Bodawpayas Plänen. Gleich dahinter erstrahlt die weiße **Settawya-Pagode**, die von König Bodawpaya 1811 als erste Pagode in Mingun errichtet wurde. Im Inneren ist ein marmorner Fußabdruck von Buddha ausgestellt, der eigentlich in die gigantische Pahtodawgyi-Pagode eingemauert werden sollte.

Mingun-Glocke

Mit einer Höhe von 3,70 m, einem Umfang von 15 m und einem Durchmesser von 5 m (am un-

Monument des Größenwahns

Sogar vom 20 km entfernten Amarapura sollte die neue Pagode von Mingun zu sehen sein: Das kolossale Bauvorhaben symbolisiert den Höhepunkt der Konbaung-Dynastie, denn in der Folgezeit fiel die Macht schrittweise an die Kolonialherrschaft der Briten. Als erstem birmanischem König war es **Bodawpaya** nach über 350 Jahren gelungen, Rakhine zu erobern und den magischen Mahamuni-Buddha in das Kernreich zu entführen.

Von Größenwahn gezeichnet, plante er die Eroberung Siams, Chinas und sogar Indiens. Doch schon seine 1785 nach Phuket entsandte Streitmacht verwickelte sich in langjährige, schwierige Kämpfe, durch die gerade mal die Südprovinzen gesichert werden konnten. Der Kaiser von China indes besänftigte ihn 1790 mit der Übersendung von drei Enkeltöchtern und einem Zahn Buddhas. So verlegte Bodawpaya seine Ambitionen in den spirituellen Bereich bzw. den Bau des mit rund 150 m höchsten Heiligtums der Welt – zur Aufbewahrung der erhaltenen Reliquie.

Letztendlich verbrachte der König 20 Jahre damit, sein Mammutprojekt voranzutreiben und verlegte dafür sogar seinen Wohnsitz für einige Zeit auf eine Flussinsel. Weil Dach und tragende Säulen der Reliquienkammer aus Blei waren, hatten sie dem schweren Erdbeben von 1838 wohl zu wenig Stabilität entgegenzusetzen und stürzten ein, wie sich noch heute am lang gezogenen Riss des Ziegelwerks erkennen lässt.

Indirekt trug der Kolossalbau auch zum Niedergang der Konbaung-Dynastie bei: Dass Bodawpaya ungeheure Scharen an Zwangsarbeitern aus Rakhine zum Pagodenbau nach Mingun verschleppt hatte, trieb die dortige Bevölkerung den Briten in die Arme …

tersten Rand) galt dieser Bronzeguss lange als größte, funktionstüchtige Glocke der Welt – ein Rang, den seit 2000 die „Bell of Good Luck" im chinesischen Pingdingshan (Provinz Henan) inne hat (mit 8 m Höhe, einem Durchmesser von 5,10 m und 116 t Gewicht). Bodawpaya ließ die Riesenglocke 1808 für sein Mammutprojekt gießen. Der Glockengießer wurde nach Vollendung seiner Arbeit getötet, damit er nicht noch einmal ein derartiges Meisterwerk erschaffen konnte. Beim Erdbeben von 1838 stürzte die 90 t schwere Glocke nieder, nahm dabei jedoch keinen Schaden. Die Einheimischen klettern gern unter sie, um den dumpfen Ton zu hören, wenn außen jemand mit einem Holzknüppel dagegen schlägt.

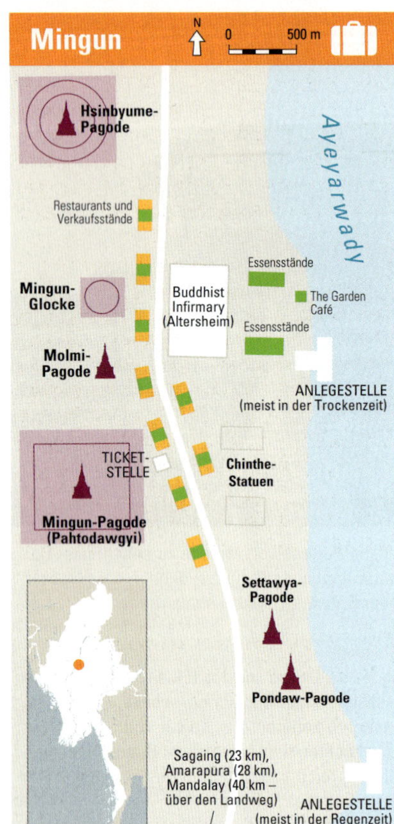

Hsinbyume-Pagode (Myatheindan-Pagode)

Sie wurde am nördlichen Ende Minguns von König Bagyidaw 1816 zu Ehren seiner verstorbenen Lieblingsfrau Prinzessin Hsinbyume errichtet. Vor allem bei blauem Himmel wirkt die Hsinbyume-Pagode überaus elegant, originell und strahlend, weshalb sie ein beliebtes Fotomotiv abgibt. Die ungewöhnliche Architektur symbolisiert die Sulamani-Pagode, die der buddhistischen Vorstellung vom Kosmos zufolge auf dem Gipfel des Berges Meru („Zentrum der Erde") steht: Sieben mit Wellen versehene Terrassen führen zum Stupa hinauf und sollen die sieben Meere der buddhistischen Kosmografie symbolisieren, die den Weltberg Meru umschließen. In Nischen auf jeder Ebene stehen zur Bewachung Nats, Dämonen *(bilu)* und Nagas. Auch diese Pagode hatte unter dem Erdbeben gelitten, wurde jedoch von König Mindon 1874 restauriert. Wer sie besteigt, kann im Hinterland zahlreiche kleinere Pagoden und Klosteranlagen ausmachen.

ESSEN

The Garden Café, ✆ 097-7307 7933. Als Oase für eine Verschnaufpause lockt besonders das von dem Franzosen Rudy Marcq am Flussufer im Schatten großer Bäume betriebene Café. Hier lassen sich in perfekter Idylle u. a. gute Kaffee-Spezialitäten und leckere Croques genießen, zudem auch erfreulich saubere Toiletten nutzen. 🕒 9–17 Uhr.

TRANSPORT

Auto und Taxi

Bisher erst selten wird die schöne Möglichkeit genutzt, SAGAING von Mingun aus über die Straße oder sogar über den Wasserweg zu erreichen (oder auch umgekehrt)

Boote

Je nach Besucherandrang und Wasserstand kann der Abfahrtsort in Mingun leicht variieren. Die Linienboote für Touristen (S. 342) fahren um 12.30 Uhr nach MANDALAY zurück. Bei den gecharterten Ausflugsbooten lässt sich die Abfahrtszeit individuell bestimmen. Da die Boote auf dem Rückweg mit der Strömung fahren, gerät die Fährpassage kürzer.

7 HIGHLIGHT

Pyin U Lwin (Maymyo)

Östlich von Mandalay am Rande der Shan-Berge liegt Pyin U Lwin (oft auch Pyin Oo Lwin, wesentlich eingängiger ist jedoch der koloniale Name Maymo). Man erreicht es nach anderthalb- bis zweistündiger Fahrtzeit, wobei die

Schutz- und Nutzprojekte für Fluss-Flipper

Vom Aussterben bedrohte Fluss-Delphine (s. Kasten S. 90) beobachten und gleichzeitig etwas für ihren Schutz tun – das ermöglichen seit Kurzem zwei verlockende Projekte in der **Irrawady Dolphin Protected Area**. Denn in der 2005 ausgewiesenen und Ende 2018 auf 190 km erweiterten Ayeyarwady-Schutzzone zwischen Mingun und Bhamo leben nach jüngsten Zählungen noch an die 80 Flussdelphine. Im Vergleich z. B. zum Mekong sollen sie hier wesentlich besser und länger zu beobachten sein, die größte Chance zur Sichtung von „Fisherman's Friend" eröffnet sich zwischen November und März.

Dolphin Project Destination Ayeyarwady

Es handelt sich um ein gemeinsames Öko-Projekt vom britischen **Harrison Institute** und Einheimischen, die schon seit Generationen mit Delphinen fischen. Das rund 60 km nördlich von Mandalay am Ostufer des Ayeyarwady liegende Dorf **Hsithe** ist in einer zweistündigen, erlebnisreichen Anreise über den Landweg plus 45-minütiger, beschaulicher Bootsfahrt zu erreichen. Der Zoologe **Dr. Paul Bates** und die ebenso leidenschaftlich engagierte, deutsche Projekt-Managerin **Beatrix Lanzinger**, ✉ beatrixlanzinger@googlemail.com, 💻 www.destination-ayeyarwady.com, offerieren Tagestouren (US$98 p. P., ab 2 Pers.) sowie Übernachtungen (ab US$65 p. P. inkl. Vollpension) in der am Flussufer aus Naturmaterialien errichteten, idyllischen **Dolphin Eco-Lodge Hsithe** (bis zu 12 Pers.). Stimmungsvolle Mahlzeiten und allerlei Aktivitäten wie Kochkurse oder Unterweisung im Fischfang runden den Aufenthalt ab, nahezu alle Einnahmen verbleiben im Dorf. Anmeldung erbeten unter ✆ 092-5064 0728 (Ms. Hnin Witt Yee) oder ✉ hninhninmeister@gmail.com.

Living Irrawaddy Dolphin Project

Ende 2018 initiiert von **Paul Eshoo**, ✆ 0099-5333 9480, langjähriger Mitarbeiter der World Conservation Society (WCS), und seinem engagierten Team, ✆ 0099-5333 9460, 💻 www.burmadolphins.com, sowie u. a. Bewohnern des Dorfes **Myit Kan Gyi** (45 km bzw. 5 Std. per Boot). Die alljährlich vom 1. Okt. bis zum 30. Juni buchbaren und von 7.30–17.30 Uhr währenden Tagestouren kosten ca. US$100 p. P. (bei mind. 2 Pers.), empfehlenswerter sind jedoch die Touren mit ein und zwei Übernachtungen. Die Gäste schlafen in einfachen Kabinen auf einem Boot oder in zünftigen Zelten am Flussufer (als Glamping plus US$35 p. P. und Nacht), können hautnah in das ländliche Alltagsleben eintauchen und z. B. erfahren, wie die Fischer mit den Delphinen kommunizieren.

65 km lange Strecke über weite Abschnitte einer Dauerbaustelle gleicht. Der legendäre Ort empfängt seine Besucher auf fast 1100 m Höhe mit einem angenehm milden Klima, sauberer Luft und viel Grün – ein wohltuender Kontrast zur heiß-trockenen, staubigen Zentralebene. In der Regenzeit allerdings fällt viel Niederschlag, in den Winterwochen warten die Unterkünfte sogar mit Kaminfeuer, Wärmestrahlern oder manchmal sogar einer Heizfunktion ihrer Klimaanlagen auf. Obwohl der Ort ein beliebtes Travellerziel ist, hat sich hier erstaunlicherweise noch kein klassisches Hostel etabliert.

Vom außergewöhnlichen Klima zeugen z. B. der empfehlenswerte **Botanische Garten** (National Kandawgyi Gardens) sowie frische und getrocknete Früchte, Marmelade und Fruchtwein als beliebte, typische Mitbringsel. Einen Besuch lohnt der Ort jedoch vor allem ob seines historischen Erbes und Flairs, einladender Restaurants und der umliegenden Wasserfälle. Jüngste Attraktion von Pyin U Lwin ist das populäre **Heißluftballon-Festival** – seit 2012 parallel inszeniert zu dem etwas größeren während des Vollmond-Festivals in Taunggyi.

Geschichtliche Bedeutung

Die Region von Pyin U Lwin gehört offiziell nicht zum Shan-Staat, sondern noch zur Mandalay Region. Die Stadt liegt an der historischen,

Das Geheimnis von Pyin U Lwin

Auf der Strecke von Mandalay nach Pyin U Lwin deuten zahlreiche militärische Anlagen darauf hin, dass man in eine besondere Region gerät. Denn mit dem Ausbau von Nay Pyi Taw als Hauptstadt hat das ehemalige Maymyo noch mehr Bedeutung als Stützpunkt der Streitkräfte (Tadmadaw) gewonnen. Lange erstreckten sich beidseits der Straße mithilfe von großen Strafgefangenenlagern betriebene Steinbrüche, in denen seit 1978 mehr als 5000 Häftlinge umgekommen sein sollen.

Vor den Toren von Pyin U Lwin breitet sich seit 2007 über 40 km² der **IT-Zentrum Yadanabon Information and Communication Technology Park** (auch Yadanabon Cyber City oder Yadanabon Teleport) aus, der als Silicon Valley bzw. wesentlicher Bestandteil im Kommunikationsnetz des Regierungssitzes Nay Pyi Taw fungiert. Zudem ist die Stadt Standort eines der größten **Eisen- und Stahlwerke** von Myanmar. Bereits 2004 begann der Ausbau des 8 km östlich der Stadt liegenden, noch von den Briten stammenden **Anisakan-Flughafens**. Leider dient er noch immer ausschließlich militärischen Zwecken. In etliche Projekte erheblich involviert ist die **Htoo Group of Companies (HGC)**, zu der z. B. auch Air Bagan und immer mehr Hotels gehören – wie die gediegenen Hotels Aureum Palace und Pyin Oo Lwin, das spektakulär gelegene **The View Resort & Restaurant** oder nun wohl auch das altehrwürdige Candacraig Hotel. Sogar der Botanische Garten soll der umtriebigen Unternehmensgruppe gehören.

Geführt wird sie von dem umstrittenen Geschäftsmann **Tay Za** (auch *Tayza* oder *Teza*) und dessen Familienclan, der ein denkbar enges Verhältnis zur Armeeführung unterhält und seit dem Mönchsaufstand von 2007 in Europa und den USA auf der schwarzen Liste steht. Der 55-jährige Magnat, dem ein gewisses Charisma nachgesagt wird, gilt als reichster Mann von Myanmar und machte sein Geld seit 1984 zunächst mit dem Export von Teakholz und Edelsteinen und dem Import von russischen Waffen, bevor er sich Projekten der Infrastruktur und des Tourismus zuwendete. Auch in das Geschäft mit Benzin und Handynetzen ist er heutzutage involviert.

strategisch und wirtschaftlich wichtigen Burma Road, die von Mandalay über Hsipaw und Lashio bis nach China führt (S. 106). Etwa hundert Jahre lang hieß die Stadt Maymyo („May-Stadt") – bei ihrer Gründung 1887 benannt nach dem englischen Colonel May, dem dieser Höhenort viel von seiner Bedeutung zu verdanken hat. Lange unterhielten die Briten hier eine Garnison und eine Hill Station, in die sich während des heißen Sommers viele koloniale Verwaltungsbeamte zurückzogen. Noch heute leben im früheren Maymyo Tausende Inder und Gurkhas als Nachfahren britischer Armeeangehöriger. Nach wie vor fungiert der Ort in unübersehbarer Weise als Stützpunkt und Schulungszentrums des Militärs – wie nicht zuletzt die hier seit fast 50 Jahren ansässige **Defense Services Academy (DSA)** beweist, deren Einfahrt von drei fotogenen, golden schimmernden Heldenfiguren geziert wird. Mehr dazu s. Kasten.

Orientierung und Erkundung

Die rund 80 000 Einwohner zählende Bergetappe zieht sich jenseits des Zentrums weit auseinander und macht ob des üppig wuchernden, mit einer bunt blühenden Blumenpracht durchsetzten Grüns eher einen dörflichen Eindruck. Vielerorts wirkt sie wie ein Freilichtmuseum: Etliche Bauten im Kolonialstil erinnern an die Zeit, als die Briten in den Bergen Schutz vor der Hitze suchten – vor allem Hotels, deren Zukunft teilweise ungeklärt ist (s. Kasten S. 371). Gleichzeitig entstehen immer mehr Neubauten mit Nostalgiecharakter, denen es aber natürlich an authentischem Flair mangelt. Das **Governor's House** von 1903 z. B. wurde im Zweiten Weltkrieg zerstört und beherbergt – 2005 als Teil des Aureum Palace Hotels wiederauferstanden – ein kleines Museum.

Der 1936 errichtete **Purcell Tower** nahe dem Markt, wo 2015 eine der vier ersten Ampelanlagen installiert wurde, ist ein Geschenk von Königin Victoria und macht sich jede Stunde bemerkbar. Klangvorbild war Big Ben, sodass unweigerlich das Gefühl aufkommt, in England oder einer längst vergessenen Epoche der britischen Herrschaft gelandet zu sein. Die für Maymyo typischen, bunt lackierten **Pferdekutschen** verstärken das nostalgische Flair – auch wenn sie zunehmend nur noch als Dekoration Verwen-

dung finden (s. Kasten S. 368). Doch immer mehr Boutiquen und trendige Restaurants unterstreichen die modernere Ausrichtung Pyin U Lwins als romantisches Ausflugs- und Urlaubsziel der Einheimischen. Nach wie vor großer Beliebtheit erfreut sich der von den Briten bereits vor 120 Jahren angelegte **Golfplatz**, der ursprünglich für Polo-Turniere gedacht war.

Religiöse Bauwerke

In Pyin U Lwin ist aufgrund der bunt gemischten Bevölkerung eine Vielzahl verschiedener Religionen vertreten. Es gibt fünf buddhistische Pagoden, sechs Moscheen, vier Hindu-Tempel, einen Gurdwara (Versammlungshalle der Sikh), einen chinesischen Tempel und elf Kirchen – darunter eine große für die Katholiken. Diese

Touristenattraktion statt Transportmittel

Der Kutscher hockt oben auf, die Fahrgäste sitzen in der kleinen Kabine. Wenn es auf der Fahrt so richtig ruckelt und schaukelt, kann man einen realistischen Eindruck davon gewinnen, wie strapaziös langes Reisen einst gewesen sein muss …

Obwohl sie anachronistisch anmuten, waren die für Birma untypischen **Pferdekutschen** von Pyin U Lwin vor wenigen Jahren noch ein wichtiger Teil des öffentlichen Transports und Personennahverkehrs. Heute dienen sie vorwiegend als Touristenattraktion, aber wie lange noch? Gab es um 2012 etwa 150 **Gharrys**, sollen es gegenwärtig nur noch um die 50 sein!

Denn die Fahrer leben heute vorwiegend von Festivalzeiten, sind in der Nebensaison meist arbeitslos und müssen allein für das Futter der Ponys täglich rund 4000 Kyat aufbringen. Gebrauchte Kutschen können je nach Erhaltungszustand US$1500–2000 erzielen, um meist nur noch als Dekoration von Hotels, Restaurants oder Gärten Verwendung zu finden.

Früher warteten die pittoresken Gefährte überall auf Kundschaft, heute gibt es zehn feste **Stützpunkte**. Ein Stunde Stadtrundfahrt mit Fotostopps lässt sich für 10 000 Kyat pro Kutsche arrangieren, als **Rundtrip** zum Botanischen Garten inkl. ein bis zwei Stunden Wartezeit kostet das Ganze rund 15 000 Kyat (Moe Zaw, ✆ 092-5985 4874, 097-8791 4221, spricht sogar etwas Englisch).

alte, aus Ziegelstein in kreuzförmigem Grundriss errichtete **Church of the Immaculate Conception** (Kirche der unbefleckten Empfängnis) liegt unter schattigen Bäumen. Sonntags von 7–16.30 Uhr erfreut sie sich regen Andrangs, aber auch unter der Woche findet sich meist jemand, der die Besucher einlässt. Das Schwesternheim liegt auf der linken Seite bzw. nur ein paar Schritte von der Kirche entfernt. Erbaut wurde das Gotteshaus vor dem Ersten Weltkrieg von einem italienischen Priester.

In der **All Saints Anglican Church** von 1885 gedenkt man der gefallenen britischen Soldaten während der Schlacht um Mandalay im Zweiten Weltkrieg sowie der Befreiung von der japanischen Besatzung.

Die Pagoden von Pyin U Lwin erscheinen wenig spektakulär. In der **Shwezigon-Pagode** im Stadtkern stehen neben einem schneeweißen chinesischen Buddha goldene Figuren unterschiedlicher Stile. In einem Glaskasten meditiert ein alter Abt, genauer gesagt eine Statue von ihm, die jedoch überaus lebensecht wirkt. Die **Nyaung-Gyi-Pagode** liegt auf einem Hügel und bietet einen schönen Blick über die Stadt. Auf dem Gelände des chinesischen Tempels **Tian Ran Kong** erhebt sich ein sechsstöckiger Turm. Im **Shri-Krishna-Tempel** am Zentralmarkt und im kleinen **Shri-Ganesh-Tempel** treffen sich die Hindus.

National Kandawgyi Gardens (Botanischer Garten)

Schöne Stunden verspricht der Botanische Garten, der oft als Kulisse für einheimische Werbe- und Filmaufnahmen genutzt, aber von einheimischen Besuchern zuweilen verblüffend lärmend durchstreift wird. Colonel May ließ ihn im Jahr 1917 von 4000 türkischen Kriegsgefangenen am Kandawgyi-See anlegen, unter Anleitung britischer Botaniker aus den Kew Gardens in London.

Hier gedeihen auf knapp 100 ha an die 600 Baum- und Pflanzenarten. Den besten Überblick bietet der etwas abseits liegende, über eine Außen-Wendeltreppe zu besteigende **Nan-Myint-Turm** (alternativ führt ein Lift bis zum 10. Stock). Der zwölfte Stock des runden, braunen und von einem Pagodendach gekrönten Bauwerks ist als halb offene Aussichts-Plattform konzipiert. Der künstlich angelegte See und Herz des Botanischen Gartens ist zum Biotop für viele seltene Tiere geworden. Hier dümpeln schwarze und weiße Schwäne neben roten Mandarin-Enten, während ein Marabu andächtig einen eleganten Riesenreiher beobachtet …

Je nach Jahreszeit verwandeln bunte Blumen den Garten in ein betörendes Farbenmeer. Wichtigste Anlaufpunkte sind der **Orchideengarten**, ein Wald mit 75 Bambusarten oder ein Sumpfgebiet, das auf einem Plankenweg durchquert werden kann, wie auch die riesige Voliere für Vögel. Keinesfalls zu versäumen ist das faszinierende **Schmetterlingsmuseum** mit aufgespießten Faltern, Käfern und anderen Insekten aus Myanmar und aller Welt – präsentiert in einer unglaublichen, paradiesischen Vielfalt und Schönheit bzw. ausgesprochen kreativen Arrangements. Wer vermag sich da noch an das hier eigentlich geltende Fotoverbot zu halten? In einem **Fossilienmuseum** werden versteinerte Hölzer, Mammutstoßzähne und andere Funde aufbewahrt. Sogar die **Kompostierungsanlage** des Parks ist zu besichtigen.

Nahe dem Eingang von der Nandar Lan kann ein Schwimmbad genutzt werden. An Wochenenden und Feiertagen verwandelt sich der Park in einen großen **Picknickplatz**. Das **Kandawgyi-Café**, 🕒 8–17 Uhr, bietet einfache Reis- und Nudelgerichte, Eisbecher und Getränke, die an großen Baumscheiben-Tischen bzw. mit herrlichem Ausblick über den See und die akkuraten Blumenrabatten genossen werden können. Im Pavillon treten manchmal Rockbands auf.

Die beiden **Eingänge** liegen an der Ostseite des Kandawgyi-Sees, 🕒 8–18 Uhr, Orchideengarten, Museen und Turm aber nur bis 17 Uhr. Für Ausländer kostet der Eintritt US$5 bzw. 7500 Kyat und umfasst einen hilfreichen, englischsprachigen Plan, für einen gemächlichen Rundgang sollte man mindestens zwei Stunden einplanen. **Elektro-Buggys** für bis zu acht Passagiere fahren Besucher für gesalzene 15 000 Kyat durch den Park. Ebenfalls verzichtbar scheint ein Besuch des gegenüber dem Haupteingang liegenden **National Landmarks Garden** – mit Miniatur-Nachbauten berühmter Sehenswürdigkeiten Myanmars und einem Vergnügungspark, 🕒 8–18 Uhr, Eintritt US$4.

ÜBERNACHTUNG

Die Wahl der Unterkunft sollte sich danach richten, ob man eher im Zentrum (hier ist der Standard überwiegend lausig) residieren möchte oder an der Peripherie (hier werden oft Fahrräder und Mopeds vermietet). Im **Shwe Nann Htike Hotel** verbergen sich die ersten Dorm-Schlafplätze. Die billigsten Zimmer liegen bei US$20, deutlich mehr Stil und Stimmung gibt es meist erst ab US$50.

Wohltaten im Waisenhaus

Im rückwärtigen Bereich der **St. Matthews Kachin Baptist Church** bzw. in der Bogyoke Rd. 23 betreiben die christlichen Kachin ein **Waisenhaus**. Die rund 70 Kinder und ihre Betreuer freuen sich, wenn Ausländer vorbeischauen (am besten nachmittags), um Geldspenden oder auch Geschenke (wie einfache Spiele, Taschenspiegel, Malbücher, Notizblöcke, Stifte …) zu bringen, sich etwas mit ihnen zu beschäftigen oder gar Englischunterricht zu geben. Manchmal nehmen sich die Direktoren **Tain Khaw**, ☎ 094-0044 7761, und **Smith Aung Tun**, ☎ 092-5625 2532, auch Zeit für eine kurze Führung.

Untere Preisklasse

Bravo Hotel, Mandalay-Lashio Rd. bzw. dicht am Uhrturm, ☎ 085-21816, ✉ bravohotel.pol@gmail.com. 14 Holzboden-Zimmer mit AC, Sat-TV und Minibar. Die kleine Lobby wirkt ansprechend, das Personal freundlich und hilfsbereit. Ebenso akzeptabel, aber nicht berauschend wirken weitere an dieser Hauptstraße liegende Zentrum-Hotels wie das **Cherry Gh.**, ☎ 085-21306, das **Grace Hotel II**, ☎ 085-22081, oder das zum gleichen Besitzer gehörende, etwas außerhalb liegende **Grace Hotel I**, Nan Myaing Rd., ☎ 085-21230. Alle ❶–❷

Dahlia Motel, Tin Oo Lwin Rd., ☎ 085-22255, 09-204 4153 (Mr. Reggie Hla Kyaw). Besteht seit 1996 als beste Budget-Option außerhalb des Zentrums und aus immer mehr Flügeln mit verschiedenfarbig gefliesten Fassaden, umlaufenden Balkons und Laubengängen inkl. einladendem Sitzmobiliar. Der 72-jährige, gut Englisch sprechende Reggie Hla Kyaw und seine Frau Khin Myo Aye bieten 50 zweckmäßig eingerichtete Zimmer, davon 15 mit AC und auch sonst etwas besser. Umfangreiche Serviceleistungen und Miet-Mopeds für 15 000 Kyat. ❶–❷

€ **Sa Khan Thar Hotel**, Mandalay-Lashio Rd., ☎ 085-23049, ✉ maymyosakhantha@gmail.com. Als vielleicht beste Option der Billighotels im Zentrum. 10 Zimmer in einem 2-stöckigen Altbau sowie 12 Zimmer im angrenzenden Neubaublock, die über Badewannen-Bäder verfügen. Alle mit AC. ❷

€ **The Golden Gate Resort Guesthouse**, Golf Club Rd., 097-9748 8622, https://thegoldengateresort.com/. Urige Anlage mit kleinen, preiswerten Bungalows in einem liebevoll angelegten, parkartigen Garten, 1 km vom Zentrum entfernt. Das auch bei externen Gästen beliebte Restaurant **San Francisco** wartet mit einer breitgefächerten Speisekarte und großen Portionen auf, 2 5.30–21.30 Uhr. Verleih von Fahrrädern, Organisation von Tickets und Transfers inkl. Abholung vom Mandalay Airport für US$30. ❷

Mittlere Preisklasse

Hotel 99, Sagawa Rd., 085-28471, www.hotel99pyinoolwin.com. Klein, aber fein – mit einem optimalen Preis-Leistungs-Verhältnis und engagierten Serviceleistungen des freundlichen Besitzers. Das ansehnliche, grün getünchte Haus bietet 19 saubere, helle, geflieste Zimmer sowie ein einladendes Rooftop-Restaurant mit preiswerter Küche. ❸

Maymyo Hotel, Yadanar Rd., 085-28440, www.hotelmaymyo.net. Junge, gute Option mitten im Zentrum, aber dennoch ruhig, da im rückwärtigen Bereich der Hauptstraße gelegen. 40 große, gut gepflegte Zimmer mit schönen Bädern (z. B. Nr. 109) für US$45 oder US$55, wobei die Superior-Kategorie kaum besser ausgestattet ist. ❹

Royal Green Hotel, Ecke Ziwaka Rd./Pyitawthar 1st. Rd., 085-28411, 094-4204 2065, www.royalgreen-hotel.com. Schmucker Neubau in guter Lage plus erfreulichem Preis-Leistungs-Verhältnis und erhöhtem Wohlfühlcharakter: 37 saubere Zimmer mit allem nötigen Komfort und guten Matratzen, im Erdgeschoss teilweise leider mit vergitterten Fenstern (Nr. 101 und 102 zählen mit US$35 zu den billigsten, sind aber angenehm und mit eigenem Zugang). Wenn es zu kalt wird, gibt es wirkungsvolle Heizsonden. Angenehm gestaltetes Restaurant mit kleinem, aber feinem Frühstücks-Buffet inkl. Filter-Kaffee. Miet-Mopeds für 18 000 Kyat. ❸–❺

Royal Jasmine Hotel, Thu Min Galar Quarter, 085-29737, 094-5619 8555, royaljasminehotel.myanmar@gmail.com. Direkt am verlockenden Shan-Markt, 4-stöckiger Bau mit Lift und schönem Rooftop-Spot für Sonnenuntergänge. Geräumige, saubere Zim-

Auf rund 1100 Metern liegend, fasziniert Pyin U Lwin durch ein besonderes Flair.

© VOLKER KLINKMÜLLER

Historische Herbergen

Die einst namhaften Kolonialherbergen der Briten waren über Jahrzehnte Hotels der Regierung und entsprechend schlicht möbliert oder heruntergekommen. Nach ihrer 2013 erfolgten, etwas ominösen Versteigerung als Pachtobjekte könnten sie zu gediegenen Boutique-Resorts ausgebaut werden. Wie das 1903 eröffnete **Croxton** (zuletzt: Gandamar Myaing Hotel mit 5 Zimmern – davon eines mit Erker) oder das fotogen in einem Park liegende **Candacraig** (zuletzt: Thiri Myaing Hotel): Es war von der Bombay Burmah Trading Cooperation 1904 aus Backstein und Teakholz als Gästehaus im Herrenhaus-Stil erschaffen worden und faszinierend von Kriechpflanzen umrankt – bis diese 2016 unverständlicherweise gefrevelt wurden. Im Inneren führt eine feudale Treppe ins Obergeschoss bzw. zu sieben Zimmern mit hohen Decken, die teilweise über Erker, Balkons oder versiegelte Kamine verfügen. Das Juwel wurde durch den Roman *The Great Railway Bazaar* (dt. *Abenteuer Eisenbahn – auf Schienen um die halbe Welt*) von Paul Theroux berühmt – und sogar George Orwell hat hier residiert. Auch das originäre **Craddock Court** (bis Anfang 2018 als Orchid Hotel Nan Myaing in Betrieb) harrt noch seiner Veredelung – und bietet auch die besten Voraussetzungen dafür: mit drei Kolonialbauten aus der Zeit von 1914–22 in einem 15 ha großen Park mit fünf herrlichen, afrikanischen Tulpenbäumen, die im Oktober/November blühen.

mer – meist sogar mit Balkon. Das freundlich-gesprächige Management bietet Insider-Tipps und Gratis-Fahrräder. ❸

Royal Reward Resort, Circular Rd., 085-28271-2, www.royalrewardresort.com. Attraktive Architektur in tropisch sprießender Gartenanlage. 30 gepflegte Zimmer, als Standard mit Teppichboden, im 2-stöckigen Haupthaus und die empfehlenswerte, US$80 teure Deluxe-Kategorie in rot getünchten Backstein-Villen mit Halbrund-Erkern, Säulen und Holzboden. Sky-Lounge (in überschaubarer Höhe), Spa und Fitnesscenter. ❹–❺

Shwe Nann Htike Hotel, Forest Rd., 097-9117 9179, 094-0256 5146 (Mrs. Aye Aye Myint), https://de-de.facebook.com/hotelshwenannhtike/. Zählt seit 2016 mit 6 Etagen und 52 Zimmern zu den neuesten und größten Unterkünften am Ort. Die meisten haben Teppichboden und kosten US$50–70, 4 jedoch überraschen als geflieste, schöne Dorms mit jeweils 6 Betten zu US$12 p. P. Das Dachgeschoss lockt als Sky-Bar bzw. beste Option für Sonnenuntergänge, Managerin Mrs. Aye Aye Myint und ihr ebenso nettes Team offerieren Miet-Fahrräder und Charter-Taxis. ❹–❺ und ❶

Thuzar Hotel, Mandalay-Lashio Rd., 094-0414 4448, 094-4357 3331 (Zin Lin Tun), om.hotelthuzar@gmail.com. Seit Ende 2018 mit eigenwilliger Architektur in praktikabler Lage gegenüber dem Ruby Mart als eine der neuesten und besten Unterkünfte am Ort. Der professionelle Manager Zin Lin Tun und sein freundliches Team bieten 38 schön ausgestattete, freundlich helle Komfortzimmer mit Wohlfühl-Charakter und gutem Frühstück zu US$45 und US$60. ❸–❺

Tiger Hotel, Sandar Rd., 085-21980, www.tigerhotelpyinoolwin.com. Empfehlenswert mit 24 geräumigen und geschmackvoll möblierten Zimmern (wie S 101 bis S 104). Als Standard geräumig und behaglich zu günstigen US$30, die Suiten zu US$40, 50 und 60 (Executive-Kategorie) bieten teilweise sogar etwas Cinderella-Flair. Im hoteleigenen **Golden Lion Restaurant** lässt es sich angenehm speisen, 7–22 Uhr. ❸–❹

Obere Preisklasse

Aureum Palace & Resort, Mandalay-Lashio Highway Rd., 085-21901, www.aureumpalacehotelandresortpyinoolwin.com. Das 2007 eröffnete Hotel gehört zur Htoo-Group (s. Kasten S. 366). Die teuerste Adresse am Ort zeigt sich mit der Eleganz von einst, aber ohne Patina und oft verwaist. Die 40 großzügig konzipierten Deluxe-Zimmer scheinen mit US$98 bezahlbar, doch die Suiten haben es in sich – wie die *Presidential Suite* für US$250 oder das *Governors House* für exorbitante US$3000, jeweils mit eigenem Pool. ❺–❼

Kandawgyi Hill Resort, Nandar Rd., am Eingang zum Botanischen Garten, ✆ 09-3314 5100, 💻 www.kandawgyihillresort.com. Gediegenes und stilvolles, angemessen bepreistes Hotel. Im renovierten, rot getünchten Haupthaus von 1922 gibt es 3 geschmackvoll ausgestaltete Deluxe-Zimmer zu US$65 und 2 Junior-Suiten für US$80 [...]e 6 Bungalow-Zimmer im Garten. ❺

Pyin Oo Lwin Hotel, Nandar Rd., ✆ 085-21226, 💻 www.hotelpyinoolwin.com. Im Retro-Look erschaffen – als wohl schönstes und auch bestes Hotel am Ort. 36 geräumige, stil- und stimmungsvoll ausstaffierte Zimmer in Doppelbungalows für US$100 sowie als Deluxe mit Mikrowelle, Wasserkocher und Safe. Marmorbäder mit Wanne und Tropendusche sowie Terrassen. Auch die herrliche Lounge, ein überdachter Pool und das professionelle Personal sorgen für Wohlbefinden. Gutes Frühstücks-Buffet und Miet-Fahrräder für US$5. ❻–❼

The View Resort, in Anisakan, ca. 9 km südwestlich von Pyin U Lwin, in rund 20 Min. Autofahrt zu erreichen, ✆ 097-9045 4241, 💻 www.theviewpyinoolwin.com. Seit 2011 als exklusives Hideaway in atemberaubender Landschaft mit Panoramablick auf den Dat-Taw-Gyaint-Wasserfall. Die 9 geschmackvoll mit Edelhölzern gestalteten Boutique-Bungalows zeichnen sich jeweils durch eine Fläche von 100 m² aus und verfügen über Terrassen mit originellen Holzwannen-Jacuzzis und Wasserfall-Blick. Sie kosten ab US$250 pro Nacht, doch etwas Kaffee oder Kuchen im Restaurant sollte man sich als externer Gast unbedingt mal leisten (s. Kasten S. 366)! Organisation von Trekking- und Fahrradtouren oder Picknicks am Wasserfall. ❼

ESSEN

Im Zentrum finden sich etliche kleine Restaurants und Cafés, von denen sich vortrefflich das Straßenleben beobachten lässt, während an der Peripherie immer mehr westliche Szene-Spots eröffnen. Statt des abendlichen Biers sollte man sich auch mal am örtlichen Fruchtwein versuchen.

An der Nordseite der **Zeigyo-Markthalle**, 🕒 7–17 Uhr, erstreckt sich ein **Nachtmarkt** mit lokalen Snacks, 🕒 16–22 Uhr, wie Nudelsuppen, Maxi-Frühlingsrollen, buntem BBQ-Grillgut oder Samosa: Die Zubereitung ist ein Schauspiel – brutzeln die Mini-Pfannkuchen (mit Vogeleiern oder Gemüse) doch in großen Eisenpfannen mit 100 kleinen Mulden über dem lodernden Feuer. Auch am **Shan-Markt** finden sich allabendlich günstige Garküchen und Grillstände.

Feel Café, Sandar Rd. bzw. am Golfplatz, ✆ 085-23170. Wie auch das angesagte Lake Front Feel ein Ableger der professionellen Gastro-Kette mit originellen Ideen und landesweit 17 Filialen: In einer halb offenen Halle mit aufgehängten Trishaws werden an diversen Ständen lokale, chinesische und indische Snacks sowie andere leichte Gerichte zubereitet. Im angrenzenden Hauptbau, wo sich gerahmte Fotos von amerikanischen Filmstars finden, kann man in Separees höchst originell auf Toilettenschüsseln an verglasten, begrünten Badewannen hocken. 🕒 6–20 Uhr.

Lake Front Feel, Nanda Rd. bzw. am Westufer des Kandawlay-Sees, ✆ 09-516 2132. Gehört zur gleichen Gastro-Kette wie das beliebte Feel Café. Die 4 verlockend bebilderten Speise- und Getränkekarten mit asiatischer und westlicher Küche, Kaffee-Spezialitäten und Cocktails überraschen teilweise mit günstigen Preisen. Das schicke Restaurant eignet sich z. B. für Cocktails sowie chinesische, thailändische oder japanische Speisen – mit bezahlbarem Wein. Von der Holzterrasse eröffnet sich ein schöner Ausblick über den See. 🕒 9.30–21.30 Uhr.

The Club Terrace Food Lounge, 25 The Club Rd., ✆ 085-23311. Der gepflegte Kolonialbau lockt mit stilvoll-gediegenem Ambiente und einer romantischen, abends von Laternen beleuchteten Holzterrasse. Die Thai-Küche ist authentisch und ebenso angemessen bepreist wie die übrige Speisekarte mit indischen und chinesischen wie auch einigen europäischen Speisen oder die *Specials Today*. Dazu munden Cocktails wie *Gin & Sin*. 🕒 8–21.30 Uhr.

The Taj, 26 Nanda Rd., ✆ 09-7840 49880. Gehört seit 2015 als großzügig verglaster Pavillon mit Ambiente und AC direkt am See-Ufer liegend zweifellos zu den erfolgreichsten Gastro-Spots am Ort. Die authentisch wie appetitlich bebil-

Besuch am Dat-Taw-Gyaint-Wasserfall

Der wohl schönste Ausblick der Region eröffnet sich – auch wenn die Naturkulisse 2012 leider um einen Tempelbau „ergänzt" wurde – aus dem **The View Resort & Restaurant** (S. 366). Es liegt südwestlich der Stadt bzw. exakt gegenüber dem Dat Taw Gyaint, der als größter der Anisakan-Wasserfälle rauscht (mehr s. S. 374). Wer hier zum Genuss von Kaffeespezialitäten (um 2000 Kyat), Cocktails (6000 Kyat) oder kreativ dekorierten Kuchen einkehrt, spart 1000 Kyat Zutrittsgebühr. Viel Holz und Antiquitäten sorgen für ein perfektes Interieur, als Weinlager – u. a. mit lokalen Tropfen ab 15 000 Kyat – dient ein originales Shan-Haus. ⌚ 9–18 Uhr (externe Gäste). Von der Restaurant-Terrasse führt ein befestigter Weg zu den acht Bungalows und der Crest Villa Mansion des Resorts bzw. ein schmaler Pfad in 30 Minuten hinunter bis zum Wasserfall (Rückweg 60 Min.). In einem der drei Felsbecken war das Baden zeitweise verboten, nachdem darin 2014 ein Ausländer verschwunden und wohl auch nie wieder aufgetaucht ist.

derte Speisekarte umfasst Hauptgerichte indischer Küche für 4000–7000 Kyat, doch gibt es dazu stets auch etliche günstige, verlockende Beilagen-Speisen und Rotwein ab 16 000 Kyat. ⌚ 10–21.30 Uhr.

Thin Ga Ha, Mandalay-Lashio Rd., ✆ 09-4712 8778. Fasziniert als originelles, riesiges Hallenrund aus Bambusgeflecht mit Ziegelboden und rustikalem Mobiliar – wie imposanten, langen und runden Holztischen oder einem dekorativen Innen-Pavillon. Zu angemessenen bis gehobenen Preisen gibt es ein BBQ- und ein Shan-Buffet sowie eine umfangreiche Speisekarte mit z. B. allerlei Fischgerichten und *Myanmar*-Bier vom Fass. ⌚ 9–23.30 Uhr.

Woodland Restaurant & Café, Circular Rd., ✆ 085-22713. Beliebtes Restaurant mit Innenbereich sowie Bar und Pavillons im Außenbereich. Reichhaltige Speisekarte mit chinesischer und Thai-Küche, Pizzas oder Burgern zu moderaten Preisen. Kreative *Rainbow*-Batterie mit 6 bunten Cocktails zu 7000 Kyat, aber auch als Einzelmischung mit verlockenden Namen wie *Fallen Angel* oder *Tower Death Shot*. ⌚ 11–22 Uhr, Livemusik ab 19 Uhr.

EINKAUFEN

Gegenüber dem The Club Terrace liegt der gut sortierte **National Mart**, ⌚ 5–24 Uhr. Als erstes modernes Einkaufszentrum lockt rund 5 km nordöstlich des Zentrums der **Ruby Mart**. ⌚ 9–21 Uhr.

Im Herzen der Stadt pulsiert der **Zeigyo-Markt** (auch Central- bzw. Myo-Markt), wo es Alltagswaren und allerlei Souvenirs gibt, ⌚ 7–17 Uhr, sowie abends im Außenbereich allerlei Speisen. Im nördlichen Marktbereich verkauft **Liqueur Corner** u.a. lokalen Fruchtwein. ⌚ 8.30–18 Uhr.

Auf dem **Shan-Markt** herrscht – außer sonntags – bereits vor Sonnenaufgang emsiger Betrieb. Es gibt massenhaft frisches Gemüse von den umliegenden Feldern und Blumen aus zahlreichen Gärtnereien, als weitere regionale Erzeugnisse Kaffee, Baumwolle, Papaya, Ananas oder auch Erdbeeren (Haupternte im Feb/März). Ein regional typisches Geschäft ist **Shwe Min Tamee**, 100 Thar Yar Rd., ✆ 085-22391, mit seinem breiten Sortiment getrockneter Früchte (Beutel-Mix ab 1000 Kyat). Zuweilen gelingt es sogar, einen Blick in die Produktion zu werfen, ⌚ 7–17 Uhr.

SONSTIGES

Golf

Der im Süden der Stadt liegende, seit 1941 bespielte **Pyin Oo Lwin Golf Course**, Golf Club Rd., ✆ 085-22382, zählt als 18-Loch-Anlage zu den landesweit besten und erfordert angemessene Kleidung – keine Jeans! ⌚ 6–18 Uhr.

Informationen

Nützliche Infos vermittelt die **Website** 💻 www.pyinoolwin.info.

TRANSPORT

Pick-ups und Taxis

Von mehreren Stellen im Zentrum wie dem Uhrturm oder Bahnhof starten Toyota-Pick-ups für 2000 Kyat p. P. als **Sammeltaxis** mit bis zu 15 Passagieren nach MANDALAY (65 km). Bei vielen Zwischenstopps kann die Fahrt aber bis zu 3 Std. dauern. Wesentlich schneller und komfortabler geht es mit Limousinen als **Share-Taxis** (meist ab 4th St.), die mit max. 4 Passagieren bei 7000 Kyat p. P. liegen und nur 1 1/2–2 Std. benötigen.
Share-Taxis nach HSIPAW (gesprochen „Tibor") kosten ca. 10 000 Kyat p. P., bis nach LASHIO 15 000 p. P., für Charter-Taxis muss man mit bis zu US$80 bzw. US$130 rechnen. Nach 3–4 Std. wird Hsipaw (140 km) erreicht, nach insgesamt 5–6 Std. Lashio (215 km). Die Strecke birgt etliche, ggf. zeitraubende Maut- und Baustellen bzw. zuweilen auch Lkw, die mit Panne oder in den Serpentinen liegen geblieben sind. Charter-Taxis zum MANDALAY AIRPORT kosten US$30–35.

Touren und Trekking

Etliche Unterkünfte vermieten **Fahrräder** für rund 3000 Kyat pro Tag oder **Mopeds** für bis zu 15 000 Kyat. Mit einem **Moped-Taxi** indes liegen ganztägige Erkundungstouren um 20 000 Kyat, für ein **Tuk Tuk** muss man mit bis zu 35 000 Kyat rechnen (Ye Htwey, ✆ 097-9861 2371, und Ye Myint, ✆ 094-0256 1150, sprechen etwas Englisch). Für Kutschenfahrten s. Kasten S. 368.

Erst 2017 gegründet und im Royal Flower Gh. ansässig, lockt **Pyin Oo Lwin Trek**, 11th St., Quarter 4, ✆ 09-510 9973, 💻 www.pyinoolwintrek.com, mit ökologisch angehauchten, erlebnisreichen Touren wie „Winery", „Gecko", „Monkey" oder „Treehouse". Sie führen durch den Dschungel zu Wasserfällen, Höhlen oder Dörfern, wo sich Spannendes über den Anbau von Erdbeeren, Wein, Ananas oder Kaffee erfahren lässt. Für Tagestouren sind US$40 p. P. (bei 2 Pers.) zu berappen, zudem gibt es Trekking-Abenteuer mit 1 (US$80 und US$120 p. P.) oder 2 Übernachtungen (US$150 p. P.) in einem Baumhaus. 🕒 7–23 Uhr.

Busse und Minivans

Der reichlich unscheinbare **Busbahnhof Thiri Mandala**, ✆ 085-22633, liegt 3 km östl. vom Shan-Markt bzw. etwas versteckt hinter der Pyi-Chit-Pagode.
NYAUNG OO (BAGAN), ca. 255 km, mind. 2x tgl. mit Bus oder Minivan für etwa 14 000 Kyat in 5–6 Std.
LASHIO über HSIPAW, ca. 215 km, mehrmals tgl. für 14 000 Kyat in bis zu 7 Std., per Minivan etwas schneller und für nur 12 000 Kyat.
MANDALAY, ca. 65 km, meist mit den Bussen nach Yangon in 1 1/2–2 Std.
YANGON, ca. 680 km, mehrmals tgl. für 11 000 Kyat bzw. als VIP für ca. 20 000 Baht, in etwa 10 Std.

Eisenbahn

Der rot geziegelte **Bahnhof** findet sich nördlich des Zentrums. Der Bummelzug nach MANDALAY startet gegen 18 Uhr für 600–700 Kyat und benötigt ca. 4–5 Std. In Gegenrichtung geht es um 8.22 Uhr über KYAUKME nach HSIPAW (6–7 Std.) und LASHIO (10–11 Std.) – über den legendären Gokteik-Viadukt (s. Kasten S. 435).

Die Umgebung von Pyin U Lwin

Die spektakulären **Anisakan-Wasserfälle** – darunter der über 210 m und mehrere Stufen hinabrauschende **Dat Taw Gyaint** – finden sich in Richtung Mandalay, etwa 8 km von Pyin U Lwin entfernt. Die Anfahrt mit einem Pick-up ist einfach, sportlicher jedoch eine Fahrradtour, auch wenn die Zuwegung ziemlich unwegsam und der Rückweg wesentlich anstrengender ausfallen. Ziel dieses mindestens halbtägigen Ausflugs ist das herrlich kühlende Nass von drei Wasserfällen, die zum Baden einladen – am besten nachmittags, wenn die Szenerie von der Sonne beschienen wird. Besonders eindrucksvoll ist der Scheitelpunkt des größten Wasserfalls. Der unterste Teil des Naturwunders indes ist mit einem rund 40-minütigen Marsch vom Parkplatz zu erreichen, der durch eine Schlucht führt (zuweilen bieten Jugendliche Führungen für 5000 Kyat an). Vorsicht ist besonders bei Regen geboten, wenn es hier überaus schlüpfrig wird.

Gokteik-Viadukt – aus der Nähe und der Ferne

Die Überquerung des 1901 errichteten, 55 km nordöstlich von Pyin U Lwin liegenden Gokteik-Viadukts (S. 435) muss keineswegs bis nach Lashio führen: Man kann sich auch per (Sammel-)Taxi in rund 2 1/2 Stunden bis nach **Nawnpeng** bringen lassen und von dort einfach mit der Eisenbahn nach Pyin U Lwin zurückkehren – oder auch umgekehrt, wobei die Passstrecke zwischen Nawngpeng und **Nawnghkio** stets zusätzliche, eindrucksvolle Erlebnisse beschert. Und: Wer sich bei der Abfahrt des Zuges von Pyin U Lwin in Fahrtrichtung links platziert, hat mehr von der Fahrt über den 97 m hohen und 688 m langen Viadukt, der nach rund 2 1/2 Stunden erreicht wird.

Einen schönen Blick auf das Naturwunder hat das **The View Resort und Restaurant** zu bieten (s. Kasten S. 366).

Auf der Strecke von Pyin U Lwin nach Hsipaw erhebt sich auf einem Hügel die **Mahant-Htoo-Kanthar-Pagode** (Aung Htu Kann Tha Paya), in der alle großen buddhistischen Feste zelebriert werden. Die weiße Marmor-Buddhastatue im Innenraum sollte eigentlich mit drei weiteren im April 1997 von Mandalay nach China gebracht werden, doch aus unerklärlichen Gründen fiel sie vom Transporter. Angeblich war es unmöglich, sie wieder zurück auf die Ladefläche zu bekommen. Vielleicht lag das ja auch am Fahrer, der in der Nacht zuvor geträumt haben will, dass eine der aufgeladenen Buddhastatuen das Land nicht verlassen wolle …

Feuchtes Vergnügen

Wer den Einheimischen einmal bei ausgelassenem Freizeitvergnügen zusehen möchte, sollte den unterhalb der Mahant-Htoo-Kanthar-Pagode rauschenden **Pwe-Kauk-Wasserfall** aufsuchen. Denn obwohl das in der britischen Kolonialzeit „Hampshire Falls" genannte Naturschauspiel nicht besonders spektakulär erscheint, ist es ein überaus beliebtes Ausflugsziel – wie sich leider auch oft an der unschönen Vermüllung ablesen lässt. Ein vom Wasser angetriebenes Kinderkarussell und ein von der Natur geformtes Planschbecken sorgen ebenso für Kurzweil wie Autoreifen, auf denen Abenteuerlustige über die Fluten reiten können. Natürlich lauern hier auch etliche Verkaufsstände mit Essen und Getränken oder Souvenirläden. ⌚ 6–17.30 Uhr, Zutritt 1000 Kyat.

So sammelten die Menschen der Umgebung Geld und ließen die Pagode erbauen, in der die 17 t schwere Buddhafigur nun an ihrem „selbst erwählten" Platz verehrt wird. Besonders zum Sonnenuntergang ist der Bau eindrucksvoll: Die goldene Kuppel wird hell erleuchtet und bietet ein wunderbares Fotomotiv.

Der buddhistische, viele Pilger anziehende Höhlenschrein **Peik Chin Myaung** liegt ebenfalls auf der Strecke nach Hsipaw. Knapp 25 km hinter Pyin U Lwin führt ein schmaler, unbefestigter Abzweig dorthin. Entlang einem Fluss windet sich ein 600 m langer, mit farbigen Neonröhren beleuchteter Weg in den Berg hinein, der von vielen Statuen und Miniaturmodellen, z. B. der Shwedagon-Pagode in Yangon oder dem Goldfelsen von Kyaikhtiyo, gesäumt ist. Vor der Höhle baden die Gläubigen in heiligem Quellwasser, was Glück bringen soll.

Am Fuß der Anlage gibt es Essensstände mit leckeren Shan-Nudeln. Der Besuch der Grotte bietet sich für Taxi-Reisende auf dem Weg nach Hsipaw an oder auch als Ausflug von dort. Statt Eintritt wird eine **Fotogebühr** von 500 Kyat erhoben, im Inneren der Höhle ist das Tragen von Schuhen und kurzen Hosen verboten. ⌚ 6.30–16.30 Uhr.

8 HIGHLIGHT

Monywa

Eine Fahrt nach Monywa gehört zu den lohnendsten Abstechern aus Mandalay. Die 135 km lange Strecke lässt sich über Sagaing per Auto

Auf Abwegen – in Shwebo

Dieser Ort zieht bisher wenige Touristen an und sollte auch nur besucht werden, wenn alle bedeutsameren Reiseziele der Region schon absolviert sind. Die von Mandalay rund 110 km lange, gut zwei Stunden dauernde Anfahrt über die Landstraße ist nicht ohne Reiz, und die ehemalige, entlegene Königsresidenz erfreut durch eine relativ idyllische Atmosphäre. Doch gibt es in Shwebo – zwischen 1760 und 1764 Hauptstadt von König Alaungpaya – im Endeffekt so wenig zu sehen, dass die Mehrheit der Stadt enttäuscht den Rücken kehren dürfte.

Geschichtliche Bedeutung

Einst hieß die Stadt Yangyiaung, Yadanatheinga, Konbaung („Damm") und Mokesoebo. Erst König Alaungpaya verlieh ihr den Namen Shwebo: „Goldener General". Hier geboren, machte er den Ort zum Ausgangspunkt seiner Feldzüge und baute ihn zur Residenz des wachsenden Reiches aus. So wurden von hier aus 1752 auch Inwa und Niederbirma zurückerobert und das Dritte Birmanische Reich gegründet. Nach dem Sieg über die Shan und Mon zerstörte Alaungpaya mehrere Handelsposten der Briten, um ihrem Vordringen zu begegnen.

Orientierung und Erkundung

Die **Grabstätte Alaungpayas** findet sich nicht weit von der Markthalle und dem Königspalast **Shwebon Yadanar Mingalar Nang-daw**. 1995 aus Zement und Stein rekonstruiert, umfasst dieser durchaus fotogene Holzbauwerke. 🕒 7.30–17 Uhr, Eintritt 5000 Kyat. Der mit Wasser gefüllte, östliche Befestigungsgraben ist mehrere Kilometer lang und bis zu 10 m tief. Er gehört mit dem **Maha-Nanda-See** zum auffälligsten Nachlass von Alaungpayas einstiger Stadtanlage.

Einen schönen Blick auf die Stadt hat man vom Turm der **Maw-Daw-Myin-Tha-Pagode** auf dem Eindathaya-Hügel im Nordosten von Shwebo. 1755 von Alaungpaya gestiftet, soll sie eine smaragdene Almosenschale von Gautama Buddha beherbergen. Zu den anderen berühmten Gebäuden der Umgebung gehören der in typisch birmanischem Stil erschaffene **Myo Daung Zedi** sowie die nahe **Shwe-Daza-Pagode** im Süden der Stadt. Den „Wünsche erfüllenden Ort" **Aung Mye Hsu Taung**, der kurz vor der Stadt bei der Anfahrt aus Mandalay passiert wird, soll König Alaungpaya vor dem Auszug zu seinen Schlachten aufgesucht haben.

Umgebung von Shwebo

Das rund 20 km südöstlich von Shwebo liegende **Hanlin** (Halingyi) ist nur mit Charter-Fahrzeugen erreichbar. Hier hat sich vom 3. bis 9. Jh. die nördliche Metropole der Pyu befunden, doch die Überreste beschränken sich auf bröselnde Stadtmauern, einige Tore und Säulen. Im örtlichen Kloster zeigt ein kleines Museum geborgene Töpfe und andere Gegenstände. Eine relativ gute Straße führt von Shwebo zu der 29 km östlich liegenden Kleinstadt **Kyauk Myaung**. Sie ist vor allem für ihre glasierten Töpferwaren bekannt, zu denen auch große Martaban-Krüge gehören.

Die meisten Unterkünfte in Shwebo sind einfach und/oder haben keine Lizenz für Ausländer. Als wichtigste Anlaufstelle fungieren das **Pyi Shwe Theingha**, ✆ 075-22949, sowie das seit mehr als 30 Jahren als ältestes Restaurant im Ort etablierte **Eden Culinary Garden**, ✆ 09-210 1046, wo es eine englische Speisekarte und erfrischendes Fassbier gibt, 🕒 6–21.30 Uhr.

oder Bus in rund drei Stunden bewältigen. Die Straße ist breit, aber dennoch – besonders bei Dunkelheit – nicht schnell zu befahren. Umso mehr kann man das üppige Grün und die oft schöne Landschaft genießen – wie auch auf der 100 km langen Anfahrt von Shwebo (s. Kasten) nach Monywa. Auf den letzten Kilometern geht es durch eine herrliche Allee aus **Baumriesen** (Neem Trees), wie sie sich auch zahlreich im Stadtgebiet erheben.

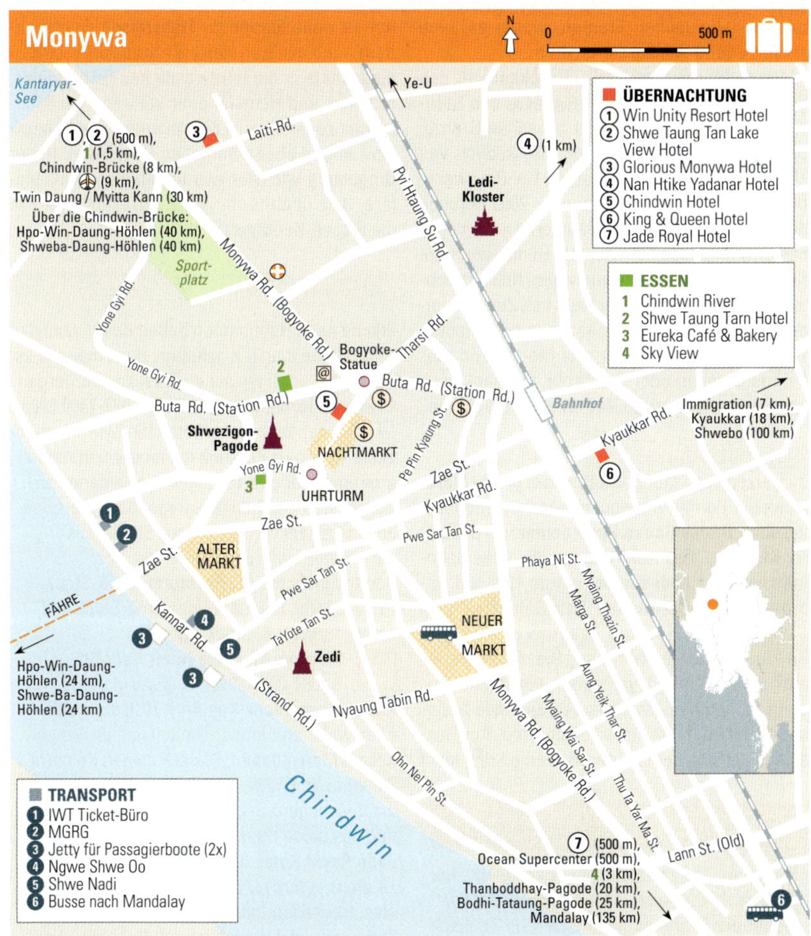

Obwohl es im April und Mai in Monywa – oft sogar mit um die 40 °C – so heiß werden kann wie sonst nirgends im Land, gerät die Handels- und Hafenstadt, die erst seit Beginn der 1990er-Jahre besucht werden darf, immer stärker in den Fokus westlicher Besucher. Denn hier lassen sich noch viel authentisches Leben beobachten oder auch – mit allerlei Schiffen im Vordergrund – herrliche Sonnenuntergänge am Ufer des Chindwin, wenn es doch bloß nicht so verschmutzt wäre …

Geschichtliche Bedeutung

Die kleine Siedlung aus der Bagan-Zeit hat sich mit nun vielleicht schon 500 000 Einwohnern zur zweitgrößten Stadt des Nordens bzw. siebtgrößten Myanmars entwickelt. Erst seit 1888, als sie Verwaltungszentrum des unteren Chindwin-Distrikts wurde, trägt sie ihren heutigen Namen. Der Aufschwung hat sich aber vor allem durch die Lage am Fluss und die 1903 gebaute Eisenbahnlinie nach Mandalay ergeben. Im Zweiten Weltkrieg geriet Monywa zweimal zwischen die britisch-japanischen Fronten, wobei es auch entsprechend bombardiert wurde.

Heute führen zwei große **Brücken** über den Chindwin – als Hauptverkehrsader in den Nordwesten des Landes bzw. zur indischen Grenze: Die erste erstreckt sich seit 1999 südlich von Monywa mit einer Länge von 1,5 km. Die zweite, fast ebenso lange Brücke wurde 2003 nördlich der Stadt eingeweiht. Die Bauwerke haben dazu beigetragen, dass Monywa als Handelszentrum für Agrarprodukte wie Baumwolle, Hülsenfrüchte oder Palmzucker weiter wächst. Zudem werden hier die groben, im ganzen Land beliebten Wolldecken hergestellt sowie Matten und Körbe aus Bambus oder Schilfrohr, Ochsenkarren und Gerätschaften wie Hacken oder Macheten.

Orientierung und Erkundung

Im Herzen der Stadt pulsieren zwei große **Märkte**, an der Peripherie zeugt inzwischen auch hier ein schillerndes **Ocean Supercenter** von populärer Moderne. Das rund 1 km nördlich des Bahnhofs liegende **Ledi-Kloster** wurde 1886 auf Anordnung des berühmten Pali-Gelehrten Ledi Sayadaw errichtet und beherbergt eine große Universität für Mönche. Die Anlage erinnert an die Kuthodaw-Pagode von Mandalay, denn im Tempelbereich finden sich 806 Steinstelen mit buddhistischen Inschriften. Am Flussufer lässt sich beobachten, dass die Stadt nicht nur als neue Etappe für **Flussreisen** dient, sondern auch als Startpunkt für Kreuzfahrt- und Linienschiffe in die nordwestlichen Orte Kalewa, Mawlaik und Homalin oder während der Monsunzeit sogar bis zum 640 km entfernten Hkampti bzw. in den abenteuerlichen Chin-Staat. In der Umgebung von Monywa finden sich spektakuläre, teils noch recht junge Attraktionen – wie die Riesen-Buddhas (S. 381).

Touren und Törns

Ein halber Tag Erkundungstour kostet mit **Tuk Tuks** ca. 25 000 Kyat und mit **Taxis** 40 000 Kyat, wobei die Fahrer in der Regel kein Englisch sprechen. Professionell geführte und chauffierte Touren, die auch zu wenig bekannten Zielen in der Umgebung führen können, bieten sich z. B. an mit Insider **Win Nying** aus Mandalay (s. Kasten S. 338), dessen Frau aus Monywa stammt. Hilfreich und fundiert sind **Infos** an der Rezeption oder am Travel-Counter des Chindwin-Hotels, wo auch **Boote** für den zweistündigen Törn von Pakkoku nach Nyaung Oo gechartert werden können (2–15 Pers. für 48 000 Kyat). Im King & Queen-Hotel indes sind gute **Ortspläne** verfügbar.

ÜBERNACHTUNG

Etliche neue Hotelbauten haben das Niveau der Unterkünfte deutlich gehoben, doch mangelt es nach wie vor an typischen Traveller-Herbergen.

Chindwin Hotel, Monywa Rd. ☏ 097-7400 2006, 💻 www.facebook.com/hotelchindwin. Als wohl beste Option im Zentrum mit modernem Antlitz, großem Foyer und 44 Zimmern, von denen sich am ehesten die Deluxe-Kategorie mit 4 großen und mit einem verglasten, zur Straße ausgerichteten Halbrund empfehlen. Das Rooftop lockt mit AC-Restaurant im 6. Stock, 🕒 10–22 Uhr, Freiluftbereich im 7. Stock und einem Turm als 8. Stock. ❸–❹

Glorious Monywa Hotel, Laiti-Rd., ☏ 094-0038 8895, 💻 www.gloriousmonywahotel.com. Seit April 2018 als stattlicher, weiß strahlender Neubau mit professionellem Management, 60 geräumigen Komfort-Zimmern ab US$30, Skybar und Spa bzw. dem wohl nicht ganz ungerechtfertigten Anspruch, nun das beste Haus am Ort zu sein. ❸ und ❺

Jade Royal Hotel, Monywa Rd., ☏ 09-645 0647, 💻 www.jaderoyalhotelmonywa.com. Angenehmes, freundlich-helles Haus, in dem grüne Farbtöne und die reichliche Verarbeitung von Steinscheiben dominieren: 80 geräumige und pieksaubere Holzboden-Zimmer sowie ein schöner, türkisfarbener Pool mit Zutritt für externe Gäste (10 000 Kyat). ❸–❹

King & Queen, Kyaukkar Rd., ☏ 097-9116 6787, 💻 http://kingandqueenhotelmonywa.com/. Von außen eindrucksvoll, innen aber nicht besonders heimelig. 67 Komfortzimmer in 5 Kategorien – als Deluxe- oder Suite Room etwas größer, mit Safe und Badewannen-Bädern. Im 7. Stock lockt eine Skybar. Vermietung von Fahrrädern für 4000 Kyat pro Tag, Mopeds 10 000 Kyat. ❸

 **Nan Htike Yadanar Hotel**, Jaw Ki Rd., (Happy Baby Rd.), ✆ 071-23156, 09-4300 2971, ✉ nanhtikeyadanarhotel@gmail.com. Einladende, kleine Bungalowanlage mit eigenwilligem Stil. 33 Komfortzimmer entlang einer ansprechend begrünten Beton-Piazza – mit Namen wie „Diamond", „Pearl" oder „Emerald" und guten Betten. 4 Kategorien für 25 000–35 000 Kyat, doch die teuerste muss nicht die beste sein, und die Zimmer mit Kingsize- sind billiger als die mit Twin-Betten. Allerlei Serviceleistungen, Mountainbikes für 10 000 Kyat am Tag, Mopeds 3000 Kyat pro Std. ❷

 **Shwe Taung Tan Lake View Hotel**, Monywa Rd. bzw. am Nordufer des Kantharyar-Sees, ✆ 094-2506 8833, 💻 www.facebook.com/shwetaungtanhotel. Zählt seit 2017 zu den zahlreichen Neueröffnungen und besten Optionen am Ort – mit 28 geräumigen, gut ausgestatteten Zimmern. Freundliches Personal, Innenhof-Pool, Fitnesscenter und gern gelobtes Frühstücksbüfett. ❹

Win Unity Resort Hotel, Monyw Rd. bzw. am südlichen Ufer des Kantharyar-See, ✆ 071-23225, 💻 www.winunityhotels.com. Die weitläufige Anlage umfasst sagenhafte 233 Zimmer in 10 Kategorien – darunter 109 in Bungalows und 91 in einem 6-stöckigen Hufeisen-Bau mit Lift. Bereits die Standard-Kategorie bietet ein gutes Preis-Leistungs-Verhältnis. Für Entspannung sorgen ein schöner Pool mit Bar und Jacuzzi sowie ein Spa und Fitnesscenter. ❸–❻

ESSEN

Ob der überraschend dürftigen Gastronomie-Szene empfehlen sich nicht zuletzt auch die **Hotel-Restaurants** – oder der beliebte **Nachtmarkt**: Er erstreckt sich zwischen Uhrturm und Bogyoke (Aung San)-Statue beidseits der Tharsi Rd. – mit einer breiten Variation an preiswerten Leckereien. Darunter auch illustre Überraschungen wie große Walnüsse oder überdimensionale Frühlingsrollen, die lecker mit *Mutton* gefüllt sind. 🕒 17–22.30 Uhr. Tagsüber kann man sich je nach Sichtprüfung durchaus mal an den Grillständen von **5 Star Chicken** versuchen. Größere Flussgarnelen sind Mangelware, weil der Chindwin durch zu viele Goldminen belastet ist.

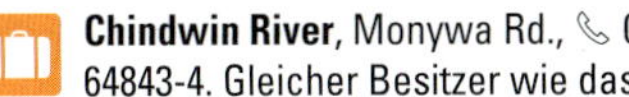 **Chindwin River**, Monywa Rd., ✆ 09-2547 64843-4. Gleicher Besitzer wie das Small River (Ava)-Restaurant in Inwa – und nach dem Ende des wunderbaren, lange auf einer Insel im Kantharyar-See gelegenen „Pleasant River" das nun wohl beliebteste Restaurant Monywas. Halb offen und erdverbunden inmitten einer Gartenanlage mit angemessenen Preisen für die chinesischen, burmesischen und thailändischen Speisen in großen Portionen. Beliebt sind die Set-Menüs zu je 10 000 Kyat, das *Myanmar Premium*-Fassbier kostet 2000 Kyat pro Glas. 🕒 10.30–23 Uhr.

€ **Eureka Café & Bakery**, Yone Gyi Rd., ✆ 097-9640 8081. Gut gekühlt mit modernem Mobiliar in bester Innenstadtlage bzw. ideal für eine Verschnaufpause. Umfangreiche, appetitlich bebilderte Speisekarte mit Tellergerichten zu 3000–6000 Kyat. Pasta, Burger und Salate, auch asiatische Kost oder Hot-Pot-Service. Glasvitrine mit Backwaren, Pasteten und Pudding, gute Eisbecher, frische Fruchtsäfte und Kaffeespezialitäten. 🕒 7–21.30 Uhr.

Shwe Taung Tarn, Station Rd., ✆ 071-21478. Gehört zum gleichnamigen, wenig attraktiven Hotel, hat aber mit seinem originären Charme die längste Tradition als Restaurant für Ausländer, die sich ausschließlich auf der hölzernen, zu zwei Dritteln offenen Dachterrasse tummeln. Die Speisekarte bietet bezahlbare, teils überraschende Gerichte – wie den *Pork- und Chicken Salat* für 6000 Kyat, der aber rein gar nichts mit Salat zu tun hat. Fassbier strömt für günstige 800 Kyat. 🕒 9–21.30 Uhr.

Sky View, Monywa Rd., ✆ 094-2116 4505, 💻 www.facebook.com/skyviewmonywa. Der Name wirkt etwas irreführend – zumal es sich bei dieser noch jungen Option um ein ebenerdiges Restaurant handelt, das jedoch mit ansprechender Architektur lockt. Der engagierte Besitzer Zay Phyo Kyaw und sein freundliches Team bieten eine attraktive Speisekarte bzw. originell dekorierte, gut bezahlbare Tellergerichte. 🕒 10.30–22.30 Uhr.

TRANSPORT

Der **Flughafen** 12 km nördlich der Stadt wird allenfalls sporadisch bedient.

Taxis

Für die Strecke zwischen Monywa und MANDALAY werden meist um die 60 000 Kyat verlangt, nach SHWEBO geht es bereits für 40 000 Kyat (vermittelt z. B. die Rezeption des Chindwin Hotels).

Busse und Minivans

Der **Busbahnhof Aung Mingalar** liegt rund 1,5 km südöstlich vom Uhrturm an der Hauptverkehrsachse der Monywa Rd. (Bogyoke Rd.). Die meisten Busse bieten inzwischen AC, doch sind auch hier die praktikablen AC-Minivans mit (oft) Tür-zu-Tür-Service auf dem Vormarsch.
MANDALAY, ca. 135 km, von 5–16 Uhr fast stdl. für 3000 Kyat in rund 3 Std., etwas schneller sind die ebenso häufigen Minivans für 7500 Kyat.
NYAUNG OO (BAGAN), ca. 155 km, 1x tgl. für 3000 Kyat sowie 5x tgl. mit Minivans für 4000 Kyat in 3 1/2 Std.
PAKOKKU, 120 km, 4x tgl. für 2500 Kyat in 2 1/2 Std. sowie 3x tgl. mit AC-Minivans für 4000 Kyat. Von dort kann man per Bus oder Boot weiter nach BAGAN reisen.
SHWEBO, ca. 100 km, von 5–13 Uhr mehrmals für 3000 Kyat über KYAUKKA in 2 1/2 Std.
YANGON, ca. 730 km, Start vor allem nachmittags für 12 000–14 000 Kyat in ca. 11 Std.

Eisenbahn

Da die Zugreise nach MANDALAY mit den 2x tgl. verkehrenden Zügen rund 6 Std. dauert, bevorzugen sogar die Einheimischen Busse, Minivans oder Sammeltaxis.

Boote

Wer als Ausländer in Monywa den Chindwin überqueren will, um z. B. zu den Höhlen von HPO WIN DAUNG zu gelangen, muss für 3000 Kyat ein eigenes Boot (bis zu 5 Pers.) chartern.
Die Express-Boote stromaufwärts werden im Wechsel von den in der Kannar Rd. bzw. am Flussufer ansässigen Reedereien **MGRG**, ✆ 09-4004 01551, **Shwe Nadi**, ✆ 071-23488, und **Ngwe Shwe Oo**, ✆ 071-23051, angeboten. Sie starten tgl. um 16.30 Uhr, halten nach ca. 13 Std. in KALEWA (14 000/*upper class* 24 000 Kyat), erreichen nach rund 18 Std. MAWLEIK und nach 30 Std. HOMALIN (24 000/*upper class* 36 000 Kyat). Die IWT-Schiffe fahren nur Anfang Juli bis Mitte Okt. und brauchen indiskutabel länger (Abfahrt jeden Mo mit 2 Bord-Nächten, zurück am Fr mit sogar 3 Übernachtungen). Immer beliebter werden komfortable Flusskreuzfahrten (s. Kasten S. 344).

Die Umgebung von Monywa

Im Umfeld Monywas erstreckt sich eine unwirtliche „Mondlandschaft" – entstanden durch weitläufige Kupferminen. Ende 2014 hatte z. B. die von Letpadaung internationale Schlagzeilen gemacht, weil die dortige Umweltverschmutzung die Existenz und Gesundheit Tausender Menschen bedroht bzw. es sogar zu Zwangsumsiedlungen gekommen war. Die Proteste der Einheimischen wurden von der Polizei mit extremer Gewalt und sogar Einsatz von Phosphor niedergeschlagen.

Thanboddhay-Pagode (Sambuddha-Kat-Kyaw-Pagode)

Von außen wie innen zu den landesweit faszinierenden Heiligtümern zählt die rund 10 km südöstlich der Stadt liegende Thanboddhay-Pagode. Errichtet wurde sie von 1939–51 auf Initiative des angesehenen Abtes Moe Nyin Sayadaw U Kyauk Lon mithilfe von Spendengeldern. Weil die ganze Menschheit vom Bau dieses Heiligtums profitieren sollte, wurden die Gründungsdaten in vielen Sprachen wie auch Deutsch ausgewiesen.

Der Eingang wird von zwei riesigen, weißen Stein-Elefanten flankiert, während 471 Stupas die Terrassen zu einem regelrechten **Pagodenwald** machen. Innerhalb der quadratisch angelegten Mauer findet sich eine Vielzahl von Andachtsstellen – alle bunt bemalt und reich verziert, was manch westlicher Besucher als überladen empfinden mag. Im Inneren des *pahto* sind alle Wände, Nischen und Portale mit winzig kleinen oder auch meterhohen Buddhafiguren geschmückt. Insgesamt sollen es momentan **582 357 Bildnisse** sein, die hier vom religiösen Eifer der Stifter und grandioser Handwerkskunst zeugen.

Der massive **Stupa** enthält angeblich 7000 heilige Gegenstände. Die Nebengebäude erinnern an die Palastarchitektur der Konbaung-Dynastie und sind an den Außenseiten mit dreidimensio-

Buddhastatuen als Superlative

© VOLKER KLINKMÜLLER

Anordnung und Ausmaß dieses Heiligtums sind einzigartig, atemberaubend – und schon von Weitem sichtbar, wobei sich je nach Position ganz unterschiedliche Perspektiven ergeben.

Welchen Platz der je nach Quelle 89 bis 95 m lange, liegende Buddha von Bodhi Tataung in der Weltrangliste einnimmt, lässt sich nicht exakt ermitteln. Doch der unmittelbar benachbarte und 2008 eingeweihte **Lay Kyun Sat Kyar** präsentiert sich mit seinen 116 m als zweithöchster Buddha auf Erden. Wenn man den Sockel (hier empfiehlt sich ob des großflächig gleißenden Marmors eine Sonnenbrille) mit einberechnen würde, käme er sogar auf 130 m und wäre die höchste Buddhastatue der Welt – noch vor dem 128 m hohen „Spring Buddha" von Henan in China.

Mit dem Bau der 31-stöckigen, goldglitzernden Konstruktion wurde bereits Mitte der 1990er-Jahre begonnen, inzwischen ist sie im überraschend angenehm temperierten Inneren bis zur 24. Etage begehbar, 🕒 7–17 Uhr. Mit der Ausgestaltung wurde ein immenser Aufwand betrieben, denn jedes Stockwerk ist in anderer Weise mit Gemälden, Ornamenten und Statuen geschmückt, die Böden mit Fliesen, Parkett oder auch mal Laminat belegt. Und jedes muss nach dem Bezwingen der entsprechenden Holztreppe über die ganze Länge durchquert werden – weiter oben sogar hindurch zwischen den mitsamt Muttern stets kreativ bemalten Stahlträgern.

Nachhaltig faszinierend sind die farbenfrohen, monumentalen wie martialischen Darstellungen im Sockel, bei denen die Menschen ob ihrer Sünden gekocht, aufgespießt oder zermalmt werden. Was die Einheimischen zuweilen aber leider nicht ausreichend abhält, das Heiligtum laut lachend oder mit lärmender Popmusik vom Smartphone zu erkunden. Wen indes sollte es verwundern, dass bereits an einer dritten Statue der Superlative gewerkelt wird – dieses Mal eine sitzende.

nalen **Jataka-Reliefs** geschmückt. Zur Anlage gehört ein skurriler **Aussichtsturm**, der nur barfuß über eine Wendeltreppe (mit bei Sonnenschein glühend heißen Stufen) bestiegen werden darf. Das Tempelfest wird im Oktober/November gefeiert. 🕒 6–17 Uhr, Eintritt 3000 Kyat.

Bodhi-Tataung-Pagode (Riesen-Buddhas)

Rund 7 km hinter der Thanboddhay-Pagode gelangt man über die gleiche Straße zu einem riesigen **liegenden Buddha**, der an einem Berghang auf einer gemauerten Couch liegt und begehbar ist. Im höhlenartigen Inneren des 1991 geschaffenen Heiligtums stellen bemalte Zementfiguren anschaulich religiöse Szenarien dar. Nicht weit entfernt erhebt sich mit der Statue **Lay Kyun Sat Kyar** der zweithöchste stehende Buddha der Welt (s. Kasten).

Der Weg zu den Riesen-Statuen auf dem Po-Khaung-Hügel führt durch ein Feld mit mehr als 1000 lebensgroßen Buddhafiguren, die alle mit Blick auf die beiden Statuen ausgerichtet sind und jeweils über einen eigenen, Schatten spendenden Schirm verfügen. Für jede Figur wurde ein Bodhi-Baum gepflanzt, was den Namen dieser religiösen Stätte erklärt. Ein Aussichtsturm ermöglicht einen Überblick über das imposante Ensemble, zu dem auch ein sitzender Buddha, mehrere kleine Pagoden und die große **Aung-Setkya-Pagode** zählen. Eindrucksvolle Fotos lassen sich am besten nachmittags schießen (einige Impressionen s. eXTra [5802]).

Twinn Daung

Rund 30 km nördlich von Monywa, 12 km westlich von Budalin, erhebt sich der **Twinn Daung** („Berg der Quelle"), der eine Höhe von 200 m erreicht. Dort gibt es einen 50 m tiefen See namens **Myitta Kan** („See der Liebe"), dessen Wasserstand sich rätselhafterweise unproportional zum Steigen und Fallen des 3 km entfernten Chindwin verändern soll. Noch immer ungeklärt ist, ob dieser grünlich schimmernde See als Krater auf einen Vulkanausbruch oder Meteoriteneinschlag zurückzuführen ist. Zugänglich ist das Naturwunder kostenlos Mo–Sa 8–16.30 Uhr. Die etwa tausend Bewohner des Dorfes am Ufer verarbeiten die im See gezüchteten Algen zu Heilmitteln.

Shwe-Gu-Ni-Pagode

Auf einer zweispurigen Straße gelangt man durch schöne Landschaften 20 km östlich der Stadt zu einer der wichtigsten Pilgerstätten im Norden Myanmars. Die auf das 14. Jh. zurückgehende Shwe-Gu-Ni-Pagode, die bereits von König Ashoka gegründet worden sein soll, erreicht eine Höhe von 33 m. Diesem Heiligtum werden „wunscherfüllende" Kräfte zugeschrieben. Die Vorkammer der Schreinhalle enthält Jataka-Malereien aus dem frühen 20. Jh. und ist mit Mosaiken verziert.

Kyaukkar

Dieses Dorf 14 km nordöstlich von Monywa ist seit der Konbaung-Epoche ein Zentrum für die Herstellung von **Lackarbeiten**. Die hiesigen Produkte sind schmuckloser, aber stabiler und zweckmäßiger als die von Bagan. Meist sind sie einfarbig schwarz oder rotbraun, da hier keine mehrfarbigen Muster eingeritzt werden. Östlich des Dorfes erhebt sich die kleine **Paw-Daw-Mu-Pagode**, von deren Terrasse sich ein schöner Ausblick ergibt. Die Straße nach Kyaukkar wird von malerischen Tamarind-Bäumen und Reisterrassen gesäumt.

Höhlen von Hpo Win Daung

Rund 25 km westlich von Monywa erstreckt sich ein Labyrinth, das vom 14.–18. Jh. in die hier liegenden Sandsteinberge gestemmt worden ist: Sagenhafte 947 Grotten sollen es sein – einige nur ein paar Dezimeter tief bzw. für eine einzige Buddhafigur, andere wiederum bis zu mehrere Meter lang – ausgeschmückt mit reihenweise Statuen oder sogar noch gut erhaltenen Wandmalereien, früher teilweise verschlossen von kunstvoll geschnitzten Teakholztüren. Benannt wurde diese unwirtliche und furchtbar heiße Region nach dem einst hier lebenden, legendären Alchemisten **U Hpo Win**. In seiner Höhle ist noch der Mahlstein für die Zubereitung von Wundermittelchen zu sehen, am Eingang werden traditionelle Arzneien feilgeboten.

Die Erkundung beginnt im Dorf **Minzu**, wo eine Tafel mit Lageplan steht und ein beschatteter Treppenaufgang zunächst zur Haupthöhle führt. Wer auch sonst gern die Orientierung behalten bzw. die wichtigsten und schönsten Buddhagrotten sehen möchte, sollte sich z. B. an die freundliche Ms. Khaing Mar von **Hpo Win Daung Cave Tours**, ✆ 097-7998 8532, halten (rund 2 Std. 5000 Kyat p. P.). Zudem versucht sie stets auch, die erschreckend aufdringlichen Affen in Schach zu halten, die von vielen Besuchern mit tütenweise Erdnüssen und Mini-Tomaten angefüttert werden.

Anfahrt: Der einfachste Weg von Monywa zu den Höhlen führt mit der billigen Fähre über den Chindwin zum Westufer. Dort muss zunächst mit der Taxi-Mafia verhandelt werden, um die 24 km bzw. 45 Min. lange Fahrt nach Hpo Win Daung dann per Tuk Tuk oder Pick-up bewältigen zu können (inkl. Wartezeit und Rückfahrt für bis zu 3 Pers. meist 30 000 Kyat). Die Strecke über die Brücke ist 14 km bzw. rund 30 Minuten länger und führt vorbei an Betelnussfarmen, Kupferminen und der **Shwe-Taung-Oo-Pagode**, die sich mit ihrem schönen Ausblick besonders zum Genuss des Sonnenuntergangs empfiehlt (Rundtrip mit Tuk Tuk oder Taxi um 40 000 Kyat). Eintritt 2000 Kyat.

Das Edelstein-Paradies – Mogok

Die behördlichen Vorschriften schwanken ständig. Doch ist der Besuch des nordöstlich von Mandalay liegenden Städtchens Mogok Ausländern nach wie vor nur mit einem offiziell zu beantragenden **Permit** (Bearbeitungszeit 10 Tage) möglich und wird meist im Rahmen einer dreitägigen, geführten **Tour** (mit lizenziertem Reiseführer) absolviert. Für die 200 km lange Strecke bzw. alte Route benötigt man fünf bis sechs Stunden, weil die neu gebaute **Straße** ob gestiegener Sicherheitsrisiken bis auf Weiteres nicht mehr benutzt werden darf.

Organisiertes Schürfen seit 1883

Die schon seit Jahrhunderten von birmanischen Königsdynastien und auf der ganzen Welt begehrten, hochwertigen **Rubine** und **Saphire** aus Mogok haben den Ort zu einer Legende gemacht. Umgeben von bis zu 1200 m hohen, oft mystisch vernebelten und von religiösen Stätten übersäten Bergen schmiegt er sich idyllisch an einen See. Ob der Höhenlage herrscht im „Rubinland" ein moderates Klima, das den Zeitraum Januar bis Mai zur Regenzeit macht.

Die ersten **Schürfrechte** wurden 1883 an die Franzosen vergeben und wenig später von den Briten annektiert, die hier die mit 304 und 400 Karat bisher größten Rubine fanden. Im Zweiten Weltkrieg machten sich die Japaner an die Ausbeutung, heute buddeln hier Hunderte Firmen unter Kontrolle der Regierung nach den keineswegs versiegenden Edelsteinvorkommen.

Örtlicher Handel und weltweiter Export

Mogoks Lebenselixier sind Rubine (Myanmar liefert rund 90 % des Welthandels!) und Saphire, aber auch meist in **Kalksteinschichten** verborgene Halbedelsteine wie Peridot, Lapislazuli, Mondstein, Granat und Chrysoberyll werden in mühevoller Handarbeit aus Stollen im Gebirge ausgegraben, ausgeschlagen oder ausgewaschen. Zudem leicht fündig werden kann man in **Erdlöchern** oder **Flussbetten**. Natürlich dürfen die Besucher von Mogok nicht direkt in die Minen, können aber u. a. beim Auswaschen, Säubern und Sichten von Lehm oder Geröll zuschauen.

Gehandelt werden die roten und blauen Steine auf Märkten wie dem **Peiq Shwe**, **Pan Chan** oder **Hta Pwe** (beste Zeit 10–13 Uhr), die meist nur wenige Stunden dauern. Die (Ver)Käufer lassen sich aber nicht gern bei ihren Aktivitäten fotografieren. Wer sich mit aufregender, regionalspezifischer **Reiselektüre** versorgen möchte, sollte sich *Cale Dixon and the Mogok Murders* von David C. Dagley zulegen: Der Kriminalroman beginnt in San Francisco, folgt der Spur der Rubine bis nach Mogok, wo er tief in die dortige Szenerie eintaucht.

Touren und Unterkunft

Pauschaltouren nach Mogok arrangiert z. B. **Zone Express Travel** in Mandalay (S. 338). Als Unterkünfte für Ausländer sind erlaubt: das von Mrs. Dollarwind geführte, mit Zimmern ab US$80 als teuerste wie beste Option geltende **Golden Butterfly Hotel**, ✆ 094-0253 4366, 💻 http://hotelgoldenbutterfly.com/, das ebenso etwas entlegene, mit 20 Komfortzimmern in Terrassenbauten und kleinem Pool konzipierte **King Bridge Hotel**, ✆ 092-5989 8883, 💻 www.kingbridgehotelandresort.com, das bereits 1992 von der Regierung nahe dem Zentrum erbaute, profane **Mogok Motel**, ✆ 09-697 9026, mit 42 einfachen Zimmern und der einst exklusiven Lizenz für Ausländer oder das 2016 eröffnete **Mogok Hill Hotel**, ✆ 097-7722 2205, 💻 www.facebook.com/mogokhillhotel, mit recht guten Zimmern zu US$50, 55 und 65.

Höhlen von Shweba Daung

Erst in den vergangenen 100 Jahren wurden die fast 50, meist etwas größeren Grotten in den Berg gehauen, die sich nicht weit von Hpo Win Daung bzw. im Umfeld der **Shwebataung-Pagode** verbergen. Noch heute stiften reiche Birmanen weitere Höhlen, zu denen Gläubige über eine tief in den Felsen geschlagene Treppe gelangen können. Kolonial anmutende Vorbauten und frisch bemalte Buddhafiguren können durchaus Disneyland-Flair generieren. Eintritt 2000 Kyat.

MARKT IM SHAN-STAAT; © MARK MARKAND

Der Nordosten

Travellern offenbart sich im gebirgigen Shan-Staat ein Landesteil mit beeindruckenden Naturschönheiten. Die Freundlichkeit der Menschen, der Einblick in das alltägliche Leben in den Dörfern und die zahlreichen Feste machen den Besuch zu einem unvergesslichen Erlebnis.

Stefan Loose Traveltipps

9 **Die Shan-Berge um Kalaw** Eine Trekkingtour durch die überwältigende Natur mit Übernachtung im Kloster oder in einem kleinen Bergdorf. S. 396

Pindaya Ein Ausflug zur Höhle der 8000 Buddhas. S. 401

Nyaungshwe Die kleine Stadt ist nicht nur Ausgangspunkt für Fahrten zum Inle-See, sondern auch selbst sehenswert. S. 405

10 **Inle-See** Ein Bootsausflug zu den Schwimmenden Gärten und Einbeinruderern. S. 418

Taunggyi Bunte Tierballons und leuchtende Feuerwerkskörper: Das Heißluftballonfest ist ein echtes Spektakel. S. 423

11 **Loikaw** Ausflüge in abgelegene Dörfer zu den Kayah, den Kayan und den Kayaw. S. 428

Gokteik-Viadukt Zugfahrt im Schneckentempo auf atemberaubender Strecke. S. 435

12 **Hsipaw** Trekking bei den Shan und Palaung. S. 437

Kengtung Wandern im abgelegenen Osten des Landes. S. 451

IN DER PINDAYA-HÖHLE; © ANDREA MARKAND

TRADITIONELLES GEWAND; © MARK MARKAND

Wann fahren? Am besten zwischen November und April

Wie lange? 2 bis 3 Tage, wenn man nur den Inle-See besuchen möchte, mindestens 2 bis 3 Wochen, wenn man trekken oder tief ins Leben der Shan eintauchen will

Bekannt für kulturelle Vielfalt dank der unterschiedlichen Volksgruppen

Unbedingt probieren Shan-Nudeln, ob als Suppe oder als Salat

Nicht verpassen Wanderungen oder Fahrradtouren – wunderbare Gelegenheiten, Mensch und Natur ganz nah zu kommen

Der Nordosten
N
0
100 km
CHINA
Moda
Thabyehla
Bhamo
Shwegu
Palewshe
Sinaung
Ayeyarwaddy
Sinkham
Mantha
Mansi
Momauk
2387
Sinlumkaba
Ma-ubin
Myothit
Lweje
Longchuan
Santaishan
Zhefang
Wandingzhen
Mong Ko
Motai
2547
Kyu-khok
Nantaung
Mongyu
Ruili
Muse
Kon Kyan
Laukkaing
Wanchanshu
Shweli
Pamkham
Namkhan
Taunggon
Si-U
2360
Mongwi
Namputhka
Mongsi
Tarmonye
Maben
Mengdingjie
Gengma
Man Na
Manmawk
Kutkai
Kunlong
Hopang
Mengcheng
Mong Lon
s. Stadtplan Lashio S. 445
Mantong
2157
Mong Tat
Hseni
Man Kan Mong
Mong Kyet
Panglong
Mongli
Changyuan
Mong Ying
Mong Mit
Bawdwin
2279
Namtu
Na Wi
Pangwaun
2299
Mansat
Mong Yaw
Mong Naung
Shangyun
Mogok
Namshan
Manhsan
Lashio
Mong Mao
2490
Panglon
Pahtan
Nawngkai
2267
Monglong
Mong Ngawt
Mehan
1948
Nanpaung
Man-hpan
Ximeng
Pangsan
s. Stadtplan Hsipaw S. 438
2675
Manle
Naphai
Nawnghpa
Naphan
Loikin
Lancang
(Meng Lang Ba)
Hsipaw
Namon
Ta-kaw-et
Puwen
Kyaukme
Tang Yan
Goteik-Viadukt
Saungkye
Mong Yai
Nawnghkio
Gokteik
Nanyan
s. Stadtplan Kyaukme S. 436
Meng Lian
Mongkaung
Tonse
Namlan
2034
Manmon
2104
Tarkwut
Man Pangphek
Tarmabum
Mengman
Wetwun
Taungkham
Pang Yang
Pansam
Mong Tung
Nampan
Kenglon
Mong Awt
Pyin-U-Lwin
Naung-wo
Tonglaw
Mong Pawk
Jinghong
Anisakan
Mong Hpin
Menghai
Myitng
Kyethmansan
Mong Hsu
Kyat Ou Taung
Pankaytu
Mong Yang
Kyaukgu
Hannge
Mong-khet
Wunpwe
Mong Noun
Mong Nawng
Mong San
Mong La
Da Luo
Mong Kung
2320
2031
Mong Ma
Mong Kaw

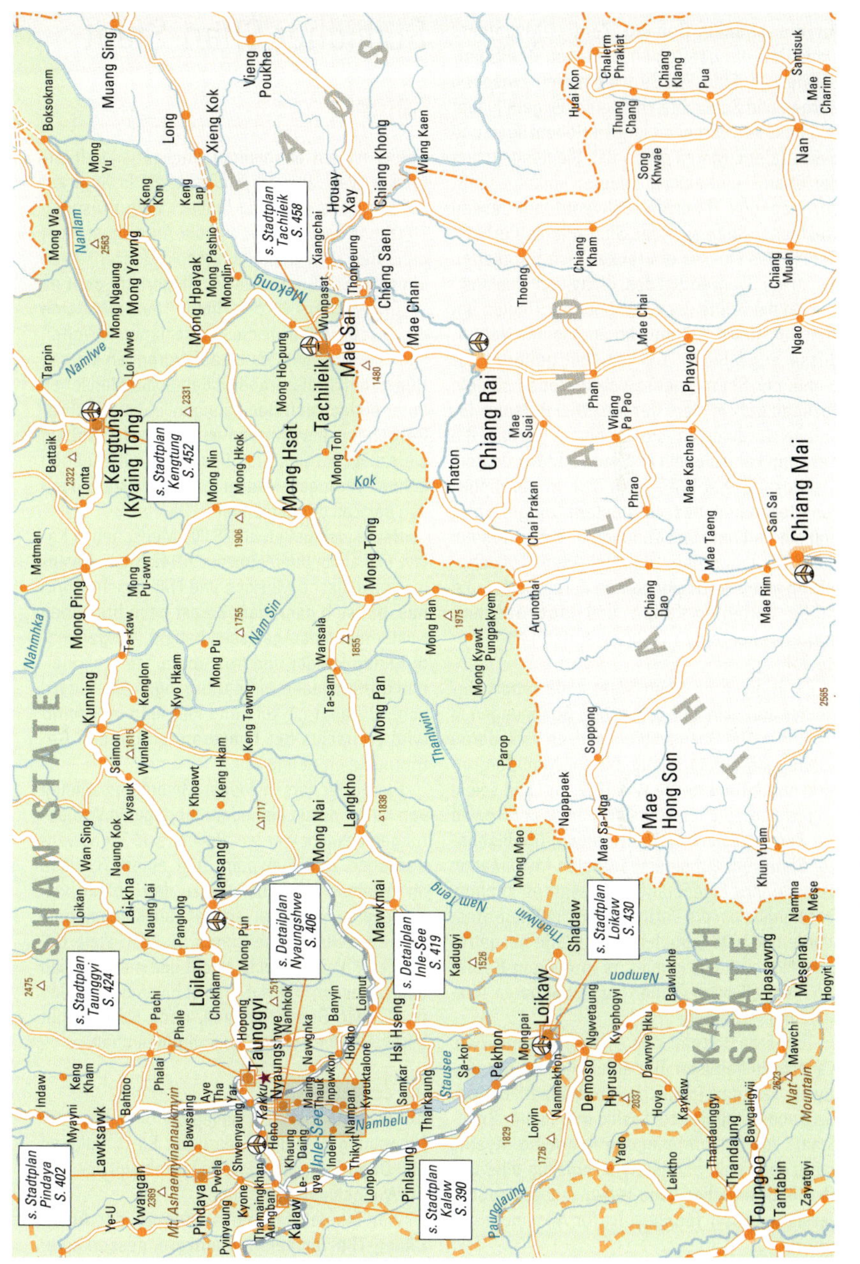
SHAN STATE
LAOS
THAILAND
KAYAH STATE
Mekong
Nanlam
Namlwe
Nahmhka
Nam Sin
Kok
Thanlwin
Nam Teng
Nampon
Nambelu
Paunglaung
Inle-See
Stausee
Mt. Ashaemyinanaukmyin
Nat Mountain
Kengtung (Kyaing Tong)
Tachileik
Mae Sai
Mong Hsat
Chiang Rai
Chiang Mai
Mae Hong Son
Taunggyi
Loilen
Loikaw
Kalaw
Pindaya
Nyaungshwe
Toungoo
Muang Sing
Vieng Poukha
Long
Xieng Kok
Boksoknam
Mong Yu
Mong Wa
Keng Kon
Keng Lap
Mong Pashio
Monglin
Mong Hpayak
Mong Yawng
Mong Ngaung
Tarpin
Loi Mwe
Houay Xay
Chiang Khong
Xiangchai
Wiang Kaen
Chiang Saen
Thonpeung
Wunpasat
Mae Chan
Mong Ho-pung
Mong Ton
Mong Nin
Mong Hkok
Battaik
Tonta
Matman
Mong Ping
Mong Pu-awn
Ta-kaw
Kunning
Kenglon
Kyo Hkam
Mong Pu
Wansala
Mong Tong
Mong Han
Mong Kyawt
Pungpakyem
Thaton
Chai Prakan
Arunothai
Thoeng
Chiang Kham
Phan
Mae Suai
Wiang Pa Pao
Phrao
Mae Kachan
Mae Taeng
Chiang Dao
Mae Rim
San Sai
Phayao
Mae Chai
Ngao
Chiang Muan
Nan
Song Khwae
Thung Chang
Huai Kon
Chalerm Phrakiat
Chiang Klang
Pua
Santisuk
Mae Charim
Ta-sam
Mong Pan
Keng Tawng
Saimon
Wunlaw
Kysauk
Keng Hkam
Khoawt
Wan Sing
Naung Kok
Lai-kha
Naung Lai
Loikan
Panglong
Nansang
Mong Nai
Langkho
Parop
Mong Mao
Napapaek
Soppong
Mae Sa-Nga
Khun Yuam
Mawkmai
Kadugyi
Shadaw
Mong Pun
Chokham
Hopong
Nanhkok
Banyin
Loimut
Hsi Hseng
Nawngka
Pachi
Phale
Phalai
Indaw
Keng Kham
Myayni
Lawksawk
Bahtoo
Aye Tha Yar
Bawsaing
Shwenyaung
Heho
Kakku
Maing Thauk
Inpawkon
Hokho
Kyauktalone
Samkar
Tharkaung
Sa-koi
Pekhon
Mongpai
Nanmekhon
Loiyin
Pinlaung
Lonpo
Thikyit
Nampan
Indein
Khaung Daing
Le-gya
Thamaingkhan
Aungban
Pyinyaung
Kyone
Pwela
Ywangan
Ye-U
Ngwetaung
Kyaphogyi
Bawlakhe
Hpasawng
Mesenan
Mese
Namma
Hogyit
Demoso
Hpruso
Dawnye Hku
Hoya
Kaykaw
Mawchi
Yado
Leiktho
Thandaunggyi
Thandaung
Bawgaligyi
Tantabin
Zayatgyi
s. Stadtplan Tachileik S. 458
s. Stadtplan Kengtung S. 452
s. Stadtplan Taunggyi S. 424
s. Detailplan Nyaungshwe S. 406
s. Detailplan Inle-See S. 419
s. Stadtplan Loikaw S. 430
s. Stadtplan Pindaya S. 402
s. Stadtplan Kalaw S. 390
2563
2331
2322
1480
1906
1755
1855
1975
1615
1717
1838
2475
2369
2517
1526
1829
1726
2037
2623
2565
DER NORDOSTEN

An die ebenen Gebiete Zentral-Myanmars schließen die gebirgigen Regionen des Shan-Staates an. Eine Straße windet sich zwischen Bergen und Schluchten hindurch. Es geht hinauf und hinunter, vorbei an langen Höhenzügen und tiefen Tälern. Mitten durch das Siedlungsgebiet der Shan – und einiger anderer Völker – fließt der mächtige Thanlwin (Salween), auf dessen westlicher Seite sich das Shan-Plateau erhebt. Östlich des Flusses erstrecken sich Bergketten bis an die Grenzen zu Laos, China und Thailand.

Fast die Hälfte der Bewohner der Region hat sich am Ufer des Thanlwin und seiner Nebenflüsse angesiedelt. Die meisten gehören zur Ethnie der Shan. Andere Volksgruppen siedeln vornehmlich in den Bergen. Die Palaung leben im Nordwesten, die Kachin im Norden, die Kaw und Lahu siedeln im Osten und Nordosten. Die Kokang und Wa haben sich in den höheren Berglagen des Nordostens eingerichtet und die Padaung und Thaungthu im Südwesten. Die Pa-O leben nahe dem Inle-See. Trekkingtouren in dieser Region führen durch Dörfer und Berge, vorbei an Kaffee- und Teesträuchern, und erlauben einen Einblick in das Leben der Bewohner.

Ein Besuch im Shan-Staat konfrontiert Besucher auch mit den politischen Spannungen in Myanmar. Die Shan sind ein stolzes Volk, deren Fürsten jahrhundertelang, bis zur Machtergreifung durch General Ne Win 1962, ihr Land selbst regierten. Heute steht das Volk unter der Gewalt der Zentralregierung. Die Hoffnung friedliebender Shan ruht auf einem föderalen Myanmar, in dem sie ihre Eigenständigkeit wahren können. Der Konflikt um die Vorherrschaft im Shan-Staat wurde und wird jedoch mit der Waffe ausgetragen. Noch immer kommt es in einigen Gebieten – vor allem im Osten – zu bewaffneten Auseinandersetzungen.

Touristen können den Shan-Staat auf zwei Korridoren bereisen: Der eine führt von Mandalay bis Taunggyi (südlicher Shan-Staat), der andere von Mandalay bis Lashio (nördlicher Shan-Staat). Ins östlich gelegene Kengtung (Kyaing Tong) kann man nur mit dem Flugzeug oder von Thailand aus über Land reisen – die Straßenverbindung von Taunggyi ist für Ausländer gesperrt.

Südlicher Shan-Staat

Kalaw

Kalaw ist ein ehemaliger englischer Luftkurort am Westrand der Shan-Berge. Er liegt auf 1320 m Höhe etwa auf halbem Weg zwischen Thazi und Taunggyi. Schon die Anreise ist nicht ohne Reiz: Im Flachland rumpeln Ochsenkarren über die Straße, und im Schlingerkurs geht es an Chili-Feldern vorbei. Hinter Thazi müht sich die Straße dann in die Berge hinauf. Weiter, immer weiter geht es hinauf, vorbei an kleinen Hütten am Straßenrand, in denen die Menschen unter einfachsten Bedingungen leben. Die Straße scheint ins Nirgendwo zu führen. Sobald sie Kalaw erreicht, ist dieser Eindruck jedoch schnell verflogen. Häuser im Kolonialstil zeugen von der Zeit der Engländer.

Heute wohnen etwa 186 000 Menschen in Kalaw und Umgebung (Zensus 2014): Shan, Myanmaren, indische Muslime und Nepalesen (Gurkhas, die sich nach dem Dienst beim britischen Militär hier niedergelassen haben). Ausgedehnte Kiefernwälder und fruchtbare Täler mit kleinen Dörfern laden zu Spaziergängen ein. Die frische Bergluft ist kühl und klar, und im Winter wird es nachts bei Temperaturen um den Gefrierpunkt oft richtig kalt.

Die Dörfer verschiedener Minoritäten können von Kalaw aus in ein- oder mehrtägigen Wanderungen besucht werden. Beliebt sind Tageswanderungen zum Viewpoint und einem Stausee im Westen. Tagesausflüge zu den Höhlen von Pindaya im Nordosten sind am ehesten mit dem Taxi oder Bus zu realisieren (S. 395). Viele besuchen Kalaw nur eine Nacht und machen sich dann zu einem Trek auf – meist Richtung Inle-See (s. S. 398). Das ist schade, denn Kalaw lohnt durchaus einen etwas längeren Aufenthalt.

Im Zentrum

Auf dem **Marktplatz** kommen die Bewohner der Umgebung zusammen, darunter Pa-O, Palaung und Danu – vor allem, wenn vormittags der große Wochenmarkt stattfindet.

Vier Tempel zieren das Zentrum: der **Aung-Chang-Tha-Tempel** im Stadtkern, dessen spiegelverzierter Stupa vor allem im Morgenlicht silbern funkelt. An der gegenüberliegenden Straßenseite steht der zweistöckige **Dama-Yon-Tempel**. Unweit davon befindet sich die **Hsu-Taung-Pye-Pagode**, auf deren Gelände viele weiß getünchte Stupas stehen.

Auf einem Hügel im Norden erhebt sich die **Thane-Taung-Pagode**. Eine lange Treppe führt gegenüber dem Pineland Inn zu diesem Kloster hinauf. Hier steigt im Mondmonat Tazaungmon ein großes Fest mit Feuerwerk und brennenden Riesenfackeln. Es sind vor allem Shan, die hier feiern, und sie lassen westliche Besucher gern daran teilhaben. Vorsichtige Naturen sollten sich jedoch nicht unbedingt ins Zentrum des Treibens begeben.

Hindus haben in der Innenstadt mehrere kleine **Tempel** errichtet, die Sikh-Gemeinde trifft sich im **Gurdwara** östlich vom Markt, und die Christen feiern ihre Gottesdienste in der **Kayin Baptist Church** und der katholischen **Christ The King Church** mit einem angeschlossenen christlichen Internat. Wer nun noch weiter nach Süden wandert, die Bahngleise überquert und sich an der Gabelung rechts hält, kommt an einigen schönen alten Häusern vorbei. Unheimlich ist es im **Ghost House**. Die Legende berichtet, hier habe eine Familie Selbstmord begangen. Und als dann später Staatsbedienste hier wirken sollten, starben auch sie auf mysteriöse Weise. Spukt es hier also wirklich?

Westlich vom Zentrum

Jenseits der Circular Road wird die Stadt von einem weitläufigen **Golfplatz** umrahmt, der noch aus britischer Zeit stammt. Er liegt auf dem nur begrenzt zugänglichen Militärgelände. Etwa 25 Minuten südwestlich des Zentrums befindet sich innerhalb des öffentlich zugänglichen Militärgeländeteils die **Shwe-U-Min-Pagode**. Die Höhlen hinter einem Pagodenfeld sind mit Hunderten Buddhastatuen ausgestattet. Viele sind mit bunten Lichterketten geschmückt. Während die untere Pagode immer geöffnet ist, bleibt die obere Höhle manchmal geschlossen. ⌚ 6–18 Uhr.

Etwas weiter nördlich zweigt von der Circular Road hinter der Schranke linker Hand die Hnee Pagoda Road ab. Nach etwa einer Viertelstunde steht man vor dem Pagodenaufgang und hat die Wahl zwischen etwa 200 Stufen oder dem sich hinaufwindenden Weg. Die **Hnee-Pagode** beherbergt einen seltenen Lack-Buddha. Sein geflochtener Bambuskern wurde mit unzähligen Lackschichten überzogen und anschließend vergoldet. Die Figur ist überlebensgroß und doch so leicht, dass vier Mönche sie tragen können. Hier rasten viele Trekkingteilnehmer und bekommen einen schmackhaften Le Pet kredenzt.

ÜBERNACHTUNG

Kalaw bietet einfache bis luxuriöse Unterkünfte, wobei das Preis-Leistungs-Verhältnis vor allem bei jenen um die US$30 sehr schwankt. Klimaanlagen sind bei den herrschenden Temperaturen nicht nötig, ein paar handverlesene Anlagen verfügen jedoch über Klimaanlagen mit Heizung. Alle Unterkünfte bieten offiziell heißes Wasser, doch in Low-Budget-Hotels dreht man oft vergebens am roten Hahn. Dicke Decken gibt es auf Anfrage; bei Kälte gehören sie zum Service. Da die meisten Busse aus Mandalay oder Yangon nachts ankommen, bieten fast alle Hotels einen Early-Check-In. Dieser sollte zur Sicherheit aber vorher angemeldet sein, er kostet etwa die Hälfte des Zimmerpreises.

Im Zentrum

Dream Villa, Zatila Lan, ✆ 081-50144, ✉ dreamvilla@myanmar.com.mm, [9831]. Gutes, gepflegtes Mittelklassehotel im Stadtkern. Ordentlich ausgestattete Zimmer mit großen Fenstern, TV, Bad (Warmwasser) und Kühlschrank. Einige Zimmer mit Veranda. Weitere Terrassen sind allen zugänglich. WLAN. ❹

Golden Kalaw Inn, 5/92 Natsin Lan, ✆ 081-50311, 💻 www.goldenkalawinn.com, [9832]. Die seit Jahren beliebte Budget-Unterkunft hat ein neues Haus gebaut und bietet nun einfache, saubere Zimmer mit Bad. Betten im gemischten 5-Bett-Dorm (US$10 p. P.). Tolle Aussicht. ❷

Golden Lily, 5/88 Natsin Lan, ✆ 081-50108, ✉ goldenlily@mandalay.net.mm, [5323]. Günstig, aber abgewohnt und nicht super

DER NORDOSTEN

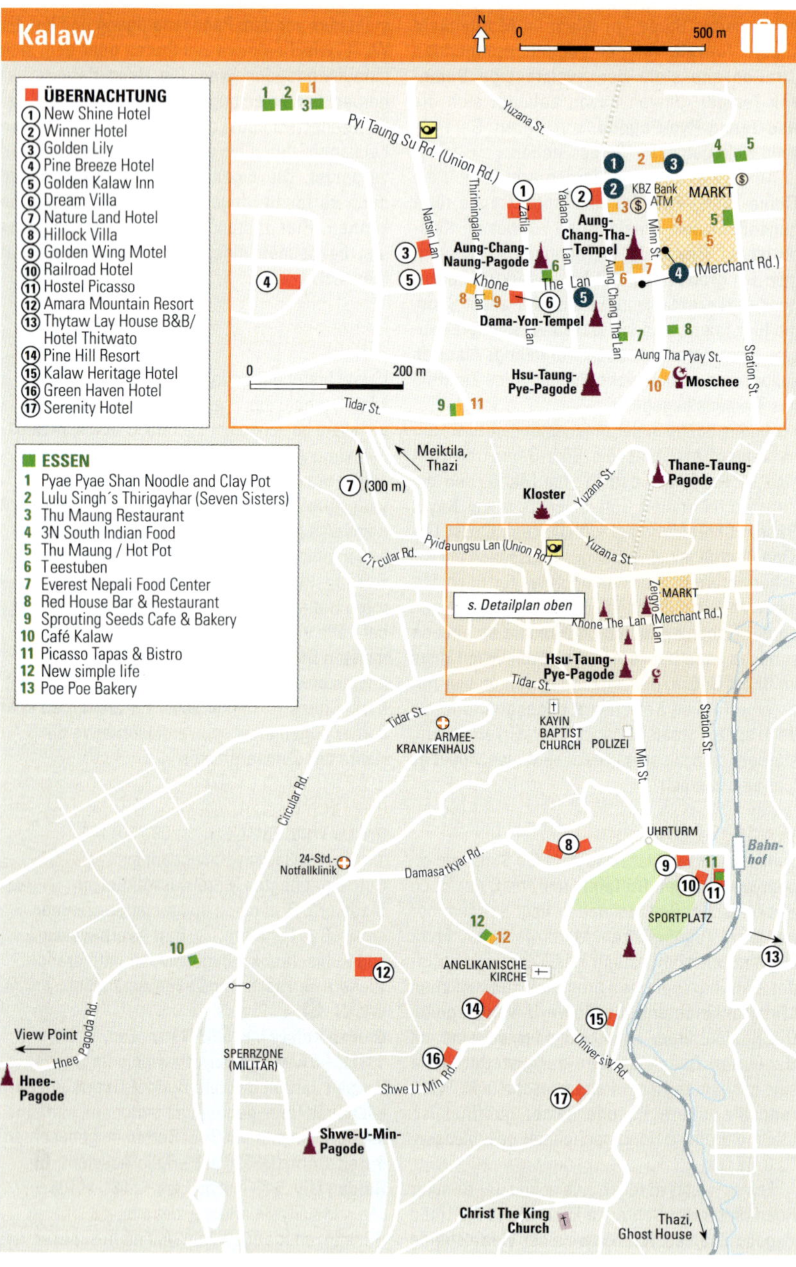
Kalaw
N
0
500 m
ÜBERNACHTUNG
1 New Shine Hotel
2 Winner Hotel
3 Golden Lily
4 Pine Breeze Hotel
5 Golden Kalaw Inn
6 Dream Villa
7 Nature Land Hotel
8 Hillock Villa
9 Golden Wing Motel
10 Railroad Hotel
11 Hostel Picasso
12 Amara Mountain Resort
13 Thytaw Lay House B&B/ Hotel Thitwato
14 Pine Hill Resort
15 Kalaw Heritage Hotel
16 Green Haven Hotel
17 Serenity Hotel
ESSEN
1 Pyae Pyae Shan Noodle and Clay Pot
2 Lulu Singh´s Thirigayhar (Seven Sisters)
3 Thu Maung Restaurant
4 3N South Indian Food
5 Thu Maung / Hot Pot
6 Teestuben
7 Everest Nepali Food Center
8 Red House Bar & Restaurant
9 Sprouting Seeds Cafe & Bakery
10 Café Kalaw
11 Picasso Tapas & Bistro
12 New simple life
13 Poe Poe Bakery
Yuzana St.
Pyi Taung Su Rd. (Union Rd.)
Thirimingalar
Natsin Lan
Zatila
Yadana Lan
KBZ Bank ATM
MARKT
Aung-Chang-Tha-Tempel
Aung-Chang-Naung-Pagode
Minn St.
(Merchant Rd.)
Khone Lan
The Lan
Aung Chang Tha Lan
Dama-Yon-Tempel
Aung Tha Pyay St.
Station St.
0
200 m
Hsu-Taung-Pye-Pagode
Moschee
Tidar St.
Meiktila, Thazi
7 (300 m)
Thane-Taung-Pagode
Kloster
Circular Rd.
Pyidaungsu Lan (Union Rd.)
s. Detailplan oben
Zeigyo Lan
Khone The Lan
Tidar St.
ARMEE-KRANKENHAUS
KAYIN BAPTIST CHURCH
POLIZEI
Min St.
UHRTURM
Bahnhof
24-Std.-Notfallklinik
Damasatkyar Rd.
SPORTPLATZ
ANGLIKANISCHE KIRCHE
View Point
Hnee Pagoda Rd.
Hnee-Pagode
SPERRZONE (MILITÄR)
Shwe U Min Rd.
University Rd.
Shwe-U-Min-Pagode
Christ The King Church
Thazi, Ghost House
DER NORDOSTEN

TRANSPORT

❶ Abfahrt Busse Richtung Bagan, Mandalay, Yangon
❷ Ankunft Busse aus Yangon und Mandalay, Abfahrt Richtung Shwenyaung (Inle) und Taunggyi
❸ Shwe Nan San
❹ Minibusse nach Nyaungshwe, Taunggyi
❺ Pick-ups

SONSTIGES

1 Massage Soe Thein
2 Ever Smile Trekking
3 Jungle King
4 R. D. S.
5 Shan Traditional Knife Store
6 Eagle Trekking
7 Phoe La Pyay
8 Pole Star
9 Green Discovery
10 Naing Naing Biking & Trekking
11 Kalaw Yoga
12 New Simple Life Kochschule

sauber. Budget-Zimmer mit Bad an einer großen Terrasse und die wohl preiswertesten DZ der Region (mit Gemeinschaftsbad) im alten Haupthaus. Nur für Hartgesottene, die sparen müssen. ❶

Hillock Villa, Damasatkyar Rd., ✆ 081-50282, 097-8853 8741, ✉ hillock.villa@gmail.com, 🖳 www.fb.com/hillockvillakalaw, [9836]. Schöne Unterkunft mit 17 Zimmern in 3 Häusern. Gemanagt von der freundlichen – und sehr gut Englisch sprechenden – Mrs. Ohn Mar Cho. Viel Holz, z. T. sehr groß und mit wunderschönem Ausblick. Davor sitzt man schön im Gartencafé. Super Frühstück. Water Refill. ❸–❹

Nature Land Hotel, Tharyarkone St., ✆ 081-50243, 🖳 www.naturelandhotel.com, [9833]. Etwa 500 m außerhalb des Zentrums gelegene kleine ruhige Anlage inmitten einer Wohngegend. Einfache Standardzimmer mit Linoleumboden und ansprechende Deluxe-Bungalows mit viel Holz. Zudem gibt es 2-stöckige Häuschen mit Wohnzimmer und Küche. Restaurant mit traditioneller Küche. ❸–❹

New Shine Hotel, 21 Union Rd., ✆ 081-50028, [8477]. Hotel mit 2 Häusern (rechts und links, Ecke Zatila Rd.) mit insgesamt 36 hellen Zimmern mit Holzfußboden, einige mit Balkon und Kühlschrank, inkl. American Breakfast. Große 3-Bett-Zimmer. Zentrale Lage. ❷–❸

Pine Breeze Hotel, 174 Thittaw St., ✆ 081-50459, ✉ pinebreezehotel@gmail.com, [9834]. Ruhig gelegenes Haus nahe dem Stadtkern mit toller Aussicht, auch aus dem Restaurant im 2. Stock. Superior-Zimmer mit Balkon und Badewanne, Standard-Zimmer ohne. Gute Ausstattung, recht groß, Kühlschrank und das besondere Plus für alle, die im Winter kommen: Die AC funktioniert auch als Heizung. ❸–❹

Winner Hotel, Pyi Taung Su Rd./Union Rd., ✆ 081-50025, 50279, ✉ winnerhotel.kalaw@gmail.com, 🖳 www.fb.com/Winner.Hotel.Kalaw, [8480]. Von außen etwas heruntergekommen, innen besser in Schuss. Die günstigen Zimmer sind in Ordnung; um einige Bäder müsste sich mal jemand kümmern. Die Superior-Zimmer sind besser gepflegt und gehören eher der mittleren Preisklasse an. Die AC soll heizen können, aber das scheint nicht immer zu funktionieren. ❶–❸

Abseits des Zentrums

Amara Mountain Resort, 10/182 Thida Rd., ✆ 081-50470, Yangon ✆ 09-147 313, 🖳 www.amara-myanmar.travel, [5324]. Ein 1912 erbautes und 2002 renoviertes Kolonial-Fachwerkhaus sowie ein originalgetreu nachgebautes Haus mit insgesamt 12 Zimmern. Gute Mountainbikes. Birmanisch-bayerische Besitzer. ❺–❼

Golden Wing Motel, East Circular Rd. (nahe Bahnhof), ✆ 094-4234 3948, [10420]. Schönes hell möbliertes Hotel mit 12 Zimmern. Alle mit kleinem TV und Balkon. Frühstück gibt es oben auf der Dachterrasse. ❸

Green Haven Hotel, Shwe U Min Rd., ✆ 081-50187, 50639, 🖳 www.greenhavenhotel.yolasite.com, [9835]. 2 sehr ruhig gelegene 2-stöckige Gebäude mit Sprossenfenstern, die an britische Landhäuser erinnern, und 4 geräumige Bungalows. Die Standard-Zimmer sind recht klein, aber alle Räume sind ansprechend möbliert und sauber (einigen Bädern würde zwecks besserer Optik eine Generalüberholung nicht schaden). ❸–❹

€ **Hostel Picasso**, 4/3 Railway Station Rd., ✆ 094-4931 1312, [10918]. 2 einfache Zimmer mit 2 bzw. 4 Stockbetten. Die Matratzen machten bei der Recherche Ende 2018 einen guten Eindruck. Die Bäder sind schon eher etwas abgenutzt. Freundliche Betreiber und mit US$5 p. P. günstig. Gutes mexikanisches Essen (s.u.).

Kalaw Heritage Hotel, University Rd., 081-50039, www.kalawheritagehotel.com, [9839]. Das ehemalige staatliche Kalaw Hotel erstrahlt in neuem Glanz. Unter deutschem Management wohnt man hier in großen stattlichen Zimmern in Häusern von 1903 bzw. 1906. Nur die Standard-Zimmer sind im Nachbau vom Ende der 1990er-Jahre untergebracht. Tenniscourt (US$5 pro Std.), ein Pool ist in Planung. ❹

Pine Hill Resort, 151 U Min Rd., 081-50079, Yangon 01-240 853, www.myanmarpinehill.com, [5328]. Zimmer in Bungalows und in 2 Häusern, alle mit TV und viel Komfort inmitten einer gepflegten Gartenanlage. Gute Küche. Das ganz Besondere an diesem Haus: Es gibt einen Pool und ein Fitnesscenter. ❹–❺

Railroad Hotel, nahe dem Bahnhof, 081-50858, Emailsales@railroad-hotel.com, [10422]. Das einfache Hotel (am Haus selbst steht Motel) bietet einfache geräumige 1-, 2-, 3- und 4-Bett-Zimmer. Die Bäder könnten mal eine Auffrischung vertragen. Frühstück mit Obst, Ei und Pancake. Nach Absprache wird man vom Busbahnhof abgeholt. ❷

Serenity Hotel, Taw Win Yeik Thar Rd., 081-50853, www.serenityhotelkalaw.com, [10423]. Die 20 geräumigen Deluxe-Zimmer in Doppelbungalows haben TV, Kühlschrank und AC, die auch als Heizung dient. Die Mehrausgabe für eine der 5 Suiten lohnt nicht. ❺

Thytaw Lay House B&B, Forest Rd., 094-2027 4273, www.thitawlayhouse.com, [9843]. Die 3 Zimmer, 2 in Holzbungalows und ein großer Raum für 3 Personen im Haus, liegen in den Bergen. Zudem gibt es günstigere Zimmer im angrenzenden Thitwatwo, www.thitawtwo.com, einem Backsteinbau mit 5 Zimmern (2 Betten), Gemeinschaftsküche, aber eigenen Bädern. Es herrscht absolute Ruhe. Inkl. Frühstück. ❷–❹

ESSEN

3N South Indian Food, 786 Union Rd., gegenüber vom Markt, [10433]. Sehr gutes südindisches Essen. Auch das Ambiente ist authentisch: einfach, rustikal und etwas schmuddelig. Die muslimischen Inder, die diesen Laden seit Jahrzehnten betreiben, kochen diverse Currys. Sehr gut ist das Menü für Vegetarier (super Tofu-Salat) und das Chicken-Curry. 10.30–21.30 Uhr.

Café Kalaw, Hnee Pagoda Rd. Kleines Café, in dem in den Shan-Bergen angebauter Bio-Kaffee angeboten wird. Es gibt Cappuccino, Espresso und Milchkaffee. Kaffeepulver auch zum Mitnehmen (200 g 6000 Kyat). Zudem Kuchen und Sandwiches. 10 Uhr bis zum frühen Abend.

Everest Nepali Food Center, Aung Chang Tha Lan, [9845]. Indisch-nepalesisches Essen; Currys, Salate, würziger Masala-Tee, Lassi und Myanmar-Wein. Die Portionen sind allerdings sehr übersichtlich. 9.30–22 Uhr.

Lulu Singh's Thirigayhar (Seven Sisters), etwas außerhalb an der Hauptstraße Richtung Thazi, 081-50216. Das Restaurant befindet sich in einem schönen Wohnhaus. Geboten werden chinesische, indische und Shan-Küche in gediegener Atmosphäre zu gehobenen Preisen. 9–23 Uhr.

New simple life, Shwe Oo Min Rd., 095-540 3449, ksawsandar@gmail.com, [10434]. In ihrem abgelegenen einladenden Restaurant bietet Mrs. Sandar Shakes, Eis, Waffeln, Pizza und Pasta – alles aus eigener Herstellung. Der „Feta" gehört zu dem cremigsten, den wir je gegessen haben. Auch guter Kaffee und Sandwiches fehlen nicht. tgl. außer Di 9–20 Uhr.

Picasso Tapas & Bistro, Kontakt siehe Übernachtung. Schön nah am Bahnhof. Doch nicht nur für Wartende geeignet: Vor allem am Wochenende lohnt ein Besuch, denn dann gibt es nicht nur gute mexikanische Küche vom birmanischen Koch (Mr. Ming wurde wirklich als Koch ausgebildet und hat lange in Hotels gearbeitet), sondern es wird auch noch Livemusik gespielt. 12–21 Uhr.

Poe Poe Bakery, Kone Thae Lan, ✆ 081-50159. Leckeres frisches Gebäck zu günstigen Preisen. ⌚ 8–18 Uhr.

€ **Pyae Pyae Shan Noodle and Clay Pot**, 8 Union Rd., ✆ 094-2831 3100, [5321]. Das einfache Restaurant serviert leckere (und mit 1000 Kyat wirklich sehr günstige) Shan-Nudeln in guter Qualität. Milchshakes und einige andere Gerichte – z. B. Suppe aus dem Clay Pot. Beliebt bei Einheimischen und Travellern. ⌚ 6.30–20 Uhr.

Red House Bar & Restaurant, 4/111 Minn Rd., ✆ 097-7135 7407. Zentral, nahe dem Markt gelegenes italienisches Restaurant mit original italienischen Betreibern. Wen der Reisfrust plagt, der kann hier Lasagne oder Spaghetti schlemmen oder eine Holzofen-Pizza verspeisen. ⌚ 11 Uhr–spät, letzte Essensbestellung 21.30 Uhr.

Sprouting Seeds Café & Bakery, 85 Tidar Rd., ✆ 097-6747 2669, 💻 www.fb.com/sproutingseedscafe, [10502]. Schönes Café mit gemütlicher großer Gemeinschaftssitzecke und 2 Tischen. Hier gibt es Shakes und super leckeres veganes und vegetarisches Essen. Das Tolle: Es schmeckt nicht nur lecker, die Einnahmen kommen noch einem guten Zweck zugute (mehr dazu im eXTra). Wem es hier schmeckt, der kann auch kochen lernen, und wer mag, kann Yoga machen (s.u.) ⌚ 9–19 Uhr.

Thu Maung Restaurant, Union Rd., ✆ 081-50309. Großes Restaurant auf 2 Etagen (oben an runden Tischen für größere Gesellschaften). Die Vorhänge vor den Türen sind ebenso überdimensioniert wie das Gebäude selbst, doch das Essen ist reichhaltig und gut. Myanmar-Küche und chinesische Gerichte. Eine weitere Dependance im Osten an der Union Rd. bietet das Trend-Lieblings-Essen der Myanmaren: **Hot Pot**. ⌚ 10–21 Uhr, Hot Pot erst ab nachmittags.

Teestuben finden sich am Markt. Günstige Shan-Nudeln und andere Kleinigkeiten. Wer einheimischen Kaffee trinken möchte, muss dies deutlich sagen, ansonsten gibt es Coffeemix-Instantkaffee. Auf dem **Markt** bekommt man bis nachmittags günstiges Essen.

EINKAUFEN

Auf dem **Markt** werden Obst, Gemüse, Haushaltswaren, verschiedenes Kunsthandwerk, Souvenirs und Shan-Messer angeboten. Ein **Shan Traditional Knife Store**, der in der Region produzierte, handgeschmiedete Messer in verschiedenen Größen (ab 5000 Kyat) und anderes Kunsthandwerk verkauft, liegt im Mittelgang hinter der Kreuzung in östlicher Richtung. Zahlreiche kleine Stände bieten Kleidung und Taschen an. Einige Hosen und Hemden sind jedoch nicht traditionell aus Myanmar, sondern kommen aus Thailand. Geplant ist auch ein Stand mit Produkten aus ökologischem Landbau – gut für unser aller Gesundheit und zugleich Ansporn/Aufklärung für die Bauern, wie in früheren Jahren zu wirtschaften und auf Chemie zu verzichten.

Phoe La Pyay, am Aung-Chang-Tha-Tempel. Schöne kleine Mitbringsel aus Bambus und Papier: niedliche Sonnenschirmchen, Laternen, Briefpapier und einiges mehr.

Die **R.D.S. (Rural Development Society)**, ✆ 081-50747, ✉ audreysan12@gmail.com, unter Leitung von Tommy Aung Ezdani kümmert sich seit 1993 um Hilfsprojekte für die umliegenden Bergdörfer und hat u. a. in Schulen, Bibliotheken, Wasserversorgung und Brückenbau investiert. In dem kleinen Geschäft am Markt werden für diese guten Zwecke Handwerksarbeiten verkauft.

AKTIVITÄTEN

Fahrrad- und Mopedtouren

Man kann Kalaw und die nahe Umgebung wunderbar mit dem Rad oder dem Moped erkunden. Einige **Gästehäuser** bieten Fahrräder zur Ausleihe. Wer nur innerhalb des Dorfes damit herumfährt, nimmt einen einfachen Drahtesel. Will man hingegen durch die Wälder kurven, sollte man ein Mountainbike wählen (leider oft verliehen, daher frühzeitig nachfragen).

In und um Kalaw ist es Ausländern gestattet, Moped zu fahren, wenn sie einen Helm tragen (bitte immer noch mal aktuell nachfragen). Ganz bequem wird es auf den E-Bikes: Sie sehen aus wie Scooter, sind aber etwas langsamer. Man tritt hier nicht in die Pedale und muss sich überhaupt nicht anstrengen. Richtig steile Berge kommt man damit allerdings nicht hinauf. Zum Viewpoint zu fahren, ist aber möglich.

Naing Naing Biking & Trekking, direkt vor der Moschee, ✆ 094-2831 2265, 🖳 http://kalaw-to-inle-biking-trekking.blogspot.de/. Verleih von Mountainbikes 1000 Kyat/Std. bzw. 6000 Kyat/Tag, einfaches Stadtrad 500 Kyat/Std. bzw. 3000 Kyat/Tag. Mopeds Automatik oder manuell 16 000 Kyat/Tag und E-Bikes 12 000 Kyat.

Biken und Trekking

Auf Wunsch und je nach Zielort lässt sich auch eine Kombination aus Fahrradfahren und Trekken organisieren. Es geht z. B. zu Fuß und mit dem Rad von Kalaw zum Inle-See oder von Kalaw nach Pindaya – landschaftlich sind beide Strecken sehr reizvoll.

Green Discovery, Khone The Lan, ✆ 094-2831 8216, 🖳 www.greendiscoverymyanmar.com, und nahebei **Pole Star**, Kone Thae Lan, ✆ 097-8865 5100, 🖳 www.polestartravelmyanmar.com, verleihen Räder für Touren. Die Mountainbikes machen einen guten Eindruck. Individuelle und Gruppentouren – je nach Nachfrage.

Kochkurse

New simple Life Cooking Class, Kontakt s. Restaurants. Im Kochkurs geht es ganz traditionell zu: Gekocht wird im Clay Pot, ganz ohne moderne Hilfsmittel. Los geht's am Morgen um 8 Uhr mit einem Marktbesuch. Was mögt ihr so? Was soll gebrutzelt werden? Zusammen mit Mrs. Sander sucht ihr aus, was ihr wollt: Vegan? Unbekannte Gemüsesorten der Saison? Ein Stück Fleisch? Dann geht's ans Schnippeln und daran, das ganz persönliche Rezept aufzuschreiben. Gegessen wird gegen 12.30 Uhr, aber oft dauert es länger. Es gibt einfach zu viele Fragen und zu viel zu erzählen. 40 000 Kyat p. P.

Sprouting Seeds, Kontakt siehe Restaurants. Sehr individuelle Kurse in veganer und vegetarischer Küche. Es gibt eine Auswahl an Gerichten, doch gerade bei Gemüse ist man natürlich sehr flexibel. Besucht wird der Markt, danach wird gekocht und gegessen. Startzeit ist je nach Wunsch der Gäste zwischen 9 und 15.30 Uhr, das Ganze dauert 3 Stunden und kostet 20 000 Kyat p. P. Hier lernt man viel und unterstützt auch noch ein tolles Projekt. Bitte einen Tag vorher anmelden.

Massage, Wellness und Yoga

Soe Thein, Main Rd., nahe dem Restaurant Seven Sisters, ✆ 094-2837 0502, [9844]. Soe Thein ist ein Meister der traditionellen Pa-O-Massage. Wer sich nach der strapaziösen Anfahrt oder einer anstrengenden Trekkingtour den ramponierten Rücken wieder einrenken lassen will, dem sei eine Massage bei ihm oder seinem Mitarbeiter empfohlen. Soe Thein praktiziert in einem kleinen, etwas abseits der Straße gelegenen Holzhaus. Wenn er nicht anwesend sein sollte, kann man ihn auch telefonisch erreichen. Es handelt sich nicht um eine reine Wohlfühlmassage, vielmehr wird man ordentlich durchgeknetet und physiotherapeutisch behandelt. Eine etwas über einstündige Behandlung kostet 13 000 Kyat.

Kalaw Yoga @ Sprouting Seeds, Kontakt s. Restaurants. Gedacht für die lokale Bevölkerung und zugänglich natürlich auch für interessierte Reisende, finden seit Ende 2018 Yoga-Kurse statt. Immer wieder werden z. B. auch traumatisierte Mädchen aus Krisenregionen eingeladen, damit sie hier etwas zur Ruhe kommen und Kraft tanken. Für alle anderen gibt es feste Zeiten, die aber wechseln können. Also bitte vorher auf Facebook checken oder vorbeigehen. Zur Zeit der Recherche: Di–Fr 11–12.15 und 17–18.30, Sa und So 8.30–9.45 Uhr, Sa auch am Abend. Alle Kurse, ob Hatha Yoga oder Vinyasa, für Touristen jeweils 8000 Kyat.

Stadtspaziergang

In einigen Hotels und Guesthouses ist eine kleine schöne Kalaw-Karte zu erwerben (500 Kyat), auf der sehenswerte Häuser eingezeichnet sind. Zwei Rundgänge führen an alten Kolonialhäusern vorbei. Im Laufe der nächsten Jahre soll noch weit mehr Inhalt hinzukommen. Aber auch so macht ein Rundgang schon sehr viel Spaß. Die wenigsten Häuser darf man allerdings betreten, da sie in Privatbesitz sind.

Trekking

Zahlreiche Agenturen bieten ihre Dienste an. Tagestouren kosten je nach Teilnehmerzahl unterschiedlich viel: Alleinreisende zahlen 15 000 Kyat, 2 Pers. jeweils 10 000 Kyat und ab 3 Pers. je 9000 Kyat und weniger, mind. jedoch 6000 Kyat. Sobald eine Übernachtung enthalten ist (sowie Essen und Wasser), kostet eine Tour etwa 13 000 Kyat p. P., zzgl. anfallende Taxikosten bzw. Bootstickets (z. B. die Tour zum Inle-See, S. 398, siehe auch oben: Fahrradtouren).

Weitere Tipps im Netz (auch eure Tipps sind willkommen): eXTra [8482].

Eagle Trekking, am Aung-Chang-Tha-Tempel, ✆ 094-2831 2678, 🖳 www.eagletrekking.blogspot.com. Kleine Agentur in zentraler Lage, zufriedene deutsche Gäste, freundliche Leute.

Ever Smile Trekking, Yuzana Rd., ✆ 097-7598 0403, 🖳 https://eversmiletrekking.wordpress.com/, [9847]. Die Agentur wird von Toe Toe und ihrer Tochter Aki geleitet. Hier arbeiten nicht nur männliche Trekkingguides, sondern auch viele Frauen. Gute Tages- und Mehrtagestouren, freundliche Leute, gute Englischkenntnisse.

Jungle King, am Aung-Chang-Tha-Tempel, ✆ 094-2833 8036, ✉ junglekingkalaw@gmail.com. Nette Leute, zufriedene Kunden.

Mr. Montay, am Viewpoint, ✆ 097-322 1878, ✉ viewpointrestingplace@gmail.com. Der Inhaber des Viewpoint-Restaurants am Aussichtspunkt (s. Umgebung von Kalaw S. 400) bietet sehr persönliche Touren. Mr. Montay spricht gut Englisch. Meist starten Touren mit Übernachtung bei ihm zu Hause am Viewpoint und führen dann weiter in die Umgebung.

SONSTIGES

Internet

Die WLAN-Verbindungen, die von allen Hotels und immer mehr Restaurants angeboten werden, sind meist recht gut. Facebook und Mails lassen sich gut lesen, und auch Skype ist nutzbar. Der Seitenaufbau anderer Webseiten dauert meist etwas, ist aber möglich.

Medizinische Hilfe

Es gibt eine **24-Std.-Notfall-Klinik**, Tidar St., nahe der Zufahrt zum Amara Mountain, ✆ 094-5553 7252. Der anwesende Arzt spricht in der Regel etwas Englisch.

TRANSPORT

Auto, Taxi und Pick-ups

Ein **Taxi** oder **Mietwagen** bietet sich für die beliebte, knapp über 1 Std. dauernde Fahrt nach PINDAYA an, vor allem, wenn es noch am selben Tag zurück nach Kalaw gehen soll. Ein Taxi kostet 35 000 Kyat, egal ob einfache Fahrt oder hin und zurück.

Während der Fahrt sollte man sich nicht scheuen und den Taxifahrer um Stopps bitten, lohnt doch allein die Fahrt wegen der schönen Landschaft.

HEHO, für 25 000 Kyat in knapp 1 Std.

NYAUNGSHWE, 60 km, für 40 000 Kyat in 1 1/2 Std.

Wer bis nach YANGON fährt, zahlt 300 000 Kyat, nach BAGAN 180 000 Kyat ... alles ist möglich.

Pick-ups übernehmen die Strecken in die nahen Orte. Sie starten, wenn der Wagen voll ist.

AUNGBAN, tagsüber regelmäßig von der Merchant Rd. für 1000 Kyat in 30 Min.

Busse

Bustickets verkaufen Reisebüros (einige liegen oberhalb des Marktes an der Hauptstraße). Hier fahren auch die Busse ab. Mittlerweile gibt es verschiedene Busunternehmen, meist führen die Agenturen alle im Angebot. Je teurer das Ticket, desto hochwertiger der Bus.

Bustickets zu nahezu allen Zielen und für die beliebten, weil komfortablen JJ.-Busse, gibt es u. a. bei **Shwe Nan San**, ✆ 081-50354. Die Agentur arrangiert Tickets zu fast allen Zielen in Myanmar (ggf. mit Umsteigen).

BAGAN, um 9.30 Uhr mit Nyang Oo Mann für 11 000 Kyat und um 20.30 Uhr für 19 000 Kyat in 7–9 Std.
BAGO, um 18.30 Uhr für 15 000 Kyat in 10 Std.
HPA-AN, um 17 Uhr für etwa 25 000 Kyat in 15–16 Std.
HSIPAW, um 15 Uhr (Check-in 1 Std. vorher) für 17 000 Kyat in etwa 12 Std.
LASHIO, mit denselben Bussen wie nach Hsipaw für denselben Preis in 14 Std.
MANDALAY, um 20.30 Uhr mit J. J.-Bussen für 18 000 Kyat in 7 Std.
MYAWADDY (Grenze nach Thailand Mae Sot, S. 557) um 17 Uhr für etwa 28 000 Kyat. Ankunft im Grenzort um 10.30 Uhr am nächsten Tag.
NYAUNGSHWE, am Inle-See, mit den Minibussen Richtung Taunggyi bis Shwenyaung (2500 bzw. 3000 Kyat – wie nach Taunggyi –, 1 1/2–2 Std.), von da mit dem Pick-up weitere 20 Min. für ca. 1500 Kyat p. P. (Taxi 6000 Kyat).
PYIN U LWIN, um 22 Uhr (Check-in 1 Std. vorher) mit dem VIP-Bus für 20 000 Kyat in 8 1/2 Std.
TAUNGGYI, um 6.30, 7.30, 8 und 8.30 Uhr für 2500 Kyat, beide späteren Busse für 3000 Kyat in 3 Std. Tickets für diese Minibusse sind am Markt (s. Karte S. 390) und an der Haltestelle gegenüber erhältlich. Auch einige Hotels helfen (dann wird man für 1000 Kyat extra von den 8- und 8.30-Uhr-Bussen auch am Hotel abgeholt). Tickets am besten einen Tag vorher besorgen.
THAZI und MEIKTILA, den ganzen Vormittag über zwischen 7.30 und 12 Uhr, 8000 Kyat in 4 1/2 Std.; das Ticket bekommt man spontan am Abfahrtstag.
TOUNGOO, um 19 Uhr für 14 000 Kyat in 8 Std.
YANGON, einige Busse um 18 Uhr, J. J. fährt um 19 Uhr, kostet 28 000 Kyat und erreicht Yangon gegen 6 Uhr morgens. Es gibt auch einige Unternehmen, bei denen die Fahrt nur 15 000 Kyat kostet, sie sind aber auch entsprechend wenig empfehlenswert.

Eisenbahn

SHWENYAUNG, um 13.30 Uhr (Ankunft 16.40 Uhr) für 1200 Kyat (über HEHO 15.40 Uhr).
THAZI, um 11.45 Uhr (Ankunft 19 Uhr) für 1850 Kyat. Dort kann man um 22 Uhr in den Zug nach Yangon steigen (fährt über Bago, 12 Uhr), Ankunft Yangon 14.40 Uhr.
Einen Tag vor Abfahrt noch mal checken, welche Züge geplant sind! Das kann sich schnell mal ändern. Tickets gibt es kurz vor Abfahrt direkt am Bahnhof.

Die Umgebung von Kalaw

Die Umgebung von Kalaw lädt zu Wanderungen ein. In den **Shan-Bergen** leben Pa-O, Danu und Taungyo. Auch etwa 60 000 Palaung, ein Volk der Mon-Khmer-Sprachgruppe, siedeln hier. Die Frauen sind an ihren blauen und grünen Jacken mit rotem Kragen zu erkennen. Ihre Longyis sind rot gestreift und mit Bambus verstärkt. Die Palaung genießen besonders wegen ihrer sachkundigen Teekultur hohes Ansehen. Viele leben vom Anbau und Verkauf der Cheroot-Blätter, daneben bauen sie Ingwer und Gemüse an.

Wanderungen und Trekkingtouren

Tageswanderungen auf eigene Faust sind möglich, sofern es einem nichts ausmacht, sich zu verirren. Kalaw ist weitläufig, und außerhalb der Stadt verlaufen viele schmale, unbefestigte Wege und Fußpfade, auf denen man leicht die Orientierung verliert. Längere Touren sollte man nicht alleine unternehmen. In den Dörfern spricht fast niemand Englisch, es gibt dort nur sehr begrenzt Lebensmittel zu kaufen und keine Unterkünfte.

Zahlreiche **Trekking-Agenturen** bieten Touren ab etwa 8000 Kyat pro Tag (bei mehreren Teilnehmern). Sind Übernachtungen in Dörfern und Essen inklusive, kostet eine Tour ab 15 000 Kyat am Tag. Auch viele Gästehäuser und Hotels vermitteln Guides. Bei der Auswahl des Führers empfiehlt es sich, auf dessen Englischkenntnisse zu achten. Das Pensum für Tageswanderungen liegt bei etwa sechs Stunden. Wer nicht sehr fit ist und daher wenige Hügel hinauf und hinunter will, sollte dies bei der Wahl seiner Route mit dem Führer besprechen. Trotz des großen Angebotes ist es in der Saison nicht immer einfach, einen englischsprechenden Führer zu finden. Manche Gruppen sind dann so groß, dass sie an einen Schulwandertag erinnern. Vor allem in und nach der Regenzeit sind nicht nur die Gruppen kleiner, auch die Landschaft

Elefanten ganz nah

Das **Green Hill Valley Elephant Camp**, ✆ 097-310 7278, 🖳 www.ghvelephant.com, [10435], außerhalb Kalaws am Dorf Ahlone in den Bergen gelegen, ist ein ehrgeiziges Hilfsprojekt, das sich seit seiner Gründung 2011 um ehemalige Arbeitselefanten kümmert. Es geht Betreiberin Maw (die mit Elefanten aufwuchs) vor allem darum, den domestizierten Elefanten ein möglichst naturnahes Leben zu ermöglichen. Gut ausgebildete Guides erklären Besuchern alles Wissenswerte rund um die Dickhäuter. Die Idee, dass Gäste Freundschaft mit den Dickhäutern schließen, indem sie sie füttern, scheint zu funktionieren – dabei steht immer das Wohl der Elefanten, nicht das der Besucher im Vordergrund! Den Höhepunkt der Begegnung zwischen Elefant und Mensch bildet ein Bad im Fluss.

Nach dem Bad wird ein Baum gepflanzt! Auch ein leckeres Essen (indische Küche) ist Teil des Programms. Danach gibt es eine Innovation zu bestaunen: die Herstellung von Elephant-Poo-Paper, zu Deutsch „Elefanten-Kacka-Papier". Keine Sorge: Hier stinkt es nicht, der Dung wurde bereits 24 Std. ausgekocht – hier ist nichts mehr *bäh*. Nachdem jeder, der mag, selbst einmal Papier hergestellt hat, kann man die Elefanten noch einmal füttern (da diese mind. 180 kg am Tag fressen, ist Hilfe hier immer gerne gesehen) oder sich verabschieden.

Für diese Tour sollte man sich mindestens drei bis vier Stunden Zeit nehmen. Das Camp öffnet um 9 Uhr, spätestens um 15.30 Uhr werden die Elefanten in den Wald entlassen (wo sie bis zum nächsten Morgen frei herumlaufen). In der Hauptsaison ist es ratsam, sich vorher anzumelden. Anreise ab Kalaw 30–45 Minuten mit dem Taxi für 35 000 Kyat, ab Nyaungshwe in etwa drei Stunden für 70 000 Kyat (Hin- und Rückfahrt). Ein Tag mit den Elefanten kostet knapp US$100 pro Gast, eine Summe, die dem Wohle der Tiere zugutekommt.

Zu Fuß von Kalaw zum Inle-See

- **Länge**: ca. 50–70 km
- **Dauer**: 2 oder 3 Tage
- **Anspruch**: Mittlere Kondition und Trittsicherheit sind auf den unbefestigten Wegen von Vorteil.
- **Buchung**: über fast alle Trekkingagenturen in Kalaw und Nyaungshwe
- **Kosten**: ab 15 000 Kyat pro Tag und Person bei Gruppen ab 2–3 Pers., zzgl. Gepäcktransport (3000 Kyat), Anteil an der Bootsfahrt (17 000 Kyat pro Boot) und Eintritt Inle-Zone (US$10)

Wer durch Myanmar reist, fährt mit Bus, Bahn, Taxi, Pferdekutsche oder Trishaw; manche fliegen und einige – laufen! Ein Stück der Reiseroute zu Fuß zurückzulegen, dabei zu entschleunigen, Land und Leuten näherzukommen: Diese Gelegenheit bietet sich zwischen Kalaw und dem Inle-See. Die Wanderung dauert drei Tage, ist aber auch in zwei Tagen zu bewältigen. Obwohl sie seit 1996 schon von Tausenden Travellern begangen wurde, ist sie für viele auch heute noch ein einzigartiges Erlebnis, denn trotz der Touristen führen die Menschen ihr tägliches Leben fort wie eh und je. So ergeben sich interessante Einblicke in den Alltag der verschiedenen Volksgruppen, durch deren Dörfer man wandert.

Erster Tag

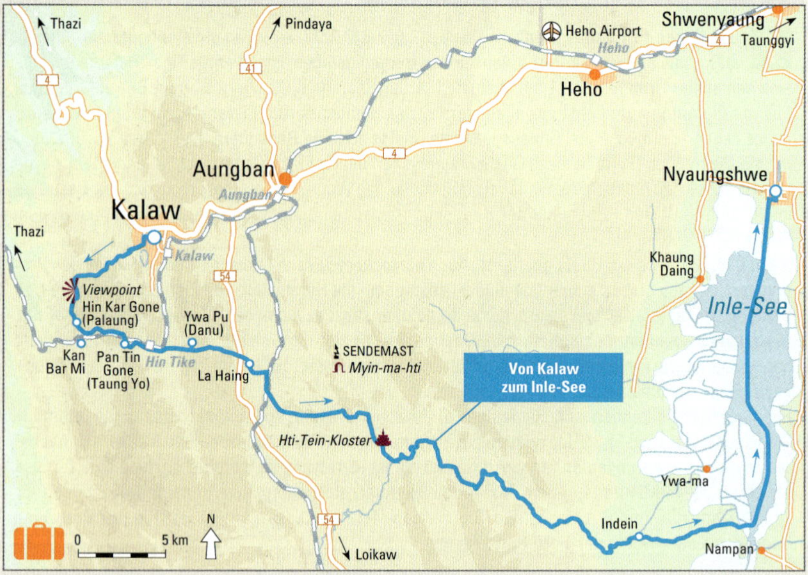

Los geht's morgens am vereinbarten Treffpunkt mit leichtem Gepäck – Rucksäcke und Koffer werden vom Veranstalter zum Zielort transportiert. Die Wanderung beginnt wie eine Tagestour um Kalaw herum: Erstes Ziel ist der **Viewpoint**, an dem das Mittagessen zubereitet wird. Anschließend führt der Pfad weiter nach Süden. Die Palaung-Siedlung **Hin Kar Gone** wird von fast allen Gruppen durchquert. Wenn sich der Weg nach Osten wendet, Richtung Inle-See, gehen die Guides getrennte Wege und besuchen unterwegs unterschiedliche Dörfer, z. B. **Kan Bar Mi** oder **Pan Tin Gone**, wo Taung-Yo wohnen. Meist besteht die Möglichkeit, in einem der Häuser einzukehren und eine Tasse Tee zu trinken oder einen kleinen Snack zu probieren. Wer Glück hat und in Pan Tin Gone den ortsansässigen Schamanen trifft, kann womöglich eine selbst gemachte Kräutermedizin gegen Magengrimmen erwerben: ein in Myanmar generell nützlicher Reisebegleiter. Viele Guides führen ihre Gruppe nun entlang der Bahngleise nach Osten – wenn der Zug kommt, heißt es Deckung suchen. Am kleinen Bahnhof von **Hin Tike** kann Wasser oder ein anderes Getränk nachgekauft werden, ehe es auf schmalen Pfaden durch die Felder weitergeht, bis am späten Nachmittag der erste Ort für die Nacht erreicht wird – meist das Danu-Dorf **Ywa Pu**, wo eine der Familien Unterkunft gewährt. Nach dem gemeinsamen Abendessen laden dünne, harte Matratzen und dicke, bunte Decken zur Ruh. Einige lassen bei Kerzenschein den Tag Revue passieren, andere schreiben Tagebuch im Schein der Taschenlampe, und wieder andere sind froh, dass der Tourguide Pflaster dabeihat: Wer das Laufen nicht gewöhnt ist, hat vielleicht schon die ersten Blasen.

Zweiter Tag

Am nächsten Morgen geht es zeitig weiter. Nach dem Überqueren eines Bergrückens und dem Kreuzen der N54, die nach Loikaw führt, wird die Strecke etwas belebter: Denn hier bei **La Haing** stoßen die Gruppen dazu, die die Strecke nur als zweitägige Tour gebucht haben. Der Weg führt nun durch eine recht ebene Landschaft, in der die Landwirtschaft das Bild bestimmt. In kleinen Dörfern kann man den Alltag der Menschen beobachten oder ein paar handgewebte Taschen erstehen. Das Tagesziel für nahezu alle Gruppen war lange Zeit das **Kloster von Hti Tein**, wo die Nacht in der großen Andachtshalle verbracht wird. (Immer mehr Agenturen verzichten allerdings auf einen Besuch, es ist einfach zu voll geworden. Auf Anfrage geht es aber in andere, kleinere und weniger bekannte Klöster.) Es ist ein unvergleichliches Erlebnis in einem Kloster zu übernachten. Vor allem am Morgen, wenn man um 5 Uhr vom Gesang der Novizen geweckt wird. Obwohl bei gebuchten Touren „alles inklusive" ist, sollte niemand versäumen, eine Spende zu hinterlassen.

Begegnung in den Bergen

Dritter Tag

Die letzte Etappe der Reise beginnt mit der Überquerung des Gebirgszugs, der den Inle-See nach Westen begrenzt. Dann ist die blinkende Wasserfläche schon zu sehen! Doch es sind noch einige Kilometer zu laufen, ehe in **Indein** das vorläufige Ende der Reise erreicht ist. Über den Markt strömen Touristen, die alle so aussehen, als hätten sie *nicht* drei Tage auf Schusters Rappen verbracht ... ein gewisser Stolz stellt sich ein, und die abschließende Bootsfahrt über den Inle-See nach Nyaungshwe wird zum reinen Genuss.

ist schöner. Ziele sind Dörfer der Danu und Palaung, Teeplantagen, der Viewpoint und/oder ein Stausee. Neben dreitägigen Treks zum Inle-See auf verschiedenen Routen (S. 398) sind auch längere Touren in andere Gebiete möglich. Kontaktadressen siehe Kalaw.

Viewpoint

Ein schönes Ziel für eine Wanderung auf eigene Faust ist der Viewpoint etwa zwei Stunden westlich der Stadt. Anfangs folgt man der Ausschilderung zur Hnee-Pagode (S. 389). Nach einem Besuch wählt man, wenn die Pagode links hinter einem liegt, den Weg nach rechts. Am Stromverteiler zeigt ein Schild nach links zum Viewpoint. Die Straße ist mit Steinen recht gut befestigt und relativ breit, sodass auch Mopeds und manchmal Trucks diesen Weg nutzen. Sie windet sich mit leichten Steigungen an den Nordhängen der Berge entlang immer weiter nach Westen. Rechts bieten sich nach einer guten Stunde tolle Ausblicke über die Berglandschaft. Kurz vor Erreichen des Ziels geht es etwas bergab. Etwa anderthalb Stunden hinter dem Kloster befindet sich links das Nok Café (auch ein Viewpoint), der „richtige" Viewpoint ist allerdings noch etwa zehn Minuten entfernt. Der Weg endet in einem T-Stück: Rechts geht es hinab in das Palaung-Dorf Taryaw und links in sieben Minuten zum Viewpoint und dem gleichnamigen Restaurant. Hinter ihrer Orangenplantage betreibt die Nepali-Familie Montay ein kleines rustikales Restaurant. Bei leckerem Masala-Tee und einfachen, preiswerten Gemüsecurrys (die meisten Zutaten stammen aus dem eigenen Garten) mit Chapati ist die Aussicht gleich doppelt toll. Von hier aus ist es möglich, den Weg zu einem Stausee fortzusetzen und auf einem anderen Weg nach Kalaw zurückzukehren. Ohne Guide ist das aber gewagt, weil man sich schnell verläuft. Mr. Montay bietet sein Wissen über die Gegend auch als Guide an (Kontaktdaten siehe Kalaw).

Myin-ma-hti-Höhle

Die Höhle liegt südöstlich von Kalaw an der Straße nach Loikaw. Kurz hinter der östlichen Ortsausfahrt Kalaws gabelt sich die Straße: Links geht es Richtung Aungban, rechts nach Loikaw. Die Höhle kann auch auf der dreitägigen Tour zum Inle-See oder als Tageswanderung ab Kalaw besucht werden. Bis Anfang der 1990er-Jahre war dieses Heiligtum selbst den Zentralmyanmaren unbekannt. *Myin-ma-hti* bedeutet „Pferd hat's nicht berührt". Die Legende erzählt, ein Reiter sei über den Berg gegenüber dem Höhleneingang gesprungen, ohne ihn mit seinem Pferd berührt zu haben, und an der Stelle der Höhle gelandet.

Die Höhle wurde vor langer Zeit zumindest teilweise von Hand in den Fels geschlagen. Eine Besonderheit ist, dass sie durch den Berg hindurch zu einem zweiten Eingang weiter westlich führt. Der Weg windet sich durch den Felsen, vorbei an kleinen Stupas und Buddhafiguren, die sich im Laufe der vergangenen Jahrhunderte angesammelt haben. Ein großer goldener Stupa kurz hinter dem Eingang ist angeblich 2300 Jahre alt. Einige Felsformationen werden von den Myanmaren als heilig – glückverheißend und helfend – angesehen, so der „Frosch", ein knubbeliger Stein, auf den zahlreiche Pilger ihre Hand legen.

Aungban

Aungban ist das größte Handelszentrum der Region. Getreide, Obst und Gemüse, die in dieser Gegend angebaut werden, finden von hier ihren Weg zu den Konsumenten. Für Touristen ist der geschäftige Ort nicht mehr als ein Pausenstopp. Doch wer einfach mal hierbleibt, ist ganz nah an den Touristenspots und doch so richtig weit weg davon.

ÜBERNACHTUNG UND ESSEN

Yadanar Aungban, 64 Union Rd., ✆ 094-4004 6117, www.hotelyadanaraungban.com. Knapp über 30 saubere und relativ günstige Zimmer im Haus und in Bungalows. Einige mit 2 großen Betten. Hilft beim Buchen von Bussen. Wer die Gegend erkunden will, bekommt hier auch Guides vermittelt.

Einfache Küche gibt es im **Ever Food Center** nahe der Kreuzung, und auch im **Peace Foodcamp** wird man satt, beide liegen am

Highway. Wer zwischen Kalaw und Taunggyi mit den großen Bussen stoppt und zum Essen aussteigen kann, tut dies meist beim neonlichtdurchfluteten **Cherry Restaurant**, ✆ 081-60028. Sehr leckere Shan-Nudeln. ⌚ 1–22 Uhr.

TRANSPORT

Busse und **Pick-ups**, die von Taunggyi kommen, halten in Aungban an der Weggabelung und nehmen dort Weiterreisende auf. Die großen Überlandbusse zwischen Taunggyi und Yangon besteigt man i.d.R. in der Cherry Restaurant Garden Hall. Da diese Busse vorgebucht werden müssen, bitte genaue Abfahrtzeiten im Hotel erfragen.
MANDALAY, gegen 14 Uhr für 11 000 Kyat in ca. 9 Std.
NYAUNG U (Bagan), am frühen Abend gegen 19 Uhr für 12 000 Kyat in ca. 9 Std.
YANGON, am bequemsten mit den VIP-Bussen aus Nyaung Shwe gegen 20 Uhr für 24 000 Kyat in etwa 14 Std.
Nach KALAW (10 km) kann man auch ein **Motorradtaxi** für ca. 3000 Kyat nehmen. Pick-ups kosten 1000 Kyat. Der **Zug** hält gegen 10.40 Uhr in Aungban. Etwa 40 Min. später ist Kalaw erreicht. Wenige hundert Kyat.
Nach LOIKAW morgens mit dem Minibus für 7000 Kyat. Die Fahrt dauert etwa 5 Std.

Pindaya

Die kleine Stadt Pindaya ist eines der früheren Fürstentümer des Shan-Staates und hat heute etwa 50 000 Einwohner. Sie liegt auf einer Höhe von 1200 m an einem fast rechteckigen, künstlich angelegten See, den man in etwa einer Stunde gemütlich zu Fuß umrunden kann. In einer Parkanlage am See laden große alte **Banyan-Bäume** zur schattigen Rast. An Tagen, an denen Händler der Volksgruppen auf den Fünf-Tage-Markt kommen, ist viel los. Ansonsten macht die Stadt einen verschlafenen Eindruck. Am Ortseingang sind von Ausländern US$5 für die Danu-Self-Administration-Zone zu zahlen.

Zahlreiche Myanmaren pilgern nach Pindaya, um die berühmten **Kalksteinhöhlen** zu besuchen. Westliche Besucher kommen meist auf einem Tagesausflug vorbei. Was sie verpassen? Die Chance auf eine wenig gelaufene Trekkingtour. Besucht werden Dörfern der Shan, Danu, Pa-O und Palaung; übernachtet wird meist im Kloster.

Die beste Zeit für den Besuch ist Oktober/November, wenn viele Felder herrlich gelb blühen. Vieles erinnert an das Voralpenland: Nicht umsonst wurde die Gegend von den Engländern „Birmanische Schweiz" genannt – nur eben ohne hohe schneebedeckte Berge.

Von Spinnen und Prinzessinnen

Eine Riesenspinne und ein Prinz mit Pfeil und Bogen ... Die Legende berichtet von sieben im See badenden Prinzessinnen, die von einer Riesenspinne in einer der Höhlen gefangen genommen worden sein sollen. Ihr Retter war Prinz Kummabhaya. Mit Pfeil und Bogen tötete er die Spinne, befreite die Frauen und wählte die schönste von ihnen zur Gemahlin. Eine andere Geschichte erzählt, dass ein geheimer Gang in der Pindaya-Höhle abzweige, der erst in der Nähe von Bagan wieder an die Erdoberfläche trete! Der Gang soll früher von Bagan-Königen als Fluchtweg benutzt worden sein.

Pindaya-Höhlen

Wie riesige versteinerte Schlangen winden sich die überdachten Aufgänge den steilen Berg empor. Wer sich zu Fuß aufmacht, hat Hunderte von Stufen vor sich! Wer es bequemer mag, fährt mit dem Aufzug. In der ersten großen Höhlenkammer befinden sich die vergoldete Shwe-U-Min-Pagode und einige große Buddhastatuen. Danach verzweigt sich die Höhle in ein Labyrinth aus Höhlen und Gängen, die immer weiter in den Berg hineinführen. Über 8000 Figuren, die aus Materialien wie Gips, Bronze, Holz, Stein oder Zement in den unterschiedlichsten Größen hergestellt sind, stellen Buddha in verschiedenen Posen dar. Wann die ersten Buddhafiguren aufgestellt wurden, ist nicht genau belegt. Wissenschaftler nehmen an, dass die meisten Figuren aus dem 18. Jh. stammen; die älteste erhaltene Inschrift wird auf das Jahr 1783 datiert. ⌚ 6–18 Uhr, Eintritt 3000 Kyat, Foto-/Filmgebühr 300 Kyat.

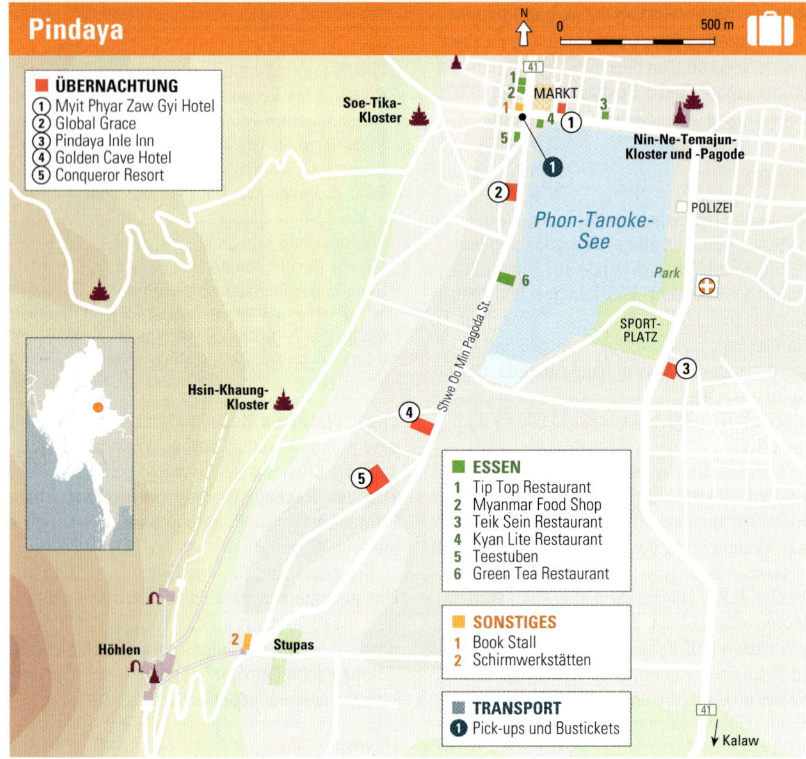

Hsin-Khaung-Kloster

Am äußersten Rand des Dorfes, unterhalb der Höhlen, steht das Elefantenkopf-Kloster Hsin Khaung. Seinen Namen verdankt das vor über 250 Jahren erbaute Teakholzkloster einem nahe gelegenen Stein, dessen Form an einen Dickhäuter erinnert. Das Kloster besitzt viele alte buddhistische Schriften in Birmanisch, Englisch und Pali, darunter 500 Jahre alte Palmblattschriften des Tipitaka, die achtlos in Schränken verstauben. Das Kloster beherbergt auch eine Galerie mit Buddhastatuen verschiedener Stilrichtungen.

ÜBERNACHTUNG

In der Nebensaison (Mai–Sep) können Rabatte ausgehandelt werden. Oft ist abends die Stromversorgung unterbrochen, nur die teuren Hotels haben einen eigenen Generator. Eine Taschenlampe neben dem Bett kann nicht schaden.

Conqueror Resort, unterhalb der Höhle, ✆ 081-66106, Yangon ✆ 01-256 623, 💻 www.conquerorresorthotel.com, [5337]. Geräumige Bungalows. Highlight sind die kleinen Häuser im traditionellen Danu-Stil. Spa, Pool und großes Restaurant. Fahrradverleih. ❺–❻

Global Grace, 25 Shwe Oo Min Pagoda Rd., ✆ 09-862 2447, 💻 www.globalgracehotelpindaya.com, [9825]. Das 2-geschossige Haus hat schöne, wenngleich meist etwas kleine Zimmer. Die Deluxe-Zimmer mit Balkon. Alle Fenster zeigen Richtung See, und so hat jeder eine (mehr oder weniger gute) Sicht. Knapp über ❷–❹

Golden Cave Hotel, nahe der Höhle, ✆ 081-66166, 💻 www.goldencavehotel.com, [5338]. Einfache, große 4er-Bungalows mit wenig Charme, aber sauber. Im eigenen Badezimmer gibt es heißes Wasser. Nur ein wenig teurere Zimmer mit Balkon, TV und Minibar im Haupthaus. Restaurant und Fahrradverleih. ❸–❹

€ **Myit Phyar Zaw Gyi Hotel**, direkt an der Ringstraße am See, ✆ 081-24236, [9824]. Die Zimmer sind einfach ausgestattet, mit Kühlschrank und Bad, die nach vorn ausgerichteten bieten einen wirklich tollen Blick aufs Wasser. Chinesisches Restaurant. Günstigste Option der Stadt. Sehr begehrt bei Myanmaren auf Pilgerreise, daher am besten einen Tag vorher anrufen lassen oder Daumen drücken, dass jemand Englisch spricht. ❷

Pindaya Inle Inn, an der Straße zum Dorf, ✆ 081-66280, 💻 www.pindayainleinnmyanmar.com, [5339]. Schöne Anlage. Stein- und Bambus-Bungalows mit allem Komfort. Einige Zimmer mit Kamin. Spa, Fitnessraum und Bücherei. ❺–❻

ESSEN

Es gibt ein paar Restaurants in Pindaya, die birmanische Küche ist in der Regel einfach und preiswert. Meist öffnen die Lokale am frühen Morgen und schließen je nach Gästeanzahl am frühen Abend.

Green Tea Restaurant, Shwe Oo Min Cave Rd., ✆ 081-66344. Großes traditionelles Teakhaus, liebevoll dekoriert, mit birmanischer und europäischer Küche. Seeblick von der Terrasse. Hier ist man auf Touristen eingestellt. ⌚ ab 10 Uhr, je nach Gästezahl bis ca. 21 Uhr.

Kyan Lite Restaurant, gegenüber dem Markt, ✆ 081-66154. Das günstige Restaurant bietet eine große Auswahl chinesischer Gerichte und verkauft auch fermentierte Teeblätter für den beliebten Shan-Salat. Englische Speisekarte.

€ **Myanmar Food Shop**, am Markt. Das einfache Restaurant offeriert thailändisch inspirierte Speisen und Currys. ⌚ 7–19 Uhr.

Teik Sein Restaurant, wenige Meter neben dem Klostergelände am See. Günstige und gute Shan- und chinesische Küche. Shan-Nudeln gibt es als Suppe oder Salat. Der Teeblattsalat *le-pet thouq* ist im Angebot, frisch zubereitet oder luftdicht verpackt. Leckere Plätzchen.

Tip Top Restaurant, direkt gegenüber dem Markt. Serviert birmanische Küche. Das gebratene Gemüse, auf Wunsch mit Hühner- oder Schweinefleisch, ist günstig.

Wie Papier gemacht wird

Familienbetriebe haben sich am Fuße der Pindaya-Höhlen auf die Produktion von **Schirmen** und **Webarbeiten** spezialisiert und gewähren gern Einblick in ihre Arbeit, von der Herstellung des Papiers bis zum fertigen Schirm. Jedes Familienmitglied hat seine Aufgabe und meistert sie in erstaunlicher Geschwindigkeit und Perfektion. Die Schirme können direkt vor Ort erworben werden.

EINKAUFEN

Neben dem Angebot im Teik Sein Restaurant gibt es auch auf dem **Markt** günstigen und qualitativ hochwertigen Tee und Kaffee aus der Region zu kaufen. Hier findet man auch ein paar wenige Souvenirstände mit z. T. sehr interessanten und alt aussehenden Stücken.

Das **Book Stall** verkauft gebrauchte deutsche und englische Bücher sowie Souvenirs. Herr U Myint Thoung hat gute Infos zu Trekkingtouren und zur Umgebung (s. Aktivitäten).

AKTIVITÄTEN

Noch sind Trekkingtouren ab Pindaya ein kleiner Geheimtipp. Bisher werden sie vor allem von den Hotels vermittelt. Eine schöne **Wanderung** führt von Pindaya zum Dorf Yasa Gyi, in dessen Kloster übernachtet wird, s. eXTra [5543]. Mehr Informationen zu Treks und die Möglichkeit, diese vorab zu buchen, unter: 💻 www.danutrails.com. Danu Trails arbeitet mit lokalen lizenzierten Guides zusammen und bietet Halbtagestouren, Tagestouren oder Touren mit einer Übernachtung. Manch einer kommt auch aus Kalaw angewandert (meist kombiniert mit einer Fahrradtour; Kontakt siehe Kalaw S. 393).

Private 2- und 3-Tages-Touren mit 1/2 Übernachtung(en) führt auch **U Myint Thoung** vom Book Stall durch, ☏ 094-2822 3719, 081-66104, ✉ umyintthong@gmail.com. Für US$25 p. P. am Tag geht es zu einem Dorf der Palaung, in dem U Myint Familie und Freunde hat. Hier wird einheimische Kost gegessen und übernachtet, abseits des Massentrekkings in anderen Regionen.

TRANSPORT

Pick-ups und Taxis

Pick-ups nach AUNGBAN fahren tagsüber, wenn genügend Passagiere zusammenkommen. Sicher fährt ein Pick-up um 8.30 Uhr für 1000–1500 Kyat in 1 1/2 Std.
Ein Pick-up nach SHWENYAUNG kostet 1500 Kyat, von dort geht es nach NYAUNGSHWE zum Inle-See. Mit einem eigens gecharterten Taxi kostet die Fahrt hin und her bis zu US$50.

Busse

Von Pindaya fährt nur ein Bus nach TAUNGGYI um 5.30 Uhr für 5000 Kyat in 2 1/2–3 Std.
Nach BAGAN, KALAW, MANDALAY und YANGON über Aungban (S. 400). Genaue Abfahrtzeiten am besten immer noch mal in den Gästehäusern aktuell erfragen.

Heho

Diesen Ort erleben Touristen vor allem auf der Durchreise – auf dem Weg vom oder zum außerhalb der Stadt gelegenen Flughafen. Interessant wird die Stadt alle fünf Tage, wenn der **Markt** stattfindet. Der staubige Marktbereich in der Stadt quillt dann über von Menschen und Waren. In der Nähe des Marktes versorgen Teestuben und kleine Restaurants die hungrige und durstige Kundschaft. Wer Bargeld braucht, findet diverse Geldautomaten am Flughafen.

TRANSPORT

Pick-ups und Taxis

Nach Heho fahren **Pick-ups** von den umliegenden Ortschaften KALAW, SHWENYAUNG und TAUNGGYI. Auf dieser Strecke verkehrende Busse halten ebenfalls hier. Am einfachsten (und pünktlich zum Abflug) ist die Anfahrt jedoch mit dem **Taxi** – von Kalaw 12 000 Kyat, von Nyaungshwe 15 000 Kyat, von Taunggyi 25 000 Kyat. Vom Flughafen zahlt man nach KALAW etwa 20 000 Kyat, nach Nyaungshwe 25 000 Kyat und nach Taunggyi 40 000 Kyat. Manchmal ist es günstiger, sich von seinem Hotel abholen zu lassen. Unten an der Hauptstraße werden zudem Tickets für Überlandbusse verkauft. Ob allerdings am gleichen Tag ein Ticket zu bekommen ist, ist Glückssache.

Eisenbahn

KALAW, um 9.20 Uhr, Ankunft 11.30 Uhr.
SHWENYAUNG, um 15.40, Ankunft 17 Uhr.

Flüge

Der südliche Shan-Staat ist über den Flughafen Heho sehr gut an den Rest des Landes angebunden. Man sollte etwa eine Stunde vor Abflug am Flughafen sein. Aktuelle Zielflughäfen, Daten und Zeiten finden sich auf den Webseiten der Gesellschaften.
Myanmar National Airlines, 💻 www.flymna.com, fliegt tgl. nach Mandalay, tgl. (außer Di und Sa) nach KENGTUNG, Sa nach LASHIO, tgl. (außer Mi und Fr) nach NYAUNG U und tgl. nach YANGON.
Air Bagan, 💻 www.airbagan.com, fliegt nach YANGON. Nicht tgl. werden MANDALAY, TACHILEIK und KENGTUNG angeflogen.
KBZ Air, 💻 www.airkbz.com, fliegt nach YANGON, MANDALAY, LASHIO und TACHILEIK. In der Saison zudem tgl. nach THANDWE (aber nicht von dort nach Heho). Flüge von NYAUNG U gehen nach Heho, aber nicht die umgekehrte Richtung.
Yangon Airways, 💻 www.yangonair.com, fliegt tgl. (meist mehrmals) nach YANGON, MANDALAY und KENGTUNG. Flüge von TACHILEIK und NYAUNG U nach Heho, aber nicht in umgekehrter Richtung.

Shwenyaung

Shwenyaung ist eine Haltestelle für Langstreckenbusse sowie Umsteigeplatz für Pick-ups von und zum Inle-See.

TRANSPORT

Pick-ups und Taxis

Pick-ups nach Shwenyaung kommen z. B. aus HEHO, TAUNGGYI, KALAW oder PINDAYA und verlangen im Schnitt etwa 1500 Kyat, dazu manchmal einen Aufschlag für das Gepäck. Gleiches gilt für die kurze Fahrt nach NYAUNGSHWE. Auch **Taxis** verkehren nach Nyaungshwe (6000 Kyat pro Wagen). Mit dem Moped für 4000 Kyat.

Busse

Busse von und nach Taunggyi und Loikaw bzw. in die Gegenrichtung nach Kalaw, Toungoo, Bago, Mandalay, Hsipaw, Yangon und Bagan halten an der Kreuzung in Shwenyaung. Die meisten **Nachtbusse** von Taunggyi nach MANDALAY und YANGON halten hier zwischen 17 und 19 Uhr. Der Bus nach HSIPAW passiert den Busbahnhof gegen 16 Uhr. **Tickets** besorgt man sich am besten einen Tag vorher in Nyaungshwe über eine der Reiseagenturen, die im günstigsten Fall auch den Transport zur Bushaltestelle übernehmen – ansonsten muss man sich selbst einen Pick-up oder ein Tuk Tuk suchen (ca. 1500 Kyat p. P., bei wenigen Mitfahrern mehr).

Eisenbahn

Die langsame Fahrt mit dem wirklich sehr langsamen Zug durch die bergige Landschaft hat wirklich ihren Reiz – hier einmal Bahn zu fahren, ist eine tolle Idee, und diese Fahrt ist zeitlich überschaubar. Erfrischungen gibt es an den Bahnhöfen (HEHO und AUNGBAN), eine gute Gelegenheit, die lokalen Spezialitäten zu probieren.
KALAW, um 8 Uhr für 1200 Kyat. Tickets gibt es am Bahnhof.

Nyaungshwe

Die alte Fürstenstadt Nyaungshwe ist ein beliebtes Traveller-Ziel, denn der Ort liegt nur etwa 5 km vom Inle-See entfernt – und bietet zahlreiche Unterkünfte und ein lebendiges Stadtleben. Auf den See geht es mit Ausflugsbooten über einen Kanal; Kanutouren durch die Kanäle laden zum Fotografieren ein, während Treks in die umliegenden Bergdörfer oder zu den Ruinen von Kakku die Sportlichen herausfordern.

Nyaungshwe gilt als das älteste der Intha-Dörfer des Sees (S. 418), und die ganze Region Inle-See wird von hier verwaltet. Am **Kassenhaus** am Ortseingang von Nyaungshwe zahlen Touristen US$10 (15 000 Kyat) für den Besuch der Inle-Zone (5 Tage gültig).

Ein Blick auf die Karte zeigt: Hier gibt es wirklich viele Pagoden. Mitten in der Stadt liegt die **Yadana-Man-Aung-Pagode**, deren filigrane Mosaike im Shan-Stil sehr beeindruckend sind. In der Pagode sind zahlreiche Relikte aus vergangener Zeit ausgestellt, die wohl einmal als Geschenke ihren Weg nach Nyaungshwe fanden. Etwas außerhalb (und daher als Ziel für einen Spaziergang geeignet) liegt das Shan-Kloster **Nigyon Taungyon Kyaung**, das als Meditationskloster genutzt wird.

Der aus Teakholz und Ziegeln erbaute **Palast des Shan-Sawbwa** ist heute ein **Museum**. Von hier regierten die Shan-Fürsten ihre Provinz, bis das Militär 1962 die Macht ergriff. Der letzte Shan-Fürst Sao Shwe Thaike starb kurz da-

Junge Mönche im antiken Kloster

Etwa 2 km nördlich von Nyaungshwe steht die Pagode des **Shwe-Yan-Pyay-Klosters**. Sie wurde einst von einem Shan-Fürsten erbaut. In der Pagode befinden sich in kleinen Nischen in der Wand zahlreiche Buddhafiguren. Das Heiligtum ist aus Ziegeln, das angrenzende Kloster im Shan-Stil aus Teakholz erbaut. Ein klassisches Fotomotiv sind die Novizen hinter den ovalen Fenstern des Klosters, die sich allerdings oft gar nicht mehr zeigen, wenn zu viele Touristen – bewaffnet mit ihren schussbereiten Kameras – das Kloster belagern.

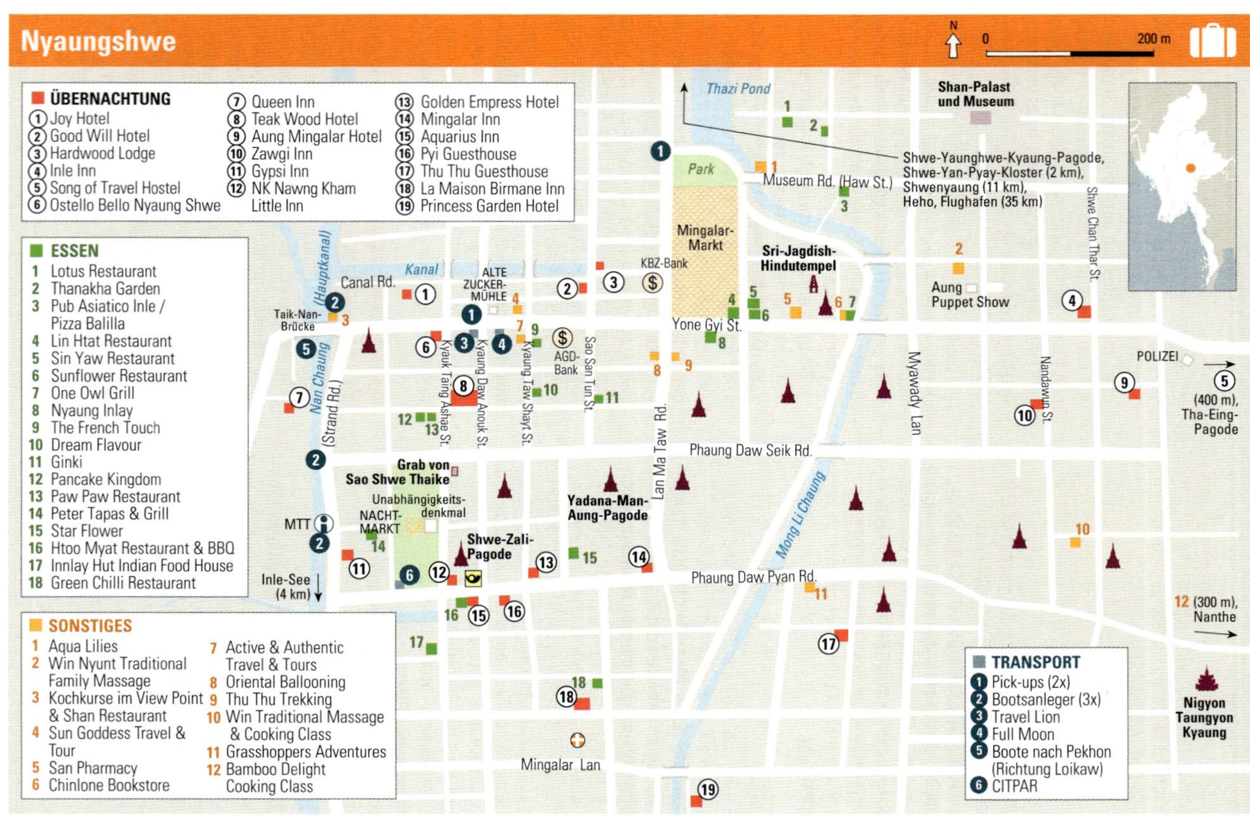

Nyaungshwe
N
0
200 m
ÜBERNACHTUNG
1 Joy Hotel
2 Good Will Hotel
3 Hardwood Lodge
4 Inle Inn
5 Song of Travel Hostel
6 Ostello Bello Nyaung Shwe
7 Queen Inn
8 Teak Wood Hotel
9 Aung Mingalar Hotel
10 Zawgi Inn
11 Gypsi Inn
12 NK Nawng Kham Little Inn
13 Golden Empress Hotel
14 Mingalar Inn
15 Aquarius Inn
16 Pyi Guesthouse
17 Thu Thu Guesthouse
18 La Maison Birmane Inn
19 Princess Garden Hotel
ESSEN
1 Lotus Restaurant
2 Thanakha Garden
3 Pub Asiatico Inle / Pizza Balilla
4 Lin Htat Restaurant
5 Sin Yaw Restaurant
6 Sunflower Restaurant
7 One Owl Grill
8 Nyaung Inlay
9 The French Touch
10 Dream Flavour
11 Ginki
12 Pancake Kingdom
13 Paw Paw Restaurant
14 Peter Tapas & Grill
15 Star Flower
16 Htoo Myat Restaurant & BBQ
17 Innlay Hut Indian Food House
18 Green Chilli Restaurant
SONSTIGES
1 Aqua Lilies
2 Win Nyunt Traditional Family Massage
3 Kochkurse im View Point & Shan Restaurant
4 Sun Goddess Travel & Tour
5 San Pharmacy
6 Chinlone Bookstore
7 Active & Authentic Travel & Tours
8 Oriental Ballooning
9 Thu Thu Trekking
10 Win Traditional Massage & Cooking Class
11 Grasshoppers Adventures
12 Bamboo Delight Cooking Class
TRANSPORT
1 Pick-ups (2x)
2 Bootsanleger (3x)
3 Travel Lion
4 Full Moon
5 Boote nach Pekhon (Richtung Loikaw)
6 CITPAR
Thazi Pond
Shan-Palast und Museum
Shwe-Yaunghwe-Kyaung-Pagode, Shwe-Yan-Pyay-Kloster (2 km), Shwenyaung (11 km), Heho, Flughafen (35 km)
Park
Museum Rd. (Haw St.)
Mingalar-Markt
Sri-Jagdish-Hindutempel
KBZ-Bank
Aung Puppet Show
Shwe Chan Thar St.
(Hauptkanal)
Kanal
Canal Rd.
ALTE ZUCKER-MÜHLE
Taik-Nan-Brücke
Yone Gyi St.
AGD-Bank
Sao San Tun St.
Kyauk Taing Ashae St.
Kyaung Daw Anouk St.
Kyaung Taw Shayt St.
Nan Chaung
(Strand Rd.)
Lan Ma Taw Rd.
Myawady Lan
Nandawun St.
POLIZEI
(400 m), Tha-Eing-Pagode
Phaung Daw Seik Rd.
Grab von Sao Shwe Thaike
Unabhängigkeits-denkmal
NACHT-MARKT
Yadana-Man-Aung-Pagode
Mong Li Chaung
MTT
Shwe-Zali-Pagode
Inle-See (4 km)
Phaung Daw Pyan Rd.
12 (300 m), Nanthe
Mingalar Lan
Nigyon Taungyon Kyaung

rauf unter ungeklärten Umständen im Yangoner Insein-Gefängnis. Wie kein anderer der 34 Shan-Fürsten hatte er die politischen Entwicklungen Birmas in den ersten Jahren der Unabhängigkeit (s. dazu eXTra [8484]) beeinflusst. Sein wenig beachtetes **Fürstengrab** befindet sich nahe dem Unabhängigkeitsdenkmal. ◷ Mi–So außer feiertags 10–16 Uhr, Eintritt 2000 Kyat.

ÜBERNACHTUNG

Alle Unterkünfte servieren Frühstück inkl. – oft Ei mit Toast, auf Nachfrage meist auch traditionelle Shan-Nudeln. Die meisten Zimmer haben ein eigenes Bad mit Warmwasser.

Untere Preisklasse

Aquarius Inn, 2 Phaung Daw Pyan Rd., ✆ 081-209 352, ✉ aquarius352@gmail.com, [3997]. Beliebtes Haus mit 16 Zimmern, einige sehr schön und hochpreisig, andere ganz einfach mit Gemeinschaftsbad. Rundum-Service mit Geldwechsel, Ticketverkauf, Massage und Touren. Veranden und Innenhof zum Relaxen. Gute Atmosphäre. ❷–❹

€ **Good Will Hotel**, Sao San Htun Rd., ✆ 081-209 729, ✉ goodwillhotel@gmail.com, [8486]. Einfaches Hotel im Stadtzentrum mit gefliesten Zimmern, teils Ventilator, teils AC und TV. Nicht gerade pfiffige Ausstattung, aber die Lage am Markt und der günstige Preis machen das wett. Buchungsmaschinen bieten oft nur die teuren Superior-Zimmer mit AC. Zimmer mit Ventilator also am besten Walk-In oder vorher anrufen und sich anmelden. ❶–❷

€ **Gypsi Inn**, an der Strand Rd. (82 Kan Nar Rd.), ✆ 081-209 084, [4004]. Beliebte Traveller-Unterkunft mit einfachen großen, teils verwohnten Zimmern mit Gemeinschaftsbad und neueren, etwas teureren Zimmern mit eigenem Bad. Leckeres Frühstück, u. a. mit Shan-Nudeln. ❶–❷

Inle Inn, Yone Gyi St., ✆ 081-209 016, 💻 www.inle-inn.com, [4012]. 14 einfache, teils kleine, teils geräumigere Zimmer mit Holz und viel Bambus. Alle mit Ventilator und eigenem Bad mit Warmwasser. Schöne Sitzgelegenheiten im überdachten Innenhof. Oft ausgebucht. ❷–❸

Joy Hotel, Jetty Rd., ✆ 081-209 083, 09-4311 0067, ✉ joyhotelinle@gmail.com, [5361]. An einem kleinen Seitenkanal gelegen; einfache Zimmer, mit und ohne Bad. Es gibt ein großes Familienzimmer mit 3 Betten. Das Frühstück wird auf der Veranda serviert. Die angenehme Traveller-Atmosphäre und die netten Betreiber entschädigen für den manchmal höheren Lärmpegel direkt am Kanal. ❶

NK Nawng Kham Little Inn, Phaung Daw Pyan Rd., ✆ 081-209 195, [3998]. 7 einfache Zimmer mit viel Bambus und Holz in Reihe mit kleiner Terrasse. Daneben 8 geräumige Stein-Reihenhauszimmer mit AC. Die einfachsten Zimmer liegen im Haupthaus. ❷–❸

Queen Inn, Win Qr., ✆ 081-209 544, 094-315 5510, ✉ queen.inle@gmail.com, [4006]. Ansprechende Zimmer in 2 Häusern direkt am Fluss. Tolle Aussicht vom Balkon, aber auch etwas laut wegen des Geknatters der Bootsmotoren. AC und Kühlschrank, einfache Bäder. Sehr nette Betreiber. ❷

Zawgi Inn,122 Nandawun St., ✆ 081-209 929, ✉ zawgiinn@gmail.com, 💻 www.fb.com/Zawgi-Inn-1385512955027162, [9774]. 7 einfache geräumige Zimmer mit 2 Betten, außerdem 2 Zimmer für 3 Pers. Ventilator, Bad, kleine Veranden. Auf Wunsch gibt es im Winter einen kleinen Heizofen. Nachteil: etwas überteuert und nicht immer gut geputzt. ❸

Mittlere und obere Preisklasse

Aung Mingalar Hotel, Nandawun Qr., ✆ 081-209 339, ✉ aungmingalarhotelinle@gmail.com, [4014]. Nach dem Durchqueren eines imposanten Eingangstors erwarten den Gast in einem ruhigen Garten gut ausgestattete Bungalows. Die drei schönsten Zimmer befinden sich in einem Haus, das wie ein kleiner Tempel von Bagan gebaut wurde. Schließfächer in der Lobby. ❹

Golden Empress Hotel, 19 Phaung Daw Pyan Rd., ✆ 081-209 037, 💻 www.goldenempresshotel.com, [8485]. 13 schöne, geräumige Zimmer mit viel Holz. Teils mit einem großen und einem kleinen Bett. Kein TV oder Kühlschrank. 3 Zimmer haben einen kleinen Balkon, alle anderen Gäste treffen sich auf der Dachterrasse. Freundliche Atmosphäre. ❹

La Maison Birmane Inn, Sai Yone Rd., ✆ 081-209 901, 🖳 www.lamaisonbirmane.com, [9780]. Eine Oase der Ruhe und des guten Geschmacks. Geführt vom freundlichen Mr. Htun. Schön eingerichtete Chalets und Bungalows. Zudem ein Familienbungalow mit 2 Zimmern. Gutes Restaurant. Wer in der Nacht oder frühmorgens ankommt, kann sich in der Lobby auf 2 angenehmen Sofas ausruhen. ❺

Mingalar Inn, Phaung Daw Pyan Rd., ✆ 081-209 198, 🖳 www.mingalarinn.blogspot.com, [3989]. Große, helle und komfortable Zimmer mit weichen Betten im Neubau. Einfache spartanische Zimmer im Altbau. Alles gut in Schuss. Reichhaltiges Frühstück am Pool. ❸–❺

Princess Garden Hotel, Mine Li St., ✆ 081-209 214, 🖂 princessgardenhotel@gmail.com, [5363]. Ruhige Oase direkt an einem Kanal. Holzbungalows mit Veranda in einem tropischen Garten. Zudem 7 einfache Zimmer im Reihenhaus. Das Highlight ist der Pool (nur für Gäste). Die freundlichen Besitzer sprechen Englisch und schaffen eine familiäre Atmosphäre. ❸–❹

Pyi Guesthouse, 35 Phaung Daw Pyan Rd., ✆ 081-209 076, 🖂 pyi.nsmm@gmail.com, [3995]. 9 geräumige Bungalows in offener Bauweise; Trennwände lassen die Bäder nach oben offen. Moderne AC, Safe, Minibar und TV. Zudem 5 etwas günstigere Zimmer im Haupthaus. Geräumig, mit Balkon, aber ohne Safe. ❹–❺

Teak Wood Hotel, Kyaung Daw Anouk St., ✆ 081-209 250, 09-521 0195, 🖳 www.teakwoodhotelnyaungshwe.com, [3996]. Große Zimmer und schöne Bäder in mittlerweile 4 Häusern, einige Zimmer im Bungalow-Stil, andere im alten Holzhaus, die meisten in 2 roten Steinhäusern. Gemütliche Sitzecken, Terrassen und ein Garten. ❷–❹

ESSEN

In Nyaungshwe finden Freunde von Pancakes und Pasta zahlreiche Restaurants, die neben westlicher Küche meist auch ein paar lokale Gerichte auf der Speisekarte haben.
Auf dem Gelände des Unabhängigkeitsdenkmals gibt es einen **Nachtmarkt** mit verschiedenen Grill- und Cocktailständen. Viele **Teestuben** überall in der Stadt bieten leckere Kleinigkeiten an.

Asiatische Küche

Bamboo Hut (s. Karte S. 419), War Taw Village, nahe dem Weingut Red Mountain, ✆ 093-616 8330. Perfekter Stopp bei einer Fahrradtour. Birmanische Küche in authentischer Atmosphäre. Wer kann, kommt zum Sonnenuntergang. In der Drachenfruchtsaison eine besonders gute Wahl, denn dann gibt es die leckeren Früchte aus dem heimischen

Im Dorm – zusammen wohnen in Nyaungshwe

Hardwood Lodge, Canal Rd., ✆ 097-8587 4494, [10916]. In einem über 65 Jahre alten Holzhaus fand 2017 ein Hostel Platz. 20 Betten, schöne Zimmer, alle AC. Im Untergeschoss eher eng, aber im 1. Stock geräumig. Unten zwei 4er-Mix, oben ein 6er-Frauen-, ein 6er-Herren-Dorm. Bett US$8, inkl. Shan-Frühstück. Umlaufender Balkon für alle.

Ostello Bello Nyaung Shwe, Yone Gyi St., ✆ 094-5797 1910, 🖳 www.ostellobello.com, [9778]. Angesagtes Hostel mit geräumigen Zimmern und Metallstockbetten. Westliches Management. Versteht sich als Socialising Hostel, nicht als Partyplatz. Um 11 Uhr ist Schluss in der Rooftop-Bar. Das gesamte Haus ist innen mit Bildern und Sprüchen bemalt (von fähigen Gästen) – sehr einladend. Betten um die US$9.

Song of Travel Hostel, 5 Aung Chang Tha Rd., ✆ 081-209 731, 🖳 www.songoftravel.com, [10426]. Moderner Dorm, ansprechend gestaltet mit 2-geschossigen Schlafkojen – jeder hat seinen eigenen klugen Spruch eines Musiktitels als Einschlafmotto. Je 16 Betten in einem der 4 Räume. Angesagt und oft ausgebucht. Pro Bett um US$11.

© ANDREA MARKAND

Auf den Straßen von Nyaungshwe

Anbau. Auch Vegetarier werden hier satt. ⌚ tagsüber.

Dream Flavour, 34 Kyaung Taw Shayt St., ✆ 092-6120 4590. Kleines Restaurant mit viel Bambus dekoriert auf 2 Etagen. Leckere Thai-Küche und auch typisch Myanmarisches und das, was man allgemein für westliche Küche hält (etwa Sandwiches). Dazu leckeres selbst gemachtes Eis (Vanille, Kokos, Mango). ⌚ 9–22 Uhr.

Green Chilli Restaurant, Hospital Rd., ✆ 09-521 4101, [3991]. Authentische thailändische Küche mit Klassikern wie Tom-Yam und Currys. Im stilvollen Ambiente erfreuen Weinfans sich an einer Flasche aus einheimischer Produktion. Zum Mittag- und Abendessen Tourgruppen. ⌚ 10–22 Uhr.

Htoo Myat Restaurant & BBQ, Phaung Daw Pyan Rd., neben dem Aquarius Inn liegt dieses kleine, einfache, einladende Restaurant. Abends brutzeln kleine Spießchen und sehr leckerer Fisch, und den ganzen Tag gibt es Gerichte aus der Thai- und der chinesischen Küche. ⌚ 9–21 Uhr.

Innlay Hut Indian Foodhouse, Kyauk Taing Ashae St., ✆ 092-5235 2879, www.fb.com/Stan313AKA. Der seit Jahren beliebteste Inder der Stadt. Nicht mehr so zentral gelegen, da umgezogen, aber immer noch gut besucht. Betreiber Stan, ein bekennender Eminem-Fan, ist mit seiner quirligen lustigen Art fast schon eine Attraktion. ⌚ 11–22 Uhr.

€ **Lin Htat Restaurant**, Yone Gyi St., am Markt, ✆ 094-2832 6575. Restaurant mit typisch birmanischer Küche. Sehr lecker und authentisch und sehr beliebt bei Einheimischen und Reisenden aller Nationen. Freundliche Leute, große Portionen. Kochkurse bei Köchin Myo Myo. ⌚ ab 7 Uhr Kaffee und Tee, ab 10.30 Uhr–ca. 21 Uhr warme Küche.

Lotus Restaurant, Tharsi Nr. 3 St., ✆ 094-2835 8775, [10917]. In dem familiären kleinen Restaurant von Naing Naing gibt es Fruchtshakes, Avocado-Salat und andere Köstlichkeiten der einheimischen Küche. Morgens in aller Frühe traditionelle Shan-Nudeln. Günstig und sehr lecker. Und da das Haus mitten im Wohnviertel liegt, fühlt man sich hier richtig mittendrin. ⌚ 7–21.30 Uhr.

€ **Nyaung Inlay**, am Markt, [10915]. Kleines Restaurant mit Shan-Nudeln. Riesige Portionen und sehr lecker. Die Speisekarte gibt

DER NORDOSTEN

es in nahezu allen Sprachen: Chinesisch, Spanisch, Französisch und sogar in einer Art Deutsch. Es gibt kein WC. Nudeln für 1500 Kyat.

Paw Paw Restaurant, neben dem Pancake Kingdom, ☎ 097-7877 9627, www.pawpawmyanmar.com, [10914]. In einem kleinen niedlichen Häuschen gibt es Spaghetti mit geriebenem Käse oder Gerichte im Shan-Style. Auch Currys und Shakes. Die freundliche Köchin Zizi gibt auch Kochkurse (Dauer 2–3 Std., 20 000 Kyat). Zum Kochen wird nur Trinkwasser verwendet. ⌚ 9–22 Uhr.

€ **Sin Yaw Restaurant**, am Markt, ☎ 094-2018 7311. Traveller-Restaurant mit einer großen Auswahl traditioneller Speisen und typischer Reis/Nudel-Gemüse-Fleisch-Gerichte. Pancakes, Shakes und Bier fehlen ebenfalls nicht. Nebenan das **Sunflower Restaurant**, ☎ 094-2831 7343, hat eine ähnliche Speisekarte, ist aber öfter mal zu. ⌚ 9–22 Uhr.

Thanakha Garden, 43 Thazin Qr., ☎ 093-210 6915. Schön ruhig gelegenes Restaurant mit einladender Speisekarte. Birmanische und westliche Küche. Sauber. Gekocht wird mit Mineralwasser. ⌚ 11–22 Uhr.

Westliche Küche

Pancake Kingdom, 27 Win Qr., ☎ 081-209 288, www.inlepancakekingdom.com. Beliebtes kleines „Königreich" auf dem weltweiten Pancake-Trail. Hier gibt es fantastisch dünne Crêpes, sowohl süß als auch herzhaft belegt. Zudem getoastete Sandwiches, Omelettes, gute Shakes und Säfte. ⌚ 9–21 Uhr.

Pizza Balilla, Museum Rd., ☎ 094-5209 6741. Pub (s. rechts unten) und Restaurant. Toller Platz nicht nur für Fans von frisch gezapftem Bier, auch die Pizza ist es wert, hier vorbeizuschauen. ⌚ 16–23 Uhr.

Star Flower, Phaung Daw Pyan Rd., [3992]. Steinofenpizza ab 5000 Kyat, selbst gemachte Pasta, Gnocchi und frische Lassis. Lecker ist auch der Tomatensalat, meist mit frischen Tomaten von den Schwimmenden Feldern. ⌚ 7–21 Uhr.

The French Touch, 32 Kyaung Taw Shayt St., ☎ 095-251 365, [9782]. Ansprechend gestaltetes Restaurant. Innen- und Außenbereich. Es gibt Kaffee, Cocktails und Essen aus der Region, u. a. einige Gerichte aus der Shan- und Intha-Küche. Etwas gehobene Preise. ⌚ 7–22.30 Uhr.

Bars und Kneipen

Langsam entwickelt sich so etwas wie eine Nachtszene – zwar ist um 23 Uhr schon Schluss, aber bis dahin kann man in ein paar wenigen Bars den Abend genießen.

Ginki, 19 Sao San Tun St., Ecke Myolal 6th St., ☎ 09-30666, www.fb.com/Ginki.Nyaung-Shwe. Schönes neues Holzhaus mit 2 Etagen. Bietet neben einigen westlich angehauchten Gerichten vor allem Bier und abends ab 20 Uhr Livemusik. Als wir dort waren, war Country angesagt und man schunkelte zu „Country Road". ⌚ 11–23 Uhr.

One Owl Grill, Yone Gyi St., ggü. Hotel Amazing Nyaungshwe. Ansprechende Kneipe mit einem etwas anderen Snackangebot als anderswo. Es gibt Bier und Wein und natürlich Cocktails – diese sind besonders zur Happy Hour von 14–18 Uhr mit 1500 Kyat ansprechend günstig. Dazu serviert man Humus mit Dips, Salate, Burger und Sandwiches. ⌚ 9–23 Uhr.

Peter Tapas & Grill, am Nightmarket und in der Phaung Daw Seik St., ☎ 094-2831 6310. Sieht aus und klingt wie eine Auswanderer-Idee, gehört aber dem Myanmaren „Peter". Angesagter Spot für Cocktails: ob auf dem Nachtmarkt oder im Pub. Es gibt auch etwas zu essen. ⌚ 11–22 Uhr.

Pub Asiatico Inle, Adresse siehe Pizza Balilla. Hier trifft sich das reisende Volk zum Billardspielen und Musikhören. Tolle Dachterrasse bei gutem Wetter. Bier und Cocktails. ⌚ 16–23 Uhr.

Geheimtipp für Krümelmonster

Die Shan wissen zu backen – nicht süßes, klebriges Fluffigebäck, sondern richtig knusprig krümelnde Kekse. Nahrhaft und wunderbar als Reiseproviant. Unser Favorit sind die handtellergroßen runden Kekse, zu 5 oder 10 Stück verpackt (600/1200 Kyat). Zu finden in einigen Minimärkten und in der Bäckerei in der Canal Road nahe der Hardwood Lodge (lesbar auf dem Schild für uns nur 555). ⌚ 7–18 Uhr.

Weinprobe bei Nyaungshwe

© ANDREA MARKAND

Etwa 4 km außerhalb von Nyaungshwe (s. Karte S. 419) liegt das **Red Mountain Estate Vineyards & Winery** [5357], ✆ 081-209 366, 💻 www.redmountain-estate.com, auf einem Hügel mit Blick auf die Berghänge und den See. Seit 2002 werden unter Pa-O-Management und „französischem Kontrollblick" in den umliegenden Hängen verschiedene Rebsorten angebaut und zu Wein gekeltert. Traubenlese ist zwischen Februar und März. Vier Weine gibt es für 5000 Kyat zur Verkostung. Gelobt und für Wein-Fans einen Besuch wert ist das etwas weiter entfernte, nahe Taunggyi liegende **Vineland in Aythaya**, ✆ 081-208 548, 💻 www.myanmar-vineyard.com.

AKTIVITÄTEN UND TOUREN

Ausflüge

Von Nyaungshwe aus lassen sich schöne kleine Touren mit dem Fahrrad oder zu Fuß unternehmen. Etwa 1 km südlich immer die Straße am Kanal entlang, befindet sich bei Nanthe in ruhiger Umgebung die **Kyauk-Pyu-Gyi-Pagode** und östlich des Ortes auf einem Hügel das **Lwe-Ngan-Kloster**, das auch auf einigen Trekkingtouren besucht wird.

Etwa eine Stunde Fußweg nach Osten ist es zur **Tha-Eing-Pagode**, einem stimmungsvollen Höhlentempel. Mit Kerzen kann man die Meditationsräume besuchen.

Ballonfahrten

Jedes Jahr von Anfang November bis Mitte März gehen am Inle-See allmorgendlich Heißluftballons mit Touristen in die Luft. Ein schönes, aber auch teures Vergnügen. **Oriental Ballooning**, 10 Lan Ma Taw Rd., ✆ 092-5008 9443, 💻 www.orientalballooning.com. Abfahrt gegen 6 Uhr morgens in den Sonnenaufgang hinein. US$390 p. P. Etwas teurer ist **Ballon over Inle**, 💻 www.balloonsoverbagan.com.

Bootsfahrten

Am Ufer des Hauptkanals bieten Bootsführer **Touren auf dem Inle-See** an. Eine Standardtour kostet ab 18 000 Kyat bis 35 000 Kyat (je nach Saison und Verhandlungsgeschick) und dauert 5–7 Std. (Abstecher nach Indein 4000 Kyat extra). Mehr S. 420, Touren auf dem Inle-See.

Mit einem **Paddelboot** (ohne knatternden Motor) können gemütliche Fahrten durch die Schwimmenden Gärten unternommen werden.

DER NORDOSTEN

Mit dem Fahrrad zum und über den See

- **Route**: Rundtour Nyaungshwe – Kyaung Daing – Maing Thauk – Nyaungshwe
- **Länge:** ca. 23 km
- **Dauer**: 3 Stunden Fahrtzeit mit dem Rad, 20–50 Minuten Bootsfahrt und je nach Wunsch 408 Stufen und einige Meter Spaziergang. Ist als Halbtagestour möglich, aber wer alle Abstecher machen will, sollte einen Tag einplanen.
- **Anspruch**: einfach

Die Fahrt zum Inle-See eignet sich perfekt für eine Fahrradtour – egal ob nur wenige Stunden oder den ganzen Tag: Hier taucht man ein ins Leben am See. Und: Man muss nicht einmal besonders fit oder ortskundig sein, um sich hier auf eigene Faust auf den Weg zu machen. Die Strecke ist einfach zu finden, und sollte man doch mal nicht wissen, wo man abbiegen muss: Die Leute vor Ort weisen gerne und freundlich den Weg. Wer morgens gegen 8 Uhr aufbricht und abends etwa um 18 Uhr zurück sein will, kann es ganz entspannt angehen und sich treiben lassen. Wer weniger Zeit hat, schafft eine schöne Tour auch an einem halben Tag.

Auf zum See

Hinaus aus der Stadt führt eine mehr oder weniger gut befahrbare Straße Richtung Westen über den Kanal. Hinter der Brücke links halten. Etwas 20 Minuten geht es „Holper-die-Stolper" an Feldern entlang. Noch eine kleine Anhöhe erklimmen, und die gute Straße ist erreicht. Ein Schild weist zu den **Hot Springs** nach links Richtung Inle-See. Es lässt sich nun zwar besser fahren, aber da auch Laster und andere Autos unterwegs sind, ist Vorsicht geboten.
Nach weiteren 20 Minuten (auf der guten Straße) liegt rechter Hand eine **Pagode** auf dem Hügel. Lust auf einen ersten Blick über den Inle-See? Dann heißt es das Fahrrad abstellen und 204 Stufen hinaufgehen. Der Tempel ist nichts Besonderes, die Aussicht aber ganz schön. Nur noch wenige Meter, und die Hot Springs sind erreicht. Wer bereits wieder Hunger oder Durst hat, findet hier einfache Lokale. Lecker ist in jedem Fall eine frisch geköpfte Kokosnuss. Wer sich in einem der warmen Becken der heißen Quellen ausruhen möchte, legt eine Pause ein.

Das Tofu-Dorf

Weiter geht es auf der Straße. Nach etwa 15 Minuten wird es dörflich: **Kyaung Daing**, ein kleiner Ort am See, ist für die Herstellung von Tofu bekannt. Wer darüber mehr wissen will, fährt zum **Tofu Palace**, ✆ 094-4071 7399. Hier werden lohnenswerte Führungen durch die Werkstätten der Siedlung angeboten (3000 Kyat p. P., Dauer etwa 45 Min.). Für Hungrige gibt es im Dorf auch etwas zu essen in einfachen Restaurants, etwa im Myat Thet Kaung, ✆ 09-521 6390, 🕒 9–21 Uhr.
Nun heißt es, ein Boot besorgen. Ein paar Meter die Straße zurück rechts Richtung See zeigt ein Schild den Weg zum Hafen. Es finden sich hier immer Bootsleute, die max. 4 Gäste mit Fahrrad auf die andere Seite des Sees bringen (Boot

ab 10 000 Kyat; bei mehreren Mitfahrern etwa 6000 Kyat p. P.). Entlang der Stelzenhäuser geht es nun auf den See, nach 20 Minuten erreicht man **Maing Thaung**.

Im schwimmenden Dorf und am Waldkloster

Ein wirklich langer Holzsteg führt am Kanal ins Dorf. Ist fester Boden erreicht, kann man das Fahrrad abstellen. Kleine Holzboote stehen nun bereit, die mit Paddel angetrieben, den Gast durch den schwimmenden Dorfbereich von **Maing Thaung** schippern. Sehr entspannt geht es vorbei an Tomaten und Wohnhäusern. Da ruft die Bootsfrau mal diesem, mal jenem etwas zu: Es sind alles Nachbarn hier, und auch wenn man den Dorftratsch nicht versteht, so ist man doch irgendwie dabei (20 Min., 3000 Kyat pro Boot).

Zurück am Fahrrad lockt auf dem Berg das **Waldkloster** des Dorfes. Es ist nicht zu leugnen, es geht steil bergauf. Die Frage nun: schieben und schwitzen oder Rad stehen lassen. Oben belohnt ein Einblick in den Lebensalltag der Mönche die Anstrengung. In Holzhäusern wohnen sie hier am Hang, einfach und bescheiden. Ein Blick auf See und Dorf gibt es von der Plattform der Pagode aus. Runter ist die Fahrt vom Berg wunderbar, da freut sich, wer das Rad nicht unten hat stehen lassen. Das Dorf erstreckt sich nun auch auf dem Festland links und rechts der Kreuzung am Fuße des Klosters. Auch hier gibt es Restaurants, wer also Hunger und Durst hat, kann ihn stillen.

Auf dem Heimweg noch eine Weinprobe?

Die Straße nach Nyaungshwe zweigt nun an der Kreuzung nach rechts (vom Kloster kommend) und nach links (vom Anleger kommend) ab. Auf ihr sind es 40 weitere Minuten bis zum nächsten Stopp: dem **Red Mountain Vineyard** (S. 411). Lecker essen und dazu eine Flasche Wein? Oder wie wäre eine Weinprobe?

Nun sind es nur noch ein paar Kilometer zurück ins Dorf. Wer sich an der Kreuzung (nach etwa 15 Min. Fahrt) an der großen Straße links hält, kommt geradewegs zum Markt in Nyaungshwe.

Praktische Tipps

Radverleih

Da auf der Strecke kaum Berge zu bezwingen sind, reicht ein einfaches Rad; ein Mountainbike ist nicht notwendig.

Proviant

In jedem der Orte gibt es etwas zu essen. Eine Wasserflasche sollte man aber dabeihaben.

Fahrräder auf großer Tour

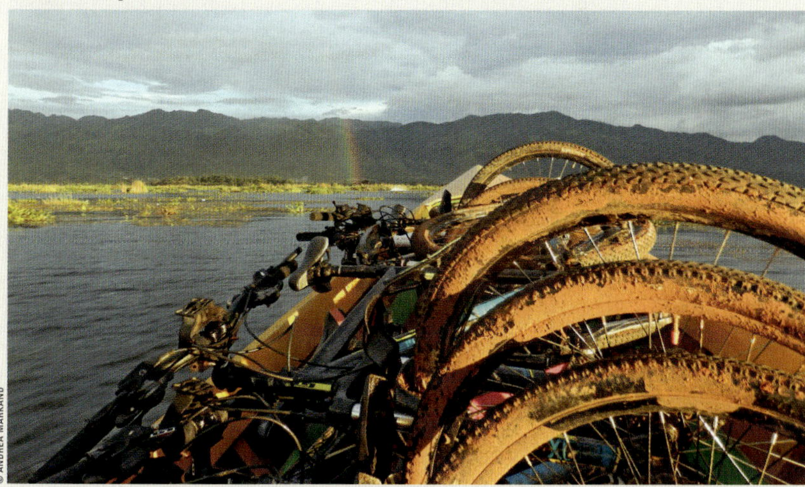

Balloon-Festival in Taunggyi

Wenn in Taunggyi die in der ganzen Region für diesen Tag extra handgefertigten Riesenballons in den Himmel steigen, bieten einige Reisebüros und Gästehäuser die ganze Woche über Sammeltaxis an (10 000 Kyat/Pers.). Mehr zum Fest S. 425.

Ein Boot mit Bootsmann (oder -frau) kostet etwa 3000 Kyat/Std. **Bootstouren** nach Samkar (S. 422) ins Pa-O-Gebiet südlich des Inle-Sees kosten etwa 55 000 Kyat. Hilfe gibt es ggf. beim **CITPAR** (Kontakt s. Trekking Nyaungshwe S. 415).

Fahrräder

Einfache Fahrräder zum Erkunden der Umgebung kosten 1500 Kyat/Tag. Sie werden überall in Nyaungshwe vermietet. Mountainbikes gibt es für US$7 für den halben Tag bzw. US$12 für den ganzen Tag bei **Active & Authentic Travel & Tours (AAT Tours)**, Kyaun Taw Shayt St., ✆ 094-2102 8796, ✉ aat.toursmyanmar@gmail.com. Hier werden auch Tagestouren bzw. sogar Mehrtagestouren mit dem Fahrrad organisiert. Man kann einen Fahrradtrip auch mit Trekkingstrecken verbinden.

Fahrradtouren

Die Gegend eignet sich wunderbar für Fahrradtouren, die man gut ohne Guide unternehmen kann (s. „Mit dem Fahrrad zum und über den See“ S. 412). Meist fährt man auf eigene Faust aber nur auf der Straße – denn viele schmale Wege führen ins Nirgendwo. Das zu erkunden kann durchaus reizvoll sein, ist aber nicht für jeden spaßig. Wer abseits der Pfade fahren und dennoch ans Ziel gelangen möchte, kann sich einer Tour anschließen. Schön ist z. B. eine geführte Fahrrad-Kajak-Tour: Es geht auf kleinen Wegen abseits der Straße durch den dörflichen Alltag. Unterwegs werden Handwerksbetriebe besichtigt, wackelige Brücken überquert, Klöster besucht und Wissenswertes am Wegesrand erklärt. Mit dem Boot noch über den See zu einem privaten Familienrestaurant und dann mittels eigener Paddelkraft durch ein schwimmendes Dorf. Gute Guides, sehr gute Räder (hier braucht man Mountainbikes) und Kajaks hat **Grasshoppers Adventures**, Phaung

Touren auf dem See führen durch Gärten, kleine Dörfer und vorbei an zahlreichen Pagoden.

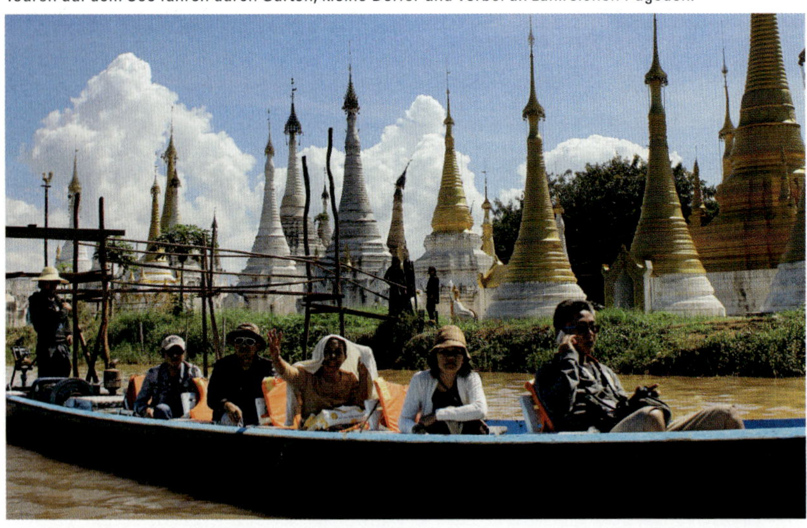

Massage mit Familientradition

In Nyaungshwe werden die Angebote für traditionelle Massage der Intha immer zahlreicher. Eine Stunde kostet etwa 5000 Kyat. Die Masseure arbeiten vornehmlich mit Druckpunkten. Das kann schmerzhaft sein, doch anschließend stellt sich eine wohltuende Entspannung ein. Eine gute Adresse ist **Win Nyunt Traditional Family Massage**, ✆ 042-833 8045. Die Technik wird von der ganzen Familie nun schon in der achten Generation ausgeübt. Überzeugt hat uns auch **Win Traditional Massage**, ✆ 094-2837 1395, ebenfalls ein Familienbetrieb, in dem die Mutter das Wissen an ihre Kinder weitergibt. Man kann wählen zwischen hart, medium oder soft. Es gibt Tee und Kekse, und wer will, kann auch noch kochen lernen (s. unten).

Taw Pyan Rd., ✆ 097-7577 3435, 💻 www.grasshopperadventures.com, 🕒 tgl. 8–17 Uhr (in der Nebensaison Sa und So oft geschl.).

Kochkurse

Viele Restaurants (und auch „Massage"-Familien) bieten Kochkurse an. Also was darf's sein? Haute Cuisine, ganz familiär Inthar oder lieber ein traditionelles Curry?

Im **View Point & Shan Restaurant**, 💻 http://inleviewpoint.com/burma-restaurant/, [5364], wird man in die Shan-Küche gehobenen Stils eingeweiht.

€ Weitaus günstiger sind die Kochkurse der „Massage"-Familien, z. B. in der **Win Cooking Class**. Nach Absprache werden 3 Gerichte gemeinsam gekocht und gegessen. Preislich liegen diese Kochkurse wie auch die der Restaurants bei 20 000 Kyat p. P., z. B. bei **Lizi** im Paw Paw Restaurant, bei **Myo Myo** vom Lin Htat Restaurant und in der

Bamboo Delight Cooking Class, 6/261 Aung Chan Thar Quarter, ✆ 094-2834 5261 (5000 Kyat gehen an die örtliche Schule).

Trekking

Agenturen, Gästehäuser und einzelne Führer bieten Trekkingtouren in die angrenzenden Berge und Dörfer. **Halbtagestouren** für ca. 10 000 Kyat führen in einige Dörfer und Pagoden der Umgebung und beinhalten manchmal auch einen Besuch auf dem Weingut (S. 411). Auf **Tagestouren** für rund 25 000 Kyat sieht man mehr und erhält zusätzlich unterwegs eine einfache Mahlzeit (8–16 Uhr). Tolle Touren zu den Pa-O gibt es bei CITPAR (s. Kasten).

Viele Agenturen liegen direkt am Markt, so:

Thu Thu Trekking, Lan Ma Taw Rd., ✆ 094-100 3892, ✉ thuthua79@gmail.com, 💻 www.fb.com/THU-THU-GUEST-HOUSE-133920130657444. Neben Trekkingtouren (u.a. sogar bis nach Kalaw) hat Ms. Thu Thu auch Bustickets, organisiert Flüge und verleiht Fahrräder. 🕒 7–20.30 Uhr. Ihre Familie betreibt auch das kleine **Thu Thu Guesthouse** (Phaung Daw Sike Rd., 12 DZ für je US$25 – sehr familiär, sehr empfehlenswert).

Besuch bei den Pa-O

Touristen, die in die Dörfer einfallen, Fotos machen und schwups wieder weg sind – eine Begegnung auf Augenhöhe sieht anders aus. Und um genau die zu gewährleisten, bemüht man sich seit 2014 um nachhaltigen Tourismus. Viele Dörfer der Pa-O sind schon seit jeher nur mit einheimischen Führern zugänglich. Jetzt wurde das professionalisiert. Aus dem „Man-darf-nicht-allein" wurde die „Chance-zum-Kennenlernen". Auch mit deutscher Hilfe (der GIZ) finden Workshops statt, die die Dorfbewohner weiter schulen, damit sie die Angebote für den Reisenden ausbauen können. Ein weiterer Pluspunkt: Das Geld aus der Reisebranche kommt den Menschen in den Dörfern direkt zugute. Möglich sind Tages- und Mehrtagestouren zu den Dörfern rund um den See bis nach Kakku. Alle Infos gibt es bei **CITPAR** (am Haus steht noch GIC Golden Island Cottage), 89 Phaung Daw Pyan Rd., ✆ 092-6384 5695, 💻 www.cit-paoregion.com. 🕒 8–19 Uhr.

Das Phaung-Daw-U-Fest

Das **Phaung-Daw-U-Fest** [5693] beginnt drei Wochen vor dem Vollmond Thadingyut und endet wenige Tage danach. Vier der fünf kugeligen Buddhastatuen aus der Phaung-Daw-U-Pagode werden täglich mit der goldenen Barke, die die Form eines Karaweik-Vogels hat, von einem Ort am See zum anderen gerudert, um dort eine Nacht zu rasten. Gezogen wird die Barke von bis zu 40 Langbooten, auf denen Einbeinruderer lautstark lachend und singend ihr Bestes geben. Am letzten Tag findet vor der Phaung-Daw-U-Pagode ein Bootsrennen der Einbeinruderer statt.

SONSTIGES

Einkaufen

Der zentral gelegene **Mingalar-Markt** ist an Voll- und Neumond geschlossen. Ansonsten bietet sich hier ein Mix aus touristischen Mitbringseln und athentischem Marktgeschehen. Eine recht große Bücherauswahl, auch in deutscher Sprache, hat der **Chinlone Bookstore**, Yone Gyi St., 💻 www.chinlonebooks.com, 🕒 etwa 7–22 Uhr, je nach Laune der Besitzerin. Es werden auch Räder verliehen, Bustickets besorgt und sogar Massagen vermittelt ... Ein Buchladen mit vielen Facetten.

Informationen und Bustickets

Nahezu alle Hotels und Gästehäuser bieten die üblichen Touren und viele auch die Organisation von Bustickets. So z. B. **Travel Lion**, Yone Gyi St., ✆ 093-610 3603. Beliebt und gut ist auch **Sun Goddess Travel & Tour**, Yone Gyi Rd., ✆ 081-209 166.

Viele Informationen für eine gute Übersicht über die Stadt und die Ausflugsziele in der Umgebung hat auch das **MTT**: Bebilderte Schautafeln in englischer und birmanischer Sprache zeigen die Region. Und es gibt Kaffee (2000 Kyat Cappuccino, 1500 Kyat Espresso), was das MTT zu einer richtig angenehmen Location macht. Auch die angebotenen **Karten** sind modern – ab aufs Smartphone damit: 💻 www.visitinle.com.

Medizinische Hilfe

Das **Krankenhaus** liegt im südlichen Teil der Stadt nahe dem Mong-Li-Kanal. Meist spricht einer der Ärzte Englisch. Unter den Apotheken tut sich die **San Pharmacy** in der Yone Gyi St. durch Sortiment und Beratung hervor, ✆ 081-209 459, 🕒 tgl. 7.30–21.30 Uhr.

Puppentheater

Aufführungen, die aber nicht mit jenen in Mandalay vergleichbar sind, bietet die **Aung Puppet Show** in der Yone Gyi St. Die Darbietungen beginnen tgl. um 19 und 20.30 Uhr, dauern 20–30 Min. und kosten 5000 Kyat. Der Raum bietet Platz für 20 Zuschauer. Wem die Puppen gefallen, der kann sich hier auch Exemplare für Zuhause kaufen.

Spa

Aqua Lilies, Day Spa & Beauty Center, Museum Rd., ✆ 094-2836 3584, ✉ aqualilies.spa@gmail.com. Schön am Kanal gelegenes großes Holzhaus mit ansprechender Ausstattung und zahlreichen bezahlbaren Beauty-Angeboten. Freundliche Leute, aufmerksamer Service, eine Oase der Ruhe. ⏲ 9–21 Uhr.

Weitere Spas eröffnen derzeit überall. Mal sehen, wie lange der Spa-Trend anhält.

TRANSPORT

Taxis

Nach BAGAN kostet ein Taxi etwa 100 000 Kyat, wer etwa 2 Tage vorher ein „shared taxi" anfragt, kommt oft schon für 40 000 Kyat dorthin. Nachteil: Hinten sitzt man ziemlich beengt zu dritt. Daher hat sich die Option des Minibusses durchgesetzt.

Zum Flughafen nach HEHO kostet eine Fahrt 15 000 Kyat (45 Min.). Für die Strecke von und nach SHWENYAUNG zahlt man 8000 Kyat (mit dem Tuk Tuk 7000 Kyat), nach PINDAYA etwa 42 000 Kyat und nach MANDALAY 90 000 Kyat, als „shared taxi" 30 000 Kyat (1–2 Tage vorher anmelden, 7 Std.). Taxis nach TAUNGGYI für einen Tagesausflug kosten 25 000 (Hin- und Rückweg). Nach Kalaw geht es für 32 000 Kyat.

Pick-ups

Pick-ups Richtung SHWENYAUNG und TAUNGGYI fahren zwischen 6 und ca. 16 Uhr, ab 1000 Kyat. Wartezeit muss einkalkuliert werden: Wenn die erforderlichen 20 Passagiere nicht zusammenkommen, wird der Preis auf die fehlenden Personen umgelegt und die Fahrt entsprechend teurer. Die Pick-ups starten vor 9 Uhr am Halteplatz an der alten Zuckermühle, nach 9 Uhr um die Ecke am Kanal. S. auch S. 405.

Fünf-Tage-Märkte

1. Tag: Heho, Kyone (zwischen Aungban und Pindaya), Taung Tho (Inle-See), Narbaung (zwischen Taunggyi und Kakku).

2. Tag: Taunggyi, Aungban, Schwimmender Markt von Ywama, Kyauktalone (zwischen Inle-See und Kakku).

3. Tag: Pwe Hla (zwischen Aungban und Pindaya), Maing Thauk (Inle-See), Phaung Daw U (Inle-See), Khaung Daing (Inle-See).

4. Tag: Shwenyaung, Kalaw, Khaung Daing (Inle-See), Indein (Inle-See), Hmawbe (südlich des Inle-Sees).

5. Tag: Nyaungshwe, Pindaya, Nampan (Inle-See), Hamsee (zwischen Taunggyi und Kakku).

Minibusse

Der Vorteil dieser Reisevariante liegt in der Kürze und im Komfort, denn man wird nicht nur am Hotel /Guesthouse abgeholt, sondern am Zielort auch an der gewünschten Unterkunft wieder abgesetzt.

BAGAN, Abfahrt ab 9 Uhr, in Bagan weiter mit dem Pick-up zum Hotel, für 13 000 Kyat in etwa 8 Std.

BAGO, Minibus um 6 Uhr, Pick-up ab 5.30 Uhr für um die 15 000 Kyat in 11 Std.

KALAW, Abholung am Hotel ab 8.30 Uhr, 8000 Kyat in 2 1/2 Std. Ansonsten den ganzen Vormittag mit lokalen Bussen ab Shwenyaung.

LOIKAW, mit Full Moon, ab 8 Uhr Abholung am Hotel, für 12 000 Kyat in etwa 6 Std.

MANDALAY, Abfahrt 9 Uhr, für 15 000 Kyat in etwa 7 Std.

PYAY, es fahren Busse über TOUNGOO für 27 000 Kyat, ✆ 097-9027 7001 oder 094-5558 8870. Genau Abfahrtszeiten bitte aktuell erfragen.

TOUNGOO, ab Shwenyaung gegen 15 Uhr für 12 500 Kyat in 9 Std.

Busse

Alle **Busse** Richtung Mandalay, Yangon, Bagan, Hsipaw, Kalaw und Pindaya passieren das

11 km entfernte SHWENYAUNG. In Nyaungshwe können die Tickets in den Hotels und in Reisebüros besorgt werden. Etwa eine halbe Stunde bis zu einer Stunde vor Abfahrt wird der Gast dann am Hotel abgeholt. Manche Busse fahren in der Hochsaison auch direkt von Nyaung Shwe. Ansonsten ist der Transport immer inklusive. Zur Sicherheit sollte man die Busse mind. einen Tag vorher reservieren. Als beste und teuerste Gesellschaft gilt J.J. Company. In der Hochsaison fahren auch morgens Busse zu den Hauptzielen Bagan, Mandalay und Yangon.

Die Busse sind in der Regel VIP-Busse, d.h. man kann sich relativ gut ausstrecken, eine Reihe besteht aus 3 Sitzen. Bitte auf jeden Fall beim Buchen nochmal nachfragen. Nicht alle Reisebüros führen immer alle Busse, wenn es also heißt: „Gibt es nicht!“, muss das nicht unbedingt stimmen.

BAGAN, um 20 Uhr mit dem VIP-Bus für 20 000 Kyat in 11 Std. J. J. Company fährt um 20 Uhr nahe dem Markt für 20 000 Kyat.

BAGO, um 17 Uhr für 18 000 Kyat in etwa 10 Std. auf der neuen Straße, von dort mit dem Taxi bis nach Bago. Direkt fahren nur Minibusse.

HPA-AN, um 16.30 Uhr für 24 000 Kyat in 15 Std.

HSIPAW, um 15.30 Uhr für 17 000 Kyat in 13 Std.

LASHIO, um 15.30 Uhr für 15 000 Kyat in 14–15 Std.

MANDALAY, um 19 Uhr für 17 000–19 000 Kyat in knapp 10 Std.

MYAWADDY (Grenze zu Thailand S. 557), um 16.30 Uhr für 28 000 Kyat, Ankunft am Grenzort um 10.30 Uhr am nächsten Tag.

YANGON, um 18 Uhr für 27 000–29 000 Kyat in 12–13 Std.

Boote

LOIKAW, an der Paik-Nam-Brücke fährt tgl. ein Boot um 9 Uhr in 7 Std. für um die 15 000 Kyat nach PEKHON (S. 427). Von dort geht es dann mit dem Taxi weiter.

Eisenbahn und Flüge

Der nächste **Bahnhof** befindet sich in Shwenyaung (S. 405), der tgl. angeflogene **Flughafen** in Heho (S. 404). Eine Bahnfahrt nach Kalaw ist eine Überlegung wert.

Inle-See

Der Inle-See ist eines *der* Highlights Myanmars. Der zweitgrößte See des Landes liegt mit einer Länge von 22 km und einer Breite von 11 km auf einer Höhe von 900 m. Breite Schilfgürtel säumen den See, dessen Schwimmende Gärten weltbekannt sind. Um den See herum erheben sich die bis zu 2000 m hohen Shan-Berge. Seit 1985 ist das Areal als Vogelschutzgebiet ausgezeichnet und gehört seit 2015 zum Unesco World Network of Biosphere Reserves. Reisende berichten von Silberreihern, die ungefähr eine Stunde vor der Dämmerung in Formationen über den See hinwegfliegen.

Die Menschen, die rund um den See leben, nennen sich *Intha* – „die Menschen vom See“. Insgesamt gehören etwa 100 000 Bewohner zu dieser Ethnie. Daneben leben hier auch Shan, Danu, Pa-O, Kayah und einige Myanmaren. Die Intha leben als Fischer, Bauern oder Handwerker und sind vor allem für ihre spezielle Rudertechnik berühmt: Auf den schmalen Booten balancierend, schlingen sie einen Fuß um das Ruder und bewegen es im Stehen. So bleibt die andere Hand zum Fischen frei. Schwimmende Beete werden im seichten Wasser, das meist nur etwa 3 m tief ist, festgemacht und tragen reichlich Früchte, die mehrmals jährlich geerntet werden können. Das milde Klima trägt zur reichen (und wohlschmeckenden) Ernte bei.

Die Intha werden auch als geschickte Handwerker gerühmt. Zum breiten Angebot an Kunsthandwerk gehören Keramik-, Messing-, Silber- und Lackarbeiten. Besonders der handgewebte Stoff erfreut sich in ganz Myanmar großer Beliebtheit.

Sehenswürdigkeiten

Die **Phaung-Daw-U-Pagode** liegt nahe der Stadt Ywama am Westufer des Sees. Sie zählt zu den heiligsten Stätten des südlichen Shan-Landes und beherbergt fünf kleine Buddhafiguren. Diese haben aufgrund der von den Pilgern seit Jahrhunderten angebrachten Goldblättchen

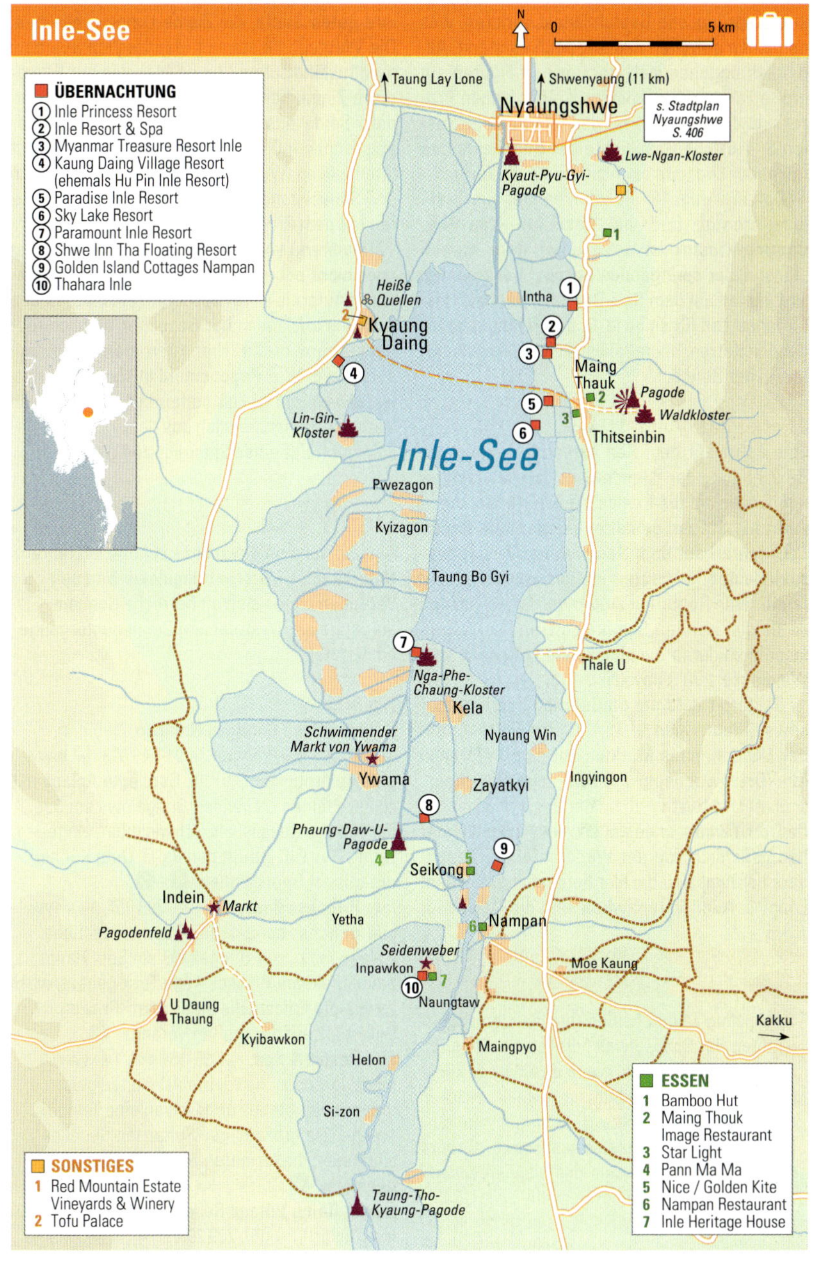

Inle-See
N
0
5 km
ÜBERNACHTUNG
1 Inle Princess Resort
2 Inle Resort & Spa
3 Myanmar Treasure Resort Inle
4 Kaung Daing Village Resort (ehemals Hu Pin Inle Resort)
5 Paradise Inle Resort
6 Sky Lake Resort
7 Paramount Inle Resort
8 Shwe Inn Tha Floating Resort
9 Golden Island Cottages Nampan
10 Thahara Inle
Taung Lay Lone
Shwenyaung (11 km)
Nyaungshwe
s. Stadtplan Nyaungshwe S. 406
Lwe-Ngan-Kloster
Kyaut-Pyu-Gyi-Pagode
Heiße Quellen
Intha
Kyaung Daing
Maing Thauk
Pagode
Waldkloster
Thitseinbin
Lin-Gin-Kloster
Inle-See
Pwezagon
Kyizagon
Taung Bo Gyi
Thale U
Nga-Phe-Chaung-Kloster
Kela
Nyaung Win
Schwimmender Markt von Ywama
Ywama
Zayatkyi
Ingyingon
Phaung-Daw-U-Pagode
Seikong
Indein
Markt
Pagodenfeld
Yetha
Nampan
Seidenweber
Inpawkon
Naungtaw
Moe Kaung
U Daung Thaung
Kyibawkon
Kakku
Maingpyo
Helon
Si-zon
Taung-Tho-Kyaung-Pagode
SONSTIGES
1 Red Mountain Estate Vineyards & Winery
2 Tofu Palace
ESSEN
1 Bamboo Hut
2 Maing Thouk Image Restaurant
3 Star Light
4 Pann Ma Ma
5 Nice / Golden Kite
6 Nampan Restaurant
7 Inle Heritage House

ihre ursprüngliche Gestalt längst verloren, was den ihnen gezollten Respekt noch verstärkt. Alljährlich begeben sich vier der fünf Figuren auf große Fahrt und wandern auf einer langen Prozession durch die Dörfer des Inle-Sees (s. Kasten S. 416). Die Geschichte der Buddhastatuen reicht der Legende nach bis ins 12. Jh. zurück.

Das aus dem 19. Jh. stammende, aus Teakholz erbaute und viel besuchte **Nga-Phe-Chaung-Kloster** ist auch unter dem Namen „Kloster der springenden Katzen" bekannt und liegt mitten auf dem See. Berühmt war das Kloster lange Zeit für seine (z. B. durch Ringe) springenden Katzen, heute rekeln sich die Tiere lieber faul in der Sonne.

Touren auf dem Inle-See

Eine Fahrt auf dem See verspricht neben der Besichtigung der Pagoden und Tempel auch einen Einblick in die fremde Welt der Intha, die in ihren auf Stelzen gebauten Häusern am Rande oder mitten auf dem See wohnen. Ein Seebesuch dauert den ganzen Tag und beginnt in aller Frühe. Nur Boote mit Außenbordmotor dürfen Ausflügler auf den See bringen, und sie fahren so schnell durch die abgekühlte Luft, dass eine Windjacke sehr sinnvoll ist.

Gestartet wird am großen Kanal in Nyaungshwe (Richtpreise s. S. 411). Als Erstes steht der Besuch eines **Marktes** auf dem Programm (die Orte wechseln im Fünf-Tage-Rhythmus, s. S. 417). Meist wird zudem das schwimmende Dorf **Ywama** angesteuert, dessen Bewohner hauptsächlich von der Weberei leben. Besonders berühmt sind die hier hergestellten Seiden-Longyis. Auch in **Inpawkon** sind die Weber für ihre guten Stoffe, die Zinme-Longyis, berühmt. Die Webtechnik stammt ursprünglich aus dem nordthailändischen Chiang Mai, das auf Birmanisch Zinme heißt. Angeblich wird die verwendete Seide aus China importiert, da die buddhistischen Intha die Seidenraupen nicht selbst töten wollen. Weitere Besuche von Werkstätten und Souvenirshops stehen bei den meisten Touren auf dem Programm.

Der **Markt von Indein** wird oft empfohlen, ist aber nicht bei allen Standardtouren mit eingeplant (Aufpreis etwa 5000 Kyat). Er ist durch den Andrang ausländischer Besucher ziemlich touristisch geworden. Hier kann man außerdem noch ein großes **Pagodenfeld** besuchen, das etwa 20 Minuten zu Fuß entfernt liegt. Die Stupas stammen wahrscheinlich aus dem 17. Jh., als Indein noch Sitz eines Shan-Fürsten war.

Ein heißes Bad

Ein Ausflug zu den heißen Quellen, den sogenannten **Hot Spas**, etwas nördlich bei Khaung Daing lohnt vor allem, wenn das Wetter kühl ist oder man sich unbedingt einmal so richtig entspannen möchte. Hier kann man für US$10 in kleinen Bassins planschen. Badet man in getrennten Frauen- und Männerbecken zusammen mit Myanmaren, zahlt man US$5. ⌚ 7–17 Uhr.

ÜBERNACHTUNG

Am und auf dem See gibt es schöne, oft teure Unterkünfte – meist in Bungalows. Von den Veranden bieten sich oft herrliche Sonnenaufgänge am Westufer und Sonnenuntergänge am Ostufer.

Am Ufer

Golden Island Cottages Nampan, Nampan, ✆ 081-209 390, Yangon ✆ 01-549 019, 💻 www.gichotelgroup.com, [5350]. Gepflegte Anlage mit 40 auf Pfählen stehenden Bungalows am See. Ein Teil des Sees ist als Schwimmbad eingezäunt. Das GIC gehört den Pa-O. Gute Küche; organisiert Bootsrennen. ❹–❺

Inle Princess Resort, ✆ 081-209 055, 💻 www.inle-princess.com, [5348]. Traumhaft schöne Anlage mit Luxus-Bungalows am See. Haupthaus direkt am Wasser – aus Teak gebaut, wirkt es wie die Palasthalle eines Shan-Prinzen. Frühstück auf der großen Veranda. ❻

Inle Resort & Spa, ✆ 095-154 444, 💻 www.inleresort.com, [5352]. Die AC-Bungalows und das Haupthaus erinnern an eine Tempelanlage. Die großzügigen Suiten mit Seeblick sind teuer, die kleineren zur Landseite günstiger. ❻

Kaung Daing Village Resort (ehemals Hu Pin Inle Resort), ✆ 081-209 291, [10430]. 84 Zimmer

DER NORDOSTEN

Ökoanlage mit Vorbildcharakter

© ANDREA MARKAND

Das **Inle Heritage House**, Inpawkon-Village ✆ 094-931 2970, 💻 www.inleheritage.org, [10432], vereinigt gleich mehrere Projektansätze: Hier kann man nicht nur hervorragend essen und in authentischen Unterkünften ohne TV und Luxus logieren, das Haus fördert neben der ökologischen Landwirtschaft auch die Ausbildung benachteiligter Jugendlicher, bietet einen Souvenirshop mit fair gehandelten Produkten – und züchtet Katzen!

Das **Restaurant** lockt viele Ausflügler. Gekocht wird Inthar-Küche (5000–6500 Kyat) mit Gemüse und Obst aus dem hauseigenen Ökogarten. 🕒 11–13, 18–21 Uhr, von 8–11 und 15–18 Uhr gibt es nur Kaffee und Tee. Wer mag, kann in guten **Kochkursen** die Geheimnisse der Intha-Küche kennenlernen.

Vermietet werden sechs Bungalows im **Thahara Inle**, 💻 www.thahara.com. Die Bungalows stehen etwas abseits des Restaurants. Das Wasser wird mit Solarenergie geheizt, TV und Kühlschrank gibt es nicht. Die Einrichtung ist dem Inthar-Stil nachempfunden, ❼.

Ein weiteres Projekt ist die Zucht von Katzen. Es heißt, die Burmese Cat wäre fast ausgestorben. Hier erzählt man uns: 2008 kamen sieben Katzen, die als letzte ihrer Art als reinrassig galten, hierher. Mittlerweile leben 38 dieser Spezies im **Katzendorf**. Immer halbstündig von 10.30–11, 11.30–12 Uhr usw. bis 14.30–15 Uhr ist das Katzendorf für Touristen geöffnet. Die Tiere sind extrem zutraulich und lassen sich gerne streicheln.

Viele der Angestellten sind Lehrlinge, denn die Non-Profit-Organisation bietet hier jährlich fast 50 jungen Myanmaren aus allen Teilen des Landes die Chance auf eine fundierte Ausbildung im Tourismusbereich.

DER NORDOSTEN

in geräumigen Bungalows am See auf Stelzen (eigener Anleger) und in Häusern aus Stein und Teak. In der Nähe liegen die vom Hotel verwalteten heißen Quellen. ❹–❺

Myanmar Treasure Resort Inle, ✆ Yangon 01-399 334-7, 💻 www.myanmartreasureresorts.com, [5349]. Eine Suite und 59 Bungalows mit See- oder Landblick, großzügig und stilvoll eingerichtet, TV und Sitzecken. Bar mit Blick auf den Sonnenuntergang. ❻

Paradise Inle Resort, Maing Thauk, ✆ 081-333 4009, 💻 www.kmahotels.com, [5354]. 53 Bungalows, die in langen Reihen durch Stege miteinander verbunden sind. Die

Bungalows mit Größen zwischen 32 und 65 m² sind stilvoll eingerichtet. ❹–❺
Sky Lake Resort, Maing Thauk, ✆ 081-209 128, 🖳 skylakeinleresort.com, [5351]. 44 Bungalows mit Balkon im traditionellen Intha-Stil. Arrangiert Bootsrennen. ❹

Auf dem See

Paramount Inle Resort, Nga Phe Chaung Village, ✆ 094-936 0855, 🖳 www.paramountinleresort.com, [5355]. 16 Zimmer und 12 Bungalows mit AC, auf Gruppen eingestellt. Liegt leider an einer viel befahrenen Hauptverkehrsader: Die ersten Boote knattern bereits ab 6 Uhr vorbei. ❺–❻
Shwe Inn Tha Floating Resort, ✆ 094-935 1315, 🖳 www.inlefloatingresort.com, [5353]. Die AC-Bungalows auf dem Wasser sind durch Stege verbunden, die Zimmer nach traditionellem Vorbild ausgestattet. Morgens gegen 4 Uhr kann es laut werden, denn dann wird gebetet. Das Hotel liegt zudem am von Touristenbooten frequentierten Wasserweg. Kleiner Pool. ❻

ESSEN

Bei den Ausflügen auf den See steuern die Bootsleute mittags meist ein auf Touristen ausgerichtetes Restaurant mit chinesisch-europäischer Küche an: etwa das **Nice** bei Seikong oder das **Nampan** beim gleichnamigen Dörfchen; in dessen Nähe befindet sich auch eine Niederlassung des **Golden Kite Restaurants**.
Ein paar kleine Restaurants hinter der Phaung-Daw-U-Pagode bieten preisgünstige lokale Gerichte an: Im **Pann Ma Ma** gibt es z. B. *nga tha me*, ein einfaches, aber leckeres Fisch-Reis-Gericht.
Wer am Ostufer wohnt und einmal nicht in seinem Hotel essen möchte (oder einen Blick auf das lokale Leben in einem Dorf werfen möchte), der kann je nach Lage seines Hotels in 10–30 Min. nach Maing Thaung laufen. Hier gibt es z. B. einfache Myanmar-Küche (frisch zubereitet) im **Star Light**, einem ansprechenden Restaurant in einem Holzhaus direkt am Marktplatz, ✆ 094-936 0006, und im **Maing Thouk Image Restaurant** an der Straße vom Anleger Richtung Nyaungshwe. Im Haupthaus und draußen an zahlreichen Tischen treffen sich hier viele Fahrradtourler, es gibt leckere Shakes, guten Kaffee (mit echter Milch), zahlreiche Gerichte aus der Traveller-Myanmar-Küche und sogar Eiscreme. ⏱ ab morgens bis etwa 20 Uhr.

TRANSPORT

Einige Hotels sind mit dem Auto, andere nur auf dem Wasserweg zu erreichen. Auch bei Anlagen am Ufer lohnt sich die Fahrt mit einem Boot, das ist einfach stilvoller. Die meisten Gäste werden vom Hotel am Flughafen abgeholt. Wer sich selbst ein Boot chartert, zahlt um die 10 000 Kyat, je weiter weg, desto teurer wird's.

Samkar und Umgebung

Eine interessante Bootstour führt ins Gebiet der Pa-O südlich des Inle-Sees. Nach etwa zwei Fahrstunden (von Nampan aus), vorbei an traditionellen Stelzenhäusern und ehrwürdigen Klöstern, erreicht man den Marktflecken **Samkar** [5691].

Am Ufer gegenüber, in **Tharkaung**, findet sich ähnlich wie in Indein und Kakku ein Wald aus etwa 1000 Pagoden, von denen man allerdings nur wenige zu sehen bekommt. Es gibt jedoch Reste schöner Wandmalereien und Stuckverzierungen zu bewundern.

Unterwegs können in den noch sehr ursprünglichen Dörfern **Phaya Taung** und **Lont Kant** am Südende des Sees Märkte und in **Chaing Kham** Lotoswebereien besucht werden. Noch weiter südlich wurde ein Staudamm errichtet, bei dem es sich um den größten des ganzen Landes handeln soll: Er hat bereits einige Pagoden und viel landwirtschaftliche Nutzfläche überflutet.

Das Gebiet um Samkar wird von der Pa-O National Organisation (PNO) kontrolliert. Mit einem Guide darf man es auf eigene Faust besuchen. Ein Boot kostet etwa 55 000 Kyat. Unterkunft bietet die **Little Samkar Lodge**, ✆ 09-681 0445, 🖂 littlesamkarlodge@gmail.com, ❺.

Empfehlenswert sind die **Treks** von **CITPAR** (S. 415) nach Samkar, die ein, zwei oder sogar sechs Tage dauern. Sie sind zwar teurer, aber es ist für alles gesorgt. So wohnt man wirklich bei den Pa-O im Dorf, und das Geld kommt dort an, wo es hingehört.

Aye Tha Yar (Aythaya)

Nur wenige Reisende stoppen an diesem kleinen Verkehrsknotenpunkt auf dem Weg nach Taunggyi. Hier befindet sich der Busbahnhof von Taunggyi, die Busse fahren allerdings meist weiter ins Zentrum. Wer hier strandet, den kostet die Weiterfahrt per Taxi auf der steilen Straße nach Taunggyi etwa 4000 Kyat.

Es hält hier außerdem ein Pick-up (der zwischen Taunggyi und Nyaungshwe pendelt, erkennbar am Einbeinruderer auf dem Busschild). Die Fahrt kostet etwa 200 Kyat, manchmal zuzüglich 100 Kyat „für das Gepäck". Mit dem Taxi dauert die Fahrt bis nach Nyaungshwe etwa 30 Minuten, mit dem Pick-up länger.

Aythaya Vineyard, Htone Bo, Aythaya, Taunggyi, ✆ 081-24536, 💻 www.myanmar-vineyard.com. Das Weingut kann besichtigt und der Wein probiert werden. Es gibt ein Restaurant, die Monte De Vino Lodge ❻ für alle, die übernachten wollen, und auch einen Swimming Pool. Viele Agenturen in Nyaungshwe bieten Touren hierher.

Taunggyi

Etwa 50 km vom Inle-See entfernt liegt diese Stadt – die letzte, die auf dem Landweg von Zentral-Myanmar aus besucht werden kann. Dahinter beginnt eine Welt, die noch immer von Drogenhändlern und Schmugglern regiert wird. Warum also nach Taunggyi fahren? Uns fällt da ganz ehrlich auch nur das Heißluftballonfestival ein (S. 425), das ist dann wirklich ein Highlight. Ansonsten ist die Stadt nur etwas für jene, die unbesuchte Provinzhauptstädte mögen. Okay, man könnte trekken, aber dafür muss man einen Guide anheuern und benötigt oft noch Permits – viele Gebiete sind noch off-limits, und es ist wirklich nicht ungefährlich, sich dort blicken zu lassen (Infos hat die **Pa-O National Organisation** (PNO), 18 West Circular Rd., ✆ 081-212 4689, 💻 www.gichotelgroup.com, 🕒 8–17 Uhr).

In Taunggyi ist es verhältnismäßig kühl, denn die Stadt, deren Namen übersetzt großer Berg bedeutet, liegt auf 1430 m Höhe. Die etwa 200 000 Bewohner sind ein buntes Völkergemisch aus Shan, nepalesischen Gurkhas, muslimischen Bengalis, indischen Sikhs und Hindus. Unübersehbar aber prägen die Nachfahren chinesischer Händler das Bild der Stadt als überaus geschäftiges Handelszentrum.

Sehenswürdigkeiten

Das kühle Klima gilt als Hauptgrund, warum die britischen Kolonialherren ab Mitte September 1894 von hier aus erfrischt den Shan-Staat verwalteten. In Taunggyi traf sich auch der Shan-Rat, in dem die Saophas auf Initiative der Kolonialherren zusammengeschlossen waren. Von der kolonialen Epoche ist nur ganz wenig erhalten: Lediglich einige Holzhäuser am Stadtrand und die katholische **St.-Josephs-Kathedrale** zeugen noch von der britischen Zeit. Wer hinein möchte, kann einfach am Pfarrhaus anklopfen. Auf dem Vorplatz befinden sich die Gräber der beiden italienischen Missionare, die einst die Gemeinde aufbauten.

Vom Multikulti ist leider nicht allzu viel zu sehen, präsent sind aber die Glaubenshäuser: Im Stadtzentrum bietet die geräumige **Myoe-Le-Dhamma-Yon-Pagode** vor allem Ruhe vor dem Treiben auf der Straße. Es gibt auch einige Moscheen und einen **Sikh-Tempel**.

Das **Shan-Staat-Kulturmuseum**, Bogyoke Aung San Rd., stellt in vier Räumen Sehenswertes dieser Kultur aus. Zu sehen ist u. a. das Schriftstück des Panglong-Abkommens (s. Geschichte S. 104). 🕒 Di–So außer feiertags 10–16 Uhr, Eintritt 5000 Kyat.

Etwas außerhalb des Stadtzentrums auf einer kleinen Anhöhe liegt die **Yat-Taw-Me-Pagode** („Wunscherfüllungspagode"), in der ein 10 m hoher stehender Buddha nach Osten blickt. Um ihn herum sind in einem Spiegelgang große Schutzgeister *(devas)* gruppiert. Die Spiegel, einige Fenster und die blau gestrichene Decke sorgen für ein seltsam klares Licht. 🕒 7–17 Uhr.

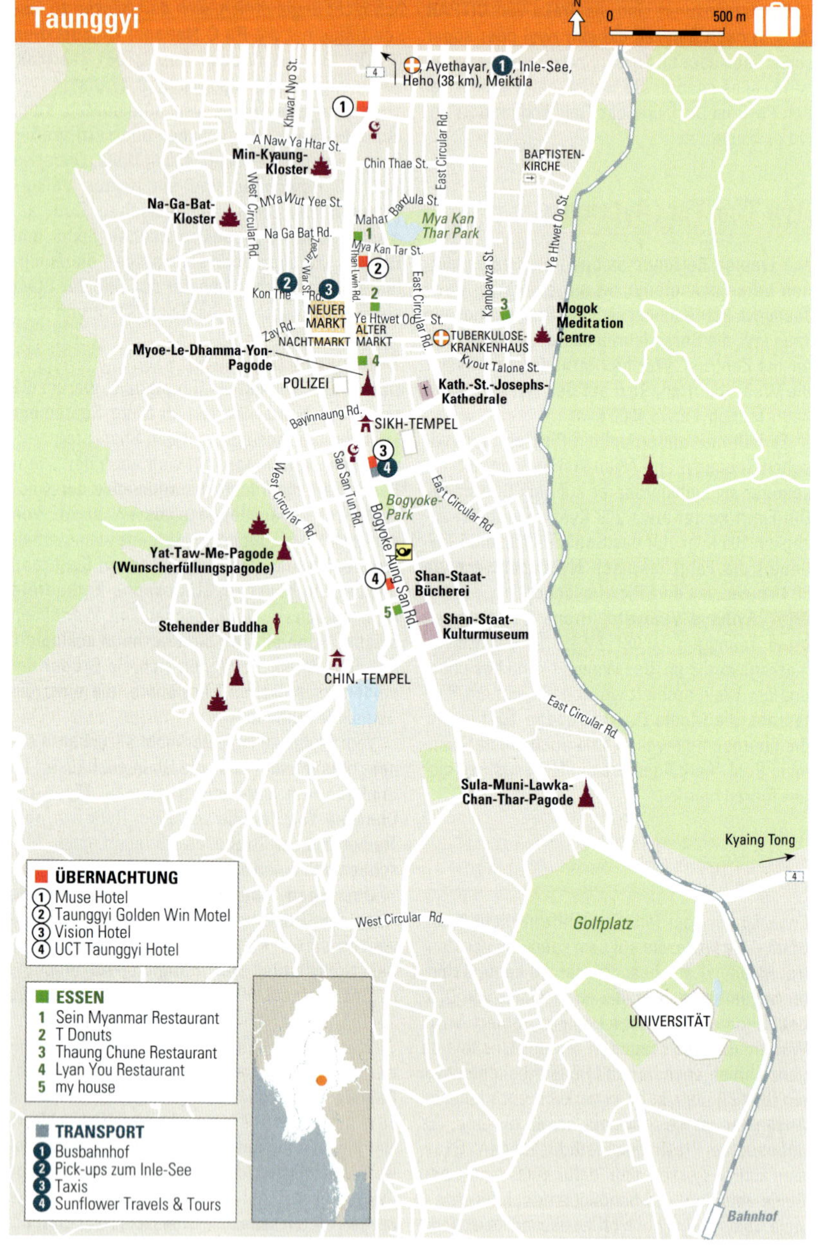
Taunggyi
N
0
500 m
Ayethayar, 1, Inle-See, Heho (38 km), Meiktila
Khwar Nyo St.
A Naw Ya Htar St.
Min-Kyaung-Kloster
Chin Thae St.
East Circular Rd.
BAPTISTEN-KIRCHE
West Circular Rd.
MYa Wut Yee St.
Bandula St.
Na-Ga-Bat-Kloster
Mahar
Mya Kan Thar Park
Na Ga Bat Rd.
Zee Zar War St.
Mya Kan Tar St.
Ye Htwet Oo St.
Than Lwin Rd.
East Circular Rd.
Kon The Rd.
Kambawza St.
NEUER MARKT
Ye Htwet Oo St.
ALTER MARKT
Zay Rd.
NACHTMARKT
TUBERKULOSE-KRANKENHAUS
Mogok Meditation Centre
Myoe-Le-Dhamma-Yon-Pagode
Kyout Talone St.
POLIZEI
Kath.-St.-Josephs-Kathedrale
Bayinnaung Rd.
SIKH-TEMPEL
West Circular Rd.
Sao San Tun Rd.
Bogyoke-Park
East Circular Rd.
Bogyoke Aung San Rd.
Yat-Taw-Me-Pagode (Wunscherfüllungspagode)
Shan-Staat-Bücherei
Stehender Buddha
Shan-Staat-Kulturmuseum
CHIN. TEMPEL
East Circular Rd.
Sula-Muni-Lawka-Chan-Thar-Pagode
Kyaing Tong
West Circular Rd.
Golfplatz
UNIVERSITÄT
Bahnhof
ÜBERNACHTUNG
① Muse Hotel
② Taunggyi Golden Win Motel
③ Vision Hotel
④ UCT Taunggyi Hotel
ESSEN
1 Sein Myanmar Restaurant
2 T Donuts
3 Thaung Chune Restaurant
4 Lyan You Restaurant
5 my house
TRANSPORT
1 Busbahnhof
2 Pick-ups zum Inle-See
3 Taxis
4 Sunflower Travels & Tours

Ballons und Feuerwerk

Einmal im Jahr, zum Mondmonat Tazaungmon (13.–15. Tag des Mondmonats, Okt/Nov), feiern die Shan in Taunggyi das große **Heißluftballon-Fest**, [5735], dessen Feierlichkeiten sich über mehrere Tage hinziehen. Aus dem ganzen Shan-Staat kommen die Bewohner zusammen und stellen sich dem Wettbewerb um den schönsten und aufwendigsten Heißluftballon. Tagsüber sind es Tiermotive, die in den Himmel steigen, nachts mit Feuerwerk ausgestattete Unikate. Schon bei der Anfahrt aus den Bergen wird gefeiert und getanzt. Auf der Hauptstraße in Taunggyi angekommen, reihen sich die Fahrzeuge auf. Jeder wartet feiernd, bis er an der Reihe ist. Vorbei an zahlreichen Händlern und Essensständen zieht die Karawane zu einem Platz unterhalb der Sula-Muni-Pagode. Das Spektakel ist in jedem Falle sehenswert, doch ist Vorsicht geboten: Immer wieder kommt es zu Unfällen, da nicht jeder der selbst gebastelten Ballons problemlos aufsteigt. Manch ein Ballon ist noch auf Kopfhöhe der Besucher, wenn das Feuerwerk beginnt. Erst 2018 brannte ein Ballon und stürzte in die Zuschauermenge, wo er dann explodierte. Es ist daher ratsam, sich abseits des überfüllten Platzes zu halten. Ausländer werden oft gebeten, sich auf der VIP-Tribüne niederzulassen. Da es dort aber keine Stühle gibt, ist das Spektakel von einem Restaurant aus entspannter zu genießen.

Etwa 3 km vom Markt entfernt am südlichen Stadtrand liegt die große **Sula-Muni-Lawka-Chan-Thar-Pagode**, die 1994 eingeweiht wurde. Der 30 m hohe Stupa des weiß und golden leuchtenden Heiligtums ist weithin sichtbar. 🕒 9–17 Uhr.

ÜBERNACHTUNG

Die Hotels sind hauptsächlich auf chinesische Geschäftsleute und einheimische Reisende eingestellt. Während des Ballonfestivals sind alle Zimmer bereits Wochen vorher ausgebucht.

€ **Muse Hotel**, 6 Bogyoke Aung San Rd., ☎ 081-22567, ✉ musehotel.taungyyi@gmail.com, [10437]. Kleine einfache Zimmer für Budget-Reisende ohne Ansprüche. Mit Glück bekommt man ein etwas größeres Zimmer mit einem kleinen Balkon; freundliches Personal. ❷–❸

Taunggyi Golden Win Motel, 3 Than Lwin Rd., ☎ 081-200 503, ✉ goldenwin.motel@gmail.com, [10439]. Die einfachen Zimmer im Erdgeschoss sind wenig einladend. Weiter oben wird es teurer und wohnlicher mit Blick auf die Stadt oder die Berge. Fast alle Zimmer bieten 3 Betten (bzw. ein großes und ein kleines). Der Preis variiert je nach Personenzahl. ❸–❹

UCT Taunggyi Hotel, 4 Bogyoke Aung San Rd., ☎ 081-212 5476, ✉ uct.taunggyihotel@gmail.com, 💻 www.fb.com/uct.taunggyihotel, [10438]. Imposante Lobby mit einladendem Restaurant (gar nicht mal so teuer). Auch die Zimmer sind ihren Preis wert: sauber, gut ausgestattet, TV mit englischen Sendern, Kühlschrank. Saubere Bäder. Familienzimmer. ❹

Vision Hotel, 120 Bogyoke Aung San Rd., ☎ 081-212 4119, ✉ visionhotel.tgi@gmail.com, 💻 www.fb.com/myhousetgi, [10440]. Kleines Hotel an der Hauptstraße neben dem Park. Freundliches Personal, sehr große saubere Zimmer. AC, wahlweise mit Heizfunktion. TV mit englischen Sendern. Aufzug. Mit US$55 fast noch eine ❹

ESSEN

Lyan You Restaurant, etwas südlich des Markts. Alteingesessen und bekannt für seine guten Nudeln und sehr beliebt. Zu chinesischen Gerichten gibt es eine klare Brühe. Fassbier erhältlich. Wer will, kann sich in kleine Separees zurückziehen und privat speisen. 🕒 10–22 Uhr.

my house, 47 Bogyoke Aung San Rd., ☎ 081-200 088, 💻 www.fb.com/myhousetgi/. Leckere thailändische und chinesische Küche. Bebilderte Speisekarte mit großer Auswahl. Guter Kaffee. 🕒 10–22 Uhr.

Sein Myanmar Restaurant, Bogyoke Aung San Rd., ☎ 081-212 4255. Traditionelles Restaurant mit guten Currys und gewohnt vielen Beilagen, viel davon scharf und würzig – auch ein Le Pet zum Nachtisch gehört zum Menü. Nicht so billig, wie es aussieht, aber dafür ziemlich gut. ⌚ 9–21 Uhr.

Thaung Chune Restaurant, Yae Htwet Oo St., ✆ 09-503 8317, 💻 www.inletaungchune.com. Betreiberin Ma Myo legt bei ihrer guten Shan-Küche Wert auf frische Zutaten. Das Essen schmeckt, und das Restaurant ist schön gestaltet: Innen sitzt man auf Sofas und draußen in einem umgebauten Boot oder unter einem begrünten Dach. ⌚ 7–21 Uhr.

Günstig und gut lässt es sich tagsüber an den Essensständen im **Alten Markt** essen. Ob chinesisch oder Shan, die kleinen Snacks sind sehr lecker, und es macht Spaß, hier per Fingerzeig zu bestellen. Abends bietet der Nachtmarkt am **Neuen Markt** ein ähnliches Angebot.

In den **Teestuben** gibt es leckere Kleinigkeiten, nicht selten auch Shan-Nudeln. Die meisten Teestuben liegen nahe dem Markt. Leckeres Gebäck verkaufen einige Marktstände und benachbarte kleine Läden. Zudem gibt es immer mehr Bäckereien. Überzeugt hat uns:

T Donuts, Merchant St., nahe dem Markt, ✆ 081-23813. Neben den typischen weichen Gebäckteilchen gibt es leckere Schokoladen-Donuts. Auch weitere Versionen sind im Angebot: Allein beim Ansehen kleben einem da jedoch die Zähne zusammen. Auch die Pizzaversionen schmecken nicht jedem – manchen aber eben doch, und daher seien sie hier erwähnt. ⌚ tagsüber.

SONSTIGES

In dem großen, zentralen **Marktbereich** (Alter und Neuer Markt) mischen sich Angehörige der Bergvölker unter die Händler und tragen dabei manchmal ihre farbenfrohen Trachten.

Noch größer ist der alle fünf Tage stattfindende **Wochenmarkt**. Hier gibt es u. a. Kunsthandwerk zu kaufen. Besonders erwähnenswert sind die Korbflechtarbeiten.

Auffällig sind die vielen **Fashion-Shops** in der ganzen Stadt. Trifft selten westlichen Stil, aber für Leute, die Ausgefallenes mögen, sicherlich eine Fundgrube.

TRANSPORT

Pick-ups und Taxis

Nach NYAUNGSHWE verkehren tagsüber **Pick-ups** für 1000 Kyat. Sie fahren erst los, wenn sich mind. 20 Personen hineingezwängt haben. Bis dahin kann einige Zeit verstreichen. Ein **Taxi** für die gesamte Strecke nach Nyaungshwe oder zum Flughafen in HEHO kostet etwa 20 000 Kyat (beide Ziele erreicht man nach etwa 1 Std. Fahrt).

Busse

Die Überland-Busse starten am etwa 11 km westlich der Stadt liegenden **Ayetthayar-Busbahnhof**. Taxis dorthin kosten 4000 Kyat.

HSIPAW, um 13 Uhr, Ankunft in Hsipaw 3 Uhr morgens, für 20 000 Kyat.

MANDALAY, um 19 und 20 Uhr, diverse Busse privater Gesellschaften, ab 15 000 Kyat in 8–9 Std.

NAY PYI TAW, um 20 Uhr mit J. J. Express für 10 000 Kyat in etwa 7 1/2 Std.

NYAUNG U (Bagan), um 19 Uhr mit J. J. VIP für ca. 20 000 Kyat in etwa 8 1/2 Std.

YANGON, diverse Busse zwischen 17 und 18 Uhr für 14 000–22 000 Kyat, je nach Bus 12–13 Std.

Flüge

Taunggyi liegt etwa 35 km von Heho entfernt. Flugverbindungen s. S. 404. Ein Taxi von und zum Flughafen kostet US$15–20. Tickets für alle Airlines bietet **Sunflower Travels & Tours**, 115 Bogyoke Aung San Rd., ✆ 081-22834, 💻 www.sunfartravels.com. ⌚ Mo–Fr 9–17, Sa, So und an Feiertagen nur bis 12 Uhr.

Kakku

Kakku (auch Kekku) ist ein antikes **Pagodenfeld** in malerischer Umgebung und ein zentrales Heiligtum der Pa-O. Einmal im Jahr, im Frühjahr, treffen sich die Pa-O in Kakku zu einem großen Fest. Zum Vollmond des Tabaung (Feb/März) kommen Tausende mit ihren Ochsenkarren aus den Bergen herbei und bauen eine ganze Stadt aus Zelten und Ständen auf. Das Fest dauert drei Tage. Der Markt, die Tanzveranstaltungen und seltene Delikatessen für Gaumen und Kehle ziehen auch fremde Besucher in ihren Bann.

Die Geschichte der Anlage liegt im Dunkeln. Eine lokale Legende erzählt, dass schon die ersten buddhistischen Missionare aus Indien die Anlage im 3. Jh. v. Chr. gründeten – eine Geschichte, mit der sich allerdings viele lokale Heiligtümer in Myanmar schmücken. Eine andere These lautet, die Tempelstadt sei im 12. Jh. von dem Bagan-König Alaungsithu (reg. 1112–67) gegründet worden.

Das Alter vieler Stupas ist schwer zu bestimmen, da sie aus mehreren Schichten Backstein und Stuck bestehen. Einige konnten ins 16. Jh. datiert werden, als unter Bayinnaung (reg. 1551–81) das Zweite Birmanische Reich den Shan-Staat und Nordthailand einschloss. Sicher scheint zumindest, dass der Tempelkomplex zuletzt im 19. Jh. während der Konbaung-Dynastie erneuert wurde. Bis ins Jahr 2000 haben nur sehr wenige Ausländer dieses fantastische Baudenkmal zu sehen bekommen.

Zwei große Treppenaufgänge führen von Norden und von Südosten aus dem Tal zu den Pagoden hinauf. 2500 Tempel und Stupas stehen dicht gedrängt auf einem Quadratkilometer. Die meisten Stupas sind aus Backstein und Laterit gebaut, zwischen 3 und 10 m hoch und mit mythischen und glücksbringenden Symbolen geschmückt. Einige Skulpturen und Reliefs sind zerstört, manches wurde auch gestohlen. In einige der mit der Zeit spröde und rissig gewordenen Bauten haben Bäume und Büsche ihre Wurzeln geschlagen. Pilger spenden viel Geld für die Restaurierung der Baudenkmäler. Im Süden der Anlage erstreckt sich eine große Schlucht, dahinter erhebt sich ein **Plateau**. Wer auf die Anhöhe wandert, wird mit einem fantastischen Blick auf Kakku belohnt. Oben auf dem Plateau erkennt man zwei gut erhaltene, fast lebensgroße Pferdestatuen und zwei Stupas.

An der linken Seite am Eingang steht ein **Glasschrein**, in dem ein goldenes Wildschwein verehrt wird. An den Seiten befinden sich runde Öffnungen, durch die Geldscheine geworfen werden, um das Schwein zu „füttern". Die Legende erzählt, dass eines Tages mehrere Stupas im Boden versanken. Die Menschen suchten und gruben, doch die Pagoden blieben verschwunden. Da erschien ein Wildschwein und wühlte im Boden. Als die Menschen nun an dieser Stelle gruben, stießen sie auf die Stupas.

Die Anlage liegt etwa 40 km südlich von Taunggyi, östlich des Inle-Sees. Sie grenzt im Westen an den Khe-La-Berg, der 1300 m über den Meeresspiegel aufragt. Gäste dürfen nur mit einem Führer nach Kakku. Übernachtungsmöglichkeiten gibt es nicht. Auf der Westseite des Pagodenkomplexes bietet das große Hlaing Konn Restaurant neben einem schönen Ausblick chinesische, birmanische und lokale Spezialitäten; aber leider nur in mäßiger Qualität. ⌚ 11–21 Uhr.

TOUREN UND TRANSPORT

Viele private Agenturen in NYAUNGSHWE berechnen etwa 70 000 für Auto und Fahrer. Dazu kommen US$3 *zone fee* und US$5 für einen Führer. Man sollte den Trip mindestens einen Tag vorher organisieren. Toll sind die Treks mit CITPAR (S. 415).
Von TAUNGGYI aus sind für ein Auto mit Fahrer ca. US$50 einzuplanen. Die Fahrt nach Kakku dauert ca. 1 1/2 Std.

Pekhon

Die kleine Stadt Pekhon (auch Pekon) ist bisher für wenige der Umsteigeplatz vom Boot ins Taxi oder umgekehrt. Denn die individuelle Reiseoption „Boot und Auto" zwischen Loikaw und Inle-See wird immer beliebter. Die etwa 16 000 Einwohner setzen sich aus verschiedenen Ethnien zusammen, etwa Pa-O, Kayah und Shan. Ausflüge auf dem See sind spannend, doch zur Zeit der Recherche noch nicht offiziell erlaubt. Rund um das Städtchen wird einfach noch zu viel Opium angebaut, die Gegend gilt als zu unsicher. Das kann sich aber ändern – bei Interesse im Ort nachfragen.

In Pekhon selbst gibt es nicht viel zu sehen: Eine katholische Kathedrale ist zu nennen (hier ist sogar ein Bischof ansässig), um die Anhänger dieser religiösen Minderheit zu beseelen.

Eine Stadt am Wegesrand

Pinlaung ist eine dieser verschlafenen Städte am Wegesrand, in denen der Tourismus noch in den Kinderschuhen steckt. Die kleine Provinzstadt, in der Danu und Pa-O leben, liegt auf einem Berg – viel ist nicht zu sehen, und dennoch: Wer hierher kommt, ist meist sehr glücklich über die Entscheidung. Sehenswert ist die Pagode am Wasser, ansonsten ist Pinlaung wie gesagt ein verschlafenes Provinznest. Und gerade das ist so schön hier. Unser Übernachtungstipp ist ein einfaches, aber angenehmes Guesthouse, das **Wine Wine Lae Motel**, ✆ 081-54065, 094-938 4047, ❷.
Wie wäre ein Besuch auf eigene Faust anlässlich einer Fahrradtour? Mit dem Rad geht es von Nyaungshwe nach Loikaw. Und von dort über Pin Laung zurück nach Nyaungshwe. Je nach Kondition braucht man dafür drei bis vier Tage.

ÜBERNACHTUNG

Pekon Princess, Myo Gone Block, nahe am Fluss, ✆ 092-5051 5557, 💻 www.fb.com/profile.php?id=100011881147801. Zweckmäßige AC-Zimmer am Balu-Chaung-Fluss. Nur wenige Räume bieten allerdings Blick aufs Wasser. Die Zimmer sind klein und laden nicht zu langem Verweilen an. Mach einer motzt, es sei zu weit ins Zentrum, andere finden den Weg gut machbar. Derzeit ist das Haus aber das einzige passable in der Stadt, also Augen zu und durch, wer in Pekhon wohnen will. ❸

TRANSPORT

LOIKAW, mit dem Taxi (bekommt man leicht am Hafen bei Ankunft des Bootes) in 1 Std. für etwa US$10.
NYAUNGSHWE, ein Boot verbindet Pekhon tgl. mit Nyaungshwe (Inle-See). Es fährt um 9 Uhr ab und kostet um die 15 000 Kyat. Wer ab Loikaw anreist, sollte etwa gegen 7 Uhr losfahren (ein Taxi braucht mind. 1 Std.). Mit dem Minibus gegen 10 Uhr für etwa 7000 Kyat.

Kayah-Staat

Der Kayah-Staat war früher auch als Karenni-Staat (Staat der Roten Karen) bekannt. Diese bilden die Hauptbevölkerung in dem Landstrich, der im Norden und Westen an den Shan-Staat, im Süden an den Kayin-Staat und im Osten an die thailändische Provinz Mae Hong Son grenzt. Er war lange Zeit für westliche Besucher wegen bewaffneter Auseinandersetzungen nicht zugänglich. Erst seit März 2013 können die Hauptstadt Loikaw und ihre nähere Umgebung ohne Permit besucht werden. Der Rest des Staates ist, wenn überhaupt, nur mit Genehmigung bereisbar. Aufgrund der Unwägbarkeiten der Situation sollte man sich vor Antritt einer Reise nach der aktuellen Lage erkundigen.

Loikaw und die Dörfer in der Umgebung

Loikaw [8876] erstreckt sich in einem weiten, fruchtbaren Tal entlang dem **Pilu-Fluss** und ist als Hauptstadt des Kayah-Staates ein wichtiges Verwaltungszentrum. Und es ist Ausgangspunkt für erlebnisreiche Trekkingtouren und unvergessliche Besuche in Dörfern verschiedener Stämme. Was Loikaw so besonders macht, ist zudem die Mixtur der Religionen: Hier leben Muslime, Christen und Buddhisten zusammen – und alle sind immer auch ein bisschen Animisten.

Und so gibt es hier nicht nur Tempel, sondern auch Kirchen zu sehen. Hauptsehenswürdigkeit ist aber dennoch die **Taung-Kwe-Pagode** *(Split Mountain Pagoda)*; sie krönt zwei mit einer Brücke verbundene Karsthügel nahe dem Stadtzentrum. Unweit entfernt liegt der 1914 von einem Kayah-Fürsten erbaute **Thiri Mingalar Haw**.

Die Enkel des letzten Fürsten übereigneten ihn 1994 der buddhistischen Gemeinde. Nach einer umfassenden Restaurierung dient der Bau nun als buddhistisches Kloster und kann besichtigt werden. Die moderne **katholische Kathedrale** (Christ the King) wurde im Jahr 2000 erbaut. Hinter ihr versteckt sich die alte Kirche von 1939. Der katholische Glaube hat eine lange Tradition, denn die ersten Missionare kamen bereits im Jahre 1511 hierher.

Einen Besuch wert ist auch Loikaws großer **Thiri-Mingalar-Markt**, auf dem sich die Volksgruppen der Regionen ein Stelldichein geben (Einkaufstipp: der hier oft verwendete Szechuan-Pfeffer; *makatih).* ⌚ 7–17 Uhr. Im 1996 eröffneten **Cultural Museum** informiert eine Ausstellung über die ethnischen Minderheiten der Region. ⌚ Di–So außer Fei 9.30–16 Uhr, Eintritt 5000 Kyat.

„Wir zeigen euch, wie wir leben"

Indigene Völker als exotische Objekte? „Langhalsfrauen" als beliebte Fotomotive? Verantwortungsbewusste Reisende sagen hier entschieden nein. Und setzen auf Begegnung. Auf gegenseitiges Kennenlernen. Möglich wird dies im Rahmen sogenannter Community-Based-Tourism-Projekte, bei denen die Menschen in den Dörfern zu Gastgebern werden und Besuchern eigenverantwortlich demonstrieren, wie sie leben. Ein Guide aus dem Dorf ist immer dabei. Profitieren tun beide: das Dorf finanziell vom Tourismus (denn der Besucher zahlt etwas), und der Gast von dem direkten Kontakt und der Möglichkeit, einer fremden Kultur nahezukommen. Einige Dörfer der Umgebung machen bereits mit. Vorgestellt werden u. a. traditionelle Handwerke. Ein Übersetzer aus dem Dorf erklärt genau, wie es geht. Gemeinsam am Webstuhl sitzen? Lachen, wenn es nicht klappt und stolz sein, wenn man merkt „So geht's!". Wer neugierig auf diese fremde Welt ist, wird in den authentischen Dörfern belohnt. Und tut etwas Gutes, denn der Besuch kommt den Menschen und dem Erhalt ihrer Traditionen zugute. Wer mag, kann sich auch ein typisches Essen zubereiten lassen (Voranmeldung nötig). Die Köche sind geschult in puncto Hygiene, und alles scheint sehr vorbildlich zu funktionieren. Lunch kostet bei einer Person 10 000 Kyat, ab 3 Personen jeweils 5000 Kyat. Ein örtlicher Guide bekommt 8000 Kyat. Pro Werkstattbesuch zahlt jeder Teilnehmer 3000 Kyat. Aktuelle Projekte unter 💻 www.fb.com/groups/Kayahinclusivetourism.

Die Umgebung

Das knapp 900 m hoch gelegene Loikaw ist umgeben von einer schönen Bergwelt, in der viele indigene Völker siedeln. Einige Dörfer kann man besuchen, besonders Interessierte können im Rahmen eines Programms sogar eine ganze Woche lang bleiben. Für immer mehr Dörfer wurden Community-based-tourism-Projekte entwickelt (s. Kasten). Bei allen Touren in die Umgebung ist die Unterstützung eines Guides unerlässlich (etwa US$30–45 für den ganzen Tag). Die meisten fahren bisher mit dem Taxi in die Dörfer. Das kostet je nach Entfernung und Dauer der Tour US$80–150. Schöner, wenngleich auch anstrengender sind **Tages-Trekkingtouren** (über Nacht zu bleiben, ist noch nicht möglich). Auch mit dem **Fahrrad** sind einige in den Bergen unterwegs – beides bisher ohne Dorf-Besuche. Die Angebote sind noch sehr individuell, also einfach vor Ort nachfragen, was möglich ist. Fast jedes Hotel und Guesthouse kann weiterhelfen. Weitere Kontakte s. Informationen.

Die beste **Reisezeit** ist Oktober bis April, wobei es im Oktober durchaus noch regnen kann. Im Winter wird es dann nachts empfindlich kalt.

Die Dörfer der Kayan

Von den Shan werden sie Padaung genannt, was die Kayan jedoch nicht gern hören. Das Volk ist berühmt für seine Frauen, deren Hälse durch das Anbringen von Metallringen künstlich verlängert wirken, was ihnen den Namen „Langhalsfrauen" gab (tatsächlich wird aber nicht der Hals länger, sondern es werden nur die Schultern extrem nach unten gedrückt). Möglich ist ein Besuch im Dorf **Panpat (Pah Pae)**, etwa eine Stunde mit dem Auto von Loikaw entfernt. Eintritt wird nicht verlangt; es sollte jedoch selbstverständlich sein, sich durch den Kauf einer angebotenen Handwerksarbeit für die Gast-

freundschaft erkenntlich zu zeigen. Ein erfreutes Lächeln erntet, wer sich dann auch noch auf Kayan bedankt: *tarih ba na*. Im Zuge des Community-based-tourism-Projekts bietet sich die Möglichkeit, einzelne Handwerkskünste genauer zu studieren. Pro Werkstattbesuch zahlt jeder Teilnehmer 3000 Kyat (mehr zu den Projekten s. Kasten S. 429).

Meist wird ein Ausflug mit dem Besuch bei den Kayah im Dorf **Ta Ni La Lae** verbunden (s.u.). Beide Dörfer werden relativ oft besucht – überlaufen und touristisch sind sie aber noch nicht. Erweiterbar ist der Besuch manchmal auch durch eine Wanderung durch die Berglandschaft bis zur Intha-Siedlung **Paya Phyu** (mit anschließender Bootstour zurück nach Loikaw) oder durch Besuche in anderen Dörfern oder auf Märkten in der Umgebung. Auf dem Hin- oder Rückweg kann man noch einen Blick auf die **animistischen Schreine** in **Dor Sor Bee** nahe Loikaw werfen; hier werden in manchen Jahren jeweils im April die Feierlichkeiten zum Kayah-Neujahr begangen (in anderen Jahren finden sie an anderen Orten statt). Bei jedem Fest wird ein neuer geschmückter Holzpfahl errichtet.

Die Dörfer der Kayah

Dieser Stamm lebt im Dorf **Ta Ni La Lae**, nur etwa 30 Auto-Minuten von Loikaw entfernt. Gern und oft wird der Besuch des Village mit einer Tour nach Panpat kombiniert (s. o.). Etwas spannender, da aufwendiger und seltener gemacht, ist ein Besuch im Dorf **Dawdamagyi**, etwa zwei Stunden entfernt. Wer hier hin möchte, muss sich ein Permit besorgen lassen (etwa US$20).

Die Dörfer der Kayaw, Lisu, Pa-O und Yinbaw

Im Dorf **Htcko** leben die **Kayaw**, die auch die **Brew** genannt werden. Sie haben in den letzten Jahren mit Community-based-Projekten begonnen und zeigen ihre Handwerkskunst.

Im Dorf **Aisan**, etwa eine Stunde von Loikaw entfernt, leben die **Lisu**. Auf dem Weg hierher wird an der **Aung-Thabay-Höhle** Halt gemacht (in der Höhle gibt es zahlreiche Bienenstöcke zu bewundern). Und auch am **Htisarekar-Wasserfall** wird eine Pause eingelegt (wer hier baden möchte: bitte in kurzer Hose und T-Shirt und

Der ehemalige Palast der Kayah-Fürsten dient heute als buddhistisches Kloster.

nicht im Badeanzug, geschweige denn Bikini; bitte Rücksicht nehmen auf die hier vielfach hinreisenden Einheimischen). Zu den Lisu lohnt ein Trip vor allem an ihrem Neujahrsfestival, welches immer im Januar/Februar stattfindet (genaue Termine erfährt man z. B. in der Loikaw Lodge).

Ein Besuch bei den **Yinbaw** ist übers Jahr wenig spektakulär, es sind normale einfache Dörfer. An ihrem Festival im April kleiden sie sich allerdings so prächtig, dass sich die 30-minütige Fahrt auf jeden Fall lohnt.

Weitere Ziele

Interessant ist auch ein Ausflug zur **Kyet-Höhle** (auch Yarsu Ku, „Schießpulverhöhle", in der Sprache der Kayah genannt), etwa 18 km nordöstlich von Loikaw in Richtung Shadaw: In der 2,1 km langen Tropfsteinhöhle, die noch nicht richtig erforscht ist, liegen eigenartige, z. T. sehr große ausgehöhlte Baumstämme, die möglicherweise einer längst verschwundenen Menschengruppe als Särge dienten. Die geheimnisvolle Höhle (Taschenlampe mitbringen!) zieht viele einheimische Besucher an.

Von westlichen Reisenden noch sehr selten besucht ist die **Lwel-Ta-Mu-Höhle**. Sie liegt etwa 20 Minuten Autofahrt nordöstlich von Loikaw und wurde erst 1948 entdeckt. Es heißt, wer sie besucht, erhöht seine Chancen auf Gesundheit und Bildung (und damit auf Wohlstand). 2013 bauten Pilger eine kleine Pagode nahebei. Heute stehen kleine Pagoden und über 250 Buddhafiguren auch in der Höhle. Sie ist etwa 33 m tief und etwa ebenso breit, erstreckt sich auf 90 m in Richtung Osten und 150 m Richtung Westen im Berg. Bitte angemessen kleiden und Arme und Beine bedecken.

ÜBERNACHTUNG

Da Loikaw erst seit 2012 wieder für ausländische Besucher geöffnet ist, gab es im Ort lange nur schlichte bis schlichteste Unterkünfte. Das hat sich inzwischen geändert. Alle Hotels und Guesthouses bieten WLAN (welches mal mehr, mal weniger gut funktioniert, was am Wetter liegen soll) und Frühstück inklusive.

Amazing Box Hostel, A103 Golden Triangel St., ✆ 095-600 315. Schön gemacht und einladend. In 8 Zimmern kommen hier 42 Leute unter (es gibt 6er- und 4er-Dorms und ein Familienzimmer). Pro Bett zahlt der Gast US$15.

Gold Hotel, 66 Botayza St., ✆ 083-222 4207, ✉ goldhotel.loikaw@gmail.com, [10879]. Das ansprechende Hotel nahe Busbahnhof und Museum lockt mit 12 schönen Standardzimmern und 16 etwas größeren Superior-Räumen. Safe-Einbau geplant, bisher Kühlschrank und Wasserkocher. Das Plus: Es gibt einen Pool. Und ein Restaurant und eine Bar auf dem Dach. ❹

€ **Kan Thar Yar Hotel**, 376 U Ni St., ✆ 095-832 2344, [10874]. Kleines Hotel mit großen Zimmern. Auch die Bäder sind soweit okay. Die Zimmer mit Ausblick auf den See, durch die großen Glasfenster oder vom Balkon sind wirklich toll. ❸

Kayan Golden Sky Motel, 29 Katthar St., ✆ 083-222 1923, 💻 fb.com/Kayan-Golden-Sky-Motel-1178491172241259, [10877]. Budget-Option für Online-Vorbucher. Walk-In waren die Preise für die 12 einfachen kleinen Zimmer viel zu hoch. Online gebucht, passt das schon eher. Sauber, aber eben wirklich einfach. Sehr freundliche Leute und vor allem deshalb so beliebt. ❷–❸

Loikaw Lodge by the Lake, 377 U Ni St., ✆ 083-240 161 💻 www.loikawlodge.com, [10875]. In diesem Ende 2016 eröffneten Boutiquehotel mit nur 11 schicken, mit viel Holz eingerichteten Zimmern bietet das deutsch-myanmarische Betreiberpaar den wohl höchsten Wohlfühlfaktor in dieser Region. Das Restaurant punktet u. a. mit traditioneller Kayah-Küche, hat aber auch europäische Gerichte im Angebot. Kompetente Ansprechpartner für Ausflüge in die Umgebung mit Taxi und Guide. ❻–❼

Min Ma Haw Hotel, 120 Gangaw St., Mingalar Qr., ✆ 083-21451, 094-2800 6997, ✉ minmahaw96@gmail.com, [9879]. Empfehlenswertes kleines Haus mit schlichten AC-Zimmern. Einige sind etwas klein geraten, andere recht komfortabel. ❷–❸

Myat Nan Taw Hotel, 54 Gannayawady St., Minelone Qr., ✆ 083-240 034, 240 035, 💻 www.hotelmyatnantawloikaw.com, [9878]. Das 2014 eröffnete Haus bietet 33 gepflegte Superior-Zimmer und 4 weitere Zimmer in kleinen Bungalows am Parkplatz. Die 2 erheblich teureren Deluxe-Zimmer lohnen den Aufpreis nicht. Schöner Ausblick von der Dachterrasse auf die Taung-Kwe-Pagode. Gute zentrale Lage. ❸–❺

ESSEN

Wer sich für die regionale Küche interessiert, findet Spannendes und Leckeres in Hülle und Fülle. Dabei sind nicht nur die unten genannten Restaurants empfehlenswert; auch auf dem Markt wird einiges angeboten – Fleischesser sollten z. B. unbedingt *htauk papreh*, frische Würstchen mit Chili und Szechuan-Pfeffer, probieren. Dazu gehört traditionell ein Schluck *kaung yoe*, ein (mehr oder weniger) leicht alkoholisches Getränk aus Hirse und Reis.

Master Restaurant, am Highway 5. Gute einheimische Küche in einem einfachen Laden. Empfehlenswert z. B. das *Kayah Traditional Style Chicken* mit Reis. WLAN.

MK Café, Highway 5, östlich des Pilu-Flusses. Hier gibt es den wohl besten Kaffee der Stadt: Die Bohnen aus Pyin Oo Lwin werden frisch aufgebrüht (bzw. mit Volldruck durch die chromglänzende Maschine gepresst), darauf je nach Wunsch aufgeschäumte Milch oder Espresso pur. Und für den Hungrigen empfehlen wir Pommes mit Chicken Nuggets. Kein WLAN. ◷ 9–21 Uhr.

Pho Kwar Restaurant, direkt am Nam-Pilu-Fluss an der Brücke gelegenes Restaurant mit englischer Speisekarte. Leckere chinesische Küche und *Myanmar*-Bier vom Fass. ◷ 9–21 Uhr.

Royal Restaurant, am Nam-Pilu-Fluss nahe dem Uhrturm. Tagsüber wird per Fingerzeig eines der fertigen Currys ausgewählt. Abends locken leckere Grillspießchen.

Thazin Restaurant, am Nam-Pilu-Fluss. Beliebtes Lokal mit netter Aussicht von der Terrasse auf den Fluss. Gute lokale Küche, teils bereits fertig und per Fingerzeig auszuwählen, teils frisch. Keine englische Speisekarte bisher, aber irgendjemand hilft einem bei der Auswahl immer weiter.

UNTERHALTUNG

Cocktail-Bars oder Touristen-Kneipen gibt es nicht. Dafür aber ein richtiges Ausgeh-Abenteuer à la Myanmar: Durch schwingende Saloon-Türen betritt man den goldenen Löwen **(Golden Lion)**. Es gibt frisch gezapftes Bier und

Snacks. Wem das zu langweilig ist, der geht einfach eine Tür weiter: Im Goldenen Drachen **(Golden Dragon)** steht ein Snooker-Tisch.

SONSTIGES

Feste

Neben dem Kayah-Neujahrsfest im April, das nur alle paar Jahre in Loikaw stattfindet, wird jedes Jahr regelmäßig am 15. Januar der **Kayah State Day** begangen. Schon 5 Tage vorher beginnt das große Spektakel, bei dem u. a. etwa 400 kleine Stände mit *local wine and food* aufgebaut werden. Im April lohnt ein Besuch bei den Yinbaw (s. o.).

Guides, Touranbieter und Reiseagenturen

Wohin kann man gehen? Wann lohnt es wirklich? Ist es etwa doch noch gefährlich? Die Guides wissen über die aktuellen Möglichkeiten für Ausflüge Bescheid. Und sie agieren umsichtig. Kein Ausflug darf ohne sie gemacht werden. Die *Tourist Map of Kayah* bietet einen guten Überblick und liegt in Unterkünften aus. Bei der letzten Recherche war es noch nicht möglich, zu den Lahta zu gelangen; die Gegend ist immer noch nicht 100 % sicher, daher ist zumindest dieses Gebiet noch immer off-limits. Da der Tourismus in Loikaw erst beginnt, gibt es bisher nur wenige Travelagenturen; und meist sind sie nur ein Zusatzgeschäft.

Private Guides

Erfahrene Führer sind **Kyaw Thu Latt** („Ko Latt"), ✆ 093-251 2314, 09-4280 02006, ✉ kolatloikaw@gmail.com, und **Win Naing**, ✆ 094-280 01621, 094-927 8443, ✉ loikawtravelinfos@gmail.com. Sie können auch bei der Anreise ab Nyaungshwe behilflich sein. Die Honorare für die lokalen Guides betragen je nach Tour etwa US$30–45 pro Tag, zzgl. Transport.

Agenturen

Gut und kompetent ist **The Kayah Experience** der Loikaw by the sea-Lodge, ✆ 083-240 161. Angeboten werden professionell organisierte Touren mit englischsprechenden Guides (US$45). **Amazing Kayah Travel**, Nandar St., ✆ 092-5493 6770, 💻 https://amazingkayahtours.business.site/, hat ein Office am Fluss. Organisiert werden Touren und Treks. Ma Zune Zune spricht ganz gutes Englisch – sollte sie nicht vor Ort sein, einfach nach ihr fragen. ⌚ 9–18 Uhr. **Treasure Time**, ✆ 097-7708 3200, ✉ treasuretime1991@gmail.com, befindet sich ebenfalls in Nandar St., Guides und im Notfall Hilfe bei der Ticketbeschaffung für Flug und Bus. ⌚ 9–18 Uhr.

TRANSPORT

Taxis

KALAW, für rund 180 000 Kyat in etwa 5 Std.
NYAUNGSHWE, 150 000 Kyat.
Taxis in die Dörfer der Umgebung kosten ab US$80 bis etwa US$120 für eine längere Tour. Einen Fahrer kann jedes Hotel organisieren oder die oben genannten Agenturen.

Minibusse und Busse

Busbahnhof Shwe Yarzar

Der große Busbahnhof liegt im Norden (nahe dem Museum) am Highway 5. Taxis/Tuk Tuks vom und zum Zentrum verlangen um 2000 Kyat. Hier ist alles auf Birmanisch geschrieben, kaum jemand spricht Englisch. Wer sich also nicht von einem Guide, einer Agentur oder dem Hotel helfen lassen will, muss erfinderisch und kommunikativ sein – aber meist klappt es schon irgendwie. Am besten einen Tag vorher das Ticket besorgen.
KALAW, SHWENYAUNG und nach TAUNGGYI, meist gegen 7 oder 8 Uhr morgens und gegen 1 Uhr nachmittags mit Minibussen in 5–8 Std. Tickets 7000–9000 Kyat. Nach Absprache wird man ggf. sogar vom Hotel abgeholt. Mit dem großen Bus ab Busstation um 7.30 Uhr für 8000 Kyat.
MANDALAY, bequem im großen Nachtbus um 16 Uhr für 10 500/13 000 Kyat in 13–14 Std. Der teurere Bus bietet mehr Platz.
NAY PYI TAW (schöne Strecke durch die Berge), um 7 und 15 Uhr für 10 000 Kyat in ca. 8 Std.
YANGON, um 5 und 12 Uhr (Ankunft am nächsten Morgen) für 13 000/16 500 Kyat in ca. 14–15 Std. Der teure Bus bietet mehr Platz.

Minibusstation am Thiri-Mingalar-Markt

Die oftmals recht klapprigen Mini-Busse fahren den ganzen Tag über ab dem Thiri-Mingalar-

Markt. Ziele sind u. a. AUNGBAN, SHWENYAUNG und TAUNGGYI. Abfahrt am frühen Morgen 6.30, 8, 10.30 und 13 Uhr für 7000 Kyat in 6 Std.

Boote

Eine etwa 7-stündige Bootstour nach NYAUNGSHWE führt ab PEKHON über den Sakar-See und den Inle-See. Taxis nach PEKHON kosten ab US$10 (manche Agentur veranschlagt viel zu teure 50 000 Kyat), für die Fahrt sollte man 1–1 1/2 Std. einplanen. Ein privates Boot ab Pekhon kostet etwa 130 000 Kyat. Das *public boat* für 15 000 Kyat fährt morgens um 9 Uhr ab. Diese Strecke kann man auch in die andere Richtung fahren (auch in Nyaungshwe fährt um 9 Uhr ein Boot).

Flüge

Von Loikaws **Flughafen** startet und landet (laut Flugplan) tgl. ein Flieger von **Myanmar National Airlines**, ✆ 083-21500, 21014, 💻 www.flymna.com, und verbindet die Stadt so mit Yangon. Es ist aber nicht auszuschließen, dass bei wenig Betrieb auch mal ein Flug gestrichen wird. Taxis nehmen um die 3000–5000 Kyat in die Stadt.

Nördlicher Shan-Staat

Während der südliche Shan-Staat mit dem Inle-See von fast jedem Myanmar-Reisenden besucht wird, sieht der nördliche Teil weniger Besucher und ist daher ein Tipp für alle, die es etwas ruhiger mögen. Einzig das kleine Örtchen Hsipaw hat es bisher auf die touristische Landkarte geschafft – als Ausgangsort für Trekkingtouren in die Hügel und Berge der Umgebung. Eigentlich schade, denn auch der benachbarte, kleinere Ort Kyaukme lässt sich als Startpunkt nutzen und bietet darüber hinaus den Vorteil, völlig untouristisch zu sein. Und Lashio, das wirtschaftliche Zentrum der Region, bietet eine spannende Umgebung mit traumhaften Landschaften und verwunschenen Wasserfällen – echtes Abenteuerland, das auf Entdeckung wartet.

Kyaukme

36 km westlich des Traveller-Städtchens Hsipaw, an der Straße, die von Mandalay über Pyin U Lwin nach Lashio und weiter nach China führt, liegt die kleine Bezirkshauptstadt Kyaukme [5568]. Bisher verirren sich nur wenige Reisende hierher: Sie suchen nach Zielen *off the beaten track* und erkunden die Umgebung auf ein- oder mehrtägigen **Trekkingtouren** (nur mit Guide; s. u.).

Bei einem Spaziergang durch die Stadt sollte man dem lebendigen **Markt** einen Besuch abstatten. Vielleicht findet sich hier das ein oder andere ungewöhnliche Souvenir. Südwestlich des Marktes krönt die **Pyi-Lone-Chan-Tha-Pagode** des gleichnamigen Klosters einen kleinen Hügel; der Aufstieg lohnt allein schon wegen des Ausblicks. Nahebei liegt das 1958 gegründete **Thiho-Paryatt-Sarthin-Taik-Kloster**. In der mit einem siebenstufigen Dach geschmückten Andachtshalle befindet sich eine große Buddhafigur. Ein bunter **chinesischer Tempel** erhebt sich direkt neben dem Treppenaufgang zur Pyi-Lone-Chan-Tha-Pagode. In der Umgebung der Stadt verteilen sich weitere Tempel und Pagoden – etwa 30 an der Zahl. Lohnend ist ein kleiner Spaziergang zum südöstlich des Zentrums gelegenen **Wat Nam Jeit Lin**. Hier findet sich eine etwa 5 m hohe Buddhastatue, die komplett aus Bambus geflochten ist. Im Unterschied zu anderen, die die gleiche Herstellungstechnik aufweisen, ist sie jedoch nicht vergoldet – das Flechtwerk also gut sichtbar. Wer Glück hat, trifft den hier lebenden Mönch U Nyanavara; der spricht ziemlich gut Englisch und freut sich über Besucher, die sich für Buddhismus und Meditation interessieren.

ÜBERNACHTUNG

Die Auswahl an Unterkünften in Kyaukme ist überschaubar.

A Yone Oo Hotel, Shwe Pi Oo Rd., ✆ 082-40183, 09-523 2210, [5570]. Die einstmals einzige Unterkunft, in der Ausländer schlafen konnten, hat ihre besten Tage mehr als hinter sich. Die einfachen 10-Dollar-Zimmer mit ihren Graffitiverschmierten Wänden könnten im Film als Kulisse für eine miese Drogenhöhle dienen. Die

Luftige Fahrt im Schneckentempo

© ANDREA MARKAND

Der **Gokteik-Viadukt** liegt auf der Strecke zwischen Pyin U Lwin und Kyaukme und ist die berühmteste Eisenbahnbrücke Myanmars. Sie wurde 1899 von den Briten in Auftrag gegeben. Die amerikanische *Pennsylvania and Maryland Bridge Construction Company* übernahm den Bau. Die Stahlkomponenten wurden eigens aus den USA herbeigeschafft. Der Viadukt erregte bei seiner Fertigstellung im Jahr 1900 wegen seiner technischen Perfektion weltweit Aufsehen. Seinerzeit war er der zweitgrößte der Welt. Die Strecke von Naung Hkio nach Hsipaw wurde Mitte 1901 eröffnet, der Rest bis Lashio folgte zwei Jahre später. Der Viadukt ist fast 800 m lang und knapp 111 m hoch. Die inzwischen einmal renovierte Brücke wird äußerst vorsichtig im Schritttempo befahren – ein Erlebnis für Eisenbahnfans. Wer das noch erleben will, sollte sich beeilen: Eine neue Brücke soll entstehen, und wenn alles nach Plan läuft, fährt vielleicht schon 2020 der letzte Zug über das stählerne Denkmal. Wir hörten, dass der alte Viadukt dann renoviert und einige Jahre später als Fußgängerbrücke wieder zugänglich gemacht werden soll.

besser ausgestatteten Räume im Reihen-Bungalow weiter hinten sind auch nicht wirklich einladend: maximal Notunterkunft. ❶–❷

Hotel Kaw Li, etwa 6 km vom Zentrum entferntes Motel an der Straße von Muse nach Mandalay, ✆ 099-7024 5100. Dieses „bessere" Hotel hat sogar einen Pool. Die Zimmer sind zwar nicht wirklich schön eingerichtet, aber geräumig. Großer Nachteil: Drumherum ist – gar nichts. Wir empfehlen daher eine Übernachtung in der Stadt. Das gilt auch für das neuere, schickere **Hotel Harmony Inn** weiter östlich am Muse-Mandalay-Highway, 5 km vom Zentrum, 💻 fb.com/HHarmonyInn. ❸–❹

€ **Northern Rock Lodge**, 4/52 Shwe Pi Oo Rd., ✆ 082-40660, 09-527 6133, ✉ northernrock.kme@gmail.com. Kleiner Familienbetrieb mit gastfreundlicher Atmosphäre. 15 einfache Zimmer, teils mit eigenem, teils mit Gemeinschaftsbad. Kein Zimmer gleicht dem anderen: preiswert (ab US$6), immer relativ schlicht, aber bemerkenswert individuell – eine wohltuende Abwechslung zum Hotelflur-Einerlei. Hier bekommt man auch beste Kontakte zu Tourguides und Tipps für Ausflüge. ❶

One Love Hotel, 1/139 Pin Lon Rd., ✆ 082-40943, 094-730 7252, ✉ onclovehotel.kme@gmail.com. In den 2 höchsten Häusern

der Innenstadt finden sich mehr als 40 recht gut in Schuss gehaltene DZ mit eigenem Bad sowie ein paar größere Familienzimmer. Inkl. Frühstück und WLAN; Ersteres okay (Reis und Nudeln), Letzteres kann man vergessen. ❸

ESSEN

Die Restaurants öffnen etwa um 10 Uhr und schließen recht früh (ca. 21 Uhr), also nicht zu spät zum Abendessen losziehen.

Viele liegen in der Querstraße südlich des Marktes, so das **Sein Restaurant**, das **Yunan Restaurant** sowie das **Lucky** und das **Joy Restaurant**, alle mit **chinesischer Küche** und ein paar Extras. Englische Speisekarten sind bei der Auswahl hilfreich. Im Sein Restaurant können sich Mutige einen ziemlich starken Reisschnaps mit Ginseng als Verdauungshilfe gönnen.

Das **Zillion** in der Nähe des One Love Hotel bietet neben chinesischer auch eine Auswahl thailändischer Gerichte.

Frischgezapftes und kleine Snacks gibt es in der **Bierstube** gegenüber vom alten Kino; hier ist manchmal auch noch nach 21 Uhr etwas los.

Eis, Shakes und Waffeln bekommt man tagsüber im hellblau designten **Aye San Milkshake Place** gegenüber vom Lucky, Tee und Samosas im urigen **Pyi Taw Tar Café** nahe dem Markt.

Original Shan-Essen gibt es im **A Chit Ywar** und einigen weiteren Lokalen in der Straße parallel zu den Bahngleisen.

SONSTIGES

Einkaufen

Der **Markt** ist das Herz der Stadt. Hier gibt es so ziemlich alles, was man für eine Tour in die Umgebung brauchen könnte: von frischem Obst als Proviant bis zur Wollmütze für kühle Nächte in zugigen Homestays. Eine Querstraße südlich bietet der **Sin Phyu Taw Minimarkt** weitere Snacks für unterwegs; alles natürlich schön modern in Plastik verpackt ...

Geld

Ein Bankautomat findet sich an der Filiale der **KBZ Bank** gegenüber der Südseite des Marktes.

TOUREN

Ein- oder mehrtägige Wanderungen in die Umgebung von Kyaukme lassen sich mit Guides unternehmen, z. B. mit **Thura**, ✆ 094-730 8497, 🖳 www.thuratrips.page.tl; **Moe Set**, ✆ 094-0372 5869, 🖂 moeset.northernshanstate@gmail.com, 🖳 fb.com/moesettourguide (Büro im Handyladen seiner Familie; „Mobile King"); **Joy**, ✆ 097-9445 4418, und **„Dinousaur"**, ✆ 097-9643 7498.

Aktuelle Sicherheitslage prüfen

Achtung: Immer wieder kommt es in den Bergen der Umgebung zu bewaffneten Auseinandersetzungen zwischen verfeindeten **Rebellengruppen**. Touristen werden zwar nicht gezielt angegriffen, aber wer will schon zwischen die Fronten geraten? Wenn die Gefechte zu nah an Kyaukme heranrücken, sollte man von Ausflügen Abstand nehmen. Die Guides wissen zumeist gut Bescheid und telefonieren z. B. unterwegs mit den Bewohnern der angesteuerten Dörfer, um die Lage zu sondieren. Dennoch wurden im April 2016 zwei deutsche Touristen bei der Explosion einer Landmine verletzt (auf einem mehrtägigen „Adventure-Trek" von Hsipaw nach Kyaukme). 100 %-ige Sicherheit kann es in einer solch unruhigen Umgebung nicht geben.

TRANSPORT

Minibusse

MANDALAY, über Pyin U Lwin, um 8 und 15 Uhr für 8500 Kyat in 5 Std., Abholung an der Unterkunft, Tür-zu-Tür-Service, Tickets über die Unterkunft organisieren.

Busse

LASHIO, ab Busbahnhof um 5.30 und 6 Uhr für 3000 Kyat in 3–4 Std.
MANDALAY, ab Busbahnhof um 5.30 Uhr für 5000 Kyat in 6 Std.

12 HIGHLIGHT

Hsipaw

Das Städtchen Hsipaw ist das meistbesuchte Ziel in der zweiten (nördlicheren) touristisch zugänglichen Schneise, die von der Zentralebene ins Shan-Land führt. Aus dem heißen Mandalay kommend, fühlen sich die meisten Besucher hier schnell wohl, und viele bleiben länger als geplant. Das liegt wohl auch an der reizvollen Umgebung: an den Palaung- und Shan-Dörfern, die man erwandern kann, sowie einigen interessanten Ortschaften im Umkreis – der Business-Metropole Lashio, dem abgelegenen Bergdorf Namshan und Kyaukme als touristischem Neuland.

Hsipaw war einst Sitz eines Shan-Fürsten, der Anfang der 1950er-Jahre in Amerika seine Traumfrau kennenlernte. Die junge Austauschstudentin Inge stammte aus Österreich und ahnte nicht, wen sie da wenig später in Denver ehelichte. Erst im Land seiner Väter, gab der Prinz sich als solcher zu erkennen. In *Dämmerung über Birma – Mein Leben als Shan-Prinzessin* erzählt Inge Sargent aus der Zeit, in der sie als verehrte *Mahadevi* im Palast lebte, und davon, wie das Militär ihren Mann Sao verschleppte (und wahrscheinlich tötete) und sie nach Europa und später in die USA zurückging, wo sie heute noch lebt und sich mit der Organisation „Burma Life Line" für die Shan engagiert.

Hsipaw
N
0
500 m
Namshan (85 km)
Schrein des Schutzgeistes von Hsipaw
Pagodenfeld
Maha-Nanda-Kantha-Kloster (Bambusbuddha)
Pagodenfeld
ÜBERNACHTUNG
1 Red Dragon Hotel
2 Mr. Charles Hotel
3 Mr. Charles Guesthouse & Hostel
4 Riverside @ Hsipaw Resort
5 Yee Shin Guesthouse
6 La Residence
7 Golden Guest Hotel
8 Lily – The Home
9 The Northern Land
10 Nam Khae Mao (Clock Tower) Guesthouse
11 Ever Green Guesthouse
12 Tai House Resort
13 Mr. Charles Lodge
ESSEN
1 Mrs. Popcorn's Garden
2 Now!
3 Yuan Yuan (Mr. Shake)
4 La Wün Aung
5 Tet Pwint
6 Mr. Pizza
7 The Club Terrace Food Lounge
8 Black House
9 Valentines
10 Pioneer
11 Law Chun (Mr. Food)
12 San Restaurant
13 A Kaung Kyite Myanmar Food
SCHULE
ALTER SPIELPLATZ
Shan-Palast
POLIZEI
SONSTIGES
1 Bootsvermietung
2 Ko Pee Tour Service
3 Mr. Book
4 Duhtawady Café
Wasserfall (Namtok, 6 km)
BOOTS-ANLEGER
SPORTPLATZ
Sunset Hill
Duthawady
Namtu Rd.
MARKT
Bahnhof
Nam Onn (heiße Quellen), Wasserfall (Namtok, 6 km), Bawgyo-Pagode (8 km), Kyaukme (36 km), Mandalay (130 km)
FEUERWEHR
Aung Tha Pyay St.
MAB Bank
TEEFABRIK
MORGEN-MARKT
KATH. KIRCHE
AYA Bank
KBZ
BAPTISTISCHE KIRCHE
Uhr-turm
Bogyoke Rd.
3
NH 3
Park
Kloster
KRANKENHAUS
Bogyoke Rd.
TRANSPORT
1 Duhtawadi Express (Busse nach Mandalay)
2 Ye-Shin-Company (Busse nach Kyaukme und Mandalay)
3 Thaung Paw Thar (Bus nach Lashio)
4 RC-Bushaltestelle
Mahamyatmuni-Pagode
Sunset Point, Lashio (56 km)
DER NORDOSTEN

Sehenswürdigkeiten

Im Norden jenseits der Bahnlinie liegt in der Gasse gegenüber dem hohen Tamarindenbaum der **Schrein des Schutzgeistes von Hsipaw**, Tong-Sunt Po Po Gyi, der von einer Pagode, Tigerstatuen und kleineren Schreinen umgeben ist. Hinter der Pagode ist an einem Gedenkstein die Legende des Geistes auch auf Englisch verewigt. Folgt man dem weiteren Weg in südwestlicher Richtung, kommt man an Mrs. Popcorn's Garden (S. 440) vorbei zum **Maha-Nanda-Kantha-Kloster**. Es ist von halb verfallenen **Pagodenfeldern** umgeben. Ein altes Klostergebäude aus Holz beherbergt in seiner Gebetshalle eine berühmte Buddhastatue, die 1848 ganz aus Bambus gefertigt und anschließend vergoldet wurde.

Seit Anfang der 1990er-Jahre der Fürstenpalast in Kengtung abgerissen wurde, gehört der im britischen Kolonialstil errichtete **Shan-Palast** *(haw)*, in dem die österreichische Prinzessin bis in die 1960er-Jahre lebte, zu den wenigen erhaltenen und noch bewohnten Residenzen der Shan-Fürsten. Die Villa liegt am Nordrand des Ortes, Besuchszeit ist von 15–17 Uhr. Spende erbeten.

Die **Mahamyatmuni-Pagode** befindet sich im Süden der Stadt und beherbergt eine große Buddhastatue, die jener in Mandalay nachempfunden ist. An der Straße Richtung Mandalay markieren der Nachbau des Goldenen Felsens und ein stehender Buddha den Eingang zu einem weiteren Kloster.

ÜBERNACHTUNG

In Hsipaw gibt es ein breites Spektrum an Unterkünften für jeden Geldbeutel. Alle Hotels bieten WLAN, welches mal mehr, mal weniger stabil ist.

Untere Preisklasse

Ever Green Gh., Thein Ni St., abgehend von der Bogyoke Rd., ✆ 082-80670, 09-527 8274, [9872]. 2-stöckiges Gästehaus mit einfachen, seit Langem bewohnten Zimmern. Im Erdgeschoss recht große Räume mit gefliesten Böden, im 1. Stock schöne Holzböden. Die günstigen mit Gemeinschaftsbädern, teurere Zimmer mit AC und Du/WC sowie TV. ❶

La Residence, 27 Aung Tha Pyay St., ✆ 092-5602 8188, ✉ laresidencehsipaw@gmail.com, [10441]. 4 schöne Zimmer in Bungalows mit AC, Moskitonetzen und eigenem Bad. Zudem schöne Zimmer im 1. Stock eines alten Holzhauses mit Gemeinschaftsbad. Die 2 Zimmer im Erdgeschoss sind nicht empfehlenswert, sie haben zwar ein eigenes Bad, aber es riecht und es gibt keine Fenster. ❷

Mr. Charles Guesthouse – Backpackers Hostel, 105 Auba Rd., ✆ 082-80105, 💻 www.mrcharleshotel.com, [5564]. Bei Travellern seit Jahrzehnten die bekannteste Adresse der Stadt. Die einfachen zellenartigen Zimmer von einst wurden renoviert, heute sind hier 4er-Dorms das Zuhause von jungen Travellern. Bett im Zimmer mit Ventilator US$7, im AC-Zimmer US$10 und mit AC und Badezimmer US$12. Zudem gibt es noch immer ein paar einfache preiswerte DZ mit Gemeinschaftsbad. ❶

Nam Khae Mao Guesthouse („Clock Tower"), 134 Bogyoke Rd., ✆ 082-80088, ✉ namkhaemaoguesthouse@gmail.com, [5563]. Einfache, günstige, abgewohnte Zimmer in diversen Größen mit und ohne Fenster. Ein AC-Zimmer mit Bad. Die Lage an der lauten Hauptstraße ist nicht optimal, doch wer sparen mag, findet hier ein günstiges Bett. ❶

Red Dragon Hotel, Mahaw Gani St., ✆ 092-5832 5553, ✉ reddragonhotel.hsipaw@gmail.com, [9873]. Hohes Haus mit Standard- und Superior-Zimmern (diese haben Kühlschrank) einfachster Art ohne Atmosphäre (außer man spricht Vollverfliesung Charme zu). Frühstück auf der Dachterrasse mit Flussblick. Zimmer können mit und ohne AC genutzt werden, AC dann US$4 teurer. Wer sparen will, nimmt ein Zimmer ohne Bad und Ventilator. ❶–❷

Yee Shin Guesthouse, Mine Pone St., ✆ 082-80711, 09-527 8501, [9875]. Einfaches Guesthouse unter chinesischer Leitung mit 22 kleinen, einfachen Zimmern mit Gemeinschaftsbad. Teils Matratzen auf dem Boden, teils als Bett – ansonsten kaum Einrichtung. Die AC-Zimmer sind mit US$18 zu teuer, die Zimmer mit Ventilator eine Option für alle, die günstig wohnen möchten. ❶

Mittlere und obere Preisklasse

Golden Guest Hotel, 58 Aung Tha Pyay St., Ecke Theinni St., ☎ 082-80073, [10442]. Ende 2016 eröffnetes Hotel mit Zimmern im Haus und in darum herum gruppierten Reihenbungalows. Alle mit hellen Möbeln ausgestattet, TV und eigenem Bad. Die Bungalows sind wesentlich teurer als die Zimmer im Haus, aber nicht wesentlich besser. Pluspunkt sind die Größe und der eigene Balkon. ❷–❹

Lily – The Home, 108 Aung Tha Pyay St., ☎ 082-80318, 80408, 🖳 www.lilythehome.com, [7890]. Saubere komfortable Zimmer, teils mit Balkon, alle mit TV und AC im hohen Haus, geleitet von der sehr freundlichen und hilfsbereiten Lily und ihrem Mann. Aufzug. ❷–❹

Mr. Charles Hotel, neben Mr. Charles Guesthouse, s. o., [10444]. Komfortable AC-Zimmer, Holzfußboden, Wasserkocher, TV mit englischem Programm, eigenes Bad mit Wanne, z. T. Balkon. Inkl. Frühstück. ❸–❹

Mr. Charles Lodge, Naung Gad Village, ☎ 082-80105, 🖳 www.mrcharlesriverviewlodge.com, [10445]. Das schöne Resort liegt abgeschieden bei einem Shan-Dorf etwa 15 Taxi-Minuten südlich von Hsipaw. Eine gute Option für alle, die einsamer in der Natur wohnen möchten. Ansprechende Bungalows, gewohnt gut gemanaged. ❺

Riverside @ Hsipaw Resort, 29/30 Myohaung Village, ☎ 082-80721, Yangon ☎ 01-665 126, 🖳 www.hsipawresort.com, [9874]. Das zur Amata Hotel Group (Ngapali Beach) gehörende Resort markiert das obere Ende des in Hsipaw möglichen Wohnkomforts. Die 10 schön ausgestatteten Doppelbungalows liegen auf der anderen Flussseite, sind jedoch mit einem kostenlosen Shuttleboot an die Stadt angebunden. ❺

Tai House Resort, 38 Sabai St., ☎ 099-527 8275, 🖳 www.taihouseresort.com, [9881]. Die hübschen Reihenbungalows aus Naturmaterialien und das gute Restaurant liegen in einem üppigen begrünten Gartenbereich. Ansprechende Einrichtung, gut gepflegt. Die Deluxe-Zimmer verfügen über TV, Superior-Zimmer bieten kein TV und sind etwas kleiner. Beide eine gute Wahl. ❹–❺

The Northern Land, Mine Pon St., ☎ 082-80713, 🖳 www.northernlandhotel.com, [10443]. Zentrale Lage und einfache ansprechende hell möblierte Zimmer. Alle haben einen kleinen Safe (bis auf Zimmer 402, dieses punktet mit einem Balkon). Gutes Preis-Leistungs-Verhältnis bieten die Standardzimmer, Deluxe bietet wenig mehr als zwei zusätzliche Stühle. ❷–❸

ESSEN

A Kaung Kyite Myanmar Food, Bogyoke, Ecke Namtu Rd. Hier werden traditionelle birmanische Gerichte aufgetischt, vor allem Currys, die mit vielen Beilagen serviert werden. 🕒 vormittags bis früher Abend.

Black House, Holzhaus mit asphaltiertem Innenhof am Fluss nahe dem Markt. Morgens und tagsüber Kaffee, Tee, Limonensaft, dazu Bananenkuchen, Shan-Nudel-Suppe oder Omelette. Gegen frühen Abend sitzt man hier mit einem kalten Bier, ein paar Chips und Blick auf den Fluss besonders schön. 🕒 7 Uhr–Sonnenuntergang bzw. bis der letzte Gast gegangen ist.

La Wün Aung, Namtu Rd., am Sportplatz. Tee, Snacks, chinesische Küche: Dieses seit vielen Jahren bei Einheimischen beliebte Restaurant hat für jede Tageszeit die passende Küche parat – und vermittelt inzwischen auch Touren. 🕒 7–21.30 Uhr.

Law Chun (Mr. Food), Namtu Rd. Das große Restaurant mit chinesischer Küche ist seit Jahren bei Reisenden beliebt. Hier ist es gesellig, denn die großen, runden Tische bieten Platz für 8 Personen. Bier vom Fass. 🕒 8–21 Uhr.

Mr. Pizza, Namtu Rd., am Sportplatz. Dieses eigentlich recht typische, einfache lokale Restaurant hat sein Angebot um das italienische Rundgericht erweitert – zubereitet im selbst gebauten Ofen und trotz des Preises von 7000–9000 Kyat erfolgreich genug, dass sich allabendlich die Traveller einfinden. Aber auch die einheimischen Gerichte sind einen Versuch wert, z. B. der sehr gute Teeblatt-Salat *le-pet thouq* (1000 Kyat). 🕒 7–21.30 Uhr.

Mrs. Popcorn's Garden, auf dem Weg nach Klein-Bagan und dem Bambusbuddha. Die pensionierte Lehrerin Kim Min Te,

DER NORDOSTEN

Die grünen Berge in der Umgebung von Hsipaw locken zu immer neuen Entdeckungstouren.

die Englisch spricht, hat ihren Garten für Besucher mit bequemen Bambusstühlen ausgestattet. Tolle Fruchtshakes, teils aus eigenem biologischem Anbau. Empfehlenswert sind der frische Limetten-Mint-Shake sowie der Shan-Kaffee. Ein paar wenige Gerichte, darunter Shan-Nudeln, aber auch Schnitzel und Kartoffelpüree. Das Gemüse stammt von Freunden, die ebenfalls *organic* wirtschaften. ⌚ 9.30–21.30 Uhr.

Now!, Namtu Rd., Ecke Auba Rd. Im traditionellen Shan-Haus werden in den Abendstunden allerlei Leckereien auf dem Grill gebrutzelt. Die Gäste sitzen im überdachten Innenhof und lassen es sich schmecken. ⌚ 18–21.30 Uhr.

Pioneer, Namtu Rd. Chinesische Küche (mit Fisch, Fleisch oder Huhn), gezapftes Bier und abends eine Vitrine voller verlockender Grillspießchen. Im hinteren Bereich gibt es Billard-Tische, an denen sich die lokale Jugend trifft. Wer neugierig genug guckt, darf bestimmt mitspielen. ⌚ ca. 8–22 Uhr.

San Restaurant, Namtu Rd. Je nach Wetterlage kann man drinnen oder draußen Platz nehmen. Umfangreiche bebilderte englische Speisekarte u. a. mit Shan-Gerichten, außerdem Fleischspieße auf dem Grill. ⌚ 8–23 Uhr.

Tet Pwint, Namtu Rd., am Sportplatz. Frisch gezapftes Myanmar-Bier, dazu größtenteils chinesische Küche (sowie Shan-Nudeln und Fish 'n' Chips) sowie ein paar *Appetizer*: z. B. getrocknetes Rindfleisch oder geröstete Cashewnüsse. ⌚ ca. 10–21 Uhr.

The Club Terrace Food Lounge, 35 Shwe Nyaung Pin St., ✆ 094-0275 2971. Auf einer Holzterrasse am Fluss mit kleineren und größeren Tischen (auch Reisegruppen kommen hier gerne mal vorbei) gibt es neben guter einheimischer Küche auch Gerichte aus Thailand (gute Currys, Lab Moo) und im Westen Beliebtes wie Steak und Pommes. Vegetarier freuen sich über fleischlose Springrolls. Dazu ein Glas Wein oder einen Cocktail (auch alkoholfrei). ⌚ 10–22 Uhr.

Valentines, Zabel St., Ecke Aung Tha Pyay St., ✆ 082-80657. Ob verliebt oder nur mit der Freundin oder der Familie: Hier trifft man sich, um Shakes zu trinken oder eine der leckeren Eiskreationen zu genießen. Wer es deftiger mag, nimmt einen Hamburger. ⌚ 10– 21 Uhr.

Yuan Yuan (Mr. Shake), Mine Pun Rd., ✆ 094-0373 1865. Bei „Mr. Shake" und seiner Familie gibt es auch nach seinem Umzug in ein größeres, neues Restaurant die beliebten frisch gemixten, sehr leckere Shakes. Hinzugekommen ist eine Speisekarte mit einer recht großen Auswahl; neben den klassischen günstigen Reis- und Nudelgerichten für Traveller auch ein paar etwas teurere (aber mit 3000–4000 Kyat immer noch bezahlbare) Gerichte im Thai- und malayischen Stil. Beliebt sind auch die Mojitos und der Caipirinha (mit Mandalay-Rum). ⌚ 7–22 Uhr.

SONSTIGES

Einkaufen

Artikel des täglichen Bedarfs gibt es auf dem **Markt**, den man am besten morgens aufsucht. Einige kleine Läden haben Wasser, Cola und Kekse. Wer eine Tagestour plant, kann sich hier morgens mit Proviant eindecken. Kleidungsgeschäfte am Markt verkaufen Shan-Hosen und Taschen. Wer Lesestoff sucht, findet bei **Mr. Book** in der Hauptstraße gegenüber dem neuen Kloster einige Bücher in englischer Sprache (und einen interessanten Gesprächspartner).

Fahrrad- und Mopedverleih

Räder und Mopeds werden von verschiedenen Gästehäusern vermietet bzw. vermittelt. Einfache Fahrräder um 3000 Kyat/Tag, Moped 10 000 Kyat/Tag.

Touren und Reisebüros

Trekkingtouren unterschiedlicher Dauer werden von den meisten Unterkünften und einigen Restaurants vermittelt, u. a. erfolgreich von Mr. Charles, Lily the Home und Tai House.
Sehr erfahren ist auch **Ko Pee Tour Service**, bei Mr. Charles und an der Hauptstraße, ✆ 09-201 9072, ✉ skminyu@gmail.com, ⌚ tgl. 7–9 und 16–18 Uhr. Meist lernen die Teilnehmer „ihren" Guide am Tag vorher kennen und besprechen die Route.
Ein empfehlenswerter freischaffender Guide ist **Kham Lu**, ✆ 092-5069 3985, ✉ kyawmoonoo@gmail.com, 💻 fb.com/khamluhsi. Zwei Personen zahlen zusammen für einen Tagestrip US$40 (zum Wasserfall) bis US$50 (*minority villages* und Teeplantage).
Bootstouren mit Besuchen in den umliegenden Dörfern sind eindrucksvoll und beschaulich. Eine dreistündige Tour kostet etwa 25 000 Kyat pro Boot (Abfahrt 8 Uhr, Dauer 3 Std., Buchung über die Unterkunft). Wer kürzer oder zu einer anderen Zeit fahren will, kann sich ein Boot für etwa 8000 Kyat pro Stunde direkt am Anleger mieten.

TRANSPORT

Taxis

Ab Hsipaw werden oft Sammeltaxis organisiert (Aushänge dann an der Lobby, z. B. bei Mr. Charles). Die Preise gelten p. P., sofern 4 Personen mitfahren. Diese *shared taxis* fahren gegen 9 und 15 Uhr. Auf Wunsch kann man die Zeiten aber auch den eigenen Reiseplänen etwas anpassen (wenn man beispielsweise auf einem Trek ist).
INLE-SEE, für 25 000 Kyat in 7 Std.
KALAW, mit Taxis zum Inle-See für 25 000 Kyat in 6 Std.
MANDALAY, für 16 000 Kyat in 5 Std.

Busse

Bustickets für Langstreckenbusse werden in den Unterkünften und den meisten Tour-Services vermittelt. Busse nach Mandalay mit der Ye-Shin-Company auch direkt am Office. Der Busticketverkauf ist nur von 7.30–17 Uhr möglich. Tickets sollten unbedingt am Vortag besorgt werden, um einen Platz sicher zu haben.
BAGAN, Direktbusse werden von den wenigsten Agenturen verkauft, da die Busse alt sind und die Touristen daher immer unzufrieden. Wer unbedingt durchfahren will, kann versuchen, ein Ticket für den 19-Uhr-Bus zu bekommen (19 500 Kyat, ab RC-Bushaltestelle,11 Std.).
INLE-SEE, um 15.30, 16.30 Uhr (Pick-up am Hotel) für rund 16 000 Kyat in 14 Std.
KALAW, mit den Bussen zum Inle-See, für rund 16 000 Kyat in 10 Std.
KYAUKME, mit den Mandalay-Bussen, Fahrtdauer etwa 1 Std.
LASHIO, um 5.30 Uhr mit Thaung Paw Thar für 2500 Kyat in knapp 2–3 Std.
MANDALAY, Busse mehrerer Anbieter (Duhtawadi Express, Ye-Shin-Company) um 5,

5.30 und 7.30 Uhr für 6500 Kyat sowie Minibus um 7.30 Uhr für 9000 Kyat in 6 Std.
PYIN U LWIN, mit den Mandalay-Bussen zum Mandalay-Preis, 3 Std.
TAUNGGYI, um 16.30 Uhr für 16 300 Kyat in ca. 14 Std.
YANGON, um 15.30, 16.30 und 18.30 Uhr für 16 500–21 300 Kyat in 13 Std.

Eisenbahn

Wer viel Zeit hat, kann auch Bahn fahren. Die gemütliche Fahrt führt über den Gokteik-Viadukt (S. 435, Kyaukme) und bietet unterwegs schöne Ausblicke auf die Landschaft. Tickets gibt's jeweils eine Stunde vor Abfahrt am **Bahnhof**.
Richtung MANDALAY fährt der Zug um 9.40 Uhr. Die Stadt ist nach ca. 13 Std. erreicht. Eine gute Idee ist es, nur bis PYIN U LWIN zu fahren (dabei überquert man den Viadukt) und von dort die Reise auf der Straße abzukürzen. Tickets nach Pyin U Lwin kosten 1200/2750 Kyat *(ordinary / upper class)*; Fahrdauer ca. 8 Std.
Nach LASHIO um 15.15 Uhr, Ankunft 19.35 Uhr, für wenige tausend Kyat.

Die Umgebung von Hsipaw

Ausflüge in die nahe Umgebung (vgl. eXTra [5563]) können mit und ohne Guide unternommen werden. Kartenmaterial für Trips auf eigene Faust hat Mr. Charles, der auch von guten Guides geführte Wanderungen und Motorradtouren anbietet. Die meisten dauern etwa vier Stunden. Hartgesottene Trekkingfans können aber auch mehrtägige Touren aushandeln, bis hin zu siebentägigen Wanderungen, die im 85 km entfernten Palaung-Städtchen Namshan enden. Sie sind allerdings aufgrund der unruhigen Lage in einigen Gebieten nicht immer möglich.

Sunset Point

Zum Sonnenuntergang lohnt ein Spaziergang zur auf dem 9 Pagodas Hill gelegenen Pagode, die als **Sunset Point** bekannt ist. Auf der Straße nach Lashio geht es zuerst über die große Brücke, dann zweigt ein Weg nach rechts zur Pagode auf dem Hügel ab.

Wasserfall Namtok

Der Wasserfall liegt etwa 6 km südwestlich der Stadt und ist ein beliebtes Ziel für halbtägige Wanderungen auf eigene Faust. Den schönsten Einstieg bietet die Tour, die bei Mr. Charles beginnt. Direkt hinter den Bahngleisen links halten. Durch Reisfelder geht es bis zur großen Straße nach Mandalay (aus der Stadt kommend ist die erste Strecke auf dieser viel befahrenen Straße nicht so schön). Direkt hinter der Brücke rechts halten, den Waschplatz rechts liegen lassen und durch den buddhistischen Friedhof gehen (nicht das rechte Tor, hier geht es zu den heißen Quellen). Vor dem Eingang zum Kloster (rechts liegt ein goldener Stupa) links halten und über den chinesischen Friedhof rechter Hand auf den Hügel hinaufgehen. Hier befindet sich die örtliche Müllkippe, eine nicht sehr schöne Etappe. Von hier oben sieht man rechter Hand bereits den Wasserfall. Bald ist das Bachbett erreicht, dem man vorbei an mehreren einfachen Gehöften folgt. Der Pfad wird schmaler und führt auf Dämmen am Rand der Reisfelder entlang. Mehrere kleine Wasserläufe sind zu überqueren. Am Ende geht es noch einmal recht steil einen schmalen Pfad hinauf: Es lohnt, denn hier lockt ein Badepool unter dem Wasserfall. Schwimmsachen nicht vergessen.

Bawgyo-Pagode

Diese Pagode, die 1995 renoviert wurde, liegt etwa 8 km außerhalb von Hsipaw Richtung Mandalay. Sie gilt als eine der heiligsten Stätten des nördlichen Shan-Staates und wird vor allem am alljährlichen Pagodenfest (zum Tabaung-Vollmond, Feb/März) von zahlreichen Pilgern besucht.

Heiße Quellen von Nam Onn

Einige Kilometer westlich der Stadt Richtung Kyaukme gibt es bei einem Shan-Dorf heiße Quellen namens Nam Onn. Wer keine hohen Ansprüche hat, kann sich hier für einen geringen Eintritt wärmen. Bei Touren mit einem Führer wohnt man unterwegs der **Gewinnung von Salz** aus salzhaltigem Grundwasser bei, die vor etwa 100 Jahren von deutschen Ingenieuren initiiert wurde. Zu Fuß dauert eine Wanderung etwa zwei bis drei Stunden. Ein Rundweg startet wie die Wanderung zum Wasserfall. Nach der Brücke geht es rechter Hand weiter, man folgt der rechten Straße durch das Tor und durchquert den muslimischen Friedhof. Es folgt ein Dorf. Nach etwa 30 Minuten ist Nam Onn erreicht. Nun den Weg weiter fortsetzen, die Straße mündet in die Straße am Mamorbuddha.

Namshan

Das Palaung-Städtchen Namshan [5557] liegt etwa 85 km nördlich von Hsipaw auf fast 2000 m Höhe. Es ist eine Ansiedlung von Teebauern, die hier hervorragenden grünen Tee (zum Trinken und als Salat *le-pet thouq*) produzieren. Abseits der Haupt-Handelsrouten in den Tälern scheint die Zeit auf diesem Bergkamm langsamer zu fließen: Die Hauptstraße ist gesäumt von gut gepflegten Holzhäusern, wenig Verkehr stört die Ruhe, die Anwohner sind beschäftigt mit der Verarbeitung ihrer Ernte und schauen Besucher fast ein wenig verwundert an.

Zu Fuß lassen sich der Ortskern und die nahe gelegene **Sayan-Gyi-Pagode** erkunden. Man erreicht sie, wenn man die Hauptstraße am Guesthouse vorbei etwa 1 km bergauf weiterfährt; dann geht man den überdachten Treppenaufgang hoch. Von der Plattform, auf der Dutzende von Stupas stehen, hat man einen schönen Ausblick. Unterwegs können einige weitere Klöster und Pagoden besucht werden. Englisch wird dort allerdings kaum gesprochen.

Die **Tee verarbeitenden Betriebe** erlauben höflichen Besuchern sehr gern einen Einblick in ihre Tätigkeiten. Besonders interessant ist die kleine **Le-pet-Fabrik** ein paar hundert Meter vom Guesthouse die Straße hinauf (auf der linken Seite).

Wer mit einem Moped unterwegs ist und sich eine schwierige Fahrt über sehr grob gepflasterte Wege zutraut, kann der Hauptstraße durch das Dorf weiter geradeaus folgen: Nach dem Passieren einiger Dörfer erreicht man nach etwa 30–40 Minuten Fahrzeit die in der Region sehr berühmte **Daung-Yo-Pagode**, von der aus man eine fantastische Aussicht hat.

Mehrtägige **Treks in die Umgebung** oder zurück nach Hsipaw können im Guesthouse organisiert werden. Es gibt allerdings nur drei Guides im ganzen Ort, und wenn die unterwegs sind, muss man sich eventuell gedulden.

Übernachten können Gäste im **Shwephe Taung Tan Cooperative Guesthouse**, N0-B/126 Myole Qr., ✆ 033-33200, 094-731 4180, [5559], in kleinen, einfachsten Zimmern mit sehr harten Matratzen für wenige 1000 Kyat p. P. Manager U Htun Hling ist Ansprechpartner in Sachen Trekking, ❶. Neuer ist das **Green Tea Land Hotel**, zu dem uns noch keine Informationen vorliegen – außer, dass es wohl komfortabler ist als das alte Guesthouse. Aber das ist auch nicht schwer ...

Die **Anreise** erfolgt entweder mit dem Pickup-Taxi aus Hsipaw oder mit dem Moped über eine Straße, die schöne Ausblicke in die Bergregion erlaubt, vgl. eXTra [5561]. Die **Abreise** kann auch zu Fuß als mehrtägiger Trek nach Hsipaw erfolgen. Die Benutzung der Straße nach Kyaukme ist nicht erlaubt.

Achtung: Namshan war zum Zeitpunkt der letzten Recherche wieder einmal „verbotene Zone". Das kann sich im Verlauf der Auflage durchaus wieder ändern. Wir raten allerdings dringend davon ab, mit einem verantwortungslosen Guide oder gar auf eigene Faust mit dem Moped hier hinzufahren, solange das Gebiet gesperrt ist.

Lashio

Lashio [5553] liegt 854 m über dem Meeresspiegel und wirkt, obwohl noch einige Kilometer von der Grenze zu China entfernt, wie eine Grenzstadt. Die chinesisch-birmanische Handelsstadt hat ein ganz besonderes Flair: Zahlreiche Händler aller Couleur mischen sich hier, vom chinesischen Schmuggler mit Sonnenbrille und Bomberjacke bis zur traditionell gekleideten Marktfrau aus den Bergen. Die Stadt eignet sich hervorragend für Reisende, die Ziele abseits der Touristenroute suchen. Englisch spricht in Lashio kaum jemand, doch einige Angestellte in den Hotels können als Übersetzer weiterhelfen. Und auf der Straße wird zur Not so lange herumgefragt, bis jemand helfen kann. Kontakte zu Marktfrauen, Tuk-Tuk-Fahrern und Geldautomaten-Bewachern sind hier rasch geknüpft.

Lashio
N
0
1000 m
Bahnhof
Muse, chinesische Grenze (182 km)
3
Park
Station Rd.
KIRCHE
BUDDH. VERSAMM-LUNGSHALLE
KIRCHE
Mahamyatmuni-Pagode
Bagan St.
Theinni Rd.
San Kaung St.
Pyay St.
Bogyoke Rd.
Hninn Si St.
ATM
MARKT-GASSEN
Lan Ma Taw Rd.
Pya Taung St.
(Thukka St.)
Hsenwi St.
ZENTRAL-MARKT
KBZ Bank
NACHT-MARKT
KINO
KRANKENHAUS
0
200 m
STADION
NH 3
Mansu-Pagode
Mansu-Shan-Kloster
2500-Jahre-Pagode (Thatana 2500 Year Phaya)
Lashio Gyi
ESSEN
1 Dim Sum
2 Essensstände
3 Mai Mai Kachin Traditional Food
4 New Sun Moon Bakery
5 Lashio Restaurant
6 Ngwe Hnin Phyu Restaurant
7 chinesisches Restaurant
SONSTIGES
1 Myanmar Adventure Outfitters
s. Ausschnitt oben
Lashio Lay
TRANSPORT
1 Sun Far Travel & Tours
2 Tuk Tuks
3 Bustickets nach Mandalay und Yangon
4 Busbahnhof
5 Busse nach Hsipaw
ÜBERNACHTUNG
1 Lashio Motel
2 Two Elephants Hotel
3 Golden Hill Hotel
4 Hotel Lashio CS
5 Lashio Power Hotel
6 Royal Ground Hotel
Myo-U-Zedi-Pagode
Mandalay St.
Hsipaw (74 km), Mandalay (282 km)
Kuan Yin San (chinesisches Kloster)
DER NORDOSTEN

Die Stadt unterteilt sich in **Lashio Lay** und **Lashio Gyi** (Klein-Lashio und Groß-Lashio), wobei Letzteres der neuere Teil ist. Die Theinni Road verbindet die beiden Stadtteile.

Der Besuch Lashios bietet sich als Tagesausflug von Hsipaw an, wenn man nach Treks durch die Dörfer des Shan-Landes mal etwas Stadtluft schnuppern möchte. Es ist zudem ein Zwischenstopp für Reisende auf dem Weg nach Muse zur chinesischen Grenze (S. 449).

Sehenswürdigkeiten

Auf die **Mansu-Pagode** in Lashio Gyi führt ein kurzer Treppenaufgang. Das Innere der Pagode ist mit zahlreichen Spiegelmosaiken geschmückt. Auf der anderen Straßenseite befindet sich ein Shan-Kloster, in dessen großer Versammlungshalle ein Buddha mit ernstem Gesichtsausdruck auf die Gläubigen herabblickt. Ebenfalls auf einem Hügel steht die **2500-Jahre-Pagode (Thatana 2500 Year Phaya)**. Über eine Serpentinenstraße im Südwesten können Autos bis auf das Gelände fahren. Zu Fuß ist die Pagode, die 1957 erbaut wurde, über einen parallel verlaufenden, überdachten Treppenaufgang zu erreichen. Von oben bietet sich ein Rundblick über Lashio Gyi. In einem Seitenschrein neben der Pagode stehen Bo Bo Aung und Bo Min Gaung (der strenge Herr mit Stab) und eine lebensgroße Figur des Sai Gayatri (auch: Sai Baba), eines indischen Gurus, der z. B. auch im Sri-Shiva-Krishna-Tempel in Yangon sehr verehrt wird. Neben diesem indischen Einfluss zeugen chinesische Figuren von der gegenseitigen Beeinflussung der Religionen. Dem Kloster ist ein internationales Vipassana-Meditationszentrum angeschlossen.

In der im Jahr 1995 erbauten **Mahamyatmuni-Pagode** nördlich vom Markt wird eine goldene Buddhastatue verehrt. Die angeschlossene Versammlungshalle wird an buddhistischen Festtagen für Vorträge genutzt.

Von Mandalay kommend fahren die Busse am Ortseingang an der 2006 erbauten **Myo-U-Zedi-Pagode** vorbei. Auf dem weitläufigen, schön angelegten Gelände fallen die 45 m hohe goldene Pagode und ein sitzender Buddha unter einer ihn beschützenden Schlange auf. Nahe dem Lashio Motel lockt ein etwas verwahrloster Park Klein und Groß zu Karussellfahrten, Rollerskating oder Picknick.

Viele Chinesen leben bereits seit Generationen in Lashio und den Dörfern der Umgebung. Ein Ort des friedlichen Austauschs und der Besinnlichkeit ist das eindrucksvolle chinesische Kloster **Kuan Yin San** auf einem Hügel südlich von Lashio Lay. Bei dunstigem Wetter mit schwer am Himmel hängenden Wolken wähnt man sich im Film *Der Name der Rose* – wären da nicht die Buddhafiguren und die Nonnen, die hier leben. Das Kloster, erbaut 1950, beherbergt 50 Frauen; besonders die jungen Nonnen sind sehr freundlich. Wer mit Dolmetscher kommt, kann viel Wissenswertes über das Leben im Kloster erfahren.

ÜBERNACHTUNG

Die meisten Hotels bieten mittlerweile WLAN; die Qualität ist einigermaßen gut. Ein Fernseher, oft ein moderner Flatscreen, steht nahezu in jedem Zimmer; allerdings bleibt die Qual der Wahl – zwischen myanmarischen und chinesischen Programmen.

Golden Hill Hotel, 23 Bagan St., Ecke Hninn Si Rd., ✆ 082-25656, 🖳 www.lashiogoldenhillhotel.com, [7875]. 50 sehr schöne, teils große Zimmer der gehobenen Kategorie mit hellem Fliesenboden und Bädern mit Granitablage. Die teureren Zimmer mit dunklen Sitzmöbeln und Badewanne, die günstigeren mit winzigen Bädern. Alle Zimmer mit TV, AC, Kühlschrank und Trinkwasserbehälter. Inkl. Frühstücksbuffet. ❹–❻

Hotel Lashio CS, Hninn Si St., Ecke San Kaung St., ✆ 082-26076Ⓞ [10446]. Saubere, einfache, recht kleine Zimmer. Wasserkocher, Kühlschrank, gute AC. Zentrale Lage und gutes Preis-Leistungs-Verhältnis. Frühstück inkl., aber eher mäßig. ❸

Lashio Motel, Station Rd., ✆ 082-220 2762, [7873]. Recht große, bieder möblierte Zimmer und eher Ziel für Reisegruppen. Doch in dem 2-stöckigen Kolonialbau neben dem Neubau schnuppert man historische Atmosphäre – was durchaus seinen Reiz haben kann. ❸–❹

Lashio Power Hotel, San Kaung St., ✆ 082-22387, [10447]. Einfaches, vor allem bei

Einheimischen und Chinesen beliebtes Haus. Günstige Zimmer für den gebotenen Standard. EZ, DZ und 3-Bett-Zimmer. Freundliche Leute. Frühstück nicht inkl. ❷

Royal Ground Hotel, 34 Theinni Rd., ✆ 082-30835, [5556]. Kleines, freundliches Guesthouse mit sauberen, unspektakulären AC-Zimmern (teils Teppichboden). Etwas ruhiger liegen die Zimmer im hinteren Anbau zu einem Innenhof. ❸

Two Elephants Hotel, 36 Bogyoke Rd., ✆ 082-220 4112, [10448]. Ruhig gelegen (es sei denn im Kloster nebenan ist etwas los), nahe dem Zentrum in entspannter Wohngegend. Das große Haus ist auf Geschäftskunden eingestellt, doch die Zimmer haben auch uns überzeugt. Wer mit Familie reist und das nötige Kleingeld hat, kann in der riesigen Family-Suite für US$65 einziehen. Aus riesigen Fenstern bietet sich hier eine fantastische Sicht auf Stadt und Berge. Auch die Deluxe-Räume haben alle ein großes Fenster. Bäder mit Regendusche. Aufzug. ❸

ESSEN

Die Restaurants schließen zeitig. Auch wenn der ein oder andere Laden mal etwas länger geöffnet hat, man sollte versuchen, vor 21 Uhr gegessen zu haben. Auf dem **Nachtmarkt** in der Gasse von der Sankaung St. zur Moschee gibt es hervorragende, sehr günstige Wantan- und Nudelgerichte sowie Suppen. Hier geht es gegen 15 Uhr mit dem Aufbau los, die Ersten packen gegen 20.30 Uhr schon wieder ein. Tagsüber bieten **Essensstände** an der Mahamyatmuni-Pagode neben Fleischspießen vom Grill auch Samosas und anderes Fettgebackenes an.

Dim Sum, Bogyoke Rd., Ecke San Kaung St., ✆ 099-7400 8688. Überdachtes offenes Dim-Sum-Lokal. Hierher kommen viele chinesische Gäste, denen es sichtlich schmeckt. Für Dim-Sum-Fans also eine gute Adresse. 🕒 11–21 Uhr.

Lashio Restaurant, Theinni Rd., Ecke San Kaung St. Das altertümliche Restaurant bietet chinesische Küche und galt lange bei Einheimischen als „für Touristen geeignet". Heute ist es nicht mehr erste Wahl, aber die Küche soll noch okay sein. 🕒 9–21 Uhr.

Mai Mai Kachin Traditional Food, San Kaung Rd., ✆ 094-100 2565. Das kleine, hübsch dekorierte Restaurant bietet exzellente Kachin-Spezialitäten, z. B. das beliebte *Kachin*

In den einfachen lokalen Restaurants schmeckt es oft am besten.

DER NORDOSTEN

Chicken, ein Curry mit vielen Kräutern, oder *Chinsogati Beef*, Rindfleisch, das mit einer säuerlichen Frucht zubereitet wird, die in den Hochlagen des Shan- und Kachin-Staates wächst. Anschließend zum Verdauen *Myitkyina Tsa Pi* probieren: den traditionellen, ziemlich starken Kachin-„Reiswein". ⌚ 10–22 Uhr.

Ngwe Hnin Phyu Restaurant, San Kaung St., ✆ 082-22639. Das Buffet wie die frisch zubereiteten Gerichte in dem einfachen, gut besuchten Restaurant schmecken toll und sind preiswert. Keine englische Karte, aber hilfsbereite, Englisch sprechende Familienmitglieder. Gegenüber liegt ein nur in Birmanisch beschriftetes Restaurant mit chinesischer Küche und ähnlich einfach familiärem Ambiente. ⌚ 10–20 Uhr, gegenüber oft länger als 21 Uhr.

New Sun Moon Bakery, Theinni Rd., Höhe Bogyoke St. Café und Bäckerei mit gutem Kaffee, Shakes und Fruchtsäften. Zudem Eiskreationen und viel süßes Gebäck. Tagsüber kann man durch eine Glasscheibe den Bäckern beim Verzieren von Torten zusehen. Zudem erstaunlich leckeres Essen: Reisgerichte (einige richtig scharf), Nudeln und Suppen. Wer mag, bekommt auch einen Chicken-Burger mit Pommes, über dessen Qualität wir jedoch nichts sagen können. ⌚ 7–21 Uhr.

SONSTIGES

Reisebüro

Sun Far Travel & Tours, A2 Theinni Rd., ✆ 082-25183, 💻 www.sunfartravels.com. Das Büro bietet Reisehilfen aller Art, u. a. kann man hier auch Flüge buchen. Einige Airlines haben aber auch eigene Büros in der Stadt (S. 449).

Trekking

Einige Gebiete der Umgebung sind *off limits*, also niemals alleine losziehen! Doch wer sich einem Guide anschließt, wird viel Neuland entdecken können, denn auch hier regt sich erster Trekkingtourismus.

Myanmar Adventure Outfitters, 2 Kwa Nyo Rd., ✆ 097-9536 6426, 💻 http://myanmaradventureoutfitters.com/. Firmengründer Byron Hartzler legt Wert auf einen nachhaltigen Tourismus: Es geht nicht nur um den Spaß der Gäste, sondern auch um Respekt und Hilfe für die lokale Bevölkerung.

Badespaß mit Thrill beim Sprung ins kühle Nass

Byron und sein Team erkunden die Region: Immer neue Touren kommen ins Programm. Da es nicht sinnvoll ist (und in der Regel auch nicht erlaubt), auf eigene Faust loszufahren, ist sein Engagement besonders begrüßenswert. Angeboten werden Touren mit dem Mountainbike, dem Motorrad, Stand-Up-Paddling in unberührter Natur, Baden unter einem Wasserfall und Trekkingtouren mit Übernachtungen.

NAHVERKEHR

Ein **Taxi** vom Flughafen in die Stadt kostet um die 10 000 Kyat, aus der Stadt zum Flughafen ist es manchmal etwas günstiger. Für Kurzstrecken mit Taxi und Tuk Tuk zahlt man etwa 2000 Kyat (z. B. zum Busbahnhof).

TRANSPORT

Auto und Taxis

Wer sich in HSIPAW ein Taxi mietet oder mit einem Mietwagen unterwegs ist, kann einen Tagesausflug nach Lashio unternehmen. Die Fahrt dauert auf der gut ausgebauten zweispurigen Straße rund 1 1/2 Std. Die Weiterreise nach MUSE an die chinesische Grenze (5 Std.) ist nur mit Special Permit gestattet.

Busse und Minivans

Busse

HSIPAW, mit den Bussen nach Mandalay (dann zahlt man den vollen Fahrpreis bis dorthin), oder mit dem lokalen Buss um 10.30 Uhr für 2500 Kyat in 2–3 Std. Tickets am besten einen Tag vorher am südlichen Busbahnhof besorgen.

MANDALAY, um 17.30 und 18.30 Uhr über Hsipaw und Pyin U Lwin für 8000 Kyat in 7 Std. Tickets für weitere Langstreckenbusse gibt es an einem Ticketschalter in der Stadt nahe dem Kino, ✆ 082-23528, Abfahrt nach Mandalay dann um 18 Uhr (Ankunft frühmorgens) und YANGON (12 Uhr, Ankunft nächster Tag 10 Uhr); Tickets je nach Ziel und Gesellschaft etwa 12 000–24 000 Kyat.

Minivan vormittags bis MANDALAY, mehrere bis 9 Uhr, Abholung im Hotel, 15 000 Kyat, 7 Std.

Sammeltaxis

MANDALAY, morgens ab 8 Uhr für 20 000 Kyat (Vordersitz) und 17 000 Kyat (Platz auf der Rückbank) in 6–7 Std. Tür-zu-Tür-Service. Wer nur bis Hsipaw mitfährt, zahlt den vollen Preis.

Eisenbahn

Ein Zug startet morgens um 5 Uhr Richtung MANDALAY (Ankunft 21.15 Uhr) über HSIPAW (Ankunft 9.20 Uhr) und PYIN U LWIN (Ankunft 15.55 Uhr). Auf dieser Fahrt überquert man den berühmten Gokteik-Viadukt (S. 435). Tickets kosten nur wenige tausend Kyat.

Flüge

Myanmar National Airlines, 💻 www.flymna.com, fliegt 1x in der Woche nach Mandalay und 3–4x wöchentl. nach Tachileik, Heho und Yangon.

Yangon Airways, 5 Theinni Rd., ✆ 094-2116 6744, 💻 www.yangonair.com, bedient ebenfalls mehrmals wöchentl. Tachileik, Heho und Mandalay.

Muse

Am Eingangstor nach China endet die Straße durch den nördlichen Shan-Staat. Wer sich rechtzeitig in Yangon eine Genehmigung besorgt hat, kann auf der von zahlreichen Lastwagen befahrenen, ständig in Reparatur befindlichen Straße am Lashio über mehrere Hügelketten bis hinauf nach China fahren. Die Busse legen auf der Strecke in Kutkai eine Essenspause ein (gutes Shan-Buffet). Nach mehreren Kontrollstellen und vielen Unterschriften ist schließlich der lebhafte Grenzort erreicht. Im Stadtgebiet von Muse sollte man sich allerdings nur mit Guide aufhalten (und auf keinen Fall die Stadt verlassen). Zehn bewaffnete Milizen herrschen hier; Waffen und Drogen gehören zum Alltag, und in den stacheldrahtbewehrten Kasinos wird jede Menge Geld gewaschen. Auf dem Markt nahe dem Uhrturm und in den Geschäften werden vor allem Billigimporte aus China verkauft, aber auch einheimische Leckereien und Nudelsuppen.

Ruili auf der chinesischen Seite ist eine boomende Stadt mit vielen modernen Einkaufszentren, Geschäften und Hotels, die vor allem mit einheimischen Gruppen belegt sind, die in den Grenzort kommen, um Jade zu kaufen und sich vor dem Grenzstein fotografieren zu lassen.

ÜBERNACHTUNG

Sollte es beim Grenzübertritt zu Verspätungen kommen, kann man in Muse übernachten. Mehrere Hotels liegen rings um den Markt.
Twin Star Hotel, Muse-Jeigao-Gate, gegenüber dem Grenzübergang neben dem Shan-Tempel, ✆ 082-50434, 52162, ✉ twinstarmuse@gmail.com. 3-stöckiges chinesisches Hotel, eines der besten, aber dennoch leider nicht wirklich tollen Hotels der Stadt. Chinesisches Frühstücksbuffet inkl. ❷–❸

SONSTIGES

Geld

Kyat und die chinesische Währung Renminbi (Einheit: Yuan; CNY) werden von zahlreichen Frauen auf und um den Markt gewechselt. US$ werden nicht getauscht.

Grenzübertritt

Der Grenzübergang liegt etwa 1 km westlich des Zentrums, 🕒 6.30–22 Uhr. Für Ausländer ist er nur nach langwierigen Vorbereitungen passierbar und manchmal geschlossen. Das erforderliche **Permit** muss von einem Reisebüro in der Hauptstadt Nay Pyi Taw beantragt werden. Die Bearbeitungszeit beträgt 4 Wochen (Express 2 Wochen). Da es nur für einen bestimmten Tag ausgestellt wird, kann man sich keine Verspätung erlauben. Jeder Ausländer muss von einem Fahrer und Guide bis an die Grenze begleitet bzw. von dort abgeholt werden. Der Grenzübertritt selbst ist langwierig. Von **China** kommend muss das Ausreiseformular mit schwarzem Stift ausgefüllt sein. Erst wenn Myanmar bestätigt hat, dass der Guide mit dem erforderlichen Permit eingetroffen ist, gibt es den Ausreisestempel. Am Posten, der für die Einreise nach Myanmar zuständig ist, sollte man sich auf längere Wartezeiten einstellen, auch wenn niemand sonst zu sehen ist. Nun müssen weitere Formulare ausgefüllt und getippt, bestätigt und kopiert werden. Sind schließlich alle Unterschriften komplett, kann es weitergehen.

Zeitzone

In China muss die Uhr um 1 1/2 Std. vorgestellt werden.

TRANSPORT

Ausländer dürfen, wenn überhaupt, nur mit Sondergenehmigung, einem eigenen Fahrzeug und Guide in das Grenzgebiet nördlich von Lashio reisen. Jenseits der Grenze in Ruili kann man sich frei bewegen. Vom Busbahnhof in Ruili, etwa 3 km von der Grenze entfernt, fahren große Busse in alle größeren Städte der Umgebung. Schalter 🕒 bis 19 Uhr.

Östlicher Shan-Staat

Der östliche Shan-Staat ist auf dem Landweg nur über Thailand erreichbar – wer aus Myanmar anreisen möchte, muss ein Flugzeug nehmen. Grund sind die unruhigen Verhältnisse in der Region, deren östlichster Zipfel Teil des berühmt-berüchtigten „Goldenen Dreiecks" zwischen Myanmar, Thailand und Laos ist. Nur Teile der Region, so die Stadt **Kengtung** (birm.: Kyaing Tong) und die Grenzstadt **Tachileik** stehen unter voller Kontrolle der Regierung. Im Rest des Landes herrschen Milizen, und eine Region, der Wa-Staat mit der Zentrale Mong La an der chinesischen Grenze, hat sogar offiziell einen teilautonomen Status und war Anfang 2019 für Touristen komplett gesperrt.

Ein Besuch im östlichen Shan-Staat lohnt dennoch: Kengtung ist mit seinen alten Häusern und unzähligen Tempeln und Klöstern für manche eine der schönsten Städte des Landes. Und in der Umgebung können Berge und Täler erwandert werden, die vielen noch ursprünglich lebenden ethnischen Minderheiten ein Zuhause bieten. Aus Sicherheitsgründen sind jedoch bisher nur Tagesausflüge möglich.

Kengtung (Kyaing Tong)

Die einstige Fürstenstadt Kengtung [5686] im Grenzgebiet zu Thailand, Laos und China liegt am Naung-Tong-See und blickt auf eine lange Geschichte zurück. Die Einflüsse der angrenzenden Länder sind noch heute spürbar – sie haben die Menschen stärker geprägt als die birmanische Kultur. Grund ist die geografische Lage: Kengtung liegt zwischen den Flusstälern des Thanlwin und des Mekong auf 787 m Höhe und wird im Westen von den 2000 m in die Höhe ragenden Bergrücken des Shan-Plateaus von Zentral-Birma abgetrennt. Der Legende nach war das Gebiet einst von Wasser überspült. Mit einem Zauberstab soll es dem Einsiedler Tungkalasi gelungen sein, den riesigen See trockenzulegen, indem er zwei Kanäle zog. Ein kleiner See blieb, die Kanäle wurden zu den Flüssen Nam Lap und Nam Khon.

In der näheren und weiteren Umgebung der Stadt befinden sich Dörfer von 13 verschiedenen Volksgruppen, darunter den Wa, Shan, En, Akha, Palaung und Lahu. Ein Teil der Berge wird von verschiedenen Armeen dieser Völker kontrolliert – ein Besuch ist Ausländern hier noch untersagt. Andere Gegenden sind auf Trekkingtouren zugänglich. Seit Langem ist die Grenzregion als „Goldenes Dreieck" bekannt, und als dessen heimliche Hauptstadt galt Kengtung. Bis 1993 durfte kein Ausländer hierher reisen, doch inzwischen haben die Regierungstruppen das Gebiet im Griff und es kommt in der näheren Umgebung kaum noch zu Auseinandersetzungen mit den umliegenden Volksgruppen und Drogenproduzenten. Die Bergvölker pflegen weitgehend ihren traditionellen Lebensstil, und so sieht man sie in ihren bunten Trachten auch auf dem Markt von Kengtung. Leider wurden die Wälder rund um Kengtung abgeholzt und damit die wunderschöne Natur nachhaltig zerstört.

In Kengtung erwartet Reisende ein angenehmes Klima. Die Nächte sind kühl und die Tage warm. In der kalten Jahreszeit kann es schon mal 5 °C kalt werden. Dem Wetter entsprechend gehörte auch dieser Ort zu den Lieblingszielen der britischen Besatzer. Noch heute zeugen Bauten aus der Kolonialzeit von dieser Zeit – während die engen Verbindungen zu Thailand sich in der Klosterarchitektur zeigen. Über 30 Pagoden glänzen golden, sodass ein kurzer Spaziergang durch die gemischte Architektur abwechslungsreich ist und malerische Anblicke bietet. Aber wahrscheinlich nicht mehr lange: Investoren aus China drängen vermehrt nach Kengtung, sodass alte Häuser zunehmend hässlichen Neubauten weichen müssen. Die Reste der Stadtmauer und die Tore aus der Zeit der Shan-Fürsten bleiben hoffentlich erhalten.

Im Schatten der Großreiche

Die meisten der 80 000 Bewohner stammen von den Khün ab, einem Volksstamm, der vermutlich im 13. Jh. die fruchtbare Ebene besiedelte, als der nordthailändische König Mengrai sein neu gegründetes Lanna-Reich gen Norden ausweitete. Bis ins 16. Jh. galt die „Stadt des Tung" (Shan: Kengtung, Thai: Chiang Tung), benannt nach dem legendären Einsiedler, als die kleinere Schwester von Chiang Mai. In den folgenden Jahrhunderten war Kengtung mal Zentrum eines unabhängigen Shan-Fürstentums, mal militärischer Vorposten birmanischer Könige. Erst unter den Briten genoss der Saopha von Kengtung wie seine 33 Kollegen im Verbund der Shan-Staaten weitgehende Privilegien. Nach Abgabe des Herrschertitels 1959 wurden infolge des Militärputsches drei Jahre später die meisten Angehörigen des Saopha vertrieben.

Sehenswürdigkeiten

Bei den Einheimischen besonders beliebt ist die **Mahamyatmuni-Pagode**, auch Wat Pha Jao Lung genannt. Die bronzene Buddhafigur, die in den 1920er-Jahren in Mandalay gegossen wurde, steht im Inneren des Tempels und ist eine Replik des dortigen berühmten Mahamuni-Buddhas. Goldene Malereien in Schablonentechnik an den rot gehaltenen Wänden illustrieren die Buddhalegende und Jataka-Geschichten.

Für ausländische Besucher weitaus beeindruckender ist **Wat Jong Kham** (auch: Zom Kham), das sechs Haarsträhnen des Gautama-Buddhas beherbergen soll. Es heißt, dieser sei selbst hier gewesen. Der goldene *hti* des Tempels wird von Rubinen, Diamanten und Saphi-

ren geschmückt. Auch Jade und Silber wurden hier verarbeitet. Zudem fand bei der Herstellung von Fußleisten und Giebeln Zinn Verwendung. Das Klimpern der kleinen goldenen Glocken auf dem *hti* macht den Eindruck einer reichen buddhistischen Stätte perfekt. Auch im Innenbereich glänzt dieser Tempel: Blattgoldbilder auf Lack zeigen Buddhas Lebensgeschichte, goldene Stoffe schmücken die zahlreichen Buddhafiguren, und die verspiegelten Säulen verstärken den imposanten Eindruck.

Schöne Wandmalereien hat auch die im 13. Jh. auf dem Zom-Tom-Hügel errichtete **Sunn-Taung-Pagode**. Der Stupa ist 66 m hoch und daher schon aus der Ferne gut zu sehen.

Einen schönen Blick auf die Stadt eröffnet ein Ausflug zum **Wat Pha That Jom Mon**, von wo ein Weg weiter bergauf zu zwei weißen Stupas führt – und zum etwa 70 m hohen, weithin sichtbaren Baum **Kanyin Phyu**, der im Jahr 1115 von König Alaungphaya gepflanzt worden sein soll. In der Umgebung des hochverehrten Baumes treffen sich gerne die jungen Leute, und verliebte Pärchen finden einsame Ecken. Etwas weiter entfernt befindet sich das Waldkloster **Wat Mahabodhi Vipassana**, in dem Mönche Meditation praktizieren.

Südwestlich des Sees thront ein etwa 15 m hoher **stehender Buddha** auf einem Hügel; ein geschichtsträchtiger Ort, denn hier wurde der Legende nach vor 1000 Jahren die Stadt gegründet. Daneben liegt das **Cultural Museum**, das einen guten Überblick über die Ethnien der Region bietet, ◷ tgl. außer Mo und Feiertag, Eintritt 2000 Kyat. In der Nähe befindet sich die **Immaculate Heart Cathedral**. 1913 entstand hier eine römisch-katholische Mission. Heute ist dem Bischofssitz ein Waisenhaus angeschlossen.

Die wohl wichtigste Sehenswürdigkeit, der **Haw Saopha** (Palast des Shan-Fürsten), wurde der Bevölkerung 1991 genommen, als Arbeiter auf Anweisung der birmanischen Zentralregierung das 1905 im indisch-europäischen Stil errichtete Gebäude niederrissen, um einem staatseigenen Hotelklotz Platz zu schaffen (dem heute an einen privaten Betreiber verpachteten **Amazing Kyaing Tong Resort**, [10994]). Damit nahm das Militär dem einstigen Shan-Fürstentum das letzte Zeugnis seiner Herrschaft. Der Schmerz darüber sitzt bis heute bei vielen tief.

ÜBERNACHTUNG

Neben ein paar günstigen Häusern gibt es auch immer mehr bequemere Unterkünfte im Ort.

Amitta Hotel, 10 Kyaung Lan 1st St., ✆ 084-23130, 21685, ✉ sales.amittahotel@gmail.com, 🖳 fb.com/amitta.hotel, [10995]. Schicker Neuzugang mit gepflegten, recht geräumigen Zimmern in 2 Kategorien. Es lohnt sich, US$5 mehr für die bessere auszugeben: Aus den großen Fenstern zu 2 Seiten hat man einen schönen Blick in die Straßen bzw. (weiter oben) auf die Stadt. ❹

Golden Star Hotel, 164 Airport Rd., ✆ 084-22411, ✉ goldenstarhotelktg@gmail.com, [9864]. Der wuchtige Bau entpuppt sich innen als das wohl beste Haus der Stadt: 52 recht große, gepflegte, geflieste Zimmer mit Holzmöbeln und bequemen Betten in insgesamt 3 Kategorien. Ein besonderer Tipp ist das unwesentlich teurere VIP-Zimmer Nr. 417: mit schwerer Wohnzimmergarnitur und Platz genug für eine Familie. Beim Buchen einer Tour über das Haus gibt es einen Rabatt auf den Zimmerpreis. ❺

Golden World Hotel, 26 Zay Dan Kalay Rd., ✆ 084-21545, 22733, ✉ goldenworldhotel@gmail.com, [9871]. Wer die Standard- und Superior-Zimmer im Haupthaus trotz hoher Decken als etwas beengend empfindet, sollte als Alternative eines der Zimmer mit Gemeinschaftsbalkon im dazugehörigen Nachbarhaus (hinten über den Hof) wählen. Frühstück inkl. In der Lobby Bilder „von früher", u. a. vom alten Shan-Palast. ❸

€ **Harry's Trekking House**, 132 Mai Yang Rd., ✆ 084-21418, 09-525 1274, [9865]. Außerhalb des Zentrums am Nordende der Stadt. Passable Zimmer und eine der beliebtesten Budget-Optionen der Stadt; die meisten Zimmer mit Warmwasser, AC und Kühlschrank. Fahrradverleih. Vermittelt gute Guides für Wanderungen. ❶–❷

Law Yee Chain, 9 Kyaing Ngan Rd., ✆ 084-21114, 23242, [9866]. 19 nüchterne, aber saubere Zimmer mit Warmwasser-Bad, TV und AC. Der Strom fällt allerdings leider oft aus. Das beliebte Restaurant im Erdgeschoss tischt solide Gerichte aus dem Reich der Mitte auf. ❷–❸

New Sam Ywet Gh., Airport Rd., ✆ 084-21643, 21621, [9867]. Die 15 Zimmer in den Bungalows mit Bad haben kein Warmwasser und sind Einheimischen vorbehalten; die 22 Zimmer im Hauptbau mit Warmwasser-Bad und Ventilator können auch von Ausländern bezogen werden. Alles recht einfach und nicht mehr ganz neu, aber sauber und für Sparsame jedoch annehmbar. Es wird so gut wie kein Englisch gesprochen. ❷

Princess Hotel, 21 Zay Dan Kalay Rd., ✆ 084-21319, 🖳 fb.com/KengtungPrincessHotel, [9868]. Das Haus ist von außen wenig ansprechend, doch neben der Lage nahe dem Stadtzentrum machen die Zimmer und der Service es zu einer der besten Unterkünfte von Kengtung. Die 21 Zimmer bieten AC, TV und Kühlschrank (sofern der Generator läuft). ❹–❺

Private Hotel, 5 Airport Rd., ✆ 084-21438, 🖳 www.privatehotelmyanmar.com, [9869]. 26 Zimmer in Bungalows mit Veranda, die sich um einen Innenhof gruppieren. Das Essen im kleinen Restaurant ist in Ordnung. Das Private und das Princess Hotel werden auch von Reisegruppen frequentiert; es empfiehlt sich daher eine Reservierung. Beide vermitteln zudem Wanderführer und Mietwagen mit Chauffeur. ❸–❹

Sam Ywet Hotel, 21 1st Keng Larn Rd., ✆ 084-21235, ✉ samywethotel@gmail.com, [9870]. Das relativ neue Hotel in guter Lage nahe dem Markt bietet 27 karg ausgestattete, gflieste Zimmer mit Warmwasser, AC und TV. ❸

ESSEN

In Kengtung servieren die Restaurants neben birmanischer auch viel chinesische Küche, ⏲ meist 8–22 Uhr. Zudem gibt es viele kleine Shops mit Shan-Spezialitäten. Entlang der vordersten Marktgasse buhlt eine Reihe preisgünstiger **Suppen- und Reisküchen** bis 12 Uhr mittags um Kundschaft. Eine sehr gute **Nudelsuppe** gibt es auch ganztags in dem ziemlich rustikalen Restaurant direkt neben dem Golden World Hotel.

Aung Naing, am Markt. Schlicht, aber eines der besten birmanischen Lokale der Stadt. Jeden Vormittag wird eine Auswahl von frisch zubereiteten Currys in Töpfen aufgereiht. Im Preis sind Suppe, Reis, Salate, Soßen, Kräuter und Tee inbegriffen.

Azure, am See. Die paar Tische am Seeufer sind wohl einer der schönsten Plätze für ein frisch gezapftes Myanmar-Bier und ein Abendessen. Solide chinesische Küche.

Café 21, Zay Dan Kalay Rd. Kaffee, Cocktails, eine recht umfangreiche Speisekarte und angenehmes Ambiente: Ein Hauch von „Moderne" in Kengtung, aber dafür etwas teuer als anderswo.

Golden Banyan, Myaing Yang St., ✆ 084-21421. Nahe dem Pa-Laeng-Tor. In letzter Zeit nicht mehr ganz so beliebtes Restaurant mit chinesischer Küche. Von den Tischen auf der erhöhten Terrasse unter dem Banyan-Baum hat man einen schönen Blick auf die Straße.

Happy Café, unweit des Marktes. Nette Tee- und Kaffeestube, wo es zum Heißgetränk auch ein paar Snacks gibt.

Lok Htin Lu, 2nd Keng Larn Rd. Die Yunnan-Gerichte zählen unter Einheimischen zu den Favoriten. Die Speisekarte zeigt zwar keine Preise an, die großen Portionen sind jedoch preiswert und ideal, wenn man ausgehungert vom Trekking zurückkehrt.

Pann Ka Par – ST Restaurant, Airport Rd., ✆ 084-51181. Das üppige Angebot des Restaurants an der Flughafenstraße reicht von chinesischen Gerichten bis zu Shan- und Thai-Spezialitäten.

Soonli Restaurant, Mong Yang Rd. Chinesisches Restaurant mit wenig Atmosphäre, aber guter Küche. Hier werden auch Hochzeiten ausgerichtet.

SONSTIGES

Fahrrad- und Mopedverleih

Harry's (s. Übernachtung) vermietet Fahrräder für US$1. Die Ausleihe von Mopeds ist in Kengtung nicht gestattet.

Guides

Für alle Tagesausflüge muss ein örtlicher Führer engagiert werden. Hotels und Gästehäuser sind bei der Vermittlung gern behilflich. Oft wird man auch auf der Straße angesprochen; fast jeder, der ein paar Brocken Englisch kann, scheint sich als Führer anbieten zu wollen. Folgende erfahrene Guides sind zu empfehlen:

Kyaw Sein (Mr. Eric), ✆ 094-2812 0403, ✉ kyawsein98@gmail.com. Kennen wir seit Jahren als zuverlässigen und freundlichen Begleiter. Gehört zur Ethnie der Akha und ist daher ein besonders guter Führer in Dörfer dieser Gruppe.

Die Kosten betragen am Tag für eine Person ca. US$45 für den Guide, zzgl. nötiger Transportkosten. Bei mehreren Teilnehmern wird's günstiger.

Sai Win (Wilson), ✆ 084-22447, 09-525 2091, ✉ shantrekguide@gmail.com.

Sai Ywet Kham (Freddie), ✆ 09-4903 1934, ✉ email.yotkham@gmail.com.

Sai Sai, ✆ 094-2821 1328, ✉ saisaiktg08@gmail.com. Tipp einer Leserin: Sai Sai stammt aus Loi Mwe und kann über einen Freund auch einen 4WD-Jeep für längere Trips besorgen.

Für viele Kinder und Jugendliche im östlichen Shan-Staat sind die Klöster Zuflucht und Ausbildungsstätte.

TRANSPORT

Die 452 km lange Straße zwischen Kengtung und Taunggyi ist zwar in einem annehmbaren Zustand, doch ist es Ausländern untersagt, die Fahrt zu unternehmen. Über eine Reiseagentur kann (bei langer Vorlaufzeit) ggf. ein *Special Permit* in Nay Pyi Daw beantragt werden, das dann an eine gebuchte Tour gekoppelt ist. Die allermeisten Besucher reisen auf dem Luftweg an, einige aus Thailand (via Tachileik).

Taxis und Pick-ups

Ein **Taxi** nach TACHILEIK kostet um die 75 000 Kyat.

Nordwestlich des Pa-Laeng-Tors starten Sammeltaxis und **Pick-ups** in Richtung MONG LA (92 km, 3–4 Std.). Pick-ups fahren vormittags zwischen 7 und 11 Uhr los (10 000 Kyat p. P. für Einheimische; Touristen zahlen mind. das Doppelte). Manche Fahrer haben allerdings keine Lust, westliche Besucher mitzunehmen, da sie sich die Melde-Prozedur an der Immigration sparen wollen. Zügiger geht es mit einem **Sammeltaxi** der Marke Toyota Superroof (bis zu 4 Pers., ca. 30 000 Kyat p. P.). Ein erfahrener Fahrer schafft die Strecke inkl. Essenspause in 3 Std.

Achtung: Zum Zeitpunkt der Recherchen Anfang 2019 war ein Besuch von Mong La und der gesamten *Wa Self Administered Zone* untersagt.

Busse

Zwischen Kengtung und TACHILEIK verkehren tgl. um 8 und 12 Uhr Busse mehrerer Gesellschaften, die für die 167 km etwa 4 1/2 Std. brauchen und 10 000 Kyat kosten. Empfehlenswert ist u. a. der **Shwe Myo Daw Express** nahe dem Sam Ywet Hotel, ✆ 084-23004, 23145. Abfahrt jeweils von den Büros (s. Karte S. 452). Tickets einen Tag vorher besorgen.

Flüge

Mit **Myanmar National Airlines**, 💻 www.flymna.com, je nach Saison 2–5x wöchentl. nach YANGON, z. T. mit Zwischenstopp in HEHO. Tickets über **Sun Far Travel & Tours**, Kyaing Ngan Rd., ✆ 084-21833, oder im Office der Airline an der Zay Dan Kalay Rd. (jeweils geschl., wenn die Angestellten zur Abwicklung eines Fluges am Airport sind).

Die Umgebung von Kengtung

Von Kengtung aus lassen sich wunderschöne Tagesausflüge in die Umgebung unternehmen – wenngleich der Kahlschlag leider vielerorts die Idylle trübt. Die durchweg interessanten Wanderungen sind nur mit einem lizenzierten Führer erlaubt. Es ist derzeit nicht gestattet, in den Dörfern der Bergvölker zu übernachten, daher sind nur Tagestouren möglich. Sicher ist, dass die weitere Umgebung von Kengtung ein gewaltiges Potenzial für den Trekkingtourismus birgt.

Zu den beliebtesten Wanderzielen gehören diverse Dörfer der Minderheiten in den Bergen ein paar Kilometer nördlich der Stadt: **Wan Pin** (Akha), **Wan Mai** (En) und **Pin Tauk** (Lahu Na) etwa. Das urige Shan-Dorf **Yang Kong** liegt nördlich von Kengtung an der Straße nach Mong La und ist bekannt für seine Töpferwerkstätten, in denen Dachziegel und anderes Tonhandwerk hergestellt werden. Eine Autostunde südlich entlang der Straße nach Tachileik lassen sich in den **Ho-Kyin-Bergen** sehr ursprüngliche Dörfer der Akha erwandern. Gut zu Fuß sollten auch jene sein, die im Rahmen einer sechs- bis siebenstündigen Trekkingtour das Lahu-Dorf **Pang Pack** besuchen möchten. Ausgangspunkt ist die Wa-Siedlung **Kong Ma**, etwa 45 Fahrminuten westlich von Kengtung.

Lohnend ist außerdem ein Abstecher zur knapp 10 km entfernten, auf einem Hügel östlich der Stadt thronenden Pagode **That Zom Doi**, die nach dem Vorbild der Kaba-Aye-Pagode in Yangon errichtet wurde.

Etwa 7 km westlich von Kengtung gibt es ein öffentliches Bad mit **heißen Quellen** – sehr entspannend nach anstrengendem Trekking, Eintritt 500 Kyat p. P. Vor dem Bad laden in parkähnlicher Natur Stände mit Getränken und Snacks zur Erfrischung ein. Nicht weit entfernt liegt das von Silber-Palaung bewohnte Dorf **Wan Pauk**.

Die Tagesmiete für den Wagen beträgt je nach Entfernung um die US$70.

Loi Mwe

Der von den Briten „Nebelberg" getaufte Ort liegt 33 km südöstlich von Kengtung. Auf über 1600 m Höhe etablierten die Kolonialherren in den 1910er-Jahren den östlichsten Vorposten ihres riesigen „British Raj". 1916 gründeten italienische Nonnen ein **Kloster**, dem heute ein Waisenhaus mit etwa 80 Mädchen angeschlossen ist. Auf dem Hügel verteilen sich einige koloniale Villen, darunter die schöne, 1918 erbaute **Residence of Colonel Rubel**. Die Anfahrt führt durch eine malerische Gegend mit Wäldern und Reisterrassen und endet an einem künstlich aufgestauten **See**. Auf dem Berg liegen verschiedene Siedlungen der Minderheiten, darunter das Wa-Dorf **Nong Kyo**, das Akha-Dorf **Ho Lup** und das Lahu-Dorf **Pang Wai**.

Wan Nyat und Wan Seng

Einer der schönsten Wanderausflüge führt zu Siedlungen der Loi Wa in den Bergen östlich von Kengtung. Dabei fährt man zunächst entlang der Straße in Richtung Mong La und biegt nach etwa 65 km links in eine unbefestigte Bergstraße ab. Unterwegs passiert man einen Checkpoint am Nam-Lwe-Fluss, 🕒 6–18 Uhr. Das Auto bleibt wegen der Steigung an der Abzweigung zurück. Nach etwa einer Stunde Fußmarsch (Wasser, Nahrung und Sonnenschutz mitnehmen!) ist das Dorf **Wan Nyat** erreicht, das mit einem an laotische Sakralbauten erinnernden Kloster aus dem 16. Jh. aufwartet. Außer dem gekrönten Buddha wurden die filigranen Holzschnitzereien und Mosaike an den Wänden von kunstbegabten Dorfbewohnern und Mönchen geschaffen.

Eine weitere Gehstunde später taucht auf einem bewaldeten Bergrücken das „Dorf der Hunderttausend", **Wan Seng**, auf. Auch hier lohnt der Besuch des 700 Jahre alten Klosters aufgrund der kunstvollen Holzschnitzereien und schönen Buddhadarstellungen. Der Wat steht auf einem Gelände oberhalb des Dorfes, in dem die Loi-Wa-Familien in mehreren Langhäusern leben. Die Frauen tragen auch noch in ihrem Alltag indigoblaue Wickelröcke und Blusen.

Achtung: Zum Zeitpunkt der Recherchen Anfang 2019 waren diese Ziele für ausländische Besucher gesperrt! Wer hinfahren will, sollte kurz vorher vor Ort die aktuelle Situation erfragen.

Mong La

An der chinesischen Grenze, beschwerliche 85 km entfernt, und nur nach einer Registrierung bei der Immigrationsbehörde in Kengtung zu besuchen, liegt Mong La (auch „Mengla"). Möglich ist die Reise in die „Special Region Nr. 4" erst, seit 1989 ein Waffenstillstandsabkommen zwischen der birmanischen Regierung und der United Wa State Army (UWSA) geschlossen wurde. Bis dahin war der Ort nicht mehr als eine Rebellenhochburg an einer Drogenhandelsroute. Doch als vornehmlich chinesische Investoren ihre Gelder in die nun weitgehend autonome Zone sprudeln ließen, um ihre Landsleute über die Grenze in Spielkasinos und Karaokebars zu locken, avancierte Mong La zum „Las Vegas im Dschungel". 2005, als die chinesischen Behörden dem lukrativen Grenzverkehr einen Riegel vorschoben, war damit erst einmal Schluss. Das hat sich seit 2009 wieder gelockert; die Kasinos liegen nun etwas in der Umgebung (und werden mit Shuttlebussen angefahren). Als Währung wird der Yuan benutzt; Geld tauschen sollte man im Vorfeld auf dem Markt in Kengtung. Weitere Reiseinfos s. eXTra [5696], Hintergründe zur Drogenthematik s. eXTra [8488].

Achtung: Zum Zeitpunkt der Recherchen Anfang 2019 war Mong La für ausländische Besucher gesperrt! Wer hinfahren will, sollte kurz vorher vor Ort die aktuelle Situation erfragen. Ein Chinesisch sprechender Begleiter ist ratsam.

Tachileik

Die kleine Grenzstadt Tachileik [5690] bietet wenig Sehenswertes. So kommt es, dass Touristen von hier aus meist direkt nach Kengtung weiterfahren oder -fliegen. Einige Reisende nutzen die Grenzstadt für ihren Visa-Run, um ein neues Thai-Visum zu bekommen.

Ein Tagesausflug von Mae Sai in Thailand aus bietet sich als Schnupperkurs für zukünftige Myanmar-Reisende an. In Tachileik gibt es einige Kunsthandwerksgegenstände der Shan zu kaufen. Diese sind auf der thailändischen Seite für das gleiche Geld zu haben. Obwohl in Tachileik vornehmlich mit Baht bezahlt wird, ist das birmanische Lebensgefühl spürbar.

Wer es nicht nach Yangon schafft, kann sich die Replik der **Shwedagon-Pagode** ansehen, von der man einen guten Blick über die Stadt und die umliegenden Berge hat. Nördlich des Städtchens liegt ein sehr touristisches **Akha-Dorf**.

ÜBERNACHTUNG

Tachileik ist nicht gerade berühmt für seine Hotels. Das Preis-Leistungs-Verhältnis der Unterkünfte ist auf der thailändischen Seite wesentlich besser.

Allure Resort, Baydar Rd., Thailand ✆ 0066-(0)1-530 1113, 💻 www.allureresort.com. Exklusivste Herberge Tachileiks. Hier verzocken vornehmlich thailändische Touristen ihre Baht am Spieltisch. Großzügig ausgestattete Zimmer und Suiten lassen kaum Wünsche offen. ❹–❻

Golden Cherry Hotel, Arcasar Yone St., ✆ 084-52517. Gutes Mittelklassehotel in zentraler Lage. Sauber und relativ große Zimmer, nur die EZ sind sehr klein. ❹

Maekhong River Hotel, Bogyoke Rd., ✆ 084-51900. Tophotel mit westlichem Standard, Kasino, Sauna und großzügiger Lobby mit viel Marmor. Vom Biergarten auf dem Dach Ausblicke über ganz Tachileik und zur thailändischen Seite. ❸–❻

Riverside Hotel, am Fluss, ✆ 084-51161, ✆ Yangon 01-960 0710. Dem Haus würde eine Renovierung guttun. Die direkte Lage am Grenzfluss ermöglicht sehnsüchtige Blicke in die deutlich komfortablere Welt des benachbarten Thailand. ❶–❷

ESSEN

Zahlreiche **Restaurants** und fahrbare **Essensstände** finden sich direkt an der Grenzbrücke und der **Hauptstraße** (Bogyoke Aung San Rd.). Auch hier ist ein deutlicher Qualitätsabfall gegenüber Thailand festzustellen.

In unmittelbarer Nähe des Erawan Hotels bieten nachmittags südasiatische Muslime äußerst leckere, frisch frittierte vegetarische **Frühlingsrollen**, **Samosa** und **Pakori** an.

Im **Valentine Tea & Food Center** gibt's kleinere und größere Gerichte aus der birmanischen, der Thai- und der chinesischen Küche zum Tee (na gut, auch zur Cola).

Ein kleines, namenloses Restaurant mit wenigen Tischen serviert schmackhafte **Thai-**

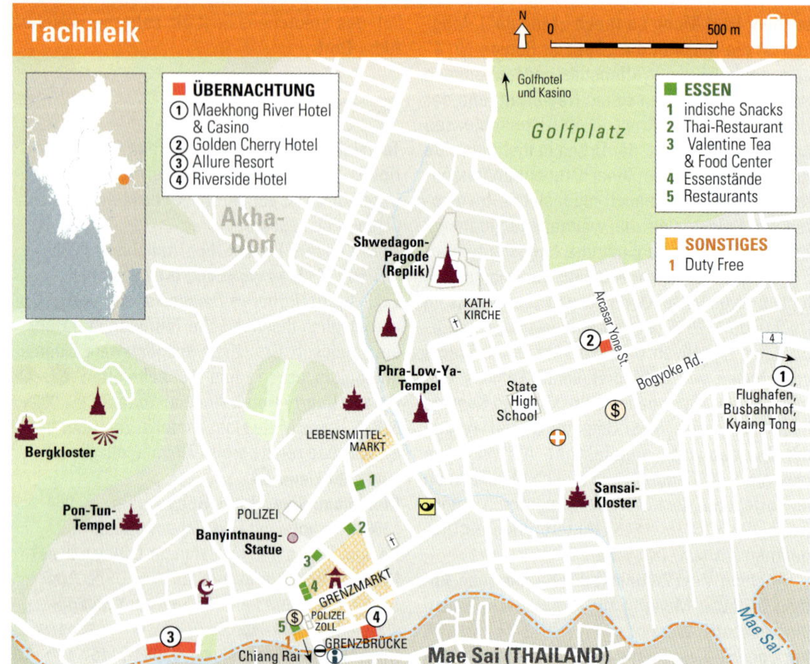

Küche und ist besonders abends gut besucht. Falls man kein Thai spricht, einfach mit den Fingern auf die verschiedenen ausliegenden Zutaten deuten.

Das **Maekhong River Hotel** verfügt über einen schönen Biergarten auf dem Dach mit Restaurantbetrieb.

SONSTIGES

Einkaufen

Viele Tagestouristen decken sich mit Zigaretten, Alkohol und CDs/DVDs zu günstigen Preisen ein. Kleidungsstücke sind meist in Thailand produziert und kaum billiger. Des Weiteren finden sich Schnitzereien, Kräuter, getrocknete Pilze, Tee und Elektrogeräte aus China im Angebot.

Geld

Im gesamten Stadtgebiet werden thailändische Baht als Zahlungsmittel akzeptiert. Direkt westlich an der Grenzbrücke bieten kleine Läden die Möglichkeit zum Geldwechsel. Wer nach Kengtung weiterreist, kann jedoch auch dort tauschen.

Informationen

Das Personal des **Myanmar Travel & Tour Office (MTT)**, ✆ 084-21023, auf der Grenzbrücke ist freundlich und hilft mit Informationen zur weiteren Reisegestaltung. Auf Wunsch wird ein Taxi nach Kengtung organisiert.

NAHVERKEHR

Schon an der Brücke warten kontaktfreudige und geschäftstüchtige **Rikschafahrer** auf Kunden (unbedingt vorab Preis und Route festlegen!). Die einfache Fahrt zum Taxistand kostet etwa 30 Baht, der Transport zum 12 km entfernten Flughafen etwa 100 Baht, 2000 Kyat oder US$2. **Songthaew / Pick-ups** fahren

Grenzübergang von/nach Thailand und Laos

Thailand

Täglich strömen viele Thais über die Grenzbrücke nach Tachileik, um dort billige chinesische Waren einzukaufen. Das Thai-Visum wird direkt an der Brücke gestempelt, 🕒 6–18 Uhr, am Wochenende bis 21 Uhr. Das Büro der thailändischen Immigration liegt in Mae Sai, rund 1,4 km von der Brücke entfernt, ☎ +66-(0)53-731 008/9.

Wer mit dem Entry Permit über Tachileik nach Myanmar eingereist ist, kann hier wieder problemlos ausreisen. Auch wer über Yangon (oder einen anderen Grenzübergang) ins Land kam, kann ohne Probleme nach Thailand ausreisen.

In Thailand erwartet Touristen eine kostenlose, vier Wochen gültige Aufenthaltserlaubnis. Von der thailändischen Grenze fahren Sammeltaxis zum Busbahnhof, wo tagsüber stündlich Busse nach Chiang Rai [2723] und Chiang Mai [2685] abfahren.

Laos

Im Oktober 2018 wurde die **Myanmar-Laos-Friendship-Bridge** zwischen **Kyainglap** (Kenglap) im Distrikt Tachileik und **Xieng Kok** in Luang Namtha (Laos) für den internationalen Grenzverkehr geöffnet. Anfang 2019 gab es noch keine verlässlichen Informationen zum Grenzübertritt, ebenso keine organisierten Touren oder durchgehenden Busverbindungen zwischen dem Grenzübergang und Tachileik oder Kengtung. Aktuelle News, die uns im Laufe der Auflage erreichen, unter eXTra [10996].

entlang der Hauptstraße und kosten je nach Strecke 5–10 Baht.

TRANSPORT

Taxis

Die angenehmste Art, die kurvenreichen 167 km nach KENGTUNG zu bewältigen, ist per Sammeltaxi (bis zu 5 Plätze, 3 1/2–4 Std. inkl. Essensstopp; ab 15 000 Kyat je nach Anzahl der Personen). Die gute Straße windet sich entlang enger Flusstäler mit Reisterrassen und Bambuswäldern. Das MTT hilft gern bei der Vermittlung eines Taxis. Etwas günstiger sind die Sammeltaxis an der Hauptstraße.

Busse

Tgl. starten um 8 und 12 Uhr Busse vom 7 km östlich der Stadt gelegenen **Busbahnhof** nach KENGTUNG (167 km) für 10 000 Kyat in 4 1/2 Std.

Flüge

Myanmar National Airlines, 💻 www.flymna.com, in der Saison tgl. nach Yangon. Die Maschine (eine kleine ATR 72) hat dann bereits eine längere Reise von Yangon über Lashio und Heho nach Tachileik hinter sich und ist daher oft länger im Voraus ausgebucht.

Weitere Flüge in der Saison tgl. mit **Yangon Airways**, 💻 www.yangonair.com.

BAMBUSBRÜCKE, BHAMO; © MARK MARKAND

Der Norden

Der Norden Myanmars gehört zu den eher selten bereisten Regionen des Landes. Die Zahl der für Touristen erreichbaren Ziele hält sich in Grenzen, und militärische Auseinandersetzungen destabilisieren die Lage. Dennoch hat diese Region ihre ganz eigenen Reize. Ein Besuch empfiehlt sich besonders für jene, die die großen touristischen Hotspots schon gesehen haben – oder meiden wollen.

Stefan Loose Traveltipps

Myitsone Der Zusammenfluss von Mekha und Malikha markiert den Ursprung des mächtigen Ayeyarwady – und ist von einem Staudammprojekt bedroht. S. 468

Indawgyi-See Ruhige Tage am größten natürlichen See des Landes. S. 469

Bhamo Das freundliche Städtchen Bhamo ist von Mandalay aus im Rahmen einer Bootstour zu erreichen. S. 472

Katha Das Örtchen, das die Kulisse von George Orwells *Burmese Days* bildet, ist ein schöner Zwischenstopp auf einer Flussreise im Norden. S. 475

Tedim Ein Abstecher in den nördlichen Chin-Staat garantiert größtmögliche Ferne zum Touristenstrom. S. 479

TEESTUBE, KATHA; © MARK MARKAND

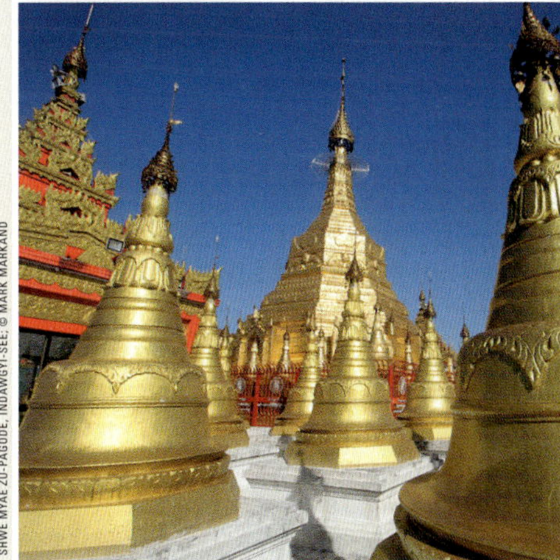
SHWE MYAE ZU-PAGODE, INDAWGYI-SEE; © MARK MARKAND

Wann fahren? Beste Reisezeit für die Region ist zwischen November und März. In den trockenen Sommermonaten wird eine Flussfahrt auf dem Ayeyarwady beschwerlich.

Wie lange? Die meisten Reisenden bleiben etwa 3 bis 5 Tage.

Beste Feste Wer einmal das Tempelfest auf dem Indawgyi-See erlebt hat, wird es sein Leben lang nicht vergessen.

Unbedingt probieren Die Kachin-Küche ist ein echtes Highlight für kulinarische Entdecker.

Der Norden
N
0
50 km
CHINA
INDIEN
KACHIN STATE
Along
Pasighat
Tezu
Kundil Bazaar
Lohit
Saikhoa Ghat
Miao
Tinsukia
Oiramghat
Dibrugarh
Margherita
Ledo
Dihing
Brahmaputra
North Lakhimpur
Pangsaung
Jorhat
Golaghat
Mokokchung
Dikho
Dayang
Bokajan
Dimapur
Hkakabo Razi
Dindaw Razi
5881
5834
5881
Ganlan Razi
Sheintalar Razi
Taron
Tharlar-Pass
4751
Difu-Pass
Adung Long
Da Zum Dam
Gawai
Nanmai
Kumjawng-Pass
5996
Nu Jiang (Salween)
Mekong
Renam
Mawa-Pass
Gongshan
Mankabat
Mehka
Fongun-Pass
Nam Ti
Nogmung
Mari
Nam Ku
Rapbaw
Hkawbude
Putao
Namkhan
Kaunglu
Lamad
Shardum
Gigi-Pass
Machanbaw
Hparupga
Achankha
Magalta
2432
Chakan-Pass
2884
3352
Kawnglanghpu
Fugong
3914
Namya Ra
Nanyun
La Aung-ga
Hpizaw
Palaunglanbum
3398
Pasi Ga
Bumhkang
Chewli-Pass
3610
Ringhkung
Welatam
Larkhin
Sajyang-Pass
Shinbwiyang
3411
Sumprabum
Kinchang
Bijiang
2692
Makaw
Tanaikha
Hukaung Valley
Laza
Anobow
Lahe
Numpuk
Taro
Mong Hkun
Tanai
2669
Ponlumbum
3470
Mankye
Sonyo
2709
Mekha
Lapyep Ga
Rituga
Sumpawngmata
Rawahku
4075
3361
Tingkawk Sakan
Malikha
Tsawlaw
Hpimaw
Hkamti
Waza
Sawan
Lauhkaung
Lushui
1874
Tanaing
Shadusup
2560
Htawgaw
Mogaung
Saramati
3826
Chindwin
Tawhmaw
Panglang
In-sut-zon
Injangyang
Chipwi
Lague-Pass
Sinhkung
4131
2424
Myitsone

CHINA
SHAN STATE
SAGAING REGION
s. Stadtplan Myitkyina S. 465
s. Stadtplan Bhamo S. 473
s. Stadtplan Katha S. 475
s. Detailplan Indawgyi-See S. 470
Nu Jiang (Salween)
Dagai
Yingpahjie
Phaye-Pass
Panwar-Pass
Pangsein-Pass
Kambalti
Kambalti-Pass
Gudong
Tengchong
Longling
3078
Lianghe
Luxi
Santaishan
Longchuan Jiang
Yingjiang
Longchuan
Zhefang
Wandingzhen
Mong Ko
Kyu-khok
Nantaung
Mongyu
Ruili
Muse
Namkhan
Kon Kyan
Motai
2547
Thanlwin
Laukkaing
Wanchanshu
Hopang
Kunlong
Panglong
Mongsi
Tarmonye
Kutkai
Hseni
Man Kan Mong
Mong Kyet
Na Wi
Mong Naung
Mongli
Lashio
Mong Yaw
Pahtan
Nawngkai
2267
Man-hpan
Nawnghpa
Ta-kaw-et
Tang Yan
Mong Yai
Manle
2675
Nanpaung
Mehan
Saungkye
Sadon
Washaung
Sima
Myitsone
Saungka
Mankarang
Myitkyina
Waingmaw
Kazu
Talawgyi
Arindamar
Nalon
Dawponyan
Manyunjie
Daying Jiang
Namsai
Hkawsink
Theinlon
Myothit
Tasaing
Ma-ubin
Sinlumkaba
2387
Lweje
Momauk
Mansi
Bhamo
Mantha
Sinkham
Ayeyarwady
Mogaung
Namti
Twantaung
Auche
2424
Lawa
Sinbo
Lopaw
Shwegu
Thabyehla
Sinaung
Sarhmaw
Hopin
Myothit-kalay
Nam-ma
Mohnyin
Kaukkwe
Chaungwa
1320
Indawgyi-See
Lonkin
Kamang
Inntaw
Hpakant
Haungpa
Nyaungbin
Lonton
Ywathit
Bilumyo
Mawhan
Nansiaung
Moda
Palewshe
Naba
Katha
Indaw
Meza
Mawlu
Inywa
Shweli
Tigyaing
Taunggon
Maben
Mong Lon
Mantong
Mong Mit
Mansat
Mogok
Monglong
Pangsan
Mandalay
Kyaukme
Hsipaw
Nanyan
Namon
Naphai
Panglon
Namhsan
Manhsan
Namtu
Bawdwin
2279
Manmawk
2157
Man Na
Mong Tat
Mong Ying
Si-U
Pamkham
Mongwi
2360
Namputhka
Mong Ngawt
1948
Nabu
2299
1896
Twinnge
Sanbannago
Thabeikkyin
Wabyudaung
Chaungmagy
1486
Letpanhla
Kyan Hnyat
Tagaung
Singon
Kokkogon
Chatthin
Baw
Male
Myemon
Singu
Moksochon
Wetele
Kyaukmyaung
Shwebo
Kin-U
Zigon
Taze
Kabo
Ye-U
Mu
Ywashe
Kaduma
Tamadaw
Tabayin
Budalin
Kudaw
Maunghtaung
Kani
Kin
Mingin
Kalewa
Chindwin
Masein
Mawlaik
Kadu
Kindat
Lawtha
Pantha
Mt. Shwekan
727
Mt. Laytha
Thickgeyin
Kyunhla
Kanbalu
Wuntho
Wungyi
Kawlin
Pinlebu
1672
Tatlwin
Banmalik
Mt. Hmankin
1170
Mansi
Naungkan
Sinalmaung
Namteinkun
Maingkaing
Homalin
Maungkan
Layshi
Tuzu
Heirnkut
Thamanthi (Hta Man Thi)
Yebawmi
Uyu
Shwedwin
Kaunghein
Minsin
Somra
2568
Ukhrul
Imphal
Thoubal
Zaydi
Thana
Myothit
Tamu
Sittaung
Yu
Thaungdu
Tonghe
Paungbyin
Ontha
Churchandpur
Shuganu
Mombi
Moirang
Loktak Lake
Barak
Chikha
Bokkan
Pyaungbok
Tonzang
2672
Rihkhawdar (50 km)
Tedim
Mt. Kennedy
2704
Kalaymyo
Tay Zang
Phoitwhit
Thinengin
Manipur
Weibula
Natchaung
Falam
Hakha
Rawvan
1355
Kan

Kachin-Staat

Nur wenige Orte des zweitgrößten Staates Myanmars können von Touristen besucht werden. Die meisten liegen im südlichen Teil des Kachin-Gebietes. Große Teile des Nordens sind *off limits* und gehören zu den unbekanntesten Gegenden Myanmars. Seit im Juni 2011 nach einem 17-jährigen Waffenstillstand neue Kämpfe zwischen der birmanischen Armee und der Kachin Independence Army (KIA) aufflackerten, sind anhaltende Unruhen immer wieder Grund für Reisebeschränkungen.

Der Kachin-Staat grenzt an Indien und China, die Sagaing Region und den Shan-Staat. Die Natur ist überwältigend: Fruchtbare Hochtäler an den Flüssen Malikha, Mekha, Tanainghka und Ayeyarwady, in denen die meisten der etwa 1,2 Mio. Bewohner siedeln, und die schneebedeckten Gipfel des östlichen Himalaya machen die Natur zur Hauptattraktion dieses Gebietes.

„Kachin" ist die birmanische Bezeichnung für eine ganze Reihe von Völkern tibeto-birmanischen Ursprungs. Die größte Gruppe sind die Jinghpaw. Sie besaßen keine eigene Schrift, bis Ende des 19. Jhs. Missionare die Sprache in ein Schriftsystem übertrugen, das heute bei allen Volksgruppen der Jinghpaw Verwendung findet.

Der Kachin-Staat ist kein buddhistischer Staat. Hier leben viele Animisten. Tieropfer und dazugehörige Zeremonien sind keine Seltenheit. Viele Bewohner sind allerdings christianisiert, was hauptsächlich auf Bemühungen amerikanischer Baptisten zurückgeht. Die traditionelle Erbfolge, in der der jüngste Sohn des Dorfoberhaupts die Verantwortung des Vaters übernimmt, soll noch praktiziert werden.

Wer in den Kachin-Staat reist, befindet sich abseits der touristischen Pfade. Das Reisen ist hier oft beschwerlich. Auf dem Wasserweg kann man mit einem lokalen Boot oder einem Luxusliner von Mandalay bis nach Bhamo fahren. Die Fahrt durch Schluchten und vorbei an Bambuswäldern verspricht einmalige Naturerlebnisse.

Berühmt ist der Kachin-Staat für seine zahlreichen Jademinen, die allerdings nicht besucht werden dürfen. Doch nicht nur die Erde birgt Wertvolles, auch die Flüsse aus dem Himalaya tragen Gold in die Täler.

In den unzugänglichen Tälern des Kachin-Staates leben noch etwa 50 Tiger, für die eine riesige Schutzzone eingerichtet wurde: das Hukawng-Valley Tiger Reserve mit einer Fläche von mehr als 20 000 km². Die Ausbildung von Wildhütern soll den lukrativen Handel mit Körperteilen des Tigers eindämmen. Das Reservat soll auch Heimat für viele andere bedrohte Tierarten werden, darunter Elefanten und Schwarzbären.

Myitkyina

Der Name der Hauptstadt des Kachin-Staates heißt übersetzt „in der Nähe des großen Flusses". Es ist der Ayeyarwady, der hier in der Gegend seinen Anfang nimmt. Er entsteht aus der Vereinigung der zwei Flüsse Mekha und Malikha knapp 50 km nördlich von Myitkyina (S. 468, Myitsone). Beide entspringen im östlichen Himalaya. Der Ayeyarwady ist der wichtigste Fluss Myanmars, er windet sich südlich von Myitkyina durch steile Schluchten und dann an Mandalay und Bagan vorbei durch die Zentralebene, bis er sich nahe Yangon in einem weiten Delta ins Meer ergießt. Seit 1898 die Bahnstrecke zwischen Yangon, Mandalay und Myitkyina fertiggestellt wurde, ist Myitkyina das wirtschaftliche Zentrum des Nordens. Die Stadt ist zudem ein wichtiges Zentrum des Handels zwischen Myanmar und dem benachbarten China.

Myitkyina [5533] liegt in einem flachen Tal und ist die Heimat von Kachin, Shan, Indern, Karen, Chinesen und Gurkhas. Buddhistische Pagoden stehen neben chinesischen Tempeln, und auch Moscheen und Kirchen prägen das Stadtbild. Neben einigen römisch-katholischen Gläubigen gibt es viele Baptisten. Auch Anglikaner und Methodisten sind im Konfessionsgemisch vertreten.

Sehenswürdigkeiten

Wirkliche Sehenswürdigkeiten bietet Myitkyina kaum. Wer etwas Zeit in der Stadt verbringen möchte, kann – neben dem obligatorischen Streifzug über den Markt – einige religiöse Gebäude besuchen.

Myitkyina
N
0
500 m
ÜBERNACHTUNG
1 Hotel Nan Thida Myitkyina
2 Hotel Madira
3 Wun Tawp Garden Hotel
4 Hotel Myitkyina
5 YMCA
6 Hotel United
7 New Light Hotel
ESSEN
1 Jing Hpaw Thu (2)
2 Jing Hpaw Thu (1)
3 Bamboo Field
4 Orient Restaurant
5 River View Restaurant
6 lokale Restaurants und Teestuben, Smile World
7 Kashmir
8 Sha Mie 786
9 Pizza Corner
SONSTIGES
1 Sun Far Travel & Tours
TRANSPORT
1 Warteplatz Motorradfahrer
2 Snowland Travel
3 Bootsanleger
ANGLIKANISCHE KIRCHE
Myitsone (ca. 45 km)
Shatapru Baptist Church, Universität
1 (500 m)
Wunpawng Ninggawn Manau Wang
SPORTPLATZ
Golfplatz
Sutaung-Pyae-Pagode
Stehender Buddha
Liegender Buddha
Swan Ba Yar Bon St.
Kachin State Museum
RATHAUS
REGIERUNGSVIERTEL (NICHT ZUGÄNGLICH)
Strand Rd.
STADION
Munkhrain Rd.
Aung San St.
Sa Mar Rd.
Ayeyarwady
2 (400 m),
3 (800 m),
3,
Pyi Htaung Su Rd.
Sheeri-Shara-Swathi-Hindutempel
WACH-TURM
KINO
Se Bin Thayar St.
Mae That St.
Khayae Pin St.
MARKT
FRISCHWAREN-MARKT
Zay Gyi St.
SCHULE
St.-Columban's-Kathedrale
Sein Mya Ayar St.
Tathana Baykman Buddh. Versammlungshalle
Jamee-Moschee
Thamadi St.
Bahnhof
Waing
Maw St.
Hindutempel
Yawana
Gone Yi St.
Woun Tho Kyang St.
Naingan Gone Yi St.
Chinesischer Tempel
Woon-Tho-Kloster
DER NORDEN

Die **Sutaung-Pyae-Pagode** ist auch als „Wunscherfüllungspagode" bekannt. Sie wurde 1113 in idyllischer Lage am Flussufer erbaut. Bunt bemalte Löwen bewachen die Eingänge der Anlage. Gegenüber liegt ein großer, sehr schöner Buddha. Er wurde erst in jüngster Zeit errichtet und von einem japanischen Ex-Soldaten gestiftet, der im Zweiten Weltkrieg hier Dienst tat. Auf der anderen Straßenseite befindet sich eine weitere Pagode mit einem großen stehenden Buddha.

Die gläubigen Gurkhas und Hindus der Stadt treffen sich im **Sheeri-Shara-Swathi-Tempel**. Muslime versammeln sich in der 1956 erbauten **Jaame-Moschee**, und Anhänger der taoistisch-buddhistischen Lehre finden sich im **Chinesischen Tempel** ein. 15 verschiedene Kirchen bieten Platz für die zahlreichen Christen unterschiedlicher Konfessionen. Nahe am Zentrum liegt die katholische **St.-Columban's-Kathedrale** – auf dem Gelände befindet sich auch der Bischofssitz. Die **Anglikanische Kirche** an der Ausfallstraße nach Norden ist jedes Jahr im Dezember Treffpunkt für mehrere Tausend Anglikaner, die aus ganz Myanmar anreisen. Etwas Besonderes ist die **Shatapru Baptist Church**, die ganz mit runden Flusssteinen verkleidet ist.

Das **Kachin State Museum** nördlich des Zentrums zeigt Trachten, Musikinstrumente und Handwerksgegenstände wie Fischernetze und Webstühle. Die zweite Etage ist dem ehemaligen Fürsten von Putao (dem *Sawbwa* von Hkamti Long) gewidmet. Ausgestellt sind alte Truhen, Kanonen und Muscheln, die der Herrscher wohl als Geschenk von Besuchern erhalten hat. 🕒 tgl. außer Mo 10–15 Uhr, Eintritt 2000 Kyat, Fotogebühr 1000 Kyat.

Noch weiter nördlich befindet sich der **Wunpawng Ninggawn Manau Wang**, ein großer Festplatz, auf dem früher alljährlich am 10. Januar das große Neujahrs-Fest der Kachin begangen wurde (das „Manao-Fest") – aufgrund der politischen Unruhen ist es allerdings in den vergangenen Jahren ausgefallen.

ÜBERNACHTUNG

In Myitkyina finden sich inzwischen Unterkünfte für jeden Geldbeutel. Wer will, findet im Internet sogar eine Luxusherberge. Die Stromversorgung ist stabil, und das Internet funktioniert auch meistens.

Hotel Madira, 510 Pyi Htaung Su Rd., ✆ 074-21110, 29455, 🖳 www.hotelmadira.com, [9848]. Über Jahre eines der beliebtesten Häuser der Stadt, doch so langsam wächst Konkurrenz heran. Die Zimmer sind z. T. recht geräumig und werden weiterhin gut in Schuss gehalten. Einzig die Lage etwas abseits vom Zentrum ist ein Nachteil. ❹–❺

Hotel Myitkyina, 111 Se Bin Thayar St., Yuzana Qr., ✆ 074-21117, 🖳 fb.com/Hotel-Myitkyina-1401930206579715. Eines der neueren Häuser mit gefliesten Zimmern mit recht bequemen Betten und der üblichen 3-Sterne-Austattung mit TV, Kühlschrank und Wasserkocher. Das Frühstücksbuffet ist – wie so oft in dieser Gegend – auf chinesische Besucher ausgerichtet. ❹–❺

Hotel Nan Thida Myitkyina, Zau Jun Rd., Ecke Strand Rd., ✆ 074-22362, ✉ nanthida@myanmar.com.mm, [5539]. Nördlich des Zentrums nahe am Fluss. Die Bungalows und die großen Zimmer im 2-stöckigen Haupthaus sind gepflegt und mit bunten Kachin-Mustern dekoriert – ein schöner Kontrast zur tristgrauen Außenfassade. ❺–❻

Hotel United, 38 Thit Sa St., ✆ 074-22085, 23300, [5537]. Saubere, geflieste AC-Zimmer; viele davon mit Balkon. Nichts Besonderes, aber okay. Das gilt auch für das im Preis inbegriffene Frühstück. ❸–❹

New Light Hotel, 70 Zay Gyi St., ✆ 074-23576, 22970, ✉ newlightelec@yangon.net.mm, [5540]. Wer ein paar Dollar sparen will, wählt dieses einfache, zentral gelegene Hotel unter indischer Leitung. Die billigeren Zimmer sind recht klein, aber relativ sauber. AC, TV, Kühlschrank. Älteres Gebäude. ❷–❸

Wun Tawp Garden Hotel, 438 Pyi Htaung Su Rd., Myemyint Qr., ✆ 074-24208, 🖳 fb.com/wuntaw. Nicht nur mit seiner hübschen Gartenanlage und seinem großen Pool bietet dieses Haus eine hohe Wohnqualität: Auch die Zimmer sind komfortabel ausgestattet und gepflegt. Der Service ist gut, und die Betreiberfamilie gibt sich alle Mühe, den Gästen ihren Aufenthalt so angenehm wie möglich zu gestalten. Trotz der

© MARK MARKAND

Der Markt von Myitkyina ist der größte der Region; hier herrscht reges Treiben.

Lage an einer Hauptstraße recht ruhig, aber knapp 3 km vom Zentrum (Bahnhof) entfernt. ❹–❺

€ **YMCA**, N.E.12, Myothit Qr., ✆ 074-23010, 22937, ✉ mka-ymca@myanmar.com.mm, [5541]. Einfachste Zimmer in zentraler Lage. Mit TV und Warmwasser im eigenen Bad oder mit Gemeinschaftsbad. Auch 3-Bett-Zimmer. Kein Hort der klinischen Sauberkeit, aber dafür freundliche Leute – und außerdem ein Klassiker. Wer länger bleibt, kommt vielleicht in Kontakt mit der lokalen Jugend: Auf dem Gelände trainieren eine Tanzgruppe und ein Taek-Won-Do-Club. ❷

ESSEN

Die meisten Restaurants öffnen von 10–22 Uhr.

Bamboo Field, 313 Pyi Htaung Su Rd., ✆ 074-23227. Hier trifft sich abends die einheimische Oberschicht bei chinesischem Essen, Fassbier und Whisky. Gelegentlich Livemusik.

Jing Hpaw Thu 2, etwas außerhalb am Fluss nördlich des Manau-Platzes, ✆ 09-240 0518, 💻 www.jinghpawhtu.com. Hervorragende traditionelle Kachin-Küche; eines der besten Restaurants in der Umgebung. Das Lokal hat noch einen zentraler gelegenen Ableger: **Jing Hpaw Thu 1** in der Nähe vom Stadion, ✆ 09-240 1622, der aber in Sachen Atmosphäre und Umgebung nicht ganz mithalten kann.

Kashmir, Zay Gyi Rd., ✆ 074-22117, 09-240 1804. Leckere indische Küche. Um die Ecke, gegenüber der katholischen Kathedrale, liegt ein weiteres indisches Restaurant mit sehr gutem Ruf: das **Sha Mie 786** (muslimische Küche).

Orient Restaurant, neben dem YMCA. Nudelsuppe, French Toast, Hamburger und Spaghetti Bolognese. Nicht nur bei Travellern aus dem benachbarten YMCA beliebt – auch Einheimische nehmen hier gerne einen Snack. 🕒 ab 7 Uhr.

Pizza Corner, am Fluss. Das moderne AC-Restaurant, eingerichtet mit einem Mix aus Bastmöbeln und bunten Kunstleder-Sitzgruppen, bietet neben Asiatischem auch (nicht so tolle) Burger und (passable) Pizza – sowie „richtigen" Kaffee aus der Maschine.

River View Restaurant, am Fluss. Rustikales Terrassen-Restaurant mit tollem Blick auf den Fluss. Gute chinesische Küche, viele Fischgerichte und Vegetarisches. Bier vom Fass. Abends häufig voll.

Weitere lokale Lokale und Teestuben in der Zay Gyi St. westlich des Bahnübergangs, darunter das beliebte und empfehlenswerte **Smile World** mit birmanischer und chinesischer Küche.

SONSTIGES

Einkaufen

Bei einem Bummel über den **Markt** mischt sich der Reisende unter die Angehörigen der verschiedenen Volksgruppen, die hier Handel treiben. Das Angebot an Obst und Gemüse auf dem Markt ist reichlich. Der in der Umgebung angebaute Reis *khat cho* gilt als Delikatesse. Außerhalb der Region wird er fast nie verkauft.

Informationen

Sun Far Travel & Tours, Thamadi St., ✆ 074-23392, 21326. Auch wenn einige Fluggesellschaften Büros in der Pyi Htaung Su Rd. nahe dem Bamboo Field Restaurant eröffnet haben, ist man bei Sun Far T&T besser aufgehoben: Alle Gesellschaften sind im Angebot, und die Verständigung klappt gut. 🕒 8–18 Uhr.

TRANSPORT

Busse

LONTON/ INDAWGYI-SEE, um 8 Uhr für 12 000 Kyat in 5 Std.
MANDALAY, um 12 Uhr für 20 300 Kyat in 10 Std.
YANGON, um 10 und 11.30 für 38 000 Kyat in ca. 24 Std.

Eisenbahn

Die Fahrt zwischen Mandalay und Myitkyina (bis zu 26 Std.) ist an sich schon ein Abenteuer (andere sagen: eine Tortur). Für Verpflegung sorgen die vielen Händler, die an jedem Bahnhof ihre Leckereien und Spezialitäten durchs Fenster reichen.
Richtung MANDALAY (via HOPIN, für Weiterfahrt zum Indawgyi-See; und NABA, für Weiterfahrt nach Katha) fahren tgl. 3 Züge: um 6.40, 8.30 und 12 Uhr. Die Tickets kosten zwischen 4200 Kyat (Hopin *Upper-Class*-Sitzplatz) und 22 500 Kyat (Mandalay *Sleeper*).

Boote

Ein Expressboot fährt tgl. um ca. 9 Uhr (um 8 Uhr da sein) für 8000 Kyat von Myitkyina in Richtung BHAMO, das am nächsten Tag erreicht wird. Ein Tuk Tuk aus der Innenstadt zum Anleger kostet um die 3000 Kyat. Bootstickets gibt's am Anleger morgens vor der Abfahrt. Übernachtet wird in **Sinbo**. Dort bietet das kleine **Shwe Nedy Guesthouse** einfache Zimmer für 5000 Kyat. Abendessen (*fried rice*, Nudeln) gibt es um 18 Uhr im Guesthouse, um 20 Uhr ist Nachtruhe: Dann wird der Strom abgestellt. Am nächsten Morgen geht es um 10 Uhr für weitere 7000 Kyat bis Bhamo. Ankunft dort zwischen 15 und 16 Uhr.
Achtung: Anfang 2019 war westlichen Besuchern die Benutzung dieser Bootsverbindung aufgrund der Sicherheitslage nicht erlaubt.

Flüge

Air KBZ, 💻 www.airkbz.com, fliegt mehrmals wöchentl. nach MANDALAY und weiter nach YANGON; ebenso **Myanmar National Airlines**, 💻 www.flymna.com.

Myitsone

Einen interessanten und landschaftlich schönen Ausflug verspricht die Fahrt nach Myitsone, einem kleinen Ort am Zusammenfluss (engl. *confluence*) der beiden im tibetischen Hochland entspringenden Flüsse **Mekha** und **Malikha**. An dieser Stelle hat der mächtige Ayeyarwady seinen Ursprung und beginnt seine über 2100 km lange Reise, ehe er sich südlich von Yangon, zum Delta verbreitert, in den Indischen Ozean ergießt.

Vor wenigen Jahren schien es, als seien die Tage Myitsones gezählt: Ein wenig flussabwärts wurde 2009 von dem chinesischen Investor CPI („Chinese Power Investment") ein großes, 3,6 Mrd. US$ teures **Staudammprojekt** begonnen. 300 m lang und 140 m hoch soll der Damm werden. Über 15 000 Menschen aus 50 Dörfern müssten dafür umgesiedelt werden. Die gewonnene Energie sollte zunächst einmal zu 90 % in das große Nachbarland exportiert werden, bis die Investitionskosten abgegolten wären. Doch bisher stehen nur die Fundamente, denn im September 2011 wurde der Bau nach erheblichem Widerstand aus der Bevölkerung gestoppt. Grund sind nicht nur Bedenken wegen des Ausverkaufs der Ressourcen an den großen Nachbarn, sondern auch die Tatsache, dass der Damm auf einer tektonischen Verwerfung stünde und im Falle eines Erdbebens eine Riesen-Katastrophe hervorrufen könnte. Seit Jahren hängt das Projekt in der Schwebe; aufgegeben ist die Idee aber noch nicht. CPI beharrt auf Erfüllung des Vertrags. Ein Ausstieg würde für Myanmar teuer werden: Als Kompensationszahlung sind angeblich 800 Mio. US$ festgelegt. Dem stehen allerdings geschätzte 500 Mio. US$ gegenüber, die Myanmar (nach Abbezahlen der Investitionen) pro Jahr am Export des Stromes verdienen würde ...

Die **Anreise** zum Zusammenfluss erfolgt am besten mit einem lokalen (Moped-)Fahrer. Theoretisch ist sie auch alleine möglich (eine Wegbeschreibung gibt es im YMCA), doch die Verhandlungen mit den bewaffneten Militärposten, die zu manchen Zeiten den Weg zum Zusammenfluss kontrollieren, überlässt man besser einem Einheimischen, will man nicht allzu tief in die (Dollar-)Tasche greifen. Vor Ort bieten einige kleine **Restaurants** gute lokale Küche. Bei einem Spaziergang am Flussufer kann man **Goldwäschern bei der Arbeit zusehen**.

Unterwegs bietet sich ein Zwischenstopp am jedes Jahr baufälliger werdenden **Jaw-Bum-Turm** an, einem Aussichtsturm, der ein paar hundert Meter abseits der Hauptstraße auf einem Hügel steht.

Indawgyi-See

Der idyllische Indawgyi-See („Großer königlicher See", [11009]), westlich von Myitkyina, ist der größte natürliche See des Landes und erstreckt sich auf über 50 km². Zusammen mit der ihn umgebenden Region genießt er seit 1999 Schutz als **Indawgyi Wildlife Sanctuary**. Elefanten, seltene Vögel und Gibbons leben in dem 73 600 ha großen Gebiet. Im See wurden sieben Fischarten entdeckt, die nur hier leben. 2017 wurde der See in die Liste der Unesco-Biosphärenreservate aufgenommen – als zweites Gebiet in Myanmar (nach dem Inle-See). Bisher kommen nur selten Touristen in diese Region, aber das könnte sich bald ändern. Ausgangspunkt für Entdeckungstouren ist der kleine Ort **Lonton**, in dem Shan-Ni, Kachin und Myanmaren leben. Im September 2018 wurde der Ort offiziell in **Indawgyi City** umbenannt – für das 250-Familien-Nest zwar ein etwas hochtrabender Name, aber ein klares Symbol dafür, wo es in Zukunft hingehen soll.

Am See lohnt die Besichtigung der berühmtesten Pagode der Region. Sie steht nördlich von Lonton, rund 200 m vom Westufer entfernt im See: eine große weiße Pagode mit goldenem Stupa, die sich wunderschön im Wasser spiegelt. Die **Shwe-Myit-Zu-Pagode** wurde vor etwa 250 Jahren erbaut, im Laufe der Zeit dreimal restauriert und damit zur größten Pagode des Kachin-Staates, an der alljährlich in der zweiten Woche des Mondmonats Tabaung (Feb/März) ein großes, zehntägiges Fest gefeiert wird. Die Einheimischen berichten, dass früher jedes Jahr vor

Ausstellung: Wissenswertes zur Region

Das **Indawgyi Wetland Education Centre** ist Sehenswürdigkeit und Touristeninformation zugleich. Der Besuch der permanenten Ausstellung bietet sich zu Beginn des Aufenthalts am Indawgyi-See an. Hier werden die Besonderheiten der Region, Umweltprobleme und auch die entsprechenden vor Ort entwickelten Lösungsansätze präsentiert. Kurze Filme geben einen Einblick in die lokale Kultur. Von der Terrasse kann man bei einem frisch gemahlenen organischen Kaffee (1500 Kyat für einen *French Press*) gleich mit dem Bird Watching beginnen (Ferngläser auf Nachfrage am Counter). Eine Bibliothek mit Literatur zu unterschiedlichen Themen, inklusive Fachbüchern zur Bestimmung von Vögeln, ist vorhanden. Die lokale Non-Profit-Organisation **Inn Chit Thu** (s.u.) bietet vom Counter des Education Center aus verschiedene Aktivitäten an, um den Indawgyi-See zu entdecken: Der hauseigene Jetty ist Ausgangspunkt für Paddel-Abenteurer auf dem Wasser.
Liegt am nördlichen Ende von Lonton, direkt hinter dem Militär Checkpoint. ⌚ tgl. 8–18 Uhr, Eintritt frei.

dem Fest zwei parallele Sandbänke aus dem See hervortraten. Eine davon war den Menschen vorbehalten, damit sie trockenen Fußes zur Pagode gelangten. Die andere, stellenweise von Wasser überflutet, war für die Geister. Sobald das Fest vorüber war, verschwanden die Sandbänke im See, um im Jahr darauf erneut einen Weg zur Pagode zu schaffen. Heute wird der Geisterpfad zum Fest mit Fahnen markiert, während der Dammweg für die Menschen befestigt ist.

Weitere Ausflüge führen z. B. nach **Ton San Hka**, wo man ein leckeres *organic-food*-Mittagessen genießen kann – alle Zutaten stammen von den umliegenden Feldern – oder nach **Maing Maung**, wo eine traditionelle Weberei interessante Einblicke in die Herstellung der Stoffe bietet. Wer will, kann hier auch ein authentisches, einzigartiges Mitbringsel erstehen.

Außer zu Fest-Zeiten ist es am See sehr ruhig. Die letzten bedrohlichen Auseinandersetzungen zwischen der KIA und der Armee Myanmars in der direkten Umgebung liegen schon einige Jahre zurück. Man sollte sich jedoch über die aktuelle Lage erkundigen. Am nördlichen Ortsausgang von Lonton steht nicht umsonst ein Militärposten –zwischen 18 und 6 Uhr ist ein Aufenthalt außerhalb der Stadt verboten!

ÜBERNACHTUNG

Die einzigen Unterkünfte am See finden sich in **Lonton** am Westufer des Gewässers.

Indaw Mahar Guesthouse, [11012]. Von 1999 bis vor Kurzem die einzige Unterkunft am Ort. Geführt wird das schlichte, regierungsnahe Haus von Herrn U Tin Myain, ✆ 093-615 2269, der ein Ansprechpartner in allen Fragen ist, vom Restaurant-Tipp bis zum Mopedverleih. ❶

Indawgyi Motel, ✆ 094-4410 5040, 094-2928 2338, 💻 fb.com/indawgyimotel, [11013]. Neuer (2018 renoviert), aber ebenfalls recht schlicht, ist das militärnahe Indawgyi Motel. Rustikale Holzzimmer (einige ohne Fenster); Moskitonetze schützen vor krabbelnden und flatternden Besuchern. ❶–❷

Erst in jüngster Zeit haben 3 familiengeführte **Homestays** ihre Türen für Besucher geöffnet, die wir den beiden o.g. Unterkünften vorziehen würden. Vom Standard her sind sie ähnlich einfach wie das Indaw Mahar, aber die Nähe zu „normalen Leuten“ ist natürlich ein Riesen-Plus. In allen 3 Häusern liegen übrigens für die (recht regelmäßigen) Stromausfälle Kerzen und Zündhölzer bereit.

Phyu Family Homestay, an der Hauptstraße gegenüber vom Indaw Mahar, ✆ 094-2114 4061 (Ma Su Hla Phyu), [11014]. 6 große Zimmer auf 2 Stockwerken, Teakholz-Boden, Gemeinschaftsraum mit „free tea and coffee“, Gemeinschaftsbad (mit einer westl. Toilette) im Garten. ❶

Shwe Inwa Family Homestay & Restaurant, an der Hauptstraße nahe der Polizeistation, ✆ 097-8806 0401 (Ma May Thazin Sow), [11015]. 3 Schwestern, die hier aufgewachsen sind und im oberen Geschoss wohnen, heißen seit Ende 2017 im unteren Stockwerk dieses traditionellen Shan-Ni-Hauses ihre Gäste in 4 Zimmern willkommen. Schlichtes Gemeinschaftsbad mit Hocktoilette und Schöpfdusche. Frühstück inkl. Eine der Schwestern betreibt zudem das gleichnamige Restaurant nahe dem Checkpoint. ❶

Shwe Toe Family Homestay, 50 m vom Seeufer im saisonal überfluteten Marschland gelegen, ✆ 094-4455 3141-3 (Ma Hla Hla Htwe), [11016]. 6 Zimmer in 2 hübschen, blau-weißen Häusern, die mit einer Brücke verbunden sind. Auch das schlichte Gemeinschaftsbad ist über eine Bambusbrücke erreichbar. Vom nahegelegenen kleinen Restaurant kann man sich ein lokales Frühstück auf die Veranda liefern lassen: ein toller Start in den Tag, mit einer super Aussicht! ❶

ESSEN

Fried Rice, Nudeln und birmanische Salate gibt es tagsüber in vielen kleinen Shops entlang der Hauptstraße, z.B. im **Malikha Restaurant**, dem **Dat Nay Linn Noodle Shop** oder im **Lucky**

Per Taxi-Boot fahren Besucher zur Shwe-Myae-Zu-Pagode.

DER NORDEN

Noodle. Selbstversorger können sich auf dem **Morning Market** (6–8 Uhr) und in einem **Lädchen für Lebensmittel und Früchte** eindecken. Das **Ma Khaing** am Checkpoint ist für seine birmanische Küche bekannt. Gleich nebenan liegt das **Shwe Inwa** – sieht genauso aus, und serviert auch die gleichen Gerichte.

Die besten Reis- und Nudelgerichte des Ortes serviert nach Angaben von Einheimischen das **Di Mo Rice & Noodles** beim Shwe Toe Homestay.

Das neben dem Indawgyi Motel gelegene **Hka Nawng Pan Restaurant** für seine guten Kachin-Gerichte.

Tee und Snacks u.a. im **Sone Yee Ya Teashop** und im **Nwe Burmese Teashop**.

TOUREN UND INFORMATIONEN

Fahrräder für Trips in die Umgebung und **Kajaks** für Touren über den See können über die lokale Organisation **Inn Chit Thu** organisiert werden; Ansprechpartner im Indawgyi Wetland Education Centre (s. Kasten S. 469).

Die Mitte 2017 von den 2 Amerikanern gegründete Organisation **Face of Indawgyi**, www.faceofindawgyi.org, plante während unserer Recherchen den Aufbau eines Guesthouses und sozialverträgliche bzw. pädagogische Projekte.

TRANSPORT

Anreise

Am besten mit dem **Bus** direkt ab MANDALAY (S. 340) oder MYITKYINA (S. 468).

Mit einem **Taxi** ist der See ab MYITKYINA in 3–4 Std. erreichbar; Kosten etwa 120 000 Kyat. Günstiger (aber erheblich langwieriger) ist die Anreise im **Zug** ab Mandalay oder Myitkyina via HOPIN, von dort ab etwa 8 Uhr bis mittags weiter nach Lonton per Minibus oder einem der voll beladenen Pick-ups zum See (5000 Kyat, ca. 1 Std.). Nachmittags mit dem Moped-Taxi für rund 15 000 Kyat.

Weiterreise

Bus

MANDALAY, um 13 Uhr für 23 300 Kyat in 15 Std.
MYITKYINA, um 7.30 Uhr für 13 000 Kyat in 5 Std.
NABA (für KATHA), um 13 Uhr für 13 000 Kyat in 5 1/2 Std.
YANGON (ab HOPIN), um 14 und 18 Uhr für 35 300 Kyat in ca. 28 Std.

Eisenbahn

Ab Hopin (1 Std., vormittags Trucks ab Lonton für 5000 Kyat, nachmittags mit dem Moped für 15 000 Kyat):
MANDALAY, um 11.30 Uhr (Ank. nächster Tag 9.20), 12 Uhr (Ank. nächster Tag 3.45 Uhr) und 16 Uhr (Ank. nächster Tag 8 Uhr) für 8250 Kyat.
MYITKYINA, um 7 Uhr (Ank. 11.15 Uhr) und 14.30 Uhr (Ank. 20.25 Uhr) für 4200 Kyat.
NABA, mit den Mandalay-Zügen für 3200 Kyat in 5 1/2 bis 6 1/2 Std.

Bhamo

Bhamo (birm.: Banmaw) ist eine kleine Stadt, deren Haupteinnahmequelle lange Zeit der Handel mit Rubinen war. Die Ortschaft am Ayeyarwady wurde im 17. Jh. gegründet. Von hier führte eine Karawanenstraße nach China, was sie zu einem Handelszentrum für diese Region machte. Nachdem im Zweiten Weltkrieg die Ledo–Burma-Road gebaut wurde, die über Lashio nach Kunming führt, hat sich der Handel mit den Chinesen nach Lashio verlagert. Heute trifft man auf dem Markt oft Angehörige verschiedener Volksgruppen in ihrer traditionellen Tracht.

Der verschlafene Charme der Stadt fesselt die bislang nicht allzu zahlreichen Besucher, die vor allem die Ausflüge in die Umgebung schätzen. Auf noch nicht ausgetretenen Pfaden können die angrenzenden Orte der Lisu, Kachin und Shan besucht werden. Auch eine Fahrradtour oder ein Bootstrip ermöglichen Besuche in vom Tourismus noch unberührten Gegenden. Außerhalb einer Zwei-Meilen-Grenze dürfen Ausländer die Umgebung jedoch nur in Begleitung eines Guides besuchen – und manchmal auch gar nicht.

Sehenswürdigkeiten

Die **Thein-Daw-Gyi-Pagode** liegt im Stadtzentrum an einem kleinen Teich und beherbergt eine Zahnreliquie Buddhas. Acht kleine Stupas,

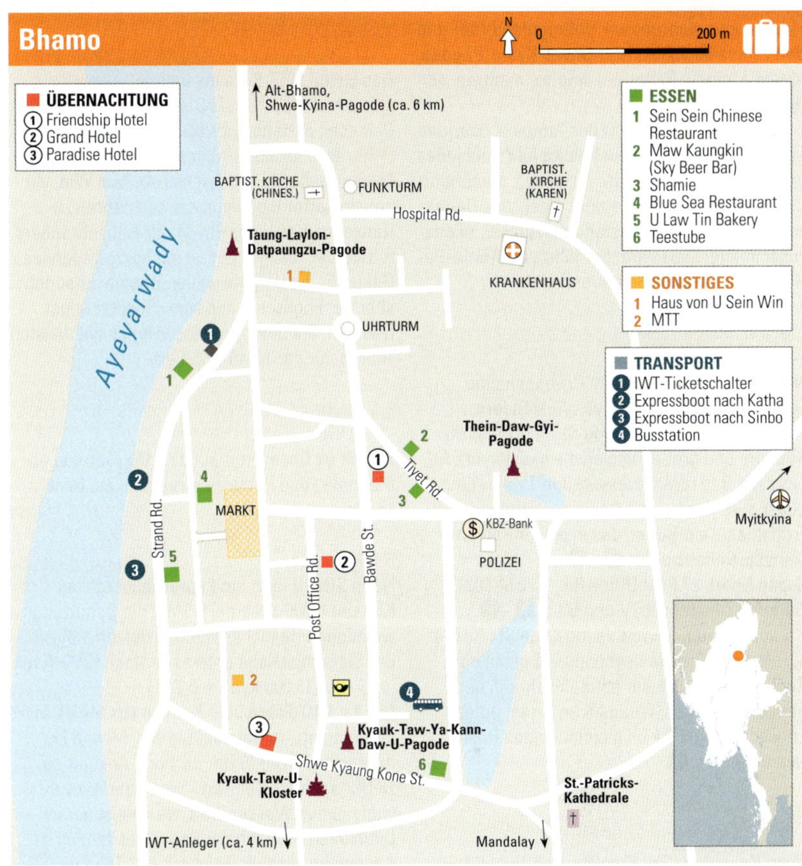

die die acht Wochentage symbolisieren, gruppieren sich um den Hauptstupa. Weitere Nebengebäude und Gebetshallen schließen sich an.

Auffällig ist die runde **Kyauk-Taw-Ya-Kann-Daw-U-Pagode** von 1882 beim Kyauk-Taw-U-Kloster, um die herum der Verkehr fließt. Innen sitzen vier große, sehr verehrte Buddhafiguren, außen erheitern allerlei lustige Statuen den Betrachter.

Die **Taung-Laylon-Datpaungzu-Pagode** beherbergt eine große sitzende Buddhafigur. Auch zwei Buddhas aus Marmor thronen in der Ordinationshalle. Die bronzene Glocke der Pagode stammt aus dem 11. Jh. Angegliedert ist ein Kloster, dessen freundliche Mönche Besucher gern durch die Pagode führen.

Etwa 6 km nördlich der heutigen Stadt Bhamo stehen die Ruinen von **Alt-Bhamo** (Bhamo Myohaung). Hier befinden sich die Überreste eines alten Shan-Palastes, dessen Herrscher einst das Fürstentum Sampanago regierte. Das ehemalige Königreich entstand schon vor der Zeit Bagans und war ebenfalls ein bedeutendes Handelszentrum, das im 15. Jh. sogar in Europa bekannt war. Am schönsten lässt sich die Anfahrt mit einer Pferdekutsche zurücklegen. Wer es mit dem Fahrrad auf eigene Faust probiert, sollte der Hauptstraße nach Norden folgen, am

Fluss entlangfahren, am Gefängnis vorbei und den Hinweisschildern zur **Shwe-Kyina-Pagode**, einem kleinen Pagodenkomplex inmitten von Reisfeldern, folgen.

Nahe Alt-Bhamo fließt der Tampein, über den eine 490 m lange **Bambusbrücke** führt, die jedes Jahr im Juni von der Bevölkerung demontiert und ein paar Monate später nach der Regenzeit, wenn der Wasserstand es zulässt, wieder zusammengesetzt wird. Sie führt zum **Thein-Pa-Hügel**, wo sich ein Kloster befindet.

ÜBERNACHTUNG

Nur wenige Unterkünfte im Ort haben eine Lizenz zur Beherbergung von Ausländern.

Friendship Hotel, 28 Bawde St., ✆ 074-50095. Saubere und große Zimmer, die meisten mit AC, eigenem Bad (Warmwasser) und TV. Im Altbau günstigere Zimmer mit Gemeinschaftsbad. Inkl. Frühstück – ein Buffet, das in dieser Region seinesgleichen sucht! ❷–❹

Grand Hotel, 27 Post Office Rd., ✆ 074-50317. Gute AC-Zimmer mit TV und Bad. ❸–❹

Paradise Hotel, Shwe Kyaung Kone St., ✆ 074-50136, ✉ hotelparadisebanmaw@gmail.com. Recht gute AC-Zimmer mit Kühlschrank und bequemen Betten. Freundliche Leute, gutes Englisch. Frühstück im gleichnamigen Restaurant nebenan. ❸

ESSEN

Maw Kaungkin (Sky Beer Bar), 66 Tiyet Rd. Gute birmanisch-chinesische Küche. Großes, verlockendes Angebot an Gegrilltem, das allerdings nicht immer ganz billig ist. Dazu Bier vom Fass und TV.

Shamie, Tiyet Rd., ✆ 074-50108. Serviert leckere indische Currys (vegetarisch).

U Law Tin Bakery, Strand Rd. Eher ein Teashop als eine Bäckerei; kleine Snacks und süßer Kaffee, Blick auf die belebte Uferstraße.

Wer länger in der Stadt ist, kann zudem im **Sein Sein Restaurant** nördlich des Anlegers an der Uferstraße chinesische Küche probieren, vom **Blue Sea Restaurant** aus dem geschäftigen Treiben in Marktnähe zusehen oder in einer der vielen **Teestuben** verweilen.

INFORMATIONEN

Das kleine **MTT-Büro** in einer der Altstadtgassen ist mehr für die Belange anreisender Chinesen zuständig als für westliche Besucher.

Eine lokale Berühmtheit und erstklassige Quelle für Infos ist Herr **U Sein Win**, ein pensionierter Ingenieur, der seit Jahren zu Hause am Bau eines Ein-Mann-Hubschraubers tüftelt. Der rüstige Herr ist ein hervorragender Guide für die Umgebung von Bhamo. Er spricht sehr gut Englisch – und seine Tochter sogar Deutsch. Sie übernimmt inzwischen die meisten Touren, für ca. 30–40 US$/Pers.

TRANSPORT

Zurzeit ist Bhamo nur auf dem Wasserweg ab Mandalay und Katha zu erreichen, auf dem Landweg jedoch nicht.

Boote

Nach SINBO fährt ein **Expressboot** tgl. um 8.30 Uhr (7000 Kyat, ca. 6 Std.); die Benutzung ist westlichen Besuchern jedoch derzeit aufgrund der Sicherheitslage untersagt. Nach KATHA tgl. um 9 Uhr (15 000 Kyat, 4–5 Std.).

Mit der **IWT-Fähre** über Katha nach MANDALAY 3x wöchentl., fahrplanmäßig Mo, Mi und Fr, Abfahrt ca. 7 Uhr (6 Uhr da sein), Ankunft ca. 18 Uhr am nächsten Tag – wenn der Ayeyarwady genug Wasser führt, was meist nur im Okt/Nov direkt nach der Regenzeit der Fall ist. Ansonsten kann die Fahrt bis zu 3 Tage dauern. Tickets US$12 für einen Platz an Deck (d. h. eine mit einer Nummer markierte Stelle am Boden; für eine Unterlage – auch zum Schlafen – ist selbst zu sorgen) und US$60 für einen Platz in einer Kabine. Es gibt Toiletten und ein „Restaurant" an Bord: Letzteres setzt einen stabilen Magen voraus. Alternativ kann man sich bei kurzen Stopps am Ufer mit Verpflegung eindecken. Die Fahrt ist landschaftlich interessant und hat ihre ganz eigenen Reize, s. eXTra [5532].

Flüge

Myanmar National Airlines, 💻 www.flymna.com, verbindet Bhamo 4x wöchentl. mit MANDALAY.

Katha

Katha ist ein angenehmer kleiner Ort am Ufer des Ayeyarwady. Er liegt, von Bhamo aus über den Fluss kommend, kurz hinter der Grenze des Kachin-Staates und gehört bereits zum Verwaltungsbezirk der Sagaing Region. Auf dem Weg flussabwärts nach Mandalay ist es ein interessanter Zwischenstopp, zumindest für eine Nacht. Bekannt ist die Stadt dem westlichen Literaturinteressierten als *Kyauktada*, denn so heißt die Stadt bei **George Orwell**, dem sie als Kulisse für sein Buch *Burmese Days* (dt. *Tage in Burma*) diente. Als Kolonialbeamter lebte Orwell hier ein halbes Jahr von Ende 1926 an. Heute noch stehen einige Häuser, die Orwell beschreibt: u. a. das, in dem er gelebt hat. Aber bitte nicht einfach hineinmarschieren – heute wohnt hier der Polizeichef! Der **Britische Club** ist in eine Landwirtschaftskooperative umgewandelt worden. Der alte **Tennisplatz** wurde renoviert und wird wieder bespielt. In der **St.-Pauls-Kirche** treffen sich immer noch die Anglikaner (ebenfalls dem heiligen Paulus gewidmet ist eine katholische Kirche im Süden des Ortes), und im **Gefängnis** schmachten bis heute die Schufte.

Ansonsten ist Katha ein beschaulicher Ort, in dem nicht viel passiert. Manche Reisende sind fasziniert vom Blick in den Alltag abseits der Touristenströme. In der Umgebung liegen Lisu-, Kachin- und Shan-Dörfer, die mit dem Fahrrad erreichbar sind. Aber Vorsicht: Es kann sein, dass Touren in die Umgebung vorübergehend untersagt werden.

ÜBERNACHTUNG

€ **Ayeyarwadi Hotel**, Strand Rd., etwas nördlich des Schiffsanlegers, ✆ 074-25140. „Hotel" ist etwas übertrieben. Hier gibt es relativ saubere, z. T. sehr kleine Zimmer mit Gemeinschaftsbad, zudem ein AC-Zimmer mit eigenem Bad. Der Manager Mr. Ko Te ist ein guter Ansprechpartner für alle, die länger bleiben wollen und sich für die Umgebung interessieren. Fahrradvermietung. ❹

Eden Guesthouse, Shwe Phone Shein St., ✆ 074-25428. Die recht komfortablen Zimmer

DER NORDEN

An vielen Stellen sieht Katha noch genau so aus wie zu George Orwells Zeiten.

sind eine gute Alternative zum Ayeyarwadi Hotel – allerdings muss man auch doppelt so tief in die Tasche greifen. Kühlschrank und teilweise großer Flachbildschirm. WLAN. Einige Zimmer könnten einen neuen Anstrich vertragen. Im Erdgeschoss liegt das beliebte **Eden Café**. ❷

Hotel Katha, Lanmadaw St., ✆ 075-25390, 25460, 💻 www.hotelkatha.com. Sieht zwar aus wie ein Kolonialbau, ist aber seit 2015 *der* Neuzugang in Kathas Hotelszene. Eher nüchterne, aber komfortable AC-Zimmer in 3 Kategorien. Ein Restaurant ist angegliedert (für alle, denen die Läden an der Strand Rd. suspekt sind). ❸–❹

King Hotel, 103 Three Pagoda St., ✆ 099-6201 7565 💻 fb.com/King-Hotel-459808731050524. Recht neues Haus mit unspektakulären, gefliesten Zimmern in bester Lage nahe dem Fluss – und auf ebenjenen hat man von der Dachterrasse einen tollen Blick. ❸

Sein Hotel, Aung Tha Pyay St., ✆ 094-0043 4161, 💻 www.seinhotelkatha.com. Ebenfalls neues Haus in zentraler Lage nahe dem Markt mit ordentlichen Doppel- und 3-Bett-Zimmern, z.T. mit Fenstern über Eck; zudem ein 4-Bett-Dorm mit 2 Stockbetten (gemischt; Bett US$10). Am besten online über die (auch deutschsprachige) Webseite vorbuchen. Frühstück mit Ausblick auf der Dachterrasse. Fahrradvermietung. ❸–❹

ESSEN

Chinesisches Essen, lokale Küche und frisch gezapftes Bier serviert das schlichte, laute **Shwee See Sar Restaurant** in der Strand Rd. Toller Blick von der Terrasse auf den Fluss. Im unweit entfernten **U Sein** an der Strand Rd. gibt's gute chinesische Küche. Das **Eden Café** im Erdgeschoss des Eden Guesthouse ist sehr beliebt, vor allem bei der Jugend. Etwas ruhiger geht's zu im **Kyite Café** nahe dem alten Tennisplatz.

TRANSPORT

Busse

Nach NABA mehrmals tgl. für ca. 2000 Kyat in 1 Std., Abfahrt in der Nähe der Baptistenkirche. Wer mit dem Boot von Bhamo kommt, erwischt meist noch einen der beiden letzten Busse – nur

Sitzplätze können dann schon Mangelware sein. Wer nicht in Katha verweilen will, sollte für etwa1000 Kyat ein Tuk Tuk vom Anleger zum Busbahnhof nehmen.

Eisenbahn

Katha hat keine Direktverbindung nach Mandalay, aber mit dem Tuk Tuk (um 2000 Kyat) oder dem Bus ist das Dorf NABA zu erreichen, wo abends zu einigermaßen unvorhersehbaren Zeiten (fahrplanmäßig um 17, 20.30 und 1 Uhr) die Züge Richtung MANDALAY halten: Je früher man hier am Bahnhof wartet, desto besser. Die bequemeren Plätze in den Zügen *(upper class)* sind allerdings oft ausgebucht. Wer nicht bereits in Myitkyina ein Ticket gekauft hat, dem bleibt sogar nur die *ordinary class, no seat* – die harte Tour. Ankunft in Mandalay ist am nächsten Morgen. Die Tickets kosten je nach Klasse 3000–16 000 Kyat.

Boote

Mit der **IWT-Fähre** nach MANDALAY Mo, Mi und Fr, Abfahrt zwischen 16.30 und 19.30 Uhr, Deck US$7, Kabine US$42, ca. 24 Std. Nach BHAMO 3x wöchentl., Abfahrt mittags, Deck US$4, Kabine US$24, ca. 8 Std. (S. 342). Die Abfahrtszeiten können sich je nach Wasserstand verschieben; unbedingt vorher erkundigen.

Expressboot nach BHAMO, tgl. 9.30 Uhr, 15 000 Kyat, 5 Std.

Sagaing Region

Die Sagaing Region gehört zu den am wenigsten bereisten Gegenden in Myanmar. Nur der äußerste Südzipfel mit der namensgebenden Stadt Sagaing (S. 357; Umgebung von Mandalay) und den Orten Monywa (S. 375; Umgebung von Mandalay) und vielleicht noch Shwebo (S. 376; Umgebung von Mandalay) hat es bisher auf die touristische Landkarte geschafft. Nördlich davon erstreckt sich eine Region, die im Osten an den Kachin-Staat und im Westen an Indien grenzt. Lebensader der Region ist der Chindwin-Fluss.

Auf dem Chindwin nach Norden

Von **Monywa** aus fahren Expressboote und die behäbigen Fähren der IWT den Chindwin hinauf (weitere Infos s. S. 380, Monywa Transport) bis nach Homalin. Je nach Wasserstand ist mit ungefähr fünf Tagen Fahrzeit zu rechnen. Ein erster relevanter Stopp lohnt in **Kalewa**, einem beschaulichen Ort am Flussufer, der nach etwa 14 Stunden erreicht ist. Von hier sind es noch 25 km über die Straße weiter nach **Kalaymyo**, dem Zugang zum nördlichen Chin-Staat (S. 478, „Ausflug in den nördlichen Chin-Staat“).

Kalaymyo

Die Stadt Kalaymyo (oft auch nur: **Kalay** oder **Kale**) ist die boomende Mini-Metropole in dieser Region. Der Grund: Sie ist der Hauptumschlagplatz für Waren im Handel mit Indien, das eine rumpelige Tagesreise auf unfertigen Straßen westwärts in den Bergen beginnt. Wer auf seinem Weg in die Chin-Berge hier übernachtet, findet das beste Preis-Leistungs-Verhältnis im **Hotel Moe**, Bogyoke St., 100 m westl. vom Eingang zum Flughafen, ✆ 073-21826, ✉ hotelmoe@gmail.com. Ende 2016 eröffnet, bietet es bequeme Betten und Frühstück mit Aussicht auf der Dachterrasse, ❸. Günstiger, aber auch verwohnter, ist das **Taung Za Lat Hotel**, Bogyoke St., gegenüber vom Flughafeneingang, ✆ 094-0049 3628, ❷. Das **Hotel Majesty**, etwas westlich von beiden in der 8/6 Bogyoke Rd., ✆ 073-22110, ist ein bisschen teurer, punktet dafür aber mit einem Pool. ❸–❹. Gut essen (Thai-Küche) kann man im **Flow**, Bogyoke St., etwa 1,5 km westl. vom Flughafeneingang, oder in einer der drei „SM 1–3“ beschrifteten **Sein-Myint-Beer- & Pub**-Niederlassungen; chinesische Küche, ⌚ jeweils 10–22 Uhr. Kalaymyo ist auch Zwischenstation auf dem Weg von und zu den beiden 2018 neu für internationale Besucher geöffneten Grenzübergängen mit Indien (s. S. 35, A–Z).

Homalin

Von Kalewa aus windet sich der Chindwin vorbei an **Mawlaik** mit seinen Spuren der kolonialen Vergangenheit weiter nach Norden bis **Homalin**. Viele der knapp 2000 Einwohner sind Chin und Naga. Im Umland wird Kautschuk

Ausflug in den nördlichen Chin-Staat

- **Anfahrt**: Startpunkt für einen Besuch in den nördlichen Chin-Bergen ist **Kalaymyo** (S. 525). Von hier führt eine Straße 30 km nach Westen (Fahrzeit über 1 Std.) und trennt sich nach Erreichen der Berge in eine Nord- und eine Süd-Strecke. Der Abzweig links (nach Süden) führt über **Falam** nach **Hakha**, der Abzweig rechts (nach Norden) nach **Tedim**. Abfahrt der Busse 7 Uhr; verschiedene Anbieter.
- **Dauer**: mind. 3–4 Tage für eine der beiden Routen
- **Kosten**: Unterkünfte ab 10 000 Kyat/Nacht, Bustransfers 7000–12 000 Kyat/Strecke, Essen und Trinken günstig in Teestuben und kleinen Restaurants
- **Beste Reisezeit**: Dez–März. In der Regenzeit (Mai–Okt) sind viele Straßen unpassierbar. Nachts kann es von Dez-Feb mit Temperaturen um dem Gefrierpunkt aber sehr kalt werden.

Die Südroute: nach Falam und Hakha

Von Kalaymyo aus windet sich die Straße nach der Abzweigung Richtung Hakha die Berge hinauf und begeistert mit einigen dramatisch schönen Abschnitten. Glücklich, wer hier im Mietwagen unterwegs ist und nach Lust und Laune einfach Halt machen kann. Doch auch die meisten lokale Busse stoppen an der **Wuthering Heights** genannten Stelle, die fantastische Ausblicke über die Landschaft erlaubt.

Falam

Nach ca. sieben Stunden Fahrzeit ist dann Falam erreicht. Die Stadt liegt auf einer luftigen Höhe von 1774 m und wurde von den Briten in den 1890er-Jahren zum Verwaltungszentrum ausgebaut. Diesen Status hatte sie bis 1974 – dann wurde Hakha zur Hauptstadt des Chin-Staates gekürt. Danach scheint ein bisschen die Zeit stehen geblieben zu sein: Heute ist Falam ein ruhiger, gepflegter Ort, an dem zahlreiche Holzhäuser eine angenehme Atmosphäre schaffen. Mittelpunkt ist die große, weithin sichtbare **Baptistenkirche**: Fast alle der ca. 15 000 Einwohner gehören der ein oder anderen christlichen Kirche an. Darüber kann auch die neue **buddhistische Pagode** nicht hinwegtäuschen, die am Hang über dem Ort thront. Für die Übernachtung empfiehlt sich das schlichte, aber gut geführte **Holy Guesthouse**, 215 Bogyoke Rd., ✆ 070-40083, einfache Zimmer mit Gemeinschaftsbädern, ❶. Die Weiterfahrt nach Hakha geschieht entweder früh morgens mit dem großen lokalen Bus (8 Uhr, 3000 Kyat) oder mit dem Kalaymyo–Hakha-Minibus (mittags, 7000 Kyat).

Hakha

Die Provinzhauptstadt Hakha liegt sogar auf 1890 m Höhe (im Winter können die Temperaturen nachts unter null fallen!) und erstreckt sich U-förmig an einem Berghang entlang der Hauptstraße. Ihre Geschichte geht bis mindestens ins Jahr 1400 zurück, als hier die Lai-Chin eine bedeutende Siedlung errichteten. Heute leben hier 20 000 Menschen, und trotz des Provinzhauptstadt-Status geht es ruhig zu. Einen tollen Überblick über die Stadt hat man vom **Aussichtspunkt** oberhalb der Straße. Übernachtungsmöglichkeiten bieten das **Grace Guesthouse**, ✆ 070-22098, und das **Cherry Guesthouse**, ✆ 070-22307, beide an der Hauptstraße (Bogyoke Rd.), sehr schlicht, ❶–❷. Eine äußerst unbequeme Busroute führt (über Nacht) von Hakha via Gangaw bis nach Mandalay.

Die Nordroute: nach Tedim und zum Rih-See

Eigentlich sind es von Kalaymyo bis nach Tedim (auch: Tiddim) nur etwas mehr als 70 km – trotzdem braucht der Minibus etwa sieben bis acht Stunden. Die je nach Wetterlage super staubige oder extrem schlammige Straße ist an vielen Stellen *under construction*, und jedes Jahr im Sommer sorgen neue Erdrutsche für neue Baustellen.

Dennoch: Im zähen Kampf mit den Naturgewalten verbessern die Straßenbauer die Strecke immer weiter. Und wen stören schon die vielen Stopps, die zurzeit noch nötig sind? Wer hier reist, hat es sowieso nicht eilig.

Tedim

Auch in Tedim selbst ist Ruhe angesagt. Einen Tee trinken (oder einen Kaffee aus den hier angebauten Bohnen) und dem Treiben zuschauen: Besser „runterkommen" geht kaum. Außer ein paar Spaziergängen in die Umgebung kann man nicht viel unternehmen. Und selbst die sind beschränkt: Denn die Stadt zieht sich entlang eines Bergrückens. Einzig das 300-Einwohner-Dorf **Siangsawn** etwa eine Stunde Fußweg nordöstlich von Tedim ist einen Besuch wert: Es ist die Heimat der *original chin religion*, die vom Propheten Pau Cin Hau (1859–1948) im Jahr 1938 ins Leben gerufen wurde (und nicht nur das: Er hat auch eine eigene Schrift für die hiesige Chin-Sprache entwickelt). In dem monotheistischen Glauben wird der Gott Pasian verehrt. Ein kleiner Park mit Aussichtsturm, der schon von Tedim aus zu sehen ist, bildet das Zentrum dieser Religion. Der neue, zweite Prophet Kam Suang Mang, der den schwindenden Kult 2004 wieder reaktiviert hatte, lebt in dem großen Haus mitten im Dorf. Sein Mausoleum im Park ist schon in Arbeit.

Übernachtung in Tedim im bewährten **Ciinmnuai Guesthouse** am Uhrturm, ✆ 070-50037; eine Handvoll saubere Zimmer mit harten Matratzen und Gemeinschaftsbad. Neuer ist das **Tedim Guesthouse**, Kamhau Rd., ✆ 097-6756 3907, 094-5960 0480. Ein paar kleine Restaurants und Teestuben liegen entlang der Hauptstraße. Empfehlenswert ist das (nur auf Birmanisch beschilderte) **Power Restaurant** schräg gegenüber der Baptistenkirche.

Rih-See

Noch ein paar dramatische Stunden auf der Straße weiter liegt – direkt an der indischen Grenze – der herzförmige Rih-See. „One of the prettiest spots in Myanmar", begeistert sich eine Broschüre des MTT, und zweifellos ist der See von großer kultureller und spiritueller Bedeutung für die Chin. Jedes Jahr kommen Tausende Besucher aus Inden herüber und picknicken an seinen Ufern. Aber ganz ehrlich: Die Anreise für den See allein lohnt kaum. Aber wer hier ist, um den 2018 für internationale Besucher geöffneten Grenzübergang nach Indien zu nutzen, sollte sich den Abstecher gönnen.

Rihkhawdar

Der Rih-See liegt ein paar Moped-Minuten entfernt von der kleinen Grenzstadt Rihkhawdar. Der größere Teil des Ortes (namens Zowkhawdar) liegt auf der indischen Seite; ein Fluss trennt die beiden Ortsteile. Von Rihkhawdar nach Zowkhawdar ist es nur ein kurzer Spaziergang über die Brücke. Mehr Infos zum Grenzübergang s. S. 35 (A–Z).

In Rihkhawdar gibt es eine einzige Unterkunft: das **Rhi Shwe Pyi Guesthouse**, ✆ 096-472 400 oder +918 131 988 440 (indische Nummer), relativ komfortabel und von freundlichen Leuten geführt (übrigens: Es ist oft doch noch ein anderes Zimmer frei als das zuerst angebotene teure Familienzimmer), ❷–❸. Die **Naing Bar** direkt an der Grenzbrücke bietet eine ganz passable Küche, nur mit dem Geschirrspülen nimmt man es nicht so genau. Hier kann man abends bei einer Dose indischen Bieres beobachten, wie um 18 Uhr die Grenze schließt. Minibusse zurück nach Tedim oder Kalaymyo starten morgens ab 7 Uhr – besser schon tags zuvor ein Ticket besorgen. Englisch spricht hier allerdings so gut wie niemand.

In den Straßen von Tedim

Praktische Informationen

Auf eigene Faust?

Die Umgebung der genannten Orte kann man auf eigene Faust erwandern. Wer weiter weg will, sollte sich vor Ort einen einheimischen Führer suchen – was dauern kann.

Banken

Geldautomaten gibt es in Tedim und Hakha – aber sie funktionieren nur, wenn genug Strom da ist, was längst nicht immer der Fall ist. Deshalb besser Bargeld mitnehmen!

Sonntags Ruhetag

Achtung! Dies ist wohl die christlichste Region des Landes, und die Regeln werden ernst genommen. Der Tag des Herrn ist Ruhetag; sonntags sind so gut wie alle Lokale zu und es fahren weniger oder auch gar keine Busse. Also samstags Kekse und Obst kaufen nicht vergessen!

angebaut. Der Blick fällt im Westen auf bis zu 2700 m ansteigende Berge – bis Indien ist es nicht weit. Im Nordosten, etwa auf halbem Weg nach Hkamti, befindet sich das 1974 ausgewiesene **Thamanti Wildlife Reserve**, ein geschütztes Gebiet, in dem noch Tiger, Leoparden, Bären und Elefanten herumstreifen sollen. Für Übernachtungen in Homalin empfiehlt sich das relativ neue **Yadi Guesthouse**, ✆ 010-433 8253, ✉ yadiguesthouse@gmail.com. Passable Zimmer mit und ohne eigenes Bad. Empfehlenswert sind die teureren mit Balkon zum Fluss, allein schon wegen des Blicks auf das Straßenleben, ❷–❹. Homalin verfügt über einen Flugplatz – denkbar ist es also auch, zuerst dorthin zu fliegen (ab Mandalay) und die Reise dann flussabwärts zu unternehmen.

Hkamti

Nur noch kleinere Boote fahren von Homalin weiter in Richtung **Hkamti**, der nördlichsten größeren über den Chindwin zu erreichenden Stadt. Von der Fahrt zwischen Homalin und Hkamti raten Einheimische allerdings ab, wenn nicht genug Wasser im Fluss ist: Viele flache Stellen und ein hohes Verkehrsaufkommen lassen die Reise dann zu einem gefährlichen Abenteuer werden. Die Reise erlebt einen Zwischenstopp am kleinen Ort **Thamanthi** (auch: Hta Man Thi), wo eine Straße in die Naga-Berge abzweigt (Ziel: Layshi). In Hkamti freut sich der Gast über eine angenehme Atmosphäre. Schnell ist der Ort zu Fuß erkundet. Unterkunft bietet das von einer freundlichen Familie geführte **Oasis Guesthouse**, ✆ 094-0270 5608, 092-5936 6698 (die Kinder sprechen passables Englisch). Das zweistöckige Gebäude hat sehr einfache Zimmer mit Gemeinschaftsduschen und -toiletten, ❷. Ein gutes Restaurant liegt gleich nebenan. Auch Hkamti hat einen Flugplatz, der aber nicht ganzjährig angeflogen wird.

Abstecher ins Nagaland

Das Nagaland war eine bis vor Kurzem noch völlig unzugängliche Region, die nur für organisierte Tourgruppen zum Neujahrsfest der Naga am 15. Januar besuchbar war. Inzwischen sind auch Reisen zu anderen Zeiten und ohne Permit möglich. Ein möglicher Abstecher führt von Thamanthi aus nach **Layshi**, ein weiterer von Hkamti nach **Lahe**. Für den Transport über die dramatischen Pisten benötigt man ein 4x4-Fahrzeug (ab US$100/Tag). Offiziell ist es jedoch weiterhin nicht möglich, von diesem kleinen Orten aus die Dörfer der Naga in den umliegenden Bergen zu besuchen. Vermutlich ist das auch wenig sinnvoll, denn die traditionell lebenden Naga sind den Umgang mit westlichen Besuchern nicht gewohnt und wollen, soviel wir wissen, hauptsächlich eines: in Ruhe gelassen werden.

Der hohe Norden

In Myanmars hohem Norden locken am Horizont die schneebedeckten Gipfel des Himalaya. An touristischer Infrastruktur mangelt es fast völlig; erreichbar (per Flugzeug) ist nur Putao, und ein Aufenthalt mit Trekkingtouren in der Region geht richtig ins Geld. Wenn er überhaupt erlaubt ist – zur Zeit der letzten Recherche war die Region nach Aussagen des MTT *off limits*. Das kam für viele überraschend (zuvor gab es den ein oder anderen Hinweis darauf, dass die Region bald ganz ohne Permit zu bereisen sein könnte) und kann sich genauso schnell wieder ändern.

Putao

Immergrüner tropischer Regenwald und die in der Ferne glänzenden schneebedeckten Berge des Himalaya umgeben die kleine Ortschaft Putao. Etwa 10 000 Menschen, überwiegend den Volksgruppen der Rawang, Kachin und Lisu zugehörig, leben hier auf etwa 400 m Höhe. Auch ein paar Myanmaren und Shan haben sich angesiedelt. Um den Ort herum im Hochland leben Bergvölker, die ihre Trachten allerdings meist nur an Festtagen tragen. Eine Traumgegend für Wanderer, die aber nur mit *Special Permit* und teuren gebuchten Touren zu erreichen ist. Während unserer Recherche war Putao wegen der anhaltenden Unruhen zwischen den Kachin und der birmanischen Armee sogar ganz gesperrt:

© SHUTTERSTOCK.COM / UDOMPETER

Verlockernd, aber so gut wie unzugänglich: „The Snow-Capped Mountains" des Himalaya.

Wer sich für einen Trip in diese Gegend interessiert, sollte mit den Vorbereitungen weit im Vorfeld beginnen und die aktuelle Situation im Auge behalten.

Landwirtschaft und Jagd sind die einzigen Einkommensquellen in dieser Region, und so geht es hier beschaulich zu. Fast scheint Putao aus einer anderen Epoche zu stammen: keine Umweltverschmutzung, keine Industrie – nur Wald, Berge und unberührte Natur. Man kann mit einem Ochsenkarren herumfahren, in die nahe Umgebung wandern oder sich einfach nur entspannen. Es wird empfohlen, keine allzu weiten Ausflüge ohne Führer zu unternehmen, weil man sich schnell verläuft und kaum jemand Englisch spricht. Aber da diese Enklave sowieso nur in Begleitung eines lizenzierten Führers besucht werden darf, stellt sich das Problem kaum. Ohnehin sollte man beim MTT in Yangon rechtzeitig Informationen zu den aktuell benötigten Papieren einholen oder lieber gleich die Hilfe einer erfahrenen Reiseagentur in Anspruch nehmen.

In Putao gibt es zwei Märkte, auf denen Angehörige der Bergvölker ihre Waren verkaufen. Der bekannteste ist der **Myoma-Markt**, wo neben Kunsthandwerk aus Bambus und Holz auch Medizin aus Heilkräutern gehandelt wird.

In der **Mahamuni-Pagode** befindet sich eine Glocke, die aus einem Flugzeugpropeller hergestellt wurde. Im Zweiten Weltkrieg war die Maschine in den Bergen abgestürzt, und die Materialien fanden schnell Wiederverwendung. In der **Taungdan-Thathana-Pyu-Pagode** können Besucher sich beim leisen Glockenspiel herrlich entspannen.

In Putao gibt es mehrere Kirchen, denn viele Einwohner sind Christen verschiedener Glaubensrichtungen; Katholiken (Kirche nahe dem Putao Trekking House), Baptisten und andere. Einen Besuch wert ist das mit westlicher Hilfe gegründete **Kachin Environmental Education Center**, vom Markt fünf Minuten zu Fuß bergab. Es dokumentiert die gefährdeten Tierarten der Umgebung und die Pläne der Regierung, sie zu schützen.

ÜBERNACHTUNG

Malikha Lodge, im Dorf Mulashedi, rund 20 Autominuten von Putao, ✆ 09-860 0659, 💻 www.malikhalodge.net. Sehr teure, aber

schöne Anlage in reizvoller Umgebung. Die Bungalows sind luxuriös ausgestattet und liegen in einer weitläufigen Gartenanlage mit Blick auf den Nam-Lang-Fluss und die Berge. Paketangebote ab US$2500 p. P. (für 2 Nächte).
Putao Trekking House, 424-425 Htwe San Ln., 5 Min. vom Flughafen entfernt, ✆ 09-840 0138, 840 0209, 💻 www.putaotrekkinghouse.com. Vier 2-geschossige Holzhäuser mit jeweils 4 komfortabel ausgestatteten Zimmern, die oberen mit Balkon, die unteren mit Terrasse. Wird von Gruppenreisenden im Rahmen organisierter Touren genutzt und ist die zentrale Anlaufstelle für alle, die sich für Trekking in der Region interessieren. ❻

TRANSPORT

Eine Anreise nach Putao ist (wenn überhaupt) nur mit dem Flugzeug möglich, wofür allerdings entsprechende Wetterbedingungen herrschen müssen. **Air Bagan**, 💻 www.airbagan.com, bietet saisonal Flüge nach Putao an, die über MANDALAY und MYITKYINA erfolgen. Laut Flugplan 1x wöchentl. fliegt **Myanmar National Airlines**, 💻 www.flymna.com, von YANGON über Mandalay und Myitkyina nach Putao. Die Abflugzeiten ändern sich gelegentlich: Rückflüge sollten daher einen Tag vor Abflug im MA-Büro an der Hauptstraße (vom Markt bergab links) bestätigt werden, ebenso die Abflugzeit.

Der Hkakabo Razi

Mit 5881 m Höhe gilt der Hkakabo Razi als höchster Berg Südostasiens. 1956 scheiterte der erste Versuch einer Besteigung. Der erfolgreiche Gipfelsturm erfolgte am 15. September 1996, als dem Japaner Takeshi Ozaki gemeinsam mit seinem birmanischen Führer Nama Johnson der erste und bisher einzige Aufstieg auf den schneebedeckten Riesen gelang.

Eine Exkursion in dieses Gebiet ist nur durchtrainierten, erfahrenen Wanderern zu empfehlen. Es werden Sondergenehmigungen benötigt, deren Beschaffung schon vor Reiseantritt vom Heimatland aus organisiert werden sollte.

Der Hkakabo Razi ist schwer zu erreichen, und allein der Anmarsch bis zum Basislager dauert ab Putao um die zwei Wochen: Auf schaukeligen Hängebrücken, die manchmal Hunderte von Metern über den steinigen Flussbetten schwingen, müssen etliche Flüsse überquert werden. Die Wege bestehen meist aus schmalen, an Berghängen entlang oder durch dichten Dschungel führenden Pfaden.

In dieser Region leben ungefähr 1000 Menschen, verteilt auf ein Dutzend Dörfer. Neben Rawan, Lisu und Angehörigen anderer Ethnien finden sich die letzten Tarong – ein vom Aussterben bedrohtes Volk, dessen Angehörige nicht größer als 1,10 m werden. Die Völker betreiben Wanderfeldbau und ernten Reis, Weizen, Bohnen, Mais, Senf und Yams. Überschüsse werden zusammen mit Heilkräutern, die im Dschungel gesammelt werden, in Putao angeboten. Der Handel mit Fellen, Hörnern, Knochen und anderen Teilen wilder Tiere blüht an der chinesisch-birmanischen Grenze, daher kommen viele Jäger mit ihrer Beute zu den Märkten und bieten ihre Trophäen an. Gejagt wird traditionell mit vergifteten Pfeilen, was die exotische Fauna mancherorts schon erheblich dezimiert hat.

Der Unzugänglichkeit der Gegend ist es zu verdanken, dass sich rund um den Hkakabo Razi ein einzigartiges Ökosystem erhalten hat. In den Bergen wachsen wilde Orchideen und über hundert verschiedene Arten von Rhododendron. Auch viele seltene und bedrohte Tierarten haben hier eine letzte Zuflucht gefunden.

FISCHERHAFEN, NGAPALI; © ANDREA MARKAND

Der Westen

Im Westen Myanmars locken der Ngapali-Strand und bisher kaum besuchte Küstenabschnitte all jene an, die neben Tempeln und Kultur Meer erleben wollen. Fährt man die Küste am Golf von Bengalen hinauf in den Norden, so sind es wiederum Tempelanlagen, die die Besucher in ihren Bann ziehen. Mrauk U symbolisiert den Glanz des einst mächtigen Königreichs, das hier mehr als 400 Jahre lang existierte.

Stefan Loose Traveltipps

Kanthaya Beach Die Einsamkeit am Strand genießen. S. 490

Thandwe Unterwegs in einer Provinzstadt mit Charme S. 491

13 **Ngapali** Kilometerlanger Traumstrand und leckere Meeresfrüchte. S. 494

Golf von Bengalen Mit dem Boot entlang der Küste im Golf von Bengalen. S. 505

Sittwe Auf dem Fischmarkt Trockenfisch probieren, die Fischer mit ihrem Fang begrüßen und sich im Marktgewühl treiben lassen. S. 506

Mrauk U Ein Spaziergang zwischen geheimnisvollen Tempeln in der alten Stadt der Rakhine-Könige. S. 512

BUDDHAFIGUR, MRAUK U; © MARK MARKAND

NGAPALI BEACH; © ANDREA MARKAND

Wann fahren? Schön ist ein Strandbesuch im Herbst. Viel Sonne gibt es in der Regel in den Wintermonaten.

Wie lange? Wer Strand und Tempel erleben will, braucht mindestens eine Woche.

Bekannt für Monumente einer alten Hochkultur und traumhafte Strände

Besonderheiten der Region Außer in Ngapali sieht man hier kaum Touristen. Das liegt vor allem an der relativ schlechten Infrastruktur.

Für Entdecker Unberührte Strände erstrecken sich an der Küste zwischen Ngapali und Gwa.

Der Westen
N
0
100 km
Chittagong
Dahasar
Charinga
BANGLADESCH
INDIEN
Taungbyo
Maungdaw
Mayu
Bothithaung
Ahletankyaw
Rathedaung
Magyeechaung
Sittwe
s. Stadtplan Sittwe S. 507
Kyauktaw
Ponnagyun
Pauktaw
Kaladan
Paletwa
Daletme
Dhanyawady
Vesali
Mrauk U
s. Stadtplan Mrauk U S. 514/515
Myaungbwe
Minbya
Myebon
RAKHINE
Sami
Pengwa
Lemro
Madupi
Zabaung Tay
Ngaiphaipi
CHIN STATE
2746
Surkhwa
Aika
Lohtaw
Minywa
Mawlwe
Kan
Gangaw
Tilin
2813
Mt. Mawpie
Mindat
Mt. Victoria
3109
Kanpatlet
Yaw
Saw
Kyauktu
Mt. Khay Mar
1845
Mon
1801
Sidoktaya
1989
Mt. Son
1653
MAGWAY
Ngape
Yemyetne
Kyaw
1330
Mintaingbin
Chinbyit
Yinmabin
SAGAING
Yama
REGION
Kani
Maunghtaung
Budalin
Ayadaw
Moksochon
Wetele
Hladaw
Mu
Sadaung
Ohndaw
Ahlone
Monywa
Monyway
Ywashe
Salingyi
Pale
Kyatat
Lingadaw
Myaing
Pauk
Aing-Gyi
Yaw Chaung
Chaung-U
Myinmu
Ywathitgyi
Nganzun
Myaung
Simikhon
Myotha
Nabuaing
Yandapo
Myingyan
Wetlu
Pyinsi
Yesagyo
Shin Mataung
Pakokku
Myitche
Bagan
Nyaung-U
Natogyi
Taungtha
Nyaung-Oak
Pan-aing
Kanmye
MANDALAY REGION
Mahlaing
Meiktila
Seiktain
Popa
1518
Mt. Popa
Kyaukpadaung
Singu
Chauk
Seikphyu
Kyeni
Sale
Gwaygyo
Pin
Sinbyugyun
Salin
Nyankan
Yenangyaung
Nyaunghla
Lekaing
Pwinbyu
Mezali
Sagu
Minbu
Sedaw
Aima
Wetmansot
Magwe
Ywamon
Ywadaw
Natmauk
Myothit

Taungnyo
Chaungnet
Satthwa
Taungdwingyi
Yin
Myingun
Migyaungye
Min-Hla
Malun
Sinbaungwe
Ayeyarwady
REGION
Yaenanma
Shandatgyi
Pyawbwe
△ 1534
Man
Kamyinkan
Ann
Ann
Sinkhondaing
Sakanmaw
Dalet
Dalet
STATE
Mindon
Mindon
Aunglan
Kyaukpadaung
Shwebandaw
Bwetgyi
Thayet
Pyaye
Pyalo
Yenantha
Kamma
Sabadan
1390 △
Lamu
Lamu
Sabyin
Tanlwe
Taunggok
Toungoup
1281 △
Mt. Maeltie △ 1157
Paukkaung
Nawin
Wethtigan
Paungdale
Sinmezwe
BAGO
Thegon
Hmattaing
Paungde
Padigon
Shwedaung
Pyay
Sinde
Padaung
Okshittpin
△ 1168
Nyaungzaye
Tonbo
REGION
Zigon
Myanaung
Kyangin
Ayeyarwady
Gyobingauk
Okpho
Seinkantlant
Monyo
Shandaw
Letpadan
Myitnaka
Tonse
Okkan
Hinthada
Ingapu
Tugyi
Mezaligon
Myogwin
Kwingauk
Lemyethna
Khaungyone-Junction
1287 △
1221 △
Thandwe
Thandwe
Ngapali
s. Detailplan Ngapali S. 495
Kyaukkyi
Maw Shwe Chai Beach
Kyeintali
Satthwa
Kanthaya
Nyaung Chaung Zikhone
Gwa
Kyaukminaw
MANKYI
Ramree
RAMREE
Sane
Zinchaung
Kyauk Pyu
Combermere Bay
KUN THA YA
Hunters Bay
PHA YONKA
MYINGUN
Munaung Strait
Munaung
CHEDUBA
YE
Golf von Bengalen

Rakhine-Staat

Der Rakhine-Staat (auch Rakhaing-Staat) im Westen Myanmars ist vom Rest des Landes durch das gleichnamige Gebirge getrennt. Der schmale Küstenstreifen erstreckt sich von Gwa im Süden über die Strände **Kanthaya** und **Ngapali** bis zur alten Hafenstadt **Sittwe**. Ein Abstecher ins Inland zu den Tempeln von **Mrauk U** führt zu den Zeugnissen der einst mächtigen Rakhine-Königreiche. Die nahezu unerschlossene Küste zieht sich weiter hinauf bis nach Bangladesch.

Die Landschaft ist z. T. hügelig und von Flussläufen durchzogen. Saftige Reisfelder strahlen vor allem nach der Regenzeit in einem besonders frischen Grün. Entlang der Küste erstrecken sich undurchdringliche Mangrovenwälder und dazwischen immer wieder lange, nahezu unberührte Sandstrände. Schon der Schriftsteller Rudyard Kipling ließ sich von den Menschen, der Landschaft und den Tieren inspirieren. Im *Dschungelbuch* werden sie lebendig: Ist das nicht das lieblich singende Mädchen mit dem gekonnt auf dem Kopf balancierten Wasserbehälter, dem Mogli einst ins Menschendorf folgte?

Leider gibt es keine Küstenstraße, lediglich zwischen Gwa und Kanthaya führt die Straße direkt am Meer entlang (und auch wer weiter Richtung Süden nach Pathein im Mekong-Delta fahren möchte, muss meist auf den Küstenblick verzichten): Direkt hinter Gwa geht es erstmal 80 km über die Berge. Nur eine schmale Piste führt am Meer entlang (Unerschrockene suchen sich ein Mopedtaxi und hoffen auf ein Boot.).

Abenteurer kommen in dieser Region voll auf ihre Kosten. Sieht man einmal von dem Hauptstrand Ngapali ab, sind die anderen Strände nahezu ohne Touristen. Auch die zahlreichen kleinen Inseln vor der Küste sind unbewirtschaftet, und wer mag, kann mit einem Fischerboot einen Ausflug dorthin unternehmen.

Die Saison beginnt im November und endet mit dem Beginn der Regenzeit. Stürmisch wird es besonders Ende Mai und Anfang Oktober zum Wechsel der Jahreszeiten.

Rakhine – war da nicht was?

Ja, da war was. Es gab schlimme Ausschreitungen, die im August 2018 in einem UN-Report in die Nähe eines versuchten Genozids (Völkermordes) gerückt wurden. Die brennenden Häuser, die flüchtenden Menschen ... Bilder, die auch durch die deutsche Presse gingen. Die Rohingya flohen nach Bangladesch, eine Lösung des Konfliktes ist nicht in Sicht. Das Problem ist komplex und bedarf einer wissenschaftlichen und gesellschaftlichen Aufarbeitung. Bisher gibt es allerdings keine Anzeichen für einen solchen Prozess. Spannungen gab es 2019 noch immer, Touristen merken davon allerdings recht wenig. Abgesehen davon, dass ganz wenige Besucher hier sind – das merkt ein jeder sofort. Und obwohl in Ngapali und Gwa kaum bis gar keine Rohingya leben oder gelebt haben und es dort keine Konflikte gab, sind auch hier die Menschen vom westlichen Reiseboykott betroffen (mehr zum Konflikt s. S. 94 und zur Thematik insgesamt S. 505).

Mrauk U (Flughafen in Sittwe) und Ngapali Beach (Flughafen in Thandwe) sind relativ bequem von Yangon aus mit dem Flugzeug zu erreichen. Weiter geht es mit dem Boot. Auch Busse verbinden die Strände zuverlässig (wenngleich das lange Fahrzeiten beinhaltet) ab Yangon; sie fahren über Gwa oder über Pyay (Transit-Ort auch nach Bagan und Mandalay). Von Mrauk U aus gibt es eine bisher noch beschwerlichere Busverbindung nach Bagan. Und auf dem Wasser geht es zwischen Taunggok und Sittwe am Golf von Bengalen entlang.

Gwa

Die Provinzstadt Gwa [10409] an der Westküste ist ein beschaulicher und übersichtlicher Marktflecken. Einfache niedrige Häuser, viele noch unbefestigte Straßen, ein Markt, einige Restaurants und einfache Gästehäuser: Dass dies der größte Ort an der südlichen Rakhine-Küste ist, mag man kaum glauben. Aber wer die Küste weiter hinauf nach Kanthaya und Ngapali fährt, dem kommt Gwa alsbald wirklich groß vor, denn den ganzen Weg über sieht man nur winzige Häuseransammlungen, palmblattgedeckt inmitten von Reisfeldern.

Aus Yangon kommend, erreicht man bei Gwa die Küste, ab hier bis Kanthaya geht die Fahrt am Meer entlang. Neben dem weitläufigen Stadtstrand gibt es südlich der Stadt weitere schöne, bisher unerschlossene Strände (sie wurden leider bereits an einen Investor verkauft). Vom Hafen aus setzen Fähren hinüber zu den Stränden, eine Straße dorthin gibt es bisher nicht. Am Hafen dümpeln Boote, die man samt Bootsmann chartern kann und die die „Robinsons" auf die vorgelagerte Insel Gwa übersetzen. Wer des Motorradfahrens kundig ist, wird in der Umgebung ein paar glückliche Stunden verbringen. Viel Verkehr existiert nicht, doch Vorsicht: In der Nacht kommt es häufig zu Unfällen.

In Gwa spricht so gut wie niemand Englisch. Man verständigt sich aber gekonnt mit Händen und Füßen, und in den Restaurants darf man einfach in der Küche oder auf anderer Leute Tellern gucken, ob man das, was dort gegessen wird, wohl mag.

ÜBERNACHTUNG

Warnung: Die Zimmer sind wirklich sehr einfach.
Royal Rose Gh., ✆ 092-5480 4095 (Manager U Aye Gyi), Main Rd., [10412], kurz hinter dem T-Stück Richtung Yangon. Weitere Zimmer am Strand Richtung Hafen. Ein Holzhaus bietet Platz für 4–5 Pers., zudem eine Handvoll spartanischer Zimmer (echt schlechte Bäder). Am Strand 10 Zimmer in sich gegenüberliegenden Reihenhäusern und ein Holz-Doppelbungalow. ❶–❸
€ **Myint Tar Yeik Gh.**, Bogyoke Rd., ✆ 094-2173 2407, [10413]. Im kleinen Holzhaus an der Straße zum Hafen bietet eine freundliche Familie 12 kleine Zimmer mit je 2 Betten und minidünner Matratze. Gemeinschaftsbäder. Geduscht wird mit der Schöpfkelle. Pro Bett 8000 Kyat. ❷

ESSEN

Gwa hat ein paar nette **Teestuben** und auch einige recht gute Restaurants mit traditioneller Küche. Vor dem Royal Rose Gh. gibt es den ganzen Tag über Suppe und Currys. Und auch auf dem Markt lässt es sich gut frühstücken. Empfehlenswert ist das große **We Yaw Daw** (kein englisches Schild) gegenüber vom Royal Rose Gh. Dank einer sauberen Küche und guten Köchin bekommt man hier sehr gute und bekömmiche Currys. ⌚ 8–22.30 Uhr. Direkt nebenan gibt es frisch gezapftes Bier in der **Dorfkneipe**. Der englische Name lautet Sea Horse, doch unter den Einheimischen ist es eher als **Yenaga**r bekannt. Die Küche hier ist mäßig und definitiv nicht der Grund, warum man hierherkommt.

SONSTIGES

Geld

Einen Geldautomaten findet man an der Bank an der T-Kreuzung Richtung Yangon. Bis Thandwe gibt es keine weitere Möglichkeit Geld abzuheben.

Medizinische Hilfe

Gwa hat ein recht ordentliches **Krankenhaus**, das an der Straße zum Hafen auf der rechten Seite liegt. Wer sich also hier oder in Kanthaya verletzt, findet Erste Hilfe.

Mopeds und Boote

Das Royal Rose Gh. vermittelt von 8–18 Uhr **Mopeds** für 13 000 Kyat. Im Myint Tar Yeik Gh. empfiehlt man, ein Moped mit Fahrer zu nehmen (Kurzstrecke 1000 Kyat, ein längerer Ausflug kostet etwa 5000 Kyat).
Die **Fähre** ans andere Ufer kostet ca. 500 Kyat. Preis für ein **Boot** für einen Ausflug zur Insel Gwa je nach Personenzahl; bei 2–4 Pers. etwa 20 000 Kyat.

TRANSPORT

Taxis

NGAPALI, in 3–4 Std. für rund 150 000 Kyat, nach YANGON braucht ein Taxi etwa 8 Std. und kostet um die 200 000 Kyat.

Busse

KANTHAYA, mit dem Bus Richtung Thandwe für 2000 Kyat in 1 Std.

NGAPALI, gegen Mitternacht oder um 14 Uhr für 6000 Kyat in 6 Std.
PATHEIN, am besten mit dem Yangon-Bus gegen 11.30 Uhr (Details zu Umstieg und Weiterfahrt s. Info bei Transport Thandwe).
THANDWE, mit den Bussen, die nach Ngapali weiterfahren. Von dort gibt es u. a. Verbindungen nach Pyay oder Richtung Sittwe und Mrauk U.
YANGON, um 11.30 und 17 Uhr (manchmal kommen die Busse aber auch später) für 13 000 Kyat in etwa 8–9 Std. Auf der Strecke gibt es Immigration-Offices, daher werden meist einige Kopien vom Pass gemacht – dank ihrer muss der Tourist an den Checkpoints nicht aussteigen.

Kanthaya

Kan heißt Strand und *thaya* bedeutet schön. Der Name ist Programm: Palmen wiegen sich im Wind, Kasuarinen spenden Schatten, der schöne Strand ist weit und hell. Das Besondere aber: Hier gibt es nichts! Kein Resort am Strand, kein Restaurant. Nichts. Nur weiter hinten an der Straße befindet sich eine einfache Traveller-Herberge. Das einst direkt am Strand vor sich hin verfallende staatliche Hotel wurde mittlerweile abgerissen, nur noch das Schild an der Straße, ein paar Gehwege, einige Steine (und ein verwaistes Klo) zeugen von seiner einstigen Existenz. Ein liebevoll durchdachtes und gekonnt gebautes Ökoresort liegt etwa 8 km weiter südlich am Dorfstrand von **Nyaung Chaung Zikhone**. Wichtig: Der nächste Geldautomat befindet sich im 18 km entfernten Gwa.

ÜBERNACHTUNG UND ESSEN

Arakan Eco Lodge, ✆ 094-314 3271, im Dorf Nyaung Chaung Zikhone, www.arakannaturelodge.com, [10418]. Direkt am schönen palmengesäumten Strand liegt das kleine feine Resort des Schweizers Ueli. Mit viel Gespür für das Wesentliche und Schöne wurden hier alte traditionelle Häuser recycelt und zu wunderschönen Bungalows umfunktioniert. Luftige traditionelle Bauweise, schöne Möbel, große Veranden und offene Bäder. Strom liefert zu 100 % eine Solaranlage, der Müll wird getrennt. Water-Refill. Wer mag, bekommt WLAN, wer nicht, kann sich auch komplett ausklinken. Restaurant am Meer. In der Nebensaison oft Aktionen wie etwa 3 Nächte zahlen, 4 bleiben. Im persönlichen Kontakt findet sich oft auch für jene eine Lösung, die nur ein begrenztes Budget haben. Inkl. Essen für 2 Pers. Nur Barzahlung. ❻

Sankawa Guesthouse, ✆ 094-2175 5039, [10416], direkt gegenüber dem ehemaligen Beach Resort. 2-stöckiges Reihenhaus an der Straße mit 10 einfachen Zimmern mit Doppelbett und extrem dünnen Matratzen. Moskitonetze. Ventilator. Besitzerin Htway (gesprochen Tweh) spricht gut Englisch und kann in den meisten Fällen weiterhelfen. Inklusive Frühstück. Super Bleibe für Backpacker, denn sie haben den Strand komplett für sich allein. ❷

Yaewaddy Motel, direkt am Strand vor der Brücke, ✆ 097-9762 0439, [10417]. Eher dritte Wahl – obwohl es direkt am Strand liegt. ❸–❹

Im Dorf gibt es 2 **Restaurants**. Empfehlenswert ist das Restaurant gegenüber der kleinen Pagode hinter der Brücke, bei dem auch die Busse auf ihrem Weg zwischen Gwa und Thandwe halten.

TRANSPORT

Taxis

NGAPALI, für 120 000 Kyat in 2–3 Std., nach YANGON ab 200 000 Kyat in 9–10 Std.

Busse

GWA, um 10.30 und 16 Uhr mit dem Bus Richtung Yangon für 3000 Kyat in 1 Std.
NGAPALI, um 1 Uhr nachts oder besser um 15 Uhr für 8000 Kyat in etwa 5 Std.
PATHEIN, am besten mit dem Yangon-Bus um 10.30 Uhr, s. Weiterfahrt bei Transport Thandwe.
YANGON, um 10.30 und 16 Uhr für 13 000 Kyat in etwa 9–11 Std.

Thandwe

Der beschauliche Verwaltungssitz Thandwe ist noch richtig ursprünglich, kaum jemand spricht Englisch, der Tourismus spielt gar keine Rolle – Gäste kommen nur im Rahmen eines Tagesausflugs vom Strand von Ngapali hier vorbei. Was besonders auffällt: Thandwe ist grün.

Wie grün, sieht man am besten von oben. Auf jeden Fall sollte man zum liegenden Buddha der **Shwe-Nandaw-Pagode** emporsteigen und sich diesen Ausblick gönnen. Toll für die, die es schaffen, morgens gegen 5 Uhr hier zu sein, wenn sich die Sonne über den Rakhine-Bergen ihren Weg ans Firmament bahnt: Dann wird es mystisch. In der Zeit von November bis Februar noch einmal ganz besonders, denn oft schieben sich dann Nebelbänke zwischen die Bergspitzen und die in der Ebene liegende Stadt – ein Bild wie auf einer chinesischen Tuschezeichnung.

Im Ort selbst sind der Markt und die Webereien einen Ausflug wert (s. „Mit Fahrrad oder E-Bike die Gegend erkunden", S. 492). Ansonsten locken ein paar Tee- oder Bierstuben, und es macht Spaß, in den kleinen Geschäften zu stöbern. Wer ein typisches Mitbringsel sucht, kann hier Metallgießkannen, Tanaka-Reibesteine und Korbwaren zu ortsüblichen Preisen erstehen.

Ansonsten ist nicht wirklich viel zu sehen: Es gibt ein paar Moscheen (etwa ein Viertel der Bevölkerung bekennt sich zum Islam) und am Stadtrand drei **Stupas**, die alle im 8. Jh. erbaut worden sein sollen.

Die in der Shwe-Nan-Taw-Pagode befindliche, auf das 6. Jh. datierte Statue eines Rakhine-Königs zeugt von der Geschichte der Stadt: Er soll 525–75 von hier aus regiert haben. Denn Thandwe, jahrhundertelang im Einzugsbereich der Königreiche von Vesali und Mrauk U gelegen, bildete wahrscheinlich eine Zeit lang ein eigenes Fürstentum mit Namen Dvaravati. Von den Engländern wurde das Dorf Sandoway genannt und obwohl das viel schöner klingt, nutzen nur noch wenige alte Menschen diesen Namen.

Gerne wäre man auch heute wieder selbstständig, doch derzeit wird die Region von Zentral-Myanmar aus regiert.

TRANSPORT

Busse und Pick-ups

Alle Busse kann man ab Ngapali buchen. Abgeholt wird man dann etwa 1 1/2 vorher. Es fahren drei Gesellschaften: Ye Aung Lan, Aung Thit Sar Bus und Yoma Yazar. Die ersten beiden nutzen große Busse (mal besser, mal schlechter in Schuss), Yoma Yazar fährt mit Minibussen (was den Vorteil hat, dass man sich direkt am Strand abholen oder hinbringen lassen kann).

BAGAN und MANDALAY, über Pyay.

GWA, mit den Bussen nach Yangon für 8000 Kyat in 5 Std.

KANTHAYA, mit den Bussen nach Yangon über Gwa für 8000 Kyat in 4 Std.

MRAUK U, 12 Uhr, Ankunft etwa 20–22 Std. später (je nachdem wie lange man auf die Fähre warten muss) für 20 000 Kyat. Viele fliegen nach Sittwe und nehmen von dort ein Boot nach Mrauk U. Schön ist auch die Fahrt per Boot ab Taunggok (S. 504)

PATHEIN, mit dem frühen Yangon-Bus über Gwa bis zur Khaungyone Junction, Ankunft dort gegen 16 Uhr. Kurze Rast im Teashop und umsteigen in einen Bus nach Pathein für 5000 Kyat in 1 Std. Wahlweise kann/muss man sich hier auch für die kurze Fahrt ein Taxi nehmen.

PYAY, um 8 und 14.30 Uhr (Ankunft Pyay um Mitternacht) für 13 000 Kyat in rund 9–10 Std. Es gibt große Busse und Minibusse. Die großen Busse sind definitiv die bessere Option.

RAMREE-ISLAND, mit den Bussen Richtung Sittwe, Ausstieg an der alten Immigration an der Brücke. Von hier dann mit Taxi oder einem vorbeifahrenden Bus. Schöner und einfacher ist aber die Fahrt mit dem Boot ab Taunggok.

SITTWE, mit Yoma Yazar um 11.30 Uhr, Ankunft etwa 20 Std. später, für 18 000 Kyat; eine Option ist auch die Fahrt mit dem Bus/Taxi bis Taunggok und von dort mit dem Boot weiter.

TAUNGGOK, Pick-ups mehrfach tgl. zwischen 8.30 und 6.30 Uhr für 2500 Kyat in 4–5 Std. Komfortabler mit dem AC-Bus (mit Ziel Yangon über Pyay) für 8000 Kyat in 3 Std. Die Boote nach Sittwe fahren allerdings sehr früh: Entweder man schläft in Taunggok oder man nimmt

Mit Fahrrad oder E-Bike unterwegs

- **Länge**: um die 30 km
- **Dauer**: 3–4 Std. mit dem E-Bike, etwa 6 Std. mit dem Fahrrad, inkl. Pausen und Besichtigungen. Die Zeitangaben im Text beziehen sich auf eine Tour mit dem E-Bike bei moderater Geschwindigkeit und einem Fahrer.
- **Anspruch**: moderat für trainierte Biker mit einem guten Rad und wenn man zu den Tempeln hinaufläuft, mit dem E-Bike für alle einfach
- **Kosten**: um die 10 000–12 000 Kyat, Eintrittsgelder sind nicht zu zahlen
- **Hinweise**: An Sonnenschutz und Wasser denken. Zudem nicht zu leicht bekleidet sein, da auch Tempel besucht werden. Mit Fahrrad und E-Bike NICHT an den Strand fahren.

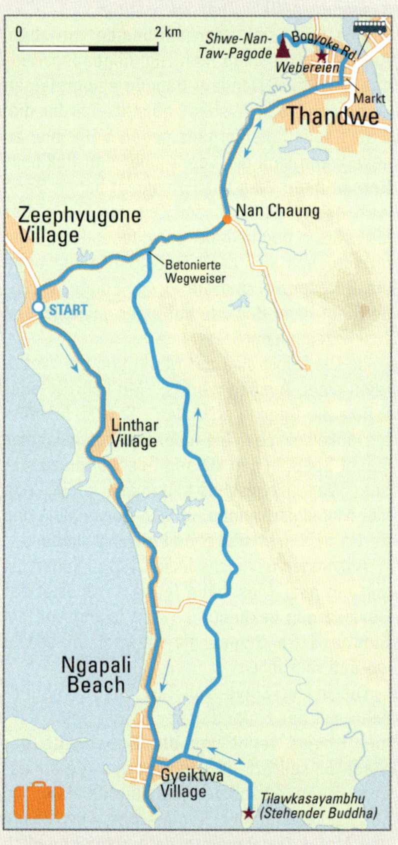

Auf zum stehenden Buddha Tilawkasayambhu

Los geht's ab dem Resort erstmal Richtung Süden zum Gyeiktwa Village. An der Kreuzung links halten. Auch wenn der asphaltierte Weg nach einigen hundert Metern nach links abbiegt: Es geht geradeaus weiter. Die Staubpiste führt über eine Brücke, kurz ums Kap herum und schon geht es holprig bergauf. Entspannt ist nach 15 Minuten mit dem E-Bike, etwas länger zu Fuß und verschwitzt mit dem Fahrrad das erste Ziel erreicht. Von einem kleinen Pavillon eröffnet sich ein wunderschöner Blick auf die Bucht und die darin wie Spielzeuge aussehenden Boote. Ein paar Schritte weiter und man kann wie die riesige hier stehende Buddhafigur aufs Meer und die Küste blicken.

Durchs Hinterland

Zurück zur Straße und nun dem betonierten Weg folgen, den man vorher ignorieren musste. Durchs Landesinnere geht es etwas holprig immer auf der mal besseren, mal schlechteren Straße entlang – seit Jahren ist ein Ausbau geplant. Noch bekommt man einen guten Eindruck, wie die gesamte Infrastruktur Ngapalis noch vor wenigen Jahren aussah. Nach knapp einer Stunde erreicht man eine Kreuzung mit riesigen betonierten Wegweisern. Alles ist in der netten Kringelschrift angeschrieben ... doch das macht nichts: Wir wissen, es geht nach rechts Richtung Thandwe. Noch etwa zehn Minuten, dann ist die Stadtgrenze erreicht.

Zum liegenden Buddha

Die Zufahrtstraße wird kurz vor dem Markt zu einer Einbahnstraße, hier dürfen wir nicht durch. Also links abbiegen und immer geradeaus. An einem T-Stück endet die Straße, und wir biegen links auf die Bogyoke Road. Immer geradeaus, über eine kleine Brücke, nun schon im Blick den liegenden Buddha der Shwe-Nandaw-Pagode. Der Weg geht steil bergauf – zur Not muss man schieben. Der Ausblick von hier oben ist wunderschön. Es gibt einen Turm, von dem aus man das wunderbar grüne Thandwe überblickt. Und von der Plattform beeindruckt vor allem die Aussicht auf den träge dahinfließenden Thandwe River und die Weite der Landschaft.

Die Weberinnen von Thandwe

Zurück Richtung Dorf lohnt direkt hinter der kleinen Brücke rechter Hand ein Abstecher in die Thuti Street (eine der wenigen Straßen mit englischem Schild) in die Gasse der Weber. In einfachen Holzhäusern sind hier vornehmlich Damen beschäftigt. Die Webstühle klackern, die Fäden sausen. Gefertigt werden Tischsets und Stoffe. Als besonders schön gelten die traditionellen Männer-Longyis. In einigen Werkstätten kann man die Waren auch erstehen – nach einer Besichtigung etwas zu kaufen, ist nicht nur eine nette Geste, sondern auch eine Chance auf echt authentische Souvenirs. Vor dem Fotografieren um Erlaubnis zu fragen, sollte bitte selbstverständlich sein.

Auf zum Markt

Wieder aufs Rad und die Straße weiter bis zum nächsten T-Stück, dort rechts halten. Busbahnhof links liegen lassen und direkt danach wieder rechts abbiegen. Jetzt ist das Zentrum Thandwes, der Markt, ganz nah. Es macht Spaß zu bummeln und Gewürze oder Stoffe zu kaufen. Noch sind hier wenige Touristen unterwegs und es gibt keine Touristenshops. Einfach auf das gewünschte Produkt und viel lachen – dann klappt alles.

Back to the beach

Noch kurz pausiert in einem der umliegenden Teashops und los geht es auf die letzte Etappe. Zurück fährt man am einfachsten über die große Straße. Etwa 20 Minuten Fahrzeit, dann an der Ampel links und immer am Meer entlang. Jetzt noch schnell das Bike abgeben und ab ins Meer.

Blick vom Tempel auf den Thande-Fluss

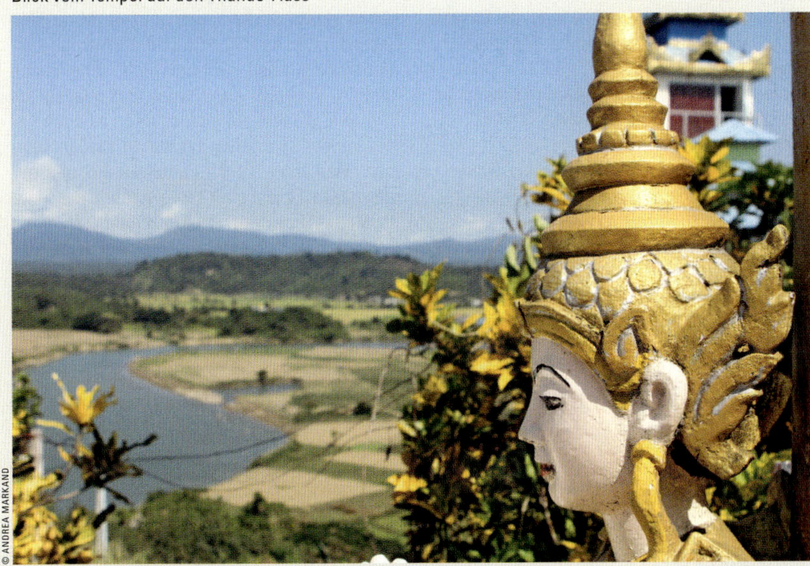

ein Taxi (Letzteres ist die bessere Option, siehe auch Taxi ab Ngapali).
YANGON, tgl. mit allen Gesellschaften gegen 7 und 15 Uhr für 16 000 Kyat in 13–14 Std. wahlweise über GWA oder PYAY.

Flüge

Thandwes Flugpiste liegt am Meer; aufgesetzt wird direkt hinter dem Strand. Seit die Landebahn 2010 verlängert wurde, ist relativ sicheres Landen nun auch in der Regenzeit möglich. Nur bei Sicht unter 6 km (was selten der Fall ist) wird nach Sittwe ausgewichen. Wer plant, zu fliegen und neben Ngapali auch den Inle-See oder Bagan zu besuchen, sollte Ngapali am Ende seiner Reise einplanen und die Route Bagan–Mandalay–Heho–Thandwe fliegen. Andersherum führt die Flugroute immer über Yangon. Direktflüge Thandwe–Bagan, Thandwe–Mandalay oder Thandwe–Heho gibt es derzeit noch nicht.
Außerhalb des Flughafens findet man einige günstige kleine **Restaurants**, im Flughafen-Garten ein teures **Bistro**. Es gibt eine Wechselstube der KBZ-Bank, aber keinen Geldautomaten direkt am Flughafen.
Air KBZ, 💻 www.airkbz.com, fliegt direkt von und nach Yangon und bedient auch die Strecke Yangon–Heho–Thandwe–Sittwe–Thandwe–Yangon.
Golden Myanmar Airlines, 💻 www.gmairlines.com. Fliegt tgl. Yangon–Thandwe–Sittwe–Yangon.
Myanmar National Airlines, 💻 www.flymna.com, fliegt tgl. die Strecke Yangon–Thandwe–Yangon.
Yadarnapon Airlines, 💻 airmyp.com, fliegt in der Saison tgl. von Sittwe kommend nach Yangon.

DER WESTEN

13 HIGHLIGHT

Ngapali

Ein Sandstrand erstreckt sich kilometerlang bis zum Horizont. Die Sonne versinkt mit einem farbenprächtigen Schauspiel im Meer: Am **Ngapali Beach** [5576] werden Strandträume wahr. Der weit ausladende Sandstrand gilt als der schönste des Landes. Der feine Sand verbirgt nur selten piksende Muscheln, und glasklares Wasser lädt zum Baden ein. Lange sanfte Wellen plätschern im Winter still vor sich hin – und im Sommer, wenn die Wogen höherschlagen, herrschen ideale Surfbedingungen (ab Mitte Feb, besonders im April und Mai/Juni). Wer mit kleinen Kindern reist, die noch nicht schwimmen können, Vorsicht: Auch wenn das Wasser im Winter in der Regel flach ist, kann es doch immer wieder zu unerwartet hohen Wellen kommen. Man sollte Kinder daher nie aus den Augen lassen. Es gibt aber keine gefährlichen Tiere im Meer. Ende März treten manchmal kleine Quallen auf, deren Nesseln Schwellungen auf der Haut verursachen können, die mit einem Handtuch voll Essig aber schnell behandelt werden können.

Am Strand werden frische Kokosnüsse, Papaya und andere Leckereien angeboten, und auch eine Handvoll Stände mit Mitbringseln verkaufen ihre Ware im Schatten ihrer bunten Sonnenschirme.

Am Südende des Strands liegt ein **Fischerdorf**. Hier bedeckt oft Stroh den Sand, darüber befinden sich Plastikplanen, auf denen kleine Fische getrocknet werden. Morgens und abends

Die beste Reisezeit für Ngapali

Die beste Reisezeit ist von Mitte Oktober bis Ende November: Das Wetter ist meist gut, und es regnet nur noch sehr selten. Alles ist grün, die Sicht klar und frisch. In der Hauptreisezeit zwischen November und März ist es oft recht voll, was die sonst so relaxte Stimmung etwas trübt. Das Wetter ist bis Anfang März hinein meist gut. Dann allerdings wird die Sicht oft schlecht und Nebel liegt über dem Wasser. Wer an die Schulferien gebunden sind, sollte wissen: Auch in den Sommerferien kann ein Besuch durchaus lohnenswert sein. Während die Monate Juni und Juli noch sehr verregnet sind, beginnt im August das Wetter aufzuklaren, und Ngapali erwacht zu neuem Leben. Kaum jemand ist hier, und die Preise sind niedrig.

Ngapali
N
0
2 km
Thandwe
Zeephyugone Village
CB Bank
Golf-platz
Linthar Village
Gesteins-formationen
Reservoir
Mya Pyin Village
MEERJUNGFRAU
Sandoway Clinic
Myapyu Village
PEARL ISLAND
Gyeiktwa Village
Lonthar Village
Tilawkasayambhu (Stehender Buddha)
WHITE SAND ISLAND
ÜBERNACHTUNG
1 Regal GH
2 Kipling's Bay Guesthouse
3 Power Guesthouse
4 Yoma Cherry Lodge
5 May 18
6 Htein Linthar Gh.
7 Bayview - the beach resort
8 Lin Thar Oo Lodge
9 Memento Resort
10 The Lodge Blue Ocean
11 Mingalarpar Ngapali Guest House
12 Kyaw Ngapali Lodge
13 WE Stay Chillax House
14 Sandoway Resort
15 Amata Resort & Spa
16 Laguna Lodge Ngapali
17 River Top Lodge
ESSEN
1 Mr. June
2 Golden Rose (Shwe Hnin Si)
3 Best Friend
4 Green Umbrella
5 Htay Htay's Myanmar Restaurant
6 Excellence Seafood
7 The Bayview Restaurant
8 Lin Thar Oo Restaurant
9 Memento Restaurant
10 Sunset View
11 Golden Sea Seafood
12 Min Thu
13 Smile Restaurant
14 Mingalarba Restaurant
15 enjoy!
16 Treasure Restaurant
17 Two Brothers
18 Ambrosia
19 Lillis Bar & Restaurant
20 Pleasant View Islet-PVI BBQ
21 Lobster Restaurant
22 Myanmar-Bierbar
SONSTIGES
1 Asia Whale Ngapali Water Sport Center
2 Caravan Travels & Tours
3 Dr. Khun Zaw Naing
4 Htein Linthar Gallery
5 Ngapali Trekking
6 Wai Bar La Sculptural Store
7 Angel Travel & Tours

DER WESTEN

Rund um den Flughafen

Wer mit dem Flugzeug in Thandwe landet, fährt anschließend direkt an einigen Nobelresorts vorbei. Zwar hat hier die touristische Entwicklung eingesetzt, viel los ist aber noch nicht. Das gilt auch für den Strand, der sich hinter dem Flughafen erstreckt und ein nettes Ziel für einen Fahrradausflug darstellt. Baden sollte man hier allerdings mit Vorsicht, denn die Strömung ist an dieser Stelle mitunter unerwartet stark.

herrscht reger Betrieb, wenn die Fischerboote anlanden und der Fang an Land gebracht wird. Oft tummeln sich dann hier auch Touristen – viele, o weh, in Badekleidung. Die Dorfbewohner scheinen sich an den Anblick gewöhnt zu haben (oder schauen mit buddhistischem Gleichmut darüber hinweg), doch natürlich gebietet es der Respekt, sich angemessen zu kleiden.

Die schönen Muscheln, die manchmal von Kindern am Strand und vermehrt auch in Souvenirshops angeboten werden, sollten keinesfalls gekauft werden, trägt ein gesteigerter Absatz dieser Meerestiere doch zu ihrer Ausrottung bei. Umrundet man das Kap, sieht man in der Ferne einen großen stehenden Buddha auf einem Hügel, der den Ozean überblickt. Dorthin geht es am besten mit dem Rad oder dem E-Bike (s. „Mit Fahrrad oder E-Bike unterwegs", S. 492).

ÜBERNACHTUNG

Am Ngapali Beach gibt es viele Unterkünfte, wobei die meisten recht teuer sind. Doch es tut sich was: An der Straße entstehen mehr und mehr kleine Gästehäuser mit erschwinglichen Angeboten. Und in der Nebensaison locken auch die guten Resorts mit manchmal sehr guten Preisen.

Richtung Flughafen wird der Strand stetig weiter erschlossen – viele große teure Anlagen werben um Kundschaft; doch dieser Bereich ist mit dem Hauptstrand nicht direkt verbunden und etwas abgelegen.

Gehörten die meisten Besucher lange Zeit zu der Altersklasse 50+, finden nun vermehrt jüngere Reisende den Weg nach Ngapali. Vor allem in der Nebensaison sind die Preise für das Gebotene niedrig, und das Publikum verjüngt sich zusehends. Adressen weiterer Hotels und Buchungslinks stehen im Club unter eXTra [6641].

An der Straße / im Dorf

Htein Linthar Gh., ✆ 094-2173 0675, ✉ ksawsoethu10@gmail.com, [9830]. An der Straße gelegenes Haus direkt neben der gleichnamigen Galerie. 13 Zimmer, 5 in einem weniger einladenden Steinhaus. Schöner sind die Zimmer im dahinter gelegenen Reihenhaus auf 2 Etagen mit Veranda und Balkon. Ebenfalls einladend die 2 Zimmer in einem Doppelholzbungalow. Alle AC. Kein Frühstück. Auf Wunsch Moskitonetz. ❸

Kipling's Bay Guesthouse, 311 Aye Pyar Ye Lan, Linthar Village, ✆ 094-5132 4097, ✉ paivi.lehtiranta@gmail.com, [10407]. Schönes Guesthouse in einem alten Haus und einem Neubau im alten Stil, betrieben von der freundlichen Finnin Paivi. Kleine Zimmer, alles liebevoll hergerichtet mit schönen Bädern und viel Holz. Schöner kleiner Garten. Alle Zimmer mit kleiner Veranda bzw. Balkon. Einige zwar ohne Fenster, aber dank der großen Tür, die sich zum Garten hin öffnen lässt, trotz alledem sehr beliebt. Zum Frühstück gibt es lokale Spezialitäten. ❹

€ **Kyaw Ngapali Lodge**, Mya Pyin Village, ✆ 092-6488 8549, ✉ kyawngapali.ngp@gmail.com, [10928]. Eine freundliche Familie vermietet neben 3 sehr einfachen Budget-Zimmern ohne Fenster in ihrem Wohnhaus einige ansprechend große und saubere Zimmer im 2-geschossigen Neubau. Die Räume sind nichts Besonderes, aber günstig. Und die Familie ist wirklich so nett, dass man hier gerne bleibt. ❷–❸

May 18, 11 Linn Thar, neben dem Bayview, ✆ 043-204 2460, ✉ may.mayeighteen@gmail.com, [10923]. Das Haus liegt nicht am Strand, was sicher ein Nachteil ist, aber die Zimmer sind wirklich einladend, da sauber und groß. Geräumige gute Bäder. 3 Räume haben sogar einen kleinen Balkon. ❸

Entspannen am Strand von Ngapali

Mingalarpar Ngapali Guest House, Main Rd., ✆ 094-2175 3838, [10929]. Mit einem Souvenirshop an der Straße fing es an; heute vermietet die Familie 10 schöne Doppelzimmer und ein paar Betten in zwei 6-er Stockbetten-Dorms (einer für Jungs, einer für Mädchen, Bett für US$10). Die DZ sind recht groß, sauber und funktional ausgestattet. Unten etwas günstiger als oben (US$27 Walk-In), da gibt es aber auch mehr Licht. ❷

Power Guesthouse, Main Rd., Linthar Village, ✆ 043-42056, [10406]. Einfaches Guesthouse mit 14 Zimmern, geführt von einer Familie. Das Haus liegt direkt im Dorf. Die Zimmer sind einfach, haben teils AC, teils nur Ventilator. Die meisten mit Gemeinschaftsbad. Unbedingt Zimmer ansehen, im Erdgeschoss sehr wenig Licht, im 1. Stock besser. ❶–❷

€ **Regal Gh.**, 3 Linn Thar, ✆ 043-204 2232, [10924]. Zimmer im kleinen Haupthaus und in einem neuen 2-geschossigen Bau nebenan. Die einfachsten Zimmer befinden sich im Erdgeschoss des Haupthauses (nur Ventilator), etwas besser sind jene im 2. Stock mit AC; beide mit Gemeinschaftsbad. Sanitär-Individualisten legen ein paar Dollar mehr an und ziehen in den Neubau nebenan. ❶–❸

River Top Lodge, Main Rd., ✆ 043-204 2060, 💻 www.rivertoplodge.com, [10408]. Reihenhauszimmer an der Straße. Superior recht geräumig, die Standard-Zimmer sind zu klein, vor allem das Badezimmer. Alle Zimmer mit Safe, Kühlschrank und TV. Gute Promotion über Buchungsportale. Ab ❹, Walk-In ❻

WE Stay Chillax House, 5 Mya Yadanar, ✆ 094-729 9966, 💻 www.fb.com/WEStayChillaxHouse, [10926]. Etwas versteckt im Hinterland befindet sich dieses kleine Hostel mit 2-, 4- und 6-Bett-Zimmern. Schöner Gemeinschaftsbereich und zufriedene Gäste. Es kommt aber leider schon mal zu Preisunstimmigkeiten. Vorgebucht über Portale ist man auf der sicheren Seite, ansonsten oft Wochenendzuschläge u.Ä. Betten im 4er- und 6er-Dorm ab US$14. DZ mit und ohne Bad. ❹

Am Strand

Bayview – the beach resort, ✆ 043-42249, Yangon ✆ 01-504 471, 💻 www.bayview-myanmar.com, [8006]. Unter deutscher Leitung. Schöner langer, sauberer Pool. Bar direkt am

Strand mit bezahlbaren Cocktails. Überzeugend schöne Bungalows mit Meer- oder Gartenblick und Zimmer im 2-geschossigen Haus dahinter. Katamaran-Verleih, Stand-Up-Paddling und Bootstouren. Zur Zeit der Recherche das beste WLAN am Ngapali. Ganzjährig geöffnet. Gute Promotion in der Nebensaison. ❻–❼

Laguna Lodge Ngapali, ✆ 043-42312, in Yangon ✆ 01-501 123, Buchungen über ✉ angel@ytp.com.mm oder angelatmyanmar@gmail.com, 🖳 http://lodge.angel-ngapali.com, [6642]. Tolle Atmosphäre und unsere Nummer eins in Ngapali. In 2 rustikalen Holzhäusern gibt es individuelle und ausgefallen gestaltete Zimmer, mal mit Meer-, mal mit Garten- oder auch ganz ohne Blick, aber dafür mit Palmenstamm im Zimmer. Familien und alle Erwachsenen, die zu dritt reisen: Ein Extrabett wird kostenlos gestellt. Im Zimmer hat jeder Gast einen eigenen Wasserspender mit Trinkwasser. Wenn etwas nicht funktioniert, einfach Tag und Nacht die Notfallnummer der Inhaberin Mrs. Khet Khet anrufen, ✆ 095-138 411. Wie in ganz Myanmar gilt aber auch hier: wunderschön trotz oder gerade wegen ein paar Macken. Also ab in die Hängematte und entspannen. Manager Oliver engagiert sich für Land und Leute und mit vielen Projekten für den Schutz der Umwelt. Tolle Strandbar. ❹–❺

Lin Thar Oo Lodge, ✆ 043-42426, 🖳 www.lintharoo-ngapali.com, [8008]. Beliebte Anlage mit 2 Zimmertypen: große Räume in Bungalows für 2–4 Pers. mit Meerblick und Standardzimmer im doppelstöckigen Reihenhaus dahinter. Alle mit AC, TV und Minibar. Frühstücksbuffet. WLAN. Vor der Lodge Felsen im Meer. Ganzjährig geöffnet. ❺

Memento Resort, ✆ 043-42441, 092-5088 0852, ✉ ngapalimementoresort@gmail.com, [8009]. Fast 30 Meerblick-Zimmer in Reihenbungalows und im Haus unterschiedlicher Größe und Ausstattung; alle mit Du/WC, TV und Kühlschrank. Einfaches Restaurant am Meer. Ganzjährig geöffnet. Die wohl günstigste Option direkt am Strand. ❸–❹

The Lodge Blue Ocean, ✆ 043-204 2406, 🖳 www.fb.com/blueoceanngapali, [10927]. Direkt am Strand knapp über 30 Zimmer in zwei 2-geschossigen Holzhäusern. Viele mit Meerblick und Balkon. Manche haben aber gar kein Fenster (US$10 zahlt man mehr, will man Tageslicht). Die Einrichtung ist schlicht, aber okay. ❹–❺

Yoma Cherry Lodge, ✆ 043-42339, 🖳 www.yomacherrylodge.com, [8016]. Ansprechende Anlage im Linthar Village am Meer. 2-stöckige Bungalows mit Gartenblick bzw. aus den oberen Stockwerken Meerblick, ganz vorne mit Strandblick. Die Zimmer sind mit hübschen Korbmöbeln ausgestattet, haben große Fensterflächen und im Bad eine begehbare Dusche. Der Strand ist sauber, wird aber von Fischern und ihren Booten genutzt. In der Nebensaison purzeln die Preise. Sehr gutes Management. Die Betreiberin kümmert sich um die Finanzierung der nebenan liegenden Dorfschule. ❻–❼

ESSEN

Restaurants an der Straße

Entlang der Straße hinter den Hotels bieten zahlreiche kleine familiengeführte Restaurants **Seafood** in allen Variationen. Ein Fisch kostet selten mehr als 3000–6000 Kyat, eine große Portion Riesengarnelen etwa 6000 Kyat. Die meisten servieren als Nachtisch kostenlos ein paar Früchte. Meist verlieben sich Gäste in eines der Restaurants, schließen Freundschaft mit der Familie und kommen immer wieder. Die Restaurants öffnen i.d.R. gegen 10 Uhr und schließen ab 21.30 Uhr. Unter den zahlreichen Restaurants (s.u.) sind auch das **Ambrosia Restaurant**, das **Golden Sea Seafood**, das **Mingalarba Restaurant** und das **Smile Restaurant** empfehlenswert. Am nördlichen Ende lockt u.a. das **Best Friend**, das **Excellence Seafood** und das **Green Umbrella** [10925].

enjoy!, ✆ 094-2176 9838. Neben Seafood (Set Menü ab 5500 Kyat) gibt es Papaya-Salat (Thai oder Rakhine-Style, beide nicht sehr scharf) und Frühlingsrollen. Generell ist das enjoy! etwas für alle, die es nicht so stark gewürzt mögen. Sauber, modern und beliebt. Leckere Cocktails am Abend. Neben Bier auch Wein aus Myanmar.

Golden Rose, am Kanal, ✆ 094-2173 0306, [10930]. *Daung Lann Gyi* heißt die Spezialität hier. Was das ist? Ein großer Teller mit diversen Köstlichkeiten von Fisch über Garnelen bis Papaya-Salat und Nudeln für etwa 2–3 Pers. (man sollte bei guten Essern noch Side-Dishes bestellen – etwa die sehr leckeren *saucy eggplants*). Gemeinsames Essen macht so erst richtig Spaß.

Htay Htay's Myanmar Restaurant, nahe dem Kanal, ✆ 043-42081. In diesem angenehmen sauberen alteingesessenen Restaurant gibt es erwähnenswert gut zubereiteten Fisch. Man kann sich die Exemplare vorher zeigen lassen und die Größe wählen. Die Köchin, die dieses Restaurant einst bekannt gemacht hat, ist nicht mehr hier, aber das Essen gewohnt gut.

 **Min Thu**, ist *das* Restaurant für gute Muscheln zu günstigen Preisen.

 **Mr. June**, Linthar Village, ✆ 094-2112 7533, [10931]. Gute Atmosphäre – super Küche: Rakhine, Seafood und Italienisch. Mr. June und seine Frau Saw Mya Ngal können nicht nur gut kochen (sie gehören zu den wohl besten Köchen der Gegend, sagen andere Köche der Gegend – sie hat gar den *„real italian taste"* heißt es), sie sind auch sehr nett und lustig. Wem es nach extra leckeren kulinarischen Erfahrungen gelüstet, der frage einfach mal die Dame des Hauses, was sie vorschlagen würde. Unser „Steht-nicht-auf-der-Karte-Tipp: Carpaccio De Bonito (frischer Thunfisch). Super lecker auch die „Sautee Prawns with Avocado Salad". Und wer es klassisch mag, isst Spagetti Bolognese. Hier wird wirklich jeder Geschmack gut bedient.

Treasure Restaurant, ✆ 094-2176 9719. In dem einfachen Restaurant von Tin Min und Yin Yin gibt es einen kleinen Begrüßungscocktail und Saft für Kinder. Danach schmackhafte gut gewürzte Gerichte aus der Rakhine-Küche. Lecker waren die Linsensuppe, der echt scharfe Papaya-Salat und auch das Hühnercurry. Tolle Tempura. Lustige, freundliche, zuvorkommende Familie.

Two Brothers Restaurant, ✆ 094-2175 6607. Leckerer Lobster steht hier ebenso auf der Speisekarte wie das für diese Region typische, etwas tomatendominante Fischcurry. Empfehlenswert sind die Spicy Prawns – Süßwassergarnelen, die besser schmecken als Lobster und sehr viel günstiger sind. Cocktails ab 1500 Kyat. Ein besonderer Tipp ist das Seafood-Coconut-Curry mit Coconut-Rice (Letzteren am besten ein paar Stunden vorher bestellen, denn er ist nicht immer vorrätig).

Und Prost

Auf ein Bier oder Cocktail an den Strand? Das ist eine gute Idee. Wem das zu langweilig und zu wenig local ist, der macht sich auf den Weg ins Gyeiktwa-Village. An der Kreuzung Richtung Buddha befindet sich die kleine Myanmar-Bierbar. Hier treffen sich die Fischer zum Plausch und zum Rausch. In der Regenzeit wird es richtig voll, wenn viel zu tun ist, ist es natürlich leerer. Ausländern wird schnell ein Tischchen vor den Frisör-Laden gestellt, und schon sitzt man mitten im Treiben des Dorfes. Es wird gehupt und gelebt und das Bier frisch gezapft. Hungrige können auch etwas zu essen bestellen. Beliebt sind die Schweinerippchen.

Am Strand

Am Strand gibt es fast nur Restaurants der Resorts, die meisten davon sind hochwertig und hochpreisig. Wir haben unsere Auswahl hier auf gut bezahlbare Optionen beschränkt.

Lilli's Bar & Restaurant, vor der Laguna Lodge direkt am Strand (wie die Lodge auch, ohne Namensschild an der Straße), [10932]. Sehr schönes Ambiente, kleine feine Speisekarte. Mit den Füßen im Sand isst es sich gleich doppelt lecker. Und zum Chillen geht's danach entspannt in die Hängematte. Wie wäre es mit einem frisch gezapften Bier zum Sonnenuntergang? Water Refill für alle und nahezu 100 % plastikfreie Zone. 🕒 8 Uhr–spät.

Lin Thar Oo Restaurant, im gleichnamigen Resort. Einfache Traveller-Küche auf einer Terrasse (ohne Dach) zum Meer hin. Standardpreise, gute Option für alle mit weniger Geld und weniger Anspruch, die trotzdem am Meer sitzen wollen. 🕒 8–21.30 Uhr.

€ **Memento Restaurant**, bei der gleichnamigen Anlage. Überdachte Terrasse am Wasser. Einfache Traveller-Kost, relativ günstig und mit ausreichend großen Portionen. 🕒 8–21.30 Uhr.

Ein Platz an der Sonne

Lobster Restaurant, auf **Pearl Island**. Wird oft von Bootsausflüglern angesteuert: Auf dem weißen Sandstrand stehen Tische unter Sonnenschirmen. Auswahl an frischem Seafood in paradiesischem Ambiente. Das Essen ist okay, aber etwas teuer. Die Location zahlt man hier unbestreitbar mit. Lohnt aber!

Pleasant View Islet-PVI BBQ, am südlichen Ende der Bucht auf einer kleinen vorgelagerten Insel, ✆ 043-42251. Das Restaurant bietet einen schönen Blick auf Pearl Island und allabendlich ein BBQ. Gehobene Preise; bei unserem letzten Besuch nur so mittelgut. Bei Ebbe kann man das Restaurant zu Fuß erreichen, bei Flut mit einer kleinen Fähre. ⌚ Okt–April 9–23 Uhr.
Sunset View, zwischen Strand und Straße [7077]. Als einziges von einem Resort unabhängiges Restaurant hat sich das Sunset View behauptet. Einfache günstige Küche, leckere Cocktails und kaltes Bier zum Sonnenuntergang.
The Bayview Restaurant, im gleichnamigen Resort. Gute noch bezahlbare Küche: birmanisch und westlich. Zur Zeit der Recherche *der* Platz für alle, die mal wieder in einen Hamburger beißen wollen (auch in einer vegetarischen Version). Einige Gerichte aus Deutschland und eine große Auswahl an Weinen. Freitags lockt ein BBQ viele Gäste von außerhalb: Suppe, Gegrilltes und Dessert – man darf essen, bis man platzt, US$21 p.P. ⌚ 11–23 Uhr.

EINKAUFEN

In der Strandstraße hinter den Hotels befinden sich kleine Läden, die Obst, Getränke, Dinge des täglichen Gebrauchs oder Kleidung verkaufen. Darf es auch mal etwas Kunst sein? In einem schönen Holzhaus ist die **Htein Linthar Art Gallery** untergebracht. Gezeigt und verkauft werden Werke ortsansässiger Maler. Hier kann man oftmals einem der Künstler auch bei der Arbeit zusehen. Ein paar weitere Galerien sind in den beiden letzten Jahr entstanden, doch es bleibt abzuwarten, ob sie sich halten. Ein Stopp lohnt oft, denn meist ist die Gallery auch Atelier, und die Künstler freuen sich über kunstaffine Besucher.

Wai Bar La Sculptural Store, ✆ 042-176 2851. Schöne Holzarbeiten, kleine Buddhas aus Sandelholz (ab US$7) oder größere Skulpturen für Garten und Wohnzimmer (um die US$50). Man kann dem Holzschnitzer Kyaw Myint Thu hier auch bei seiner Arbeit zusehen und staunen, wie aus einem einfachen Stück Holz ein Gesicht hervortritt. ⌚ 10–15 Uhr, manchmal länger, in der Nebensaison oft geschl.

AKTIVITÄTEN

Fahrrad- und Trekkingtouren

Die Umgebung eignet sich wunderbar für Fahrradtouren und Wanderungen. Wer das nicht auf eigene Faust machen möchte (s. Radtour S. 492), der kann an einer Tour von **Ngapali Trekking**, ✆ 025-082 9399, 092-5082 9399, 💻 www.fb.com/phokhwangapali28, [10933], teilnehmen. Die beiden sportlichen Jungs Tuppi und Phoe Khwar eröffnen 2019 ihr Office in zentraler Lage. Sollte das länger dauern als geplant, trifft man die beiden weiterhin in der **Myanmar-Bierbar** im Gyeiktwa Village. Angeboten werden Trekkingtouren zum Baumhaus der beiden in den Bergen oberhalb des Strandes. Das Highlight hier ist die große Schaukel, mit der es sich herrlich beschwingt schwingen lässt. Zudem Radtouren, kombinierte Ausflüge zu Fuß, dem Rad und mit dem Kajak. Eigene Vorstellungen? Dann einfach nach-

Wie geht's dem Elefanten am Meer?

Kurz gesagt: nicht so gut. Es gibt am Ngapali Beach bzw. ein paar Kilometer entfernt zwei Elefanten-Camps. Obwohl in einem bereits aufs Reiten verzichtet wird (wohl nur, weil westliche Gäste das einfordern, aber ohne nachhaltiges Konzept), halten wir beide Camps für nicht artgerecht und raten daher von einem Besuch ab. Wer unbedingt Elefanten sehen und berühren will, sollte sich nach Kalaw aufmachen (s. S. 388 oder online im eXTra [10435]). Dort zahlt man zwar mehr, aber Fairness und Nachhaltigkeit haben eben ihren Preis.

DER WESTEN

Schnorchel- und Bootsausflüge

Ausflüge aufs Meer

Touren auf einem zum Ausflugsboot umgebauten Fischerboot sind eine besonders beliebte Abwechslung. Ein Boot (2 Pers.), das zu den vorgelagerten Inseln fährt, kostet etwa 35 000 Kyat für etwa 4 Std. – das ist ganz schön happig, aber oft nicht verhandelbar.. Auch hier unterstützt man meist direkt kleine einheimische Familien. Viele bieten direkt am Strand ihre Dienste an, Schilder weisen auf das Angebot hin. Einige haben das Business professionalisiert und arbeiten in Gruppen – dazu gehören z.B. Mr. Tiger oder Mr. Bean. Bootsausflüge, die von Hotels oder Reiseagenturen organisiert werden, sind teurer: Ein 3-stündiger Hotelausflug kostet ab US$50.

Die Touren gehen i.d.R. zu **zwei Tauchspots**, an denen auch ein paar Korallen und recht viele Fische zu sehen sind, und zu den Booten im Hafen. Auch wer schon zu Fuß im Dorf war, bekommt hier noch mal einen tieferen Einblick in das Leben der Fischermen. Wer mehr tauchen will, nimmt sich den ganzen Tag Zeit. Dann geht es zu vier Spots (Tour um die 70 000 Kyat, 8–17 Uhr).

Auf Wunsch kann man auch noch weitere Orte ansteuern – einfach mit dem Bootsmann sprechen. Wer mag, kann sich seinen Fisch selber angeln. Was das am Ende kostet, sollte man klar vorher absprechen. Denn Fisch und Zubereitung sind nicht unbedingt bereits im Preis inklusive. Wunderbar zart wird der Fisch im Bananenblatt. Gegessen wird am einsamen Sandstrand: Mehr Robinson-Feeling geht kaum. Viele stoppen allerdings am Ende nur auf Pearl Island. Wenngleich die Lobster Bar einfach aussieht: Die Preise haben es in sich. Also immer vorher fragen, bevor man bestellt (eine Karte gibt es nicht). Die Bootsleute bekommen, soweit wir erfahren konnten, keine Kommission. Wer günstiger essen will, spricht einfach vorher persönlich ab, was gemacht werden soll.

Immer alles genau absprechen und das Equipment ausprobieren. Für Kinder gibt es bisher fast keine passenden Masken oder Flossen. Im Winter möglichst früh fahren, da sonst ab etwa 13 Uhr die Wellen sehr hoch sind und ein Anlanden am Strand schwer wird.

Flusstouren

Mit dem Kajak auf dem Than Pa Yar und dazu noch etwas trekken oder Rad fahren? Die Tour dauert insgesamt 6–7 Std., 4 davon wird gepaddelt. Infos bei Ngapali Trekking (Kontakt s. Fahrradtouren).
Ausflüge auf dem Fluss gibt es z.B. bei **Asia Whale**, Kontakt siehe Tauchen: Fahrten auf dem Thandwe River mit einem Besuch in einem Mon-Dorf; zudem Besuch einer Bamboo-Werkstatt und Essen in einem einfachen Restaurant für US$70. Sunset-Touren mit dem großen Boot starten um 15.30 Uhr (Pick-up am Hotel), enden gegen 19 Uhr und kosten US$40.

fragen. Die zwei sind super nett, gut vernetzt, sie können sich und ihr Gegenüber gut einschätzen und sind offen für neue Ideen.

Golfen

Passionierte Golfer schütteln hier nur den Kopf, aber alle, die noch nie einen Schläger in der Hand hatten, haben dafür umso mehr Spaß. Kein Profi lacht sich über sie kaputt, und teuer ist es auch nicht. Der Golfplatz befindet sich auf dem Weg zum Flughafen kurz hinter dem Linthar-Village. Die Zufahrt sieht bewacht aus, und viele trauen sich erstmal nicht hinein. Am meist unbesetzten Wachhaus vorbei, geht es geradeaus zum Meer, dann links auf einer schmalen Straße bis auf einen Hügel. Hier befindet sich das Office des Platzes. 18 bespielbare Löcher bietet das Grün. Eine Runde 9-Loch-Golf kostet US$20, 18-Löcher US$30, Equipment US$10, Schuhe US$5. Ein Buddy (US$40, muss man nicht buchen), und wer einen Schirm gegen Sonne oder Regen braucht: Auch den gibt es zur Ausleihe (US$2).

Surfen, Stand Up Paddling (SUP) und Kajakfahren

Vereinzelt haben wir bei der letzten Recherche Stand-Up-Paddler gesehen. Sie trauen sich aber nur aufs Wasser, wenn das Meer komplett ruhig ist. Keine Chance haben sie von Juni bis August, denn dann sind die Wellen hoch. Nur einzelne Surfer wagen sich dann aufs Wasser. Da es jedoch bisher noch keine Bretter zur Ausleihe gibt, hat sich dieser Sport hier noch nicht etabliert. Ein Spot ist das Riff am Flughafen. Vermehrt bieten Hotels mittlerweile Bretter zumindest zum Wellenreiten, doch oft ist das Equipment nicht für Profis geeignet – für alle anderen aber ist Spaß garantiert.

Das Bayview z.B. vermietet SUP-Bretter und Kajaks (je US$5/Std.) sowie Bodyboards (US$ 3/Tag).

Tauchen und Schnorcheln

Die Küste bietet auch Möglichkeiten zum Tauchen und Schnorcheln (dazu s. Bootstouren). Die Unterwasserwelt ist aber nicht spektakulär. **Tauchsport** wird angeboten, aber wir raten davon ab. Auch wer tauchen kann, sollte überlegen, ob es das Risiko wert ist. Es gibt keine medizinische Hilfe vor Ort.

Asia Whale Ngapali Water Sport Center, 123 Airport Rd., zwischen Flughafen und Amazing Hotel, ✆ 094-957 7070, Yangon ✆ 01-226 069, 💻 www.ngapaliwatersport.com, [8036].

Yoga

In der Saison lockt und motiviert das **Amata Resort & Spa** [8003] tgl. 2x Anfänger und Kenner zum Yoga: Einmal morgens zum „Morning Flow" um 7.30–8.30 und abends um 17–18 Uhr zum „Sunset Yoga". US$12 p.P. Wer ein Wellness-Paket bucht und sich auch noch im Spa verwöhnen lässt, zahlt für 2 Kurse, eine 60-Min.-Meditation und eine Spa-Anwendung US$65. Kostenlose Yoga-Stunden bietet Elke seit zwei Jahren in der Saison von November bis Januar morgens in der Laguna Lodge. Aktuelle Termine s. **eXTra [6642]**.

SONSTIGES

Fahrrad-, Bike- und Mopedverleih

Die meisten Hotels und ein paar kleine Shops an der Straße vermieten Fahrräder, meist aus chinesischer Produktion, die in der Regel nicht für längere Touren geeignet sind. Um mal eben von Dorf zu Dorf zu fahren (bitte auf der Straße und nicht am Strand, denn das Salzwasser

Men at work: Am Ngapali leben noch viele Menschen vom Fischfang.

© ANDREA MARKAND

DER WESTEN

macht die Räder kaputt), reicht es aber. Einfache Räder gibt es umsonst im Hotel oder ab 500 Kyat/Std. zu mieten. Mountainbikes haben einige Hotels und Touranbieter. Auch Fahrradverleihe haben sie vereinzelt im Angebot (um 2000 Kyat die Std., etwa 7000 Kyat am Tag).

Beliebt und eine tolle Option für Faule sind **E-Bikes**. Sie sehen aus wie Mopeds, aber man benötigt keinen Führerschein. Ein Helm ist ratsam, denn die Flitzer kommen schnell mal auf 60km/h Spitzengeschwindigkeit. Ein E-Bike kostet um die 3000 Kyat/Std. Gute E-Bikes haben Two Brothers (Kontakt s. Essen). Auch **Mopeds** werden vermietet. Offiziell darf man sie aber nicht fahren (der deutsche internationale Führerschein ist NICHT gültig, was dann bedeutend wird, wenn es zu einem Unfall kommt).

Gesundheit / Medizinische Hilfe

Noch immer wird für diesen Strand eine **Malariawarnung** ausgesprochen (Nov–März gilt als malariafrei). Mückenschutz sollte man einpacken und anwenden. Sandfliegen gibt es nicht.

In den Wintermonaten, besonders von Mitte Dezember bis Anfang Januar, kann es nachts kalt werden. Um einer Erkältung vorzubeugen, empfiehlt sich ein warmer Pullover.

Auf Höhe des Sandoway Resorts befindet sich an der Straße eine gleichnamige **Klinik**. Hier behandeln ein birmanischer Arzt und oft auch verschiedene ausländische Ärzte die Einheimischen unentgeltlich; Ausländer sollten nach der Donationbox fragen. Keine Hotelbesuche. 🕘 9–12 und 13–16 Uhr. Seit Anfang 2015 steht der englischsprechende **Dr. Khun Zaw Naing** in der Solar Workshop und Community Clinic (Organisation von Oliver Soe Thet, Laguna Lodge) für Gäste und Einheimische zur Verfügung, ☎ 09-528 3115, oder Kontakt über ☎ 043-204 2312 (Laguna Lodge). 9–12 und 14–18 Uhr. Im Notfall 24 Std., ggf. auch Hotelbesuche.

Internet

Viele Unterkünfte bieten WLAN, zumindest in der Lobby. Immer mehr Restaurants ziehen nach. Die Verbindung ist jedoch meist eher schlecht bis nicht vorhanden. Das beste Netz vor Ort hatte zur Zeit der Recherche das Bayview (kann auch von Gästen im Restaurant genutzt werden).

Massagen

Entspannend sind die vielerorts (meist über die Hotels) angebotenen Massagen. Eine 45-minütige Massage kostet US$10–16. Es gab bei der letzten Recherche nur wenige Angebote am Strand. Schön liegt man unter Palmen bei Pun Sue Aug, die die Massage der Laguna Lodge managt: Gut sind die traditionelle Rakhine- und die Kopfmassage (8–18 Uhr, ab US$10).

Reisebüros

Angel Travel & Tours, Laguna Lodge, ☎ 043-42312, 01-501 123, ✉ angel@myanmar.com.mm. Arrangiert Bus-, Flug- und Bootstickets. Am besten direkt in der Laguna Lodge ansprechen oder über E-Mail kontaktieren. Sofern Manager Oliver nicht vor Ort ist, wird man für Flugbuchungen meist an Caravan Travel & Tour verwiesen.

Caravan Travels & Tours, 14 Min Tae St., Kreuzung nach Thandwe, ☎ 043-204 2404, 094-2175 3980. Vermittelt zuverlässig Flüge aller Gesellschaften. 🕘 9–18 Uhr.

TRANSPORT

Taxis

Ein Taxi zum Airport kostet 7000 Kyat, nach THANDWE 8000 Kyat. Günstiger sind die Tuk Tuks, die Passagiere auf dem Weg einsammeln – eine Fahrt kostet 500 Kyat. Ab Thandwe zurück geht es den ganzen Tag. Wer mit dem Taxi bis nach TAUNGGOK fahren will, zahlt etwa 80 000 Kyat. Um das Boot nach Sittwe zu erreichen, muss man etwa gegen 4 Uhr morgens aufbrechen. Bis nach PYAY kostet ein Taxi etwa 250 000 Kyat. Nach Kanthaya muss man mit etwa 120 000 Kyat rechnen.

Busse

Die Busse starten alle ab Thandwe. Wer am Ngapali bucht, wird etwa 1 1/2 Std. vorher am Hotel abgeholt. Abfahrtszeiten und Preise siehe Thandwe. Es ist sinnvoll, die Tickets mind. 1 Tag vorher zu besorgen.

DER WESTEN

Passkontrollen und Ausweiskopien

An der Grenze zwischen Nieder-Myanmar und dem Rakhine-Staat gibt es mehrere Checkpoints. Manchmal benötigen Ausländer, die mit dem Bus über Pyay anreisen, noch Kopien ihres Passes und des Visums. Diese werden in der Regel von den Angestellten der Busgesellschaft vor Fahrtantritt besorgt.

Alle Gästehäuser und Hotels sind hier behilflich.

Flüge

Knapp 10 km von Ngapali-Strand entfernt liegt der **Flughafen von Thandwe** (S. 494). Viele Hotels bringen ihre Gäste kostenlos hin bzw. holen sie ab. Wer auf eigene Faust ein Taxi nimmt, zahlt 7000 Kyat. Man sollte einen Tag vor Abflug nach der genauen aktuellen Abflugzeit fragen. Vor allem in den Monaten Dezember bis Februar kommt es in Yangon oft zu Bodennebel und die Flüge verschieben sich – glücklich ist, wer dann noch am Strand sitzt und nicht in der heißen Flughafenhalle.

Taunggok

Diese Stadt (auch Taungup oder Taungoke) ist Reisenden als Busbahnhof oder als Schiffsanlegestelle bekannt. Wer von Pyay kommt und nicht nach Ngapali weiterfährt, nimmt hier ein Boot die Westküste hinauf nach Sittwe und Mrauk U. Reisende, die in Taunggok übernachten müssen, sollten sich den weitläufigen Markt ansehen. Wenn möglich, sollte man eine Übernachtung jedoch vermeiden, denn die Stadt ist nicht gerade einladend und nicht auf westliche Besucher eingestellt.

Der stellenweise Reichtum der Bewohner verdankt sich dem Umstand, dass Taunggok ein erfolgreicher Schmugglerort ist, an dem Waren nach Bangladesch umgeschlagen werden: Holz, Rinder, aber auch Gemüse werden hier illegal gehandelt.

Am Busbahnhof von Taunggok kam es Mitte 2012 zu tödlichen Angriffen auf Muslime, die sich bis heute hier nicht sicher fühlen können und deshalb in Taunggok besser nicht übernachten sollten.

ÜBERNACHTUNG UND ESSEN

Nan Taw Oo Gh., ✆ 043-60172, 09-853 0217. Einfache Zimmer, harte Betten, mit AC, TV, Minibar, kein Frühstück. Für Ausländer derzeit die wohl beste Option.
Ausweichmöglichkeiten sind das **Kant Thit Win Gh.** ✆ 043-60217, und das **Royal Gh.**, ✆ 043-60108, mit Restaurant und Biergarten, alle ❷.
In der indischen **Teestube** am Busterminal gibt es guten *htamin djo*, Reis mit Bohnen. Auch Reis mit Curry wird angeboten (etwa 2000 Kyat). An der Hauptstraße liegen einige **chinesische Restaurants** und weitere Teestuben.

TRANSPORT

Busse

Der **Busbahnhof** gehört zu den schlimmsten Orten Myanmars, es ist schmutzig und etwas unheimlich. Dass sich hinter dem Busbahnhof auch direkt das Rotlichtviertel befindet, in dem vornehmlich die Busfahrer verkehren, macht die Situation noch etwas befremdlicher.
NGAPALI, wer mit dem Minibus von Pyay aus hier ankommt, kann im Bus sitzen bleiben und weiter schlafen. Wer jedoch hier aussteigen muss, weil er in einem lokalen (Kurzstrecken-) Bus sitzt, kann auf den Yangon–Thandwe-Bus warten, der zwischen 6 und 8 Uhr in Taunggok eine kurze Pause einlegt: Zusteigen ist für ein paar tausend Kyat möglich. Die Fahrt bis THANDWE dauert mit dem Yangon–Thandwe-Bus 2 1/2 Std., mit den Pick-up-Trucks 4 Std. Von Thandwe aus findet sich leicht ein Taxi zum Strand, oder man nimmt den „Linienbus" (Truck), der vom Markt aus verkehrt.
PYAY, tgl. Minibus gegen 16 Uhr für 8000 Kyat in ca. 6–7 Std. Der Thandwe–Yangon-Bus kommt gegen 11.30 und 18 Uhr hier durch. Auf der ersten Hälfte der Strecke ist die Straße in einem annehmbaren Zustand, danach wird sie zur Staubpiste.
SITTWE, mit dem Minibus von Pyay kommend, erreicht man Taunggok etwa um 3 Uhr nachts.

Bis der Ticketschalter gegen 5 Uhr öffnet, kann man ein wenig im Office des Minibusbetreibers ausharren.

Boote

Die Fahrt von etwa 8–11 Std. nach Sittwe, mit Stopp in Kyauk Pyu, ist an einigen Stellen recht interessant, wenn es an Mangrovenwäldern vorbei durch das Labyrinth der Lagunen an der Küste geht.

KYAUK PYU (Ramree) mit dem Boot nach Sittwe. Shwe Pyi Tan fährt zudem Di um 6 Uhr nur bis Kyauk Pyu.

SITTWE, das Schnellboot der **Shwe-Pyi-Tan**-Gesellschaft, ✆ 043-60704, startet Mo und Fr um 6 Uhr (Check-in 5 Uhr, kann sich ändern, je nach Wasserstand) für 35 000 Kyat.

Die Ramree-Inseln

Ramree ist die größte Insel Myanmars und gehört zur Gruppe der Ramree-Inseln im Golf von Bengalen. International bekannt wurde die Insel 1945, als hier die Schlacht von Ramree tobte und die Briten mit Unterstützung indischer Söldnertruppen die Rückeroberung ihres Kolonialreiches Burma begannen. Doch nicht wegen eines menschlich verursachten Kriegsgemetzels ist die Insel noch heute als Ort des Schreckens berüchtigt: Es sind die Krokodile, die man bis heute fürchtet. Damals flohen etwa 1000 japanische Soldaten vor den Briten nachts in die Sümpfe, um die rettende Küste zu erreichen. Ein großer Fehler. Einige Quellen berichten von 500, manche von gar nur 20 überlebenden Soldaten des ungleichen Kampfes im Sumpf. Heute braucht man trotz der immer noch vorhandenen Sumpfgebiete keine Angst mehr vor Krokodilen zu haben; sie wurden fast alle ausgerottet.

Dafür ist Ramree heute Teil eines enormen Industrie-Projekts. Eine Milliarde US$ sollen in den nächsten 30 Jahren hier investiert werden. 75 % davon kommen aus China – den neuen „heimlichen" Herrschern der Region. Fertig und 2013 in Betrieb genommen ist bereits die Gas- und Ölpipeline nach China mitsamt Tiefseehafen.

Touristen gibt es auch auf Ramree. Es sind hauptsächlich Chinesen, für die immer mehr Stadt-Hotels entstehen und für die in Restaurants chinesisch gekocht wird. Westler kommen selten, was auch mit der jüngsten Geschichte Ramrees zusammenhängt (s. Kasten). Wer kommt, stoppt meist mit dem Boot in **Kyauk Pyu** und bleibt auch hier am Strand. Wen es hierher verschlägt, der sollte unbedingt auf dem Markt nach den berühmten Rakhine-Longyis Ausschau halten. Sie gelten wegen ihrer ausgefallenen Webtechnik im ganzen Land als besonders schick und werden gern zu besonderen Anlässen getragen.

Eine Vergewaltigung und ihre Folgen

In Kyaukminaw, im Süden von Ramree, wurde am 28.5.2012 die Rakhinerin Htida Thwe vergewaltigt und umgebracht. Muslime vom Volk der Rohingya sollen die Täter gewesen sein. Lange schwelende Konflikte zwischen der Volkgruppe der Rohingya und den Rakhinern brachen los, es wurde zu Gewalt aufgerufen (auch von buddhistischen Mönchen), und so kam es am 3.6.2012 zum Massaker an elf Muslimen, die von Thandwe aus auf dem Weg in ihre Heimat Bagan unterwegs waren. Dann brach sich der Hass Bahn und Dörfer brannten. Nachbarn wurden Feinde – nicht in allen Dörfern, aber oft genug. Der Konflikt kam nicht zur Ruhe – über Jahre. Am 25.8.2017 kam es dann zum Supergau: Muslimische Aufständische überfielen einige Grenzposten und Polizeistationen. Daraufhin schlug das Militär mit einer Härte zurück, die Hunderttausende Rohingya zur Flucht nach Bangladesch zwang. Vergewaltigungen, Morde ... unfassbar viel Leid. Bis heute sind sie nicht zurückgekehrt, eine Lösung des Konfliktes ist nicht in Sicht. Es ist eine Minderheit betroffen, die auf der ganzen Welt nicht wirklich heimisch ist. Es sind viele, die helfen wollen, es aber dann doch nicht tun. Und dazu gehört auch der Westen, der so spärlich Hilfsgelder bereitstellt, dass die Rohingya nun in Bangladesch in Lagern unter unmenschlichen Bedingungen ausharren.

Surfer aufgepasst

Wie wäre es mal mit einem ganz abgelegenen Spot? Dann auf nach Cheduba Island ins Dorf Munaung (westlich von Ramree gelegen). Hier gibt es nur Euresgleichen – andere Touristen haben die Insel noch nicht entdeckt. Seit vielen Jahren in Surferkreisen bekannt für gute Wellen, aber erst seit jüngster Zeit gut zu bereisen. Wie hoch die Welle ist? Schaut auf 💻 https://tides4fishing.com/as/myanmar/cheduba-island/. Boote von Shwe Pyi Tan, ✆ 094-967 2020, ab Taunggok tgl. um 6 Uhr für US$20 in 3 Std., zurück um 10 Uhr. Und ab Kyauk Pyu (Ramree) fahren tgl. einfache Fähren hin und her. Es gibt drei einfache Unterkünfte, eine davon ist das **Soe San Guesthouse** (nahe dem Hafen), und ein paar **Restaurants**. Wunderbar einsame Strände! In den Monaten März bis Mai vor allem rund um Vollmond sind sie da: die Wellen.

ÜBERNACHTUNG UND ESSEN

Kyaukpyu Palace Hotel, 94 Yangon Kyaukpyu Main Rd., ✆ 094-5090 9060, 💻 www.fb.com/PalaceHotelRestaurant. Zimmer im Reihenhaus, geflieste Böden, funktionale Einrichtung. Mittelsauber. Ein Strandresort könnte durchaus schöner sein. ❸

Wer nicht im Hotel essen will, für den stehen vor allem in der Nähe des Hafens einige **Restaurants** zur Auswahl. Neben der lokalen Fischspezialität *nga thau tu* kann man hier die beliebte 12-Geschmäcker-Suppe *s'h-e-hnâmjo-hin-djo* probieren, die neben Reisnudeln und verschiedenen Gemüsesorten auch Fisch, Krabbenbällchen und Taubeneier enthält. Wenn das Schiff erwartet wird, das meist zwischen 13 und 15 Uhr andockt, gibt es **Currys** und **Meeresfrüchte** am Pier – alles sehr frisch, scharf und empfehlenswert.

TRANSPORT

Taxis

Eine Brücke führt vom Festland aus auf die Insel. Ab Thandwe sind es etwa 150 km, nach Sittwe weitere 400 km. Die Fahrten dauern auch mit dem privaten Auto entsprechend lang, eine Bootsfahrt ist auf jeden Fall die schönere Option.

Boote

Das **IWT**-Boot und die Schnellboote von **Shwe Pyi Tan** halten hier. Während das Schnellboot nur eine kurze Essensrast einlegt, muss die IWT-Fähre Waren ein- und ausladen, sodass die Pause sich auf 2–3 Std. ausdehnt. Manchmal bleibt das Boot auch über Nacht. Fähre 10 000 Kyat / Schnellboot US$20 von und nach Taunggok. Nach/von Sittwe Fähre 7000 Kyat, Schnellboote US$15.

Flüge

Der **Flughafen** von Kyaukpyu wird von **Myanmar National Airways** bedient.
YANGON, tgl. außer Di und Fr – auch in umgekehrte Richtung.
Nach SITTWE geht's Mo, Mi, Fr und So;
Mi, Do und So fliegt die Gesellschaft nach THANDWE.

Sittwe

Sittwe [8882], von den Briten Akyab genannt, ist schon seit mindestens 2000 Jahren ein wichtiger Hafen am Golf von Bengalen. Die Stadt liegt an der Mündung des Kaladan-Flusses, der bis weit ins Land hinein schiffbar ist, und wird seeseitig von den vorgelagerten Baronga-Inseln geschützt. Der heutige Ort Sittwe wurde ab 1826 vom britischen General Morrison zum Verwaltungszentrum aufgebaut. Auf diese Zeit gehen wohl auch die alten Hafenanlagen zurück, an die heute der Markt angrenzt: Wer hier morgens das Anlanden des frischen Fisches beobachtet, kann sich einige Generationen in die Vergangenheit beamen. Sittwes geografische Nähe zu Bangladesch schlägt sich in einem hohen Anteil an Moslems in der Stadt nieder. Im Jahr 2012 kam es zwischen der buddhistischen und der moslemischen Bevölkerung zu schweren Ausschreitungen, was dazu führte, dass die Stadt für westliche Besucher zeitweise *off limits* war. Bis heute ist der Konflikt nicht gelöst. Vor einem

Sittwe
N
0
500 m
ÜBERNACHTUNG
1 Kiss Gh.
2 Noble Hotel
3 Hotel Memory
4 View Point Gh.
5 The Strand Hotel Sittwe
6 Mya Gh.
7 Royal Sittwe Resort
ESSEN
1 Shwe Pyi Taw Restaurant & Dagon Beer Station
2 Aung Restaurant
3 River Valley Restaurant
4 Ko Aung Mins Restaurant
5 River Valley at Strand Road
6 City Point Restaurant
7 Arian Restaurant
SONSTIGES
1 Ice Cream Shop
2 Massage the blind
TRANSPORT
1 Ableger Shwe-Pyi-Tan-Schnellboote
2 IWT-Ticketbüro
3 Air Mandalay
4 Yangon Airways
5 Malikha Tickets (MFSL)
6 Shwe Pyi Than Ticketing
7 Shwe-Pyi-Tan-Schnellboot-Tickets
8 May Flower Travel & Tours
9 Oake Kaung Travels & Tours
HAFEN
Sayokya-Kanal
Ye Kyaw Tu Lan
Kyaw Zan Swe Lan
Buddhistisches Museum / Mahakuthala Kyaungdawgyi
Myo Lwe Chaung Lan
Set Yone Su Lan (Main Rd. No. 2)
Main Rd. No. 1
UNABHÄNGIGKEITS-DENKMAL
U Oaktama Lan
Nga Pain Lan
Kloster
Atulamarazei-Pyeloun-Chantha-Payagyi-Pagode
Shwe Ta Lan
Strand Rd. / Kannar Rd.
Htee Dan St.
Shwe Ban St.
Merchant St.
Uhrturm (alt)
ALTER MARKT
MARKT FÜR STOFFE UND GEBRAUCHS-GEGENSTÄNDE
Ye Dwin Lan
Kulturmuseum des Rakhine-Staates
JETTY
FISCH-MARKT
Ottamar-Park
UNIVERSITÄT
4, Hindutempel, (2 km)
Regierungssitz des Rakhine-Staates (City Hall)
Kyaung Gyi Rd.
KRANKENHAUS
Lawkamandaw-Pagode
BENGALI-KLEIDERMARKT
May Yu Lan
Uhrturm (neu)
St. Mark's Cathedral
POLIZEI
Main Rd. No. 1
Kan Ner Lan (Strand Rd.)
Pyay Taw Thar Rd.
GEFÄNGNIS
7, 7, The Point, Strand
DER WESTEN

Besuch sollte man sich daher vorsichtshalber nach der aktuellen Lage erkundigen (mehr zum Thema s. auch Kasten S. 488).

Die Uhrtürme stammen aus zwei unterschiedlichen Jahrhunderten: Nahe dem Markt steht der aus Stahl erbaute 1887 von holländischen Händlern errichtete Turm. Den zweiten, ein paar hundert Meter weiter südlich, ließ die Regierung über hundert Jahre später (1991) erbauen. Am Nordende der Stadt, an den Hafenanlagen am Sayokya-Kanal, gibt es große **Lagerhallen** für Reis. Je nach Saison werden hier täglich viele Tonnen umgeschlagen – transportiert von Frauen, die wie vor hundert oder tausend Jahren ihre Lasten in geflochtenen Bastbehältern auf dem Kopf tragen.

Sittwe ist ein beliebter Aufenthaltsort für eine Kolonie **Flughunde**. Manchmal sieht man sie in Scharen auf den Bäumen nahe dem neuen Uhrturm. Wenn sie nicht gerade wie große dunkle Früchte im Baum hängen und schlafen, kann man ihre Luftkämpfe mit den dort ebenfalls residierenden schwarzen Krähen beobachten. Bei Sonnenuntergang fliegen sie in Massen über die Uferpromenade am City Point Restaurant vorbei Richtung Meer und vorgelagerte Inseln.

Sehenswürdigkeiten

Die **Atulamarazei-Pyeloun-Chantha-Payagyi-Pagode** ist das wichtigste Heiligtum der Stadt. Die große Halle beeindruckt durch zahlreiche Spiegelmosaiken. Der große sitzende Buddha, gesichert hinter einem eisernen Verschlag, wurde im Jahr 1900 aus Bronze gegossen. Nur das Gesicht glänzt golden, was der Figur einen seltsam unfertigen Anblick verleiht. Anders als andere Buddhafiguren des Rakhine-Stils ist diese über 8,5 t schwere Statue nicht mit Krone oder Juwelenschmuck ausgestattet, sondern sehr schlicht.

Das **Kulturmuseum des Rakhine-Staates**, ✆ 043-23465, beherbergt einige Exponate aus der Vesali- und Mrauk-U-Epoche. Anschaulich zeigen Miniaturmodelle die antiken Städte. Ein großes Wandgemälde entführt ins Mrauk U des 17. Jh. Lebensgroße Figuren tragen die traditionelle Kleidung ethnischer Gruppen: Besonders sexy kleiden sich demnach die Mro: die Damen im Miniröckchen, die Herren im Muskelshirt. ⌚ Di–So außer feiertags 9–16 Uhr, Eintritt 3000 Kyat (bzw. Gegenwert von US$2 in Kyat).

Das **Buddhistische Museum** liegt an der Hauptstraße und ist im 2. Stock eines alten Kolonialgebäudes untergebracht, an dessen Front das Schild **Mahakuthala Kyaungdawgyi** („Großes Kloster der Großartigen Verdienste") prangt. Hier finden sich viele alte Buddhafiguren aus der Vesali-Periode (327–818) und aus der Blütezeit Mrauk Us (1433–1785). Eine kleine Figur von Shin Thi U Lin, dem Mönch mit Wanderstab und Fächer, steht rechts neben dem großen Buddha. Sie soll über 2000 Jahre alt sein. Das Museum ist jeden Tag von morgens bis nachmittags geöffnet. Es wird kein Eintritt verlangt, eine Geldspende in die dafür vorgesehene Sammelkiste gegenüber dem größten Buddha ist jedoch sehr willkommen.

Im Süden der Stadt steht vor der City Hall eine große **Rakhine-Freiheitsstatue**. Nur wenige Meter entfernt befindet sich die wahrscheinlich älteste baptistische Kirche Myanmars (1845), die **St. Mark's Cathedral**. Es gibt nur wenige Baptisten in der Region – es sind vor allem Chin aus der Umgebung von Paletwa, die hierher kommen. Der Pastor betreibt eine kleine Krankenstation und gibt jungen, mittellosen Chin Unterkunft und Verpflegung, damit sie an der nahen Universität studieren können.

Einen Ausflug kann man zum Aussichtspunkt **The Point** unternehmen. Von hier bietet sich ein schöner Blick auf die Baronga-Inseln und den Leuchtturm. Die Gebühr für Fotos scheint flexibel: Mal mussten 50 Kyat, mal 250 Kyat und auch schon 3000 Kyat für die Videokamera bezahlt werden.

ÜBERNACHTUNG

Hotel Memory, 19, Akauk Yone St., ✆ 043-21794, 💻 www.hotelmemorysittwe.com, [9863]. Gutes Hotel mit gelobtem Restaurant in zentraler Lage. Ansprechend möbliert. Es lohnt, ein Superior-Zimmer zu buchen, denn hier sind die Räume größer, und die Preisdifferenz zum Standardzimmer ist überschaubar. Aufzug. Dachterrasse. Gutes WLAN. ❹–❺

DER WESTEN

Kiss Gh., 451 Main Rd., ✆ 043-21251, [10868]. Guesthouse mit einfachen Zimmern. Superior-Zimmer haben eine AC, was vor allem in den Monaten von Nov–Feb sinnvoll ist. Kein Frühstück. ❷

Mya Gh., 51/6 Bowdhi St., ✆ 043-23315, 23358, [10869]. Die 31 geräumigen, einfachen Zimmer im sauberen Neubau sind eine gute Budget-Option. Familienzimmer für US$45. Man sollte ein Zimmer nach hinten wählen, denn vorne an der Straße kann es recht laut werden. Inkl. gutem traditionellem Frühstück (Mohinga, Reis mit Bohnen), wahlweise auch Toast mit Ei. ❸

Noble Hotel, 45 Main Rd., ✆ 043-23558, ✉ anw.noble@gmail.com, [10870]. 20 saubere Zimmer mit AC, TV, Kühlschrank, Bad und Wasserkocher. Zum Frühstück gibt es Eier mit Toast, auf Anfrage auch Rakhine-Suppe. An der Bar Whisky und Wein. WLAN. Gutes AC-Restaurant im 1. Stock. ❹

Royal Sittwe Resort, ✆ 043-23478, 💻 www.royalsittweresort.asia. Sittwe-Strand, etwa 10 Min. abseits des Zentrums nahe dem Flughafen. 40 ansprechende Zimmer mit dem für diese Stadt höchsten Standard und dem besten Sicherheitssystem. Daher wohnen hier viele NGO-Mitarbeiter und andere Offizielle. WLAN. Gutes Rakhine-Buffet. ❹–❻

The Strand Hotel Sittwe, 9 (Kanar Rd.) Strand Rd., ✆ 043-22881, [10871]. Zentral gelegenes Kolonialhaus mit 8 Zimmern im Haus und 13 ansprechenden Bungalows. Angenehm große Zimmer, wenngleich in den 4 einfachsten (Superior-) Zimmern auch viel vollgestellt wurde (großer Schrank aus Teakholz). Wer ein extra Bett braucht, kann im Deluxe-Bungalow Platz finden. Die 4 Suiten im Haus haben 3 Betten und einen kleinen Balkon. Manager U Win Myint hat lange Jahre Erfahrung im Hotelgewerbe, und auch das Personal ist gut geschult und spricht Englisch. ❹–❺

View Point Gh., 3 Strand Rd., ✆ 043-23689. 28 einfache Zimmer für wenig Geld in zentraler Lage. Kein Frühstück, kein Warmwasser, kein WLAN. ❶

ESSEN

Leider ist es in Sittwe nicht zu übersehen, wie wenig die Menschen vom Artenschutz verstehen, bzw. wie wenig sie ihn pflegen: In einigen Restaurants stehen noch immer (oder

Am Anleger von Sittwe warten Birmanen auf das Boot nach Mrauk U.

DER WESTEN

wieder, da vor allem chinesische Gäste danach verlangen und auch einige birmanische Männer, die meinen, mit Schildkröteneiern ihre eigene Potenz stärken zu können) Haiflosse und Schildkröteneier auf der Speisekarte. Und dies entspricht nicht den gesetzlichen Bestimmungen, denn viele der angebotenen Arten sind auch in Myanmar geschützt. Seafood sollte man sich hier nicht entgehen lassen, aber es muss keine geschützte Art sein.

Arian Restaurant, Shu Khinn Tha Rd., ✆ 094-5330 2030, 💻 www.fb.com/Arian-Restaurant-160365557338122. Super leckere Rakhine-Küche und einige internationale Gerichte. Die Chefin kocht selbst, und das ausgezeichnet. Probiert mal die Bothitaung-Kartoffel-Gerichte. Die sind aus kleinen Mini-Kartoffeln, mal gebraten, mal als Curry. Und dazu ein frisch gezapftes Bier oder einen gut gemixten Cocktail. ⏲ 7–22.30 Uhr.

€ **Aung Restaurant**, 8 Tharzanhla St., ✆ 043-22468. Günstiges Restaurant mit sehr empfehlenswerter günstiger Kost. Wer viele kleine Portionen bestellt, kann ganz wunderbar im kleinen Kreis ein Privat-Buffet zusammenstellen und sich durch die traditionelle Rakhine-Küche probieren. ⏲ 7–22 Uhr.

City Point Restaurant, 42 Strand Rd., ✆ 043-23660. In dieses Haus am Meer gehen wohlhabendere Einheimische, wenn sie feiern, und lassen sich mit chinesischer und Rakhine-Küche verwöhnen. Die Gerichte sind gut gewürzt. ⏲ 10–23 Uhr.

Ice Cream Shop, Main Rd., ✆ 09-501 9949. Gegenüber der KBZ-Bank lockt dieser kleine Eis-Laden zur Abkühlung. Leckere Eiscreme, die Kugel gibt's hier für 500 Kyat. Wer es herzhafter mag, nimmt ein Le Phet. ⏲ tagsüber.

River Valley at Strand Road, ✆ 043-23234. Beliebt für seinen guten Muschelsalat und anderes schmackhaftes Seafood. Es gibt aber auch Pommes und Schwein süß-sauer. Hier kann man sich einen Transport nach Ngapali, in ein Chin-Dorf oder Mrauk U organisieren lassen. Ähnliche Küche im **River Valley Restaurant**, 68 Main Rd. ⏲ 7–22.30 Uhr.

Shwe Pyi Taw Restaurant & Dagon Beer Station, 15 Main Rd., ✆ 043-22217. Gezapftes Bier und leckere Snacks. Gut schmeckt der Crisp Pork Salad. In den vielen **Teestuben** gibt es kleine Leckereien. Die meisten liegen entlang der Hauptstraße und zwischen Rakhine-Museum und Markt.

Wer am Flughafen auf seinen Flieger warten muss, kann sich in einem der ca. 300 m entfernten Restaurants niederlassen. Beispielsweise lockt das **Ko Aung Mins Restaurant** mit leckerer Tagessuppe für 1500 Kyat. Wer bereits eingecheckt ist, wird vom Flughafenpersonal informiert, wenn das Flugzeug kommt.

SONSTIGES

Einkaufen

Sittwes großer **Markt** am Fähranleger ist einen Besuch wert – auch für jene, die nichts erstehen wollen. In engen Gassen reihen sich Gewürzhändler, Stoffverkäufer und Lebensmittelhändler aneinander. Berühmt sind die an Brokatstoff erinnernden Longyis, deren Webtechnik für Rakhine typisch ist. Auf dem überdachten Fischmarkt ist vor allem morgens viel los, jedoch sollte zurückhaltend sein, wer eine empfindliche Nase besitzt oder wem sich schnell der Magen herumdreht. Frisch aus dem Meer gefangen, werden die Fische auf dem Markt verteilt und anschließend von den vielen Verkäufern geputzt und zerhackt. Erfrischend ist der sich anschließende Obst- und Gemüsemarkt, dessen farbenfrohe Ware schöne Fotomotive bietet. Hinter dem Markt verkaufen zahlreiche **Goldhändler** Schmuck. ⏲ So geschl., dann wird nur außerhalb ein bisschen was verkauft.

Auf dem **Bengali-Cloth-Markt** finden sich viele preisgünstige Waren von Markenherstellern, die aus Bangladesch eingeschmuggelt wurden.

Informationen

Bei Buchungen von Flügen hilft **May Flower Travels & Tours**, 179 Main Rd., ✆ 043-23452, 💻 http://mayflower-travels.com/, oder **Oake Kaung Travels & Tours**, 25 Thar Zan Lar St., ✆ 09-7303 2244.

Massagen

Massage by the blind, Strand Rd., neben dem Strand Hotel, ✆ 094-4031 3707. Ein sehr altes Schild weist den Weg in diese schmale Seitengasse. In zwei einfachen Massageräumen mit recht neuen Liegen werden Frauen von Frauen und Männer von Männern massiert. Die blinden MasseurInnen machen einen guten Job und gehen ganz individuell auf die verspannten Muskeln ein. Zu stark oder zu schwach: einfach Feedback geben. 1 Std. Massage 5000 Kyat (plus Tipp, wenn man zufrieden ist). 🕒 11–18.30 Uhr.

NAHVERKEHR

Mit dem **Tuk Tuk**, in dem bequem 6 Leute Platz finden, kostet die Strecke vom Flughafen zum Hotel bzw. zum Hafen 4000–6000 Kyat. Mit der **Trishaw** ist es etwas günstiger. Fahrtzeit 10 Min. Kurze Strecken in der Stadt Tuk Tuk 2000 Kyat bzw. shared 500 Kyat p.P., Mopedtaxis 1000 Kyat. Ein guter Fahrer ist **Myo Myo San**, ✆ 092-534 6868, er steht oft am Airport. Er spricht gut Englisch und hat viele Informationen. Flughafen – Innenstadt 5000 Kyat (max. 6 Pers.), von der Innenstadt zum Hafen 8000 Kyat. Am Tag kostet sein Minibus für Nutzung in Sittwe 50 000 Kyat, für die Fahrt von Sittwe nach Mrauk Oo und zurück zahlt man 100 000 Kyat. Günstiger sind Ausflüge und Fahrten mit dem Tuk Tuk, etwa mit **Mr. Aung Shwe Thein**, ✆ 092-6368 4360. Er spricht ein bisschen Englisch. Faire Raten, so z.B. Tagestour 25 000 Kyat.

TRANSPORT

Taxis

MRAUK U, Taxis brauchen etwa 2–3 Std. und kosten 120 000 Kyat.

Busse

BAGAN (Nyaung U), über MAGWE, mit **Acadamy Bus**, um 6 Uhr kann man über Mrauk U weiter bis nach Magwe fahren (25 000 Kyat), Ankunft Mrauk U 9–10 Uhr, Magwe Ankunft kurz vor Mitternacht; dann eine Nacht schlafen und weitere 4 Std. für 5000 Kyat bis Nyaung U.
KYAUKPYU, mit dem Bus Richtung Ngapali oder Yangon, Ausstieg am alten Grenzposten in Ma Ei (etwa 10 Std., 15 000 Kyat). Dann weiter mit einem Minibus in 2 Std. für etwa 6000 Kyat.
MRAUK U, mehrfach tgl. zwischen 7 und 15 Uhr für rund 10 000–15 000 Kyat in etwa 4 1/2 –3 Std. (z.B. mit **Shwe Pye Htit Company**, ✆ 043-22166).
THANDWE (nahe Ngapali), tgl. gegen 11 Uhr für 45 000 Kyat mit dem Minibus von **Yadana Company Air Con Express**, ✆ 09-853 2202. Der Bus fährt über Mrauk U (Abfahrt dort zwischen 14 und 16 Uhr), auch dort kann man zusteigen. Ankunft Thandwe morgens um 6 Uhr am nächsten Tag.
YANGON, tgl. morgens gegen 6 Uhr mit Bussen über Mrauk U, Taunggok nach Pyay und von dort weiter nach Yangon. Um die 22 300 Kyat. Mit **Kis Sappa Company**, Main Rd., ✆ 094-2171 0941.

Boote

Tickets für Boote und Infos zu den aktuellsten Abfahrtszeiten gibt es bei **Shwe Pyi Than Ticketing**, Main Rd., links neben der KBZ Bank.
BOTHITAUNG, über Rathetaung (Buddha Foot Print Pagoda), jeden Mi, Fr und So um 7 Uhr (Check-in 6 Uhr) für US$20. Zurück nach Sittwe jeden Mo, Do und Sa um 7.30 Uhr (Check-in 6.30 Uhr) für US$20. Für diese Strecke braucht man ein Permit.
MRAUK U, die Fahrt von Sittwe nach Mrauk U ist landschaftlich sehr reizvoll. Private Boote fuhren zur Zeit der Recherche nur selten, zu wenig Nachfrage heißt es. **Bootsmann U Tun Kyaw**, ✆ 094-2175 8513, konnten wir ausfindig machen. Er fährt für 250 000 Kyat die Strecke Sittwe–Mrauk U–Sittwe (man lässt sich hinbringen und wird 2 Nächte später wieder abgeholt); auf dem Boot finden 6-10 Personen Platz. Im Regelfall gibt es Wasser, Tee und Bananen an Bord. Die meisten nutzen derzeit für eine Bootsanreise das **Schnellboot** von Shwe Pyi Tan, ✆ 043-22719, 094-959 2709, tgl. um 14 Uhr (Check-in 13 Uhr), Ankunft 18 Uhr, für US$20. Die Boote haben eine Geschwindigkeit von etwa 20 Meilen pro Std. Den schönsten Blick hat man vorne an Deck (nicht stellen, denn dann versperrt man dem Captain die Sicht).
TAUNGGOK, das **Schnellboot** von Shwe Pyi Tan, ✆ 043-22719, startet am Do und So um 9 Uhr (Check-in etwa 8 Uhr) und fährt über KYAUK PYU (Fahrtdauer etwa 3–4 Std.) und über RAMREE (erreicht Kyaukminaw nach etwa

6 Std.) nach TAUNGGOK (Ankunft etwa 18.30 Uhr), 35 US$.
Die Abfahrtszeiten der Schnellboote können sich mit den Gezeiten verändern.

Flüge

KYAUK PYU, Mi 2x, Mo, Fr und So 1x mit Myanmar National Airlines für um die US$50.
THANDWE, Mi über Kyauk Pyu mit Myanmar National Airways und So direkt mit Golden Myanmar Airlines, ab US$65.
YANGON, tgl. fliegen Yangon Airways, Golden Myanmar Airlines, Yadanapon und Myanmar National Airways in die ehemalige Hauptstadt. So gibt es morgens, mittags und abends eine Verbindung. Kosten US$95–120.

Mrauk U

Mrauk U [3984], die untergegangene Metropole des letzten Rakhine-Reichs, ist heute eine kleine, verschlafene Stadt, die sich rund um die Ruinen des alten Königspalastes entwickelt hat. Niedrige Holzhäuser stehen direkt neben Dutzenden von Tempeln und Pagoden, die in unterschiedlichen Stadien des Verfalls zwischen den sie umgebenden Hügeln und Feldern verstreut sind. Reis war das Gold einstiger Tage: Dem Export verdankte die Stadt damals den Namen Dhanyawaddy, was so viel wie „Das Land mit viel Reis“ bedeutet. Westliche Besucher nannten die Stadt auch „die goldene Stadt“. Und golden glänzen die Berge aus Reis am Hafen noch heute in der Sonne.

Mrauk U wurde von **König Min Saw Mon** (Narakmeikhla) im Jahr 1430 gegründet und war für über 350 Jahre ein Zentrum für Kunst, Kultur und Handel. Bis nach Arabien und Europa reichten die Beziehungen. Portugiesen und Holländer hatten damals sogar ein eigenes europäisches Viertel in der Metropole. Der König ließ sich von japanischen Samurai-Leibwächtern beschützen, und aufgrund der strategischen Lage zwischen Bergen, Flüssen und Kanälen konnte keine feindliche Macht dieses mächtige Reich zerstören. Erst im Jahre 1785 gelang es einem birmanischen König, Mrauk U zu unterwerfen – durch Verrat. 1826 kamen die Briten und verlegten den Verwaltungssitz nach Sittwe. Mrauk U wurde innerhalb weniger Jahre bedeutungslos und war nur noch als Myohaung („Alte Stadt“) bekannt. Erst 1979 wurde der alte Name wieder eingeführt.

Es kommen nicht allzu viele Touristen hierher, und man kann oft stundenlang zwischen den Feldern, Hügeln, Tempeln und Pagoden spazieren gehen, ohne einem einzigen westlichen Besucher zu begegnen. Stattdessen leben noch Menschen zwischen den Tempeln und bestellen hier ihre Felder. Man kann nur hoffen, dass das auch so bleibt, und nicht eines Tages die Einwohner dem staatlich verordneten Tourismus weichen müssen, wie es Anfang der 1990er-Jahre in Bagan geschah. Voll wird es nur zum **buddhistischen Neujahr** Mitte April. Dann strömen die Menschen aus der Umgebung herbei: Garküchen dampfen, Musik wird gespielt, Ringer zeigen ihr Können. Nicht nur die Buddhastatuen, auch die alten Leute werden gewaschen und ihre Lippen rot geschminkt, und junge Männer und Frauen verlieben sich ineinander. Im nächsten Jahr kommen sie wieder, ein Baby im Arm.

Eine Tour durch die Tempel ist zu Fuß gut zu meistern, mit einem **Pferdekarren** aber weitaus bequemer. Einige Wege können auch mit dem Fahrrad gefahren werden. Oft sind die Strecken jedoch so sandig, dass man mit dem Drahtesel nur beschwerlich vorankommt.

Wer kann, sollte sich zwei oder mehr Tage für die Erkundung des weitläufigen Geländes Zeit nehmen und sich neben den bekannten Bauwerken auch auf die Suche nach unbekanntem Terrain begeben. Da es in vielen Tempeln recht dunkel ist, empfiehlt sich die Mitnahme einer **Taschenlampe**. Auch ein Kompass ist praktisch. Gutes Schuhwerk und reichlich **Trinkwasser** sind bei den Exkursionen besonders wichtig.

Eintritt und Kleiderordnung

Ganz wichtig ist das richtige Outfit: Frau MÜSSEN Röcke tragen, bei denen kein Bein zu sehen ist. Das Eintrittsgeld von 5000 Kyat wird in der Shitthaung-Pagode eingesammelt. Das Ticket gilt auch als Eintrittskarte für das Museum im Palastkomplex. Ticket bis zum Schluss aufbewahren!

Konflikt wieder aufgeflammt

Im Frühjahr 2019 kam es erneut zu ernsthaften militärischen Auseinandersetzungen – diesmal zwischen dem Militär und der Rakhine-Armee. Der Konflikt wurde direkt nahe der Tempel ausgetragen (S. 95). Der Tourismus ist komplett eingebrochen. Die Menschen vor Ort freuen sich daher sehr über alle Traveller, die den Weg ins magische Mrauk U finden.

Nur unterhalb des Shitthaung befindet sich ein **Imbiss**. Auf allen anderen Wegen zwischen Reisfeldern und winzigen Bauerndörfern gibt es lediglich warmen Palmwein – der aber auch nicht zu verachten ist. Er wird morgens gezapft und gärt dann in offenen Flaschen. Am Nachmittag hat er etwa den Alkoholgehalt eines Biers erreicht. Mittags, wenn der Wein noch frischer ist, kann er durchaus ein guter Energielieferant sein.

Königspalast

Mitten in der Stadt liegen die Grundmauern des alten Königspalastes. Erkennbar sind noch die äußeren Befestigungen mit Wällen, Mauern und Wassergräben. Der innere Bezirk war in drei Terrassen angelegt und bot Raum für Brunnen, künstliche Seen und Gärten. Der Palast selbst war aus Teakholz errichtet, mit duftenden Hölzern verkleidet und vergoldet. Mittelalterliche Reisende berichten von verschwenderischer Pracht. Kletterpflanzen aus Gold und Edelsteinen sollen sich an den hohen Teakpfeilern emporgerankt haben, die das mit Kupfer beschlagene Dach trugen. Im Innenhof saßen sieben lebensgroße Buddhafiguren, die über und über mit Edelsteinen geschmückt waren und tausend bunte Lichtstrahlen aussandten.

Auf dem Palastgelände befindet sich ein **Museum** mit Fundstücken aus dem ganzen Rakhine-Staat, quer durch die einzelnen Perioden. Bildnisse von Buddha, Steinmetzarbeiten, Inschriften in verschiedenen Sprachen, sehr alte Münzen, Musikinstrumente, Waffen, Votivtafeln – wer sich für die Kultur des Rakhine interessiert, sollte sich einen Besuch nicht entgehen lassen. ⌚ Di–So, außer feiertags, 10–16 Uhr, Eintritt 5000 Kyat.

Nördlich vom Palast führt eine Treppe den Hügel empor zur **Theindaung-Pagode** des **Haridaung-Tempels**. Die Schuhe sollten bereits beim Betreten des Tempelgeländes ausgezogen werden. Von oben bietet sich ein toller Blick auf die Stadt und die Umgebung.

Sehr schöne Sonnenauf- und -untergänge gibt es auch vom Hügel hinter dem Prince Hotel zu bestaunen.

Die Tempel von Mrauk U

Der wichtigste ist der **Shitthaung-Tempel**, der in jüngerer Zeit generalüberholt wurde. Dies geschah leider nicht zu seinem Besten, denn der Tempel erhielt einen militärisch tristen grauen Anstrich. In der inneren Gebetshalle ist der Glanz hingegen atemberaubend, wenngleich die Lichtanlage mit bunten Lampen etwas seltsam wirkt. Der Shitthaung wurde von König Min Bin (Mong Ba Gree) 1536 zu Beginn seiner Herrschaft erbaut, kurz nachdem er eine portugiesische Attacke abwehren konnte. Daher wird er auch Ran Aung Zeya („Tempel des Sieges") genannt. 1000 Künstler sollen den Tempel innerhalb eines Jahres errichtet haben. Man sagt, im Shitthaung gäbe es 80 000 Bildnisse von Buddha.

Das zentrale Heiligtum ist durch die Gebetshalle zu erreichen. Die dort befindliche Steinfigur ist 3 m hoch. Der Hauptstupa ist umgeben von 26 kleineren Stupas. Weitere stehen an der nördlichen und südlichen Mauer auf der ersten Plattform. Hier befinden sich auch die Sonnenauf- und die Sonnenuntergang-Pagode: Es heißt, sie sollen die Macht des Erbauers ehren, in dessen Reich die Sonne nie untergeht.

Links vom Eingang des Shitthaung befindet sich ein gleichnamiger 3 m hoher Pfeiler, der auf drei Seiten Inschriften trägt. Sie verzeichnen die Namen und Regierungszeiten früher Könige der Region. Die ältesten Texte auf der östlichen Seite werden etwa auf das Jahr 500 datiert. Der Pfeiler wurde aus der nahe gelegenen alten Königsstadt Vesali nach Mrauk U gebracht. Es ist das wohl älteste „Geschichtsbuch" Myanmars.

Einen Blick ins Alltagsleben kann man hinter dem Tempel im Dorf werfen: Hier fertigen Handwerker wie vor Urzeiten von Hand kleine Messingbuddhas und andere Figuren.

DER WESTEN

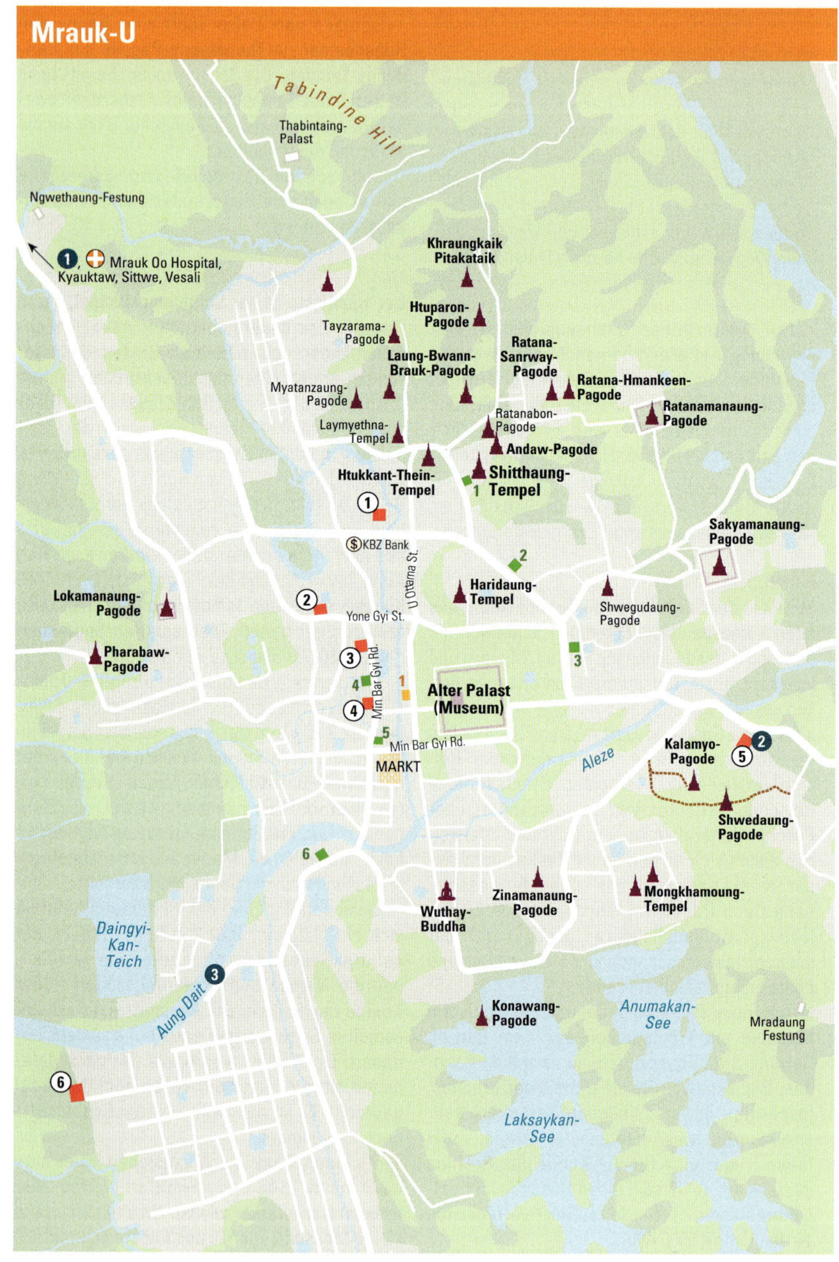
Tabindine Hill
Thabintaing-Palast
Ngwethaung-Festung
1, Mrauk Oo Hospital, Kyauktaw, Sittwe, Vesali
Khraungkaik Pitakataik
Htuparon-Pagode
Tayzarama-Pagode
Laung-Bwann-Brauk-Pagode
Ratana-Sanrway-Pagode
Ratana-Hmankeen-Pagode
Myatanzaung-Pagode
Ratanamanaung-Pagode
Ratanabon-Pagode
Laymyethna-Tempel
Andaw-Pagode
Htukkant-Thein-Tempel
Shitthaung-Tempel
KBZ Bank
Sakyamanaung-Pagode
U Ottama St.
Haridaung-Tempel
Lokamanaung-Pagode
Yone Gyi St.
Shwegudaung-Pagode
Pharabaw-Pagode
Min Bar Gyi Rd.
Alter Palast (Museum)
Min Bar Gyi Rd.
Kalamyo-Pagode
MARKT
Aleze
Shwedaung-Pagode
Zinamanaung-Pagode
Mongkhamoung-Tempel
Wuthay-Buddha
Daingyi-Kan-Teich
Aung Dait
Konawang-Pagode
Anumakan-See
Mradaung Festung
Laksaykan-See

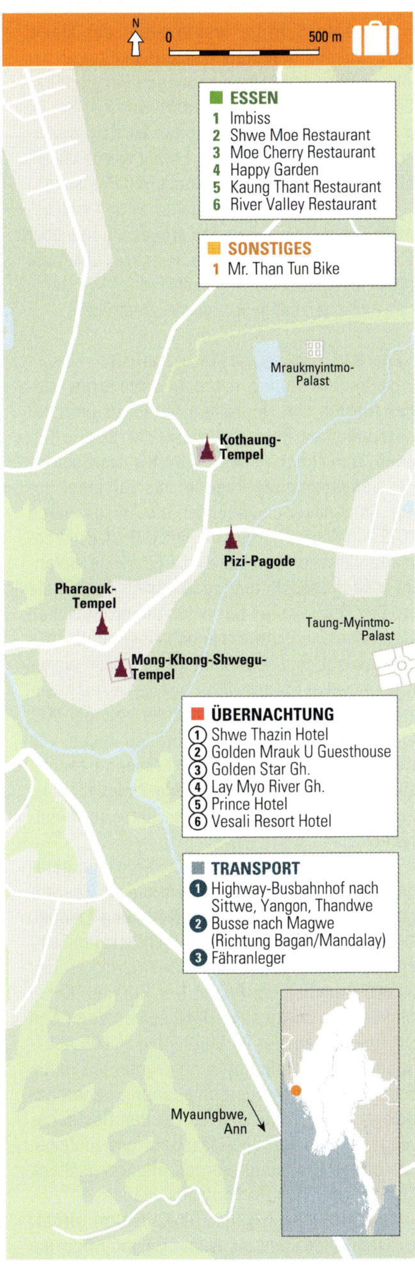

Wer den Shitthaung durch den Haupteingang verlässt, blickt auf den gegenüberliegenden **Htukkant-Thein-Tempel**. Er wurde 1571 von König Min Phalaung erbaut. Von außen wirkt die Anlage wegen der an Schießscharten erinnernden Fenster wie eine Festung. Birmanische Gelehrte sind sich jedoch sicher, dass das Gebäude ausschließlich religiösen Zwecken diente. Über eine Treppe erreicht man den Eingang, der linker Hand in den Tempel hineinführt. Der Wandelgang ist gesäumt von zahlreichen Buddhafiguren. Links zweigt ein kleiner Durchgang in eine Ordinationshalle ab. Der Weg, der im Uhrzeigersinn weiter spiralförmig durch den Tempel führt, endet schließlich in einer kleinen erhöhten Halle, in der eine Buddhastatue verehrt wird, die dort seit 1970 steht.

Viele der Skulpturen entlang dem Wandelgang zeigen adelige Damen und Herren aus der mittleren Mrauk-U-Periode. Anhand von deren Kleidung, Schmuck usw. kann man sich ein ziemlich klares Bild von der Mode dieser Zeit machen. So gab es z. B. sieben unterschiedliche Fußringe und acht verschiedene Haarnadeln, 40 verschiedene Herrenhüte und 64 verschiedene Damenfrisuren.

Der nordwestlich dahinter liegende **Laymyethna-Tempel** („Vier Eingänge") stammt aus dem Jahr 1430 und wurde von König Min Saw Mon erbaut. Der Innenraum ist nur schwach von wenigen Kerzen beleuchtet und beherbergt 28 große steinerne Buddhafiguren.

Die **Andaw-Pagode** schließt sich 30 m nördlich an den Shitthaung-Tempel an. Sie soll einmal eine Zahnreliquie Buddhas beherbergt haben, die König Min Bin aus Sri Lanka mitbrachte. 1521 entstand unter Min Hla Raza (Thazata) der erste Bau, der am Ende desselben Jahrhunderts noch einmal erneuert wurde. Die achteckige Pagode ist aus Sandstein gebaut. Nach dem Eintritt in den Tempel steht der Besucher in einer Andachtshalle mit einigen stehenden und einem liegenden Buddha. Von hier führt ein Weg ins Innere des Stupas, dessen zwei durchbrochene Rundgänge zu einer runden Säule führen, die bis zum Dach reicht. Überall sitzen Buddhafiguren, auf deren z. T. hell bemalten Gesichtern das wenige vorhandene Licht spielt. Von den Bildnissen am achteckigen Pfeiler tragen zwei eine vor der

Brust verknotete Robe *(zenthaing)*, damit beim schnellen Reisen durch die Luft die Kleider nicht davonwehen. Die Figuren erinnern an die Legende von Buddhas Ankunft in Rakhine; er kam damals mit seinen Schülern angeblich auf dem Luftweg zu Besuch.

Wenige Meter nördlich befindet sich die **Ratanabon-Pagode**, von deren Plattform sich ein schöner Blick auf den Htukkant Thein bietet. Der große Hauptstupa wird von vielen weiteren kleineren Stupas umringt. Die an den Ecken der Ummauerung angebrachten kleinen *chinthes* sind kaum mehr als solche zu erkennen. Östlich steht eine kleine Ordinationshalle. Im Zweiten Weltkrieg wurde die Pagode von einer Bombe getroffen, nur der massive Sockel blieb stehen. Erst im Jahr 2000 wurde sie restauriert und erhebt sich heute wieder in ihrer ursprünglichen Höhe. Gebaut wurde Ratanabon von König Min Khamaung und Königin Shin Htwe im Jahr 1612.

Der Weg rechts neben Ratanabon führt zu zwei hübschen goldglänzenden Pagoden auf einem kleinen Hügel, **Ratana Sanrway** und **Ratana Hmankeen**. Beim Aufstieg passiert man ein kleines Dorf und hat bald ein Rudel Kinder um sich herum, die unterhalten werden wollen.

Im Tal führt der Weg weiter nach Norden, wo sich auf der linken Seite die **Laung-Bwann-Brauk-Pagode** erhebt, die im Jahr 1525 von König Min Khaung Raza erbaut wurde. Hier sind noch alte Fliesen an der Außenmauer erhalten, die für die Rakhine-Architektur typisch sind. Der Zedi ist heute etwas in sich zusammengesackt und steht leicht geknickt in den Reisfeldern. Nördlich schließt sich die **Htuparon-Pagode** an. Sie wurde von vielen Königen zu Beginn ihrer Regierungszeit besucht, da das als Erfolg versprechend galt. Der Erbauer, König Min Ranaung, regierte 1494 allerdings nur ein halbes Jahr.

Bettelnde Mönche

Immer wieder begegnet man zwischen den Tempeln bettelnden Mönchen. Doch Vorsicht: Ein echter Mönch darf kein Geld nehmen. Sammelt er dies doch ein, ist es wohl doch kein echter Mönch, sondern nur ein „Möchtegern".

Ein paar Schritte weiter steht der kleine **Khraungkaik Pitakataik** – eine Bibliothek, in der Abschriften der Aufzeichnungen über Buddhas Leben und Lehren aufbewahrt wurden. Sie ist mit filigranen Steinmetzarbeiten verziert, die erstaunlich gut erhalten sind. Erbaut wurde die Bibliothek im Jahr 1591 von König Min Phalaung.

All diese Tempel und Pagoden lassen sich gemütlich an einem halben Tag erlaufen. Gegenüber vom Shitthaung gibt es Erfrischungsgetränke, und nebenan am Brunnen holen die Frauen Wasser in den typischen bengalischen Wasserkrügen.

Weitere Tempel im Nordosten

Eine andere Runde mit etwas weiteren Wegen führt in den Nordosten Mrauk Us. Von der nordöstlichen Palastecke aus der Straße folgend, kommt nach etwa 1 km links das Gelände der **Sakyamanaung-Pagode**, das von einer hohen Steinmauer umgeben ist. Die Anlage wurde 1629 von König Thirithudhamma erbaut. Bunt bemalte Dämonen bewachen die Eingänge, betende Mädchengestalten wenden sich dem Stupa zu. Der Zentralstupa hat einen ungewöhnlichen Grundriss: Die Plattform ähnelt einer achtblättrigen Lotosblüte. Sie ist umringt von zwölf weiteren kleineren Stupas. Die Pagode ist reich verziert, und in der Ordinationshalle befindet sich ein Fußabdruck Buddhas. Nördlich davon, von der Stadt kommend an der Kreuzung rechts, steht die große **Ratanamanaung-Pagode**. Sie ist achteckig von der Basis bis zur Spitze und ungefähr 60 m hoch.

Folgt man der Straße an der Kreuzung geradeaus, gelangt man nach einem kleinen Spaziergang durch die Felder zum **Kothaung-Tempel**. Die Fassade dieses flachen, rechteckigen Tempels wurde renoviert. Innen beeindrucken fast 90 000 Buddhas die Pilger. Der Erbauer, König Min Dhikka, wollte damit 1553 seinen Vater Min Bin übertreffen, der im Shitthaung 80 000 Abbildungen des Erleuchteten untergebracht hatte. Der Tempel ist auf verschiedenen Ebenen angelegt. Vor ein paar Jahren wurden Restaurierungsarbeiten durchgeführt: Ganz wie zu Zeiten der ersten Erbauung werden die Steine Stück für Stück per Hand in Form geschlagen.

Die Straße nach Süden führt ins Dorf zurück. Links am Weg steht auf einem kleinen Hügel ein

Mrauk U war über Jahrhunderte das Zentrum der Rakhine-Könige.

verfallener Stupa mit einem einarmigen Buddha auf seiner Spitze. Innen befinden sich vier weitere steinerne Buddhas. Die Kuppel des Stupas ist weitgehend zerstört.

Noch weiter südlich liegt die **Pizi-Pagode**. Sie stammt noch aus der Zeit vor Mrauk U und wurde 1123 von dem in Parin residierenden König Kauliya erbaut. In Sichtweite südöstlich davon (der Weg beschreibt hier einen Bogen Richtung Dorf) steht der **Pharaouk-Tempel** auf einem Hügel. An der Basis sind 29 Nischen eingelassen, in denen Buddhafiguren stehen. Innen sitzt ein über 4 m großer Buddha mit goldenem Gesicht. Der Tempel wurde vor wenigen Jahren renoviert und hat jetzt wieder ein Kuppeldach. Der Stupa südlich davon gehört zum **Mong-Khong-Shwegu-Tempel**.

Südlich von Mrauk U

Südlich des Palastes liegen der **Laksaykan**- und der **Anumakan-See**. In den Hügeln und Feldern der Umgebung verbergen sich viele weitere Pagoden und Tempel. Staubige Pfade führen zu den südöstlich des Palastes gelegenen **Shwedaung**- und **Kalamyo-Pagoden**, die auf einem hohen Hügel stehen. Nahe dem Anumakan-See befindet sich der **Mongkhamoung-Tempel**, dessen Eingang mit ornamentalen Reliefs verziert ist. Westlich davon erkennt man die große oktogonale **Zinamanaung-Pagode**, die König Sandathudamma im 15. Jh. erbauen ließ. Zuvor hatte der König schon zwei andere Pagoden gestiftet – angeblich waren sie seinen Untertanen nicht groß genug.

Etwas weiter, 500 m südlich des Palastes, erhebt sich der **Wuthay-Buddha**, mit über 4 m Höhe die größte Statue. Die Figur, die sehr verehrt wird, steht unter einem Dach und wurde 1515 von König Min Hla Raza anlässlich seiner Thronbesteigung gestiftet.

Am Westufer des Laksaykan-Sees befindet sich die **Konawang-Pagode** („Neun-Planeten-Pagode"). In den acht kleinen Tempelchen, die die Hauptpagode umgeben, sitzen Buddhafiguren in verschiedenen Haltungen.

Westlich von Mrauk U

Bei einem Spaziergang in den westlichen Bereich kann man an der **Lokamanaung-Pagode** pausieren, wo früher die Pilger rasteten, die von hier der Straße nach Vesali und Kyauktaw (zum Mahamuni-Buddha) folgten. Die untersten vier Ebenen der Pagode sind quadratisch und mit kleinen Stupas geschmückt. Im Inneren befindet sich eine Kammer mit einer Buddhastatue.

Weiter westlich steht die **Pharabaw-Pagode**. Das große Buddhabildnis im Tempelinneren wurde 1603 von Prinzessin Panthanda, der Tochter von König Min Bin, gestiftet. Es wird erzählt, das Bildnis sei aus einem nahen Flusslauf gerettet worden. Ein zehnstöckiger Miniaturstupa, der mit 103 Buddhas geschmückt ist, symbolisiert die 103 moralischen Gesetze, denen die Rakhine-Bewohner folgten. 1786 brachte Mingyi Kyaw Htin die Pagode in ihre heutige Form. Er war der erste zentralbirmanische Herrscher in Mrauk U.

ÜBERNACHTUNG

Golden Mrauk U Gh., 177 A Hta Ka Short Cut Road. 24 Zimmer, günstig für die Größe. Ausgestattet mit allem, was es braucht: Ventilator und AC, eigenem Bad und Warmwasser. Manchen Zimmern würden größere Fenster guttun, denn sie sind etwas dunkel. Sehr nettes Personal. ❷–❸

€ **Lay Myo River Gh.**, Min Bar Gyi Rd., ✆ 09-8522 1935. Einfache Zimmer, alle mit dünnen harten Matratzen, Moskitonetzen, Ventilator (manche AC) und eigenem Badezimmer (Kaltwasser). Inkl. Frühstück. Ruhige Lage. Treffpunkt lokaler Guides und vieler Traveller; es lassen sich unproblematisch gemeinsame Fahrten organisieren. Kein WLAN. ❶

Prince Hotel, Mraung Bwe Rd., ✆ 043-50174, 092-6076 1079, 💻 www.mrauku prince.com, [4052]. Einfache ältere und neue komfortablere Bungalows mit großer Terrasse. Die Zimmer sind groß, die Matratzen okay. Alle Zimmer haben ein Bad, Moskitonetze und meist gute AC und Warmwasser. Frühstück im Garten unter hohen Bäumen – sehr beliebt ist das selbst gebackene Brot. Die Besitzerin Mrs. Shwe Nwe und ihr Mann sind sehr freundlich und kümmern sich liebevoll um ihre Gäste. Familienzimmer; in den Suiten kommen 3 Pers. bequem unter. Und wer allein reist, nimmt ein Bett im 6er-Schlafsaal (US$13). Vermittelt auch Touren sowie Fahrer in die Tempel vor Ort und nach Bagan. Fahrradverleih (2000 Kyat/Tag). ❷–❸

Shwe Thazin Hotel, Sunshaseik Qr., ✆ 09-850 1844, 💻 www.shwethazinhotel.com. Eine gute Wahl, da ruhig an einem kleinen Fluss in einem Garten gelegen. Alle Zimmer mit AC, Minibar, TV und Safe, einige mit Badewanne. Nicht immer spricht das Personal gut Englisch, aber man ist bemüht, es allen recht zu machen. Manchmal gute Promotion, dann ❸, sonst ❺

Vesali Resort Hotel, Mraung Bwe Rd., Yangon ✆ 01-526 593, ✉ vesali@myanmar.com.mm, [4054]. Zimmer im Bungalowstil; nicht gerade komfortabel, aber doch beliebt. Auf dem Gelände steht ein verfallener Stupa, der Garten ist schön angelegt, und die umliegenden Reisfelder verbreiten eine angenehme Atmosphäre. Die günstigen Zimmer haben nur Ventilator, aber Warmwasser. ❹–❺

ESSEN

Direkt an den Tempeln findet sich kein Imbiss. Nur an der Chitaung Pyay bekommt man in einem kleinen **Imbiss** neben Souvenirs und T-Shirts auch Softdrinks und leckere frische Kokosnüsse. Empfehlenswert auch die Rakhine Mouhinga „Ahpu Shabu" – Vorsicht: Die Suppe hat es in sich und ist ganz schön scharf mit all dem Pfeffer.

Einige von Einheimischen besuchte **Restaurants** liegen in der Hauptstraße. In den meisten gibt es chinesische Küche, daneben häufig auch Rippchen und Pommes, und meist frisch gezapftes Bier. Ausprobieren lohnt sich! Die Restaurants haben alle etwa von 9–21 Uhr geöffnet.

Happy Garden, Min Bar Gyi Rd. Offenes Restaurant mit frisch gezapftem Bier und einer guten Auswahl günstiger Gerichte. Gute Rakhine-Currys.

€ **Kaung Thant Restaurant**, Min Bar Gyi Rd. Richtig lecker wird es, wenn man sich den ganze Tisch voller leckerer Kleinigkeiten bestellt. Da bisher kaum jemand Englisch spricht: einfach draufzeigen, vieles steht in einer Theke zur Auswahl bereit. Oder man zeigt einfach auf die Gerichte auf anderen Tischen.

Gerichte für um die 2500 Kyat, wer viel Fleisch auswählt, zahlt mehr. ⌚ nur bis 20 Uhr.

Moe Cherry Restaurant, Yangon-Sittwe Rd., neben dem Palast, ✆ 043–50177, [4057]. Das Moe Cherry ist die bekannteste Adresse Mrauk Us und schon seit Jahrzehnten populär. Hier kocht die Chefin Mie Mie (Mrs. Shwe Phyu) immer noch selbst. Die Küche ist sehr gut, vor allem, wer traditionelle Rakhine-Küche bestellt, speist gut. Alles auch für Takeaway. Unser Tipp: „Wetta Ni Hine" (rotes Curry mit Schwein) – und die Gerichte mit Lamm und Kichererbsen sind sehr gut. Unbedingt probieren: „Bothitaung Alu", die leckeren kleinen Minikartoffeln. Organisiert auch Touren, s. unten.

River Valley Restaurant, an der Hauptstraße zum Fähranleger, ✆ 043-50257, 💻 www.rivervalleyrestaurantsittwe.com. Gute Küche in schöner Lage unter Bäumen am Fluss. **Shwe Moe Restaurant**, Yangon-Sittwe Rd., ✆ 092-6462 3012. Traditionelles Restaurant mit großer Auswahl an Currys, Gemüse, Schwein und Fischgerichten. Hier halten oft die Busse nach Yangon.

SONSTIGES

Einkaufen

Auch wer nicht auf Tour geht, um die tätowierten Chin-Frauen zu sehen, kann dieser Volksgruppe näherkommen. Zumindest bei der Entstehung ihres Kunsthandwerks kann man zusehen und gleich ein tolles Souvenir erstehen: in einem der **Chin-Webereien**, die sich überall in Mrauk U finden. Die Chin-Schals sind über die Grenzen hinaus bekannt.

Fahrradtouren

Mit dem Fahrrad durch die Tempel geht es entweder auf eigene Faust oder mit einer geführten Tour. Vor Ort bietet **Mrauk U Bike Adventure**, 279 Yangon-Sittwe Rd., ✆ 094-2172 0281, 💻 www.roadtomrauku.com, solche Touren an. Auch **Mr. Than Tun Bike**, U Ottama St., ✆ 094-2173 3891, hat gute Räder (3000 Kyat / Tag) und organisiert Touren. Der Verleih und die Ausleihe von Mopeds sind verboten.

Medizinische Hilfe

Im Mrauk Oo Hospital arbeitet Dr. Khin Maung Yin. Er spricht Englisch und kann Touristen im Notfall gut weiterhelfen.

Touren in die Umgebung

Mr. U Htun Shwe, ✆ 094-5053 9834, und **Mrs. Ma Shwe Ngwe Oo**, ✆ 084-5377 6552, vom Prince Hotel, ✉ mraukuprince@gmail.com, sind empfehlenswerte Ansprechpartner. Das Prince hat sich in den letzten Jahren immer mehr zur Anlaufstelle für Reisende entwickelt, die z. B. mit dem Taxi nach Bagan wollen. Vor dem Hotel fährt auch der Bus nach Magwe los, es ist der Öffentliche-Verkehrsmittel-Zwischenstopp auf dem Weg nach Bagan oder Mandalay. Die beiden sind gut im Organisieren individueller Routen, z. B. Mrauk U über Kyauk Pyu (Mahamuni Buddha Image) nach Palletwa in den Chin-Staat, weiter nach Mindat / Kanpellet / Mt Victoria und von dort nach Bagan. Oder andersrum und ab Mrauk U dann nach Ngapali.

Beliebt sind aber auch die **Touren in die Tempel**. Zudem im Angebot: Ausflüge zu den **Chin-Dörfern**, in denen noch die letzten im Gesicht tätowierten Frauen leben. Mit dem Auto geht es etwa 20 Min. und dann weiter mit dem Boot und einem Moped (mit Fahrer), US$50 p.P. Es gibt auch Touren mit einer Übernachtung im Homestay in ganz einfachen Verhältnissen. Es gibt z.B. noch keine Toilette – aber einen großen Wald (hungrige Hausschweine dienen als Putzkolonne). Generell gilt: Die Menschen im Dorf verdienen nichts an dem Besuch von Touristen – es sei denn, man kauft ihnen Essen, Getränke oder eine Handwerksarbeit ab. Wir finden: Es ist nur fair, etwas zu kaufen. Will man das nicht, sollte man lieber nicht hinfahren.

Moe Cherry Travel & Tours, Yangon-Sittwe Rd., ✆ 09-503 0240, gehört zum gleichnamigen Restaurant. Hier können Fremdenführer und Autos mit Fahrer zu den Ruinen von Vesali und zur Mahamuni-Pagode (mit der wohl schönsten Buddhafigur Myanmars) gebucht werden. Eine Tagestour kostet etwa 60 000 Kyat. Auch Bootstickets für eine Rückfahrt nach Sittwe werden organisiert. Eine solche Tour kostet etwa US$80 für 1–4 Pers. Neu ist die Tour von Bagan über

Authentische Mitbringsel

Um nachhaltig die Wirtschaft in den Dörfern zu unterstützen, sind Touristen herzlich eingeladen, die hier hergestellten Handarbeiten zu kaufen. Wer unterwegs ist, sieht in den Dörfern zahlreiche kleine Handwerksbetriebe, in denen in mühevoller Handarbeit kleine Gussbilder aus Messing von typischen antiken Rakhine-Bildern gefertigt werden. Es gibt Steinschleudern aus Teakholz, die sehr schön mit Schnitzereien verziert sind und nur 3000 Kyat kosten. Und auch Chin-Schals für 8000 Kyat sind ein wunderbares Mitbringsel und Erinnerungsstück für Zuhause. An der Chitaung-Pagode haben sich zahlreiche Geschäfte angesiedelt, die diese Waren anbieten. Hier finden sich auch Longyis aus dem Wa-Bo-Village nahe Sittwe, T-Shirts mit Rakhine-Aufdrucken und aus Sandstein gefertigte Buddhafiguren.
Noch unmittelbarer ist die Unterstützung, wenn die Waren direkt in den Werkstätten gekauft werden. Beispielsweise bei den Webern, die rund um den Schiffshafen ihre Werkstätten betreiben und die typischen Chin-Schals mit schönen Mustern weben.

Mindat Chin nach Ann und weiter nach Mrauk U mit dem Auto (mit Stopp in einem Chin-Dorf. Auch hier gilt: fair sein und etwas abkaufen oder im Auto sitzen bleiben).

NAHVERKEHR

Wer gerne mit dem Tuk Tuk unterwegs ist, suche sich einen Fahrer seines Vertrauens. Rund um den Markt finden sich viele Anwärter. Am besten nicht zu jenen gehen, die im Pulk stehen, sondern einen abseits anpeilen und sehen, ob die Chemie stimmt.
Den 10-Min.-Transport vom **Fähranleger zum Zentrum** übernehmen Tuk Tuks, Thrishaws oder Mopeds für 1000–2000 Kyat. Ein zuverlässiger Taxifahrer ist Mr. Nyi Nyi Soe, ✆ 092-5387 1546. Sein Taxi für 4 Pers. kostet 3000–4000 Kyat.
Trishaws organisieren den Transport innerhalb der Stadt. Die weiter entfernten Ruinen, die nur über Staubpisten miteinander verbunden sind, können gemütlich mit der **Pferdekutsche** (ab 10 000 Kyat/Tag) oder dem **Ochsenkarren** angefahren werden. **Jeeps** kosten je nach Strecke bis zu 30 000 Kyat für einen Ausflug.
Zur/ab Mrauk U Highway Busstation mit dem Tuk Tuk und Motorradtaxi 1000–4000 Kyat. Wer in einem höherpreisigen Hotel wohnt, muss meist deutlich mehr bezahlen, wenn er sich den Transfer dort organisieren lässt.

TRANSPORT

Auto

BAGAN, ein privates Auto kostet 600 000 Kyat.
Nach SITTWE 120 000 Kyat. Gute Konditionen und tolle Routenideen haben die Betreiber des Prince Hotel (s. S. 518 und Touren).

Busse

BAGAN, mit den Bussen Richtung Mandalay, in Magwe aussteigen und nach einer Übernachtung weiter nach Nyaung U.
MANDALAY, um 9 Uhr über MAGWE für 25 000 Kyat. Ankunft Mandalay gegen 20 Uhr.
NGAPALI, um 14 Uhr mit Yadanar (35 000 Kyat) und zwischen 14–16 Uhr mit Yoma Yazar (25 000 Kayt) nach Thandwe über Ann und Taunggok in 10–12 Std. in großen Bussen.
SITTWE, zwischen 6 und 14 Uhr mehrfach tgl. für 10 000–15 000 Kyat, in knapp 2 1/2–3 Std. ab Mrauk U Highway Busstation (z.B. Shwe Pye Htit, ✆ 09-4966 0085). Private Minibusse sammeln den Tag über so lange Leute ein, bis der Bus voll ist (etwa 10 Pers.) und fahren dann los (5000 Kyat/Pers.), wer den ganz Minibus chartert, zahlt 70 000 Kyat.
THANDWE, mit Yoma Yazar um 14 Uhr (Abfahrt kann sich auch bis 16 Uhr hinziehen) über Nacht, Ankunft Thandwe morgens um 6 Uhr für 25 000 Kyat.

Boote

SITTWE, mit dem **Schnellboot** von Shwe Pyi Tan, ✆ 043-22719, tgl. um 7 Uhr (Check-in 6 Uhr) für US$20, Ankunft 11 Uhr.
Eine ganz besondere Erfahrung ist die Fahrt mit dem eigenen Boot (Kontakt-Bootsmann s. Sittwe S. 511)

Wichtig: Aufgrund einiger Unfälle ist das Fahren auf dem Wasser nur am Tag erlaubt. Alle Reisenden sind daher gut beraten, spätestens um 13 Uhr aufzubrechen. Wer noch am selben Tag einen Flieger erreichen muss, sollte losfahren, wenn die Sonne aufgeht.

Die Umgebung von Mrauk U

Vesali

Etwa 10 km nördlich von Mrauk U liegt Vesali, das zwischen dem 4. und 8. Jh. ein bedeutendes Königreich war. Hier entwickelte sich die Rakhine-Kultur, die später Mrauk U hervorbrachte. Vesali unterhielt ausgedehnte Handelsbeziehungen, wovon heute nur noch ein paar aus dem Ufer herausragende Ziegelsteine der Hafenanlagen zeugen. Nach Angaben des Grabungsleiters wird deren Freilegung erwogen. 327 wurde Vesali von König Dven Candra gegründet. Der Inschriftenstein, der von hier in den Shitthaung gebracht wurde, beschreibt es als eine Stadt, „die lacht über die Schönheit der Häuser der Himmlischen Wesen" – weil ihre eigenen noch schöner sind.

Aus dieser Zeit stammt eine mächtige, 5 m hohe Buddhastatue, die aus einem einzigen Stück Sandstein geschnitten ist. Sie wird noch heute von Pilgern mit Blattgold geschmückt. In der Bhumisparsha-Haltung (S. 123, Kunst) sitzend, strahlt sie die Ruhe der Jahrhunderte aus. Zehn Jahre nach Gründung des Königreichs trafen sich hier tausend Mönche aus Rakhine mit ebenso vielen Mönchen aus Sri Lanka zu einer Synode auf einem Hügel östlich der Statue.

Der König lebte in einem **Palast**, dessen Grundfläche 300 x 500 m maß. Heute stehen davon nur noch Mauerreste. Bei Regen dienen Teile als Wasserreservoir. Der Palast lag mitten in der Stadt, die von einer ovalen Mauer eingefasst war. Anfang der 1980er-Jahre ließ die birmanische Regierung einige Ausgrabungen durchführen. Der Palast selbst kann nicht ausgegraben werden, da auf ihm das Dorf erbaut wurde. Reste der Stadtmauer und Gebäude wurden freigelegt, darunter Teile einer Ordinationshalle, die die älteste des Rakhine-Staates sein könnte.

Die Straße von Mrauk U führt mitten durch die Reste der Stadtmauer. Im Norden werden links und rechts der Straße Ausgrabungen durch-

Auf dem Weg nach Vesali

DER WESTEN

geführt. Wer der Stadtmauer von hier Richtung Westen folgt, erreicht eine Viertelstunde später das Fundament des Stadttores. Die Reste sind wenig spektakulär, und man muss mehrere Kilometer zurücklegen, um zur Ausgrabungsstelle zu gelangen. Interessant jedoch für alle Archäologie-Interessierten: Die Umgebung ist übersät mit Stupas, die z. T. so überwachsen sind, dass sie als Hügel wieder in die Natur eingehen.

Dhanyawady

Wenn man Vesali als die Mutter von Mrauk U sieht, dann ist Dhanyawady die Großmutter. Ihre Geschichte geht weit in vorchristliche Zeiten zurück. Heute sind nur noch wenige Reste der Palastmauern und Stücke der Stadtmauern zu sehen. Dennoch pilgern noch immer Menschen hierher, um den berühmten Mahamuni-Schrein zu besuchen.

Im **Mahamuni-Schrein** befand sich das wichtigste Heiligtum des Rakhine-Reichs: der Mahamuni-Buddha, für den der Erleuchtete persönlich Modell gestanden haben soll. Es hieß, solange der Mahamuni an seinem Platz stehe, bleibe das Rakhine-Königreich bestehen. Rakhine war durch die Jahrhunderte bekannt als „Das Land des Großen Bildnisses". Tatsächlich verlosch das Imperium, nachdem die Birmanen die wertvolle Figur 1785 nach Mandalay entführt hatten, wo sie bis heute als eines der wichtigsten buddhistischen Heiligtümer Pilger aus der ganzen Welt anzieht (S. 316, Mandalay). Der Schrein wurde im Laufe der Jahrhunderte viele Male umgebaut und renoviert. Er geht in seiner heutigen Form auf das Jahr 1900 zurück. An der Stelle des originalen Mahamuni steht heute eine Replik. Zwei kleinere Figuren flankieren sie. Die Überlieferung sagt, sie seien die Modelle gewesen, nach denen der große Mahamuni gefertigt wurde.

Lange Zeit wurde hier eine magische Glocke aufbewahrt. Sie war über und über mit Zauberformeln in Pali, Rakhine und Sanskrit beschriftet, einschließlich einer Gebrauchsanweisung, um mit der Glocke Feinde abzuwehren. 1950 ist sie verschwunden und nie wieder aufgetaucht.

Auf dem **Salagiri-Hügel**, 8 km westlich des Schreins, soll Buddha vor 2500 Jahren mit seinen Schülern Rast gemacht haben. Darauf weist eine antike Inschrift hin, die in der Nähe gefunden wurde. Die **Kyauktaw-Pagode**, die den Hügel krönt, stammt in ihrer heutigen Form aus dem 13. Jh.

Von Mrauk U aus werden **Tagestouren** angeboten (Tuk Tuk etwa US$15–20, Privatwagen teurer). Morgens fahren zudem am Markt **Pick-ups** nach Vesali (1/2 Std.) und weiter nach Kyauktaw (3 Std.) ab, von wo es zur Mahamuni-Pagode weitergeht. Es ist sinnvoll, erst die weiter entfernte Mahamuni-Pagode zu besuchen und dann zurück nach Vesali zu fahren, denn dort lesen am späten Nachmittag die letzten Fahrzeuge Mitfahrer an der Hauptstraße auf. Die Fahrten kosten ein paar hundert Kyat. Eine andere Variante ist, morgens am Anleger in Mrauk U nach einem **Boot** mit Ziel Kyauktaw Ausschau zu halten und dann mit dem Pick-up zurückzufahren. Die Bootsfahrt dauert ungefähr vier Stunden.

Chin-Staat

Der Chin-Staat liegt im Nordwesten von Myanmar und ist sehr unzugänglich. Im Osten grenzt er an die Sagaing- und Magwe-Region, im Westen an Chittagong in Bangladesch und weiter nördlich an Mizoram in Indien sowie im Süden an den Rakhine-Staat. Weniger als eine halbe Million Menschen leben in der von Gebirgen, tiefen Tälern und reißenden Strömen zerschnittenen Gegend. Der Staat ist für Touristen nur schwer zugänglich, doch sind Ausflüge zu den Chin möglich: von Mrauk U aus in einige kleine Dörfer im Grenzgebiet Rakhine/Chin, von Bagan aus zum Mt. Victoria im südlichen Chin-Staat sowie weitere Abstecher in die raue Bergwelt des nördlichen Chin-Staates.

Die Chin sind tibeto-birmanischen Ursprungs. Sie bilden keine homogene Volksgruppe, sondern unterteilen sich in einige Dutzend unterschiedliche Ethnien. Es werden etwa 40 verschiedene Sprachen gesprochen, die sich zum großen Teil so stark voneinander unterscheiden, dass der eine Chin-Stamm den anderen nicht versteht. Einige Chin sind gute Jäger und betreiben Wanderfeldbau. Andere bauen auf Ter-

Chin-Staat
N
0
50 km
Tamu
(ca. 25 km)
Homalin
Cikha
Khampat
Kindat
Mawlaik
Tonzang
Chindwin
Rihkhawdar
Tedim
Mt. Kennedy
2704
Rih-See
Laaitui
Tahan
Thickgeyin
Kalaymyo
Kalewa
Yu-U,
Shwebo
INDIEN
Natchaung
Falam
Mingin
Chindwin
Thantlang
Hakha
Rawan
SAGAING
CHIN
Kan
Surkhua
Gangaw
Khuatua
Rezua
STATE
Monywa
Tilin
MAGWAY
Matupi
Pauk
Pakokku
Mindat
Kyauktu
Paletwa
Samee
Kaladan
3053
Mt. Victoria
Kanpetlet
Saw
Aing -Gyi
Bagan,
Meiktila
Lemro
RAKHINE
Buthidaung
Seikphyu
Sale
Kyauktaw
Maungdaw
STATE
Ayeyarwady
Sittwe
Mrauk-U

DER WESTEN

Bunt und individuell: die handgewebten Tücher der Chin

rassen neben Reis, Mais, Kartoffeln, Bohnen und Senf auch Obst wie Mandarinen, Äpfel und Maulbeeren an. Da das Gelände so unwegsam ist, haben sich nie größere Märkte entwickelt. Schon für kurze Strecken sind lange Wanderungen nötig. So kam es, dass die einzelnen Ethnien bis heute unter sich blieben. Es konnten sich viele animistische Riten erhalten. Christliche Missionare waren (und sind) in dieser Region besonders aktiv, doch noch gibt es besonders im südlichen Chin-Staat einige Schamanen, die das Wissen der Vorfahren weitergeben.

Ebenso wie die Langhalsfrauen der Padaung im Kayah-Staat (S. 429, Kap. Der Nordosten), sind die Frauen einiger Chin-Stämme zum Fotomodell avanciert: Ihre Gesichtstätowierungen sind als ethno-authentisches Fotomotiv beliebt. Ein Ausflug von Mrauk U führt zu Dörfern, in denen Frauen zu sehen sind, die ein spinnennetzartiges Muster im Gesicht tragen. In der Gegend des Mt. Victoria lebt die Untergruppe der Munn, deren Frauen eine Reihe kleiner Kreise am Nacken und halbmondförmige Linien auf den Wangen tragen. Die Frauen der Dine tätowieren sich viele Punkte ins Gesicht.

Von Mrauk U ins Chin-Dorf

Von Mrauk U ist ein Abstecher an die westlichen Ausläufer der Rakhine Yoma möglich. Dort liegen einige Chin-Dörfer (auch wenn das Gebiet noch nicht im Chin-, sondern noch im Rakhine-Staat liegt). Trips dorthin lassen sich in Mrauk U über die Hotels und Gästehäuser organisieren (US$ 15–30, je nach Größe der Gruppe).

Nach einer etwa zweistündigen Bootsfahrt entlang dem Leymyo geht es zu Fuß weiter in Dörfer in Ufernähe, wo dann die Kameras gezückt werden dürfen.

Einige Reisende äußerten sich enttäuscht über die Tour, denn nicht jeder bekommt die fotogenen Gesichter der Frauen tatsächlich vor die Linse, und auch die Farben der Natur leuchten mal mehr, mal weniger strahlend. Dafür können die Chin aber sicher nichts, und auch die Reiseleiter täuschen die Besucher nicht willentlich. Wer sich für den Chin-Staat interessiert, hat hier zumindest Gelegenheit, einen Blick ins Grenzgebiet zu werfen.

Eindrücke von einer Tagestour zu verschiedenen Chin-Dörfern vgl. **eXTra [5713]**.

Südlicher Chin-Staat: von Bagan zum Mt. Victoria

Der von den Briten Mt. Victoria genannte Berg heißt auf Chin *Khonuamthung* und auf Birmanisch *Natmataung* (beides bedeutet: „Mutter der Geister"). Er ist der höchste Punkt des Chin-Staates und überragt mit seinen 3053 m die zerklüftete Landschaft – bei sehr gutem Wetter reicht die Sicht bis nach Indien. Die Umgebung wurde zum Nationalpark erklärt (Eintritt US$10). Der Gipfel, der dritthöchste des gesamten Landes, ist relativ leicht zu erreichen: Er liegt nur wenige Stunden Fußmarsch von der letzten Straße entfernt.

Ein Ausflug hier hin führt von Bagan aus über Chauk (Ayeyarwady-Überquerung) und Saw nach **Kanpetlet** – eine Anreise, die sich auf eigene Faust etwas umständlich gestaltet. In Kanpetlet gibt es einige **Unterkünfte** (u.a. Floral Breeze Hotel, Khaw Nu Soum, ✆ 099-6451 4900, ❸–❹; Mt. Oasis Resort, ✆ 094-717 0219, 092-5014 7208, ❹–❺; **Pine Wood Villa**, ✆ 09-656 5584, 094-721 4148, ❹–❺). Von Kanpetlet führt die Straße noch etwa 45 Minuten weiter Richtung Gipfel (Mopedtaxi US$15–20, Auto entsprechend mehr). Dann wird geparkt; die letzten zwei bis drei Stunden zum Gipfel werden zu Fuß zurückgelegt. Das Panorama ist überwältigend. Aber auch Spaziergänge rund um Kanpetlet sind empfehlenswert. In so gut wie unberührter Natur finden sich hier schöne Bäche und Wasserfälle.

Ein anderes Ziel am Mt. Victoria ist die etwas größere Ortschaft **Mindat**. Hier führt die Anreise ab Bagan über Pakokku und ist insgesamt leichter zu bewältigen. Mindat lässt sich auch von Kanpetlet aus erreichen; die Busse fahren jedoch sehr unregelmäßig, sodass man meist auf ein Mopedtaxi ausweichen muss (ca. US$15). Von Mindat ist es zwar ein bisschen weiter zum Gipfel, aber dafür lassen sich in der Umgebung mehrere schöne Wanderungen unternehmen. Mehr Infos zu Mindat s. S. 280.

Sowohl in Mindat aus auch in Kanpetlet ist man auf Generatorstrom angewiesen; d.h. spätestens um 22 Uhr gehen die Lichter aus. Auch Geldautomaten gibt es hier nicht; also genug Bares mitbringen!

Nördlicher Chin-Staat: von Kalaymyo aus in die Berge

Der nördliche Chin-Staat ist die ärmste Region des Landes und gleichzeitig die mit der schlechtesten Infrastruktur. Das Gebiet bis an die indische Grenze mit seinen steil aufragenden Gebirgsketten, zwischen deren steilen Hängen sich tiefe Schluchten erstrecken, in denen wilde Flüsse tosen, ist für die Verkehrsentwicklung äußerst schwieriges Gelände. Es gibt nur wenige Straßen, die diesen Namen im Ansatz verdienen, und die vereinzelt liegenden Dörfer sind oft nur durch lange Fußmärsche zu erreichen. So blieben die einzelnen Gruppen der Chin über Jahrhunderte weitgehend für sich und entwickelten ihre eigenen Sprachen, Trachten und Gebräuche. Erst in den letzten Jahren wird der Straßenbau seitens der Zentralregierung ernsthaft vorangetrieben, und so bieten sich nun auf zwei Korridoren erste Möglichkeiten, in diese abgelegene Region vorzustoßen.

Doch Vorsicht: Der Transport ist immer noch abenteuerlich und zeitraubend, und auf westliche Touristen ist hier niemand eingestellt. „Are you a missionary?", lautet oft eine der ersten Fragen, und tatsächlich: Trifft man unterwegs einen anderen westlichen Reisenden, so handelt es sich fast immer entweder um einen christlichen Missionar oder den Vertreter einer Hilfsorganisation.

Ausgangpunkt für einen Besuch dieser Region ist die Stadt **Kalaymyo** (S. 477). Sie ist noch Teil der Sagaing Region, aber die Grenze zum Chin-Staat ist nicht weit. Von hier führt eine Straße nach Westen Richtung Berge: Und das Abenteuer kann beginnen. Mehr dazu s. S. 478

KYUN PHI LAT, MYEIK-ARCHIPEL;

Der Süden

Einst gehörte Myanmars Süden zum legendären Suvannabhumi – dem „Goldenen Land". Heute zählt er zu den ursprünglichsten und reizvollsten Regionen Südostasiens – mit einer Fülle von ungeahnten Sehenswürdigkeiten, endlosen Sandstränden und unzähligen Inseln. Dank der facettenreich neuen Reisemöglichkeiten entschließen sich immer mehr Besucher zur Erkundung des lang gestreckten, geheimnisvollen Küstenstreifens.

Stefan Loose Traveltipps

14 **Kyaikhtiyo-Pagode** Der Goldene Felsen lockt als landesweit wichtigstes Pilgerziel – neuerdings sogar mit einer Seilbahn. S. 533

15 **Umgebung von Hpa-an** Aus neongrün schimmernden Reisfeldern erheben sich bizarre Kalksteinfelsen mit geheimnisvollen Höhlenlabyrinthen und Heiligtümern. S. 544

16 **Mawlamyaing** Malerisch umrahmt vom Thanlwin-Fluss und den Bergen, wartet die größte Stadt des Südens mit viel Nostalgie und Charme auf. S. 548

Mudon Hier schlummert der größte liegende Buddha der Welt und kündet von der Spiritualität einer ganzen Region. S.558

17 **Strände von Dawei** Hölzerne Kolonialvillen markieren den Weg zu den Traumstränden südlich von Dawei. S. 575

18 **Myeik** Endlich über den Landweg erreichbar, fungiert die Küstenstadt als neues Tor in die paradiesische Inselwelt des gleichnamigen Archipels. S. 577

Tanintharyi Eine alte Handelsstadt fasziniert als historisches Ensemble. S. 583

YE ROAD, DAWEI; © VOLKER KLINKMÜLLER

FISCHMARKT, MYEIK; © VOLKER KLINKMÜLLER

Wann fahren? Zur Monsunzeit präsentiert sich der Süden besonders reizvoll, am meisten Regen fällt im August/September.

Wie lange? Für Yangon bis Thanbyuzayat mindestens 5 Tage, danach alles offen

Keinesfalls versäumen Baden an den Endlos-Stränden von Dawei

Unbedingt ausprobieren Die neue Traveller-Route über Ye und Dawei bis nach Myeik

Abenteuertrip Den Geheimnissen der Insel Lampi Kyun (Sullivan Island) nachspüren

Gut für Traveller Die noch jungen Grenzübergänge nach Thailand

Der Süden (nördlicher Teil)
N
0
50 km
s. Detailplan Kyaikhto-Kinpun S. 532
s. Stadtplan Hpa-an S. 541
s. Stadtplan Thaton S. 537
s. Detailplan Umg. Hpa-an S. 545
s. Stadtplan Mawlamyaing S. 549
s. Stadtplan (mit Umgebung) Ye S. 563
s. Detailplan Umg. Dawei S. 571
s. Anschlusskarte S. 574
s. Stadtplan Dawei S. 566
s. Detailplan Dawei-Halbinsel S. 573
Yangon
Bago
Mawlamyaing
Hpa-an
Thaton
Ye
Dawei
Mudon
Mae Sot
Myawaddy
Goldener Felsen
Mt. Kyaikhto
Golf von Mottama
Andamanensee
THAI-LAND
KAYIN STATE
MON STATE
YANGON REGION
TANIN-THARYI REGION
Liegender Buddha (Win Sein Taw Ya Sayadaw)
Zin-Kyaik-Wasserfall
Kamarwut-Kloster
Bayin-Nyi-Höhle
Kawgon-Höhle
Kayon-Höhle
Drei-Pagoden-Pass
Sangkhlaburi
Khao Laem Reservoir
Grenzübergang Htee Khee/ Punaron
Shin-Maw-Pagode
Dawei Point
Heinze-Archipel
Maungmagan-Archipel
Launglon-Archipel
Thanbyuzayat
Kyain-Seigkyi
BILU KYUN
Tak, Chiang Mai

Unvergessliche Eindrücke buddhistischen Pilgerlebens vermittelnd, galt der Goldene Felsen von Kyaikhtiyo lange als wichtigste bzw. einzige Attraktion im Süden Myanmars. Heute lässt sich dieser interessante Landesteil mit all seinen neu zu entdeckenden Attraktionen gut in jeden Reiseverlauf integrieren – ob man von Nord nach Süd unterwegs ist oder in Gegenrichtung.

Noch viel authentisches Alltagsleben bietet das Städtchen Thaton, keinesfalls versäumt werden sollte jedoch der Besuch von Hpa-an. Die Region kann mit einer Vielzahl faszinierender Naturwunder bzw. filmreifer Berg- und Höhlenheiligtümer aufwarten sowie dem Kloster U Na (r) Auk, einem der zweifellos schönsten Heiligtümer Myanmars. Als ebenso unvergesslich dürfte sich eine schweißtreibende Besteigung des Felsens Zwe Kapin erweisen.

Von hier ist es nur ein Katzensprung zum schönen Mawlamyaing, wo noch einige Kolonialbauten von der Vergangenheit zeugen. Wer es bis hierher geschafft hat, unternimmt auch gern einen erlebnisreichen Abstecher ins 65 km südlich liegende Thanbyuzayat, dem einstigen Endpunkt der im Zweiten Weltkrieg von den Japanern erbauten „Todeseisenbahn". Auf dem Rückweg nach Mawlamyaing lassen sich der Meerestempel von Kyaikkami oder ein Badestopp am Set Se Beach einbauen sowie der Besuch von Mudon: Immerhin verbirgt sich hier der mit einer Länge von 180 m größte liegende Buddha der Welt.

Bis Mitte 2013 galt lediglich diese obere Schleife als „Süden von Myanmar". Sie wurde kaum bereist, und noch viel seltener drangen westliche Besucher tiefer in den Süden vor – zumal dies fast ausschließlich per Flugzeug oder Schnellboot möglich war. Die Öffnung der Landrouten, Sperrgebiete und Grenze zu Thailand hat die Reisemöglichkeiten inzwischen vervielfacht, sodass für den Südzipfel Myanmars ausreichend Zeit und Abenteuerlust mitgebracht werden sollten. Die noch junge Traveller-Route führt über Ye zur Küstenstadt Dawei, die sich aufgrund ihres kolonialen Erbes und endlos langer Strände bereits steigenden Zulaufs erfreuen kann.

Das weiter südlich liegende Myeik indes fungiert als landesweit größtes Zentrum der Fischerei-Industrie und nun auch – neben Kawthoung – als Tor zu der einzigartigen Meereslandschaft des gleichnamigen Archipels. Rund um die große, geheimnisvolle Hauptinsel Lampi Kyun warten über 800 weitere Eilande auf Erkundung. Im Hinterland der Küstenstadt verbirgt sich das bisher kaum besuchte Tanintharyi. Mit seinen Holzhäusern zählt es zu den noch ursprünglichsten Orten Myanmars.

Mon-Staat

Bevor ihr Reich 1057 von Bagan-König Anawrahta zerschlagen wurde, zählten die Mon zu den bedeutendsten Volksgruppen Südostasiens. Sie beherrschten einst den ganzen Süden Myanmars und weite Teile Thailands. Schon vor mehr als 2000 Jahren siedelten sie an den Mündungen der großen Flüsse Chao Phraya, Sittaung und Thanlwin, um von dort den Handel zwischen Indien und Südostasien zu dominieren. Allerlei Münzfunde konnten sogar Kontakte mit Rom belegen. Die Sitten und Bräuche der Mon haben – vor allem in der Musik, bei Gesängen und Tänzen – großen Einfluss auf die Kunst und Kultur Birmas ausgeübt. Ihre aus Südindien stammende Schrift, Architektur und Handwerkskünste waren prägend, nicht zuletzt brachten sie auch den Theravada-Buddhismus nach Südostasien.

Heute leben die meisten der rund 1 Mio. Mon, die ethnisch mit den Khmer in Kambodscha und Thailand verwandt ist, vorwiegend zwischen Bago und Mawlamyaing. Sie haben sich kulturell weitgehend angepasst und mit den Birmanen vermischt, die ihre Städte immer wieder dem Erdboden gleichgemacht haben. Ihren bewaffneten Kampf um einen eigenen Staat, den sie 1949 begannen, haben die Mon durch einen Friedensvertrag mit der Regierung 1995 aufgegeben. Bis dahin hatten die New Mon State Party (NMSP) und ihr militärischer Arm, die Mon National Liberation Front (MNLF), abgelegene Gebiete an der Grenze zu Thailand kontrolliert und sich außer mit der Armee auch immer wieder Scharmützel mit den Kayin geliefert.

Im Süden viel Neues – Reiseziele, Reize und Risiken

Davon haben **Südostasienfans** lange geträumt: Der Süden hat endlich „aufgemacht"! Seit die unkomplizierte Ein- und Ausreise über Land von/nach Thailand und das Bereisen fast aller Landrouten möglich ist, trifft die Abenteuerlust der Traveller-Gemeinde auf die **Goldgräberstimmung** von Einheimischen, die sich in der rapide wachsenden touristischen Infrastruktur engagieren. Gleichzeitig wird bereits an der Ursprünglichkeit der Region geknabbert – wie nicht zuletzt die landesweit ersten beiden **Seilbahnen** Myanmars bezeugen dürften.

Informationen

Im Südzipfel von Myanmar sprechen die Einheimischen nur wenig Englisch. Um an die aktuellsten Infos zu gelangen, empfehlen sich neben **Mundpropaganda** und **Travel-Foren** die **Stefan-Loose-Updates** auf 💻 www.stefan-loose.de sowie die **Internet-Portale** 💻 www.southernmyanmar.com, 💻 www.lifeseeingtours.com oder 💻 www.go-myanmar.com. Für Insider-Infos zu neuen Zielgebieten empfehlen sich die in den **Tourenkästen** genannten Veranstalter, Reiseführer und Taxifahrer, die zumeist noch jung und erfreulich engagiert sind.

Verkehrsmittel

Bis vor wenigen Jahren dienten nostalgisch-spartanische Oldtimer-Busse, Jeeps, Thounbeins (lokale Dreiräder) und Trishaws als wichtigste Verkehrsmittel im Süden, jetzt sind es auch hier relativ moderne **AC-Busse** und **Minivans** (meist inkl. Tür-zu-Tür-Service, aber arg profitorientiert). Die auf der Südroute verkehrenden, neuen **VIP-Busse** (mit 32 oder gar nur 24 Plätzen) gelten als stets beste Option für Langstrecken. Die Abfahrten und Preise ändern sich ständig, hilfreiche Hinweise findet man auf 💻 www.oway.com.mm. Für die Fahrt von Yangon nach Dawei z. B. benötigt man 13–14 Stunden (630 km), sogar zwischen den Küstenstädten Myeik und Kawthoung verkehren nun für Ausländer erlaubte Busse, was zur Einstellung des gesamten **Fährverkehrs** geführt hat.

Die **Eisenbahnfahrten** von Yangon nach Dawei gestalten sich mit bis zu 25 Stunden besonders zeitraubend (davon meist etwa 9 Std. für das kurze Stück Mawlamyaing–Ye!), aber billig, beliebt und beschauliche Schaukeleien – aktuelle Details unter 💻 www.seat61.com/Burma.htm. **Flüge** in den Süden werden angeboten von Myanmar National Airlines, 💻 www.flymna.com, und Air KBZ, 💻 www.airkbz.com. Die Flugdauer liegt bei jeweils zwischen 60–90 Minuten, der Preis bei US$90–150.

Den Nahverkehr bestreiten meist **Hi-Jet-Cars** (halb offene Mini-Pick-ups) und **Pro-Box-Cars** (spartanische Limousinen), vielerorts verfügbare **Moped-Taxis** sowie 2018 massenhaft aus Indien importierte, flinke wie farbenfrohe **Tuk Tuks**. In Dawei gilt das Selbstfahren mit **Miet-Mopeds** als illegal, wird von der Polizei aber, bei Einhaltung der Helmpflicht, meist toleriert. Stets gern gesehen wird ein internationaler Führerschein.

Kyaikhto

Einige Kilometer hinter Bago wird es deutlich einsamer. Ein streckenweise von Bäumen beschattetes und zum Ende der Regenzeit von mannshohen, weiß blühenden Gräsern umrahmtes Asphaltband führt immer tiefer in den Süden. Über weite Strecken dominieren Kautschuk-, Cashew- oder Pamelo-Plantagen die Landschaft, in der Umgebung von Waw flankiert ein Kanal mit spärlichem Bootsverkehr die Hauptverkehrsader.

Später überquert die Nationalstraße 8 den Setthaung, dann zerschneidet sie – aus Richtung Yangon der einzige Zubringer zum Goldenen Felsen – den Provinzort Kyaikhto (180 km bzw. gut 3 Std. von Yangon). Obwohl die etwa 50 000 Einwohner große Stadt in Reiseführern kaum erwähnt wird, kann sich ein kurzer Stopp dank schöner Holzhäuser, üppigem Grün und

Reiserouten

Beflissen wurde die nur 1,5-spurige **Nationalstraße 8** als Hauptverkehrsader in die Südspitze des Landes ausgebaut, aber noch längst ist nicht überall alles fertig. Wer nur den oberen Süden bereisen will, kehrt meist aus Mawlamyaing oder spätestens Thanbyuzayat zurück, wobei diese Rundreise eine **Flusspassage** über den Thanwlin (Region Hpa-an) enthalten sollte. Zwischen Mawlamyaing und Ye gibt es nicht viel zu sehen, die Weiterreise nach Dawei führt immerhin durch ein Gebirge. Zu den Stränden der Dawei-Halbinsel geht es oft nur per Moped über **Pisten und Pfade**. Die weitere Strecke nach Myeik dauert durch den Ausbau der Straße und eine neue Brücke nur noch fünf Stunden. Sie ist besonders schön, sodass sich ein privater Transfer empfiehlt. Von Myeik nach Kawthoung ist es sehr weit, aber nicht besonders spannend. Auch das Hinterland der Küste, für das immer mehr **Aktiv-Touren** angeboten werden, bietet einige Überraschungen.

Inseln

Von **Dawei** starten seit 2018 erste Bootstouren zu vorgelagerten Inseln (s. Kasten S. 567). Die Möglichkeiten zur Erkundung des Myeik-Archipels sind bisher noch beschränkt und nicht gerade preiswert. Von **Myeik** gibt es vor allem pauschale Tagestrips mit Speedboats, aber auch erste individuelle Charter-Abenteuer (s. Kasten S. 582). Als Hauptschleuse fungiert **Kawthoung**, wo die (angeblich) schöneren bzw. auch schneller erreichbaren Inseln liegen sollen. Es gibt Tagestrips, Chartertouren oder mehrtägige, zweifellos faszinierende Meereskreuzfahrten zum Schnorcheln und Tauchen, Kayaking und Trekking. Ebenfalls teuer sind die bisher erst fünf Insel-Resorts des Archipels – betrieben meist nur mit festen Arrangements und Shuttle-Transfers.

Grenzübergänge

Die für Ausländer bei **Kawthoung/Ranong** (s. Kasten S. 590) und **Myawaddy/Mae Sot** (s. Kasten S. 557) durchlässig gewordene Grenze zu Thailand hat das Reisen erheblich erleichtert, wie es auch für **Htee Khee/Phunaron** (s. Kasten. S. 572) gilt. Leider ist für diesen Übergang bisher das praktikable E-Visum nicht verwendbar, obwohl er sich von/nach Bangkok mit einem angenehmen Zwischenstopp in Kanchanaburi bereisen lässt.

Regenzeit

In den Monaten des **Monsun** kann sich der Badespaß an den Stränden naturgemäß in Grenzen halten, der Süden andererseits aber auch einen besonderen **Reiz** entfalten. Der Goldene Felsen von Kyaikhtiyo z. B. ist nicht so überlaufen, die faszinierende Umgebung von Hpa-an steht gut im Saft, und die Nationalroute 8 führt inkl. ihrer Nebenstrecken (wie zwischen Hpa-an und Mawlamyaing oder nach Zokthok/Zokali) durch herrlich grüne, amphibische **Landschaften**.

einem größeren, rund 2300 Jahre alten Heiligtum lohnen.

In der weitläufigen **Kyaik-Paw-Law-Pagode** beeindrucken verspiegelte Säulengalerien, vergoldete Wände und bunte Gemälde. Sie beherbergt eine von vier Buddhastatuen, die einst von Sri Lanka aus auf Flößen übers Meer gekommen waren. Die Legende erzählt von einem singhalesischen König, der 1418 eine gute Tat verrichten wollte: Aus Mörtel und originalen Stücken des Bodhi-Baums ließ er vier Buddhabildnisse erschaffen, die auf dem Ozean ausgesetzt wurden, um am jeweiligen Ort ihrer Landung (in Kyaikhto sowie Kjaikkami, Pathein und Dawei) den Buddhismus zu verankern.

Am Rand des Tempelareals liegt mit der **Mahamuni-Thon-Pagode** ein weiteres Heiligtum. Hier wird eine über hundert Jahre alte Kopie der berühmten, gleichnamigen Statue in Mandalay verehrt. Das bedeutendste Klos-

Von Kyaikhto zur Kyaikhtiyo-Pagode

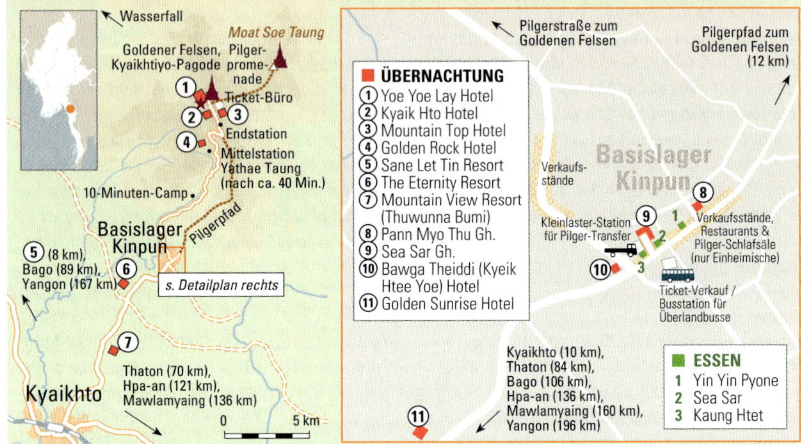

ter von Kyaikhto aber ist das fast 200 Jahre alte **Shwe Kyaung**.

Kinpun

Das rund 10 km von Kyaikhto entfernte Basislager Kinpun (Kinpun Camp) ist Ausgangspunkt für einen Besuch des Goldenen Felsens auf dem Berg Kyaikhtiyo. Teilweise von den Kronen mächtiger, leider immer weniger werdender Baumriesen beschattet, hat es sich mit Unterkünften, Restaurants und Waschgelegenheiten für Pilger, Busparkplätzen und sogar einem Riesenrad immer weiter ausgebreitet. Entlang der Hauptstraße laden einfache Boutiquen, Kräuterläden und Souvenirläden zur Schnäppchenjagd ein, bevor sie enger wird und schließlich in den Pilgerpfad übergeht.

Mit Kleinlastern zum Heiligtum

Etliche, nach einem ausgeklügelten System eingesetzte **Kleinlaster** bieten von 6–18 Uhr den Transport auf den Berg. Die „Verladung" der Besucher erfolgt rustikal über Rampen. Selbst alte, gebrechliche Pilger lassen den etwas strapaziösen Einstieg wie auch den Transport geduldig über sich ergehen. Ausländer mögen es als entwürdigend empfinden, dass sich pro „Fuhre" 42 Passagiere auf die schmalen, niedrigen Holzbänke der Ladepritsche pressen müssen. Früher jedoch waren die Trucks wesentlich kleiner, während sich auf ihnen sogar bis zu 60 Pilger zwängten – ohne jegliche Polsterung und Klappdach zum Sonnen- oder Regenschutz!

Gestartet wird erst, wenn für 3000 Kyat p. P. alle Plätze besetzt sind. In rasanter Fahrt geht es eine steile **Serpentinenstraße** hinauf. Nur 2000 Kyat muss bezahlen, wer nach rund 40 Minuten an der **Mittelstation Yathae Taung** aussteigt (bis zum Gipfel wären es noch weitere

Seilbahn statt Sänften

Sie verschwinden zunehmend: die urtypischen, stabilen **Bambus-Sänften** (Palankin) für Pilger, mit denen sich vier Träger im rhythmischen Gleichschritt den Berg hinaufkämpfen. Denn seit Ende 2018 schwebt von 6–18 Uhr Myanmars erste **Seilbahn** auf den heiligen Berg – installiert mit koreanischer Hilfe für US$20 Mio. Die 44 Gondeln sind jeweils für bis zu acht Passagiere ausgelegt und benötigen zehn Minuten. Einheimische zahlen 4000 Kyat pro Strecke, Ausländer müssen US$5 berappen.

20 Min.), um sich auf den traditionellen Pilgerpfad zu begeben. Flankiert von allerlei einfachen Restaurants, Obst- und Souvenirständen führt er in knapp einer Stunde hinauf zur Bergspitze. Der Weg ist steil und anstrengend – zumal ja auch 300 Höhenmeter zu bewältigen sind. Alternativ kann man die neue **Seilbahn** (S. 532) besteigen, die faszinierende Ausblicke bietet. Es empfiehlt sich natürlich eine Kombination – z. B. zumindest den Rückweg zu laufen.

Auf Schusters Rappen zum Heiligtum

Statt mit Kleinlaster oder Seilbahn kann man den gesamten Weg auch zu Fuß zurücklegen. Pilger jedenfalls können sich durch den schweißtreibenden Aufstieg religiöse Verdienste erwerben. Selbst wer eine gute Kondition hat, sollte für die fast 12 km lange Wanderung vom Basislager Kinpun bis zum Gipfel mindestens vier Stunden einplanen. Schließlich sind fast 1100 Höhenmeter zu überwinden, wobei der Weg durch Schatten spendenden Wald und über 33 Hügel führt (Muskelkater garantiert!). Eine detaillierte Karte lässt sich über 💻 www.dpsmap.com/kyaiktiyo/index.shtml abrufen.

Unterwegs laden einige **Schreine**, aber vor allem einfache **Verkaufsstände** mit Beschattung, Getränken, Snacks oder Obst zum Ausruhen ein. Vereinzelt wird noch immer Medizin aus Bestandteilen und Extrakten wilder Tiere feilgeboten – aus Affenschädeln, Büffelhörnern, Bärentatzen etwa oder Schlangenhäuten, obwohl seit 1998 rund um den Goldenen Felsen ein 110 km^2 großes **Schutzgebiet** ausgewiesen ist.

14 HIGHLIGHT

Kyaikhtiyo-Pagode (Goldener Felsen)

Mit Yangons Shwedagon-Pagode und der Mahamuni-Statue in Mandalay gehört der Goldene Felsen von Kyaikhtiyo (auch Kyaik Htee Yoe, gesprochen: *Tschai-ti-ju*) zu den heiligsten buddhistischen Stätten Myanmars. Laut Legende (s. Kasten) entstand die Wallfahrtsstätte schon zu Lebzeiten Buddhas und wurde später lediglich „wiederentdeckt". Bedeckt von einem rund 6 m hohen Stupa scheint der vergoldete Findlingsblock geradezu über dem 1100 m tiefen Abgrund zu schweben. Sein Name leitet sich aus der Mon-Sprache ab und bedeutet „die Pagode, die vom Kopf eines Einsiedlers getragen wird". Ringsherum bietet sich ein herrlicher Blick auf die Bergketten bis nach Thailand, die Pagode von Bago oder bis zum Meer.

Als Liebespaare, Freundescliquen, Großfamilien, farbenfroh gekleidete Schulklassen oder Fabrikgemeinschaften posieren die Pilger heiter für Fotos. Andernorts werden Kerzen und Räucherstäbchen entzündet, haben sich in dunkelrote Roben gewandete Mönche oder skurril wirkende Einsiedler im Schneidersitz niedergelassen, um weltentrückt zu meditieren. Ohne Unterlass kleben Gläubige ihr Blattgold an den Felsen, was aber Männern vorbehalten ist. Auch Bargeld spielt eine große Rolle – wird in gerollten oder gefalteten Banknoten an kleine Ständer gehängt oder in die vielen Spendenboxen gesteckt.

Wie der Fels auf den Gipfel kam

Angeblich soll schon eine Kinderhand den Fels ins Wanken bringen können … Laut Legende verdankt der Goldfelsen von Kyaikhtiyo sein Gleichgewicht nur einem einzigen Haar von Buddha, das präzise im Inneren des Stupa platziert sein soll. **König Tissa**, der Sohn eines **Alchemisten** (Zawgyi) und einer **Naga-Prinzessin**, soll es im 11. Jh. von einem alten Einsiedler erhalten haben, der es in seinem Haarknoten versteckt hatte. Dieser war auf der Suche nach einem Felsen in Form seines Kopfes, um darauf eine kleine Pagode zur Unterbringung der Reliquie zu errichten. Ob seiner übersinnlichen Kräfte gelang es dem König, auf dem Meeresgrund einen entsprechenden Steinblock zu finden und diesen mit einem Boot auf den Kyaikhtiyo-Berg zu transportieren. Nach der wundersamen Ankunft auf dem Gipfel wurde das Boot zu Stein und ist noch heute in der Nähe des Felsenheiligtums als **Kyaukthanban** („Steinboot-Stupa") zu sehen.

DER SÜDEN

Wer früher schon mal hier gewesen ist, dürfte das Areal kaum wiedererkennen, während der Müll von jährlich etwa 2 Mio. Besuchern mancherorts als bunte Lawine in die Tiefe rollt. Nach der Erleichterung der Anreise und der Elektrifizierung des Berges hat sich die traditionelle Wallfahrtsstätte quasi zu einer Art Kleinstadt entwickelt. Eine umlaufende Terrasse ermöglicht nun sogar die Betrachtung des Felsens von unten. Komplett neu bebaut wurde die belebte Pilgerpromenade **Moat Soe Paya**, die vom Heiligtum des Goldenen Felsens durch ein Hochtal zum benachbarten, von Höhlen durchzogenen **Moat Soe Taung** („Berg des Jägers") führt. Die zweistöckigen Häuserreihen beherbergen vor allem Restaurants mit Schlafgelegenheiten. Nicht weit entfernt führt ein Pfad nach rund 80-minütiger Wanderung zu einer beliebten Badestelle.

Am **Kontrollposten** auf dem Gipfel sind 10 000 Kyat Eintritt für ein zwei Tage gültiges Ticket der „Kyaikhtiyo Archaeological Zone" zu entrichten. Natürlich ist an dieser Pilgerstätte auf angemessene, nicht allzu freizügige Kleidung zu achten. Da es auf dem Gipfel in den Wintermonaten empfindlich kühl werden kann, sollte zumindest ein Pullover eingepackt werden. Warme Schuhe hingegen helfen nicht weiter: Die müssen nämlich – auch wenn die Fliesen enorm kalt werden können – beim Besuch des Heiligtums ausgezogen und (theoretisch) mitgenommen werden.

Ob der fortschreitenden Entzauberung sparen immer mehr Traveller das Heiligtum inzwischen aus: Gewiss sind Landschaft, Klimawechsel und Pilgertreiben nach wie vor spannend, doch das einst hochgradig spirituelle Pilgerziel wirkt heute so entzaubert bzw. kommerzialisiert und zugebaut, dass der einst markante Felsen nur noch schwer auszumachen ist! Unglaublich auch, dass der wuchtige, mehrflügelige Betonklotz des **Yoe Yoe Lay Hotels** dem Heiligtum 2015 derart dicht auf die Goldschichten rücken durfte, doch soll der Investor die Hälfte der neuen Straße finanziert haben.

ÜBERNACHTUNG

Weil Ausländern im Basislager und auf dem Berg nur wenige und nicht besonders heimelige bzw. überteuerte Unterkünfte zur Verfügung stehen, empfiehlt sich ggf. eher die Peripherie.

Das Heiligtum des Goldene Felsens wird gern in Familien- oder Freundesgruppen besucht.

© NIPAPORN YANKLANG

DER SÜDEN

Auf dem Weg nach Kinpun

Golden Sunrise Hotel, ca. 1 km vor Kinpun, ☏ 09-872 3301, 🖳 www.goldensunrisehotel.com. Zählt als stilvolle Unterkunft mit viel Wohlfühlcharakter zu den besten Optionen am Ort. 12 Zimmer zu US$35 mit AC, Holzböden, schönen Bädern und Terrassen. Einladendes, 2-stöckiges Restaurant aus Naturmaterialien – alles professionell gemanagt. ❸

Mountain View Resort (Thuwunna Bumi), ca. 8 km vor Kinpun, ☏ 094-4500 2214, 🖳 www.starbutterfly.net. Familiär geführt und mit erhöhtem Erholungswert inmitten einer Obstplantage am Seikphu-Taung-Hügel. 33 saubere, geräumige Bungalow-Zimmer für US$40–65 – mit AC, Warmwasser-Bad und Balkon sowie Frühstück im schönen Restaurant. Seit 2017 gibt es sogar einen Pool mit Blick auf die Berge. ❸–❺

Sane Let Tin Resort, ca. 24 km vor Kinpun, ☏ 09-872 3123-4, ✉ resortsit@gmail.com. 98 Komfort-Zimmer zu US$50, 60 und 70, Pool und Spa. Großes, luftiges Restaurant mit recht teurer Speisekarte, chemiefreiem Gemüse, Fassbier und Automaten-Kaffee, ⌚ 6–22 Uhr. Das 150 ha große Areal umfasst einen 12 m hohen Aussichtsturm und sogar einen Zoo mit überraschend gepflegter Tierhaltung und einem hohen Stelzenpfad. ❹–❺

The Eternity Resort, ca. 1,5 km von Kinpun entfernt, ☏ 094-5239 6783, 🖳 www.eternityresort.com/de-de. Einladende Anlage mit schön viel Grün, 25-m-Pool und 49 geräumigen, gepflegten Komfort-Zimmern zu US$90, davon 9 in weißen Strohdach-Bungalows. Nettes Personal, gutes Frühstück und Gratis-Transfers. ❹

Im Basislager Kinpun

Bawga Theiddhi (Kyeik Htee Yoe) Hotel, ☏ 094-5075 3783, 🖳 www.bawgatheiddhihotel.com. Modernste und markanteste Unterkunft am Ort: Der 3-stöckige Eckbau umfasst 15 saubere Komfort-Zimmer, die billigsten mit Gemeinschaftsbad, sowie 6 Bungalows in 5 Min. Entfernung. Die Rezeption spricht Englisch, das Restaurant bietet den höchsten Standard am Ort. ❸–❹

Tipps zu Terminen und Tageszeiten

Der Besuch des Heiligtums lässt sich heute gut als Tagestour vom etwa drei Stunden entfernten Mawlamyaing, von Hpa-an oder gar von Yangon aus bewältigen. Wer sich jedoch eine Nacht auf dem Berg (oder zumindest in Kinpun Camp) leisten möchte, kann die Wallfahrtsstätte mit mehr Besinnlichkeit und faszinierenderen **Lichtverhältnissen** genießen – am eindrucksvollsten natürlich zum Sonnenauf- oder Sonnenuntergang! Letzteres ist in den Wintermonaten zuweilen auch bei Benutzung von Kleinlastern und Seilbahn möglich.

Die bis März dauernde **Hochsaison** für einheimische Pilger startet alljährlich mit der Vollmondnacht im Oktober. Dann kommen im Durchschnitt täglich um die 10 000 Pilger zum Heiligtum. An Wochenend- oder Feiertagen können es sogar Zigtausende sein! Ihnen ist es gestattet, kostenlos in **Massenunterkünften** *(zayat)* oder Räumlichkeiten der Restaurants zu nächtigen, wenn sie dort ihr Essen einnehmen. Ausländer jedoch dürfen zumeist nicht aufgenommen werden!

Wer die Pilgerstätte in der tiefsten **Nebensaison** besucht, könnte das bunte Treiben und somit auch spirituellen Charme vermissen. Zudem kann es lange dauern, bis sich endlich die Trucks füllen. Das Kleben von Blattgold an den Felsen ist in der Regenzeit nur von 6–19 Uhr möglich.

Pann Myo Thu Gh., ☏ 094-4924 9498 (Mr. Yoe). Die beliebteste Traveller-Herberge am Ort. Der freundliche, englischsprachige Manager Soe bietet 15 Zimmer mit Ventilator für US$12 und 5 als AC für US$20 (am besten sind H1 und H2 mit 2 Fenstern und Terrassen, die zweitbeste Option H3 und H4). Teils lieblich begrünt, Gratis-Fahrräder verfügbar. ❶–❷

Sea Sar (Golden Land) Gh., nahe der Pilger-Verladestation, ☏ 09-872 3288. 1985 als erste Ausländer-Unterkunft um einen großen Parkplatz herum erbaut, aber nicht unbedingt heimelig und etwas nachlässig gemanagt. Kinpuns ehemaliger Bürgermeister **Ko Kyaw Thu Ya** spricht gut Englisch und bietet 42 Zimmer mit AC, einige schön groß oder mit kleinen Terrassen. ❶–❸

Auf dem Berg

Golden Rock Hotel, 10 Min. zu Fuß bergauf von der Mittelstation der Pilger-Laster und ca. 50 Min. unterhalb des Goldenen Felsens, ✆ 09-871 8391, 01-502 479 (Yangon-Büro), 💻 www.goldenrock-hotel.com. Gehobenes Niveau mit Panoramablick und 44 AC-Zimmern zu US$100 sowie 8 mit Ventilator zu US$80 in diversen Bauten. Der ökologische Gemüsegarten und ein kleiner Staudamm zur Stromerzeugung wurden mit einem Umweltpreis bedacht. ❺–❻

Kyaik Hto Hotel, am Eingang zum Heiligtum, ✆ 094-2532 2010, ✉ contact@kyaikhto.com. Toll am Hang platziert, aber das ist leider auch schon das einzige Plus: Die älteste und größte Unterkunft am Ort besteht aus vielen Terrassen und einer architektonisch stillosen Ansammlung langer Holzbaracken, einfacher Beton-Bungalows und diverser Flügelbauten. Von den rund 150 einfachen und deutlich überteuerten Zimmern verfügt etwa die Hälfte über AC. ❺

Mountain Top Hotel, ✆ 09-871 8392, 01-502 479 (Yangon-Büro), 💻 www.mountaintop-hotel.com. Ideal in die Felsen gebaut bzw. am Zugang zum Heiligtum nahe dem Ticketbüro. In der sicher besten und teuersten, dennoch oft ausgebuchten Unterkunft lässt sich der Sonnenaufgang teilweise sogar vom Bett aus genießen. 47 Deluxe-Zimmer mit Ventilator für US$135 und 3 als Super-Deluxe zu US$150. Gutes Restaurant und Terrasse mit Panoramablick. ❺–❼

Yoe Yoe Lay Hotel, ✆ 097-7400 4001, 01-544 916 (Yangon-Büro), 💻 www.yoeyoelayhotel.com. Neues, klotziges Konglomerat am Ende der Plattform, nur einen Steinwurf vom Heiligtum entfernt. 140 Zimmer zu US$70 mit AC und bis zur Decke gefliest in insgesamt 7 Blöcken mit weitläufigen Dachterrassen. ❺–❻

ESSEN

Die zahlreichen Restaurants an der **Hauptstraße** des Basislagers bieten meist gute chinesische und birmanische Küche – und für Einheimische Schlafgelegenheiten. Englischsprachige Schilder, Speisekarten und Servicekräfte sind eine Ausnahme. Oben auf dem Berg empfehlen sich vor allem die stimmungsvollen Topf-Buffet-Restaurants an der Pilgerpromenade **Moat Soe Paya** – zumal es sich dort herrlich vor der Kulisse des bunt vorbeiziehenden Lebens speisen lässt.

Kaung Htet, ✆ 094-5323 8275, liegt als lange etablierte Alternative und mit ähnlicher Atmosphäre gleich neben dem populär-professionellen Sea-Sar-Restaurant – u. a. mit Currys zu 3000 Kyat, chinesischen Gerichten zu 4000–5000 Kyat. 🕒 rund um die Uhr.

Sea Sar, gehört zum gleichnamigen Guesthouse und fungiert mit reichhaltiger Speisekarte als abendlicher Treffpunkt von Travellern. Gute Currys vom Topf-Buffet kosten inkl. Reis lediglich 2500 Kyat, eine Flasche *Myanmar*-Bier 3000 Kyat. 🕒 4–23 Uhr.

Yin Yin Pyone zählt zu den Restaurants, die sich etwas von der Masse abheben. Gut beleuchtet mit schönem Holzmobiliar und günstiger Speisekarte. 🕒 1–21 Uhr.

TRANSPORT

Taxis

Nach BAGO, HPA-AN oder MAWLAMYAING muss mit jeweils ca. 80 000 Kyat gerechnet werden, nach YANGON bis zu 100 000 Kyat.

Busse, Minivans und Sammel-Taxis

In der Nebensaison fahren überregionale Busse meist nur ab KYAIKHTO, 10 km, zu erreichen von Kinpun per Bus für 500 Kyat, Sammel-Taxis 1000 Kyat, Charter-Tuk-Tuks 7000 Kyat in 1/2 Std.

BAGO, 105 km, mehrmals tgl. meist mit Minivans für 6000 Kyat in 2 1/2 Std.

HPA-AN, 130 km, mehrmals tgl. mit Sammel-Taxis für ca. 6000 Kyat in 3 1/2 Std.

MAWLAMYAING, 155 km, mehrmals tgl. mit Sammel-Taxis für 5000 Kyat (als Kabinenplatz 7000 Kyat) in ca. 3 1/2 Std.

YANGON, 175 km, von 4–14 Uhr fast stdl. mit AC-Bussen für 8000 Kyat in 4 1/2 Std.

Eisenbahn

BAGO, mit den meisten Zügen nach Yangon für 1500 Kyat *(upper class)* in 2–3 Std.

MAWLAMYAING, um 6, 11 und 12 Uhr für 2500 Kyat *(upper class)* in 2–3 Std.

YANGON, um 10, 13.20 und 15.40 Uhr für 2500 Kyat *(upper class)* in ca. 4–5 Std.

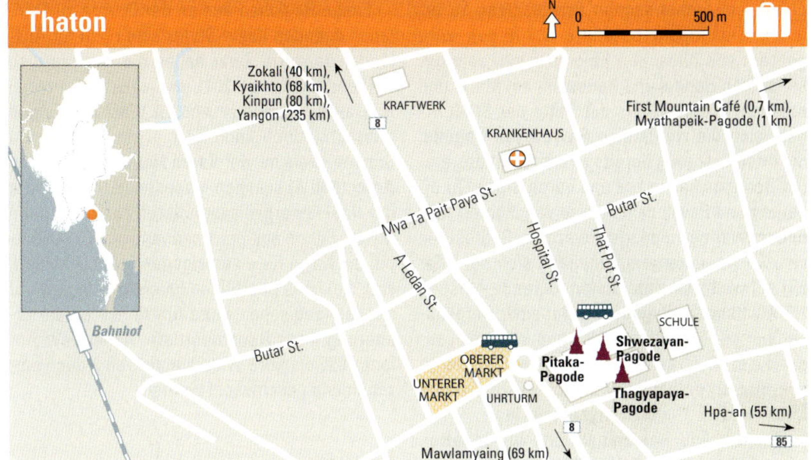

Von Kyaikhto nach Thaton

Zokthok

Schöne Impressionen, vor allem in der Regenzeit, verspricht ein Abstecher nach Zokthok. In Bilin geht es von der Hauptstraße für 9 km nach Westen durch eine üppig sprießende Land(wirt)schaft mit allerlei Wasserläufen. In dem unscheinbaren, rund 5000 Einwohner zählenden Dorf erhebt sich die quadratische **Kyaik-Tizaung-Pagode**, die mit fantasievollen Steinreliefs und Skulpturen – darunter sogar eine Sphinx, Gongs oder Glocken – beeindruckt. Dafür fand vor allem rötlicher, poröser Laterit Verwendung, der aus eisenhaltigem, von der Sonne getrocknetem Lehm besteht. Obwohl zum Stupa an jeder Seite Treppen hinaufführen, dürfen diese nicht begangen werden. Auch das Fotografieren wird zuweilen nicht gern gesehen.

In einem Pavillon findet sich ein 18 m^2 großes **Landschaftsrelief** mit dem Goldenen Felsen von Kyaikhtiyo, beleuchtbaren Pagoden und Wasserflächen, auf denen sogar Modellschiffe dümpeln. Andernorts verbergen sich Überreste einer **Festung** aus dem 12. Jh.: eine tiefe Erdkuhle und eine lange Laterit-Mauer, auf deren Reliefs sich Prozessionen oder Aufmärsche mit Elefanten und Pferden erkennen lassen. Hieraus leitet sich wohl auch der Name des Forts ab, das von den Einheimischen als Sin-Tat- (Elefanten)- oder Myin-Tat-(Pferde)Fort bezeichnet wird.

Auch das **Sin Nit Kaung Kyaung** („Kloster der beiden Elefanten") lohnt einen Besuch. Das dekorative Gebäude von 1920 versteckt sich in einem Palmenhain und ist im Kolonialstil mit angedeuteten Säulen, Torbogen und Stuckornamenten erbaut worden. Im Inneren findet sich u. a. ein morscher Holzschrank mit noch sehr viel älteren Palmblatt-Inschriften.

Von Zokthok führt eine rund 6 km lange, je nach Jahreszeit Schlamm- oder Staubpiste durch Felder mit Kanälen und Wasserbüffeln zum Küstendorf **Zokali**. Es besteht aus rund 300 Hütten, alten Baumriesen und drei Klöstern auf einem Pagodenberg mit Panoramablick. Wer die Treppenanlage auf der anderen Seite des Berges wieder hinuntersteigt, landet direkt am **Meer**, was sich besonders zum Gezeitenwechsel lohnt: Dann strömen schäumende Wellen in die (zuweilen ziemlich vermüllte) Bucht und lassen die auf ihnen schwimmenden Fischerboote gewaltig schaukeln.

Thaton

Etwa vier Autostunden von Yangon bzw. 70 km vom Goldenen Felsen und 48 km von Hpa-an entfernt lockt das reizvolle, auch gern per Eisenbahn angesteuerte Thaton (ohne „n" gesprochen), um authentischen Provinzalltag zu erleben. Das üppig begrünte Städtchen wird geprägt von hübschen Kolonialvillen, dem geschäftigen Handel und Handwerk am Markt und etlichen Trishaws. Aus der Mitte der Stadt erhebt sich die weitläufige **Shwezayan-Pagode**, die ihren Ursprung bereits zu Lebzeiten des ersten Buddhas haben soll und deren Stupa, Turmbauten und Pavillons teilweise von dichten Taubenschwärmen umlagert werden. Spätestens zum Sonnenuntergang empfiehlt sich der über 904 schweißtreibende Stufen führende Aufstieg zur **Myathapeik-Pagode**, die auf einer Bergkuppe über der Stadt thront. Von hier kann man sogar die in 40–50 km Entfernung liegenden Berge von Hpa-an erspähen wie auch das glitzernde Meer, an dem Thaton früher einmal lag.

Das am Fuß des Hügels und im Schatten eines 150 Jahre alten Regenbaum-Riesens liegende **First Mountain Café**, ✆ 057-41178, 094-2012 8750, lohnt den Besuch. Diese Oase ist aus Naturmaterialien im Boutique-Stil errichtet und bietet ein reichhaltiges, erfreulich günstiges Menü – z. B. mit Kaffee-Spezialitäten aus stilvollen Sektgläsern, aber keinerlei Alkoholika. ⌚ 7–22 Uhr. Mehr zu Thaton s. **eXTra [9902]**.

Kayin-Staat

Die Kayin oder auch Karen gelten mit rund 2,5 Mio. Angehörigen als drittgrößte Volksgruppe Myanmars. Teilweise leben sie auch im Kayah- und Mon-Staat, dem angrenzenden Thailand sowie im Ayeyarwady-Delta.

Die einzelnen Volksgruppen lassen sich an ihren Trachten unterscheiden – z. B. als weiße, schwarze oder rote Karen. Bekannt sind die Kayin auch für ihren hohen Bildungsstandard. So brachten sie mit dem *Morning Star* bereits 1841 die erste Zeitung Birmas in einer einheimischen Sprache heraus. Während der Kolonialzeit arbeiteten sie in der Armee und Verwaltung, im Bildungs- und Gesundheitswesen eng mit den Briten zusammen und wurden zu kulturell dominierenden Christen (Baptisten), die sogar noch andere Bergvölker missionierten.

Einige Regionen des an der Grenze zu Thailand liegenden Kayin-Staats sind noch für Ausländer gesperrt. Zwar haben die langwierigen Verhandlungen von 2011 im Zwekabin Hotel bei Hpa-an den lange ersehnten **Waffenstillstand** gebracht. Doch kann es hier noch immer zu Scharmützeln mit der **Karen National Liberation Army (KNLA)** kommen – dem militärischen Arm der Rebellenorganisation Karen National Union (KNU). Schon seit der Unabhängigkeit 1948 hatten die Kayin für einen eigenen Staat gekämpft, was zu vielen überfüllten **Flüchtlingslagern** auf der thailändischen Seite führte. Durch die Eroberung ihres Hauptquartiers Manerplaw Anfang 1995 war ihre Widerstandskraft jedoch entscheidend geschwächt worden.

Hpa-an

Rund 300 km von Yangon und 145 km vom Grenzübergang Myawaddy/Mae Sot nach Thailand (s. Kasten S. 557) entfernt liegt die für Ausländer lange unzugängliche, aber heute enorm geschäftige Hauptstadt des Kayin-Staats. Das vom Thanlwin und einer spektakulären Natur umrahmte Hpa-an (gesprochen: *Pfah An*) lässt reichlich Reminiszenzen an das laotische Vang Vieng und Indiana-Jones-Streifen aufkeimen: In bis zu 40 km Entfernung erheben sich mit Höhlen durchsetzte Felsformationen fotogen aus Reisfeldern und Seen (Touren s. Kasten S. 544). Ob der amphibischen und somit froschreichen Region kann nicht verwundern, dass Hpa-an schlichtweg „Frosch" bedeutet.

Dank einer 700 m langen Brücke über den **Thanlwin** ist Hpa-an heute wesentlich besser an das 50 km entfernte Mawlamyaing angebunden – und wer individuell unterwegs ist, kann auf der Strecke allerlei Sehenswürdigkeiten erkunden. Als Alternative lockt der Wasserweg (s. Kasten S. 543), was je nach Fahrtrichtung 2 1/2–5 Stunden dauert und stimmungsvolle Impressionen beschert. Die Breite des fast 3000 km langen, von den Thai *Salween* genannten Flusses täuscht darüber hinweg, dass sein ökologisches Gleichgewicht extrem bedroht ist. Denn am Thanlwin sind mithilfe von China und Thai-

Die Tribute von Hpa-an

Manchmal sind sie sogar bis ins Stadtzentrum zu spüren, und in der Kawt-Gon-Höhle haben sie sogar schon Buddhastatuen zu Fall gebracht – die **Sprengungen**, mit denen allmählich die Naturwunder der Umgebung vernichtet werden. Der Abbau von Kalkstein in der Gegend speist den Straßenbau, aber vor allem die beiden **Zementfabriken** Myaing Ka La: Die von den Franzosen bereits vor 30 Jahren gebaute (Produktion von 900 t pro Tag) und die vor 15 Jahren mithilfe von Japan errichtete, landesweit größte (4000 t) haben bereits einige Berge vertilgt bzw. die Kulisse erheblich verändert. Ein ebenso trauriger Tribut an die schmutzige Industrie sind die zahlreichen Fälle von **Tuberkulose** in umliegenden Dörfern. Im Frühjahr 2016 kam es zu **Protesten** gegen ein weiteres Zementwerk, das mithilfe von China am Berg Kawt Phyan entstehen und sogar 5000 t am Tag produzieren soll. Die Verwendung von Dynamit wurde Mitte 2018 teilweise ausgesetzt – als Folge hartnäckiger **Interventionen** von niederländischen NGOs.

land über 15 Staudämme zur Stromgewinnung geplant (mehr s. eXTra [5806]).

Insofern erscheint die seit 2018 an den Fluss geklotzte **Promenade**, für die sogar fast alle Avatar-Riesen gefällt worden sind, als bedenkliches Omen – auch wenn sie nach ihrer Fertigstellung zu einem neuen Mittelpunkt werden dürfte. Wie vermutlich auch der riesige Betonklotz am Nachtmarkt, der ab 2020 als erstes Großhotel und schillerndes Einkaufszentrum locken soll.

Sehenswürdigkeiten

Das Zentrum wird von der in wechselnden Farben, zuletzt moosgrün, dunkelrot und lila getünchten **Moschee** geprägt. Weitere markante Punkte sind die auf einem hohen, weißen Sockel thronende **Thit-Hata-Man-Aung-Pagode** und vor allem die **Shwe-Yin-Myaw-Pagode** am Flussufer, von der sich stimmungsvolle Sonnenuntergänge erleben lassen. Bereits am späten Nachmittag belebt sich das dortige Flussufer mit vielen Einheimischen, die sich auf ein Schwätzchen treffen, baden oder ihre Sachen waschen – allerdings nicht von Juli bis September, wenn der Fluss weite Teile der Stadt überflutet. In einem weißen Profanbau oberhalb des Kantharyar-Sees wartet das **Museum** mit kulturhistorischen, durchaus sehenswerten Exponaten auf, interessanter sind aber die Ausstellungen zeitgenössischer Künstler im Erdgeschoss, ⌚ 9–16 Uhr, Eintritt frei.

Empfehlenswert ist auch ein morgendlicher Streifzug durch die geschäftigen Straßen rund um den **Central Market** der prosperierenden Handelsstadt, nicht weit entfernt geht es auf dem weitläufigen **Myoe-Ma-Zay-Markt** (New Market) wuselig zu, ⌚ 2–22 Uhr. Ebenfalls noch jung ist die klimatisierte **Phoe La Min Shopping Mall** in der Bogyoke Road: ein vierstöckiges, gut sortiertes Kaufhaus mit moderner Fassade, Foodcourt und dem Beinamen „Junction of your Needs & Wants", ⌚ 8–21 Uhr.

Viel Trubel herrscht zum **Kayin State Festival** im November – mit vier Tagen Budenzauber aus Verkaufs- und Essensständen, Fahrgeschäften, Konzerten und Tänzen. Permanente Abwechslung indes bietet der Ende 2016 eröffnete **Chit Thu Myaing Amusement Park**, der vor allem mit seiner Orchideenpracht fasziniert (Eintritt 1000 Kyat).

ÜBERNACHTUNG

Dank etlicher Neueröffnungen hat sich das lange karge Angebot deutlich verbessert, gibt es nun 4 Hotel-Pools und die ersten Dorm-Betten am Ort sowie wohl bald auch die erste Bettenburg.

Untere Preisklasse

Galaxy Motel, Thida Rd., ✆ 058-21347, 09-566 1863 (Mrs. Khin), ✉ kosenathashar@gmail.com. Stadtweit beste (Budget) Option in perfekter Lage: In einem Eckhaus mit moderner Fassade verbergen sich 30 gepflegte Zimmer für US$22 (Kingsize) und US$25 (Twin) mit AC, Fenstern und Fliesenböden (am besten sind die fensterreichen Eck-Einheiten 205, 208, 304 oder 306) – gekrönt von einer Dachterrasse

Preiswert und pragmatisch

Gegründet 1990 mitten im Geschäftsviertel von den Brüdern Ngwe Soe und Aung Soe, mutet diese populäre Traveller-Herberge quasi als eigene Attraktion an: Das **Soe Brothers Gh.**, Thitsar Rd., ✆ 058-21372, 094-977 1823, ✉ soebrother@gmail.com, bietet 25 einfache und kleine, aber saubere Fliesenboden-Zimmer, davon 8 mit AC und 3 mit Warmwasser-Bad (am besten sind Nr. 1, 6 und 17). Die winzige, stets belagerte Rezeption im 2. Stock führt zu einem kleinen Foyer (gratis Kaffee und Tee) bzw. einem der beiden beliebten Gemeinschaftsbalkons. Ebenfalls aus der Zeit gefallen wirkt das **Golden Sky Gh., Thida Rd.,** ✆ 058-21510, mit 20 unterschiedlichen Zimmern (teils mit AC). Die Inhaber-Familie wirkt etwas muffelig, macht leider auch – bis auf die gute Frühstücks-Terrasse – nichts aus der perfekten Lage am Flussufer, wie sich auch im schräg gegenüber betriebenen Golden Sky Gh. 02 mit seinen 10 einfachen Schlafkabinen zeigt. Das ebenfalls lange etablierte **Kantharyar Gh. (Royal Lake Inn)**, Thiri Rd., ✆ 058-21600, lebt vor allem von seiner Lage am gleichnamigen See und Nachtmarkt: 53 AC-Zimmer, darunter 24 im Neubau mit umlaufender Balustrade und Balkons oder die skurrile Jasmine-Suite im Altbau für 40 000 Kyat. Alle ❶
Erste Dorm-Betten bieten das **Soe Brothers Gh. 02** oder das **Than Lwin Pyar Gh.**

Als beste Option empfiehlt sich das in der Bogyoke Rd. eröffnete **Little Hpa An Hostel**, ✆ 097-9597 2906, (W) http://littlehostelgroup.com/little-hpa-an-hostel. Die 4-er und 8-er Dorms sind leider etwas klein und die Privatzimmer teuer, aber es gibt viel Ambiente, ein gutes Frühstück, freundliches Personal sowie Fahrräder und Mopeds zu mieten. ❶–❷

mit Panoramablick, wo die Gastronomie bisher aber leider nur auf Sparflamme laufen darf. Besitzerin Mrs. Galaxy ist stets präsent und hilfsbereit. ❷

Soe Brothers Gh. 02, Inngyin St., ✆ 058-22748, 097-9249 8664, 💻 www.soebrothersguesthousehpaan.com/de-de. Seit 2016 als eher nüchterner, 4-stöckiger Neubau, 1,6 km bzw. 20 Min. vom Stammhaus bzw. 1 Min. vom Fluss und einem kleinen Markt entfernt. Die energiegeladene Mrs. Phu Phu bietet 29 saubere, ruhige und helle (bzw. wohltuend dunkel verglaste) Fliesen-Zimmer mit guter AC (am besten sind die 10 mit Balkons und die 4 Eck-Einheiten mit 2 Fenstern) sowie seit 2018 im Rooftop auch 1 Dorm mit 10 Betten zu US$9. Das Frühstück gibt es auf der halb offenen Dachterrasse und darf künftig gern noch besser werden. ❷

€ **Than Lwin Pyar Gh.**, Thida Rd., ✆ 058-21513, 09-873 1285. Fungiert als Ventil des Galaxy Motels, beweist aber schon durch das dominierende Türkis und Lila einen eigenen Charakter: 12 Zimmer für US$10, 20 und 30 – davon 7 als AC im Altbau und 10 mit AC im Neubau sowie 1 AC-Dorm mit 6 Betten à 10 000 Kyat – alles inkl. Frühstück und schönem Rooftop-Spot. ❶–❷

Mittlere Preisklasse

Angels Land Hotel, Padauk Rd., ✆ 058-21256, 094-977 1885, ✉ angels.landhotel@gmail.com. Unscheinbar, aber angenehme Option: 22 wohnliche Zimmer mit Fliesenböden und AC sowie originell gefliesten Bädern mit verglasten Eck-Rund-Duschen. Frühstück gibt es im Rooftop-Restaurant im 4. Stock. ❸

Gabanna Hotel, B.E.H.S. Rd., ✆ 058-22425, 💻 www.hpa-anhotelgabbana.com. Seit 2015 als bisher größte und beste Unterkunft der Stadt – mit ansprechendem Foyer und gepflegter Gastronomie (s. u.). 63 Zimmer mit Holzböden und Blick ins Grüne (am schönsten sind die Eck-Einheiten wie Nr. 1501, 1502, 1601 oder 1602) sowie 5 Junior-Suiten mit Wannen-Bädern. ❹

Perfect Hotel, Yangon-Hpa-an-Rd., ✆ 097-7605 5552-4, ✉ hotelperfecthpaan@gmail.com. Neu an der südl. Peripherie, gut geführt und beliebt: Das modern designte, ansprechend illuminierte Foyer führt zu 32 angenehmen Komfort-Zimmern als Deluxe und Superior. ❸–❹

Thanlwin Paradise Hotel, Ward Shwe King Rd., ✆ 092-5080 1589, ✉ hotelthanlwinparadise@com. Rund 6 km vom Zentrum an einem Seitenarm des Thanlwin-Flusses gelegen, mit eigen-

williger Misch-Architektur, weitläufiger Piazza, Uhrturm und schönem Restaurant (s. u.) direkt am Ufer. 63 Zimmer in 3 Kategorien – davon 21 in Bungalows und 16 im Neubauflügel (zu empfehlen sind Nr. 401 bis 404 mit wohltuend viel Holz, Balkon und sogar Flussblick). ❹

United Hotel, Adipati Rd., ✆ 092-5345 2738-9, 💻 www.hotelunited-hpaan.com. Rund ca. 2 km vom Zentrum entfernt mit moderner Architektur. 31 wohnliche, teils geräumige Komfort-Zimmer in 4 Kategorien (aber erstaunlicherweise nur Nr. 204, 205, 315 und 316 mit Balkon). Professionelles Management und gutes Frühstücks-Buffet. ❸

Obere Preisklasse

Keinnara Hpa-an, am Zwe-Kabin-Felsen, ca. 9 km südl. der Stadt, ✆ 092-5330 7774-6, 💻 www.memoriesgroup.com. Die ehemalige Hpa-an Lodge gehört als exklusives Boutique-Resort zur renommierten Memories-Group: 19 wohnliche, meist 45 m² große

Stimmungsvolle Sonnenuntergänge

Die mit Abstand beste Option besteht natürlich am **Zwe-Kabin-Felsen**. Als attraktive Alternative lockt der **Hpa(r) Pu** bzw. Hausberg von Hpa-an (Überquerung des Flusses mit kleinem Fährboot, 6–18.30 Uhr für 1000 Kyat p. P. oder als Charter, sowie 20–30 Min. Aufstieg) oder eine romantische Bootsfahrt auf dem **Thanlwin** (für 1–4 Pers. 8000 Kyat pro Std.) – wie sie sich sogar mit einem Besuch der Fledermaushöhle **Lin Noe Guu** verbinden lässt. Stets schnell zu erreichen sind die Ufer-Plattformen der **Shwe-Yin-Myaw-Pagode** sowie die Dachterrassen des **Galaxy Motels** oder **Than Lwin Pyar Gh.** Im Restaurant des **Than Lwin Paradise Hotels** indes kann man auch vor oder nach dem Sonnenuntergang schön hocken – vielleicht gar am Tag der Abreise, wenn es noch reichlich Wartezeit zu überbrücken gilt – bis zur Abfahrt des Nachtbusses.

Veranda-Cottages im Karen-Stil bzw. mit Böden, Wänden und Möbeln aus Edelholz. Neuerdings gibt es auch originelle „Sky-Dome"-Zeltbauten und einen schönen Pool, aber all das ist natürlich nicht gerade billig. ❼

Zwekabin Hotel, nahe der Thanlwin-Brücke, ca. 5 Min. westl. der Stadt, ✆ 058-22556, ✉ hotelzwekabin.zkb@gmail.com. Reizvolle Lage zwischen Karsthügel und Reisfeldern, aber auch an der Hauptstraße. Die etwas kahle Anlage bietet 24 behagliche Holzboden-Zimmer zu US$70, 80 und 90, ein schönes Restaurant mit Innen- und Außenbereich sowie seit 2017 auch einen Pool. ❺

ESSEN

Die Gastronomie-Szene entwickelt sich allmählich, zudem floriert der **Nachtmarkt**, 🕒 16–22 Uhr. Unbedingt mal die regional-typischen Aal-Gerichte (z. B. knusperig als *Formentura*) probieren, die auf jeden Fall leckeren Flussgarnelen sind in der Monsunzeit günstiger.

Famous Coffee Bakery, Bogyoke Rd., ✆ 058-22425. Sauber, ansprechend möbliert und auch ohne AC angenehm. Kaffee aus Automaten und Kuchen aus Tresen sowie westliche Kost für 4000–5000 Kyat – wie *Spaghetti Carbonara, Fish 'n' Chips* oder auch Knobi-Brot. 🕒 6.30–21.30 Uhr.

Gabanna, im gleichnamigen Hotel (s. o.). Gediegenstes Restaurant der Stadt – mit Tischdecken-Ambiente und AC, verlockend bebilderte Speisekarte mit preiswerten Speisen zu 3000–4000 Kyat, Cocktails um 3000 Kyat, 🕒 9–23 Uhr. Professionell auch der ebenfalls hoteleigene **Coffeeshop**. 🕒 8–20 Uhr.

Khit Thit (New Age), Zay Tan Rd., ✆ 058-21344. Gegründet bereits vor 50 Jahren und mit großen Rundtischen das älteste Restaurant der Stadt. Etwas spartanisch, aber endlich besser beleuchtet und auch unter Ausländern populär – deshalb wohl arg teuer geworden: *Crispy Eel* 7500 Kyat, *Fried Prawns* 8500 Kyat, aber Pommes immerhin nur 2000 Kyat. 🕒 8–22 Uhr.

Linn Thiri (II), Kannar Rd., ✆ 097-9185 5195. Beliebt als Bäckerei, Coffeeshop und AC-Restaurant. Chinesische, thailändische und westliche Küche in üppigen Portionen auf schönem Geschirr für meist 2500–4000 Kyat, aber inkl. langer Wartezeit. Kaffee-Spezialitäten ab 1000 Kyat sowie hausgemachte Kuchen und Kekse. 🕒 7–21 Uhr.

Lucky 1, gegenüber Khit Thit, ✆ 058-22112. Zählt definitiv zu den beliebtesten Spots und ist – neuerdings hellblau getüncht – nett zum Hocken, besonders draußen auf dem Bürgersteig. Das junge Betreiber-Paar U Aung Sae Win und Ma Ju Lie bietet chinesische Küche, doch mundet hier vor allem das frisch gezapfte *Myanmar-* und *Black-Field-Stout-BC-*Bier, das man sich für 1000 Kyat pro Glas auch wunderbar mischen lassen kann! 🕒 8–23 Uhr.

Nicety Café, Kannar Rd., ✆ 099-6444 8323. Seit 2018 vom Besitzer des United Hotel als angesagter Gastro-Spot der neuen Generation inkl. kleiner Dachterrasse zum Fluss. Kaffee-Spezialitäten 1200–1600 Kyat, *Tuborg* und *Carlsberg* vom Fass für 900 bzw. 1200 Kyat, Cocktails mit Gin 3000 Kyat. *Rice & Meat Set* für 2 Pers. 9000 Kyat. 🕒 10–23 Uhr.

€ **San Ma Tau**, Bogyoke Rd., ✆ 058-21802. Die Englisch sprechende Ms. Mi Mie und ihre Eltern bieten im 2018 umfassend renovierten Restaurant ein gutes Topf-Buffet. Die

Gerichte kosten inkl. Reis und massenhaft Gratis-Beilagen (sogar diverse Süßigkeiten und Suppe) 3100 Kyat – besonders zu empfehlen sind das leckere *Mutton* oder die *River Prawns*. ⌚ 10–20.30 Uhr.

Than Lwin Paradise, im gleichnamigen Hotel als herrliche Option zum Sonnenuntergang. Direkt am Ufer mit bestechendem Blick auf Fluss, Brücke und Berge, aber natürlich nicht gerade billig. Hauptgerichte mit Schwein, Ente oder Mutton 6000–8500 Kyat, serviert an großen Rundtischen in üppigen Portionen. ⌚ 7–21 Uhr.

Veranda Youth Community Café, Zwegabin Rd. am Kantaryar-See und Museum, ✆ 092-5595 3135, 💻 http://verandacafe.weebly.com/. Populär – mit gartenähnlichem Flair und absoluter Ruhe. Leichte Küche, Kaffee-Spezialitäten, Säfte, Shakes – stets serviert mit einem gewissen sozialen (Hilfe beim Einstieg ins Arbeitsleben) wie ökologischen Anspruch. ⌚ Mo–Sa 11–20 Uhr.

€ **Wadee**, ✆ 094-2795 2605. Halb offen in einer Seitenstraße und enorm populär, ob guter Qualität zu unschlagbaren Preisen: Die appetitlich bebilderte Speisekarte bietet einheimische Küche für 800 Kyat, thailändische Kost für 1000–2000 Kyat, westliche Gerichte sind etwas teurer. ⌚ 9–21 Uhr.

SONSTIGES

Die kleine, aber feine und reichlich versteckt liegende Oase des **PC Spa & Thai Massage**, ✆ 097-8004 7130, beweist erhöhten Seltenheitswert: Perfekt zur (spätestens) abendlichen Entspannung: einstündige Massagen für 5000 Kyat, inkl. Scrub 7000 Kyat, Aroma-Therapien 10 000 Kyat. ⌚ 9–22 Uhr.

NAHVERKEHR

Zu den außerhalb liegenden Unterkünften kosten Moped-Taxis 2000–3000 Kyat, Tuk Tuks oder Taxis 3000–6000 Kyat (Touren s. Kasten).

TRANSPORT

Abfahrt vom **Busbahnhof** (ca. 5 km außerhalb!), meist aber auch vom Uhrturm oder der Moschee möglich – in Richtung Norden sogar vom Soe Brothers Gh. 02.

Busse und Minivans

BAGO, 210 km, mit Yangon-Bus (s. u.) für ca. 6000 Kyat in ca. 5 1/2 Std.
DAWEI, über YE, 370 km, bisher nur mit Buswechsel in Mawlamyaing, insgesamt 25 000 Kyat in 8 Std.
INLE-SEE, 555 km, um 7 Uhr für 25 000 Kyat in 14 Std.
KALAW, 650 km, um 18 und 19 Uhr für 25 000 Kyat in 12 Std.
KYAIKHTO, 120 km, mit Yangon-Bus (s. u.) für ca. 6000 Kyat in ca. 3 Std., von dort per Sammel-Taxi für 500 Kyat in ca. 25 Min. nach Kinpun-Camp, 14 km.

Beschaulich nach Mawlamyaing

Die Fahrt von Hpa-an über den Thanlwin nach Mawlamyaing ist beschaulich und landschaftlich reizvoll – vor allem im ersten Abschnitt. Statt der 2011 eingestellten, staatlichen Nostalgiefähre verkehren allerlei private **Linien- und Charter-Boote**. Die beschatteten, unterschiedlich komfortablen Longtails für bis zu 16 Pers. starten morgens oder mittags. Tickets kosten 8500 Kyat und sind über die Unterkünfte buchbar, als Charter 70 000 Kyat.

Die **Thanlwin Princess**, ✆ 097-7717 0111, 💻 www.elegantmyanmartours.com, startet z. B. tgl. um 13.30 Uhr und erreicht Mawlamyaing gegen 16.30 Uhr (US$10 bei mind. 6 Pers.), in Gegenrichtung geht es ab 8.30 Uhr mit Ankunft um 11.30 Uhr (US$12). Es ist auch Charter mit bis zu 6 oder 14 Pers. möglich (US$60 bzw. US$80). Die stattliche Htoo Hlaing Shin, ✆ 094-0404 0615, 💻 www.tinttintmyanmarcruises.com, startet um 12.30 Uhr, zurück nach Hpa-an geht es um 6 Uhr – ebenfalls in 6 Std. für US$9. Zudem im Einsatz ist das gepflegte, hölzerne **Hte-La-Y Pleasure Boat**, ✆ 097-9159 0517, 💻 www.htelay.com.

Achtung: Einige Anbieter ermöglichen einen **Besuch des Klosters U Na(r) Auk** – von der Anlegestelle zu erreichen mit 20 Min. Tuk-Tuk-Transfer, Aufenthaltszeit rund 30 Min.

DER SÜDEN

MANDALAY, 740 km, um 17, 18 oder 20 Uhr mit schönem VIP-Bus ab 15 500 Kyat in 12 Std.
MAWLAMYAING, 60 km, von 6–16 Uhr stdl. mit Ventilator-Bus für 1500 Kyat in 1 1/2 Std.
MYAWADDY/MAE SOT, 145 km, um 7.30 und 9 Uhr mit Minivans (bis zu 9 Pers.) oder Pro Box Cars (4 Pers.) für 10 000 Kyat, als Charter 45 000 Kyat, in ca. 4 Std., Infos zum Grenzübergang s. Kasten S. 557.
THATON, 50 km, alle 30 Min. mit Minivans für 1500 Kyat in ca. 1 1/2 Std.
YANGON, 290 km, tgl. ca. 30x für rund 6000 Kyat, besser um 8 oder 9 Uhr mit den 33-sitzigen VIP-Bussen für ca. 9000 Kyat in 6 1/2 Std.

Taxis

Transfers nach Kinpun Camp kosten um 80 000 Kyat, als Tagestour bis zu 110 000 Kyat. Nach Mawlamyaing geht es für 40 000–50 000 Kyat, nach Yangon für etwa 160 000 Kyat.

15 HIGHLIGHT

Die Umgebung von Hpa-an

Rund um Hpa-an laden bizarre **Berge**, **Felspagoden** und **Klöster** zur Erkundung ein sowie faszinierende **Karsthöhlen** (birmanisch: *gu*) und mit glasklarem Quellwasser lockende Badeziele (zwei mit kaltem, eines mit warmem Wasser). Das Angebot an Touren umfasst neuerdings auch Mountainbike-Abenteuer. Einige Sehenswürdigkeiten lassen sich gut auf der Strecke von/nach Thaton einbauen, andere wiederum auf der von/nach Mawlamyaing. Mindestens fünf sollten erkundet werden (s. Kasten S. 548), wobei die Schreibweisen sehr variieren und sich Zufahrten als reichlich holprig erweisen können. Da es sich stets um buddhistische Heiligtümer handelt, sind die Labyrinthe nur barfuß zu betreten, der höhlentypische „Duft" zuweilen eine Tortur. Denn im Schummerlicht von Taschenlampen kann es nicht nur durch Matsch, Fledermauskot und zurückgelassenen Unrat gehen, sondern auch über scharfkantige Felsen und spitze Steinchen. Leider kann der Kyone-

Verlockende Tagestouren

Gruppen-Transfers per Tuk Tuk

Die Unterkünfte **Galaxy**, **Soe Brothers** und **Golden Sky** bieten preiswerte Touren an, die meist von ca. 8.30–18.30 Uhr dauern, bis zu sieben Spots bzw. mehrere Felsen, Höhlen, zuweilen ein Picknick mit Baden oder auch eine Visite in Dörfern umfassen. Als Transportmittel dienen mit sechs bis acht Personen gefüllte Tuk Tuks (5000–7000 Kyat p. P., Charter um 30 000 Kyat), bei Bedarf lassen sich auch Mopeds (ca. 20 000 Kyat) oder Autos (um 40 000 Kyat) arrangieren.

Unterwegs mit Sein La Pyae

Meist jedoch handelt es sich eher um „geteilte Transfers", denn die Fahrer sprechen selten Englisch und agieren allenfalls bedingt als Guides. Wer einen echten Profi und Insider bzw. ganz individuelle Routen bevorzugt, sollte den netten und perfekt Englisch sprechenden **Sein La Pyae**, ✆ 094-2504 7078, ✉ winlapyit@gmail.com, engagieren (Tagessalär US$35).

Von Selbstfahrern und Skizzen

Wer lieber **auf eigene Faust** unterwegs ist, kann sich ein Moped (7000–10 000 Kyat) oder Fahrrad (3000 Kyat) mieten, um sein Glück mit handskizzierten Landkarten zu versuchen – wie sie gern mit auf den Weg gegeben werden. Charter-Tuk-Tuks für zwei Personen kosten bis zu 30 000 Kyat. Für Bootstouren s. Kasten S. 543, die wichtigsten Spots für Sonnenuntergänge s. Kasten S. 542.

Auf Tour per Pedal und Paddel

Auf professionelle Mountainbike-Touren spezialisiert hat sich **Than Lwin Adventures**, Gabana Hotel, ✆ 097-9482 2706, 💻 www.thanlwinadventures.com. Die erlebnisreichen Routen führen über möglichst viel Nebenstrecke: halber Tag (26 km, US$40 p. P.), ganzer Tag (38 km, US$60 und 55 km, US$70) oder fünf Tage mit Mawlamyaing und Goldenem Felsen (von/bis Yangon US$783), ab zwei Personen stets erheblich billiger. Neu wie verlockend sind **Paddeltouren** mit dem Kajak durch geflutete Reisfelder im Umfeld der Kaw-Ka-Thaung-Höhle.

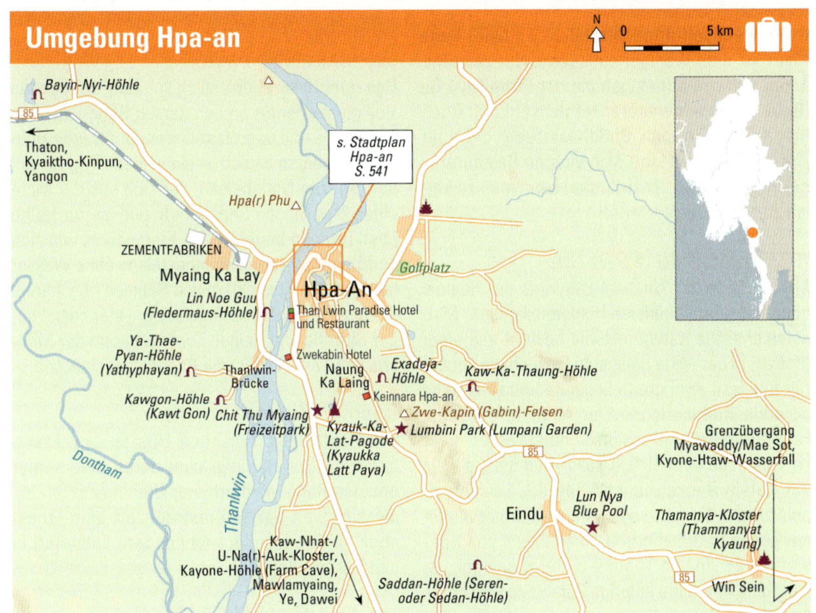

Htaw-Wasserfall, der wohl schönste Myanmars, noch nicht besucht werden.

Bayin-Nyi-Höhle

Beim Dorf **Sandangu**, an der Hauptstraße zwischen Thaton (rund 20 km) und Hpa-an (fast 30 km), führt ein 500 m langer Abzweig zu einem aus flacher Landschaft aufragenden Felsen. Am Fuß des Berges liegen ein Kloster und mehrere Stupas – erreichbar über einen Betonpfad durch einen aufgestauten See (nachmittags schöne Spiegelbilder). Das glasklare und heiße Wasser, das angeblich Heilkräfte besitzt, lädt zum kostenlosen **Thermalbad** ein! Eine steile Treppe führt zur 200 m langen Bayin-Nyi-Höhle mit zahlreichen Buddhafiguren. In der Regenzeit kann sich der Felskomplex in ein Wasserschloss verwandeln – erreichbar nur mit Ruderbooten.

Eindu

In diesem Dorf mit Webereien für Kayin-Textilien zweigt die Zufahrt zur **Saddan-Höhle** ab. Durchquert man es und folgt der Straße nach Myawaddy, wird nach rund 3 km der **Lun Nya Blue Pool** erreicht, der trotz seines verheißungsvollen Namens nicht gerade zum Baden einlädt. 10 km weiter östlich liegt das bedeutende **Thamanya-Kloster** (Thammanyat Kyaun), s. **eXTra [9907]**.

Exadeja-Höhle

Erst 2017 wurde die ca. eine Stunde von Hpa-an entfernte, in der Nähe des Golfplatzes gelegene Höhle entdeckt. Sie wird bisher fast nur von Einheimischen besucht. Das Labyrinth soll sogar größer sein als das der Saddan-Höhle, einen Eingang und zwei Ausgänge haben.

Kaw-Ka-Thaung-Höhle

Gleich drei Höhlen laden in diesem riesigen, rund 12 km südöstlich von Hpa-an in der Nähe von **Eindu** liegenden Felskomplex zur Erkundung ein. Eine bunte Prozession aus Buddhastatuen begrüßt die Besucher am Eingang, während sich im gefliesten Inneren lange Reihen gleichgroßer Buddhafiguren befinden. An Felsen entlang führt eine unbefestigte Straße zu einem weiteren, rund 100 m langen Höhlenheiligtum mit einigen Andachtsstellen. Es heißt **Pada Myar**, ist aber weniger einladend. Nur zehn Minuten entfernt öffnet sich mit der **Patta Myu Gu (Ruby Cave)** ein weiterer Höhlenschlund. Auch hier verbergen sich Buddhastatuen, die aber jüngeren Datums sind. Von einigen Restaurants der Region (meist Thai-Küche) kann man zuweilen zu Kajaktouren starten.

Kawgon-Höhle (Kawt Gon)

Mit nur 52 m das kürzeste Labyrinth der Region, aber eines der schönsten Höhlenheiligtümer Südostasiens: Die Kawgon-Höhle besteht aus einer großen, in der Mitte gefliesten Felsenhalle, an deren Rändern zwei große liegende und zahlreiche sitzende Buddhafiguren zur Andacht einladen. Faszinierende Impressionen hinterlassen aber vor allem die über 10 000 Relief-Buddhas, die als Votivtafeln Decken und Wände des Felsentempels zieren. Es gibt sogar Stalaktiten mit eingemeißelten Buddhafiguren. Rund 26 km von Hpa-an (und 46 km von Thaton) entfernt gelegen, ist die Höhle über eine holprige Zufahrt zu erreichen. Imposante Regenbäume markieren den Eingang (Eintritt 3000 Kyat), neben dem eine Treppe zu fantastischer Aussicht nach oben führt.

Kyauk-Ka-Lat-Pagode (Kyaukka Latt Paya)

Das rund 10 km südwestlich von Hpa-an liegende Heiligtum erinnert an den James-Bond-Felsen in Thailand – und wirkt faszinierender als jede Höhle! Typisch birmanisch ist die goldene Pagode auf dem spitzen Nadelfelsen, der sich aus der Mitte eines kreisrunden Sees erhebt und bis zur Hälfte über Treppen begehbar ist. Erstaunlich, wie sich der Bewuchs dort oben monatelang ohne Wasser hält. Auf den Reisfeldern und Bäumen ringsherum tummeln sich etliche Vogelarten – manchmal sogar Störche und Reiher. Zur Meditation der Mönche von 12–13 Uhr ist die Pagode geschlossen.

Kayone-Höhle (Farm Cave)

Die Höhle liegt zwischen Hpa-an und Mawlamyaing bzw. kündigt sich durch eine schier endlose Reihe goldfarbener Buddhastatuen an, die sich von der Hauptstraße bis zum (sonst aber nicht besonders lohnenden) Labyrinth in den Bergen zieht.

Lin-Noe-Guu-Höhle (Bat Cave)

Diese Höhle kann nicht betreten, sondern nur ihr Eingang beobachtet werden (mit Charter-

Spannender als jede Höhle: das als Nadelfelsen im Wasser liegende Heiligtum Kyauk Ka Lat

Schweben statt Schwitzen

Die neue Seilbahn wird nach der am Goldenen Felsen als landesweit zweite schweben: Sie ist 1559 m lang und bewältigt die 674 Höhenmeter mit 10 m pro Sekunde. Die beiden Kabinen können jeweils bis zu 50 Passagiere befördern, benötigen vier Minuten und kosten für Ausländer US$5. Die rund US$17 Mio. teure Anlage stammt von der Schweizer Firma Garaventa, die auch die zur Insel Sentosa in Singapur führende Seilbahn installiert hat.

Tuk-Tuk 10 000 Kyat oder als 30-minütige Bootsfahrt): Während der Dämmerung (je nach Jahreszeit 16.30–18.30 Uhr) schwärmen Hunderttausende Fledermäuse aus dem Labyrinth, um ein unvergessliches Naturschauspiel zu bieten. Leider machen Einheimische zuweilen Lärm auf Trommeln, um die Bewegungen der Schwärme zu beeinflussen.

Saddan-Höhle (Saddar, Sedan oder Seren)

Rund 20 km bzw. ca. 50 Minuten (zeitraubende Zufahrt ab der Hauptstraße) von Hpa-an verbirgt sich die wohl eindrucksvollstes Höhle Myanmars (🕒 8–18 Uhr, Eintritt 1000 Kyat). Eine von zwei weißen Elefanten flankierte Treppe führt in das mit etwa 500 m (zweit)längste Labyrinth der Region. Es beginnt mit einem riesigen **Felsschlund** – umrahmt von imposanten **Tropfsteinformationen** und **Buddhadarstellungen**. Als Statuen oder als Halbreliefs aus Ton an die Wände geklebt, dekorieren sie mehrere Andachtsstellen, darunter sogar einen Felsvorsprung direkt unter der Decke.

Die Durchquerung des spärlich beleuchteten Erdschlunds in rund 30 Minuten ist aber nur von Oktober bis Juni möglich. Es geht durch **Fledermauskolonien** und eine **Schlucht**, die sich in der Regenzeit – wie auch die Umgebung des Naturwunders – mit Wasser füllt. Vom fotogenen Ausgang sollte man für 6000 Kyat einen der bunten **Sampans** chartern, um sich über einen See bzw. durch einen **Felstunnel** (bei hohem Wasserstand nur liegend möglich) und einen schmalen Kanal zwischen Reisfeldern – plus etwa zehn Minuten Fußweg – zum Eingang der Höhle zurückrudern zu lassen.

Ya-Thae-Pyan-Höhle (Yathyphayan)

Dieser Erdschlund öffnet sich etwa 2 km nördlich der Kawgon-Höhle. Die Lage auf einem 150 m hohen Hügel ermöglicht – von der Treppe oder dem Eingang bzw. nach zehnminütiger Durchquerung – einen schönen Ausblick auf die Umgebung, einen See und ggf. den Sonnenuntergang. Achtung, beim Besuch muss mit Affen gerechnet werden.

Zwe-Kapin (Gabin)-Felsen

Der 832 m hohe Berg erhebt sich rund 11 km bzw. 30 Minuten südlich von Hpa-an (mit Moped-Taxi 3000 Kyat, Tuk Tuk 5000 Kyat). Am Fuß werden die Ankömmlinge von den 1121 überlebensgroßen Buddhastatuen des **Lumbini Parks** begrüßt (Zutritt 4000 Kyat). Der Panoramablick von der Spitze ist sagenhaft – natürlich besonders zum Sonnenauf- und -untergang!

Bis Mitte 2020 soll man per Seilbahn (s. Kasten) auf den Zwe-Kapin-Felsen schweben können. Ihre Inbetriebnahme dürfte erhebliche Veränderungen mit sich bringen – zumal das Naturwunder bisher beschaulich bzw. nur mit einer Pagode, einem kleinen Restaurant und etwas Souvenirverkauf bebaut gewesen ist. Vor den allgegenwärtigen, frechen Affen jedoch wird man sich und seine Sachen auch in Zukunft hüten müssen. Leider ist Ausländern die Übernachtung auf dem Berg seit 2017 verboten, nachdem sich ein 37-Jähriger abends vom Felsen in den Tod gestürzt hat.

Wer das Naturwunder nach wie vor besteigen will, braucht viel Energie, Ausdauer und Wasser. Dieses ist unbedingt mitzubringen, weil es unterwegs ebenso an Verkaufsstellen mangelt wie leider auch an Mülltonnen – mit den entsprechend hässlichen, völlig unnötigen Folgen für die Umwelt. Besonders zum Tabaung-Festival, wenn der Berg täglich von bis zu 100 000 Menschen gestürmt wird! Die meisten Treppen-Trekker starten von 7–8 Uhr, wenn die morgendliche Frische den schweißtreibenden, je nach Kondition etwa 1 1/4–2 Stunden dauernden Aufstieg erleichtert. Für den Abstieg bietet sich ein alternativer Weg an, der mit ca.

Die faszinierenden Fünf

Herausforderung und Höhepunkt zugleich verspricht – jeglicher Seilbahn zum Trotz – eine Besteigung des Zwe-Kapin-Felsens. Wer wenig Zeit hat – sogar Tagestouren von Mawlamyaing aus werden trendy (S. 543) –, sollte sich auf die Höhlen **Saddan**, **Kawgon** und **Bayin Nyi** sowie die Pagode **Kyauk Ka Lat** beschränken und keinesfalls das **Kloster U Na(r) Auk** versäumen: Es versteckt sich im Dorf Kaw Nhat (Kor Nat) zwischen Hpa-an und Mawlamyaing, zu erreichen über eine 8 km lange Holperpiste. Benannt wurde das Ensemble aus Heiligtümern nach dem legendären, einst vom Kuhhirten zum Fährbetreiber aufgestiegenen Geschäftsmann U Na(r) Auk. Die Vielfalt der Bauwerke, Buddhafiguren, Mosaike und Reliefs zeugt von unglaublicher Handwerkskunst, besticht durch den Reichtum an Formen und Farben, Stilen und Stimmungen.

3000 Stufen wesentlich steiler (Muskelkater garantiert), schneller und besser beschattet ist, aber nicht so viele Ausblicke bietet.

16 HIGHLIGHT

Mawlamyaing (Mawlamyine, Moulmein)

Wer die Anreise statt über Thaton bzw. die Nationalstraße 8 auf der Nebenstrecke von Hpa-an aus bewältigt, durchquert – besonders in der Regenzeit – eine herrliche Landschaft. Es geht über Alleen aus stattlichen Palmen und Regenbäumen, durch überflutete Reisfelder und über zwei imposante Brücken. Dann kommt Mawlamyaing [3973] in Sicht, malerisch umrahmt von einer sanften, grünen Hügelkette, aus der weiße und goldfarbene Pagoden glitzern. Kein Wunder, dass sich Rudyard Kipling hier einst zur Ballade *Road to Mandalay* inspiriert gefühlt haben soll und George Orwell zu seinem Werk *Burmese Days.*

Gut 300 km südöstlich von Yangon und 160 km nördlich von Ye liegt die viertgrößte Stadt Myanmars an der Mündung der Flüsse Thanlwin (Salween) und Gyaing am Golf von Mottama. Zwischen **Shampoo Island** und der ungleich größeren Insel **Bilu Kyun** kreuzen Passagierschiffe, Dschunken und Barken. Koloniale Fassaden und die hölzernen Pfahlbauten der Mon sorgen ebenso für nostalgischen Charme wie vielstöckige Klostertürme, Kirchen, Moscheen im Zuckerbäckerstil und auch etliche Palmen und Baumriesen. Verschwunden sind leider die bis 2012 ortstypischen Oldtimer-Busse mit Teakaufbauten sowie sämtliche Trishaws.

Die rund 400 000 Einwohner zählende Stadt war bereits im frühen 1. Jh. ein bedeutendes Zentrum der Mon und wurde erst mit der Eroberung durch König Anawrahta um 1050 vom Bagan-Reich eingegliedert. Ab Mitte des 14. Jhs. begannen die Siamesen die Stadt zu kontrollieren, um am Handel zwischen China und Südasien teilzuhaben. Von 1826 bis 1852 war das damalige Moulmein sogar Zentrum der britischen Kolonialverwaltung und entwickelte sich zum wichtigsten Umschlagplatz für Teakholz, Reis und Meeresfrüchte. Bis heute fungiert Mawlamyaing mit dem „Vorort" **Mottama** (Martaban) am nördlichen Flussufer als landesweit drittgrößter Hafen.

Seit 2005 schließt die rund 3,5 km lange, 19 m breite und damit **größte Brücke Myanmars** über den Thanlwin eine einst empfindliche Lücke im Nord-Süd-Verkehr. An ihrer Ostflanke lässt sie sich als schöner Spaziergang zu Fuß überqueren. Mit dem Ausbau der Verkehrswege dürfte sich das nach Sonnenuntergang nur spärlich beleuchtete Mawlamyaing immer mehr als Tor in den tiefen Süden etablieren. Meilensteine der Moderne sind das 2016 eröffnete, schillernde **Ocean Supercenter** und das 2018 an den Fluss gesetzte, japanisch geprägte **Riverside Center @Yarmanya**. Hier sorgen zwei schicke Restaurants für ein neues Lebensgefühl, umrahmt von einer Wiese mit Imbiss-Pavillons und Spielplatz, einem beliebten Foodcourt, Wedding-Hall, Supermarkt, Souvenirshop und einer Niederlassung von Hyundai.

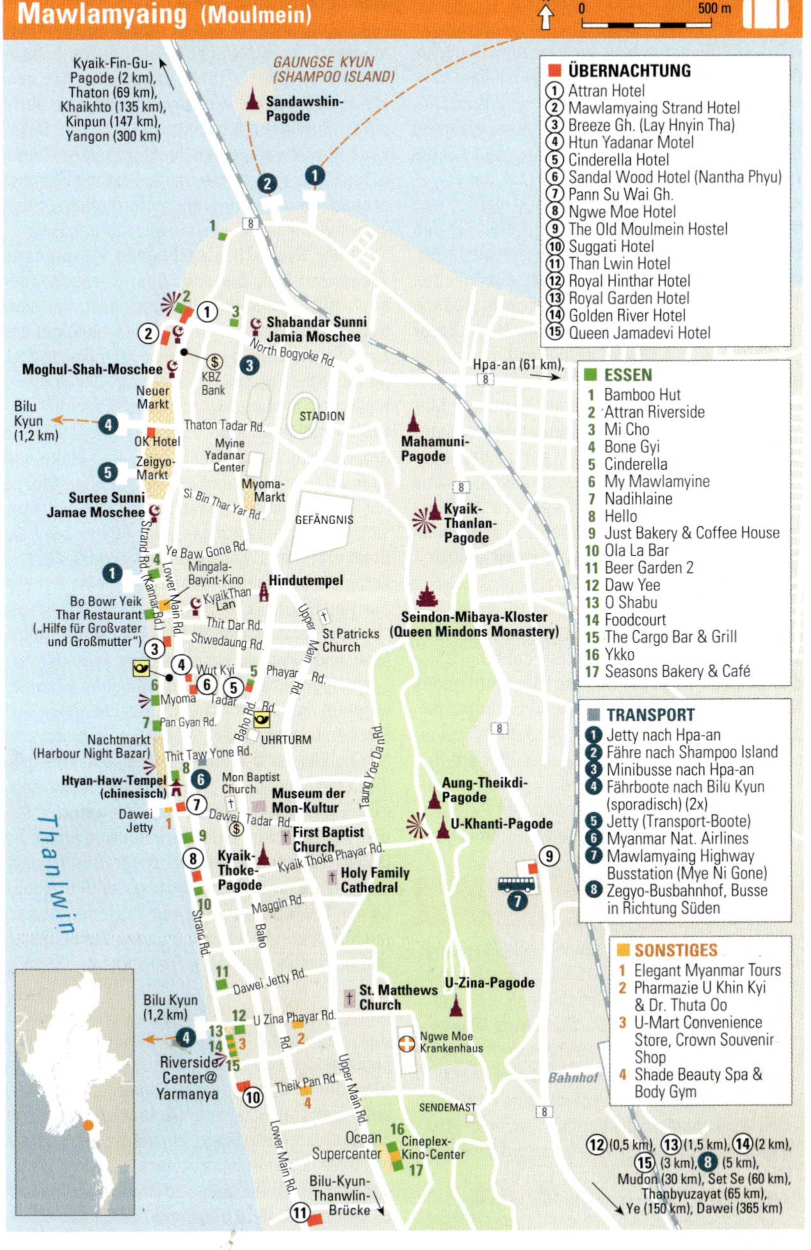
Mawlamyaing (Moulmein)
ÜBERNACHTUNG
1 Attran Hotel
2 Mawlamyaing Strand Hotel
3 Breeze Gh. (Lay Hnyin Tha)
4 Htun Yadanar Motel
5 Cinderella Hotel
6 Sandal Wood Hotel (Nantha Phyu)
7 Pann Su Wai Gh.
8 Ngwe Moe Hotel
9 The Old Moulmein Hostel
10 Suggati Hotel
11 Than Lwin Hotel
12 Royal Hinthar Hotel
13 Royal Garden Hotel
14 Golden River Hotel
15 Queen Jamadevi Hotel
ESSEN
1 Bamboo Hut
2 Attran Riverside
3 Mi Cho
4 Bone Gyi
5 Cinderella
6 My Mawlamyine
7 Nadihlaine
8 Hello
9 Just Bakery & Coffee House
10 Ola La Bar
11 Beer Garden 2
12 Daw Yee
13 O Shabu
14 Foodcourt
15 The Cargo Bar & Grill
16 Ykko
17 Seasons Bakery & Café
TRANSPORT
1 Jetty nach Hpa-an
2 Fähre nach Shampoo Island
3 Minibusse nach Hpa-an
4 Fährboote nach Bilu Kyun (sporadisch) (2x)
5 Jetty (Transport-Boote)
6 Myanmar Nat. Airlines
7 Mawlamyaing Highway Busstation (Mye Ni Gone)
8 Zegyo-Busbahnhof, Busse in Richtung Süden
SONSTIGES
1 Elegant Myanmar Tours
2 Pharmazie U Khin Kyi & Dr. Thuta Oo
3 U-Mart Convenience Store, Crown Souvenir Shop
4 Shade Beauty Spa & Body Gym
Kyaik-Fin-Gu-Pagode (2 km), Thaton (69 km), Khaikhto (135 km), Kinpun (147 km), Yangon (300 km)
GAUNGSE KYUN (SHAMPOO ISLAND)
Sandawshin-Pagode
Shabandar Sunni Jamia Moschee
North Bogyoke Rd.
Moghul-Shah-Moschee
KBZ Bank
Neuer Markt
Bilu Kyun (1,2 km)
Thaton Tadar Rd.
STADION
Hpa-an (61 km),
OK Hotel
Myine Yadanar Center
Zeigyo-Markt
Myoma-Markt
Mahamuni-Pagode
Surtee Sunni Jamae Moschee
Si Bin Thar Yar Rd.
GEFÄNGNIS
Kyaik-Thanlan-Pagode
Strand Rd.
Ye Baw Gone Rd.
Mingala-Bayint-Kino
Lower Main Rd.
(Kannar Rd.)
KyaikThan Lan
Hindutempel
Bo Bowr Yeik Thar Restaurant („Hilfe für Großvater und Großmutter")
Thit Dar Rd.
Shwedaung Rd.
Upper Main Rd.
St Patricks Church
Seindon-Mibaya-Kloster (Queen Mindons Monastery)
Wut Kyi
Phayar Rd.
Myoma
Tadar Rd.
Pan Gyan Rd.
Baho Rd.
UHRTURM
Nachtmarkt (Harbour Night Bazar)
Thit Taw Yone Rd.
Taung Yoe Dan Rd.
Htyan-Haw-Tempel (chinesisch)
Mon Baptist Church
Museum der Mon-Kultur
Aung-Theikdi-Pagode
Dawei Jetty
Dawei Tadar Rd.
U-Khanti-Pagode
Thanlwin
First Baptist Church
Kyaik-Thoke-Pagode
Kyaik Thoke Phayar Rd.
Holy Family Cathedral
Maggin Rd.
Baho
Strand Rd.
Dawei Jetty Rd.
St. Matthews Church
U-Zina-Pagode
Bilu Kyun (1,2 km)
U Zina Phayar Rd.
Rd.
Ngwe Moe Krankenhaus
Riverside Center@ Yarmanya
Theik Pan Rd.
Upper Main Rd.
Bahnhof
SENDEMAST
Ocean Supercenter
Cineplex-Kino-Center
Lower Main Rd.
Bilu-Kyun-Thanlwin-Brücke
12 (0,5 km), 13 (1,5 km), 14 (2 km), 15 (3 km), 8 (5 km), Mudon (30 km), Set Se (60 km), Thanbyuzayat (65 km), Ye (150 km), Dawei (365 km)
0 500 m
N
DER SÜDEN

Orientierung und Erkundung

Drei Lebensadern durchziehen Mawlamyaing in Nord-Süd-Richtung bzw. parallel zum Thanlwin. Die **Upper Main Road** (North Bogyoke Lan) führt aus Ye kommend am neuen Bahn- und Busbahnhof vorbei zur Brücke nach Mottama, während die **Lower Main Road** (South Bogyoke Lan) die Hauptgeschäftsstraße bildet. Direkt am Flussufer entlang und am Zegyo-Markt vorbei verläuft die **Strand Road** mit ihren Jettys für den Passagier- und Frachtverkehr. Sie hat sich – besonders am Wochenende – zum abendlichen Treffpunkt von Teenagern entwickelt. Ebenso populär ist der noch junge **Harbour Night Bazar** am Flussufer. Die **Dawei Jetty Road** indes führt als wichtigste West-Ost-Verbindung in die Hügel, wo sich etliche Heiligtümer verteilen. Mitten im Stadtkern erstreckt sich ein imposanter **Gefängniskomplex** von 1908, der zu den bauhistorisch besterhaltenen Haftanstalten Asiens zählen dürfte. Der von den Japanern im Zweiten Weltkrieg gebaute und ebenfalls im Original zu bewundernde **Flughafen** wird kaum genutzt.

Heiligtümer auf der Hügelkette

Für die Besteigung der heiligen Hügel sollte man sich Zeit nehmen und den überdachten Gang des **Seindon-Mibaya-Klosters** (Queen Mindons Monastery) wählen. Der Name weist darauf hin, dass das Heiligtum vor fast 140 Jahren von einer Gemahlin König Mindons gestiftet worden war. Auf 203 Stufen geht es durch ein einzigartiges Freilichtmuseum: Zwischen den Palmwipfeln ragen vielstöckig gestaffelte Türme zahlreicher betagter Heiligtümer hervor. Meist ist der Abt bereit, die knarrenden Holztüren zu öffnen, um Besucher in seine kulturhistorische Schatzkammer zu lassen. Früher ermöglichte das eine kleine Gabe, heute wird zuweilen Druck mithilfe eines Spendenbuch-Eintrags erzeugt. Barockes Mauerwerk, dicke Teakholzbalken, bunte Mosaikfenster oder die Glasfliesen mit Blumenornamenten und filigranen Holzschnitzereien verleihen dieser Anlage ein besonderes Flair.

In der **Kyaik-Thanlan-Pagode** (gesprochen *Tschai-tan-lan*), die man über Treppen oder auch zwei Fahrstühle erreicht, lässt sich vortrefflich darüber sinnieren, ob es vielleicht der zu diesem Heiligtum gehörende, auffälligste Stupa der Stadt gewesen sein mag, wo Rudyard Kipling einst sein „birmanisches Mädchen" getroffen haben könnte … Fakt ist, dass der um 875 erbaute, goldfarbene Zedi eine Höhe von 45 m erreicht, während es die mächtige Glocke am Westeingang auf fast 1 t bringt – und dass sich von hier ein faszinierender Ausblick auf die Stadt eröffnet (s. Kasten S. 551). Die Entstehung verbindet sich mit der Legende um eine Pagode aus Bambus, s. eXTra [4071].

Als größtes Heiligtum Mawlamyaings gilt die **Mahamuni-Pagode** am nördlichen Ende der heiligen Hügelkette. Sie ist im typischen Mon-Stil errichtet, in dem überdachte Wandelgänge aus Backstein mehrere Schreinbauten verbinden. Im Mittelpunkt der **U-Khanti-Pagode** steht eine große Buddhastatue, während von der Decke mehrere Glocken und Gongs an Seilen herabhängen. Am südlichen Ende der Hügelkette liegt die **U-Zina-Pagode**. Mit vier lebensgroßen Figuren erinnert sie an eine Schlüsselszene in Buddhas Leben. Die von ansehnlichen Fassaden gezierten Moscheen **Kaladan** und **Surtee Sunni Jamae** faszinieren als islamische Bauwerke der Stadt.

Mal was anderes: Kirchen

Manche der sieben Kirchen von Mawlamyaing (fast alle in der Upper Main Rd.) wirken wie eine Kulisse für Spuk-Geschichten – besonders die 1887 erbaute **St. Matthews Church**. Den Schlüssel für die sehenswerte **Holy Family Cathedral** von 1957 gibt es im angrenzenden Pfarrhaus. Als bedeutendstes christliches Monument gilt die um 1827 errichtete **First Baptist Church**. Sie ist auf den amerikanischen Missionar Adoniram Judson zurückzuführen, der die Bibel ins Birmanische übersetzt hat.

Museum der Mon-Kultur

Das nur wenig besuchte Gebäude mit der Eisenkanone im Vorgarten ist der Regionalgeschichte der Mon gewidmet. Zur Sammlung gehören Stelen mit Inschriften, über hundert Jahre alte Holzskulpturen, Palmblattmanuskripte, Keramiken, Lackwaren, silberne Betelschachteln, Graburnen und Musikinstrumente.
🕒 Di–So 9.30–16.30 Uhr, Eintritt 5000 Kyat.

Sonnenuntergang mit Panoramablick

© VOLKER KLINKMÜLLER

Kyaik Thanlan-Pagode

Je nach Jahreszeit sollte man sich spätestens gegen 17–18 Uhr hinauf zur **Kyaik-Thanlan-Pagode** begeben, um den Panoramablick mit Thanwlin und Sonnenuntergang zu genießen. Gerade von hier erschließt sich der exotische Charme Mawlamyaings – auch wenn sich die Besucherscharen oft wie im Kino aufreihen und der Rauch frühabendlicher Feuer die Sicht vernebelt. Leider hat ein Erdrutsch im September 2018 den Großteil der Terrasse in die Tiefe gerissen.

Etwas weniger spektakulär ist der Ausblick von der **U-Zina-Pagode**. Unterhalb der **Khauti-Pagode** lockt ein terrassenartiger **Viewpoint** mit Sitzbänken und naheliegenden Erfrischungsständen. Ein atemberaubender und mit mehr Einsamkeit lockender Blick eröffnet sich von der **Kyaik-Fin-Gu-Pagode** in Mottama. Das Heiligtum mit seinem goldenen Stupa liegt auf einem Hügel am nördlichen Ende der Mawlamyaing-Brücke, zu dem sich eine schmale Straße hinaufschlängelt. Von hier lassen sich eine herrliche Landschaft aus Wäldern, Flussarmen und Inseln erspähen, etliche Pagoden und Brücken und sogar die Berge von Hpa-an.

Wer den Blick zum Sonnenuntergang gern über Wasser schweifen und dazu Fassbier strömen lassen möchte, sollte die Restaurants **My Mawlamyine**, **The Cargo Bar & Grill**, **Attran Riverside** oder den **Nachtmarkt** ansteuern. Der Flussdampfer **Tint Tint**, ✆ 094-0404 0615, 💻 www.tinttintmyanmarcruises.com, kreuzt am Fr, Sa und So für US$3 p. P. zur Sunset Cruise von 16.30–18 Uhr sowie von 18.30–22 Uhr zu einer Dinner Cruise zwischen den beiden Brücken.

Märkte

Der Hauptmarkt **Zeigyo** am Ok Hotel belebt sich besonders von 7–9 Uhr. Einst aus Holz errichtet und 2007 abgebrannt, wurde er aus Beton, Stahl und Glas neu erbaut. Hier gibt es Textilien als preiswerte Ballenware, Alltagswaren oder Schmuggelgut aus Singapur. Frische Früchte, Gemüse, Nüsse, Fleisch und Fisch werden im nahen **Neuen Markt** verkauft, der als „Volksmarkt Nr. 2" noch aus sozialistischen Zeiten stammt.

Inseln

Die kleine, grüne **Flussinsel Shampoo (Gaungse Kyun)** erhielt ihren Namen von den Briten. Grund waren die Haarwasch-Zeremonien für die Könige zum Neujahrsfest mit heiligem Quellwasser.

Davon zeugt noch der Brunnen, der mit der silbernen Sandawshin-Pagode und einem Meditationszentrum die einzigen Sehenswürdigkeiten des Eilands darstellen. Der nur bedingt lohnende Rundtrip mit kleinen Booten liegt bei 10 000 Kyat.

Empfehlenswert indes ist ein Ausflug zur „Insel der Menschenfresser“ **Bilu Kyun (Ogre-Island)** – mit 16 x 32 km bzw. der Größe von Singapur und 78 Dörfern (jedes mit eigenem Pagoden-Festival!) das größte Eiland der Region (Touren s. S. 556). Die 170 000 Mon-Bewohner leben von Reisanbau und Fischfang, doch fast 20 % arbeiten im Ausland. In **Ywalut** kann man die altertümliche Herstellung von bunten Gummibändern bestaunen. Einst waren es sieben Betriebe, heute sind es nur noch zwei – und sollten unbedingt mit etwas Einkauf unterstützt werden.

Andernorts werden hölzerne Kugelschreiber, Schatullen und Pfeifen hergestellt, archaische Schreibtafeln aus schwarzem Schiefer, grünliche Cheroots oder handgewebte Longyis. Keinesfalls zu versäumen ist jene riesige Halle, in der eine 90 Jahre alte **Dampf-Reismühle** aus Birmingham rattert, stöhnt und dampft. Für etwas Abkühlung kann **Hnin Mout** sorgen – ein kleiner Wasserfall mit bis zu 2 m tiefem, seminatürlichem Schwimmbecken (Eintritt 700 Kyat).

Bisher war die Insel nur mit einer 1,2 km langen Fährfahrt erreichbar, seit 2017 geht es auch über die 1586 m lange **Bilu-Kyun-Thanwlin-Brücke** – die von einem japanisch-birmanischen Konsortium für US$60 Mio. errichtet wurde. Auch die bereits 2016 erfolgte Elektrifizierung trägt zur Entwicklung des Eilands bei bzw. dazu, dass es sich immer mehr wie das Hinterland von Mawlamyaing anfühlt.

ÜBERNACHTUNG

Mawlamyaings Hotellerie mutet eigenwillig an, die meisten Unterkünfte sind originären Charakters. Seit Ende 2018 gibt es immerhin ein erstes Hostel.

Untere Preisklasse

Breeze Gh. (Lay Hnyin Tha), 6 Strand Rd., ✆ 057-21450, 09-870 1180, ✉ breeze.guesthouse@gmail.com. Seit 1985 und schon ab 1996 mit Ausländer-Lizenz in einem blauen Kolonialbau aus den 1920er-Jahren. Eine Institution bzw. wichtigste Traveller-Absteige – familiär geführt von einer etwas trägen Altherrenriege. Zu der zählt auch Besitzer Ivan, der die verwinkelte Herberge vom Vater übernahm: 33 Zimmer für US$14, 18 und 22 (nur U1 kostet US$30), aber die meisten gleichen, eng, fensterlos und hellhörig, eher Schlafkammern. Immerhin hat die jüngste Renovierung etwas Abhilfe geschaffen, einigen Zimmern und Fluren sogar AC beschert. Im Obergeschoss gibt es einen Balkon bzw. große Räumlichkeiten im Originalzustand. Die Manager Mr. Anthony und Mr. Khaing sprechen gut Englisch. ❶–❷

Golden River Hotel, Ngan Tae Rd., ✆ 094-0087 3200. Zählt seit Ende 2018 zu den Neueröffnungen an der südlichen Peripherie: 43 Zimmer, davon 20 in der mit US$35 inkl. Frühstück gut bezahlbaren Superior-Kategorie (wie Nr. 120 und 220 als Kingsize oder Nr. 122 und 222 als Twin, alle mit Badewannen-Bädern). Restaurant „Only Thai“ und eine Bar, Rooftop-Spot geplant. ❸

€ **Htun Yadanar Motel**, 212 Lower Main Rd., Zugang aus der Seitenstraße, ✆ 057-25575. Der Neubau von 2015 beherbergt 26 saubere, helle Zimmer mit Fenstern und erscheint als angenehme, praktikable Option in zentraler Lage. ❷

Pann Su Wai Gh., Lower Main Rd., ✆ 092-5252 4837, ✉ kinkyaw.art@gmail.com [10369]. Nicht gerade berauschende, aber beliebte Traveller-Option – vor allem wohl durch das freundlich-hilfsbereite, gut Englisch sprechende Management der Herren Khin Kyaw und Khin Soe. 10 einfache, etwas dunkle Zimmer. ❶

Royal Garden Hotel, Padauk Rd., ✆ 094-2282 2223, I www.royalgardenhotelmawlamyine.com. Neu und klein, aber recht fein als Nischenhotel mit markanter Architektur und kleinem Pool am südlichen Stadtrand. 35 etwas kleine, aber angenehme Zimmer mit massivem Holzmobiliar. ❸

€ **Sandal Wood Hotel (Nantha Phyu)**, Myoma Tadar St., ✆ 057-27253. Der indische Besitzer bietet 33 gepflegte Zimmer, die fast alle mit AC bestückt, bis unter die Decke gefliest und auch sonst – trotz des verlockenden Namens – nicht so romantisch sind. Doch der niedrige Preis und gute Service sowie das nette Personal sorgen für gesteigerte Beliebtheit. ❶

Than Lwin Hotel, Lower Main Rd., ✆ 057-21518, ✉ hotel.thanlwin@gmail.com, [4066]. Das stil- und stimmungsvollste Hotel der Stadt fasziniert als alter Kolonialbau mit Lichthof, viel Schnitzwerk und Schmiedeeisen sowie umlaufenden Veranden mit Arkaden. Angeblich soll es hier sogar spuken. 23 Zimmer, teils mit Ventilator und Gemeinschaftsbad, sowie eine skurrile Junior-Suite für US$40. Die fensterlosen Zimmer im Altbau weisen 5 m hohe Decken und die schönsten (Nr. 203, 204 und 205) sogar originale Stuckornamente auf. Die charmante Nostalgie-Herberge kann mit einer Art Pub, dem halb offenen Hinterhof-Café Patio, ⏲ beide 7–22 Uhr, und sogar Fassbier aufwarten sowie mit traditionellen Massagen für 6000 Kyat pro Std. ❷–❸

€ **The Old Moulmein Hostel**, am Busbahnhof, ✆ 099-7489 8690, ✉ theoldmoulmeinhostel@gmail.com, 💻 www.facebook.com/theoldmoulmeinhostel. Das sympathische Paar Jessica und Francis hat früher im Park Royal Hotel von Yangon gearbeitet und sich am Heimatort diesen Traum erfüllt: 3 Dorms mit je 4 Betten ab US$8, 1 Zimmer mit Außenbad für US$17 sowie 1 mit Innenbad zu US$20. Gefrühstückt wird gern in der benachbarten Teestube. Guter Service, perfekte Infos und alsbald auch Touren, vielleicht ja sogar per Teakholz-Bus … ❶

Mittlere Preisklasse

Attran Hotel, Mandalay Ward, ✆ 057-25764, ✉ attranhotelrsvn@gmail.com, [4061]. Nach einem Zufluss des Thanlwin benannt, erstreckt sich die angenehme Anlage schön am Fluss und galt lange als bestes Hotel am Ort. 30 wohnliche Zimmer in gelben Bungalows mit Veranda. Die Riverview Suites zu US$68 bieten ein kleines, angenehmes Wohnzimmer. ❹–❺

Cinderella Hotel, Baho Rd., ✆ 057-24860, 💻 www.cinderellahotel.com, [8318]. Das originellste und wohl auch beliebteste Hotel am Ort hat schon allerlei Awards kassiert, obwohl es komplett mit Teppichboden ausgelegt ist und das Foyer nur mit Schummerlicht begrüßt. Die Flure bersten vor Dekoration, während die 23 gut ausgestatteten Zimmer mit den größten und bestbestückten Minibars Südostasiens aufwarten bzw. sich sogar zu Supermarkt-Preisen entleeren lassen! Von den Zimmern zu US$50–65 empfehlen sich vor allem die 10 geräumigen Eck-Einheiten mit Balkon (wie Nr. 202, 203, 205 oder 302), zudem gibt es einen Dorm mit 8 Betten à US$12. ❹–❺

Ngwe Moe Hotel, Strand Rd., ✆ 057-24703-4, ✉ ngwemoehotel@gmail.com. Liegt direkt am Fluss, zählt zu den ältesten und professionellsten Hotels der Region. Wurde kürzlich von 24 auf 78 Zimmer sowie um ein attraktives AC-Restaurant erweitert, der 4-stöckige Altbau gleichzeitig umfassend renoviert. Die 21 Zimmer der Deluxe-Riverview-Kategorie bieten Holzböden und eine großzügige Verglasung. ❹–❺

Queen Jamadevi Hotel, Yarzadiriz Rd., 6 km vom Zentrum (Tuk Tuk ca. 3000 Kyat), ✆ 057-30526, 092-5572 0868, ✉ hotelqueenjamadevi@gmail.com. Seit 2016 mit angestrebtem Boutique- und erhöhtem Wohlfühlcharakter: 24 geräumige, helle Zimmer mit angenehmen Bädern und bunten Glasfenster-Schiebetüren für US$40 im Hauptbau sowie 6 romantische Doppel-Bungalows mit großen Terrassen zum lauschigen Garten für US$55. Managerin Khaing Khaing möchte möglichst viel Mon-Kultur vermitteln. Das Frühstück wirkt leider etwas karg und von 7–9 Uhr auch ziemlich kurz. Miet-Fahrräder für 5000 Kyat pro Tag. ❹

Obere Preisklasse

Mawlamyaing Strand Hotel, Strand Rd., ✆ 057-25624, 💻 https://de-de.facebook.com/strandhotelmawlamyaing. Obwohl es bis zur Fertigstellung Ende 2011 sagenhafte 9 Jahre gebraucht hat und der 5-stöckige Bau mit seiner eleganten L-Form und gediegenem Foyer besticht, gibt es Mankos – wie zu klein geratene Bäder oder den Laubengang auf der „falschen Seite". So verfügen die 63 Zimmer zwar über schöne Holzböden und viel Marmor, aber keinen Flussblick, zudem lässt die Luxusherberge einen Pool vermissen. ❺–❻

Royal Hinthar Hotel, Myo Shaung Rd., ✆ 094-5555 9810-15, 💻 www.royalhinthar.com. Seit 2016 als Hotel neuester Gene-

DER SÜDEN

ration und bestens gepflegt. Ob Fliesen, Marmor oder Teppichboden – alles ist geschmackvoll gemustert, sogar die Flure sind mit Original-Gemälden und Mosaiken dekoriert. Von den 80 Zimmern ab US$63 empfiehlt sich vor allem die 30 m² große Deluxe-Kategorie für US$74. Zudem locken eine Sky View Bar im 4. Stock, ⌚ 18.30–22 Uhr, und ein 25 x 10 m-Pool (externe Gäste 8000 Kyat) sowie Gym und Spa. ❺

Suggati Hotel, Ecke Strand Rd./Thaik Pan Rd., ☏ 094-5993 2055, 💻 www.memoriesgroup.com. Seit Ende 2018 als ansehnlicher Meilenstein der renommierten Memories Group – erschaffen aus einer tristen Bauruine, die eigentlich mal ein Krankenhaus werden sollte: 30 Zimmer als Superior City View für ca. US$80 und 42 als Deluxe River View mit Balkons für ca. US$120. Alle gefällig durchgestylt mit viel Grau- und Brauntönen, modern wie elegant möbliert. Professionelles Management mit 50 Mitarbeitern, 56 m² großes Gym und ein einladendes, kreatives Restaurant. Das tolle Rooftop auf dem 5. Stock soll noch adäquat ausgebaut werden. ❺–❻

ESSEN UND UNTERHALTUNG

Die Gastronomie hat sich enorm aufgefrischt, wie nicht zuletzt die modernen Fastfood-Filialen im **Ocean Supercenter** oder das markante Konglomerat von **The Cargo** beweisen. Auf jeden Fall sollte man den stets wachsenden **Nachtmarkt** (s. Kasten) einmal besuchen.

Attran Riverside, im gleichnamigen Hotel. Etwas teures, aber gutes und einladendes Restaurant mit Bar auf hölzerner Freiluftterrasse, von wo sich ein romantischer Flussblick eröffnet – ggf. einfach nur mit frisch gezapftem *Myanmar*-Bier für nur 850 Kyat. ⌚ 10–22 Uhr.

Bamboo Hut, Meelaung Pyin Rd., ☏ 092-5585 7025. Seit 2018 und endlich mal was anderes – nämlich halb offen mit viel Bambus, Schilfdach und Ziegelboden. Der aufgeschlossene, ehemalige Rotkreuz-Mitarbeiter Zaw Zaw Maung bietet eine moderat bepreiste Speisekarte mit Hauptgerichten zu 2500–5000 Kyat. ⌚ 10–22 Uhr.

Beer Garden 2, Strand Rd., ☏ 094-458 7844. Seit Gründung des Nachtmarkts unter Druck geratenes Fossil: In einer Art Hof gibt es eine Speisekarte und ein Grill-Buffet, bei dem sich die Gäste ihr Brutzelgut selbst aus Kühlschränken nehmen und zubereiten lassen können. Dazu munden *Tiger*, *Tiger Black* und *ABC* vom Fass für 900–1100 Kyat. ⌚ 16–23 Uhr.

Bone Gyi, Strand Rd., ☏ 057-25203. Etabliert seit über 40 Jahren und heute ein einladendes, gepflegtes Tischdecken-Restaurant mit angemessenen Preisen und zuweilen auch AC. Die appetitlich bebilderte Speisekarte bietet allerlei Hausmannskost in großen Portionen, eine dekorative Vitrine vielfältige Weine und Spirituosen. ⌚ 9–21 Uhr.

Cinderella, hinter dem gleichnamigen Hotel. Kleines, feines und professionelles Restaurant mit AC und 8 Tischen sowie 13 Bambus-Garnituren (auch als verlockende Salas) im lauschigen Außenbereich. Hauptgerichte inkl. westlicher Küche 5000–8000 Kyat, Bier für 3000 Kyat, Flasche Wein ab 16 000 Kyat. ⌚ 6.30–21 Uhr.

€ **Daw Yee**, U Zina Phayar St., ☏ 057-21745. Schlichtweg unverzichtbar: einfaches, halb offenes Restaurant mit Außentischen, dampfenden Kochkesseln und Topf-Buffet im Tresen. Hier mundet alles – vor allem das *Mutton* für 3000 Kyat oder die großen *River Shrimps* zu 4000 Kyat. Wer ein eisgekühltes Bierchen möchte, sollte diskret danach fragen, ⌚ 9–22 Uhr.

Nachtmarkt am Flussufer

€ Als Alternative zur sonstigen Gastronomie empfiehlt sich der Nachtmarkt an der Strand Road. Etliche **Garküchen** und **BBQ-Grills** sowie ein Meer aus buntem Plastikmobiliar laden bereits ab ca. 16 Uhr ein. Der Besuch lohnt schon ob des unter Spotlicht fotogen präsentierten Grillguts oder der live zu beobachtenden Kochkünste, doch auch die Preise sind unschlagbar günstig (Spießchen meist 200–500 Kyat, Hähnchenschenkel 1000 Kyat, ganze Fische 3000 Kyat, Flasche Bier 2000 Kyat). Doch es kann nicht schaden, sich mit einem kritischen Blick beizeiten über die Frische des Angebots zu informieren.

Just Bakery & Coffee House, Strand Rd., ✆ 094-2531 1122. Beliebt für Fastfood wie Burger, Hühnchen, Pommes oder Pizza aus dem neuen Außenofen, aber auch die beiden Glasvitrinen mit allerlei Kuchen und Keksen, Eiscreme und gern gelobtem Automaten-Kaffee. Ableger in Hpa-an. ⌚ 8–21 Uhr.

€ **Mi Cho**, North Bogyoke Rd., ✆ 057-25495. Einfaches, aber sehr populäres moslemisches Restaurant-Fossil mit Topf-Buffet. Für 2500 Kyat gibt es unwiderstehliche Currys mit Lamm und Rind oder Flussgarnelen für 4000 Kyat sowie Reis und allerlei Gemüse für je 500 Kyat. ⌚ 9–21 Uhr.

Seasons Bakery & Café, im Ocean Supercenter als angenehme Oase. Das Personal ist adrett uniformiert, das Angebot bestens bestückt – z. B. mit Torten und *Cheese Cakes*, günstigen *Golden Chicken Floss* oder *Mutton Curry Puff*. ⌚ 9–21 Uhr.

The Cargo Grill & Bar, Strand Rd., ✆ 098-9999 8126-7. Mitten am Flussufer gelegen; angesagte, überraschend preiswerte Gastronomie mit AC- und Außenbereich. Leckere Pommes, deftige Gerichte aus Thailands Nordosten oder sogar Tische mit Hot-Pot- und Grillfunktion, preiswertes Fassbier und Signature-Cocktails wie *Mawlamyine Paradise* oder *Mountain & River* für 3000–5000 Kyat. ⌚ 16–23 Uhr. Gegenüber liegt das ebenso zum Riverside Center@Yarmanya gehörende **O Shabu**, ✆ 098-9999 8124-5, mit AC und Ceranfeld-Tischen für die Spezialitäten des Mini- (8000 Kyat) oder Premium-Buffets (15 000 Kyat). ⌚ 10–23 Uhr.

Ykko, im Ocean Supercenter, 💻 www.ykko.com.mm. Durchgestylte Filiale moderner System-Gastronomie. Üppige, aber nicht billige Speisekarte mit internationaler Kost, guten Kaffeespezialitäten und verlockenden Eisbechern wie *You & Me Icecream*. ⌚ 9–21 Uhr.

Verlockende Vibrationen

Ausschweifendes Nachtleben sollte man in Mawlamyaing nicht erwarten, doch findet sich entlang der Strand Road eine Reihe schlichter Kneipen-Spots, die gute Vibrationen und verschiedene Fassbiere für 700–1200 Kyat bieten, wie das **Hello**, ✆ 096-9542 4900: Der sympathische Win Naing (Mr. Bean) hat es 2017 eröffnet und mit museumsreifen TV-Geräten dekoriert, lockt seine Gäste u. a. mit *Tiger* und *ABC* vom Fass sowie ab 19 Uhr mit Livemusik, ⌚ 10–23 Uhr. Ebenfalls in einem Altbau mit Holzboden dröhnt allabendlich das **Nadihlaine**, ✆ 057-21111: Spartanisch und originär wie populär verfügt der stadtweit größte Karaoke-Schuppen neuerdings auch über Außenplätze am Fluss. Ab 20 Uhr kann man sich von lautstarkem Sound (zuweilen auch Livemusik) erwärmen bzw. von Fass- oder Flaschenbier kühlen lassen, ⌚ 8–23 Uhr. Bereits zum Sonnenuntergang lockt das **My Mawlamyine**, ✆ 097-6316 8745, anstelle des alten Myoma-Jettys – mit mehreren einfachen Terrassen, die Fluss- oder Straßenblick bieten. Es gibt Thai-Küche, *Tuborg* und *Carlsberg* vom Fass sowie am Fr und Sa von 19.30–21.30 Uhr Livemusik, ⌚ 11–22 Uhr. Die angesagte **Ola La Bar**, ✆ 09-855 2569, lässt *Tuborg* und billiges *Yoma* strömen sowie bis zu 3x pro Woche von 19–22 Uhr Livemusik erklingen, ⌚ 15–23 Uhr.

SONSTIGES

Einkaufen

Das einst führende **Myine Yadanar Center (MYC)** ist verwaist nach der Eröffnung des **Ocean Supercenter**, das mit viel Flair und einem riesigen Supermarkt im Obergeschoss lockt, sowie mit allerlei Restaurants, Boutiquen und einem modernen Cineplex-Kinocenter. ⌚ 9–21 Uhr.

Informationen

Das Internetportal 💻 www.mawlamyine.com bietet Infos zu Stadt, Sehenswürdigkeiten und Infrastruktur. Das Cinderella Hotel kann mit einem qualitativ hochwertigen Stadtplan aufwarten.

Massagen

In einem Neubau betreibt Tida Pyone ihr **Shade Beauty Spa & Body Gym**, Theik Pan Rd., ✆ 092-5584 1713. Massagen gibt es aber leider nur von/für Frauen (1 Std. 10 000 Kyat), ⌚ 9–21 Uhr.

Medizinische Hilfe

Die seit Generationen bestehende, gut sortierte **Pharmazie**, U Zina Phayar Rd., wird von **U Khin Kyi**, ✆ 09-532 1104, und seinem Sohn **Dr. Thuta Oo**, ✆ 099-6095 5104, geführt, der gut Englisch spricht und als Arzt im Krankenhaus arbeitet bzw. stets bestmögliche Beratung garantiert. ⌚ 8–21.30 Uhr.

Reiseagenturen

Professionell agiert **Elegant Myanmar Tours**, Strand Rd., ✆ 097-9240 5422, 💻 www.elegantmyanmartours.com, vertreten durch meist gut Englisch sprechendes Personal, ⌚ 8–17.30 Uhr. Hier lassen sich u. a. Boote nach Hpa-an sowie von Okt–April im Myeik-Archipel buchen.

NAHVERKEHR

Taxis

Mopedtaxis für einen halben Tag liegen bei 10 000 und für den ganzen Tag bis zu 20 000 Kyat, Tuk Tuks bei 20 000 bzw. bis zu 40 0000 Kyat, Saloons (Limousinen) bei 35 000 bzw. bis zu 70 000 Kyat.

Busse und (Sammel-)Taxis

Für je 1500–2000 Kyat lassen sich die meisten Sehenswürdigkeiten südlich von Mawlamyaing auch mit Bussen (s. u.) oder Sammel-Taxis abfahren, was aber anstrengend und zeitraubend sein kann.

Boote

Trotz der neuen, 15 Min. vom Zentrum entfernten Brücke nach Bilu Kyun sind die kleinen Fährboote weiterhin beliebt. Sie starten (inkl. professioneller Moped-Verladung) alle paar Minuten vor allem vom Kyar-Tadar-Jetty, kosten 500 Kyat p. P. und benötigen etwa 10 Min.

TRANSPORT

Taxis

Ein Höchstmaß an Individualität für abgelegene Attraktionen oder Fotostopps entlang der Route ermöglicht individueller Transport (s. Kasten).

Tagestouren und Transfers

Rundum sorglos mit Ko Thant Zin

Als alter Hase im örtlichen Tourismus gilt der lizenzierte Guide **Ko Thant Zin**, ✆ 092-5412 7650, ✉ thantzintourism@gmail.com. Er spricht das wohl beste Englisch der Stadt, weiß alles, kann alles, eruiert und arrangiert gern. Gelegentlich geht er selbst mit auf Tour oder chauffiert sogar mit seinem Moped. Tagessalär US$30 p. P (bei 2 Pers.).

Insel-Erkundung mit Jo Jo

Ausflüge nach Bilu Kyun lassen sich auf eigene Faust (mit Taxis vor Ort) oder von Unterkünften arrangieren, doch am besten kennt sich dort **Jo Jo (Zaw Zaw Aung)** aus, ✆ 094-2534 5158, ✉ jonayzamkl@gmail.com. Der 33-jährige Insulaner ist indischer Abstammung, lizenzierter Reiseführer, enorm gesprächig (Spitzname: Mr. Parrot) und engagiert. 4-Std.-Touren um US$30 plus Transport. Als Alternative fungiert der junge **Moe**, ✆ 099-6834 8219.

Unterwegs mit Hlaing Than

Als perfekter Fahrer empfiehlt sich **Hlaing Than**, ✆ 09-566 1775, 092-5233 1167, mit seinem gepflegten Nissan March. Er spricht kaum English, kann aber alle Notwendigkeiten umgehend ermessen und fährt sicher, ist kompetent, fürsorglich und liebenswürdig! Für Transfers nach Hpa-an nimmt er 40 000 Kyat, als Rundtrip bis zu 60 000 Kyat und für Tagestouren nach Thanbyuzayat/Set Se rund 50 000 Kyat. Transfers nach Ye oder zum Goldenen Felsen liegen bei 100 000 Kyat, nach Yangon bei 150 000 Kyat und nach Dawei bei 180 000 Kyat.

Für Flusstouren mit der **Tint Tint** s. Kasten S. 551.

Busse und Minivans

Die **Highway Busstation** (Mye Ni Gone), von wo fast alle Busse in Richtung Norden starten, liegt etwa 3 km südöstlich vom Zentrum bzw. 1 km vom Bahnhof. Tickets gibt es in den zahlreichen Stützpunkten der Anbieter, meist aber auch in den Verkaufsbüros am Hauptmarkt.

Alle Busse in Richtung Süden fahren vom **Zegyo-Busbahnhof ab**, rund 8 km südlich des

Zentrums. Nach Osten bzw. Myawaddy (s. Kasten S. 556) geht es meist per Sammel-Taxi oder Minivan vom Hauptmarkt.
DAWEI, 315 km, meist ab 18 Uhr für 12 000 Kyat in 7 Std.
HPA-AN, 60 km, tagsüber stdl. mit Ventilator-Bus für 1000 Kyat in 1 1/2 Std.
KAWTHOUNG, 1035 km, neuerdings möglich für 40 0000 Kyat in 23–25 Std.
KYAIKTHO, 140 km, meist als Zwischenstopp nach Yangon, für 7000 Kyat in 3 1/2–4 Std.
MANDALAY, 755 km, um 18 Uhr für 15 000 Kyat in 11 Std.
MYAWADDY/MAE SOT, 175 km, 7.30 und 9 Uhr mit Minivans (bis zu 9 Pers.) für 10 000 Kyat in ca. 3 Std., Infos zum Grenzübergang s. Kasten.
MYEIK, 575 km, meist abends über Ye und Dawei für 19 000 Kyat in ca.12–13 Std.
TAUNGGYI, 580 km, tgl. 19 Uhr für 20 000 Kyat in 20 Std. inkl. 2 Std. Pause in Nay Pypi Taw.
THANBYUZAYAT, 65 km, mehrmals tgl. mit einfachen Bussen oder Minivans für 3000 Kyat in 1 1/2–2 Std. Von dort gelangt man per Sammel-Taxi oder Charter-Tuk-Tuk in etwa 30 Min. zum 14 km entfernten Strand von SET SE oder in 45 Min. zum 24 km entfernten KYAIKKAMI.
THATON, 70 km, meist als Zwischenstopp nach Yangon, für 4000 Kyat in 1 1/2–2 Std.
YANGON, 310 km, ca. 12x tgl. mit meist guten Bussen für ca. 7000 Kyat in 6–7 Std.
Beste Option sind die Luxusbusse von **Mandalar Minn Express**, Büro am Busbahnhof, ✆ 092-6367 9305-6. Die schicken Dreiachser aus Schweizer Produktion bieten 33 Flugzeugsitze mit Maximal-Komfort wie z. B. individuelle Displays. Die Tickets kosten 12 000 Kyat, Abfahrt um 8, 14 und 20 Uhr, Ankunft nach ca. 6 Std. Vorsicht: Beim Verkauf von VIP-Tickets wird oft Schindluder betrieben! YE, 160 km, meist mit den Bussen nach Dawei für 5000–6000 Kyat in ca. 4 Std.

Eisenbahn

Der **Bahnhof**, ✆ 057-22850, liegt ca. 4 km südöstlich vom Zentrum.
DAWEI, um 4.30 Uhr für 2950 Kyat *(ordinary class)* und 5900 Kyat *(upper class)* in 14 Std.
YANGON, beste Option sind die 8, 19.30 und 21.25 Uhr startenden **Express Trains**, die 2150 Kyat *(ordinary class)* bzw. 4250 Kyat *(upper class) kosten,* 9 Std. benötigen und in THATON, KYAIKHTIYO und BAGO halten. Wer in Fahrtrichtung rechts sitzt, hat den besseren Ausblick.
YE, um 4.30 Uhr für 1100 Kyat *(ordinary class)* oder 2200 Kyat *(upper class)* in 7 Std.

Boote

Die meisten Fährverbindungen sind durch Brücken überflüssig geworden, die privaten Linien- oder Charterboote nach Hpa-an fungieren vor allem als Touristenattraktion (s. Kasten S. 543).

Flüge

Auf dem Landweg sind es zwischen YANGON und Mawlamyaing rund 280 km, in der Luft nur 160 km, was Flüge sinnlos erscheinen lässt.
Myanmar National Airlines, Thit Taw Yone Rd., ✆ 09-871 8220, 🕒 8–16 Uhr, bedient die Route allenfalls 1–2x pro Woche.

Grenzübergang Myawaddy / Mae Sot

Die Überquerung der Grenze bei Myawaddy (Myawadi)/Mae Sot – 145 km bzw. ca. 2 1/2 Std. südöstlich von **Hpa-an** und 175 km bzw. 3 Std. östlich von **Mawlamyaing** – erfolgt seit 1997 über die 420 m lange **Thailand-Myanmar-Freundschaftsbrücke** sowie eine 2017 fertiggestellte Straße. Die Grenze ist von 6–18 Uhr geöffnet (Achtung: In Thailand ist es stets 30 Min. später), die Einreise mit einem E-Visum möglich, konventionelle Visa gibt es neuerdings auch in Chiang Mai.
Gegen eine Gebühr von US$10 (nur schöne Scheine, oder 500 Baht) sowie die Hinterlegung des Reisepasses kann man auch nur einen *Border Pass (Entry Permit)* erhalten, mit dem man als Tourist für neuerdings sieben Tage nach Myawaddy darf. Thailand indes erteilt bei der Einreise aus Myanmar kostenlos ein 30-tägiges Visa on Arrival. Für die beiden anderen internationalen Grenzübergänge nach/von Thailand s. Kästen S. 572 und 590.

Die Umgebung von Mawlamyaing

Mottama

Das gegenüber von Mawlamyaing am Nordufer des Thanlwin liegende Mottama (Martaban) gab dem Golf seinen Namen und war bis zum Bau der Mawlamyaing-Brücke vor allem als Fährhafen ein Begriff. Doch verbirgt sich rund 14 km nördlich der Stadt eine kaum besuchte Sehenswürdigkeit: Bei der **Nwa La Bo Paya (Drei-Felsen-Pagode)** handelt es sich um drei von der Natur aufgeschichtete und von Menschenhand vergoldete Felsen, die älter als der Goldfelsen von Kyaikhtiyo sein sollen.

Kyaikmayaw

Von Mawlamyaing führt die Nationalstraße 8 (parallel zur Eisenbahnlinie, die näher an der Küste verläuft) durch Dörfer und Kautschukplantagen Richtung Süden. Nach 20 km ist Kyaikmayaw am Ufer des in den Thanlwin fließenden Attaran erreicht. Die hier um 1455 errichtete **Kyaikmaya-Pagode** überrascht mit bunten Glasfenstern und bemalten Reliefs, einem mit Spiegelmosaiken verzierten Säulengang und schönen Böden aus Marmorfliesen. Wandelgänge aus Ziegelsteinen führen um den Mittelpunkt der Anlage.

Mudon

Rund 25 km südlich von Mawlamyaing erreicht die Hauptstraße Mudon, das u. a. von seinen Baumwollwebereien und einer spektakulären Buddhastatue lebt (s. Kasten S. 559). Am südlichen Ortsrand bzw. am Ufer des **Kandawgyi-Sees** erstreckt sich die malerische **Kann-Gyi-Pagode** mit einem achtstöckigen Aussichtsturm. Falls er verschlossen ist, sollte man sich nicht scheuen, mal fix nach dem Schlüssel zu fragen. Etwa 15 km hinter Mudon erhebt sich linker Hand ein neu erschaffener, sitzender Buddha beachtlichen Ausmaßes.

Mekka für Meditation

Von der Spiritualität der Region zeugt nicht zuletzt das bedeutende, 1925 gegründete **Waldkloster Pa(r) Auk Tawya**, ✆ 099-105 8079, 🖳 www.paaukforestmonastery.org. Seit 1998 unterhält es Niederlassungen in Yangon, Mandalay, Hpa-an und Dawei, doch nur hier am Stammsitz, der sich etwa 15 km südlich von Mawlamyaing über 500 ha erstreckt, über eine Baumallee erreichbar und 2015 mit einem 5-stöckigen Kolossalbau erweitert worden ist, werden Ausländer in Meditation unterrichtet, zeitweise bis zu 100 aus über 20 Ländern.

Zin-Kyaik-Wasserfall

Er rauscht nicht weit von der Nationalstraße 8 in der Nähe des gleichnamigen Dorfs und ist ein beliebter Picknick-Spot. Im oberen Bereich bietet er einen Felsenpool zur Abkühlung, aber nur während oder unmittelbar nach der Regenzeit. Achtung: Von den feuchten Felsen sind schon mehrere Einheimische in den Tod gerutscht!

Kamarwut-Kloster

Es verbirgt sich etwa 10 km südlich von Mudon auf der Strecke nach Kyaikmayaw, hat bisher noch Geheimtipp-Charakter und ist über eine rechts abzweigende, ca. 1 km lange Zufahrt zu erreichen. Das Kloster erstreckt sich über mehrere Räume mit Schreinen, die mithilfe etlicher Knöpfe, Schalter und Schieber farbenfroh (blinkend) illuminiert werden können – wie es jeden Disco-Besitzer vor Neid erblassen lassen dürfte. Zum Schauspiel gehören blinkende Lichterketten, diverse Lotoslampen im Boutique-Stil oder in Grün und Blau erstrahlende, künstliche Bäume, sodass man die gläsernen Urnen mit den Überresten verbrannter Mönche erst auf den zweiten Blick wahrnimmt. Andernorts faszinieren große Holzglocken, die uralt sein müssen.

Kyaikkami (Amherst)

Der rund 24 km nordwestlich von Thanbyuzayat (Zufahrt über die Uhrturm-Kreuzung im Zentrum, über die man dann später auch wieder zurück muss) liegende Küstenort Kyaikkami war in der britischen Kolonialzeit als das Badeziel und Missionszentrum Amherst bekannt – benannt nach William Pitt Amherst, von 1823–28 britischer Generalgouverneur in Indien.

Der größte liegende Buddha der Welt

Kurz vor Mudon tauchen beidseits der Hauptstraße die Bergheiligtümer **Kyauktalon Taung** und **Yadana Taung** auf, aber auch alle Erhebungen der Umgebung sind mit Stupas überzogen. Später zweigt links, flankiert von einer schier endlosen Reihe aus 500 überlebensgroßen, bemalten Betonstatuen von Buddhas Schülern, eine Zufahrt zu einem Heiligtum ab, das **Win Sein Taw Ya Sayadaw** heißt und zu den landesweit eindrucksvollsten zählt. Der bereits 1991 begonnene Bau geriet – mit einer Länge von 180 m und einer Breite von 30 m sowie acht Stockwerken – zum größten ruhenden Buddha der Welt (abgesehen von einer 416 m langen Skulptur im chinesischen Jiangxi, die aber nur mit einigen Konturen in einen Felsen gemeißelt wurde). Eine Brücke führt über ein Staubecken in das Innere, wo **182 Räume** mit lebensgroßen Statuen, Reliefs oder Gemälden den Buddhismus erläutern und etliche Kammern zur Meditation einladen.

Die Statue war noch nicht einmal fertig bzw. bereits reparaturbedürftig, als 2012 auf dem gegenüberliegenden Hügel mit der Erschaffung einer weiteren Monumentalstatue begonnen wurde. Sie sollte die gleichen Dimensionen erhalten, aber eine entgegengesetzte Liegerichtung. Später verlagerte sich die Bauwut jedoch auf andere Projekte, wie ein imposantes **Portal**, allerlei Nebenbauten und einen massiven, quadratischen Tempel, der als **Mausoleum** fungiert: In einem US$11 000 teuren Glassarg aus Thailand ist der bräunlich verfärbte Leichnam des inbrünstig verehrten, 2015 mit 95 Jahren verstorbenen **Badanda U Kay Tara** aufgebahrt. Er hatte den Riesen-Buddha initiiert und soll bei der Planung der imposanten Konstruktion ohne Konsultation professioneller Architekten ausgekommen sein, was natürlich für allerlei Gerüchte sorgt.

Seine Bedeutung erhielt dieses Fleckchen Erde u. a. durch den amerikanischen Missionar und Linguisten Adoniram Judson (1788–1850). Auf dem Weg aus Indien war er in Seenot geraten und in Kyaikkami gelandet, wo er eine erste Mission gründete. 1849 gab er das erste birmanisch-englische Wörterbuch heraus, später übersetzte er die Bibel ins Birmanische.

Wichtigste Sehenswürdigkeit ist der **Meerestempel Yele Paya**. Wie eine Fata Morgana liegt er im Wasser. Zu erreichen ist das Heiligtum über einen Stelzendamm, dessen untere Ebene bei Flut überschwemmt wird. Neben elf Haaren Buddhas enthält der Schrein ein Buddhabildnis, das vor vielen Jahrhunderten auf einem Floß aus Sri Lanka angeschwemmt worden sein soll (S. 531). Die für Frauen nicht zugängliche Pagode wird von 21 Buddhastatuen im Mandalay-Stil geziert.

Set Se Beach

Auf der Strecke von Thanbyuzayat nach Kyaikkami führt ein nur wenige Kilometer langer Abzweig zum rund 6000 Einwohner zählenden Dorf Set Se. Es ist für seinen langen, breiten und besonders flach ins Meer führenden Strand bekannt, der in ähnlich dunklen Farbtönen daherkommt wie die hier meist von Sedimenten durchsetzten Meeresfluten.

Der 16 km von Thanbyuzayat und 24 km von Kyaikkami entfernte, teilweise von Pinien beschattete Set Se Beach zieht ob seiner Weite und Einsamkeit vor allem heimische Liebespärchen an. Als Schwimmreifen werden pralle, schwarze Lkw-Schläuche vermietet, auch Fahrräder und Mopeds kann man leihen, zudem gibt es Reitmöglichkeiten. Den Mittelpunkt des Strandlebens bildet eine Ansammlung einfacher Restaurants und Verkaufsstände. Fast alle Speisekarten und Schilder finden sich nur in Landessprache, zudem besitzen die meisten Unterkünfte keine Ausländer-Lizenz. Doch sollte hier ohnehin nur übernachten, wer scharf ist auf besonders authentische Stranderlebnisse.

Rund 2 km nördlich vom Set Se Beach liegt an einer Lagune das Dorf **Pwar Ka Lwin**, gegen Mittag kehren die Fischerboote mit ihrer Ausbeute zurück. Das vorgelagerte Inselchen ist mit der **Wet-Ma-Pagode** bebaut, weiter draußen schimmern die hügeligen Umrisse von **Kyet Thwin** („Insel der Zwiebeln"). Der dort thronende Leuchtturm lässt sich mit gecharterten Fischerbooten erreichen.

ÜBERNACHTUNG UND ESSEN

21 Paradise Hotel, ✆ 092-5570 1160, ✉ ukw369@gmail.com. Etwa 70 Zimmer ab US$25 – einige als einfache Bungalows mit Terrassen romantisch im sumpfigen Hinterland –, erreichbar nur über eine lange Bambusbrücke. Mehr Komfort versprechen die AC-Zimmer vorn am Strand bzw. rund um den Pool. ❷–❹

Set Sae Hotel, ✆ 097-7667 6670-1, ✉ reservation@setsaehotel.com. Als neueste Alternative für westliche Ausländer – inkl. eines schönen Pools. ❸–❹

Fliegende Händler präsentieren dekorativ auf Alu-Tabletts drappierte Seafood-Snacks. Als ältestes und bekanntestes Restaurant gilt das **Mya Ana War**, ✆ 099-4982 0855, dessen Name „Smaragdmeer" bedeutet, ⏲ 5–21 Uhr.

Thanbyuzayat

Mit dem rund 65 km südlich von Mawlamyaing liegenden Thanbyuzayat („Zinn-Pavillon") war bis 2013 für auf dem Landweg reisende Ausländer die Demarkationslinie erreicht – und das westliche Ende der berüchtigten **Death Railway**. Im Zweiten Weltkrieg ließen die Japaner die strategische und nur 1 m breite, aber 415 km lange Eisenbahnstrecke vom thailändischen Kanchanaburi durch schroffe Berge und tiefsten Dschungel nach Myanmar bauen, s. eXTra [9894]. Dabei sollen um 16 000 Kriegsgefangene umgekommen sein – plus 100 000 asiatische Zwangsarbeiter (Todesquote rund ein Drittel)! Pierre Boulles hat den Opfern mit *Die Brücke am Kwai* ein literarisches Denkmal gesetzt, berühmt wurde das Buch aber erst durch die Verfilmung mit Alec Guinnes auf Sri Lanka.

Der Bau dauerte nur von September 1942 bis Dezember 1943, 20 Monate später zerbombten die Alliierten den Nachschubweg. Nachdem Schienen und Schwellen anderweitig verwendet wurden, wucherte er wieder zu. Den einstigen Start- und Endpunkt der **Todeseisenbahn** in Thanbyuzayat markiert die **Kriegslokomotive C 5031**. 2016 hat die lange vernachlässigte und verwahrloste Gedenkstätte würdigen Auftrieb erfahren – durch das zweistöckige **The Death Railway Museum**. Die davor mit Betonfiguren arrangierte Szenerie soll von der Brutalität der Vergangenheit zeugen, im Inneren sind es Fotos, Gemälde und 3D-Darstellungen. Nach dem Krieg wurden 111 Bewacher aus Japan und Korea wegen Kriegsverbrechen verurteilt, 32 davon zum Tode.

Andernorts erinnert die unscheinbare, aber historische **Japanische Pagode** an die im Land zu Tode gekommenen Invasoren. Gleich daneben haben die Japaner 1998 eine weitere, moderne und erheblich größere Pagode errichtet. Nur 1 km westlich des Uhrturms verbirgt sich die zweitgrößte **Kriegsgräber-Gedenkstätte** des Landes: Die 1946 von Aung San eingeweihte Anlage mit 3771 Gräbern alliierter Kriegsgefangener, die beim Eisenbahnbau starben, wird von der Commonwealth War Graves Commission gepflegt und erinnert an den Heldenfriedhof von Htaukkyant bei Yangon. Die meisten Opfer waren Briten, doch auf den Grabsteinen finden sich auch amerikanische, niederländische und australische Namen. Mehr darüber s. **eXTra [5807]**.

Tanintharyi (Tenasserim)

Dieser Landesteil zählt zu den schönsten Küstengebieten Südostasiens. Hier locken endlos lange Sandstrände mit vorgelagerten Inseln und bunt-belebten Korallengärten, dschungelbedeckte Berge und mächtige Flussmündungen, lebhafte Hafenstädte und beschauliche Fischersiedlungen, gespickt mit reichlich unbekannten Heiligtümern.

Beim südlichsten, bis 1989 meist nur unter dem britischen Namen *Tenasserim* bekannten Zipfel von Myanmar handelt es sich um einen extrem schmalen Landstreifen, der die Andamanensee vom Golf von Thailand trennt und daher von wichtigen Handelsrouten nach Siam und zu seinen östlichen Nachbarn durchzogen wurde. Dafür steht vor allem der nostalgisch anmutende Ort Tanintharyi. Mehrere Jahrzehnte war die Region für Ausländer gesperrt, doch seit 2013 darf der tiefe Süden ab Thanbyuzayat auf dem Landweg bereist werden, während die Grenze zwischen Myanmar und Thailand wesentlich durchlässiger geworden ist. Vielleicht können Traveller ja auch schon bald über den 300 m hohen Drei-Pagoden-Pass einreisen, der vom thailändischen Kanchanaburi nach Payathonzu führt. Ein historischer Handelsweg und umkämpfter Durchlass militärischer Invasionen – genutzt z. B. von den birmanischen Königen oder den Japanern. Auch die Erweiterung des bisher ebenfalls nur bilateral fungierenden Grenzübergangs Maw Daung/Singkhorn ist angedacht. In gewissen Grenzregionen jedoch gibt es behördliche Einschränkungen, weil dort zuweilen noch Splittergruppen der Karen National United (KNU) operieren. Vor wenigen Jahren noch wurden Traveller, die sich unbedingt am Landweg versuchen wollten, meist schon am erstbesten Checkpoint aus dem Bus geholt, auch wenn sie sich mit landestypischen Longyis verkleidet hatten.

Ye

Mit jeweils 160 km Entfernung exakt in der Mitte zwischen Mawlamyaing und Dawei liegend bzw. nur 90 km südlich von Thanbyuzayat, etabliert sich Ye zunehmend als idealer Zwischenstopp auf der Traveller-Landkarte. Die erst seit 2013 bereisbare Stadt bietet noch ein Höchstmaß an Ursprünglichkeit und Authentizität.

Die 35 000 Bewohner des wohltuend entspannten Ortes sind stolz auf die herrliche **Shwe-San-Daw-Pagode**, die als spirituelles Herz auf einem Hügel im Zentrum schlägt – mit fotogenen, goldfarbenen Buddhas, die in alle Himmelsrichtungen blicken. Und besonders auf den idyllischen See **Mia Ghan da Gjone** – mit baumgesäumtem Ufer und massenhaft großen Fischen, die aber ob einer Insel-Pagode im Wasser nicht gefangen werden dürfen. Das hier als erste und einzige Ausländer-Bastion ansässige **Starlight Guesthouse** ist an den nördlichen Stadtrand umgezogen.

Der durch die Stadt strömende **Ye-Fluss** gibt zwar ein herrliches Panoramabild ab, gleicht jedoch über weite Strecken einer Müllkippe. An seinem Ufer liegt die **Seikantha-Markthalle** mit fast 100 Goldshop-Einheiten, mancherorts kann man den Schmieden über die Schulter schauen, ⌚ außer So 8–17 Uhr. Nicht weit entfernt floriert der **Hauptmarkt.**

Zu den größten regionalen, mit Umzügen und Jahrmärkten einhergehenden Volksfesten zählen das **Ye-Festival** vom 7.–14. Februar sowie das zum Vollmond im März zelebrierte **Lamai-Festival**. Wer nur einen Tag hat, sollte zuerst eine Bootstour auf dem Ye unternehmen, dann die Heiligtümer am Banana Mountain erkunden und spätestens zum Sonnenuntergang ans Meer fahren.

ÜBERNACHTUNG

Als älteste Unterkunft am Ort hat das originäre **Seikantha Gh.** seine Ausländer-Lizenz verloren, doch gibt es neue, bessere Alternativen:

Mya Myint Mo Hotel, Duya Rd., ✆ 057-50527, 094-0165 3763, ✉ myamyintmo hotel.yae.monstate@gmail.com. 23 helle, pieksaubere Zimmer mit AC, TV, Minibar und schicken, weißen Metallbetten für nur US$20 inkl. Frühstück (am besten sind die Eck-Einheiten mit 2 Fenstern, wie Nr. 201, 205, 206, 301, 305 oder 306)! Die 4. Etage ist ein herrlicher Rooftop-Spot. ❶

Shwe Taung Gyar (STG) Hotel, Bogyoke Rd., ✆ 057-50674, ✉ stghotel2016@gmail.com. Seit 2017 als bester Hort für Komfort in zentraler Lage und mit 5 Etagen und professioneller Rezeption: 22 kleine, aber gut ausgestattete Komfort-Zimmer mit schönen Bädern (mit Kingsize-Bett US$35, als Twin US$45). Gutes Restaurant und eine kleine Dachterrasse. ❸–❹

Starlight Resort, am Highway 8 bzw. rund 4 km nördlich des Zentrums, ✆ 092-5571 3253 (David), 092-5008 8616 (Winny), 💻 www.starlight-guesthouse.com. Auf einem Hang bieten der sympathische, amerikanische Tourismus-Pionier David Herrick und seine Mon-Gattin Winny seit Mitte 2019 etwa 10 Zimmer in Bungalows, teils mit AC, zu US$20–30 und 2 Dorms mit Ventilator und je 6 Betten à US$10. Zudem gibt es 2 Restaurants, 1 kleinen Minimart und den 1. Pool von Ye, sogar mit einer Bar. ❶–❷

ESSEN

Die Gastronomie wächst und gedeiht, der Ausschank von Bier und Alkoholika jedoch ist keine Selbstverständlichkeit. Als für die Region typisches Gericht gilt *Nadala*, wofür Fisch bis zu 4 Std. mit Zuckerrohr gekocht wird, sodass man sogar die Gräten mitessen kann.

Daw Tin Cho, Duya Rd. Halb offenes, einfaches Restaurant in einem Eckhaus. Beste einheimische Küche als Topf-Buffet mit Fingerzeig-Bestellung, alles lecker und mit 1000 Kyat pro Speise enorm billig. 🕒 10–21 Uhr.

Dream, ✆ 099-7967 8376. Besitzer Ko Aung Ko und sein Team bieten leckere Kost – wie das Fischgericht *Nga Jor*, aber auch kühles Fassbier und gut geschüttelte Cocktails. 🕒 10–24 Uhr.

KT (Kone Htake), Ecke Bogyoke Rd./Mayyu Rd., ✆ 057-50380. Umfangreiche, mit etwas Englisch angereicherte Speisekarte und beliebt für seine chinesische und thailändische, mit 2500–3500 Kyat bepreiste Küche. 🕒 5.30–21.30 Uhr.

Like Juice & Coffee Bar, Bogyoke Rd. Ein langer, enger Schlauch – schlicht und mit einem Beauty-Salon, doch die aus einer Simonella-Maschine fließenden Kaffee-Spezialitäten zu 1000–2500 Kyat munden. 🕒 9–21 Uhr.

Rot Sar Thai, Lake Rd., ✆ 097-8268 9882. Halb offen und mit Veranda am See bzw. an einem großen Baum gelegen, bietet dieses Restaurant die angeblich beste Thai-Küche der Stadt. 🕒 10–22 Uhr.

Shwe Taung Gyar (STG), s. o. Lockt als angenehmes, einziges AC-Restaurant im Erdgeschoss des gleichnamigen Hotels mit der stadtweit besten Küche. Die englische Speisekarte bietet einfache Reis- und Nudelgerichte bis zu 3500 Kyat, *Spicy Chicken Wings* für 4000 Kyat, Fischgerichte zu 7000–12 000 Kyat, auf jeden Fall sollte man das scharf gebrutzelte Schweinefleisch *Wet Chao Set* oder das leckere *Pork Kebab* zu je rund 6000 Kyat probieren. 🕒 6–23 Uhr.

SONSTIGES

Gesundheit

Noble Fitness & Sport Centre, nördlich des Sees. Mr. Sam spricht gut Englisch und offeriert diverse Fitnessgeräte und Bikram-Yoga für 2000 Kyat. 🕒 6–21 Uhr. Nördlich der Stadt bzw. im Bereich der **500 Mönchsstatuen** gibt es sogar ein **Meditations-Center** mit Kursen in Englisch.

Touren

Das **Starlight Resort** bietet Insider-Infos und selbst skizzierte Ortspläne, vermittelt Transfers und Touren (halber Tag als Sozius mit einem

englischsprachigen Moped-Guide 15 000 Kyat, ganzer Tag 25 000 Kyat) sowie Miet-Mopeds (7000 Kyat pro Tag, mit Vollautomatik 8000 Kyat). Tuk Tuks oder Pkw liegen bei 35 000–70 000 Kyat, die 6 Mountainbikes gibt es bereits für 4000 Kyat.

TRANSPORT

Taxis

Individuelle Transporte nach Mawlamyaing oder Dawei 80 000–100 000 Kyat.

Busse und Minivans

Die **Andawa Bus Station** liegt außerhalb am Highway, die meisten Busse starten auch von den Stadtbüros.

DAWEI, 160 km, um 7 und 21 Uhr für 7000 Kyat in 3–4 Std., per Minivan ab 9 Uhr für 10 000 Kyat in 3 1/2 Std.

MAWLAMYAING, 160 km, 8x tgl. für 4000 Kyat in 4–5 Std., per Minivan ab 7 Uhr für 10 000 Kyat in 3 1/2–4 Std.

YANGON, 470 km, mehrmals tgl. für 12 000 Kyat, am besten um 16, 18 oder 22.30 Uhr mit den aus

Dawei kommenden VIP-Bussen für 14 000–16 000 Kyat in ca. 10 Std.

Eisenbahn

DAWEI, um 10.30 Uhr für 1850 Kyat *(ordinary)* bzw. 3450 Kyat *(upper)* in 8–9 Std.
MAWLAMYAING, um 14.30 Uhr für 1650 Kyat *(ordinary)* bzw. 3400 Kyat in 6 Std.
YANGON, um 14.30 Uhr für 5000–7000 Kyat in 15–17 Std.

Umgebung von Ye

Nördlich der Stadt erstreckt sich ein von den Japanern erbauter Flugplatz, dessen Konturen teilweise noch erkennbar sind. Nach rund 10 km vom Zentrum ist – zwei weiße Elefanten-Statuen markieren die Zufahrt – der **Banana Mountain** erreicht. Der Name wurzelt in der einstigen Form des hier liegenden, inzwischen reichlich planierten Hügels.

Tempelkomplex

Die hier lockenden Heiligtümer tragen den Namen des visionären Abts **Ko Yin Lay** und dürften zu den unbekanntesten, aber faszinierendsten Myanmars zählen. Wie die quadratische, neunstöckige **Turm-Pagode**, die an allen vier Seiten mit imposanten Buddhastatuen bestückt und zu besteigen ist (🕒 7–16.30 Uhr, kostenloser Longyi-Verleih), um einen Panoramablick auf die umliegenden Wälder und Berge zu ermöglichen sowie auf eine märchenhafte, turmreiche **Tempelanlage**. Der Komplex wird ständig erweitert, ein großer **liegender Buddha** bald schon fertig sein.

Strände und Inseln

Vom Zentrum an die Küste sind es rund 14 km bzw. 30 Minuten Fahrt. Südwestlich des Dorfes **Asin** erstreckt sich der 2 km lange **Bin Le Wa Beach**. Ob der üppigen Schwebstoff-Einträge des nahebei ins Meer strömenden Ye bzw. der grau-schwarzen Fluten sowie zuweilen auch einer Menge Unrat mag kaum Lust zum Baden aufkeimen. Darüber hinwegtrösten kann man sich in romantischen Bambus-Salas mit Hot-Pot-Gerichten oder eisgekühltem Bier sowie mithilfe malerischer Impressionen – besonders zum Sonnenuntergang. Dafür sorgen die Bergkulisse am Horizont und das vorgelagerte **Bamboo Island**. Diese Insel lässt sich mit einem gecharterten Fischer-Longtail erreichen (10 000 Kyat inkl. 1 Std. Wartezeit) oder auch umrunden

Dicke Laster und moderne Reisebusse sind etwas Neues auf den Routen im tiefen Süden.

© VOLKER KLINKMÜLLER

(15 000 Kyat), bietet einen 150 m und einen 300 m langen Strand, doch Sand und Wasser sind dunkel. Wesentlich klarer sind die Fluten des rund 2 km nördlich von Asin plätschernden Felsenpools **Tamin Seint Yedegon** (Juni–Okt, Eintritt 1000 Kyat). Für den Abstecher zur Küste empfiehlt sich ein Moped-Taxi oder Tuk Tuk – erst recht für den Rückweg im Dunkeln, der riskant und schwierig zu finden ist.

Das gilt auch für den 24 km bzw. 1 Std. Fahrt von Ye entfernten **Ka Bia Wa Beach**. Hier ist der Strand ebenfalls grau, das Wasser aber sauber. Das vorgelagerte **Jaunji Island** lockt mit schönem Strand und einem Wasserfall, ist sogar mit Speedboats zu erreichen (3-Std.-Trips ca. 60 000 Kyat).

Bootstouren auf dem Ye-Fluss

Ebenso verlockend sind Flussabenteuer – und zwar dort, wo der **Ye** noch mit herrlich klaren Fluten strömt, wie z. B. 20 km bzw. rund 30 Moped-Minuten östlich der Stadt: Die Bootstouren (Longtail-Charter 10 000 Kyat) beginnen im **Dorf Jaung Yua** (Kyaung Ywar, auf Englisch: School Village) und führen zu einem flussaufwärts liegenden Tempel mit Aussichtsturm im Wasser. Unterwegs kann man herrlich auf Sandbänken relaxen und baden – jedenfalls von Oktober bis April.

Von Ye nach Dawei

Die Strecke von Ye nach Dawei lässt sich auch angenehm als privater Transfer (U$75) zurücklegen. Zunächst wird der Ye-Fluss überquert, doch spätestens an der nächsten großen Brücke, die nach ca. 30 Minuten erreicht ist, sollte man vom herrlichen Sandufer mal in die aus den Bergen strömenden, glasklaren Fluten steigen (nur in der Regenzeit). Etwa eine halbe Stunde später schraubt sich die Straße mit allerlei Steinbrüchen über 30 km die Berge hinauf bis zur Passhöhe bzw. Grenze zwischen dem Mon-Staat und der Region Tanintharyi. Hier werden alle Passagiere aus den Bussen geholt bzw. per Hand die Daten der Reisepässe kopiert.

Danach sind es noch etwa 130 km bis nach Dawei. Die Strecke ist wesentlich dichter bevölkert als die von Thanbyuzayat nach Ye. Etwa 80 km vor Dawei hat man die Abzweigung der vom Mineralölkonzern Total erbauten Straße nach Thailand erreicht und wenig später zwei imposante Brücken-Neubauten. Von der zweiten, bei Kaleynaune (Kaleinaung), eröffnet sich ein herrlicher Blick in Richtung Osten bzw. auf einen großen Fluss mit Bergen. Sogar das gesamte Tal kann man von der 15 Minuten entfernten Sandawshin-Pagode überblicken.

Dawei (Tavoy)

Die 160 km weite Anreise aus Ye oder die fast ebenso lange über den Grenzübergang Htee Khee/Phunaron (s. Kasten S. 572) führt durch tropenbewaldete Berge. Doch wer mit dem Flugzeug einschwebt, wird früh die lang gestreckten Strände von Dawei sichten: Als gelbe Sandstreifen ziehen sie sich über zig Kilometer an der Küste entlang, mancherorts aber auch nur in Grautönen.

Denn die umliegenden **Flussmündungen** spülen massenhaft Sedimente ins Meer, die den Sand vielerorts mit einer Schlickschicht überlagern und die Wellen in (be)trüblichen Tönen färben. Dawei (früher Tavoy) selbst ist keine Küstenstadt, und wer schön baden will, muss etliche Kilometer fahren – wie z. B. auf die sich südlich anschließende, gleichnamige **Halbinsel**, die dann auch tatsächlich mit paradiesischen **Badezielen** aufwarten kann – etliche davon noch völlig einsam und unberührt. An die **40 Strände** dürfte es in der Region Dawei geben, immerhin 25 davon bereits per Moped zu erreichen. Zudem lassen sich vielerorts fotogene Felsformationen und Fischersiedlungen erkunden oder gar die nördlich der Stadt geplante **Dawei Special Economic Zone (DSEZ).** Neu wie beliebt sind die ersten herrlichen Inseltouren, die seit 2018 von Dawei aus angeboten werden – von der Fischerbucht **San Hlan** z. B. starten sie zu der zum Mosco-Archipel gehörenden Insel **Auk Bok.**

Rund 150 000 Einwohner zählt das 320 km von Mawlamyaing und 230 km von Myeik entfernte Dawei. Dennoch lassen es massenhaft Palmen, Bananenstauden und Mangobäume als tro-

pisch **grüne Stadt** erscheinen, zumal hier auch besonders viel Regen fällt. Manch ein Straßenzug wird noch überwiegend gesäumt von zweistöckigen Häusern, die aus der **Kolonialzeit** stammen und vorwiegend aus Holz errichtet sind. Viele erinnern durch ihre Walmdächer und reich verzierten Schnitzereien an Tempel. Dazwischen entdeckt man immer mal wieder eine stattliche Kolonialvilla aus Backstein und Stuck.

Leider ist in letzter Zeit schon manches Schmuckstück dem Zeitenwandel zum Opfer gefallen, wie für den Neubau von Hotels oder für das beliebte **Ah Hlathit Shopping Center**, das sich nun als avantgardistischer Eckbau bzw. erster AC-Supermarkt im Herzen der Stadt erhebt. In jeder Beziehung hohe Maßstäbe erfüllen kann das **Hotel Dawei**: Es hat immerhin das 100 Jahre alte **Governor's House** integriert, eine Menge Stil und Luxus sowie den ersten Pool am Ort zu bieten.

Zudem gibt es zeitgemäße Neuheiten wie das **DDPC Shopping Center** oder das **Mediland Hospital**, und das Stadtbild zeigt im Vergleich zu früher wesentlich mehr Farbe – mit neu getünchten Fassaden, mehr (Leucht)Reklame und einem deutlich gewachsenen Warenangebot.

Religiöse Monumente

Die 13 m hohe Buddhastatue der **Yat-Taw-Mu-Pagode** ist ein Blickfang, die Pavillons der **Kyat-Min-Pagode indes** beherbergen Statuen diverser Stile, darunter die einzige mit sechs Fingern an der linken Hand – zu erkennen nur über einen eigens installierten, kleinen Spiegel. Die **Shwe-Taung-Zar-Pagode** als wichtigstes Heiligtum der Stadt wird meist nur „Payagyi" (Große Pagode) genannt. Der religiöse Komplex umfasst mehrere Pavillons in Form von glitzernden Würfelbauten aus spiegelverglasten Mosaiken mit goldenen Buddhastatuen. Die Einheimischen berühren gern die Schultern, Brüste und Schenkel einer Skulptur der **Erdgöttin Dharani** – was Glück bringen soll.

Märkte

Als Hauptmarkt besteht der **Sibinthaya Zei** aus einem weitläufigen, zweigliedrigen Komplex mit großem Außenbereich, in dem Frischwaren verkauft werden. In den Markthallen mit teilweise

Facettenreiche Tagestouren

Zur Erkundung der Region bzw. der vielen Festlandsstrände kann man sich in gecharterte Tuk Tuks und Taxis (S. 570) schwingen oder auf Miet-Mopeds (S. 570). Schöner und geselliger jedoch kann es sein, sich etwas an die Hand nehmen zu lassen. Englischsprachige Guides nehmen für ihre Dienste pro Tag bis zu US$40, Pauschaltouren inkl. Transport beginnen bei US$50.

Gute Tourguides für Stadt und Land

Als beste Wahl gilt der sympathische Tourguide **Nan Pan,** ✆ 092-5066 6438, 097-755 4729. **Bo Bo (Nyan Win),** ✆ 092-5409 8223, 097-7737 8487, ✉ nyanwin8059@gmail.com, hat sich auf Trekking und Rafting spezialisiert, startet auch gern mal zu einem rustikalen Longtail-Trip auf dem Dawei-Fluss. Der agile **Sam the Man** (alias Samuel bzw. **Ko Thein Htaik**), ✆ 097-8177 1167, 💻 www.traveldawei.com, fungierte 2013 als Tourismus-Pionier von Dawei und hat ein hohes Maß an Professionalität entwickelt, kutschiert seine Passagiere aber nach wie vor auch gern persönlich durch die Gegend, Touren je nach Entfernung US$50–120.

Idyllische Inseltouren

Mrs. Dawei von **Panorama Travel & Tours** (S. 570) zählt zu den ersten Anbietern von Inseltouren und hat dafür sogar ein schönes Holzboot bauen lassen und dieses mit Matten, Matratzen und Kissen lauschig ausstaffiert. Der perfekte Trip zum paradiesischen Auk Bok dauert von 7–18 Uhr und kostet inkl. Transfers, Verpflegung und Schnorchelzeug US$60 p. P. (mind. 6, max. 15 Pers.). Mehr darüber und weitere Touren s. S. 582 und 593 sowie eXTra [10062], zu den ersten Tauchtrips mit **Mergui Princess Cruise** s. S. 588.

Rundreisen und Moped-Abenteuer

Längere Touren durch den Süden oder Abenteuer-Trips per Moped organisiert kompetent wie zuverlässig **Life Seeing Tours,** ✆ 097-8098 0607, 💻 www.lifeseeingtours.com, bzw. der zwischen Dawei und Myeik pendelnde, denkbar kompetente, Deutsche **André Schneegaß** (s. Kasten S. 582).

Sprung über die Grenze

Wer die An- oder Abreise über den Grenzpunkt Htee Khee/Phunaron bewältigen möchte, sollte einen praktikablen Stopover in Kanchanaburi einlegen bzw. einchecken in **Apple's Retreat,** ✆ +66-62-324 5879, 💻 www.applenoikanchanaburi.com. 65 km von Phunaron und 135 km von Bangkok gibt es gute Zimmer für US$30, ein Flussufer-Restaurant mit authentischer Thai-Kost, Kochkurse und tolle Touren zu bezahlbaren Preisen sowie rundherum besten Service der liebenswerten Besitzerinnen Khun Apple und Khun Noi. Mehr s. eXTra [10060].

noch kolonialer Bausubstanz werden Textilien, Kosmetika und andere Artikel des täglichen Bedarfs feilgeboten. Ähnliches gilt für den **Nachtmarkt** (auch Blumenmarkt genannt) an der Ecke Nyaung Bin Road/Bogyoke Road, der bisher allerdings kaum Essensstände bietet, ⏲ 15.30–18.30 Uhr.

ÜBERNACHTUNG

Fossile wie das 1999 als erste Unterkunft am Ort in einem Kolonialbau von 1942 eröffnete Garden Hotel sind nicht mehr gefragt – zumal allerlei Neugründungen das Zimmerangebot erfreulich gemehrt haben. Wenn etwas ausgebucht sein sollte: Mrs. Dawei (S. 567) hat immer eine gute Idee!

Untere Preisklasse

Best House Hotel, Darna Rd., ✆ 09-874 2842, 099-6131 2255, 💻 www.facebook.com/besthousedawei. Genialer Name, da seit 2018 die beste Budget-Option am Ort: Die junge und taffe, gut Englisch sprechende Besitzerin Alexis bietet 23 Komfort-Zimmer zu US$20 (meist fensterlos), US$24 und US$28 (am besten sind die fensterreichen Eck-Einheiten Nr. 201, 301 und 401). Zudem gibt es einen Lift und eine Dusche zum Late-Check-Out. Nicht zu verwechseln ist das Hotel mit dem ebenso zur Familie gehörenden Best House Gh. in der Nyaung Pin Gyi Rd. Der Altbau bietet 13 saubere, aber eher spartanische Zimmer mit Außenbad zu US$20. Beide ❷

€ **New Power Hotel**, Ecke Kamyawking/Ponkyun Rd., ✆ 059-202 3228, ✉ newpowerhotel@gmail.com. Zählt mit seinen 5 Etagen, 22 sauberen Komfort-Zimmern für US$20 und halb offener Dachterrasse zu den typischen, pragmatischen Neubau-Unterkünften. ❷

€ **Relax Gh.**, Wegyun Htain Thit Quarter, ✆ 092-5482 5827, ✉ relax.dawei@gmail.com. Seit 2018 ca. 2 km nördlich vom Zentrum und etwas verbaut mit 19 Zimmern (die zu US$16 größer, am besten sind Nr. 204 und 308). Verpflegung und Geselligkeit bietet die Bamboo-Lounge. ❶

Shwe Moung Than Hotel, Pakaukkuk Yaung Rd., ✆ 059-23763-4, ✉ shwemaungthan22@gmail.com, [10384]. Auffallender, rosafarbener Bau mit verglaster Fassade, angenehmem Foyer und 36 Zimmern in 3 Kategorien, die inzwischen aber leider etwas abgewohnt wirken. Frühstück gibt es im Rooftop-Restaurant der 5. Etage, Abendkarte bis 22 Uhr. ❷

Mittlere Preisklasse

Golden Guest Hotel, Myotedwin Rd., ✆ 059-21351, 09-874 2256, ✉ goldenguesthousedawei@gmail.com, [10383]. Als feudaler Neubau und trotz des winzigen Lifts sowie überteuerter Raten eine der besten Optionen. Von den pieksauberen, wohnlichen Zimmern gibt es 11 als Standard, 14 als Superior und 8 als Deluxe (angenehm sind die Eck-Einheiten, wie die fensterreichen Nr. 403 oder Nr. 406). Das Restaurant in der 6. Etage hat Stil und Ausblick. ❸–❺

Zayar Htet San Hotel, Ye Yeiktha Rd., ✆ 059-23902, ✉ hotelzayarhtetsan@gmail.com. Professionell gemanagt und beliebt: Hinter der avantgardistischen, bunten Fassade verbergen sich 37 saubere Komfort-Zimmer mit Laminatböden und Badewannen-Bädern in 4 Kategorien (besonders real ist die zu US$45), die sich aber nur von der Größe her unterscheiden. ❸–❹

Obere Preisklasse

Dawei Hotel, Arzarni Rd., ✆ 059-23923, 💻 www.hoteldawei.com. Seit 2016 als Thai-Investment mit ansprechender Architektur: Das größte und mit 4 Sternen auch beste Haus am Ort besticht mit einem Avatar-Riesen im Garten und attraktiven Pool im Atrium (externe Gäste 7000 Kyat). Gutes Gym, schönes Foyer und ein professionelles Restaurant. 122 Holzboden-Zimmer in 4 Kategorien ab US$80, die Suiten liegen im integrierten, originären Governor's House. ❺–❻

The Mandolis, Mingalar Thidar Rd., ✆ 097-7345 4596, 💻 www.themandolis.com. Versteht sich selbstbewusst als bestes Haus am Ort: Der ehemalige Zürcher Banker Nawar Al Bitar und sein ebenfalls aus der Schweiz stammender Architekten-Freund Roman Steinemann bieten 11 Zimmer mit dunkelbraun gehaltenem Interieur in einem 2-geschossigen, hübschen Blockbau zu

US$80–100. Engagiertes Frühstück mit selbst gebackenem Brot, persönliche Betreuung und guter Service mit 22 Angestellten. 10-m-Pool und Spa-Zelt in Planung sowie am Teyzit Beach ein Luxus-Resort im Bau. ❺–❻

ESSEN

Seit 2017 gibt es viel Neues in der Gastronomie-Szene:

Bamboo Garden, Shwewel Thiri Yinpyin Pat Rd., ✆ 097-8888 5100. Rund 3 km vom Zentrum, halb offen an einem See und abends nett beleuchtet: Klassisches wie beliebtes Ausländer-Restaurant mit erhöhtem Preisniveau, beliebter *Hot-Pot*-Service für 10 000 Kyat. ⌚ 6–21 Uhr.

€ **Daw San**, Niban Rd., ✆ 094-987 2584. Ein Familienunternehmen seit 1977: Die Bestellung der guten und günstigen Buffet-Gerichte zu 2000 Kyat (Reis plus 300 Kyat) erfolgt per Fingerzeig. Besonders lecker sind das Rind und das als süß oder scharf mundende Schwein, Gemüse-Currys nur 500 Kyat. Als Nachtisch gibt es gratis Palmzucker mit Kokosraspeln – im Volksmund „Armee-Schokolade" genannt. ⌚ 10.30–21 Uhr.

Dream Journey, Pakoku Kyaung Rd., ✆ 09-500 7091. Angesagtes Café von Kyaw Zin Waim, der gut Englisch spricht. Frühstück, Backwaren, Joghurt, Eiscreme und hausgemachte Burger sowie neuerdings auch Pizza. Zum sensationellen *cheese cake* für 1000 Kyat munden einheimische Kaffeesorten für 600–1300 Kyat aus Automaten von Simonelli und Bezerra oder auch *Green Tea Latte* zu 1300 Kyat, als Eis-Drink 1500 Kyat. ⌚ 7–22 Uhr.

Myeik Shwe Tea Snack, Niban Rd., ✆ 059-21507. Effizient und günstig – mit schönem Holzmobiliar, frischen Nudel- und Hühnchengerichten. Frühstück bis 8 Uhr z. B. mit *Naan Roti Green Peas zu* 500 Kyat, Abendessen schon ab 16 Uhr. Sonntags *Chicken Biryani* für 2000 Kyat. ⌚ 5–18 Uhr.

€ **Padonmar Ice Creams & Cold Drinks**, Niban Rd., ✆ 059-9202 3019. In einem etwas maroden, halb offenen Eckbau, aber angesagt – z. B. für vegetarische Kost wie hausgemachten Joghurt und den Teeblatt- oder Avocado-Salat. Zudem bietet der freundliche Mr. Kyaw große Kugeln leckerer Eiscreme aus Thailand zu 500 Kyat. ⌚ 9.30–23 Uhr.

Traumstrand gesucht? In der Region Dawei gibt's jede Menge.

Pale Eikari (Pearl Princess), Ye Yeikhta Rd., ✆ 059-21780. Halb offen im Garten des gleichnamigen Hotels – einer weißen Holzvilla aus der Kolonialzeit und eklatantem Renovierungsstau, überragt von einer 9-stöckigen Bauruine mit einst geplanten 96 Zimmern. Lange das erste und einzige Restaurant mit westlichem Flair – natürlich zu entsprechenden Preisen und verblüffend detailliertem Rechnungsausdruck (vermutlich für die Zechen von NGOs). Hier gibt es für 1600 Kyat die besten Pommes/Mayo des Südens, empfehlenswerten *Deep Fried Spicy Squid* für 6300 Kyat oder *Myanmar* und *Black Shield Stout vom Fass* für 850 bzw. 1200 Kyat. ⌚ 7–22 Uhr.

Pola Pola, im Foyer des Dawei Hotels. Zweifellos eine stilechte Option für ein gediegenes Abendessen, mit schönem Ambiente bzw. thailändischer und italienischer Küche. Die besten Pizzas der Stadt liegen bei 10 000–12 000 Kyat, Cocktails um 6000 Kyat. ⌚ 18.30–22 Uhr.

Tavoy Kitchen, Ecke Ye Rd./Phayar Rd., ✆ 094-5519 2525, 💻 www.facebook.com/tavoykitchen. Mit Holztischen im Innen- und Außenbereich sowie thailändischen und chinesischen Speisen. Zu den Favoriten zählen die *Tavoy Coconut Noodles* für 3000 Kyat, das *Waughts Vege Curry* für 4500 Kyat oder die neue *Big Seafood Plate* zu 15 000 Kyat. Bisher kein Bier oder Alkohol, kann aber mitgebracht werden. ⌚ 10–24 Uhr.

Essensmarkt am Einkaufszentrum

€ Das neuzeitliche, per Taxitransfer für 2000 Kyat erreichbare **DDPC Shopping Center**, ⌚ 9–21 Uhr, bevölkert sich vorwiegend im Außenbereich: Auf dem vorgelagerten Sandplatz ist ein einfacher, weitläufiger Essensmarkt entstanden. Das meist nur mit 1000–2000 Kyat bepreiste, authentische Streetfood lockt besonders junge Daweianer an, ⌚ 15–22.30 Uhr. Einen Absacker kann man in der neuen, nahen **Wine Bar** nehmen – bisher noch ein stadtweites Unikum und per Außentreppe erreichbar. Hier kann man westlich snacken und trinken, z. B. Fassbier oder Cocktails wie den *Dawei Sling* zu 3300 Kyat. ⌚ 16–24 Uhr.

Thahara Tea Shop, Bogyoke Rd., ✆ 059-21633. Etabliert seit 1952 – direkt am alten, mit neuem Interieur und AC renovierten Kino. Gepflegte Teestube mit leichter China-Küche. ⌚ 6–21 Uhr.

The Mandolis, im gleichnamigen Hotel. Daweis einzige Option zum Fine Dining: In denkbar stil- wie stimmungsvollem, halb offenem Ambiente mit Garten gibt es Köstlichkeiten aus Thailand, Italien, der Schweiz oder gar dem Libanon – natürlich auch gehoben bepreist. ⌚ 6.30–23 Uhr.

SONSTIGES

Geld

Beliebt ist der Wechsel am Straßenschalter der **KBZ-Bank**. Dennoch eine leider langwierige Prozedur, bei der das Limit für Bargeld-Tausch 100 € beträgt, für US$ immerhin 10 000!

Mietfahrzeuge

Bisher von 3 Anbietern erhältlich, bewährt hat sich z. B. **Patheda Car & Bike Rental**, Anauk Rd., ✆ 092-5815 5545, 💻 www.facebook.com/padethasince1960. Die Scooter haben Halb- (11 000 Kyat pro Tag) oder Vollautomatik (13 000 Kyat); es gibt hier sogar auch Mietwagen! Achtung: Es wird ein Führerschein benötigt, Verstöße gegen die Helmpflicht werden mit 30 000 Kyat geahndet.

Reiseagenturen

Dawei Panorama Travel & Tours, Ye Yeiktha Rd., ✆ 097-8180 0181, 094-5000 9860, 💻 www.daweipanoramatravel.com. Frohnatur Aye Thidar Win (Mrs. Dawei) organisiert alles kompetent wie zuverlässig, z. B. tolle Inseltrips (s. Kasten S. 567 und S. 571) und etliche weitere verlockende Touren oder 15 günstige Miet-Mopeds und auch Charter-Limousinen. ⌚ 8–20 Uhr.

Sun Far Travel & Tours, Padauk Shwe Wah Rd., ✆ 094-101 1036, 💻 www.sunfartravels.com. Wie überall englischsprachig und professionell. ⌚ 9–18, So, Sa nur bis 12 Uhr.

NAHVERKEHR

Transfers zur Busstation bzw. zum Bahnhof oder Flughafen kosten per Moped-Taxi um 3000 Kyat (frühmorgens teurer), mit Tuk Tuk 5000 Kyat. Ein Rundtrip zu Daweis Hausstrand Maungmagan Beach liegt mit Moped-Taxis je nach Verweildauer bei 10 000–12 000 Kyat, mit einem Tuk Tuk bei bis zu 20 000 Kyat. Die Tages-Charter für ein Auto beginnt bei 50 000 Kyat, z. B. von **Dawei Panorama Travels & Tours** (s. o.). Für die Strandresorts auf der Dawei-Halbinsel s. S. 575.

TRANSPORT

Busse und Minivans

Der **Busbahnhof** liegt rund 5 km nordöstlich vom Zentrum, die Minivans bieten Tür-zu-Tür-Service.

Die neuen, komfortablen VIP-Busse mit 2+1-Sitzreihen, individuellen Monitoren, Snacks und Drinks starten um 17.30 wie 19 Uhr, müssen aber mit 25 500 Kyat generell bis Yangon (ca. 12 Std.) durchgezahlt werden – auch wenn sie bis Mawlamyaing nur 8 Std. benötigen, oder bis Ye gar 4 Std.

HTEE KHEE/PHUNARON, 150 km, meist um 7 Uhr mit überladenen Pro-Box-Cars für 25 000 Kyat in 4 1/2–5 Std. Infos zum Grenzübergang s. Kasten S. 572.

KAWTHOUNG, 680 km, normaler AC-Bus für 35 000 Kyat in 18 Std.

MAWLAMYAING, 320 km, um 17 und 18 Uhr für 12 000 Kyat in 6–7 Std., auch mit Minivans 12 000 Kyat.

MYEIK, 260 km, in 5–6 Std. für 10 000 Kyat, Minivans bis 12 000 Kyat.

YANGON, 630 km, normale AC-Busse meist von 15–18 Uhr sowie 23 und 24 Uhr für 15 000 Kyat in 12–13 Std.

YE, 160 km, meist als Zwischenstopp nach Mawlamyaing und Yangon für 7000 Kyat in 3 1/2 Std.

Eisenbahn

Der **Bahnhof** liegt rund 2,5 km östlich vom Zentrum.

MAWLAMYAING, um 6 Uhr für 5250 Kyat *(upper class)* in 14–15 Std.

YE, um 6 Uhr für 3450 Kyat *(upper class)* in 8–9 Std.

Flüge

Der **Flughafen** liegt rund 3 km nordöstlich des Zentrum. Von/nach Kawthoung gibt es 2x wöchentlich eine Zwischenlandung in Myeik.

Air KBZ, 14 Niban Rd., ✆ 059-23833, 094-100 4430. ⌚ 9–17 Uhr, Sa und So nur bis 13.30 Uhr.

Grenzübergang Htee Khee / Phunaron (Phu Nam Ron)

Die Überquerung der Grenze bei Htee Kee/Phunaron – 150 km (bzw. ca. 5 Std.) östlich von **Dawei** – erfolgt durch 4 km Niemandsland. Der entlegenste der landesweit vier Übergänge nach/von Thailand wurde als Tor zum Tiefseehafen-Projekt etabliert und ist von 6 bis 18 Uhr geöffnet (Achtung: in Thailand ist es stets 30 Min. später), doch muss das Visum für Myanmar vorab besorgt werden! Thailand indes erteilt bei der Einreise aus Myanmar ein 30-tägiges Visa on Arrival. Dort erreicht man per Minivan (50 Baht p. P., letzte Abfahrt 16.30 Uhr) oder Taxi (um 1500 Baht) in rund 1 Std. das Touristenziel **Kanchanaburi**, wo man etwas bleiben (Unterkunfts-Tipp s. Kasten S. 591) oder unkompliziert nach Bangkok gelangen kann. Insgesamt muss zwischen Dawei und Bangkok mit einer Reisedauer von ca. zehn Stunden gerechnet werden, ausführlicher Bericht s. eXTra [10061].
Für die beiden anderen internationalen Übergänge nach/von Thailand s. S. 557 und 590.

Myanmar National Airlines, Ecke Kannar Rd./ Seike Kanthar Rd., ✆ 059-21070. ⌚ meist 9–10.30 und 17–18 Uhr.

Die Umgebung von Dawei

Die selbst am Ende der Trockenzeit saftigen Felder der Region werden von Wasserläufen aus den nahen Bergen gespeist. Der 300 m hohe **Taung Moe Taung** als „Berg über den Bergen" z. B. lässt sich in einer schweißtreibenden Stunde besteigen, um einen tollen Ausblick auf die Stadt, den Fluss und das Meer zu ermöglichen, in dem neuerdings auch einige Inseln besucht werden dürfen.

Religiöse Monumente

Gleich mehrere sehenswerte Tempelanlagen befinden sich an der Straße nach Myeik: Nach etwa 5 km ist der 1931 erschaffene **Shwethalyaung Daw Mu** erreicht. Mit einer Länge von rund 75 m und einer Höhe von 21 m handelt es sich um einen der landesweit größten liegenden Buddhas.

Rund 3 km weiter in Richtung Süden erhebt sich die 1438 von König Sawthila erbaute **Shinmokhti-Pagode**. Sie enthält u. a. eine Buddhafigur, die auf einem Floß aus Sri Lanka über das Meer nach Birma gelangt sein und Stücke des originalen Bodhi-Baums enthalten soll. Diese gehört zu einer Serie von Figuren, die auch in Pathein, Kyaikhto und Kjaikkami verehrt werden (S. 181, 530 und 558). Ganz in der Nähe findet sich die **Pa-Shu-Kyauk-Pagode** (Ayu-Pjauk-Paya).

Maungmagan Beach (Maung Ma Kann)

Der größte und bisher bekannteste, aber im Vergleich zu anderen Stränden verzichtbar erscheinende Maungmagan Beach liegt fast 18 km bzw. 30 Minuten Fahrt nordwestlich von Dawei und ist über eine kurvenreiche Straße zu erreichen. Durch mehrere Siedlungen und ausgedehnte Kautschukplantagen geht es zum Dorf **Maungmagan**.

Hier erstreckt sich der fast 10 km lange, eher gräuliche **Maungmagan Beach**. Er führt sehr flach ins Meer und kann in Richtung Norden und in aller Einsamkeit bis zu einer größeren Flussmündung erwandert werden. Im Schatten von Kasuarinen und Palmen bieten auf rund 300 m einfache, familiär geführte Strandrestaurants aus Naturmaterialien einheimische Kost mit frischen Meeresfrüchten.

ÜBERNACHTUNG UND ESSEN

Seit 2013 gibt es hier ersten Komfort, zu den neuesten Touristen-Spots zählen die **Star Bungalows** (US$50) und die Freedom Bar, ✆ 094-5645 6795.

Coconut Gh., ✆ 094-2371 3681, 💻 https://coconutguesthouse.com/. Etwa 700 m vom Strand und bevorzugt von Ausländern bewohnt: 12 Bungalow-Zimmer mit guten Bädern und wahlweise AC.
Im Mittelpunkt der Anlage lockt ein Restaurant mit Strohdach, Holzboden und Bodenkissen, Massagen 5000 Kyat. ❷–❸

Maungmagan Beach Resort, ✆ 094-2220 1819, ✉ tddpcdawei@gmail.com. Direkt am Strand und beliebt bei Einheimischen: Barackenartiges Haus mit 53 angenehmen komfortablen Zimmern als „Seaview" und „Mountainview". Großes Restaurant mit Karaoke-Lounges, Massagen für 6000 Kyat. ❸–❹

Von all den strohgedeckten Bambus-Plattformen am Meer empfiehlt sich z. B.:

Crown, ✆ 094-986 7172. Beliebt für BBQ-Fische, Meeresfrüchte-Suppen oder Tintenfisch-Gerichte. Eigene Hummerfarm im Hinterland, Flasche Bier 2500 Kyat. ⌚ 7–21 Uhr.

Nabule Beach (Mayingyi Beach)

Wer in Maungmagan Richtung Norden abzweigt, erreicht nach rund 2 km zunächst die heißen Quellen von **Ye Putwin**, die mit rund 70 °C heißem Wasser zum prickelnden Schöpf- oder Vollbad einladen. Für 100 Kyat kann man ein größeres Gemeinschaftsbecken in der Mitte nutzen, abgeschirmte Kammern mit Betonbecken kosten 1000 Kyat, ⌚ 6–18 Uhr.

Als nächste Etappe lässt sich – nach etwa 16 weiteren Kilometern in Richtung Norden (alternativ am schnellsten über die N8) das Areal der **Dawei Special Economic Zone (DSEZ)** einbauen. Die Zufahrt führt durch einsame Sumpflandschaften, die teilweise schon durch Umsiedlungen entvölkert sind. Denn hier soll(te) das US$50 Mrd. teure Mammutprojekt **Dawei Deep Sea Port & Industrial Estate** den langen Seeweg von Vietnam über Singapur ersetzen. Statt des einst stattlichen Infozentrums findet sich hier heute aber nur noch eine profane Schautafel – und es stellt sich die Frage, in welcher Intensität das großspurige, ins Straucheln geratene Vorhaben (mehr s. eXTra [5808]) noch verwirklicht werden könnte. So immerhin darf sich der hier liegende Mega-Sandstrand noch erfreulich jungfräulich von Horizont zu Horizont erstrecken!

Nach insgesamt rund 25 km vom Maungmagan Beach gelangt man zum **Nabule Beach** (Mayingyi Beach), dem sicher schönsten Strand der Region. Nachdem die örtliche, von Erfrischungsständen umrahmte Pagode erreicht ist, gelangt man mit einem etwa zehnminütigen Fußmarsch hinunter zum Meer. Hier faszinieren drei Buchten mit goldgelbem Sand – unterbrochen von fotogenen Granitfelsen (der größte mit einem Stupa) und umspült von herrlichen, sauberen Meeresfluten.

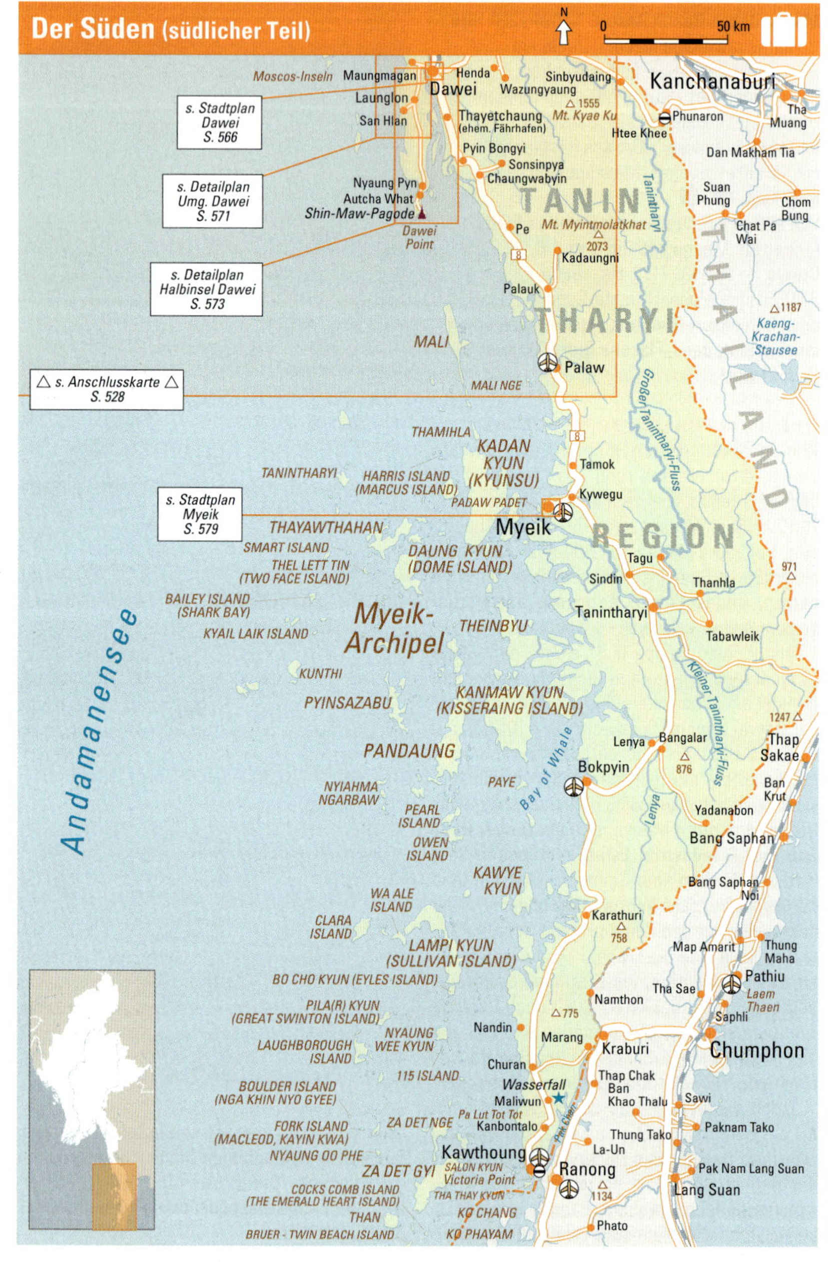
Der Süden (südlicher Teil)
N
0
50 km
s. Stadtplan Dawei S. 566
s. Detailplan Umg. Dawei S. 571
s. Detailplan Halbinsel Dawei S. 573
s. Anschlusskarte S. 528
s. Stadtplan Myeik S. 579
Moscos-Inseln
Maungmagan
Dawei
Henda
Launglon
San Hlan
Sinbyudaing
Wazungyaung
1555
Mt. Kyae Ku
Kanchanaburi
Phunaron
Tha Muang
Thayetchaung (ehem. Fährhafen)
Htee Khee
Dan Makham Tia
Pyin Bongyi
Sonsinpya
Chaungwabyin
Nyaung Pyn
Autcha What
Shin-Maw-Pagode
Dawei Point
TANIN
THARYI
REGION
THAILAND
Tanintharyi
Suan Phung
Chom Bung
Chat Pa Wai
Pe
Mt. Myintmolatkhat
2073
Kadaungni
Palauk
1187
Kaeng-Krachan-Stausee
MALI
Palaw
MALI NGE
Großer Tanintharyi-Fluss
THAMIHLA
KADAN KYUN (KYUNSU)
Tamok
TANINTHARYI
HARRIS ISLAND (MARCUS ISLAND)
PADAW PADET
Kywegu
Myeik
THAYAWTHAHAN
SMART ISLAND
DAUNG KYUN (DOME ISLAND)
THEL LETT TIN (TWO FACE ISLAND)
Tagu
Sindin
Thanhla
971
BAILEY ISLAND (SHARK BAY)
KYAIL LAIK ISLAND
Myeik-Archipel
THEINBYU
Tanintharyi
Tabawleik
Andamanensee
KUNTHI
Kleiner Tanintharyi-Fluss
PYINSAZABU
KANMAW KYUN (KISSERAING ISLAND)
1247
Thap Sakae
Lenya
Bangalar
876
PANDAUNG
Bay of Whale
Bokpyin
Ban Krut
NYIAHMA NGARBAW
PAYE
Lenya
PEARL ISLAND
Yadanabon
OWEN ISLAND
Bang Saphan
KAWYE KYUN
Bang Saphan Noi
WA ALE ISLAND
CLARA ISLAND
Karathuri
758
LAMPI KYUN (SULLIVAN ISLAND)
Map Amarit
Thung Maha
BO CHO KYUN (EYLES ISLAND)
Pathiu
Tha Sae
Namthon
Laem Thaen
PILA(R) KYUN (GREAT SWINTON ISLAND)
775
Saphli
NYAUNG WEE KYUN
Nandin
LAUGHBOROUGH ISLAND
Marang
Kraburi
Chumphon
Churan
115 ISLAND
Wasserfall
Thap Chak Ban Khao Thalu
BOULDER ISLAND (NGA KHIN NYO GYEE)
Maliwun
Sawi
Pa Lut Tot Tot
Kanbontalo
Pak Chan
FORK ISLAND (MACLEOD, KAYIN KWA)
ZA DET NGE
Paknam Tako
Thung Tako
NYAUNG OO PHE
Kawthoung
La-Un
ZA DET GYI
SALON KYUN
Ranong
Pak Nam Lang Suan
Victoria Point
1134
Lang Suan
COCKS COMB ISLAND (THE EMERALD HEART ISLAND)
THA THAY KYUN
THAN
KO CHANG
BRUER - TWIN BEACH ISLAND
KO PHAYAM
Phato
DER SÜDEN

Boa Say (Baw Sei) Beach

Wer in Maungmagan die Abzweigung nach Süden nimmt, gelangt nach rund 5 km (auch über den Strand zugänglich) zur Küstensiedlung **Boa Say**, wo bei Ebbe jede Menge großer Fischerboote auf dem Sand liegen. Hier beginnt der gleichnamige Strand, der durch seine Felsformationen nicht unbedingt zum Baden einlädt, aber landschaftlich reizvoll ist. Nach etwa 8 km geschwungener Bucht endet er an einer Felsinsel.

Diese ist durch eine kleine Betonbrücke mit dem Festland verbunden und mit der **Myaw-Yit-Pagode** bebaut. Per Moped oder Auto lässt sich dieses Heiligtum über eine asphaltierte Straße durch das Hinterland erreichen, die an Fischerhütten (Fischverkauf von 6–7 Uhr), Mangroven und einer Lagune vorbeiführt.

San Maria (Myaw Yit) Beach

Südwestlich des Heiligtums am Boa Say Beach schließt sich der durchweg schattenlose **San Maria Beach (Myaw Yit Beach)** an – benannt nach einer österreichischen Krankenschwester, einladend zum Badevergnügen und nun sogar über eine Straße aus dem Hinterland erreichbar.

17 HIGHLIGHT

Südlich von Dawei

Die **Dawei-Halbinsel** ist an ihrer Westküste mit paradiesischen Stränden gesegnet, an denen nun erste Strandresorts entstehen. Die Erkundung erfolgt mit einer Überquerung des Dawei-Flusses und mithilfe der dann südlich abzweigenden, 1,5-spurigen Hauptstraße (alternativ kann man auch erst den nördlichen Bogen über Maungmagan fahren) und führt vorbei am fotogenen **To-Jae-Wasserfall** (Badespaß nur bis Ende Nov). Nach rund 80 km ist der Horse Shoe Beach erreicht, wenig später der südlichste Zipfel bzw. der Dawei Point, den die auf einem Felsen thronende **Shin-Maw-Pagode** markiert. Zum Meer geht es stets nur über abzweigende, staubige Schotterpisten oder steile Dschungelpfade, was per Miet-Moped eine gewisse Fahrpraxis erfordert.

Berauschendes Baywatch

Restaurants für Ausländer, wie das einfache **Yway** kurz vor **Autcha What**, sind bisher noch eine Ausnahme. Doch schon gleich mit der Eröffnung Ende 2018 zum wichtigsten Anlaufpunkt an der Ostküste der Dawei-Halbinsel avanciert ist: **The Village Natural Café**, ✆ 097-6249 9505. Der nette, gut Englisch sprechende Mr. Joe hat eine perfekte Baywatch-Oase aus Natur- und Recycling-Materialien erschaffen. Serviert werden viel gelobte Gerichte und entsprechende Getränke, beim Blick auf die herrliche Meereslandschaft mit fotogenen Fischerbooten – gewiss mit den Füßen im Sand oder gern auch mal von der originellen Palmenschaukel aus. ⌚ tagsüber.

San Hlan Beach

Rund 35 km südlich erstreckt sich die malerische Sandsichel zwischen dem Festland und einer Insel – bebaut mit dem gleichnamigen Fischerdorf, und somit auch keine Option zum Baden. Doch von den beiden flankierenden Hügeln eröffnet sich ein sagenhafter Blick, besonders aber von der **Lek-Khant-Pagode** auf 600 m Höhe. Und: Von hier beginnen alle Bootstouren in die vorgelagerte Inselwelt, besonders nach Auk Bok.

Teyzit (Tizit) Beach

Lockt mit seinem weißen Sand als erstes Badeziel südlich von Dawei und ist nach rund 30 km erreicht. Wer sein Moped am Friedhof des Fischerdorfs **Paw La Mor** stehen lässt, kann den 3 km langen Strand zu Fuß durch eine Lagune erreichen (Gezeiten beachten!). Die vorgelagerten Inselchen lassen sich ggf. mit gecharterten Longtails erreichen. Für Inseltouren s. Kasten S. 567.

Po Po Kyauk

Der sich rund 60 km südlich von Dawei erstreckende, über das freundliche Dorf Nyaung Pyin erreichbare und herrlich von einer Lagune flankierte „Großvater-Strand" könnte sich zum Hauptstrand der Halbinsel entwickeln. Bestechend ist der Blick vom Berg mit der Golden-

Rock-Pagode. Örtliche Restaurants zaubern aus einfachen Küchen maritime Köstlichkeiten.

Zat Sar Aw Beach (Paradise Beach)

Rund 65 km von Dawei entfernt, hat der deutsche Tourismus-Pionier André Schneegaß (S. 582) sich – und der Traveller-Gemeinde – einen ultimativen Traum erfüllt: Die Mitte 2016 zusammen mit seinem Freund und Eigentümer Zaw Min Oo eröffneten **Myanmar Paradise Beach Bungalows** verbergen sich an einem herrlichen, rund 900 m langen Sandstrand und locken von Mitte September bis Mitte Juni als erstes, aber eben auch chronisch überbuchtes Strandresort der Südküste. Die Anlage bietet den bewährt-beliebten Thai-Standard und wurde bereits mit einem britischen Umwelt-Award bedacht – ob ihrer behutsamen Einbettung in die Natur, kostenlos gefiltertem Brunnenwasser und der Verwendung einer Solaranlage.

Die Anreise zum Strand und Resort kann per Minivan (2500 Kyat), Moped-Taxi (30 000 Kyat) oder Charter-Taxi (60 000 Kyat) erfolgen, doch die letzte, ca. 1,5 km lange Etappe vom Dorf **Autcha What** ist nur per pedes oder Moped-Taxi (3000 Kyat) bzw. durch bergigen Dschungel zu bewältigen – zumal Transfers und Touren mit Fischerbooten bisher untersagt sind.

Inseln

Der Dawei-Halbinsel vorgelagert ist eine 70 km lange Inselgruppe, deren Besuch Ausländern noch verboten ist. Das dürfte in militärischen Sperrgebieten, den lukrativen Salanganen-Nester-Kolonien oder auch der offiziellen Ausweisung als Naturschutzgebiet wurzeln. Bereits 1927 hatten die Briten die **Moscos-Inseln** – die bekanntesten davon sind Maungmagan, Heinze (Haynze), Launglon Bok und Bok Yegan – zum Schutzgebiet erklärt. Auf den etwa 15 km vom Festland entfernten, z. T. stark bewaldeten und bis zu 360 m hohen Inseln sollen Wildschweine, Muntjak- und Sambar-Hirsche leben sowie viele Meeresschildkröten ihre Eier ablegen.

ÜBERNACHTUNG

Es gibt an die 60 Anträge, doch die Vergabe der Resort-Lizenzen verläuft sehr restriktiv und zeitraubend. Anfang 2020 soll am Teyzit-Beach das **The Mandolis Resort** eröffnen.

Myanmar Paradise Beach Bungalows, Sa Sar Aw Beach, ✆ 094-985 1256, www.myanmarparadisebeach.com. 15 einfache, aber angenehme und geräumige Holz-Bungalows ab US$30 Kyat – mit Terrassen und Hängematten. Fast alle Gerichte 2500 Kyat, ganze Fische ab 10 000 Kyat, Bier 3500 Kyat, aber Früchte nur saisonal. Achtung: Ins Internet gelangt man (glücklicherweise) nur mit 15 Min. Fußmarsch. Wer nach Thailand will, muss gegen 5.30 Uhr starten – oder für 180 000 Kyat ein Taxi zur Grenze chartern. ❸

Sinthauk Beach Bungalows, Sinthauk Beach, ✆ 094-9603 9020, www.sinhtauk-beachbungalows.com. Seit 2017, unter deutscher Beteiligung errichtet. 16 schöne Zimmer in 5 Kategorien zu je nach Jahreszeit US$19–47 und ein lauschiges Restaurant mit gutem Essen. Wunderbarer Strand und perfekt zum Entspannen. Rund 3 Min. bis zum Internet-Empfang. Von Juni–Okt geschl., Buchung über Homepage erwünscht. ❸

Von Dawei nach Myeik

Die 260 km lange Strecke lässt sich besonders reizvoll als Privat-Transfer (ca. US$95) bewältigen. Sie führt über etliche Wasserläufe, vorbei an ursprünglichen Dörfern, durch bewaldete Berge und bereits nach ca. 75 km über einen kleinen Pass, von dem man sogar kurz das Meer sehen kann. Nach ca. 2 1/2 Stunden ist **Palauk** erreicht, eine Stunde später **Palaw** – als unterwegs größter Ort und ob herrlicher Umgebung ein ebenfalls spannendes Ziel für Neulandsucher.

Zuletzt geht es über den breiten **Tanintharyi**, in dessen Mündungsgebiet Myeik liegt. Die Ende 2019 bei Lut Lut über den Fluss geschlagene Brücke hat die Reisezeit um eine weitere Stunde auf nur noch fünf verkürzt. Nach der für 2020 erhofften Öffnung des Grenzübergangs **Maw Daung/Singkhorn (Prachuap Khiri Khan)** für Ausländer könnte sich Myeik direkt über den Landweg aus Thailand erreichen lassen.

18 HIGHLIGHT

Myeik (Mergui)

Von den Kolonialherren einst Mergui, Meringue, Merguim, Mergen, Merguay oder Mergee und von den benachbarten Thailändern als Malik bezeichnet, wird der heutige Name im lokalen Dialekt als „Beik" ausgesprochen. Mit ihrer Silhouette und allerlei verborgenen Sehenswürdigkeiten gespickt, zählt die etwa 300 000 Einwohner große Stadt [10374] zu den eindrucksvollsten Küstenmetropolen Südostasiens, auch wenn sie vielerorts und besonders im Bereich des Ufers bzw. des Hafens extrem schmuddelig erscheint.

Bisher lebt Myeik vom Handel mit Zinn, Wolfram, Kautschuk, Kokosnüssen, Rattan, Vogelnestern und der Perlenzucht sowie vor allem vom Fischfang. Die hier fermentierte Fisch- und Garnelenpaste *Ngapi* ist landesweit begehrt. Weil draußen im Ozean ergiebige Fanggründe liegen, soll der im Südosten der Stadt platzierte Fischmarkt **Nga Lay Lan Se** zum **Myanmar International Fish Auction Market** (MIFAM) avancieren. Zudem will sich Myeik als Tor ins gleichnamige Archipel etablieren, doch sollte niemand der Versuchung erliegen, die Stadt selbst als Badeziel zu begreifen. Ausländer können die vorgelagerten Inseln bisher auch nur im Rahmen von Pauschaltouren besuchen (s. Kasten S. 582) – und die reizvollsten Eilande sollen ohnehin viel näher an Kawthoung liegen.

Geschichtliche Bedeutung

Ab dem 17. Jh. diente Myeik lange als Hafen des siamesischen Königreichs von Ayutthaya. Wer auf dem Landweg eintraf, wurde mit kleinen Booten auf dem **Tanintharyi** ins Hinterland befördert, um von dort bis nach Ayutthaya zu gelangen. Als sich Myeik zum internationalen Handelshafen entwickelte, ließen sich immer mehr Europäer als Gesandte oder Geschäftsleute nieder.

Zu berüchtigter Berühmtheit gelangte **Samuel White** als Admiral der thailändischen Marine sowie Shabandar (Gouverneur) und Hafenmeister von Mergui, weil er eintreffende Schiffe willkürlich auszurauben pflegte und auch den Einheimischen viel Geld abgepresst haben soll. Als er es gar zu bunt trieb, schickte die **British East India Group** 1687 die Kriegsschiffe *HMS Cur-*

Die Werft von Myeik bietet Impressionen aus schon längst vergangen geglaubten Zeiten.

© VOLKER KLINKMÜLLER

DER SÜDEN

tainer und *HMS James*, von denen Letzteres im Hafen versenkt wurde. Denn die Einheimischen fühlten sich bedroht und meuchelten die Briten in Myeik, während White selbst rechtzeitig nach England fliehen konnte. Dort lebte er als wohlhabender „Gentleman", zumindest bis er ein Jahr später an Malaria starb. 1826 kehrten die Briten mit mehr Schlagkraft zurück und beherrschten die Region bis 1948 – unterbrochen nur durch ein vierjähriges Intermezzo der Japaner im Zweiten Weltkrieg.

Orientierung und Erkundung

An schönen Unterkünften mangelt es Myeik heute nicht mehr: Seit Kurzem gibt es ein erstes Hostel und mit den bereits 2015 eröffneten, völlig unterschiedlich konzipierten **Grand Jade Hotel** und **Pearl Laguna Resort** verfügt die Küstenmetropole gleich über zwei attraktive Flaggschiffe, zudem auch über zwei **Einkaufszentren** als Meilensteine der Moderne.

Architektonisches Erbe

Welche der beiden Städte mehr architektonisches Erbe zu bieten hat, ist schwerlich zu ermessen. Doch wird Dawei vorwiegend von hölzernen und Myeik eher von steinernen Kolonialbauten geprägt! Obwohl die Großbrände von 1971, 1989 und 2001 viel historische Bausubstanz zerstört haben, findet sie sich sogar noch in faszinierenden Ensembles. Danach Ausschau halten sollte man z. B. in der **Palae Road** (z. B. im Umfeld des Restaurants No. 1) und der **Amoyedwin Road**, wo ein noch heute benutzter **Badebrunnen-Pavillon** fasziniert. Eindrucksvoll auch die weiße, schmucke Doppel-Villa des ehemaligen **Hotels Mergui** (heute: Mergui de Kitchen, s. S. 581). Noch älter sind das Haus der **Royal Pearl Trading** (s. Kasten S. 581) und die umliegenden Bauten in der **School Road**.

Theindawgyi-Pagode

Erhebt sich als wichtigstes Heiligtum auf einem Berg über der Stadt – und sollte allein schon wegen des herrlichen Ausblicks einmal bestiegen werden. Im Mon-Stil aus Holz, Backstein und Stuck erbaut, kann die Andachtshalle mit einer eindrucksvoll geschnitzten, bemalten Holzdecke aufwarten. Am vorderen Eingang thront ein Buddha in „europäischer Pose", während 28 kleinere Bildnisse die Seiten säumen. Im Zentrum sitzt ein großer Buddha in Meditationshaltung, weiter hinten ruht ein liegender. Von den unteren Innenwänden und den Säulen glitzern Spiegelmosaike.

Traditionelle Werft(en)

Captain Sparrow lässt grüßen: Die örtliche, rund 2,5 km vom Zentrum entfernte, als **Port Dockyard** bezeichnete Werft für Holzboote ist ausgesprochen sehenswert. Hier wird noch alles per Hand erledigt – wie sogar die Bewegung von tonnenschweren Kielen mithilfe von dicken Tauen und 60 synchronisierten Arbeitern. In den Trockendocks faszinieren u. a. konfiszierte, imposante Fischkutter aus Thailand oder bis zu US$70 000 teure Neubauten komplett aus Holz. Zuweilen wird der Zugang etwas restriktiv gehandhabt, doch vielleicht klappt es ja bei einer der anderen drei Werften.

Pataw Padet

Diese Insel zählt gewiss zu den am einfachsten zu besuchenden des Myeik-Archipels – und ist vom **Seiknge-Jetty** mit Longtail-Booten innerhalb weniger Minuten zu erreichen (je nach Passagierzahl und Wartezeit für 5000–10 000 Kyat). Zunächst gelangt man zum 1956 erschaffenen **Atula Shwethalyaung** – mit 65 m Länge und einer Höhe von 16 m der fünftgrößte, liegende Buddha des Landes. Dahinter führt ein schweißtreibender Aufstieg, neuerdings auch per Moped-Taxi zu bewältigen, zum Berg Padet bzw. einer Pagode hinauf. Von hier eröffnet sich ein toller Ausblick auf Myeik – besonders, wenn es in nachmittäglichem Sonnenlicht erstrahlt. An der westlichen Bergseite kann man durch einen Wald hinabsteigen und herrliche Impressionen von der Inselwelt gewinnen.

Märkte

Obwohl der Warenumschlag vorwiegend an der großen Flussbrücke im Norden von Myeik abgewickelt wird, beeindruckt das Treiben an der Strand (Kannar) Road, die als Hafenmeile und Hauptschlagader pulsiert. Hier liegt auch der Hauptmarkt **Sibinthaya Zei,** ⏲ Mo–Sa 6–16.30 Uhr. Für Märkte zum Schlemmen s. Kasten S. 580.

ÜBERNACHTUNG

Lange Zeit waren Besucher auf das nun recht abgetakelte **Kyal Pyan Hotel** angewiesen, aber glücklicherweise hat sich bei den Unterkünften erfreulich viel getan, und das **Grand Jade Hotel** besitzt inzwischen sogar Zweier-Dorms!

Untere und mittlere Preisklasse

Golden Sky Hotel, Myint Mo St., ✆ 059-41991, 09-876 0616. Als neuer Nachbar nur 200 m vom Mergui Hotel: moderner L-Bau mit auffallend roter, verglaster Fassade. 36 passable, saubere Zimmer zu realen Preisen – und ein feiner, schmaler Pool. ❷–❺

Mergui Hotel, 216 Kachin Rd., ✆ 059-42425, 094-100 5476, ✉ hotelmergui.myeik@gmail.com. 2 km vom Zentrum und ruhig – mit 3 Etagen in origineller Architektur, Säulen und schönem Foyer. 22 wohnliche Zimmer mit Fliesenboden und AC plus 3 passable Suiten mit Blick ins Grüne. ❸–❹

Mya See Sein Hotel, Strand Rd., ✆ 059-41272, 092-5355 4430, ✉ myaseeseinhotel@gmail.com. Mit schicker Fassade in bester Lage. Die 35 Zimmer aber wirken nicht gerade heimelig, wurden 2016 immerhin mal durchrenoviert und bieten teilweise Fenster mit Hafenblick. ❹

Regent Hotel ⓪ 131 Kan Phyar Rd., ✆ 098-9999 0420, ✉ regenthotelmyeik@gmail.com. Seit 2018: 20 Superior- und 24 Deluxe-Zimmer – mit viel Fensterfront und Balkonen in einem L-förmigen, modernen Neubau mit attraktivem Innenhof-Pool. Das gute Frühstücks-Buffet lockt auf der Dachterrasse, ebenso ein weiteres hoteleigenes Restaurant. Freundliches Personal. Zum Zentrum geht es per Tuk Tuk für rund 3000 Kyat. ❹

Seasons Island Hostel, 15 Strand Rd., ✆ 098-9906 9977, 094-2120 2002 (Mrs. Nang Kham Mo), ✉ seasonsislandhotel@gmail.com. Seit 2019 in perfekter Lage als neuer Hotspot der Traveller-Szene: Lebt inkl. Rooftop vom herrlichen Ausblick auf den Hafen und die vorgelagerten Inseln sowie modernem Interieur und dem guten Preis-Leistungs-Verhältnis. 32 angenehme AC-Zimmer zu US$25 sowie 9 Dorms mit je 12 Betten zu US$10. ❷

White Pearl Gh., Middle Rd., ✆ 092-5288 8812, ✉ whitepearlhotelmyeik@gmail.com, [10388]. Beim freundlichen Mr. Han gibt es 22 bezahlbare Zimmer, die günstigsten mit Ventilator und Gemeinschaftsbad (am besten sind die Eckzimmer). Das Frühstück wird auf einer Dachterrasse konsumiert, die auch tagsüber als Treffpunkt dient. Verleih von Mopeds. ❶–❷

Obere Preisklasse

Grand Jade Hotel, 28-30 Baho Rd., ✆ 097-776 0060, 💻 www.hotelgrandjademyeik.com, [10387]. Empfiehlt sich schon wegen des fantastischen Ausblicks: Höchstes und größtes Hotel mit 70 Angestellten. 152 angenehme Zimmer zu US$50, 60 und 70, mit verglasten Balkonen und Badewannen. Bäder, als Deluxe größer und mit mehreren Fenstern. 6 Zimmer der 5. Etage präsentieren sich neuerdings als Dorms, teils sogar nur mit 2 Schlafplätzen für je US$12! Kein Pool, aber ein gutes Gym – zudem locken die 1. bis 4. Etage als Einkaufszentrum und der 8. Stock als halb offene **Sky Dining Lounge** mit Bar und Restaurant. ❹–❺

Pearl Laguna Resort, Yabone Rd., ✆ 092-5402 7691, 💻 www.facebook.com/pearllagunaresort. Am nördlichen Stadtrand mitten in die Mangroven bzw. an das dortige Stelzendorf gesetzt – mit thailändischem Besitzer und Management: 80 Zimmer und 15 Bungalows für US$95, herrliche Lobby und weitläufiger Pool – plus einem imposanten, nach wie vor unbespielten Kasino. ❺–❻

ESSEN

Die meisten **Restaurants** sowie der **Nachtmarkt** finden sich entlang der Strand Rd. Zu den örtlichen Spezialitäten zählt *Kat Gyi Kai* – in kleine Stücke geschnittene, mit Krustentieren und Gewürzen vermengte Nudeln. Zu jeder Mahlzeit gehört *balchaung* – jene knusprige, scharf-sauer-salzige Kombination aus getrockneten, zerstampften

Schlemmer-Streifzüge

Auf dem **Nachtmarkt** an der Uferpromenade lässt es sich herrlich schlemmen mit Blick auf den Hafen und die auf dem Berg leuchtende Theindawgyi-Pagode. Es locken üppige, mit viel Seafood bestückte Topf-Buffets, dazu mundet z. B. eisgekühltes thailändisches *Singha*-Bier in Dosen. 🕒 17–23 Uhr.

Lust auf Süßes kann der Snack-Markt **Dawei Su** (Myint Nge) in der Gon Yone Rd. befriedigen. Hier werden, wenn die morgendliche/mittägliche Funktion als Fisch- und Frischmarkt endet, u. a. leckere Kokos-Pfannkuchen, Frühlingsrollen und Crêpes gebrutzelt, 🕒 14.30–16.30 Uhr. Zudem zu empfehlen ist der gut sortierte **Früchtemarkt** am Uhrturm, 🕒 6.30–21 Uhr.

Garnelen, Knoblauch, Zwiebeln und Essig.

€ **Karaweik Noodle Shop**, Baho Rd., ✆ 059-41212. Nahe der Bogyoke-Statue bzw. im Außenbereich eines schönen, gepflegten Kolonialbaus – als Insider-Tipp für Nudelsuppen und einfache Gerichte. Kleine Portion 1000 Kyat, große zu 1500 Kyat. ⌚ 9–21 Uhr.

Mergui de Kitchen, BEHS-1 Rd. (High School St.), ✆ 059-41527, 💻 https://de-de.facebook.com/merguidekitchen. Untergebracht im stimmungsvollen 100-jährigen Kolonialbau des einstigen Hotels Mergui – inkl. original Fliesenboden und Fenstern. Der freundliche Mr. Kyi Htwe hat bereits in New York und Los Angeles gekocht, bildet sein Personal entsprechend passioniert aus. Als Hauptspeise empfehlen sich die zahlreichen Seafood-Gerichte, Salate, Spaghetti oder Pizza und auch die Thai-Kost. Unverzichtbar mutet der frische Ananas-Saft an. ⌚ 11–22 Uhr.

My Mergui Bar, am Ende der Strand. Rd., ✆ 097-8788 6600, 💻 www.facebook.com/mymerguibar. Fasziniert seit 1.1.2019 mit modernem Ambiente als Vorreiter einer neuen Gastronomie-Generation in Myeik – u. a. mit herrlicher Terrasse bzw. verlockenden Sitzgelegenheiten zum Sonnenuntergang. Einfache Reis- und Nudelgerichte liegen bei 3000 Kyat, beliebte Hauptspeisen wie *Calamari, Crispy Pork Belly, Fried Chicken Wings* oder *Beef Local Kebab Style* gibt es für 4000–7000 Kyat. Die meisten Cocktails kosten 4000 Kyat und sind gut geschüttelt, die teuersten wie *Mergui Old Fashioned* werden mit 6000 Kyat in Rechnung gestellt. ⌚ 15.30–23 Uhr.

Restaurant No. 1, 18 Pale Rd., ✆ 094-987 2102. Bietet einen gewissen Kontrast – mit indischen Gerichten, darunter etliche mit Lamm, oder leckerem *chicken masala*. ⌚ 4–23 Uhr.

€ **Shwe Yar Su (Golden Century)**, Strand Rd., ✆ 059-41986. Gutes und preiswertes Restaurant: groß und einfach mit lokaler Küche bzw. viel Seafood. ⌚ 15–23 Uhr.

Sky Dining Lounge, Rooftop-Restaurant des Hotels Grand Jade. Empfiehlt sich u. a. zum Sonnenuntergang mit Cocktails ab 3000 Kyat und guter Küche mit viel Thai-Kost in großen Portionen, zu genießen zum Beispiel an großen Rundtischen unter freiem Himmel. ⌚ 9–22.30 Uhr.

White Pearl BBQ & Restaurant, 14 Strand Rd., ✆ 097-8786 6600. Beliebt für sein BBQ – mit z. B. bestens bestückten Tintenfisch-Spießen sowie verlockenden Sashimi-Kreationen. ⌚ 11–23 Uhr.

YYA Café & Bakery House, Gon Yone Rd., ✆ 059-42662. Modern, sauber, populär, mit illustren Lovebird-Separees oben (2000 Kyat pro Std.). Leckerer *Baked Cheese Cake* für 1500 Kyat, Eisbecher. Shakes und Säfte sowie allerlei Kaffee-Spezialitäten zu 600–2000 Kyat. ⌚ 7.30–22 Uhr.

Runde Sachen

Seit rund 30 Jahren als einziges, reines Perlen-Geschäft in Myeik: Das in einem Kolonialbau liegende **Royal Pearl**, BEHS-2 Rd. (School Rd.), ✆ 059-41682, fungiert selbst als Perle. In ihrer bescheidenen, schummrigen Wohnstube hortet und hütet die Besitzerin massenhaft schillernde Schätze – von 20 000 bis 1,5 Mio. Kyat pro Prachtstück, bewertet nach Gewicht und Qualitätsprüfung mit Licht. Die faszinierenden, goldenen Perlen soll es nur in Myanmar geben. ⌚ 7.30–21 Uhr.

SONSTIGES

Einkaufen

Die neue, im Herzen der Stadt liegende **Grand Jade Shopping Mall** erstreckt sich über 4 Etagen, ⌚ 8–21 Uhr, und bietet sich, wie auch das am nördlichen Stadtrand platzierte **Myeik Shopping Center**, ⌚ 9–21 Uhr, in idealer Weise an, um Hitze oder Regen zu entfliehen – mit einem jeweils bestens sortierten, gut heruntergekühlten Supermarkt sowie allerlei Boutiquen, Beauty-Salons und Restaurants mit WLAN. Kleinere Bedürfnisse kann u. a. der **Myeik Minimarkt** befriedigen.

Informationen

Aktuelle Infos bieten die Veranstalter, zudem liegt in vielen Hotels ein genialer Gratis-Plan von Myeik aus. Gute Infos zum Archipel auf dem

Touren für Neulandsucher

Das Bereisen des Archipels auf eigene Faust ist bisher nicht möglich, sondern nur mit einer Sondererlaubnis und Begleitung durch einen lizenzierten Reiseführer. Die Preise der von Myeik aus angebotenen Touren schließen alle Gebühren mit ein, für die meist von Kawthoung aus startenden *Liveaboard*-Cruises jedoch können bis zu US$310 fällig werden (S. 586).

Tagestrips ins Myeik-Archipel

Wie, wann und welche Inseltouren möglich sind, hängt ab von der Jahreszeit, Wetterlage, Verfügbarkeit, Lizenz, Teilnehmerzahl und den Bootspreisen sowie natürlich auch davon, ob die Behörden das erforderliche **Permit** erteilen wollen, können oder dürfen. Die Richtlinien ändern sich ständig, bleiben aber eher restriktiv – besonders für **Slowboats. Individuelle Speedboats** (bis zu 20 Pers.) lassen sich für US$500–800 pro Tag chartern. Von Mitte Oktober bis Mitte Mai tgl. buchbar sind die US$80 teuren Tagestouren zu den Inseln Dome und Smart, der etwas schönere Trip (mit mehr Zeit am Strand) führt jedoch für US$70 nach Marcus (Harris) Island. Mehr über die populärsten und am besten erreichbaren Inseln vor Myeik s. S. 585.

Streifzüge durch Stadt und Hinterland

Individuelle (Boots-)Touren in und um Myeik bietet der sympathische **Aung Ko Htwe (Mr. Tam)**, ✆ 094-5484 8451, ✉ tamkaungkohtwe@gmail.com, von **Green Neco Travels & Tours**, 💻 www.greenneco.asia/english-top. Für 1 Tag als Guide nimmt der 32-jährige Myeik-Insider US$35, inkl. Transport mit Tuk Tuk US$50. Beliebt sind seine **Kajaktouren** durch Mangroven inkl. Mittagessen in einem Fischerdorf und Baden am einsamen Sandstrand (7.30–17 Uhr, US$65 p. P., ab 4 Pers. US$50). Ebenso reizvolle Touren veranstaltet oder vermittelt die 36-jährige, freundlich wie professionell engagierte **Tin Kyawt Kyawt Yin**, ✆ 094-2108 1919, ✉ kyawt.luminousholidays@gmail.com. US$35 pro Tag, inkl. Transport per Auto US$55.

Touren mit Tuk Tuk, Trekking und Insel-Camping

Empfehlenswert ist die im Grand Jade Hotel ansässige Agentur **Life Seeing Tours**, ✆ 097-8098 0607, 💻 www.lifeseeingtours.com, ⌚ 8–20 Uhr. Gründer **André Schneegaß**, ein 35 Jahre junger, agiler Eventmanager und Weltenbummler aus Thüringen – ist im tiefen Süden von Myanmar hängen geblieben und ermöglicht Neulandsuchern Stadt- oder Strandtouren sowie Buchungen von Hotels, Transfers und Tickets aller Art. Er fungiert zudem auch als ideale Infobörse.

Beliebt sind z. B. die 2-stündige „Food-Tour" zu kulinarischen Höhepunkten in Myeik (35 000 Kyat p. P.), die halbtägige „Tuk-Tuk-Tour" mit Stadtführer und Mittagsmahl (29 000 Kyat p. P.) oder das ganztägige „Tanintharyi-Abenteuer" (ab US$55 p. P.) – ggf. mit Trekking-Einlage am Thara Bwin Mountain, verlockendem Kajak- und Badespaß oder gar Übernachtung bzw. als Etappe von/nach Kawthoung. Exklusiv, aber nicht billig sind die tollen „Adventure-Camping-Touren", bei denen sogar auf vorgelagerten Inseln übernachtet werden kann (3 Tage bzw. 2 Nächte ab US$300 p. P.)!

deutschsprachigen Internetportal 💻 www.mergui.info.

Reisebüros

Sun Far Travels & Tours, Pyi Tawtar Rd., ✆ 059-41160, 💻 www.sunfartravels.com. Professionell – vor allem für Flugbuchungen aller Art. ⌚ 7–17 Uhr.

NAHVERKEHR

Funktionierte lange fast nur mit **Moped-Taxis**, doch die 2018 neu eingeführten, ziemlich genau doppelt so teuren **Tuk Tuks** haben einen Kickstart hingelegt. Die Tages-Charter für ein Moped beträgt 15 000–20 000 Kyat, für ein **Tuk Tuk** bis zu 40 000 Kyat, Limousinen ca. US$60–80.

TRANSPORT

Busse

Der neue **Busbahnhof** liegt rund 3 km östl. vom Zentrum (Moped-Taxi 1500 Kyat, Tuk Tuk 3000 Kyat), Informationen gibt es beim Ticketkauf. Es existieren bereits an die 10 Minivan-Anbieter.

DAWEI, 260 km, mehrmals tgl. für 10 000 Kyat, Minivans bis 12 000 Kyat, in ca. 5 Std.

KAWTHOUNG, 460 km, morgens und nachmittags für 25 000 Kyat, Minivans bis zu 30 000 Kyat, in 11–13 Std.

MAWLAMYAING, 575 km, meist abends für 15 000–18 000 Kyat in 14–15 Std., am besten um 17 Uhr mit VIP-Bus für 20 500 Kyat in 13–14 Std.

YANGON, 885 km, meist abends für 21 000–25 000 Kyat in 18–19 Std., am besten um 17 Uhr mit VIP-Bus für 33 500 Kyat.

Boote

Die früher vom **Seik-Nge-Jetty** startenden Fähren nach Myeik und Kawthoung sind nun verstärkt in der Inselwelt unterwegs – bis auf Weiteres leider nur für Einheimische.

Flüge

Der Flughafen liegt nur ca. 3 km vom Zentrum (Moped-Taxi 1000 Kyat, Tuk Tuk 2000 Kyat). Nach Yangon wird gern ein Zwischenstopp in Dawei eingelegt. Mehr zu Flügen auf S. 571.

Air KBZ, 53 Baho Rd., ✆ 059-42224.

Myanmar National Airlines, Ecke Kannar Rd./ Seike Kanthar Rd., ✆ 059-21070, 059-21160.

Umgebung von Myeik

Im Hinterland von Myeik lockt das rund 90 km südöstlich liegende, beschauliche **Tanintharyi**. Es hat lange als Umschlagplatz für die Königreiche von Siam fungiert und fiel 1826 unter die Herrschaft der Briten, die hier Teakholz, Kautschuk, Zinn, Trockenfrüchte und Cashew-Nüsse verschifften.

Der Namensgeber der gesamten Region kann erst seit August 2015 besucht werden, könnte aber schon bald in den touristischen Fokus rücken – durch einen weiteren internationalen Grenzübergang nach Thailand (Prachuap Khiri Khan) und sein architektonisches Erbe: Jenseits der drei Avatar-Riesen im Zentrum sind ganze Straßenzüge als Ensembles mit betagten Holzhäusern erhalten, wenngleich der historische Charme etwas unter der jüngst durch den Ort betonierten Straße gelitten hat.

Zu erreichen ist Tanintharyi über die gut ausgebaute Nationalstraße 8, die hier teilweise reizvoll am Fluss entlangführt. Übernachten kann man ggf. in den 20 Zimmern des **Royal Blossom Hotel**, ✆ 094-2222 5693, mit Ventilator für 25 000 Kyat und als AC 40 000 Kyat. Von Myeik aus organisierte Tagestouren (Kasten S. 582) können sogar Kajakfahrten und – mithilfe von Leitern! – die Besteigung des nahe gelegenen **Thara Bwin Mountain** beinhalten.

Vom Myeik-Archipel lassen sich lediglich die beiden stadtnahen Inseln **Pataw Padet** (S. 578) und **Kadan Kyun (Kyunsu)** (S. 586) ohne Permit besuchen, bieten aber auch kein paradiesisches Flair. Ansonsten gilt die Faustformel: Je weiter weg die Inseln von der Stadt Myeik im Meer liegen, desto schöner sind sie, wobei sich die reizvollsten im mittleren und südlichen Abschnitt verbergen und eigentlich entsprechend leichter bzw. sogar als Tagestouren von Kawthoung aus zu erreichen sind.

Der Myeik-Archipel

Seit dem Zweiten Weltkrieg ist diese bisher kaum besiedelte, über rund 500 km von Myeik bis nach Kawthoung an der Südspitze Myanmars reichende Inselgruppe fast völlig von der Außenwelt isoliert gewesen. Obwohl eine alte britische Erhebung nur rund 800 Inseln auflistet, könnten es insgesamt sogar über 4000 sein. Auf jeden Fall sollen etwa 200 davon etwas oder viel Sandstrand bieten, und immer mehr werden an Investoren verpachtet! Die meisten Erkundungstouren – ob die seit 2006 möglichen Meereskreuzfahrten oder die nun zum Trend gewordenen Tagestrips – starten bisher von Kawthoung, doch etabliert sich auch Myeik zunehmend als Tor zum Archipel.

Denn mit seinen unberührten Stränden, ausgedehnten Korallengärten, einer faszinieren-

© VOLKER KLINKMÜLLER

Die Inseln des Myeik-Archipels verzaubern mit herrlichen Stränden und glasklaren Fluten.

den Vielfalt an tropischen Fischen, Schildkröten oder riesigen Schwärmen Hornbills verfügt der Myeik-Archipel über enormes touristisches Potenzial und wird sich zu einem beliebten Urlaubsziel entwickeln. Das dürfte der Region zwar neue Risiken (s. Kasten S. 585) und mehr Schiffsverkehr bescheren, aber vielleicht ja auch eine höhere Aufmerksamkeit und Sensibilität für dringend erforderliche Schutzmaßnahmen – bis vielleicht sogar zu einer Anerkennung als Weltnaturerbe der Unesco.

Die Moken als Ur-Einwohner

Die meisten Eilande des 36 000 km² großen Archipels sind unbewohnt, auf einigen leben Seenomaden. Möglicherweise handelt es sich bei den Moken (von Maw Ken – „im Meer ertränkt") um die erste ethnische Gruppe, die im heutigen Myanmar siedelte. Von den Briten einst „Saleeter" genannt, von den Birmanen als „Salon", den Thais „Chao Naam" oder „Chao Leh" und den Malaien „Orang Laut" oder „Orang Basin" bezeichnet, lebten sie bis vor Kurzem ausschließlich vom Fischfang und Perlentauchen. Durch einen Schlauch mit Atemluft versorgt und mit um die Hüfte gebundenen Ballast-Steinen sollen sie sogar bis zu 60 m tief tauchen und unter Wasser hervorragend sehen können. Was sie von dort so heraufholen, hat sich u. a. im April 2001 gezeigt, als vor der Küste der Insel St. Matthews die mit 169 g (845 Karat) größte Naturperle der Welt geborgen wurde.

Von Mythen und Schätzen

Gewiss birgt die Region allerlei Mythen, Legenden und Geheimnisse: Von dem britischen Dampfer *Sir Harvey Adamson*, der 1947 auf dem Weg nach Myeik mitsamt Besatzung und 269 Passagieren in den Weiten des Archipels verschollen ist, fehlt bis heute jede Spur – zudem sprechen etliche weitere, mysteriöse Verluste für ein burmesisches Bermuda-Dreieck. Auf der Insel Lampi soll es einst sogar einen Flugplatz der Japaner gegeben haben, der noch gänzlich unerforscht ist. Auch die unzähligen Felsbuchten der Inseln dürften noch etliche Geheimnisse bergen, dienten sie doch einst Piraten als Unterschlupf beim Plündern, während Funde von Ming-Porzellan in Fischernetzen historische Schätze auf dem Meeresgrund vermuten lassen …

Wertvolles ganz anderer Art verbirgt sich in den Höhlen des Archipels, wird „Weißes Gold" genannt und regelmäßig geerntet: Es handelt sich um die Nester, die die **Salanganen** (Seeschwalben) mit ihrem Speichel an die Felswände unwegsamer Höhlen kleben, von wo sie mithilfe schwindelerregend hoher Leitern und wackeliger Bambusgerüste eingesammelt werden. In Hühnersuppe gekocht, weichen sie zu fadenförmigen Nudeln – eine Delikatesse, die einen Kilopreis von mehreren tausend US-Dollar und angeblich eine positive gesundheitliche Wirkung erzielen kann.

Lampi Kyun

Das größte und eindeutig faszinierendste Eiland des Archipels: 48 km lang und nur bis zu 6 km breit, zählt Lampi Kyun (Sullivan Island) zu den unberührtesten Winkeln Südostasiens und wurde mit 20 umliegenden Inseln 1996 zum einzigen Meeresnationalpark Myanmars erklärt bzw. wegen seiner reichen Biodiversität 2003 zum **ASEAN Heritage Park**.

Im Inneren erheben sich bis zu 455 m hohe, tropisch bewaldete Berge sowie bis zu 26 m hohe Baumriesen inkl. seltener Arten wie *Dipterocarpus*, *Hopea*, *Shorea* oder *Vatica*. Die Fauna setzt sich aus bis zu tausend verschiedenen Tierarten zusammen – darunter Nashornvögel, Affen, Zibetkatzen, Seeottern, Pythons, Schildkröten, 228 verschiedene Vogelarten (davon 19 auf der roten Liste) und angeblich sogar Krokodile oder hartnäckigen Gerüchten zufolge Elefanten – einst ausgewildert von Holzfällern. Während der Regenzeit plätschern allerlei temporäre Wasserläufe, im Westen der Insel sogar zwei ganzjährige Flüsse, die durch ausgedehnte Mangrovenhaine ins Meer strömen. Hier wiederum erstrecken sich nicht nur ausgedehnte Korallengärten, sondern auch Seegraswiesen – als Habitat von selten gewordenen Dugong-Seekühen.

Natürlich gibt es auf Lampi auch – vor allem entlang der Westküste – herrliche Sandstrände sowie seit 2016 sogar ein **Visitors Center**, das aber – wie die gesamte Region – nur mit *Liveaboard*-Cruises von neun Veranstaltern bzw. zwischen Oktober und Mai besuchbar ist. Mehr auf 💻 www.lampipark.org.

Inseln vor Myeik

Bailey Island (Shark Bay)

Wunderschön, aber nur in einer dreistündigen Speedboat-Tour zu erreichen und deshalb nur im Rahmen einer Übernachtungstour zu erkunden. Hier lassen sich Riffhaie oft sogar schon beim Schnorcheln sichten.

Daung Kyun (Dome Island)

Hier bzw. rund drei Speedboat-Stunden von Myeik finden sich ein herrlicher Standstrand und zwei kleine Fischerdörfer, in denen noch viele Seenomaden beheimatet sind. Die Insel wird gern mit dem Besuch von **Thel Lett Tin** kombiniert.

Harris Island (Marcus Island)

Zählt zu den schönsten Inseln im nördlichen Archipel und lässt sich per Speedboat binnen einer Stunde erreichen. Die Besucher werden von

Ein Paradies wird geplündert

Die mit der Öffnung des Landes begonnene **Erschließung** des Myeik-Archipels für den Tourismus dürfte gravierende Veränderungen für die Natur mit sich bringen. Das gilt natürlich auch für die hier als Ureinwohner und Seenomaden lebenden **Moken**, die als begehrte Beute von Touristen-Kameras und TV-Teams aus aller Welt gelten.

Der Zauber des Archipels ist ohnehin enorm bedroht: Obwohl auf den Weiten des Meeres an manchen Tagen keinerlei Boot zu erspähen ist, werden die **Fischgründe** gnadenlos überfischt, während es auf den tropisch bewaldeten Inseln immer wieder zu (il)legalem **Holzeinschlag** kommt oder Sandnester mit Schildkröteneiern geplündert werden. Zwar genießt die Inselwelt einen gesetzlich ausgewiesenen Naturschutz, doch den Behörden mangelt es an Schiffen und Flugzeugen (wie vielleicht auch an Motivation), um die riesige Region zu überwachen. Immerhin scheint sich der exzessive **Sand-Export** reduziert zu haben, mit dem riesige Landgewinnungsprojekte in Singapur gespeist werden.

Mehr über den Raubbau am Paradies s. eXTra [5809].

Liveaboard-Cruises – Schwimmende Meereshotels

Dass selbst kleinere Eilande oft mehrere Namen haben, macht die **Orientierung** im Myeik-Archipel nicht gerade leichter. Da das Reisen auf eigene Faust ohnehin verboten ist, sind Ausländer bisher vor allem auf professionelle und nicht gerade billige, aber lohnende Pauschaltouren angewiesen – entweder als Tagestrips oder mehrtägige *Liveaboard-Cruises.* Diese starten von November bis Mai meist von Ranong/Kawthoung, einige neuerdings auch ab Myeik. Es gibt an die 15 Veranstalter, aber nicht alle fahren regelmäßig (Auswahl s. S. 593).

Die komfortablen **Jachten** sind in der Regel fünf bis zehn Tage unterwegs und inkl. Vollverpflegung buchbar ab rund US$900 p. P. Es gibt Early-Bird-Angebote, doch Last-Minute-Schnäppchen sind schwieriger geworden, seit die Behörden eine frühe Anmeldung fordern. Komplett-Charter ab US$1800 pro Tag. Dazu addieren sich stets bis zu US$50 für das Visum und US$100 als *Port & Park Fee* für vier Tage, plus US$20 pro weiteren Tag und US$50, wenn der 11. Breitengrad bzw. der Black Rock überschritten werden.

Die Touren richten sich an Taucher, Schnorchler oder Paddler, aber zunehmend auch an **Naturfreunde** und **Abenteuerlustige**, die die herrlichen Strände und das Innere von Inseln erkunden wollen. Trotz aller Enge an Bord ist, z. B. durch Komfort-Kabinen, Sonnendecks oder Bodenmatratzen, für reichlich Behaglichkeit und Geselligkeit gesorgt. Die **Crews** verstehen sich meist auf perfekten Bordservice, zaubern tgl. bis zu vier gute Mahlzeiten aus der Kombüse.

Passionierte Taucher empfehlen **Unterwasserziele** (in Nord-Süd-Richtung) wie: die Great Western Torres, Northern Little Torres (228 km nordwestl. von Kawthoung: Tauchtiefe 10–40 m), Black Rock (190 km: Tauchtiefe 3–40 m; Haie, Teufelsrochen, Mantas), North Twin und South Twin, Nar Nat Three Island (99 km: 27 m Tauchtiefe), Western Rocky (80 km: unter der Insel hindurchführender Tunnel; Haigründe), Shark Cave, Roe Banks oder die etwas abseits der Myeik-Inseln liegenden Burma Banks (170 km nordwestl. der thailändischen Similan-Inseln: Meerestiefen bis zu 300 m), die sich eigentlich schon in internationalen Gewässern, aber immer noch innerhalb der 200-Meilen-Zone befinden.

einem paradiesischen weißen, 500 m langen Sandstrand empfangen. Ein kleines Restaurant versorgt Tagesausflügler.

Kadan Kyun (Kyunsu)

Neben Pataw Padet handelt es sich um die einzige vorgelagerte Insel, die ohne Permit besucht werden darf bzw. um die mit 440 km² größte Insel des Archipels. Die „Königsinsel" wird seit 1981 bebaut und beherbergt eine Marinebasis. Die Fähren starten 3x tgl. (1000 Kyat) und benötigen 45 Minuten. Per Moped-Taxi (6000 Kyat) lassen sich die erlaubten Regionen inkl. eines Wasserfalls und Mangrovenhainen erkunden, doch eine Suche nach Sandstrand bleibt erfolglos.

Kyail Laik Island

Rund 2 1/2 Stunden von Myeik entfernt, kann diese an die Malediven erinnernde, verlockende Insel mit bunt-belebten Korallengärten aufwarten – erst recht, wenn effektiver gegen die illegale Dynamit- und Schleppnetzfischerei vorgegangen werden würde.

Smart Island

Ob ihres Strands aus Sand und Steinen eine Ausnahmeerscheinung im Archipel. Die Insel lässt sich in rund 15 Minuten überqueren, das nahe Riff bietet eine besonders vielfältige Unterwasserwelt.

Thel Lett Tin (Two Face Island)

Die beiden durch einen rund 50 m breiten Grünstreifen getrennten Sichelbuchten erinnern an das thailändische Koh Phi Phi, doch wurde diese Trauminsel leider von einer Perlenfarm absorbiert.

Inseln vor Kawthoung

Bo Cho Kyun (Eyles Island)

Liegt an der Südspitze der Insel Lampi und gilt als offiziell ausgewiesene (Wiederbe)Siedlungszone der Moken, die die Insel als „Pu Nala" zu bezeichnen pflegen. Vom Inseldorf Makyone Galet läuft man ca. 30 Minuten zum herrlichen Bulet-Aw-Strand.

Boulder Island (Nga Khin Nyo Gyee)

Zählt zu den wenigen Inseln, die mit einem Resort bebaut sind (S. 588) und bietet neben den beiden Zwillingsbuchten „Boulder" und „Sisters" noch zwei weitere, kleine Buchten und den „Cliff Beach", die ebenfalls mit naturnahen Pfaden verbunden sind.

Bruer – Twin Beach Island

Eine weitere Insel, die mit zwei halbmondförmigen Buchten aufwarten kann. Zu erreichen ist sie in rund anderthalb Speedboat-Stunden bzw. bei Tagestouren, die Zwischenstopps an den faszinierenden Schnorchelrevieren von **Zadetkyi Island** und **Ruby Stars** beinhalten.

Cock's Comb Island (The Emerald Heart Island)

Erst seit 2015 zu besuchen, fungiert diese Insel mit ihrer fotogenen Lagune im Inneren quasi als Symbol der kleinen Paradiese im südlichen Teil des Myeik-Archipels und wird, wie auch die Eilande **Horseshoe**, **Tafook**, **Dunkin** oder **Zedetkyi**, entsprechend gern im Rahmen von Tagestouren angesteuert.

Fork Island (Macleod)

Die rund 72 km bzw. zwei Speedboat-Stunden von Kawthoung entfernte, hufeisenförmige Trauminsel war das erste weiter vom Festland entfernte Eiland, das mit einem Resort (S. 588) bebaut worden ist. Im Umfeld locken rund 20 beliebte Tauchreviere.

Kanmaw Kyun (Kisseraing Island)

Zählt mit 409 km² zu den größeren Inseln des Archipels, beherbergt einige Dörfer unterschiedlicher Volksgruppen und weitläufige Kautschuk-Plantagen.

Lampi Kyun (Sullivan Island)

Gilt mit einer Fläche von rund 205 km² (entspricht der Größe von Hannover oder Stuttgart) und noch gänzlich intakter Natur als spirituelles Herz des Archipels (S. 585).

Nyaung Oo Phee (MacKenzie Island)

Nur 75 Speedboat-Minuten vom Festland entfernt, ist diese schöne Insel mit einem Resort-Ableger (S. 588) bebaut, dessen Haupthaus als bestes Hotel von Kawthoung gilt (S. 592).

Nyaung Wee Kyun

Ob ihrer Schönheit gilt diese etwas größere, als saisonales Quartier der Moken genutzte Insel als beliebter Zwischenstopp von Bootstouren. Die in der Nähe liegende **115 Island** bietet ebenfalls schöne Strände und Chancen zum Schnorcheln.

Pila(r) Kyun (Great Swinton Island)

Rund 80 km und rund zweieinhalb Speedboat-Stunden von Kawthoung als Paradies-Insel, die seit Ende 2018 mit einem lauschigen Hideaway-Resort (S. 588) bebaut ist. An der Westküste erstreckt sich einer der längsten Strände im Archipel, an der Ostküste sprudelt sogar eine der seltenen Süßwasser-Quellen. Um der befürchteten Umsiedlung zu entgehen, gründeten die Insulaner einen Tempel, bewohnt von einem Mönch.

Salon Kyun (Pulau Besin)

Nur eine Stunde von Kawthoung bietet die dicht bewaldete „Insel der Seenomaden" mehrere Sandstrände und eine schöne Lagune. Hier zelebrieren die Moken Ende April ein größeres Fest. Ursprünglich sollte diese Insel bevorzugt für den Tourismus erschlossen werden.

Thathay Kyun (Pulau Ru)

Die nicht weit von Kawthoung entfernte, 1800 ha große „Insel des reichen Mannes" beherbergt seit 1995 das erste und lange einzige Hotel im Archipel: Das von Thais betriebene **Grand Andaman Hotel** (S. 590) bietet über 200 Zimmer mit Meerblick, einen 18-Loch-Golfplatz von Jack Nicklaus und ein schillerndes Spielkasino. Zielgruppe ist die Oberschicht aus Thailand und Singapur, westliche Urlauber landen hier eher selten an.

Der Strand ist nicht besonders attraktiv, doch locken rund US$125 teure Tagesausflüge zu den Inseln **Cock's Comb, Dunkin** oder **Horse Shoe**.

Wa Ale Island

Erst gab es auf dieser Insel nur ein Schutzprojekt für Schildkröten, seit 2018 gesellte sich ein Resort aus urigen Zelten und Baumhäusern (s. rechts) hinzu. Sitz der *Lampi Foundation*, www.lampifoundation.com, die ökologische wie soziale Projekte im Archipel betreut. Es gibt einen Fluss zum Kajakfahren und Mangrovenhaine.

ÜBERNACHTUNG

Die Paradiese im Paradies haben natürlich ihren Preis und sollten rechtzeitig angefragt werden, welches Visum/Permit für ihren Besuch erforderlich ist. **Grand Andaman Travel** (s. Kasten S. 593) kann auf einigen Inseln neuerdings mit Luxuszelten aufwarten!

Awei Pila Mergui Resort, auf Pila Kyun, 094-925 9655, www.aweipila.com. Neues, ultimatives Hideaway – geführt vom professionellen GM Jon Bourbaud und seinem bestens motivierten Team. 24 perfekt konzipierte, 45 m² (plus 15 m² Terrasse) große „Tented Villas" aus Naturmaterialien – garniert mit erstklassiger Gastronomie, halbrundem Infinity-Pool am Strand, Tauchbasis, Paddelboards und Kajaks. ❻

Boulder Bay Eco Resort, auf Boulder Island, 097-9558 2533, 01-380 382 (Yangon-Büro), www.boulderasia.com. Seit 2017 als Lebenstraum des Norwegers Björn Burchard und nachhaltig (inkl. Meeresschutz-Projekten) betriebener Stützpunkt seiner *Liveaboard*-Trips von Moby Dick Tours (S. 589). Rustikal-romantische Bungalows aus Naturmaterialien und allerlei naturnahen Aktivitäten, Transfers per Holzboot oder ggf. zu charterndem Katamaran. ❻

Grand Andaman Hotel, auf Thatay Kyun, s. Übernachtung/Kawthoung S. 590.

Myanmar Andaman Resort, auf Fork Island, 094-0404 0764, https://macleodislandmyanmar.com/. Seit 2005 das erste und lange einzige birmanische Strand-Resort im Archipel – leider mit häufigem Betreiberwechsel und seit 2019 in der Renovierung. Das Hideaway umfasst 22 stil- wie stimmungsvolle Cottages und Chalets aus Naturmaterialien. ❻

Victoria Cliff Resort/Nyaung Oo Phee, auf Nyaung Oo Phee, +95-94 4488 8661, +66-89-751 7777 (Ranong), www.nyaungoopheeresort.com. Bebaut seit 2016 mit einem Ableger des Victoria Cliff Resorts in Kawthoung (S. 592). Es gibt 40 Komfort-Zimmer in Blockbauten, Strand-Villen sowie 2 Zelt-Kategorien. Schöner Infinity-Pool und allerlei Wassersport-Angebote. ❺–❻

Wa Ale Resort, Wa Ale Island, 09-501 8269, https://waaleresort.com/. 11 Zelte und 2 Baumhäuser – erschaffen aus wiederverwerteten Materialien. Die Exklusivität inkl. Motto „Barefoot Luxury meets Bohemian Chic" muss ziemlich teuer bezahlt werden. ❼

TOUREN

Auf *Liveaboard-Cruises* – keineswegs nur zum Tauchen – haben sich z. B. folgende, vorwiegend von Ranong/Kawthoung aus startende Anbieter spezialisiert (in Deutschland bequem buchbar über den Münchner Veranstalter **Myanmar Discover/Sommer Fernreisen GmbH**, +49-8533-919 161, www.myanmar-discover.de:

A One Diving, +66-81-891 5510 (Ranong), www.a-one-diving.com. Schon seit 1999 hat sich dieses professionelle, thailändisch-myanmarische Joint Venture für 6- und 7-tägige, ab US$1100 günstige Touren mit bis zu 22 Tauchgängen bewährt – auf der *Sea World I*, *Seahorse* oder *SY Wanderlust*.

Burma Boating, +66-2-107 0445 (Bangkok), www.burmaboating.com. Internationales Profi-Team (darunter etliche Deutschsprachige) mit dem Gespür für paradiesische Kreuzfahrten – als 6-Tages-Touren zu US$2600 p. P. oder Voll-Charter US$1900–3500 pro Tag. 10 faszinierende Schiffe wie die Super-Segel-Jachten *SY Aventure* und *SY Dallinghoo* oder der ultramoderne Solar-Katamaran *Silent S55*. Gehört wie auch das neue **Awei Pila Mergui Resort** zur *Memories Group*.

Mergui Princess Cruise/Elegant Myanmar Tours, 01-401 261 (Yangon), 097-7717 0111, www.merguiprincess.com, www.elegantmyanmartours.com. Spezialisiert auf Schnorcheln, Tauchen und Kayaking – z. B. mit der

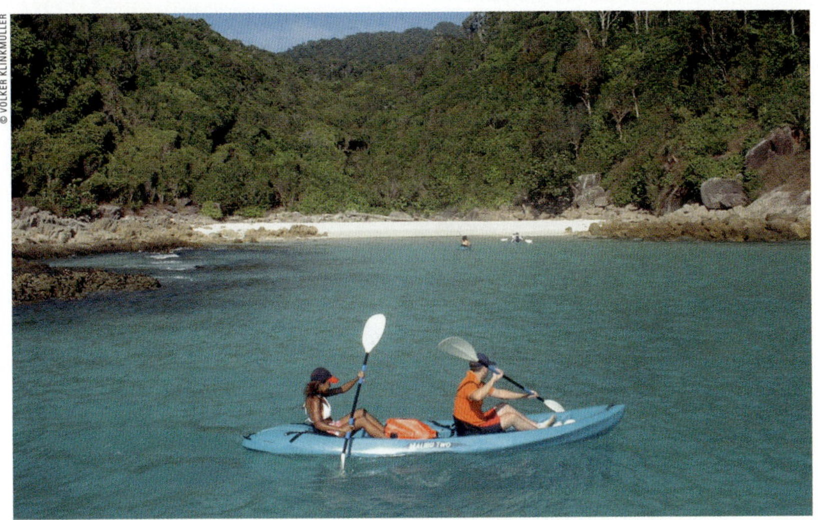

Der Myeik-Archipel lockt keineswegs nur zum Tauchen oder Schnorcheln.

24 m langen *MV Mergui Princess* oder der *MV Dawei Princess.* 6-tägige Touren schon ab US$870 p. P., einige starten sogar ab Dawei oder Myeik!

Moby Dick Tours, ✆ 01-380 382 (Yangon), 09-509 1672 (Kawthoung), 💻 http://islandsafarimergui.com/. Zählt seit 2003 zu den Pionieren im Archipel – als einziger Anbieter von faszinierenden, reinen Insel-Safaris inkl. Resort auf Boulder Island (S. 587). 5 Tage mit der *MV Sea Gipsy* in der Doppelkabine inkl. Vollpension US$1110 p. P., 7 Tage US$1530.

Pandaw Cruises, ✆ +44-208-396 7320 (London), 💻 www.pandaw.com. Renommiert und erfahren, aber neu im Archipel und extrem exklusiv bzw. mit 8-tägigen Kreuzfahrten ab US$3780 p. P. auch entsprechend teuer. Eingeschifft wird in den 12 Kabinen der schicken, 61 m langen *MY Andaman Explorer* – einem norwegischen, urtypischen Küsten-Schutz-Schiff von 1963.

Smiling Seahorse, ✆ +66-86-011 0614, 💻 www.thesmilingseahorse.com. Die französischen Betreiber haben sich einen guten Ruf erarbeitet – und seit 2018 auch ein nietenneues Tourenboot: Die 25 m lange *MV Smiling Seahorse* kann bis zu 16 Taucher aufnehmen.

Kawthoung (Kawthaung, Victoria Point)

Nur die breite Mündung des Flusses Pak Chan trennt Kawthoung im südlichsten Zipfel Myanmars von Thailand. Die kleine, sich über sanfte Hügel erstreckende Hafenstadt ist fast 2000 km von Putao als nördlichster Spitze des Landes entfernt, rund 1300 von Yangon und rund 360 km (Landweg: 440 km) von Myeik. Die Briten nannten sie **Victoria Point**, die Thais bezeichnen sie als **Ko Song** („Zwei Inseln"), wie der Name eben tatsächlich auch auszusprechen ist.

Der an die 60 000 Einwohner zählende Küstenort lebt vom bilateralen Handel und Fischfang, hat aber touristisch enorm an Bedeutung gewonnen – seit es reibungslos möglich geworden ist, eine Myanmar-Reise hier zu beginnen oder zu beenden. Was könnte den Wandel der Zeiten besser symbolisieren als das 2015 eröffnete, hervorragend platzierte 4-Sterne-Resort **Victoria Cliff**?

Ein herrlicher Blick auf Kawthoung lockt von der golden schimmernden **Pyi-Taw-Aye-Pagode**. 1949 auf einem Hügel errichtet, wurde sie später

Grenzübergang Kawthoung / Ranong

© VOLKER KLINKMÜLLER

Bei der Aus- und Einreise ist jeder selbst verantwortlich, die erforderlichen **Stempel** einzuholen! Mitgeführte **Reisepass-Kopien** können Zeit und Geld sparen, zudem sollte stets die **Zeitdifferenz** (Thailand plus 30 Min.) bedacht werden. Für den bilateralen Grenzverkehr benötigen die **Longtail-Boote** (als Sammel-Taxi ab 50 Baht p. P., Charter 400–500 Baht) in beide Richtungen 30–40 Min.

Ausreise

Vom frühen Morgen bis ca. 16.30 Uhr knattern die Longtails nach Thailand. Mit dem Ausreise-Stempel des birmanischen Grenzpostens am **Myoma-Jetty** – leicht erkennbar an der blauen Eisenträger-Konstruktion – kann man einfach die Boote besteigen, um nach Ranong zu gelangen. Bei zwei Zwischenstopps an Stelzenbau-Checkpoints werden die Pässe noch einmal überprüft, dann führt am Ufer eine Treppe quasi automatisch zur Thai Immigration am **Saphan-Pla-Pier**, wo das Königreich kostenlos ein 30-tägiges Visa on Arrival erteilt, ⌚ 8–17.30 Uhr. Bis zum Zentrum von Ranong sind es 4,5 km bzw. per Sammel-Taxi 15 Baht p. P. und Moped-Taxi 70 Baht.

auf eine Höhe von 21 m gebracht. An der Hafenmeile gibt es kleine Restaurants und Geschäfte, die sich auf Baumaterialien aus Thailand spezialisiert haben. Der **Myoma-Markt** lockt mit ansprechender Architektur und (vor allem an seiner Peripherie) zollfreiem Einkauf. Nicht weit vom Hafen liegt ein nach König Bayinnaung benannter Landvorsprung bzw. schön angelegter **Park**: Eine **Bronzestatue** zeigt den Monarchen in voller Kriegsrüstung und mit einem gegen Thailand gestreckten Schwert. Die einreisenden Thais empfinden das vermutlich nicht gerade als Willkommensgruß – war der birmanische König im 16. Jh. doch mehrmals bei ihnen einmarschiert.

ÜBERNACHTUNG

Die touristischen Spots finden sich überwiegend an der Hafenmeile, die meisten Hotels wirken nicht besonders einladend und überteuert – im Gegensatz zu denen von Ranong (s. Kasten S. 591).

Garden Hotel, Bo Yar Nyunt Rd., ✆ +95-92-5047 1521, 💻 www.gardenhotelmm.com. Fast 3 km nördlich des Piers am 555-Hill als stattlicher Neubau mit sauberen Zimmern, die DZ liegen im Obergeschoss. ❷–❸

Grand Andaman Hotel, auf Thatay Kyun (S. 587), Fähren s. S. 588, ✆ +66-77801 0659, +66-7787 1081-3 (Ranong), 094-5525 0083 (Yangon),

Einreise

Sobald der Ausreise-Stempel von Thailand im Pass ist, kann es vom **Sapan-Pla-Pier** per Longtail zum birmanischen Grenzposten am **Myoma-Jetty** in Kawthoung gehen, ⌚ 7.30–17 Uhr. Hier ist seit 2016 die Einreise per E-Visum bzw. die freie Weiterreise möglich, aber keinesfalls das Stempeln vergessen (weißer Bau linker Hand am Anleger)! Die Visa für *Liveaboard*-Touren müssen vom Veranstalter bis zu zwei Wochen im Voraus angemeldet werden und kosten je nach Dauer und Ziel der Kreuzfahrt bis zu US$310.

Wer lediglich einen *Border Pass (Entry Permit) möchte, muss* US$10 (nur passable Banknoten) oder 500 Baht entrichten und seinen Reisepass hinterlegen. Doch kann man sich damit lediglich bis zu zwei Wochen bzw. auch nur in einer **24-Meilen-Zone** rund um Kawthoung aufhalten.

Übernachtung

Es empfiehlt sich, nicht länger als nötig in Kawthoung zu bleiben bzw. möglichst im thailändischen Ranong zu übernachten, wo sich wesentlich reizvollere und preiswertere Unterkünfte anbieten – wie das charmante **Le Sarin Chalet Resort**, ✆ +66-77-825 725, das schöne **Pathu Resort**, ✆ +66-89-569-2494, 💻 www.pathuresort.com, oder das flippig-hippe und u. a. mit einer Oldtimer-Sammlung aufwartende **The b Ranong Trend Hotel**, ✆ +66-77-823 111, 💻 www.facebook.com/thebranong.

Für **Grand Andaman Hotel** s. S.590. Wer indes (spontan) zu einem der tiefer im Myeik-Archipel liegenden **5 Insel-Resorts** (S. 585–586) reisen möchte: Diese kümmern sich zwar stets um die notwendigen Permits, bieten aber oft nur Package-Touren bzw. festgelegte Shuttle-Transfers an.

Transport

20- bis 30-minütige Minivan-Transfers zwischen dem Grenzübergang bzw. Ranong und dem rund 25 km entfernten Flughafen kosten 200 Baht p. P., als älteste und professionellste Reiseagentur am Ort fungiert **Pon's Place**, ✆ 086-478 6577, 💻 www.ponplace-ranong.com.

Der Flughafen in Ranong wird von **Nok Air**, 💻 www.nokair.com, und **Air Asia**, 💻 www.airasia.com, mit tgl. bis zu 4 Flügen vom/zum Don Mueang-Airport in Bangkok (um 1 1/2 Std., One-Way-Tickets 1000–4000 Baht) bedient. Als Alternative starten gegen 8 und 20 Uhr VIP-Busse mit 24 oder 32 Sitzen für 500–700 Baht, normale AC Busse ca. 450 Baht (ca. 8–9 Std.).

Für die beiden anderen **internationalen Grenzübergänge** nach/von Thailand s. S. 557 und 572.

💻 www.grandandaman.co.th. Exklusives 5-Sterne-Resort im Boutique-Stil – mit 6 Restaurants und Bars, Kasino und Karaoke-Lounges. 205 Wohlfühlzimmer und Suiten in 4 Kategorien sowie Poollandschaft, Spa, 12-km-Fitnesspfad und Golfplatz von Jack Nicklas. ❻–❼

Honey Bear Hotel, am Hafen, ✆ 059-51352-3, 094-5692 3772, 094-4110 5441. Liegt als 3-stöckiger Profanbau dort, wo die meisten Boote von/nach Ranong verkehren. 37 spartanische, nicht gerade billige Teppichboden-Zimmer mit kleinen Bädern, die teureren mit Hafenblick. Im Erdgeschoss gibt es ein Restaurant. ❷–❸

Kawthoung Motel, Ecke Bogyoke Rd./Bosonpat Rd., rund 700 m vom Pier auf einem Hügel, ✆ 059-51139, 51474, 📠 059-51249. 5-stöckige Notlösung mit ziemlich lieblosen Zimmern, von denen einige immerhin einen schönen Blick über die Bucht bieten. ❷–❹

€ **Penguin Hotel**, Sabal Rd., ✆ 092-6056 6762, 💻 www.penguinhotelkt.com. Rund 5 Min. vom Pier bzw. an einem Hügel als bessere Option im Ort. 20 saubere Fliesen-Zimmer, wahlweise mit AC und gutem Preis-Leistungs-Verhältnis. Freundliches, hilfsbereites Management. ❷

Victoria Cliff Hotel & Resort, ca. 6 km nördlich bzw. nicht weit vom Flughafen, ✆ +95-94-4488 8665, +66-84-941-5694, 💻 www.victoriacliff.com. Mit Abstand schönste, beste und professionellste Unterkunft der Region – gelegen an einem Hügel mit bestechendem Blick auf Meer und Inselwelt, wo es sogar einen exklusiven Ableger gibt (S. 588). Insgesamt 80 Zimmer ab US$120 in 2 „Ocean View Wings" sowie als 24 Villen namens „Ocean View", „Lake View" und „Hillside" – umrahmt mit einem schönen Pool, einem Gym und dem Maliwan Spa.

ESSEN

Die Speisekarten enthalten meist keine Preisangaben.

Mark, Strand Rd. Lange etabliert als Hafenkneipen-Spot, wo es sich gut aushalten lässt – bei spottbilligem Fassbier und einfacher Thai-Kost sowie mit Blick auf Pier und Park. ⌚ 7–22 Uhr.

Mingalar Coffee & Restaurant, am Fuß des 555-Hill. Mit tollem Ausblick und ideal zum Sonnenuntergang als erstes Restaurant, das direkt auf westliche Besucher zielt, z. B. mit Burgern, Spaghetti und Cocktails. Zudem gibt es sogar 4 tolle Boutique-Apartments ab US$45! ⌚ 9–21 Uhr.

Shwe Nin Zee, gegenüber dem Victoria Cliff Hotel. Zählt zweifellos zu den besten Optionen und empfiehlt sich vor allem für BBQ mit frischem Seafood. ⌚ 9–22 Uhr.

Smile, Bogyoke Rd., nahe Kawthoung Motel. Englischsprachige Speisekarte für chinesische Küche und Seafood-Gerichte. Ab 19 Uhr erschallt meist Karaoke. ⌚ 9–22 Uhr.

SONSTIGES

Sun Far Travels & Tours, Myomatadar St., ✆ 059-51244, 094-987 2694, 💻 www.sunfartravels.com. ⌚ 9–17, Sa, So bis 12 Uhr. Empfiehlt sich auch hier besonders für Fluginfos und Tickets.

TRANSPORT

Busse

Die weite und kurvenreiche Strecke nach Myeik ist Ausländern erst seit 2015 erlaubt, aber nur im letzten Abschnitt landschaftlich reizvoll.

MYEIK, 440 km, am besten um 11.30, 12.30 oder 17 Uhr mit dem VIP-Bus – oder den ebenso für 25 000 Kyat verkehrenden Minivans – in 11–12 Std.

Boote

Fast sämtlicher Touristenverkehr wird über den Myoma-Jetty abgewickelt, für **Longtails** nach Thailand s. Kasten S. 590, **Shuttles** zum Grand Andaman Hotel s. S. 590.

Flüge

Der **Flughafen** liegt rund 13 km nördlich vom Zentrum und ist in etwa 25 Min. erreichbar. Moped-Taxis kosten 3000 Kyat, Tuk Tuks um 9000 Kyat.

Nach Yangon geht es meist mit Zwischenstopps in Myeik und Dawei. Mehr Infos s. S. 571.

Air KBZ, 92 Kannar Rd., ✆ 094-308 9018.

Myanmar National Airlines, ✆ 059-51116.

Umgebung von Kawthoung

Ein erster Abstecher sollte zum 555-Hill führen sowie zum 5 km nördlich von Kawthoung liegenden Fischerdorf **Thirimyaing Lan** mit der **Third Mile Pagoda**. Diese thront auf einem Hügel und ermöglicht einen bestechenden Ausblick auf das Meer mit den vorgelagerten Inseln. Im Umfeld offerieren einige Bambus-Restaurants fangfrischen Fisch und Meeresfrüchte. In der Nähe führt eine 400 m lange Brücken-Konstruktion (früher fotogen aus Holz, neuerdings leider nur Beton) zur Insel **Pa Lut Tot Tot** bzw. zu einem Strand, der mit einem netten Biergarten aufwarten kann.

Als bester Strand der Region gilt der rund 10 km von Kawthoung entfernte **Parker bzw. Ten Miles Beach** (mit Tuk Tuk inkl. Wartezeit US$20–

Touren über Land und Wasser

Die Erkundung des Hinterlands von Kawthoung ist im Umkreis bis 40 km erlaubt, Miet-Mopeds gibt es für ca. US$6 (z. B. im Penguin Hotel), Moped-Taxis lassen sich für US$15–20 pro Tag chartern, Tuk Tuks kosten um US$25 und Taxis etwa US$50.

Etwaige Touren in das Myeik-Archipel – ob auf eigene Faust oder organisiert – dürfen nur in Begleitung eines offiziellen Guides erfolgen! Jenseits der *Liveaboard-Cruises* und auf den Inseln liegenden Resorts spezialisieren sich immer mehr Unternehmen auf attraktive Tagestouren mit Speedboats (US$100–120 p. P.) – wie sie meist von Thais für Thais bzw. oft nur auf schnelle Bade- und Schnorchelfreuden ausgerichtet sind. Viel Verlockendes bietet der in Ranong ansässige Veranstalter **Grand Andaman Travel & Tours,** ✆ +66-9-0710 555, 💻 www.grandetravel.com/ranong.php, aus Myanmar indes operieren z. B. **Elegant Myanmar Tours** (S. 556) oder **Life Seeing Tours** (s. Kasten S. 582). Für die schönsten, beliebtesten und am besten erreichbaren Inseln vor Kawthoung s. S. 586.

30). Ebenfalls über die Nationalroute 8 erreicht man fast 40 km nördlich der Stadt bzw. am Limit für Inhaber eines *Borderpass* das Dorf **Maliwan** (Jasmin-Blüte) sowie den dortigen, gleichnamigen Wasserfall. Er lädt mit zwei Stufen und Felsbecken zur Abkühlung ein, nicht weit entfernt können heiße Quellen erwärmen.

Erste Eindrücke vom Archipel lassen sich unkompliziert beim Besuch des **Grand Andaman Hotels** (S. 590) auf **Thatay Kyun** (S. 587) gewinnen – zu erreichen mit den stündlich verkehrenden Speed- oder Slowboats in fünf bzw. 15 Minuten für 100 Baht! Wie es tiefer in die vorgelagerte Inselwelt gehen kann, s. Kasten S. 586.

Anhang

Sprachführer

Tausende von Touristen sind bereits durch Myanmar gereist, ohne ein einziges Wort Birmanisch zu sprechen. Das funktioniert einigermaßen: Hotelangestellte, Reiseleiter, Taxifahrer, Souvenirverkäufer – sie alle sprechen mehr oder weniger gut Englisch. Und ältere Menschen beherrschen diese Sprache noch aus der Kolonialzeit.

Wer jedoch abseits der großen Touristenströme unterwegs ist, auf lokalen Märkten einkauft und mit öffentlichen Verkehrsmitteln reist, ist gut beraten, sich mit ein paar Brocken der Landessprache auszustatten. Ein Schwätzchen mit der Fischverkäuferin, ein Small Talk auf dem Dach eines Pick-ups – das können Reiseerlebnisse sein, die mit dazu beitragen, den Myanmar-Aufenthalt unvergesslich zu machen. Der radebrechende Gast sollte sich nicht entmutigen lassen, wenn der Kellner im Restaurant ihn beim ersten Versuch mit gerunzelter Stirn anblickt. Wahrscheinlich wundert er sich nur über das „komische Englisch" des Touristen. Ist ihm erst einmal klar, dass das, was da fabriziert wird, Birmanisch sein soll, wird er sicher gern behilflich sein, die Aussprache zu korrigieren. Und bei den Mönchen, die sich westlichen Besuchern nähern, um ihr Englisch zu verbessern, kann man den Spieß umdrehen – Völkerverständigung zum gegenseitigen Nutzen. Irgendwann wird jeder Mutige zu hören bekommen: „Das war die perfekte Aussprache."

Die Beschäftigung mit der birmanischen Sprache mag auf den ersten Blick mühsam erscheinen. Die Schrift aus Kringeln und Kreissegmenten mutet sehr fremd an, ebenso der Tonfall, denn es handelt sich um eine **Tonsprache**. Die Vokale kommen in unterschiedlichen Tönen vor, die für westliche Ohren nicht immer leicht zu unterscheiden sind. Tatsächlich ist es jedoch gar nicht so schwer, ein paar Wörter zu lernen. Wer dann noch ein paar Zahlen kennt, dem ist nicht nur der Beifall der Birmanen gewiss: Auch das Handeln auf dem Markt klappt besser, und plötzlich erschließen sich sogar die Geheimnisse des Yangoner Nahverkehrs, denn die meisten Busse sind nur mit birmanischen Ziffern versehen.

Das Birmanische gehört zum tibeto-birmanischen Zweig der **sino-tibetischen Sprachfamilie** und ist Muttersprache der Birmanen, die etwa zwei Drittel der Landesbevölkerung ausmachen. Der mit geringen Abweichungen in Yangon und Mandalay gesprochene Zentraldialekt gilt als „Hoch-Birmanisch" und ist Amts- und Verkehrssprache. In entlegenen Berggebieten allerdings hat sich das Hoch-Birmanisch noch nicht durchgesetzt. Dort dient meist die Sprache der jeweils vorherrschenden ethnischen Gruppe als Lingua franca.

Geschrieben wird von links nach rechts. Die Konsonanten enthalten automatisch ein kurzes „a"; die anderen Vokale werden durch Zusatzzeichen vor, nach, über und unter den Konsonanten dargestellt. Es gibt keine Interpunktion, zwei kurze senkrechte Striche kennzeichnen das Satzende. Die Schrift geht auf südindische Buchstabensysteme zurück, die vermutlich über die Mon vermittelt wurden. Der älteste eindeutig datierte Beleg ist die Rajakumar-Inschrift aus dem Jahre 1113 in Bagan: Ein inhaltlich gleicher Text wurde in den damals gebräuchlichen Sprachen Pali, Mon, Pyu und Birmanisch auf die vier Seiten einer Stele gemeißelt.

Im Laufe seiner Entwicklung hat das Birmanische viele Wörter aus anderen Sprachen übernommen, besonders aus dem Pali, des Weiteren aus dem Sanskrit, dem Mon, dem Chinesischen und zunehmend aus dem Englischen.

Birmanische Schrift

Das birmanische Alphabet besteht aus **33 Grundzeichen**. 32 sind Konsonanten plus jeweils ein kurzes „a" wie beim indischen Vorbild. Allen gemeinsam ist, dass sie Träger zusätzlicher Zeichen sind, mit denen die anderen Vokale sowie weitere Laute dargestellt werden.

Kha ist die behauchte Version von *ka* usw. Der Konsonant *ng* am Silbenanfang ist für uns ungewohnt; er wird ausgesprochen wie z. B. in „si-ng-en", ohne „si" und „en".

Umschrift und Aussprache

Die birmanischen Zeichen in eine für Ausländer lesbare **Lautschrift** umzusetzen ist nicht ganz einfach. So ziemlich jedes Lehrbuch und jeder Sprachführer benutzt sein eigenes System. Gängige Lautschriften orientieren sich an der englischen Aussprache. Dem schließen wir uns an,

Birmanisches Alphabet				
k က	kha ခ	ga ဂ	ga ဃ	nga င
sa စ	sha ဆ	za ဇ	za ဈ	nya (nja) ည
ta ဋ	tha ဌ	da ဍ	da ဎ	na ဏ
ta တ	tha ထ	da ဒ	da ဓ	na န
pa ပ	pha ဖ	ba ဗ	ba ဘ	ma မ
ya ယ	ya/ ra ရ	la လ	wa ဝ	tha သ
	ha ဟ	la ဠ	a အ	

Die Zeichen in der dritten Zeile entsprechen lautlich denen in der vierten, sie finden vor allem bei Pali-Wörtern Verwendung.

um dem Leser die „Entschlüsselung" von Wörtern leichter zu machen. In einigen typischen Sonderfällen fügen wir in Klammern eine „eingedeutschte" Version bei, die den deutschen Ausspracheregeln entspricht. Des Weiteren ist die Benutzung von Hilfs- und Sonderzeichen vonnöten, um die verschiedenen Tonhöhen kenntlich zu machen.

Da das Birmanische eine Tonsprache ist, kommen die **Vokale** in vier verschiedenen Varianten vor, die eigene Laute darstellen. Das ist eine der größten Hürden, da das westliche Ohr nicht gewohnt ist, diese sinntragenden Unterschiede wahrzunehmen. Ein falscher Ton kann fatale Folgen haben. Ein (etwas hinkender) Vergleich aus dem Deutschen: „Schiff" und „schief". Allerdings ist es hier nur die Länge des Vokals, die den Unterschied macht. Im Birmanischen kommen noch Stimmansatz und Intensität dazu.

Darüber hinaus gibt es noch einen **abgeschwächten Vokal** (der ungefähr dem zweiten „e" im umgangssprachlich ausgesprochenen Wort „nehmen" entspricht): Wir stellen ihn mit einem „å" dar. Er ist immer unbetont.

- **Erster Ton:** hoch einsetzend, kurz, am Ende leicht fallend, wie abgequetscht, „ká"
- **Zweiter Ton:** tief einsetzend, eben, isoliert leicht steigend, sanft, lang, „ka"
- **Dritter Ton:** hoch einsetzend, stark fallend, lang, intensiv, „kà"
- **Vierter Ton:** hoch einsetzend, eben, sehr kurz, Stimmritzenverschluss, „ka'"
- **Abgeschwächter Vokal:** Schwa-Laut, Vokal im Tonschatten, „kå"

Zu allem Überfluss sind die Tonhöhen nicht absolut, sondern werden beim Sprechen angeglichen. Aber keine Sorge: Die Einheimischen werden sich bemühen, das Gesagte zu verstehen!

Die **Aussprache** des Birmanischen lernt man am besten durch Zuhören. Einige Konventionen der im Folgenden benutzten Umschrift sind:

- *ky* und *gy* spricht man wie „tj" und „dj";
- *th* etwa wie ein englisches „th", *dh* ist die stimmhafte Variante davon;

- *aw* wird ebenfalls englisch ausgesprochen und klingt wie ein deutsches offenes „o“;
- *sh* klingt wie „(i)ch“;
- *hs, hp* oder *hk* bedeutet, dass diese Laute stark aspiriert sind, d. h. ein „h“ nachgehaucht wird;
- *z* ist ein stimmhaftes „s“ wie in „Nase“.

Ein „h“ vor einem Konsonant muss deutlich hörbar sein. Die **Betonung** regelt sich nach der Intensität der Töne; die letzte Silbe ist nie unbetont.

Gewiss findet sich hin und wieder jemand, der lernwilligen Fremden einzelne Wörter oder Sätze vorlesen kann. So lässt sich der Klang erlernen und der Wortschatz erweitern.

Wichtig: Fragesätze werden durch Satzmarker kenntlich gemacht und nicht, wie im Deutschen, durch Wortumstellung und Anheben der Stimme am Satzende! Und: Die zusammenhängenden Sprachbeispiele sollten möglichst ohne Pausen gesprochen werden. Bei Bedarf sind Bindestriche eingefügt, um das Ende von Silben kenntlich zu machen. Luft geholt werden sollte nur, wo Pausen (Leerstellen) angezeigt sind. Wer das beachtet, kann sich viele Missverständnisse ersparen.

Grammatik

Das Birmanische besitzt allerlei grammatische Eigenheiten, die es vom Deutschen und anderen europäischen Sprachen unterscheiden. Für den Reisenden reichen ein paar rudimentäre Grundkenntnisse – schließlich geht es vorrangig darum, überhaupt verstanden zu werden.

Das Wichtigste: Die **Satzstellung** unterscheidet sich vom Deutschen insofern, als das Prädikat grundsätzlich am Satzende steht (Ich Markt auf Obst kaufe). Weitere Unterschiede: **Substantive** haben **keinen Artikel**, sondern stehen für sich. Um den **Plural** zu kennzeichnen, reicht es, *-t(w)e* anzuhängen (das „w“ kann verschluckt werden). Die **weibliche Form** kann durch ein angehängtes *-má* gekennzeichnet sein. **Personalpronomen** sind statusbezogen; die – außer gegenüber Kindern – zunehmend allgemein anwendbaren Pronomina für die erste und zweite Person haben unterschiedliche Formen für männliche und weibliche Sprecher. „Ich“ heißt für Männer *kyånaw* und für Frauen *kyåmá*, „Sie“ analog *khåmyá* bzw. *shin*. Kinder kann man mit *thåmì* = Mädchen und *thà* = Junge anreden, sich selbst dann als *ùlèj* (Onkel) oder *åko* (großer Bruder) bzw. *dawdaw* (Tante) oder *mámá* (große Schwester).

Verben haben **keine Flexion** – zusätzliche Partikel kennzeichnen Zeiten, Mehrzahl und viele Modalitäten.

Das Allerwichtigste

Guten Tag / Guten Abend	*mìngålaba*	မင်္ဂလာပါ
Auf Wiedersehen („Ich gehe jetzt“)	*thwàlai'ba-oùn-mae*	သွားပါဦးမယ်
Auf Wiedersehen (Kurzfassung)	*thwà-mae-naw*	သွားမယ်နော်
Eine andere geläufige Begrüßung:		
Wie geht's?	*nej kàun-yaélà*	နေကောင်းရဲ့လား
Mir geht's gut!	*[nej] kàun-ba-dae*	[နေ]ကောင်းပါတယ်
Danke!	*kyèj-zù-bàe*	ကျေးဇူးပါပဲ
Ich danke Ihnen.	*kyèj-zù-tin-ba-dae*	ကျေးဇူးတင်ပါတယ်
Die zweite Form ist förmlicher und sehr höflich.		
Ja	*houÿ-ké*	ဟုတ်ကဲ့
Nein	*måhou'hpù*	မဟုတ်ပါဘူး
Verstehen Sie?	*nà le dhåla*	နားလည်သလား
Ich verstehe.	*nàlaebadae*	နားလည်ပါတယ်
Ich verstehe nicht.	*nàmålaebabù*	နားမလည်ပါဘူး
Entschuldigung!	*hkwín-hlu'pa*	ခွင့်လွှတ်ပါ
Nichts für ungut.	*sej'måshì-banáe*	စိတ်မရှိပါနဲ့
Macht nichts.	*kej'sá måshí-babù*	ကိစ္စ မရှိပါဘူး

Zahlen

Die birmanischen Ziffern beruhen ebenso wie die arabischen auf dem Dezimalsystem. Auch die Zahlenbildung erfolgt wie im Deutschen gebräuchlich von links nach rechts, von der höchsten zur niedrigsten Ziffer.

1	*ti' / tå (in Zusammensetzungen)*	၁
2	*hni' / hnå (in Zusammensetzungen)*	၂
3	*thòun*	၃
4	*lèj*	၄
5	*ngà*	၅
6	*chau'*	၆
7	*khunni' / khunnå*	၇
8	*shi'*	၈
9	*kò*	၉
10	*tåhsae*	၁၀
11	*hsáe-ti'*	၁၁
12 (usw.)	*hsáe-hni'*	၁၂
20	*hnå-hsae*	၂၀
30	*thòunzae*	၃၀
40 (usw.)	*lèjzae*	၄၀
100	*tåya*	၁၀၀
110	*tåyá tåh-se*	၁၁၀
120 (usw.)	*tåyá hnå-hs ae*	၁၂၀
200	*hnå-ya*	၂၀၀
300	*thòun-ya*	၃၀၀
400 (usw.)	*lèj-ya*	၄၀၀
1000	*(tå)htaun*	၁၀၀၀
5000	*ngà-daun*	၅၀၀၀
10 000	*(tå)thàun*	တစ်သောင်း
100 000	*(tå)thèin*	တစ်သိန်း
1 000 000	*(tå)thàn*	တစ်သန်း
15 369	*tåthàun ngà-daun thòun ya chau'hsáekò*	၁၅,၃၆၉ တစ်သောင်းငါးထောင်သုံးရာခြောက်ဆယ့်ကိုး

Ein großer Unterschied zum Deutschen ist die Benutzung von **Zähleinheiten**. Das heißt, man kauft nicht „3 Äpfel", sondern „Äpfel 3 Rundes". Es gibt Dutzende davon für diverse Gegenstände und Lebewesen. Bei Dingen kann man sich jedoch mit dem allgemeinen *khú* behelfen. Nicht benutzen sollte man dieses Wort allerdings bei Pagoden, Tempeln und Buddhastatuen *(hsu)*; bei Tieren gilt *kaun*, bei Menschen *yau'*, bei Mönchen aber *pà*; Flaschen sind *bålin*, zwei Flaschen: *hnå-bålin*, bei Plastikflaschen, z. B. Trinkwasser, wird *bù* vorgezogen – *ye-dhán hnåbù*.

Die Wortreihenfolge ist Objekt – Zahl – Zählwort: *ngà-hnåkaun* – zwei Fische.

Fragen

Ein paar Fragen in der Landessprache formulieren zu können, kann gerade in touristisch nicht sehr erschlossenen Gegenden nützlich sein. Es sei noch einmal daran erinnert, am Wortende keinesfalls wie im Deutschen die Stimme zu heben. Für Fragen stehen spezielle Partikel am Satzende zur Verfügung – bei Entscheidungsfragen (Ja/Nein-Fragen) *là*, bei Ergänzungsfragen *làe*. Sehr praktisch z. B. kann *ejn-dha bae-hma-làe* (Wo ist die Toilette?) sein.

Wo ist ... ?	*... bae hma làe*	...ဘယ်မှာလဲ
Wie weit ist es?	*bå-lau' wèj dhå làe*	ဘယ်လောက်ဝေးသလဲ
Was für eine Straße ist das?	*da ba làn-làe*	ဒါ ဘာ လမ်းလဲ
Was?	*balàe*	ဘာလဲ
Wann? (Zukunft)	*baedáw-làe*	ဘယ်တော့လဲ
Warum?	*baphyi'lólàe*	ဘာဖြစ်လို့လဲ
Auf diese Frage darf nicht unbedingt eine befriedigende Antwort erwartet werden.		
Was ist das?	*da ba-làe*	ဒါ ဘာလဲ
Wie heißt das (hier) auf Birmanisch?	*da båbae-lo khaw-dhålè*	ဒါ ဗမာလို ဘယ်လို ခေါ်သလဲ
Wie viel (kostet ...)?	*... bae-lau'-làe*	...ဘယ်လောက်လဲ
Was macht das alles zusammen?	*àloùn bae-lau' kyá-dhålàe*	အားလုံး ဘယ်လောက် ကျသလဲ
Was ist Ihr letzter Preis?	*nau'hsoùn-zèi pyaw-ba*	နောက်ဆုံးဈေး ပြောပါ
Wo kann ich ... kaufen?	*... bae-hma wae-hnain-dhålàe*	...ဘယ်မှာ ဝယ်နိုင်သလဲ
Darf ich Sie fotografieren?	*da'poun yai'ló-yá-là*	ဓာတ်ပုံ ရိုက်လို့ရလား

Small Talk

Wie ist Ihr Name?	*khåmyá / sín nanmae baelo khawdhålàe*	ခင်ဗျား/ရှင့်နာမည် ဘယ်လို ခေါ်သလဲ
Mein Name ist ...	*kyånáw / kyåmá nanmae ... ló khawbadae*	ကျွန်တော့်/ကျွန်မနာမည် ...လို့ ခေါ်ပါတယ်
Wie alt sind Sie?	*khåmyá / shín åthae' baelau' shíbilàe*	ခင်ဗျား/ရှင့် အသက် ဘယ်လောက် ရှိပြီလဲ
Ich bin ... Jahre alt.	*kyånaw / kyåmá åthe' ... hni' shí-bi / hni'pa*	ကျွန်တော့်/ကျွန်မအသက် ...နှစ် ရှိပြီ/နှစ်ပါ
Was ist Ihre Nationalität?	*khåmyà / shin ba lumyòlàe*	ခင်ဗျား/ရှင် ဘာ လူမျိုးလဲ
Ich bin ...	*... lumyòba*	...လူမျိုးပါ
Deutscher	*gyaman*	ဂျာမန်
Österreicher	*àw-såtårìya*	ဩစတြီးယား
Schweizer	*zwi'*	ဇွစ်
Was ist Ihr Beruf?	*ba ålou'[åkain] lou' dhålàe*	ဘာ အလုပ် [အကိုင်] လုပ် သလဲ
Ich bin ...	*... ba*	...ပါ
Arbeiter	*ålou' thåmà*	အလုပ်သမား
Arzt	*hsåyawun*	ဆရာဝန်
Bauer	*laedhåmà*	လယ်သမား
Geschäftsmann	*sìbwàyèjdhåmà*	စီးပွားရေးသမား
Ingenieur	*ingyin-niya*	အင်ဂျင်နီယာ
Krankenschwester	*thuna-byú-shåyamá*	သူနာပြုဆရာမ
Lehrer	*kyàun-hsåya*	ကျောင်းဆရာ
Musiker	*gitá-pyinnya-shin*	ဂီတပညာရှင်
Schauspieler	*[thåyou'h-saun] mìndhà*	[သရုပ်ဆောင်] မင်းသား
Sozialarbeiter	*lu-hmúwundàn-lou' thà*	လူမှုဝန်ထမ်းလုပ်သား
Student	*[te'kåtho] kyàundhà*	[တက္ကသိုလ်] ကျောင်းသား
Wissenschaftler	*thei'pan-pyin-nya-shin*	သိပ္ပံပညာရှင်

Folgende Berufe sollten nicht allzu laut herausposaunt werden:

Autor	*sa-yèj-hsåya*	စာရေးဆရာ
Fotograf	*da'poun-hsåya*	ဓာတ်ပုံဆရာ
Journalist	*dhådìnza-hsåya*	သတင်းစာ ဆရာ

Die weibliche Form der Berufe wird häufig durch ein angefügtes -*má* gekennzeichnet.

Unterwegs

Wo ist ...?	*... bae-hmalàe*	...ဘယ်မှာလဲ
Bahnhof	*buda-youn*	ဘူတာရုံ
Bank	*bandai'*	ဘဏ်တိုက်
Bootshafen	*thìnbàwzej'*	သင်္ဘောဆိပ်
Buchladen	*sa-ou'hsain*	စာအုပ်ဆိုင်
Busstation	*ba'såkà-gej'*	ဘတ်စကားဂိတ်
Flughafen	*lejzej'*	လေဆိပ်
Gasthaus	*tàekhogàn*	တည်းခိုခန်း
Hotel	*hotae*	ဟိုတယ်
Markt	*zèj*	ဈေး
Museum	*pyádai'*	ပြတိုက်
Post	*sadai'*	စာတိုက်
Wann wird ... losfahren?	*htwae'målàe... bae-åchejn*	ထွက်မလဲ ...ဘယ်အချိန်
Boot, Schiff	*thìnbàw*	သင်္ဘော
Bus	*ba'såkà*	ဘတ်စကား
Flugzeug	*lej-yin-byan*	လေယာဉ်[ပျံ]
Jeep	*dji'kà*	ဂျစ်ကား
Taxi	*tae'kåsi, å-hngàgà*	တက္ကစီ, အငှား–ကား
Ich hätte gern ...	*... kyånaw / kyåmá... lo-gyin badae*	ကျွန်တော်/ကျွန်မ ... လိုချင်ပါတယ်
ein Ticket	*le'hma'tåzaun*	လက်မှတ်တစ်စောင်
zwei Tickets	*le' hma' hnå-zaun*	လက်မှတ်နှစ်စောင်

Übernachtung

Gibt es hier ein Hotel (Gasthaus)?	*dinà-hma hotae (tàe-hko-gàn) shídhålà*	ဒီနားမှာ ဟိုတယ် (တည်းခိုခန်း) ရှိသလား
Haben Sie ein freies Zimmer?	*åkhànlu' shílà*	အခန်းလွတ် ရှိလား
Kann ich das Zimmer sehen?	*åkhàn kyí-ba-yázej*	အခန်း ကြည့်ပါရစေ

Zeigen Sie mir ein anderes Zimmer!	*tåchà åkhàn pyába-oùn*	တခြားအခန်း ပြပါဦး
Das Zimmer ist gut.	*di åkhàn kàundae*	ဒီအခန်း ကောင်း–တယ်
Ist das Frühstück inklusive?	*åkhàngádàe-hma måne'sa padhålà*	အခန်းခထဲမှာ မနက်စာ ပါ–သလား
Wie viel kostet eine Übernachtung?	*tåye' baelau'làe*	တစ်ရက် ဘယ်လောက်လဲ
Ich bleibe eine Nacht.	*tåyae'pàe tàemae*	တစ်ရက်ပဲတ–ည်းမယ်
... zwei Nächte	*... hnåyae'*	...နှစ်ရက်

Essen

Wo ist ein ... ?	*... bae-hmalàe*	...ဘယ်မှာလဲ
Restaurant	*sàthau'hsain*	စားသောက်ဆိုင်
chinesisches Restaurant	*tåyou'sàt-hau'hsain*	တရုတ်စားသောက်ဆိုင်
Shan-Nudel-Laden	*shàn kau'-hs-wàezain*	ရှမ်းခေါက်ဆွဲဆိုင်
Ich möchte ... essen.	*... sàgyindae*	...စားချင်တယ်
birmanisches Essen	*myanma-åsà-åza*	မြန်မာအစားအစာ
chinesisches Essen	*tåyou'åsà-åsa*	တရုတ်အစားအစာ
europäisches Essen	*úyòpá åsà-åsa*	ဥရောပအစားအစာ
Shan-Essen	*shàn-åsà-åsa*	ရှမ်းအစားအစာ
Thai-Essen	*yòdåyà åsà-åsa (htàin)*	ယိုဒယားအစားအ–စာ (ထိုင်း)
Bitte bringen Sie mir ...	*... [yu]pèjba*	... [ယူ]ပေးပါ
Ess-Stäbchen	*tu*	တူ
Gabel	*hkåyìn*	ခက်ရင်း
Glas	*hpan-gwae'*	ဖန်ခွက်
Löffel	*zùn*	ဇွန်း
Messer	*dà*	ဓား
Tasse	*hkwae'*	ခွက်
Teller	*båganbyà*	ပန်းကန်ပြား
Reis (gekocht)	*htåmìn*	ထမင်း
gebratener Reis	*htåmìn gyaw*	ထမင်းကြော်
Nudeln	*kau'hswàe*	ခေါက်ဆွဲ
gebratene Nudeln	*khau'hs-wàe-gyaw*	ခေါက်ဆွဲကြော်
... Curry	*... hìn*	... ဟင်း
Huhn	*kyae'*	ကြက်
Rind	*åmàe-dhà*	အမဲသား
Schwein	*wae'thà*	ဝက်သား
Fisch	*ngà*	ငါး
Garnelen	*båzun*	ပုစွန်

Aus diesen Begriffen lassen sich die Namen vieler einfacher, überall erhältlicher Gerichte zusammenstellen, z. B.:

gebratener Reis mit Huhn	*htåmìn-gyaw-gyae*	ထမင်းကြော်ကြက်
Fisch-Curry	*ngàhìn*	ငါးဟင်း

Weitere Speisen und Getränke ab S. 42, Essen und Trinken.

Bitte bringen Sie eine Flasche Bier.	*bi-ya tåpålìn [yu]pèjba*	ဘီယာတစ်ပုလင်း ယူပေးပါ
Bitte bringen Sie zwei Flaschen Trinkwasser.	*thau'yej-dhán-hnåbù pèjba*	သောက်ရေသန့်နှစ်ဘူး ပေးပါ
Haben Sie eine englische Speisekarte?	*hìn åmyi-såyìn ìn-gålej'lo shílà*	ဟင်းအမည်စာရင်း အင်္ဂလိပ်လို ရှိလား
Das ist sehr lecker.	*da åyádha thej' kaùndae*	ဒါ အရသာ သိပ် ကောင်းတယ်
Das habe ich nicht bestellt.	*dagou måhma-babù*	ဒါကို မမှာပါဘူး
Ich mag kein scharfes Essen.	*sa'táe åsà-åsamåkyai' pa-hpù*	စပ်တဲ့အစားအစာ မကြိုက်ပါဘူး
Ich kann kein Fleisch essen.	*åthà måsà-hnain-bu*	အသား မစားနိုင်ဘူး

Eine andere Möglichkeit für Vegetarier: Man probiert es mit *thae'tha'lu'* (သက်သတ်လွတ်) („frei von Leben nehmen“).

Die Rechnung, bitte. (Wie viel kostet das?)

gewöhnlich	*pai'hsan shìn-mae bae-lau' [kyá-dhå]làe*	ပိုက်ဆံ ရှင်းမယ် ဘယ်လောက် [ကျသ]လဲ
oder feiner:	*bill yugáeba (von engl. „bill please“)*	ဘီလ် ယူခဲ့ပါ

Obst

Ananas	*nana'dhì*	နာနတ်သီး
Avocado	*htàwba'dhì*	ထောပတ်သီး
Banane	*ngåpyàwdhì*	ငှက်ပျောသီး
Durian	*dù-yìndhì*	ဒူးရင်းသီး
Kokosnuss	*oùndhì*	အုန်းသီး
Limone	*shau'dhì*	လျှောက်သီး
Lychee	*lain-hkyìdhì*	လိုင်ချီသီး
Mango	*thåyae'dhì*	သရက်သီး
Orange	*leinmawdhì*	လိမ္မော်သီး
Papaya	*thìnbàwdhì*	သင်္ဘောသီး
Pomelo	*kywàegàwdhì*	ကျွဲကောသီး
Rambutan	*kyae'mau'dhì*	ကြက်မောက်သီး
Tamarinde	*måjìdhì*	မန်ကျည်းသီး
Wassermelone	*hpåyàedhì*	ဖရဲသီး

Gesundheit

Bitte rufen Sie einen Arzt.	*hsåyawun kawpèjba*	ဆရာဝန် ခေါ်ပေးပါ
Wo ist das Krankenhaus?	*hsèj-youn bae-hma-làe*	ဆေးရုံ ဘယ်မှာလဲ
Wo ist eine Apotheke?	*hsèj-zain bae-hma-làe*	ဆေးဆိုင် ဘယ်မှာလဲ
Ich möchte keine Spritze.	*hsèj måhtò-zej-gyin-ba-bu*	ဆေး မထိုးစေချင်ပါဘူး
Hier tut es weh.	*di-hma na-dae*	ဒီမှာ နာတယ်
Ich muss mich oft übergeben.	*hkåná-hkåná an-yádae*	ခဏခဏ အန်ရတယ်
(Ich habe) ...		
Bauchschmerzen	*bai'nadae*	ဗိုက်နာတယ်
Durchfall	*wùn-shàwdae*	ဝမ်းလျှောတယ်
Erkältung	*åèj míbi*	အအေး မိပြီ
Fieber	*hpyànejdae*	ဖျားနေတယ်
Husten	*chàun hsòne-jdae*	ချောင်းဆိုးနေတယ်
Kopfschmerzen	*gàun kai'nejdae*	ခေါင်း ကိုက်နေတယ်
Zahnschmerzen	*thwà kai'tae*	သွားကိုက်တယ်
Diabetes	*hsì-gyo-yàwga*	ဆီးချိုရောဂါ
Pflaster	*påla'såta*	ပလတ်စတာ
Aspirin	*ae'såpårin*	အက်စပရင်

Zeitangaben

gestern	*månéjgá*	မနေ့က
heute	*dinéj*	ဒီနေ့
morgen	*månae'hpyan*	မနက်ဖြန်
morgen früh	*måne'hpyan månae'*	မနက်ဖြန်မနက်
übermorgen	*dhåbae'hka*	သန်ဘက်ခါ
vielleicht übermorgen	*dhåbe'hka hpyi'hkyin-hpyi'[léin]mae*	သန်ဘက်ခါ ဖြစ်ချင်ဖြစ်[လိမ့်]မယ်

Glossar

Anda (skt.), Ei; glocken- oder halbkugelförmiger Hauptkörper des Stupa
Asana Körperposition einer Abbildung Buddhas
Avatar Erscheinungsform oder Inkarnation einer hinduistischen Gottheit

Bamar ethnische Gruppe der Birmanen
Baung yit gewickelter Turban
Betel Nuss der Arecapalme, die zusammen mit Betelpfeffer und gelöschtem Kalk gekaut wird
Bilu Dämon
Biryani Curryreis. Muslimisches Reisgericht, garantiert ohne Schweinefleisch zubereitet, wird manchmal auch mit einem gebratenen Hühnerschenkel serviert.
Bodhi-Baum lat. *Ficus religiosa*, unter dem Buddha seine Erleuchtung fand. Gehört zu den über 1000 Feigenbaumarten (Ficus).
Bodhisattva (skt.), Pali *bodhisatta*; Erleuchtungswesen, das aus Mitgefühl zu den leidenden Wesen auf das vollkommene Erlöschen verzichtet
Bo gyi Hauptmann
Bu Dose (als Maßeinheit auf dem Markt)

Chakravartin (skt.), Pali *chakkavatti*, „Dreher des Rades"; Ideal des guten und gerechten Weltenherrschers
Chaung, Gyaung Kanal oder Strom, auch saisonale Wasserläufe
Cheroot Tamil *curuttu*, „rollen"; birm. Zigarre, die neben Tabak auch andere Geschmacksträger wie Wurzeln und Kräuter enthält
Chetawya symbolischer Fußabdruck Buddhas, der mit 108 Merkmalen versehen ist. Fußabdrücke Buddhas finden sich überall dort, wo Buddha der Legende nach persönlich gewesen sein soll.
Chinlon birmanisches Ballspiel
Chinthe mythologischer Löwe, häufig als Tempelwächter an Eingängen der Pagoden platziert

Dacoit Hindi *dakait*, „Straßenräuber"
Dagon Bezeichnung des Ortes, an dem später die Shwedagon-Pagode entstand. Noch heute Name eines Stadtteils westlich der Shwedagon.
Daw Anrede für ältere Frauen
Deva (m), Devi (w), Devata (skt.) „strahlend"; Bezeichnung für göttliche Wesen, die in einer der Himmelswelten leben, aber noch dem Geburtenkreislauf unterliegen
Dhamma (Pali), skt. *dharma*, „Gerechtigkeit, Gesetz"; Bezeichnung für die buddhistische Lehre
Dvarapala (skt.) Wächterfigur

Furlong veraltetes britisches Längenmaß: 201,17 m

Galon birmanische Bezeichnung des mythologischen Vogels Garuda, der als Gegenpart von Naga und als Reittier Vishnus gilt. Galon ist eine der Figuren der Acht-Tage-Woche: das Tier-Symbol der Sonntagsgeborenen.
Gu „Höhle"; gelegentlich Namensteil von Tempeln in Bagan
Gyi „groß"; taucht häufig als Namensteil auf.

Haw Begriff aus der Shan-Sprache für „Saal, Halle"; wird auch auf den gesamten Palastkomplex bezogen
Hintha skt. *hamsa*, Rostgans (*Casarca ferruginea*, engl. Brahminy Duck); als mythologischer Vogel Sinnbild für Treue und Reittier des Hindugottes Brahma
Hngat pyaw bou stilisierte Bananenblüte und Teil im oberen Stupa-Bereich
Hsin byu weißer Elefant
Htan ye Palmwein, auch Toddy genannt, alkoholisches Getränk, das aus der Palmyrapalme gewonnen wird
Hti verzierter Schirm, der den Abschluss eines Stupas bildet

In birmanisch für „See"

Jataka (skt.), „Geburtsgeschichte"; Bezeichnung der 547 Geschichten über die Vorexistenzen des Buddha, Teil des Palikanons
Jingpaw Volksgruppe im Kachin-Staat

Kala Bezeichnung für „Inder"; wird häufig als Schimpfwort benutzt

Kalaga „indischer Wandbehang"; schwerer Stoff mit prächtigen Stickereien

Kamma (Pali), skt. *karma*, „machen, tun"; bezeichnet das Gesetz von Ursache und Wirkung

Karaweik Kurzflügelkuckuck *(Cuculus micropterus)*; als mythologischer Vogel gern in Form einer Barke oder als Opiumgewicht dargestellt, in Yangon auch ein bekanntes Restaurant

Khaung laung Glocke

Keinnaya (m), Keinnayi (m) skt. *kinnara, kinnari*; im Himmel lebende, halb menschliche, halb vogelartige Musikanten und Sänger. Es ranken sich viele Geschichten um diese liebenswürdigen Wesen. Sie symbolisieren auch die wahre Liebe.

Kirtimukha (skt.) „Ruhmesgesicht"; beliebte Darstellung des körperlosen Dämonen Kala, zuweilen in Bagan über Tempeleingängen

Kyaik Bezeichnung aus der Mon-Sprache für „Pagode"

Kyalan symbolische Darstellung einer Lotosblüte auf einem Stupa

Kyaung buddhistisches Kloster

Kyun Insel

Le-pet Teeblattsalat

Lokanat „Beschützer der Welt"; Name für Bodhisattva des Mitgefühls. Wird in Birma auch als Friedensstifter verehrt, der mit Zimbelspiel das kosmische Chaos durch gegeneinander kämpfende Löwen und Elefanten symbolisch wieder ins Lot bringt.

Longyi Wickelrock für Männer und Frauen. Männer knoten den Rock vor dem Bauch, Frauen falten ihn. Für das tropische Klima ist dieses Kleidungsstück ideal.

Maedaw „königliche Mutter"; Bezeichnung für weibliche Nats

Magan skt. *makara*, krokodilartiges Dämonenwesen, das als Schutzgeist häufig Eingänge und Treppenaufgänge flankiert

Manothiha mythisches Wesen mit menschlichem Oberkörper und zwei Löwen-Unterkörpern

Mahadevi (skt.) „großes göttliches Wesen"; offizieller Titel einer Shan-Fürstin

Mahout Hindi *mahaut*, skt. *mahamatra*, „großes Maß"; Elefantenführer (birm. *oozie*)

Maitreya (skt.), Pali: *metteya*, „der All-Liebende"; Bodhisattva, der im Tushita-Himmel darauf wartet, zum Ende dieses Zeitalters als zukünftiger Buddha geboren zu werden

Manao Fest der Jingpaw im Kachin-Staat

Mara (skt.) „Mörder, Zerstörer"; Prinzip des Todes und Unheilsamen. Als mythologische Gestalt fordert er Buddha heraus.

Mishee Reisnudeln mit Schweinegehacktem

Mohinga Reisnudelsuppe mit Fischpaste; beliebtes birmanisches Frühstück

Mucalinda (Pali) mehrköpfiger Naga-König, der sich über Buddha wölbt und ihn so vor einem Gewitterregen schützt

Mudra Handhaltung Buddhas

Myo „Stadt", *myohaung:* „alte Stadt", *myothit:* „neue Stadt"

Myosa Statthalter in einer größeren Stadt

Naga (skt.) mythologisches Schlangenwesen, das in Flüssen, Seen und Meeren lebt. Hüter der Lebensenergie, oft mehrköpfig dargestellt

Nat skt. *natha*, „Herr, Beschützer"; Nats sind im Glauben der Birmanen fest verwurzelt und können Menschen beschützen oder bestrafen. Ein erzürnter Nat kann viel Unheil bringen.

Ngapi fermentierter Fisch oder Garnelen, dient in Form von Paste als Gewürz

Ok-Kyaung Ziegelstein-Kloster

Oozi Elefantenführer

Pahto innen zugängliches Tempelgebäude, wie etwa der Ananda-Tempel in Bagan

Pali mit dem Sanskrit verwandte Sprache, in welcher die Originaltexte des Theravada-Buddhismus niedergeschrieben wurden (Palikanon). Pali dient als Quelle zahlreicher birmanischer Wörter aus den Bereichen Religion, Kunst und Verwaltung.

Parabaik faltbares Palmblattbuch, dessen Inhalt buddhistisches Wissen vermittelt.

Paun Gewichtseinheit (von engl. *pound)*

Paya skt. *brah*, „heilig"; Bezeichnung für alle Arten von heiligen Stätten oder auch Statuen

Pongyi Mönch

Pyatthat skt: *prasada*, Bezeichnung für die mehrstöckigen Dächer auf Tempeln, Klöstern und Palästen

Pyinsa rupa fünf Tierarten vereinendes mythologisches Wesen: Elefant, Ochse, Pferd, Karpfen und Hintha

Pwe alle Arten von Feierlichkeiten oder kulturelle Aufführungen

Samosa Snack in indischen Teestuben aus Gemüse, z. B. Kartoffeln, in frittierten Teigtaschen

Sangha (Pali) Mönchsorden

Sanskrit altindische Sprache, aus der sich viele Pali-Begriffe ableiten

Saopha (Shan) „Himmelskönig"; Shan-Herrscher nach traditioneller Erbfolge (birm. *sawbwa)*

Saya Lehrer

Sayadaw Titel eines hochrangigen buddhistischen Mönches

Seinbu symbolische Darstellung einer Diamantenknospe auf einem Stupa

Shikhara (skt.) turmförmiger Abschluss eines Tempels, oft in Form eines vierseitigen gerippten Maiskolben; häufig in Bagan anzutreffen

Shin pyu Zeremonie bei der Einführung eines Jungen unter 20 Jahren ins Kloster

Shwe golden

Soapya Häuptling der Kayah

Stupa (skt.), Pali *thupa*, „aufrichten, erhöhen". Monument zur Aufbewahrung der Reliquien Buddhas und Symbol der Erleuchtung; wird synonym zum Begriff *zedi* verwendet

Suvannabhumi (skt.) „Goldenes Land"; wird in Chroniken der Mon und Birmanen mit dem Mon-Reich in Verbindung gebracht

Tatmadaw birmanisches Militär

Taung Berg

Taungya Wanderfeldbau

Tavatimsa (Pali) „Himmel der 33 Götter". Dort legte Buddha nach seiner Erleuchtung eine Regenzeit lang seiner Mutter Maya die Lehre dar.

Tayok birmanische Bezeichnung für Chinesen

Tazaung Nebenschrein auf Tempelgelände

Thabeik Almosenschale

Thagyamin König der Nats. Er verkörpert den auf dem Berg Meru herrschenden Hindu-Gott Indra, der unter dem Namen Sakka auch als Schutzherr des Buddhismus verehrt wird.

Thanaphet im Shan-Staat wachsender Baum *(Cordia dichotoma)*, dessen Blätter zum Drehen der Cheroots verwendet werden

Thanaka birm. Make-up aus der geriebenen Rinde des Thanakabaums *(Limonia acidissima)*, der vorwiegend in Oberbirma wächst

Thein Ordinationshalle

Thilashin Nonnen, die den acht bzw. zehn buddhistischen Sittenregeln folgen, aber nicht ordiniert sind

Thingyan skt. *sankranta*, „Übergang". Neujahrsfest, das Mitte April stattfindet, wenn die Sonne aus dem Sternzeichen des Fisches in jenes des Widders übertritt

Tical Gewichtsmaß: 16,96 g

Tipitaka (Pali) „Dreikorb" oder Palikanon, die älteste zusammenhängende Sammlung von Schriften, in denen die Lehrreden Buddhas überliefert sind.

Toddy Palmwein aus dem Blütenstand der Palmyrapalme (S. 48)

Trishaw Nahverkehrsmittel auf drei Rädern

U Anrede für ältere Herren, oft Teil des Namens

Umin oft künstlich geschaffener Höhlentempel

Ushnisha Erhebung am Scheitel von Buddha-Darstellungen: ein Haarknoten, in späteren Darstellungen auch ein Schädelhöcker, als Symbol für die Weisheit und Erleuchtung Buddhas

Vipassana Meditationsform, die darauf abzielt, Geist und Körper im gegenwärtigen Zeitpunkt klar zu erkennen

Vishnu (skt.) Hindugott; Erhalter des Universums, der sich immer wieder in irdischer Gestalt manifestiert

Viss Gewichtseinheit: 1,696 kg

Weizzar Magier; spirituelle Persönlichkeit, der übernatürliche Kräfte zugesprochen werden

Wun Minister

Yoma Bergrücken

Ywa „Dorf"; wird häufig als Teil eines Dorfnamens verwendet

Zawgyi Alchimist und Zauberer

Zayat Pavillon in einem Kloster

Zedi skt. *caitya*, „Heiligtum"; birmanischer Begriff für Stupa

Zeigyo Zentralmarkt einer Stadt

Reisemedizin zum Nachschlagen

Die im Folgenden genannten Krankheiten klingen dramatisch, doch die wenigsten Reisenden erkranken ernsthaft. Dennoch sollte man diese Hinweise aufmerksam lesen – so sind zum Beispiel einige Impfungen anzuraten. Außerdem kann es lebensrettend sein, bestimmte Symptome rechtzeitig zu erkennen und schnell zu handeln.

Aids

Aids ist auch in Myanmar zu einem enormen Gesundheitsproblem geworden. Unaids schätzt die Zahl der HIV-Positiven auf etwa 220 000 Menschen (200 000–260 000/Stand 2015). Am stärksten betroffen sind Menschen im Norden und Nordosten Myanmars entlang der Grenze zu China und Thailand. Dort ist die Zahl der Hauptrisikogruppen – Drogenabhängige und Prostituierte – am höchsten. Kondome sind hier nicht erhältlich, sondern nur in den größeren Städten. Übrigens: Eine sterile Spritze im Gepäck für einen Notfall hat schon vielen gute Dienste geleistet."

Cholera

Die Cholera wird vom Bakterium *Vibrio cholerae* verursacht und durch direkten Kontakt mit infizierten Personen, deren Ausscheidungen oder durch verunreinigte Nahrungsmittel übertragen und tritt vor allem in überbevölkerten Gebieten unter unhygienischen Bedingungen auf. Die Symptome – weißliche wässrige Durchfälle und Erbrechen – treten nach ein bis fünf Tagen auf. Wer erkrankt, muss sofort zum Arzt und die verlorene Flüssigkeit ersetzen.

Der Impfschutz durch handelsüblichen Impfstoff ist umstritten. Geimpft wird aus diesem Grund nur dann, wenn eine entsprechende Einreisebestimmung besteht, was für Myanmar nicht der Fall ist.

Denguefieber

Denguefieber ist eine Viruskrankheit, die epidemieartig auftreten kann, am ehesten während der Regenzeit an der Küste. Sie wird durch die den ganzen Tag stechende *Aedes aegypti*-Mücke übertragen, die an ihren schwarz-weiß gebänderten Beinen sehr gut zu erkennen ist. Nach der Inkubationszeit von bis zu einer Woche kommt es zu plötzlichen Fieberanfällen, Kopf- und Muskelschmerzen. Nach drei bis fünf Tagen kann sich ein Hautausschlag über den ganzen Körper verbreiten. Oft haben die Betroffenen nur leichtes Fieber. Man fühlt sich allerdings so schwach, dass jede Bewegung anstrengt – manchmal sogar der Gang zur Toilette um Stunden verschoben wird.

Ein einfacher Test kann Denguefieber bestätigen: 5 Min. den Oberarm abbinden, öffnen und in der Armbeuge nachsehen – falls rote Flecken erscheinen, ist es zu 90 % Denguefieber. Doch auch wenn keine Flecken entstehen, ist eine Infektion nicht auszuschließen. Ist das Virus mit dem beim Arzt oft verwendeten Schnelltest nicht nachweisbar, heißt das leider ebenfalls nichts. Klingen die Symptome nicht ab, muss man zur Not immer wieder im Krankenhaus vorsprechen. Bei Selbstmedikation sollte man mehrere Liter Wasser (6–8 l) am Tag trinken und sehr leidensfähig sein. Ist Dengue attestiert, bringt die dann folgende Infusion sofort Linderung. Da manche Menschen stark reagieren und es zu Todesfällen wegen innerer Blutungen kommen kann, sollte man unbedingt einen Arzt aufsuchen, wenn man die Symptome bemerkt.

Wie bei der Malaria sind ein Moskitonetz und der Schutz vor Mückenstichen die beste Vorsorge. Es gibt keine Impfung. Keinesfalls sollten ASS, Aspirin oder ein anderes acetylsalicylsäurehaltiges Medikament eingenommen werden, da diese einen lebensgefährlichen hämorrhagischen Verlauf begünstigen können.

Durchfall

Verdorbene Lebensmittel, nicht kontinuierlich gekühlter Fisch, zu kurz gegartes Fleisch, ungeschältes, schon länger liegendes, aufgeschnittenes Obst (Wassermelonen), Salate, kalte Getränke oder schlecht gekühlte Eiscreme sind häufig die Verursacher von Durchfällen.

Eine Elektrolyt-Lösung, die die verlorene Flüssigkeit und Salze ersetzt, reicht meist völlig aus. Abgepackte Elektrolyt-Lösungen gibt es in jeder Apotheke, etwa das Pulver *da'hsà.* Wer selbst eine Lösung herstellen möchte, nimmt 4 Teelöffel Zucker oder Honig, 1/2 Teelöffel Salz und 1 l Orangensaft oder abgekochtes Wasser. Vor langen Fahrten, sollte man sich und seinen Mitreisenden zuliebe ein Medikament gegen Durchfall (Wirkstoff: Loperamid) gönnen. Bei längeren Erkrankungen raten wir einen Arzt aufzusuchen – es könnte sich auch um Ruhr oder Cholera handeln.

Hauterkrankungen

Schon nach starkem Schwitzen können unangenehm juckende Hautpilze auftreten. Bei starker Sonneneinstrahlung reagieren manche Menschen mit sogenannten Hitzepickeln. Die Haut beginnt zu jucken und es bilden sich kleine Pusteln. Am besten ist es, sofort die Sonne zu meiden und die betroffenen Körperteile vor Licht zu schützen. Wohltuend kühlend wirken ein nasses Tuch oder Thanaka-Paste (S. 39).

Hepatitis

Hepatitis ist eine Infektion der Leber, die von verschiedenen Virus-Typen verursacht wird (inzwischen sind die Typen A–G bekannt). Während in Myanmar die meisten Menschen nach einer harmlosen Hepatitis-A-Infektion im Kindesalter gegen diese Krankheit immun sind, trifft dies nur auf ein Drittel der Europäer zu. Ob die Impfung notwendig ist, zeigt ein Antikörpertest.

Hepatitis A, auch Reisegelbsucht genannt, wird oral durch infiziertes Wasser und Lebensmittel übertragen. Die Symptome ähneln am Anfang denen einer Grippe: Übelkeit, Erbrechen, gelegentliche Durchfälle und allgemeine Abgeschlagenheit. Später kommt es zu einer Gelbfärbung der Haut, der Stuhl wird heller und der Urin dunkler. Einen guten Schutz bieten die Impfstoffe Havrix und Vaqta.

Hepatitis B wird genau wie HIV vor allem durch Intimkontakte oder Blut übertragen (unsaubere Injektionsnadeln, Bluttransfusionen, Tätowierung, Piercing, Akupunktur, Erste-Hilfe-Leistung). Die Symptome ähneln denen einer Hepatitis A, jedoch kann eine Hepatitis B chronisch werden. Im schlimmsten Fall führt sie nach einigen Jahren zu einer schweren Leberzirrhose und zum Tod. Eine vorbeugende Impfung, etwa mit Gen H-B-Vax, Engerix oder Twinrix (Kombi-Impfung gegen Hepatitis A und B), ist zu erwägen.

Hepatitis C und D werden auf demselben Weg übertragen wie Hepatitis B und können zu gefährlichen Langzeitschäden führen. Es gibt leider noch keinen Impfschutz gegen diese Varianten.

Japanische Encephalitis

Diese Virusinfektion, die zu einer schweren Hirnentzündung führt, wird durch nachtaktive Moskitos übertragen und kann in ländlichen Regionen, vor allem während der Regenzeit, vorkommen. Die Symptome entwickeln sich nach vier bis zehn Tagen und umfassen Fieber, Kopfschmerzen, Nackensteife und Erbrechen. Die Vermeidung von Mückenstichen ist die beste Vorbeugung. Eine Impfung ist für Reisende zu erwägen, die einen langen Aufenthalt in gefährdeten Regionen oder Endemie-Gebieten planen.

Lepra

In Myanmar gibt es diese Krankheit noch! Sie ist für Reisende nicht bedrohlich, da sie mit Antibiotika therapiert werden kann. Wichtig zu wissen: Lepra kann noch viele Jahre nach der Ansteckung ausbrechen.

Malaria

Malaria zählt zu den gefährlichsten parasitären Erkrankungen, die den Menschen befallen können. Übertragen wird die Krankheit von der weiblichen Anopheles-Mücke, die vorwiegend in den Dämmerungs- und Nachtstunden unterwegs ist. Die Malariaerreger gelangen über die Blutbahn in die Leber, vermehren sich dort und vernichten die roten Blutkörperchen.

In Myanmar gilt laut WHO ein ganzjährig hohes Malariarisiko, vor allem während und kurz nach der Regenzeit. Besonders hoch ist das Risiko in den Bergen und in abgelegenen Regionen. Auch am Ngapali Beach und in Ngwe Saung sind Fälle aufgetreten. In den Städten scheint Malaria jedoch mittlerweile keine Gefahr mehr zu sein. Zu 70–80 % ist die Malaria tropica *(Plasmodium falciparum)* verbreitet, es gibt aber auch Fälle von Malaria tertiana *(P. vivax)* und an der Grenze zu China von *Plasmodium knowlesi*.

Die meisten Tropeninstitute empfehlen eine **Malariaprophylaxe**. Diskussionen entbrennen immer über die beste medikamentöse Vorbeugung. Eines haben die Medikamente gemeinsam: Sie können unangenehme Nebenwirkungen zeitigen, viele Reisende berichten von depressionsähnlichen Zuständen. Die meisten Touristen reisen daher ohne Prophylaxe. Es gilt abzuwägen zwischen dem tatsächlichen Risiko, das je nach Gegend und Jahreszeit sehr unterschiedlich ist, und den möglichen Nebenwirkungen der Medikamente, die außerdem Resistenzen hervorrufen und keinen 100-prozentigen Schutz bieten können.

Wer aus Myanmar zurückkehrt und an einer nicht geklärten fieberhaften Erkrankung leidet, auch wenn es sich nur um leichtes Fieber und Kopfschmerzen handelt und erst Monate nach der Rückkehr auftritt, sollte dem Arzt über den Tropenaufenthalt berichten. Die ersten Symptome einer Malaria können denen eines banalen grippalen Infektes ähneln und werden häufig verkannt. Bereits eine Woche nach einer Infektion und bis zu mehreren Monate danach können Schüttelfrost, Gelenkschmerzen, Erbrechen, Durchfall oder Krämpfe auf Malaria hinweisen.

Die **beste Vorbeugung** gegen Malaria ist natürlich: sich nicht stechen zu lassen. Am Abend schützen lange Hosen, langärmlige Hemden, engmaschige lange Socken und ein Mücken abweisendes Mittel. Sanfte Mittel basieren auf Zitronella- oder Nelkenöl. In Yangons Apotheken und Supermärkten wird u. a. die wirksame Odomos-Creme aus indischer Produktion verkauft, die sich auch für Kinder eignet. Bewährt hat sich auch das mit grüner Banderole beschriftete Ma-Kite-Ya-Spray.

Einige Hotelzimmer in Myanmar haben Mückengitter an Fenstern und Türen oder ein Moskitonetz über dem Bett. Wer sichergehen will, sollte mit eigenem Netz reisen. Bei niedrigen Temperaturen sind die Mücken zwar weniger aktiv, aber keineswegs ungefährlich.

Pilzinfektionen

Unter Pilzinfektionen leiden vor allem Frauen. Dies liegt zum großen Teil an der Hitze und den hygienischen Umständen, die in Birma nicht immer optimal sind. Mit einer entsprechenden Salbe ist das Problem schnell in den Griff zu bekommen.

Polio (Kinderlähmung)

Der Name Kinderlähmung ist irreführend, denn auch Erwachsene können diese Krankheit bekommen. Die Ansteckung mit dem Virus geschieht oral über infiziertes Essen und Wasser. Die Krankheit kann bleibende Lähmungen verursachen. Die Grundimmunisierung gehört in Deutschland zu den Standard-Impfempfehlungen für Kinder und sollte regelmäßig alle zehn Jahre aufgefrischt werden.

Sonnenbrand und Hitzschlag

Sonnenbrand und Hitzschlag können selbst bei bedecktem Himmel auftreten, denn auch dann ist die Sonneneinstrahlung sehr intensiv. Viele Reisende treffen nur am Strand Vorkehrungen gegen zu viel Sonne, doch sind diese auch bei Touren durchs Hinterland unbedingt notwendig.

Als wichtigste Schutzmaßnahmen empfiehlt es sich, regelmäßig Mittel mit hohem Sonnenschutzfaktor zu verwenden, Hut und Sonnenbrille zu tragen und tagsüber viel zu trinken.

Erschöpfungszustände bei Hitze äußern sich durch Kopfschmerzen, Übelkeit, Benommenheit und erhöhte Temperatur. Um die Symptome zu lindern, sollte man unbedingt schattige Bereiche aufsuchen und genügend Flüssigkeit zu sich nehmen. Erbrechen und Orientierungslosigkeit können auf einen Hitzschlag hinweisen, der potenziell lebensbedrohlich ist, deshalb muss man sich sofort in medizinische Behandlung begeben.

Stiche und Bisse

Kleinere und größere Biester aus dem Reich der Natur können ärgerliche Stiche und Verletzungen herbeiführen. Dazu gehören z. B. Sandfliegen, mit denen hin und wieder zu rechnen ist, oder Flöhe und Wanzen, die sich in dem einen oder anderen Bett eingenistet haben.

Bienen- und andere Insektenstiche sollte man sofort mit Eis kühlen und anschließend eine spezielle Salbe auftragen; ggf. müssen Antihistamin-Tabletten genommen werden.

Zecken gibt es auch in Asien. Man zieht sie am besten vorsichtig heraus, ohne zu drehen. Nicht mit Öl oder Ähnlichem ersticken (dadurch könnten Krankheitserreger in die Wunde gelangen).

Schlangen treiben sich gern an heißen Tagen unter schattigen Steinen herum. Wenn sie einen Menschen sehen, ziehen sich die Tiere – wenn man sie überhaupt trifft – statt anzugreifen lieber zurück. Im Falle einer unglücklichen hautnahen Begegnung heißt es als Erstes: Ruhe bewahren. Ein Blick auf die Biss-Stelle zeigt, ob es sich um eine giftige Schlange handelt. Nur wenn zwei einzelne Zahn-Einstichstellen vorhanden sind, wurde Gift injiziert. Dann gilt: zum Arzt – und weiter Ruhe bewahren! Der größte Teil solcher Begegnungen verläuft nicht tödlich. Viele Opfer sterben aus Angst an Herzversagen.

Keine Giftschlange war es, wenn viele kleinere Zahnabdrücke zu sehen sind. Eine solche Wunde sollte jedoch gut desinfiziert werden. Es besteht die Gefahr einer Blutvergiftung, ebenso bei Bissen durch **Katzen** und **Hunde**. Auch das Tetanus- und Tollwutrisiko nach einem Biss von Hunden, Katzen oder Affen sollte unbedingt ernst genommen werden, s. unten,Tollwut.

Spinnen und **Skorpione** können schmerzhafte Stiche zufügen, die jedoch selten gefährlich sind und bei ausreichender Ruhe von selbst abklingen. Allergische Reaktionen bis hin zu Schockzuständen sind möglich und sollten behandelt werden.

Ähnliches gilt für **giftige Meerestiere** wie Stachelrochen, Steinfische oder Feuerkorallen, deren Begegnungen zu schlimmen Ausschlägen und/oder starken Schmerzen führen können: Im Zweifel sofort einen Arzt aufsuchen! Seeigelstacheln können vorsichtig entfernt werden. Bei Vernesselungen durch **Quallen** hilft Essig.

Thrombose

Thrombose kann bei Bewegungsmangel auftreten, was vor allem bei längeren Flugreisen zum Problem werden kann. Der verringerte Blutfluss, vor allem in den Beinen, kann zur Bildung von Blutgerinnseln führen, die, wenn sie sich von der Gefäßwand lösen und durch den Körper wandern, eine akute Gefahr darstellen (z. B. Lungenembolie). Gefährdet sind vor allem Personen mit Venenerkrankungen oder Übergewicht, aber auch Schwangere, Raucher und Frauen, die die Pille nehmen. Das Risiko verhindern Bewegung, viel Flüssigkeit (kein Alkohol) und Kompressionsstrümpfe. Letztere helfen zudem vor dicken Beinen nach dem Flug, sind also eine gar nicht so schlechte Idee für alle, die unter solchen Problemen leiden.

Tollwut

Tollwut tritt dort auf, wo streunende oder verendete Hunde zu sehen sind. Hier ist Vorsicht geboten. Wer von Hund, Katze oder Affe gekratzt oder gebissen wird, muss sich sofort (innerhalb weniger Stunden) einen passiven und einen aktiven Impfstoff spritzen lassen. Leider sind diese aber in Myanmar außerhalb Yangons selten erhältlich. Darum ist eine Impfung für alle, die trekken, Fahrradfahren und sich auf eigenen Pfaden bewegen wollen, anzuraten.

Tollwut ist eine der wenigen Virus-Infektionen, die noch heute, wenn man sie nicht behandelt, tödlich endet. Oft treten die Symptome erst Jahre nach einer Infektion auf, und dann ist es für eine Behandlung zu spät. Die meisten Fälle gibt es in Indien, aber auch Myanmar hat Todesfälle durch Tollwut zu verzeichnen. Besonders oft sind Hundewelpen unter sechs Monaten infiziert. Die Erreger werden nicht nur durch Bisse, sondern z. B. auch durch Lecken auf verletzter Haut übertragen. Es macht also Sinn, sich nicht von süßen Hundeaugen verzaubern zu lassen – so hart das sein mag. Von Tierkadavern sollte man sich generell fernhalten, denn das Virus ist auch durch Inhalation übertragbar.

Wer sich etwas schützen will, lässt sich mit drei Spritzen vor der Reise grundimmunisieren, dann wird das Zeitfenster größer: Es bleiben dann im Falle einer Infizierung statt 24 etwa 72 Std. Zeit, um ein Krankenhaus aufzusuchen und die Therapie zu beginnen. Die aus fünf Spritzen bestehende komplette Impfung erstreckt sich über 28 Tage und hält zwei bis fünf Jahre. Doch auch wer geimpft ist, muss sich erneut spritzen lassen, wenn er gebissen wird. Einige Kassen übernehmen die Kosten für die Tollwutimpfungen bzw. zumindest die eine Spritze zur Vorbeugung. Nach einem Biss unbedingt die Wunde auswaschen und desinfizieren.

Tuberkulose

Diese Infektionskrankheit der Bronchien zählt neben Malaria und Aids zu den drei häufigsten Krankheiten in Myanmar. Bei fachgerechter medikamentöser Behandlung endet die Krankheit nur selten tödlich. Über die Bronchien gelangen Tuberkulose-Erreger in die Lungenbläschen und können von dort z. B. weiter in die Lymphwege wandern. Manchmal ist auch der Darm zuerst befallen. In leichten Fällen heilt die Krankheit ohne Medikamente aus. In schweren Fällen können die Erreger die Lunge infizieren. Dann leidet der Erkrankte an Fieber, Husten und manchmal Atemnot. Die Tuberkulose ist in diesem Stadium hochgradig ansteckend. Besonders gefährlich ist Tuberkulose für Säuglinge, weshalb für sie eine Schutzimpfung anzuraten ist.

Typhus / Paratyphus

Typhus ist nach Hepatitis A die häufigste Tropenkrankheit. Es wird vom Bakterium *Salmonella typhi* verursacht und oral übertragen. Typische Symptome sind Erbrechen und über sieben Tage hohes Fieber einhergehend mit einem eher langsamen Puls und Benommenheit. Später folgen eventuell Hautausschlag, Verstopfung oder Durchfall und Bauchschmerzen. Empfehlenswert für Reisende ist die gut verträgliche Schluckimpfung mit Typhoral L. Drei Jahre lang schützt eine Injektion der Typhus-Impfstoffe Typhim VI oder Typherix.

Wundinfektionen

Wundinfektionen treten vor allem unter unhygienischen Bedingungen auf. Bereits aufgekratzte Moskitostiche können sich dann zu starken Infektionen auswachsen, wenn sie unbehandelt bleiben. Wichtig ist es, dass jede noch so kleine Wunde sauber gehalten, desinfiziert und evtl. mit einem Pflaster geschützt wird. Es ist sinnvoll, für den Notfall eine Antibiotika-Salbe mitzunehmen.

Wurmerkrankungen

Winzige oder größere Exemplare von Würmern können überall lauern und sich manchmal an verschiedenen Körperstellen bzw. -organen festsetzen. Häufig ist dies erst Wochen später festzustellen. Nach einer Reise in abgelegene Gebiete kann es empfehlenswert sein, den Stuhl auf Würmer untersuchen zu lassen, wenn man über längere Zeit auch nur leichte Durchfälle hat.

Die meisten Würmer sind harmlos und durch eine Wurmkur zu vernichten. Andere sind gefährlich und können schwere Erkrankungen hervorrufen, z. B. die **Bilharziose** – eine Wurmerkrankung, die man sich im Uferbereich von stehendem oder langsam fließendem Süßwasser zuziehen kann. Der erste Wirt des Parasiten ist eine Wasserschnecke. In ihr entwickeln sich die Eier zu Larven, den sogenannten Zerkarien, die anschließend ins Wasser abgegeben werden. Dort machen sie sich auf die Suche nach ihrem zweiten Wirt. Zerkarien gelangen in den menschlichen Organismus, indem sie sich durch die Haut, bevorzugt an den Fußsohlen, bohren. Von dort bahnen sie sich den Weg in den Darm oder die Blase, wo sie wachsen und Eier produzieren. Manchmal tritt um die Stelle, an der die Larven in den Körper eingedrungen sind, eine leichte Rötung auf. Deutlichere Symptome machen sich jedoch in der Regel erst nach sechs bis zehn Wochen bemerkbar. Dann kann es zu Fieber, Durchfall und einem allgemeinen Krankheitsgefühl kommen. Im schlimmsten Fall treten nach einigen Monaten Unterleibsschmerzen und Blut im Stuhl oder Urin auf.

Wundstarrkrampf / Tetanus

Wundstarrkrampf-Erreger findet man überall auf der Welt und Verletzungen kann man nie ausschließen. Wer noch keine Tetanusimpfung hatte, sollte sich unbedingt zwei Impfungen im Vier-Wochen-Abstand geben lassen, die nach einem Jahr aufgefrischt werden müssen. Danach genügt eine Impfung alle zehn Jahre. Am besten ist die Kombiimpfung mit dem Polio-Tetanus-Diphtherie-(Td)-Impfstoff für Personen über fünf Jahre, um gleichzeitig einen Schutz vor Diphtherie und Polio zu erhalten.

Zika

Seit wenigen Jahren macht eine weitere Mücke den Menschen das Leben schwer: Sie überträgt das Zika-Virus, eine Infektion, deren Folgen noch nicht abschließend erforscht sind. Auch Sex gilt als möglicher Übertragungsweg. 2016 wurde der erste Zika-Fall in Myanmar bekannt; auffällig ausgebreitet hatte sich die Krankheit bis zum Ende der Recherche noch nicht. Sicher ist sich die Medizin bisher lediglich in ihrer Prognose, dass Schwangere, die an Zika erkranken, behinderte Kinder zur Welt bringen können. Welche Folgen das Virus auf alle hat, die allein in ihrem Körper leben, ist noch unklar. Wir raten Schwangeren und jenen, die es werden wollen, daher von einer Reise ab.

Bücher

Belletristik

Amitav Ghosh, *Der Glaspalast* (München 2006). Ghosh beginnt seine Familiensaga im Jahr 1885 mit dem Abdanken König Thibaws. Es folgen die Jahre des Krieges und der anschließenden britischen Besatzung. Die Geschichte endet in der Neuzeit, in der das Militärregime regiert. Ghosh hat einen Roman geschrieben, doch die angegebenen Daten und Erlebnisse basieren so oft auf der Realität, dass dieses Buch fast als Geschichtsbuch gelesen werden kann.

Daniel Mason, *Der Klavierstimmer Ihrer Majestät* (München 2003). Diese Novelle erzählt von Klavierstimmer Edgar Drake, der 1887 den Auftrag erhält, ein seltenes Piano in einem abgelegenen britischen Militärposten zu stimmen. Seine mehrmonatige Reise durch den Dschungel wird zu einem spannenden Abenteuer.

Di Morrissey, *Das Land der goldenen Tempel* (München 2014). Der Fund eines historischen Schriftstücks auf ihrem Dachboden führt die junge australische Mutter Natalie nach Myanmar, denn nur hier kann sie das Geheimnis dieser Antiquität lüften.

Christiane Neudecker, *Nirgendwo sonst* (München 2008). Die Geschichte einer Liebe zweier Myanmar-Reisender. Auf der Suche nach seiner Liebe reist der Mann durch das Land, zeigt dem Leser das geheimnisvolle, unterdrückte, aber auch die strahlende Seite dieses Landes.

George Orwell, *Tage in Burma* (Zürich 2003). Orwell, der einst als Polizist in Birma Dienst tat, beschreibt in diesem Buch das Leben im Empire. Ein Klassiker der Kolonialliteratur.

Klaus R. Schröder und Georg Noack (Hg.), *Myanmar/Burma erzählt: 25 zeitgenössische Kurzgeschichten* (Bielefeld 2009). Durch unterhaltsame Kurzgeschichten geben 24 Autoren Einblick in das schwierige, aber spannende Leben in Myanmar.

Jan-Philipp Sendker, *Das Herzenhören* (München 2004) und *Herzenstimmen* (München 2012). Eine New Yorker Anwältin Julia folgt anhand eines 40 Jahre alten Liebesbriefes den Spuren ihres verschollenen Vaters und

Stöbern lohnt – Buchschätze an Yangons Straßenständen

Bücherfans aufgepasst! Einige gute Bücher gibt es nur noch antiquarisch. Die Straßenstände Yangons entpuppen sich bisweilen als wahre Fundgrube. Es lohnt sich also, hier zu stöbern (mehr Infos siehe Yangon, S. 177).

A History of Myanmar since Ancient Times, Michael und Maitrii Aung-Thwin (London 2013). Grundlegendes Werk über die Geschichte Myanmars.

A Wonderland of Pagoda Legends, Khin Myo Chit (Yangon 1996). Eine interessante Sammlung von humorvollen und fantasiereichen Pagodenlegenden.

Ancient Pagan. Buddhist Plain of Merit, Donald M. Stadtner (Bangkok 2013). Ausführliche Beschreibung der Tempel Bagans. Schöne Bebilderung.

Burmese Painting, Andrew Randard (Chiang Mai 2009). Das gut bebilderte Buch gibt einen umfassenden Einblick in die erstaunlich kreative Kunstszene Myanmars.

Burmese Puppetry, Axel Bruns (Bangkok 2006). Standardwerk über das birmanische Marionettentheater. Basiert auf der Doktorarbeit des deutschen Autors.

Colourful Myanmar, Khin Myo Chit (Yangon 1995). In lockerem Stil bringt die renommierte Autorin dem Leser viele Facetten des Landes näher.

Cook and Entertain the burmese way, Mi Mi Khaing, Myawaddy Press. Das knallig gelbe Buch (in Englisch, im Softcover) zeigt, wie man zahlreiche sehr leckere Gerichte auch zu Hause nachkochen kann.

Land of Jade. A Journey through Insurgent Burma, Bertil Lintner (Edinburgh 1990). Seine Abenteuerlust hat den in Thailand lebenden Journalisten immer wieder in Sperrgebiete geführt.

Outrage, Burma's Struggle for Democracy, Bertil Lintner (London, Bangkok 1990). Ein Buch über die dramatischen Ereignisse der Jahre 1988–90.

The Burman, His Life and Notions, Shway Yoe und Sir J. G. Scott (London 1882). Bis heute ein Standardwerk mit wertvollen Informationen über die Kultur des Landes.

The Gentleman in the Parlour. A Record of a Journey From Yangon to Haiphong, Somerset W. Maugham (Garden City, NY, 1930; Reprint bei White Orchid Press, Bangkok 1995). Eine wunderbare Reiseerzählung des legendären britischen Autors.

The Moon Princess. Memories of the Shan-States, Sao Sanda (Bangkok 2008). Geschichte der Tochter des Shan-Fürsten Sao Shwe Thaike, die am Hof von Nyaungshwe aufwuchs.

The Shan. Culture, Arts and Crafts, Susan Conway (Bangkok 2006). Schöne Bilder und viel historisches Material über die Kultur der Shan.

The White Umbrella, Patricia Elliott (Bangkok 1999). Gelungene politische Biografie von Sao Hearn Hkam, der Frau des ersten Präsidenten Birmas.

Yangon Echoes, Virginia Henderson und Tim Webster (Bangkok 2015). Das Autorenpaar blickt hinter die Fassaden der morbiden Kolonialbauten Yangons.

taucht in eine ihr fremde und faszinierende Welt ein. Toller Liebesroman. Im zweiten Teil wird die Geschichte dramatischer und politischer. Julia fährt erneut nach Myanmar. Sie reist in diese mystische Welt, in der sich Abgründe öffnen und einen Blick in die Seele dieses Landes erlauben. Sendker schafft es in Perfektion, seine Leser nachdenklich, gerührt, gut unterhalten und mit vielen Erkenntnissen bereichert, aus der Lektüre zu entlassen.

Jan-Philipp Sendker, *Das Geheimnis des alten Mönches*. Märchen und Fabeln aus Burma (München 2017). Bei seinen Recherchen in Myanmar lernte der Erfolgsautor den reichen Märchenschatz kennen und vereinte die schönsten Geschichten in diesem Werk. Auch als Hörbuch erhältlich.

Amy Tan, *Der Geist der Madame Chen* (München 2006). Eine witzige, skurrile Geschichte, die von San Francisco nach Myanmar führt. Selbst ihr Tod kann nicht verhindern, dass die Chinesin Bibi Chen sich mit ihren Freunden auf eine geplante Reise macht – als rebellischer Geist. Doch die Fahrt wird zu einer abenteuerlichen Odyssee, als die Gruppe plötzlich im Dschungel verschwindet. Unterhaltsamer 544-Seiten-Schinken – nicht nur für faule Strandtage.

Reiseberichte und Reportagen

Auf verbotenen Pfaden. Durch den hohen Norden Myanmars, Alan Rabinowitz (München 2007). Spannende Chronik von Expeditionen, die der US-amerikanische Forscher im Auftrag der Wildlife Conservation Society (WCS) seit 1993 in den hohen Norden des Landes unternahm. Öffnet die Augen für eine unbekannte Region.

Basar auf Schienen: Eine Reise um die halbe Welt, Paul Theroux (Berlin 2015). Amüsant zu lesender Reisebericht des Weltenbummlers, der hier seine Reiseerlebnisse 1973 auf den Schienen Birmas (und anderer Länder Asiens) schildert. Endlich wieder in deutscher Sprache erhältlich.

Dämmerung über Birma. Mein Leben als Shan-Prinzessin, Inge Sargent (Zürich 2015). 1932 in Kärnten geboren, lebte Inge Sargent ab 1953 als Frau des Shan-Fürsten Sao Kya Seng in Hsipaw, bis die Machtergreifung General Ne Wins und der folgende Putsch (bei dem der Prinz 1962 spurlos verschwindet) sie zur Flucht in die USA zwangen. 2015 wurde das Buch verfilmt.

Gebrauchsanweisung für Myanmar, Martin Schacht (München/Berlin 2017). Die Neuauflage der beliebten Gebrauchsanweisung beschäftigt sich mit einer Vielzahl von Themen und ermöglicht damit einen guten Einblick ins Leben der Menschen in Myanmar und ihrer Geschichte. Wir stimmen zwar nicht mit allen Ansichten und Einschätzungen des Autors überein, finden das Werk aber dennoch auf jeden Fall lesenswert.

Gute Geister im Land der goldenen Pagoden. Zeitreisen in Myanmar/Burma, Bernd Schiller (Wien 2011). Der Hamburger Asienkenner beschreibt in seinen Reportagen das Land mit offenen Augen, sieht das Verzaubernde, ebenso wie die Schattenseiten. Ein schöner, informativer Reisebegleiter.

Myanmar fürs Handgepäck. Geschichten und Berichte, Hrsg. Alice Grünfelder und Lucien Leitess (Zürich 2009). In der schönen Kulturkompass-Reihe erschienene Sammlung informativer Lesehäppchen aus der Feder renommierter Autoren von Pierre Loti bis George Orwell.

Pilgerreise in Myanmar, Ma Thanegi (Zürich 2004; engl. Original: *The Native Tourist. In Search of Turtle Eggs*; Yangon 2000). Lustig geschrieben, entführt das Buch auf eine typisch birmanische Pilgerfahrt. Thanegi schließt sich einer organisierten Reisegruppe an und berichtet von all den kleinen und großen Dingen dieser etwas anderen Reise.

Geschichte und Zeitgeschehen

Aung San Suu Kyi: Ein Leben für die Freiheit, Andreas Lorenz (München 2015). Eine gut geschriebene Biografie der Friedensnobelpreisträgerin aus der Feder des langjährigen Asien-Korrespondenten für den *Spiegel*.

Burma – Der Fluss der verlorenen Fußspuren, Myint-U Thant (München 2009). Kundig und gut lesbar beschreibt der Enkel des ehemaligen UN-Generalsekretärs U Thant die ältere und jüngere Geschichte Birmas auf der Suche nach den Gründen für die gegenwärtigen Zustände. Seine Antworten sind vielfältig und differenziert.

Die Tochter. Aung San Suu Kyi - Eine politische Biographie, Hans-Bernd Zöllner, Rodion Ebbighausen (Berlin 2015). Eine differenzierte Betrachtung der Demokratie-Ikone mit viel Material aus 30 Jahren Recherche vor Ort.

Handbuch Myanmar: Gesellschaft, Politik, Wirtschaft, Kultur, Entwicklung, Hrsg. Ute Köster, Phuong Le Trong, Christina Grein (Berlin 2014). Auf fast 500 Seiten beleuchten ausgewiesene Myanmar-Experten die unterschiedlichsten Facetten des Landes. Kein deutschsprachiges Werk gibt derzeit einen besseren Einblick in die sich schnell verändernde birmanische Gesellschaft.

Von Birma nach Myanmar: ein Zeit-Reise-Führer 1984–2013, Dr. Hans-Bernd Zöllner (Hamburg 2014). Dieses Werk basiert auf drei Jahrzehnten an Erfahrungen, die der Autor auf seinen Reisen durch das Land der Pagoden gesammelt hat. Perfekt, um sich über Hintergründe zu informieren und seine eigenen Erlebnisse und Erkenntnisse mit denen des renommierten Theo- und Soziologen zu vergleichen.

Kunst, Kultur und Kochbücher

Asia Street Food, Heike und Stefan Leistner (München 2015). Toll gemachtes Kochbuch mit vielen Klassikern: Hühner-Curry, Shan-Salat und Mohinga. Die Gerichte lassen sich prima nachkochen und Hintergrundtexte vertiefen den Einblick ins Land. Viele Gerichte auch aus der vietnamesischen, der thailändischen, der laotischen und der kambodschanischen Küche.

Burmese Crafts, Past and Present, Sylvia Fraser-Lu (London 1994). Einführung in das birmanische Kunsthandwerk. Von derselben Autorin stammt auch ein Buch über die Lackkunst: *Burmese-Laquerware* (Bangkok 2000).

Culture Shock! Myanmar, Saw Myat Yin (Singapur 2011). Dieser Band bietet einen lesenswerten Einblick in die Sitten und Gebräuche des Landes.

The Burma Cookbook, Robert Carmack und Morrison Polkinghorne (London und Bangkok 2015). Allein schon das wunderschön kreierte, nostalgisch angehauchte Cover macht Appetit auf den Inhalt dieses Werks, das mit vielen Abbildungen und leicht zu folgenden Rezepten durch die Küche und Kochgeschichte von Myanmar führt – und schon diverse internationale Preise abgesahnt hat.

Bildbände

Burma – Abenteuer in Buddhas Paradies, Emanuel Ammon und Sandra Ziegler (Luzern 2012). Fantastischer Bildband über eine Myanmar-Reise mit dem Heißluftballon. Atemberaubende Bilder, die das Land aus einer bisher ungesehenen Perspektive zeigen.

Burma – Abseits ausgetretener Pfade, Ingrid Horstmann und Manfred Schramm (Gnas 2007). Dieser Band (ent-)führt mit einfühlsamen Bildern in abgelegene und teilweise schwer zugängliche Regionen wie den Kachin- und den Chin-Staat.

Myanmar Burma, Mario Weigt, Walter M. Weiss (Verona 2015). Impressionen in Wort und Bild des auf Südostasien spezialisierten Teams aus Fotograf Weigt und Autor Weiss. Das schwere große Buch im Schuber bietet einen anschaulichen Eindruck vom Land.

Myanmar im Spiegel der historischen Fotografie, Hrsg. Roland Platz (Berlin 2014). Hinter dem trockenen Titel verbirgt sich eine tolle Sammlung historischer Aufnahmen aus Myanmar. Ein Schatz für geschichtsinteressierte Myanmar-Fans.

Sprachführer

Burmese Phrasebook, Vicki Bowman und San San Hnin Tun (Lonely Planet 2008). Praktisches Büchlein mit vielen nützlichen Redewendungen.

Burmese Self-Taught, R. F. St. A. St. John (London 1930). Selbstlernkurs aus der britischen Kolonialzeit. Besticht mit so originellen Beispielsätzen wie „Bring my horse" oder „You cannot hunt tigers without elephants." Als kopierter Nachdruck in Yangon erhältlich.

Burmesisch (Myanmar) Wort für Wort, Phone Myint Maung (Bielefeld 2005). Band 63 aus der „Kauderwelsch-Reihe" von Reise Know-How. Alles Wichtige rund um die Sprache mit den nützlichsten Formulierungen.

Karten

Nelles, *Myanmar (Burma)*. München. 1:1 500 000. Die Übersichtskarte des Landes wird ergänzt von einem kleinen Yangon-Stadtplan sowie Übersichtsplänen von Bagan und Mandalay.

Periplus, *Myanmar (Burma)*. Singapore. 1:2 000 000. Auf der Vorderseite das Land im Überblick, auf der Rückseite eine gute und ausführliche Yangon-Karte nebst Plänen von Bagan und Mandalay. Kann über den Buchhandel bezogen werden.

Reise Know-How, *Myanmar (Burma)*. Bielefeld. 1:1 500 000. Stabile, reiß- und wasserfeste Karte; GPS-tauglich durch Längen- und Breitengrade, farbige Höhenschichten.

Index

ANHANG

ANHANG

C

D

E

F

G

H

I

ANHANG

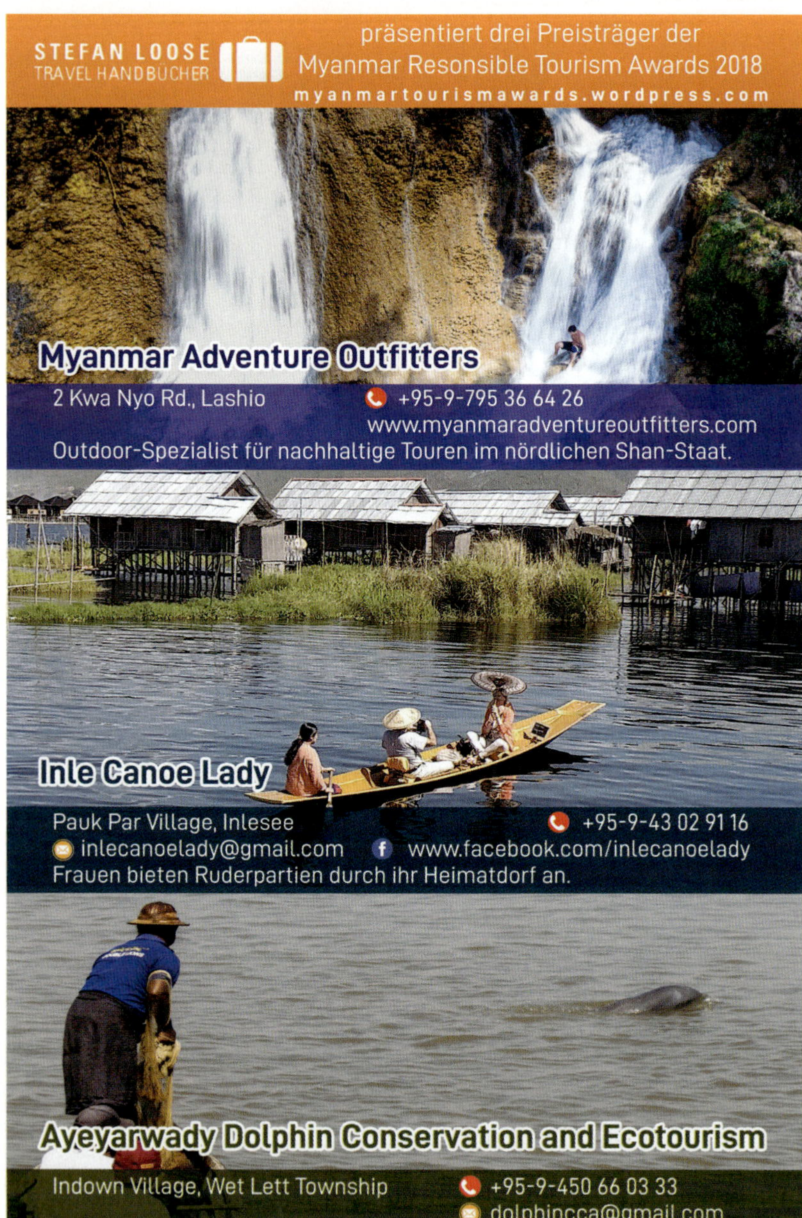
STEFAN LOOSE
TRAVEL HANDBÜCHER
präsentiert drei Preisträger der
Myanmar Resonsible Tourism Awards 2018
myanmartourismawards.wordpress.com
Myanmar Adventure Outfitters
2 Kwa Nyo Rd., Lashio
+95-9-795 36 64 26
www.myanmaradventureoutfitters.com
Outdoor-Spezialist für nachhaltige Touren im nördlichen Shan-Staat.
Inle Canoe Lady
Pauk Par Village, Inlesee
+95-9-43 02 91 16
inlecanoelady@gmail.com
www.facebook.com/inlecanoelady
Frauen bieten Ruderpartien durch ihr Heimatdorf an.
Ayeyarwady Dolphin Conservation and Ecotourism
Indown Village, Wet Lett Township
+95-9-450 66 03 33
dolphincca@gmail.com
Organisiert Delfin-Beobachtungstouren und Dorfaktivitäten.

ANHANG

ANHANG

O

P

R

Feel the real Ngapali
by living on the beach
Laguna Eco Lodge
Tel.: 043 42321 E-Mail: angelatmyanmar@gmail.com

Grasshopper
Adventures
Das alte Mandalay erkunden
Den Inle-See per Fahrrad und Boot erleben
Die Geheimnisse von Bagan entdecken
All das bieten unsere faszinierenden Fahrradtouren in Myanmar! Wohin mag Ihr nächstes Abenteuer führen?
grasshopperadventures.com

ANHANG

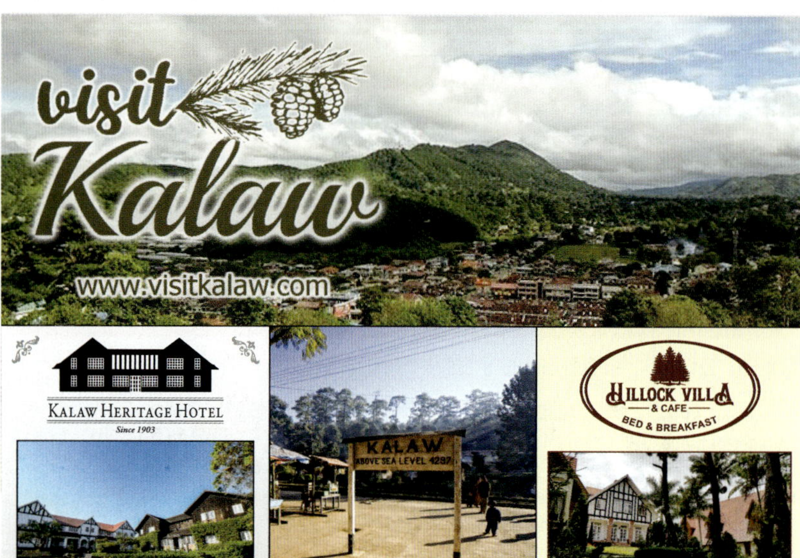
visit
Kalaw
www.visitkalaw.com
KALAW HERITAGE HOTEL
Since 1903
www.kalawheritagehotel.com
KALAW
ABOVE SEA LEVEL 4297
HILLOCK VILLA
& CAFE
BED & BREAKFAST
www.hillockvilla.com

ANHANG

Z

ANHANG

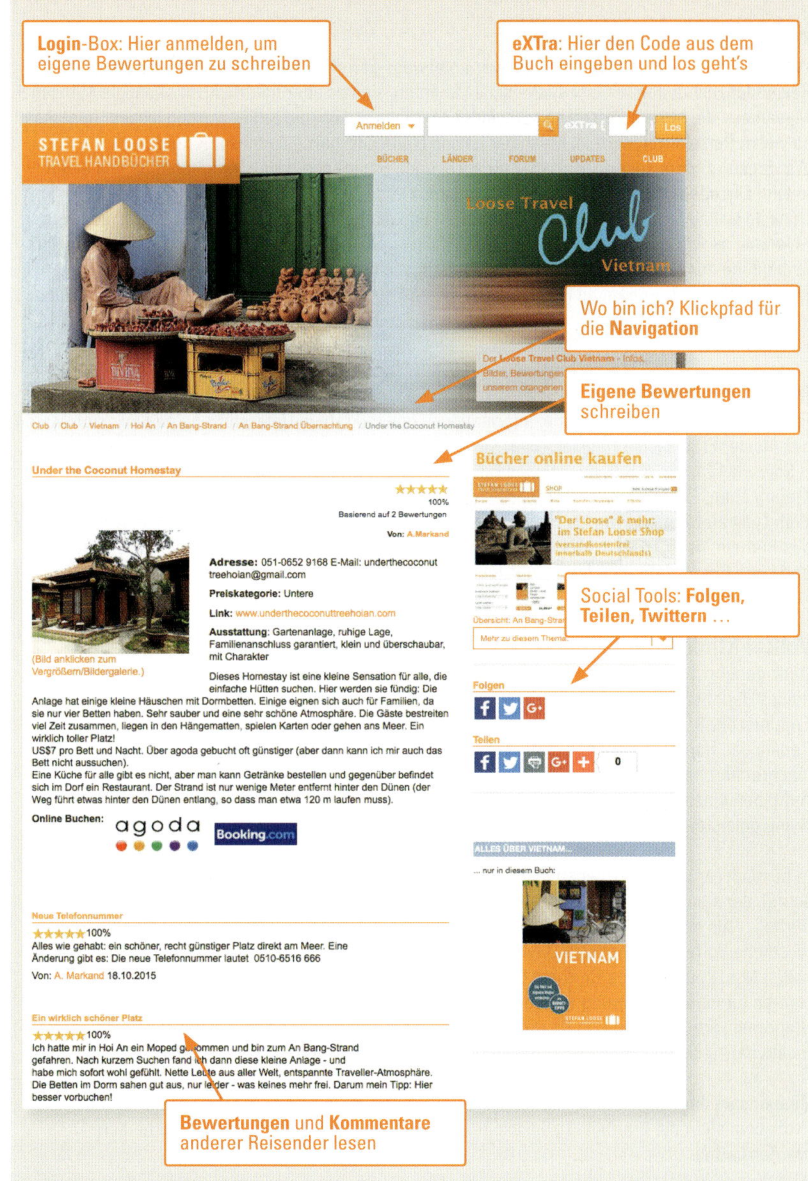
So funktionieren die eXTras auf www.stefan-loose.de
Login-Box: Hier anmelden, um eigene Bewertungen zu schreiben
eXTra: Hier den Code aus dem Buch eingeben und los geht's
Anmelden
eXTra
Los
STEFAN LOOSE TRAVEL HANDBÜCHER
BÜCHER
LÄNDER
FORUM
UPDATES
CLUB
Loose Travel Club Vietnam
Wo bin ich? Klickpfad für die Navigation
Eigene Bewertungen schreiben
Club / Club / Vietnam / Hoi An / An Bang-Strand / An Bang-Strand Übernachtung / Under the Coconut Homestay
Under the Coconut Homestay
100%
Basierend auf 2 Bewertungen
Von: A.Markand
Adresse: 051-0652 9168 E-Mail: underthecoconut treehoian@gmail.com
Preiskategorie: Untere
Link: www.underthecoconuttreehoian.com
Ausstattung: Gartenanlage, ruhige Lage, Familienanschluss garantiert, klein und überschaubar, mit Charakter
(Bild anklicken zum Vergrößern/Bildergalerie.)
Dieses Homestay ist eine kleine Sensation für alle, die einfache Hütten suchen. Hier werden sie fündig: Die Anlage hat einige kleine Häuschen mit Dormbetten. Einige eignen sich auch für Familien, da sie nur vier Betten haben. Sehr sauber und eine sehr schöne Atmosphäre. Die Gäste bestreiten viel Zeit zusammen, liegen in den Hängematten, spielen Karten oder gehen ans Meer. Ein wirklich toller Platz!
US$7 pro Bett und Nacht. Über agoda gebucht oft günstiger (aber dann kann ich mir auch das Bett nicht aussuchen).
Eine Küche für alle gibt es nicht, aber man kann Getränke bestellen und gegenüber befindet sich im Dorf ein Restaurant. Der Strand ist nur wenige Meter entfernt hinter den Dünen (der Weg führt etwas hinter den Dünen entlang, so dass man etwa 120 m laufen muss).
Online Buchen:
agoda
Booking.com
Bücher online kaufen
"Der Loose" & mehr: im Stefan Loose Shop (versandkostenfrei innerhalb Deutschlands)
Social Tools: Folgen, Teilen, Twittern …
Mehr zu diesem Thema
Folgen
Teilen
ALLES ÜBER VIETNAM…
… nur in diesem Buch:
VIETNAM
Neue Telefonnummer
100%
Alles wie gehabt: ein schöner, recht günstiger Platz direkt am Meer. Eine Änderung gibt es: Die neue Telefonnummer lautet 0510-6516 666
Von: A. Markand 18.10.2015
Ein wirklich schöner Platz
100%
Ich hatte mir in Hoi An ein Moped genommen und bin zum An Bang-Strand gefahren. Nach kurzem Suchen fand ich dann diese kleine Anlage - und habe mich sofort wohl gefühlt. Nette Leute aus aller Welt, entspannte Traveller-Atmosphäre. Die Betten im Dorm sahen gut aus, nur leider - was keines mehr frei. Darum mein Tipp: Hier besser vorbuchen!
Bewertungen und Kommentare anderer Reisender lesen

ANHANG

Danksagung

Andrea und Mark Markand

Wir danken den vielen Menschen, die wir unterwegs getroffen haben. Neben den vielen Reisenden, mit denen wir uns austauschen konnten, sind es aber natürlich vor allem die Menschen Myanmars, die unsere Reisen immer wieder so erlebnisreich und erfüllt werden lassen. Auch nach so vielen Reisejahren dorthin: Myanmar ist und bleibt einzigartig und inspirierend.

Wir danken zudem Jochen Meissner für anregende Gespräche, seine Informationen und einen tollen Fahrradausflug in die Umgebung Yangons.

Dank an Ueli und Oli für ihren Einsatz für fairen und nachhaltigen Tourismus. Es ist gut, euch in Myanmar zu wissen. Das gilt auch für Ole in Kalaw und Andrea in Yangon. Tolle Projekte und die Einbindung der Menschen vor Ort in den Tourismus glücken auch dank euch immer häufiger.

Ein besonderer Dank geht an Frank Momberg und Paul Schreiber für ihre Arbeit und Unterstützung in Sachen Indawgyi-See.

Martin H. Petrich

Für viele interessante Gespräche, Informationen und tatkräftige Unterstützung bedankt sich Martin bei: meiner Frau Nicole Häusler; Myat Su von Silk Road to Asia, Thit Thit Zin von Terraverde Travel, U Saw Hla Chit von S.S.T., den lokalen Reiseleiterkolleginnen und Kollegen Khai Wai, Maung Maung Than, Thiri Sam, War War und Zaw Htwe; Saw Hnin Nwe aus Taunggyi; Elisabeth und Su Wah Lwin aus Yangon; Tun Lin Htaik (Tom Tom) und Michael Kyaw aus Ngwe Saung; Arrjun Singh aus Pathein; Aye Aye Win, Minh Thu & U Than Htay aus Bagan sowie Ko Moe von ICS in Bagan und Chan Chan von Bagan New Light Tour. Viele sind zu guten Freunden geworden.

Volker Klinkmüller

Dank gebührt vor allem Aung Zaw, der schon bzw. in noch brisanten Zeiten die Erstausgabe dieses Handbuchs mit auf den Weg gebracht hatte – und sich nun auch für ein bestmöglichen Ergebnis der 8. Auflage engagiert hat. Fahrradtour-Spezialist Nay Myo Ko indes hat statt seiner Pedale das Handy zum Glühen gebracht, um bemerkenswert gelassen bei Notwendigkeiten der Nachrecherche behilflich zu sein. Abermals unverzichtbare Dienste, die deutlich über die Aufgaben eines Chauffeur-Guides hinausgehen, hat der ebenso in Mandalay beheimatete Win Nying geleistet – ehemals mit Trishaw, heute per Tuk Tuk oder auch Minivan.

In besonderer Weise verdient gemacht hat sich Tourismus-Pionier Andrè Schneegaß (Life Seeing Tours), der sein Herz an den Süden Myanmars verloren hat, wie es auch manchem Leser ergehen dürfte … Als ebenfalls unverzichtbar für diese erst seit kurzem zu entdeckende Region bzw. westliche Vorhut in Ye hat sich David Herrick (Starlight Resort) erwiesen. Nicht vergessen werden sollen Mrs. Phu Phu (Soe Brothers Guesthouse) und Mrs. Khin (Galaxy Motel), die als Insider in Hpa-an für eine Optimierung der Recherche gesorgt haben – vor allem aber Mrs. Aye Thidar Win (Panorama Travel & Tours) in Dawei: Sie ermöglichte erstmals eine Tour durch die vorgelagerte Inselwelt – und kennt sich auch sonst bestens aus in der Region.

Gemeinsam danken wir dem Team der Bintang-Redaktion in Berlin, dessen Passion und Professionalität die Erarbeitung dieses Reiseführers zu einem angenehmen Unterfangen werden ließen.

Ein herzliches Dankeschön geht außerdem an alle Leserinnen und Leser, die uns ein Feedback zur 7. Auflage gegeben haben: Claudio Anselmo, Marie Blickling, Anna Burghardt, Lisa Büttel, Steffen Degenhardt, Simone Fehr, Lisa Frommke, Petra Häfele, Felix Huber, Aline Kanis, Peter Krapf-Steinhoff, Rolf Layer, Fredericke Leuschner, Peter Moritz, Jasmina Robl und Heidi Streich, Rochssare und Morten, Jürgen Schiffbach, Ruth und Bernhard Schneider, Selin und Yannick, Charlotte Sinn, Th. Varwig, Christa W., Alexandra & Marco Willinger.

Mitarbeiterin dieser Auflage

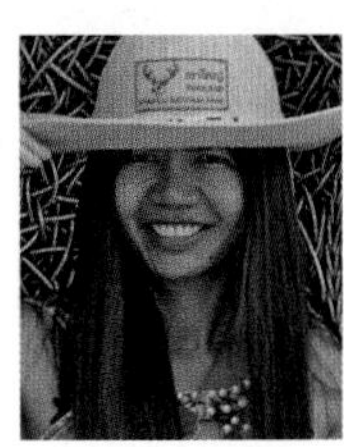

Nipaporn Yanklang aus der thailändischen Provinz Korat hat bereits an den Loose-Reiseführern *Thailand* und *Sri Lanka* mitgewirkt und recherchiert ausgesprochen gern in Myanmar, wo der Buddhismus so authentisch praktiziert wird und sie von den Einheimischen stets herzliche Aufnahme gefunden hat, obwohl sich die kriegerische Vergangenheit wie ein roter Faden durch die Historie der Nachbarländer zieht, s. **eXTra [2885]**

Bildnachweis

Umschlag

Titelfoto Lookphotos, München/Blend Images; Mönche in Eile, Umgebung Mandalay
Umschlagklappe vorn Lookphotos, München/Hemis; Bagan
Umschlagklappe hinten laif, Köln/Tomas Munita; Yangon

Highlights

S. 6 iStock.com, Calgary (CA)/Nikada
S. 7 Huber-Images, Garmisch-Partenkirchen/Gräfenhain (oben)
Martin H. Petrich (unten)
S. 8 Getty Images, München/Eitan Simanor
S. 9 Lookphotos, München/Superstock (oben)
Huber-Images, Garmisch-Partenkirchen/Gräfenhain (unten)
S. 10/11 Getty Images, München/hemis.fr/Stephane Lemaire
S. 12 Nipaporn Yanklang (oben)
Volker Klinkmüller (unten)
S. 13 Nipaporn Yanklang
S. 14 Mark Markand (oben)
Mario Weigt (unten)
S. 15 Mark Markand (2)
S. 16 Mark Markand
S. 17 Mauritius Images, Mittenwald/imagebroker/Otto Stadler (oben)
Volker Klinkmüller (unten)
S. 18 Renate Loose
S. 19 Volker Klinkmüller (oben)
Andrea Markand (unten)
S. 20 Volker Klinkmüller

Regionalteil

iStock.com, Calgary (CA)/epixx S. 509
Mauritius Images, Mittenwald/John Warburton-Lee S. 96
Volker Klinkmüller S. 41, 87, 137,177 (oben), 246, 266, 273, 298, 299 (unten), 309, 315, 320, 327, 330, 333, 341, 347 (2), 353, 370, 381, 526, 527 (2), 546, 551, 564, 569, 577, 584, 589, 590
Robin Kuhnhenne S. 22
Renate Loose S. 239, 257
Andrea Markand S. 30, 42, 61, 65, 71, 99, 107, 130, 131 (oben) 167, 202, 203 (2), 221, 385 (oben), 397, 409, 411, 413, 414, 421, 435, 447, 484, 485 (unten), 493, 497, 502
Mark Markand S. 32, 74, 131 (unten), 153, 175, 208, 211, 231 (unten), 384, 385 (unten), 399, 431, 441, 448, 455, 460, 461 (2), 461, 467, 476, 480, 485 (oben), 517, 521, 524
Martin H. Petrich S. 100, 120, 176, 177 (unten), 200, 230, 231 (oben), 245, 252, 282, 289, 296, 416
Shutterstock.com, Amsterdam (NL) thaagoon S. 269; Udompeter S. 482
Mario Weigt S. 229
Nipaporn Yanklang S. 299 (oben), 312, 346, 363, 534, 559

Impressum

Myanmar
Stefan Loose Travel Handbücher
8., vollständig überarbeitete Auflage **2020**

Die in diesem Buch enthaltenen Angaben wurden von den Autoren nach bestem Wissen erstellt und vom Lektorat im Verlag mit großer Sorgfalt auf ihre Richtigkeit überprüft. Trotzdem sind, wie der Verlag nach dem Produkthaftungsrecht betonen muss, inhaltliche und sachliche Fehler nicht vollständig auszuschließen.
Deshalb erfolgen alle Angaben ohne Garantie des Verlags oder der Autoren. Der Verlag und die Autoren übernehmen keinerlei Verantwortung und Haftung für inhaltliche und sachliche Fehler.
Alle Landkarten und Stadtpläne in diesem Buch sind von den Autoren erstellt worden und werden ständig überarbeitet.

Gesamtredaktion und -herstellung
Bintang Buchservice GmbH
Zossener Str. 55/2, 10961 Berlin
www.bintang-berlin.de
Redaktion: Jan Düker
Lektorat: Gudrun Raether-Klünker
Bildredaktion: Gritta Deutschmann, Anja Linda Dicke
Satz: Gritta Deutschmann
Karten: Nina Kramm, Klaus Schindler
Reiseatlas: DuMont Reisekartografie, Fürstenfeldbruck

Printed in Poland

Kartenverzeichnis

ANHANG

636
637
638 / 639
640 / 641
642 / 643
644 / 645
646 / 647
648 / 649
650 / 651
652 / 653
654 / 655
656 / 657
658 / 659
660 / 661
662 / 663
664 / 665
666 / 667
668 / 669
670 / 671
INDIEN
CHINA
BANGLA-DESH
LAOS
THAILAND
Brahmaputra
Mekong
Salween
Ayeyarwady (Irrawaddy)
Putao
Nanyun
Hkamti (Singkaling)
Myitkyina
Shwegu
Bhamo
Muse
Pinlebu
Mawlaik
Gangaw
Mandalay
Hsipaw (Thibaw)
Pang Yang
Kyaing Tong (Kengtung)
Wansala
Taunggyi
Akyab (Sittwe)
Naypyitaw
Pyay (Prome)
Okedwin (Oktwin)
Bago (Pegu)
Pathein (Bassein)
Yangon (Rangoon)
Mawlamyine (Mawlamyaing/Moulmein)
Kyaikkami (Amherst)
Dawei (Tavoy)
Myeik (Beik/Mergui)
Golf von Bengalen
Andamanen-See
Andaman Islands
Golf von Thailand

0
10
20
30
40
50 km
Kyigang
(Zayu)
Zay Qu
TIBET
Dzayu
Rong-me
4740 m
Minutong
Kibitho
Walong
Dong
Difu Pass
4325 m
4860 m
Sheintalargarzi
5834 m
Rasangdam
Gamlang Razi
Hkakabo Razi
5881 m
Hkakabo Razi
National Park
5138 m
5870 m
Gamlang Pass
4888 m
Namni Pass
4821 m
Kazi Razi
4703 m
5238 m
Tahawndam
5018 m
Adung Long
Thala Wang
4891 m
Gruba
Dazungdam
5095 m
4370 m
Gawai
4660 m
4155 m
Nam Tamai
3682 m
4391 m
Ngawa
Kumjawing
Pass
4391 m
3406 m
Hkyenpha
Bangnamdim
Nam Mai
Renam
Taru Pass
2393 m
3100 m
2847 m
Kawang
2011 m
Gawlete
May Hka
Mawa Pass
3302 m
Ziya
Namru Dum
1638 m
Kyauk Sen Taung
(Jade Mountain Pass)
1410 m
Nam Ku
2316 m
Maza
Nogmung
Gattu
Sengnai
2055 m
Rapbaw
Rabawt
Mahamuni Pagoda
Namti
2008 m
2534 m
Ho Khu
Naukham
Putao
Kyenpalawn
Myoma Market
Machanbaw
Hparup Ga
Kaunglu
Namzir
Hkawbude
Mulashidi
Vjaynagar
Straße für Touristen gesperrt
Nam Ti
Khaw-bu-de
3677 m
Shardum
Haukan Pass
2884 m
Kawnglanghou
3439 m
Masumzup
Mali Hka
3539 m
Shatahkung
Hpizaw
La-Aung-Ga
Ngalang
Kinlum
Kinlum
2293 m
Bumhkang
1800 m
3617 m
2359 m
Tawang
Ringhkung
Welatam
Chawngdam
1776 m
Bumba Bum
3411 m
Htingnan
1330 m
Larkhin
3379 m
Kangkung
1940 m
Nanggun Bum
3204 m
2225 m
Sumprabum
Laza
Mapawng
1404 m
2231 m
Sumprabum
1838 m
Palong
Pade
3866 m
1341 m
2669 m
3470 m
Mankye
1579 m
Menkhung
Rata
4370 m
5070 m
SICHUAN
Kawa Karpo
6740 m
Holy Mountain
4315 m
5230
4160 m
Xiondang
Bingzhonglu
Nu Jiang
4206 m
4645 m
Dung Jiang
3840 m
3988 m
3048 m
4078 m
Longlang
Pass
3801 m
3772 m
Shingrat Pass
3559 m
3335 m
Achankha
3195 m
3920 m
Chudu Razi
Chewli
Pala
Adaung Bum
S. 638
S. 639

0 10 20 30 40 50 km
ASSAM
Brahma
Tengakhat
Duliajan
Dogboi
Margherita
Likhapani
Ledo
Manmao
Deurigaun
Betanigaon
Nakharkatiya
Jaipur
Tipamla
Silpata
Ghahigaon
Namrup
Moranhat
Chakalia
Dipling
Bhojo
Balikhetia
Damgaon
Soanari
Rajabari
Simaluguri
Lingting
Lapa
Taipi Duidam
Pangsau Pass
Ledo Road
Tinring
Tiran
Changlong
Yaman
Khonsa
Wansa
Laju
Niausa
Wakke
Pongchau
Mon (Maingkwan)
Wakching
Merangkong
Chan
Patkai Range
Kumon Bum
Angpawing Bum
Naga Bum
Nanyun
Namyunn
Naya Ra
Sake Hi
Shingbwiyang
Gold Mines
Kamla
Miku
Num puk
Nawlum
Sela Nok
Tagarkha
Tanaikha
Taro
Anobow
Lahe
Tsawlaw
Sonyo
Tuensang
Yakko 2700 m
Chingmei
Noklak
Htangsan
Lawngngaw
Janhlang
Kawale
Rituga
Hwekum
Panso
Chindwin
Hkamti (Singkaling)
Shirang
Hpawng
Thonokuyu
Tinmaung
Sirire
Sampurre
Makware
Saramati Summit
Nwe Mauk Summit
3826 m
Maung Te
Kaunghein
Tawhmaw
Jade Mines
Melusi
Laruri
Lephori
Yawpami
Uru River
Hpa
Haungpa
Kadonyat
Moi Len 3104 m
Minsin
Malin
Layshi
Nampagan
Somra
Tamanthi
Shwedwin
Yebawmi
Taungdan
Tamanthi Wildlife Reservation
Heirnkut
Maingdaung
Yethpa
Onbe
Bomhal
Tason
Nyaungb
Nammilaung
Lwemun
Shwe Mitzu
Uyu
888 m
1720 m
1591 m
1408 m
2037 m
1705 m
1634 m
1225 m
2500 m
2583 m
1698 m
2639 m
2056 m
2692 m
1999 m
2530 m
1762 m
2537 m
2571 m
1709 m
2505 m
1080 m
2275 m
1275 m
1373 m
1463 m
1874 m
2829 m
2561 m
1604 m
631 m
1051 m
2155 m
2633 m
1136 m
2836 m

S. 638
S. 641

Haukan Pass
Kindang Bum
2568 m
Ledo Road
1591 m
Ngalung Ga
Tawum Bum
3352 m
2884
3439 m
Naya Ra
Nanyun
Namyunn
Sake Hi
Paluanglanbum
2060 m
2293 m
2500 m
2359 m
1034 m
Hukaung Valley
Tawang
1776 m
Bumba Bun
3411 m
Shingbwiyang
Gold Mines
1698 m
2583 m
Tabong
1940 m
2225 m
Simlung Ga
Hukaung Valley Tiger Reserve
2692 m
Sela Nok
Makaw
1404 m
2231 m
Tagarkha
Tanaikha
1762 m
1251 m
Tanaing
Nritu Ga
Chakrai Gahtawng
2669 m
Mong Hkun
Taro
Janhlang
Kadung Ga
KACHIN
S. 637
Rituga
1275 m
1463 m
1874 m
Tanaing
2057 m
Shirang
Shadusup
Hkada
Hpawngtut
Loimye Bum
1562 m
1518 m
Mahkyatkawng
Layawng Ga
2569 m
Tingring
Tawhmaw
Sanghpe
Pangla
Jade Mines
Lonkin
2424 m
631 m
Uru River
Hpakant
Auche
Lawa
Pidaung Wildlife San
Jade Mines
Kamaing
Haungpa
Kadonyat
Twantaung
Sara
Thunghkung
Latao
1051 m
Inntaw
Namti
Shwedwin
Chaungwa
Mogaung
1320 m
Nyaungbin
Nammilaung
S. 642
1136 m
Lwemun
Namde
Indawgyi Lake

S. 636
Straße für Touristen gesperrt
Masumzup
La-Aung-Ga
Bumhkang
Ngalang
Mali Hka
1800 m
Kinlum
Kinlum
3617 m
3539 m
Kawnglanghou
3920 m
Shatahkung
Hpizaw
May Hka
Chudu Razi
Chewli Pass
3924 m
4129 m
Pala
4110 m
Sajyang Pass
Ringhkung
Welatam
Chawngdam
Larkhin
3379 m
Kangkung
4064 m
Htingnan
1330 m
Sumprabum
Laza
Mapawng
Sumprabum
Yanrang
1838 m
Nanggun Bum
3204 m
Palong
Pade
3866 m
4162 m
1341 m
1579 m
3470 m
Mankye
Ponlumbum
3142 m
4132 m
1250 m
Ngawapaka
Tsawlaw
4075 m
Kangfang
Sumpawng Mata
Gangfang
Pianmazhen
Gulang
Pianma
Mali Hka
3025 m
36
Hpimaw
Sawan
Waza
Lauhkaung
Htawgaw
2560 m
Chipwi
Shanngaw Taungdan
Abaung Bum
In-Sut-Zon
Htingnu
Injangyang
2029 m
Chingwin Bum
3292 m
Phinshlan Pass
Lague Pass
3312 m
Zizhi
Phaye Pass
3063 m
Myitsone
1526 m
Mara
Nmai Hka (May Hka)
3030 m
Yinpahjie
Dagai
Binggong
Qikeshu
Panwar Pass
Shibei
1539 m
3747 m
2540 m
Mankarang
Ayeyarwady
Manmin
Kwitu
Pangsein Pass
2740 m
1740 m
Kambalti Pass
Kambal
Jiangao Shan
36
Shree Ramjanki Temple
Washaung
Sadon
Heinitang
Guyong
Gaoligong Mts. National Reserve
Waingmaw
2832 m
3650 m
Daying Jiang
2140 m
2404 m
Mazhanjie
Tengchong Volcanic Group
Shenhuguan
Nu Jiang
Gaoligong Shan
Fug
Lush
Mengkuang

MANIPUR
INDIA
Imphal
Imphal Int'l. Airport
Logtak Lake
Keibul Lam Jao National Park
Churachandpur
Moreh
Tamu
Mawlaik
Tiddim
Tunzam (Ton Zang)
Kabaw Valley
Chindwin
Manipur
Kangpokí
Senapati
Maching
Tamma
Ukhrul
Sengma
Kangchup
Phaiyeng
Tamenglong
Nungba
Terapur
Oinam
Bishnupur
Lilong
Andra
Thoubal
Kakching
Mayang Imphal
Thanga
Moirang
Kakching Khunou
Shuganu
Chandel
Chalong
Sibong
Namphanglong
Sokpap
Kamjong
Thana
Shwelebo
Myothit
Thaungdu
Thayaung
Paungbyin
Zaydi
Tonheik
Hellaw
Lanlegwa
Sittaung
Auk Taung
Alo (Ahlaw)
Lallin
Witok
Singnghat
Youpi
Haicin
Chikha
Bokkan
Dathwekyauk
Khampat
Pyaungbok
Kindat
Tatkon
Pantha
Yuwa
Ta-Nga
Kongyi
Taung Inn
Kadu
Lawtha
Singgel
Seksih
Kangyi
Masein
Matu
Nwedan
Kelndai Kennedy Pk.
Nankade (Maytaw)
Khampat
Navinta
2260 m
2633 m
Kayan Bung 2836 m
2568 m
2053 m
2259 m
1104 m
1066 m
1403 m
1854 m
2108 m
1096 m
1296 m
2012 m
1924 m
1933 m
1112 m
1798 m
2030 m
2373 m
1567 m
648 m
388 m
974 m
2478 m
446 m
1538 m
733 m
2052 m
2703 m
2606 m

S. 644

0 10 20 30 40 km
S. 637
S. 642
S. 645
Homalin
Maingdaung
Yethpa
Onbe
Tason
Maungkan
Namka
Kawya
Malen
Nawngpuawng
Myintha
Namteinkun
Tatkon
Tanmakeng
Thikedaung
Saingkyu
Chaung Gyee
Namtha
Mode
Uyu
Nwe te mon Ta
Wildlife Reservation
Taungthonlon
1707 m
Meza
Mansi
Hmankin
1169 m
Pinkha
Man-U
Sinlamaung
Miawlun
Naungmo
755 m
Namza
Thanyit
Kaungmaung
830 m
855 m
Kaukraung
Taungdo
Hmanbin
Tonmun
Naungkan
Banmauk
1248 m
Mankat
Manton
1046 m
1671 m
Pinlebu
Tazi
Thadutkon
Alezu
1233 m
Pegon
Padeigon
Tatlwin
Wuntho
Wela
Wungyi
Kawlin
Doe Pin
Tawngbo
Singon
Kokkogon
580 m
Tinwachaung
603 m
Shwekan
727 m
Yeshin
Laka
Mu
Daungyu
Nyaungbingyikan
Magyigon
Nawnggauk
Taunggya
Chatthin Wildlife Reservation
Hin Thaw
Taungbon
Old Royal City
Tagaung
Chattin
Chatkyi
Tebik
Pyintha
Thayetpin
Kyunhla
Paukpinzeik
Laytha
688 m
Baw
Sadwingyi
Ngayingbyo
Letpangon
926 m
Kyaukaing
Kyauko
795 m
Yingwin
665 m
Myadaung
Paukhet
Tonbon
Kode
Kjawttag
Inywa
Tigyaing
Tawna
Ywathitkon
Datwin
710 m
Kundaung
Meza
799 m
Kuga
Indaw
Indaw Lake
Naba
1233 m
Mawlu
Nansiaung
Mawhan
Kadu
Bilumyo
Loimaw
1551 m
Shwe Mitzu Pagoda
Lwemun
Namde
1136 m
Lonton
Mamonkaing
Maingnaung
Ming in Ta
Gan
A I N G

Indawgyi Lake
Wildlife Sanctuary
Indawgyi Lake
Shwe Mitzu Pagoda
Lwemun
Namde
Lonton
Hepu
Hepa
Mamonkaing
Maingnaung
Ywathit
Hopin
Sarahmaw
S. 638
Hokat
Talawgyi
Arindamar
Loimaw
1551 m
1315 m
Kumhrat
Watu
Lungjahkyet
Nam-Ma
Bilumyo
Mohnyin
Hka-u
Hkawsink
Simbo
Maka
Mang Pang
1046 m
Kadu
Kaukkwe
Kado
Dumsu yang
1030 m
Theinlon
Dawponyan
Manton
Mawhan
Lachang
Lopaw
First Defile
Nansiaung
Myphwe
Mawlu
Oamchi
Thamanggyi
928 m
Myothit
Nantan
Kaukkwe Taung
Taping
Daying Jiang
1233 m
Kaka
Thabyelha
Old Bhamo
Moda
Mine
Sampanago
Bhamo
Momauk
Indaw
Naba
Langwa
Tazi
Shwegu
Katha
Palweshwe
Sima
Ayeyarwady (Irrawaddy)
Second Defile
Sinkan
Mansi
Meza
799 m
Kuga
Sithaung
Ngawo
804 m
Madangya
Kundaung
Mantha
Kwehaunggon
Kundo
1254 m
Kong Kong
Nampu
Shweli
Inywa
Chaungwa
Meza
710 m
Kjawttagang
Sani
Datwin
Kode
261 m
Kunchawn
Si-Ko
Ywathitkon
Tonbon
Tawna
Molon
Tigyaing
Paukhet
Myadaung
Si-Ta
1332 m
Ba Hpang
Si-U
Taunggon
Tonkwa
795 m
Yingwin
Tagaung
Kyauko
665 m
Koka
Mabein
807 m
Kyaukaing
Man Na
Manmawk
2125 m
Inlo
Bahe
Mong Lon
926 m
Letpangon
Pinlon
S. 646
Shweli
S. 641
Taungdaung
Gangaw Taung
36

Tengchong Volcanic Group
Tengchong
Laiteng Park
Longguanglai Temple
Huangguagung Valley
Heshun
Kazu
Shenhuguan
Mengyia
Zhanxi
Shima
Heinitang
Mengnong
Daojie
Huirenqiao
Lianghe
Jiucheng
Yingjiang
Ximа
Huizongqiao
Zhen'an
Zhen'an
Mengmao
Longling
Manyunjie
Dayingjiang
Longchuan Jiang
Luxi (Mangshi)
Dehong
Dehong Mangshi Airport
Warabum
Longchuan
Zhefang
Sinlumkaba
Lweje
Zhangfeng
Nanshu Bum 2147 m
Thanlwin (Nam Khaung)
Saungkan
Liangshan
Mong Ko
Kyu-Hkok
Nantaung
Jiele Golden Pagoda
Ruili
Muse
Mongyu
Zhenkang (Fengwaiba)
Shitouzhai
Pang Hkap Man
Man Pi
Panghsat
Konkyan
Laukkaing
Pamhkam
Namsang
Namkhan
Burma Road
Salween
Shweli
Loi Song 2359 m
Wan Chanshu
Mongsi
Mongwi
Se-nu
Namphutka
Tarmonye
Mong Tam
Chinshwehaw
Kutkai
Kunlong
Hopang
Na-ti
Hseni
Man Kan Mong
Mong L
Panglo
AH14
36
3
2404 m
2635 m
2764 m
2610 m
2290
2009 m
2647 m
2060 m
2762 m
1647 m
2147 m
2050 m
2102 m
2785 m
2306 m
2032 m
2548 m
2200 m
2243 m
2103
2029 m
2225 m
2186 m
2159 m
2305 m

S. 647

S. 640

M I Z O R A M

Serchhip
Kelndai Kennedy Pk.
2703 m
2606 m
1169 m
North Vanlaiphai
Phoitwhitf
Thinengin
Tay Zang
Htotla
1926 m
Khawbung
1854 m
2409 m
Tibual
Tyao River
Manpur
1120 m
Thuampui
Klao
1807 m
Weibula
Lon He
2400 m
2400 m
Falam
1958 m
Lunglei
1685 m
Thangzang
Ramthlo
Mualthuam
2259 m
Htan Tlang
1998 m
Lungian
Munal
2157 m
Lungoher
Hakha
Kaladan
1626 m
Lawklung
Rawan
2498 m
1155 m
Saiha
Boinu
Zou khwa
Kaladon
Lam Tok
1465 m
1993 m
Tit
C h i n
R o n k l a n g
1941 m
Ngaiphaipi
Bon Zone
1405 m
2704 m
Surkhwa
Sabawngte
Naring
1919 m
Alka
1101 m
Lawngmasu
Darling
Lohtaw
Siatlai
Zabaung Tay
2042 m
Nabung
2632 m
S a m a n g
C H I N
1312 m
1235 m
Lungka
Hungle
Maw
Kaletwa
H
Pon
Shiyalaung
2742 m
Daletme
1000 m
Paihang
Mandupi
1456 m
1005
Mt. Mawple
2815 m
Natmataung
Khreum
Khuisah
Kilam
Tonui

S. 650

1 cm = 13 km
1 : 1.300.000
0
10
20
30
40 km
S. 641
S. 646
S. 651
Laytha
688 m
Thayetpin
Kyunhla
Paukpinzeik
Masein
Matu
Kalewa
Myittha
Thickegyin
Aungchantha
Pyingaing
Sabade
Namwindaw
Hmannigon
Chaungzon
Ywashe
Kabaunggya
Tangon
Myintharzeik
Myaukchun
Maukkadaw
Mokta
Kaduma
Sipadon
Taze
1028 m
Chaungwa
Mawkadaw
Taungbyu
Tanbawk
Chindwin
Kinbin
Kaduma
Kabo
Theingon
Tantabin
Taungdwin
Mingin
Pyegan
Taungbyinnge
1305 m
Kokka
Palinget
Ye-U
Okma
Kin
Ingyinbin
Thabayin
Tongyi
Winmana
Mabe
Myittha
1354 m
Chindwin
Kudaw
Tebin
Pwinga
Maunghtaung
71
Mwel
754 m
Kanni
Ywathit
Sudat
Yagyi
Kanne
Nyaung Gaal
Budalin
Talin
Alaungdaw Kathapa National Park
Kindaung
1299 m
Chaung Magyi
Thade
Zayat
Wingon
Thinwin
Thazi
Ayadaw
Kunze
Sakan
1299 m
Kabaing
Ahlone (Alon)
Kyaukka
Badan
Ledi Monastery
Yama
Shweba Taung Pagoda
Monywa
Maleta
Yinmabin
Ywashe
Thanboddhay Pagoda
Padattaing
Hpo Win Taung Caves
Kyehmon
Kye
Phowin Taung
307 m
Zeittaung
Chinkyit
Lengaun
Salingyi
Bodhi Tataung Pagoda
Kinmu
Chaung U
Myinmu
Mintaingbin
Shwedakya
Allagappa
Pale
Kaungbwa
Kyaw
Pa-rein-ma
Myaung
Thagyin
Yemyetne
Kyatat
Zayatkon
Zibyugaung
1100 m
Kyawta
Mautaung
Simikhon
Lingadaw
Ma-oo
452 m
Ledi
Wedaung
Yandapo
Kundo
Vesagyo
Myaing (Myine)
Edu
Letsegan
Paungbada
18
Talokmyo
Pakhan-gyi
Kuni
Wagan
Nyangon
Pakhan-nge
Wooden Monastery
Pauk
Kyauk Tu
Tamadau
Chaukkade
Myingyan

S. 641

Baw
Ngayingbyo
926 m
Letpangon
Kyan Hnyat
Ayeyarwady (Irrawaddy)
Pauktabin
Twinnge
Pinkan
Sanbannago
1891 m
Kyaukkyi
Bahe
Pinlon
Shweli
Myitson
Mong Nin
Pago
Mong Mit
Padan
Nabu
Mansat
Shwe-u-daung
2299 m
2136 m
Mogok
Phaung Daw U Pagoda
Kyatpyin
Shwenyaungbin
Wabyudaung
1504 m
Daw Nan Kyi Pagoda
Ruby Mines
Mong Long
Wengkau
Tawtsan
Pangsan
387 m
1486 m
zeik
Sadwingyi
Kanbalu
Gada
mannigon
Inlegyi
Tangon
Chaungshe
Male
Myemon
Zigon
Kabo
Ngamyaung
Thabeikkyin
Tantabin
Seinggaung
Kin-U
Kongyi
Kabwet
Yatha
510 m
Chaunggyi
Third Defile
Letkhokpin
Chaungmagyi
Alaungpaya's Palace
Maw Daw Myin Tha Pagoda
Kyauk Myaung
Iwatit
Mabe
Shwebo
Pottery
Singu
Tebin
Seikkun
Sudat
Ancient Pyu City
Moksochon
Halin (Halingyi)
Myinte
Zegôn
Hnonae
Kalagye
Si Ku
1146 m

S. 645

Thamantha
Thitseingyi
1081 m
Mu
Wetlet
Yenatha
Sedaw
Nawnghkio
Hladaw
Ayadaw
Sagyin
Sheinmaga
Tonse
Golden Triangle Express
43
Mattaya (Madaya)
Kyabin
On-ma-thi
Shwe-Mot-Htaw
Mayabin
Lamaing
Minywa
Sadaung
Maleta
Alebon
Wetwun
goda
Mingun Bell
Padattaing
Mingun Pagoda
Mingun
Pyin U Lwin (Maymyo)
Patheingyi
1126 m
agoda
Ohndaw
71
Saye
Ancient Royal City (Mandalay)
Sagyin Hill
Anisakan
Botanical Garden
Purcell Tower
Mandalay
Zegôn
U
Myinmu
Ywathitgyi
Mandalay Palace
Pwe Kauk Falls
Allagappa
Ngaizun
Letpantabin
Sagaing
Amarapura
Ancient Royal City (Amarapura)
Zibingyi
AH14
Ancient Royal City (Ava)
Pyinsa
ng
Thagyin
Satpyagyin
Tada U
Inwa (Ava)
Tonbo
Myitnge
3
Myinti
18
Paleik
Shwesayan
Lema
Myitnge
Konthe
1204 m
Simikhon
Singaing
1461 m
Mandalay Int'l. Airport
Myotha
Belin
andapo
Chaunggwa
Kado
Yeywa
Nabuaing
Kyaukse
Chaungzon
18
Tetpan
Ida
alokmyo
Samar
Maingban
Zawgyi
1671 m
Pya
Minsu
Han Myint Moe
Sabeda
Wetlu
Ywagyi
Mezali
Pegyet
Kanwa
Myittha
2
Thanywa
Myogyi

S. 652

Namhai
Mantong
2157 m
Mong Tat
Mong Ying
Loi Thawngkyaw
Namtu
Bawdwin
Loi Tawngkyaw
2278 m
Namhsan
Manhsan
2029 m
2064 m
Panglon
1946 m
Mong Ngawt
Hsipaw
(Thibaw)
Naphai
526 m
Bowgye
Pagoda
Shan Palace
Kyaukme
AH14
1305 m
Gokhteik
Gokhteik Viaduct
Nai-kwi
Namthu
Taunghteik
Dokthawady (Dutawadi)
968 m
Namlang
Naung-Wo
Loi-lum
Pinpaw
Kyaukgu
Hsadaw
Keng Kham
Shan
Mong
Kyet
Mongli
Mong Leng
1368 m
2159 m
Moeng Yang
Mong Yaw
S. 643
3
Lashio Gyi
Lashio
Kwan Yin San
Lashio Lay
1285 m
1996 m
Mehan
1075 m
Kwanhin
Pahtan
Nawngkai
Moeng Ma
1602 m
Nogmon
Nanpawn
San-men
Loi Leng
2673 m
Moeng Keng
Loi-ngun
Namon
1063 m
1394 m
Manle
Moeng Pat
Namon
Man Loi-pan
Mongyai
Nanyan
Saungkye
S. 648
1003 m
Manmon
Moeng Hko
Manpan
Manpayi
1981 m
Namlan
2037 m
1105 m
Ho Ha
Pang
1861 m
Man Li
Man Kat
1258 m
Loi-pwe
1218 m
Mong Tung
Kenglon
Nawngphai
Tonglaw
1563 m
Kyethi Mansan
Wanhai
Hannge
Wansaw
1567 m
Haipna
Pankaytu
Wan Mong
Wunpwe
1722 m
Wan
Nawngnio
Man Kong
Mong Nawng
Loiham
Mong Kung
Loi Sang
2491 m
SHAN
S. 653
Tonsah
Nawngho

Tangyan, Pang Yang, Mong Yang

Man Kan Mong
2159 m
S. 643
2305 m
ong Long
Panglong
Banhong
Anher
Nangun R. Nat'l. Park
an Plateau
Man Namlet
Cangyuan
2425 m
Xia
Mong Kyet
1795 m
Na Wi
767 m
1840 m
Pang Waun
Motlong
Kawngmeim
Mong Mao
Mong Naung
Kathi-no
Man Kalu
2485 m
Kungsan
Yawngo
2267 m
Loimaw
2117 m
Nawngkai
Man Hpan
Ma
Ximeng Vazu Zizhixian
Moeng Ma
Pangna
Ximeng Town
Ximeng
2220 m
Nawnghpa
Hpangpai
Moeng Keng
1707 m
Xinm
Naphan
1806 m
Ta-Kaw-Et
Loikin
Tangyan
Wan Pangho-long
Peng
2249 m
Ximeng (Menglian Daizu, Lahuzu Vazu Zizhixian)
S. 647
anghung
2054 m
1978 m
Man Hwe-wai
Man Maw
Man Na-su
1874 m
Man Panghpek
1981 m
Salween
Tarkwut
Banjia
Mengma
Man Panghpek
Mongkaung
Man Nawkwa
Pang
Tarmabum
Pang Yang
1558 m
Pansam
2602 m
Namton
Loi-pwe
Mong Awt
Mong Pawk
Wan Munsai
Wanton
Wan Mongnoi
Mc
2174 m
1721 m
2156 m
Mong Hsu
Thanlwin (Salween)
Wan Hsi-bsaw
Kyat Ou Taung
Wang Pang
Mong Koun
saw
1567 m
Haipna
1735 m
Wan Kang
Wan Singpyin
Mong Khet
ng
Hka
Wan Na-hseng
2321 m
2234 m
Mong Hnyin
2089 m
2244 m
Nawng
Mong San
1247 m
Wan Pangsung
Matman
1825 m
Namhka
2324 m
Nampan
S. 654
Mong Ping
Wan Kong
2031 m
Tonta
Capital of

CHINA
YUNNAN
Mohei
Bakajing
Ning'er
Mengban
Nande
Shangyun
Mengsa
Pu'er (Simao)
Dazhai
2501 m
Xincheng
Lancang Jiang
Nanling
Meng Lang
Liushun
Yaofangba
Lianhuatang
Lancang Lahuzu Zizhixian (Menglang)
Simaogang
Fengpo
Mansan
Mannuo
Dahuangba
Dadugang
Jinghong Dam
Mengman
Chengzi
2452 m
Mengyang
Luosuo Jiang
Manya
Jinuoluo
2156 m
Mangkoang
Nanjiao
Mange
Yunjinghong (Jinghong)
Juno
Mengzhe
Bajiao Ting
Jingzhen
Menghai
Nanlam
Heilongtan
2380 m
Zhengha
Manbo
Bada
Sunday Market
1360 m
2168 m
Menghun
Ladamang
Manhai
Nan Ban
Mong Kaw
2026 m
Mengban
2091 m
Nanlan He
Daluo
Xiaojie
Mong La
Manfeilong Ta/ Pagoda
Myanmar Royal Casinos
Wan Hsa
1835 m
Meng'ang
Damenglong
Nanthan
Mong Ma
Manbing
Boksoknam
Manguanghan
Tar Pin
1627 m
1462 m
Mong Wa
Loi
1625 m
S. 655
Mong Yu
2607 m
323
213
214

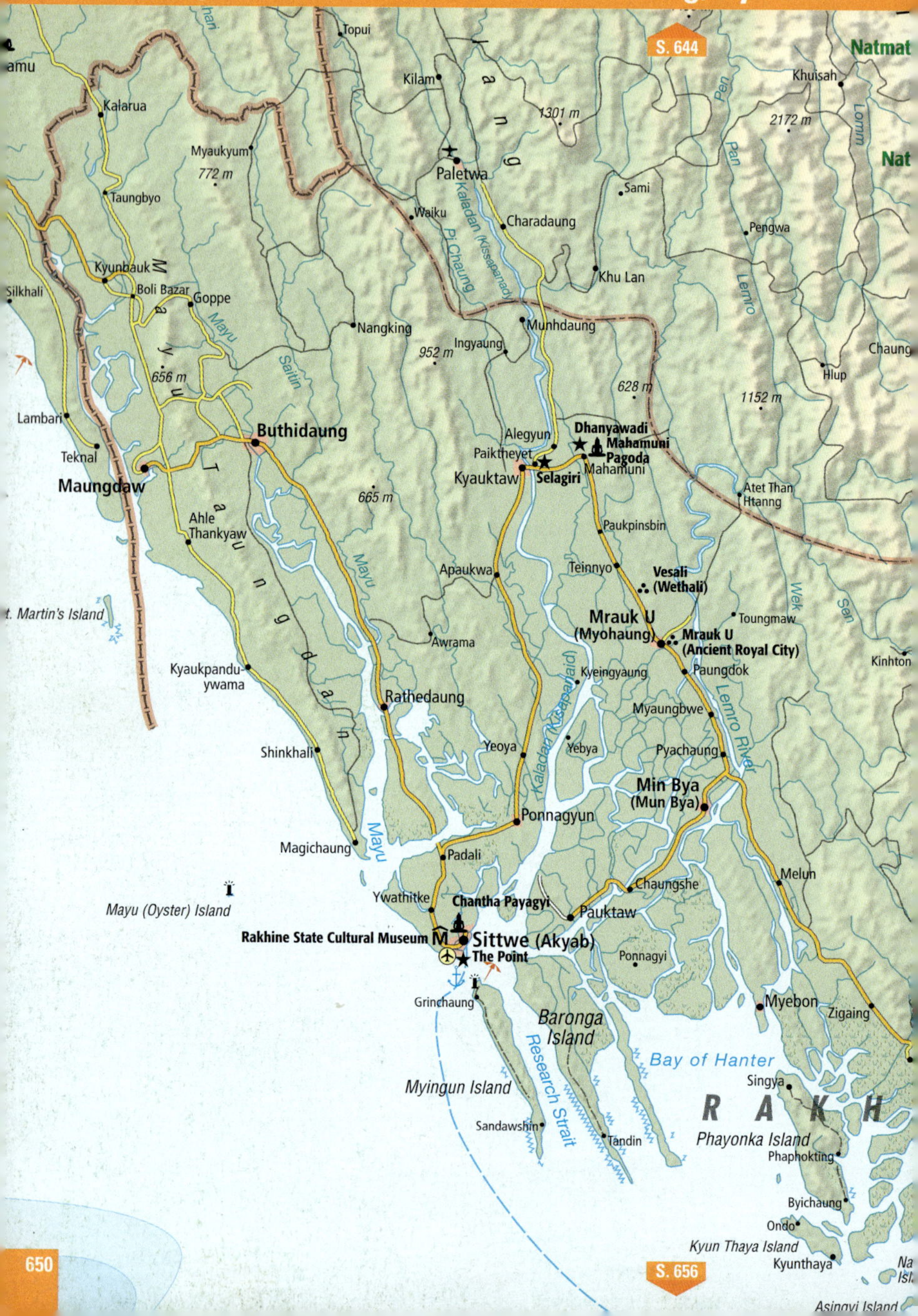

S. 644

Natmat
amu
Topui
Kilam
Khuisah
1301 m
2172 m
Kalarua
Myaukyum
772 m
Paletwa
Nat
Taungbyo
Sami
Waiku
Charadaung
Pengwa
Kyunbauk
Khu Lan
Silkhali
Boli Bazar
Goppe
Nangking
Munhdaung
952 m
Ingyaung
Chaung
656 m
Hlup
628 m
1152 m
Lambari
Buthidaung
Alegyun
Dhanyawadi
Mahamuni Pagoda
Teknal
Paiktheyet
Mahamuni
Maungdaw
Kyauktaw
Selagiri
Atet Than Htanng
665 m
Ahle Thankyaw
Paukpinsbin
Apaukwa
Teinnyo
Vesali (Wethali)
Martin's Island
Mrauk U (Myohaung)
Toungmaw
Awrama
Mrauk U (Ancient Royal City)
Kinhton
Kyaukpandu-ywama
Paungdok
Kyeingyaung
Rathedaung
Myaungbwe
Yeoya
Yebya
Shinkhali
Pyachaung
Min Bya (Mun Bya)
Ponnagyun
Magichaung
Padali
Melun
Ywathitke
Chaungshe
Mayu (Oyster) Island
Chantha Payagyi
Pauktaw
Rakhine State Cultural Museum
Sittwe (Akyab)
The Point
Ponnagyi
Grinchaung
Myebon
Zigaing
Baronga Island
Bay of Hanter
Myingun Island
Research Strait
Singya
RAKH
Sandawshin
Tandin
Phayonka Island
Phaphokting
Byichaung
Ondo
Kyun Thaya Island
Kyunthaya
Asingyi Island

S. 656

Mt. Mawple
2815 m
Khreum
Mindat
Park
Natmataung
(Mt. Victoria)
3053 m
2347 m
Kanpetlet
Ngentui
Sakan
Khay Mar
1846 m
Kyindwe
1857 m
Laungshe
Yan North
Salin
Hmindingyi
Mon
659 m
Apadawywa
Hkaingzi
1100 m
1158 m
Mt. Son
1989 m
859 m
Wunna
Aungywa
Sidoktaya
(Setotetaya)
Mon / Man
Pa-aing
Shwesetdaw
Wildlife Reserve
1653 m
Dalet
Taphanbin
Laukpalè
Pauksa Taung
1708 m
Dalet
Tamandu
Kantaunggyi
Kyetaw
Ann
Sinkhondaing
Kamyinkan
Mobun
Sakanmaw
Yebok
Kyauk Tu
Pasok
Yaw
Kan
Gyi
Man
Kaingle
Anngedaung
Kyauksit
Saw
Pauk
Tamadau
Tandawgon
S. 645
Nyangon
Twinma
Chaukkade
Kama
Kin
Tihoshin Pagoda
Kandaw
Sinlan
Myinwun
Wunbyi
Craft Villages
Myitche
Ledaing
Kyungchaung
Bagan
Myohaung
Nyaung U
Wetkyiin
Myinkaba
Bagan Myothit
Large Archaeological
Aing-Gyi
Gongkor
Yenanchat
Kinku
Kyaukkan
Letse
Thaungzin
Kyundaw
Kazunma
Kawton
Milaungbya
Lanywa
Singu
Seikphyu
Chauk
Paaing
Sale (Salay)
Wooden Monastery
Zigyobin
Magyigan
Kyeni
Shin Bin Ngar Man Aung and
Shin Bin Sar Kyo Pagoda
Chaungdet
Gway Gyo
Ywath
Kinmungyon
M A G W A Y
Ngathayauk
Ozado
Thitsede
Kyauk-o
Sinbyugyun
Sudat
Salin
Wooden Monastery
S. 652
Kanbua
Kyawuk
Yenangyaung
(Yanangyoung)
Nyankan
Pyinbyu
Mezali
Legaing
Wooden Monastery
Maha Withurama
Monastery
Sagu (Saku)
Minbu
Kanbya
Magwe (Mag
Aima
Mud
Volcano
Ma Tha Lun
Setdaw
Ngapeh
Man
Padan
Datkon
Pyawbwe
Sapwat
Myingun
Min-Hla
Malun
Mindegyi
Kyaukmyaung
Sanyw
Kandok
Pani
Yaenanma
Nyaungnwe
S. 657
Banbyin
Rakhi

S. 646

Pakhan-gyi
Wagan
Kuni
Pakhan-nge
Wooden Monastery
Myingyan
Soon Lu Monastery
Pya
Ywagyi
Wetlu
Pegyet
Kanwa
Samar
Minsu
Maingban
Han Myint Moe
Sabedaw
Myittha
Thanywa
Myog
Kin
Zarama
Tanaungdaing
Saka
Myinni
Natogyi
Pyinsi
Kume
Yakainggyi
in Pagoda
Pakokku
Sinlan
Kyawzi
Wunbyi
Thigon
Taungtha
Palangan
Kokkozu
Nyaung-Oak
Shwedaung
Thabyedaung
Kandaw
Ingoni
Letpanchibaw
Kanmye
Nwasaung
Thetngegyin
Padin
ng U
Nebugon
Ywang
Hgathayauk
Sindema
Pintale
rchaeological Site
Tada
Welaung
Pan-Aing
Oyin
Mahlaing
Thedaw
Wundwin
Nyaunggyat
yaukkan
Kabyu
Seikhtain
MANDALAY
499 m
Samon
ngzin
Kanzatkon
Thapan
Thabyewa
Hanza
Tagaya
1283 m
ya
Popa
Mt. Popa 1518 m
Thabyegaing
Sedo
Thebon
Letpanbin
Popa Mountain National Park
Kyaukpon
Meiktila
Ywathit
National Festival
Seywa
University Town
Thazi
Oktwin
Letpabya
Zayat-koun
Hlaingtet
Kyaukpadaung
Mondaing
Gyo
Dangyin
Nyaungyan
Yinmabin
athayauk
Myaing Thayar
Thazi
Payangazu
ado
Myaukle
Chaunggyazu
Ywathit
Sabegon
Peb
Kyekan
940 m
Sinthegon
Shanzu
Pyawbwe
Sh
Bon
Shwenyangow
Pin
Thamya Taung
Ywamon
Shawgyaung
Yanaung
Sibin
Ywamun
Ywadaw
Ywadan
Ingyingan
gyaung
gyoung)
Thitsongyi
Theingon
1279 m
Yamethin
Wetchok
Yin
Pegu
Myohla
Moo
Natmauk
14
Kyagan
Nyaunglun
644 m
Sinthay
Lelu
Sattobauk
Kanbya Ashe
gwe (Magway)
Myothit
Kangyi
Tatkon (Thatkon)
Peindaw
Magigon
Ondwe
Win-or-gyi
Tha Lun
Yin
Gwegyo
Beikthano – Ancient Pyu City
yingun
Taungdwingyi
Le-won
Shwemyo
Thazi
Thadodan
-Hla
Chaungnet
Malun
Titagauk
Nyaunglu
Taungnyo
Migyaungye
Kyidaunggan
indegyi
Satthwa
Ngalait
Palwe
Chaungmagyi
Yezin
Sanywa
Ywado
Miniva
Ayeyarwady
NAYPYITAW
Kyidau
Kiyansaungsan
Pyinmana
Sinbaungwe
Gwendaukkon
Kalama
Mingon
Kobin
Pozut
Yan Aung Myin
Aunggon
Irrawaddy
inde
Kyaukchet
Dalangyun
Minhyin
Lewe
Nay Pyi Taw Int'l A

S. 651

S. 658

S H A N
S. 647
Mezali
Keng Kham
Tonsan
Mong Laung
Loikan
Taungpi
Myayni
Yaksaug (Lawksawk)
Leikha
Kawngpo
Natawng Hsit
Pachi
Phalai
Wanraing
Wan Hpai
Naung Lal
Ashaemyianaukmym
2363 m
Pinpyit
Phale
2070 m
2074 m
Padah Lin Caves
Pinlon
Site of Panglong Agreement
1668 m
Kolon
Bawsaing
Hwetauk
Chokham
Pindaya
Hsin Khaung Monastery
Kyauktan
Loilen
Namsang
Shan State Museum
Pwe Hla
Ywathit
Taunggyi
Hopong (Hupong)
Mong Pun
Kyone
Shwe Nyaung
Daunglikaung
Nammang
Bawrithat Pagoda
Heho
Taung Lay Lone
Namse
Sanpu
Monastery
Shwe Yan Pyay Monastery
Cultural Museum
Nyaung Shwe (Yawnghwe)
2519 m
Nam Pawn
Loi Lom
Kalaw
Aungban
Bawnin
Nahkok
Mong Sit
1810 m
Minmahti Cave
Khaung Daing
Inle Lake
Mine Thauk
2102 m
Nongmo
S. 654
Myin Htaik
Le-gya
Nga Phe Chaung Monastery
Thitseinbin
Naungka
Sintaung 1833 m
Thale U
Hang Si
Phaung Daw U Paya
Floating Gardens
Kongpok
Indein
Ywama
Kakku
Banyin (Wan Yin)
2469 m
Shwe Indein Paya
Nampan
Nanmehit
Inpawkhone
1787 m
Sikip
Taung Tho
Loisams
Kyauk Ta Lone
Lognpo
Nam Pilu River (Balu Chaung)
Chiang Khang
Loimut
Thikyit
Kyauk Daing
Nyaungchinmyauk
Hpakpom
Mawkmai
Takhaung Mwetaw Pagoda
Takhaung
Kyaukpa
Sagar Myothit (Samkar Myothit)
Hsihseng
Pin Laung (Pinlon)
Tangko
Sagar Lake
Ti-Ri
Tatkon
1627 m
Yebu
Mal-hokton
Nanzitke
1594 m
Pinkhwun
Kadugyi
Phekon Lake
Sawlam
Thapyaekon
Zigon
Ta-hsopter
Phekon
1829 m
1130 m
Paunglaung
Tun-Nyu
Dawhku-li
Mongpai
Kyet Cave (Yarsu Cave)
Pawnglaung
Loikaw
Na-keng-long
Shadaw
Pan Pet
S. 659
Kayah State Cultural Museum
Pong Hs-se
Paya Phyu
Lawpita Falls
43
4
5

Nawngho
Wansing
1570 m
Nampan
S. 648
2031 m
Mong Ping
Ho-pang
Kunhing
Saimon
4
Ta-Kaw
Nawng-awn
Kenglon
1838 m
2024 m
Mong Pu Awn
Mong Mang
Naung Kok
Ho-hkai
Kyusauk
1618 m
Wunlaw
Man Nawngmawn
S h a n
Kyo Hkan
Khoawt
Wan Maklang
Mong Pu
1739 m
Keng Hkam
1513 m
1775 m
Wannaung
Keng Tawng
Tanhong
Nam Sin
Hsim
Wan Kongh Kam
P l a t e a u
1183 m
Loisai
Kang Nai
1698 m
1245 m
Mong
Mong Nai (Moene)
S. 653
1579 m
Ban Nampat
Nam Teng
Ban Namkat
Wansala
1787 m
1251 m
Hsuppawng
1855 m
Ta-Htit
Lang Kho
Mong Pan
1839 m
Ta-Sam
Mong Tong
Wan Me-hai
1722 m
Wan Hat
Wingpi
Kongmao
Naunglwan
Namtong
Mae Kin
Thanlwin (Salween)
1890 m
Wan Pawmöng
Doi Pha Ho
2285
Konglong
1980 m
Mong Han
Mae Nat'l
1801 m
Doi Angkhang
1935 m
Wan Kiuwai
Mong Kyawt
1889 m
Pungpakyem
1462 m
Mong Ta
1754 m
1824 m
Ponpakyin
Ta-hsopteng
Tap Tao Caves
Parop
1570 m
Muang Na Tai
Si Dong Yen
Mong Mao
Piang Luang
Kae Noi
Pang Kham
Doi That
1802 m
Ban Nam Ru
Tham Lot
Huai Phueng
Huai
Doi Khu
Wiang Haeng

Kyaing Tong
(Kengtung)
Capital of Golden Triangle
Mahamyatmuni Pagoda
Tonta
Wan Kong
Loi Mwe
Ho Kyin
Wan Üm
Mong Ngaung
Wan Hkang A-hko
Nam Lwe
S. 649
Loi Pangnao
2607 m
Mong Yu
Mong Yawng
Wan Lemfai
Keng Kon
Wan Ho-paw
Mong Hpayak
1537 m
Mong Pashio
Wan Kawkaw
Keng Lap
Wan Menglu
Mong Nin
1900 m
Wan En
1802 m
Mong Hkok
Mong Lung
Ban Lam
1983 m
Monglin
Wan Pai
Na Yao
1102 m
Menam Khong (Mekong)
1176 m
Muang Meung
BO KEO
Mon Manyang
Mong Ho-Pung
1122 m
1564 m
Tachileik
Mong Ton
1991 m
1907 m
Mae Sai
Wan Pasat
Mouang Mom
Namkeung-Kao
Namngiu
Poung
Houayxay
(Houay Say
Huai Sai)
Golden Triangle
Pasa Wildlife Reserve
Ban Chong
Mae Fa Luang
Chiang Saen
Ton Pheung
Saeo
1335 m
Chiang Kong
Ban Dan
Nam Kok
Dolmae Salong
Fa Luang
Kiu Phrao
Mae Salong
(Santi Khiri)
Mae Chan
Doi Luang
1028 m
Mae Liap
Wan Hsupyawn
Huai Ma Hin Fon
Muang Ngam
Ban Kaen
Nam Mae Ing
Wiang Kaen
1004 m
Thaton
Mae Ai
Mae Nam Kok
1322 m
Mae Tan Luang
Chiang Rung
Huai Khian
1411 m
Doi Pha
1375 m
Chiang Rai
Chiang Rai Int'l. Airport
Wiang Chai
Phaya Meng Rai
Khun Tan
Ban Mong Lao U
Ban Pang Kha
Khun Kon Waterfalls
Huai Khrai
1407 m
Mae Lao
Sop Huai
Cham Bon
Thoeng
Ban Plong Talat
Prakan
Rong Than
Pong Daeng
Pa Ngae
Ban Dong Charoen
Mae Suai
Doi Lunang
National Park
Phan
Pa Daet
Mae Nam Ing
Phu Sang
Chiang Kham
Ban Pa Sak
Phu Sang
2324 m
2257 m
2336 m
1220 m

S. 650
Asingyi Island
Bay of Combermere
Yebok
Naungchaung
Petchawn
Mwa-ywa
Khamaung
Ma-I
Kyaukpyu
Kyauk Ta Lo Pagoda
Kowainchawn
358 m
Sitto
Pyanchawn
Tadwe
Letpan
Kalawa
Taungmo
Sane
Kalason
Lamu
Lamu
Zinchaung
221 m
Ramree Island
(Yanbye Kyun)
Yanbye (Ramree)
Sabyin
Kyauktwe
Myebon
Manaung Strait
Uga
306 m
Migyaunglu
Tanlwe
Owa
Manaung
Kyauknimaw
Taungup
(Taunggok)
Nga Thamok
Saku Island
Temawk
Manaung Island
Maungmagan
Meinmagwe
Kai
Mankyi Island
Ramree Strait
Ywapa
Linta
Shwehle
Ye Island
Haywatt Channel
Kinmaw
Unguan Island
Shu Towun Pye Myayatana Pagoda
Ngapali Beach
Andwe Kywe (Andrew
Thabyugyaing
Mawion
Bay of Bengal

S. 652
S. 658
S. 660
Thayet
Aunglan (Myayde)
Mindon
Pyay (Prome)
Sri Ksetra (Ancient Pyu City)
Shwemyetman Pagoda
Shwedaung
Okshittpin
Pandaung
Kamma
Paungde
Nattalin
Zigon
Gyobingauk
Okpho
Myanaung
Gautama Hill
Kyangin
Monyo
Tugyi
Mezaligon
Ingapu
Pauk Kaung
Thegon
Kyaukpaung
Thanbula
Shwebandaw
Arakan Range
Rakhine Yoma Elephant Reserve

S. 652
Lewe
Nay Pyi Taw Int'l Airport
Minbyin
Kantha
Ala (Ela)
Pinthaung
1209 m
Kyaukchet
Lema
Egayit
Magyigan
Thigon
Mauktin
Mogaung
Thawatthi
Yeni
Daunglangya
Amayadaung
1232 m
Kyaukmasin
Magyigon
Kayinlegyin
Myohla (Mychla)
Yebumyaung
Aunglan (Myayde)
Thanbula
Yebaw
Kyaukpaung
Bwetgyi
Hagara
Sittaung (Sittoung, Sittang)
Zibyubin
Siwa
Lonyan
Shwebandaw
Swedon
Baungdok
Swa
Mayogon
Seinywa
Yedashe
Tonbo
Si-ywa
Pannyo
Thebyu
Naungbo
Shwe Taung Ngwe Taung
Kyungon
Khabaun
Kywedat
Wethtigan
Taungoo
Pauk Kaung
Ywabu
Okedwin (Oktwin)
Paungdale
Hmwaza
Sri Ksetra (Ancient Pyu City)
Sinmezwe
Working Elephants
Tanta
Inyag
Gonminyo
Zayatgyi
S. 657
Pyangyidet
Taungbokolon
wemyetman Pagoda
Inbinnla
Kywebwe
Shwedaung
B A G O
Phyu
Thegon
Bogyisakka
Nyaungchedauk
Oakphy
Nabelon
Padigon
Hmattaing
Maudaing
Zayawaddy
Ynma
aungzaye
Letkwette
Phyu
Nawin
Paungde
Sadi Te
Tayoathmaw (Tarokmaw)
Kanzu
Zayitcho Te
Nyaungbintha
Nattalin
Kun
Kwema
Sinnamaung
821 m
Kyalo
Zigon
Tongyaung
Kanyutkwin
angin
Gautama Hill
Talun
Myanaung
Myitmakha
Thitkyi
Pyuzu
agyibaukon
Penwegon
Gyobingauk
Yenwe
Tanbayagon
Kanaung
Kyaukta
gyigon
Nga-eindan
Chaunggwa
kshitkon
Okpho
Kyunyo
Gonmim
Inbin
Shwegyin
Seingantan
Myochaung
Kanyinngu
Theme
Othegon
Haingyu
Seinkantlant
Pado
Monyo
Minhla
Shandaw
Tugyi
Zayat
Thabyekon
Ma-uzu
Shwelaung
Bago
Mezaligon
Sitkwin
Mayangyaung
Sitkyungyi
Mt. Kantbalu
803 m
Ingapu
S. 661
Hmyagyaung
Letpadan
Ziphyugon

Cultural Museum
Pong Hs-sê
Paya Phyu
Lawpita Falls
Lawpita
S. 653
1565 m
Pha Sua
Waterfall
Demoso
Sisaung
Ngwe Taung
1252 m
Ngwe
Taung Lake
1653 m
Wan
Nga-sang
Thanlwin (Salween)
Hpruso
Dawta-kle
Nam Pawn
1290 m
Wan
La-htawhko
Yado
Mae Hong Son
Pang M
Dawnye Hku
Hoya
Kawatipoli
1545 m
1722 m
Bu-kho
Pha B
1282
KAYAH
Hawkkam
Dawdu
1656 m
Bawlakhe
Wan
Hwe-un
Ywathit
5
Thandaung Gyi
1683 m
1103 m
Huay Pong
1550 m
1355 m
Sawnglaw
Thawilo
1121 m
Mae Surin
Hpasawng
Bawgaligyi
Hwepom
Khun Yuam
Hoki
Kemapyu
Nam Mae Yuam
924 m
Wtoo
Nat Taung
838 m
Mawchi
Doi Wi Cho Lo
1508 m
2623 m
1056 m
Meuang Pa
1278 m
Namma
Mesenan
Pantin
Sakan
Tha Hin
970 m
Myintabye
Kyaukyibauk
Bethawlaw
Hogyit
Mese
Hua La
1237 m
Tasudi
Paungzeik
Kanna
Kawbyin
Mae Hu
Plaplekhi
Mebok
1898 m
Kawludo
Mae La
Kyauk-kyi
Nam Mae Yuam
Mae La
Shangyaung
1358 m
Mae Sa
Tasude
Klothuta
Zayat
Hokki
Sittaung (Sittoung)
Kyaunkkyi
1636 m
Salawin
Kyaukhnyat
Shwegyin
Yunzalin
1350 m
Tedodita
Sakan
Sittang
Kyaurkyi
Bogata-Auk
Nattaung
Mae
Sariang
Dodan
National Park
Thanlwin (Mae Nam Salawin)
Kanyingyo
Minlan-
Tazeik
1884 m
Dagwin
Hpapun
Pyinyegyi
Huai Sin
Kulataung
Tawi
Sop
Mawaing
Takolaw Kyo
Mae
Sam Laeb
Nyaunglebin
Shwegyin
Kuseik
1487 m
Madauk
Pyontaza
1128 m
Peingyaung
1802 m
Peinnegyaung
Nam Mae Yuam
S. 662
Dabeinzu

Tainggye
Rakhine Yoma
Elephant Reserve
S. 657
Ingapu
Kwingauk
Satthwa
664 m
Beach Resort
Myogwin
Zigon
Kanthaya
Dhambi
Taloktaw
Gwa
Gwa Bay
Chondaung
Natm
(Natr
Lemyethna
Aithabyu
Ngawun
Neil
Gwa
Khamaukzu
Kyaukchun
Mt. Zizaung
569 m
Dalekhon
Thaungdan
Ngathaing
Sha
Kalayawn
Yegy
Ahtaur
Bawmi
Kyonpyaw
Nyaungmaw
Ngawun
Danson Bay
Mata
Athok
Naungbo
Satthwa
Thongwa
Wet-the
Ondawzu
Kyaunggon
Magyi
Imma
Togye
Thabaung
Inye Lake
Pathwe
Chaungtha Beach
Byaikkyi
Inye Lake
Kyaukpahto Pagoda
Thongwa
Kunthigyan
Daunt Gyi
Beach Resort
Chaungtha
Kangyi Daunt
Tazin Point
Shawpya
Tazin
Tagarat
Beach Resort
Thanlyetsun
Shwemyindin
Einme
Ngwe Saung
Ngwe Saung Beach
Thayekon
Shwemokhtaw Pagoda
Pathein
(Bassein)
Umbrella Industry
Bugwegyi
Ywathit
Kamantaungzu
Shwelaung
Sinma
Shakywa
AYEYARWADY
Satton
Kanni
Hinogyaung
Lugaung-
Gyun
Wakema
Kuntido
Ta La Khwa
Myaungmya
Shangon
Mt. Waphyu
404 m
Nga Yoke Kaung
Ngapudaw
Pyinywa
Thayettaw
Sabagyi
Taungkalay
Taunggale
Kyonmangay
Ywathitgale
Ywe
Mawlamyineygun
(Moulmeingyun)
Thu Myaung
Kangyaung
Kwinbet
Kyeinni
Kyigyaung
Peikta
Ywathit
Kyagan
Kyahon
Thama
Hteindan
Hlaingbon
Ywadegon
Kyaukphyu
Pyamalot
Pyinzalu
Thetkechaung
Yatopa
Labutta
Payala
Thongwa
Nyaungyaung
Ayeyarwady (Irrawaddy)
Bogale
Pathein (Bassein)
Se
Zijar
Kyauk Chaung
(Kha Mauk Hmaw)
Taungkongyi
Meinmahla Kyun
Wildlife Sanctuary
Thetkethaung
Mawdin Sun (Cape Negrais)
Haigy
Island
Kayaingt
Zibyugon
Ainggo
Meinmahla Island
Mawdin Sun Pagoda
Sitkon
Hpondawbye
Kongyi
Tawt
Thitpyoat
Kyauksa
Ywe
Diamond Island
Thamihla
Island
Kangyaing
Saluzeik
Kadonkani
Cape Puriyan
Ama
Pyamaia
Tangon
Eya
Adama
Thitpôk
Pyingalu Island
Kaing Thang
Island
Ayeyarwady (Irrawaddy) Delta

1 cm = 15 km
1 : 1.500.000
0
10
20
30
40
50 km
S. 658
S. 662
Hmyagyaung
Letpadan
Ziphyugon
Hinthada
(Henzada)
Atharaw
Hpashwegyaw
Tharrawaddy
(Thayarwaddy)
Sanywe
Reclining
Buddha Statue
Daunggyi
Thonze
Kanyintabin
Zalun
Okkan
Payagon
Apyauk
(Aphyauk)
Daunggyi
Zakagyi
(Sagagyi)
Danubyu
Pyi Lone Pagoda
Kyaik Kalon Pun Pagoda
Mingayu
Kyeinbinse
Setkawt
Nyaungdon
Pantanaw
daung
Aukton
Yelegale
Maubin
hawdaunghmaw
Pohtawkaneik
nzu
Kyaiklat
Pyapon
gale
galay)
Sakangyi
apyan
Kanzeik
Kyonkadon
Yatpayon
Kalahteik
Myogon
Daw Nyein
Htattaya Island
Hseikma
Da Te
Gyo Phyu Lake
Myitmaka
Taikkyi
Minhlawa
Bawle
Thabawchaung
Byawthalan
Hmawbi
Satthwadaw
Wanet
Chaung
Paunggyi
Inhnebin
Zaungdu
Ingauk
Shawdon
Gwedauksho
Moyingyi Wetland
Wildlife Reserve
Kyatchaung
Auyawpa
Daik U
Kawlia
Bawni
Ywathit
Dabeinzu
Phaungdawthi
Kadok
Pagaing
Hmaington
Pyinbongyi
Moeyingyi
Lake
Payagale
Payagyi
Waw
Pabezu
Nyaungkhashe
Abya
Posabe
Kawwin
Auchin
Kya-in
Kyagyaur
Kunzeik
Wingan
Myitkyo
Mokkamaw
Theinzayat
Moatpa
Mokkamu
Kyaikhto
Sittaung
(Sittoung, Sittang)
Wi
Tagundaing
Shwemawdaw Pagoda
Bago (Pegu)
Kyaikpun Buddhas
Reclining Buddha Statue
of Shwethalyaung Pagoda
Kanbawzathadi
Palace
Thanatpin
Kamase
Wapange
Chanthakwin
Tawa
Kalagan
Intagaw
Kauk-in-anauk
Tongyi
Hlegu
Intaing
Ohne
Kawa
Dabein
Kapin
Thekkala
Myinthechaung
Kanni
Aungtha
Thapyegan
Htaukkyant
Htaukkyant
War Cemetery
Hlawga National Park
Tantabin
Yangon
Int'l. Airport
Ledaunggan
Phagu
Dagon University
Tewaninggyi
Bago
Kayan
Tongyi
Yegyaw
Samalauk
Pososu
Katwe
Mezali
Changale
Chaunggyi
Hlaing
Tharyar
YANGON
(RANGOON)
Y A N G O N
Thingangyun
Thabyegan
Shwedagon Pagoda
Nyaungni
Thanlyin
Thahtaykwin
Thongiya
Alangon
Maleto
Maung Di Pagoda
Dala
Twante Canal
Kanbe
Payagyi
Kyaik Khauk Pagoda
Seikkyi
Shwesandaw
Kyaw Pagoda
Pyawbwe
Shwesandaw
Pagoda
Twante
(Twantay)
Pyinmagan
Kadatpana
Minywa-athin
Tadaywa
Kyauktan
Yele Pagoda
Shangyaung
Ngathalaukngu
Thanlwin
Apyauk
Yegyaw
Kawhmu
Kyaungzu
Wabalaukthauk
Udo
Yangon
Thekondan
Elephant Point
Hmadaw
Kungyangon
Hngetkyidaung
Letkhokkon
Letkhokkon Beach
Beach Resort
Tawkayan
Toe
Dedaye
Aleywa
Letkhokkon
Thanpet
Ohnpin
Kyonda
Pyapon
Gulf of
Martaban
661

Pado
Tawi
Kulataung
S. 659
Zayat
Ma-uzu
Nyaunglebin
Shwegyin
Mawaing
Takola
Kuseik
Madauk
Mayangyaung
Mgabyema
Pyontaza
Peingyaung
1802 m
Peinnegyaung
Daik U
Kawlia
Pa-o-Hta
Dabeinzu
Shawdon
Bawni
Ywathit
Phaungdawthi
Kya-in
Auchin
1044 m
Lagunpyo
Kyagyaung
Mekata
Kadok
Kunzeik
Gwedaukso
Pagaing
Moyingyi Wetland Wildlife Reserve
Hmaington
Myitkyo
Wingan
Kadaingti
Zaungdu
Pyinbongyo
Moeyingyi Lake
Bilin
Mokkamaw
Ingauk
Kyatchaung
Pyinmahinse
Payagale
Kyaikhtiyo Mt. 1102 m
Laykhay
Payagyi
Waw
Abya
Auyawpa
Pabezu
Nyaungkhashe
Theinzayat
Yathetaung
Kyaikhtiyo (Golden Rock)
Posabe
Moatpalin
Kinpun
Kawwin
Melan-auk
Shwemawdaw Pagoda
Bago (Pegu)
Mokkamu
Reclining Buddha Statue of Shwethalyaung Pagoda
Kyaikpun Buddhas
Kanbawzathadi Palace
Kyaikhto
Kyakpi
Ayetthema
Kaylartha Taung
ggyi
Wapange
Chanthakwin
Thanatpin
Tagundaing
Sittaung (Sittoung, Sittang)
Winka
Bilin (Bilo)
Kamase
Tawa
Taungxun
Hninpale
Kyaikhtisaung Pagoda
Intagaw
Kalagan
Kawkadwaut
Ninpale
Donwun
Naungkadok
Kauk-in-anauk
Kapin
Zokthok
Minlwin
Tongyi
Zokali
Kali
S. 661
Hlegu
Intaing
Ohne
Theinzeik
aw
Htauk
Dabein
Kawa
Naungbo
Bayin Ni Cave
Htaukkyant War Cemetery
Thekkala
Myinthechaung
Yangon Int'l. Airport
Kanni
Mayangon
Ledaunggan
Aungtha
Taikkala Fort (Ruins)
342 m
Phagu
Thapyegan
Teinbin
Dagon University
Thaton
Shwezayan Pagoda
Tewanınggyi
Bago
Kayan
YANGON
Thabyegan
Thingangyun
Tongyi
Yegyaw
Kyagyiseik
Ananbin
Shwedagon Pagoda
Nyaungni
Yinnyein
Thanlyin
Thahtaykwin
Alangon
Kyaik Khauk Pagoda
Thongiya
Katun
Zingyaing
Payagyi
Seikkyi
Thegon
Pyawbwe
Pyinmagan
Kadatpana
Oktada
342 m
Minywa-athin
Kyauktan
Tadaywa
Tabingyaung
Paung
Yele Pagoda
Kamaby
Shangyaung
Mutkyi
mu
Kawkarin
Yangon
Khindan
Shampo
Mouth of Thanlwin (Salween)
(Mawlamyaing)
Thekondan
Elephant Point
Hngetkyidaung
Letkhokkon
Gulf of
Bilu Island
Letkhokkon Beach
Beach Resort
Chaungz
Letkhokkon
Martaban
Cotton Weari
Kyai